国家出版基金项目
NATIONAL PUBLICATION FOUNDATION

中華博物通考

總主編 張述錚

教育卷

上

本卷主編
張越

上海交通大學出版社

圖書在版編目（CIP）數據

中華博物通考. 教育卷 / 張述錚總主編 ; 張越本卷
主編.—上海 : 上海交通大學出版社, 2024.1
　　ISBN 978-7-313-29825-6

　　Ⅰ. ①中… Ⅱ. ①張… ②張… Ⅲ. ①百科全書—中
國—現代②教育史—中國 Ⅳ. ①Z227②G529

　　中國國家版本館CIP數據核字(2023)第237823號

特約編審：李偉國

責任編輯：彭亞星

裝幀設計：姜　明

中華博物通考·教育卷

總　主　編：張述錚
本卷主編：張越
出版發行：上海交通大學出版社　　　　地　　址：上海市番禺路951號
郵政編碼：200030　　　　　　　　　　電　　話：021-64071208
印　　製：蘇州市越洋印刷有限公司　　經　　銷：全國新華書店
開　　本：890mm×1240mm　1 / 16　　印　　張：43
字　　數：976千字
版　　次：2024年1月第1版　　　　　　印　　次：2024年1月第1次印刷
書　　號：ISBN 978-7-313-29825-6
定　　價：566.00元（全兩冊）

《中華博物通考》學術顧問

（按姓氏筆畫排序）

導　論

——縱論中華博物學的沉淪與重建

引　言

在中國當代，西方博物學影響至巨，自鴉片戰争以來，屈指已歷百載。何謂“西方博物學”？“西方博物學”是以研究動植物、礦物等自然物爲主體的學科，但不包含社會領域的社會生活，至 19 世紀後期已完成學術使命，成爲一種保護大自然的公益活動，但國人却一直承襲至今。中華久有自家的博物學，已久被忘却，無人問津，這一狀況實是令人不安。前日偶見《故宫裏的博物學》問世，精裝三册，喜出望外，以爲我中華博物學終得重生，展卷之後始知，該書是依據清乾隆時期皇室的藏書《清宫獸譜》《清宫鳥譜》《清宫海錯圖》（“海錯”多指海中錯雜的魚鱉蝦蟹之類）繪製而成，其中一些并非實有，乃是神話傳説之物。其内容提要稱“是專爲孩子打造的中華文化通識讀本”，而對博物院内琳琅滿目的海量藏品則隻字未提。這就是説，博物院雖有海量藏品，却與故宫裏的博物學毫不相干，或曰并不屬於博物學的研究範圍。此書的編纂者是我國的著名專家，未料我國這些著名專家所認定的博物學仍是西方的博物學。此書得以《故宫裏的博物學》的名義出版，又證我國的出版界對於此一命題的認同，竟然不知我中華久有自家的博物學。此書如若改稱《故宫裏的皇室動物圖譜》，則名正言順，十分精彩，不失爲一部别具情趣的兒童讀物，但原書名却無意間形成一種誤導，孩子們可能會據此認定：唯有鳥獸蟲魚之類才是中華文化中的大學問，故而稱之爲"博物學"，最終會在其幼小心靈裏留下西方博物學的深深印記。

何以出現這般狀況？因爲許多國人對於傳統的中華博物及中華博物學，實在是太過陌生！那麼，何謂"博物"？本文指稱的"博物"，是指隸屬或關涉我中華文化的一切可見或可感知之物體物品。何謂"中華博物學"？"中華博物學"的研究主體是除却自然界諸物之外，更關涉了中國社會的各個方面各個領域，進而關涉了我中華民族的生息繁衍，關涉了作爲文明古國的盛衰起落，足可爲當代或後世提供必要的藉鑒，是我國獨有、無可替代的學術體系。故而重建中華博物學，具有歷史的、現實的多方面實用價值。我中華博物學起源久遠，至遲已有兩千年歷史，祇是初始没有"博物學"之名而已。時至明代，始見"博物之學"一詞。如明楊士奇《東里續集》卷一八評述宋陸佃《埤雅》曰："此書於博物之學蓋有助焉。"此一"博物之學"，可視爲"中華博物學"的最早稱謂。又，《四庫全書總目提要》卷一三六評清陳元龍《格致鏡原》曰：〔此書〕分三十類：曰乾象，曰坤輿，曰身體，曰冠服，曰宮室，曰飲食，曰布帛，曰舟車，曰朝制，曰珍寶，曰文具，曰武備，曰禮器，曰樂器，曰耕織器物，曰日用器物，曰居處器物，曰香奩器物，曰燕賞器物，曰玩戲器物，曰穀，曰蔬，曰木，曰草，曰花，曰果，曰鳥，曰獸，曰水族，曰昆蟲，皆博物之學。"此即古籍述及的"中華博物學"最爲明確、最爲全面的定義。重建的博物學於"身體"之外，另增《函籍》《珍奇》《科技》等，可以更全面地融匯古今。在擴展了傳統博物學天地之外，又致力於探索浩浩博物的淵源、流變，以及同物異名與同名異物的研究，致力於物、名之間的生衍關係的考辨。"博物學"本無須冠以"中華"或"中國"字樣，在當代爲區別於西方的"博物學"，遂定名爲"中華博物學"，或曰"中華古典博物學"。"中華博物學"，國人本當最爲熟悉，事實却是大出所料，近世此學已成了過眼雲烟，少有問津者，西方博物學反而風靡於中國。何以形成如此狀況？何以如此本末倒置？這就不能不從噩夢般的中國近代史談起。

一、喪權辱國尋自保，走投無路求西化

清王朝自鴉片戰爭喪權辱國之後，面對列强的進逼，毫無氣節，連連退讓，其後又遭

甲午戰爭之慘敗，走投無路，於是由所謂"師夷之長技"，轉而向日本求取西化的捷徑，以便苟延殘喘。日本自 19 世紀始，城鄉不斷發生市民、農民暴動，國內一片混亂。1854年 3 月，又在美國鐵艦火炮脅迫之下，簽訂《神奈川條約》。四年後再度被迫與美國簽訂通商條約。繼此以往，荷、俄、英、法，相繼入侵，條約不斷，同百年前的中國一樣，徹底淪爲半封建半殖民地社會，當權的幕府聲威喪盡。1868 年 1 月，天皇睦仁（即明治天皇）下達《王政復古大號令》，廢除幕府制度，但值得注意的是仍然堅守"大和精神"，并未全部廢除自家原有傳統。同年 10 月，改元明治，此後的一系列變革措施，即稱之爲"明治維新"。維新之後，否定了"近習華夏"，衝決了"東亞文化圈"，上自天皇，下至黎民，勠力同心，在"富國强兵、置産興業"的前提之下，遠法泰西，大力引入嶄新的科學技術，從而迅速崛起，廢除了與列强的一切不平等條約，成爲令人矚目的世界强國之一。可見"明治維新"之前，日本內憂外患的遭遇，與當時的中國非常相似。在此民族存亡的關鍵時刻，中國維新派代表人物不失時機，遠渡東洋，以日本爲鏡鑒，在引進其先進科技的同時，也引進了日本人按照英文natural history的語意翻譯成的漢語"博物學"，雖并不準確，但因出於頂禮膜拜，已無暇顧及。況且，自甲午戰爭至民國前期，日源語詞已成爲漢語外來語詞庫中的魁首，遠超英法俄諸語，且無任何外來語痕迹，最難識別。如"民主""科學""法律""政府""美感""浪漫""藝術界""思想界""無神論""現代化"等，不勝枚舉。國人曾試圖自創新詞，但敗多勝少，衹能望洋興嘆。究其原因，并非民智的高下，也并非語種的優劣，實則是國力强弱的較量，國强則國威，國威則必擁有强勢文化，而强勢文化勢必涌入弱國，面對强勢文化，弱國豈有話語權？西方的"博物學"進入中國，遒勁而又自然。

那麼，西方博物學源於何時何地？又經歷了怎樣的發展變化？答曰：西方博物學發端於古希臘亞里士多德（公元前384—前322）《動物志》之類著述，又經古羅馬老普林尼（公元23—79）的《自然史》，輾轉傳至歐洲各國。其所謂博物除却動植物外，更有天文、地理、人體諸類。這是西方的文化背景與知識譜系，西人習以爲常，喜聞樂見。在歐洲文藝復興和美洲地理大發現之後，見到別樣的動物、植物以及礦物，博物學得到長足發展。至 19 世紀前半期，博物學形成了動物學、植物學和礦物學三大體系，達於鼎盛。至 19 世紀後期，動物學、植物學獨立出來，成爲生物學，礦物學則擴展爲地質學，博物學已被架空。至 20 世紀，博物學已不再屬於什麼科學研究，而完全變成一種生態與環境探索，以供民衆休閑安居的社會活動。其時，除却發端於亞里士多德的“博物學”之外，也有後起的“文化博物學”（Cultural Museology），這是一門非主流的綜合性學科，旨在研究人類一切文化遺産，試圖展示并解釋歷史的傳承與發展，但在題材視野、表達主旨等方面與中華傳統博物學仍甚有差异。面對此類非主流論説，當年的譯者或視而不見，或有意摒弃，其志在振興我中華。

在尋求救國的路途中，仁人志士們目睹了西方先進文化，身感心受，嚮往久之。“試航東西洋一游，見彼之物質文明，莊嚴燦爛，而回首宗邦，黯然無色，已足明興衰存亡之由，長此以往，何堪設想？”（吴冰心《博物學雜誌》發刊詞，1914 年 1 月，第 1 ~ 4 頁），此時仁人志士們滿腔熱血，一心救國。但如何救國，却茫茫然，如墮五里霧中。這一救國之路從表象上觀察似乎一切皆以日本爲鏡鑒，實則迥别於“明治維新”之路，未能把握“富國强兵、置産興業”之首要方嚮，而當年的執政者却祇顧個人權勢的得失，亦無此遠大志嚮。仁人志士們雖振臂疾呼，含泪吶喊，祇飄摇於上層精英之間，因一度失去民族自信、文化自信，而不知所措，矛頭直指孔子及千載儒學，進而直指傳統文化。五四運動前夜，北京大學著名教授錢玄同即正告國人“欲驅除一般人之幼稚的野蠻的頑固的思想”，就必須要“廢孔學”，必須要“廢漢文”（錢玄同《中國今後的文字問題》，載 1918 年 4 月 15 日《新青年》第 4 卷第 4 號）。翌年，五四運動爆發，仁人志士們高舉“德謨克拉西”（民主）、“賽因斯”（科學）兩面大旗，掀起反帝反封建的狂濤巨瀾，成爲中國近現代史上的偉大里程碑，中國人民自此視野大開。這兩面大旗指明了國家强弱成敗的方嚮。但與此同時，仁人志士們又毫不猶豫，全力以赴，要堅决“打倒孔家店”。於是，孔子及其儒家學説成了國弱民窮的替罪羊！接踵而至的就是對於漢字及其代表的漢文化的徹底否定。偉大革命思想家魯迅也一直抨擊傳統觀念、傳統體制，1936 年 10 月，在他逝世前夕《病中答救亡情報訪員》一文中，竟然斷言：“漢字不滅，中國必亡！”而新文化運動的主要人物之一胡適更是語出驚人：“我們必須承認我們自己百事不如人，不但物質機械上不如人，不但政治制度不如人，并且道德不如人，知識不如人，文學不如人，音樂不如人，藝術不如人，身體不如人。”中華民族是“又愚又懶的民族”，是“一分像人，九分像鬼的不長進民族”（胡適《介紹我自己的思想》，1930 年 12 月亞東圖書館初版《胡適文選》自序）。這是五四運動前後一代精英們的實見實感，本意在於革故鼎新，但這些通盤否定傳統文化的主張，不啻是在緊要歷史關頭的一次群情失控，是中國文化史中的一次失智！在這樣的歷史背景、這樣的歷史氣勢之下，接受西方"博物學"就成了必然，有誰會顧及古老的傳統博物學？

在引進西方博物學之後，國人紛予效法，試圖建立所謂中華自家的博物學，於是圍繞植物學、動物學兩大方面遍搜古今，窮盡群書，着眼於有關動植物之類典籍的縱橫搜求，但這并非我中華的博物全貌，也并非我中華博物學，況且在中華古典博物學中，也罕見西方礦物學之類著作，可見，試圖以西方的博物學體系，另建中華古典博物學，實在是削足適履、邯鄲學步。自 1902 年始，晚清推行學制改革，先後頒布了"壬寅學制""癸卯學制"。1905 年，根據《奏定學堂章程》，已將西方博物學納入中學的課程設置。其課程分爲植物、動物、礦物、人體生理學四種，分四年講授。1912 年中華民國成立後，江浙等地出現過博物學會和期刊，稍後武昌高等師範學校設立了博物學系，出版過《博物學雜誌》，主要研究動物學、植物學及人體生理學，隨後又將博物學系改稱生物學系，《博物學雜誌》也相應改稱《生物學雜誌》，重走了西方的老路。北京高等師範學校也有類似經歷，甚爲盲目而混亂。至 30 年代，發現西方博物學自 20 世紀始，已轉型爲生態與環境探索，國人因再無興趣，對西方博物學的大規模推廣、學習在中國遂告停止，但因影响至深，其餘風猶存。

二、中華典籍浩如海，博物古學何處覓？

應當指出，中國古代典籍所載之草木、鳥獸、蟲魚之類，亦有別於西方，除却其自身屬性特徵外，又常常被人格化，或表親近，或加贊賞，體現了另一種精神情愫。如動物龜、鶴，寓意長壽（其後，龜又派生了貶義）；豺、狼、烏鴉、猫頭鷹，或表殘忍，或表不祥；其他如十二生肖，亦各有象徵，各有寓意。而那些無血肉、無情感的植物，同樣也被賦予人文色彩。如漢班固《白虎通·崩薨》載："《春秋含文嘉》曰：天子墳高三仞，樹以松；諸侯半之，樹以柏；大夫八尺，樹以欒；士四尺，樹以槐；庶人無墳，樹以楊、柳。"足見在我國古老的典制禮俗中，松、柏、欒、槐、楊、柳，已被賦予了不同的屬性，被分爲五等，楊、柳最爲低賤；就連如何埋葬也分爲五等，嚴於區別，從墳高三仞到無墳，成爲天子到庶人的埋葬標志。實則墳墓分爲等級，早在公元前 3300 年至公元前 2300 年的良渚古城遺址已經發現。這些浩浩博物，廣泛涉及了古老民族和古老國度的典制與禮俗，我國學人也難盡知，西方的博物學又當如何表述？

可見西方博物學絕難取代中華古典博物學，中華古典博物學的研究範圍，遠超西方博物學，或可説中華古典博物學大可包容西方博物學。如今，這一命題漸引起國内一些有識之士、專家學者的關注。那麼，中華古典博物學究竟發端於何時何地？有無相對成型的體系？如何重建？答曰：若就人類辨物創器而言，上古即已有之，環宇盡同。若僅就我中華文獻記載而言，有的學者認爲當發端於《周易》，因爲“易道廣大，無所不包”（《四庫全書總目提要》卷九），或認爲發端於《書·禹貢》，因爲此書廣載九州山河、人民與物產。《周易》《禹貢》當然可以視爲中華博物學的源頭。而作爲中華博物學體系的領銜專著，則普遍認爲始於晋代張華《博物志》。而論者則認爲，中華博物學成爲一門相對獨立的學科體系，當始於秦漢間唐蒙的《博物記》，此書南北朝以來屢見引用，張華《博物志》不過是續作而已。對此，前人久有論述。如《四庫全書總目提要》卷一四二曰：“劉昭《續漢志》注《律曆志》引《博物記》一條，《輿服志》引《博物記》一条，《五行志》引《博物記》二條，《郡國志》引《博物記》二十九條……今觀裴松之《三國志》注（《魏志·太祖紀》《文帝紀》《吳志·孫賁傳》等）引《博物志》四條，又於《魏志·涼茂傳》中引《博物記》一條，灼然二書，更無疑義。”再如宋周密《齊東野語·野婆》曰：“《後漢·郡國志》引《博物記》曰：‘日南出野女，群行不見夫，其狀晶且白，裸袒無衣襦。’得非此乎？《博物記》當是秦漢間古書，張茂先（張華，字茂先）蓋取其名而爲《志》也。”再如明楊慎《丹鉛總録》卷一一：“漢有《博物記》，非張華《博物志》也，周公謹云不知誰著。考《後漢書》注，始知《博物記》爲唐蒙作。”如前所述，此書南北朝典籍中多有引用，如僅在南朝梁劉昭《續漢志》注中，《博物記》之名即先後出現了三十三次之多。據有關古籍記載，其内包括了律曆、五行、郡國、山川、人物、輿服、禮俗等，盡皆實有所指，無一虛幻。故在明代有關前代典籍分類中，已將唐蒙《博物記》與三國魏張揖《古今字詁》、晋吕静《韻集》、南朝梁阮孝緒《古今文詁》、唐顏元孫《干禄字書》、宋洪适《隸釋》等字書、韵書并列（見明顧起元《説略》卷一五），足見其學術地位之高，而張華《博物志》則未被録入。

至西晋已還，佛道二教廣泛流傳，神仙方士之説大興，於是張華又衍《博物記》爲《博物志》，其書内容劇增，自卷一至卷六，記載山川地理、歷史人物、草木蟲魚，這些當是紀要考訂之屬，合乎本文指稱的名副其實的博物學系統。此外，又力仿《山海經》的體例，旨在記載异物、妙境、奇人、靈怪，以及殊俗、瑣聞等，諸多素材語式，亦幾與《山海經》盡同，若"羽民國，民有翼，飛不遠……去九嶷四萬三千里"云云，并非"浩博實物"，已近於"志怪"小説。張華自序稱其書旨在"博物之士覽而鑒焉"，張序指稱的"博物之士"，義同前引《左傳》之"博物君子"，其"博物"是指"博通諸種事物"，虛虛實實，紛紛紜紜，無所不包。此類記述，正合世風，因而《博物志》大行其道，《博物記》則漸被冷落，南北朝之後已失傳，其殘章斷簡偶見於他書，可輯佚者甚微。後世輾轉相引，又常與《博物志》混同。《博物志》至宋代亦失傳，今本十卷爲采摭佚文、剽掇他書而成，真僞雜糅，亦非原作。其後又有唐人林登《續博物志》十卷，緊接《博物志》之後，更拓其虛幻内容，以記神異故事爲主，多是叙述性文字，其條目篇幅較長，宋代之後也已亡佚。再後宋人李石又有同名《續博物志》十卷，其自序稱："次第仿華書，一事續一事。"實則并不盡然，華書首設"地理"，李書改增爲"天象"，其他内容，間有與華書重複者，所續多是後世雜籍，宋世逸聞。此書雖有舛亂附會之弊，仍不失爲一部難得的繼補之作。李書之後，又有明人游潛《博物志補》三卷，仍係補張華之《志》，旨趣體例略如李石之《續志》，但頗散漫，時補時闕，猥雜冗濫。李、游一續一補，盡皆因仍張《志》，繼其子遺。以上諸書之所謂"博物"，一脉相承，注重珍稀之物而外，多以臚列奇事異聞爲主旨，同"浩博實物"的考釋頗有差異。游潛稍後，明董斯張之《廣博物志》五十卷問世，始一改舊例，設有二十二類，下列子目一百六十七種，所載博物始於上古，達於隋末，不再因仍張《志》而爲之續補，已是擴而廣之，另闢山林，重在追溯事物起源，其中包括職官、人倫、高逸、方技、典制，等等。其後，清人陳逢衡著有《續博物志疏證》十卷、《續博物志補遺》一卷，對李石《續志》逐條研究探索，并又加入新增條目，成爲最系統、最深入的《續》説。其後，徐壽基又著有《續廣博物志》十六卷，繼董《志》餘緒，於隋代之後，逐一相繼，直至明清，頗似李石之續張華。但《廣志》《續廣志》之類，仍非以專考釋"浩博實物"爲主旨。我國第一部以"博物"命名而研究實物的專著，當爲明末谷應泰之《博物要覽》。該書十六卷，惜所涉亦不過碑版、書畫、銅器、窑器、瑪瑙、珊瑚、珠玉、奇石等玩賞之器物，皆係作者隨所見聞，摭録成帙；所列未廣，其中碑版書畫，尤爲簡陋，難稱浩博，其影響遠不及前述諸《志》，但所創之寫實體例，則非同尋常。而最具權威者，當是明末黄道周所著《博物典彙》，該書共二十卷，所涉博物，始自遠古，達於當朝，上自天文地理，下至草木蟲魚，盡予囊括，并以其所在時代最新的觀點、視野，對歷代博物著述進行了彙總研究。如卷一關於"天文"之考釋，下設"渾天""七曜"，"七曜"下又設"日""月""五星"，再後又有"經星圖""緯星圖""二十八宿"。又如卷七關於"后妃"，下設"宮闈内外之分""宮闈預政之誡"，緊隨其後的即教育"儲貳"之法，等等，甚爲周嚴。

以上諸書就是以"博物"命名的博物學專著。在晚清之前，代代相繼，發展有序，并時有新的建樹。

與這些博物學專著相并行，相匹配，另有以"事"或"事物"命名，旨在探索事物起源的博物學專著。初始之作爲北魏劉懋《物祖》十五卷，稍後有隋謝昊《物始》十卷，是對《物祖》的一次重大補正。《物始》之後，有唐劉孝孫等《事始》三卷，又有五代馮鑑《續事始》十卷，是對《事始》的全面擴展與開拓。《續事始》之後，另有宋高承《事物紀原》十卷，此書分五十五個類目，上自"天地生植"，中經"樂舞聲歌""輿駕羽衛""冠冕首飾""酒醴飲食"，直至"草木花果""蟲魚禽獸"，較《物祖》《物始》尤爲完備，遂成博物學的百代經典。接踵而來者有明王三聘《古今事物考》八卷，效法《紀原》之體，自古至今，上至天文地理，下至昆蟲草木，中有朝制禮儀、民生器用、宮室舟車，力求完備，較之他書尤得要領，類居目列，條理分明，重在古今考釋，一事一物，莫不求源溯始，考核精審。此書載録服飾資料尤爲豐富，如卷一有上古禮制之種種服式，非常全面，卷六所載後世之巾冠、衣、佩、帶、襪、履舄、僧衣、頭飾、妝飾、軍服等百餘種，考證多引原書原文，確然有據，甚爲難得。就全書而言，略顯單薄。明徐炬又有《古今事物原始》三十卷，此書仿高承《紀原》之體，又參《事物考》之章法，以考釋制度器物爲主，古今上下，盡考其淵源，更有所得，凡日月星辰、山川草木，亦必確究其淵源流變，但此與天地共生之浩浩博物，四百餘年前的一介書生，豈可臆測而妄斷？爲此而輾轉援引，頗顯紛亂。且鳥獸花草之起首，或加偶語一聯，或加律詩二句，而後逐一闡釋，實乃蛇足。其書雖有此瑕疵，却不掩大成。與王、徐同代的還有羅頎《物原》二卷（《四庫》本作一卷），羅氏以《紀原》不能黜妄崇真，故更訂爲十八門，列二百九十三條，條條錘實。如，刻漏、雨傘、鋦子（用於連合破裂器物的兩脚釘）、酒、豆腐之類的由來，多有創見。惜違《紀原》明記出典之體，又背《事物考》之道，凡有考釋，則溷集衆説爲一。如，烏孫公主作琵琶，張華作苔紙，皆茫然不知所本。不過章法雖有差失，未臻完美，但其功業甚巨，《物原》成爲一部研究記述我國先民發明創造的專著。時至清代，陳元龍又撰

《格致鏡原》一百卷。何謂"格致鏡原"？意即格物致知，以求其本原。此書的子目多達一千七百餘種，明代以前天地間萬事萬物盡予羅致，一事一物，必究其原委，詳其名號，廣博而精審，終成中華古典博物學的巔峰之作。

以上兩大系列專著，自秦漢以來，連續兩千載，一脈相承，這并非十三經、二十六史之類的敕編敕修，無人號令，無人支持，完全出自一種無形的力量，出自文化大國、中華文脈自惜自愛的傳承精神，從而構成浩大的博物學體系。在我國學術研究史中，在我國圖書編纂史中，乃至於世界文化史中，當屬大纛獨立，舉世無雙！本當如江河之奔，生生不息，終因清廷喪權辱國、全盤西化而戛然中斷。

三、博物古學歷磨難，科技起落何可悲！

回顧我國漫長的文化史可知，中華博物學是在傳統的"重道輕器"等陳腐觀念桎梏下，以强大的民族自覺精神、民族意志爲推動力，砥礪前行，千載相繼，方成獨立體系，因而愈加難得，愈加可貴。

"重道輕器"觀念是如何出現的？何謂"道器"？兩者究竟是何關係？《周易·繫辭上》曰："形而上者謂之道，形而下者謂之器。"何謂"道"？所謂道乃"先天地生"，無形無象、無聲無色、無始無終、無可名狀，爲"萬物之所然也，萬理之所稽也"（見《韓非子·解老》），是指形成宇宙萬物之本原，是形成一切事理的依據與根由。何謂"器"？器即宇宙間實有的萬物，包括一切科技發明，至巨至大，至細至微，充斥天地間，而盡皆不虛，或有實物可見，或有形體可指。器即博物，博物即器。"道器關係"本是一種有形無形、可見與不可見的生衍關係，并無高下之分，但在傳統文化中却另有解釋。如《周禮·考工記序》曰："坐而論道，謂之王公；作而行之，謂之士大夫；審曲面執，以飭五材，以辨民器，謂之百工。"又曰："智者創物，巧者述之，守之世，謂之百工。百工之事，皆聖人之作也。"此文突顯了"道"對於"器"的指導與規範地位。"坐而論道"，可以無所不論，民生、朝政、國運、天下事，當然亦在所論之中。"道"實則是指整體人世間的一種法則、一種定律，或說是我古老的中華民族所創造的另一種學説。所謂"論道者"，古代通常理解爲"王公"或"聖人"，實則是代指一代哲人。《考工記序》却將論道與製器兩者截然分開，明確地予以區別，貶低萬衆的創造力，旨在維護專制統治，從而確定人們的身份地位。坐而論道者貴爲王公，親身製器者屬末流之百工（"審曲面埶，以飭五材、以辨民器"，謂觀察金、木、皮、玉、土之曲直、性狀，據以製造民人所需之器物）。《考工記序》所記雖名爲"考工"，實則是周代禮制、官制之反映，對芸芸衆生而言，這種等級關係之誘惑力超乎尋常，絕難抵禦，先民樂於遵從，樂於接受，故而崇敬王公，崇敬聖人，百代不休。因而在中國古代，科學技術大受其創。

"重道輕器"的陳腐觀念，在中國古代影響廣遠，"器"必須在"道"的限定之下進行，不得隨意製作，不得超常發揮，"道"漸演化爲統治者實施專政的得力手段。"坐而論道"，似乎奧妙無盡。魏晉時期，藉儒入道，張揚"玄之又玄"，乃至於魏晉人不解魏晉文章，本朝人爲本朝人作注，史稱"玄學"。兩宋由論道轉而談理，一代理學宗師應運而生，闡理思辨，超乎想象，就連虛幻縹緲的天宮，亦可談得妙理聯翩，後世道家竟繪出著名的《天宮圖》來。事越千載，五四運動時期，那些新文化運動主將們聯手痛搗"孔家店"，却不攻玄理，"論道""崇道""樂道""惜道"，滾滾而來，遂成千古"道"統，已經背離《易》《老》的本義。出於這樣的觀念，如何會看重"形而下"的博物與博物學？

那麼，古代先民又是如何看待與博物學密切相關的科學技術？《書·泰誓下》載，殷紂王曾作"奇技淫巧，以悦婦人"，爲百代不齒，萬世唾罵。何謂"奇技淫巧"？唐人孔穎達釋之曰："奇技謂奇異技能，淫巧謂過度工巧……技據人身，巧指器物。"所謂"奇技淫巧"，今大底可釋爲超常的創造發明，或可直釋爲科學技術。論者認爲，"百代不齒，萬世唾罵"者并不在於"奇技淫巧"這一超常的創造發明，而在於紂王奢靡無度，用以取悦婦人的種種罪孽。至於紂王是否奢靡無度，"以悦婦人"，今學界另有考證。紂王當時之所以能稱雄天下，正是由於其科技的先進，軍事的強大，其失敗在於大拓疆土，窮兵黷武，導致内外哀怨，決戰之際又遭際叛亂。所謂"以悦婦人"之妲己，衹是戰敗國的一種"貢品"而已，對於年過半百的老人并無多大"媚力"。關於殷商及妲己的史料，最早見於戰國時期成書的《國語·晋語一》，前後僅有二十七字，并無"酒池肉林""炮烙之刑"之類記載，後世史書所謂紂王對妲己的種種寵愛，實是一種演繹，意在宣揚"紅顏禍水"之説（此説最早亦源於前書。"紅顏禍水"，實當稱之爲"紅顏薄命"）。在中國古代推崇"紅顏禍水"論，進而排斥"奇技淫巧"，從而否定了科技的力量，否定了科技強弱與國家强弱的關係。時至周代，對於這種"奇技淫巧"，已有明確的法律限定："作淫聲、異服、奇技、奇器以疑衆，殺！"（見《禮記·王制》）這也就是説，要杜絕一切新奇的創造發明，連同歌聲、服飾也不得超乎常規，否則即犯殺罪！此文自漢代始，多有注疏，今擇其一二，以見其要。"淫聲"者，如春秋戰國時鄭、衛常有男女私會，謳歌相引，被斥為淫靡之聲；"奇技"者，如年輕的公輸班曾"請以機窆"，即以起重機落葬棺木，因違反當時人力牽挽的埋葬禮節，被視為不恭。一言以蔽之，凡有違禮制的新奇科技、新奇藝術，皆被視為疑惑民眾，必判以重罪。這就是所謂"維護禮制"，其要害就是維護統治者的統治地位，故而衣食住行所需器物的質材及數量，無不在尊卑貴賤的等級制約之中。如規定平民不得衣錦繡，不得鼎食，商人、藝人不得乘車馬，就連權貴們娛樂時選定舞蹈的行列亦不可違制，違制即意味着不軌，意味着僭越。杜絕"奇技淫巧"，始自商周，直至明清而未衰。我國著名的四大發明，千載流傳，未料却如同國寶大熊猫一樣，竟由後世西方科學家代為發現，實在可悲！四大發明、大熊猫之類，或因史籍隱冷，疏於查閱，或因地處山野，難以發現，姑可不論，但其他很多非常具體的發明創造，雖有群書連續記載，也常被無視，或竟予扼殺。如漢代即有超常的"女布"，因出自未嫁少女之手而得名（見《後漢書·王符傳》），南北朝時已久負盛名，稱"女子布"（見南朝宋盛弘之《荊州記》）。宋代又稱"女兒布"，被贊為"布帛之品……其尤細者也"（見宋羅濬《寶慶四明志·郡志四》）。其後歷代製作，不斷創新，及至明清終於出現空前的妙品"女兒葛"。"女兒葛"為細葛布的一種，其物纖細如蟬翼紗，又如傳說中的"蛟女絹"，僅重三四兩，捲其一端，整匹女兒葛便可出入筆管之中，精美絕倫，明代弘治之後曾發現於四川鄰水縣，但却被斷然禁止。明皇甫錄《下陣記談》卷上："女兒葛，出鄰水縣，極纖細，必五越月而後成，不減所謂蟬紗、魚子纈之類，蓋十縑之力也。予以為淫巧，下令禁止，無敢作者。"對此美妙的"女兒葛"，時任順慶府知府的皇甫錄，并沒給予必要的支持、鼓勵，反而謹遵古訓，以杜絕"奇技淫巧"為己任，堅決下達禁令，并引以為榮。皇甫錄乃弘治九年（1496）進士，為官清正，面對"奇技淫巧"也如此"果斷"！此後清代康熙年間，"女兒葛"再現於廣東增城縣一帶，其具體情狀，清屈大均《廣東新語·貨語·葛布》中有翔實描述，但其遭遇同樣可悲，今"女兒葛"終於銷聲匿迹。在中國古代，類似的遭遇，又何止"女兒葛"？杜絕"奇技淫巧"之風，一脉相承，何可悲也。

　　但縱觀我華夏全部歷史可知，一些所謂的"奇技淫巧"之類，雖屢遭統治者的禁弃，實則是禁而難止，況統治者自身對禁令也時或難以遵從，歷代帝王皇室之衣食住行，幾乎無一不恣意追求舒適美好，為了貪圖享樂，就不得不重視科技，就不得不啓用科技。如

"被中香爐"（爐内置有炭火、香料，可隨意旋轉以取暖，香氣繚繚不絶。發明於漢代）、
"長信宮燈"（燈内裝有虹管，可防空氣污染。亦發明於漢代）的誕生，即明證。歷代王朝
所禁絶的多是認定可能危及社稷之類的"奇技淫巧"，并未禁止那些有利於民生的重大發
明，也没有壓抑摧殘黎民百姓的靈智（歷史中偶有以愚民爲國策者，衹是偶或所見的特例
而已）。帝王們爲維護其統治地位，以求長治久安，在"重道輕器"的同時，也極重天文、
曆算、農桑、醫藥等領域的研究，凡善於治國的當權者，爲謀求其國勢得以强盛，則必定
大力倡導科技，《後漢書·和熹鄧皇后紀》所載即爲顯例。和熹皇后鄧綏（公元 81—121），
深諳治國之道，兼通天文、算數。永元十四年（102），漢和帝死後，東漢面臨種種滅頂之
灾，鄧綏先後擁立漢殤帝和漢安帝，以"女君"之名親政長達十六年，克服了有史以來最
嚴重的十年天灾，剿滅海盜，平定西羌，收服嶺南三十六個民族，將九真郡外的蠻夷夜郎
等納入版圖，恢復東漢對西域的羈縻，征服南匈奴、鮮卑、烏桓等，平息了内憂外患，使
危機四伏的東漢王朝轉危爲安。正是在這期間，鄧綏大力發展科技，勉勵蔡倫改進造紙
術，任用張衡研製渾天儀、地動儀等儀器，并製造了中尚方弩機，這一可以連續發射的弩
機，其射程與命中率令時人驚嘆，成爲當時世界上最具殺傷力的先進武器（此外，鄧綏又
破除男女授受不親的陳腐觀念，創辦了史上最早的男女同校學堂，并通過支持文字校正與
字詞研究，推動了世界第一部字典《説文解字》問世）。這就爲傳統的博物研究提供了巨
大的空間，因而先後出現了今人所謂的"四大發明"之類。實際上何止是"四大發明"？
天文、曆算等領域的發明創造，可略而不論。鄧綏之前，魯班曾"請以機窆"的起重機，
出現於春秋時期，早於西方七百餘年。徐州東洞山西漢墓出土的青銅透光鏡，歐洲和日
本人稱其爲"魔鏡"，當一束光綫照射鏡面而投影在墙壁上時，墙上的光亮圈内就出現了
銅鏡背面的美丽圖案和吉祥銘文。這一"透光鏡"比日本"魔鏡"早出現一千六百餘年，
而歐洲的學者直到 19 世紀纔開始發現，大爲驚奇，經全力研究，得出自由曲面光學效應
理論，將其廣泛運用於宇宙探索中。今日，國人已能够恢復這一失傳兩千餘載的原始工
藝，千古瑰寶終得重放异彩！鄧綏之後，又創造了"噴水魚洗"，亦甚奇妙，令人大開眼
界。東漢已有"雙魚洗"之名（見明梅鼎祚《東漢文紀》卷三二引《雙魚洗銘》），未知當
時是否可以噴水。"噴水魚洗"形似現今的臉盆。盆内多刻雙魚或四魚，盆的上沿兩側有
一對提耳，提耳的設置，不衹是爲了便於提動，同時又具有另外一個功用，即當手掌撫摩
時，盆内還能噴射出兩尺高的水柱，水面形成一片浪花，同時會發出樂曲般的聲響，十分

神奇。今可確知，"噴水魚洗"興起於唐宋之間（見宋王明清《揮麈前録》卷三、宋何薳《春渚紀聞》卷九），當是皇家或貴族所用盥洗用具。魚洗能够噴水，其道理何在？美國、日本的物理學家曾用各種現代科學儀器反復檢測查看，試圖找出其導熱、傳感及噴射發音的構造原理，雖經全力研究，但仍難得以完整的解釋，也難以再現其效果。面對中國古代科技創造的這一奇迹，現代科學遭遇了空前挑戰，祇能"望盆興嘆"。

中華民族，中華博物學，就是在這樣複雜多變的背景之下跌宕起伏，生存發展，在晚清之前，兩千餘年來，從未停止前進的步伐，這又成爲中華民族的民族性與中華博物學的一大特點。

四、西化流弊何時休，誰解古老博物學？

自晚清以還，中華博物學沉淪百年之久，本當早已復蘇，時至今日，幸逢盛世，正益修典，又何以總是步履維艱？豈料經由西學東漸之後，在我國國内一些學人認定科學決定一切，無與倫比，日積月纍，漸漸形成了一種偏激觀念——"唯科學主義"，即以所謂是否合於科學，來判定萬事萬物的是非曲直，科學擁有了絕對的話語權。"唯科學主義"通常表現爲三種態度：一、否認物質之外的非物質。凡難以認知的物質，則稱之爲"暗物質"。這一"暗"字用得非常巧妙，"暗"，難見也！於是"暗物質"取代了"非物質"；二、否認科學之外的其他發現。凡是遇到無從解釋的難題，面對別家探索的結論，一律斥爲"僞科學"。三、否認科學範圍以外的其他一切生產力，唯有科學可以帶動社會發展，萬事萬物必須以科學爲推手。

何謂"科學"？中國古代本有一種認識論的命題，稱之爲"格致"，意謂"格物致知"，指深究事物原理以求得知識，從而認識各種客觀現象，掌握其變化規律。這種哲學我國先秦諸子久已有之，雖已歷千載百代，但却未得應有的重視，終被西方科學所取代。自16世紀始，歐洲由於文藝復興，挣脱了天主教會的長期禁錮，轉向於對大自然的實用性的探索，其代表作即哥白尼的"日心説"與伽利略天文望遠鏡的發明，同時出現牛頓的力學，這是西方的第一次科技革命。這一時期已有"科學"其實，尚無後世"科學"之名，起始定名爲英語science一詞，源於拉丁文，本意謂人世間的各種學問，隸屬於古希臘的哲學思想，是一種對於宇宙間萬事萬物的生衍關係的一種想象、一種臆解，原本無甚稀奇，此時已反響於歐洲，得以廣泛流傳。至 18 世紀，新興的資産階級取得政權，爲推行資本主義，又大力發展科學，西方科學已處於世界領先地位。時至 19 世紀 60 年代後期及 20 世紀初，歐洲發生了以電力、化學及鋼鐵爲新興産業的第二次科技革命，英語 science 一詞迅速擴展於北美和亞洲。日本明治維新時期，赴歐留學的日本學者將 science 譯成"科學"，學界認爲是藉用了中國科舉制度中"分科之學"的"科學"一詞，如同將英文 natural history 的語意翻譯成漢語"博物學"一樣，也并不準確，中國的變法派訪日時，對之頂禮膜拜，欣然接受，自家固有的"格致"一詞，如同國學中的其他語詞一樣被弃而不用，"科學"一詞因得以廣泛流傳。"科學"當如何定義？今日之"科學"包括了自然科學、社會科學、思維科學以及交叉科學。除却嚴謹的形式邏輯系統之外，本是一種具體的以實踐爲手段的實證之學。實踐與實證的結果，日積月纍，就形成了人類關於自然、社會和思維的認知體系，成爲人類評斷事物是非真僞的依據。但科學不可能將浩渺無盡的宇宙及宇宙間的萬事萬物盡皆予以實踐、實證，能够實踐、實證者甚微，因而科學總是在不斷地探索，不斷地補正，不斷地自我完善之中，其所能研究的領域與功能實在有限。當代科學可以在指甲似的晶片上，一次性地裝載五百億電晶體，可以將重達六噸以上的太空船射向太空，并按照既定指令進行各種探索，但却不能造出一粒原始的細胞來，因爲這原始細胞結構的複雜神秘，所蘊含的奇妙智慧，人類雖竭盡全力，却至今無法破解。細胞來自何處？是如何形成的？科學完全失去了話語權！造不出一粒原始的細胞，造一片樹葉尤無可能，造一棵大樹更是幻想，遑論萬千物種，足證"科學"并非萬能的唯一學問。況且，"暗物質"之外，至少在中國哲學體系中尚有"非物質"。何謂"非物質"？"非物質"是與"物質"相對而言，區別於"暗物質"的另一種存在，正如前文所述，它"無形無象、無聲無色、無始無終、無可名狀"，在中國古代稱之爲"道"。"道"可以不遵循因果關係，可以無中生有，爲"萬物之所然也，萬理之所稽也"，可以解釋萬物的由來，可以解釋宇宙的形成。今以天體學的的視野略加分析，亦可見"唯科學主義"的是非。人類賴以生存的地球，其直徑約爲 12 742 公里，是太陽系中的第三顆小行星。太陽系的直徑約爲 2 光年，太陽是銀河系中數千億恒星之一，銀河系的直徑約爲 10 萬光年，包括 1 千億至 4 千億顆恒星，而宇宙中有一千至兩千億銀河系，宇宙有 930 億光年。一光年約等於 9.46 萬億公里。地球在宇宙中祇是一粒微塵，如此渺小的地球人能創造出破解一切的偉大科學，那是癡人説夢！中華先賢面對諸多奧妙，面對諸多不可思議的現象，提出這一"無可名狀"之"道"，當然并非憑空想象，自有其觀測與推理的依據，這顯然不同於源自西方的科學，或曰是西方科學所包容不了的。先賢提出的"無可名狀"的"道"，已超越物質的範圍，或曰"道"絕非"暗物質"所能替代的。這一"無可名狀"的"道"，在當今的別樣的時空維度中已得到初步驗證（在這非物質的維度中滿富玄機）。論者提出這一古老學說，旨在證明"唯科學主義"排斥其他一切學說，過分張揚，不足稱道，絕無否定或輕忽科學之意。百年前西學東漸，尤其是西方科學的傳入，乃是我中華民族思維與實踐領域的空前創獲，是實踐與思維領域的一座嶄新的燈塔，如今已是家喻户曉，人人稱贊，任誰也不會否認科學的偉大，但却不能與偏激的"唯科學主義"混同。後世"科學"一詞，又常常與"技術"連稱爲"科學技術"，簡稱"科技"。何謂"技術"？"技術"一詞來源於希臘文"techs"，通常指個人的技能或技藝，是人類利用現有實物形成新事物，或改變原有事物屬性、功能的方法，或可簡言之曰發明創造。科學技術不同於科學，也不同於技術，也不是科學與技術的簡單相加。科學技術是科學與技術的有機結合體系，既是人類認識世界和改造世界的成果或産物，又是人類認識世界和改造世界最有力的工具或手段，兩者實難分割。某些技術本身可能祇是一種技法，而高深技術的背後則必定是科學。

出於上述"唯科學主義"偏激觀念，重建中華博物學就遭致了質疑或否定，如有學者認爲，中國古代祇有技術而没有科學，哪有什麽中華博物學？中華博物學被看作"前科學時代的粗糙的知識和技能的雜燴"，是一種"非科學性思考"，没有什麽科學價值，當然也就没有重建的必要，因爲西方博物學久已存在，無可替代。中國古代當真"祇有技術而没有科學"麽？前文已論及"科學"與"技術"很難分割，在中國古代不祇有"技術"，同樣也有"科學"。回眸世界之歷史長河，僅就中西方的興替發展脉絡略作比較，就可以看到以下史實：當我中華處於夏禹已劃定九州、建有天下之際，西方社會多處於尚未開化的蠻荒歲月；當我中華已處於春秋戰國鋼鐵文化興起之際，整個西方尚處於引進古羅馬文明的青銅器時代；當我宋代以百萬册的印數印刷書籍之際，中世紀的西方仍然憑藉修士們成年纍月在羊皮卷上抄寫複製；著名的火藥、指南針等其他重大發明姑且不論，單就中國歷朝歷代任何一件發明創造而言，之於西方社會也毫不遜色，直至清代中葉，中國的科技一直處於世界領先地位。英國科學家李約瑟主編的七卷巨著《中國科學技術史》，即認爲西方古代科學技術85%以上皆源於中國。這是西方人自發的没有任何背景、没有任何色彩的論斷，甚爲客觀，迄今未見异議。此外又有學者指出，中華傳統博物學不祇擁有科技，又超越了科技的範疇，它是"關於物象（外部事物）以及人與物的關係的整體認知、研究範式與心智體驗的集合"，"這種傳統根本無法用科學去理解和統攝"，中華古典博物學"給我們提供的'非科學性思考'，恰恰是它的價值所在"（余欣《中國博物學傳統的重建》，載《中國圖書評論》，2013年第10期，第45～53頁）。這無疑是對"唯科學主義"最有力的批駁！是的，本書極重"科技"研究，又不拘泥於"科技"，同樣重視"非科學性思考"。

中華古典博物學的研究主體是"博物"，是"博物史"，通過對"博物""博物史"的探索，而展現的是人，是人的生存、生活的具體狀況，是人的直觀發展史。中華傳統博物學構成了物我同類、天人合一的博大的獨立知識體系，是理解和詮釋世界的另一視野，這種視野中的諸多"非科學性思考"的博物，科學無法全面解讀，但却是真真切切的客觀存在。所謂傳統博物學是"前科學時代的粗糙的知識和技能的雜燴"，是"非科學性思考"的評價，甚是武斷，祇不過是一種不自覺的"唯科學主義"觀念而已。另將"科學"與"技術"分割開來，強調什麼"科學"與否，這一提法本身就不太"科學"。對此，本書前文已論及，無須複述。我國作爲一個古老國度，在其漫長的生衍過程中，理所當然地包容了"粗糙的知識和技能"。這一狀況世界所有古國盡有經歷，并非中國獨有。"粗糙的知識"的表述似乎也并不恰當，"知識"可有高下深淺之分，未聞有粗糙細緻之別。這所謂"粗糙"，大約是指"成熟"與否，實際上中華傳統博物學所涉之"知識和技能"，并非那麼"粗糙"，常常是合於"科學"的，有些則是非常的"科學"。英國科學家李約瑟等認定古代中國涌現了諸多"黑科技"。何謂"黑科技"？這是當前國際間盛行的術語，即意想不到的超越科技之科技，可見學界也是將"科學"與"技術"連體而稱，而并非稱"黑科學"。認定中國古代"祇有技術而沒有科學"，傳統博物學是"前科學時代的粗糙的知識和技能的雜燴"之說，頗有些"粗糙"，準確地說頗有些膚淺！這位學者將傳統博物學統稱爲"前科學時代"的産物，亦是一種妄斷，也頗有些隨心所欲！何謂"前科學時代"？"前科學時代"是指形成科學之前人們僅憑五官而形成的一種感知，這種感知在原始社會時有所見，但也并非全部如此，如鑽木取火、天氣預測、曆法的訂立、灸砭的運用等，皆超越了一般的感知，已經形成了各自相對獨立的科學。看來這位學者并不怎麼瞭解中國古代科技史，并不太瞭解自家的傳統文化，實屬自誤而誤人。

中華博物學的形成及發展歷程，與西方顯然不同。西方博物學萌生於上古哲人的學説，其後則以自然科學爲研究主體，遍及整個歐洲，全面進入國民的生活領域。在這樣的文化背景之下，西方日益强大，直接影響和推動了社會的發展，因而步入世界前列。我中華悠悠數千載，所涉博物，形形色色，浩浩蕩蕩，逐漸形成了中華獨有的博物學體系，但面臨的背景却非常複雜，與西方比較是另一番天地，那就是貫穿數千載的"重道輕器"觀念與排斥"奇技淫巧"之國風，這一觀念、這一國風，其表現形式就是重文輕理，且愈演愈烈。如中國久遠的科舉制度，應試士子們本可"上談禮樂祖姬孔，下議制度輕儺玄"（見明高啓《送貢士會試京師》詩），縱論古今國事，是非得失，而朝廷則可藉此擇取英才，因而國家得以强盛。時至明代後期，舉國推行的科舉制度竟然定型爲千篇一律的八股文，泯滅了朝廷取才之道，一代宗師顧炎武稱八股之禍勝似"焚書坑儒"（見《日知録·擬題》）。清代後期爲維護其獨裁統治，手段尤爲專橫强硬，又向以"天朝"自居，哪裏會重視什麼西方的"科學技術"？"科學技術"的落伍最終導致文明古國一敗塗地，這也就是"李約瑟難題"的答案！"科學"之所以成爲"科學"，是因爲其出自實踐、實證，實踐、實證是科學的生命。實踐、實證又必須以物質爲基礎，這正與我中華博物學以浩浩博物爲研究主體相合！但中華博物學，或曰博物研究，始終被置於正統的國學之外，這一觀念與國風，極大地制約了中華博物學的發展。制約的結果如何？可以毫不誇張地説，直接阻礙了中國古代社會的歷史進程。

五、中華博物知多少，皓首難解千古謎

中華博物如繁星麗天，難以勝計，其中有諸多別樣博物，可稱之爲"黑科技"者，令人百思不得其解。如八十餘年前四川廣漢西北發現的三星堆古蜀文化遺址，距今約四千八百年至三千年左右，所在範圍非常遼闊，遠超典籍記載的成都平原一帶，此後不斷探索，不斷有新的發現，成爲 20 世紀人類最偉大的考古發現之一。該遺址内三種不同面貌而又連續發展的三期考古學文化，以規模壯闊的商代古城和高度發達的青銅文明爲代表的二期文化最具特點。二期文化中青銅器具占據主導地位，極爲神奇。衆多的青銅人頭象、青銅面具，千姿百態。還有舉世罕見的青銅神樹，該樹有八棵，最高者近 4 米，共分三層，樹枝上栖息有九隻神鳥，應是我國古籍所載"九日居下枝"的體現；斷裂的頂部，當有"一日居上枝"的另一神鳥，寓意九隻之外，另一隻正在高空當班。青銅樹三層

九鳥，與《山海經·海外東經》中所載"扶桑""若木""九日居下枝，一日居上枝"正同。上古時代，先民認爲天上的太陽是由飛鳥所背負，可知九隻神鳥即代表了九個太陽。其《南經》又曰："有木，其狀如牛，引之有皮，若纓、黃蛇。其葉如羅，其實如欒，其木若蘆，其名曰建木。"何謂"建木"？先民認爲"建木"具有通天本能，傳説中伏羲、黃帝等盡皆憑藉"建木"來往神界與人間。由《山海經》的記載可知，這神奇物又來源於傳統文化，大量青銅文化明顯地受到夏商文明、長江中游文明及陝南文明的影響。那些金器、玉器等禮器更鮮明地展現出華夏中土固有的民族色彩。如此浩大盛壯，如此神奇，這一古蜀國究竟是怎樣形成的？又是怎樣突然消失的？詩人李白在《蜀道難》中曾有絕代一問："蠶叢及魚鳧，開國何茫然？"意謂蠶叢與魚鳧兩位先帝，是在什麼時代開創了古蜀國？何以如此茫茫然令人難解？今論者續其問曰："開國何茫然，失國又何年？開失兩難知，千古一謎團。"三星堆的發掘并非全貌，僅占遺址總面積的千分之一左右，只是古蜀文化的小小一角而已，更有浩瀚的未知數，國人面臨的將是另一個陌生的驚人世界。中華民族襟懷如海，廣納百川，中外文化相容并包，故而博大精深。這些百思不得其解的神奇之物，向無答案，確屬於所謂"非科學性思考"，當代專家學者亦爲之拍案。"唯科學主義"面臨這些"黑科技"的挑戰，當然也絕難詮釋。以下再就已見出土，或久已傳世之實物爲例。上世紀80年代，臨潼始皇陵西側出土了兩乘銅車馬，其物距今已有兩千二百餘年，造型之豪華精美，被譽爲世界"青銅之冠"，姑且不論。兩輛車的車傘，厚度僅0.1～0.4厘米，一號車古稱"立車"或"戎車"，傘面爲1.12平方米，二號車傘面爲2.23平方米，而且皆用渾鑄法一次性鑄出，整體呈穹隆形，均勻而輕薄，這一鑄法迄今亦是絕技，無法超越。而更絕的是一號立車的大傘，看似遮風擋雨所用，實則充滿玄機，此傘的傘座和手柄皆爲自鎖式封閉結構，既可以鎖死，又可以打開，同時可以靈活旋轉180度，隨太陽的方位變化而變化，亦可取下插入野外，遮烈日，擋風雨，賞心隨意。令人尤爲稱奇的是，打開傘柄處的雙環插銷，傘柄與傘蓋可各獨立，傘柄就成了一把尖鋭的矛，傘蓋就成了盾，可攻可守。這一0.1～0.4厘米厚的盾，其抗擊力又遠勝今人的製造技術，令今人望塵莫及，故國際友人贊之爲罕見的"黑科技"。此外分存於西安與鎮江東西兩方的北宋石刻《禹迹圖》，尤爲奇異。此圖參閲了唐賈耽《海内華夷圖》，并非單純地反映宋代行政區劃及華夷之間的關係，而是上溯至《禹貢》中的山川、河流、州郡分布，下至北宋當世，已將經典與現實融爲一體。此圖長方約1平方米，宋朝行政區劃即達三百八十個之多，五個大湖，七十座山峰，更有蜿蜒數千里的長江、黃河等江川八十餘條；不祇是中原的地域，尚有與之接壤的大理、吐蕃、西夏、遼等區域，這些區域的山野江河亦有精準的繪製。作爲北宋時代的製圖人，即使能够遍踏域内、域外，也絶難僅憑一己的目力俯瞰全景。此圖由五千一百一十個小方格組成，每一小方格皆爲一百平方公里，所有城市、山野江河的大小距離，盡包容在這些格子裏，全部可以明確無誤地測算出來，其比例尺與今世幾無差異。如此細密精準，必須具有衛星定位之類的高科技纔能繪製出來，九百年前的宋人是憑藉什麽儀器完成的？此一《禹迹圖》較之秦陵銅車馬，更超乎想象，詭異神奇，故而英國學者李約瑟評之爲"世界上最神秘、最杰出的地圖"，美國國家圖書館將一幅19世紀據西安圖打製的拓本作爲館藏珍品。中國古代"黑科技"，又何止臨潼銅車馬與《禹迹圖》？

除却上述文獻記載與出土及傳世之物外，另一些則是實見於中華大地的奇特自然景觀，這些百思不得其解的神奇之物，散處天南海北，自古迄今，向無答案，亦屬於所謂"非科學性思考"，當代專家學者亦爲之拍案。"唯科學主義"面臨這些"黑科技"的挑戰，當然也絶難詮釋。我中華大地這些神奇之物，在當世尤應引起重視，國人必須迎接"超科技時代"的到來。如"應潮井"，地處南京市東紫金山南麓定林寺前。此井雖遠在深山之間，却與五公里外的長江江潮相應，江水漲則井水升，江水退則井水降，同處其他諸井皆無此現象。唐宋以來，已有典籍記載，如《江南通志·輿地志·江寧府》引唐段成式《酉陽雜俎》："蔣山有應潮井，在半山之間，俗傳云與江潮相應，嘗有破船朽板自井中出。"《景定建康志·山川志三·井泉》："應潮井在蔣山頭陁寺山頂第一峰佛殿後。《蔣山塔記》云：'梁大同元年，後閣舍人石興造山峰佛殿，殿後有一井，其泉與江潮盈縮增减相應。'"何以如此，自發現以來，已歷千載，迄今無解。以上的奇特之物，多有記載，名揚天下，而另一些奇物，却久遭冷落，默默無聞。如"靈通石"，亦稱"神石""報警石"，俗稱"猪叫石"。該石位於太行大峽谷林縣境内高家臺輝伏巖村。石體方正，紫紅色，裸露於地面約4立方米，高寬各3米，厚2米，象是一頭體積龐大的卧猪，且能發聲如猪叫。傳聞每逢大事（包括自然灾害、重大變革等）來臨之前，常常"鳴叫"不止，大事大叫數十天，小事則小叫數日，聲音忽高忽低，一次可叫百餘聲，百米之内清晰可聞。但其叫聲祇能現場聆聽，不可録音。何以如此怪異？同樣不得而知！中華博物浩浩洋洋，漫漫無涯，可謂無奇不有，作爲博物之學，亦必全力探究，這也正是中華博物學承担的使命。

六、中華博物學的研究範圍與狀況，新建學科的指嚮與體式如何？

中國當代尚未建立博物學會，也没有相應的報刊，人們熟知的則是博物院館，而博物院館的職責在於收藏、研究并展出傳世的博物，面對日月星辰、萬物繁衍以及先民生息起居等數千年的古籍記載（包括失傳之物），豈能勝任？中華博物全方位研究的歷史使命祇能由新興的博物學承擔。古老中華，悠悠五千載，博物浩茫，疑難連篇，實難解讀，而新興的博物學却不容迴避，必須做出回答。

本書指稱的博物，包括那些自然物，但并不限於對其形體、屬性的研究，體現了博物古學固有的格致觀念，且常常懷有濃厚的人文情結，可謂奥妙無窮，這又迥別於西方博物學。

如"天宇"，當做何解釋？在中國傳統文化中是與"宇宙"并存的稱謂，重在強調可見的天體和所有星際空間。前已述及，天體直徑可達930億光年以上，實際上可能遠超想象。這就出現了絕世難題：究竟何謂天體？天體何來？戰國詩人屈原在其《天問》篇中，曾連連問天："上下未形，何由考之？""馮翼惟象，何以識之？""明明闇闇，惟時何爲？"千古之問，何人何時可以作答？天宇研究在古代即甚冷僻，被稱爲"絕學"。中國是天宇觀測探索最爲細密的文明古國之一，天象觀測歷史也最爲悠遠，殷墟甲骨、《書》《易》諸經，盡有記載，而歷代正史又設有天文、曆律之類專志，皇家設有司天監之類專職機構，憑此"觀天象、測天意"，以決國策。於是，天文之學遂成諸學之首。天宇研究的主體是天空中的各種現象，這些現象又以各種星體的位置、明暗、形狀等的變化爲主，稱之爲星象。星象極其繁複，難以辨識。於是，在天空位置相對穩定的恒星就成爲必要的定位標志。在人們目力所及的範圍内，恒星數以千計，簡單命名仍不便查找和定位，我華夏先民又將天空劃分爲若干層級的區域，將漫天看似雜亂無章的恒星位置相近者予以組合并命名，這些組合的星群稱之爲星宿。古人視天上諸星如人間職官，有大小、尊卑之分，故又稱星官，因而就有了三垣二十八宿，成爲古天宇學最重要理論依據，這一理論西方天文學絕難取代。

再如古代類書中指稱的"蟲豸"，當代辭書亦少有確解。何謂"蟲豸"？舉凡當今動物學中的昆蟲綱、蛛形綱、多足綱，以及爬行動物中的綫形動物、扁形動物、環節動物、軟體動物中形體微小者，皆爲蟲豸之屬。蟲豸形雖微小，然其生存之久、種類之繁、分布之廣、形態之多、數量之巨，從生物、生態、應用、文化等角度，其意義和價值都大异於其他各類動物，或説是其他各類動物所不能比擬的。蟲豸之屬，既能飛於空，亦能游於水，既能潜於土，亦能藏於山，形態萬千，且各具靈性，情趣互异，故古代典籍遍見記叙，不僅常載於詩文，且多見筆記、小説中。先民又常憑藉其築穴或搬遷之類活動，以預測氣象變化或靈异别端，同樣展現了一幅具體生動的蟲文化畫卷，既有學術價值，又充滿趣味性。自《詩》始，就出現了咏蟲詩，其後歷代從蝶舞蟬鳴、蟻行蛇爬中得到靈感者代不乏人，或以蟲言志，或以蟲抒懷，或以蟲爲比，或以蟲爲興，甚至直以蟲名入於詞牌、曲牌，如僅蝴蝶就有“蝴蝶兒”“玉蝴蝶”“粉蝶兒”“蝶戀花”“撲蝴蝶”“撲粉蝶”等名類。唐歐陽詢《藝文類聚》收集有關蟬、蠅、蚊、蝶、螢、叩頭蟲、蛾、蜂、蟋蟀、尺蠖、螳、蝗等蟲類的詩、賦、贊等數量浩繁，後世仿其體例者甚多，如《事物紀原》《五雜俎》《淵鑑類函》《古今圖書集成·禽蟲典》等，洋洋大觀。不僅詩詞歌賦，在成語、俗語中，言及蟲豸者，亦不可勝數，如莊周夢蝶、蠑首蛾眉、金蟬脱殻、螳螂捕蟬、螳臂當車、蚍蜉撼樹、作繭自縛、飛蛾撲火（詞牌名爲“撲燈蛾”）等；不僅見諸歷代詩文，今世辭章以蟲爲喻者，仍沿襲不衰，如以蝸喻居、以蝶喻舞、以蟬翼喻輕薄、以蛇蠍喻狠毒等，比比皆是，不勝枚舉。

本博物學所指稱博物又包括了人類社會生活的各方面、領域，自史前達於清末民初，有的則可直達近現代，至巨至微，錯綜複雜。而對於某一具體實物，必須從其初始形態、初始用途的探討入手，而後追逐其發展演變過程，這樣纔能有縱横全面的認定，從而作出相應的結論，這正是新興博物學的使命之一。今僅就我中華民族時有關涉者予以考釋。今日，國人對於古代社會生活實在太過陌生，現當代權威工具書所收録的諸多重要的常見詞目，常常不知其由來，遭致誤導。如“祭壇”一詞，《漢語大詞典·示部》釋文曰：

> 祭壇：供祭禮或宗教祈禱用的臺。劉大傑《中國文學發展史》第一章三：“無論藝術哲學都得屈服於宗教意識之下，在祭壇下面得着其發展生命了。”艾青《吹號者》詩：“今日的原野呵，已用展向無限去的暗緑的苗草，給我們布置成莊嚴的祭壇了。”亦指上壇祭祀。侯寶林《改行》：“趕上皇上齋戒忌辰，或是皇上出來祭壇，你都得歇工（下略）。”

以上引用的三個書證全部是現代漢語，檢索此條的讀者可能會認定“祭壇”乃無淵源的新興詞，與古漢語無關。豈不知《晋書·禮志下》《舊唐書·禮儀志三》《明史·崔亮傳》

諸書皆有"祭壇"一詞，又皆爲正史，并不冷僻。《漢語大詞典》爲證實"祭壇"一詞的存在，廣予網羅，頗費思索，連同侯寶林的相聲也用作重要書證。侯氏雖被贊爲現代語言大師，但此處的"祭壇"，并非"供祭禮或宗教祈禱用的臺"，"祭"與"壇"爲動賓語結構，并非名詞，不足爲據。還應指出，"祭壇"作爲人們祭祀或祈禱所用實體的臺，早在史前即已出現，初始之時不過是壘土爲臺罷了。

此外，直接關涉華夏文化傳播形式的諸多博物更是大異於西方。如"文具"初稱"書具"，其稱漢代大儒鄭玄在《禮記·曲禮上》注中已見行用。千載之後，宋人陶穀《清異錄·文用》中始用"文具"一詞。文具泛指用於書寫繪畫的案頭用具及與之相應的輔助用具。國人憑藉這些文具，創造了最具特色的筆墨文化、筆墨藝術，憑藉這些文具得以描述華夏五千載的燦爛歷史。中華傳統文具究有多少？國人最爲熟悉的莫過於"文房四寶"，實際又何止"文房四寶"？另有十八種文房用具，定名爲"十八學士"，宋代林洪曾仿唐韓愈《毛穎傳》作《文房職方圖贊》(簡稱《文房圖贊》，即逐一作圖爲之贊)。實際上遠超十八種，如筆筒、筆插、筆捵、筆洗、墨水匣、墨床、水注、水承、水牌、硯滴、硯屏、印盒、帖架、鎮紙、裁刀、鉛槧、算袋、照袋、書床、筆擱、高閣，等等，已達三十種之多。

"文房四寶""十八學士"之類中華獨具的傳統文化，今國人熟知者已不甚多，西方博物又何從涉及？何可包容？

七、新興博物學的表述特點，其古今考辨的啓迪價值

當代新興博物學所展現的是中華博物本身的生衍變化以及其同物异名、同名异物等，其主旨之一在於探尋我古老的中華民族的真實歷史面貌，温故知新，從而更加熱爱我们偉大的中華文明。

偉大的中華民族，在歷史上産生过許多杰出的思想觀念，比如，我中華民族風行百代的正統觀念是"君爲輕，民爲本，社稷次之"(見《孟子·盡心下》)，這就是强调人民高於君王，高於社稷(猶"國家")，人民高於一切！古老的中華正統對人民如此愛護，如此尊崇，在當今世界也堪稱難得。縱觀朝代更迭的全部歷史可知，每朝每代總有其興起及消亡的過程，有盛必有衰。在這部《通考》中，常有實例可證，如有關商代都城"商邑"的

記載，就頗具代表性。試看，《詩·商頌·殷武》："商邑翼翼，四方之極。"鄭玄箋："極，中也。商邑之禮俗翼翼然……乃四方之中正也。"孔穎達疏："言商王之都邑翼翼然，皆能禮讓恭敬，誠可法則，乃爲四方之中正也。"《詩》文謂商都富饒繁華，禮俗興盛，足可爲全國各地的學習楷模。"禮俗"在上古的地位如何？《周禮·天官·大宰》曰："以八則治都鄙：一曰祭祀，以馭其神……六曰禮俗，以馭其民。"這是説周代統治者以禮俗馭其民，如同以祭祀馭鬼神一樣，未敢輕忽怠慢，禮俗之地位絶不可等閑視之。古訓曰："倉廩實而知禮節，衣食足而知榮辱。"（見《史記·管晏列傳》）此處的"禮節"是禮俗的核心内容，可見禮俗源於"倉廩實"。"倉廩實"展現的是國富民强，而國富民强，必重禮俗，禮俗展現了國家的面貌。早在三千年前的商代，已如此重視禮俗。"商邑翼翼"所反映的是上古時期商都全盛時期的繁華昌明，其後歷代亦多有可以稱道的興盛時期，如"漢武盛世""文景盛世"、唐"貞觀盛世""開元盛世"、宋"嘉祐盛世"、明"永宣盛世"、清"康乾盛世"等，其中更有"夜不閉户，路不拾遺"的佳話。盛世總是多於亂世，或曰温飽時代總是多於飢寒歲月。唐代興盛時期，君臣上下已萌生了甚爲隨和的禮儀狀態，不喜三拜九叩之制，宋元還出現了"衣食父母"之類敬詞（見宋祝穆《古今事物類聚别集》卷二〇、元關漢卿《竇娥冤》第二折），這正體現了"王者以民爲天，民以食爲天"（見《漢書·酈食其傳》）的傳統觀念。中國歷史上的黎民百姓并非一直生活在水深火熱之中，在漫長的歲月中也常有温飽寧静的生活，因而涌現了諸多忠心報國的詩詞。如"但使龍城飛將在，不教胡馬度陰山"（唐王昌齡《出塞二首》之一）；"忘身辭鳳闕，報國取龍庭"（王維《送趙都督赴代州得青字》）；"僵卧孤村不自哀，尚思爲國戍輪臺"（宋陸游《十一月四日風雨大作》）；"奇謀報國，可憐無用，塵昏白羽"（宋朱敦儒《水龍吟·放船千里凌波去》）。

久已沉淪的傳統博物學今得重建，可藉以知曉我中華兒女擁有的是何樣偉大而可愛的祖國！偉大而可愛的祖國，江山壯麗，蘭心大智，光前裕後，莘莘學子尤當珍惜，尤當自豪！回眸古典博物學的沉淪又可確知，鴉片戰争給中華民族帶來的是空前的傷害，不衹是漢唐氣度蕩然無存，國勢極度衰微，最爲可怕的是傷害了民族自信，爲害甚烈。傷害了民族自信，則必會輕視或否定傳統文化，百代信守的忠義觀念、仁義之道，必消失殆盡，代之而來的則是少廉寡恥，爾虞我詐，以崇洋媚外爲榮，這一狀況久有持續，對青少年的影響尤甚，怎不令人痛心！時至當代，正全力弘揚中華優秀傳統文化，全力推行科技創新，踔厲奮發，重振國風，這又怎不令人慶幸！

新興博物學在展現中華博物本身的生衍變化進而展現古代真切的社會生活之外，又展現了一種獨具中華風采的文化體系。如常見語詞"揚州瘦馬"，其來歷如何？祇因元馬致遠《天净沙·秋思》中有"西風古道瘦馬"之句。自 2008 年山西呂梁市興縣康寧鎮紅峪村發現元代壁畫墓以來，其中的一首《西江月》小令："瘦藤高樹昏鴉，小橋流水人家，古道西風瘦馬，夕陽西下，已獨不在天涯。"在學界引發了關於《天净沙·秋思》的爭論熱議。由《西江月》小令聯想元代的另一版本："瘦藤老樹昏鴉，遠山流水人家，古道西風瘦馬，夕陽西下，斷腸人去天涯。"於是有學人又認爲此一"瘦馬"當指"揚州藝妓"，意謂形單影隻的青樓女子思念遠赴天涯的情郎——"斷腸人"，但這小令中的"瘦馬"之前，何以要冠以"古道西風"四字？則不得而知。通行本狀寫天涯游子的冷落凄凉情景，堪稱千古絕唱，無可置疑。那麼何以稱藝妓爲"瘦馬"？"瘦馬"一詞，初見於唐白居易《有感》詩三首之二："莫養瘦馬駒，莫教小妓女。後事在目前，不信君看取。馬肥快行走，妓長能歌舞。三年五年間，已聞換一主。"金董解元《西廂記諸宮調》中的《仙呂·賞花時》又載："落日平林噪晚鴉，風袖翩翩吹瘦馬。"此處的"瘦馬"無疑確指藝妓。稱妓女爲人人可騎的馬，後世又稱之爲"馬子"，是一種侮辱性的比擬。何以稱"瘦"？在中國古代常以"瘦"爲美，"瘦"本指腰肢纖細，故漢民歌曰："楚王好細腰，宮中多餓死。""細腰"強調的是苗條美麗。"好細腰"之舉，在南方尤甚，揚州的西湖所以稱之爲"瘦西湖"，不祇是因其狹長緊連京杭大運河，實則是因湖邊楊柳依依，芳草萋萋，又有荷花池、釣魚臺、五亭、二十四橋，美不勝收，較之杭州西湖有一種別樣的美麗。國人何以推崇揚州？《禹貢》劃定九州之中就有揚州，今之揚州已有兩千五百餘年的歷史。其主城區位於長江下游北岸，可追溯至公元前 486 年。春秋時期，吳王夫差在此開鑿了世界最早的運河——邗溝，建立邗城，孕育了唯一與邗溝同齡的運河城；因水網密布，氣候温潤，公元前 319 年，楚懷王熊槐在此建立廣陵城（今揚州仍沿稱"廣陵"），遂成爲中華歷史名城之一。此後歷經魏晋等朝代多次重修，至隋文帝開皇九年（589），廣陵改稱揚州。揚州除却政治地位顯赫之外，又是美女輩出之地，歷史上曾有漢趙飛燕、唐上官婉兒及南唐風流帝王李煜先後兩任皇后周薔、周薇，號稱"四大美女"。隋煬帝楊廣又在此開鑿大運河，貫通至京都洛陽旁連涿郡，藉此運河三下揚州，尋歡作樂。時至唐代，揚州更是江河交匯，四海通達，成爲全國性的交通要衝，故有"故人西辭黃鶴樓，煙花三月下揚州。孤帆遠影碧空盡，唯見長江天際流”的著名詩篇（唐李白《黃鶴樓送孟浩然之廣陵》，今之揚州已遠離長江）。揚州在唐代是除却長安之外的最爲繁華的大都會，商旅雲聚，青樓大興，成爲文壇才士、豪門公子醉生夢死之地。唐王建《夜看揚州市》詩贊曰：“夜市千燈照碧雲，高樓紅袖客紛紛。”詩人杜牧《遣懷》更有名作：“落魄江湖載酒行，楚腰纖細掌中輕。十年一覺揚州夢，贏得青樓薄幸名。”此“楚腰纖細掌中輕”之用典，即直涉楚靈王好細腰與趙飛燕的所謂“掌中舞”兩事。杜牧憑藉豪放而婉約的詩作，贏得百世贊頌，此詩實是一種自嘲、以書懷才不遇之作，却曾遭致史家“放浪薄情”的詬病。大唐之揚州，確是令人嚮往，令人心醉，故而詩人張祜有“人生只合揚州死”（見其所作《縱游淮南》）之感嘆。元代再度大修的京杭大運河弃洛陽直達北京，揚州之地位愈加顯赫。總之，世界這一最古最長的大運河歷代修建，始終離不開揚州。時至明清，揚州經濟依然十分繁盛，仍是達官貴人喜於擇居之地，兩淮鹽商亦集聚於此，富甲一方，由此振興了園林業、餐飲業，娛樂中的色情業也應運而生，養“瘦馬”就是其中的一種，一些投機者低價買進窮苦人家的美麗苗條幼女，令其學習言行禮儀、歌舞繪畫及其他媚人技能技巧，而後以高價賣至青樓或權貴豪門，大發其財。除却“揚州瘦馬”之外，又催生了著名的“揚州八怪”，文化藝術色彩愈加分明。

　　“揚州瘦馬”本是一種當被摒弃的陋習，不足爲訓，但這一陋習所反映出的却是關聯揚州的一種别樣的文化，反映了揚州古今社會的經濟發展與變化，這當然也是西方博物學替代不了的。

結　語

　　綜上所述可知，中華博物學是學術研究中的另一方天地，無可替代，必須重建，且勢在必行。如何重建？如何展現我中華博物獨有的神貌？答曰：中華博物絶非僅指博物館的收藏物，必須是全方位的，無論是宮廷裏，無論是山野間，無論是人工物，無論是天然品，無論是社會中，無論是自然界裏，皆應廣予收録考釋。考釋的主旨，乃探索我中華浩浩博物的淵源、流變。此一博物學甚重“物”的形體、屬性及其淵源流變，同時又關注其得名由來，重視兩者間的生衍關係。通常而言（非通常情況當作别論），在人類社會中有其物必當有其名，有其名亦必有其物。此外，更有同物異名，或同名異物之别。探究“物”本體的淵源流變并釐清名物關係，這就是中國古典博物學的使命，這也正是最爲嚴密的格物致知，也正是最爲嚴肅的科學體系。但中國古典博物學，又必須體現《博物記》以還的國學傳統，必須體現博大的天人視野及民胞物與情懷，有助於我中華的再度振起，乃至於世界的安寧和諧。而那些神怪虛無之物，則不得納入新的博物學中，祇能作爲附錄以備考。如何具體裁定，如何通盤布局，并非易事，遠超想象。因我中華民族是喜愛并嚮往神話的古老民族，又常常憑藉豐富的想象對某種博物作出判斷與解讀，判斷與解讀的結果，除却導致無稽的荒誕之外，又時或引發別樣的思考，常出乎人們的所料，具有別樣的價值。如水族中的“比目魚”，亦稱“王餘魚”“兩魪”“拖沙魚”“鞋底魚”“板魚”“箬葉”，俗稱“偏口魚”，爲鰈形目魚類之古稱。成魚身體扁平而闊，兩眼移於頭的另一端，習慣於側卧，朝上的一面有顏色鮮明的眼睛，朝下一面似無眼睛，先民誤以爲祇有一眼，必須相互比并而行。此一判斷與解讀，始自漢代《爾雅・釋地》：“東方有比目魚焉，不比不行。”郭璞注：“狀似牛脾……一眼，兩片相合乃得行。今水中所在有之，江東又稱爲王餘魚。”事過千載，直至明代李時珍《本草綱目》問世，盡皆認定比目魚僅有一隻眼，出行必須各藉他魚另一眼（見《本草綱目・鱗四・比目魚》）。傳統詩文中用比目魚以比喻形影不離的情侶或好友，先民爭相傳頌，百代不休，直至 1917 年徐珂的《清稗類鈔》問世，始知比目魚兩眼皆可用，不必兩兩并游（《清稗類鈔・動物篇》）。古人憑藉想象，又認爲尚有與比目魚相對應的“比翼鳥”，見於《爾雅・釋地》：“南方有比翼鳥焉，不比不飛。”這一“比翼鳥”，僅一目一翼，須雌雄并翼飛行，如同比目魚一樣，亦用以比喻形影不離的情侶或好友。“比目魚”“比翼鳥”之類虛幻者外，後世又派生了所謂“連理枝”，著名詩作有唐白居易《長恨歌》曰：“在天願爲比翼鳥，在地願爲連理枝。”何謂“連理枝”？“連理枝”是指自然界中罕見的偶然形成的枝和幹連爲一體的樹木。“連理枝”之外，又出現了“并蒂蓮”之類。“并蒂蓮”亦稱“并頭蓮”“合歡蓮”等，是指一莖生兩花，花各有蒂，蒂在花莖上連在一起的蓮花。這種“連理枝”“并蒂蓮”，難以納入下述的世界通行的階元系統，也難依照林奈創立的雙名命名法命名，但却又是一種不可忽視的實物，是大自然所形成的另一種奇妙的實物。此一“并蒂蓮”如同“比目魚”“連理枝”一樣，亦用以喻情侶或好友，同樣廣見於傳統詩文。歲月悠悠，始於遠古，達於近世，先民對於我中華博物的無限想象以及與之并行的細密觀察探索，令人嘆爲觀止，凡天地生靈、袞袞萬物，無所不及，超乎想象，從而構成了一幅文明古國的壯闊燦爛畫卷。

　　這當是歷經百年沉淪、今得復蘇的我國傳統的博物學，這當是重建的嶄新的全方位的中華博物學。

　　中華博物學除却遵循發揚傳統的名物學、訓詁學、考據學及近世的考古學之外，也廣泛汲取了當代天文、地理、生物、礦物、農學、醫學、藥學諸學的既有成就，其中動植物的本名依照世界通行的階元系統，分爲界、門、綱、目、科、屬、種七類。又依照瑞典卡爾·馮·林奈（瑞文Carl von Linné）創立的雙名命名法命名。"連理枝""并蒂蓮""比目魚""比翼鳥"之屬旁及龍、鳳、麒麟、貔貅等傳説之物，則作爲附録，劃歸相應的動物或植物卷中。這樣的研究章法，這樣的分類與標注，避免了傳統分類及形狀描述的訛誤或不確定性，即可與國際接軌。綜合古今中外，論者認爲《中華博物通考》的研究主體，可劃歸三十六大類，依次排列如下：

　　《天宇》《氣象》《地輿》《木果》《穀蔬》《花卉》《獸畜》《禽鳥》《水族》《蟲豸》《國法》《朝制》《武備》《教育》《禮俗》《宗教》《農耕》《漁獵》《紡織》《醫藥》《科技》《冠服》《香奩》《飲食》《居處》《城關》《交通》《日用》《資産》《珍奇》《貨幣》《巧藝》《雕繪》《樂舞》《文具》《函籍》。

　　存史啓智，以文育人，乃我中華千載國風。新時代習近平總書記甚重民族自信、文化自信，極力倡導"舊邦新命"，明確指出要"盛世修文"，怎不令人振奮，令人鼓舞！今日，我輩老少三代前後聯手、辛苦三十餘載、三千餘萬言的皇皇巨著——《中华博物通考》欣幸面世，并得到國家出版基金資助。這就昭示了沉淪百載的中華傳統博物學終得復蘇，這就是重建的全新中華博物學。"舊邦新命""盛世修文"，重建博物學，旨在賡續中華文脉，發揚優秀傳統文化，汲取生生不息的精神力量，再現偉大民族的深邃智慧，展我生平志，圓我強國夢！

張述鋅

乙丑夾仲首書於山東師範大學映月亭

甲辰南呂增補於歷下龍泉山莊東籬齋

總　說

——漫議重建中華博物學的歷史意義與現實價值

緣　起

《中華博物通考》(下稱《通考》)是一部通代史論性的華夏物態文化專著，係"九五""十五""十四五"國家重點出版物專項規劃項目，并得到 2020 年度國家出版基金資助。全書共三十六卷，另有附錄一卷，其中有許多卷又分上下或上中下，計有五十餘册，逾三千萬字。《通考》的編纂，擬稿於 1990 年夏，展開於 1992 年春，迄今已歷三十餘載，初始定名爲《中華博物源流大典》，原分三十二門類(即三十二卷)。此後，歷經斟酌修補，終成今日規模。三十餘載矣，清苦繁難，步履維艱，而大江南北，海峽兩岸，衆多學人，三代相繼，千里聯手，任勞任怨，無一退縮，何也？因本書關涉了古老國度學術發展的重大命題，足可爲當今社會所藉鑒，作者們深知自家承擔的是何樣的重任，未敢輕忽，未敢怠慢。

何謂中華物態文化？中華物態文化的研究主體就是中華浩博實物。其歷史若何？就文字記載而言，中華物態文化史應上溯於傳說中的三皇五帝時期，隸屬於原始社會。"三皇五帝"究竟爲何人，我國史家多有不同見解，大抵有三説：一曰"人間君主説"，"三皇"分别指天皇、地皇、人皇，"五帝"分别指炎帝烈山氏、黄帝有熊氏、顓頊高陽氏、帝堯陶唐氏和帝舜有虞氏；二曰"開創天下説"，三皇分別指有巢氏、燧人氏、伏羲氏，"五帝"分別指炎帝烈山氏、黄帝有熊氏、顓頊高陽氏、帝堯陶唐氏和帝舜有虞氏；三曰"道治德化説"，認爲"三皇以道治，五帝以德治"，"三皇"是遠古三位有道的君主，分別指太昊伏羲氏、炎帝神農氏及黄帝軒轅氏，五帝則是少昊金天氏、顓頊高陽氏、帝嚳高辛氏、帝堯陶唐氏和帝舜有虞氏。有關三皇五帝的組合方式，典籍記載亦不盡相同，大抵有四種，在此不予臚列。"三皇五帝"所處時間如何劃定，學界通常認爲有巢、燧人、伏羲屬於舊石器時代，有巢、燧人爲早期，伏羲爲晚期，其餘皆屬新石器時代，炎帝、黄帝、少昊、顓頊等大致同時，屬仰韶文化後期和龍山文化早期。"三皇五帝"後期，已萌生并逐步邁進文明史時代。

　　中華文明史，國際上通常認定爲三千七百年（主要以文字的誕生與城邑的出現等爲標志），國人則認定爲逾五千年，今又有九千年乃至萬年之説。後者可以上溯至新石器時代，如隸屬裴李崗文化的河南省舞陽縣賈湖村出土了上千粒碳化稻米，約有九千年歷史，是世界最早的栽培粳稻種子。經鑒定其中百分之八十以上不同於野生稻，近似現代栽培稻種，可證其時已孕育了農耕文化。其中發現的含有稻米、山楂、葡萄、蜂蜜的古啤酒也有九千年以上的歷史，可證其時已掌握了釀造術。賈湖又先後出土了幾十支骨笛，也有七千八百年至九千年的歷史，其中保存最爲完整者，可奏出六聲音階的樂曲，反映了九千年前，中華民族已具有相當高度的生產力與創造力、具有相當高度的文化藝術水準與審美情趣。有美酒品嘗，有音樂欣賞，彼時已知今人所稱道的"享受生活"，當非原始人所能爲。賈湖遺址的發現并非偶然，近來上山文化晚期浙江義烏橋頭遺址，除却出土了古啤酒之外，又發現諸多彩陶，彩陶上還繪有伏羲氏族所創立的八卦圖紋飾，故而國人認爲這一時期中華文明已開始形成，至少連續了九千載。中華文明的久遠，當爲世界四大文明古國之首，徹底否定了中華文明西來之説。九千載之説雖非定論，却已引起舉世關注。此外，江西省上饒市萬年縣大源鄉仙人洞遺址發現的古陶器則產生於一萬九千至兩萬年前，又遠超前述的出土物的製作時間。雖有部分學界人士認爲仙人洞遺址隸屬於舊石器遺址，并未進入文明時代，但其也足可證中華博物史的久遠。

一、何謂"博物"與《中華博物通考》? 《通考》的要義與章法何在?

何謂"博物"? "博物"一詞,首見於《左傳·昭公元年》:"晋侯聞子産之言,曰:
'博物君子也。'"其他典籍也時有記載,如《漢書·楚元王傳贊》:"自孔子後,綴文之
士衆也,唯孟軻、孫況、董仲舒、司馬遷、劉向、揚雄此數公者,皆博物洽聞,通達古
今。"《周書·蘇綽傳》:"太祖與公卿往昆明池觀魚,行至城西漢故倉地,顧問左右莫有知
者。或曰:'蘇綽博物多通,請問之。'"以上"博物"指博通諸種事物,一般釋爲"知識
淵博"。此外,《三國志·魏書·國淵傳》:"《二京賦》博物之書也,世人忽略,少有其師
可求。"唐釋玄奘《大唐西域記·摩臘婆國》:"昔此邑中有婆邏門,生知博物,學冠時彦,
内外典籍,究極幽微,曆數玄文,若視諸掌。"明王禕《司馬相如解客難》:"借曰多識博
物,賦頌所託,勸百而風一。"這些典籍所載之"博物",即可釋爲今義之"浩博實物"。
這一浩博實物,任一博物館盡皆無法全部收藏。本《通考》指稱的"博物"既可以是天然
的,也可以是人工的;既可以是静態的,也可以是動態的;既可以是斷代的,也可以是歷
時的,是古今并存,巨細俱備,時空縱横,浩浩蕩蕩,但必須是我中華獨有,或是中土化
的。研究這浩蕩博物的淵源流變以及同物異名或同名異物之著述即《博物通考》,而爲與
西方博物學相區别,故稱之爲《中華博物通考》。

在中國古代久有《皇覽》《北堂書鈔》等類書、《儒學警語》《四庫全書》等叢書以及
《爾雅》《説文》等辭書,所涉甚廣,却皆非傳統博物典籍。本書草創之際,唯有《中國學
術百科全書》《中華百科全書》《中國大百科全書》之類風行於世,這類百科全書亦皆非博
物學專著。專題博物學著作甚爲罕見,僅有今人印嘉祥《物源百科辭書》,俞松年、毛大
倫《生活名物史話》,抒鳴、鋭鏵《世界萬物之由來》等幾種,多者收詞約三千條,少者
僅一百八十餘款,或洋洋灑灑,或鳳毛麟角,各有千秋,難能可貴。《物源百科辭書》譽
稱"我國第一部物源工具書"(見該書序),此書中外兼蓄,虚實并存,堪稱廣博,惜略顯
雜蕪。本《通考》則另闢蹊徑,别有建樹,可稱之爲當代第一部"中華古典博物學"。

《通考》甚重對先賢靈智的追踪與考釋。中華民族是滿富慧心的偉大民族,極善觀察
探索,即使一些不足挂齒的微末之物也未忽視,且載於典籍,十分翔實生動。如對常見的
鳥類飛行方式即有以下描述:鳥學飛曰翎,頻頻試飛曰習,振翅高飛曰翥,向上直飛曰
翀,張翼扶揺上飛曰羿,鳥舒緩而飛、不高不疾曰翖、曰翂,快速飛行曰翲,水上飛行曰

㹸，高飛曰翰，輕飛曰翩，振羽飛行曰翻，等等，不一而足。如此細密的觀察探隱，堪稱世界之最，令人嘆服！而關於禽鳥分類學，在中國古代也有獨到見解。明代李時珍所著《本草綱目》已建立了階梯生態分類系統，將禽鳥劃分爲水禽、原禽、林禽、山禽等生態類別，具有劃時代意義。這一生態分類法較瑞典生物學家林奈的《自然系統》（第十版）中的分類要早一百六十餘年，充分展示了我國古代鳥類分類學的輝煌成就，駁正了中國傳統生物學一貫陳腐落後的舊有觀念。此外，那些目力難及、浩瀚的天體，也盡在先民的觀察探索之中，如關於南天極附近的星象，遠在漢代即有記載。漢武帝元鼎六年（公元前 111），滅南越國，置日南九郡事，《漢書》及顏注、酈道元《水經注》有關 "日南" 的定名中皆有詳述，而西方於 15 世紀始有發現，晚中國一千四百餘年。再如，關於太陽黑子，在我國漢代亦有記載，《漢書・五行志》載："日黑居仄，大如彈丸。"其後《晉書・天文志中》亦載："日中有黑子、黑氣、黑雲。"而西方於 17 世紀始有發現，晚於中國一千六百餘年。惜自清朝入關之後，對於中原民族，對於漢民族長期排斥壓抑，致使靈智難展，尤其是中後期以來的專制國策，遭致國弱民窮，導致久有的科技一蹶不振，於是在列強的視野下，中華民族變成了一個愚昧的 "劣等" 民族。受此影響，一些居留國外或留學國外的學人，亦曾自卑自弃，本書《導論》曾引胡適的評語：中華民族是 "又愚又懶的民族"，是 "一分像人，九分像鬼的不長進民族"（見胡適《介紹我自己的思想》，1930年 12 月亞東圖書館初版《胡適文選》自序）。本《通考》有關民族靈智的追蹤考索，巨細無遺，成爲另一大特點。

　　《通考》遵從以下學術體系：宗法樸學，不尚空論，既重典籍記載，亦重實物（包括傳世與出土文物）考察，除却既有博物類專著自身外，今將博物研究所涉文獻歸納爲十大系統：一曰史志系統，即史書中與紀傳體并列，所設相對獨立的諸志。如《禮樂志》《刑法志》《藝文志》《輿服志》等，頗便檢用。二曰政書類書系統。重在掌握典制的沿革，廣求佚書異文。三曰考證系統。如《古今注》《中華古今注》《敬齋古今黈》等，其書數量無多，見重實物，頗重考辨。四曰博古系統。如《刀劍錄》《過眼雲煙錄》《水雲錄》《墨林快事》等，這些可視爲博物研究散在的子書，各有側重，雖常具玩賞性，却足資藉鑒。五曰本草系統。其書草木蟲魚、水土金石，羅致廣博，雖爲藥用，已似百科全書。六曰注疏系統。爲古代典籍的詮釋與發揮。如《易》王弼注、《詩》毛亨傳、《史記》裴駰集解、《老子》魏源本義、《楚辭》王夫之通釋、《三國志》裴松之注、《水經》酈道元注、《世說新語》

劉孝標注等。七曰雅學系統、許學系統，或直稱之爲訓詁系統，其主體就是名物研究，後世稱爲“名物學”。八曰異名辨析系統。已成爲名物學的獨立體系。如《事物異名》《事物異名録》等，旨在同物異名辨析。九曰説部系統。包括了古代筆記、小説、話本、雜劇之類被正統學者輕視的讀物，這是正統文化之外，隱逸文化、民間文化的淵藪，一些世俗的衣、食、住、行之類日常器物，多藉此得見生動描述。十曰文物考古系統，這是博物研究中至爲重要的最具震撼力的另一方天地，因爲這是以歷代實物遺存爲依據的，足可印證文獻的真僞、糾正其失誤，多有創獲。

二、《通考》内容究如何，今世當作何解讀?

《通考》内容極爲豐富，所涉範圍極廣，古今上下，時空縱横，實難詳盡論説，今略予概括，主要可分兩大方面，一爲自然諸物，二爲社科諸物，兹逐一分述如下:

（一）自然諸物:包括了天地生殖及人力之外的一切實體、實物，浩博無涯，可謂應有盡有。

如“太陽”“月亮”，在我中華凡是太空中的發光體（包括反射光體）皆被稱爲“星”，因此漢語在吸納現代天文學時，承襲了這一習慣，將“太陽”這類自身發光的等離子物體命名爲恒星。《天宇卷》研究的主體就是天空中的各種星象。星象就是指各種星體的位置、明暗、形狀等的變化。星象極其繁複，難以辨識。於是，在天空中位置相對穩定的恒星就成爲必要的定位標志。在人們目力所及的範圍内，恒星數以千計，先民將漫天看似雜亂無章的恒星位置相近者予以組合并命名，這些組合的星群稱之爲星宿，因而就有了三垣二十八宿之説。在远古難以對宇宙進行深入探索的時代，先民未能建立起完整的天體概念，也不知彼此的運動關係，僅憑藉直感認知，將所見的最强發光體——“太陽”本能地給予更多的關注，作出不同於西方的別樣解釋。視太陽爲天神，太陽的出没也被演繹成天神駕車巡游，而夸父追日、后羿射日等典故，則承載了諸多遠古信息。先民依據太陽的陰陽屬性、形體形象、光熱情况、時序變化、神話傳説及俗稱俗語等特點，賦予了諸多別名和異稱，其數量達一百九十餘種，如“陽精”“丙火”“赤輪”“扶桑”“東君”“摩泥珠”等，可見先民對太陽是何等的尊崇。對人們習見的“月亮”，《天宇卷》同樣考釋了其異名別稱及其得名由來。今知月亮异名別稱竟達二百二十餘種，較之“太陽”所收尤爲宏富。如

"太陰""玉鏡""嬋娟""姮娥""顧兔""桂影""玉蟾蜍""清凉宫"，等等。而關於"月亮"的所見所想，所涉傳聞佳話，連綿不絶，超乎所料。掩卷沉思，無盡感慨！中華民族是一個明潔温婉、追求自由、嚮往和平、極具夢想的偉大民族。愛月、咏月、賞月、拜月，深情綿綿，與月亮別有一番不解之緣！饒有趣味者，爲東君太陽神驅使六龍馭車的羲和，如同爲太陰元君駕車的望舒一樣，竟也是一位女子，可見先民對於女性的信賴與尊崇。何以如此？是母系社會的遺風流韵麼？不得而知！足證《通考》探討"博物"的意義并不衹在"博物"自身，而是關乎"博物"所承載的傳統文化。

再如古代出現的"雪""雹"之類，國人多認定與今世無多大差異，實則不然。《氣象卷》收有"天山雪""陰山雪""燕山雪""嵩山雪""塞北雪""南秦雪""秦淮雪""廬山雪""嶺南雪""犬吠雪"(偏遠的南方之雪。因犬見而驚吠，故稱)，等等，這些雪域不衹在長城内外，又達於大江南北，可謂遍及全國各地，令人眼界大開。這些雪域的出現，又并非遠古間事，所見文字記載盡在南北朝之後，而"嶺南雪"竟見於明清時期，致使今人難以置信。若就人們對雪的愛惡而言，有"瑞雪""喜雪""灾雪""惡雪"；若就雪的屬性而言，有"乾雪""濕雪""霧雪""雷雪"；若就降雪時間長短而言，有"連旬雪""連二旬雪""連三旬雪""連四旬雪"；若就雪的危害而言，有"致人凍死雪""致人相食雪"等，不一而足。此外，雪另有色彩之別，本卷收有"紅雪""綠雪""褐雪""黑雪"諸文，何以出現紅、綠、褐、黑等顔色？這是由於大地上各類各色耐寒的藻類植物被捲入高空，與雪片相遇，從而形成不同色彩。對此，先民已有細微觀察，生動描述，但未究其成因。1892年冬，意大利曾有漫天黑雪飄落，經國際氣象學家研究測定，此一現象乃是高空中億萬針尖樣小蟲，在飛翔時與雪片粘連所致。這與藻類植物被捲入高空，導致顔色的變幻同理。或問，今世何以不見彩色之雪？因往昔大地之藻類及針尖樣小蟲，由於生態環境的破壞而消失殆盡。就氣象學而言，古代出現彩雪，是正常中的不正常，現代衹有白雪，則是不正常中的正常。本卷中有關雹的考釋，同樣頗具情趣，十分精彩。依雹的顔色有"白色雹""赤色雹""黑色雹""赤黑色雹"，依形狀有"杵狀雹""馬頭狀雹""車輪狀雹""有柄多角雹"，依長度有"長徑尺雹""長尺八雹"，依重量有"重四五斤雹""重十餘斤雹"，依危害則有"傷禾折木雹""擊殺鳥雀雹""擊殺獐鹿雹""擊死牛馬雹""壞屋殺人雹"等，這些記載并非出自戲曲小説，而是全部源於史書或方志，時間地點十分明確，毋庸置疑。古今氣象何以如此不同？何以如此反常？衹嘆中國古代的科研體系多注重對現象的觀察，而不求其成因，祇是將以上現象置於史志之中，予以記載而已。本《通考》對中華"博物"的考辨，不祇是展現了大自然的原貌、大自然的古今變幻，而且也提供了社會的更迭興替和民生的禍福起落等諸多耐人尋味的思考。

另如，《水族卷》中收有棘皮動物"海參"，其物在當代國人心目中，是難得的美味佳餚和滋補珍品。《水族卷》還原其本真面貌，明確指出海參爲海洋動物中的棘皮動物門，海參綱之統稱，而後依據古代典籍，考證其物及得名由來：三國吳沈瑩《臨海水土異物志》："土肉，正黑，如小兒臂大，中有腹，無口目……炙食。"其時貶稱"土肉"，祇是"炙食"而已。既貶稱爲"土"，又止用於燒烤而食，此即其初始的"身份""地位"，實是無足稱道。直至明代謝肇淛《五雜俎·物部一》中，始見較高評價，并稱其爲"海參"："海參，遼東海濱有之，一名海男子。其狀如男子勢然，淡菜之對也。其性溫補，足敵人參，故名海參。""男子勢"，舊注曰"男根"，因海參形如男性生殖器，俗名"海男子"，正與形如女性生殖器的淡菜（又稱"海牝""東海夫人"，即厚殼貽貝）相對應。此一形似"男根"之物，何以又被重視起來？國人對食療養生素有"以形補形"的觀念，如"芹菜象筋骼，吃了骨頭硬；核桃象大腦，吃了思維靈"之類，而因海參似男根，故認定其有補腎壯陽的功能，這就是"足敵人參"的主要根據之一。謝氏在贊其"足敵人參"的同時，又特別標示了其不雅的綽號"海男子"，則又從另一側面反映了明代對於海參仍非那麼珍視，故而在其當代權威的醫典《本草綱目》中未予記載。"海參"在清朝的國宴"滿漢全席"中始露頭角，漸得青睞。本卷作者在還其本真面貌的過程中，又十分自然地釐清了海參自三國之後的異名別稱。如，"土肉""海男子"之後，又有"虰""沙噀""戚車""龜魚""刺參""光參""海鼠""海瓜""海瓜皮""白參""牛臀""水參""春皮""伏皮"諸稱，"虰"字之外，其他十三個異名別稱，古今辭書無一收録，唯一收録的"虰"字，又含混不清。而"海參"喻稱"海瓜"，則爲英文 sea cucumber 的中文義譯，較中文之喻稱"海男子"似有异曲同工之妙，又可證西人對海參也并不那麼重視。

全書三十六卷，卷卷不同。本書設有《珍奇卷》，別具研究價值。如"孕子石"，發現於江蘇省溧陽市蘇溧地區。此石呈灰黃色，質地堅硬，其外表平凡無奇，但當人們把石頭敲開時，裏面會滾出許多圓形石彈子，直徑 21 厘米左右，和母石相較，顏色稍淺，但成分一致。因石中另包小石，好似母石生下的子石，故稱"孕子石"。這種"石頭孕子"史志無載，首次發現，地質學家們同樣百思而不得其解，祇能"望石興嘆"。再如"預報天旱井”，位於廣西全州縣内，每年大旱來臨前二十天，水井會流出渾水，長達兩天之久，附近村民見狀，便知大旱將臨，便提前做好抗旱準備。此外，該井每二十四小時漲潮六次，每次約漲五十分鐘，水量約增加兩倍。此井如同“孕子石”一樣，史志無載，首次發現，對此井的奇特現象有關專家同樣百思不得其解，也衹能“望井興嘆”。

（二）社科諸物：自然物外，中華博物中的社科諸物漫布於社會生活之中，其形成發展、古今變化，尤爲多彩，展現了一種別樣的國情特徵和民族靈智。

如《國法卷》，何謂“國法”？國法係指國家之法紀、法規。國法其詞作爲漢語語詞起源甚爲久遠，先秦典籍《周禮・秋官・朝士》中即已出現，“國法”之“法”字作“灋”，其文曰：“凡民同貨財者，令以國灋行之，犯令者刑罰之。”同書《地官・泉府》中又有另詞“國服”，其文曰：“凡民之貸者，與其有司辨而授之，以國服爲之息。”此“國服”言民間貿易必須服從國法，故稱“國服”。作爲語詞，“國法”“國服”互爲匹配。國法爲人而設，國服隨法而施，有其法必有其服，有法無服，則法罔立，有服無法，舉世罔聞。今“國法”一詞存而未改，“國服”則罕見使用。就世界範圍而言，中國的國法自成體系，具有國體特色與民族精神，故西方學者稱之爲“中華法系”或“東方法系”。本《國法卷》即以“中華法系”爲中心論題，全面考釋，以現其固有特色與精神。中華法系如同世界諸文明古國法系一樣，源於宗教，興於禮俗，而最終成爲法律，遂具有指令性、强制性。中華法系一經形成，即迥異於西方，因其從不以“永恒不變的人人平等的行爲準則”自詡，也沒有立法依據的總體理論闡釋，而是明確標示法律應維護帝王及權貴的利益。在中國古代，從沒出現過如古希臘或古羅馬的所謂絶對公正的“自然法”，毋須在“自然法”指導下制定“實在法”。中國古代的全部法律皆爲正在施行的“實在法”，但却有不可撼動的權威理論——“君權天授”説支撐。“天”，在先民心目中是無可比擬的最神秘、最巨大的力量。“天”，莊重而仁慈，嚴厲而公正，無所不察，無所不能。上自聖賢哲人，下至黎民百姓，少有不“敬天意”、不“畏天命”者，帝王既稱“天子”，且設有皇皇國法，條文森然，何人敢於反叛？天下黔首，非處垂死之地，絶不揭竿而起，妄與“天”鬥！故而在中國古代，帝王擁有最高立法權與司法權，享有無盡的威嚴與尊貴。今知西周時又强化了宗族關係，即血緣關係。血緣關係又分爲近親、遠親、异姓之親等。血緣關係成爲一切社會關係的核心，由血緣關係擴而廣之，又有師生、朋友及當體恤的其他人等關係。由血緣關係又進而强化了尊卑關係，即君臣關係、臣民關係，這些關係較之血緣關係更爲細密，爲此而設有"八辟"之法，規定帝王之親朋、故舊、近臣等八種人，可以享有減免刑罰之特權。漢代改稱"八議"，三國魏正式載入法典。其後，歷代常有沿襲。這一血緣關係在我國可謂根深蒂固，直至今世而未衰。爲維護這尊卑關係，西周之法典又設有《九刑》，以"不忠"爲首罪。另有《八刑》以"不孝"爲首罪。"忠"，指忠君，"孝"指孝敬父母，兩者難以分割。《九刑》《八刑》雖爲時過境遷之古法，但其倡導的"忠孝"，已成爲中華民族的一種處世觀念，一種道德規範。作爲個人若輕忽"忠孝"，則必極端自私，害及民衆；作爲執政者若輕忽"忠孝"，則必妄行無忌，危及國家。今世早已摒弃愚忠愚孝之舉，但仍然繼承并發揚了"忠孝"的傳統。"忠"不再是"忠君"，而是忠於祖國，忠於人民，或是忠於信守的理想；"孝"謂善事父母，直承百代，迄今不衰。"忠孝"是人們發自心底的感恩之情，唯知感恩，始有報恩，人間纔有真情往還，纔有心靈交融。佛家箴言警語曰"上報四重恩，下濟三途苦"（見《大乘本生心地觀經》），"四重恩"指父母恩、師長恩、國土恩、衆生恩（衆生包括動植物等一切生靈）。我國傳統忠孝文化中又融入了佛家的這一經典旨意，可謂相得益彰。"忠孝"乃我文明古國屹立不敗的根基，絕不可視之爲"封建觀念"。縱觀我中華信史可知，舉凡國家昌盛時代，必是忠孝振興歲月，古今如一，堪稱鐵律。國家可敬又可愛，所激起的正是人們的家國情懷！"忠孝"這一處世觀念，這一道德規範，直涉人際關係，直涉國家命運，成爲我中華獨有、舉世無雙的文化傳統。

中國之國法，并非僅靠威懾之力，更有"禮治"之宣導，而關乎禮治的宣導今人常常忽略。前已述及中華法系如同世界諸文明古國法系一樣，源於宗教，興於禮俗，由禮俗演進爲禮治，禮治早於刑法之前已經萌生。自商周始，《湯刑》《吕刑》（按，《湯刑》《吕刑》之"刑"當釋爲"法"）相繼問世，尤重"禮治"，何謂"禮治"？"禮治"指遵守禮儀道德與社會規範，破除"禮不下庶人"的舊制，將仁義禮智信作爲基本的行爲規範，《孟子·公孫丑上》曰："辭讓之心，禮之端也。""辭讓"指謙和之道，尊重他人，由"禮讓"而漸發展爲"禮制"。至西周時，"禮治"已成定制。這一立法思想備受推崇。夏商以來，三千餘載，王朝更替，如同百戲，雖脚色各異，却多高揚禮制之大旗，以期社會和諧，民生安樂。不瞭解中國之禮治，也就難以瞭解中華法制史，就難以瞭解中國文化史。此後"禮治"配以"刑治"，相輔相成，久行不衰。"禮刑相輔"何以行使？答曰：升平之世，統治者無不强調禮制之作用，藉此以示仁政；若逢亂世，則用重典，施酷刑（下將述及），軟硬兩手交替使用。這就組成了一張巨大的不可錯亂、不可逾越的法律之網，這就是中華民族百代信守的國家法制的核心，這就是中華民族有史以來建國治國之道。這一"禮刑相輔"的治國之道，迥別與西方，爲我中華所獨有，在漫長而多樣的世界法制史中居於前沿地位。

在我古老國度中，國家既已形成，於是又具有了不同尋常的歷史意義與價值觀。自先秦以來，"國家"一詞意味着莊嚴與信賴。在國人心目中，"國"與"家"難以分割，直與身家性命連爲一體，故"報效國家"爲中華民族的最高志節，而"國破家亡"則爲全民族的最大不幸。三十年前本人曾是《漢語大詞典》主要執筆者之一，撰寫"國家"條文時，已注意了先民曾把皇帝直稱爲"國家"。如《東觀漢紀·祭遵傳》："國家知將軍不易，亦不遺力。"《晉書·陶侃傳》："國家年小，不出胸懷。"稱皇帝爲"國家"，以皇帝爲國家的代表或國家的象徵，較之稱皇帝爲天子，更具親切感，更具號召力。中國歷史上的一些明君仁主也多以維護國家法制爲最高宗旨，秦皇、漢武皆曾憑藉堅定地立法與執法而國勢强盛，得以稱雄天下，這對始於西周的"八辟"之法，無疑是一大突破。本書《國法卷》第一章概論論及隋唐五代立法思想時，有以下論述：據《隋書·王誼傳》及文帝相關諸子傳載，文帝楊堅少時同王誼爲摯友，長而將第五女嫁王誼之子，相處極歡，後王誼被控"大逆不道，罪當死"，文帝遂下詔"禁暴除惡"，"賜死於家"。《隋書·文四子傳》又載，文帝三子秦王楊俊，少而英武，曾總管四十四州軍事，頗有令名，文帝甚爲愛惜，獎勵有加。後楊俊漸奢侈，違制度，出錢求息，窮治宮室，文帝免其官。左武衞將軍劉升、重臣楊素，先後力諫曰："秦王非有他過，但費官物、營廨舍而已。"文帝答曰："法不可違！"劉、楊又先後諫曰："秦王之過，不應至此，願陛下詳之。"文帝答曰："我是五兒之父，若如公意，何不別制天子兒律？"文帝四子、五子皆因違法，被廢爲庶民，文帝處置毫不猶豫，毫不留情。隋文帝身爲人君，以萬乘之尊，率先力行，實踐了"王子犯法，與民同罪"的古訓。在位期間，創建"開皇之治"，人丁大增，百業昌盛，國人視文帝爲真龍天子，少數民族則尊稱其爲聖人可汗。《國法卷》主編對歷史上身爲人君的這種舉措，有"忍割親朋私情，立法爲公"的簡要評論。這一評論對於中國這種以宗族故交爲關係網的大國而論，正是切中要害。此後，唐太宗李世民、玄宗李隆基、憲宗李純等君王皆有類似之舉，終成輝煌盛世。時至明代，面對一片混亂腐敗的吏治，明太祖朱元璋更設有"炮烙""剝皮"之類酷刑嚴法，懲治的貪官污吏達十五萬之衆，即便自家的親朋故舊，也毫不留情。如進士出身的駙馬，朱元璋的愛婿歐陽倫只因販茶違法，就直接判以死刑，儘管安慶公主及儲君朱允炆苦苦哀求，也絕不饒恕。據《明史·循吏傳序》載："〔官吏〕一時受令畏法，潔己愛民，以當上指……民人安樂、吏治澄清者百餘年。"其時，士子們甘願謀求他職，而不敢輕率爲官，而諸多官員却學會了種田或捕魚，呈現了古今難得一見的別樣的政治生態。明太祖的這類嚴酷法令雖是過當，却勝於放縱，故而明朝一度成爲世界經濟大國、經濟强國。中國歷史上的諸多建國之名君仁主，執法雖未若隋文帝之果决，未若明太祖之嚴酷，但無一不重視國家安危。這些建國名君仁主"上以社稷爲重，下以蒼生在念"（見《舊唐書·桓彦範傳》），故而贏得臣民的擁戴。今之世人多以爲帝王之所以成爲帝王，盡皆爲皇室一己之私利，祇貪圖自家的享榮華富貴而已，實則并非盡皆如此。歷代君王既已建國，亦必全力保國，并垂範後世，以求長治久安。品讀本書《國法卷》，可藉以瞭解我國固有的國情狀況，瞭解我國歷史中的明君仁主如何治理國家，其方策何在，今世仍有藉鑒價值。縱觀我國漫長的歷史進程，有的連續數代，稱爲盛世；有的衰而復起，稱爲中興；有的則二世而亡，如曇花一現。一切取决於先主與後主是否一脉相繼，一切取决於執法是否穩定。要而言之：嚴守國法，則國家興盛，嚴守國法，則社會祥和，此乃舉世不二之又一鐵律。

《國法卷》雖以國法爲研究主體，却力求超越法律研究自身，力求探索法律背後的正反驅動力量，其旨義更加廣遠。因而本卷又區別於常見的法律專著。

另如《巧藝卷》，在《通考》全書中未占多大分量，但在日常社會生活中却有無可替代的獨特地位，藉此大可飽覽先民的生活境遇和精神世界。何謂"巧藝"？古代文獻中無此定義。所謂"巧藝"，專指巧智與技藝性的娛樂及各種健身活動，同時展現了與之相應的家國關係。中華民族的"巧藝"別具特色，所涉内容十分廣泛，除却一般游戲活動外，又包涵了棋類、牌類、養生、武術、四季休閑、宴飲娛樂、動物馴化等等。細閱本卷所載，常爲古人之智巧所折服。如西漢東方朔"射覆"之奇妙，今已成千古佳話。據《漢書·東方朔傳》載，漢武帝嘗覆守宫（即壁虎）於杯盂之下，令衆方士百般揣度，各顯其能，并無一言中的者，而東方朔却可輕易解密，有如神算，令滿座驚呼。何謂"射覆"？"射覆"爲古代猜測覆物的游戲。射，揣度；覆，覆蓋。"射覆"之戲，至明清始衰，其間頗多高手。這些高手似乎出於特異功能，是古人勝於今人麽？當作何解釋？學界認爲這些高手多善《易》學，故而超乎常人，但今世精於《易》學者并非罕見，却未見有如東方朔者，何也？難以作答，且可不論，但古代對動物的馴化，又何以特別精彩，令今人嘆服？

著名的唐代象舞、馬舞，久負盛名，這些大動物似通人性，故可不論，而那些似乎笨拙的小動物，如"烏龜疊塔""蛤蟆說法"之類的馴養，也常常勝過今人，足可展現先民的巧智，"'疊塔''說法'，固教習之功，但其質性蠢蠢，非他禽鳥可比，誠難矣哉！"（見明陶宗儀《輟耕録·禽戲》）古人終將蠢蠢之蟲馴化得如此聰明可愛，藉此可見古人之扎實沉着，心智之專一，少有後世浮躁之風。目前，國人甚喜馴養，寵物遍地，却未見馴出如同上述的"疊塔"之烏龜與"說法"之蛤蟆，今之馬戲或雜技團體，爲現代專業機構，也未見絕技面世。

《巧藝卷》的條目詮釋，大有建樹，絕不因襲他人成説，明確關聯了具體事物形成的歷史淵源與社會背景。如"踏青"，《漢語大詞典》引用了唐代的書證，并稱其爲"清明節前後，郊野游覽的習俗"。本卷則明確指出，"踏青"是由遠古的"春戲"演變而來。西周時曾爲禮制。漢代已有"人日郊外踏青"之俗，同時指出"踏青"還有"游春"的別稱。《漢語大詞典》與本卷的釋文内容差異如此之大，實出常人之所料。何謂"春戲"？所有辭書皆未收録。本卷有翔實考證，兹録如下：

> 春戲：古代民間春季娛樂活動。以繁衍後代和期盼農作物豐收爲目的的男女歡會活動。始於原始社會末期，西周時仍很流行。《周禮·地官·司徒》："中春之月，令會男女。於是時也，奔者不禁。若無故而不用令者，罰之。司男女之無夫家者而會之。"《墨子·明鬼篇》："燕之有祖，當齊之社稷。宋之有桑林，楚之雲夢也，此男女之所屬而觀也。"《詩·鄭風·溱洧》："溱與洧，瀏其清矣。士與女，殷其盈矣。女曰：'觀乎？'士曰：'既且。''且往觀乎！洧之外，洵訏且樂。'維士與女，伊其將謔，贈之以芍藥。"《楚辭·九歌·少司命》："秋蘭兮糜蕪，羅生兮堂下。緑葉兮素枝，芳菲菲兮襲予。夫人兮自有美子，蓀何以兮愁苦？"戰國以後逐漸演變爲單純的春游活動"踏青"。

《巧藝卷》精心地援引了以上經典，可證在中國上古時期男女歡會非常自然，而且是具有相當規模的群體性活動。此舉在中國遠古時代已有所見，青海大通縣上孫家寨出土的舞蹈紋彩陶盆，已展現了男女携手共舞的親密生動場景，那是馬家窑文化的代表，距今已有五千年歷史，但必須明確，這并非蒙昧時期的亂性之舉。這是一種男女交往的公開宣示。前述《周禮·地官·司徒》曰："中春之月，令會男女……司男女無夫之家者而會之。"其要點是"男女無夫之家者"。這是明確的法律規定，故而作者的篇首語曰："以繁衍後代和期盼農作物豐收爲目的。"這就撥正了後世對於中國古代奴隸社會或封建社會有關男女關係的一些偏頗見解，可證本卷之"巧藝"非同一般的娛樂，所展現的是中華先民多方位的生活狀態。

三、博物研究遭質疑，古老科技又誰知？

《通考》所涉博物盡有所據，無一虛指，如繁星麗天，構成了浩大的博物學體系，千載一脉，本當生生不息，如瀑布之直下，但却似大河之九曲，時有峽谷，時有險灘，終因清廷喪權辱國、全盤西化而戛然中斷，故而迥异於西方。由於西方科技的巨大影響，致使一些學人缺少文化自信，多認爲中國古老的博物學，無甚價值。豈知我中華民族從不乏才俊、精英，從不乏偉大的發明，很多祇是不知其名而已。如《淮南子·泰族訓》："欲知遠近而不能，教之以金目則快射。"漢代高誘注曰："金目，深目。所以望遠近射準也。"何謂"金目"？據高注可知，就是深目。"深目"之"深"，謂深遠也（又説稱"金目"爲黄金之目，用以喻其貴重，恐非是）。"金目"當是現代望遠鏡或眼鏡之類的始祖。"金目"其物，在古代萬千典籍中僅見於《淮南子》一書，别無他載。因屬古代統治者杜絶的"奇技淫巧"，又甚難製作，故此物宫廷不傳，民間絶踪，遂成奇品。上世紀80年代，揚州邗江縣東漢廣陵王劉荆墓中出土一枚凸透鏡，此鏡之鏡片直徑1.3厘米，鑲嵌在用黄金精製而成的小圓環内，視物可放大四五倍，此鏡至遲亦有兩千餘年的歷史。廣陵墓之外，安徽亳州曹操宗族墓等處，亦有出土。是否就是"金目"已難考證。作爲眼鏡其物，發展到宋代，始有明確的文字記載，其時稱之爲"靉靆"（見明方以智《通雅·器用·雜用諸器》引宋趙希鵠《洞天清録》）。今日學者皆將眼鏡視爲西方舶來品，一説來自阿拉伯，又説來自英國，如猜謎語，不一而足；西方的眼鏡實則是由中國傳入的，如若説是西方自家發明，也晚於中國千年之久。

"金目"其物的出現絶非偶然，《墨子》中的《經下》《經説下》已有關於光的直綫傳播、反射、折射、小孔成象、凹凸透鏡成象等連續的科學論述，這一原理的提出，必當有各式透體器物，如鏡片之類爲實驗依據，這類器物的名稱曰何今已不得而知，但製造出金目一類望遠物，是情理之中的必然結果。據上述《經下》《經説下》記載可知，早在戰國時期，先賢已有光學研究的成就，與後世西方光學原理盡同。在中國漫長的古代日常生活中，隨時可見新奇的創造發明，這類創造發明所展現的正是中國獨有的科學。《導論》中所述"被中香爐""長信宮燈"之外，更有"博山爐"（一種形似傳說中神山"博山"的香爐，當香料在爐內點燃時，烟霧通過鏤空的山體宛然飄出，形成群山蒙蒙、衆獸浮動的奇妙景象，約發明於漢代）、"走馬燈"（一種竹木扎成的傳統佳節所用風車狀燈具，外貼人馬等圖案，藉燈內點燃蠟燭的熱力引發空氣對流，輪軸上的人馬圖案隨之旋轉，投身於燈屏上，形成人馬不斷追逐、物換景移的壯觀情景，約發明於隋唐時期）之類。古老中華何止是"四大發明"？此外，約七千年前，在天灾人禍、形勢多變的時代背景之下，先民爲預測未來，指導行爲方嚮，始創有易學，形成於商周之際，今列爲十三經之首，稱爲《周易》，這是今世的科學不能完全解釋的另一門"科學"，其功用不斷地爲當世諸多領域所驗證，在我華夏、乃至歐美，研究者甚衆，本《通考》對此雖有涉及，而未立專論。

那麼，在近現代，國人又是如何對待古代的"奇技奇器"的呢？著名的古代"四大發明"，今已家喻户曉，婦幼皆知，但却如同可愛的國寶大熊猫一樣，乃是西方學者代爲發現。我仁人志士，爲喚醒"東方睡獅"，藉此"四大發明"，竭力張揚，以振奮民族精神。這"四大發明"影響非凡，但在中國傳統文化中亦無重要地位，其中"火藥"見載於唐孫思邈《丹經》，"指南針""印刷術"同見載於宋沈括《夢溪筆談》，皆非要籍鴻篇，唯造紙術見於正史，全文亦僅七十一字，緊要文字祇有可憐的四十三字（見《後漢書·宦者傳·蔡倫》）。而這"四大發明"中有兩大發明，不知爲何人所爲。

在古老中國的歷史長河中，更有另一種科學技術，當今學界稱之爲"黑科技"（意謂超越當今之科技，出於人類的想象之外。按，稱之爲"超科技"，似更易理解，更準確），那就是現代科學技術望塵莫及、無法破解的那些千古之謎。如徐州市龜山西漢楚襄王墓北壁的西邊墻上，非常清晰地顯示一真人大小的影子，酷似一位老者，身着漢服，峨冠博帶，面東而立，作揖手迎客之狀。人們稱其爲"楚王迎賓圖"。最初考古人員發掘清理棺室時，并無壁影。自從設立了旅游區正式開放後，壁影纔逐漸地顯現出來，仿佛是楚王的魂魄顯靈，親自出來歡迎來此參觀的游人一樣。楚襄王名劉注，是西漢第六代楚王，死後葬於此。劉注墓還有五謎，今擇其三：一、工程精度之謎。龜山漢墓南甬道長 55.665 米，北甬道長爲 55.784 米，沿中綫開鑿，最大偏差僅爲 5 毫米，精度達 1/10000；兩甬道相距 19 米，夾角 20 秒，誤差爲 1/16000，其平行度誤差之小，大約需要從徐州一直延伸到西安纔能使兩甬道相交。按當時的技術水準，這樣的墓道是何人如何修建的？二、崖洞墓開鑿之謎。龜山漢墓爲典型的崖洞墓，其墓室和墓道總面積達到 700 多平方米，容積達 2600 多立方米，幾乎掏空了整個山體。勘察發現，劉注墓原棺室的室頂正對着龜山的最高處，劉注府庫中的擎天石柱也正位於南北甬道的中軸綫上。龜山漢墓的工程人員是利用什麽樣的勘探技術掌握龜山的山體石質和結構？三、防盜塞石之謎。南甬道由 26 塊塞石堵塞，分上下兩層，每塊重達六至七噸，兩層塞石接縫非常嚴密，一枚硬幣也難以塞入。漢墓的甬道處於龜山的半山腰，當時生產力低下，人們是用什麽方法把這些龐大的塞石運來并嵌進甬道的？今皆不得而知。

斷言"中國古代衹有技術而没有科學"者，對中國歷史的瞭解實在是太過膚淺，并不瞭解在中國古代不衹有科技，而且竟然有超越科學技術的"黑科技"。

四、當世災難甚可懼，人間正道何處覓？

在《通考》的編纂過程中，常遇到的重要命題，那就是以上論及的"科技"。今之"科技"，在中國上古曾被混稱爲"奇技奇器"，直至清廷覆亡，迄未得到應有的重視，導致國勢衰微，外寇侵略，民不聊生。這正是西方視之爲愚昧落後，敢於長驅直入，爲所欲爲的原因。因而一個國家、一個民族，要立於不敗之地，必須擁有自家的科技！世人當如何評定"科技"？如何面對"科技"？本書《導論》已有"道器論"，今《總説》以此"道器論"爲據，就現代人類面臨的種種危機，論釋如下：

何謂"道器"？所謂"道"是指形成宇宙萬物之原本，是形成一切事理的依據與根由。何謂"器"？"器"即宇宙間實有的萬物，包括一切科技，一切發明，至巨至大，至細至微，充斥天地間，而盡皆不虛。科技衍生於器，驗證於器，多以器爲載體，是推進或毀壞人類社會的一種無窮力量，故而又必須在人間正道的制約之下。此即本書道器并重之緣由，或可視爲天下之通理也。英國自 18 世紀第一次工業革命以來，其科學技術得以高速而全方位地發展，引起西方乃至全世界的密切關注與重視，影響廣遠。這一時期，英帝國統治者睥睨全球，居高臨下，自我膨脹，發表了"生存競爭，勝者執政"等一系列宏論；托馬斯·馬爾薩斯的《人口論》亦應時而起，其核心理論是："貧富强弱，難以避免。承認現實，存在即合理。"甚而提出"必須控制人口的大量增長，而戰争、饑荒、瘟疫是最後抑制人口增長的必要手段"（這一理論在以儒學爲主體的傳統文化中被視爲離經叛道，滅絕人性，而在清廷走投無路全面西化之後，國人亦有崇信者，直至 20 年代初猶見其餘緒）。在這樣的時代背景下，查爾斯・達爾文所著《物種起源》得以衝破基督教的束縛，順利出版，暢行無阻。該書除却大量引用我國典籍《齊民要術》《天工開物》與《本草綱目》之外，還鄭重表明受到馬爾薩斯《人口論》的啓示和影響。《物種起源》的問世，形成了著名的進化理論："物競天擇、優勝劣汰，弱肉强食，適者生存。"（近世對其學説已有諸多評論，此略）進化學説在人們的社會生活中留下了深刻的印迹，在世界範圍内引起巨大反響，當時英國及其他列强利用了自然界"生存法則"的進化理論，將其推行於對外擴張的殖民戰争中，打破了世界原有生態格局，在巨大的聲威之下，暢行無阻，遍及天下。縱觀人類的發展史，尤其是近世以來的發展史可知，科技的高下决定了國家的强弱，以强凌弱，已成定勢，在高科技强國的聲威之下，無盡的搜羅，無盡的采伐，無盡的探測實驗（包括核試驗），自然資源和自然環境漸遭破壞，各種弊端漸次顯露。時至 20 世紀中後期，以原子能、電子電腦、信息技術、空間技術等發明和應用爲標志、第三次科技革命的到來，學界稱之爲"科技革命的紅燈時刻"，其勢如風馳電掣，所向披靡，人類社會發生了翻天覆地的變化，時至 21 世紀，又凸顯了另一灾難，即瘟疫肆虐，病毒猖獗，危及整個人類。這一系列禍患緣何而生？天灾之外，罪魁爲人。何也？世間萬種生靈，習性歸一，盡皆順從於大自然，但求自身生息而已，別無他求，而作爲"萬物之靈"的人類，在茹毛飲血，跨越耕獵時代之後，却欲壑難填，毫無節制！爲追求享樂、滿足一己之貪婪，塗炭萬種生靈，任你山中野外，任你江面海底，任你晝藏夜出，任你天飛地走，皆得作我盤中佳餚。閑暇之日，又喜魚竿獵槍，目睹异類掙扎慘死，以爲暢快，以爲樂趣，若爲一己之喜慶，更可"磨刀霍霍向猪羊"，視之爲正常！"萬物之靈"的人類，永無休止，地表搜刮之外，還有地下的搜索挖掘，如世界著名的南非姆波尼格金礦，雖其開采僅起始於百年前，憑藉當代最先進的科技，挖掘深度已超 4000 米（我國的招遠金礦，北宋真宗年間已進行開采，至今深度不過 2000 米左右），現有 370 千米軌道，用以運送巨大的設備與成噸重的礦石，而每次開采都必須用兩千多公斤的炸藥爆破，可謂地動山摇！金礦之外，又有銀礦、鐵礦、銅礦、煤礦、水晶礦（如墨西哥的奈咯水晶洞，俗稱"神仙水晶礦"，其中一根重達 50 噸，挖出者一夜暴富），種種礦藏數以萬計。此外尚有對石油、純净水，乃至無形的天然氣等的無盡索取，山林破壞，大地沙化，水污染、大氣污染、核污染，地球已是百孔千瘡，而挖掘索取，仍未甘休，愈演愈烈，故今之地球信息科學已經發現地球性能的變异以及由此帶來可怕的全球性災難。今日世界，各國執政者憑仗高科技，多是從一國、一族或一己之私利出發，或結邦，或聯盟，争强鬥勝，互不相顧，國際關係日趨惡化，人類時刻面臨可怕的威脅，面臨毀滅性的核戰争。凡此種種，怎不令人憂慮，令人悲痛？故而有學者宣稱："科技確實偉大，也確實可怕。一旦失控，後患無窮。"又稱："人類擁有了科技，必警惕成爲科技的奴隸。"此語并非危言聳聽，應是當世的警鐘，因爲人類面對强大的科技，常常難以自控，這是科技發展必然的結果。而作爲"萬物之靈"的人類，具有高智慧，能够擁有高科技，確乎超越了萬物，居於萬物主宰的地位，而執政者一旦擁有失控的權力，肆意孤行，其最終結局必將是自戕自毀，必將與萬物同歸於盡。一言以蔽之，毀滅世界的罪魁禍首是人類自己，而并非他類。

　　面對這多變的現實與可怕的未來，面對這全球性的灾難，中外科學家作了不懈努力，而收效甚微。1988 年 1 月，七十五位諾貝爾獲獎者及世界著名學者齊聚巴黎，探討了 21 世紀科學的發展與人類面臨的種種難題，提出了應對方略。在隆重的新聞發布會上，瑞典物理學家漢内斯·阿爾文發表了鄭重的演説："如果人類要在 21 世紀生存下去，必須回頭到兩千五百年前去汲取孔子的智慧。"（見 1988 年 1 月 24 日澳大利亞《堪培拉時報》原文——《諾貝爾獎獲得者説要汲取孔子的智慧》）這是何等驚人的預見，又是何等嚴正的警示！這七十五位諾貝爾獲獎者没有一位是我華夏同胞，他們對孔子的認知與崇敬，非常客觀，非常深刻，超乎我們的想象。這種高屋建瓴式的睿智呼籲，振聾發聵，可惜并没有警醒世人，也没有引起足够多的各國領導人的重視。

　　人類爲了自救，不能不從人類自身發展史中尋求答案。在人類發展史中，不乏偉大的聖人，孔子是少有的没有被神化、起於底層的聖人（今有稱其爲"草根聖人"者），他生於春秋末期，幼年失父，家境貧寒，又正值天下分裂，戰亂不斷，在這樣的不幸世道裏，孔子及其弟子大力宣導"克己復禮"，這是人類歷史上最切實際的空前壯舉。何謂"禮"？《説文·示部》曰："禮，履也。所以事神致福也。"禮本來是上古祭祀鬼神和先祖的儀式。史稱文、武、成王、周公據禮"以設制度"，此即"周禮"。"周禮"的内容極爲廣泛，舉凡國家的政治、經濟、軍事、行政、法律、宗教、教育、倫理、習俗、行爲規範，以及吉、凶、軍、賓、嘉五類禮儀制度，均被納入禮的範疇。周禮在當時社會中的地位與指導作用，《禮記·曲禮》中有明確記載："分争辯訟，非禮不决；君臣上下、父子兄弟，非禮不定；宦學事師，非禮不親；班朝治軍、涖官行法，非禮威嚴不行。"當然也維

護了 "君臣朝廷尊卑貴賤之序，下及黎庶車輿衣服宮室飲食嫁娶喪祭之分"（見《史記・禮書》），這符合於那個時代的階級統治背景。孔子提出 "克己復禮"，期望世人克服一己之私欲，以應有的禮儀禮節規範自己的言行，建立一個理想的中庸和諧社會，這已跨越了歷史局限。孔子的核心思想是 "敬天愛人"，何謂 "敬天"？孔子強調 "巍巍乎唯天爲大"（見《論語・泰伯》），又曰："天何言哉？四時行焉，百物生焉，天何言哉！"（見《論語・陽貨》）孔子所言之 "天"，并非指主宰人類命運的上蒼或上帝，并非是孔子的迷信，因 "子不語怪力亂神"（見《論語・述而》）。孔子認爲四季變化、百物生長，皆有自己的運行規律，人類應謹慎遵從，應當敬畏，不得違背。孔子指稱的 "天"，實則指他所認知的宇宙。此即孔子的天人觀、宇宙觀。"巍巍乎唯天爲大"，在此昊天之下，人是何樣的微弱，面臨小小的細菌、病毒，即可淒淒然成片倒下。何謂 "愛人"？孔子推行 "仁義之道"，何謂 "仁"？子曰："仁者，愛人！"（《論語・顏淵》）即人人相親、相愛。又曰："己所不欲，勿施於人。"意即重正義，絕不損人利己。何謂 "義"？"義"指公正的道理、正直的行爲。子曰："不義而富且貴，於我如浮雲。"（見《論語・述而》）這就是孔子的道德觀與道德規範，當作爲今世處理人與自然、人與社會的規範與行動指南。其弟子又提出 "親親而仁民，仁民而愛物"（見《孟子・盡心上》），漢代大儒又有 "天人之際，合而爲一" 的主張（董仲舒在《春秋繁露・深察名號》中，爲維護皇權的需要而建立了皇權天授的觀念），這種主張已遠遠超越了維護皇權的需要，成爲了一種可貴的哲理。時至宋代，大儒張載再度發揚孟子 "親親而仁民，仁民而愛物" 的襟怀，又有 "民吾同胞，物吾與也"（見其所著《西銘》）之名言箴語，即將天下所有的人皆當作同胞，世間萬物盡視爲同類，最終形成了著名的另一宏大的儒學系統，其主旨則是 "天人合一" 論。何謂 "天人合一"？"天人合一" 有兩層意義：一曰天人一致，天是一大宇宙，人則如同一小宇宙，也就是説人類同天體各有獨立而相似之處；二是天人相應，這是説人與天體在本質上是相通的，是相互相連的。因此，一切人事應順乎自然規律，從而達到人與自然的和諧。達到人與自然的和諧統一，當作爲今世處理人與自然、人與社會的明確規範與行動指南。這是真正的 "人間正道"，唯有遵循這一 "人間正道"，人際關係纔能融洽，社會纔能和諧，天下纔能太平。

古老中國在形成 "孔子智慧" 之前，早已重視人與自然的關係。約在七千年前，我中華先祖已能够通過對於蟲鳥之類的物候觀察，熟練地確定天氣、季節的變幻，相當完美地適應了生產、生活、繁衍發展的需求，這一遠古的測算應變之舉，處於世界領先地位。約四千年前，夏禹之時，已建有令今人嚮往的廣袤的緑野濕地。如《書·禹貢》即記載了"雷夏""大野""彭蠡""震澤""菏澤""孟豬""豬野""雲夢"諸澤的形成及其利用情況，如其中指出："淮海惟揚州，彭蠡既豬（瀦），陽鳥攸居；三江既入，震澤底定。篠簜既敷，厥草惟夭，厥木惟喬……厥貢惟金三品，瑶琨篠簜，齒革羽毛，惟木。"這是説揚州有彭蠡、震澤兩方緑野濕地，適合於鴻雁類禽鳥居住，適合於篠竹（箭竹）、簜竹（大竹）生長，青草繁茂，樹木高大，向君主進貢物品有金銀銅等三品，又有瑶琨美玉、箭竹、大竹以及象齒皮革與孔雀、翡翠等禽鳥羽毛。所謂"大禹治水"，并非衹是被動的抗災自救，實則是大治山川，廣理田野，調整人與大自然的關係，使之相得益彰。《逸周書·大聚解》又載，夏禹之時"且以并農力，執成男女之功，夫然則有生不失其宜，萬物不失其性，人不失其事，天不失其時……放此爲人，此謂正德"，此即所謂夏禹"劃定九州"之功業所在。其中"放此爲人，此謂正德"的論定，已蘊含了後世儒家初始的"天人合一"的觀念。西周初期，已設定掌管國土資源的官職"虞衡"，掌山澤者謂"虞"，掌川林者稱"衡"（見《周禮·天官·太宰》及賈疏）。後世民衆，繼往開來，對於保護生態環境，保護大自然，采取了各種措施，又設有專司觀察氣象、觀察環境的機構，并有方士之類的"巫祝史與望氣者"，多管道、多方位進行探測研究，從而防患於未然。《墨子·號令篇》（一説此篇非墨子所作，乃是研究墨學者取以益其書）曰："巫祝史與望氣者，必以善言告民，以請（讀爲'情'）上報守（一説即太守），上守獨知其請（情）。無［巫］與望氣，妄爲不善言，驚恐民，斷弗赦。"這裏明確地指出，由"巫祝史與望氣者"負責預告各種災情，但不得驚恐民衆，否則即處以重刑，絶不饒恕。愛惜生態，保護自然，這是何樣的遠見卓識，這又是何樣的撫民情懷！

是的，自夏禹以來，先民對於大自然、對於與蒼生，有一種别樣的愛惜、保護之舉措，防範措施非常細密，非常全面而嚴厲。《逸周書·大聚解》有以下記載：夏禹時期設定禁令，大力保護山林、川澤，春季不准帶斧頭上山砍伐初生的林木；夏季不准用漁網撈取幼小的魚鱉，此即世界最早的環境保護法。《韓非子·内儲説上》又載：殷商時期，在街道上揚弃垃圾，必斬斷其手。西周時又有更爲具體規定：如，何時可以狩獵，何時禁止狩獵，何樣的動物可以獵殺，何樣的動物禁止獵殺；何時可以捕魚，何時禁止捕魚，何樣的魚可以捕取，何樣的魚禁止捕取，皆有明文規定，甚而連網眼的大小也依季節不同而嚴予區别。并特别强調：不准搗毁鳥巢，不准殺死剛學飛的幼鳥和剛出生的幼獸。春耕季節不准大興土木。《禮記·月令》又載:"毋變天之道,毋絕地之理,毋亂人之紀。"這一"毋變""毋絕""毋亂"之結語,更是展現了後世儒家宣導并嚮往的"天人合一"說。至春秋戰國之際,法律法規的範圍更加全面,特別嚴厲。這一時期已經注意到有關礦山的開發利用,若發現了藏有金銀銅鐵的礦山,立即封禁,"有動封山者,罪死而不赦。有犯令者,左足入,左足斷,右足入,右足斷"(見《管子·地數》)。古人認爲輕罪重罰,最易執行,也最見成效,勝過重罪重罰。這些古老的嚴厲法令,雖是殘酷,實際却是一聲斷喝,讓人止步於犯罪之前,因而犯罪者甚微。這就最大限度地保護了大自然,同時也最大限度地保護了人類自己。而早在西周建立前夕,又曾頒布了令人欽敬的《伐崇令》:"文王欲伐崇,先宣言曰……令毋殺人,毋壞室,毋填井,毋伐樹木,毋動六畜,有不如令者,死無赦!崇人聞之,因請降。"(見漢劉向《說苑·指武》)這是指在殘酷的血火較量中,對於敵方人民、財産及生靈的愛惜與保護。我中華上古時期這一《伐崇令》,是世界戰爭史中的奇迹,是人類應永恒遵守的法則!當今世界日趨文明,闊步前進,而戰爭却日趨野蠻,屠殺對方不擇手段,實是可怖可悲!我華夏先祖所展現的這些大智慧、大慈悲,爲後世留下了賴以繁衍生息的楚山漢水,留下了令人神往的華夏聖地,我國遂成爲幸存至今、世界唯一的文明古國。

五、筆墨革命難預料? 卅載成書又何易?

《通考》選題因國內罕見,無所藉鑒,期望成爲經典性的學術專著,難度之大,出乎想象,初創伊始,即邀前輩學者南京大學老校長匡亞明先生主其事。這期間微信尚未興起,寧濟千里,諸多不便,盛岱仁、康戰燕伉儷滿腔熱情,聯絡於匡老與筆者之間,得到先生的熱情鼓勵與全力支持,每逢疑難,必親予答復,但表示難做具體工作,在經濟方面也難以爲力。因爲先生於擔任國家古籍整理領導小組組長之外,又全面主持南京大學中國思想家研究中心的工作,正在編纂《中國思想家評傳》,百卷書稿須親自逐一審定,難堪重任。筆者初赴南大之日,老人家親自接待,就餐時當場現金付款,沒有讓服務員公款記賬,筆者深受感動,終生難以忘懷。此後在匡老激勵之下,筆者全力以赴,進而邀得數百作者并肩携手,全面合作,并納入國家"九五"重點出版規劃中。1996年12月,匡老驟然病逝,筆者悲痛不已,孤身隻影,砥礪前行,本書再度確定爲國家"十五"重點出版規劃項目，并將初名更爲今名。那時，作者們盡皆恪守傳統著述方式，憑藏書以考釋，藉筆墨以達志。盛暑寒冬，孜孜矻矻，無敢逸豫。爲尋一詞，急切切，一目十行，翻盡千頁而難得；爲求善本，又常千里奔波，因限定手抄，不得複印，纍日難歸！諸君任勞任怨，潛心典籍，閲書，運筆，晝夜伏案，恂恂然若千年古儒。至上世紀末，一些年輕作者已擁有個人電腦，各種信息，數以億計，中文要籍，一覽無餘，天下藏書，"千頃齋""萬卷樓"之屬，皆可盡納其中，無須跋涉遠求。搜集檢索，祇需"指點"，瞬息可得；形成文章，亦祇需"指點"，頃刻可就。在這世紀之交，面臨書寫載體的轉換，老一輩學人步入了一個陌生的电脑世界，遭遇了空前的挑戰。當代作家余秋雨在其名篇《筆墨祭》中有如下陳述："五四新文化運動就遇到過一場載體的轉換，即以白話文代替文言文；這場轉換還有一種更本源性的物質基礎，即以'鋼筆文化'代替'毛筆文化'。"由"毛筆文化"向"鋼筆文化"的轉換，經歷了漫長的數千載，而今日再由"鋼筆文化"向"電腦文化"轉換，却僅僅是二十年左右，其所彰顯的是科學技術的力量、"奇技奇器"的力量。作家所謂的"筆墨"，係指毛筆與烟膠之墨，《筆墨祭》祇在祭五四運動之前的"毛筆文化"。今日當將毛筆文化與鋼筆文化并祭，乃最徹底的"筆墨祭"。面對這世紀性的"筆耕文化"向"電腦文化"的轉換，面對這徹底的"筆墨祭"，老一輩學人没有觀望，没有退縮，同青年作者一道，毅然決然，全力以赴，終於跟上了時代的步伐！筆者爲我老一輩學人驕傲！回眸曩日，步履維艱，隨同筆墨轉型，書稿也隨之經歷了大修改、大增補，其繁雜艱辛，實難言喻。天地逆旅，百代過客，如夢如幻，三十餘年來，那些老一輩學人全部白了頭，却無暇"含飴弄孫"，又在指導後代參與其事。那些"知天命"之年的碩博生導師們皆已年過花甲，却偏喜"舞文弄墨"，又在尋覓指導下一代弟子同步前進。如此前啓後追，無怨無悔，這是何樣的襟懷？憶昔乾嘉學派，人才輩出，時有"高郵王父子，棲霞郝夫婦"投入之佳話，今《通考》團隊，於父子合作、夫婦合作之外，更有舉家投入者，四方學人，全力以赴。但蒼天無情，繼匡老之後，另有幾位同仁亦撒手人寰。上海那位《天宇卷》主編年富力强，却在貧病交加、孩子的驚呼聲中，英年早逝。筆者的另一位老友爲追求舊稿的完美，於深夜手握鼠標闃然永訣，此前他的夫人曾勸其好好休息，答説"我没有那麼多時間"！可謂鞠躬盡瘁，死而後已，這又是何樣的壯志，思之怎能不令人心酸！這就是我的同仁，令我驕傲的同仁！

自 2012 年之後，因面臨多種意外的形勢變化，筆者連同本書回歸原所在單位山東師範大學，于是增加了第一位副總主編——文學院副院長、古籍整理研究所所長韓品玉，解決了編務與財力方面的諸多困難，改變了多年來的孤苦狀況。時至 2017 年春，爲盡快出版、選定新的出版社，又增加了天津人民出版社總編輯、南開大學客座教授陳益民，中國職工教育研究院常務副院長、全國職工教育首席專家俞陽，臺北大學人文學院東西哲學與詮釋學研究中心主任賴賢宗教授三位爲副總主編，於是形成了現今的編纂委員會。

　　在全書編纂過程中，編纂委員會和學術顧問，以及分卷正副主編、主要作者所在單位計有：中國國家博物館、中國國家圖書館、中央文史研究館、中國佛教圖書文物館、全國總工會、中聯口述歷史研究中心、河北省文物與古建築保護研究院、河北省文物考古研究院、河北閱讀傳媒有限責任公司、北京大學、浙江大學、南京大學、南京師範大學、東北師範大學、鄭州大學、河北大學、河北師範大學、河北醫科大學、廈門大學、佛山大學、山東大學、中國海洋大學、山東師範大學、曲阜師範大學、山東中醫藥大學、濟南大學、山東財經大學、山東體育學院、山東藝術學院、山東工藝美術學院、山東省社會科學院、山東博物館、山東省圖書館、山東省自然資源廳、山東省林業保護和發展服務中心、濟南市園林和林業綠化局、濟南市神通寺、聊城市護國隆興寺、臺北大學、臺灣成功大學、臺灣大同大學、臺北中國文化大學、臺灣中華倫理教育學會，以及澳大利亞國立伊迪斯科文大學等，在此表示由衷的謝忱！

　　本書出版方——上海交通大學領導以及上海交通大學出版社領導，高瞻遠矚，認定《通考》的編纂出版，不祇是可推動古籍整理、考古研究的成果轉化，在傳承歷史智慧，弘揚中華文明，增強民族凝聚力和認同感，彰顯民族文化自信等各個方面具有重要意義。出版方在組織京滬兩地專家學者審校文字的同時，又付出時間精力，投入了相當的資金，增補了不少插圖，這些插圖多來自古籍，如《考工記解》《考工記圖解》《考工記圖說》《考古圖》《續考古圖》《西清古鑑》《西清續鑑》《毛詩名物圖說》《河工器具圖說》等等，藉此亦可見出版方打造《通考》這一精品工程的決心。而山東師範大學各級領導同樣十分重視，社科處高景海處長一再告知筆者：“需要辦什麼事情，儘管吩咐。”諸多問題常迎刃而解，可謂足智善斷。筆者所屬文學院孫書文院長更親行親爲，給予了全面支持，多方關懷，令筆者備感親切，深受鼓舞，壯心未老，必酬千里之志。此前，著名出版家和龔先生早已對本書作出權威鑒定，并建議由三十二卷改爲三十六卷。本書在學術界漂游了三十餘載終得面世，并引起學界的關注。今有國人贊之曰：《通考》是中華優秀傳統文化創造性轉化、創新性發展的優异成果，是一部具有極高人文價值的通代史論性的華夏物態文化專著，凝聚了中華民族的深層記憶，積澱了民族精神和傳統文化的精髓。又有國際友人贊之曰：《通考》如同古老中國一樣，是世界唯一一部記述連續數千載生機盎然的人類生活史。國内外的評論衹是就本書的總體面貌而言，但細予探究，缺憾甚爲明顯，因本書起步於三十餘年前，三十餘年以來，學術界有諸多新的研究成果未得汲取，田野考古又多有新的發現，國内外的各類典藏空前豐富，且檢索方式空前便捷，而本書作者年齡與身體狀況又各自不同，多已是古稀之年，或已作古，或已難執筆，交稿又有先後之别，故而三十六卷未能統一步伐與時俱進，所涉名物，其語源、釋文難能確切，一些舊有地名或相關數據，亦未及修改，而有些同物異名又未及增補。這就不能不有所抱憾，實難稱完美！以上，就是本書編纂團隊的基本面貌，也是本書學術成就的得失狀况。

筆者無盡感慨，卅載一瞬渾似夢，襟懷未展，鬢髮盡斑，萬端心緒何曾了？長卷浩浩，古奥繁難，有幾多知音翻閲？何處求慰藉？人道是紅袖衹揾英雄泪！歲月無情，韶光易逝，幾位分卷主編未見班師，已倏而永别，何人知曉老夫悲苦心情？今藉本書的面世，聊以告慰匡老前輩暨謝世的同仁在天之靈！

張述錚

丙子中吕初稿於山東師範大學映月亭
甲辰南吕增補於歷下龍泉山莊東籬齋

凡　例

　　一、本書係通代史性的中華物態文化學術專著，旨在對構成中華博物的名物進行考釋。全書三十六卷，另有附録一卷。各卷之基本體例：第一章爲概論，其後據内容設章，章下分節，爲研究考釋文字，其下分列考釋詞目。

　　二、本書所涉博物，分兩種類型：一曰"同物異名"，二曰"同名异物"。前者如"女墻"，隨從而來者有"女垣""女堞""女陴""城堞""城雉""陴堄"等，盡皆爲"女墻"的同物異名；後者如"衽"，其右上分別角標有阿拉伯數字，分別作"衽¹"（指衣襟）、"衽²"（指衣服胸前交領部分）、"衽³"（指衣服兩旁掩裳際處）、"衽⁴"（指衣袖）、"衽⁵"（指下裳）等，皆爲"衽"的同名异物。

　　三、各卷詞目分主條、次條、附條三種。次條、附條的詞頭字型較主條小，并用【　】括起。主條對其得名由來、産生年代、形制體貌、歷史演進做全面考釋，然後列舉古代文獻或實物爲證，并對疑難加以考辨，或列舉諸家之説；次條往往僅用作簡要交代，補主條不足，申説相佐；附條一般衹用作説明，格式如即"××"、同"××"、通"××"、"××"之單稱、"××"之省稱，等等。

　　四、各卷名物，或見諸文獻記載，或見諸傳世實物，循名責實，依物稽名，於其本稱、別稱、單稱、省稱，務求詳備，代稱、雅稱、謔稱、俗稱、譯稱，旁搜博采。因中華博物的形成、演化有自身規律，實難做人爲的斷代分割。如"朝制"之類名物，隨同帝王的興起而興起，隨同帝王的消亡而消亡，因而其下限達於辛亥革命；"禮俗"之類名物起源於上古，其流緒直達今世；而"冠服"之類名物，有的則起源甚晚，如"中山裝"之類。故各卷收詞時限一般上起史前，下迄清末民初，有的則可達現當代。

五、各卷考釋條目中的文獻書證一般以時代先後爲序；關乎名物之最早的書證，或揭示其淵源成因之書證，尤爲本書所重，必多方鈎索羅致；二十五史除却《史記》《漢書》外，其他諸史皆非同朝人編纂，其書證行用時間則以書名所標時代爲準；引書以古籍爲主，探其語源，逐其流變，間或有近現代書證爲後起之語源者，亦予扼要采用。所引典籍文獻名按學術界的傳統標法。如《詩》不作《詩經》，《書》不作《尚書》，《説文》不作《説文解字》等；若作者自家行文爲了强調或區別於他書，亦可稱《詩經》《尚書》《説文解字》等。文獻卷次用中文小寫數字：不用"千""百""十"，如卷三三一，不作卷三百三十一；"十"作〇，如卷四〇，不作卷四十。

六、本書使用繁體字。根據1992年7月7日新聞出版署、國家語言文字工作委員會發布的《出版物漢字使用規定》第七條第三款、2001年1月1日施行的《中華人民共和國通用語言文字法》第二章第十七條第五款之規定，本書作爲大量引徵古籍文獻的考釋性學術專著，既重視博物的源流演變，又重視對同物異名、同名異物的考辨，故所有考釋條目之詞頭及文獻引文，保留典籍原有用字，包括异體字，除明顯錯別字（必要時括注正字訂誤）之外，一仍其舊。其中作者自家釋文，則用正體，不用异體，但關涉次條、附條等异體字詞頭等，仍予保留。繁體字、异體字的確定，以《規範字與繁體字、异體字對照表》（國發〔2013〕23號附件一）及《通用規範漢字字典》爲依據。

七、行文叙述中的數字一律采用漢字小寫，但標示公元紀年及現代度量衡單位時，用阿拉伯數字。如"三十六計"，不作"36計"；"36米"，不作"三十六米"。

八、各卷對所收考釋詞條設音序索引，附於卷末，以便檢索。

目　録

序　言

　　《中華博物通考》（下稱《通考》）是一部通代史論性的華夏物態文化專著，係"十四五"國家重點出版物出版專項規劃項目，并得到 2020 年度國家出版基金資助。全書共三十六卷，另有附錄一卷，達三千萬字，《教育卷》即其中的一卷。

　　何謂"教育"？"教育"是指培養人才的一種社會活動。"教育"一詞，首見於《孟子·盡心上》，"孟子曰：'君子有三樂，而王天下不與存焉。父母俱存，兄弟無故，一樂也；仰不愧於天，俯不怍於人，二樂也；得天下英才而教育之，三樂也'"。孟子指稱的"教育"非常具體，係指教師的職責。就廣義而言，凡是提高思想品德，增進其知識、技能之一切行爲，皆爲教育。就狹義而言，主要指學校教育，即依據社會的需求，對受教育者施行有目的、有計劃、有組織的培養過程。本卷指稱的"教育"是以後者爲主，兼及前者。而在通代的教育考釋中，又以古代教育爲主。教育始於何時？序者曰，鴻蒙初辟，人類出現，教育即已萌生。就其初始屬性而言，當時爲自然形態，應屬圖騰崇拜、技能教育之類，迄至三代，漸已定形。自夏代始，學校已爲統治階級所壟斷，即所謂"學在官府"。"學在官府"，可釋之曰"一切學校皆屬官學"，直至春秋時，始見私學興起。官學可分爲中央官學與地方官學。前者是指古代由王朝直接舉辦的官學。如西周的國學；戰國時齊國的稷下學宮；秦代的學室；漢代的太學、宮邸學、鴻都門學；魏蜀之太學；吳之官學、學宮；魏之崇文觀；兩晉之太學和國子學；十六國時期前後趙之太學，後秦之律學；南朝宋之四館、國子學、總名觀，齊之國子學、學士館；梁之五館、集雅館、國子學、士林館；陳之太學、國子學；北周之露門學；北齊之昭玄寺、國子學、太學、四門學、通道觀；北魏之崇玄署、國子學、太學、律學、算學、四門小學；隋之國子學、太學、四門學、書學、律學、算學、太醫署；唐代之國子學、太學、四門學、書學、算學、律學、醫學、弘文館、崇文館、崇玄館、小學；宋代之國子學、太學、辟雍、廣文館、四門學、武學、律學和小學、諸王宮學、宗學(含内小學)、道學、算學、書學、畫學、醫學；元明清之國子監，等等。另外，根據中央官學各自特定的文化程度、教育對象和教學内容的不同，可將整個封建國家的中央官學劃分爲最高學府、專科學校和貴胄學校三大類。中國古代的最高學府是封建王朝培養人才的場所，所授主要爲儒家經典。如歷代之太學、國子學、國子監等，皆屬此類學校。西周以前的學校既是施教的場所，同時又是養老，舉辦鄉射禮、祭祀等社會活動的地方，學校和行政機構緊密結合在一起，即所謂“政教合一”。這是奴隸主階級享有的特權在教育上的反映。這種遺風在中國封建制國家的官學中亦有保留。如作爲官學中教師的“博士”“教授”等，他們既是教師又有官階。無論奴隸制國家還是封建制國家的官學入學者皆爲貴族子弟，稱爲“官學生”(見《晋書·慕容皝載記》)，且官學之間存在着明顯的階級性和等級性。官學名義上是中國古代教育制度的主體，目的在於培養爲統治階級服務的各種人才，教學内容以儒家經典爲主，一般以“四書”“五經”爲基本教材。此外尚旁及玄學、佛學、醫學、書學、算學、畫學、律學、陰陽學，等等。但由於官學的國家所有性，它往往隨着王朝的興衰和更替以及統治者重視程度的差異而顯現時興時廢的特點。“亂世則學校不脩”(《詩·鄭風·子衿》序)是歷代王朝官學的一般規律。時至唐代，官學已成爲科舉之附庸，歷經千載，終爲近代學堂所取代。

　　本卷力圖從直觀的、形象的物態文化入手，力避空泛的論說，除却第一章《概論》而外，依次設定了教學機構說、各類教材說、圖書樓館說、禮規齋器說，最後是人才擇取說。藉此以展現中國之教育形制、教育規制、教育思想及其發展變化的可以感知的全貌，其臚列剖析，瞭若指掌。如第二章《教學機構說》中，先設機構總考，即教育機構的總名、通稱，而後分述“官學”“私學”“書院”“新式學堂”等，“官學”中又分述“中央官學”“地方官學”，“中央官學”中又分“最高學府與貴胄學校”“專科學校”等，尔後依歷史演進順序，自傳說中的五帝時期，直至現代，逐一舉證，列出每一學校的性質特點，言簡意賅，明若串珠。本卷在概論及每節之考釋文字中，不乏精到的箴言警語。如概論之結語曰："中國古代教育，係以倫理道德、經史文章教育爲中心，以培養經世之才爲最高宗旨。其特點是重宦途，輕科技，宣導'學而優則仕'，體現了中國傳統的官本位主義。而最高的教育綱領是源於《大學》中的'修身、齊家、治國、平天下'。"這就是被國人稱頌的古代教育的"九字"綱領。

在第五章《禮規齋器説》之"禮儀規約考"中對於中國古代之學生服有一段十分生動的表述："西周官學之學子始入學時，皆服青衿。青衿即藍色交領長衫。南北朝時，與青衿相搭配的尚有容刀。容刀，即佩刀。唐宋時稱之爲"藍衫"或"襴衫"，即在長衫下襬加接藍色橫襴，至明又改爲黑色，清復爲藍色……學子服青衿、藍衫或襴衫，如同平民釋褐爲官服一樣，表明身份、地位的顯著變化，而且這種服飾并不僅限於校内穿着，它具有特定的不可擅改的社會屬性。"以上文字在一般教育史中難以見到，似乎無足輕重，而在中國之服飾史中雖收錄襴衫，未見如此源流清晰之闡釋。序者認爲，這段文字并非閑筆，絕不可忽視，因爲這一方面顯示了古代學子不尋常的社會地位，同時生動地體現了中國古代嚴密的教育制度、教育法規。就本卷而言，又爲下文違犯校規之懲罰措施預作伏筆。懲罰措施中有"奪席脱容刀""毀裂襴衫"之舉。前者是指責令違規學子離開座席，解去佩刀。離席，即一度除去學子身份，解佩刀則代表已失學子之莊嚴容儀；後者指撕掉違規學子的襴衫，開除學籍，逐出校門，自此不與士齒。可見狀寫學子之服飾，絕不止於僅是令讀者瞭解其穿着的一般樣式、色彩而已，更重要的則是藉以瞭解其關涉的深層的學規典制。

本卷編纂者多爲師範院校的教授，對於中國的教育本體諳熟於胸，舉凡落筆，深邃而簡約，時有創見。如第六章《人才擇取説》中的"科舉制度考"，作者有以下論述：科舉取士之決定性手段爲考試，而考試則是中國最爲古老、歷代盛行、迄今不衰的傳統。傳說中第一位遠古聖君堯帝即頗重考試，據《尚書》之《堯典》《舜典》載，堯廢鯀，立舜，每每有"考"有"試"，或曰"詢事考言"，或曰"試可乃已"。《尚書》之成書已兩千餘載，所記考"舜"、試"鯀"之舉雖非信史，而考與試之觀念却是口耳相傳，歷世久遠，毫無二致。"口耳相傳"乃文字產生之前，歷史傳承的唯一方式，故史前"考""試"之舉當并非虛妄之詞。中國的科舉制之所以能在歷史長河中沿襲一千三百餘載，彌久難衰，魅力何在？本卷執筆者除却理論闡釋之外，又別出心裁，遴選了自唐至明有關應試士子的詩篇，以這些詩篇爲依據，以當時士子們的身感心受爲史實，逐一展示開來，真切而感人，頗有震撼力。試看唐孟郊《登科後》詩："昔日齷齪不足嗟，今朝曠蕩恩無涯。春風得意馬蹄疾，一日看盡長安花。"又，曹鄴《杏園即席上同年》詩："歧路不在天，十年行不至。一旦公道開，青雲在平地……對酒時忽驚，猶疑夢中事。自憐孤飛鳥，得接鸞鳳翅。"宋蔡持正《崇政殿放榜》詩："黃帕開封出奏篇，銀袍二百玉階前……孤臣拜賜交悲喜，想望光芬十五年。"元薩都剌《敕賜恩榮宴》詩："内侍傳宣下玉京，四方多士被恩榮。宮花壓帽金牌重，舞姬當筵翠袖輕……小臣涓滴皆君賜，惟有丹心答聖明。"明高啓《送貢士會試京師》詩："南宮坐試二三策，能使海内無遺賢。院門晨開宮燭爛，白袍鵠立人五千。上談禮樂祖姬孔，下議制度輕儺玄。"於是作者作出如下結論：通過這些詩篇，至少可以印證以下史實：一、科舉制度爲唐宋元明以來"四方多士"打破了階層的桎梏，提供了公開公正的展示才能的機遇與途徑；二、一旦登第，個人的命運與前途，瞬息改觀，毫無背景的"孤飛鳥"，也得接"鸞鳳翅"，直步青雲；三、士子們得到"恩榮"之後，不忘"小臣涓滴皆君賜，惟有丹心答聖明"。在中國古代士子心目中，忠君就是愛國，愛國就是忠君，他們會終生爲國家效力……在科舉對策中可以"上談禮樂祖姬孔，下議制度輕儺玄"，即上可祖述周代文王武王及孔子所定禮儀典章，下可評議當朝之社會制度，直斥危害民生的權貴禍首。故而科舉取士也時時牽動着普通百姓的心弦，寄託着億萬黎民的希冀，因爲有衆多直步青雲的士子就出身於孤苦無助的寒門，這正是他們期盼的代表。

教育在促進人類由混沌愚昧狀態向文明社會轉化，在傳播生產、生活知識和經驗，推廣科學技術，造就人才，穩定社會秩序，推動社會進步等方面的歷史功績，實在無法估量，難以言喻。大唐之時，所定教材涉及了社會生活的各個領域，而其推行科舉取士，"青雲在平地"，大開公道之門，盡得天下英才，形成中國教育史上的第一座巔峰，足可爲百代宗法。近世流行"科技強國""教育強國"諸説，在中國備受關注。當代又有"科技是第一生產力"之論斷，尤令人振奮鼓舞。不過，科技可以賦予人類無窮的知識和力量，却不能改變人類的習性和行爲；科技可以造福人類，也可以毁滅人類。而"教育強國"却是毋庸置疑。前述之大唐教育，即爲成功的範例。要而言之，"教育強國"之核心正在於造就人才，而唯有人才，方可決定科技的興衰及其去向，爲我所控，爲我所用，惠澤天下。人才教育的要旨，或曰第一要素是德育教育，德育教育的第一要素就是"修身"，即襟懷、毅力、情感、性格的教育與自我修養。

我國自清末廢除科舉，推行西方教育，這無疑是一空前壯舉，國人開闊了眼界，造就了一批新式人才，但近世以來却忽略了古代教育既有的"九字"綱領，忽略了最爲重要的

（道德）理想教育，學校成了一種應試場所，而教育則成了一種謀生手段，這不能不令人擔憂，對此本卷亦有深刻論述，發人深省。

本卷的史論闡發，以古代既有文獻爲主要依據，而既有文獻又以儒學文獻最爲詳贍，但釋道文獻亦未見絀。魏晋之後，三家在爭鬥中漸行融匯，而在融匯中又偶有爭鬥，但三家皆不乏影響力，占據了本卷的主要篇幅。除此之外，在中國漫長的教育史中，最貼近億萬百姓的教育，乃是家族教育，這是與儒釋道教育并行的一種韌性的不可摧毁的教育，只是在歷史地位上、在表現形式上，始終處於從屬地位，不被看重而已，但其潛在的影響力却不容小覷。因爲中國有史以來就是一個家族化的國度，而家族化的核心則是血緣關係。血緣關係主要爲兩大系統，一曰父系，一曰母系，擴展開來則有旁系、義系。爲了維護家族則有族訓、族規，形成文字則曰家庭教材。這些家庭教材在本卷中分爲訓子、訓女兩大類。這兩類教材是正面的、典型的，但那些反面的、自私的，本卷不予收列。如，中國的古代賢達宣導"先天下之憂而憂，後天下之樂而樂"，而有些家訓中則主張"衹掃自家門前雪，莫管他人瓦上霜""人不爲己，天誅地滅"，諸如此類的教材，惡果巨大，後患無窮。因爲像鏈條一樣的血緣關係四通八達，無所不在，構成了中國這個泱泱大國的國體結構，人們一方面要精忠報國，一方面要盡孝惜家，當忠孝難以兩全時，那血緣關係，那反面的自私的家訓，在關鍵時刻，以孰爲輕，以孰爲重，常常影響人們作出的決斷！家庭教材中尚有一類是官方或官學所難以具備的，這些密不外傳的學識被稱爲家學，這其中包括了官方或官學所看重的經學、理學，還有專以特殊技藝賴以謀生、世代相傳、秘而不宣的"世業"，有些則被稱爲"絕學""絕技"，中華古老文化的深入傳承，諸多創造發明，常常由此而形成。故而家庭教育堪稱爲培養各種人才之搖籃。惜秘而不宣的"世業"多口耳相傳，導致一些"絕學""絕技"，難得傳世。

中國是一個擁有豐富教育資源的大國，中國是一個潛形的實施多元教育的大國！

本卷的命題立意、視野及取材，與通常的教育史論大有不同，所論所考皆以物態文化爲主體，行文有如江河之奔涌，讀來有如觀瀑之暢酣，故序者樂於徵引原文而不願轉述，期待讀者親睹爲快！

本卷的作者構成，雖以師範院校的教授爲主體，序者本人亦與執筆，却未敢獨擅其事，又特邀請了多領域的學者執筆，如"圖書樓館"的執筆者爲山東省圖書館館長李西寧先生，又據學科所需復邀了醫學專家劉毅女士、文獻學博士王天彤及張亞楠伉儷參編，相承相續，聯綿三十載，甚得其力。此後，接納了本校一些青年學子參編，雖加快了進度，却因失於督導，以致造成一些訛誤，雖經審訂補改，仍感率而成章，難盡本意。

　　惶然操觚，權以爲序！

張述錚

太歲重光單閼荷月中浣於山東師範大學映月亭初稿
太歲上章困敦臘月下浣於歷下龍泉山莊東籬齋定稿

第一章 概 論

導 言

鴻蒙初辟，教育即萌生於遠古人類的社會生活之中。教育在促使人類由混沌愚昧狀態向文明社會轉化，在傳播生產、生活知識和經驗，在推廣科學技術、造就人才、穩定社會秩序、推動社會進步等方面的歷史功績，實在無法估量、難以言喻。

一般認爲，教育產生於社會生產勞動的實踐中，現有考古資料證明，中國最早的人類出現在大約二百萬年前。從那時起，中國教育便產生了。但是這個階段的教育，祇是一種原始形態的教育，或者説是處在雛形階段的教育。大約公元前 2700 年左右，我國古代學校開始萌芽。自此，教育逐漸從社會生活中分化出來，成爲專門事業。夏、商、周是中國學校教育的起步階段。春秋末期，孔子藉鑒貴族養士的經驗，創辦了儒家私學，私人講學由此走向組織化和定型化，歷代綿延不絶。稍後形成的諸子百家的學説奠定了中國教育思想的基礎。漢代董仲舒提出的"罷黜百家，獨尊儒術"，確立了儒家教育在後世中國兩千年封建教育中的獨尊地位。同時"中國封建社會教育的基本特徵在漢朝已經初步形成"（孫培青主編:《中國教育史》，華東師範大學出版社 2000 年版，第 126 頁）。魏晋南北朝時期，教育事業受政局的影響，學校教育總體上呈衰落局面，但却是官學教育上的"繼漢開唐"時期。同時儒、佛、道、玄諸家教育思想的相互鬥爭、吸收、融合，最終推動了這一時期教育的發展。隋朝雖短壽，但其包括科舉制在內的許多教育新舉措却爲後來的唐朝所沿襲，成爲後世封建王朝教育的示範和楷模。唐朝時，經濟的繁榮昌盛、吏治的廉明有爲、思想的開明寬鬆，都爲教育的大發展提供了良好的外部條件。宋朝以降，廣建學校，官學發達，私學興盛，理學産生，書院雲起。教育進一步完善和擴充，唐宋教育共同構成中國教育發展的鼎盛期。元明清三代，教育放慢了發展的脚步。縱觀當時廣闊的時代背景，教育如同社會發展的趨勢一樣，逐漸由僵滯、衰敗步入退化落後。但它同時却孕育着一種新的教育形態——近代教育的萌芽。1860 年京師同文館創立，近代新式教育由此揭開序幕。1905 年科舉制的廢除使教育發生了深刻的變化，進一步促進了新式教育的發展，它預示着封建教育必將從歷史舞臺上消失。

應當指出，本卷所界定的教育大抵指决定國運民生的正統教育，與之相對的還有潛在的民間教育。民間教育實則緣起於蠻荒時期的原始教育，可謂源遠流長。而隨同國家的誕生，正統教育一經興起，民間教育即退居於半附屬地位，但却從未退出歷史舞臺。當民間教育勢盛之日，必是改朝換代之時。民間教育乃多元教育，私學即其表現形式之一，如戰國時并起之百家爭鳴，唐末五代初興之書院，還有直稱之爲私塾者，等等。民間教育又常常是與官方對立的，如儒釋道三家，官方偏重於儒家，尊崇有加，一以貫之；而民間教育則擇取了釋道，其信仰十分真誠，亦一以貫之，顯然有別於官府。釋道宣導清心寡欲，忘我利他，遍行善舉，普濟衆生，這類教義，世人樂於稱頌，而最喜悅的受體，當屬窮苦百姓。窮苦百姓常常從簡明通俗的釋道經典、講法、齋醮、變文等宣教活動，乃至居處、建築等習見事物中，領悟人生信念旨趣、倫理道德，同時樂於接受其文學、繪畫、雕塑、音樂、舞蹈等表現形式。其中道教音樂的贊、頌、偈、步虛等曲奏，以絲竹出之，配以玄鼓，如龍吟鶴唳，其聲縹緲清遠，不祇百姓，宮廷亦效其妙。民間教育的另一種形式，則是爲謀生計而不爲官府所重的職業教育，史稱"世業"，常是父子授受，世代爲業。如春秋戰國時藏於山野的冶煉鍛造，兩漢時的占卜（不同於商周時國家所設"貞卜"）、大小杜律（大杜，杜周，武帝時爲廷尉、御史大夫，斷獄苛輕無定；小杜，杜延年，杜周之少子，幼習父業，宣帝時亦爲御史大夫，執法公正寬和），也包括後世的所謂賤業，如演藝、理髮及婚喪嫁娶的吹奏葬送之類，到明代猶見"鄧思賢"（本爲人名）之流的健訟之職。諸多重要的民間教育，在本卷主體論述中，時有舉證，不另設專論，而釋道教育自成體系，佛道專著亦林林總總，足資參閱，本卷亦不作闡釋。

第一節　遠古先秦時期的教育

這一時期指舊石器時代、新石器時代，經夏、商、西周三代至春秋、戰國時期。本時期是中華民族由原始社會發展爲奴隸制社會，并向封建制社會過渡的時期，也是中國教育由自發狀態發展爲自覺活動的時期，是整個中國教育的奠基時期。

1985 年始，中國社會科學院考古工作人員在四川巫山（今重慶巫山）龍骨坡發現了"巫山人"殘骸左側下頷骨、上恒門齒化石，這是一次轟動世界的重大發現。此後中國社科院及中外國際聯合考察隊又進行了多次發掘，至中法第二次聯合考察時，又發掘出一批動物化石，有象、牛、鹿等大型野獸，并出土了大量具有清晰手工打擊痕迹的石器、大量原始人類日常生活遺存，足可證明二百多萬年前，巫山人已經形成了自己獨立的文化，這種獨立的文化正是用於區別人與猿的標準。而獨立文化的形成，必定憑藉教育的傳承，或曰教育的傳承最終形成了人類獨立的文化。中華民族的祖先，黃種人的祖先，就是從三峽高地走出來的，中華民族的教育，黃種人的教育，就是從三峽高地起源的。（見劉玉堂、張碩編著：《荆楚文明曙光》，武漢出版社 2013 年版，第 13 頁）自"巫山人"始，整個原始社會又可分爲兩個時期：從二百萬年前到五萬年前，是原始人群時期；從五萬年前到公元前 21 世紀，是氏族公社時期。後一個時期又可分爲母系氏族公社和父系氏族公社兩個階段。整個原始社會是一個漫長的社會進化時期，教育的發展也呈現出原始、緩慢、簡單的特點。

原始人群時期，人們在生產力水平極低的情況下，爲了生存，必須進行群體的生產勞動。生產資料公有，共同消費、共同生活。這種經濟上的原始平等，決定了教育的平等。所有的兒童少年都有受教育的權利和機會，接受同樣内容的、沒有等級差別的教育和訓練。教育内容也是與原始社會生活相聯繫的一種注重實用的"生活教育"。主要内容是介紹和傳遞采集、漁獵、用火及與石器製造等有關的知識和經驗。以口耳相傳或親自示範爲基本方式。

　　氏族公社時期，因生產力有一定程度的發展，使得先民在生產勞動和社會生活等方面都取得了相對較大的進步。與之相關的生產勞動教育和社會生活教育也豐富和發展起來。

　　在生產勞動方面，人類在長期保存和傳遞火的經驗基礎之上，發明了人工取火的方法。這是人類文明發展史上的一大創舉，科技史上的第一座里程碑，它使先民從茹毛飲血的野蠻狀態步入文明社會。這一時期先民還進一步發明了農業和畜牧業。生存環境的改善，生活品質的提高，使得先民有了較原始人群時期更爲清晰的意識。在這種情況下，爲了使下一代能够參加社會生產和生活，爲了維持自身的生存和種族的繁衍，就必須把勞動的技能和經驗傳遞下去。

　　氏族社會生活品質得以改善，除却衣食之外，社會教育空前提高，主要包括人倫道德教育、婚姻家庭教育、生活習俗教育、宗教祭祀教育、原始藝術教育等。

　　中國自古就有重視人倫道德教育的優良傳統。氏族公社對下一代進行倫理教育的目的就是要使兒童從小遵守氏族成員共同認可的行爲規範，養成尊老愛幼、服從族長的觀念，以及團結互助的精神等。

　　氏族社會的婚姻家庭形式已經發生了變化。人們在生活中逐步意識到了原始人群時期實行的直系血緣近親婚姻的群婚制對後代造成的危害，因而群婚制被一對一的氏族外對偶婚制所取代，家庭教育開始產生。這一時期，由於男子逐漸取得了在社會生產中的主導地位，教育也出現了轉折，表現爲"人倫道德教育也產生了變化，開始注重培養父權思想，宣揚男尊女卑的道德觀念"（李國均、王炳照主編：《中國教育制度通史》，山東教育出版社2000年版，第29頁）。這是中國教育發展思想史中的首次重大轉折。

　　"成年禮"是生活習俗教育中一項重要的內容。它作爲檢驗成年男女能否取得氏族成員資格的考察手段，對於繼承和傳播生產生活知識、發展教育、推動社會進步等發揮了重大作用。

　　原始社會，先民不能正確認識和瞭解許多自然現象，對自然產生了恐懼，乃至於崇敬，因此這一時期的宗教祭祀活動甚爲盛行。先民在進行祭祀的同時，也能達到向青年一代傳授相關的天文、歷史等知識以及進行社會教育的目的。因祭祀膜拜意義重大，故對這類活動的執行者——卜巫要求嚴格。卜巫須通曉一定的宗教、卜術、巫術、歷史、天文、文化等知識，力求成爲"全面發展之才"，也正是從這個意義上説，卜巫是中國知識分子的濫觴。

　　氏族社會的人們已經有了樸素的審美意識和對美的朦朧追求。這一時期出現了歌舞、繪畫、雕刻等藝術形式，其中尤以歌舞爲主。它除了具有歡慶勝利、抒發感情、鼓舞士氣、强身健體等功能之外，還具有傳遞知識和經驗的教育功能。如傳說中三皇時期的葛天氏、陰康氏（葛天、陰康皆帝號）之際，先帝就用歌舞來傳達農業、畜牧業知識。（見《吕氏春秋·古樂》）因而歌舞是一種重要的教育手段。

　　原始社會後期，即大約在五帝時期（公元前 2700），生産力的發展使私有制進一步擴大化，階級分化加劇，原始社會面臨解體，階級社會即將來臨。這種社會經濟、政治的變革，推動着教育不斷發生變化，使教育逐漸從社會生活中分化出來，出現了學校的萌芽。之所以稱之爲萌芽，一是因爲這些學校已經有了較固定的教育者、受教育者和教育内容。如傳說中五帝之大學曰“成均”，其教師爲“大司樂”，即由樂師執教，其學生來自於貴族子弟，教授的内容爲“樂教”。（見《周禮·春官·大司樂》《禮記·文王世子》鄭玄注）另一方面是因爲有的學校不僅具有教育功能，還兼有其他功能。如“庠”，“庠”的本意有二：一爲養羊之地。從文字結構來看，“庠”從广羊聲，“广”古代是房舍之意。由此可見“庠”與養羊有關；二爲“米廩、糧倉”。《禮記·明堂位》載：“米廩，有虞氏之庠也。”由此可見“庠”也有米倉的意思，後來纔逐漸演化成養老敬老之所，如《孟子·滕文公上》載：“庠者，養也”，因而也成爲對下一代施教的場所。

　　原始社會末期祇是學校教育的萌芽階段，此時中國正向階級社會邁進。伴隨着中國第一個奴隸制國家——夏朝的建立，學校教育正式開始産生。教育開始以一種獨立於生産勞動之外的姿態出現，成爲一種系統的、專門培養人才的社會活動。

　　夏朝以及其後的商、西周，史稱“三代”，起止年限爲公元前 2070 年到公元前 771 年，這是中國奴隸社會由確立到鼎盛時期，也是我國教育的開創時期。“國之大事，在祀與戎”。“祀與戎”，稱之爲“神之大節”（《左傳·成公十三年》），這是夏、商、西周三代的基本國策，這就決定了教育的方嚮、政策及内容，使宗教教育和軍事教育始終占據着重要的位置。同時貴族爲了加强統治，壟斷教育，專門建立國家機構，設官分職，制定法規，彙集成專書。因而這一時期教育上的總體特徵便表現爲學在官府、官師合一、政教合一。

　　夏朝已開始進入有文字記載的文明時代。在先秦典籍《左傳》《國語》以及漢代《史記·夏本紀》中都曾引用《夏書》的文字便是明證。文字的出現促使教育開始發生深刻的、質的變化。

　　夏朝的學校有"校""序""庠"等。《孟子·滕文公上》載："設爲庠、序、學、校以教之。庠者，養也；校者，教也；序者，射也。夏曰校，殷曰序，周曰庠；學則三代共之，皆所以明人倫也。"《禮記·學記》載："古之教者，家有塾，黨有庠，術（遂）有序，國有學。"夏朝學校教育的主要内容是與"射"有關的軍事教育。《周禮·夏官·司弓矢》《禮記·射義》諸經典皆明載有"澤官""射官"，爲天子行射禮取士之所。因而"以射造士"便成爲夏代選拔人才的主要標準。

　　商朝是一個宗教盛行的朝代。《禮記·表記》曰："殷人尊神，率民以事神"，"每事必卜"，殷墟甲骨文的發現便是實證。而"以樂造士"則是商教育的一大特徵。

　　商代在中央和地方都建立了學校教育體系。在中央有大學、小學（蒙學性質）、瞽宗，在地方有序、庠等。在教育内容上已經具備了"六藝"教育的雛型。禮樂、射御、書數教育受到重視。數學教育很發達，據出土的殷墟甲骨文證實，其時已經采用十進位制和萬的概念。總之，商代注重對學生多方面的訓練和教育，目的是爲朝廷培養造就優秀的後備力量。

　　西周政治、經濟、文化的發展，爲教育的發展提供了良好的契機，使得這一時期的教育有了突破性的進展，學校教育體制日臻完善，"六藝"教育内容進一步擴展和充實。不過，西周實行宗法世襲禄位制。這種依據血緣關係建立起來的注重倫理綱常秩序的制度，實質上是一種專制。學校教育由奴隸主階級獨占，具有極强的階級性，即所謂"學在官府"。西周之時，爲鞏固既得之統治地位，等級名份觀念的培植，是教育的宗旨。服從於這一宗旨，德育在學校教育中的次第排列，不僅居於首位，而且成爲主要任務。中國封建社會重德輕智的教育傳統，正是肇始於此。而政治與教育封閉體系的形成，也正是由此開始起步的。

　　西周是我國最早實施人才選拔制度的朝代。西周在吸取前朝滅亡教訓的基礎上，逐步認識到了人的力量和價值。因而在依靠軍事力量、宗法制度、文化壟斷等强硬手段牢牢控制住國家大權的同時，也采取了懷柔手段以加强自身統治，即選賢貢士制。雖然絶大多數情況下選賢貢士制并没有發揮作用，祇是政治權力的裝飾品而已，但是它却開啓了選舉制度的先河，爲後世的選才舉賢制提供了借鑒。

　　夏、商、周三代對家庭教育皆較爲重視（這裏的家庭教育主要是針對貴族的家庭教育而言）。據《禮記·王制》《大戴禮記·保傅》諸書記載，帝王之家設專人（"三公""三少""三母"等）負責太子、世子的保育和教育。貴族家庭也效仿皇室做法，但規格逐次下降。又據《禮記·內則》載，士大夫之家，"但以庶母爲慈母，而兼子師、保母之事"。庶母即父之諸妾，兼"三母"之職而不再另行分工。而士以下的家庭，則是"妻自養其子"。

春秋戰國時期，是中國由奴隸社會向封建社會轉變的時期。奴隸制經濟逐步解體，封建制經濟日漸生成。西周後期由於王室衰微，諸侯紛爭，"學在官府"的教育體制終被衝擊，出現了"天子失官，學在四夷"的學術文化下移的局面。而擺脫周王室後獨立的各諸侯國皆急於壯大自己的實力，他們急需各種人才爲自己服務。以上狀況，無疑爲私學的產生創造了先決條件。

春秋戰國之際，禮崩樂壞，孔子開創了大規模私人講學之風潮，構建了一個博大精深、系統完整的儒家教育思想體系，也成爲我國古代教育思想理論的奠基人。孔子在中國教育史上第一個提出具有劃時代意義的"有教無類"的主張，這是中國學校招生史中的一場革命。同時也首倡了以人爲本位、以學生爲主體、塑造完美人格的理念，構建了我國封建社會兩千餘年有別於西方中世紀教育的核心思想。春秋末期，與儒學并稱"世之顯學"的，還有以墨子爲代表的墨家學派。他們反對儒家的"禮樂"之教，重視自然科學和生產勞動教育；反對儒家的"述而不作"，主張"述且作"；反對儒家的"學而優則仕"，主張以"德行""言談""道術"三大方面作爲衡量人才的標準。墨家在當時影響廣遠，許多方面都能與儒家分庭抗禮，且大有取勝之勢，但是後來的命運却與儒家迥然不同，竟至衰絕，實乃民族文化之悲哀。

戰國時，大道崩裂，諸子百家各創私學，著書立說，宣傳自己的主張，開創了中國學術發展史上的"百家争鳴"時代，也形成了中國教育思想發展的第一個高峰。諸子百家中，對教育影響較大的學派，除了前期的儒、墨之外，還有道、法兩家。儒家與道家在教育上是互補的。如在教育的培養目標上，儒家要培養的是具有理想人格的人，其實現過程是通過個人不斷加強自身的道德修養，即孔子所謂的"修己以安人"。這顯然是上古人類文明的一大進步，由盲從被動走向自覺（現代部分學者認爲"泯滅和消挫了部分個性"）。道家與之相反，他們提倡"道法自然"，主張教育要遵循人的發展的自然性和教育發展的內在規律性，尊重個性。道家教育明顯地影響着儒家教育，儒家教育在以後的發展過程中就吸取了道家教育中的部分內容。此外，道家教育對中國醫學、文學教育影響甚大。相比之下，法家雖有"以法治國""一斷於法"之理論，且徹底廢除了西周的宗法血統制，但其教育明顯是一種典型的忽視人性、忽視個性的專制教育，是儒家"明德慎罰"思想的倒退。這種教育爲秦朝采用後，對社會發展產生了許多消極影響。

戰國時期教育的另一建樹就是稷下學宫的出現。稷下學宫創建於齊國，因其臨近齊國都城臨淄的稷門而得名，是一所既官既私、非官非私的"官私聯營"性質的特殊形態的學校。（見喻本伐等著：《中國教育發展史》，華中師範大學出版社2000年版，第30頁）它爲各家各派提供了一個既可從事教育活動，又能議政涉政的場所。不同學派在此相互交流、爭辯、融合、嬗變，促進了中國古代文化教育的發展。稷下學宫在中國教育史上占有非同尋常的地位。其學術自由與期會制度，爲後世書院的建設提供了生動的範例。此外，它在學術氛圍的營造、教育教學的管理、師資的任用選聘等方面的經驗，即使對今世之高等教育的發展也有藉鑒意義。

戰國末期，儒家經學教學與教材體系已初步形成。荀子亦發展了孔子的"有教無類""循循善誘"之思想方法，并劃定《詩》《書》《禮》《樂》《易》《春秋》爲儒家必修經典，後世遂尊之爲"六經""六藝"（《樂》後失亡，祗剩"五經"）。隨後也出現了一大批專門論述教育的著作，其中以《大學》《中庸》《學記》等篇章最爲代表。

第二節　秦漢時期的教育

秦朝是我國歷史上第一個統一的封建王朝，這是一個禁异說、廢私學、以法爲教的特殊時期。秦亡漢興，到最後一個封建王朝——清朝爲止，中間以北宋書院正式形成爲界限，可將整個封建社會的教育體系大體上分爲兩部分：書院正式產生之前的教育是官學和私學兩水分流時期；書院產生之後的教育則是官學、私學、書院三峰并峙時期。

秦朝以武力并六國，得天下，一直推崇法家思想，因而在教育上實行極端的文化專制政策。這給教育的發展帶來極大的戕害。"禁游宦""焚書""坑儒"，使自春秋以來形成的活躍的教育思潮和教育理論由高峰跌落到低谷；廢异說、禁私學，使學校教育萬馬齊喑，一片死寂，人才培養的主要途徑至此夭折。

秦朝在禁异說、廢私學的同時，大力加强社會教育的力量，企圖通過社會教育的推行來達到統一思想、鞏固統治的目的。秦始皇意識到并强化了社會教育的作用。社會教育確有學校教育不可替代的功效。著名人類文化學家馬林諾夫斯基有以下論述：“教育并不常是特設的社會制度。家庭、親屬、地方、年齡、職業、團體、技術、巫術、宗教會社——這些制度在它們的次要功能上，是和我們的學校相當的，擔任着教育的職務。”（丁綱主編：《歷史與現實之間——中國教育傳統的理論探索》，教育科學出版社 2002 年版，第 144 頁）。但是秦朝的社會教育，妄圖通過强硬蠻横的行政手段，達到其目的，而并不重視以人爲本的内心的感化。因此，這種社會教育在短時期内可能會有明顯的社會效果，但畢竟不能維持長久，這也正是導致秦朝覆亡的重要原因之一。

在專制暴政的社會環境中，促使秦時家庭教育空前發展。較有代表性的是一些蒙童識字教材的出現。如李斯的《蒼頡篇》、趙高的《爰歷篇》、胡子敬的《博學篇》等。這些書籍都成爲當時較爲優秀的蒙童教材，有的還對後世産生了巨大影響。

西漢以降，統治者吸取秦朝滅亡的教訓，重視人民的休養生息，社會經濟和生活逐漸得到恢復和發展。到漢武帝時期，出現了“民人給有足，都鄙廩庾盡滿，而府庫餘財，京師之錢纍巨萬，衆庶街巷有馬，阡陌之間成群”（《漢書·食貨志下》）的壯觀場面。此時確立一種新的政治指導思想已成爲必然。董仲舒適應時代的要求，從維護地主階級統一的中央集權的需要出發，提出了“罷黜百家，獨尊儒術”的建議，被漢武帝采納。從此，儒家便由先秦諸子百家之一，一躍成爲朝野的統治思想，并且成爲國家選士的重要依據之一。儒家教育也取得了在學校教育中的獨尊地位。實際上，從漢代起，整個封建社會教育内容的主體就是以儒家理念爲指導的經學教育。

漢朝官學分爲中央官學和地方官學兩種。漢朝的中央官學有太學、鴻都門學、官邸學等。其中最爲著名的是太學。太學的建立，是封建社會官辦學校的開始，也使學校從此成爲統治階級强化階級意識、控制人們思想言論、灌輸封建倫理綱常的主要陣地。鴻都門學是一所以詩、賦、書畫等教育爲主的藝術類學校，是後代專科學校的先驅。官邸學包括貴胄學校和宮廷學校。它和鴻都門學都屬於特殊類型的學校。地方官學主要是指郡國學。當時地方官學很發達。班固曾在《兩都賦》中生動地描寫了這種盛况：“四海之内，學校如林，庠序盈門。”

受“獨尊儒術”思想的影響，漢代學習儒家經典已蔚然成風。私學也莫能除外，加之儒學是入仕的基礎，因而兩漢時期私學也較爲活躍。漢代私學主要有兩種形式：啓蒙性質的"書館"和傳習專經的"精舍"（或稱"精廬"）。精舍中先後聚集了一大批經學大師，如董仲舒、馬融、鄭玄等。漢代私學不僅是對先秦時期私人講學之風的繼承，實際上也是後來私塾、書院的歷史淵源之一。值得注意的是，漢代對女子教育也頗爲重視，宮廷學校的創辦即是明證。另外，這一時期出現了專門的女子教材，如劉向的《列女傳》、班昭的《女誡》等。這些教材，按照當時道德規範的要求，對女子的言行舉止作了嚴格的限制與規定，將女性完全規範於"三綱五常"之中。這些教材在後世流傳甚廣，曾一度裨益於女子的某些懿德美行，但對男尊女卑社會心理的形成，帶來不少負面影響，現代學者對此曾予猛烈抨擊。

漢代選士制度的主體是察舉（薦舉）制。中央官學中，太學結業考試也可視爲察舉的一種。此外，地方官學以及私學中學有所成的人，多是通過察舉之途入仕爲官。察舉制主要以儒術取士，促進了儒學的發展，反過來，通過這種任人唯舉的方式，儒學又被牢牢地控制在統治階級手中，一定程度上又成爲一種政治工具。

漢代經學教育由於以單一的儒家經典爲主，排斥其他異己之説，嚴守師法、家法，因此儒學逐漸出現繁瑣化、宗派化、迷信化的傾嚮。側重於以繁瑣考證取代對現實社會的關注，加之董仲舒的"天人感應論"的思想體系中包含着神學的成份，導致了東漢中後期儒學與讖緯迷信相結合，大大降低了儒學的地位。又因東漢末年佛教的傳入和道教的興起，最終導致了儒學體系迅速解體，儒學失去獨尊地位，取而代之的是魏晉玄學。

第三節　魏晉南北朝時期的教育

魏晉南北朝時期是中國封建社會發展史上的動蕩混亂時期。戰爭連綿，局勢詭譎，生產凋敝，民不聊生，嚴重地影響了教育事業的發展，故而這一時期的教育，就總體而論，呈衰落之勢。其間官學教育是"時興時廢，似斷又續"。如兩晉及南朝的宋、梁都曾興辦太學，太學也曾達到一定規模，但最終都因戰事而廢止。地方官學也未能脱此厄運，更是自生自滅，朝難保夕。不過，由於這一時期學校教育內部萌生了許多新的因素，帶來了一些新的氣象、新的變化，因而又被後世譽爲學校教育史中的"繼漢開唐"時代。

從這一時期開始，東漢後期出現的佛教和道教開始滲透在學校教育中，對學校教育類型、教育内容、教學方法等方面産生了較大的影響。繼而在先秦道家的"自然""無爲"等觀念基礎上融匯儒、佛家思想又形成新的哲學思潮——玄學。儒、佛、道、玄各家相互鬥争、滲透、融合，共同促進了教育思潮的繁榮。其中佛教和道教對後世教育，尤其是隋唐教育的影響較大。因此任繼愈先生指出佛教、道教的影響，其深遠程度當不在儒家經史四部之下。（見《天人之際》，上海文藝出版社1998年版，第303頁）丁鋼在《中國傳統教育的結構、特性和特徵及其與文化的關係》論文中也指出："中國傳統文化是一個多元結構。它主要由儒家文化、道家（道教）文化及佛教文化三部分組成，與傳統文化相應，作爲中國傳統文化的一部分，中國傳統教育也是一個多元結構，它主要也是由儒家教育、道家教育及佛家教育三部分構成。"

此期官學教育上出現的新特徵便是學校類型多樣化。曹魏首創律學，打破了經學教育一統天下的局面，繼漢代鴻都門學之後，或爲我國分科教育制度的正式開端，爲隋唐時期專科學校的創建與分科教學制度提供了模式。梁、陳、北魏、北齊、北周盡予效法，皆設律學。西晋創辦了國子學，這是一所專門培養貴族子弟的學校，是中國教育史上貴族與平民教育分流的"雙軌制"學制的肇始，同時也是後世國子寺（監）的前身。而南朝宋又先後開設"四學館"，即儒學館、玄學館、史學館、文學館，這是中國教學史上的一次重大改革，玄、史、文學取得了與儒學同樣的地位，這既是學校性質和功能多樣化的表現，又是當時教育思想多元化的反映，同時一定程度上也折射出統治者較以往開明的文化心態。另外，南朝宋元嘉二十一年（444），還首創了我國最早的醫科學校，銓選醫學博士，廣教生徒（見《唐六典》卷一四），北魏宣武帝永平三年（510），亦下詔設醫館，并敕醫署考其能否，選定教材，布下鄉邑。（見《魏書·世宗紀》《魏書·官代志》）以上可見學校類型之廣。

相對於官學教育總體上時斷時續的狀態而言，這一時期私學教育發展昌盛，這也是歷史發展的必然。彼衰此盛，當戰亂破壞官學教學秩序時，私學便應時運之需，自然地承擔起了教育的重任。不過魏晋南北朝時期私學發展意義與兩漢時期有所不同。兩漢私學受到獨尊儒術文教政策的控制，儘管十分發達，但祇是起着維護漢代教育體制的作用。而魏晋南北朝時期的私學却是依據社會發展的需要和學者的學術專長多嚮發展，在客觀上對獨尊儒術的官學體制起着一種瓦解作用，促使魏晋南北朝教育體制最終衝破了獨尊儒術的藩籬。（見李國鈞、王炳照主編:《中國教育制度通史》第二卷第三章導言）因此，這一時期私學教育出現了一個典型的變化：即從兩晋時期開始，私人講經的學校無論數量還是規模，均處於萎縮狀態。導致這種現象的原因有兩種，一是玄學的興盛，二是士族門閥制度的形成。尤其是隨着"九品中正"這一選士制度的確立和發展，逐步出現了士族門閥集團控制選士制度的狀況，造成了"上品無寒門，下品無士族"的局面，從而堵塞了一般人通過選舉而入仕的途徑，因此，私人講經之私學必然受到冷落。在此情況下，一種特殊形式的教育——門第教育，成爲當時私學的典型形式。門第教育是在門閥士族內部對其子弟進行的一種教育形式，主要是爲鞏固世家大族的社會地位而進行的。因此，教育內容主要包括爲人處世之道及治家禮法兩方面。大批以此內容爲主的家訓、家教著作問世。北齊顏之推的《顏氏家訓》即爲其一。但是門第教育由於自身的封閉性、保守性、單一性等特點，決定了它不可能培育出大量適合社會發展需要的人才，因而這種教育也不可能長存。

第四節　隋唐至兩宋時期的教育

隋唐至兩宋，是中國封建教育的輝煌時期。尤其是唐宋教育，達到了中國封建教育發展的頂峰。

隋的建立結束了中國長達三百年的分裂割據局面，統一的封建王朝爲教育的發展提供了保障。隋朝重視教育事業的發展，實行崇儒興學政策，廣徵儒家經典，編輯整理爲經、史、子、集四類；統一南北經學，爲儒學的重振奠定了基礎。隋朝在尊儒的同時，也表現出了崇佛的傾嚮。尤其是隋文帝時期，廣建佛塔，大興佛教，佛家教育進一步得到發展。

隋朝的中央官學，基本上承襲前代的中央官學，如國子學、太學、四門學、律學等。值得注意的是，隋朝創建了書學和算學，這是中國實科教育制度的開始。此外，隋設立國子寺，掌管國子學、太學、四門學、書學和算學。國子寺的建立，標志着教育已經成爲獨立部門，并標志着教育的逐步成熟。地方官學主要是指州、郡、縣學，但是設學并不普遍，因而這一時期國家教育仍以私學教育爲主。

隋代的官僚和士族，甚重家學，世代相傳，史稱"家學淵源"；家學之外，民間比較重視私學，願意就學於鴻師碩儒。這就是隋代最基本的兩種私學教育制度：家學和私學。

隋朝在人才選拔制度上的一大變化是實行科舉制。隋煬帝時始建進士科，科舉制由此産生。科舉制是隋在反思改革東漢的察舉制和魏晉的九品中正制的基礎上形成的。隋以前的人才選拔是以薦舉爲主，考試爲輔；科舉制產生後，變爲以考試爲主，薦舉爲輔。但是隋朝祗是創建了科舉制，未得切實施行，直至唐初才得以體現并加以完善。科舉制的產生對學校教育造成了深遠影響，對其評價將在後文唐代教育中詳論，此不贅述。

唐代政治清明、經濟繁榮、思想寬鬆，這都爲教育的發展提供了良好契機，而教育在自身發展過程中也積纍了許多經驗。唐代教育發展中的一大特色就是不同教育流派的發展，常常取決於統治者的喜好偏嚮。因此佛家、道家教育也一度成爲主流教育，但總體來看，仍以儒家教育爲主。

唐代的官學制度大體於唐太宗時期臻於完善。唐太宗廣建學舍，擴充各學，復設書學、算學和律學，增設貴族學校崇賢館（後改爲崇文館），統一教材，令顔師古考訂五經，孔穎達編撰《五經義疏》等等。經過唐太宗的不懈努力，終於構建出了唐代空前完備的學制體系。唐朝的中央官學有國子學、太學、四門學、書學、律學、算學、廣文館，即"六學一館"，這是中央官學的主體，統歸國子監管轄。此外，還有歸屬於中央下屬各部門主管的醫學、卜筮、藝術、天文、曆數、獸醫、弘文館、崇文館、崇玄館等。唐代高度發達的中央官學超過了以往任何一個朝代，這也是吸引衆多周邊諸國絡繹東來的重要原因之一。當時東至高麗、日本，南至真臘，西至堅昆、吐蕃、波斯，北至突厥、契丹，紛紛遣使入朝，唐史譽之爲"萬國朝宗"，唐太宗被尊爲"天可汗"。在建交的同時，諸國又多派留學生，學習唐朝的政治、經濟、科技與文化教育。至此，"掌朝會、賓客及吉凶儀禮之事"的鴻臚寺成爲中國最早的留學生管理機構。

唐初地方官學沿襲隋朝的州縣二級制，後經過逐步發展，至開元末年形成了州、縣、鄉、里四級制。地方官學有經學、醫學和崇玄學三種類型。學生畢業後可直接參加科舉考試或升入中央四門學。如開元七年（719）唐玄宗下敕："諸州縣學生，年二十五以下八品子，若庶人二十一以下通一經及未通經，而聰悟有文辭史學者，入四門學充俊士。"（《新唐書·選舉志一》）於是，庶民之優秀學子得以進入高等學校，國家則得以不拘一格遴選人才。

唐代私學甚爲興盛，其主要原因是私學和官學在某些方面的相通性和一致性。如培養目標、教育內容等。尤其是私學和普通官學一樣，可通過科舉獲得功名利祿，極大地刺激了人們求學的積極性，故而私學成爲唐代教育體系中的重要組成部分，它一反往昔和官學對立發展的規律，與官學教育相輔相成，共同推動了唐代教育的發展。唐代私學種類多樣，有經學性質的私學，以研習經書爲主，是私學中的主體；此外還有文史性質的私學，道玄性質的私學，詩賦性質的私學。尤其是詩賦性質的私學在當時受到特別的重視，這與唐代高度繁榮的文學有關。唐代私學中還包括一些傳播醫學、天文學内容的私學。唐代之私學除了以上一些形式外，還出現了寺院教育以及習業山林的講學風氣。其中寺院教育是以佛教寺院爲依托而進行的教育。隋唐時期，佛教受到重視，因而寺院教育也獲得較爲寬鬆自由的發展環境。它包括宗教教育與一般的文化教育（包括儒家經典的研習）兩種形式。而習業山林則是一種注重自學自悟的教育活動，它對後世書院制度的形成影響至深。

　　肇始於隋的科舉制，在唐朝得到了長足的發展，形成了封建社會史上最爲完備的人才選拔制度。這一制度有利於將育才和選才結合起來，促進學校的教學；有利於德才兼備的庶民從下層中脱穎而出，參與國家事務管理，壯大統治階級力量，維護社會的長治久安。但是其消極作用也甚爲明顯，最爲集中的表現便是學校淪爲科舉的附庸，用單一的考試來衡量教育效果，學習趨嚮强烈的功利主義，思想僵化，教材至上，學風頹敗。但是，科舉制在中國存在了一千三百年之久，如此旺盛的生命力，定有許多值得後人深究之處。因而"科舉學"日漸成爲學術界關注的一門專學。

　　至五代之時，梁、唐、晋、漢、周遞相征戰，五國相繼，不過五十三載，恰如馬燈之走，豈暇他顧？故其文化教育，基本上承襲唐制。《舊五代史·選舉志》稱："〔《唐典》凡選授之制……凡舉貢之政〕洎梁氏以降，皆奉而行之。縱或小有釐革，亦不出其軌轍。"末代後周，試圖鼎新，未料兵變旋起，趙匡胤黄袍加身，因而後世稱五代實乃"繼唐開宋"之秋。十國之情形，與五代略同，故不復述。

　　宋太祖趙匡胤憑藉兵變，取代後周而建宋，從而結束了唐末五代十國分裂割據的局面。趙宋秉承了後周之大統，反思并吸取了唐朝禍起於武的經驗教訓，由"重武"轉嚮"重文"，確立了"重文教、抑武事"的治國方略。爲了能從思想上控制人民，統治者急需一種新型的便於統治的意識形態，在此情況下，理學應運而生。周敦頤爲始祖，經過張載、二程兄弟（程顥和程頤）的不懈努力，到南宋朱熹時終於形成了一套比較完整的理學思想體系（今世有人稱之爲"客觀唯心主義"）。這一體系在吸取佛、道思想基礎上，提出教育的培養目標是使人成爲"窮理修身，學取聖賢事業，使窮而有以獨善其身，達而有以兼善天下"（宋朱熹《答陳同甫》）的完人，也就是完全純乎天理而毫無人欲之醇儒。這個目標是通過不斷的"去人欲"過程求得實現，實際上就是强調人們要注重自身德性的修養，做安於現狀的順世臣民，這正符合統治階級的意圖。而以陳亮、葉適爲代表的事功學派則反對此種理論，他們高揚功利主義旗幟，主張培養道德和事功兼備的人。他們的教育思想是對王安石"新學"思想的繼承，同時又對明清啓蒙思想産生了積極的影響。

在"重文教"思想的影響下，北宋通過三次大規模的興學運動——"慶曆興學""熙寧興學""崇寧興學"，使學校教育得到極大的發展。據徽宗大觀二年（1108）正月御製的《辟雍記》記載，當時天下"被教養之惠"的生徒共達十一萬有餘，學舍一萬一千餘楹……到大觀三年，據當時朝廷統計，全國二十四路培養大小學生總數達十六萬七千六百二十七人，學舍九萬五千二百九十八楹。（見宋葛滕仲《丹陽集》卷一）經過幾次大的興學運動，宋代的中央和地方官學體系建立起來了。

宋代存在着三種性質的中央官學：普通性質的學校，如國子學、太學、四門學、辟雍、廣文館等，隸屬於國子監管轄；專門性質的學校，如醫學、書學、畫學、算學等，隸屬於中央各局管轄；貴胄性質的學校，如資善堂、宗學、小學、諸王官學等，隸屬於中央直接管轄。在中央官學中，國子監的地位最高，集最高學府和最高教育管理機構於一身，等級森嚴，祇招收"京朝七品以上子孫"（《宋史·選舉志三》）。太學的影響最大，是中央官學的核心和地方官學發展的指路燈。太學以經學教育内容爲主。仁宗慶曆四年（1044）開始推廣胡瑗的蘇湖教法，這是宋代太學教學改革的一大成功嘗試。其時"安定胡瑗設教蘇湖間二十餘年。世方尚詞賦，胡學獨立經義、治事齋，以敦實學"（《宋史·選舉志三》）。蘇，指蘇州；湖，指湖州。胡瑗，時人尊稱之爲安定先生。蘇湖教法的一大創新就是將教學分爲經義、治事兩大學科，實施"分齋教學制度"。它宣導實學實用，將實用學科列入官學教育體系中，取得了與官學教育并駕齊驅的地位；它注重因材施教，根據學生個性、特點不同，選擇分科教學。蘇湖教法對當時和以後教育發展影響頗大。另外推動太學發展的又一大舉措是神宗熙寧四年（1071）實施的王安石的"三舍法"，它通過嚴格的升舍考試，將官員的選拔任用與考生平時和考試的表現（成績、品德）結合在一起，對提高太學教學品質起到了極大的促進作用。宋代中央官學中，專科學校不可忽視，尤其是藝術教育。宋代精通書畫藝術的皇帝爲數不少，他們的這種喜好傾嚮帶動了書畫等藝術教育的進步與發展。

宋代的地方官學在興學運動中發展迅速，已成爲當時教育力量的主體。徽宗大觀二年

（1108），提舉京西南路學事路瑗稱：他所轄共八州三十餘縣，在諸路中屬最小，但已有
"學舍乃至三千三百餘區，教養生徒三千三百餘人"（《續資治通鑑·宋徽宗大觀二年》）。按
前文徽宗大觀二年《辟雍記》述及，此句所載京西路有"學舍乃至三千三百餘區"當誤。
但是當時全國學生人數已多達十一萬餘人，而當時中央官學中影響力最大的太學，在發展
極盛期間的崇寧元年（1102），人數纔達到三千八百人，由此可見宋代官學已經形成了覆
蓋全國的學校教育網絡。

　　宋代私學亦十分活躍。主要以鄉學、塾學爲主。鄉學是廣設於鄉、村、鎮的學校，塾
學則一般設在家庭内，皆屬於蒙養性質的初級教育。除此之外，還有在此之上的帶有研修
性質的高級私學，但大都集中在書院。宋代私學，尤其是蒙學教育，在總結前人經驗的基
礎上，探索出了許多行之有效的教學經驗。如在教學方法上，強調嚴格管教，使兒童從小
就打下良好的基礎。在教材的擇取上，注意結合兒童的心理生理特點，選用古代或本朝編
寫的一些朗朗上口、易於背誦的詩句，將施教目的有機融入教材之中。如《千字文》《三
字經》《百家姓》《訓蒙詩》等都是優秀的蒙學教材。宋代的私學爲國家輸送了大批傑出人
才。范仲淹、歐陽修、王安石、司馬光、周敦頤、邵雍、二程、蘇軾等，其早期教育皆完
成於私學。書院是我國封建社會尤其是宋以後一種重要的教育組織形式。書院源自於唐代
的官方藏書機構及民間創建的書舍、書屋、書堂、書樓，至唐代中後期已初具規模，五代
又有發展，至北宋而大盛。書院教育已明顯區別於往昔私人講學之機構：一是書院有大量
的藏書，這與隋唐以來，尤其是宋代之後印刷術的發展密不可分；二是講論代替了傳誦，
這又得益於宋以來義理之學的興起。宋朝書院可分爲兩種主要形式：以學術研究爲主的書
院和爲科舉而備的書院。宋代書院形成了以山長及洞主爲中心的教學管理主體、以朱熹所
訂《白鹿洞書院揭示》爲中心的教學理論、以學田爲中心的教育經費制度等，這些制度多
爲元、明、清書院所繼承。同時書院的教學理念和模式對官學教育也產生了深刻的影響。

　　宋代除了重視學校教育、家庭教育外，還十分重視社會教育的力量。古代的社會教
育和家庭教育、學校教育結合在一起，形成一股強大的合力，維繫着整個社會的平穩運
作。宋代許多名人都在各個地方開展過推廣社會教育的活動。如蘇軾、程顥、張載、呂氏
兄弟、朱熹、葉適等人。尤其是呂大防、呂大忠、呂大臨三兄弟，他們還編著了《呂氏鄉
約》。它是一部本於古禮、主於教化之書，旨在"化民成俗"，維護封建禮教秩序。《呂氏
鄉約》對當時和後世社會教化影響頗大，是衆多朝代實施社會教育的範本，以至於 20 世

紀二三十年代，梁漱溟在從事鄉村建設實驗中，就以《呂氏鄉約》作爲從事社會教育的依據，"以鄉約之意來組織鄉村"（丁鋼主編：《歷史與現實之間：中國教育傳統的理論探索》教育科學出版社 2002 年版，第 44 頁）。

宋代一般被認爲是中國封建社會走向衰落之起點。就社會發展的規律而言，在經歷了盛唐社會發展的高峰期後，中國封建社會必然要開始回落。故而宋代政治、經濟發展遜色於唐代亦符合事物發展規律。但是宋代之教育却頗爲出色，可以同盛唐比肩而立。在中國教育史上，宋代教育制度處於一個承上啓下的特殊地位。所謂"承上"，是指唐代全力構建的教育體制，在宋代得到進一步的完善和擴充；所謂"啓下"，是指宋代的教育體制在基本成熟定型之後，其後的元、明、清歷代無不遵從沿用，皆無重大的結構性改變，因此，宋代的教育制度在整個中國教育史上占有重要的地位。在教育思想上，宋代産生了一大批思想家、教育家：范仲淹、王安石、胡瑗、周敦頤、邵雍、張載、二程、陸九淵、朱熹、陳亮、葉適等。數量之多，成就之大，影響之廣，非中國歷史上任何一個封建王朝所能比及，可謂群星璀璨。而宋代興學運動的密集，學校數量的衆多，辦學種類的繁多，入學對象的廣泛，教育行政的完善，教學活動的活躍，科舉考試的嚴密以及社會教育意識的普及等，都超過了以往的朝代。因此，可以説，唐宋兩代的教育構成了中國古代教育史中的兩座高峰，後者并不在唐代之下。

這一時期和宋朝同時并存的還有遼、金等少數民族政權，由於皆爲始建之政權，所以教育主要是效仿漢族先進教育體制，以加速本民族封建化進程。故不詳論。

第五節　元明清時期的教育

元、明、清（不含清末）三代歷時近六個世紀。從廣闊的文化背景來考察，這是中國文明由滯澀、僵化走向落後衰敗的時期。在這種時代背景下，教育也開始放慢了脚步。但是這個階段中各個朝代的教育仍有自己的鮮明特徵，教育在緩慢曲折地前行。明末之後，中國傳統教育開始出現新的轉機、新的變化，一種新式教育——近代教育開始萌芽。

元朝是我國歷史上第一個由少數民族——蒙古族建立起來的封建統一王朝，故建國伊始，統治者面臨的主要任務便是如何加速封建化進程，盡快縮短與先進的漢族在政治、經濟、文化方面的差距，以便能够達到鞏固封建統治長治久安的目的。而儒學則是當時漢族先進文化的代表，因此元朝統治者確立了"尊孔崇儒"的文教政策。首先開始整飭祭禮、封孔之禮。元太祖成吉思汗始於燕京置宣聖廟（即孔廟）。元世祖至元十年（1273）三月，中書省命春秋釋奠，成宗始命建宣聖廟於京師，大德十年（1306）秋廟成，武宗至大元年（1308）秋七月，詔加號先聖曰"大成至聖文宣王"（《元史·祭祀志五》）。元世祖親自確定了祭孔之儀。以後的幾任皇帝都有尊孔祭孔之舉。尊孔祭孔的目的，在於推行儒家教育，以便萬民遵守儒家的君君臣臣的禮教，從而鞏固其統治地位。在中央官學中專設國子學學習漢學，大量印刷儒家經典，同時給予儒生一定的優厚待遇。另一方面便是推崇程朱理學。元太宗時設立太極書院，專門研習道學，這是元代重視理學教育的先聲。此後，理學的地位逐日上升。仁宗皇慶二年（1313）規定，科舉考試以《大學》《論語》《中庸》《孟子》爲出題範圍，以朱熹的《章句集注》作爲評分的標準。雖然元代科舉三興三廢，但這一制度却保存了下來。明宗至順三年（1332），又追封二程爲豫國公和洛國公，理學正式成爲官學哲學思想。

元朝的中央官學有國子學、蒙古國子學和回回國子學以及醫學提舉司和司天監等專門教育機構，中央官學以蒙古學生爲主體。在規模最大的國子學、蒙古國子學中，蒙古學生人數皆達半數。回回國子學是中國歷史上最早的官辦域外語言專科學校，專門學習波斯語言，這也從一個側面反映了中外交流的頻繁狀況。元朝的天文技術很發達，天文教育水平也很高，司天監就是專門研習天文的中央官學。

地方官學主要有各路、府、州、縣學和社學以及蒙古字學、醫學、陰陽學等專門學校。其中社學是一種重要的發展農村教育的學校。路、府、州、縣學以及社學均是以傳授儒家教育内容爲主的學校。

元代的私學呈現興旺、發達的特點。許多遼、金、南宋等前朝遺賢不願入仕爲官，轉而積極興辦私學，對元朝私學的發展起了巨大推動作用。元朝私學基本上沿襲宋代，主要有蒙學性質的塾學及帶有高級研修性質的儒家私學兩類。值得注意的是，元朝出現了廟學這種特殊形式的私學。廟學是指設於孔廟之中的學校，它是推行社會教育的一種重要組織形式。

書院也是元代教育的重要組成部分。元代最早的書院——太極書院，建於1236年。它對於促進北方地區教育事業的發展，大有開路之功。元代書院在數量上超過了宋代，在全國得到進一步普及推廣。除原有的江南地區之外，還有廣東、海南等地也建立了書院。元朝書院性質與宋代相比，已發生了重大變化，出現了完全的、徹底的官學化傾嚮。元代統治者通過贈書、提供學田、派遣學官等形式，將書院納入官學體系中，使其同樣成爲科舉考試的附庸，失去了原有獨特價值。就此而言，無疑是書院發展史上一次重大倒退。書院官學化，是封建統治者封閉、專制的文化心態的反映，是封建統治者加強學術思想控制的進一步舉措，是封建教育愈來愈僵化倒退的表現。

元朝是一個種族歧視嚴重的朝代，這就必然給教育的發展帶來許多弊端。元朝將全國人口按種族和地域分爲蒙古人、色目人、漢人和南人四個不同等次。蒙古族取得了在一切社會生活領域中占統治地位的優勢。在文化教育上亦是如此。在其實行的國子學試貢法的考試中，漢人考試內容最難，要求最嚴，而蒙古人、色目人則要求寬鬆、內容簡單，但授官等級却高於漢人。因此，元朝統治者確立的"尊孔崇儒"文教政策衹是爲維護蒙古族統治而采取的一種懷柔政策而已。雖然高舉"尊孔崇儒"的旗幟，但是儒學教育的發展和唐宋時期相比，明顯呈現萎縮狀態。據元代方志推算，元代嚴格控制儒戶數量，儒戶在總戶口中所占比例極小，就連在文化教育發達的江南昌國州地區，儒戶在總戶口的比例，最高的爲鎮江土著戶，也不過 7.3‰（見《至順鎮江志》卷三。昌國州，今浙江寧波），最低的僅 2.56‰（見《大德昌國州圖志》卷三），由此也説明元代教育的總體水平并不很高。

明朝依舊奉行崇儒政策。尤其是程朱理學，在教育中取得了至尊地位，并滲透到學校教育、家庭教育、社會教育以及科舉考試中。雖然在明中葉後遭到以王守仁爲首的"陸王心派"和外國傳教士所帶來的西方文化的衝擊，但并未動搖其統治地位。今世有學者認爲，程朱理學的至尊地位的確立從一個側面反映了明朝思想文化的單一性和保守性。這種局面的産生是同明朝的政治緊密相聯的。明朝是一個極端專制的朝代，統治者建立廠、衛特務機構，嚴控師生言行，大興文字獄，株連無辜，鏟除一切所謂"异端邪説"，甚至連《孟子》也莫能除外。學子士人生活在沉悶的學術氛圍之下，不敢越雷池一步，循規蹈矩，文化教育一片沉寂，何談發展！明代的中央官學主要有南北國子監、宗學、武學等。國子監既是最高學府，又是最高教育行政管理機構。它還招收來自高麗、日本等國的外國留學生。國子監以六經、諸史爲主要教學內容，在教育管理上，一是沿襲元朝的積分法，二是實行監生歷事制度，這是明朝教育制度上的一大創舉。它要求國子監學生在學習到一定年限後，須到中央各部門"先習吏事"，經考試合格後，始可委以官職。這是中國教育實習制度的源頭，也是古代教育發展中的巨大變革，表明教育已開始關注學生的實際應用能力，這是對傳統教育"唯書本至上"的一大突破。

明朝的地方官學可分爲儒學、專門學校以及社學三類。儒學包括府、州、縣學以及一些特殊學校，如在邊疆駐軍之地設立的都司儒學、行都司儒學、衛儒學，由此也可見明朝教育普及面之廣。專門學校包括武學、醫學和陰陽學。社學則是屬於小學階段的教育，招收八至十五歲兒童入學，帶有某種强制性。明代地方官學不僅種類增多，且照顧到了不同類型、不同年齡人的實際需要，使受教育主體逐步擴大化，教育進一步平民化，因此可以說，這是教育發展中的一大進步。

其時，科舉和學校教育的聯繫更爲密切。明初規定，科舉必由學校，這就促進了學校教育的發展，不過也導致學校教育逐漸偏離自身正常發展的軌道，盲目追隨科舉。而明朝的科舉制更爲教條僵化。除了强調言論上必須"爲聖人立言"，不允許考生自由發揮，劃定"四書"爲考試範圍，《四書集注》爲標準答案外，還規定文體上一律采用嚴格對仗的八股文，不許違背此格式等等。這是繼元代之後，中國古代教育的又一倒退。

受"科舉必由學校"的影響，明初書院發展一度沉寂。至成化、弘治年間，始得以恢復生機。起因是因爲官學空疏，科舉僵化，朝政衰敗，故此時書院成爲仁人志士講學議政之地。尤以明代中期王守仁爲首的龍岡書院、稽山書院等最爲著名。其學與南宋陸九淵一脉相承，以"心即理""知行合一""致良知"爲主旨，强調了人的獨立人格、躬行實踐，有力地衝擊了朱熹的"天理""人欲"對立說，建立了"陽明學派"，或稱"姚江學派"。明末清初之時，其影響直達海外。稍後又有顧憲成、高攀龍等人爲代表的東林書院最爲著名，他們宣導并推動了學術的發展。東林書院承襲了稷下學宮和宋元書院講學的方式，形成了一套完備的講會體系。另外還有一種圍繞科舉考試而辦的科舉式書院，雖然其數量甚多，却并未形成教育發展的積極因素。明代書院的發展歷經坎坷，可謂多灾多難，朝廷前後四次封閉書院，尤其是第四次對東林書院的禁毀、鎮壓，嚴重戕害了學術思想的發展，使明代書院從此一蹶不振。這種狀況一直持續至清朝雍正年間。

滿族入主中原至鴉片戰爭以前，是中國封建社會的最後階段，同時也孕育着近代教育的某些萌芽。有清一代，大抵可分以下幾個時期，今分述如次。

一、清初至鴉片戰爭前期的教育。明末，東南沿海一帶初萌資本主義經濟，文化、科技、天文、曆法、算數、文學、戲劇、繪畫、考證等都獲得了較大的進步。在思想領域，明末出現的重實踐、重應用的思潮繼續深入，反映在教育上，出現了以黄宗羲、顧炎武、王夫之、顔元、章學誠等人爲代表的實學教育思潮。他們批判傳統封建教育，尤其是宋明理學，指責他們"與賊通氣多"，强調教育要緊密結合實際，重實學，學貴適用，研習自然科技知識、軍事知識和技術技能等經世致用之學，主張"知行結合"。實學教育思潮是明清之際啓蒙主義教育思潮的一個重要組成部分，它是對宋代事功學派和王安石"新學"的繼承。清初，統治者重視發展文化教育事業，制定了"興文教，崇經術，以開太平"的文教政策。崇尚儒家經術和尊孔，但依然提倡程朱理學。學校的教學、科舉考試内容都以程朱理學爲主，并新編了《性理精義》《朱子大全》，以"正人心"。這些措施支配了人們的思想、行爲，鞏固了封建統治。清初還沿襲明制，在中央和地方廣泛設立學校，使學校教育得到了恢復和發展，至乾隆年間達到全盛。在積極發展文教事業的同時，清廷還加强了對各級學校的管理和控制，制訂了各種嚴厲的學規，對知識分子運用懷柔和鎮壓兩面手段，除編纂了《古今圖書集成》《四庫全書》以籠絡士人外，還銷毀書籍，禁止知識分子立盟結社，并大興文字獄。這使得當時許多人衹得終日埋頭於故紙堆中，鮮有"入世"精神，再加上清朝實行的閉關鎖國政策，更是拉大了與世界先進教育之間的差距。

清代的國學和地方學基本上承襲明制，在京師設國子監，在地方設府、州、縣學。國子監始設於順治元年（1644），設率性、修道、誠心、正義、崇志、廣業六堂"教習諸生"，又設祭酒、司業總理監務。雍正三年（1725），又另設管理監事大臣一人，爲國子監的主管官員；設博士、助教、學正、學録，負責教學；設監丞，職在繩愆，凡教官監生皆由監丞負責糾舉。（見《清朝文獻通考·學校考三》）學生通稱爲"監生"，此外有"貢學"和"萌生"，還有"捐監"。外國亦派送學生入監讀書。總的説來，清代國子監的招生範圍比以前更寬，封建地主階級的子弟都可以貢監入學。國子監的教學内容，主要是《四書》《五經》《性理大全》《資治通鑑》等，兼選《十三經》《二十一史》。值得注意的是，清初國子監沿襲元明時之監生歷事制度和積分法。乾隆二年（1737），又實施分齋教學制度，并在國子監内"嚴立課程，獎誘備至"，一時之間，國子監内"師徒濟濟，皆奮自鏃礪，研究實學"，國子監達到全盛。（見前書及《清史稿·選舉志一》）

除國子監外，京師還專爲清皇室貴族子弟設有宗學、覺羅學，爲八旗子弟設立了八旗官學、景山官學和咸安宮官學。重視八旗子弟的教育，廣設旗學，這是清代官學制度的一個重要特點。清代的專業學校有算學館、陰陽學（天文）館，附設於太醫院的醫學館、俄

羅斯館。（見前書及《清史稿・選舉志一》）

　　清代的地方學校設有府、州、縣等儒學，其教官，府設教授，州設學正，縣設教諭，以"訓迪學校生徒"。此外，還設訓導，以協助教官教導學生。府、州、縣學的學生，通稱生員，有規定的名額。清代對生員實行動態管理，生員的等級與學業成績緊密銜接，分"六等黜陟法"（《清史稿・選舉志一》）以決優劣。府、州、縣學的教學内容主要有《四書》《五經》《性理大全》《資治通鑑綱目》《大學衍義》《歷代名臣奏議》《文章正宗》等書，此外還須學習《卧碑文》《聖諭十六條》《御製訓飭士子文》《聖諭廣訓》和《大清律》等。

　　清代各省地方除府、州、縣學外，康熙九年（1670）曾令各省設置社學、社師，"凡近鄉子弟年十二以上二十以下有志學文者，令入學肄業"（《清朝文獻通考・學校考八》）。此外，各地方還設有"義學""井學"。義學最初設立在京師，後來各省府、州、縣也紛紛設立，"延師授徒，以廣文教"。少數民族亦特設義學，即免費學校。井學是設在雲南邊疆地區的學校。古制，八家爲井。故藉指人烟稀少處之學校。這些學校實質上也是清朝加强社會教育、鞏固中央集權的一種表現，但也反映出由於清朝是由少數民族——滿族建立起來的封建王朝，因而相對於元朝的種族歧視而言，清朝還是開明了許多，這也是社會發展的必然。

　　書院也是清代的一個重要的教育機構。清初對書院頗加抑制，順治九年（1652），特頒禁令"不許別創書院，群聚徒黨"（《古今圖書集成・選學典・學校部》），唯恐書院的講學活動會導致明朝臣民反清思想的發展。所以，在清代前九十年間，書院一直處於停滯狀態。康熙年間，采取了推廣與監控相輔的政策，書院逐漸由沉寂走嚮復蘇。雍正十一年（1733），清廷改變了對書院的政策，變禁止爲提倡，使書院迅速發展，其數量之多，"遠過前代"，甚至在邊遠地區的青海也建立了書院——三川書院。

　　在積極倡設書院的同時，清廷也加强了對書院的控制。如控制書院的創辦權、經費權、領導權、招生權及書院對生徒的考核權，使書院官學化的傾向日趨嚴重，喪失了自由講學、鑽研學問的風氣，其工作重心轉向考課，以備科舉之需。當時，唯阮元所設"詁經精舍""學海堂"不課八股文，而以經史爲主，注重學術研究，爲書院開創了一種新的學風，對清代學術的發展及人才的培養作出了重大貢獻。

　　科舉方面，清代雖辟薦擢，以舉有用之才，但取士仍以科舉爲主。科舉考試大體因襲明代，建立了完備的科舉考試制度。清初，統治者就開科取士，其意主要在"不勞兵之法”，以收士心。考試分童試、鄉試、會試、殿試，前三項爲主要考試。鴉片戰争之前科舉日重，清廷傾盡全力；學校日輕，終淪爲科舉的附庸。而士子應試，也僅爲功名利禄，非爲治學，嚴重地破壞了清代的政風、文風、學風。

二、鴉片戰争到太平天國運動時期的教育。中國内地學者多認爲，1840 年鴉片戰争後，由於西方列强的入侵，中國逐漸變成了一個半殖民地半封建社會，開始進入近代史階段。這期間，一些有識之士爲改變現實，初步提出學習西方近代科學技術、文化教育，革除弊端的主張。此後，“西學”逐漸在中國傳播開來。

其時教育衰敗，從中央到地方的官學，不僅成爲科舉制度的附庸，而且成了生徒們領取廩餼的場所，“儒學浸衰，教官不舉其職”（《清史稿·選舉志一》），名存實亡。如國子監，取消了“坐監”制度，允許監生在寓所肄業；地方官學也是“月課漸不舉行”（《清史稿·選舉志一》），所謂考課祇是徒具虛名，教師僅是點點學生名册和收取學生獻給教師的“贄幣”而已，考試舞弊已是司空見慣。這説明封建傳統教育已成了當時中國社會發展的重大阻礙，到了窮途末路的地步。在這種形勢下，以龔自珍、林則徐、魏源等爲代表的開明知識分子，對清末腐朽的封建教育進行了尖鋭的批評，要求改革舊的教育傳統，“不拘一格降人才”；主張研習“經世致用之學”，以培養人才；提倡學習“西學”，“師夷之長技以制夷”。

19 世紀 50 年代，太平天国革命運動爆發，這是我國歷史上最大的一次農民起義。太平天国以“拜上帝教”作爲發動革命和組織群衆的思想武器，并以此建立起一種政教合一、以拜上帝會爲中心、獨具特色的教育思想體系。他們反孔孟，反儒學，把政治教育、軍事教育、道德教育、文化教育和識字教育都統一到宗教教育中，以《十款天條》《原道醒世訓》《原道覺世訓》《舊遺詔聖書》《新遺詔聖書》《天命詔旨書》《三字經》《幼學詩》和《御製千字詔》等書籍爲教育内容，以“拜上帝教”取代傳統教育。

太平天国實行了一種政治、宗教、教育三者合而爲一的平等社會教育制度。兒童、婦女、士兵和群衆的教育都受到了重視。婦女可參政做官，可參軍爲將，據傳婦女亦可參加科舉考試。據清朝官方材料，太平天国女官達六千五百多人，常吸收民間女子識字者任官府簿書，女兵多達十萬人。太平軍中有不少女將領，如天王洪秀全之妹洪宣嬌，就是著名的女將軍。（《太平天国教育思想與教育文獻選讀》中篇，中國環境科學出版社、學苑出版社 2006 年版，第 43 頁）太平天国非常重視兒童教育。除禮拜堂外，太平天国設立了“義學”“育才館”“育人學院”等許多臨時性的教育機構，以教育兒童，并實行了一種“帶徒弟”的形式，讓兒童在實踐中學習武藝，在生活中接受政治思想和宗教道德教育。太平天国還編印了新教材，并將科學知識編入新的兒童教材中。太平天国的兒童教育非常有效，“搜查洋烟、黃烟及邏查犯天條、犯令各事，童子最認真不遺餘力”。在戰鬥中，他們“臨陣勇往直前，無不以一當十”（中國史學會主編:《太平天国》第3册，上海人民出版社1957年版，第308頁；太平天国歷史博物館編:《太平天国文書彙編》，中華書局1979年版）。兒童在這場空前的農民戰爭中，立下了不朽的功勛。

　　爲實行普遍的平等教育，便於人民群衆學習文化，太平天国提倡“文以紀實”“言貴從心”的樸實通俗的新文風，并進行了文字改革，采用了大量簡易明瞭的簡化漢字。如“虫”“胆”“窃”“条”“铁”等。這些字在現代均被采用。太平天国還衝破傳統文學的束縛，大膽地試用標點符號，如用在文字停頓處的“、”，用在文句結束地方的“。”；用在人名右邊的“——”；加在地名、國名、朝代名右邊的“～～～”（見《太平天国印書》第一、三、九、十二册，江蘇人民出版社1961年版），這些在1919年新文化運動前後被采用。

　　太平天国時也采用開科取士和出榜招賢的辦法來招取人才。其科舉考試制度初分縣試、省試、京試三級，後改爲鄉、縣、郡、省、京五級考試。太平天国廢除了科舉考試門第、出身的限制，更改了科舉考試的功名；在考試内容上，太平天国革除了《四書》《五經》，而以太平天国頒發的《舊遺詔聖書》《新遺詔聖書》《天命詔旨書》爲考試内容，并增加了策論。（見中國史學會主編:《太平天国》；太平天国歷史博物館編:《太平天国文書彙編》）

　　自辛亥革命以來，中國學者多認爲，太平天国的教育，衝擊了孔孟儒學，改革了封建的文化教育，形成了中國近代教育史上獨樹一幟的農民階級的教育思想。而今時有學者認爲，太平天国革命破壞大於建設，教育革命亦無甚可取。筆者認爲，太平天国革命乃針對腐敗的清王朝之統治而來，自有其進步意義與警世價值。其所宣導的不分貴賤、不分男女、教育平等的思想及“文以紀實”“言貴從心”的文風，對於傳統教育與傳統文風的偏頗弊端，無疑是一種有力衝擊，其文字改革亦是一次難得的大膽嘗試。但太平天国統治者對於儒家文化的態度却是一股歷史逆流，一種極端淺薄的行爲，而政治、宗教、教育三者合一的社會教育制度，又是一種實用主義的歷史倒退，其教育制度絕非成功的範例。

　　早在鴉片戰爭前，西方傳教士就秘密來到中國沿海一帶進行傳教活動，私自設立學校。如最早來華的英國傳教士馬禮遜就於 1839 年在澳門創辦了中國近代第一所教會學校——馬禮遜學堂。1840 年鴉片戰爭後，西方列强更是憑藉不平等條約，來中國傳教、辦醫院、辦學堂，傳授西方文化與基督教義。對此，國內一些學者稱之爲"文化滲透"。但其民主、自由觀念與先進的科學知識的傳播，就古老的中華文明而言，無疑是一種巨大衝擊，并提供了不可忽視的藉鑒價值。當時，傳教士在五個通商口岸辦了一大批教會學校。這些教會學校，一般規模較小，以招收貧苦人家的子弟爲主。

三、洋務運動時期的教育。19 世紀 60 年代是近代學校萌芽、發展的時期。這時期，清廷中的一些識時務者爲了維護其封建統治，發起了洋務運動，提倡"西學"、興辦洋務學堂、派遣留學生等。洋務派官僚把興辦洋務教育作爲洋務運動的重要内容，并以此起步，開辦了外國語學堂、軍事學堂、科技學堂等六十多所。這些洋務學堂不强調學生讀《四書》《五經》，學作"八股"文章，而是側重讓學生學習外國語、自然科學和實用科學等。

洋務派提倡"西學"的目的是爲培養適應當時外交和軍事方面需要的洋務人才，以應不時之需。洋務學堂的創辦，在中國教育史上是空前之舉，它培養了近代中國第一批翻譯人員、外交人才，第一代科技人才和海軍人才。如 1861 年，清廷批准在總理各國事務衙門下，設立京師同文館，次年正式開學，這是中國近代最早設立的外國語學堂，開辦初期僅設英文館，招十三四歲的八旗子弟十人，後來逐漸設立俄、日、法、德等館，學生人數也逐漸增加到一百二十人左右。1866 年，同文館又加設科學館，學習算學、天文、化學、物理、萬國公法、醫學、生理等科。學生學習年限爲八年，前三年以學習外國語爲主，課程近似中學堂程度，後五年以學習科學技術知識中的實用學科爲主，課業相當於大專程度。值得注意的是，京師同文館是中國最早實行西方班級授課制的學校。1902 年，京師同文館并入京師大學堂。

爲了培養洋務人才，鞏固清朝統治，洋務派官僚除了開辦學校和翻譯西書外，還興辦留學教育。1847 年 1 月，馬禮遜學堂的學生容閎、黃寬諸人，在得到香港商人與報界的支持後，隨同該學堂校長布郎（S·R·Brown）一起赴美求學。後容閎獲美國耶魯大學學士學位，黃寬則畢業於蘇格蘭愛丁堡大學醫學系，這是中國第一代留學生。容閎自歸國後，即鼓動并游説清廷多級大臣，如丁日昌、曾國藩諸人，謀求留學之策。二十年後始得批准。1872 年夏末，第一批官費留學生三十人啓程赴美，學習軍政、船政、步算、製造諸學，自此拉開了中國近代官費留學的序幕。此後，洋務派官僚還派遣了留學英、法、德等歐洲諸國的留學生，培養出了一大批科技人才、海軍人才、外交人才、實業人才，傳播了西方的政治學說和哲學思想。（見容閎《西學東漸記》）

隨同《天津條約》《北京條約》的簽訂，帝國主義國家可自由在中國傳教，教會勢力咄咄逼人，教會學校急劇增加，幾乎遍及全中國。這時期，尤以美國基督教開辦的教會學校最多，其中較爲著名的有：長老會傳教士狄考文（C·W·Mafeer）與夫人在山東開辦的登州文會館，後擴展爲齊魯大學；衛理公會傳教士林樂知（Young John Allen）所辦的清末著名的教會女子學堂——上海中西女塾；美國聖公會施約瑟主教（Bishop Samuel Schereschewsky）在上海創辦的聖約翰學院；美國基督教長老會創辦的嶺南大學及金陵大學等。

上海中西女塾創辦於 1890 年，原名爲墨梯學校，以紀念美國南方基督教領導人墨梯主教。林樂知創辦女塾的目的，乃是有感於中國“輕女重男”，“遂若讀書明理，專爲男子之事，與女子無預”，而希望把“西國男女并教”的“至善”之法移植到中國。（見夏曉虹：《女塾宏開》，中國網）中西女塾學制十年，雖自稱“中西并重，不偏倚”，實則以西學尤其是英文爲主。中西女塾在教學過程中，舉凡格致、算學、地理諸科以及宗教，祇要學生力所能及，皆以英語教學。（見李秉謙：《一百年的人文背影——中國私立大學史鑒》第一卷《萌芽：1840—1911》第二章，第 30 頁）學校由傳教士主持，在 1902 年頒布的《上海中西女塾章程》中特別規定，“惟聖教書，不能不讀”，每禮拜日，必須“進堂聽道，讀聖日課”，因而該校是一所典型的“基督化”“美國化”女學。（見張中山：《中國女學的歷史過程簡析》，載《殷都學刊》1995 年第四期）中西女塾開校時僅有學生五人，教師二人，但隨着風氣漸開，學生日益增多，到 20 世紀，成爲上海上流社會女性夢寐以求的“鍍金”聖地。

聖約翰學院創辦於 1879 年 9 月 1 日，開學初僅招收學生四十九人，第二期增至七十一人，設西學、國學、神學三門課程。由於學生水平有限，采用國語、方言間時授課的方式。1881 年，任英語教習的卜航濟牧師（F.L.Hawks Pott）提出全面以英語授課，首開中國教育史上英語教習之先河。1905 年學院升爲聖約翰大學，次年在美國注册。1913 年學校添設大學院，招收碩士研究生，形成預科、本科、大學院三級教學階梯。1936 年始招女生。後發展爲擁有文、理、工、醫、農五個學院十六個系的著名大學。（見熊月之主

編:《老上海名人名事名物大觀》，上海人民出版社 2005 年版，第 365 頁）

嶺南大學，是廣東基督教教育的最高學府。其前身爲 1888 年在廣州設立的格致書院，1900 年遷澳門後改爲嶺南學堂。1904 年遷回廣州，易名爲嶺南大學，設文、理、農、商、工、醫等學院。（見喻本伐等著:《中國教育發展史》，華中師範大學出版社，第 395 頁）

金陵大學其前身是 1888 年美國基督教會美以美會在南京創辦的第一所高等學校彙文書院，校内設文、醫、神三科，分別稱爲博物館、醫學館、聖道館。另設中學部稱成美館。後來，美國基督教會中的基督會和長老會又分別於 1891 年和 1894 年在南京創辦了基督書院和益智書院。三個書院的學制大致相同。20 世紀初，教會爲擴大影響，適應時勢，紛紛合并書院，改建大學。1906 年基督、益智書院合并爲宏育書院，1910 年宏育書院又并入彙文書院，以大學建制成立金陵大學堂。推原彙文書院院長包文（A·J·Bowen）爲校長。（見馮世昌主編:《南京師範大學志》，南京大學出版社 1994 年版，第 28 頁）陶行知是該校的首届畢業生。

爲加强對華的文化教育介入，狄考文、林樂知等發起舉行了兩次"在華基督教傳教士大會"，成立了"學校和教科書委員會""中國教育會"，形成了全國教會學校網，以廣泛擴展其影響力。

四、維新運動至清末"新政"時期的教育。19 世紀 70 年代，一批具有初步改良主義思想的知識分子提出了改革科舉、興辦學校、學習西學的教育主張，中國逐步形成了近代改良思潮。早期改良主義者們認爲科舉制是意在敗壞天下人才，非欲造就天下之才（見孫培青主編:《中國教育史》第十二章，第 347 頁），要求在科舉考試中廢除八股文，代以格致、化學、電學、重學（即力學）、礦學、天文、算學、輿地（即地理）、醫學、農藝等實用科目。早期改良主義者們都積極宣導西學，以"師夷之長技以制夷"。到 19 世紀 80 年代末，鄭觀應已將所學西學分爲天學、地學、人學三部分，内容包括了西方的自然科學、工藝科學和社會科學中的諸多學科。（見孫培青主編:《中國教育史》，第 327 頁）此外，早期改良主義者們還要求改革書院、興辦學校，以圖以西方教育爲手段改造中國。如早在 1860 年，容閎就曾向太平天国干王洪仁玕提出設立武備學校、海軍學校及各種實業學校，頒定各級學校教育制度等建議，以改造舊教育體制，改造中國。此後，鄭觀應也按照資本主義教育制度，設想將中國文、武學堂分爲大、中、小三等，提出各州縣設小學，各府省會設中學，京師設大學的主張。（毛禮銳等主編:《中國教育通史》第四卷，山東教育出版

社 1988 年版，第 164—165 頁）

中日甲午戰争後，以康有爲、梁啓超、嚴復等爲代表的維新派認爲，中國貧弱的原因在於教育不良，學術落後，主張將教育改革作爲變法之本，通過教育以培養人才，通過辦學堂、辦學會、辦報刊等活動以宣傳變法，通過譯西書以介紹"西學"，在文教領域裏形成了維新教育活動。此時發起推動和組織的學堂、學會和報館達三百餘所，其中影響較大的有：萬木草堂、湖南時務學堂、通藝學堂、經正女學等。這些學堂雖然課程的側重點各不相同，但一般都以介紹傳播西學，向西方學習爲宗旨，同時又均在總體上保留了傳統文化的主導地位。

在辦學會和報刊方面，維新派組織成立了北京强學會、上海强學會等學會，設立了《中外紀聞》《時務報》等報刊，傳播西學，評論國事，宣傳變法。

1898 年，中國爆發了"百日維新"運動。在"百日維新"中，頒布了兩項涉及教育方面的法令：廣設學堂，提倡西學；廢除八股，改革科舉制度。廣設學堂，提倡西學，即在明令設立京師大學堂的同時，令各省、府、縣的大小書院一律改爲兼習中學和西學的學校，學校分高等學堂（省會之大書院）、中等學堂（郡城之書院）、小學堂（州縣之書院）三個等級。民間祠廟不在祀典者，一律改爲學堂。并命設鐵路、礦務、農務、茶務、蠶桑等學堂。廢除八股，改革科舉制度，即明令廢除八股取士之制，改試時務策論；并命開設經濟特科，議設法律、財政、外交、物理等專門之科，宣布以後取士以實學實政爲主，不以楷法優劣爲取士標準。但"百日維新"中的教育改革，因遭到封建勢力的抵制而失敗。

隨同變法的失敗，維新派所創辦的文化教育事業也備受摧殘，然而，京師大學堂却偶得幸存。京師大學堂正式創立於 1898 年，以"中體西用"爲立學宗旨，并依此規定了課程。初創時的京師大學堂帶有很强的封建性，僅設有仕學院及附設中小學堂，招五品到八品的官員和舉人一百人，分《詩》《書》《易》《禮》四堂。京師大學堂的創立標志着我國近代高等教育進入了創造和確立的階段，并以此開始設置專職教育行政官吏。

1901 年，清廷開始在文化教育方面實行"新政"，改革教育。其内容主要是廢除科舉、建立新學、厘訂教育宗旨、改革教育行政機構。兹扼要論述如下：

一是廢除科舉制度方面。科舉制度自隋朝建立，至近代已成爲學校發展的桎梏，一些有識之士紛紛要求變科舉乃至廢科舉。迫於形勢，清廷於 1905 年 8 月下令，"自丙午（1906）科始，所有鄉會試一律停止，各省歲科考試亦即停止"。至此，實行了一千三百多

年的科舉制度完全告廢，中國教育開始進入一個新的發展階段。（見孫培青主編：《中國教育史》第十二章）

　　二是教育制度的建立方面。1901 年 8 月，清廷頒發“興學詔書”，鼓勵興辦學堂，各省紛紛回應。在這種形勢下，建立一個新的、統一的學制來協調管理、促進普通教育的發展已勢在必行。1902 年，清廷頒布了管學大臣張百熙所擬的《欽定學堂章程》，因公布於壬寅年，又稱“壬寅學制”，這是中國近代教育史第一個比較系統的法定學制。這個學制，縱的方面分三段七級：第一階段爲初等教育，分蒙學堂四年、尋常小學堂三年、高等小學堂三年；第二階段爲中等教育，設中學堂四年；第三階段爲高等教育，分高等學堂或大學預科三年、大學堂三年（分政、文、商、農、格致、工藝、醫七科）；大學院，年限不定。整個學制共二十年。橫的方面，與高等小學堂平行的，有簡易實業學堂；與中學堂平行的，有中等實業學堂、師範學堂；與高等學堂平行的，有仕學館、高等實業學堂、師範館。（見毛禮銳等主編：《中國教育通史》第四卷第十四章，第 225 頁）“壬寅學制”雖經公布，但未實施。1904 年張百熙、張之洞、榮慶重新擬訂了一個《奏定學堂章程》，對學校系統、課程設置、學校管理等都作了具體規定。這是中國近代第一個比較完整的、并經法令正式公布在全國實行的學制體系，因公布於癸卯年，又稱“癸卯學制”。這個學制，從縱的方面分爲三段六級：第一階段爲初等教育，設初等小學堂五年、高等小學堂四年。另設蒙養院，不在正式學制之內；第二階段爲中等教育，設中學堂五年；第三階段爲高等教育，設高等學堂或大學預科三年，分科大學堂三或四年，通儒院五年。橫的方面，與高等小學堂平行的，有實業補習普通學堂、初等農工商實業學堂和藝徒學堂；與中學堂平行的，有初級師範學堂、中等農工商實業學堂；與高等學堂平行的，有優級師範學堂、實業教員講習所、高等農工商實業學堂。此外，屬於高等教育性質的還有譯學館、方言學堂、進士館、仕學館。這是我國最長的一個學制。（見毛禮銳等主編：《中國教育通史》第四卷第十四章，第 226—227 頁）“壬寅學制”和“癸卯學制”雖然形同西方近代學制（如癸卯學制幾乎完全是抄襲日本的學制），但實質上仍受封建思想支配，帶有極其明顯的半殖民地半封建性質。

　　三是厘訂教育宗旨方面。清廷原沒有統一的、全國性的教育宗旨和教育行政機構，直到 1904 年纔在《奏定學堂章程》中明確提出教育宗旨。這個宗旨的目的是維護封建統治，是“中學爲體，西學爲用”思想的具體體現。1906 年學部成立後，又擬定了一個新的教育宗旨，即"忠君、尊孔、尚公、尚武、尚實"，其實質與《奏定學堂章程》所規定的宗旨一脉相承。

四是改革行政機構方面。1905 年，清廷特設學部，作爲管理全國教育事業的最高行政機關，并撤銷國子監。學部最高長官爲尚書，其次爲左右侍郎。學部下分五司十二科。1906 年，撤銷了各省提督學政，另設提學使司作爲各省專管教育的行政機構，還設省視學員，在府、廳、州、縣設立勸學所，作爲各地的教育行政機關，形成了從中央到地方統一的教育行政系統。

第六節　辛亥革命以後的教育

1911 年 10 月，以孫中山爲首的民主革命黨人發動了震撼世界的辛亥革命，推翻了清朝統治，結束了兩千多年的封建制度，這是中國近代史上空前的壯舉。辛亥革命時期，教育是隨着民主革命形勢的發展而不斷發展的。革命勝利後，又對教育進行了改革，建立了新學制，使中國教育走向一個更新的發展階段，同時對傳統文化的衝擊也越來越强烈。

民主革命派把教育放在革命要務之中，批判了改良派的"先教育後革命"説，主張"革命與教育并行"，要求教育服從於民主革命的需要。他們利用教育傳播民主革命思想，培養革命人才，促進了民主革命的發展。他們猛烈抨擊了封建專制制度及封建專制統治的工具——封建倫理道德，認爲要革命，就得推翻清廷，就得用自由平等的思想和政治觀念對人民進行教育。民主革命派還提出了"倡女權"和"興女學"的要求，并把它同"反壓制""反束縛"的愛國革命運動聯繫起來。1902 年 4 月，蔡元培等人在上海發起成立了"中國教育會"，以"自設學堂，培植人才"。中國教育會是中國近代史上最早創立的民主革命團體，具有"共和"的性質，它爲推行革命思想起了很大的宣傳和組織作用。與此同時，民主革命派還興辦革命學校。爲了培養革命人才，他們積極創辦了許多新型學校，以培養革命骨幹，并掩護革命活動，其中最著名的有愛國女校、愛國學社和大通學堂。愛國女校是蔡元培等於 1901 年創辦的。創始之初，以"增進普通知識，激發其權利義務之觀念爲宗旨"（《愛國女學開辦簡章》，載《選報》第二十七期），後改爲"增進女子之智、德、體力，使有以副其愛國心爲宗旨"（《警鐘日報》1904 年 8 月 10 日）。這是第一個近代型的，而且是實行了的女學宗旨，改後的女校爲預科三年、本科二年。

1912 年 1 月，南京臨時政府教育部正式成立，并着手對清末封建專制主義教育進行了一系列改革。其措施主要有：一、頒發了教育通令。1912 年 1 月 19 日，南京臨時政府頒布了《普通教育暫行辦法通令》和《普通教育暫行課程之標準》，對清末封建主義的教育宗旨、學制、課程等進行了許多重要的改革，鞏固了民主革命的教育成果，促進了民國初年普通教育的發展，是民初影響較大的教育文獻。二、確定了民國教育宗旨。1912 年 7 月 10 日，教育部在北京召開臨時教育會議，討論通過了民國教育宗旨，并於 9 月 2 日正式公布。其要義如下："注重道德教育，以實利主義教育、軍國教育輔之，更以美感教育完成其道德。"（孫培青主編：《中國教育史》，第 359 頁）這一宗旨，完全否定了清末"忠君、尊孔、尚公、尚武、尚實"的封建主義教育宗旨，體現了教育關於人的智、德、體、美和諧發展的思想。三、公布《壬子癸丑學制》。在 1912 年 7 月召開的臨時教育會議上形成了一個新的學校系統，9 月 3 日正式頒布，稱《壬子學制》。此後，到次年 8 月，教育部又陸續公布了各種學校教程，與《壬子學制》綜合成一個更完整的系統，稱之爲《壬子癸丑學制》，也稱爲《1912—1913 年學制》。此學制年限爲十七至十八年，分三段四級（即初等教育階段，設初等小學四年和高等小學三年兩級；中等教育階段，設中等學校四年；高等教育階段，設大學本科三年或四年，預科三年），有三個系統：普通教育、師範教育、實業教育。這個學制同清末《癸卯學制》相比有明顯的反封建精神。如：新學制基本上廢除了教育權利上的兩性差別，女子教育在學制中占有了一定的地位，反映了男女平等的思想；取消了清末貴胄學堂，廢除了封建特權和等級限制，廢止給畢業生科舉獎勵的規定；提出了民主性的教育宗旨，縮短了學制年限等。

五四運動之後，中國教育在"民主""科學"兩面旗幟的指引下，進一步徹底清除了封建教育，致力於中國化教育實踐，進行了教育的科學化、民族化和國際化發展道路的探索，最終建立了有中國特色的新民主主義教育體制。

中華人民共和國成立至今，教育已取得了巨大的成就。而今是一個知識結構甚高、并要求不斷更新的信息社會。時代已發生深刻的變化，這種變化對教育提出了許多新要求。回顧反思中國幾千年教育發展的歷史，立足現實，我們對 21 世紀的教育充滿無限希望。

21 世紀的教育應該實現教育機會均等。教育機會均等，淺層之意是指入學機會的均等，即人人都有平等的受教育的機會；深層之意是指學業成功上的機會均等，即人人通過教育，都能在原來的基礎上得到提高，從而使自己的天賦潛能得到充分發展，使自己能够獲得學業上的成功。也可將其概括成教育數量的平等和教育品質的平等。人人享有受教育的機會和權利，是研究一切教育問題和人類進步、社會文明的前提。在中國古代社會，教育始終是一種金字塔尖上的所謂"精英"教育，將大多數人拒之門外，等級森嚴，是一種特權教育。這種教育機會的不均等阻礙了社會發展的進程。此外，在確保教育機會均等的前提下，還要力求教育品質的均等。中國古代達官顯貴的子弟一般入太學、國子學，待遇優厚，所學內容爲"修身、齊家、治國、平天下"之道。而庶民子弟一般祇能就讀於待遇較低、水平較低的學校，僅學習一些技藝器具等不受重視的知識和經驗。這必然拉大了不同階級之間的教育差距，影響社會的發展和進步。當今社會迅猛發展，正是得益於受教育的主體範圍不斷擴大。因此，21世紀的教育要求首先應是教育機會、品質均等。

21世紀的教育應該極大地增强人的適應能力。前賢認爲，教育既要服務於社會現實，又要超越社會現實。面對高速變化的21世紀，人們必須具有極强的適應能力，必須重新校正自己的人生坐標，形成與社會發展相適應的思想觀念、價值取嚮、生活方式、行爲方式等。因此，教育必須爲促進人的這一轉化、增强人的適應能力而做充分準備。這種適應是主動迎接，而不是被動接受。中國古代教育培養出來的人才，祇適合中國寂静封閉的小農經濟基礎，在初次接觸世界經濟發展時，便已表現出力不從心。而在競爭激烈的21世紀，對人才的需求將更爲全面、多樣。因此，作爲培養人塑造人的教育必須促進和增强人的適應能力，進而培養人的挑戰能力，以便主動開拓、創新。

21世紀的教育要培養的是和諧、全面、完整的人。王國維在《論教育宗旨》中指出："教育之宗旨何在？在使人爲完全之人物而已。何謂完全之人物？謂人之能力無不發達且調和是也。人之能力分爲內外二者，一曰身體之能力，一曰精神之能力。發達其身體而萎縮其精神，或發達其精神而罷敝其身體，皆非所謂完全者也。完全之人物，精神與身體必不可少而爲調和之發達。"王國維的論斷鞭辟入裏，向我們指出教育要培養的人，不僅要有健康的身體，也要有健全的心智和完善的人格，這也正是今世和未來教育所要致力的目的。

道德教育仍然是21世紀教育的主要內容。道德教育是中國古代教育體系的主幹，中國自古就有重視道德教育的優良傳統。中國古代道德教育中的許多精華都值得我們學習，它的許多成功經驗在現時代仍具有特別重要的藉鑒意義。近年來隨着國際、國內社會大環境的巨大變化，人們的道德認識也出現了多樣化、複雜化、模糊化的特點。許多原有的普遍認可或贊同的社會規範和價值體系正在或逐漸解體，而新的普遍趨於一致的價值觀念和思想意識却還没有建立，這無形當中就給正處在人生觀、世界觀形成期的青少年增加了許多困惑，再加上當前學校道德教育的普遍無力和空泛，更使他們感到迷惘，無所適從。而21世紀更是一個豐富多樣、變幻迷離的社會，在這樣的時代背景下，如何藉鑒中國古代道德教育中的精華，結合現實生活，構建新世紀生動的、實效的、持久的道德教育體系，已成爲一切教育工作者的一項艱巨的課題，任重而道遠。

結　語

　　本卷闡發之重點所在，乃中國古代教育。或問，何謂中國古代教育？概而論之曰：中國古代教育，係以倫理道德、經史文章教育爲中心，以培養經世之才爲最高宗旨。其特點是重宦途，輕科技，宣導"學而優則仕"，體現了中國傳統的官本位主義。其最高的教育綱領是源於《大學》中的"修身、齊家、治國、平天下"。中國古代教育在世界上古、中古乃至近古教育史中，始終居於先進地位，近古之後，亦可稱禮儀之邦。"日月忽其不淹兮，春與秋其代序"（《楚辭·離騷》），中華民族没有消沉，没有止步，其間仁人志士們不屈不撓，重振旗鼓，躡景追飛，凌厲天下。自19世紀60年代始，創建了中國近代教育史上第一批新式學堂，官費留學生也自此跨出國門。前後經歷僅約三十年，至20世紀初，各類高等學堂已遍及全國，而留學之風已呈空前盛狀。至此，中國教育已冲決舊學之堤防，匯入世界先進教育之洪流中。

第二章　教學機構説

第一節　機構總考

　　目前學界公認，中國古代學校最早形成於奴隸社會後期。中國古代教育、學習的場所，因不同時期、不同地區、不同等級和不同的教育功能而有不同的特定名稱。據《孟子·滕文公上》載："設爲庠、序、學、校，以教之。庠者，養也；校者，教也；序者，射也。夏曰校，殷曰序，周曰庠；學則三代共之，皆所以明人倫也。"庠、序、校諸稱，見於《周禮》《儀禮》《禮記》《左傳》諸書，皆指鄉里學校。三代之鄉里學校功能略有不同，因而名稱亦有別。夏曰"校"，主要謂教導；商曰"序"，主要謂射箭；周曰"庠"，主要謂培養；皆在明確人際關係與生存能力。至於高級學校，三代皆稱之爲"學"。後世經學家又釋"序"謂陳列者，即陳列實物以進行教育，其説或是。先秦時期，學習場所一般多稱爲"庠序"或"序庠"。另外，又有"學"和"瞽宗"之設。"學"完善於殷商，分爲"右學"與"左學"。《禮記·王制》："殷人養國老於右學，養庶老於左學。"秦漢以後則多稱"學校"了。如《三國志·吳書·薛綜傳》："建立學校，導之經義。"作爲專稱，漢代還排列出各類學校的等級。《漢書·平帝紀》："元始三年，立官稷及學官。郡縣曰學，縣、道、邑、侯國曰校。"後來雖然没有這樣明確的區分，但"庠""序""學"等也指"官學"，與作爲"私學"的"塾"相對。清末中國辦起近代教育，學校最初稱爲"學堂"。如光緒二十八年（1902）制定的《欽定學堂章程》中就稱學校爲"學堂"。民國元年（1912）《普通教育暫行辦法》頒布後，"學校"纔具有現代教育場所的意義。

中國古代學校按照出資主辦情況可分爲官學與私學兩大類。其中，官學按照行政歸屬又可分爲中央官學與地方官學兩類；按其性質官學又可分爲傳授儒家經典的經學學校和教授專門學科知識的專科學校；如果按照入學者的年齡和受教育程度，中國古代的官學又可分爲大學與小學兩級。另外，官學中尚有一類專門教授皇家貴族子弟的貴胄學校。

中國古代學校教育，尤其是先秦時期學校教育的一個顯著特點就是所謂的"政教合一""學在官府"或"學術官守"。這一點充分反映在夏、商、西周的文化教育制度中。其表現有二：一是"官師合一"。學校由國家職官師氏、保氏、大司樂、樂師、大胥、小胥、大司徒、鄉大夫、鄉師、父師、少師等掌握學術，擔任各級學校的教師。二是"政教合一"。學校既是施教的場所，又是進行政治活動的宫廷。此誠如清章學誠所云："理大物博，不可殫也，聖人爲之立官分守，而文字亦從而紀焉。有官斯有法，故法具於官。有法斯有書，故官守其書。有書斯有學，故師傳其學。有學斯有業，故弟子習其業。官守學業，皆出於一，而天下以同文爲治，故私門無著述文字。"（《校讎通義·原道第一》）近人黃紹箕在所著《中國教育史》中亦説："古代惟官有學，而民無學……典、謨、訓、誥、禮制、樂章，皆朝廷之製作，本非專爲教民之用。故金縢玉册，藏之秘府，悉以官司典之。士之欲學者，不知本朝之家法及歷代之典制，則就典書之官而讀之。"故黃氏斷言之曰："秘府之書，既不刊布，而簡策繁重，筆墨拙滯，又不便於迻送寫傳副本於民間……此學術之所以多在官也。"（黃紹箕、柳詒徵著：《中國教育史》，中國和平出版社 2014 年版，第 127 頁）至春秋時，私學興起，學術下移，學在官府狀況雖得到改變，但其遺風一直貫穿於整個中國古代學校教育之中。

自隋唐始，隨着新的印刷技術的發明與推廣，文化思想的主要載體——書籍得以大量流布於社會之後，中國士人圍繞著書、刻書、校書、修書、藏書、讀書、教書等，展開了一系列文化思想的研究、積纍、創造、傳播活動。於是，一種嶄新的教育體制——書院誕生了。所謂書院，是以私人創辦爲主，集教學育人與學術研究爲一體的高等教育機構。書院繼承和發展了古代私學的教學傳統，又吸收了官學和宗教的教學經驗，實行擇師選生，自由講學，提倡讀書與修養并重，教學與研究結合，重視師承學派傳統，實施自學爲主，輔以教授、指導與質疑問難、討論答辯、會講、講會等多樣教學方式。書院的組織甚簡，其主持人（常稱山長、洞主、堂長、院長、教授等）既要教學，又要負責管理，一般不設其他行政機構和行政人員。書院始於唐代初期，主要用爲藏書、讀書，或以文會友，或爲皇室集賢，至唐末五代始初具規模，但多以家族書院爲其特色。宋代是書院聲名顯赫并得以較大發展的時期，北宋已有了稱頌於天下的"四大書院"：岳麓、白鹿洞、石鼓、應天府。南宋亦有"四大書院"，即岳麓、白鹿洞、麗澤、象山。元代對書院亦甚重視，曾將書院視爲官學，山長定爲學官。

明代推行程朱理學，書院處於低谷期，但隨同程朱理學的僵化與八股文的盛行，張揚個性的書院再度振起。至清代中葉，書院已達鼎盛期，并擴展至海外异域，可謂影響廣遠。

鴉片戰爭之後，西學東漸，新式學堂應運而生，尤其是廢科舉後，更以驚人之速度遍及全國，古代傳統的學校連同大盛於兩宋的書院，盡處於分崩瓦解中。中國的教育機構，終於匯入世界先進潮流中，開始走向新的時期。

學校

亦作"學敎"。中國古代教學機構之統稱。據文獻考證，中國古代的學校最早形成於奴隸社會後期。夏、商、周時代的學校統稱爲"學"。凝定成詞、作爲固定稱法的學校，在先秦時期的歷史文獻中即有記載，最早指中央官學。《詩·鄭風·子衿》小序："子衿，刺學校廢也，亂世則學校不修焉。"鄭玄箋："鄭國謂學爲校，言可以校正道藝。"漢揚雄《百官箴·博士箴》亦云："國有學校，侯有泮宮。"後詞義擴大泛指讀書施教之所，上至中央官學的國子監，下到諸府、州、縣學，皆可稱學校。《後漢書·宋均傳》："均爲辰陽長，其俗少學，而信巫鬼。均爲立學校，禁絕淫祀，人皆安之。"清鄭觀應《盛世危言·學校》："學校者，造就人才之地，治天下之大本也。"南朝齊武帝《興學詔》："《春秋國語》云，生民之有學敎，猶樹木之有枝葉。果行育德，咸必由茲。"北魏劉芳《立學表》："夫爲國家者，罔不崇儒尊道，學敎爲先。"《明史·選舉志一》："學校有二：曰國學，曰府、州、縣學。"作爲國學的學校是培養封建官僚的場所，并規定參加科舉考試者必由學校出身，即所謂"科舉必由學校，而學校起家可不由科舉"。作爲地方官學的學校，明清時對其學制亦有較詳細之規定。譬如《明史·選舉志一》："〔洪武二年（1369）〕大建學校，府設教授，州設學正，縣設教諭，各一。俱設訓導，府四、州三、縣二。生員之數，府學四十人，州、縣以次减十。"《清史稿·選舉志一·學校上》："有清學校向沿明制。京師曰國學，並設八旗、宗室等官學。直省曰府、州、縣學。"

按：又説，學校，周代教育機關，學指國學，校指鄉校。國學係天子或諸侯所立，是教育貴族子弟的機關；鄉校是教育平民的地方機關，也是平民聚會的場所。鄉校也有稱"庠"或"序"的。後世學與校逐漸不分，共爲教育機關的名稱。

【學敫】

同"學校"。此體南北朝時期已行用。見該文。

【學】

即學校。中國古代國家教育機構。中國古代不同地區、不同時代、不同等級的學校往往有不同的專名。"學"作爲中國古代學校的統稱，既可指中央官學，又可指地方官學。而在以"學"作爲統稱的基礎上，加以適當的限定詞即可成爲不同功能的學校。譬如"右學""左學""國學""官學""私學""大學""小學"等等。據考證，我國商代甲骨文卜辭中即有"學"字，有學者對其進行分析研究後得出結論，"甲骨文'學'字的含義，有力地證明了商代確已存在學校這種專門的教育機構了"（毛禮鋭等：《中國教育通史》，第66頁）。金文中亦有作爲學校的"學"字，《兩周金文辭大系·大盂鼎》："〔余〕隹即朕小學。"據郭沫若考釋，此句意爲："康王曾命其入貴胄小學。"《孟子·滕文公上》："設爲庠、序、學、校，以教之……夏曰校，殷曰序，周曰庠，學則三代共之。"趙岐注："學則三代同名，皆謂之學。"《禮記·王制》："天子命之教，然後爲學。小學在公宮南

之左，大學在郊。"鄭玄注："學，所以學士之宮。"《禮記·學記》："古之教者，家有塾，黨有庠，術（遂）有序，國有學。"

漢代的"學"，連同"校""庠""序"皆指地方官學（即郡國學）。《漢書·平帝紀》："郡國曰學，縣、道、邑、侯國曰校。校、學置經師一人。鄉曰庠，聚曰序。序庠置《孝經》師一人。"從行政區劃和課程設置來看，"學"與"校"程度相當，"庠"與"序"程度相當。而後兩者較前兩者程度爲低。學習內容皆以儒家經典爲主。另外，據《後漢書·禮儀志上》記載："郡、縣、道行鄉飲酒於學校，皆祀聖師周公、孔子，牲以犬。"由此可見作爲地方官學的學校，亦具有祭祀、行禮等社會行政功能，亦即具有"政教合一"的傳統。後來"學"成爲各類學校的統稱。《新唐書·選舉志上》："凡六學，皆隸國子監。"由此可見，"學"作爲中國古代學校的泛稱，既可指中央官學，又可指地方官學；既可指大學，亦可指小學。

學宮 [1]

亦稱"廟學""學廟"。中國古代地方學校之統稱。西周之學宮即天子之大學——辟雍。西周《静簋》銘文："丁卯，王令静酮射學宮，小子、眔（暨）服、眔小臣、眔屍（夷）僕學射。"漢劉向《列女傳·母儀·鄒孟軻母》："復徙舍學宮之旁。〔孟軻〕乃設豆俎，揖讓進退。孟母曰：'真可居吾子矣！'"《漢書·韓延壽傳》："延壽爲吏，上禮義好古……財表孝弟有行，修治學宮。"顏師古注："學宮，謂庠序之舍也。"宋葉適《蔡知閣墓志銘》："親至學宮，課率諸生，勸教有義，士人興起。"後泛指官學。漢魏多指郡縣學。《三國志·魏書·杜畿

傳》：“爲河東太守……於是冬月修戎講武，又開學宮，親自執經教授。”北齊時曾於國都鄴城內設孔廟，稱“孔父廟”，以施教化。隋唐時，府、州、縣學均可稱爲學宮，并與孔廟合而爲一，亦稱“文廟”，規制趨於定型。清代學宮，通常以大門爲戟門，二門爲欞星門；入欞星門爲泮池，池上有石橋，過橋爲大成門，再進爲大成殿，即孔子享殿；大成殿後有奉祀孔子先世的崇聖殿，殿後爲尊經閣，乃藏書之所。學宮東側有號房、庠科、儒學署、明倫堂、光霽堂、名宦祠等；西側有節孝祠、訓導署、忠義孝悌祠、射圃、鄉賢祠等。儒學教官之衙署多設於此。《公羊傳·隱公五年》：“僭天子不可言也。”漢何休注：“樂……用之朝廷，足以序群臣；立之學宮，足以協萬民。”據《舊唐書》卷一八九，唐武德二年（619），詔定“於國子學立周公、孔子廟各一所，四時致祭”，以周公爲先聖，孔子配享。貞觀二年（628），“停以周公爲先聖，始立孔子廟堂於國學，以宣父爲先聖，顏子爲先師”，因與學宮同址，時稱“廟學”或“學廟”。其後，州、縣學亦陸續立廟，直至清代，國子監及州縣學宮均建學廟。《魏書·封軌傳》：“至如廟學之嫌，臺沼之雜，袁準之徒已論正矣，遺論具在，不復須載。”唐楊炯《遂州長江縣先聖孔子廟堂碑》：“咸亨元年，又詔州、縣官司營葺學廟。”宋田矩《新建廟學紀》〔元祐二年〕邑宰許公安石承命首修廟學……首築殿宇，中繪宣聖、四配、十哲像；殿之左右翼以廊廡，深邃閑雅；殿之背建立講堂、齋室，東西相向，爲諸生朝夕論道之所。”元周伯琦《釋奠宣聖廟記》：“曲阜孔廟，宣聖所生之地，非他廟學比。”參閱《清文獻通考·學校考六》。

【廟學】

即學宮[1]。此稱南北朝時期已行用。見該文。

【學廟】

即學宮[1]。此稱唐代已行用。見該文。

【文廟】

即學宮[1]。此稱隋代已行用。唐玄宗開元二十七年（739），封孔子爲文宣王，故孔子廟又稱“文宣王廟”。此稱遂大行。《金史·任天寵傳》：“〔任天寵〕調考城主薄，再遷威戎縣令。縣故堡寨無文廟學舍，天寵以廢署建。”文廟又常作學宮之代稱。《文苑英華》卷六二〇引唐褚無量《論太廟屋壞請修德表》：“臣按《括地志》云：‘隋文帝創立新都，稱宇文廟。’”《明史·禮志四》：“天下文廟，惟論傳道，以列位次；闕里家廟，宜正父子，以敍彝倫。”參閱《舊唐書·玄宗紀下》。

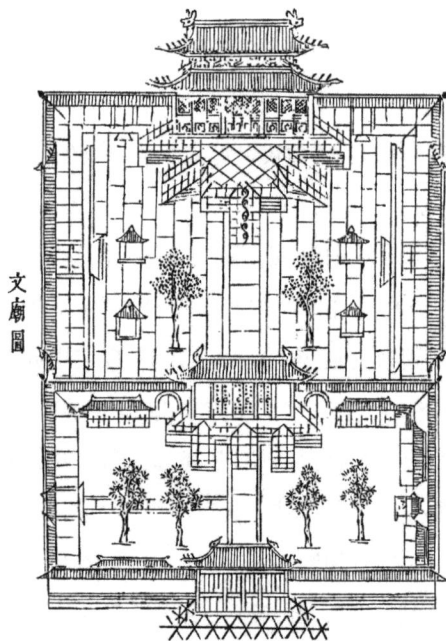

文廟
（清李周望《國學禮樂錄》卷一）

泮水

亦作"頖水"。亦稱"泮池""泮宇""泮鄉"。中國古代學校之泛稱。泮水原指中國古代諸侯學宮——泮宮之前的水池，即泮池。復因其形有如半月，故又稱之爲"月牙池"。因以藉指設於諸侯國國都之大學——泮宮。後世凡諸府、州、縣學內均修有半橢圓形的泮池，故學宮亦稱泮宮。《詩·魯頌·泮水》："思樂泮水，薄采其芹。"毛傳："泮水，泮宮之水也。天子辟廱，諸侯泮宮。言水則采取其芹，宮則采取其化。"鄭玄箋："泮之言半也。半水者，蓋東西門以南通水，北無也。"朱熹注："泮水，泮宮之水也。諸侯之學，鄉射之宮，謂之泮宮。其東西南方有水，形如半璧，以其半於辟廱，故曰泮水，而宮亦以名也。"《隋書·文學傳·潘徽》："方可韜之頖水，副彼名山，見刻石之非工，嗤懸金之已陋。"宋蘇軾《答臨江軍知軍啓》："泮水政成，繆膺桑梓之敬；海邦畫諾，又觀枳棘之泮水。"宋王炎午《吾汶橋·重修安福縣學》："今縣有學宮，聚一縣之俊秀而教之，學有泮池泓澄瑩澈，秀峰前列，士之來游其間也。"宋家鉉翁《則堂集·蕭堂記》："四方文風索然，君首以興學爲務，聿新泮宇，漸復舊章，弦誦之音，洋乎盈耳。"元麻革《上雲內帥賈君》詩："禮容新泮宇，物性遂莊濠。"明胡淡《重修武進縣學碑記》："去戟門南五十步作泮池，環砌以石，立二石柱，楣楬'泮宮'二字。"清蒲松齡《聊齋志異·周克昌》："其入泮鄉捷者，鬼之假也。"參見本卷《教學機構說·官學考》"泮宮""辟雍"文。

【頖水】

同"泮水"。此體隋代已行用。見該文。

【泮池】

即泮水。此稱宋代已行用。見該文。

【泮宇】

即泮水。此稱宋代已行用。見該文。

【泮鄉】

即泮水。此稱行用於清代。見該文。

公堂

中國古代學校之泛稱。《詩·豳風·七月》："躋彼公堂，稱彼兕觥，萬壽無疆。"毛傳："公堂，學校也。"公劉時代周族每當冬閑之時，便聚於公堂，飲酒祝福。毛傳謂此"公堂"爲學校。李亞農《中國的奴隸制與封建制》認爲"公堂大概就是祠堂之類的，也可作學校用的氏族公有的堂房"（李國均、王炳照：《中國教育制度通史·先秦》，第43頁）。清代學者陳奐在《詩毛氏傳疏》卷一五中稱公堂係早周之小學，沿用的是"有虞氏之庠制"。

膠庠

亦稱"膠館"。中國古代學校之泛稱。《禮記·王制》："周人養國老於東膠，養庶老於虞庠。虞庠在國之西郊。"鄭玄注："虞庠亦小學也……周立小學於西郊……周之小學爲有虞氏之庠制，是以名庠云。"後世膠、庠合稱，因以膠庠爲學校。南朝梁簡文帝《大法頌序》："廣修璧水，洞啓膠庠。"宋蘇轍《上高縣學記》："古者以學爲政，擇其鄉閭之俊而納之膠庠。"宋劉弇《龍雲集·策問上》："國朝右文，黌宮膠館布滿天下，異時慮無以爲食、貧而學焉者之資也。"清孔尚任《桃花扇·閒丁》："讀詩書不愧膠庠，畏先聖洋洋靈靈。"

【膠館】

即膠庠。此稱宋代已行用。見該文。

膠序

中國古代學校之泛稱。相傳殷之州、黨之學曰"序"，周之州、黨之學曰"膠"。後即合稱"膠序"，用作學校之通稱。《禮記·王制》："夏后氏養國老於東序，養庶老於西序……周人養國老於東膠，養庶老於虞庠。"鄭玄注："東序、東膠亦大學，在國中王宮之東；西序、虞庠亦小學也，西序在西郊。"後泛指學校。《魏書·羊深傳》："是時膠序廢替，名教陵遲，深乃上疏曰：'……是以均塾洞啓，昭明之頌載揚，膠序大闢，都穆之咏斯顯。'"南朝齊王融《爲竟陵王與隱士劉虯書》："膠序肇修，經法敷廣。"北齊邢邵《請置學及修立明堂奏》："膠序德義之基，空盈牧豎之迹。"

序庠

中國古代學校之泛稱。《漢書·平帝紀》："〔元始三年〕立官稷及學官。郡國曰學，縣、道、邑、侯國曰校。校、學置經師一人。鄉曰庠，聚曰序。序庠置《孝經》師一人。"

學官

中國古代學校之統稱。多行用於漢魏六朝間。《漢書·劉歆傳》："《詩》始萌芽，天下衆書往往頗出，皆諸子傳說，猶廣立於學官，爲置博士。"漢桓寬《鹽鐵論·散不足》："皇帝建學官，親近忠良，欲以絶怪惡之端。"《後漢書·魯丕傳》："學官，傳玉帝之道，修先王禮樂教化之處。"《晉書·苻堅載記上》："〔苻〕堅廣修學官，召郡國通一經以上充之。"

校學

亦稱"校序"。中國古代學校之泛稱。漢揚雄《法言·孝至》："辟廱以本之，校學以教之，禮樂以容之，輿服以表之。"《北史·儒林傳序》："海内淆亂，四方校學，所存無幾。"宋文彥博《聖駕幸太學賦》："尚乃愓嚴衷而取朽，思嘉謨而涉淵，以爲治國之道，校學爲先。"《北齊書·邢邵傳》："列校序於鄉黨，敦詩書於郡國。"

【校序】

即校學。此稱南北朝時期已行用。見該文。

黌學

省稱"黌"。亦稱"黌宇""黌校""黌舍""黌室""黌堂""黌序""黌宮"。主要指鄉學。"黌"後加"宇""舍""室""堂""宮"諸字，有時亦指校舍，實難嚴格區別。《後漢書·循吏傳·仇覽》："農事既畢，乃令子弟群居，還就黌學。"又《儒林傳序》："順帝感翟酺之言，乃更修黌宇，凡所造構二百四十房，千八百五十室。"《晉書·戴邈傳》："是以古之建國，有明堂辟雍之制，鄉有庠序、黌校之儀。"《魏書·高祐傳》："以郡國雖有太學，縣黨宜有黌序，乃縣立講學，黨立小學。"《周書·薛裕傳》："時黌中多是貴游，好學者少。"《北史·儒林傳上·劉蘭》："其兄笑而聽之，爲立黌舍，聚徒二百。"唐唐彥謙《送樊琯司業歸朝》詩："黌室青衿盡，渠門火斾揚。"宋余靖《文廟紀》："筵開黌堂，以登師儒；局列校室，以來雋秀。"宋朱熹《齋居感興》詩："聖人司教化，黌序育群才。"宋劉弇《龍雲集·策問上》："國朝右文，黌宮膠館布滿天下，異時慮無以爲食、貧而學焉者之資也。"元洪希文《踏莎行·示觀堂》詞："郡國興賢，黌宮課試，書生事業從今始。"《故事成語考·宮室》："黌宮、膠序，乃鄉學之稱。"

【黌宇】

即黌學。此稱漢代已行用。見該文。

【黌校】

即黌學。此稱晉代已行用。見該文。

【黌】

"黌學"之省稱。此稱南北朝時期已行用。見該文。

【黌舍】

即黌學。此稱南北朝時期已行用。見該文。

【黌室】

即黌學。此稱唐代已行用。見該文。

【黌堂】

即黌學。此稱宋代已行用。見該文。

【黌序】

即黌學。此稱宋代已行用。見該文。

【黌宮】

即黌學。此稱宋代已行用。見該文。

【横舍】

即黌學。省稱"横"。亦稱"横塾"。清朱駿聲《説文通訓定聲·壯部》："横，假借爲璜，俗作黌。"《後漢書·朱浮傳》："宫室未飾，干戈未休，而先建太學，造立横舍。"唐李賢注："横，學也。或作'黌'，義亦同。"《後漢書·儒林傳論》："自光武中年以後，干戈稍戢，專事經學，自是其風世篤焉。其服儒衣，稱先王，游庠序，聚横塾者，蓋布之於邦域矣。"唐李賢注："横，又作黌。"《資治通鑑·晋元帝太興四年》："〔慕容廆〕作東横，以平原劉讚爲祭酒，使〔慕容〕皝與諸生同受業。"胡三省注："横，與黌同，學舍也。"

【横塾】

即横舍。此稱漢代已行用。見該文。

【横】

"横舍"之省稱。此稱晋代已行用。見該文。

校官

亦稱"校室"。中國古代地方學校之泛稱。《公羊傳·宣公十五年》："什一行而頌聲作。"漢何休注："在田曰廬，在邑曰里。一里八十户。八家共一巷，中里爲校室……十月事訖，父老教於校室。八歲者學小學，十五者學大學。其有秀者移於鄉學。"《後漢書·明帝紀》："永平十年，幸南陽……召校官弟子作雅樂，奏《鹿鳴》。"又《循吏傳·任延》："又造立校官，自掾史子孫，皆令詣學受業。"清章炳麟《訄書·禁烟草》："犯禁，三畝者伏通衢，五畝捶，十畝罰白金五兩，二十畝官之，没其地，入里校室。"

【校室】

即校官。此稱先秦時期已行用。見該文。

儒館

亦稱"儒肆""儒宫""儒庠"。中國古代官立學校之統稱。因中國古代學校崇儒學經，故稱。《後漢書·章帝紀贊》："儒館獻歌，戎亭虚候。"《宋書·禮志一》："〔國子祭酒殷茂言〕陛下以聖德玄一，恩隆前美，順通居方，導達物性，興復儒肆，僉與後生。"《陳書·儒林傳·沈不害》："至是國學未立，不害上書曰：'……宜其弘振禮樂，建立庠序，式稽古典，紆迹儒宫，選公卿門子，皆入於學。'"唐韓愈、孟郊《納涼聯句》："儒庠恣游息，聖籍飽商榷。"宋秦觀《辭史官表》："況儒館之中資任高於臣者不少。"宋范仲淹《代胡侍郎奏乞餘杭州學名額表》："建置學舍數十廈，而勢顯敝，允爲儒宫。"清昭槤《嘯亭續録·本朝欽定諸書》："列聖萬幾之暇，乙覽經史，爰命儒臣選擇簡編，親爲裁定，頒行儒宫。"

【儒肆】

即儒館。此稱南北朝時期已行用。見該文。

【儒宮】

即儒館。此稱南北朝時期已行用。見該文。

【儒庠】

即儒館。此稱唐代已行用。見該文。

璧堂

中國古代學校之泛稱。即"璧雍""明堂"之合稱。南朝梁劉勰《文心雕龍·時序》："明帝疊耀，崇愛儒術，肆禮璧堂，講文虎觀。"黃叔琳注："〔璧堂，〕璧雍，明堂也。《通鑑》明帝永平二年（59），上師群臣，躬養三老五更於辟雍。禮畢，上自爲下説。諸儒執經問難於前，冠帶縉紳之士，環橋門而聽者，以億萬計。"

書堂¹

中國古代學校之泛稱。北周庾信《周大將軍上開府廣饒公鄭常墓志銘》："就經黌舍，略見書堂；習武兵欄，遍知劍術。"《初刻拍案驚奇》卷一七："達生辭了母親，又到書堂中去了。"

槐市

亦稱"槐館"。漢代長安讀書人聚合、貿易之所，因其地多槐樹而得名。後藉指學宮、學舍。或指書院。《三輔黃圖》："倉之北，爲槐市，列槐樹數百行爲隊，無墻屋，諸生朔望會此市，各持其郡所出貨物及經傳書記、笙磬樂器相與買賣。"南朝梁元帝《皇太子講學碑》："轉金路而下辟雍，晬玉裕而經槐市。"唐林寬《窮冬太學》詩："投迹依槐館，荒亭草合時。雪深鳶嘯急，薪濕鼎吟遲。"宋蘇軾《次韻徐積》："但見中年隱槐市，豈知平日賦蘭臺。"今湖南長沙岳麓書院尚存楚圖南補書"瀟湘槐市"匾額，可

資佐證。槐館初指太學，後亦爲學校之泛稱。參見本説《官學考》"大學"文。

【槐館】¹

即槐市。此稱唐代已行用。見該文。

璧水

亦稱"璧泉""璧池""璧沼""澤宮""學省""璧海"。中國古代大學之泛稱。西周天子之學辟雍（太學）四周環以水池，其形如璧，故稱。後藉指太學、國子監，宋胡繼宗《書言故事·學校類》："稱大學曰璧水。"亦泛指讀書講學之所，皆以其前常有圓形或半圓形的水池，故稱。南朝梁何遜《七召·治化》："璧水道庠序之風，石渠啓圭璋之盛。"北周庾信《象戲賦》："模羽林之華蓋，寫明堂之璧泉。"唐呂令聞《雲中古城賦》："開儒士於璧沼，貯美人於玉房。"《新唐書·歸崇敬傳》："古天子學曰辟雍。以制言之，甕水環繚如璧然；以誼言之，以禮樂明和天下云爾。在《禮》爲澤宮，故前世或曰璧池，或曰璧沼，亦言學省。"宋王禹偁《五哀》詩："揚袂入澤宮，鵠心一箭中，恃才善戲謔，負氣好侮弄。"宋陳傳良《送宋國博參議江東》詩："憶昔翠華臨璧海，儒先一日爭聲價。"宋吳自牧《夢粱錄·學校》："古者天子之學，謂之成均，又謂之上庠，亦謂之璧水，所以養育作成天下之士類，非州縣學比也。"

【璧泉】

即璧水。此稱南北朝時期已行用。見該文。

【璧池】¹

即璧水。此稱唐代已行用。見該文。

【璧沼】¹

即璧水。此稱唐代已行用。見該文。

【澤宫】[1]

即璧水。此稱先秦時期已行用。見該文。

【學省】[1]

即璧水。此稱唐代已行用。見該文。

【璧海】

即璧水。此稱宋代已行用。見該文。

精舍[1]

學校、學舍。《後漢書·黨錮傳·劉淑》：“淑少學，明五經，遂隱居，立精舍講授，諸生常數百人。”宋吳曾《能改齋漫録·辨誤二》：“古之儒者，教授生徒，其所居皆謂之精舍。”

精横

中國古代學校之泛稱，亦即“精舍”與“横舍”之合稱。清章炳麟《訄書·議學》：“曩者學校以算術、化、力爲臯極。三十年以設精横，而共工氏不出。”“精，精舍；横，横舍，亦作黌。合稱精横，皆舊時學校之稱。”（徐復：《徐復語言文字論稿》，江蘇教育出版社1995年版）

國學[1]

亦稱“官學”。中國古代國家設於中央之最高學府之通稱。《禮記·學記》：“古之教者，家有塾，黨有庠，術有序，國有學。”清陳澔集説：“天子所都及諸侯國中之學謂之國學。”早在夏代即有國學之設，其所設之“序”“東序”“西序”，當視爲中國國學之濫觴。《禮記·王制》：“夏后氏養國老於東序，養庶老於西序。”鄭玄注：“東序、東膠亦大學，在國中王宫之東；西序、虞庠亦小學也，西序在西郊。”殷代亦有國學與鄉學之分。國學有“右學”（大學）與“左學”（小學）之名。另外甲骨文卜辭中即有“大學”之名，亦當視爲國學。西周學校系統分爲國學與鄉學兩類。國學設於王城與諸侯國之國都，是專爲統治階級的上層貴族子弟就學的中央官學，其按學生入學年齡與受教育程度，又分爲小學和大學兩級。小學在城内宫廷之中，大學在城郊。天子設於王城的大學又專名爲“辟雍”（或作“辟廱”“璧廱”“辟雖”）；而諸侯設於國都的大學則稱“泮宫”（或作“頖宫”）。“辟雍”規模較大，爲天子國學之總名，實含五學。居中者名曰“辟雍”，亦稱“太學”，四周雍之以水，水之南者曰“成均”，亦稱“南學”；北曰“上庠”，亦稱“北學”；東曰“東序”，亦稱“東學”，或稱“東膠”；西曰“瞽宗”，亦稱“西學”，或稱“西雍”。而東、南、西、北之學又合稱“四學”。“泮宫”規模較小，僅有一學。小學則是專爲周王室及公卿大夫元士之嫡子而辦的貴胄學校。西周國學教師有大司樂、大樂正、小樂正、太師、少師、大胥、小胥、樂師、執禮者、典書者、師氏、保氏等。《周禮·春官·樂師》：“樂師掌國學之政，以教國子小舞。”國學之學生爲貴族子弟，專稱“國子”。國學的教學内容包括德（三德）、行（六行）、藝（六藝）、儀（六儀）四個方面。其中六藝爲最基本的教學内容。六藝中書、數爲小藝，主要在小學階段學習；禮、樂、射、御爲大藝，主要在大學階段學習。後世通稱設於京師的中央官學爲國學。如漢代以後之太學，北齊之後之國子學，隋後之國子監等皆可稱爲國學。《南史·儒林傳序》“魏正始以後……以迄宋、齊，國學時或開置，而勸課未博。”《舊唐書·歸崇敬傳》：“時太子欲以仲秋之月，於國學行齒胄之禮。”《新唐書·選舉志上》：“天寶九載（750），置廣文館於國學，以領生徒爲進士者。”唐元稹《唐故工部員外郎杜君墓志銘序》：“唐興，官學大振，歷世之文，能者互出。”《明史·選舉志一》：“南北國學皆空虛。”《清史稿·選舉志一·學校上》：“有清學校向沿明制。京師曰國學，並設八旗、宗室等官學。”《清文獻通考·學校一》：“雍正二年（1724），復定宗室官學之制。”

另外，西夏王朝所設中央、地方兩級官學亦稱“國學”。崇宗李乾順貞觀元年（1101）於中央蕃學之外另置國學，隸屬中等司。其性質略同於唐宋時期之國子監。國學設教授，招收皇族、貴族及漢族官僚子弟三百人爲生，教以儒術，尚詩書，重漢學。人慶元年（1144）州縣亦置，增弟子三千。《宋史·外國傳二·夏國下》：“建中靖國元年（1101），乾順始建國學，設弟子員三百，立養賢務，以廩食之。”

又，國學或可作爲“國子學”之省稱，參見本卷《教學機構説·官學考》“國子學”文。

【官學】[1]

即國學[1]。此稱唐代已行用。見該文。

官學[2]

中國古代官府舉辦和管轄之學校統稱。官學相對於私學。官學按照行政歸屬又可分爲中央官學與地方官學兩類。由朝廷直接舉辦管轄的爲中央官學，如西周的國學，漢代的太學、宮邸學、鴻都門學、四姓小侯學，唐代及其以後的國子學、太學、四門學、書學、算學、律學、弘文館、崇文館，隋唐以後的國子監等。歷代官府按行政區域在地方設置的學校爲地方官學，如西周的鄉學，漢代的郡國學，唐代府、州、縣學，宋代府、縣學，元代路、府、州、縣學及社學，明清府、州、縣學及衛學、社學等。尤其是清代的官學名目最多，除國子監及府、州、縣學外，還有宗學、覺羅學、景山官學、咸安宮官學、世職官學、八旗官學、健鋭營學、外火器營學、圓明園學等。唐元稹《唐故工部員外郎杜君墓志銘序》：“唐興，官學大振，歷世之文，能者互出。”宋曾鞏《江都縣主簿王君夫人曾氏墓志》：“其夫嘆曰，‘我能一意自肆於官學，不以私累其志，曾氏助我也。’”中國古代入官學肄業者統稱爲“官學生”。《晋書·慕容皝載記》：“賜其大臣子弟爲官學生者號高門生，立樂庠序於舊宮，以行鄉射之禮，每月臨觀，考試優劣。”《清會典事例·國子監》：“八旗滿洲、蒙古、漢軍，及下五旗包衣文職五品、武職三品以上者，皆挑取官學生，入八旗官學。”

春秋以前的學校教育一直被官府所壟斷。當時文化典籍及禮樂器具皆存於官府，由官吏掌管，世代相傳，以教貴族子弟，民間無著述文字，故曰“古者學在官府”。西周學校又有東序、大學、瞽宗、上庠、成均等名。大宰兼掌教典，《周禮·天官·大宰》：“以安邦國，以教官府，以擾萬民。”又《地官·鄉大夫》：“各掌其鄉之政教禁令。正月之吉，受教灋於司徒，退而頒之於其鄉吏，使各以教其所治，以考其德行，察其道藝。”所教知識能力的科目主要爲禮、樂、射、御、書、數。春秋後期，隨着宗法制之没落，私學逐漸興盛。

私學

中國古代私立學校之統稱。春秋時隨着官學的衰退，私學逐漸興起，後歷代不絶，成爲中國古代教育之重要組成部分。漢代的私學主要爲蒙學教育。蒙學，一般稱“書館”，教師稱“書師”，教材是“字書”。兒童八歲入學。自漢以來，蒙學"字書"很多。小學以識字爲主，"字書"讀完後可讀《孝經》《論語》。漢代已開始創設"義學"，以後凡以籌募或宗族公款招收貧民子弟入學者盡稱"義學"，在中國封建社會始終存在。宋元明清各代，皆有此類初級階段的私學設置，有鄉校、小學、冬學、村塾等名稱。爲年齡較大、程度較高的學生而設的私學，則有"經館"和"書院"等名稱。至於家塾則由富家自辦，專門爲自家或親戚子弟聘請名師授業。《後漢書·輿服志下》："中二千石以下至博士兩梁，自博士以下，至小史私學弟子，皆一梁。"

學院[1]

多指專科學校。唐王建《贈田將軍》詩："初從學院別先生，便領偏師得戰名。大小獨當三百陣，縱橫只用五千兵。"宋吳曾《能改齋漫錄·記事一》："學院諸生偕往，見石一截，黄色，用木牌標記曰'萬年松化石'。"

婦學

中國古代掌管婦女教育的機構，也即古時的宫人學校。《周禮·天官·九嬪》："九嬪掌婦學之灋，以教九御：婦德、婦言、婦容、婦功。"賈公彦疏："掌婦學之灋者，謂婦人所學之灋，即婦德已下是也。"

女直學

金代專爲女真人設立之學校。女直學分爲京師國子學和地方州、府學兩種。金世宗大定四年（1164）立諸路女直學，以女直大小字譯《尚書》頒行之。"擇明安、穆昆内良家子弟爲諸生。諸路至三千人。"（《續文獻通考·學校四》）大定九年，擇其俊秀者百人至京師，以編修官教之。大定十一年始行策選進士之制，大

定十三年，以"策""詩"二科取士，始於京師設立女直（真）國子學，地方二十二處路府設立女直州、府學。國子學策生百人，小學生百人。復定制，每穆昆取二人，若宗室二十户内無人願就學者，由有物力之家十三歲以上，二十歲以下子弟補充。參見本卷《教學機構説·官學考》"女真國子學"文。參閲《清續文獻通考·學校一》。

書院

亦稱"書堂"。指古代以私人爲主所設立的供人讀書、講學的院所。書院繼承和發展了古代私學的教學傳統，并吸收了官學和宗教的教學經驗，實行擇師選生、自由講學制，提倡讀書與修養并重，教學與研究結合，重視師承學派，實施自學爲主，輔以教授、指導和質疑問難、討論答辯、會講、講會等多樣教學方式。書院之名，唐開國初期的太宗時代即有之，如大將軍李靖在山東讀書并研究兵法之處，即稱"書院"，但尚無教學活動。這一時期的書院，多是指政府修書機構。如玄宗開元六年（718），將乾元院改號麗正修書院，十三年，復改麗正修書院爲集賢殿書院，置學士、直學士、侍讀學士、修撰官，掌刊輯經籍，搜求遺書，辨明典章，以備應對。此乃中書省所轄之修書或侍講機構。至唐中後期，涌現了大批私人書院，如貞元至元和間張九宗書院，長慶初的李勃書堂（後稱"少室書院"），大中四年（850）楊弘正的蓬萊書院，大順元年（890）的陳崇書堂（後稱"東佳書院"）等，已初具書院性質。至宋代始，中國的書院步入了第一個全盛期，出現了岳麓、白鹿洞、石鼓、應天府四大書院。至元代始，書院已遍及各路、州、府。明代因

推行程朱理學，書院一度沉落，旋而復起。至清代始，書院再度輝煌，并遠播海外，印尼華僑建有"明誠書院""明德書院"，新加坡華僑建有"萃英書院"等皆是。鴉片戰爭前後，歐美傳教士爲推行西方文化曾相繼建有教會書院，如京華書院、中西書院、彙文書院、格致書院等，這些教會書院乃殖民侵略的產物，但對於中西文化交流，尤其是傳播西方近代科技有積極影響。其後，隨同"廢科舉、興學堂"巨浪的涌起，中國的傳統學校與書院盡皆消弭，代之而起的則是西化的學堂。

【書堂】[2]

即書院。此稱唐代已行用。見該文。

講舍 [1]

講學場所、校舍。《後漢書·酷吏傳·周紆》："夏陽侯瓖，本出輕薄，志在邪僻，學無經術，而妄構講舍，外招儒徒，實會奸桀。"《明史·王畿傳》："〔王〕畿既廢，益務講學，足迹遍東南，吳、楚、閩、越皆有講舍，年八十餘不肯已。"清鄒鳴鶴《增修彝山書院碑記》："豫中之應童子試者，舊與博士弟子員，共課於大梁講舍，非特人浮於地，且父携其子，兄挈其弟，不免假手之嫌，前河帥粟恭勤公典郡時，別連彝山書院於城之西偏，爲童子肄業之所。"鄒氏指稱的大梁講舍，即大梁書院或其院舍。

講院 [1]

指書院或其院舍。宋代王安石曾著有《揚州龍興講院記》。明嘉靖四十年（1561），衡陽諸生籌建祭祀蔡汝楠之衡湘書院時亦用此稱。事見清乾隆《衡州府志》卷三一引明廖汝恒《蔡白石先生講院記》。清史致昌《彝山書院志·開封府正堂粟劄》："特增講院，以羅賢名。曰彝山，撥大梁書院中童子，倍取額以課之。庶諸生春誦夏弦，綽有餘地。"

學堂 [1]

晚清關於各類新式學校之統稱。但學堂作爲中國古代學校之統稱却有着悠久的歷史。《晋書·五行中》："孝武帝太元十六年六月鵲巢太極東頭鴟尾……十九年正月，鵲又巢其西門，此始與魏景同占，學堂風教之所聚，西頭又金行之祥。"唐韓愈《秋懷》詩："學堂日無事，驅馬適所願。"鴉片戰爭之後，有志之士爲了富國强兵，即呼籲清廷應"廢科舉，建學堂"，直至光緒二十八年（1902），始由管學大臣張百熙擬定的《欽定學堂章程》中將各類學校統稱爲"學堂"。次年由張百熙、榮慶、張之洞再次擬訂的《奏定學堂章程》中復將各類學校統稱爲"學堂"。該章程包括《初等小學堂章程》、《高等小學堂章程》、《中學堂章程》、《高等學堂章程》、《大學堂章程》（附《通儒院章程》）、《初等師範學堂章程》、《優級師範學堂章程》、《初等農工商實業學堂章程》（附《實業補習普通學堂章程》及《藝徒學堂章程》）、《中等農工商實業學堂章程》、《高等農工商實業學堂章程》、《高等實業教員講習所章程》、《譯學館章程》、《進士館章程》以及《學務綱要》、《各學堂管理通則》、《各學堂獎勵章程》和《各學堂考試章程》等。由此可見晚清的新式學堂的概念幾乎涵蓋所有的學校種類。具體包括大學堂（附通儒院）、高等學堂、中學堂、高等小學堂、初等小學堂、蒙養院、優級師範學堂、初級師範學堂、實業教員講習所、高等農工商實業學堂、中等農工商實業學堂、初等農工商實業學堂（包括實業補習普通學堂及藝徒學堂）、譯學館、進士館等。《清續文獻通考·學校九》："朝廷作育人材之厚意固有不可沒者，爰列學堂門：首學務總，次貴冑，次八旗，次大學附高等，次中學，次小學，次師範，次存古，次譯學館，次進士館附仕學館，次法政，次武學，次巡警，次實業，次醫學，次邊徼，次僑民，次公學。"各學堂分學制爲三段七級：第一段爲初等教育，含蒙養院（四）、初等小學（五）、高等小學（四）三級；第二段爲中等教育，設中學堂（五）一級；第三段爲高等教育，含高等學堂或大學預備科（三）、分科大學堂（三至四）、通儒院（五）三級。高級師範教育與此系統并行。清亡後停止施行。《清史稿·選舉志二·學校下》："各學堂管理通則之規定，與舊章大體相同。月朔，監督、教員集諸生禮堂，宣讀聖諭廣訓一條。皇太后、皇上萬壽節，至聖先師孔子誕日，春、秋上丁釋奠，爲慶祝日。堂中各員率學生至萬歲牌前或聖人位前行三跪九叩禮。畢，各員西嚮立，學生向各員行三揖禮，退。開學、散學或畢業，率學生至萬歲牌前、聖人位前行禮如儀。學生向監督、教員行一跪三叩禮。監督等施訓語，乃散。月朔，率學生至聖人位前行禮如儀。每日講堂授課，多者不得過六小時。房、虛、星、昴日爲休息例假，慶祝日、端午、中秋節各放假一日。每年以正月二十日開學，至小暑節散學，爲第一學期。立秋後六日開學，至十二月十五日散學，爲第二學期。學生賞罰，由教員、監學摘出，監督核定。賞分三種：曰語言獎勵，曰名譽獎勵，曰實物獎勵。罰分三種：曰記過，曰禁假，曰出堂。學生以端飭品行爲第一要義，監督、監學及教員隨時稽察，

詳定分數，與科學分數合算。學堂考試分五種：曰臨時考試，曰學期考試，曰年終考試，曰畢業考試，曰升學考試。臨時試無定期，學期、年終、畢業考試分數與平日分數平均計算。年考及格者升一級，不及格者留原級補習，下屆再試，仍不及格者退學。評定分數，以百分爲滿格，八十分以上爲最優等，六十分以上爲優等，四十分以上爲中等，二十分以上爲下等，謂之及格，二十分以下爲最下等，應出學。"參閱《清續文獻通考·學校九至十五》。

蒙學堂

省稱"蒙學"。亦稱"書館""蒙館"。中國古代對兒童進行啓蒙教育的學校。先秦時期已建立。《大戴禮記·保傅》："古者年八歲而出就外舍，學小藝焉，履小節焉。"《禮記·內則》："十年，出就外傅，居宿於外，學書記。"漢代稱"書館"，屬私學性質。蒙學教師稱"書師"。兒童八歲入學，以識字爲主，教材是《倉頡》《急就》等字書及《孝經》《論語》。沒有固定年限，采用個別教學。唐宋以後逐步形成相對穩定的教學內容和程式，主要進行讀書、習字、作文的教學，爲進入官學、書院以及應科舉考試作準備。先集中識字，待熟記千餘字後，讀《三字經》《百家姓》《千字文》等蒙學書及《四書》等。習字先由教師把着手寫，後描紅，再臨帖。作文前，先練習作對。明清時也稱"蒙館"，城鄉皆設。清光緒二十八年（1902）《欽定學堂章程》規定初等教育機構分爲三級：蒙學堂、尋常小學堂、高等小學堂。其中蒙學堂簡稱"蒙學"，入學年齡爲五歲，修業四年，設修身、字課、讀經、史學、輿地、算學、體操等課程。僅有章程，并未開辦。漢王充《論

衡・自紀》："八歲出於書館。書館小僮百人以上，皆以過失袒謫，或以書醜得鞭。充書日進，又無過失。手書既成，辭師受《論語》《尚書》，日諷千字。"王國維《觀堂集林・漢魏博士考》："漢時教初學之所名曰書館，其師名曰書師，其書用《倉頡》《凡將》《急就》《元尚》諸篇，其旨在使學童識字、習字。"清錢泳《履園叢話・夢幻・東平王馬夫詐人》："江陰諸生有陳春臺者，家甚貧，以蒙館自給。"《二十年目睹之怪現狀》第三六回："因看見敝同鄉，多有在虹口一帶設蒙館的……所以去年就設了個館。"清吳沃堯《歷史小說總序》："吾曾受而讀之，蒙學、中學之書都嫌過簡，至於高等大學或且仍用舊册矣。"《清史稿・選舉志二・學校下》："蒙學堂屬義務教育，府、廳、州、縣、城、鎮、鄉、集均應設立。凡義塾或家塾，應照蒙學課程，核實改辦。課目同尋常小學，惟作文易以字課。蒙學宗旨，在於改良私塾，故章程規定，頗注重教授法之改善，於兒童身心之體察，三致意焉。"參閱《清續文獻通考・學校十四》。

【書館】[1]

　　即蒙學堂。此稱漢代已行用。見該文。

【蒙館】

　　即蒙學堂。此稱清代已行用。見該文。

【蒙學】

　　"蒙學堂"之省稱。此稱清代已行用。見該文。

小學堂

　　亦稱"縣學堂""小學"。清末采用歐美學制設立的初級學校。清孫詒讓《周禮政要・廣學》："今西周定制，無論城鄉，三十户而設小學堂一。"中國近代新式小學教育發端於光緒四年（1878）張焕綸創設之正蒙書院。光緒

二十二年鍾天緯復於上海創設三等公學，次年盛宣懷創設南洋公學外院。光緒二十四年御史張承纓奏設京師五城小學堂，都是中國近代早期的新式小學堂。據《光緒東華録》卷五，《癸卯學制》實施後，清廷明諭各督撫學政："切實督飭地方官勸諭紳士，廣設小學堂。"小學得到迅速發展。光緒二十八年管學大臣擬定的《欽定學堂章程》（即《壬寅學制》）中的《蒙學堂章程》規定，小學堂包括蒙學堂、尋常小學堂和高等小學堂三種。其中蒙學堂學制四年，尋常小學堂學制三年。但由於《壬寅學制》并未實行，所以，此規定亦成一紙空文。在隨後於光緒三十年公布的《奏定學堂章程》（即《癸卯學制》）中即明確將小學堂劃分爲初等小學堂和高等小學堂兩級，并分別爲其擬定了《初等小學堂章程》和《高等小學堂章程》。該章程共分立學總義、學科程度及編制、計年就學、教員管理員、屋場圖書器具五章。分別就辦學宗旨、學生入學條件、修業年限、課程設置與要求、教員職責、教法、管理、設備等作了規定。規定設初等小學堂，令七歲以上兒童入學學習，規定整個小學教育階段共計九年。其中，初等小學學制五年，屬於普及性教育，宗旨是"啓其人生應有之知識，立其明倫理愛國家之根基，并調護兒童身體，令其發育"。課程有修身、讀經講經、中國文字、算術、歷史、地理、格致、體操等。視地方情形，可增加手工、圖畫一科或二科。貧瘠地區可設簡易科，課程酌減。高等小學堂學制四年，宗旨是"培養國民之善性，擴充國民之知識，强壯國民之氣體"，課程有修身、讀經講經、中國文字、算術、中國歷史、地理、格致、圖畫、體操等。視地方情

形可增設手工、農業、商業等科。《清史稿·選舉志二·學校下》:“各國學制,幼童於蒙學卒業後入小學,三年卒業升中學,又三年升高等學,又三年升大學。以中國准之,小學即縣學堂,中學即府學堂,高等學即省學堂。”又曰:“小學堂分高等、尋常二級。兒童自六歲起,受蒙學四年。十歲入尋常小學,修業三年。此七年定爲義務教育。十三歲入高等小學,三年卒業。得附設簡易農、工、商實業學堂,尋常小學卒業者入之。尋常小學課目:修身、讀經、作文、習字、史學、輿地、算術、體操。高等小學課目增讀古文辭、理科、圖畫,餘同尋常小學。教授采用級任制。正教習外,得置副教習。”又曰:“高等小學畢業,分別獎以廩、增、附生。初等小學屬義務教育,不給獎。”清陳忠倚《清經世文》卷四三《禮政八》載:“日本自維新後悉法泰西大小學校……而以文部省大臣總其成,其中分爲三等:曰小學校,曰中學校,曰大學校。”參見本卷《教學機構説·機構總考》“學堂”文。參閱《清續文獻通考·學校》九至十五。

【縣學堂】

即小學堂。此稱清代已行用。見該文。

【小學】 [1]

即小學堂。此稱清代已行用。見該文。

初等小學堂

晚清按新學制所設立之小學堂之一種。詳見“小學堂”文。

高等小學堂

晚清按新學制所設立之小學堂之一種。詳見“小學堂”文。

中學堂

亦稱“府學堂”“中學”。晚清設於府治之普通中等學堂、二等學堂。早在光緒二十一年(1895)盛宣懷創辦的天津中西學堂中即設有二等學堂,被認爲是中國近代中等教育之雛形。光緒二十四年總理衙門和軍機大臣會呈《京師大學堂章程》,請求清廷通飭各省,於各府、州、縣設小學,省會設中學,京師設大學。“中學”一詞正式見諸教育法規。同年,御史張承縡奏請於京城設立中學堂,杭州知府林啓奏請設立杭州中學堂,是中國近代新式獨立中學堂之發軔。光緒二十九年頒布的《奏定學堂章程》中包括有《奏定中學堂章程》。該章程共分立學總義、學科程度、計年入學、屋場圖書器具、教員管理員五章。對中學堂之辦學宗旨、學生入學條件、課程設置、教員職責、教學管理等作了明確的規定。規定中學堂各府必設一所,州縣有條件者也應設立,令高等小學畢業生入學學習。中學堂屬普通教育性質,兼有升學和就業兩重任務,學制五年。課程有修身、讀經講經、中國文學、外國語(東語、英語或德語、法語、俄語)、歷史、地理、算學、博物、物理及化學、法制及理財、圖畫、體操等十幾門。光緒三十年《癸卯學制》規定各府至少設立中學一所,并鼓勵州縣自設。經過不斷努力,至光緒三十三年全國有中學堂四百一十九所,學生三萬多人。這個時期全國著名的中學有湖南明德中學、天津敬業中學和紹興中西學堂等。但與迅猛發展的師範學堂、實業和高等教育相比,相差懸殊。《清史稿·選舉志二·學校下》:“各國學制,幼童於蒙學卒業後入小學,三年卒業升中學,又三年升高等學,又三年升大學。

以中國准之，小學即縣學堂，中學即府學堂，高等學即省學堂。"又曰："中學堂，爲高等小學卒業之升途，即爲入高等學之豫備。課目：修身、讀經、算學、詞章、中外史、中外輿地、外國文、圖畫、博物、物理、化學、體操。四年卒業。中學外，得設中等農、工、商實業學堂，高小卒業生不願治普通學者入之。又附設師範學堂，課目視中學，惟酌減外國文，加教育學、教授法。得合兩班或三班，以兩三教員各任數科目，分教之。"又曰："中學畢業，分別獎以拔貢、優貢、歲貢。"參見本卷《教學機構説·機構總考》"學堂[2]"文。參閱《清續文獻通考·學校》九至十五、十九。

【府學堂】

即中學堂。此稱清代已行用。見該文。

【中學】

即中學堂。此稱清代已行用。見該文。

高等學堂

省稱"高等學"。亦稱"省學堂"。晚清設於省會之高等學校。《清史稿·選舉志二·學校下》："小學即縣學堂，中學即府學堂，高等學即省學堂。"光緒二十九年（1903）頒布的《奏定學堂章程》（即《壬寅學制》）規定，中國高等教育段分爲高等學堂、大學堂、大學院三級，并規定，"省會所設學堂曰高等學堂"；雖非省會，若能創設與高等學堂程度相當的學堂，亦可稱爲高等學堂。《奏定大學堂章程》共分立學總義、學科程度、計年入學、屋場圖書器具、教員管理員五章。規定設高等學堂，令普通中學畢業生入學深造，以教大學預科爲宗旨。三年畢業。《清史稿·選舉志二·學校下》："高等學與大學豫備科性質相同。學科分三類：第一

類爲豫備入經學、政法、文學、商科等大學者治之，第二類爲豫備入格致、農、工等科大學者治之，第三類爲豫備入醫科大學者治之。學科除人倫道德、經學大義、中國文學、外國語、體操各類共同外，第一類課歷史、地理、辨學、法學、理財，第二類課算學、物理、化學、地質、礦物、圖畫，第三類課蠟（拉）丁語、算學、物理、化學、動物、植物。其有志入某科某門者，得缺或科目加課他科目，分通習、主課。三年畢業。"高等學堂設監督統轄全體教職員，主持全校教育事務。又按《奏定大學堂章程》的規定，各省設立的大學堂，"至少須置三科以符學制"，不到三科者均稱爲高等學堂。自《壬寅學制》和《癸卯學制》頒布後，全國各省就紛紛設立高等學堂，或者是將設置不到三科的大學堂改爲高等學堂。中國晚清的高等學校，除了官辦的京師大學堂、北洋大學堂、山西大學堂三所大學堂，以及中國公學、復旦公學兩所私立大學外，還有各省設立的高等學堂二十七所。《清史稿·選舉志二·學校下》："五月，又諭各直省督、撫，將各省府、州、縣大、小書院，一律改爲兼習中、西學之學校。其階級，以省會之大書院爲高等學，郡城之書院爲中學，州、縣之書院爲小學。頒給京師大學章程，令仿照辦理。"又曰："各省高等學堂爲中學卒業之升途，又爲入分科大學之豫備。分政、藝兩科。課程與大學豫科同。三年卒業。高等學外，得附設農、工、商、醫高等實業學堂，亦中學卒業生升入。教授用專科教員制，各任一門。"又曰："大學豫備科及各省高等學畢業，最優等作爲舉人，以內閣中書、知州用。優等、中等均作爲舉人，以中書科中書、部司務、知

縣、通判用。"參見本卷《教學機構説·機構總考》"學堂""大學堂"文。參閲《清續文獻通考·學校》九至十五、十九。

【高等學】

"高等學堂"之省稱。此稱清代已行用。見該文。

【省學堂】

即高等學堂。此稱清代已行用。見該文。

大學堂

晚清稱按歐美學制新創辦的大學爲大學堂。光緒二十七年（1901），清廷下達興學詔書，通諭各省書院，凡設於省城中者，均改設大學堂。《清史稿·選舉志二·學校下》："初，世凱奏陳東省開辦大學堂章程，有旨飭下各省仿辦。"光緒二十八年頒布的《欽定京師大學堂章程》規定，大學堂分大學院、大學專門科、大學預備科。光緒二十九年頒布的《奏定大學堂章程》，共分立學總義、各分科大學科目、考録入學、屋場圖書器具、教員管理員五章。規定設大學堂，令高等學堂及大學預科畢業者入學深造，以造就通才爲宗旨。清端方纂《大清緒新法令·官制》："竊查奏定幸程，大學堂總監督受理，學務大臣之節制總管全堂，各分科大學事務。"大學堂設大學總監督，總管全堂各分科大學事務，統率全學堂人員；分科大學每科設監督一人，受總監督節制。大學堂"以端正趨向，造就通才"爲宗旨，分八科，下設若干門。經學科大學設《周易》《尚書》《毛詩》《春秋左傳》《春秋三傳》《周禮》《儀禮》《禮記》《論語》《孟子》《理學》十一門。政法科大學設政治、法律兩門。文學科大學設中國史學、萬國史學、中外地理學、中國文學、英國文學、法國文學、

德國文學、俄國文學、日本國文學九門。醫科大學設醫學、藥學兩門。格致科大學設算學、星學、物理學、化學、動植物學、地質學六門。農科大學設農學、農藝化學、林學、獸醫學四門。工科大學設土木工學、機器工學、造船學、造兵器學、電氣工學、建築學、應用化學、火藥學、采礦及冶金學九門。商科大學設銀行保險學、貿易及販運學、關税學三門。學制除政法科及醫科之醫學門修業四年外，餘均爲三年。京師大學堂務須八科大學齊全，省立大學有三科即可，不必求全。大學堂内另設通儒院，"爲研究各科學精深義藴，以備着書制器之所"，令大學堂畢業者入院專事研究，不須上課，五年畢業。參見本卷《教學機構説·機構總考》"學堂""高等學堂"文。參閲《清續文獻通考·學校》九至十五。

頭等學堂

猶大學堂、高等學堂。晚清高等學堂學校之統稱。清末興新學之初期，盛宣懷仿西洋學制於光緒二十一年（1895）於天津創設頭等學堂、二等學堂（即天津中西學堂）。學制均爲四年。頭等學堂專攻工程、采礦、機械等專科；二等學堂爲頭等學堂之預科，習滿升入頭等。時因創設，采通融求速辦法，教員既苦乏才，學生亦難精擇，故無甚成效。光緒二十二年，盛宣懷又於上海創設南洋公學，對頭等、二等學制加以改進，而分爲四院。其中之中院、上院即二等、頭等學堂，寓中學堂、高等學堂之意。《清史稿·選舉志二·學校下》："二十三年，宣懷又於上海創設南洋公學，如津學制而損益之，經費取給招商、電報兩局捐助。奏明辦理，因名公學。分四院：曰師範院，曰外院，曰中

院，曰上院。外院即附屬小學，爲師範生練習之所。中、上院即二等、頭等學堂，寓中學堂、高等學堂之意。"參見本卷《教學機構説·機構總考》"大學堂""高等學堂"文、《教學機構説·私學考》"南洋公學"文、《教學機構説·新式學堂考》"天津中西學堂"文。參閱《清續文獻通考·學校》九至十五。

二等學堂

頭等學堂之預科。晚清中等學校之統稱。參見本卷《教學機構説·機構總考》"學堂""頭等學堂""中學堂"文。

師範學堂

中等師範教育機構。清廷頒布的《奏定學堂章程》(《癸卯學制》)，將師範學堂分爲初級師範學堂（中等教育性質）及優級師範學堂（高等教育性質）兩等，修業年限共爲八年。初等師範學堂培養小學師資，招收高等小學堂畢業生，修業五年。1907年頒布《女子學堂章程》，改變了過去師範學堂不許女子入學的規定。中國最早的師範學校南洋公學師範院（始於1897）和京師大學堂師範館（始於1902），都不是單獨設校的。1904年頒布《奏定優級師範學堂章程》，規定優級師範學堂應由省設立，各省城宜各設一所。事實上，各省優級師範學堂仍多與初級師範學堂合設，稱兩級師範學堂。《清史稿·選舉志二·學校下》："直系學堂外，並詳訂師範及實業學堂專章。其大異於舊章者，爲優級師範學堂。學科分三節：一曰公共科，以補中學之不足，爲本科之豫備。科目：人倫道德、群經源流、中國文學、東語、英語、辨學、算學、體操。一年畢業。二曰分類科，凡四類：第一類以中國文學、外國語爲主。第二類以地理、歷史爲主。第三類以算學、物理、化學爲主。第四類以動植物、礦物（即今之礦物。下同）、生理爲主。科目除人倫道德、經學大義、中國文學、教育心理、體操各類共同外，第一類課周秦諸子、英語、德語或法語、辨學、生物、生理。第二類課地理、歷史、法制、理財、英語、生物。第三類課算學、物理、化學、英語、圖畫、手工。第四類課植物、動物、生理、礦物、地學、農學、英語、圖畫。分通習、主課，均三年畢業。三曰加習科，於分類科畢業，擇教育重要數門，加習一年，以資深造。科目：人倫道德、教育學、教育制度、教育政令機關、美學、實驗心理、學校衛生、專科教育、兒童研究、教育演習，并增入教授實事練習。優級師範附屬中學堂、小學堂。初級師範學科程度，與中學略同。完全科學科，於中學科目外，增教育學、習字。視地方情形，可加外國語、手工、農、工業之一科目或數科目。五年畢業。"又曰："優級師範畢業，最優等、優等、中等均作爲舉人，分別以國子監博士、助教、學正用。初級師範畢業，分別獎以拔貢、優貢、歲貢，以教授、教諭、訓導用。"參閱《清續文獻通考·學校》九至十五。

初級師範學堂

晚清旨在培養初等、高等小學教員的師範學校。相當於普通中學程度。光緒二十九年（1903）頒布的《奏定初級師範學堂章程》規定：初級師範學堂爲小學教育普及之基礎，每州縣必設一所。五年畢業。招收貢、廩、增、附監生入學肄業。學堂分完全科與簡易科。完全科學生年十八歲以上二十五歲以下，簡易科學生年二十五歲以上三十歲以下。課程主要爲修身、讀經講經、中國文學、教育學、史地、算學、博物、物理、化學、圖畫、體操等。

優級師範學堂 [1]

晚清以造就中學教員及初級師範學堂教員爲宗旨的師範學校，相當於高等學堂（大學預科）程度。光緒二十九年（1903）頒布《奏定優級師範學堂章程》規定：京師及各省城宜各設一所，考收初級師範學堂畢業生及普通中學畢業生入學肄業。分類編科，共四類：第一類係以中國文學、外國語爲主，第二類係以地理、歷史爲主，第三類係以算學、物理學、化學爲主，第四類係以植物、動物、礦物、生理學爲主。學生入學可任選一類專心肄習，畢業後即充此類課程教員。各類學科除各自的主科外，均必修人倫道德、經學大義、教育、心理、體操諸課程。三年畢業。

兩級師範學堂

優級師範學堂多與初級師範學堂合設，稱兩級師範學堂。參見本卷《教學機構説·機構總考》"師範學堂"文。

實業學堂

晚清所設農工商等各類實業技術學校之總名。光緒二十九年（1903）清廷頒布的《奏定實業學堂通則》，統一各類實業學堂之學制。該《通則》共分設學要旨、入學資序、學堂職務三章。規定以振興農工商各項實業爲富國裕民之本計，以專求實際、不尚空談爲宗旨。分實業教員講習所（即實業師範學堂）、農業學堂、工業學堂、商業學堂、商船學堂、水產學堂（屬農業）、藝徒學堂（屬工業）等。各種學堂分爲高、中、初三等。學制均爲三年。高等實業學堂招收中學畢業生入學肄業，中等實業學堂招收高小畢業生入學肄業，初等實業學堂招收初小畢業生入學肄業，并具體規定了各類各等學堂的培養目標與辦學宗旨等。《清史稿·選舉志二·學校下》："實業學堂之種類，曰實業教員講習所，曰高等農、工、商實業學堂，曰中等農、工、商實業學堂，曰初等農、工、商實業學堂，及高等、中等、初等商船學堂，曰實業補習普通學堂，曰藝徒學堂。實業教員講習所，以備教成各項實業學堂之教習，分農、商、工三種。農業、商業教員講習所，除人倫道德、英語、教育、教授法、體操爲共同學科外，農業課，算學及測量氣象、農業泛論、農業化學、農具、土壤、肥料、耕種、畜產、園藝、昆蟲、獸醫、水產、森林、農產製造、農業理財實習；商業課，應用化學、應用物理、商業作文、商業算術、商業地理、商業歷史、簿記、商品、商業理財、商業實踐。均二年畢業。工業教員講習所，置完全科及簡易科。完全科凡六：曰金工科、木工科、染織科、實業科、應用化學科、工業圖樣科。除人倫道德、算學、物理、化學、圖畫、工業理財、工業衛生、機器製圖實習、英語、教育、教授法、體操爲共同學科外，金工科課，無機化學、應用力學、工廠用具及製造法、電氣工業大意、發動機。木工科課，無機化學、應用力學、工廠用具及製造法、構造用材料、傢具及建築流派、房屋構造、衛生、建築製圖及意匠。染織科課，一切器用化學、應用機器、定性分析、工業分析、染色配色、機織及意匠。實業科課，一切應用化學、應用機器、定性分析、工業分析、實業品製造。應用化學科課，一切應用化學、機器、電鑄及電礦。工業圖樣科課，圖樣、材料。均三年畢業。

簡易科分金工、木工、染色、機織、陶器、漆工六科。課目較略。一年畢業。高等實業學堂程度視高等學堂，分豫科、本科。豫科授以各科普通基本功課。一年畢業。高等農業本科凡三：曰農學科，曰林學科，曰獸醫學科。高等工業分科十三：曰應用化學科，曰染色科，曰機織科，曰建築科，曰實業科，曰機器科，曰電器科，曰電氣化學科，曰土木科，曰礦業科，曰造船科，曰漆工科，曰圖稿繪畫科，各授以本科原理、原則、應用方法及補助科目，多者至三十餘門，得斟酌地方情形，擇合宜數科設之，均三年畢業。中等實業學堂程度視中學堂，亦分豫科、本科，課目較高等爲略。初等實業學堂程度視高等小學堂，分普通、實習兩種科目。均三年畢業。商船學堂亦分三等，以授航海機關之學術及駕運商船之知識技術。五年或三年畢業。實業補習普通學堂，以簡易教法授實業必須之知識技能，並補習小學科目。藝徒學堂，授平等程度之工築技術，俾成良善工匠，均可於中、小學堂便宜附設。”又曰：“高等實業學堂畢業，最優等、優等、中等均作爲舉人，分別以知州、知縣、州同用。中等實業學堂畢業，獎勵視中學。”

初等實業學堂

分爲農業、商業、商船三類，均招收十三歲以上初小畢業生和同等學力者。相當於高小程度，授以農、商、商船各業最淺近的知識和技能。農業學堂分農業、蠶業、林業及獸醫四科，三年畢業。初等商業學堂不分科，三年畢業。初等商船學堂分航海、輪機二科，二年畢業。參見本卷《教學機構説・機構總考》“實業學堂”文。參閱《清續文獻通考・學校》九至十五、十九。

中等實業學堂

分農業、工業、商業、商船四類。相當於普通中學程度，教授農、工、商、商船各業所必需的知識技能。農業學堂設農業、蠶業、林業、獸醫、水産五科。工業學堂設土木、金工、造船、電氣、木工、礦業、染織、實業、漆業、圖稿繪畫十科。商船學堂分航海、輪機兩科。各類學堂均設有本科和預科。本科招收年十五歲以上的高小畢業生和同等學力者，三年畢業；預科招收十三歲以上的初小畢業生和同等學力者，二年畢業。另設專攻科，招收本科畢業生，農業一年，工業二年。參見本卷《教學機構説・機構總考》“實業學堂”文。

高等實業學堂 [1]

分農業、工業、商業、商船四類，相當於高等學堂（大學預科）程度。農業學堂設農學、森林、獸醫三科。工業學堂設應用化學、染色、機織、建築、實業、機器、電器、電氣化學、土木、礦業、造船、漆工、圖稿繪畫等十三科。商船學堂設航海、機輪二科。農業學堂和商業學堂皆設本科和預科。預科一年畢業，本科除農業學堂的農學科四年外，餘均三年畢業。工業學堂和商船學堂祇設本科，前者三年畢業，後者五年至五年半畢業。招收普通中學堂畢業生和年在十八歲以上的同等學力者。另設一年制的選科和招收本科畢業生的專攻科。參見本卷《教學機構説・機構總考》“實業學堂”文。

實業師範學堂

晚清實業學堂之一。旨在爲各種實業學堂培養師資。參見本卷《教學機構説・機構總考》“實業學堂”文。

藝徒學堂 [1]

清末普遍設立的旨在培養工業技術工匠的職業小學校。學堂招收未入初等小學而粗知書算之十二歲以上兒童入學肄業，授以初等工業技術，使之成爲善良之工匠，而利於謀生。學習年數以六個月以上、四年以下爲限。藝徒學堂性質多樣，官立、公立、私立皆有，但須由地方官禀經本省學務處核準。光緒二十九年（1903）頒布的《奏定學堂章程》附有《奏定藝徒學堂章程》。另外，光緒七年福建船政學堂設立藝圃，亦名“藝徒學堂”或“藝圃學堂”。參見本卷《教學機構説·機構總考》“實業學堂”、《教學機構説·新式學堂考》“船政學堂”文。

旗學

清代中央政權專爲滿蒙八旗及漢軍八旗子弟設置的貴胄學校之通稱。有清一代旗學名目繁多，設置時間不一。因總轄於國子監，故統稱“旗學”。順治元年（1644）詔設十所八旗官學。雍正元年（1723）又設八旗教場官學，每旗一所。此外先後又有京師八旗官學（八旗學堂）、景山官學、八旗義學、八旗算學館、咸安宮官學、盛京官學等。《清會典事例·禮部·旗學學事宜》：“康熙六年（1667）題准，八旗有願作漢文考試者，各都統開送禮部，移送順天學院，滿洲、蒙古別編一號，漢軍與漢人同場考試，文優者即入順天府漢生員額數内。”參閱《清文獻通考·學校一》《清續文獻通考·學校二》《清會典·禮部·學校》。

方言學堂

亦稱“方言館”“廣方言館”“同文館”“譯學館”。清末各省教習外國語文學校之通稱。清末對同文館、方言館、廣方言館及一切民族語言學校、外國語言學校統稱爲譯學館。譯學館以培養通曉外國語言文字的交涉人才與外文教習爲宗旨。京師同文館、上海廣方言館、廣州同文館等皆是中國最早設立的譯學館。光緒二十九年（1903）京師大學堂設立譯學館，專門培養各級翻譯人才。光緒三十一年廣州同文館更名爲廣州譯學館。後各省之譯學館皆改稱方言學堂。《奏定譯學館章程》爲《奏定學堂章程》的組成部分，光緒二十九年頒布。規定：設譯學館，以譯外國語言文字并通中國之文義爲宗旨，培養高級翻譯人才；考選中學畢業生或其他略通外文者入館肄業，五年畢業。該館“附學科”招收十二歲至二十歲口音清利、中文通順的青少年入學學習一種外語，亦須兼習普通學科及專門各科。《清續文獻通考·學校九》：“〔清光緒二十九年〕譯學館即方言學堂。”又《學校十四》：“〔光緒〕三十二年學部諮粵督張之洞、給事中陳慶桂奏廣州譯學館亟宜整頓……京師設譯學館，各省設方言學堂，該譯學館應即改方言學堂，以符定制。”清孫詒讓《周禮政要·統譯》：“今宜於各省廣開方言館。”方言學堂的出現是中國近代學校的一個里程碑，它標志着以科舉教育爲正統的舊中國學制被逐漸打破和新學的設立。參閱《清續文獻通考·學校》九、十四。

【方言館】

即方言學堂。此稱清代已行用。見該文。

【廣方言館】

即方言學堂。此稱清代已行用。見該文。

【同文館】 [1]

即方言學堂。此稱清代已行用。見該文。另，“京師同文館”亦省稱“同文館”。

【譯學館】

即方言學堂。此稱清代已行用。見該文。

存古學堂

亦稱"尊經學堂"。晚清爲尊孔讀經、保存國粹而於各省所設之學校。《清續文獻通考·學校十四》："光緒三十一年河南巡撫陳夔龍奏請就河南省設立尊經學堂，以保國粹。三十三年湖廣總督張之洞奏湖北省城創立存古學堂，以存國粹而息亂源。稱今日環球萬國學堂皆最重國文一門。國文者本國之文字語言，歷古相傳之書籍也。即間有時勢變遷不盡適用者，亦必存而傳之，斷不肯聽其漸滅。至本國最爲精美之學術、技能、禮教、風尚，則尤爲保愛護持，名曰國粹，專以保存爲主。凡此皆所以養其愛國之心思、樂群之情性。東西洋强國之本原，實在於此……蓋必知愛其土物，乃能愛其鄉土；愛其本國如此，則爲存心良善，方能聽受祖考之教訓。是知必愛國敬祖其心乃爲善，反是則爲不善。中國之聖經賢傳闡明道德，維持世教，固應與日月齊光。即列朝子史，事理博賅，各體詞章，軍國費用，亦皆文化之輔翼、宇宙之精華，豈可聽其衰微漸歸泯滅……三十四年江蘇巡撫陳啓泰奏准仿照湖北章程於省城（今蘇州市）設立存古學堂。"

【尊經學堂】

即存古學堂。此稱清代已行用。見該文。

簡易識字學塾

晚清初等補習性質的學校。宣統元年（1909）清廷學部頒布《簡易識字學塾章程》，飭令全國各地開辦。山東、河南、貴州等省先後設立。該學塾專爲年長失學及貧寒子弟無力就學者而設，其課程專教部頒《簡易識字課本》《國民必讀課本》，并酌授淺易算術（珠算或筆算）；教授二書完畢，即准作爲畢業。修業年限爲三年以下一年以上。根據辦學經費不同的來源，分爲官立、公立、私立三種。學生不收學費，應用書籍物品概由學塾發給。參閱《清續文獻通考·學校二十一》。

第二節　官學考

官學爲中國古代由各級官府舉辦和管轄的學校，是相對於私學而言。"官學"一詞，首見於《晋書·慕容皝載記》："賜其大臣子弟爲官學生者號高門生，立東庠於舊宮，以行鄉射之禮，每月臨觀，考試優劣。"而早自夏代始，學校已爲統治階級所壟斷，即所謂"學在官府"。"學在官府"，可釋之曰"一切學校皆屬官學"。《孟子·滕文公上》："設爲庠、序、學、校，以教之。庠者，養也；校者，教也；序者，射也。夏曰校，殷曰序，周曰庠；學則三代共之，皆所以明人倫也。"可見夏商周時已開始建立官學。直至春秋時，始見私學興起。

　　西周以前的奴隸制國家僅有官學而無私學。學校既是施教的場所，同時又是養老、舉辦鄉射禮、祭祀等社會活動的地方，學校和行政機構緊密結合在一起，即所謂"學在官府""政教合一"。這是奴隸主階級享有的特權在教育上的反映。這種遺風在中國封建制國家的官學中亦有保留。如作爲官學中教師的"博士""教授"等，他們既是教師又有官階。無論奴隸制國家還是封建制國家的官學入學者皆爲貴族子弟，稱爲"官學生"（見《晉書·慕容皝載記》），且官學之間存在着明顯的階級性和等級性。官學名義上是中國古代教育制度的主體，目的在於培養爲統治階級服務的各種人才，教學内容以儒家經典爲主，一般以"四書""五經"爲基本教材。此外尚旁及玄學、佛學、醫學、書學、算學、畫學、律學、陰陽學等。但由於官學的國家所有性，它往往隨着王朝的興衰和更替以及統治者重視程度的差異而顯現時興時廢的特點。"亂世則學校不修"（《詩·鄭風·子衿》序）是歷代王朝官學的一般規律。至封建社會末期官學已基本名存實亡，成爲科舉之附庸，終爲近代學堂所取代。

　　官學可分爲中央官學與地方官學。前者是指古代由王朝直接舉辦的官學。如西周的國學；戰國時齊國的稷下學宫；秦代的學室；漢代的太學、宫邸學、鴻都門學；魏蜀之太學；吳之官學、學宫；魏之崇文觀；兩晉之太學和國子學；十六國時期前後趙之太學，後秦之律學；南朝宋之四館、國子學、總名觀，齊之國子學、學士館；梁之五館、集雅館、國子學、士林館；陳之太學、國子學；北周之露門學；北齊之昭玄寺、國子學、太學、四門學、通道觀；北魏之崇玄署、國子學、太學、律學、算學、四門小學；隋之國子學、太學、四門學、書學、律學、算學、太醫署；唐代之國子學、太學、四門學、書學、算學、律學、醫學、弘文館、崇文館、崇玄館、小學；宋代之國子學、太學、辟雍、廣文館、四門學、武學、律學和小學、諸王宫學、宗學（含内小學）、道學、算學、書學、畫學、醫學；元明清之國子監，等等。中國古代的最高學府是封建王朝培養人才的場所，所授主要爲儒家經典。如歷代之太學、國子學、國子監等，皆屬此類學校。

　　中央官學係封建朝廷直接舉辦和管轄的旨在培養各種統治人才的學校系統。據傳世文獻《禮記》《周禮》，西周中央官學設在王城和諸侯國都，分小學與大學兩級；小學在城内宫廷中，大學在西郊；王城的大學稱爲"辟雍"，諸侯國的大學稱爲"泮宫"。封建國家的中央官學正式創設於漢朝。魏晉南北朝時期政局紛亂，官學時興時廢。及至唐朝，中央官學繁盛，制度完備，南宋以後開始衰落。尤其是隨着中國封建王朝的日漸没落，中央官學也逐步衰敗，實際上成爲科舉制度的附庸，名存實亡。清朝末年，它就逐漸完全被學堂和學校代替。中央官學的産生和發展，是同中國封建社會政治經濟狀况相適應、并爲之服務的。根據中央官學各自所定的文化程度、教育對象和教學内容的不同，可將整個中國封建社會的中央官學分爲最高學府、專科學校和貴胄學校三大類。

中國古代的太學和國子監是中國封建國家傳授儒家經典的最高學府，是封建王朝培養人才的主要場所。太學和國子監在辦學育才、繁榮學術、發展中國古代文化科學方面，都積纍了許多寶貴的經驗，在中國乃至世界教育史上占有重要的地位。貴胄學校爲中國古代專門招收皇室及貴胄子弟入學肄業的中央官學。中國古代的貴胄學校如東漢的四姓小侯學，唐朝的弘文館、崇文館，宋代的宗學、諸王宮學及内小學，明朝的宗學，清代的旗學、宗學，都是屬於這一類型。唐朝的弘文館、崇文館，是特別教育最上層親貴子弟的貴胄學校，專門招收皇室近親、皇太后、皇后近親及宰相、大臣、散官一品功臣的子孫入館讀書。弘文館與崇文館分别歸門下省和東宫管轄，各招生徒三十名和二十名。學士無定額。學科功課，雖如國子學，但程度反低。宋朝的宗學是專爲皇族子孫開設的貴族學校，在宋初由諸王附設在王宫内，屬私立性質。同宗學情形相似的諸王宮學、内小學，也是貴胄子弟學校。明朝的宗學在兩京所屬地方，凡屬宗室弱冠的世子、長子、衆子及將軍、中尉等官的子弟，皆可入學讀書。清朝的貴胄學校可分宗學和旗學兩種。遠在入關前，就設立宗學。天聰五年（1631），即令八至十五歲的皇族子孫入宗學讀書。宗學教習初時以滿漢官員中學行兼優者各半充任。雍正十一年（1733）改用翰林任教習。乾隆四年（1739）規定宗室學生十名配備一名教習。另設總稽官，以滿漢京官各一人，稽查學務。生徒須習滿文，兼習騎射。宗學月考經義、翻譯、騎射；年考翻譯經義，試時務策。按考試成績分六等處置：一、二等優良獎給筆墨，三、四等稍差留學再讀，五等甚差訓導教誡，六等品學皆劣，黜退除名。此外，覺羅學、覺羅官學也是屬於宗學一類的，專收覺羅子弟入學讀書。旗學是清朝中央政權設置的、專門教育滿蒙八旗及漢軍八旗子弟的貴胄學校，名目繁多，大小簡繁不一。教場設八旗教場官學，每旗一所。此外陸續辦起景山官學、八旗義學、咸安宫官學、八旗算學館、八旗蒙古唐古（特）學、盛京官學等八旗子弟學校。

中國古代教育，除建立學習儒家經典的學校系統外，還設立專科學校，旨在培養各種能切實用的專門人才。其可按行政隸屬劃分爲中央專科學校和地方專科學校兩級。早在東漢時，就建立了中國古代第一所文藝專科學校“鴻都門學”。直至明清，曾設立過律學、醫學、武學、陰陽學、算學、書學、畫學、玄學等各類各級專科學校。中國古代教育的一個特點就是所謂的 "政教合一" "學在官府"，學校與官衙的職能分化不明顯，有時各類官府，尤其是各類中央官府尚兼有教育的職能。如北齊、隋、唐、遼、金、元時太常寺下隷太樂署，以及宋之太樂局均設有令、丞爲長貳，掌太樂、祭享鐘律。同時亦設有樂師對樂人分批分程度教習各類樂舞，且都定有日程和要求，第年進行考課，評定優劣，然後纍計成績，以定升退。所以，它們既是官府，又可視爲中國古代的音樂專科學校。這些學校培養出不少專業人才，對發展中國的自然科學、法學、文藝等方面起過很大的作用，并對世界文化作出了一定的貢獻。

中國古代的中央官學不僅具有階級性，而且具有明顯的等級性。國子學、國子監生的身份資格要比太學生的身份資格高一些。胄子、"貴游子弟" 纔有資格入國子學、國子監就讀，而一般中小地主的子弟衹能在太學讀書。這種統治階級内部入學物件上 "殊其士庶，異其貴賤" 的等級差异，正是地主階級士庶兩個階層政治經濟鬥争在教育上的反映。而歷代貴胄學校的開設更充分證明了這一點。貴胄學校是歷代王朝專爲貴胄子弟特設的中央官學。如東漢的四姓小侯學，唐代的弘文館、崇文館，宋代的宗學、諸王宫學及内小學，明代的宗學，清代的旗學、宗學等等。封建朝廷辦太學，是爲了培養封建社會地主階級的 "賢士" "英俊"，進而教化於民，以維護封建統治。置國子監的目的，是爲了把國子生徒培養成爲能 "安邦定國" 的 "文武之才" 和封建皇帝的 "忠臣清官"。封建朝廷設置了專門教育行政機關和教育長官來管轄中央官學。如唐、宋、元、明、清各朝均設國子監和國子祭酒這些教育行政機關和教育長官，來管理太學、國子學、部分貴族學校及部分專科學校；唐宋分設太醫署（局）管理醫學；宋設太史局、翰林書藝局、翰林圖畫局分别管轄算學、書學及畫學。

中央官學的學校制度比較完備，形式多樣，名目繁多，但以太學、國子監以及其他高等學府、各種專科學校爲封建國家培養人才的主要場所。它們在培育各種優秀人才，承繼中國古代文化遺産，繁榮科學與學術事業等方面，曾經起過十分重要的作用。它們在促進中國與亞歐諸國文化交流、加强古代中國與各國人民友誼方面，也曾起了積極的作用。根據二十四史有關部分及《南雍志》《國子監志》等史籍記載，中國唐、明、清等朝代的太學、國子監或其他專科學校，都有外國留學生留學。其中，以唐代的外國留學生最盛。日本、新羅、高麗等國都派遣子弟和臣子入唐留學。

同中央官學并列的則是地方官學，其與中央官學共同構成了中國古代社會最主要的官學教育制度。地方官學指中國古代歷朝官府按行政區域在各級地方機構設置的學校。如夏、商、周時之鄉學（包括庠、序、學、校），漢代的郡國學，西晋的鄉校，北魏的鄉學，唐代的府州縣學、醫學、玄學，宋代的路州縣學，遼金之府州縣學，元代路學、府學、州學（上州學、下州學）、縣學及蒙古字學、醫學、陰陽學、社學，明代的府州縣學、衛學、社學、都司儒學、諸土司儒學、宣衛司儒學，清代的府州縣學、衛學、社學、土司學等等。地方官學的設立，或由國家制定出地方官學制度，或由地方官吏重視教育在其治所設置學校。學校經費皆來源於各地方官府。史稱夏、商、周三代已有鄉學。《禮記·學記》："古之教者，家有塾，黨有庠，術有序，國有學。"鄭玄注："術當爲遂，聲之誤也。古者仕焉而已者，歸教於閭里，朝夕坐於門。門側之堂謂之塾。周禮，五百家爲黨，萬二千五百家爲遂。黨屬於鄉，遂在遠郊之外。"《文獻通考·學校》："夏曰校，殷曰序，周曰庠，皆鄉學也。"但是此種"鄉學"僅有"教化"的意義，從嚴格意義來講，還不是真正意義上的地方官學。

中國封建社會地方官學，自漢代開始設立。兩漢時期，地方行政制度是封建王國與中央直轄的郡相立并行。郡國以下各屬若干縣、道、邑。漢景帝末年，蜀郡（今四川）郡守文翁，重視教化，在成都建立學宫，招下縣子弟入學宫肄業。此舉後得到漢武帝之贊許，此後天下郡國皆立學校官。直到平帝元始三年（3），始建立了地方學校制度，并規定郡國曰學，縣、道、邑、侯國曰校，鄉曰庠，聚曰序。校、學置經師一人；序、庠置孝經師一人；所習内容爲儒家"五經"。東漢時期，地方官學繼續得到發展，從而形成了"學校如林，庠序盈門"（漢·班固《東都賦》）的景象。

自漢末經魏、晋、南北朝以來，由於戰亂頻繁，以致於官學或興或廢。地方官學較中央官學更爲衰敗。漢末曹操掌政後，也曾令郡國各修文學，選擇本地士紳子弟入學。魏、蜀、吳三國，都曾設有地方官學，但均設置時間不長。魏文帝時建立了"郡國學制"。分別規定大郡、次郡、中郡、下郡之博士、助教及學生數、應選博士條件等事項。兩晋時期，地方官學有所倡設。但地方學校主要是由鎮守各地的長官自動開辦的。

隋代國家重歸統一，但由於立國較短，雖隋文帝、隋煬帝皆設庠序郡縣之學，但實際上"空有建學之名，而無弘道之實"（《隋書·儒林列傳》）。唐代的地方官學也有直系、旁系之分。直系的學校，在京都有京都學，在府有府學，在州有州學，州府以下有縣學，縣內又有市學與節鎮學。其中府州縣學相當於中學性質，畢業生既可升入中央四門學，充當“俊士”，又可直接參加科舉考試。節鎮學、市學則屬於小學性質。旁系學校則有二：一爲各府州縣設立的醫學，二爲各府州縣設置的“崇玄學”。

宋代地方行政區劃爲路、州（府、軍、監）及縣三級，州以下設置教授儒經的學校，所以宋代的地方官學實際上祇有州（府、軍、監）學和縣學兩級。宋代地方官學於仁宗慶曆四年（1044）開始設立，詔諸州府軍監立學，學者二百人以上允許設置縣學。徽宗崇寧元年（1102）撤銷限制，所有州縣一律置學。學生名額没有詳細規定。王安石變法後各地方官學也實行“三舍法”。

遼、金立國後，遂於各級地方分設府學、州學及縣學。遼在黃龍、興中二府皆有府學。雖因襲宋制，而地方官學之設置較宋尤早。聖宗統和二十九年（1011）新置歸、寧二州，翌年即爲之設州學。此外，各縣設縣學，皆設博士、助教學官。金爲女真族立，爲了培養本族統治人才，於大定十三年（1173）在諸路設女真府學。學習内容爲女真大小字所譯經書，畢業後得以參加女真進士的科舉考試。其地方府學於大定十六年設置，共十七處，學生千人，後增州學。諸府州學各置教授一員，所習爲經書、子書及史書。

元代地方行政分爲路、府、州、縣四級，各級均設有相應教授儒經的儒學，内附設小學。路學創設於世祖至元九年（1272），設有教授、學正、學錄等學官各一員，府學及上中州學各設教授一員，下州學設學正一員，縣學設教諭一員。元代路一級還設有具有民族特色的蒙古字學、醫學和陰陽學，與地方儒學并稱“四學”，構成元一代地方官學之基本格局。尤其是元代對中國古代地方官學的特殊貢獻在於諸路陰陽學和社學的創設。社學以教勸農桑爲己任，亦設經師布施教化；陰陽學隸屬於司天監，分天文、曆算、三式、測驗、漏刻和陰陽等科，對中國古代科技教育有重大推動作用。

明代早在明太祖立國之初，即在全國諸府、州、縣設立府、州、縣學，又在防區衛所設衛學，鄉村設社學，皆以教化爲主要任務，兼有小學性質。另外，各地方行政機構還在所在地設置都司儒學、宣慰司儒學等有司儒學。洪武二年（1369）規定，府設教授、州設學正、縣設教諭各一員。皆設訓導，府學四員、州學三員、縣學二員。還設有武學。

清沿明制，依其地方區劃設有府學、州學、縣學，并於鄉間置社學。各地均設專職學官。至康熙年間改爲提督學政，各管本省學政事務。各學教官，府設教授，州設學正，縣設教諭各一人。皆設訓導佐之，員額不定。學生資格亦分爲附學生、增廣生、廩膳生三等。每次録取生員名額皆有定數。生員入學前稱童生，童生入學需經縣、府、院三級考試合格纔有入學資格，俗稱"秀才"。生員在學，并非以讀書課業爲主，其主要任務在於參加歲科考試以取得鄉試資格。

一、中央官學

（一）最高學府與貴胄學校

成均

相傳爲五帝時學校名。《周禮·春官·大司樂》："大司樂掌成均之灋，以治建國之學政，而合國之子弟焉。"鄭玄注："董仲舒云，成均，五帝之學。"賈公彦疏："堯已上當代學亦各有名，無文可知。但五帝總名成均，當代則各有別稱。"關於成均之學的内容，鄭玄認爲："均，調也。樂師主調其音。"這是由"均"推論成均之學以樂教爲主。又曰："成均之法者，其遺禮可法者。"即成均的樂教傳統流傳後世，成爲藉鑒，以致西周大司樂所掌仍爲"成均之法"，以樂教貴胄子弟。劉師培《學校原始論》云："古代教育之法，則有虞之學，名曰成均，均字即韵字之古文，古代教民，口耳相傳，故重聲教。而以聲感人，莫善於樂。觀舜使後夔典樂，覆命後夔教胄子，則樂師即屬教師。"之後西周時，天子於王城西郊所設五所大學中的"南學"，也稱"成均"。唐高宗時，曾改國子監曰"成均監"。後人亦有稱國子監爲成均者。《清史稿·選舉志一·學校上》："雍正元年（1723），禮部尚書陳元龍疏請嚴成均肄業之規。"或有謂成均即"太學"。《清文獻通考·學校三》："太學，天子曰辟廱，又曰成均。鄭康成釋辟廱爲明，廱

爲和，所以明和天下也。宋陳祥道謂明之以法，和之以道，曰辟廱；成其虧，均其過不及曰成均。蓋學校爲造士之地，而國學尤爲首善之區。事則始於明倫和行，而功則全乎成德均才。故曰養士莫大乎太學。"參見本卷《教學機構説·官學考》"五學""四學""辟雍""太學""大學""國子監""上庠"文，《教學機構説·機構總考》"國學"文。參閲《文獻通考·學校一》。

上庠

古代中央大學。傳説上庠始置於虞舜之時，或謂專以教習書藝爲能事。《禮記·王制》："有虞氏養國老於上庠，養庶老於下庠。"鄭玄注："上庠、右學，大學也，在西郊。下庠、左學，小學也，在國中王宮之東。"《文獻通考·學校一》："皆學名也。異者，四代相變，或上西，或上東，或貴在國，或貴在郊。上庠、右學，大學也，在西郊。下庠、左學，小學也，在國中王宮之東。東序、東膠，亦大學，在國中王宮之東。西序、虞庠，亦小學，西序在西郊，周立小學於西郊。國老謂卿大夫致仕者，庶老謂士及庶人在官者。養國老者爲大學，養庶老者爲小學。"《禮記·文王世子》："禮在瞽宗，書在上庠。"鄭玄注："周立三代之學，學書於有虞氏之學，典謨之教所興也。"孔穎達疏："上庠，虞學名。"上庠是相對於下庠而言的，并

且認爲上庠爲大學名，而下庠爲小學名。其説蓋本《禮記·王制》及鄭玄注。清汪汲《事物原會·大學》亦云："《禮王制》，有虞氏養國老於上庠，養庶老於下庠。蓋上庠，大學也；下庠，小學也……《三禮義宗》，有虞氏大學爲上庠，小學爲下庠。"然清毛奇齡對此却有不同之認識，其在《學校問》中云："夫所云上庠、下庠即一學，而以學之上堂爲上庠，學之下堂爲下庠……然則上庠、下庠以及東膠、虞庠，皆大學也。"其後西周時，天子於王城設五所大學中的"北學"，也稱"上庠"。後上庠亦作爲中央官學之"大學""國子監"的代稱。唐韓愈《請復國子監生徒狀》："國家典章，崇重庠序，近日趨競，未復本源，至使公卿子孫耻游太學，工商凡冗或處上庠。"宋吴自牧《夢粱録·學校》："古者天子之學，謂之成均，又謂之上庠，亦謂之璧水，所以養育作成天下之士類，非州、縣學比也。"參見本卷《教學機構説·官學考》"五學""四學""大學""辟雍""北學"文。

下庠

傳爲中國古代之中央小學。傳説始置於虞舜之時。《禮記·王制》："有虞氏養國老於上庠，養庶老於下庠。"鄭玄注："下庠、左學，小學也，在國中王宫之東。"周代沿設。參見本卷《教學機構説·官學考》"上庠"文。參閲《文獻通考·學校一》。

東序

古代天子設於王城之中央大學之一。相傳起源於夏代，周或稱東膠。周制，天子五學，太學居中，四周環水，水之東爲東序。《禮記·王制》："有虞氏養國老於上庠，養庶老於下庠；夏后氏養國老於東序，養庶老於西序；殷人養國老於右學，養庶老於左學；周人養國老於東膠，養庶老於虞庠。"鄭玄注："東序、東膠亦大學，在國中王宫之東。"《古今圖書集成·學校部·彙考總則》："夏后氏設東序爲大學，西序爲小學。"起初，東序有特定的學習内容，譬如《禮記·文王世子》："凡學，世子及學士，必時。春夏學干戈，秋冬學羽籥，皆於東序。"又《文王世子》："凡祭與養老，乞言合語之禮，皆小樂正詔之於東序。"孔穎達《禮記·王制》疏："有虞氏至從政……以此約之，故知皆學名也。養老必在學者，以學教孝悌之處，故於中養老。"後泛指國學爲東序。《三國志·魏書·管寧傳》："誠宜束帛加璧，備禮徵聘，仍授几杖，延登東序，敷陳墳索，坐而論道。"章炳麟《訄書·官統中》："七十一聖之官命，禄盡於今，陳諸東序，不爲下國綴游。"清毛奇齡《學校問》："所云東序、西序，右學、左學，亦一學，而以楹東爲東序、左學，楹西爲西序、右學，非有二也。"參見本卷《教學機構説·官學考》"辟雍""上庠""五學""四學""大學""東膠"文。參閲《文獻通考·學校一》。

西序

古代天子設於西郊的中央小學。相傳起源於夏代。《禮記·王制》："夏后氏養國老於東序，養庶老於西序。"鄭玄注："西序、虞庠，亦小學也，西序在西郊。"《古今圖書集成·學校部·彙考總則》："夏后氏設東序爲大學，西序爲小學。"清汪汲《事物原會·大學》："夏后氏大學爲東序，小學爲西序。"參見本卷《教學機構説·官學考》"上庠"文。參閲《文獻通考·學校一》。

瞽宗

亦稱"西雍"。商代之中央大學。西周時成爲辟雍中的一所大學。瞽宗主要對貴族子弟進行禮樂教育，同時也爲收藏禮樂書籍的場所，由優秀樂官（多爲瞽者）任教，故稱"瞽宗"。周代沿之。《禮記・明堂位》："瞽宗，殷學也。"鄭玄注："瞽宗，樂師瞽矇之所宗也，古者有道德者使教焉，死則以爲樂祖，於此祭之。"又《文王世子》："禮在瞽宗，書在上庠。"唐歐陽詢《藝文類聚・鳥部下》卷九二："《毛詩・周頌》曰：'振鷺于飛，于彼西雍。'"清黃以周《學禮通故》："辟雍之制……西學曰西雍，取殷學之制，謂之瞽宗。"參見本卷《教學機構説・官學考》"西學""上庠""五學""大學"文。參閲《文獻通考・學校一》。

【西雍】

即瞽宗。此稱先秦時期已行用。見該文。

左學

傳爲殷商時代之中央小學。《禮記・王制》："殷人養國老於右學，養庶老於左學。"鄭玄注："左學，小學也，在國中王宮之東。"後亦用作學校之泛稱。唐李華《含元殿賦》："蓋左學之遺制，協前王之講德。"元柳貫《贈別宋季赴任甘肅提舉》詩："左學將興蜀，西庠昉自虞。"參見本卷《教學機構説・官學考》"上庠""辟雍""五學""四學""東序""右學"文。參閲《文獻通考・學校一》。

右學

傳爲殷商時期之中央大學。《禮記・王制》："殷人養國老於右學，養庶老於左學。"鄭玄注："右學，大學也，在西郊。左學，小學也，在國中王宮之東。"清汪汲《事物原會・大學》："殷

大學爲右學，小學爲左學。"但是，清毛奇齡對此却有不同之認識，其《學校問》云："所云東序、西序，右學、左學，亦一學，而以楹東爲東序、左學，楹西爲西序、右學，非有二也。"參見本卷《教學機構説・官學考》"上庠"文。參閲《文獻通考・學校一》。

虞庠

傳爲周代之中央小學。虞有庠制，周因虞制，故有虞庠之説。《禮記・王制》："周人養國老於東膠，養庶老於虞序。虞庠在國之西郊。"鄭玄注："虞庠亦小學也……周立小學於西郊……周之小學爲有虞氏之庠制，是以名庠云。其立鄉學亦如之。"南朝宋顔延年《皇太子釋奠會作》詩："虞庠飾館，睿圖炳牌。"《周禮・春官・大司樂》："大司樂掌成均之灋。"清孫詒讓正義："案虞庠有二：一爲大學之北學，亦曰上庠，一爲四郊之小學，曰虞庠。《明堂位》云'米廩有虞氏之庠也'，《文王世子》云'書在上庠'，此大學之虞庠也。《王制》云'虞庠在國之西郊'，《北史・劉芳傳》引《王制》'西郊'作'四郊'，與《祭義》注合，是也，此小學之虞庠也。"唐柳宗元《四門助教廳壁紀》："周人置虞序於四郊，以養國老，教胄子。《祭統》（按：應爲《祭義》）曰：'天子設四學'，蓋其制也。"參見本卷《教學機構説・官學考》"上庠"文。參閲《文獻通考・學校一》。

東膠

周代天子設於王城之中央大學之一。《禮記・王制》："有虞氏養國老於上庠，養庶老於下庠；夏后氏養國老於東序，養庶老於西序；殷人養國老於右學，養庶老於左學；周人養國老於東膠，養庶老於虞庠。"鄭玄注："東序、東

膠亦大學，在國中王宮之東……膠之言糾也。"
清汪汲《事物原會·大學》："周大學爲東膠，小
學爲虞庠。"參見本卷《教學機構説·官學考》
"辟雍""五學""四學""東序""上庠"文。參
閱《文獻通考·學校一》。

西膠

周代之中央小學。《晉書·儒林傳序》："東
序、西膠未聞於弦誦。"《陳書·徐陵傳》："東
膠、西序，皆尊耄耋。"參見本卷《教學機構
説·官學考》"上庠"文。參閱《文獻通考·學
校一》。

明堂

古代帝王宣明政教之所，即具有中央官學
性質的學校。明堂之設傳説起源於周代。周制，
凡朝會、祭祀、學禮、軍禮、養老、取士等盛
典，均於此舉行。周之明堂建於國都近郊，有
九室十二堂，以茅蓋頂，上圓下方，用水環繞
四周。或説炎帝、黃帝時已有，夏稱"世屋"，
商稱"重屋"，西周時稱"明堂"，但其構造、
用途諸説非一。《周禮·考工記·匠人》："周人
明堂。"鄭玄注："明堂者，明政教之堂。"明堂
作爲天子宣明政教的建築物，西漢武帝元封二
年（前 109），按濟南（今山東章丘西）人公玉
帶所上黃帝時明堂圖作於汶上，并祠泰一、五
帝。其後或兼作處理政事之所。平帝元始四年
（4）王莽復奏立明堂。東漢光武帝建武中元元
年（56）又初營明堂，其後爲諸帝所沿襲。《左
傳·文公二年》："曋曰：《周志》有之，勇則害
上，不登於明堂。"《孟子·梁惠王下》："夫明堂
者，王者之堂也。"《淮南子·本經訓》："是故
古者明堂之制，下之潤罕弗能及，上之霧露弗
能入，四方之風弗能襲。"高誘注："明堂，王

者布政之堂。"明堂之制，至今尚無定論，《大
戴禮記·明堂》："明堂者，古有之也……以茅蓋
頂，上圓下方。明堂者，所以明諸侯尊卑。外
水曰辟雍。"漢蔡邕《明堂月令論》亦稱："明
堂者，天子太廟，所以祭祀。夏后氏世室，殷
人重屋，周人明堂。饗功、養老、教學、選
士，皆在其中。故言取正屋之貌則曰大廟，取
其正室則曰大室，取其堂則曰明堂，取其四時
之學則曰大學，取其圜水則曰辟雍。雖名別而
實同。"晉袁准《正論》不同意明堂與太廟、太
室、太學、辟雍爲异名同實之説，認爲："明
堂、宗廟、太學，禮之本物也。事義不同，各
有所爲。而世之論者，合以爲一體，取《詩》
《書》放逸之文，經典相似之語，推而致之，考
之人情，失之遠矣。"清阮元作《明堂論》，綜
合前人之説認爲："上古水土荒沉，檜穴猶在，
政教朴略，宮室未興……明堂者，天子所居之
初名也。是故祀上帝則于是，祭先祖則于是，
朝諸侯則于是，養老、尊賢、教國子則于是，

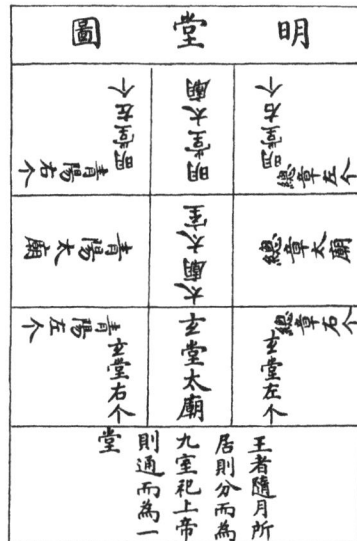

明堂
（明章潢《圖書編》）

饗射、獻俘馘則于是，治天文告朔則于是，抑且天子寢食恒于是。此古之明堂也。黄帝、堯、舜氏作，宮室乃備。洎夏商周三代，文治益隆。于是天子所居……後曰路寢……路寢猶襲古號曰明堂，若夫祭昊天上帝則有圜丘，祭祖考則有應門内左之宗廟，朝諸侯則有朝廷，養

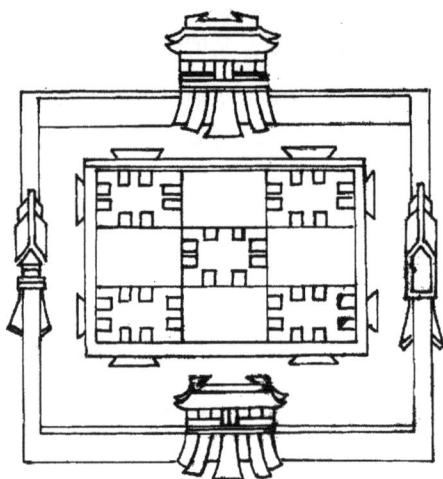

周代明堂圖
（據宋聶崇義《三禮圖·宮室》改繪）

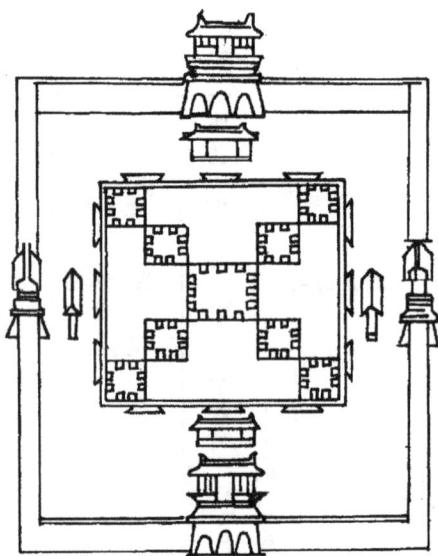

秦代明堂圖
（據宋聶崇義《三禮圖·宮室》改繪）

老、尊賢、教國子、獻俘馘則有辟雍、學校。其地既分，其禮益備，故城中無明堂也。然而聖人事必師古，禮不忘本，于近郊東南別建明堂，以存古制……非常典禮，乃于此行之。……此後世之明堂也。”近人劉師培也以爲，明堂即爲辟雍、太學之所在。參見本卷《教學機構説·官學考》“辟雍”“太學”文。參閱《文獻通考·學校一》、王國維《觀堂集林·明堂路寢通考》、汪寧生《釋明堂》（《文物》1989年第九期）。

大學 [1]

中國古代設在王城及國都以供貴族子弟讀書肄業之中央官學。目前公認的看法是大學起源於西周。依據爲《禮記·王制》：“天子命之教，然後爲學……大學在郊，天子曰辟廱，諸侯曰頖宮。”又《大戴禮記·保傅》：“束髮而就大學，學大藝焉，履大節焉。”盧辯注：“大學王宮之東者，束髮謂成童。”《漢書·禮樂志》：“古之王者莫不以教化爲大務，立大學以教於國，設庠序以化於邑。”由此可見周之辟雍、泮宮，漢以後的國子監、國子學、太學、四門學、玄學都是大學。

西周國學按入學年齡和受教育程度劃分爲大學與小學兩級。八歲或十歲入小學，十五歲成童而入大學。然古籍所載之入學年齡各有不同，或所言物件不同，其原委已經無從詳細考證。大致是幼年入小學，束髮入大學。西周天子所設之大學規模較大，包括“四學”“五學”。《周禮·春官·大司樂》：“大司樂掌成均之法，以治建國之學政，而合國之子弟焉。”孫詒讓正義：“周之大學之名，見此經（即《周禮》）者唯成均，見於《禮記》者則又有辟雍、上庠、

東序、瞽宗與成均爲五學，皆大學也……今通校諸經涉學制之文，知周制國中爲小學，在王宮之左；南郊爲五學，是爲大學。辟雍即大學，在郊，與四學同處，殆無疑義。"諸侯所設大學叫做"泮宮"（或作"頖宮"），規模較爲簡單，僅包括一學。大學學習年限爲在學九年，如《禮記·學記》："一年視離經辨志……九年知類通達，强立而不反，謂之大成。"按文獻所載大學之受教育者共有三類：其一爲王之太子以及所有庶子，卿大夫及元士之嫡子。其中由小學而升入大學者，此所謂國子。如《太平御覽》卷一四八引《尚書大傳》："古之帝王者必立大學、小學，使王太子、王子、群后之子，以及卿大夫、元士之嫡子，十有三年始入學，見小節焉，踐小義焉。年二十入大學，見大節焉，踐大義焉。"其二爲王畿内鄉遂大夫所舉之賢能者，經司徒考核而入大學者，此所謂俊士。如《禮記·王制》："命鄉論秀士，升之司徒，曰選士。司徒論選士之秀者，而升之學，曰俊士。"其三爲諸侯國所貢之士入大學者，此所謂選士貢士。如《漢書·食貨志上》："諸侯歲貢小學之異者於天子，學於大學，選擇士。"《白虎通·貢士》："諸侯三年一貢士。"以上三類大學學者，多數爲貴族子弟，庶民之子弟僅少數而已。西周時期的大學是非常發達的，它們是進行教學和教學活動的場所，同時亦是教育行政管理機構。但是到了春秋中後期，隨着封建官學的衰落與私學的興起，作爲天子之學的辟雍和諸侯之學的泮宮在形式上逐漸演變成王室公室内的宮廷學校。但是關於這些大學的文獻記載，多成書於後世，并非當時之遺文。大學一名究竟起自何時，夏代甚至以前是否已經

建有大學，目前文獻尚不足資徵。據今人王貴民考釋，我國早在商代的甲骨文卜辭中即有大學之名，説明我國商代即已建立大學。（見王貴民：《從殷墟甲骨文論古代學校教育》，載《人文雜志》1982年第二期）這一觀點比傳統認爲我國大學起自西周的觀點要提早很多。有學者甚至認爲："將來地下發掘如果證實《孟子》有關夏代已有大學的記載，我國第一所大學産生的時間還可能更早。"（毛禮鋭：《中國高等教育史·序》，重慶出版社1983年版，第58頁）我們認爲不能排除這種可能，事物的發展總是漸進的，雖無其名，已具其實的情況是有可能的，這種觀點應該是符合事物發生發展客觀規律的。

清代的府、州、縣學，依收取生員數額，分爲大學、中學、小學，一般以府學爲大學，初定入學名額爲四十名，後屢有减增。作爲近代高等教育之學府的大學，始於清光緒二十四年（1898）創立的京師大學堂。其後，由政府、外國教會及私人還陸續增設了一批近代大學。參見本卷《教學機構説·官學考》"太學""官學""國學""五學""四學""辟雍""泮宮""上庠""東序""瞽宗""成均""小學""學堂"文。

小學 [2]

中國古代對少年兒童進行啓蒙教育的國有初級學校。相傳早在虞夏時期已經設有小學。然有不同之稱謂，總有下庠、西序、左學、虞庠之名。如《禮記·王制》："有虞氏養國老於上庠，養庶老於下庠；夏后氏養國老於東序，養庶老於西序；殷人養國老於右學，養庶老於左學；周人養國老於東膠，養庶老於虞庠，虞庠在國之西郊。"鄭玄注："皆學也……上庠、右學，大學也，在西郊；下庠、左學，小學也，

在國中王宮之東……西序、虞庠，亦小學也。西序，在西郊，周立小學於西郊。"據考古發掘材料分析，早在殷商時代的甲骨文中即有"大學"之名，但至今未見"小學"之稱。然而，有人據此分析認爲，既然殷商時代的甲骨文中已有"大學"之名，便可推斷同時代當有"小學"。西周始置，稱八歲貴族子弟所入的設於宮中的學校爲"小學"。西周小學的設置目前至少有兩則銘文爲證。其一是鑄於周康王二十三年（約前1003）的《大盂鼎》，其曰："已（以）女（汝）妹（昧）辰又（有）大服，余佳（惟）即朕小學，女勿克余乃辟一人。"據郭沫若考釋，銘文所記載的可能是"昭王幼年之事"，説明當時的王太子年幼時（昧辰）要進小學讀書："今案妹與昧通，昧辰謂童蒙知識未開之時也。孟殆父親早世，故幼年即繼承顯職（大服），康王命其入貴胄小學，有所深造。"（郭沫若：《兩周金文辭大系考釋》，文術堂1935年版，第34頁）其二是鑄於宣王時期的《師嫠段》："王若曰：師嫠才（在）昔先王小學，女（汝）敏可吏（使），即令女（汝）蟎（更，續也）乃且考辭小輔。"文中既言及小學，又記有司教的官名"小輔"，當即文獻所云之"少鋪"。而且，這一點也與後世有關文獻記載相吻合。《大戴禮記·保傅》："及太子少長，知妃色，則入於小學。"鄭玄注云："古者太子八歲入小學，十五歲入太學也。"《禮記·王制》又云："天子命之教，然後爲學，小學在公宮南之左，大學在郊。"總之，周代小學設於宮中，一般八歲入學，爲貴族子弟學校。由此可知，中國西周時期當有小學之設，其與"大學"共同構成整個西周的學制。此後各代均有設立，然其名稱

與性質不一，入學年齡亦不相同。其中作爲官學的有四門小學、内小學等名稱。私人辦的書館、學館、家塾、義塾、蒙學等，因爲它們均以教授識字和日常基本知識爲宗旨，包括道德行爲的訓練，因此亦爲小學性質。東漢永平元年（58），大選儒生，以爲小學博士，凡四十員。十六國前趙、後趙及北魏亦置小學。十六國後趙始置小學博士，掌教授小學學生經義。《晋書·劉曜載記第三》："曜立太學於長樂宮東，小學於未央宮西，簡百姓年二十五已下、十三已上，神志可教者千五百人，選朝賢宿儒明經篤學以教之。"《晋書·石勒載記上》載後趙石勒於建興元年（313），"增置宣文、宣教、崇儒、崇訓十餘小學於襄國四門，置五經博士爲教授，簡將佐豪右子弟百餘人以教之"。北魏沿其制，於太和十九年（495）由平城（今山西大同東北）遷都洛陽（今河南洛陽）後於中央建四門小學，置四門小學博士，教授童蒙。西魏恭帝三年（556）置小學博士上士，北周沿置。爲春官府屬官，掌教授小學學生經義，下設小學助教中士以佐之。唐高祖即位後於秘書外省別立小學，以教育宗室子弟及功臣子弟。玄宗以後，州縣學作爲四門學的預備階段，被視爲小學。宋代有在京小學和州縣小學。在京小學始建於神宗元豐間，分"就傅""初筮"兩齋。徽宗政和四年（1114）分爲十齋，學生近千人，分八歲、十歲和十二歲以上三等，每季分別考試，依三舍法升補。個別州縣小學始建於仁宗至和元年（1054）。徽宗崇寧元年（1102）令州縣遍置，十歲以上皆許入學。各設教諭、小長。又，諸王宮各設小學，稱宗室小學，其子孫，自八歲至十四歲皆入學，日誦二十字。南

渡後重建學校，高宗紹興十二年（1142）於太學附置小學一齋，西夏仁宗人慶元年（1144）於禁中置宮學，其性質相當於宋代之宗學，凡宗室子孫七至十五歲皆得入學。設教授，仁宗與皇后罔氏時爲條教訓導。同年於全國各州縣遍設小學，養士名額達三千人。其性質略同於宋代的州縣學。元世祖至元二十八年（1291），元朝“命江南諸路學及各縣學內設立小學”，選老成之士爲師。清代的府、州、縣學，依取生員數額，分爲大學、中學、小學，一般小州縣學爲小學，初定入學名額爲二十名，後屢有減增。光緒三十二年（1906）各府、廳、州、縣均置勸學所。設視學一人，兼充學務總董，并選本籍紳衿若干充任勸學員，負責遵照奏定學堂章程，勸辦小學，以逐漸推廣普及教育。宣統二年（1910）改爲府、廳、州、縣長官辦理學務之輔佐機構。設勸學員長一人，兼充縣視學。清末改革教育，所設小學爲近代初等教育之學堂。

中國古代的“小學”大都是相對於“大學”而言的。大學、小學之分又是按照入學年齡和受教育程度不同而劃分的。然而，歷代對小學的入學年齡却有不同的規定。西周入學年齡，諸書記載不一。《白虎通·辟雍》：“八歲入學，學書計；十五成堂明志，學經籍。”《禮記·王制》孔穎達正義引《尚書周傳》：“王子，公卿、大夫、元士之嫡子，十三入小學，二十入大學。”又云：“書傳略説，餘子十五入小學，十八入大學。”《大戴禮記·保傅》：“古者八歲而出就外舍，學小藝焉，履小節焉；束髮而就大學，學大藝焉，履大節焉。”清人胡元玉《璧沼集·視學考》認爲入學期不一致，不必“以

太子、世子、嫡子、餘子强爲區別”，而完全是由於“資質有高下，不可强以齊之，故分爲二限：早成者八歲入小學，十五歲入大學；晚成者十五歲入小學，十八歲入大學；舉中人之資言之，則十三入小學，十八入大學。”今人陳學恂等認爲，西周歷史近三百年，諸侯國衆多而又聯繫鬆散，不可能有整齊劃一歷數百年而不變的入學年齡的規定。并認爲這種入學年齡的差異，反映出貴族的等級性（《中國教育史研究·先秦分卷》，華東師範大學出版社2009年版，第15頁），所以，大、小學之分，可能祇是一個相對的概念，大致則幼小入小學，束髮而就大學。中國歷代都無一不重視對兒童進行啓蒙教育，其教育內容歷代雖然有所不同，但是大都以識字和道德訓練爲主要教育內容。自西周開始小學教育就以禮、樂、射、御、書、數“六藝”爲主。所以，漢代以後藉稱“文字學”爲小學。隋唐以後，成爲文字學、訓詁學、音韵學的總稱。

辟雍

亦作“辟廱”“辟雕”“璧廱”“璧雍”“璧雕”。亦稱“大學”“射廬”“射宮”“學宮”“大池”“澤”“澤宮”“璧池”“璧沼”“學省”。狹義的辟雍指周天子於王城西郊所設五所中央大學之一的“中學”，其南爲成均，北爲上庠，東爲東序，西爲瞽宗；廣義的辟雍是指周代大學之總名，因爲天子五學之中以辟雍爲最尊，故西周天子大學又統稱爲辟雍。前者亦稱“大學”“大池”“學省”“射宮”“射廬”“澤宮”“澤”“學宮”。《穀梁傳·昭公八年》：“以習射於射宮。”范寧注：“射宮，澤宮。”一説射宮即辟雍。《禮記·王制》：“大學在郊，天子曰

辟靡，諸侯曰頖宫。”但兩者同在一處，唯範圍有大小。辟雍校址圓形，四周環以水池（即壁池），東西南北四方各設便橋，以通其餘四學。因爲其形如壁，四周環水，故稱。《文子》：“孟仲季之序，以立長幼之節而成官，列地而州之，分國而治之，立大學以教之。此治之綱紀也。”漢班固《白虎通·辟雍》：“天子立辟雍何？辟雍所以行禮樂，宣德化也。辟者壁也，象壁圓以法天也；雍者，壅之以水，象教化流行也。辟之爲言積也，積天下之道德；雍之爲言壅也，壅天下之儀則，故謂之辟雍也。”《詩·大雅·靈臺》：“於論鼓鍾，於樂辟靡。”毛傳：“水旋丘如壁，曰辟靡，以節觀者。”孔穎達疏：“水旋丘如壁者，壁體圓而内有孔。此水亦圓而内有地，猶如壁然。土之高者曰丘，此水内之地未必高於水外，正謂水下而地高，故以丘言之，以水繞丘。所以節約觀者，令在外而觀也。”又《詩·大雅·文王有聲》：“鎬京辟靡。”朱熹注：“張子曰靈臺辟靡，文王之學也。鎬京辟靡，武王之學也，至此始爲天子之學矣。”《周禮·夏官·司馬矢》：“澤共射棋質之弓矢。”鄭玄注引漢鄭司農：“澤，澤宫也，所以習射選士之處

也。”唐白居易《白孔六帖》卷三七載：“古天子學曰辟雍。以制宫文雍水……在禮爲澤宫，故前世或曰壁池，或曰壁沼，亦言學省。漢光武立明堂、辟雍、靈臺號三雍宫。”《後漢書·儒林傳序》：“〔明帝〕祖割辟雍之上，尊養三老五更，饗射禮畢，帝正坐自講，諸儒執經問難於前，冠帶縉紳之人，圜橋門而觀聽者蓋億萬計。”李賢注：“《漢官儀》曰：辟雍四門外有水，以節觀者。門外皆有橋，觀者水外，故云圜橋門也。圜，繞也。”王先謙集解：“惠棟曰：‘鄭氏《詩》箋云，辟雍者，築土雝水之外圓如壁，四方來觀者均也。’孔穎達云：‘辟雝之宫，内有館舍，外無墙院，故得環門而觀之也。’”漢王充《論衡·骨相》：“韓太傅爲諸生時，借相工五十錢，與之俱入壁靡之中，相壁靡弟子准當貴者。”壁靡，一作“壁雍”。《禮記·王制》：“天子命之教，然後爲學。小學在公宫南之左，大學在郊：天子曰辟雝，諸侯曰頖宫。”鄭玄注：“學，所以學士之宫。《尚書傳》曰：‘百里之國，二十里之郊；七十里之國，九里之郊；五十里之國，三里之郊。’此小學、大學，殷之制……辟，明也；雝，和也，所以明和天下。”

天子辟雍圖
（明王圻等《三才圖會·宫室》）

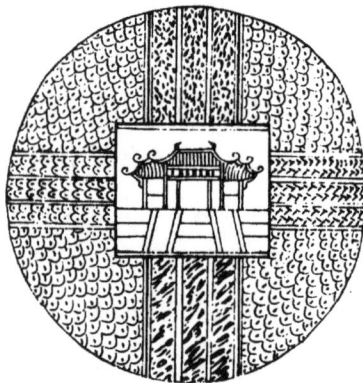

辟雍
（明章潢《圖書編》）

孔穎達疏："謂於此學中習學道藝，欲使天下之人悉皆明達諧和。"此處鄭孔又釋辟雍爲"明達諧和"之義。

春秋後期隨着官學的衰退和私學的興起，作爲西周天子大學的辟雍在形式上已經逐步變成王室内部的宫廷學校。逮及漢代，辟雍之功能悉如舊制，仍爲天子講學、行大射之禮和尊事三老兄事五更之處。《後漢書·明帝紀》："〔明帝永平二年〕三月臨辟雍，初行大射禮。"東漢光武帝建明堂、靈臺、辟雍，合稱"三雍"。以後，歷代辟雍或有設爲皇家祭祀之所。如東漢建安年間，曹操於洛陽城南平昌門外所建，高六丈。晋太康五年（284）重修，後毁於永嘉之亂。自漢以後歷代皆設有辟雍，以存古制，但其制多异，性質非一，多數作爲太學或國子學之古稱。北魏孝文帝時，又建辟雍爲國學。《魏書·劉芳傳》："太和中，又改中書學爲國子學，建明堂、辟雍。"唯北宋末年設爲太學之外學（太學之預備學校），徽宗崇寧元年（1102）於汴京城南置。其形制外圓内方，有屋一千一百七十二楹，内設四個講堂，一百個齋（教室），每齋三十人，總共可收納各路貢士三千人，原太學外舍生也轉入此學。每年進行考核，合格者升入大學。辟雍由國子監祭酒總管，另置司業、丞各一人，博士十人，學正、學録各五人。三年，置辟雍大司成一人，四年改爲太學大司成。北宋宣和三年（1121）罷黜，其學生歸入大學爲外舍生。清乾隆四十八年（1783），在國子監内彝倫堂之南建辟雍，以爲皇帝臨雍講學之所。

中國傳統的大學在組織形式上具有典型的"政教合一"的特點，辟雍既是承師問道、天子

北京國子監内的辟雍

自學之所，亦爲舉行"獻俘""告功"等國家盛典之處。早期的辟雍以習武教育爲主，且注重實戰訓練，教師也多來自軍旅的太師、太保、太傅等。其實，"師"之本義來自軍旅或軍官的稱號（一說師乃"獅"之本字，亦爲首領之義）。根據文獻記載，辟雍（包括泮宫）原爲廳堂式建築，四面敞開，沒有院牆，四周有水澤環繞，主要爲習射之地，亦是天子舉行大射之禮或以射藝考試貢士之所。故亦稱"澤宫""射宫""射盧""大池"等。有關這些方面的内容早在金文中即有明確記載。如周康王時《麥尊》有銘："在璧（辟）廱（雍），王乘于舟，爲大豐（禮），王射大龏（鴻）禽。"周穆王時《静設》亦云："隹（唯）六月初吉。王才（在）莽京。丁卯。王令静設射學宫。小子嗣（司）眔般（服。）眔小臣。眔尸（夷）僕學射。雩八月初吉庚寅。王邑（與）吴帝。呂剌（犅。）……射于大池。"郭沫若考釋："辟雍謂學宫"（《郭沫若全集·考古編·金文叢考》，人民出版社1982年版，第18頁）。另據周恭王時《師湯父鼎》記載："王才（在）周新宫，才（在）射盧，王乎（呼）宰雁（應）易（賜）盛弓。象弭。矢……"傳世文獻亦有相關的記載，《禮記·射義》："天子將祭，必先習射於澤，澤者所以擇士也。已射於澤，而後射於射宫，射中者得與於祭，不中者不得與於祭。"鄭玄注："澤，宫名也。士謂諸侯朝者諸臣及所貢士也。皆先令習射於澤，已乃射於射宫課中否也。"孔穎達疏："澤，所在無文，蓋於寬閑之處近水澤而爲之也。非唯祭而擇士，餘射亦在其中。"《禮記·射義》云："是故古者天子之制，諸侯歲獻貢士於天子，天子試之於射宫。其容體比於禮，

其節比於樂，而中多者，得與於祭。"《文選·張衡·東京賦》："攝提運衡，徐至於射宫。"薛綜注："射宫謂辟雍也。"近人劉師培《學校原始論》亦云："至序訓爲射，則古代辟雍本爲習射之地，故辟雍謂之射宫。"

《三輔黄圖·辟雍》有云："周文王辟廱在長安西北四十里，亦曰璧廱。如璧之圓，雍之以水，象教化流行也。"此云周文王辟雍位在長安城西北四十里。根據考古發掘，西周初年，周文王和周武王將周都城由周原址遷至豐、鎬，故有文王作豐、武王作鎬之説。現存北京國子監中的辟雍始建於清乾隆四十八年（1783），是國子監的中心建築，專爲皇帝臨雍講學而建，爲現存北京"六大宫殿"之一，也是我國現存唯一的古代"學堂"。其建築風格獨特，爲重檐黄琉璃瓦攢尖頂的方形殿宇。外圓内方，環以圜池碧水，四座石橋能達辟雍四門，構成"辟雍泮水"之制，以喻天地方圓、傳流教化之意。殿内爲窿彩繪天花頂，設置龍椅、龍屏等皇家器具，以供皇帝臨雍講學之用。參見本卷《教學機構説·官學考》"明堂""三雍""太學""大學""國子學""國子監"文。參閱河南偃師出土的《晋三臨辟雍碑》（全稱《大晋龍興皇帝三臨辟雍皇太子再莅之盛德隆熙之頌碑》）。參閱《文獻通考·學校一》、《宋史·選舉志三》、《清史稿·選舉一·學校上》、《國子監志·辟雍志一》、清黄以周《漢太學辟雍考》、清汪汲《事物原會·辟雍頖宫》、《事物原會·國子監》。

【辟廱】

同"辟雍"。此體先秦已行用。見該文。

【辟廱】

同"辟雍"。此體漢代已行用。見該文。

【璧廱】

　　同"辟雍"。此體漢代已行用。見該文。

【璧雍】

　　同"辟雍"。此體漢代已行用。見該文。

【璧鹽】

　　同"辟雍"。此體先秦時期已行用。見該文。

【大學】[2]

　　即辟雍。此稱先秦時期已行用。見該文。

【射廬】

　　即辟雍。此稱先秦時期已行用。見該文。

【射宮】[1]

　　即辟雍。此稱先秦時期已行用。見該文。

【學宮】[2]

　　即辟雍。此稱先秦時期已行用。見該文。

【大池】

　　即辟雍。此稱先秦時期已行用。見該文。

【澤】[1]

　　即辟雍。此稱先秦時期已行用。見該文。

【澤宮】[2]

　　即辟雍。此稱漢代已行用。見該文。

【璧池】[2]

　　即辟雍。此稱唐代已行用。見該文。

【璧沼】[2]

　　即辟雍。此稱唐代已行用。見該文。

【學省】[2]

　　即辟雍。此稱唐代已行用。見該文。

泮宮

　　亦作"頖宮"。省稱"泮"。亦稱"垣宮"。泮宮原爲饗射之所。周代爲各諸侯國所設之大學。後代或作爲地方官府所設之學宮。《詩·魯頌·泮水》："魯侯戾止，在泮飲酒。"《禮記·王制》："大學在郊，天子曰辟廱，諸侯曰頖宮。"

《史記·封禪書》："天子曰明堂、辟雍，諸侯曰泮宮。"漢班固《白虎通·辟雍》："諸侯曰泮宮者，半於天子宮也。明尊卑有差，所以化少也……言垣宮者，名之明尊卑也，明不得化四方也。"《三國志·魏書·武帝紀》："〔建安二十二年〕五月作泮宮。"明清時期諸府、州、縣所設之學亦稱泮宮（學宮欞星門内有半橢圓形水池，即泮池，或稱月牙池），因稱生員進學爲"入泮""游泮"，而學官在泮教授爲"主泮"。清王端履《重論文齋筆錄》卷五："先南陔師與先陳宇風師，同年入泮，交誼最深。"《歧路燈》第八回："明歲，後歲，流年更好，一定是游泮的。"宋俞成《螢雪叢説·夢見主盟道學》："余文起主泮湘潭。"後亦作爲國子監之别稱。

　　"泮宮"名之由來，考諸文獻有以下幾種學説。其一，因學宮半圍以水，以象各諸侯國所設學校之規制半於周天子所設之學校，故名。《説文·水部》："泮，諸侯饗射之宮，西南爲水，東北爲墙。"《詩·魯頌·泮水》："思樂泮水，薄采其芹。"毛傳："泮水，泮宮之水也，天子辟廱，諸侯泮宮。"鄭玄箋："泮之言半也，半水者，蓋東西門以南通水，北無也。天子諸

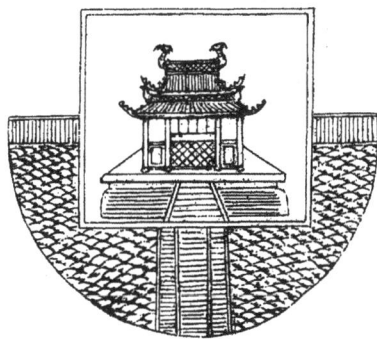

諸侯泮宮圖
（明王圻等《三才圖會》）

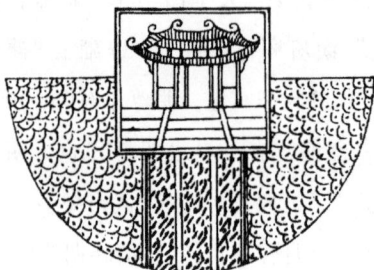

泮宮
（明章潢《圖書編》）

侯宮異制，因形然。”其二，泮宮之“泮”爲“班”之意，即各國諸侯在此班行政教之意。《禮記・明堂位》：“瞽宗，殷學也；頖宮，周學也。”鄭玄注：“頖之言班也，於以班政教也。”《禮記・王制》：“大學在郊，天子曰辟廱，諸侯曰頖宮。”鄭玄注：“頖之言班也，所以班政教也。”孔穎達疏：“頖是分判之義，故爲班於此學中施化，使人觀之，故云‘所以班政教也’。”此説於理可通，因爲古時政教不分，治事之所即爲施教之地。其三，説泮宮爲春秋時魯僖公築於泮水邊的宮室，是魯僖公飲酒作樂、演武慶功之所。兩漢經學家即認定爲諸侯之學宮。後人遂因襲漢説。詳見清姚際恒《詩經通論》。但清汪汲《事物原會・辟雍頖宮》對此却有不同看法：“《魯頌》作泮宮，乃魯水名，僖公建宮於上，因水名以名宮，並未見於他國，可見辟雍、頖宮皆非學名。”

關於泮宮之建制，見諸文獻者有幾種不同的説法。其一，西南兩面有水説。《説文・水部》：“泮，諸侯饗射之宮，西南爲水，東北爲墙。”其二，東西南三面有水説。《詩・魯頌・泮水》：“思樂泮水，薄采其芹。”鄭玄箋：“泮之言半也，半水者，蓋東西門以南通水，北無也。”朱熹注：“泮水，泮宮之水也。諸侯之學，

鄉射之宮，謂之泮宮。其東西南方有水，形如半璧，以其半於辟廱，故曰泮水，而宮亦以名也。”《文獻通考・學校一》：“泮宮，諸侯鄉射之宮也，其水半之，蓋東西門以南通水，北無也。”清汪汲《事物原會・辟雍頖宮》：“頖宮爲侯國之學，其謂之頖宮者，頖即泮，東西南三方有水，形如半璧，以其半於辟雍，故以名也。”其三，西北兩面有水説。漢劉向《五經通義》：“諸侯不得觀四方，故缺東以南，半天子之學，故曰頖宮。”其四，唯南面有水説。漢班固《白虎通・辟雍》：“諸侯曰泮宮者，半於天子宮也……半者，象璜也，獨南方禮儀之方有水耳，其餘壅之。”

【泮】
“泮宮”之省稱。此稱先秦時期已行用。見該文。

【頖宮】
同“泮宮”。此體漢代已行用。見該文。

【垣宮】
即泮宮。此稱漢代已行用。見該文。

四學

傳爲西周時期天子於王城所設四所中央大學之合稱。然其説不一。《禮記・祭義》：“天子設四學。”鄭玄注：“四學謂周四郊之虞庠也。”孔穎達疏：“天子設四學者，謂設四代之學：周學也，殷學也，夏學也，虞學也。”《大戴禮記・保傅》盧辯注：“四學者，東序、瞽宗、虞庠及四郊之學也。”周代辟雍規模較大，爲天子國學之總名，實含五學。居中者名曰“辟雍”，亦稱“大學”，四周壅之以水，水之南者曰“成均”，亦稱“南學”；北曰“上庠”，亦稱“北學”；東曰“東序”，亦稱“東學”，或稱“東

膠”；西曰“瞽宗”，亦稱“西學”，或稱“西雍”。而東、南、西、北之學合稱“四學”。

又，南朝宋文帝元嘉中曾立儒學、玄學、史學、文學四學館，亦稱“四學”。元嘉十五年（438），徵豫章雷次宗至京師建康（今江蘇南京），開館於鷄籠山，置生徒百餘人，教授儒學。時國子學未立，文帝留心藝術，使丹陽尹何尚之立玄學（亦作“元學”），太子率更令何承天立史學，司徒參軍謝元立文學，與雷次宗儒學凡四學并建。事見《宋書·隱逸傳·雷次宗》。參見本卷《教學機構説·官學考》“辟雍”“四館”“五學”文。

東學

傳爲周代中央大學。相當於夏之“東序”，周之“東膠”。因設在國中王宮之東，故稱。《禮記·樂記》：“散軍而郊射。”鄭玄注：“交射，爲射宮於郊也，左東學也，右西學也。”《大戴禮記·保傅》：“學禮曰，帝入東學，上親而貴仁，則親疏有序，始恩相及矣。”參見本卷《教學機構説·官學考》“辟雍”“五學”“四學”“東序”“東膠”文。

西學

周代設於王城之中央的貴冑小學。周有大學、小學之分，東學爲大學，西學爲小學。《禮記·樂記》：“散軍而郊射。”鄭玄注：“郊射，爲射宮於效也，左東學也，右西學也。”《禮記·祭義》：“祀先賢於西學，所以教諸侯之德也。”鄭玄注：“西學，周小學也。”孔穎達疏：“周之小學在西郊，則《王制》云‘養庶老於虞庠’。虞庠在國之西郊，是也。”《大戴禮記·保傅》：“帝入西學，上賢而貴德。”又有云西學爲西周大學之一，五學之一。爲學禮樂及祀先賢之處。或有

謂西學即“瞽宗”“西雍”。參見本卷《教學機構説·官學考》“辟雍”“四學”“五學”“瞽宗”文。

南學 [1]

周代五學之一。周有東、西、南、北四學和太學。《大戴禮論·保傅》：“帝入南學，上齒而貴信，則長幼有善，而民不誣矣。”劉昭注引《易傳·太初篇》：“天子旦入東學，晝入南學。暑入西學。在中央曰太學。

北學

周代設在京城之中央大學之一。或謂之“上庠”。相傳夏商周三代的最高學府分東西南北四學和太學，北學爲其一。參見本卷《教學機構説·官學考》“辟雍”“五學”“四學”“上庠”文。參閲《文獻通考·學校一》。

五學

傳説西周天子於王城所設五所中央大學之合稱。即東、南、西、北四學和太學，統稱五學。《大戴禮記·保傅》：“《學禮》曰：帝入東學，上親而貴仁，則親疏有序而恩相及矣；帝入南學，上齒而貴信，則長幼有差始民不誣矣；帝入西學，上賢而貴德，則聖智在位而功不匱矣；帝入北學，上貴而尊爵，則貴賤有等而始下不逾矣；帝入太學，承師問道，退習而端於太傅，太傅罰其不則而達其不及，則德智長而理道得矣。”王聘珍解詁：“《學禮》者，《禮古經》五十六篇中之篇名也。”明王圻、王思義《三才圖會·子五學圖》引宋陸佃云：“《禮記》天子設四學。蓋天子立四學，並中學而五，於一處並建。周人則辟雍居中，其南爲成均，其北爲上庠，其東爲東序，其西爲瞽宗。學禮者就瞽宗，學書者就上庠，學舞干戈羽龠者就東序，

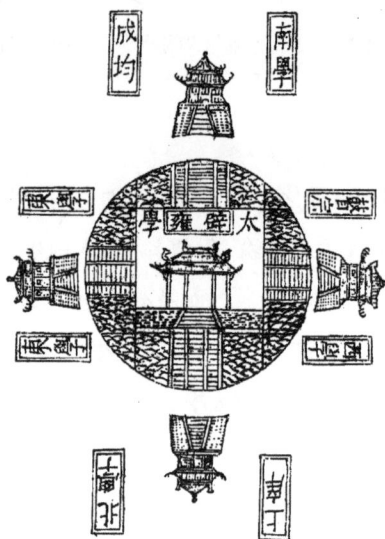

天子五學圖
（明王圻等《三才圖會·官室》）

學樂德、樂語、樂舞者就成均，辟雍唯天子承師問道、養三老五更、又出師受成等就焉。天子入太學，則四學之人環水而觀之，是謂辟雍。總而言之，四學亦太學也。"參見本卷《教學機構說·官學考》"辟雍"文。

太學

亦作"大學"。亦稱"太學館""槐館"。中國古代的中央官學，國家最高學府。據文獻記載西周已有"太學"之名，實指太學，高於小學一等。周制，十五歲入大學，束髮受教，學習成年人之各種禮儀。相傳周代天子和太子要入小學和東學、南學、西學、北學、大學，遂有"六學"之稱。《大戴禮記·保傅》："帝入太學，承師問道。"《禮記·王制》："大學在郊，天子曰辟廱，諸侯曰頖宮。"太學的本義就是儒家經典中所說之大學。《太平御覽》卷五三四引《三輔黃圖》記載，西漢"大學在長安西北七里"，正是取"大學在郊"之義。"太"爲極大，古時常與"大"相通。《駢雅訓纂·釋名稱》

言："古人大字多不加點，如大極、大初、大素、大室、大廟、大學之類。後人加點，以別小大之大，遂分爲二矣。"即作形容詞用時仍寫爲"大"，作專有名詞用時多寫爲"太"，常見的還有太子、太師、太（泰）山、太陽等。大學泛指高等層次的教育，太學則專指全國最高學府而言。真正意義上的太學始置於西漢，爲國家之最高學府。《文獻通考·學校一》："漢興，高帝尚有干戈，平定四海，未遑庠序之事。至武帝，始興太學。"漢武帝接受董仲舒"罷黜百家，獨尊儒術"，"興太學，置明師，以養天下之士"（《對賢良策》）和公孫弘等"爲博士官置弟子"（《史記·儒林傳序》）的建議，於元朔五年（前124）爲五經博士置弟子員，是爲封建王朝中央官學太學建立之始。至王莽執政時，依經古文說，增五經爲六經，每經置博士五人，故有六經三十博士，并"起明堂、辟雍、靈臺，爲學者築舍萬區"（《漢書·王莽傳上》）。東漢沿置。東漢光武初，即"起太學博士舍，內外講堂，諸生橫巷，爲海內所集"（《後漢書·翟酺傳》）。又置博士祭酒一人，統領十四家博士，實爲太學之首長，此時太學始成爲一個有校舍有組織領導的機構，博士弟子通稱"太學生"。順帝時太學有學舍二百四十房，一千八百五十室。質帝時在學太學生達三萬人。《後漢書·蔡邕傳》："邕乃自書冊於碑，使工鐫刻立於大學門外。"李賢注引《洛陽記》："太學在洛城南開陽門外，講堂長十丈，廣二丈。"魏晉南北朝時，政局紛亂，太學時興時廢。魏文帝黃初五年（224）"夏四月，立太學，制五經課試之法，置《春秋穀梁》博士"（《三國志·魏書·文帝紀》）。經歷了漢末的長期政治動亂之後，魏國首開太學，并制定了嚴格的考試制度。《通志·選舉略二》：“魏文帝黃初五年，立太學於洛陽。時慕學者始詣太學爲門人。滿二歲試通一經者稱弟子，不通者罷遣。弟子滿二歲試通二經者補文學掌故，不通者聽隨後輩試，試通二經亦得補掌故。滿三歲試通三經者擢高第，爲太子舍人，不通者隨後輩復試，試通亦爲太子舍人，舍人滿二歲試通四經者按擢其高第爲郎中，不通者隨後輩復試，試通亦爲郎中。郎中滿二歲能通五經者擢高第，隨才叙用，不通者隨後輩復試，試通亦叙用。”北魏道武帝“初定中原，雖日不暇給，始建都邑，便以經術爲先，立太學，置五經博士生員千有餘人”（《魏書·儒林傳序》）。學制仍沿用漢代舊制。西晉於太學之外，另立國子學，規定五品以上官員子弟入國子學，太學則爲六品以下官員子弟求學之所。此爲九品中正制實行後，士族享有政治特權在教育上之表現。北魏、北齊太學、國子學和四門小學并立，但太學之地位低於國子學。北魏正始四年（507）六月，宣武帝詔曰：“今天平地寧，方隅無事，可敕有司准訪前式，置國子，立太學，樹小學於四門。”（《魏書·世宗紀》）隋初置太學博士五人，助教五人，太學學生三百六十人。文帝仁壽元年（601），罷廢國子學，中央官學唯有太學之一種形式。煬帝大業三年（607），復舊制，博士、助教均減爲二人，學生五百人。唐宋時代之太學與國子學、四門學等同屬國子監。唐太學博士、助教各三至六人。招收文武官五品以上及郡縣王公子孫，及從三品官員之曾孫爲生徒，分五經爲業，每

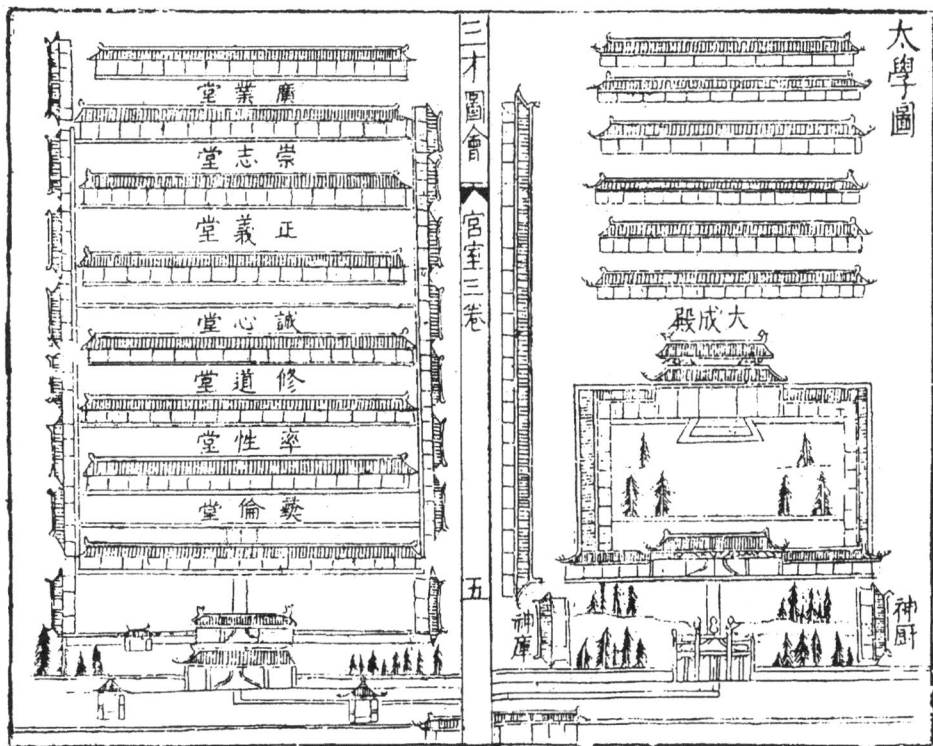

明代太學圖
（明王圻等《三才圖會》）

經百人。唐李觀《請修太學書》："在昔學有六館，居類其業；生有三千，盛侔於古……具六館之目：其曰國子、太學、四門、書、律、算等，今存者三，亡者三。"唐林寬《窮冬太學》詩："投迹依槐館，荒亭草合時。雪深鳶嘯急，薪濕鼎吟遲。"《新唐書·選舉志上》："凡學六，皆隸於國子監。"宋王讜《唐語林·補遺一》："學舊六館，有國子館、太學館、四門館、書館、律館、算館，國子監都領之。每館各有博士、助教，謂之學官。"宋太學初創於仁宗慶曆四年（1044），至神宗熙寧四年（1071），太學推行王安石三舍法。規定上舍一百人，內舍三百人，外舍二千人，共二千四百人。至徽宗崇寧元年（1102），太學規模進一步擴大，以至於上舍三百人，內舍六百人，外舍三千人。是故徽宗下詔於太學之外另建辟雍，專容外舍生，其程度相當於大學之預科，故曰"外學"，入學及教學內容參太學。《續資治通鑑·宋徽宗崇寧元年》："甲戌，詔天下興學貢士，建外學於國南。"又曰："〔蔡〕京又請外學以待州、縣學之貢士。乃詔邦京城南門外相地營建，外圓內方，爲屋千百七十二楹，是爲辟雍。天下太學專以處上舍生、內舍生，而外學則處外舍生。初貢至，皆入外學，經試補入上舍、內舍，始得進處太學。太學、外舍亦令出居外學，其敕令格式，悉用太學見制。於是上舍二百人，內舍六百人，外舍三千人，凡州學、上舍生升舍，以其秋即貢入辟雍，長史集合郡官及提學官具設宴，以禮敦遣，限歲終即集闕下。"北宋亡，太學因廢。南宋高宗紹興十三年（1143）重建。先後所設之學官有國子祭酒、司業、博士、直講、丞和主簿等，學職有學正、學錄和學諭等。

西夏於仁宗人慶二年（1145）於中央始置太學，性質略同於宋代之太學。教學品質較其他學校爲高，也是國家舉行釋奠祭孔的主要場所。《宋史·外國傳二·夏國下》："〔紹興〕十五年八月，夏重大漢太學，親釋奠，弟子員賜予有差。十六年，尊孔子爲文宣帝。"金世宗大定六年（1166）設太學，隸屬國子監，位在國子學之下，設博士、助教等，招收五品以上官子弟，以及地方各府所薦舉的生員和終場舉人入學爲生。太學設博士、助教等教職。金代還於世宗大定二十八年（1188）特設有專門培養女真族人才的女真太學，亦稱"女直太學"，規定教授必以宿儒高才者充任。《金史·世宗紀下》："〔大定二十八年四月〕癸未，命建女直大〔太〕學。五月丙午制：諸教授必以宿儒高才者充，給俸與丞、簿等。"女真太學設有教授一職，教授的待遇與國子監丞、主簿相同。另，北魏時期諸多地方官學亦稱太學。《魏書·高祐傳》："以郡國雖有太學，縣黨宜有黌序，乃縣立講學，黨立教學。"《魏書·崔游傳》："〔河東〕太學舊在城內，游乃移置城南閑敞處。"《北史·酈道元傳》："魯陽本以蠻人，不立大學。今可聽之，以成良守文翁之化。"北魏將郡國學校冠以太學之名，表示了它們與中央官學的同等性質。明清時太學或作爲國子監之俗稱。參見本卷《教學機構説·官學考》"大學""國子監"文、《教學機構説·機構總考》"槐市"文。參閱《漢書·百官志四》、《漢書·儒林傳序》、《後漢書·百官志一》、《後漢書·儒林傳下·楊仁》、《宋書·禮志一》、《通典·職官九》、《通志·選舉略二》、《新唐書·百官志三》、《宋史·職官志五》、《宋史·選舉志三》、《宋會要·選舉十二》、《宋元學案·安定學案》、《金史·選舉志一》、《金史·世宗紀》、《文獻通考·學校一、二、三》《續文獻通考·學校一》、《明書·學校志》、王樵《方麓集·太學》卷一五、《清文獻通考·學校三、四》《清續文獻通考·學校三》。

【大學】 [3]

同"太學"。此體漢代已行用。見該文。

【太學館】

即太學。此稱唐代已行用。見該文。

【槐館】 [2]

即太學。此稱唐代已行用。見該文。

胄序

中國古代皇室貴族子弟讀書肄業之學校。實宗學之一種。胄，指古貴族的長子。皇太子與貴族的長子皆入國學，稱胄子；序，學校。是故連稱胄序。《書·堯典》："夔！命汝典樂，教胄子。"晋潘岳《世祖武皇帝誄》："胄子入學，辟雍宗禮。"後世胄序也藉指中央官學的國子監或太學。唐崔融《皇太子請家令寺地給貧人表》："臣濫奉宗祧，親承覆載……但知問豎寢門，尊師胄序。"

四姓小侯學

省稱"四姓小侯"。東漢時期專爲樊氏（光武帝母家）、郭氏（光武帝后家）、陰氏（光武帝后家、明帝母家）和馬氏（明帝后家）外戚四大族子弟設立之中央貴胄小學。因四姓非列侯，故稱小侯。由於四姓小侯學擁有比太學更加優越的教學設備和師資，所以後來培養對象不斷擴大，不再局限於四姓子弟，甚至於還接收匈奴子弟入學爲留學生。《後漢書·明帝紀》：〔永平九年〕爲四姓小侯開立學校，置《五經》師。"袁宏《漢紀·帝紀》："永平中，崇尚儒學。

自皇太子、諸王侯及功臣子弟，莫不受經。又爲外戚樊氏、郭氏、陰氏、馬氏諸子弟立學，號四姓小侯。置《五經》師。以非列侯，故曰小侯。"《文獻通考·學校一》："爲四姓小侯開立學校，置《五經》師。四姓爲外戚樊氏、郭氏、陰氏、馬氏諸子弟，以非列侯，故曰小侯。"參閱《後漢書·儒林傳序》《後漢書·張酺傳》。

【四姓小侯】

"四姓小侯學"之省稱。此稱漢代已行用。見該文。

邸第學

東漢中央貴胄小學。安帝元初六年（119），由於主政的鄧太后高度注重宮廷教育，爲和帝弟濟北王、河間王的子弟年五歲以上四十餘人以及鄧氏近親子孫三十餘人開設邸第，教學經書，并親自監試。《後漢書·皇后紀上·鄧皇后》："太后詔徵和帝弟濟北、河間王子男女年五歲以上四十餘人，又鄧氏近親子孫三十餘人，並爲開邸第，教學經書，躬自監試。尚幼者，使置師保，朝夕入宮，撫循詔導，恩愛甚渥。"

國子學 [1]

省稱"國學""國子"。亦稱"國子館"。中國封建王朝培養高級官員子弟之中央官學，爲國立儒學之最高學府。國子原指公卿大夫之子弟。專爲國子設立的教育機構，其制可上溯於西周，儘管當時尚無"國子學"之名。《周禮·地官·師氏》："師氏掌以媺詔王，以三德教國子。"鄭玄注："國子，公卿大夫之子弟。"又《師氏》："居虎門之左，司王朝，掌國中失之事，以教國子弟。凡國之貴游子弟學焉。"《周禮·地官·保氏》："保氏掌諫王惡，而養國子以道，乃教之六藝。"故《通典·職官九》有云：

"國子,周之舊名,周官有師氏之職,即魏國子祭酒。"至漢魏祇設太學,太學生無門第限制。晋武帝咸寧四年(278)於太學之外另立國子學。《晋書·職官志》:"及咸寧四年,武帝初立國子學,定置國子祭酒、博士各一人,助教十五人,以教生徒。"惠帝元康三年(293)明確規定,官至五品以上子弟許入國子學,太學則祇收六品以下子弟。《南齊書·禮志上》:"惠帝時,欲辨其涇渭,故元康三年始立國子學,官品第五以上得入國子學。"又:"太學之與國學,斯是晋世殊其士庶,異其貴賤耳。然貴賤士庶,皆須教成,故國學、太學兩存之也。"東晋沿置。

南朝立國子學於文帝元嘉十五年(438),廢於元嘉二十三年。後復置。泰始六年(470)又廢國子學,於中央改置總明觀。南齊建元四年(482)復置國子學,設國子博士二員,國子助教十員,尋廢。齊武帝永明三年(485)復立國子學,省總明觀。梁於天監九年(510)立國子學,招士族子弟入學。隸太常卿,兼領太學。沿置國子博士二員,國子助教十員。陳沿置。據《陳書·沈不害傳》,文帝天嘉五年(564),沈不害"遷國子博士"。北魏於天興二年(399)於太學之外增設國子學。天興三年改太學爲中書學,孝文帝復爲國子學,遷都洛陽則立國子於太學。《北史·儒林傳論》:"明元時,改國子爲中書學,立教授博士……又遷都洛邑,詔立國子、太學、四門、小學。"北齊國子寺置學,與太學、四門學并隸。隋初因之。有國子博士、助教各五人,掌教授國子生一百四十人。

開皇十三年(593),國子寺罷隸太常,改寺爲學。仁壽元年(601)復罷,唯立太學。大業三年(607)置國子監,統國子學、太學。國子學設博士、助教各一人,學生無定員。唐國子學創設於高祖武德元年(618)。隸太常寺。《新唐書·百官志三》:"博士五人,正五品上。掌教三品以上及國公子孫、從二品以上曾孫爲生者。五分其經以爲業……助教五人,從六品上。掌佐博士分經教授。直講四人,掌佐博士、助教以經術教授。五經博士各二人,正五品上。掌以其經之學教國子。"唐代國子學與太學、四門學、律學、書學、算學合稱"六學",均隸屬國子監。規定文武官三品以上國公子孫、二品以上國公曾孫,得入國子學。設國子博士、助教二人任教。宋王讜《唐語林·補遺一》:"學舊六館,有國子館、太學館、四門館、書館、律館、算館,國子監都領之。每館各有博士、助教,謂之學官。"

北宋初以國子監爲最高學府,端拱二年(989)改國子監爲國子學,旋復舊制。招收在京七品以上官員子孫入學肄業。遼代在太祖建國之初曾於上京、中京各置國子學,下轄於國子監。金仿宋制沿置國子學,亦隸國子監。遼金國子博士、助教皆各設二員。另外,尚於金世宗大定十三年(1173)增設女真國子學、蒙古國子學,皆以本民族語言進行教學,以培養本民族人才,有博士、助教和教授等職,下轄於國子監。元代於集賢院國子監下設國子學於中都燕京,時在太宗窩闊台六年(1234)。但在至元二十四年(1287)以前,元代國子監既無固定之教育場所,又無固定之師生員額,實際上是一種臨時性教學機構。《元史·百官志三》載至元二十四年,"北城立國子學於國都(即元大都)之東,乃以南城國子學爲大都路學"。自此，元代國子學有了固定之師生員額和固定之教學場所，從而初步確立了元代國子學之體制。有元一朝除大都國子學外，又分別於世祖至元八年於京師設蒙古國子學，至元二十六年八月設回回國子學，亦稱"回回國子監"。其體制與遼金大致相同，均設博士二人、助教四人，掌教授生徒，考校儒人著述。後增設學正、學錄等官。成宗大德六年（1302）又於上都分置國子學。置助教、學錄各二員，典給一員，學田六十餘頃，教養從駕於上都的怯薛（蒙古國和元代時之禁衞軍。怯薛爲蒙古語之音譯，即輪流值宿守衞之意。其成員謂之怯薛歹）人員。元末朱元璋亦置設博士、助教、學正、學錄、典樂、典書、典膳等官。吳王元年（1367）定其官制，增設祭酒、司業、典簿。明於洪武初年在元集慶路學的基礎上建爲國子學。洪武八年（1375）"置中都國子學，至二十六年罷，以其師生并入京師國子監"（《續文獻通考·學校一》）。洪武十四年别建國子監於鷄鳴山下。次年并學於監。自此而後不再設國子學，中央官學僅有國子監一種形式。清因沿之，中央官學僅存國子監，是爲最高國家教育行政管理機構，兼具國子學性質。

古代國子學實即國子監之濫觴，歷史上兩者時有混稱，如隋文帝開皇十三年（593）改國子寺爲國子學，宋太宗端拱二年（989）曾改國子監爲國子學，淳化五年（994）改國子學爲國子監。國子監同時具有全國最高學府和中央教育性質管理機構雙重職能。就其管理之職而言，專稱國子監，就其教學之職而言，則稱國子學。當兩者并設時，國子學總轄於國子監，而僅爲中央官學中的最高學府。

國學生或國子生指在國子學或國子監肄業的學生，一般爲官員子弟。晋代規定五品以上官員子弟方可爲國子生；唐代爲文武官三品以上及國公子孫，從二品以上官曾孫；宋代爲京官七品以上子孫；金代爲宗室及皇后大功以上親屬、諸功臣三品以上兄弟子孫年十五以上者，方許入國子監爲國子生。元代在朝蒙古、漢人百官及怯薛官員子弟，可入選蒙古國子學。明清入國子監肄業者稱"監生""貢生"。參見本卷《教學機構説·官學考》"太學""虎門""虎館""虎圍""國子寺""蒙古國子學""回回國子學"文，《教學機構説·機構總考》"國學"文。參閲《通典·職官九》、《新唐書·百官志三》、《續文獻通考·學校一》、《續文獻通考·學校四》、《元史·選舉志一》、《元史·百官志三》、《元史·耶律有尚傳》、《元史·尚野傳》、蘇伯衡《國子學同官記》。

【國學】 [2]

"國子學[1]"之省稱。此稱晋代已行用。見該文。

【國子】

即國子學[1]。此稱南北朝時期已行用。見該文。

【國子館】

即國子學[1]。此稱唐代已行用。見該文。

【虎門】

即國子學[1]。亦稱"虎闈""虎館"。古制國子學設於虎門之左，故稱國子學爲虎門。《周禮·地官·師氏》："居虎門之左，司王朝。"鄭玄注："虎門，路寢門也。"又《地官·司徒》："師氏掌以媺詔王，以三德教國子……居虎門之左，司王朝，掌國中失之事，以教國子弟。凡國之貴游子弟學焉。"鄭玄注："虎門，路寢門也。王日視朝於路寢，門外畫虎焉，以明勇猛於守宜也。"北魏楊衒之《洛陽伽藍記‧景明寺》："子才洽聞博見，無所不通，軍國制度，罔不訪及。自王室不靖，虎門業廢。"《魏書‧世宗紀》："虎闈闕唱演之音，四門絕講誦之業。"《文選‧王融〈三月三日曲水詩序〉》："出龍樓而問竪，入虎闈而齒胄。"李周翰注："虎闈，教國子之學所也。"北周庾信《周大將軍上開府廣饒公鄭常墓志銘》："觀書虎館，學劍龍亭。"後世遂以爲國子監之代稱。又或指清代之宗學者。清敦誠《寄懷曹雪芹》詩："當時虎門數晨夕，西窗剪燭風雨昏。"參見本卷《教學機構說‧官學考》"國子監"文。

【虎闈】

即虎門。此稱南北朝時期已行用。見該文。

【虎館】

即虎門。此稱南北朝時期已行用。見該文。

西京國子學

遼代國子學。遼清寧五年（1059）設於西京（今山西大同），爲"五京學"之一。詔頒經典及傳疏，置博士、助教各一員。詳見"國子學"文。參閱《續文獻通考‧學校一》。

南京國子學

亦稱"南京太學"。遼代太宗設。時南京（今遼寧遼陽）爲遼的京城。會同元年（938）改南京爲東京，同時將原唐朝幽州府改爲南京。至遼聖宗開泰年間又改南京爲燕京。南京太學在太宗至聖宗期間已略具基礎，清寧元年（1055）奉詔設學官，置博士、助教各一員，教授儒家五經。清寧五年，道宗設五京學，南京太學爲其中之一。《遼史》卷一三《聖宗紀》：

"九月戊午以南京太學生員浸多特賜水磑莊一區。"參閱《續文獻通考‧學校一》。

【南京太學】[1]

即南京國子學。此稱遼代已行用。見該文。

大都國子學

即元代設於國城（大都）的國子學。詳見"國子學"文。

上都國子學

元代大都國子學之分學。成宗大德六年（1302）立，置助教、學錄各二員，典給一員，學田六十餘頃。教養從駕於上都的怯薛（蒙古國和元代時之禁衛軍。怯薛爲蒙古語之音譯，即輪流值宿守衛之意。其成員謂之怯薛歹）人員。參閱《續文獻通考‧學校一》。

中都國子學

明代京師國子學之分學。明洪武二年（1369）以臨濠（今安徽鳳陽）爲中都，八年置中都國子學，命京師（南京）國子學分官領之。十五年改學爲監，依京師國子監例置祭酒、司業、監丞、博士等官，二十六年罷廢。參見本卷《教學機構說‧官學考》"中都國子監"文。參閱《續文獻通考‧學校一》。

國子寺

北齊和隋初的中央官學。漢代建太學，晉代建國子學，南北朝時或設國子學，或設太學，或兩者并設。北齊改稱國子學爲國子寺，隋初置國子寺，同時置國子學。國子寺統國子學。隋大業三年（607）及以後稱國子監。《北齊書‧孝昭帝紀》載北齊孝昭帝皇建元年（560）詔："國子寺可備立官屬，依舊置生，講習經典，歲時考試。"北齊國子寺兼作教育管理機構。《隋書‧百官志中》："國子寺，掌訓教胄子。

祭酒一人，亦置功曹、五官、主簿、録事員。領博士五人，助教十人，學生七十二人。太學博士十人，助教二十人，太學生二百人。四門學博士二十人，助教二十人，學生三百人。"隋初文帝開皇年間承其舊制在京都置國子寺，總轄國子學、太學、四門學（各有博士五人、助教五人）、書學、算學（各有博士二人、助教二人）五學。前三者爲儒學，後兩者則是教授專門知識的專科學校。其中，算學爲隋代之首創，而其餘四學則是沿襲前代而來。隋初國子寺隸太常寺，設祭酒一人，專掌教育事業。這是中國歷史上設立專門教育行政部門和專門教育長官之始。屬下有主簿、録事各一人。另外，國子學、太學、四門學各有博士五人，助教五人，書、算二學各有博士二人，助教二人，五學學生共計九百八十人。開皇十三年（593）國子寺從太常寺中析出，改稱國子學，成爲獨立的教育領導機構。煬帝大業三年（607）改稱國子監。參見本卷《教學機構説・官學考》"國子學""國子監"文。參閲《北齊書・孝昭帝紀》《隋書・百官志中》。

國子監

亦稱"學曹""司成館""成均監""國子學""監學""胄監"。中國封建王朝的最高學府和教育管理機構。隋、唐、宋、元、明、清稱用，隋煬帝大業三年（607）立國子監。設祭酒一人，司業一人，丞三人，另有主簿、録事，領國子學、太學。國子監上承國子學、國子寺，之後唐宋沿之，均爲獨立的教育領導機構和生徒就學的最高學府。

武德初，以國子監曰國子學，隸太常寺。設祭酒一人，司業二人，丞一人，主簿一人，

主管教育行政事宜。各學均設博士、助教負責教授生徒。貞觀二年（628）復置監，爲管理中央學校的專設機構，設祭酒、司業爲執行長官，并以官兼師。總國子、太學、廣文、四門、律、書、算七學。掌教者有博士、助教、直講。唐時國子監曾幾經易名，龍朔二年（662）改稱司成館（祭酒改稱大司成），咸亨元年（670）恢復舊稱，武后垂拱元年（685）又改稱成均監（祭酒改稱成均祭酒），神龍元年（705）復舊。《新唐書・百官志三》："國子監，祭酒一人，從三品；司業二人，從四品下……武德初，以國子監曰國子學，隸太常寺，貞觀二年復曰監。龍朔二年，改國子監曰司成館，祭酒曰大司成，司業曰少司成。咸亨元年復曰監。垂拱元年（685），改國子監曰成均監。"又《通典・職官九・國子監》："光宅元年（684）改國子監爲成均監，神龍元年（705）復舊。"《新唐書・常袞傳》："魚朝恩賴寵，兼判國子監。袞奏：'成均之任，常用名儒，不宜以宦臣領職。'"另外，唐時國子監亦有稱"學曹"者。唐張籍《酬浙東元尚書見寄綾素》詩："越地繒紗紋樣新，遠封來寄學曹人。"唐國子監管轄國子學、太學、四門學、律學、書學、算學等京都六學。玄宗天寶年間又增設廣文館，至此國子監所轄凡七學。其間情況也一度有所變化。如《舊唐書・高宗紀》載龍朔三年（663）唐高宗下詔："以書學隸蘭臺，算學隸秘閣，律學隸詳刑寺。"由此，書、算、律三學正式并歸本行業業務主管部門領導與管轄，而脱離國子監。五代後周改爲國家最高學府。《續資治通鑑長編》卷三："周世宗之二年（955），始營國子監，置學舍。上既受禪，即詔有司增葺祠宇，塑繪先聖、先賢、

先儒之像，上自贊孔、顏，命宰臣兩制以下分撰餘贊，車駕一再臨幸焉。”

宋代立國之初，據《宋史·選舉志三》“因周〔國子監〕舊址，頗增學舍，以應蔭子孫隸學受業”。宋代國子監，除了東京國子監之外，還分設西京國子監與南京國子監，號稱“三京國子監”。南京國子監創置於北宋慶曆三年（1043），是在原南京府學（即南都府學、應天府書院）的基礎上改建而成的。西京國子監始建於景德四年（1007）。宋代三京國子監中，南京國子監是在地方官學的基礎上改造建成的，因而其規模、地位和影響都遠不及東京國子監。其祇是府州官學的一種特例，或者説是介於國子監和府州官學之間的一種特殊的官學教育機構。西京國子監地位雖高於南京國子監，但也祇是起到了陪襯的作用，根本不能取代或分擔東京國子監的職能。通常所説的北宋國子監——作爲中央官學的最高教育行政管理機構，并一度作爲國家最高學府的宋代國子監，都是指東京國子監而言的。宋太宗端拱二年（989）曾改國子監爲國子學，淳化五年（994）復如故。設判事二人，直講八人，丞簿、書庫、監官各一人，爲其行政主管。神宗元豐以後，改設祭酒一人，總領國子監，下設司業、監丞、主簿各一人，分掌教育行政之職。慶曆四年（1044）建太學後，國子監復成爲掌管中央學校的總機構，下轄國子學、太學、武學、醫學、律學、書學、畫學、算學等，而書、算、畫、醫各學則分屬書藝局、太史局、畫圖局、太醫局。其中醫學在徽宗崇寧年間曾歸入國子監。南宋國子監則祇有設於臨安的國子監。宋代國子監有“監學”之稱。《宋史·職官志五》：“〔紹興十二年〕大學成，增置博士、正録，參用元祐、紹聖監學法，修立監學新法。”

遼代在太祖建國之初，曾於上京（臨潢府，今遼寧昭烏達盟巴林左旗）設國子監，監下置國子學。至道宗清寧六年（1060）又於中京（大定府，今内蒙古赤峰寧城）設國子監。《遼史·道宗紀一》：“〔清寧六年六月丙寅〕中京置國子監，命以時祭先聖先師。”監中設有祭酒、司業、監丞、主簿等職。另外，遼代尚建有西京（今山西大同）國子監，但確切年代無考。金代國子監始置於天德三年（1151），仍爲國家最高學府，設有祭酒、司業、監丞等職，管轄太學、國子學（女真國子學）、四門學、律學、書學和算學六學。金代對於國子監入學者資格有嚴格之規定，僅招收“宗室及外戚皇后大功以上親，諸功臣及三品以上官兄弟子孫”（《金史·選舉志一》）。金代國子監設有祭酒、司業和監丞等教官，教授諸生。作爲最高教育管理機構的國子監，下轄有國子學、太學，并兼轄女真（直）學。

元代於世祖至元二十四年（1287）正式成立了國子監，總管全國教育行政事宜。以契丹族學者許衡的學生耶律有尚爲祭酒。世祖至元二十六年，始置回回國子學，尋罷。仁宗延祐元年（1314）復置回回國子監，後定學官及生員五十餘人。官給廩膳，翌年復設蒙古國子監，分別管轄國子學、回回國子學、蒙古國子學。元代國子監屬於集賢院，順帝至正十六年（1356）定制設祭酒、監丞各一員，司業二員，掌國子監事。因元代國子監專收王公大臣及怯薛貴冑子弟入學，故稱“冑監”。《元文類·禮典總序·學校》：“〔世祖〕以道建極，文軌混同，內設胄監，外設提舉官，以領郡縣學校之事。"

　　明清時各民族學生之間的等級限制趨於消失，亦不再設國子學、太學等，中央官學祇有國子監一種形式。明初以國子學爲最高學府。"〔洪武十五年〕三月丙辰，改國子學爲國子監，初定監規九條"（《南雍志》卷一）。明國子監初置於南京，亦稱國學。置國子監博士三員，國子監助教十六員。洪武二十四年（1391）定置國子監博士五員，《易》《詩》《書》《春秋》《禮記》，人專一經，亦稱"五經博士"，另設國子監助教十五員。"〔永樂元年〕二月庚戌，創設北京國子監"（《南雍志》卷二）。永樂十八年（1420）遷都北京後，以原京師國子監爲南京國子監，置國子監博士三員，而北京國子監置國子監博士五員，遂有南北監之分。入國子監讀書的學生統稱"監生"或"國學生""太學生"。復因其入學資格或途徑的不同分爲"舉監""貢監""廕監"和"例監"。此外，在國子監學習的還有來自鄰邦高麗、日本等國的留學生，他們被稱爲"夷生"。明代國子監分南北兩監，南監在南京，北監在北京。明洪武初年在元集慶路儒學的基礎上改設國子學，洪武十四年另建國子監於鷄鳴山下，此爲南監，內設五廳和六堂（率性堂、修道堂、誠心堂、崇志堂、正義堂、廣業堂），另有號房二千餘間，作爲教學與管理之用，并設祭酒、司業、監丞、博士、助教等學官分掌教學。北京國子監，省稱"北監"，亦稱"北雍"，永樂元年（1403）在原北平府學的基礎上改建而成。永樂十八年遷都北京後，改稱"京師國子監"，省稱"國子監"。其規制一如南京國子監。另外，明代在洪武八年至洪武二十六年間曾於中都（安徽鳳陽）設

國子監（國子學），置博士、學正、學録各一人，助教二人，品秩與在京同。《明實録·明太祖實録》卷九八："〔洪武八年三月癸未〕置中都國子學。""〔洪武二十六年七月〕己丑，革中都國子監，以其師生并入國子監。"（《明實録·明太祖實録》卷二三〇）"〔洪武二十七年二月〕庚午，以前中都國子監爲鳳陽府儒學。"（《明實録·明太祖實録》卷二三一）明初監生主要是各省選送的學行優秀的生員，後舉人會試不第者亦准入監。監生可在監內寄宿，發給膏火，供給膳食，享有免役權利。

　　清代裁南京國子監爲江寧府學，祇保留北京國子監，國子監，亦稱"國學"或"太學"，始設於順治元年（1644）。置祭酒、司業、監丞、博士、助教、學正、學録、典簿等學官，沿設明之六堂爲講學之所，又設號房五百二十一間爲學習讀書之處。《清史稿·選舉志一·學校上》載"六堂肄業，分內、外班。初，內班百五十名，堂各二十五名；外班百二十名，堂各二十名。戶部歲發帑銀，給膏火，獎勵有差，餘備賙恤。乾隆初，改內班堂各三十名，內、外共三百名。既而裁外班百二十名，加內班膏火，撥內班二十四名爲外班。"肄業生徒有貢生（歲貢、恩貢、副貢、拔貢、優貢、例貢）和監生（恩監、廕監、優監、例監）之分；有時亦可靠捐納取得監生名義，不必在監讀書。清代國子監爲獨立的教育行政機構和教學場所，但中央官學中的八旗官學、琉球官學、俄羅斯學和算學在乾隆四年（1739）後均屬國子監管轄。光緒三十一年（1905）設學部，國子監遂廢。《清史稿·選舉志一·學校上》："世祖定鼎燕京，修明北監爲太學。順治

元年，置祭酒、司業及監丞、博士、助教、學正、學錄、典籍、典簿等官。設六堂爲講肄之所，曰率性、修道、誠心、正義、崇志、廣業，一仍明舊。少詹事李若琳首爲祭酒，請仿明初制，廣收生徒，官生除恩廕外，七品以上官子弟勤敏好學者，民生除貢生外，廩、增、附生員文義優長者，并許提學考選送監。又言學以國子名，所謂國之貴游子弟學焉。前朝公、侯、伯、駙馬初襲授者，皆入國學讀書。滿洲勳臣子弟有志向學者，並請送監肄業。詔允增設滿洲司業、助教等官，是爲八旗子弟入監之始。厥後定爲限制，條例屢更，益臻詳備。肄業生徒，有貢、有監。貢生凡六：曰歲貢、恩貢、拔貢、優貢、副貢、例貢。監生凡四：曰恩監、廕監、優監、例監。廕監有二：曰恩廕、難廕。通謂之國子監生。”

中國古代的國子監兼具國家教育管理機構和最高學府兩重性質。作爲最高學府的國子監，其教學制度、教育內容各代都有明確之規定，既有儒家經學，亦有書學、律學、算學等專科教育，目的在於培養出“忠君”的官僚、“致治”的文臣。校長則稱國子祭酒，而博士則有教授的性質，其下有助教等以爲之助。學生稱“國子”或“監生”。清代以納粟入監者則稱“例生”或“廕生”。國子監是培養官僚的場所，而科舉則是選拔官僚的途徑，即所謂科舉必由學校，而學校起家不可不由科舉。所以明清以後國子監漸成科舉的附庸，尤其是清代的國子監，徒有太學之名，實則成爲科舉的預備機構，不施教育，唯習考試。明清時期國子監的教學制度有坐監與歷事兩種，坐監生即指在監內讀書之生，監外歷練政事者稱歷事生（實習生）。

今存國子監遺址位於北京東城安定門內成賢街，始建於元大德十年（1306），是元、明、清三代國家最高教育行政管理機構和國家設立的最高學府。國子監街兩側槐蔭夾道，大街東西兩端和國子監大門兩側牌樓彩繪，是北京僅存的建有四座牌坊的古建街。國子監居長街中部，東鄰孔廟，合於“左廟右學”的古制；街東口與雍和宮隔街相望，是京城著名的人文景點。國子監整體建築坐北朝南，正門稱集賢門，二門稱太學門，門內的辟雍爲國子監全部建築的中心，與北面的彝倫堂形成院落。其東西兩面的配廡構成四廳六堂：東爲典籍廳、繩愆廳、率性堂、誠心堂、崇智堂，西爲典籍廳、博士廳、修道堂、正義堂、廣業堂。彝倫堂後的敬一亭建於明嘉靖七年（1528），爲國子監長官祭酒（校長）的辦公處。參見本卷《教學機構說·官學考》“成均”“國子寺”“國子學”文。參閱宋王栐《燕翼詒謀錄》卷四、宋李燾《續資治通鑑長編》卷三、《隋書·百官志下》、《舊唐書·職官志》、《新唐書·百官志三》、《通典·職官九》、《遼史·百官志三》、《遼史·道宗紀》、《唐六典》卷二一、《全宋文》卷三四七、《宋史·選舉志三》、《宋史·職官志五》、《宋史·儒林傳一》、《宋會要·職官二十八》、《金史·選舉志一》、《金史·百官志二》、《金史·章宗紀》、《金史·孔拯傳》、《元史·選舉志一》、《文獻通考·學校二》、《文獻通考·學校三》、《明史·選舉志一》、《明太學志》、《南雍志》、《清會典·國子監》、《事物原會·國子監》、《策府元龜》卷五九七、《續文獻通考·學校一》、《清文獻通考·學校二》、《清文獻通考·學校三》、《清文獻通考·學校四》、《清文獻通考·職官七》、《清續文獻通考·學校三》、清文慶等《欽定國子監志》、清伍廷珍等《欽定國子監則例》。

【學曹】

即國子監。此稱唐代已行用。見該文。

【司成館】

即國子監。此稱唐代已行用。見該文。

【成均監】

即國子監。此稱唐代已行用。見該文。

【國子學】[2]

即國子監。此稱宋代已行用。見該文。

【監學】

即國子監。此稱宋代已行用。見該文。

【胄監】

即國子監。此稱元代已行用。見該文。

【國庠】

即國子監。此稱唐代已行用。《舊唐書·職官志》："隋始置算學博士二人於國庠。"又泛稱國家開設的學校。唐劉禹錫《同學新修五壁本記》："國庠重嚴，過者必式。"唐舒元輿《問國學記》："何使巍巍國庠，寂寞不聞。"《唐會要·學校》："豈有國庠，遂無圖繪，請令有司，圖形於壁。"參見本卷《教學機構説·官學考》"上庠"文。

東都國子監

唐龍朔二年（662）於陪都洛陽（今河南洛陽）增置。初有國子學、太學、四門學、書學、算學。天寶九載（750）復置廣文館，元和初又置律學。學官、學生分爲京師、東都兩地教授。《舊唐書·儒學傳》："尹知章率門人孫季良等立碑於東都國子監之門外頌其德。"參閲《唐會要·東都國子監》。

西京國子監

亦稱"西京太學"。遼宋兩代最高學府之一。宋王栐《燕翼詒謀録》："仁宗景祐元年四月癸酉，詔以河南府學爲西京國子監，置分司官。"詳見"國子監"文。

【西京太學】

即西京國子監。此稱宋代已行用。見該文。

東京國子監

亦稱"東京太學"。遼宋兩代最高學府之一。詳見"國子監"文。

【東京太學】

即東京國子監。此稱遼代已行用。見該文。

南京國子監[1]

亦稱"南京太學"。宋代最高學府之一。詳見"國子監"文。另外，明永樂十八年（1420）遷都北京後，稱原設於京師南京的國子監爲"南京國子監"。參見本卷《教學機構説·官學考》"兩監""南京國子監[2]"文。

【南京太學】[2]

即南京國子監[1]。此稱宋代已行用。見該文。

蒙古國子監

元至元十四年（1277）始置。隸蒙古翰林院。設祭酒、監丞各一人，司業二人。掌管蒙古國子學。

中都國子監

亦稱"中都太學"。明洪武八年（1375）至二十六年間曾於中都（今安徽鳳陽）設國子監，遂稱中都國子監。參見本卷《教學機構説·官學考》"中都國子學"文。

【中都太學】

即中都國子監。此稱明代已行用。見該文。

四門學

省稱"四門"。亦稱"四門館"。中國封建王朝所立以教授低級官員和庶人子弟之小學性質的中央官學。北魏於太和十九年（495）遷都洛陽後，仿周制太學在國中、四學在四郊之制，於四門置學，故稱。屬太常，以取代遷都之前的皇宗學。并始置四門小學博士（亦稱四門博士）四十人，掌訓教皇宗子弟，教授童蒙。并接受大臣劉芳之議，不設於四郊，而設於太學坊之四門，與太學同在一處。《魏書・劉芳傳》："太和二十年發敕立四門博士，於四門置學。"北魏正始四年（507）六月，宣武帝詔曰："今天平地寧，方隅無事，可敕有司准訪前式，置國子，立太學，樹小學於四門。"（《魏書・世宗紀》）延昌元年（512）詔曰："遷京、嵩縣，年將二紀，虎闈闕唱演之音，四門絕講誦之業，博士端然，虛祿歲祀，貴游之冑，歎同子衿，靖言念之，有兼愧慨。可嚴敕有司，國子學孟冬使成，太學、四門明年暮春令就。"（《魏書・世宗紀》）北齊改置爲四門學，隸屬國子寺。設四門學博士二十人，并始置四門學助教各二十人，協助博士教授學生五經文字。學生凡三百人。西魏恭帝三年（556）置小學博士上士，北周沿置。隋唐沿設。隋四門學隸國子寺。設博士、助教各五人，有學生三百六十人。文帝開皇十三年（593）罷四門學。唐四門學爲國子監所轄六學之一，亦稱"四門館"。設博士、助教各三人，并始置四門直講四人，掌佐博士、助教教授四門學生。武德初定學額爲一百六十名，後增爲一千三百人，其中五百人爲文武官員子弟，八百人爲庶人子弟。學習課業與太學、國子學同。四門學學生畢業後可升

入太學，考試合格者送尚書省，受吏部（後改禮部）考試任官。《新唐書・選舉志上》："四門學，生千三百人，其五百人以勳官三品以上無封、四品有封及文武七品以上子爲之，八百人以庶人之俊異者爲之。"《舊唐書・歸崇敬傳》："其國子、太學、四門三館，各立五經博士。"北宋慶曆三年（1043）依唐制創辦四門學，招收八品以下官員和平民子弟入學。次年，太學立，四門學遂廢。《宋史・選舉志三》："初立四門學，自八品至庶人子弟充學生。歲一試補，差學官鎖宿、彌封，校其藝，疏名上聞，而後給牒。不中式者仍聽讀，若三試不中則出之。未幾，學廢。"宋王讜《唐語林・補遺一》："學舊六館，有國子館、太學館、四門館、書館、律館、算館，國子監都領之。每館各有博士、助教，謂之學官。"參閱《舊唐書・儒林傳》《通典・職官九》《宋史・選舉志三》。

【四門】

"四門學"之省稱。此稱南北朝時期已行用。見該文。

【四門館】

即四門學。此稱唐代已行用。見該文。

崇文館 [1]

省稱"崇文"。亦稱"崇賢館"。中國古代貴族子弟學校。三國魏文帝始置崇文館。唐太宗貞觀十三年（639）始置於太子東宮，初名"崇賢館"。高宗顯慶元年（656）置學生二十人。上元二年（675），因避太子李賢名諱，改曰"崇文館"。設有學士、直學士，皆爲太子之屬官。掌經籍圖書，教授生徒。又設校書郎，校理四庫書籍。後以宰相爲學士，總領管事。學生多達二十人，少則十五人，出身、課試與

弘文館同。遼代沿置。設學士、直學士爲東宮文學館官。《新唐書·百官志》：“太宗設太子學館，名‘崇賢館’，隸屬東宮。該館掌東宮經籍圖書，教授諸生，課試舉送如弘女館。”又云“崇文館：學士二人，掌經籍圖書，教授諸生，課試舉送如弘文館。”唐顔真卿《朝議大夫贈梁州都督上柱國徐府君神道碑銘》：“年十五，爲崇文生。”參見本卷《教學機構説·官學考》“弘文館”文。參閲《唐會要·崇文館》。

【崇文】

“崇文館”之省稱。此稱唐代已行用。見該文。

【崇賢館】[1]

即崇文館。此稱唐代已行用。見該文。

少學

中國古代相對於太學之中央官學。《漢書·食貨志上》：“其有秀異者，移鄉學於庠序；庠序之異者，移國學於少學。諸侯歲貢少學之異者于天子，學于大學，命曰造士。”《後漢書·宋均傳》：“〔宋均〕調補辰陽長，其俗少學者，而信巫鬼。均爲立學校，禁絶淫祀，人皆安之。”清黄生《義府·少學大學》：“鄉學，庠序之總名也；國學，少學之異名也。對鄉學而言，則曰國學；對太學而言，則曰少學。”

雍泮

“辟雍”與“泮宮”之合稱。泛指中國古代天子或諸侯設於王城或京都之國家大學。《後漢書·崔駰傳》：“臨雍泮以恢儒，疏軒冕以崇賢。”李善注：“天子璧雍，諸侯頖宮。璧雍者，環之以水，圓而如璧也。頖，半也。諸侯半天子之宮，皆所以立學垂教也。”三國魏王粲《荆州文學記官志》：“設教導化，叙經志業，用建雍泮焉。”

三雍

亦稱“三宮”“三雍宮”。漢代辟雍、靈臺、明堂三者皆爲天子講學、祭祀先祖、舉行典禮之地，因以合稱“三雍”。《漢書·王莽傳上》：“是歲莽奏起明堂、辟雍、靈臺，爲學者築舍萬區。”《後漢書·儒林傳序》：“〔光武帝〕中元元年初建三雍。”又云：“〔明帝〕坐明堂而朝群后，登靈臺以望雲物，袒割辟雍之上，尊養三老五更。饗射禮畢，帝正坐自講，諸儒執經問難於前，冠帶縉紳之人，圜橋門而觀聽者蓋億萬計。”《文選·張衡〈東京賦〉》：“乃營三宮，布教頒常。”薛綜注：“三宮，明堂、辟雍、靈臺。”唐武則天《明堂樂章·迎送王公》：“載延百辟，爰集三宮。”宋蘇軾《范景仁和賜酒燭詩復次韻謝之》：“此生會見三雍就，無復遼遼歎未央。”《文獻通考·學校一》：“平帝時，王莽秉政，增元士之子得受業如弟子，勿以爲員……奏起明堂、辟雍、靈臺，爲學者築舍萬區。”又云：“河間獻王來朝，獻雅樂，對三雍宮。”清唐孫華《國學進士題名碑》詩：“肇建三雍陳禮樂，宮懸考擊聞鳴鼉。”

【三宮】

即三雍。此稱漢代始行用。見該文。

【三雍宮】

即三雍。此稱漢代始行用。見該文。

二學

南齊時兩所中央官學“國子學”與“太學”之合稱。作爲中央官學的太學肇置於漢武帝元朔五年（前124），至晉武帝咸寧四年（278）又於太學之外另立國子學，至此始有二學之制。兩者均爲教習儒家經典的最高等中央官學。此後歷代沿置，但至南齊始有"二學"之定稱。《南齊書·禮志上》："〔領國子助教曹思文上表〕太學之與國學，斯是晉世殊其士庶，異其貴賤耳。然貴賤士庶，皆須教成，故國學太學兩存之也……今學非唯不宜廢而已，乃宜更崇尚其道，望古作規，使郡縣有學，鄉閭立教。請付尚書及二學詳議。"《魏書·李諧傳》："栖閑虛以築館，背城闕而爲家，帶二學之高宇，遠三市之狹邪。"

宣文小學

十六國時期的小學學校。後趙王石勒建立。勒以羯族建都襄國（今河北邢臺），爲加速漢化，重視儒學教育，於建興元年（313）立太學後，又增置宣文、宣教、崇儒、崇訓十餘小學於襄國四門，選擇將佐豪右子弟百餘人入學。太學、小學各置博士教授《五經》。石勒曾親臨考試學生，按經學程度高低給以賞賜。北魏因其制，建四門學。

宣教小學

十六國時期的小學學校。詳見"宣文小學"文。

崇儒小學

十六國時期的小學學校。詳見"宣文小學"文。

崇訓小學

十六國時期的小學學校。詳見"宣文小學"文。

中堂

東晉後期太學臨時所在地。位在建康（今江蘇南京）宣陽門外。原爲置兵之地，穆帝升平元年（357）一度以中堂爲太學。孝武帝時，以太學在秦淮河南，遠離臺城，依升平元年例，乃"於中堂權立行太學"。參閱《晉書·穆帝紀》《晉書·禮志下》。

中書學

北魏時期所設之中央官學。北魏時期，中央官學一度稱爲"中書學"。孝文帝太和年間復爲國子學。北魏道武帝天興三年（400）改太學爲中書學，隸屬中書省。太武帝繼位後復舊。北魏中書學爲培養高級統治人才的學校，主要招收鮮卑及漢人士族子弟爲中書學生，有時由皇帝特旨指定某人子弟爲中書學生。學生畢業後多升爲内外要職，是當時的主要仕進途徑之一。以博學之士擔任中書教授博士、中書教學博士和中書助教博士，爲學生講授經義。太和中，復改爲國子學。《北史·儒林傳序》："明元時，改國子爲中書學，立教授、博士。"《魏書·李訢傳》："爲中書學生。世祖幸中書學，見而異之。"《周書·崔彦穆傳》："年十五，與河間邢子才、京兆韋孝寬俱入中書學，偏相友愛。"《魏書·儒林傳序》："太和中，又改中書學爲國子學，建明堂、辟雍……開皇子之學。"參閱《魏書·儒林傳》。

學館 [1]

魏晉南北朝時期中央所設之官學。這種新型的學館以由朝廷聘任的學者的學術專長爲標榜，以朝廷資助爲依托，從性質上看，近於私學，其辦學宗旨依據學者的學術特長而不局限於朝廷的文教政策，其招生也無門第限制而面嚮寒門庶族，使其又不同於一般意義上的官學。學館是由朝廷出面主辦，有一定的編制，師生也享有一定的待遇，使其終屬於官學之性質。但該時期之學館又不是普通之官學。官學的辦學宗旨祇能以尊儒讀經爲標杆，以儒學教育爲唯一課目；而學館則較爲靈活，設置的教學課目可以是儒學，也可以是史學、玄學或文學。

所以，南朝諸代之學館與官學是并行的兩套教育機構。兩者不是同一概念，不能將學館視爲官學。這個時期的學館，除了具有教學職能之外，尚兼有藏書、研究、編撰和延集學者之功能。《北齊書·孝昭帝紀》："〔皇建元年〕詔國子寺可備立官屬，依舊置生，講習經典，歲時考試。其文襄帝所運石經，宜即施列於學館。"參見本卷《教學機構説·私學考》"館"文、《教學機構説·官學考》"四館""五館""士林館""學士館""總明觀"文。

四館

南朝宋之中央學館，但不同於普通國學。南朝宋文帝元嘉十五年（438）徵廬山處士雷次宗至京師，開館於雞籠山，聚徒教授，置生百餘人。會稽（今浙江紹興）朱膺之、潁川（今河南登封）庾蔚之任儒學總監。時稱"儒學館"。因國子學未建立，而文帝好儒雅，乃於元嘉十六年命令何尚之立研究佛經的"玄學"，太子率更令何承天立研究歷史的"史學"，謝元立研究辭章的"文學"。先後共立四學館，各聚徒授業，并稱"四館"。《宋書·隱逸傳·雷次宗》："元嘉十五年，徵次宗至京師，開館於雞籠山，聚徒教授，置生百餘人。會稽朱膺之、潁川庾蔚之並以儒學，監總諸生。時國子學未立，上留心藝術，使丹陽尹何尚之立玄學，太子率更令何承天立史學，司徒參軍謝元立文學，凡四學並建。"中央給予四館以豐厚之資助，學者聞風而至。南朝宋之四館"四學"并立，爲後代分科大學之始。雖然這些學校存在時間并不長，但這種分科教學的制度，對隋唐時代專科學校的産生和發展有着重要的影響，甚至可認爲南朝時期的"四館"是後代分科大學的濫觴，對

隋唐專科學校的發展有直接示範與指導意義。《文獻通考·學校二》："史者儒之一端，文者儒之餘事；至於老莊虛無，固非所以爲教也。夫學者所以求道，天下無二道，安有四學乎？"參見本卷《教學機構説·官學考》"四學"文。參閱《宋書·何尚之傳》《宋書·隱逸傳》。

儒學館

"四館"之一。南朝宋專修儒學的學校。早在宋武帝建國初，因官學荒廢已久，修復不易，乃鼓勵碩師宿儒開館講學。號稱"顏子"、隱居於廬山的周續之，爲之開館於東郊外，招生講授，并親臨學館，會見諸生，繼之講《禮記》。博士顏延之也參加講論，言簡意賅。時雖無儒學之名，但大儒開館講學，却有教學之實，開儒學館先河。宋文帝時創立。文帝曾幾次親臨學館，給予豐厚資助。後又築室於鍾山西巖下，謂之招隱館，爲皇太子諸王講《喪服經》。儒學館在宋四館中居重要地位。參見本卷《教學機構説·官學考》"四館""總明觀"文。

玄學館

亦稱"崇玄學"。"四館"之一。南朝宋學習道家學説的學校。宋文帝時創立。元嘉十六年（439）文帝以何尚之爲丹陽尹，建宅於南城外，設置玄學館，招聚生徒。東海（今江蘇常熟）徐秀、廬江（今安徽霍邱）何曇、潁川（今河南登封）荀子華、太原（今山西太原）孫宗昌、魯郡（今山東曲阜）孔惠宣等名流學者，都因仰慕而遠道來游，稱爲南學。受魏晉玄學思想發展影響，玄學列爲學校科目在中國古代教育史上首開其端。唐代又名"崇玄學"，京師及地方均設。學習内容爲《老子》《莊子》《文子》《列子》等。參見本卷《教學機構説·官學

考》"四館""總明觀"文。

【崇玄學】[1]

即玄學館。此稱唐代已行用。見該文。

史學館

"四館"之一。南朝宋專修史學之學校。早在十六國時期，後趙石勒爲藉鑒歷史經驗，特於大興二年（319）始置史學祭酒，以任播、崔浚爲之（見《晉書·石勒載記下》）負責史學研究，開中國古代專科史學之端緒。百餘年後，南朝宋文帝於元嘉十五年（438）明令立史學。參見本卷《教學機構説·官學考》"四罪""總明觀"文。

文學館

"四館"之一。南朝宋專修文學的學校。宋文帝時建立。職掌"文學館"的教官，稱"文學博士"，傳授詞章之學。參見本卷《教學機構説·官學考》"四館""總明觀"文。

總明觀

南北朝南朝宋之中央官學。明帝泰始六年（470）以國學廢而創設。置總明觀祭酒一人，訪舉二人，分儒、玄、史、文四科，每科置學士各十人。據《南史·王儉傳》，因"國學頹廢，未暇修復……置總明觀以集學士，或謂之東觀，置東觀祭酒一人，總明訪舉郎二人；儒、玄、文、史四科，科置學士十人。"總明觀原設儒、玄、文、史、陰陽五科，因陰陽學無人而立四科。《南史·宋明帝紀》："立總明觀，徵學士以充之。置東觀祭酒、訪舉各一人，舉士二十人，分爲儒、道、文、史、陰陽五部學，言陰陽者遂無其人。"齊初仍沿用。齊高帝建元中，掌治五禮。武帝永明三年（485），以國學復興而罷省。《文獻通考·學校二》："武帝永

明三年，詔立學。初宋太宗置總明觀，以集學士，亦謂之東觀。上以國學既立，省總明觀。"總明觀雖具國學性質，但以藏書爲主，教學爲次。然其分科教學形式，對後世專科教育的產生與發展有着重要的影響。參見本卷《教學機構説·官學考》"學館"文。

【東觀】[1]

即總明觀。此稱南北朝時期已行用。按：東觀原爲東漢皇家藏書之所。《後漢書·安帝紀》："詔謁者劉珍及五經博士，校定東觀五經、諸子、傳記、百家藝術，整齊脱誤，是正文字。"李賢注引《洛陽宮殿名》曰："南宮有東觀。"南朝宋沿用此名以爲中央官學之所。

皇宗學

北魏時期專爲教育皇族子弟而設之中央貴胄小學。北魏孝文帝太和元年（477）文明馮太后令皇子皇孫，別置學館，置皇宗博士，當是皇宗學之起源。《魏書·咸陽王禧傳》："自非生知，皆由學海，皇子皇孫，訓教不立，溫故求新，盍有闕矣！可於閑靜之所，別置學館，選忠信博聞之士爲之師傅，以匠成之。"太和九年開皇宗學，設皇宗博士，選忠信博聞之士爲之，教授皇室或國胄子弟入學肄業。太和十六年，孝文帝"幸皇宗學，親問博士經義"（《魏書》）。遷洛後廢，改置四門小學以訓教皇宗。北魏世宗景明初，任城王澄修復皇宗學，開闢四門之教，宣武帝詔尚書可量宜修立。《魏書·任城王子澄傳》："何爲太平之世，而令子衿之歎興焉；聖明之日，而使宗人之訓闕焉。愚謂可敕有司，修復皇宗之學，開闢四門之教，使將落之族，日就月將。"參閱《魏書·咸陽王禧傳》《魏書·高祖紀下》。

學士館

南朝之中央官學。齊武帝永明三年（485）因國學復立，省總明觀，於尚書令領國子祭酒王儉宅内開學士館，悉以總明觀四部書充王儉家，又詔王儉以家爲學府。王儉崇尚經學，通《三禮》，尤善《春秋》，以宰相而兼國子祭酒，講習不斷。“由是衣冠翕然，並尚經學，儒教由此大興”。（《南史·王儉傳》）王儉十日一至國學，監試諸生。實爲總明觀之縮小。南朝本以文章相尚，經學不受重視，國學又時有興廢，學士館在繼續儒學中起了一定作用。參見本卷《教學機構説·官學考》“總明觀”“學館[1]”文。

集雅館

南朝之中央官學。南朝梁武帝於天監四年（505）立“五館”之後，復於天監五年“置集雅館以招遠學”（《南史·梁武帝紀》）。目的在廣求儒雅之士，發展教育。一時儒行名流，雲集京師，四方郡國，趨學向風。集雅，當取《詩經》之“大雅”“小雅”之義。或謂集雅館爲教習詩學之所。參見本卷《教學機構説·官學考》“學館[1]”文。

五館

南朝梁武帝時設立之中央官學。梁王朝的開國之君梁武帝重視興學，以確保梁王朝的長治久安，特於天監四年（505）“置五經博士各一人”（《隋書·百官志上》），廣開學館，招納後進，是爲五館創建之始。《南史·儒林傳序》：“天監四年，乃詔開五館，建立國學，總以《五經》教授，置五經博士各一人。於是以平原明山賓、吳郡陸璉、吳興沈峻、建平嚴植之、會稽賀瑒補博士，各主一館。館有數百生，給其餼廩。其射策通明經者，即除爲吏。於是懷經負笈者雲會矣。”《梁書·儒林傳·嚴植之》：“〔天監〕四年，初置五經博士，各開館教授，以植之兼五經博士。植之館在潮溝，生徒常百數。植之講，五館生必至，聽者千餘人。”根據當時法令規定，凡入學就試，祇問程度，不問出身，學生没有門第限制，五館統統招收寒門子弟，且不限人數，學生由各館供給膳宿，定期考試，能射策通明經者委派官職。不到一年，各地學子懷經負笈，雲集京師，各館都不等地招到一百到幾百學生，計千餘人。參見本卷《教學機構説·官學考》“學館[1]”文。參閲《文獻通考·學校二》。

儀賢堂

南朝梁之中央官學。係武帝禮賢講學之所。《梁書·武帝紀中》：“〔天監〕六年（507）九月乙亥，改閲武堂爲德陽堂，聽訟堂爲儀賢堂。”《梁書·朱异傳》：“〔大同〕六年（540），异啓於儀賢堂，奉述高祖《老子儀》，敕許之。及就講，朝士及道俗聽者千餘人，爲一時之盛。”宋張敦頤《六朝事迹編類·樓臺門·儀賢堂》：“梁武帝謙恭待士。大通中有四人來，年七十餘……帝召入儀賢堂，給湯沐，解御服賜之。帝問三教九流及漢書事，了如目前。”

士林館

省稱“士林”。南朝梁之中央官學。梁王朝開國之君梁武帝蕭衍重視崇儒興學，特設士林館納生授業。《南史·梁武帝紀》：“大同七年（541），於宫城西立士林館，延集學者”。《梁書·武帝紀下》：“丙辰（按：丙辰年應爲大同二年，即公元536年，此與《南史·梁武帝紀》記載有異），於宫城西立士林館，延集學者。”當時學者，“趨學向風，雲集于京師矣。”（《南史・梁武帝紀》）當時的學者如御史中丞張綰、右衞朱异、太府卿賀琛、舍人孔子袪等，相繼來此講述武帝《制旨禮記中庸義》。士林館除具有教學功能外，尚兼有研究院性質。武帝親撰《五經講疏》《孔子正言》，令孔子袪檢閲羣書，爲之考證。北周庾信《哀江南賦》："天子方删《詩》《書》，定《禮》《樂》，設重雲之講，開士林之學。"參見本卷《教學機構説・官學考》"學館[1]"文。參閲《南史・虞荔傳》《陳書・虞荔傳》。

【士林】

"士林館"之省稱。此稱南北朝時期已行用。見該文。

麟趾學

北朝北周之中央官學，兼爲中央科研機構。麟趾比喻與賢養能，故稱。明帝好學，博覽羣書。及即位，召集公卿以下文學士八十餘人於麟趾殿，以之爲麟趾殿學士，校刊經史，編集叢書，撰《世譜》五百卷，因立麟趾學。盛聚學者，在朝有藝業者，不限貴賤，皆預聽焉。南方名士顔之儀、梁簡文帝子蕭大圜與姚最等均爲麟趾學士。一時文教振興，學者向風。後從於翼之議，分其班次，以爲差等。《周書・于翼傳》："世宗雅愛文史，立麟趾學，在朝有藝業者，不限貴賤，皆預聽焉。"

露門學

亦作"路門學"。亦稱"露門館""虎門學""虎門館"。北朝北周時期專爲皇室貴族子弟設立之中央官學。因位於露門左側，故稱。又因露門稱"虎門"，故亦稱"虎門學"。露門同"路門"。《北史・周紀下・高祖武皇帝》："甲辰，立路門學，置七十二人。"取義於《周禮・地官・師氏》"〔師氏〕居虎門之左"漢鄭玄注"虎門，路寢門也"。北周天和二年（567）創置露門學，設有露門博士四人，以蕭爲、唐瑾、元偉、王褒任之，另設有露門學士（因露門又稱虎門，故亦稱虎門學士。唐道宣《續高僧傳》："大象二年五月二十五日，隋祖作相於虎門學，六月，藏又下山與大丞相對論。"宋王應麟《玉海》："蘇世長傳，上書周武帝使卒學虎門館。又有通道館學士。"唐代人避諱，改稱"獸門學士"），爲博士之助，共掌教授生徒。露門學有學生七十二人，大多爲大臣子弟，亦有大臣帶職入學，皇太子亦曾在此受教。《周書・武帝紀》："〔天和二年（567）秋七月〕甲辰，立露門學，置生七十二人。"又《周書・儒林傳・沈重》："〔授〕露門博士，仍於露門館爲皇太子講論。"《隋書・豆盧勣傳》："明帝時，爲左武伯中大夫，勣自以經業未通，請解職游露門學，帝嘉之，敕以本官就學。"

【路門學】

同"露門學"。此體南北朝時期已行用。見該文。

【露門館】

即露門學。此稱南北朝時期已行用。見該文。

【虎門學】

即露門學。此稱唐代已行用。見該文。

【虎門館】

即露門學。此稱元代已行用。見該文。

通道觀[1]

北朝北周之中央官學。武帝建德三年（574）下詔立通道觀，主要學習"聖哲微言，先賢典訓，金科玉篆，秘迹玄文"（《周書・武帝紀上》）。其性質與南朝宋的"玄學館"相似。

兩監

唐、明兩朝在國都各設國子監兩所，省稱"兩監"。唐代於顯慶三年（658）以後合稱西京長安和東都洛陽爲"兩京"，每京各設國子監一所，分別稱爲"西監""東監"，并稱"兩監"。五代王定保《唐摭言·兩監》："按《實錄》，西監，隋制；東監，龍朔元年（661）所置（按：《舊唐書·高宗紀》以東都初置國子監係於龍朔二年正月）。開元已前，進士不由兩監者，深以爲恥。"明代兩監則指北京國子監和南京國子監。明洪武初年在原集慶路儒學的基礎上改設國子學，洪武十四年（1381）別建國子監於雞鳴山下。北京國子監，省稱"北監"，亦稱"北雍"，爲永樂元年（1403）在原北平府學的基礎上改建而成。永樂十八年遷都北京後，改稱"京師國子監"，又省稱"國子監"，其規制一如南京國子監。參見本卷《教學機構說·官學考》"太學""國子監""南監"文。參閱明黃佐《南雍志》《續文獻通考·學校一》。

弘文館 [1]

亦稱"修文館""昭文館"。唐代中央政權所設專收皇帝、皇太后親屬和宰相等高級官員子弟入學肄業之中央貴胄學校。同時兼爲收藏和校理儒家經典之所。唐武德四年（621）初於門下省置"修文館"。武德九年改稱"弘文館"，因置於京師弘文殿側而得名，復含弘揚文教之意，仍隸門下省。館內精選在京官員虞世南等賢良文學之士兼任學士（教師），掌校正圖書，教授生徒，并參議朝廷制度、禮儀沿革等。武德後，五品以上曰"學士"，六品以下曰"直學士"。唐杜佑《通典·職官》："大唐武德初置修文館，後改名弘文館，神龍初改爲昭文〔館〕。"

貞觀後又於館內置講經博士。其後，館名與學官設置頗多變化。垂拱年間，以宰相兼領館務，號"館主"。神龍元年（705）因避太子李弘諱而改稱"昭文館"。翌年曰"修文館"。景龍二年（708），置大學士四人，學士八人，直學士十二人，以爲學官。景雲二年（711）復稱"昭文館"。開元七年（719）復曰"弘文館"，隸屬門下省。同年始置校書郎、校理、讎校錯誤等官。長慶三年（823）罷詳正學與講經博士，僅設學士、直學士、直館。唐弘文館學生學習內容和考試內容均同國子學，但要比國子生、太學生低。宋代沿設弘文館，爲崇文院三館之一。掌藏經、史、子、集四部圖籍，以及修寫校讎等事物。置大學士，以宰相兼之。別置直館、判官等教職。元豐改制後并歸秘書省。遼延設，有直學士等員。明初仿唐制亦設弘文館，旋廢。宣德年間又建弘文閣，後并入文淵閣。《舊唐書·儒學傳上序》："〔太宗〕及即位，又於正殿之左，置弘文學館，精選天下文儒之士虞世南、褚亮、姚思廉等，各以本官兼署學士，令更日宿直……又召勳賢三品以上子孫，爲弘文館學生。"參閱《新唐書·選舉志上》《新唐書·百官志二》《唐六典·百官志二》《唐六典·門下省·弘文館》《唐六典·弘文殿學士》《唐會要·學校》《唐會要·弘文館》《唐語林·政事下》《唐語林·補遺》《明史·職官志二》。

【修文館】 [1]

即弘文館 [1]。此稱唐代已行用。見該文。

【昭文館】 [1]

即弘文館 [1]。此稱唐代已行用。見該文。

廣文館

省稱"廣文"。唐代玄宗時專爲諸州來京應

試落第之學子而設的臨時性補習學校。爲唐國子監所轄七館之一，創設於天寶九載（750），位在長安務本坊西北隅，任務是培訓落選的鄉貢士人，爲來年再次參加進士科考試作準備。廣文館置廣文博士、助教各一人，品秩同太學。《通典・職官・諸卿下・國子監》："大唐天寶九載，置廣文館學生進士，廣文館博士一人，助教一人，並以文士爲之。"《舊唐書・玄宗紀》："〔天寶九載〕秋七月己亥，國子監置廣文館，領生徒爲進士業者。"《新唐書・百官志三》："〔祭酒、司業〕掌儒學訓導之政，總國子、太學、廣文、四門、律、書、算凡七學。"宋王讜《唐語林》卷五："天寶中，國學增置廣文館，在國學西北隅，與安上門相對。廊宇初建，會十三年秋霖一百餘日，多有倒塌，主司稍稍毀撤，將充他用，而廣文寄在國子館中。尋屬邊戈内擾，館宇至今不立。"五代沿置，宋立於元祐七年（1092），置廣文博士四人，助教二人，規定凡試國子監者，須先補中廣文館生，目的是"以待四方游士試京師者"，學生增達二千四百人，學生"就試試已，則生徒散歸"。廣文館學生則稱爲廣文生，享受廩膳待遇，參加國子監之重要活動，歷年應試進士及第者，不乏其人。紹聖元年（1094）廢黜。參閱《通典・職官九》《唐會要・廣文館》《唐語林・文學》《宋史・選舉志三》《宋史・職官志五》《宋史・職官志八》《文獻通考・學校三》。

【廣文】

"廣文館"之省稱。此稱唐代已行用。見該文。

三學[1]

唐宋時期三類中央官學國子學、太學、四門學之合稱。三者皆隸屬於國子監（寺），均爲教習儒家經典的經學學校，故稱。三者不同之處唯在入學者背景有別，即文武三品以上官吏子孫得入國子學，五品以上官吏子孫得入太學，七品以上及平民之俊異者得入四門學。《新唐書・儒學傳上序》："廣學舍千二百區，三學益生員，並置書、算二學，皆有博士。"

又宋代以太學之外舍、内舍、上舍爲三學。宋神宗熙寧四年（1071）宋廷接受王安石變法政策，在太學實行三舍法，分太學生爲三等，即外舍生、内舍生和上舍生，三舍亦稱"三學"。《宋史・職官志五》："熙寧初，詔用經術取士，廣闊黌舍，分爲三學，增置生徒，總二千八百人。"宋時太學、武學、宗學亦合稱爲"三學"。清孫承澤《春明夢餘録》卷五五："宋時武學、太學、宗學共稱三學。"參見本卷《教學機構説・官學考》"三舍"文。參閱《新唐書・選舉志上》。

三館

教育、校書及招賢納士之所。漢武帝時丞相公孫弘開領賢、翹材、接士三館，以收羅人材。漢劉歆《西京雜記》："平津侯（公孫弘）自以布衣爲宰相，乃開東閣，營客館，以招天下士。其一曰飲賢館，以待大賢；次曰翹材賢，以待大才；次曰接士館，以待國士。"唐以弘文、集賢、史館合稱"文三館"。負責藏書、修史、校書事宜。宋因之，亦設廣文、太學、律學三館以爲教育士子之機構。參閱《宋史・選舉志三》。

六學[1]

唐代國子監下轄之國子學、太學、四門學、律學、書學、算學之合稱。《舊唐書・職官志三》："〔國子監〕祭酒、司業之職，掌邦國儒學訓導之政令，有六學。一國子學、二太學、三四門、四律學、五書學、六算學也。"其中國子學、太學、四門學三學設立於高祖武德元年（618），均爲學習儒家經典的經學學校，屬大學性質，旨在培養爲統治階級服務的從政人才，區別衹在於入學者的家庭官階和門瘍地位有高低之不同。唐制，國子學收文武三品以上高級官宦子孫，限額三百員；太學收文武五品以上中級官員子孫，限額五百員；四門學收文武七品以上低級官員子孫，限額百員。另收地方庶民之俊秀青年八百員，入學年齡在十四至十九歲之間，在學最長爲九年，學生分班習經。博士、助教分經教授，一經習畢，方可習另一經。三學學生習通二經或三經并通過考試者，可出監參加考試。留監者三學依次升補：四門學學生可升補太學生，太學生可升補國子學。書學、算學、律學則屬於國家專科大學性質。前兩者設於唐初貞觀二年（628），律學則設於貞觀六年。此三學初隸屬國子監，龍朔三年（663）後，皆歸隸本行業主管機構：書學隸屬蘭臺，算學隸秘閣（秘書局），律學隸屬詳刑寺。雖隸屬非一，但仍并稱六學。書、算、律三學入學者身份相同。唐制，八品以下官員子弟及庶人通其學者皆可入學。學成畢業可參加科舉考試以進入仕途。六學學生均要行束脩之禮。《新唐書·百官志三》："六學束脩之禮督課試舉，皆如國子學。"六學除接納本國宦官子弟外，尚承接鄰國派遣之留學生。玄宗天寶九載（750）增置廣文館於國子監，合前者六學而稱"七學"或"七館"。宋無六學之名，但唐之所設一仍其舊。金仿唐制亦置六學，又相傳西周天子和太子要入小學、東學、南學、西學、北學和太學，是故亦有"六學"之稱。《北史·劉芳傳》："案鄭注《學記》，周則六學所以然者，注云，'内則設師保以教，使國子學焉；外則有太學庠序之官。'此其證也。"參閱《通典·職官九》。

【六館】[1]

即六學。因國子學、太學、四門學、書學、律學、算學六學各設一館，故稱。唐韓愈《太學生何蕃傳》："於是太學六館之士百餘人，又以蕃之義行，言於司業楊先生誠請諭留蕃。"（《韓昌黎集》卷一四）宋王讜《唐語林·補遺一》："學舊六館，有國子館、太學館、四門館、書館、律館、算館，國子監都領之。每館各有博士、助教，謂之學官。"明代國子監分設正義、崇志、廣業、修道、誠心和率性六堂，亦統稱"六館"。明宋濂《送國子正蘇君還金華山中序》："平仲將行，率六館之士祖餞於龍江之上。"《明史·陳敬宗傳》："〔遷國子監祭酒〕立教條，革陋習。六館士千餘人，每升堂聽講，設餞會食，整肅如朝廷。"參見本卷《教學機構說·官學考》"六學""六堂"文。

七學

亦稱"七館"。特指唐代中央官學國子監所轄之國子學、太學、四門學、律學、書學、算學和廣文館。《新唐書·百官志三》："國子監掌儒學訓導之政，總國子、太學、廣文、四門、律、書、算，凡七學。"唐韓愈《昌黎集》卷三九："臣某言臣得所管國子、太學、廣文四門及書、筭、律等，七館學生沈周等六百人狀。"

【七館】

即七學。此稱唐代已行用。見該文。

諸王宮學

宋代專爲宗室子孫入學肄業而設的貴胄學校。宋初已建。真宗咸平間擇醇儒爲南宮北宅子孫授經義。仁宗嘉祐三年（1058）置教授。英宗治平元年（1064）增講書，立課試規罰之法。崇寧、大觀間諸宮皆設博士。宗子分爲六宅，宅各有學，學皆有官，内外宗子均被教養。南宋紹興五年（1135）復置宮學，選差大學教授二人，小學二人。嘉定九年（1216）并入宗學。元馬端臨《文獻通考·學校》：“寧宗嘉定九年詔諸王宮學改作宗學，參之國朝典故，仍隸宗正寺以官，教授改爲博士宗論。”

資善堂

省稱“資善”。宋代專爲皇太子和皇帝子孫讀書肄業所設之中央貴胄學校，是東宮教育的主要場所。大中祥符八年（1015），真宗專爲太子建立。資善堂設置翊善、贊讀、直講等官輔教皇子。《宋史·職官志二》：“資善堂自仁宗爲皇子時，爲肄業之所，每皇子出就外傅，選官兼領。”北宋後期，資善堂成爲年幼皇帝讀書學習的主要場所，資善堂使經筵教育與東宮教育合爲一體。《宋史·職官志二》：“元豐八年（1085），哲宗初開講筵，詔講讀官日赴資善堂，以雙日講讀。”同時允許皇太子之外其他封王的皇子到資善堂讀書，《宋史·職官志二》：“政和元年（1111），定王、嘉王出就資善堂聽讀。”南宋初，宰相趙鼎奉命在宮門内建造書院，紹興五年（1135）完成，即作爲資善堂。紹興三十二年孝宗即位後，又陸續增設説書、皇太子宮小學教授、資善堂小學教授等職。宋王林《燕翼詒謀錄》卷三：“大中祥符八年（1015），真宗封壽春郡王，以張士遜、崔遵度爲友，講

學之所爲資善堂。此資善之名所由始也。自後元良就學所皆曰資善。”宋葉夢得《石林燕語》卷六：“謂等因講師傅十日一赴資善堂，賓客以下，只日互陪俟講，從之。”參見本卷《教學機構説·官學考》“内小學”文。

【資善】

“資善堂”之省稱。此稱宋代已行用。見該文。

蕃學

宋代、西夏時期專爲邊疆少數民族子弟和異國僑民所設之中央、地方兩級官學學校。西夏立國之初即於景宗天授禮法延祚二年（1039）在國都興慶府始建蕃學。旨在“以胡禮蕃書抗衡中國”（《西夏書事》卷一三）。蕃學以大臣野利仁榮主其事，將《孝經》《爾雅》《四言雜字》譯爲蕃語，用蕃書（西夏文）書寫，招收黨項貴族和漢族官僚子弟之俊異者入學肄業。學生學成後視其才能酌量授以官職。各州亦設置蕃學。自創蕃學後，由蕃學進而做官的人各州多至數百。北宋神宗熙寧間於熙（今甘肅臨洮）、河（今甘肅臨夏東北）二州置州級蕃學，收蕃部首領、蕃官子弟入學。徽宗時，在陝西用蕃字地區亦置，挑選通蕃語、識文字之人爲教授，教授經典或佛經。後又在廣州、泉州置蕃學，是爲外國商人子弟所設的專門學校。《宋史·神宗紀二》：“〔熙寧八年（1075）三月〕戊戌，知河州鮮於師中乞置蕃學，教蕃酋子弟……從之。”蕃學“選通蕃語識文字爲之教授，訓以經典，譯以文字，或因其所尚，令誦佛學，漸廢其俗”（《宋會要輯稿·崇儒》）。宋蔡絛《鐵圍山叢談》卷二：“大觀、政和之間，四夷向風。廣州、泉南請建蕃學。高麗亦遣士就上庠。及其

課養有成，於是天子召而廷試焉。”另外，宋代西夏創設的學校——黨項學亦謂之“蕃學”。范文瀾《中國通史》第四論第四章第一節：“元昊創制西夏文字後，又命野利仁榮主持建立蕃學（黨項學）……選拔黨項和漢族官僚子弟入學。”

三舍

亦稱“三學”。宋代太學分外舍、内舍和上舍，合稱“三舍”。王安石推行新法，以“學校養士”代“科舉取士”，宋神宗熙寧四年（1071）在太學實行三舍考選法，分太學爲外舍、内舍和上舍，并規定有關肄業、考核及授官的各種制度，即貢士先入外舍學習，然後經考試升舍，上舍生畢業後酌予官職。州學也曾相應實行三舍法。《宋史·選舉志三》：“元豐二年（1079），頒學令：太學置八十齋，齋各五楹，容三十人。外舍生二千人，内舍生三百人，上舍生百人。月一私試，歲一公試……公試，外舍生入第一、第二等，升内舍；試入優、平二等，升上舍。皆參考所書行藝乃升。”又：“神宗尤垂意儒學，自京師至郡縣，既皆有學，歲時月各有試，程其藝能，以差次升舍，其最優者爲上舍，免發解及禮部試而待賜之第。遂頗以此取士。”另外，宋時三舍亦稱“三學”，《宋史·職官志五》：“熙寧初，詔用經術取士，廣闊黌舍，分爲三學。”詳見“三學”文。參閲《宋史·選舉志一》《文獻通考·選舉四》《續文獻通考·學校一》。

【三學】 [2]

即三舍。此稱宋代已行用。見該文。

上舍

宋代太學三舍法之上等部分。宋太學初創於仁宗慶曆四年（1044）。神宗熙寧四年

（1071）立太學三舍法。第一等稱爲“上舍”，以錫慶院處之。上舍招生一百員。上舍生考試分上、中、下三等。名列上等的直接授官。中等免禮部試，下等免解試。上舍生常被選充太學前廊學録、學諭、直學等職事人，享有月俸。入學滿六年而獲釋褐，稱“走馬上舍”。元符二年（1099）規定，州學每年可貢上舍生一人入京師，暫補太學外舍，考試合格即補内舍；三次考試不生升舍，遣還州學。崇寧元年（1102），改州學爲每三年一貢，“考分三等。入上等補上舍，入中等補下等上舍，入下等補内舍，餘居外舍”（《宋史·選舉志》）。其他，如武學、律學、醫學、算學、書學、畫學等，亦仿太學，行三舍法，置上舍。參見本卷《教學機構説·官學考》“三舍”“太學”文。

内舍

宋代三舍法之中等部分。神宗熙寧四年（1071）立太學三舍法。第二等級稱“内舍”，以舊國子監處之。慶曆期間太學設内舍生二百名。熙寧初，太學置三舍，内舍生仍爲二百人，元豐時增爲三百人。元符二年（1099），三舍法推行於州學，州學亦置内舍。南宋紹興十三年（1143）重建太學，内舍以百人爲額。外舍生在學滿三季，外校合格，次年公試入等，升補内舍；内舍生連續三次私試被黜，則退降外舍。内舍生每兩年舉行一次内舍試，由學官主持，試卷密封謄録。凡成績達優、平二等，當年校定合格者，升補爲上舍生。其他如武學、律學、醫學、算學、書學、畫學等，亦仿太學，立三舍法，置内舍。參見本卷《教學機構説·官學考》“三舍”“太學”文。

外舍

宋代"三舍法"中之第三等級，以武成王廟處之。熙寧四年（1071），外舍生無限額，五年定爲七百人。元豐二年（1079）增至二千人。外舍生一年舉行公試一次，再參考平日行藝，凡進入一、二等成績者，升入内舍。元符二年（1099），州學推行三舍法，每年許貢上舍生一人，内舍生二人。南宋紹興十三年（1143）重建太學，外舍生逾千人。其他如武學、律學、醫學、算學、書學、畫學等，亦仿大學立三舍法，置外舍。另外，西周之小學亦稱"外舍"。《大戴禮記·保傅》："古者年八歲而出就外舍，學小藝焉，履小節焉。束髮而就大學，學大藝焉，履大節焉。"參見本卷《教學機構説·官學考》"三舍""太學"文。參閱《文獻通考·學校三》《宋史·選舉志三》。

【外學】[1]

即外舍。至神宗熙寧四年（1071）太學推行王安石三舍法。至徽宗崇寧元年（1102），太學規模進一步擴大，以至於上舍二百人，内舍六百人，外舍三千人。是故徽宗下詔於太學之外另建辟雍，專容外舍生，其程度相當於大學之預科，故曰"外學"，入學及教學内容參太學。參見本卷《教學機構説·官學考》"三舍""太學"文。

宗學

亦稱"左右翼宗學""南北宅"。中國封建王朝專門爲皇家貴族子弟設立之中央貴胄學校。周代貴族子弟八歲入小學，十五歲入大學。小學、大學皆爲皇族子弟學校。《大戴禮記·保傅》："及太子少長，知妃色，則入于小學。"盧辯注："古者太子八歲入小學，十五歲入太學

也。"東漢平帝時始置宗師，掌教育宗室子弟。北魏武帝時中央設有皇宗學。唐代立國之初即於秘書省外別立小學，令宗室子弟入學肄業。宋代宗學初由諸王附設於皇宫内廷，分小學與大學兩級。神宗元豐六年（1083），始置宗室小學，由王室聘請儒師教授八至十四歲的皇族子弟，屬私學性質。徽宗崇寧元年（1102），諸王宫設大、小二宗學，各置教授授生徒。規定宗室子弟十歲以上者入小學，二十歲以上者就大學。崇寧三年（1104）又分別於南京與西京設置兩敦宗院，置大、小學教授二人，專教皇族子弟，始稱"宗學"。并改私立爲公立。崇寧四年改教授爲博士。高宗紹興十四年（1144），復於臨安（今浙江杭州）設立宗學。置大、小學教授一人，教授大、小學生一百名。其中大學生五十名，小學生四十名。大、小學職事各五名。置博士、學諭主掌管教務。有宋一朝對宗學學生予以優待，特許不經考試，便可賜第授官。《宋史·選舉志三》："初，宗學廢置無常。凡諸王屬尊者，立小學于其宫。其子孫，自八歲至十四歲皆入學，日誦二十字。"《宋史·職官志五》："咸平初，遂命諸王府官，分兼南北宅教授。南宫者，太祖太宗諸王之子孫處之，所謂睦親宅也。"徽宗崇寧間，在兩京置敦宗院，院皆置大、小學教授，并立考選法。南宋高宗紹興十四年，"建宗學于臨安，生員額百人：大學生五十人，小學生四十人，職事各五人。置諸王宫大、小學教授一員。在學者皆南宫、北宅子孫"（《宋史·選舉志三》）。嘉定九年（1216）諸王宫學并歸宗學。凡有籍宗室子弟三年補試一次。自是宋宗學改隸宗正寺。

明代沿置宗學，分設於南北兩京。凡屬宗

室年未弱冠之世子、長子、衆子，及將軍、中尉等官之子弟，皆可入學肄業。萬曆中重定，十歲以上之宗室子弟皆可入學。明代宗學教師由王府長史、紀善、伴讀、教授等官中之學行優長者充任。并設"宗正"一人，以統管學務，旋又增設"宗副"二人，以爲之助。宗學學習内容有《皇明祖訓》《孝順事實》《爲善陰隲》等，并讀《四書》《五經》《性理大全》《資治通鑑》等書。學規規定宗學在學五年。明宗學開始每年由提舉官組織考試，後來令其參加科舉考試。如考試有進益，准奏請出學，支領本等俸禄。《明史·選舉志一》："宗學之設，世子、長子、衆子、將軍、中尉年未弱冠者俱與焉。其師，於王府長史、紀善、伴讀、教授等官擇學行優長者除授。萬曆中，定宗室子十歲以上，俱入宗學……子弟入學者，每歲就提學官考試，衣冠一如生員。"

清在入關之前即設有宗學。滿族皇室以"顯祖宣皇帝本支爲宗室，伯叔兄弟之爲覺羅"（《欽定國子監則例·八旗官學》）。清代專爲宗室子弟設立之中央官學沿稱"宗學"。太宗天聰五年（1631），令八至十五歲皇族子孫入宗學讀書。順治十年（1653）八旗各設宗學，遴選滿洲生員充任教師。凡尚未受封的宗室子弟，年滿十歲以上者，皆須入學，學習滿族之書。雍正二年（1724）增訂宗學制度。改設左、右翼滿、漢宗學各一。王、公、將軍及閑散宗室子弟十八歲以下者，入學分習滿、漢文，兼習騎射。每學各以王、公一人總其事，并設總管、副總管、滿教習、漢教習、騎射教習，分別管理學務和教學。雍正十一年由翰林官充任教習。乾隆四年（1739）規定宗室學生每十名配備一

名教習，由朝廷選拔在朝官員中學行兼優者充任，滿漢教習各半。宗學學生於漢經書文藝外，尚須習滿文，兼習騎射。清宗學設有較爲嚴格的考試制度。規定月考經義、翻譯和騎射；年試翻譯、經義。乾隆十一年定學額，左翼七十，右翼六十。後增爲各百人，入學年齡也改爲十至三十歲，學制五年，學滿可與天下貢士同殿試，賜進士甲第，用於宗人府、翰林院等衙門。光緒三十四年（1908），裁左、右翼宗學，設八旗高等學堂及左、右翼高等小學、初級小學堂。乾隆二年清廷在留都盛京（今遼寧瀋陽）設立"盛京宗室覺羅官學"，合宗學、覺羅爲一學。擇宗室及覺羅子弟十至二十歲者入學肄業。設宗學總管二人，副管四人，兼管覺羅事。另設滿、漢騎射教習，員數無常，教學内容仍爲滿、漢文字，經史文藝及弓馬騎射。生徒肄業五年後選充盛京三陵及五部將軍等衙門筆帖式（滿語，意爲辦理文書、檔之官員），亦可與旗人同應歲科試及鄉會試。《清史稿·選舉志一·學校上》："宗學肇自虞廷，命夔典樂，教胄子。三代無宗學名，而義已備。唐宋後，有其名而制弗詳。清順治十年，八旗各設宗學，選滿洲生員爲師。凡未封宗室子弟，十歲以上，俱入學習清書。雍正二年定制，左右兩翼設滿、漢學各一，王公、將軍及閑散宗室子弟，十八歲以下，入學分習清、漢書，兼騎射。以王、公一人總其事。設總、副管，以宗室分尊齒長者充之。清書教習二人，選罷閑旗員及進士、舉人、貢生、生員善繙譯者充之。騎射教習二人，選罷閑旗員及護軍校善射者充之。每學生十人設漢書教習一人，禮部考取舉、貢充之。三年期滿，分別等第録用。十一年，兩學各以翰林官

二人董率課程，分日講授經義、文法。乾隆初，以滿漢京堂各一人總稽學課，月試經義、繙譯及射藝。九年，定每屆五年，簡大臣合試兩翼學生，欽定名次，以會試中式注冊。俟會試年，習繙譯者，與八旗繙譯貢生同引見，賜進士，用府屬額外主事；習漢文者，與天下貢士同殿試，賜進士甲第，用翰林部屬等官。十年，考試漢文、繙譯無佳作。諭曰：'我朝崇尚本務，宗室子弟俱講究清文，精通騎射。誠恐學習漢文，流於漢人浮靡之習。世祖諭停習漢書，所以敦本實、黜浮華也。嗣後宗室子弟不能習漢文者，其各嫻習武藝，儲爲國家有用之器。'明年，定學額，左翼七十，右翼六十。二十一年，裁漢教習九人，改繙譯教習。增騎射教習，翼各一人。嘉慶初，畫一兩翼學額，增右翼十名。定每學教習滿三人，漢四人。十三年，兩翼各增學額三十，足百名，爲永制。"又云："光緒二十八年（1902），翰林院侍讀寶熙奏請援同文館歸併大學堂例，將宗室、覺羅、八旗等官學改併中、小學堂，均歸管學大臣辦理。"參見本卷《教學機構説·官學考》"宮學""八旗官學""覺羅學""國子監"文。參閱《宋史·職官志二》、《宋史·職官志四》、《宋史·選舉志三》、《大明會典》卷五七、《文獻通考·學校三》、《續文獻通考·學校一》、《清續文獻通考·學校一》、《欽定大清會典·宗人府四·左右翼宗學》、《八旗通志初集·學校志四·宗學》、《欽定八旗通志·學校志四·宗學》、《清會典事例·禮部·學校·宗學》。

【左右翼宗學】

即宗學。此稱清代已行用。清代八旗分爲左右兩翼，鑲黄、正白、鑲白、正藍爲左翼，正黄、正紅、鑲紅、鑲藍爲右翼，宗室亦如之，是故宗學亦稱左右翼宗學。清宗學於雍正二年（1724）始置，隸宗人府。見該文。

【南北宅】

即宗學。宋代宗學之學宮，即皇室子弟的學塾，凡南北兩處，故稱。此稱宋代已行用。見該文。

在京小學

宋代中央貴胄小學，創辦於哲宗即位之初。《宋史·選舉志三》："哲宗時，初置在京小學，曰'就傅''初筮'，凡兩齋。"至徽宗時，學額曾達千人，增爲十齋，學科分爲誦經與書字，教師有職事教諭二人，學長二人，學生八至十二歲入學。學校實行三舍升補法，辦法與太學同。宋代小學建立以後的情況如何，其教學、考試及廢置年代，均無史料可徵。

宮學

亦稱"内學"。宋代和西夏時期專爲皇家子弟入學肄業所設之中央貴胄學校。因設於禁宫之内，故稱。宋宮學始置於紹興十四年（1144），諸王宮大、小學各置教授一員，學生皆南宮、北宅子孫。嘉定九年（1216），改宮學爲宗學。《宋史·選舉志三》："〔寧宗嘉定〕九年，以宮學併歸宗庠，教授改爲博士、宗諭。"宋吳自牧《夢粱録·學校》："嘉定歲始，改宮學爲宗學，凡有籍者，宗子以三載一試，補入爲生員，如太學法。"西夏宮學始置於仁宗人慶元年（1144），其性質類似於宋代之宗學，主要招收七至十五歲之宗室子弟入學肄業。宮學聘名儒任教授，皇帝及皇后也時常親臨訓導。《宋史·外國傳二·夏國下》："〔人慶改元，始立〕小學於禁中，親爲訓導。"天盛二年（1150）

"復建内學，選名儒主之"（《宋史·外國傳二·夏國下》）。另外，早在北魏時已置宮學，擇没入宮掖幼女中聰穎者入宮學，稱"宮學生"，授以詩書，而後授以女尚書等職務。參見本卷《教學機構説·官學考》"宗學"文。參閱《文獻通考·學校三》《續文獻通考·學校一》。

【内學】[1]

即宮學。宋代與西夏時期之宮學。此稱宋代已行用。見該文。

女真太學

亦作"女直大學""女直太學"。特指金代設於中央太學之一種。明商輅《續通鑑綱目》卷一六："金大定十八年夏四月祔高宗主于太廟，五月王淮罷，金建女真太學。"《通鑑續編》卷一八："金建女真大學。"《續資治通鑑》卷一五一《宋孝宗淳熙十五年》夏四月"癸未，金建女真太學。"

【女直大學】

同"女真太學"。此體金代已行用。見該文。

【女直太學】

同"女真太學"。此體金代已行用。見該文。

女真國子學

亦作"女直國子學"。遼金時期專爲培養金人子弟而特設的一種中央官學。創設於金世宗大定十三年（1173），以進士爲教授，學額分策論生百人，小學生百人。選明安、穆昆内良家子弟之優秀者入學肄業。學科分爲女真大小字譯經書。考試略與太學同，舉行學生會考，規定三日作策論一道，又三日作詩及賦各一篇。三月一私試，在季月初舉行。先試賦，間一日試策論。以中選者前五名申部補官。《續文獻通考·學校一》："十三年置女真國子學。自大定四年以來，以女直大小字譯《尚書》頒行諸路。擇明安、穆昆内良家子弟爲學生，至三千人。九年取其尤俊秀者百人至京師，以編修官温特赫吉達教之。至是始設國子學。定策論生百人，小學生百人。凡取國子學生之制，皆與詞賦經義生同。又定制，每穆昆取二人，若宗室每二十户内無願學者，則取有物力家子弟年十三以上、二十以下者充。凡會課三日作策論一道，季月私試如漢生制。"參見本卷《教學機構説·機構總考》"女直學"文。參閱《金史·選舉志一》《金史·世宗紀》《續文獻通考·學校一》。

【女直國子學】

同"女真國子學"。見該文。

内小學

宋代中央貴冑學校。創立於理宗年間，選十歲以下宗室兒童資質優者入學。設教授、直講、贊讀等學官。《續文獻通考·學校一》："嘉熙元年（1237）六月，詔建内小學，擇宗子十歲以下資質美者，置師教之。淳祐二年（1242），置内小學教授二員。七年正月建資善堂於内小學，置直講、贊讀二員。"參見本卷《教學機構説·官學考》"資善堂"文。

端本堂

元代設於京師之中央貴冑學校。《元史·順帝紀五》："〔至正九年〕冬十月辛卯，享於太廟。丁酉，命皇太子愛猷識理達臘自是日爲始入端本堂肄業。命脱脱領端本堂事，司徒雅普化知端本堂事。端本堂虚中座，以俟至尊臨幸，太子與師傅分東西向坐授書，其下僚屬以次列坐。"

蒙古國子學

元代設於京師專門教習蒙古字之中央子弟

學校。世祖至元八年（1271）正月，始下詔立京師蒙古國子學，置教官五員，教習諸生。并詳訂蒙古學校例，計十一條，令有司明諭四方。規定京師國子學，"於隨朝蒙古、漢人百官及怯薛（蒙古和元代之禁衞軍。怯薛爲蒙古語之音譯，即輪流值宿守衞之意。其成員謂之怯薛歹）官員，選子弟俊秀者入學，然未有員數"（《元史・選舉志一》）。學生分爲正額與陪同兩種。正額生爲官員子弟，月給廩膳；另選庶民子弟充當陪堂生，略給紙札筆墨。置博士二人、教授二人、助教一人，與學正、學録等共領教職。以蒙古語譯寫的經史諸書及蒙古字書爲教材。二三年後待生員習學成效，出題試問，觀其所對，精通者，量授官職。後又設分學於上都，教育從駕上都的怯薛子弟。成宗元貞元年（1295）三月二十三日，爲健全學校體例，下旨增設蒙古學正，以各道肅政廉訪司領之。仁宗延祐二年（1315），生員定額一百五十人：蒙古七十人，色目二十人，漢人六十人。蒙古國子學及諸路蒙古字學生員成績優秀者，均從翰林考試，中選者授以蒙古字學官和譯史等職。蒙古國子學的設立顯然是受到金朝女真國子學的啓發，它的設立在保存蒙古族傳統文化，加速培養蒙古族人才方面起到積極的作用。參見本卷《教學機構説・官學考》"國子學"文。參閱《元史・選舉志一》《元典章・禮部・學校一》《續文獻通考・學校一》《續文獻通考・學校三》。

回回國子學

元代教習回回文字（亦稱亦思替非文字，即波斯文字），爲官署培養譯史的中央子弟學校。學校置教官五員，選公卿大夫及富民子弟入學，供給廩膳，習成出任譯史。《元史・選舉志一》："世祖至元二十六年（1289）夏五月，尚書省臣言：'亦思替非文字宜施於用，今翰林院益福的哈魯丁能通其字學，乞授以學士之職，凡公卿大夫與夫富民之子，皆依漢人入學之制，日肄習之。'帝可其奏。是歲八月，始置回回國子學。至仁宗延祐元年（1314）四月，復置回回國子監，設監官，以其文字便於關防取會數目，令依舊制，篤意領教……學之建置在於國都，凡百司庶府所設譯史，皆從本學取以充焉。"回回國子學教習波斯文，可謂中國歷史上最早的國立外國語專科學校。另外，在國子學中設置外語教育，也標志着國子學以經學教育爲唯一内容的傳統被打破。參見本卷《教學機構説・官學考》"國子學"文。參閱《元史・選舉志一》《元典章・禮部・學校一》《續文獻通考・學校一》《續文獻通考・學校三》。

大本堂

明初專爲皇子及貴族子弟讀書肄業而設之中央貴胄學校。洪武初建於南京，取古今圖書置其中，延名儒專經面授，後改在文華殿進行。永樂後則用春坊司經局官與翰林院官進講。《明史・職官二》："先是，洪武初，置大本堂，充古今圖籍其中，召四方名儒訓導太子、親王。諸儒專經面授，分番夜直。"《明實録・明太祖實録》："洪武元年（1368）十一月戊戌朔辛丑，宴集東宮官及儒士，各賜冠服。先是，上建大本堂，取古今圖書充其中，延四方名儒教太子、諸王，分番夜直，選才俊之士充伴讀。"清查繼佐《罪惟録・列傳・皇太子標傳》："洪武元年册爲皇太子……會大本堂成，取古今圖籍充其中。後徵四方名儒，伴讀太子及諸王，分番夜直，間與賦詩，商榷政事。"參閱明吕本《館閣類録》《明史·禮志九》《明史·興宗孝康皇帝傳》、《明實録·明太祖實録》、清陳鶴《明紀》卷二。

南京國子監 [2]

明代最高學府之一。前身是元集慶路儒學基礎上設立的國子學。明洪武十四年（1381）新建校舍於南京鷄鳴山之陽，次年改“國子學”爲“國子監”。内設五廳（繩愆廳、博士廳、典籍廳、典簿廳、掌饌廳）、六堂（率性堂、修道堂、誠心堂、正義堂、崇志堂、廣業堂），及號房兩千餘間，置祭酒、司業、監丞、博士、助教等學官分掌教事，學生多時達九千九百餘人，鄰邦高麗、日本、琉球、暹羅亦遣子弟來學。永樂元年（1403）又建北京國子監。永樂十八年遷都北京後，以北京國子監爲京師國子監，改原京師南京國子監稱“南京國子監”，省稱“南監”，亦稱“南雍”。設祭酒一人、司業一人，下設監丞一人、典簿一人、博士三人、助教六人、學正五人、學録二人、典籍一人、掌饌一人。後革助教二人、掌饌一人、博士一人、學正一人。其職掌同於北京國子監。另外，宋代所設三處國子監之一亦稱“南京國子監”。參見本卷《教學機構説·官學考》“國子監”文。

【南監】

“南京國子監 [2]”之省稱。亦稱“南廱”“南雍”。明代最高學府和最高教育行政管理機構之一。廱（雍），取辟廱（廱）之義，故名。《平山冷燕》第一九回：“話説燕白頷自有了科舉，又替平如衡納了南監，遂同到南京來鄉試。”參閲明黃佐《南雍志》和明黃佐炳《續南雍志》。

【南廱】

即南監。特指明代南京國子監。此稱明代已行用。詳該文。

【南雍】

即南監。特指明代南京國子監。此稱明代已行用。見該文。

北京國子監 [1]

省稱“北監”“國監”“北雍”。亦稱“京師國子監”。成祖永樂元年（1403）在北平府學基礎上改建。永樂十八年遷都北京後改北京國子監爲國子監。規制一如南京國子監。參見本卷《教學機構説·官學考》“國子監”“兩監”文。

【京師國子監】

即北京國子監。此稱明代已行用。詳該文。

【北監】

“北京國子監”之省稱。此稱明代已行用。見該文。

【國監】

“北京國子監”之省稱。此稱明代已行用。見該文。

【北雍】

即北京國子監。此稱明代已行用。見該文。

京學

亦稱“五京學”“五京太學”“南京學”。遼代設於京師之太學，故稱。遼於契丹神册四年（919）葺遼陽故城建東平郡，天顯三年（928）遷東丹國國都於此，升爲南京，遼太宗時於此設太學，史稱“南京學”。至會同元年（938），改南京爲東京，而同時升幽州（今北京）爲幽州府，建號南京，仍在此設學，太宗至聖宗期間初具規模。道宗清寧元年（1055）奉詔設學官，置博士、助教各一人，教授儒家五經。清寧五年又分別於上京（臨潢府，今遼寧昭烏達盟巴林左旗）、東京（原南京，遼陽府，今遼寧遼陽）、西京（大同府，今山西大同）、中京

（大定府，今遼寧凌源）同時設立太學，亦各置博士、助教一員，此四京太學并同原“南京學”，史稱“五京學”，亦稱“五京太學”，其與國子監共同構成遼代中央官學體系。宋佚名《都城紀勝·三教外地》：“都城內外，自有文武兩學，宗學、京學、縣學之外，其餘鄉校、家塾、舍館、書會，每一里巷，須一二所，弦誦之聲，往往相聞。”宋葉紹翁《四朝聞見錄·光皇命駕北內》：“閩士林自知觀過與謝同游於京學。”參閱《續文獻通考·職官》《遼史·地理志一》《續文獻通考·學校》。

【五京學】

即京學。見該文。

【五京太學】

即京學。見該文。

【南京學】

即京學。見該文。

【東京學】

即京學。遼代國立學校。道宗清寧元年（1055）始置於東京（今遼寧遼陽），掌教授東京以及附近州縣生員等事。置博士、助教各一員。

【西京學】

即京學。遼代國立學校。道宗清寧元年（1055）始置於西京（今山西大同），掌教授西京以及附近州縣生員等事。置博士、助教各一員。

六堂 [1]

亦稱“六館”。明清兩朝國子監學生肄業之所。分別稱正義堂、崇志堂、廣業堂、修道堂、誠心堂、率性堂。明之六堂祇有年級性質。正義、崇志、廣業三堂爲初級，修道、誠心二堂爲中級，率性堂爲高級。率性堂學生經考試積分及格者始准畢業，不及格者仍坐堂肄業。《明史·選舉志一》：“凡通《四書》未通經者，居正義、崇志、廣業。一年半以上，文理條暢者，升修道、誠心。又一年半，經史兼通、文理俱優者，乃升率性。”明《大政紀》：“〔成化〕二十三年（1487）正月，國子監生虎臣……聞萬歲山架棕棚以備登眺，臣上疏極諫，上奇之，祭酒費聞不知也，懼其賈禍，乃會六堂，鳴鼓聲罪，以鐵索鎖項待。”明時六堂亦稱“六館”，詳見“六館 [1]”文。清之六堂指率性堂、誠心堂、崇志堂、修道堂、正義堂、廣業堂。是位於國子監辟雍兩側的三十三間房。是貢生、監生們的教室。《儒林外史》第三十七回：“前日監裏六堂合考，小弟又是一等第一。”見本考該文。參閱《明實錄·明太祖實錄》。

【六館】[2]

即六堂。此稱明代已行用。見該文。

率性堂

明代國子監所設六堂之一。詳見“六堂”文。

修道堂

明代國子監所設六堂之一。詳見“六堂”文。

誠心堂

明代國子監所設六堂之一。詳見“六堂”文。

崇志堂

明代國子監所設六堂之一。詳見“六堂”文。

正義堂

明代國子監所設六堂之一。詳見“六堂”文。

廣業堂

明代國子監所設六堂之一。詳見“六堂”文。

八旗官學

亦稱“八旗學堂”“京師八旗官學”。特指清代設於京師專供八旗子弟讀書肄業之中央貴胄學校。順治元年（1644）始設於京師，隸國子監，并分八旗爲四處，每處各立官學一所，即每兩旗共立一學。專教親貴以外的八旗子弟，入學者稱爲"八旗官學生"。康熙時定額爲滿洲、蒙古生員各四十名，漢軍生員二十名。雍正六年（1728）規定每旗各置一學。乾隆時規定，每學滿洲學生六十名，蒙古、漢軍學生各二十名。後又在下五旗包衣中，每旗各添設滿洲學生六名、蒙古學生二名、漢軍學生二名。凡在八旗官學肄業的學生統稱爲"八旗官學生"。八旗官學設滿、漢、蒙、騎射教習。教學內容包括滿、漢、蒙古文字語言和漢經書文藝等，兼習騎射。凡八旗滿洲、蒙古、漢軍及下五旗包衣之文職五品、武職三品以上者，均可挑取子弟入官學肄業。各學設助教、教習等，掌教滿、蒙、漢文字及騎射諸課，學期十年。生徒學成後可參加歲、科試及鄉、會試，經考核分別選用。嘉慶、道光後逐漸廢弛，清末改爲"八旗學堂"。《清史稿·選舉志一·學校上》："此外隸國學者，爲八旗官學。順治元年，若琳奏：'臣監僻在城東北隅，滿員子弟就學不便，議於滿洲八固山地方各立書院，以國學二廳、六堂教官分教之，以時赴監考課。'下部議行。於是八旗各建學舍。每佐領下取官學生一名，以十名習漢書，餘習滿書。二年，從所蘊言，合兩旗爲一學。每學教習十人，教習酌取京省生員。其後學額屢有增減，教習於國學肄業生考選，止用恩、拔、副、歲貢生。如無其人，准例監生亦得考取。舉人願就，一例考選。雍正元年，於八旗蒙古護軍、領催、驍騎內，選熟練國語、蒙古語者十六人，充蒙古教習。向例官學生分佐領選送。五年，定每旗額設百名。滿洲六十，習清、漢書各半。蒙古、漢軍各二十，通一旗選擇，不拘佐領。年幼者習清書，稍長者習漢文。撥八旗教養兵額滿洲三十，蒙古、漢軍各十名，錢糧分給學生。定漢教習每旗五人。乾隆初，定官學生肄業以十年爲率，三年內講誦經書，監臣考驗，擇材資聰穎有志力學者，歸漢文班；年長願學繙譯者，歸滿文班。三年，欽派大臣考取漢文明通者，拔爲監生，升太學。與漢貢監究心明經治事，期滿，擇尤保薦，考選録用。八年，定漢教習三年期滿，分等引見。一等用知縣，二等用知縣或教職銓選。一等再教習三年，果實心訓課者，知縣即用。蒙古教習五年期滿實心訓課者，用護軍校、驍騎校。滿助教每旗二人，以八旗文進士、舉人，繙譯進士、舉人，恩、拔、副、歲貢生、文生員、繙譯生員、廢員、筆帖式（滿語，意爲辦理文考、檔之官員）考取。三十三年，下五旗包衣每旗增設學生十名。滿洲六，蒙古、漢軍各二，不給錢糧。五十四年，於每旗百名內裁十名，選取經書熟、文理優者二十人，加給膏火資鼓勵。嘉、道以後，官學積漸廢弛，八旗子弟僅恃此進身。教習停年期滿予録用例，月課虛應故事。雖明諭屢督責，迄難振刷。光緒初，力籌整頓。每學以滿、漢科甲官一人爲管學官，專司考覈學生課程、教習勤惰。簡派滿、漢進士出身大員二人爲管理八旗官學大臣。每學添設翰林編、檢一員。月課季考，分司考校。春秋赴監會考如舊。"又云："光緒二十八年（1902），翰林院侍讀寶熙奏請援同文館歸併大學堂例，將宗室、覺羅、八旗等官學改併中、小學堂，均歸管學大臣辦理。"

雍正元年（1723），又在八旗教場設八旗教場官學，每旗一所。其後，又陸續辦起景山官學、八旗義學、咸安宮官學、八旗算學館、八旗蒙古唐古武官學、盛京官學等八旗子弟學校。所以廣義的八旗官學又指清代官府設立的八旗子弟學校的總稱。《清會典事例・國子監・八旗官學》："順治元年定：八旗每佐領下各取官學生一人，八旗各擇官房一所建爲學舍，以教八旗子弟。每旗設學長四人，以國子監二廳、六堂教官爲教習。除每月逢六日各師長率各旗肄業子弟赴監考課外，令祭酒、司業等不時稽察，分別勸墮。"

參閱《清文獻通考・學校一》《清文獻通考・學校二》《清文獻通考・學校三》《清史稿・選舉志一・學校上》《清續文獻通考・學校二》《欽定八旗通志・學校志》《欽定國子監志・官師志》《欽定國子監志・考校》《欽定國子監則例・八旗官學》《清會典事例・禮部・學校・八旗官學》。

【八旗學堂】

即八旗官學。見該文。

【京師八旗官學】

即八旗官學。見該文。

盛京八旗官學

省稱"盛京官學"。亦稱"盛京兩翼官學"。清代地方貴冑學校，亦即旗學之一種。因於康熙二十年（1681）在清留都盛京（今遼寧瀋陽）所設，故名。當時於盛京八旗左右兩翼各設滿、漢學一所，選八旗子弟入學肄業。雍正十年（1732）增收盛京內務府幼童爲生。教授滿、漢文字及弓馬騎射。滿學設滿文助教一員，教授滿文；漢學設滿、漢文助教各一員，教習二員。《清文獻通考・學校二》："盛京官學於兩翼各設官學兩所，各旗選取俊秀幼童十名，每翼

四十名，滿學內各二十名，教讀滿書；漢學內各二十名，教讀滿、漢書，並習馬、步、箭。"參閱《清文獻通考・學校一》《清文獻通考・學校二》《欽定八旗通志・學校志五》《清會典事例・禮部・學校・盛京官學》。

【盛京官學】

"盛京八旗官學"之省稱。見該文。

【盛京兩翼官學】

即盛京八旗官學。清代八旗分爲左右兩翼，鑲黃、正白、鑲白、正藍爲左翼，正黃、正紅、鑲紅、鑲藍爲右翼。盛京宗室亦如之。故稱兩翼官學。見該文。

覺羅學

亦稱"八旗覺羅學"。清初專爲覺羅氏子孫設立之中央貴冑學校，隸宗人府。滿族皇室以"顯祖宣皇帝本支爲宗室，伯叔兄弟之爲覺羅"（《欽定國子監則例・八旗官學》）。天聰九年（1635）規定：以清太祖努爾哈赤之父顯祖宣皇帝塔克世的伯叔兄弟諸系爲旁支，稱爲"覺羅"。腰繫紅帶子，俗稱"紅帶子"，身份僅次於宗室，享有政治特權和優厚的經濟待遇。因名其就學肄業之所曰"覺羅學"。清室因宗學學生日多，未能遍容覺羅氏，是故於雍正七年（1729）在宗學之外又另立覺羅學，辟爲覺羅子孫就學之所。入學者條件同宗學。是年詔令八旗於衙署旁設滿、漢學校各一所。各旗學額不一，如鑲黃旗六十一人、鑲藍旗四十五人等。規定八歲至十八歲有志讀書，及十九歲以上已讀書願就學者皆可入學。教學內容爲滿、漢文字，經史文藝，并重弓馬騎射。設滿文、騎射教習各一人，每十名學生設漢文教習二人。每學設總管一人，由王公充任；副管二

人，選覺羅氏中老成練達、品行端正者擔任。學成，可參加歲科和鄉會試，并考用中書、筆帖式（滿語，意爲辦理文書、檔之官員）等官。《清史稿·選舉志一·學校上》："雍正七年，詔八旗於衙署旁設滿、漢學各一，覺羅子弟八歲至十八歲，入學讀書習射，規制略同宗學。總管王、公，春秋考驗。三年欽派大臣會同宗人府考試，分別獎懲。學成，與旗人同應歲、科試及鄉、會試，並考用中書、筆帖式。學額，鑲黃旗六十一，正黃旗三十六，正白旗、正紅旗各四十，鑲白旗十五，鑲紅旗六十四，正藍旗三十九，鑲藍旗四十五。滿、漢教習，旗各二人。惟鑲白旗各一。"又云："光緒二十八年（1902），翰林院侍讀寶熙奏請援同文館歸併大學堂例，將宗室、覺羅、八旗等官學改併中、小學堂，均歸管學大臣辦理。"參見本卷《教學機構説·官學考》"宗學"文。參閲《清史稿·選舉志一·學校上》《清會典事例·宗人府·八旗覺羅學》《清會典事例·禮部·學校·覺羅學》《清續文獻通考·學校一》《欽定八旗通志·學校志四·覺羅學》。

【八旗覺羅學】

　　即八旗官學。見該文。

琉球官學

　　省稱"琉球學"。亦稱"琉球學館"。清代培養琉球國留學生之中央官學。康熙二十三年（1684），琉球陪臣子弟四人赴京受業，均准入國子監就讀，始稱官學。其後，康熙二十六年、雍正二年（1724）、乾隆二十五年（1760）、嘉慶十年（1805）、道光二十一年（1841）、同治八年（1869）均派有陪臣子弟三至八人入監就讀。設教習、博士、助教等，講解經書，傳習道藝。其學生之衣、食、學費等，統由國子監供給，學習三年畢業歸國。同治十二年廢黜。《欽定國子監志·學志十·外藩入學》："外藩就學國子監者，有琉球學，有俄羅斯學。俱不常設。或該國王奏請奉旨俞允，乃令其陪臣子入學讀書，由監臣遴貢生爲教習，又派博士、助教等官董之，學成遣回。"參閲《清文獻通考·學校二》《欽定國子監志·學志十·外藩入學》。

【琉球學】

　　"琉球官學"之省稱。此稱清代已行用。見該文。

【琉球學館】

　　即琉球官學。此稱清代已行用。見該文。

景山官學

　　省稱"景山學"。清代專收八旗子弟入學之中央貴胄學校。康熙二十四年（1685）肇設於景山北上門兩旁官房内，故名。隸内務府。有清書三房，每房各設教習三人，於内務府執事人及閑散人内選取老成可爲師範者補授；漢書三房，每房各設滿、漢教習四人，移諮禮部，於生員内考取文理優通者補授。再委府屬司官五人，管理學房事務；督率驍騎四名，看守六房。設服役人十二名，以備灑掃。"凡内務府人等，有家貧不能讀書者，聽其入學讀書肄業"（《清會典事例·内務府·官學·景山官學》）。入學者稱爲"景山官學生"。學房招内府三旗（鑲黃、正黃、正白）佐領、管領以下子弟學習滿、漢書禮。設學額三百六十名。乾隆四十四年（1779）添補回童四名。嘉慶年間定額，鑲黃、正黃各一百二十四名，正白旗一百四十名，回童四名。乾隆四年規定三年委官考試一次，一等授筆帖式（滿語，意爲辦理文書、檔之官員），二等以庫使、庫守用，三等留學復讀，四等革退。《清史稿・選舉志一・學校上》："康熙二十四年（1685），令於北上門兩旁官房設立官學，選內府三旗佐領、管領下幼童三百六十名。清書三房，各設教習三人。漢書三房，各設教習四人。初，滿教習用內府官老成者，漢教習禮部考取生員文理優通者。尋改選內閣善書、射之中書充滿教習，新進士老成者充漢教習。雍正後，漢教習以舉人、貢生考取，三年期滿，諮部叙用。學生肄業三年，考列一等用筆帖式，二等用庫使、庫守。乾隆四十四年，許回子佐領下選補學生四名。嘉慶間，定額鑲黃旗、正白旗均百二十四，正黃旗百四十，回童四。"參閱《清文獻通考・學校一》《清續文獻通考・學校二》《清會典事例・內務府三十一・官學・景山官學》《欽定大清會典・內務府・景山官學》《清會典事例・禮部・學校・景山學》《嘉慶一統志・京師》。

【景山學】

"景山官學"之省稱。見該文。

蕉園官學

清代專收內監入學之中央官學。隸內務府。蕉園亦稱"芭蕉園"，明清時期皇家園林，明代稱"椒園"。園內有萬善殿、千聖殿等建築。康熙二十五年（1686）於萬善殿之東設內監學舍，故稱"蕉園官學"。官學置教習一人，選小內監入學，習漢書。康熙五十三年移置於萬善殿。乾隆三十四年（1769）并歸於長房官學。參見本卷《教學機構說・官學考》"長房官學"文。參閱《清文獻通考・學校一》。

八旗義學

清代京師八旗小學。康熙三十年（1691）設立。凡八旗子弟年滿十歲，由佐領於本佐領內挑選一人入學。滿洲幼童習滿書滿語，蒙古幼童習滿、蒙古書、語，漢軍幼童習滿書滿語，并習騎射。由各佐領、驍騎校稽查學業。乾隆四年（1739）定每學師生每月用贍銀三兩。乾隆二十三年（1758）裁撤。參閱《清續文獻通考・學校二》《清會典事例・禮部・學校・八旗義學》。

上書房

亦稱"尚書房"。清代皇子皇孫讀書肄業之中央貴冑學校。上書房位在乾清宮左。皇子自六歲開始入學，學習內容有滿書、漢書、蒙古語及騎射。一年內祇有端陽、中秋、萬壽、自壽日放假五日。據商衍鎏《清代科舉考試述錄》第三章："凡諸皇子與近支王公六齡及歲讀書，必特簡翰林官使授讀。康熙三十二年徐元夢入直上書房，'上書房'之名始見於此。"雍正間特建上書房於乾清宮南薰殿西長房兆祥所，近在禁御，以便稽察。教師由皇帝親自選定，稱授讀師傅，擇大臣二至三人爲之。復有總師傅以時督察課程，有事則入，非如師傅之日日入直。師傅之外，別有諳達教滿、蒙文者，由八旗翻繹（今作"翻譯"）進士出身人員選派，名"內諳達"；教弓箭者，由各旗營參佐領選派，名"外諳達"。"總諳達"亦以貴臣充之。上書房有伴讀，功課與皇子不同，另派伴讀師傅。唯同治、光緒兩朝，皆以冲齡踐位，讀書不經上書房，師傅稱爲"弘德殿毓慶宮行走"，皆由特旨以尚書、侍郎、大學士之翰林出身者爲之，如李鴻藻、孫家鼎、翁同龢等。清昭槤

《嘯亭續錄·上書房》："皇子六齡，即入上書房讀書。書房在乾清宮左，五楹，面北向，近在禁籥，以便上稽察也。"清陳康祺《燕下鄉脞錄》卷一三："李學士中簡，值上書房最久，諸皇子皆服其品學。"

【尚書房】

即上書房。見該文。

長房官學

清代宮廷學内專門教習太監學習識字之中央官學。隸内務府。康熙三十五年（1696）設於中南海萬善殿長房一帶，故名。學員開始僅十三人，至乾隆三十四年（1769）後遂無定額。創設滿洲教習二人，漢教習一人，蒙古教習一人，教授滿、漢、蒙古文。乾隆三十四年裁漢教習，改置内務府筆帖式（滿語，意爲辦理文書、檔之官員）二教習漢字。《欽定大清會典·内務府·長房官學》："長房官學，教習，滿洲二人，蒙古一人。滿洲於内務府筆帖式内挑補，蒙古由理藩院筆帖式内咨補，掌教内監。滿洲教習二員，分授清書、漢書；蒙古教習授蒙古書。止須令其識辨字畫，其内監無定數，教習每月各給銀二兩。五年期滿，由總管大臣稽察，其差役勤慎者，酌量升用。"《清會典事例·内務府·官學·長房官學》："嘉慶二十五年奏准，長房教習筆帖式，初次五年期滿，賞給從六品官，食六品單俸，將筆帖式開缺，留學行走。如果勤慎無過，再五年期滿，議叙正六品官。遇有年富力强、才堪策使者，照應陞之缺選用。"

俄羅斯學

亦稱"俄羅斯文館""俄羅斯館""俄羅斯學堂"。清代專爲教習俄國使臣子弟和俄國留學生學習滿、漢語言文字而開設之中央官學。初名"俄羅斯學"，後改稱"俄羅斯文館"。創設於康熙四十七年（1708），下轄於國子監。學額無常，雍正五年（1727）《恰克圖條約》簽訂後，定俄國學習語言學生名額爲四人，十年更代。於監中選滿、漢助教各一人，教習滿、漢語文及經史典籍，學堂每月發給銀米，學成回國。同治元年（1862）裁撤。《欽定國子監志·學志十·外藩入學》："外藩就學國子監者，有琉球學，有俄羅斯學。俱不常設。或該國王奏請奉旨俞允，乃令其陪臣子弟入學讀書，由監臣遴貢生爲教習，又派博士、助教等官董之，學成遣回。"《皇朝政典類纂·學校五·太學·俄羅斯學》："雍正六年，俄羅斯遣其陪臣子弟觀光國學，特命即舊會同館設俄羅斯館教之。乾隆六年（1741），俄羅斯國遣其子弟來學。於監中滿、漢助教内，簡發文理通明者各二人引見簡用，滿、漢各一人，教習清、漢書。衣服、飲食等項，由理藩院給發。九年奏准：俄羅斯學漢助教爲額外助教，諸部別行銓補。後復裁去，仍照滿助教例，以六堂内助教，兼管俄羅斯學事務。"

此外，清廷又於乾隆二十二年在理藩院下建立"俄羅斯學堂"，聘請駐京俄人教授漢、滿貴族子弟學習俄文。隸屬内閣，選八旗在京官員子弟入學，學額定爲二十四人。學堂每五年考試一次，一等者授予八品官職，二等者授予九品官職，三等者不予授官，繼續留學肄業。初由俄國人充任教職，後由授予品位之留堂學生擔任，并設助教二人，於教習内奏補。另外，尚以蒙古侍讀學士或侍讀一人充任提調官，專司稽察課程。同治元年（1862）裁撤。參閲

《清文獻通考·學校二》《欽定國子監志·學志十·外藩入學》。

【俄羅斯文館】

即俄羅斯學。此稱清代已行用。見該文。

【俄羅斯館】

即俄羅斯學。此稱清代已行用。見該文。

【俄羅斯學堂】

即俄羅斯學。此稱清代已行用。見該文。

八旗教場官學

省稱"教場官學"。清代旗學之一種。雍正元年（1723）立，每教場各設一學，每學各設教習二人。招收教場兵丁子弟習清書、清話及騎射等。《欽定八旗通志·學校志五·教場官學》："是年（雍正十年）四月，果親王允禮等議覆：'八旗及內府三旗營房，向因地勢建造，故相隔遠近不一。今蒙聖恩設立學舍，當視營房之遠近建造。查鑲黃、正黃、正白、鑲白四旗，營房相近，應造學舍一所，設教習二名；正紅、鑲紅二旗，營房相近，應造學舍一所，設教習一名。正藍、鑲藍二旗，營房相隔甚遠，不便設立一學，每旗各應造學舍一所，各設教習一名。其內府三旗既同一營房，應造學舍一所，設教習一名。共造學舍五所，挑取教習六名。其教習，於八旗及內府生員內，擇其能訓誨者爲之。四年一換，每月給錢糧二兩，每年三季共給米二十一斛二斗。如有善於教訓、誠屬優等者，諮行吏部，以筆帖式（滿語，意爲辦理文書·檔之官員）補用。其平常者，駁回該旗。其教誨甚劣者，將生員革退，其缺另行挑取。'"參閱《清文獻通考·學校一》。

【教場官學】

"八旗教場官學"之省稱。此稱清代已行用。見該文。

圓明園官學

清代中央貴族學校，亦即清代旗學之一，創設於雍正六年（1728）。鑲黃、正黃、正白、鑲白四旗共立一學，設教習二人；正紅、鑲紅二旗共立一學，設教習一人；正藍、鑲藍二旗及內務府護軍營，各立一學，各設教習一人。咸豐九年（1859），定每旗各立一學，設教習一人。選護軍營子弟入學，主要學習清書。參閱《清會典事例·禮部·學校·圓明園學》。

咸安宮官學

清代專收八旗子弟入學之中央貴冑學校。始置於清雍正七年（1729）。隸屬內務府。因設於京師西華門咸安宮，故稱。學校設管理事務大臣、協理事務大臣、總裁、總管、翻譯教習、弓箭教習、漢書教習等員。選內府三旗及外八旗滿洲舉貢生，監、官學生及閑散入學。入學者稱爲"咸安宮官學生"。具體名額爲內務府三旗佐領下每旗十名，八旗滿洲每旗十名，總共一百一十名，分別習滿書、漢書、騎射、翻譯等。其要求爲凡閑散出身之學生，入學後十年之內，應取中生員；由貢生、監生挑補入學者，須在三屆（每屆三）鄉、會試內中式，否則諮回本旗。在學期間除供給生活及學習用品外，每月給銀二兩，每季另給米五石三鬥，待遇優厚。學成選充翻譯、中書、筆帖式（滿語，意爲辦理文書、檔之官員）、庫使。《清史稿·選舉志一·學校上》："雍正六年，詔選內府三旗佐領、管領下幼童及八旗俊秀者九十名，以翰林官居住咸安宮教之。漢書十二房，清書三房，各設教習一人，教射、教國語各三人，如景山官學考取例。五年欽派大臣考試，一、二等用

七、八品筆帖式。漢教習三年，清語、騎射教習五年，分別議叙。乾隆初，定漢教習選取新進士，不足，於明通榜舉人考充。期滿，進士用主事、知縣，舉人用知縣、教職。二十三年（1758）以後，不論年分，許學生考繙譯中書、筆帖式、庫使。定教習漢九人，滿六人。"參見本卷《教學機構説・官學考》"蒙古學房"文、《教學機構説・機構總考》"旗學"文。參閲《清文獻通考・學校一》《清續文獻通考・學校》《清會典事例・内務府・官學・咸安宫官學》《清史稿・選舉志一・學校上》《清會典事例・禮部・學校・咸安宫官學》。

滿洲蒙古清文義學

清代滿洲、蒙古旗分所設立的學習清文和蒙古文之貴胄學校。雍正七年（1729）建立。每學置師二人，於每旗前鋒護軍領催馬甲内挑老成通曉清文、能教誨者充任。除大臣官員子弟入官學義學讀漢書或在家學習外，其佐領以下官員子弟、年十二歲以上餘丁，俱令學習清文清語；倫理、騎射另派員教導。蒙古旗分，亦照此設立學舍，并教蒙古語。參閲《清續文獻通考・學校二》《清會典事例・禮部・學校・八旗義學》。

南學 [2]

清乾隆時太學生居住肄業學舍之特稱。雍正九年（1731），國子監祭酒孫嘉淦奏准，獲賜毗鄰國子監南官房一所，供助教等教官及肄業生居住，遂稱南學。南學設正副管轄各一人，管理學内事務。南學學生計六十名。光緒三十二年（1906）改隸學部。據《國子監志》載，國子監位在成賢街，官房在署南方家胡同，故稱"南學"，額曰"欽賜學舍"。《清史稿・選舉志一・學校上》："先是太學生名爲坐監肄業，率假館散處，遇釋奠、堂期、季考、月課，暫一齊集。監内舊有號房五百餘間，修圯不時，且資斧不給，無以宿諸生。〔孫〕嘉淦言，'各省拔貢雲集京師，需住監者三百餘人。六堂衹可誦讀，不能栖止。乞給監南官房，令助教等官及肄業生居住。歲給銀六千兩爲講課、桌飯、衣服、賑助之費。'允之。是爲南學。"又云："道光末，詔整飭南學，住學者百餘人，監規積廢已久，迄難振作。咸豐軍興，歲費折發，章程亦屢更。同治初元，以國學專課文藝，無裨實學，令兼課論、策。用經、史、性理諸書命題，獎勵留心時務者。明年，增發歲費三千兩。九年，乃復舊額。選文行優者四十人住南學，厚給廩餼，文風稍稍興起。光緒二年，增二十名。十一年，許各省舉人入監，曰舉監。其後無論舉人、貢監生，凡非正印官未投供，舉、貢未傳到教習，均得入監，以廣裁成。"另外，西周中央大學之一的"成均"亦謂之南學。參見本卷《教學機構説・官學考》"成均""辟雍""四學""五學"文。

蒙古學房

清代中央貴胄學校，旗學之一。清雍正十二年（1734）始設於咸安宫官學，置教習二人，遴選八旗子弟入學，習蒙古經書及阿里嘎里字韻。學成選充筆帖式（滿語，意爲辦理文書、檔之官員）。學校事宜由咸安宫官學事務大臣統管，理藩院另派二人稽察教習功課。《清會典事例・内務府・官學・蒙古官學》載，乾隆十二年（1747）復准，咸安宫官學内，設立蒙古學房，於八旗蒙古官學生内，每旗揀選三名，共二十四名，令其在學熟讀蒙古經書及阿里嘎里字韻，并書寫烏木克蒙古翻譯等學業。設教習二人，於八旗蒙古翻譯舉人、生員、護軍、領催內，遴選學問優者充補。理藩院派委司員二人，監察教習功課。該學生內，如果學有可觀、考試時列一、二等者，奏請引見，以中書、筆帖式用。其教習等，亦照官學例議叙。凡應行事宜，俱由專管咸安宮官學事務大臣管理。其監視考試、挑補學生，由理藩院奏派大臣專管。嘉慶十五年（1810）奏准，官學生定以十年爲滿，開缺另補。又奏准：蒙古學官學生內，擇其在學年久、勤慎學優者一人，作爲額外教習。嗣後蒙古教習二缺，一缺仍爲八旗公缺，照舊考取充補；一缺即爲本學額外教習坐補。道光八年（1828）奏定，添設蒙古官學，現考有閑散旗丁二十名，即作爲學生定額，一年後有能翻寫者，儘先挑選馬甲。其教習等，即以委署驍騎校等缺儘先拔補。如遇蒙古來文暨控告呈詞，已挑選馬甲之學生，有能譯清文者，即作爲額外貼寫筆帖式，以示鼓勵。參閱《欽定國子監》卷四〇。

盛京宗室覺羅官學

省稱“盛京宗室覺羅學”。清代中央貴胄學校。覺羅學創設於京師，乾隆二年（1737），清廷在留都盛京（今遼寧瀋陽）設立“盛京宗室覺羅官學”，合宗學、覺羅爲一學，擇宗室及覺羅子弟十至二十歲者入學肄業。設宗學總管二人，副管四人，兼管覺羅事，另設滿、漢、騎射教習，員數無常，教學內容仍爲滿、漢文字，經史文藝及弓馬騎射。生徒肄業五年後選充盛京三陵及五部將軍等衙門筆帖式（滿語，意爲辦理文書、檔之官員），亦可與旗人同應歲、科試及鄉、會試。光緒二十八年（1902）改爲學堂，歸管學大臣辦理。《清文獻通考·學校一》：“乾隆二年設立盛京宗室覺羅官學。宗室、覺羅子弟其爲一學，凡二十歲以下，十歲以上願入學者，分清、漢書肄業，兼習騎射。不限額。於盛京宗室覺羅分尊年長行止方正者充宗學。總管二人，副管四人，兼管覺羅學事。於現任司官筆帖式內選長於翻譯者四人教習滿書，於閑散官員以下領催驍騎以上選善於騎射者四人教習騎射；於奉天府舉貢內選學問優長者四人教習漢書。”參見本卷《教學機構說·官學考》“覺羅學”“宗學”文。參閱《清文獻通考·學校一》《清文獻通考·學校二》《欽定八旗通志·學校志五》《清會典事例·禮部·學校·盛京官學》《清會典事例·宗人府四》。

【盛京宗室覺羅學】

“盛京宗室覺羅官學”之省稱。此稱清代已行用。見該文。

蒙古官學

清代專收皇親貴族子弟入學肄業之中央貴胄學校。隸理藩院，乾隆十二年（1747）設立於咸安宮官學內。官學設管理事務大臣一人，簡理藩院尚書充任，總裁三人爲主官，教習蒙古二人，額外教習一人，掌教授蒙古經書及阿里嘎里字韻并書寫馬術克蒙古翻譯等字。學生（稱爲“蒙古官學生”）來自八旗蒙古各旗，每旗三人，共二十四人。其經費及供給等項，由咸安宮官學代辦。《欽定大清會典·內務府·蒙古官學》：“管理事務大臣一人，以理藩院尚書簡充。總裁三人，以理藩院司員兼充。教習，蒙古二人。額外教習，蒙古二人。掌教官學生以蒙古文字。凡學生，八旗蒙古旗分每旗三名，共二十四名。教習隨時教以蒙古經書及阿里嘎里字韻，並書寫烏木克蒙古翻譯等字。每月二十六日，總裁課諸生，出翻譯題一。其教習二缺，一缺由管理大臣於蒙古人內考取挑補，一缺以本學額外教習坐補。年期滿，引見分別錄用，及學生成效，俱與咸安宮官學同。其總裁、教習、學生應領分例等件，俱移咸安宮官學辦理。"參閱《清文獻通考·學校一》。

健銳營學

清代中央貴冑學校。旗學之一種。健銳營，清代禁衛軍之一，即雲梯兵，掌香山靜宜園日常守衛、行宮巡邏及巡幸扈從，大閱則爲翼隊。乾隆十四年（1749）置健銳營學，分左、右兩翼，於香山建營房以居。營兵創設一千人，增至三千人，并設養育兵八百三十三人，除演習雲梯及騎射、鳥槍、相撲、舞鞭、舞刀等技藝外，并於昆明湖操演水戰。設掌印總統大臣一人，總統大臣無定員，掌全營政令。下設左、右翼翼長各一人及署翼長前鋒參領、副前鋒參領、署前鋒參領、前鋒校、副前鋒校等分轄營衆，協理事務章京、筆帖式等掌章奏文移事務。另置番子佐領、防禦各一人，驍騎校二人掌轄番兵；水師教習、委署千總、把總各四人，掌教演習水操；官學清語、騎射教習各八人，教授營中幼丁。習清文、清語及騎射。學成選補筆帖式（滿語，意爲辦理文書、檔之官員）。參閱《清會典事例·禮部·學校·健銳營學》。

世職官學

亦稱"八旗世職幼官學""世職幼學"。清代專門爲未及歲之世爵設立之中央貴冑學校。亦即旗學之一種。創設於乾隆十七年（1752）。八旗兩翼各立兩所，簡命一、二品大臣專管學事，每翼各設參領、章京輪班在學稽查課程，每學設清語、騎射教習。凡世職及世襲佐領年十歲以上、十八歲以下者皆令入學。習清語、騎射。三年期滿考核，列一等者或在各部行走，或授侍衛；二等者在該旗印房學習行走；三等者留校再學三年，若仍不堪造就，則革除。乾隆三十三年後，改爲每五年考核一次。咸豐七年（1857）定內務府世職幼官亦入學肄業。《欽定八旗通志·學校志五·世職幼學》："是年，管理左右翼世職官學大臣議奏：'臣等將八旗米局酌量就近之處，鑲黃、正白會立一學，鑲白、正藍會立一學，正黃、正紅會立一學，鑲紅、鑲藍會立一學。每翼派參領二員，輪流稽察所有學務，令其管理。每學派領催二名、馬甲八名，分作三班，聽候差遣傳事。臣等不時到學考察，庶不至於怠惰廢弛矣。至於挑選滿教習，查漢軍義學例，在該旗滿洲閑散官員、筆帖式或革職降級人員內挑取。每月給銀二兩。若無米石者，折給米價銀一兩。今幼官學教習，請照例子每翼挑選四人，每學分設二員，均給公費。其教習騎射之人，在護軍校、驍騎校、前鋒護軍內，每翼各選四人，照國子監助教例，每月給公費銀一兩五錢。如果教導有方，俟三年期滿，交部議叙。不善教誨者，即將該員駁回本旗，係職官則交部察議，兵丁則鞭責革退。'"參閱《欽定八旗通志·學校志五》《清會典事例·禮部·學校·世職官學》。

【八旗世職幼官學】

即世職官學。此稱清代已行用。見該文。

【世職幼學】

即世職官學。此稱清代已行用。見該文。

回緬官學

清代中央貴冑學校。乾隆二十一年（1756）

始建於内務府衙門之南。遴選内務府司員回民二人充任教習。擇内府幼丁入學，額設十名，學習回、緬語言文字。五年考試一次，列一等者充筆帖式，二等充庫使、庫守，三等任職事人員。乾隆三十三年，增設緬子教習，令學生兼習緬文。《清會典事例·内務府·官學·回緬官學》："乾隆二十一年奏准，於内務府衙門之南，設立學房，揀選來京居住之回子二人，充補教習。其學生，於内務府幼丁内，揀選十人，學習回語文字。學生等應得錢糧飯食，照咸安宮官學例給發。再委府屬司官二人管理學房事務。設領催二名、服役人八名，以備灑掃。應用器物，於各該處支取。二十六年（1761）奏准，於回子學生内揀選二人，諮送理藩院，在筆帖式上行走。如果五年期滿，行走好，以應升之缺升用。遺缺另選充補。二十九年（1764）奏准，嗣後回子學生定爲五年一次，奏委官考試，一等以筆帖式用，二等以庫使、庫用，三等以執事人用。三十三年（1768）奏准，增設緬子教習，附於回子官學，令回子學生，兼習緬子語言文字。嘉慶五年（1800）奏准，嗣後緬子教習，定爲五年更換。豫期諮行雲貴督撫，選擇熟悉緬文之人，送京更替。二十二年（1817）奉旨，回子教習呢雅索丕薩·瑪什底音，著加恩照各官學滿洲教習初次五年期滿之例，給予七品職銜，食七品單俸。俟四年期滿後，照滿洲教習二次期滿之例，給予六品職銜，仍食七品單俸，以示獎勵。"

東陵官學

清代學校。始置於乾隆年間，設於京師北京。在内務府人員内選教習一人。招收東陵官役子弟入學，習滿、漢文及騎射。嘉慶二十三年（1818）又於景陵、裕陵各設官學一所。參閱《清會典事例·禮部·學校·東陵官學》。

滿蒙文高等學堂

晚清中央高等學校。光緒三十四年（1908）憲政編查館創設於京師北京，以"造就滿蒙通才、保存國粹而裨要政"爲辦學宗旨。學堂設滿蒙文科，并附設藏文科，兩科各設預科及正科。預科、正科學額以一百二十名爲限，預科二年，正科三年，凡年在二十五歲以下不分滿漢一律考收。除滿蒙文、藏文爲主課外，輔以普通及法政、測繪各科學。另附設別科，三年畢業。參閱《清續文獻通考·學校十二》。

（二）專科學校

專科學校

中國古代教育，除建立學習儒家經典的學校系統外，還設立專科學校，旨在培養各種能切實用的專門人才。早在東漢時，就建立了中國古代第一所文藝專科學校"鴻都門學"。直至明清，曾設立過律學、醫學、武學、陰陽學、算學、書學、畫學、玄學等各類各級專科學校。而"專科學校"一詞始於民國。中國古代教育的一個重要特點就是所謂的"政教合一""學在官府"，學校與官衙的職能分化不明顯，有時各類官府，尤其是各類中央官府尚兼有教育的職能。如北齊、隋、唐、遼、金、元時太常寺下隸太樂署，以及宋之太樂局均設有令、丞爲長貳，掌太樂、祭享鐘律。同時亦設有樂師對樂人分批分程度教習各類樂舞，且都定有日程和要求，每年進行考課，評定優劣，然後纍計成績，以定升退。民國瞿文選修、王樹枬纂《奉

天通志》卷二六〇："省立師範專科學校；校址
在省城小南關十六年二月設立。"這些學校培養
出不少專業人才，對發展中國的自然科學、法
學、文藝等方面起過很大的作用，并對世界文
化作出了一定的貢獻。醫學是歷史上惟一形成
學校系統的專門學科。中國古代專科學校按照
其行政隸屬可劃分爲中央專科學校和地方專科
學校兩級。

鴻都門學

省稱"鴻都學""鴻都"。東漢時期專門學
習研究文學藝術之中央專科學校。創設於東漢
靈帝光和元年（178）二月，是我國最早的專科
大學。因校址位於洛陽鴻都門，故稱"鴻都門
學"。鴻都門學在招生辦法、教學內容和學成任
官等方面與太學不同。學生由郡、州、三公擇
優選送，多數是士族所不屑的社會地位不高的
平民子弟，學生學成畢業後多獲高官厚祿，有
些則出任刺史、太守，入爲尚書、侍中，并有
封侯賜爵者。因此，此舉曾受到當時官僚集團
和太學生的反對。蔡邕事前即上封事認爲："書
畫辭賦，才之小者，匡國理政，未有其能。"事
見《後漢書·蔡邕傳》。《後漢書·靈帝紀》："〔光
和元年二月〕始置鴻都門學生。"李賢注："鴻
都，門名也，於內置學。時其中諸生，皆敕州、
郡、三公舉召能爲尺牘、辭賦及工書鳥篆者相
課試，至千人焉。"《文獻通考·學校一》："鴻
都門，漢宮門也。太子保之廢，來歷與九卿朝
臣俱詣鴻都門，證太子無過，即其所也。大學，
公學也；鴻都學，私學也。學乃天下公，而以
爲人主私，可乎？是以士君子之欲與爲列者則
以爲恥，公卿州郡之舉辟也，必敕書強之。"鴻
都門學的一時興盛引起了當時士族官僚的猛烈

攻擊，加之受到後來黃巾起義的影響，鴻都門
學隨着漢王朝的衰亡而逐步走向衰落，自始至
終僅存四十三年。鴻都門學是特定歷史條件下
的產物，其學生在政治上代表着當時官僚集團
的階級利益，但它的創設在中國古代教育史上
却有着獨特的意義。鴻都門學以當時社會生活
所需的詩、賦、書、畫作爲教學內容，從而打
破了國家官學獨尊儒學，以儒家經典爲唯一教
學內容的教育傳統，提倡文學藝術的研究，是
對中國古代教育的一大貢獻。鴻都門學招收平
民子弟入學，突破了貴族階級對學校的壟斷，
使得普通平民有了獲得高等教育、施展才能的
機會，這也具有非常進步的歷史意義。鴻都門
學作爲中國乃至世界上最早的文學藝術專科學
校，盡管存在時間不長，但對後世文學藝術的
創作與發展產生了深遠的影響，特別是爲唐代
的科舉和設立各種專科學校開闢了道路。

【鴻都學】

"鴻都門學"之省稱。此稱漢代已行用。見
該文。

【鴻都】

"鴻都門學"之省稱。此稱漢代已行用。見
該文。

書學

亦稱"書館"。中國古代教習書法和字學知
識之中央專科學校。據文獻記載，北周時已見
書學，時書學學生對其師須行束脩之禮，但乏
詳細學制之文。而中國古代正式的書學專科學
校則確立於西晉。西晉武帝時，始置書博士二
人，設弟子員，教習書法，以鍾繇、胡昭兩人
爲標準。這被公認爲中國古代書學專科學校之
發軔。《周書·藝術傳·冀儁》："時俗入書學者，

亦行束脩之禮。"《南史·王慈傳》："慈……少與從弟儉共書學，謝鳳子超宗嘗候僧虔，仍往東齋詣慈。慈正學書，未即放筆。"《晋書·荀勖傳》："〔勖〕與中書令張華依劉向《別錄》整理記籍，又立書博士，置弟子教習，以鍾、胡爲法。"隋書學設於隋文帝初年，隸屬國子寺。隋書學始置書學助教二人，協助書學博士教授書法。開皇十三年（593）罷廢書學博士、書學助教。唐武德初廢書學。太宗貞觀二年（628）復置，高宗顯慶三年（658）又廢。龍朔二年（662）復置書學，初隸屬國子監，爲其所轄六學之一。龍朔三年改隸本行業主管機構蘭臺。置書學博士二人，助教一人。學生三十人，入學者身份同律學，八品以下子弟及庶人好書法者，皆可入學，入學年限在十四至十九歲，在學以九年爲限。學習内容與進度爲："凡書學，《石經三體》限三歲，《説文》二歲，《字林》一歲。"（《新唐書·選舉志上》）每日書寫一幅。此外，還要學習時務策，讀《國語》《三蒼》《爾雅》等書。唐代科舉設有書學一科。書學學生學成畢業後可以通過科舉以進入仕途。宋書學重建於徽宗崇寧三年（1104），改隸翰林院書藝局。崇寧五年復置書學博士，掌教授書法。書學學生資格及名額無文可稽。課程内容則規定爲："書學生習篆、隸、草三體，明《説文》《字説》《爾雅》《大雅》《方言》，兼通《論語》《孟子》義。"（《宋史·選舉志三》）學校還規定篆以古文大小篆爲法，隸以王羲之、王獻之、歐陽詢、虞世南、顏真卿、柳公權真行爲法，草以章草、張芝九體爲法。考試分三等：字體方圓肥瘦適中，鋒藏畫勁，氣清韻古，老而不俗者爲上；方而有圓筆，圓而有方意，瘦而不枯，肥而不濁，各得一體者爲中；方而不能圓，肥而不能瘦，模仿古人筆劃不得其義者爲下。學生學成畢業亦可參加科舉考試。宋末廢置。《新唐書·選舉志上》："龍朔二年（662），東都置國子監，明年以書學隸蘭臺，算學隸祕閣，律學隸詳刑。"宋王讜《唐語林·補遺一》："學舊六館，有國子館、太學館、四門館、書館、律館、算館，國子監都領之。每館各有博士、助教，謂之學官。"參閱《通典·職官九》《文獻通考·學校三》《舊唐書·高宗紀》《新唐書·選舉志》《新唐書·百官志》《宋史·選舉志三》《四庫全書總目·子部·藝術類一》。

【書館】[2]

即書學。此稱唐代已行用。見該文。

律學

亦稱"律館"。中國古代專門教習法律知識之中央專科學校。三國魏明帝太和元年（227）衛覬奏請始置律博士（亦稱律學博士），招收律學弟子，教授刑律，諮詢法律。此當爲我國古代法律專科學校之嚆矢。十六國後趙石勒元年（319）建律學，以"參軍續咸、庾景爲律學祭酒"（《晋書·石勒載記下》），掌管司法、律令等事務。後秦姚興於公元394年設律學於長安，招收各郡縣散吏入學，學成選任郡縣獄吏。《晋書·姚興載記上》："興立律學于長安，召郡縣散吏以授之。其通明者還之郡縣，論決刑獄。"兩晋廷尉皆置律博士。南朝宋沿置律博士一員，仍隸廷尉。南齊沿置。南朝梁武帝天監四年（505），置五經及律學博士（亦稱冑子律博士，隸屬廷尉卿）各一人。南朝陳沿置冑子律博士，別設廷尉律博士。北魏有律博士，孝文帝太和十七年（493）定律博士爲六品中，太和二十三年復定爲九品上。北齊大理寺置律博士四員。隋時設律學，屬大理寺，有博士八人。唐沿置律學，隸國子監。設律學博士三人（創設一人），助教一人，招收八品以下及庶人子弟爲生徒，以律令爲專業，兼習格式、法例。後設典學二員，定學生爲二十人。高宗顯慶三年（658）廢學，律學改隸大理寺。龍朔二年（662）復置學，律學再隸國子監。憲宗元和初年，東都置律學學生五員。學生學成通過科舉明法科考試，進入仕途。宋神宗熙寧六年（1073）始置律學於國子監，有律學博士二員、學正一員、教授（宋代始置，三年爲一任，元豐改制後改爲律學博士）四員、助教（元豐改制後廢置）一員，負責教授法律。凡命官、舉人皆得入學，各處一齋。習斷案者考試案一道，習律令者考試大義五道。學生凡原係命官，如公試、律義、斷案皆優，由吏部試法授官。哲宗元祐三年（1088），律學生不再由宮給食。南宋未置。律學在我國古代存在時間較長。《晋書·石勒載記下》：“參軍續咸、庚景爲律學祭酒。”《宋史·選舉志二》：“律學，國初置博士，掌授法律。熙寧六年，始即國子監設學，置教授四員。凡命官舉人皆得入學。”《文獻通考·學校一》：“高宗龍朔二年（662），東都置國子監。明年以書學隸蘭臺，算學隸秘閣，律學隸詳刑。”宋王讜《唐語林·補遺一》：“學舊六館，有國子館、太學館、四門館、書館、律館、算館，國子監都領之。每館各有博士、助教，謂之學官。”參閱《通典·職官九》《舊唐書·太宗紀》《舊唐書·高宗紀》《舊唐書·儒林傳》《新唐書·百官志》《宋史·選舉志三》《宋會要·崇儒三》《文獻通考·學校三》。

【律館】

即律學。此稱唐代已行用。見該文。

醫學

中國古代培養醫藥人才的高等專科學校。中國傳統的醫學教育，歷來都是以師徒傳授或家世相傳的方式進行的。據史書記載，早在秦漢時期即有醫官制度，由醫官私人授徒，傳授醫學知識，培養醫務人才。《通典·職官七》：“秦有太醫令丞，亦主醫藥，屬少府。”而正式獨立的由官府舉辦的學院式醫學教育則發軔於魏晋南北朝時期。《唐六典》卷一四：“晋代以上，手醫子弟代習者，令助教部教之。宋元嘉二十年（443），太醫令秦承祖奏置醫學，以廣教授。至三十年省。”日本丹波元簡《醫賸·醫學》：“晋以上無醫學之設，及劉宋元嘉二十年，太醫令秦承祖奏置醫學，以廣教授。”這說明晋代已有醫官教習之設。劉宋元嘉二十年，奏置醫學教育一事，則是官府創辦醫學教育最早的明確記載。《魏書·官氏志》記載，北魏仍置“太醫博士”“太醫助教”等醫官，教授弟子。北魏宣武帝於永平三年（510）甚至發布了一個開辦醫學的詔令：“可敕太常於閑敞之處，別立一館，使京畿內外疾病之徒，咸令居處。嚴敕醫署，分師療治，考其能否，而行賞罰。雖齡數有期，修短分定，然三疾不同，或賴針石，庶秦扁之言，理驗今日。又經方浩博，流傳處廣，應病投藥，卒難窮究。更令有司，集諸醫工，尋篇推簡，務存精要，取三十餘卷，以班九服，郡縣備寫，布下鄉邑，使知救患之術耳。”（《魏書·世宗紀》）從此，官府舉辦醫學教育開始形成制度，爲隋唐時代醫學教育高度發展奠定了基礎。

隋沿魏制，在太常寺下始設太醫署，設醫博士二人、助教二人、按摩博士二人，以之爲醫學教育的教授官。

唐宋時期醫學大爲發展，中央、地方均設醫學。唐高祖武德七年（624）於太常寺置太醫署，内設醫學。又："〔貞觀三年（629）〕九月癸丑，諸州置醫學。"（《舊唐書・太宗紀上》）唐代醫學設置較爲普遍，但隨着政局的變化，時興時廢，發展極不穩定。《新唐書・百官志四下》："貞觀三年置醫學，有醫藥博士及學生。開元元年（713）改醫藥博士爲醫學博士，諸州置助教，寫《本草》《百一集驗方》藏之。未幾，醫學博士、學生皆省，僻州少醫藥者如故。二十七年，復置醫學生，掌州境巡療。永泰元年（765），復置醫學博士。"唐代中央醫學分醫、針、按摩、呪禁四科施教，每科置博士、助教等以掌教職。學生亦有定額。"醫博士一人，正八品上，助教一人，從九品上"，"醫生四十人"；"針博士一人，從八品上，助教一人，針師十人，並從九品下"，"針生二十人"；"按摩博士一人，按摩師四人，並從九品下"，"按摩生十五人"；"呪禁博士一人，從九品下"，"呪禁生十五人"。（見《新唐書・百官志三》）各科均有特設之教學内容。其中醫科爲太醫署之最大科，下設五個分科："一曰體療，二曰瘡腫，三曰少小，四曰耳目口齒，五曰角法。"（《舊唐書・職官志三》）各分科均以《本草》《甲乙經》《脉經》爲基本教材，但各科在學時間不一。體療科學習時間七年，瘡腫科與少小科各學習五年，耳目口齒科學習四年，角法科學習三年。針科學習《素問》《脉經》《明堂脉訣》《神針》等。要求學生掌握人體針脉孔穴之道，

"使識浮沉澀滑之候，又以九針爲補瀉之法"。按摩科專門研究人體内部各種疾病，學習消導引之法，治療風寒暑濕饑飽勞逸及跌打損傷之疾，此外尚兼習骨傷。"〔按摩科〕掌導引之法以除疾，損傷折跌者，正之。"（《新唐書・百官志三》）呪禁科學習使用呪禁手段，驅逐邪惡病痛。"〔呪禁科〕掌教呪禁被除爲厲者，齋戒以受焉。"（《新唐書・百官志三》）五科學生總計八十人，由學校供給膳食。各科皆有嚴格的考試制度，評定成績既注重醫學基礎知識，又重臨床實踐。根據成績之優劣，量材録用，或醫師，或爲醫工。唐肅宗乾元元年（758）以後，醫學入仕亦仿效科舉，進行考試，"各試醫經、方術。策十道：《本草》二道、《脉經》二道、《素問》二道、《傷寒論》二道、諸雜經方義二道。通士以上留，已以方"（《唐會要》卷八二）。醫學每月、季、歲都有嚴格考試，分別由本科博士、太醫令丞和太常丞主考。學習期滿并通過畢業考試者，量材授官，其待遇與國子監諸生相同。另外，唐代尚有獸醫學，附設於太僕寺。唐獸醫學有"獸醫博士四人，學生百人"（《新唐書・百官志三》）。唐代醫學除四科以外，另設中央藥學於藥園，教授學生掌握各種藥物知識。藥園設府二人、史四人、掌固四人、主藥八人、藥園師二人、藥園生八人、藥童二十四人。"庶人十六以上爲藥園生，業成者爲師。"（《新唐書・百官志三》）藥園未設博士、助教之職，而由藥園師負責藥園生的教育，并教授醫科、按摩科、呪禁科學生學習《本草》，辨藥形，識藥性。另外藥園師還掌"以時種蒔，收采諸藥"，"辨其所出，擇其良者而進焉"。唐太醫署所設之藥園是中國歷史上最早的藥用植

物園，它的設立使得醫學生、藥學生有了從事辨藥、識藥的實踐機會，這也是我國古代藥學專科教育的開始。唐代醫學教育非常發達，可謂世界上最早的實科大學。唐代的醫學教育除太醫署外，有的州還建有地方性醫學教育機構。參見本卷《教學機構說·官學考》"太醫署"文。

宋代醫學設置較早，且較前朝更爲詳備，有所改革，尤其是實行醫政與醫學分立，從而使太醫局成爲獨立的最高醫學教育機構。宋地方也沿設醫學，專門培養醫學人才，但其間變化甚多。宋初醫學隸太常寺，神宗時改隸於提舉判局。崇寧二年（1103）徽宗詔令在國子監設立醫學，吸收儒生學醫，造就有文化素養的醫學人才，改變醫學的社會地位。醫學教育恢復"三舍升試法"，每科設博士教導學生。每舍設有學長、學諭。還仿照太學建立了嚴格的考試制度。徽宗大觀四年（1110），醫學并歸太醫局，同時醫學更名爲太醫學。徽宗宣和二年（1120）罷京醫學。金兵入宋，醫學曾一度停辦。南宋高宗紹興年間恢復。"紹興中，復置醫學，以醫師主之。"（《宋史·選舉志》）孝宗時廢太醫局，留醫學科，光宗時又復太醫局。宋代醫學分科更細，在原隋唐五科的基礎上發展成九科，各科學生皆有定額。初期僅一百五十員，熙寧年間發展到三百員。《宋史·職官志四》："太醫局有丞，有教授，有九科學生三百人。"紹熙二年（1191）有所遞減，"局生（太醫局學生）以百員爲額"（《宋史·職官志四》）。教授由翰林醫官、上等學生及在外良醫擔任，另置博士一人。九科的設置爲：大方脉，學生一百二十人；小方脉，學生二十人；風科，八十人；眼科，二十人；瘡腫并折瘍科二十人；

産科，十人；口齒并喉科，十人；針科，十人；金鏃兼呪禁科，十人。崇寧間又仿太學按三舍編級，上舍四十人，内舍六十人，外舍二百人，總三百人，較隋唐八十人有較大發展。宋時自政和二年（1112）詔諸州縣亦置醫學。醫學教學内容各有規定："以《素問》《難經》《脉經》爲大經，以《巢氏病源》《龍樹論》《千金翼方》爲小經。"（《宋史·選舉志三》）此外，各科還需加學該科之專著，如大方脉加學《傷寒論》等，針、瘍兩科去《脉經》，增三部《針灸經》。醫學生還要從事臨床實習，"太學、律學、武學、算學、書學五校學生，及諸營將士疾病，輪往治之。"（《宋史·職官志四》）醫學校對學生的實習歲終還要進行總結考核。"歲終則會其全失而定其賞罰。"宋中央醫學亦附設藥園。除中央醫學外，仁宗嘉祐六年（1061）後，諸道、州、府亦仿太醫局設立了相應之地方醫學校，吸收本地學生學醫，由醫學博士教授醫學。學額大郡以十人爲限，小郡以七人爲限。學滿一年，委官考試，合格者補充爲地方醫官。至崇寧三年（1104）後，地方醫學普遍設立。政和五年，各州、縣醫學隸於當地提舉學事司，學生分齋教養，學制仍循"三舍法"。政和六年各州醫學博士一律改爲醫博士，後又將醫博士改爲"職醫"。醫學學生畢業考試合格，按等授職，成績最佳者派爲尚藥局醫師，其餘或任本學博士、正錄，或委爲外州醫學教授。

金代設京外醫學，分十科，每三年由太醫舉行一次考試，非本學學生亦得補試。

元代不再設中央醫學，醫學皆爲地方學校。元制，地方行政制度分路、府、州、縣四級，各級均設醫學。"世祖中統二年（1261）夏五月，太醫院使王猷言：'醫學久廢，後進無所師授。竊恐朝廷一時取人，學非其傳，爲害甚大。'乃遣副使王安仁授以金牌，往諸路設立醫學。"（《元史・選舉志一》）元諸路醫學直隸於太醫院。至元九年（1272）創設醫學提舉司於太醫院，作爲醫學教育的行政管理機構。設提舉、副提舉各一員，負責領導各級醫學。《元史・百官志四》："醫學提舉司，秩從五品……掌考校諸路醫生課義，試驗太醫教官，校勘名醫撰述文字，辨驗藥材，訓誨太醫子弟，領各處醫學提舉一員，副提舉一員。"元代醫學在前代九科的基礎上又發展成十三科，即大方脈、小方脈、雜醫科、風科、産科、眼科、口齒科、咽喉科、正骨科、金創科、針灸科、祝由科、禁科。後又合爲十科。教學内容有《難經》《素問》《脉訣》之類。成宗大德九年（1305）又規定醫學生尚需兼通《四書》，否則不得行醫。考試分公私兩種，每月一私試，試以疑難；每歲一公試。學生考試成績都要上報太醫院，以所對優劣，量加獎罰。

明清兩朝中央醫學設於太醫院。明代於洪武十七年（1384），分別設諸府、州、縣地方醫學，作爲地方醫學教育機構，兼管醫藥行政。明沿元制，清沿明制，兩朝無多建樹。

中國歷代統治者奉行"德成而上，藝成而下"（《禮記・樂記》），視"醫"爲小道。所以，歷代的學校無論是中央官學還是地方官學，大都是經學學校，爲統治階級培養官吏，學校就成爲科舉的附庸，而不注重包括"醫學"在内的科技教育。醫學知識的傳授祇能通過師徒相授，父子相傳，以爲"世業"。醫學知識就掌握在少數人之中，長期只能緩慢發展。因此，自

南朝出現的醫學學校，在中國醫學教育史上具有劃時代的重大歷史意義。隋唐時期是中國醫學史上醫學教育最爲先進的時期之一。當時的醫學教育不但沿襲着家傳或師徒相授的優良傳統，更開創并發展了學校式的醫學教育。其規模之大，教學目標之高，課程設置之完備，考核之嚴格，教育制度之先進等皆爲前代所未見，且對後世中國傳統醫學教育的發展奠定了堅實的基礎。參閱《魏書・世宗紀》，《唐六典》卷三〇、卷一四，《文獻通考・學校三》，《唐會要・醫術》，《通典・職官典十五・州郡下》，《宋史・選舉志三》，《宋史・職官志四》，《宋會要・職官二十二》，《宋會要・崇儒三》，《全宋文・乞比試醫人試奏》，《元史・選舉志一》，元袁桷《延祐四明志・學校考下》。

府州醫學

唐代設於府州之醫學專科學校。《舊唐書・太宗紀上》："〔貞觀三年（629）〕九月癸丑，諸州置醫學。"京兆、河南、太原三府及都督府、上州、中州，各有助教一人。京兆等三府及都督府、上州學生及中州、下州學生各有規定人數。以後各代亦常於府州設醫學。

京都府醫學

唐代設於京兆、河南、太原等府之醫學專科學校。置醫學博士一人，助教一人，學生二十人。

都督府醫學

唐代設於各都督府之醫學專科學校。置醫學博士、助教各一人，大、中都督府置學生十五人，下都督府置學生十二人。

上州醫學

唐代設於上州的醫學專科學校。唐代規定

四萬户以上爲上州，置醫學博士、助教各一人，學生十五人。

中州醫學

唐代設於中州的醫學專科學校。唐代規定一至二萬户者爲中州，置醫學博士、助教各一人，學生十二人。

下州醫學

唐代設於下州的醫學專科學校。唐代規定一萬户以下爲下州，置醫學博士、助教各一人，學生十人。

藥園

唐代中央醫學從事藥物種植收藏和傳授藥物學知識之所。《唐六典》卷一四："京師置藥園一所，擇良田三頃，取庶人十六已上，二十已下充藥園生，業成補藥園師。凡藥有陰陽配合，子母兄弟，根葉花實，草石骨肉之異，及有毒，無毒，陰乾曝乾，採造時月，皆分別焉。"等關於藥物栽培、采集、炮製、製劑、使用方面的知識，以《新修本草》爲教材。學生成績合格者，可補藥園師之職。

太醫署

隋唐時期中央醫學教育行政管理機構、醫學教育場所和醫療單位。早在南北朝時期我國即有太醫署的設置。但因文獻不足，其制不足徵也。《南史·何悦之傳》："掌檢校御府太官太醫諸署。"隋沿置太醫署，作爲醫學教育機構，隸門下省之太常寺，但具體時間無考。隋太醫署下設醫、呪禁、按摩三科。各設博士及助教二人，以授生徒。《隋書·百官志下》："太醫署有主藥二人，醫師二百人，藥園師二人，醫博士二人，助教二人，按摩博士二人，呪禁博士二人。"唐因隋制，於高祖武德七年（624）設

太醫署，隸中書省之太常寺，下設醫學和藥學兩個教學機構，并附設藥園，招收青年充當藥園生，培養藥學人才。藥園還置藥童二十四人，主藥八人。醫學部分分科施教，并在前朝三科的基礎上增設針科，合而爲四。因此，太醫署總有醫、針、按摩、呪禁、藥園五部分，實際上可視爲五科，其中醫下又設五個分科。各科均設博士一人，醫科、針科尚另設助教一人，領其教職，學生亦均有定額。其中醫科規模最大。在共同學習《神農本草經》《脉經》《針灸甲乙經》等基礎知識之後，再細分"體療""瘡腫""少小""耳目口齒"和"角法"五個專業肄業，在學年限分別爲七、五、五、四和三年。太醫署有嚴格的考試制度，每月、季、年終皆有考試，考生按考核成績之優良程度，分別被授予醫師、醫工等職稱。《新唐書·百官志三》："太醫署，令二人，從七品下；丞二人，醫監四人，並從八品下；醫正八人，從九品下。令掌醫療之法，其屬有四：一曰醫師，二曰針師，三曰按摩師，四曰呪禁師。皆教以博士，考試登用如國子監。醫師、醫正、醫工療病，書其全之多少爲考課……醫博士一人，正八品上；助教一人，從九品上。掌教授諸生以《本草》《甲乙》《脉經》，分而爲業。"唐代之太醫署是當時世界上最早、規模最大、組織最完備的醫學校。太醫署除直轄有"醫學"外，本機關亦設醫學博士，招納生徒，培養醫務人才。所以，太醫署既是行政機關，又是教育場所。五代沿置。後唐末帝清泰年間於太醫署設置醫藥博士外，還設有翰林醫官。宋代立國改"署"而稱"局"，其職能仍舊。《五代會要》卷一二："後唐清泰三年三月，翰林學士和凝奏天下諸屯駐

兵士，望令太醫署合傷寒時氣……以給患痛士卒之家。"參閱《通典·職官七·太常卿》《唐會要》卷六六、《唐六典》卷一四。

太醫局

宋代國家最高醫學教育行政管理機構和醫學教育場所。宋代對唐代醫學教育有所改革和發展，實行醫政與醫學分立。自仁宗慶曆四年（1044）改太醫署而稱局，初隸太常寺，置提舉一人，判局二人，作爲最高教育長官，規定判局一職需由"知醫事者爲之"，"選翰林醫官以下與上等學生及在外良醫爲之"（《宋史·職官志四》）。判局掌教授生徒。學生初無定額，嘉祐五年（1060）規定以一百二十人爲限。太醫局設五科，各科定額不一。學生須在十五歲以上，在局聽讀一年後，經考試合格，候補爲正式學生。每科置教授一人，醫生（醫學生）三百人。設方脉科、針科、瘍科三科，分以教之。每科學習内容各有不同。方脉科以《素問》《難經》《脉經》爲大經，以《巢氏病源》《龍樹論》《千金翼方》爲小經。針、瘍兩科則去《脉經》，而增《三部針灸經》，并鑄有針灸銅人，作爲教學模型。王安石變法後，太醫局推行"三舍升試法"，改革醫學教育。熙寧九年（1076）太醫局不再隸太常寺，遂成爲獨立醫學教育專門機構。但仍置提舉及判局、管勾官等醫官。太醫局肄業者稱爲"局生"。至神宗元豐年間太醫局更細分爲九科，但仍歸隸太常寺禮部，學生爲三百人。神宗死後，王安石新法夭折，醫學教育三舍法并廢。崇寧三年（1104）改隸國子監，置博士、正録各四員，分科教導，糾行規矩。并恢復王安石三舍法，立上舍四十人、内舍六十人、外舍二百人，每齋各置長諭

一人。太醫局教學理論聯繫實際，"太學、律學、武學生、諸營將士疾病，輪往治之。各給印紙，書其狀，歲終稽其功緒，爲三等第補之：上等月給錢十五千，毋過二十人；中等十千，毋過三十人；下等五千，毋過五十人，失多者罰黜之。"（《宋史·職官志四》）每歲每季皆舉行考試，考試分理論與實踐兩項，其中理論考試分三場："第一場問三經大義五道，次場方脉試脉證、運氣大義各二道，鍼瘍試小經大義三道、運氣大義二道；三場假令治病法三道。中格高等，爲尚藥局醫師以下職，餘各以等補官，爲本學博士、正録及外州醫學教授。"（《宋史·選舉志三》）大觀四年（1110）醫學生并入太醫局。南宋乾道三年（1167），罷局而存御醫諸科，後更不置局而存留醫學科。乾道八年復置太醫局，存留醫學各科，歸由太常寺掌管。光宗紹熙二年（1191）復置太醫局，局生以百員爲額，仍隸太常寺。《宋史·職官志四》："太醫局，有丞、有教授，有九科醫生額三百人。歲終則會其全失而定其賞罰。"遼代沿置，屬北面官，掌宫廷醫藥，其官員稱都林牙。金代改稱太醫院。

太醫院

亦稱"尚藥監""太醫監""醫學提舉司"。金、元、明、清四代全國醫藥行政領導機關和醫學教育場所。金代醫事制度因宋制而有所改革，爲提高中央醫事機構職權，合并宋翰林醫官院與太醫院，設置太醫院，屬宣徽院，總管全國醫政與醫療。其下有提點、院使、正副奉上太醫、長使太醫、副使、判官管勾等，還設有太醫教官。但具體時間無考。元代特設太醫院爲最高醫事機構，兼掌御藥院。中統元年

（1260）置宣差，提點太醫院事。至元二十年（1283）改稱"尚藥監"，二十二年復舊名。以提點、院使、副使掌院事，下設同知、僉院、同簽、院判等，轄廣惠司、御藥院、御藥局、行御藥局、御香局、大都惠民局、上都惠民局、醫學提舉司等機構。朱元璋吳元年（1367）沿置。《大明會要》卷二二三："國初置醫學提舉司，後改太醫監，又改太醫院，定爲正五品，衙門設院使。……"設院使一人、院判二人、御醫四人、吏目一人。其屬有惠民藥局、生藥庫，各設大使一人、副使一人。《明史·職官志三》："太醫院掌醫療之法。凡醫術十三科，醫官、醫生、醫士、專科肄業。曰大方脉、小方脉、婦人、瘡瘍、針灸、眼，曰口齒、接骨、傷寒、咽喉、金鏃、按摩、祝由。凡醫家子弟，擇師而教之。三年、五年一試、再試、三試乃黜陟之。"明太醫院分南京和北京兩處，而以北京太醫院爲主，有院使、院判、吏目、御醫、醫士、惠民局大使及副使、生藥庫大使及副使等約百餘人。南京太醫院則祗設院判、吏目、醫士、醫生、醫員、效力醫生等約一百二十人。醫學生主要從醫家子弟中選擇，稱"醫丁"。"凡醫家子弟，舊例，選入本院教習醫術。"（《明會要》卷三九）另外，各地方保送到太醫院的醫官、醫士，經考試合格者可入太醫院進修。"具以文祖世業代補，或令在外訪保醫官、醫士以充。"（《明會要》卷二二四）明太醫院下設中央醫學分十三科施教，學生必須專攻一科。各科均以《素問》《難經》《本草》《脉經》《脉訣》爲基本教材，同時各科尚有本專科的重要方書。據文獻記載，明太醫院有嚴格的考試制度，每四季各有考試，三年五年大考一次，成

績一等者爲醫工，二等爲醫生，不及格者"仍令習學，一年再試，三試不中者，黜之"（《明會要》卷二二四）。清初太醫院内設教習所教授學生，學生來源由醫官保送。清初順治年間醫學分科爲十一科，後由於合并或取消而逐漸減少。清代太醫院置院使及左、右院判各一人，以掌院事，下設御醫、吏目等。乾隆五十八年（1793）置管理院務大臣一人，由滿大臣内特簡。下設御藥房、生藥庫及培養宮廷醫生的教習廳等。嘉慶二年（1797）分醫學爲九科，嘉慶六年爲八科，道光二年（1822）爲七科，同治五年（1866）爲五科。學生分科學習，各科均以《内經》《傷寒論》《金匱要略》《本草綱目》等爲基本教材。另外，各科均有本科重要醫書。同治六年又附設醫學館。參閱《禮部志稿》卷八九《金史·百官志一》《金史·百官志二》《金史·百官志三》《金史·完顔奴申傳》。

【尚藥監】

即太醫院。此稱元代已行用。見該文。

【太醫監】

即太醫院。此稱明代已行用。見該文。

【醫學提舉司】

即太醫院。此稱明代已行用。見該文。

京外醫學

金代在京城以外各鎮、府、州所設醫學的總稱。各醫學分十科。學生數：大興府三十人，餘京府二十人，散府節鎮十六人，防禦州十人。規定每年均要考試問難，根據成績優劣加以獎懲。每三年太醫須主持一次考試，非官辦醫學的學生，若成績優良，亦可補作醫官。

利濟醫學堂

中國近代史上民間最早出現的中醫辦學機

構。該校由溫州名醫陳虬（字忠三，號蟄廬）創辦於清光緒十一年（1885），校址位於今浙江瑞安。學校下設利濟醫院，以備臨床實習之用。該學堂所用的課本除《内經》《傷寒論》外，多爲自編，如《利濟教經》《利濟元經》《衛生論》《醫曆》《蟄廬診録》等。學堂還給每個學生擬定一個《醫藏書表》，把醫書分爲必讀、必閲和必備三類。列有必讀書二十一種，必閲書五十種，必備書三十二種。學生自編《利濟學堂報》，以交流中醫學術，傳播興教辦學新思想。該校課程設置突破了中國古代醫學經典著作的學習範圍和中醫理論的探討方式，不像舊式中醫帶徒取原著習誦，所用教材採用表格等形式，講論中醫理論和臨床各科的重要内容，使之深入淺出，易於教授。此外，學校還設置了國文、歷史、音韻等課程，以提高學員的文史水平。陳虬自任校長兼主講習。學校組織管理、課程設置嚴密，并有嚴格的作息及考試制度。利濟醫學堂在當時已采用新式教學措施，内設醫院、藥房，而且還辦有《利濟學堂報》，發行全國各大城市及港澳地區，在社會上影響很大。由此可見，該校已是具有現代意義的中醫學校。該校前後持續了十餘年之久，培養學生三百餘名，師生們爲撲滅溫州地區的疫疾發揮了很大的作用，顯示了辦學成就。

算學

亦稱“國子監算學”“算館”“演算法館”。中國古代培養天文曆法、財政管理、土木工程方面計算人才的高等專科大學。算學正式立文國學，是我國最早學習研究自然科學之專科學校。隋算學隸國子寺，設算學博士二人、助教二人、算學生八十人。隋文帝開皇十三年（593）以國子寺罷隸太常，廢算學博士和算學助教。《隋書·百官志》：“算學博士二人，算助教二人，學生八十人，並隸屬國子寺。”《舊唐書·職官志》：“隋始置算學博士二人於國庠。”唐因隋制，貞觀年間大興學校，特於貞觀二年（628）再置算學於國子監。貞觀四年罷置。顯慶元年（656）復於國子監置算學博士二員、算學助教一員，掌教八品以下及庶人子爲生者演算法。顯慶三年（658）罷黜。龍朔二年（662）復置算學於國子監，翌年改隸秘閣。唐算學設博士二人；助教一人，爲博士之副；典學二人，爲助教之助。學生三十人。規定文武八品以下及庶人之子善通算學且年齡在十四至十九歲者皆可入學。學習期限七年。課程分兩組，各十五員。其中《孫子算經》《五曹算經》學一年，《九章算術》《海島算經》學三年，《章丘建算經》《夏侯陽算經》各學一年，《周髀算經》《五經算術》學一年，《綴術》學四年，《輯古算經》學三年。此外尚須學習《記遺》《三等數》等。唐算學將算學教學同實地測量、曆法推算、水利和建築工程等實際問題有機結合，要求學生做到“明數造術，詳明術理”。學生學成後可參加明算科考試進入仕途。《舊唐書·歸宗敬傳》：“律館、算館助教請皆罷省其教授之法。”《舊唐書》卷七九記載：“顯慶元年，復以修國史功封昌樂縣男，先是太史監侯王思辯表稱《五曹》《孫子》十部算經理多踳駮，淳風復興。國子監算學博士梁述，太學助教王真儒等受詔注《五曹》《孫子》十部算經。五代王定保《唐摭言·西監》：“兩京學生五百五十員……律館、算館各十員。”宋王讜《唐語林·補遺一》：“學舊六館，有國子館、太學館、四門館、書館、律館、算館，國子監都領之。每館各有博士、助教，謂之學官。"

北宋沿唐制初置算學於徽宗崇寧三年（1104），崇寧五年罷，旋復建。宋算學初隸國子監，大觀四年（1110）改隸太史局，同時規模較前代大大擴大。"生員以二百一十人爲額，許命官及庶人爲之。"（《宋史·選舉志三》）其行政管理、教學及教輔人員的建制皆"仿太學立法"。置博士四人，分天文、曆算、三式與演算法四科授課。教學內容與唐制相仿。算學生實行三舍法，依次升補。畢業考試及待遇均與太學相同。上舍三等分別授以通仕、登仕、將士郎。宣和二年（1120）罷黜。南宋復置，仍隸太史局。設算學博士、算學諭，分掌教學之職。南宋高宗紹興初年，命太史局試補算學生，以彌補太史局的缺員。宋陳均《皇朝編年備要》："尋令州舉兼養武士自後罷，後不常不書，置書畫算學。"元明兩朝未設算學。

清代亦稱算學爲"演算法館"，爲國子監附設專教演算法之學館。康熙五十二年（1713）在八旗官學中增設算學館於暢春園之蒙養齋，遴選精於數學之大臣教授八旗子弟。雍正十二年（1734）於八旗官學中增設算學教習。乾隆三年（1738），罷官學教習演算法，專立算學一所，隸欽天監。乾隆四年（1739）算學改館隸國子監，稱"國子監算學"。置助教、教習，掌教演算法。算學學生額定滿十二人，蒙古、漢各六人。學制五年。學習期滿，經考核，以天文生、博士等職選用。光緒三十一年（1905）因裁國子監，算學遂改隸欽天監。《清史稿·選舉志一·學校上》："算學隸國子監，稱國子監算學。乾隆四年，額設學生滿（按："滿"復衍

"漢各"二字，今刪）十二，蒙古、漢軍各六。續設漢肄業生二十四。遵御制數理精蘊，分綫、面、體三部。部限一年通曉。七政限二年。有季考、歲考。五年期滿考取者，滿、蒙、漢軍學生諸部，以本旗天文生序補。漢學生舉人用博士，貢監生童用天文生。"參見本卷《教學機構說·官學考》"算學館"文。參閱《魏書·官氏志》《通典·職官九》《舊唐書·高宗紀》《新唐書·百官志三》《宋會要·職官三》《宋史·職官志四》《宋史·選舉志三》《宋會要·崇儒三》《文獻通考·學校三》。

【國子監算學】

即算學。此稱唐代已行用。見該文。

【算館】

即算學。此稱唐代已行用。見該文。

【演算法館】

即算學。此稱清代已行用。見該文。

教坊

亦稱"雲韶府""內教坊""教坊司""提點教坊司"。唐至清代宮廷內教習宮廷宴會、祭祀音樂歌舞之中央專科學校。唐代立國之初高祖於禁中置教坊，以教習音樂，其官隸太常寺，是爲教坊設立之始。《新唐書·百官志三》："武德後，置內教坊於禁中。武后如意元年，改曰雲韶府，以中官爲使。開元二年，又置內教坊于蓬萊宮側……京都置左右教坊，掌俳優雜技。"自是教坊不隸太常。唐教坊設有音聲博士、第一曹博士、第二曹博士，以培養舞樂人才。教坊生員曾達二千餘人。凡祭祀朝會用太常雅樂，歲時晏享則用教坊諸部樂。五代、宋、元沿置。宋教坊"掌宴樂閱習，以侍宴度之用"。宋教坊仍隸太常寺，設教坊使一人、副使

二人。下設都色長、色長、都部頭、部頭、副部頭，分掌教習樂舞之事。遼沿置，隸宣徽院，設提點掌其事。《遼史·禮志四》：“帝升殿坐，兩府并京官丹墀內聲喏，各祗候。教坊司同北班起居畢，奏事。”金置教坊，設使、副使。元中統二年（1261）沿置。至元十七年（1280）改提點教坊司，仍隸宣徽院。至元二十五年改隸禮部。設達魯花赤（教習長官）一人領其事，下設興和、祥和等署，廣樂等庫。明沿置，隸禮部，設奉鑾一人，左、右韶舞及左、右司樂各一人，掌所領樂戶及罪囚家屬，以給承應。嘉靖中，世宗爲其父陵寢顯陵專設供祀教坊司，以給祭祀舞樂。清初沿置。雍正七年（1729）罷教坊司，更設和聲署。參閱《新唐書·百官志三》、唐崔令欽《教坊記》、宋高承《事物紀原·東西使班·教坊》、清汪汲《事物原會·教坊梨園》。

【雲韶府】

　　即教坊。此稱唐代已行用。見該文。

【內教坊】

　　即教坊。因設於宮禁之中，故稱。此稱唐代已行用。見該文。

【教坊司】

　　即教坊。此稱遼代已行用。見該文。

【提點教坊司】

　　即教坊。此稱遼代已行用。見該文。

梨園

　　特指唐代玄宗時設於內廷，旨在培養舞樂人才之中央專科學校。梨園以教習法曲爲主。因設在禁苑梨園旁，因以得名。唐初雅俗之樂皆由太常寺之太樂署掌教。唐玄宗精曉音律，乙太常禮樂之司，不祗應典倡優雜伎，乃更置左右教坊以教俗樂。據記載，唐玄宗曾多次親自到梨園教授歌舞。時稱到此處受教藝者爲“梨園弟子”或“皇帝梨園弟子”。梨園由宮廷派中官主管，當時著名的樂師有李龜年、雷海青等。另長安太常寺屬下有梨園別教院，東都洛陽太常寺有梨園新院，皆爲培養音樂人才的機構。別教院和新院爲教坊選拔人才，教坊坐部伎爲內廷梨園選拔人才。唐時梨園教育采用的是師帶徒的辦法，學員一面學習，一面工作，進行職業性訓練，從而把教育、研究和行政三者有機地結合起來。唐白居易《長恨歌》：“梨園弟子白髮新，椒房阿監青娥老。”《新唐書·禮樂志十二》：“玄宗既知音律，又酷愛法曲，選坐部伎子弟三百，教於梨園，聲有誤者，帝必覺而正之。號‘皇帝梨園弟子’。宮女數百，亦爲梨園弟子，居宜春北院。”參閱清汪汲《事物原會·教坊梨園》。

習藝館

　　亦稱“内文學館”“翰林内教坊”“萬林内教坊”。唐代專門教習宮人學習經、史、書、算及其他衆藝之中央專科學校。《新唐書·百官志二》：“宮教博士二人，從九品下。掌教習宮人書、算、衆藝。”原注：“初，内文學館隸中書省，以儒學者一人爲學士，掌教宮人。武后如意元年改曰習藝館，又改曰萬林内教坊，尋復舊。有内教博士十八人，經學五人，史、子、集綴文三人，楷書二人，莊老、太一、篆書、律令、吟咏、飛白書、算、棋各一人。開元末，館廢，以内教博士以下，隸内侍省中官爲之。”《資治通鑑·唐中宗景龍元年》：“冬十月丁丑……習藝館内教蘇安恒。”胡三省注：“習藝館本名内文學館，……武后改爲習藝館，又改

爲翰林內教坊，以地在禁中故也。《新書》曰教
習宮人書、算、衆藝。”

【內文學館】

即習藝館。此稱唐代已行用。見該文。

【翰林內教坊】

即習藝館。此稱唐代已行用。見該文。

【萬林內教坊】

即習藝館。此稱唐代已行用。見該文。

崇玄學[2]

亦稱“崇賢館”“崇元學”“通道學”。唐代
特設以教習玄學，培養道教人才之中央、地方
兩級專科學校。隸屬上書省下轄之祠部。唐初
統治者認爲道教徒資助興唐有功，同時李唐統
治者爲了提高其門第，神化其統治，以對抗門
閥士族的傳統强大勢力，鞏固其統治地位，乃
利用道教所奉的教主老子姓李，唐皇室亦姓李
的關係，即尊老子爲始祖。玄宗李隆基自即位
之日起，便大力推進開國以來的崇道政策，以
提高道教地位，促進道教的發展，從而形成了
唐代道教的全盛局面。其中在中國道教史上具
有重大影響的事件就是崇玄學的創設。《新唐
書·選舉志上》：“〔玄宗開元〕二十九年，始置
崇玄學，習《老子》《莊子》《文子》《列子》，
亦曰道舉。其生，京、都各百人，諸州無常員。
官秩、蔭第同國子，舉送、課試如明經。”《新
唐書·百官志三》：“開元二十五年（按：與《選
舉志》記載不同），置崇賢學於玄元皇帝廟。天
寶元年（742），兩京置博士、助教各一員，學
生百人，每祠享，以學生代齋郎。二載（天寶
二年，公元 743），改崇玄學曰崇賢館，博士曰
學士，助教曰直學士，置大學士一人，以宰相
爲之，領兩京玄元宮及道院；改天下崇玄學爲

通道學，博士曰道德博士，未幾而罷。寶應、
永泰間，學生存者無幾。大曆三年（768），復
增至百人。”唐高彥休《唐闕史·太清宮玉石
像》：“明皇朝，崇尚元（玄）元聖主之教，故
以道舉入仕途者，歲歲有之。”清顧炎武《菰中
隨筆》：“有道舉，元（玄）宗開元二十九年始
置崇元（玄）學，習《老子》《莊子》《文子》
《列子》。”此稱清代已行用。參見本卷《教學機
構説·官學考》“道學”文。參閱《唐會要·貢
舉下》《新唐書·百官志三》《資治通鑑·唐玄宗
天寶五載》。

【崇賢館】[2]

即崇玄學。此稱唐代已行用。見該文。

【通道學】

即崇玄學。此稱唐代已行用。見該文。

【崇元學】

即崇玄學。此稱清代已行用。見該文。

府州崇玄學

唐代設於府州教習玄學的地方官學。開
元二十九年（741）詔令諸府州設崇玄學各一
所。置玄學博士及學生。學習《老子》《莊子》
《文子》《列子》。允以明經例考試。天寶二年
（743）改諸州崇玄學爲通道學，博士爲學士。
詳見“崇玄學”文。

武學

中國古代培訓軍事人才之中央、地方兩級
專科學校。唐玄宗開元十九年（731），於兩
京（西京長安、東都洛陽）、諸路各置太公廟。
肅宗上元元年（760）追封姜太公（尚）爲武
成王，與文宣王孔子并列，此當爲武學之萌。
十六國時期，前秦王符堅於渭城（今陝西咸陽）
教武堂，由通曉陰陽、兵法的太學生教授諸將，

當爲中國古代軍事學校的雛形。宋武學最早創設於宋仁宗慶曆三年（1043）五月，校址在武成王廟，是爲有宋一朝最早設立的專科學校。但武學創設之初，就學者寥寥，旋於同年八月廢黜。神宗熙寧五年（1072）六月樞密院上言請復置武學，神宗應允，下詔復建武學於武成王廟，由兵部尚書韓縝掌管學務。教學内容有諸家兵書、弓馬騎射、武藝等。武學學生分爲上、内、外三舍，凡一百人。《宋史・選舉志三》："樞密請建武學於武成王廟，以尚書兵部郎中韓縝判學……生員以百人爲額，選文武官知兵者爲教授。使臣未參班及閒廄草澤人召京官保任，人材弓馬應格，聽入學，習諸家兵法。教授纂次歷代用兵成敗，前世忠義之節足以爲訓者，講釋之。願試陣隊者，量給兵伍。在學三年，具藝業考試等第推恩，未及格者，逾年再試。"元豐年間廢教授，"置博士一員，以文臣有出身或武舉高選人爲之；學諭一員，以武舉補官人爲之。"（《宋史・選舉志三》）北宋除中央置武學外，徽宗崇寧年間還曾令地方諸州亦置武學，并仿儒學立考選升貢法，外舍生稱"武選士"，内舍生稱"武俊士"。宣和二年（1120）罷廢州、縣武學。

南宋由於外敵頻繁入侵，武學爲歷任皇帝所重視。高宗紹興十六年（1146）重整武學，置弟子員百人，分外舍生七十人、内舍生二十人、上舍生十人，學習《武經七書》、弓步騎射。紹興二十六年詔武學博士一員，以文臣有出身或通過武舉高選之人出任。并置學諭一人，由武舉人擔任。越年，規定武學學例與國子監同。淳熙五年（1178）置武學國子員。寧宗慶元五年（1199），命兩淮、京西、湖北諸州試武士，州學附設武士齋舍，選官教之。

明因宋制，於中央和地方均設武學。地方武學始置於洪武年間。開始僅在大寧等衛儒學内設置武學科目，教導武官子弟。"〔洪武二十年七月〕禮部奏請如前代故事，立武學，用武舉，仍祀太公，建昭烈武成王廟。"（《明實錄・明太祖實錄》）至英宗正統六年（1441），設京衛武學。次年，從監察御史彭勖之奏，復設南京京衛武學，與駐京（北京）京衛武學并稱"兩京武學"。景泰三年（1452）罷京衛武學，天順八年（1464）復置。從而使明之武學成爲中央所設之規模宏大的習武學校。《明實錄・明英宗實錄》："正統間南北京並天下邊衛俱設武學以教武臣子弟，使知忠君孝親之道、用兵制勝之術，誠保邦之良圖、固國之至計也。"成化元年（1465）審定武學學規。成化九年，令都、司、衛、所應襲子弟，年滿十歲以上者，由提學官選送入武學讀書。都指揮等官年長失學者，亦令五日聽講一次。學校設教授、訓導各一人，承擔管教事宜。學科分爲兩類：一類是《小學》《論語》《孟子》《大學》；另一類是《五經》《七書》《百將傳》，學生於各類書中任習一書，但必須通曉大義。弘治六年（1493），刊印《武經七書》，分送兩京武學，令武生學習。明武學學生待遇及考試與儒生相同。崇禎十年（1637）命天下府、州、縣均設武學。但不久明亡，未能實現。

清代有武舉而無武學，武生的教習附設於地方儒學，由儒學教官兼轄。學習騎射及《武經七書》《百將傳》《四書》《孝經》等。光緒二十七年（1901）廢除科舉，武學并黜。《清史稿・選舉志一・學校上》："武生附儒學，通稱武生。順治初，京衛武生童考試隸兵部。康熙三年，改隸學院，直省府、州、縣、衛武生，儒學教官兼轄之。騎射外，教以《武經七書》《百將傳》及《孝經》《四書》。學政三年一考。順天舊設武學，自八旗設儒學教官，兼轄滿洲、蒙古、漢軍武生，裁武學官。大、宛兩縣武生，順天教官轄之，學額如文生童例，分大、中、小學。自二十名遞減至七八名。考試分内、外場，先外場騎射，次内場策論。歲試列一、二等，準作科舉。故武生有歲試無科試。"另外，晚清各類武備學堂亦省稱"武學"。參閲《宋史・職官志五》、《山堂群書考 索・後集・論武舉武學奏》、《宋史・職官志五》、《全宋文》卷四〇八、《大明會典》卷一五六、《續文獻通考・學校一》、《事物原會・武學》、清顧炎武《日知 録・科舉・武學》、《清續文獻通考・學校十六》、《清續文獻通考・學校十七》、《清續文獻通考・學校十八》。

京衛武學

亦稱"京都武學"。明代設於駐京（北京）各衛之武學。《明實録・明英宗實録》："〔正統六年五月壬寅〕開設京衛武學，除教授一員、訓導六員。先是，太子太保、成國公朱勇等奏准選驍勇都指揮官紀廣等五十一員，熟閑騎射幼官趙廣等一百員。至是，上命置學授官以訓誨之。"又："〔正統六年八月〕甲戌，京衛武學教授紀振言：'京衛武學之名，意義重復，且侯伯都督子弟皆在焉，謂之京衛，不足以該，乞更爲京都武學。"詳見"武學"文。

【京都武學】

即京衛武學。此稱明代已行用。見該文。

南京京衛武學

明代設南京各衛之武學。《明實録・明英宗實録》卷九一載："正統七年（1442），從監察御史彭勖之議，設南京京衛武學。"詳見"武學"文。

兩京武學

明代所設"京衛武學"與"南京京衛武學"之合稱。詳見"武學"文。

四夷館

亦稱"四譯館""會同四譯館"。明清兩朝專門翻譯邊疆少數民族及外國語言文字之官署和培養翻譯人才之專科學校。四夷館之稱發軔於北魏。北魏於洛陽洛水橋南御道東作四館，以處四方來附者。四館皆以四方之地爲名。有金陵館、燕然館、扶桑館和崦嵫館，四館統稱"四夷館"。然，北魏四夷館當爲國家機構之稱，與學館無涉。有明一朝始援之以爲學館之名。明時，與西域、俄羅斯、日本、高麗等諸多地區和國家在經濟文化方面的交流日漸頻繁。爲此，明成祖於永樂五年（1407）在京城設四夷館，教授西域、北方、東北等地區少數民族以及緬甸、暹羅（泰國）等國的語言文字，培養譯員。四夷館初隸翰林院。明孝宗弘治四年（1491）四夷館設太常寺卿、少卿各一人爲其主官，遂改隸太常寺。内分蒙古、女直（真）、西番（藏族）、回回（回族）、百夷（傣族）、高昌（維吾爾族）以及西天（印度）、緬甸八館。後增八百、暹羅二館，衹設少卿一人。招收國子監生及官民子弟入館學習，稱"譯字生"，并設專員掌教學和稽察。《明史・職官志三》："提督四夷館，少卿一人，掌譯書之事……初設四夷館，隸翰林院，選國子監生習譯。宣德元年

（1426）兼選官民子弟，委官教肄，學士稽考程課。弘治七年（1494）始增設太常寺卿、少卿各一員爲提督，遂改隸太常。嘉靖中，裁卿，止少卿一人。"

清順治元年（1644）分設會同、四譯兩館。會同館隸禮部，以主客滿、漢主事提督館事；四譯館隸翰林院，以太常寺漢少卿提督館事。沿置明時回回、緬甸、百夷、西蕃、高昌、西天、八百、暹羅八館，以譯遠方朝貢文字。乾隆十三年（1748）將四譯館歸并禮部，合會同館曰"會同四譯館"。同時，改八館爲西域、百夷二館，以禮部郎中一人兼鴻臚寺少卿，御攝館事。後增設滿洲稽察大臣二人攝館事。并設大使漢一人，序班漢二十人，朝鮮通事官六人，掌治館舍積聚、翻習外國語言文字。光緒二十九年（1903）罷黜。清孫承澤《春明夢餘錄》卷五二："四夷館在東華門外，正德三年（1508）選取譯字生一百七十名，嘉靖十六年（1537）選取譯字生一百二十名。"清龔自珍《在禮曹日與堂上官論事書》："原其故，由百務一諉之四譯館監督，而本司無權也。"參閱《禮部志稿》卷八九、《清會典·禮部十四·會同四譯館》。

【四譯館】

即四夷館。此稱清代已行用。見該文。

【會同四譯館】

即四夷館。此稱清代已行用。見該文。

畫學

宋代培養繪畫人才之中央專科學校。創設於宋徽宗崇寧三年（1104）。宋初隸屬翰林圖畫院。徽宗酷愛繪畫，爲造就更多畫家，特於崇寧間在國子監按學校制度創設畫學。課程分六目："畫學之業，曰佛道、曰人物、曰山水、曰鳥獸、曰花竹、曰屋木。以《説文》《爾雅》《方言》《釋名》教授。《説文》則令書篆字，著音訓，餘書皆設問答，以所解義觀其能通畫意與否。"（《宋史·選舉志三》）兼習經或讀律。畫學設博士一人，生員額定三十人。學生分齋而居，入學時即分爲"士流"與"雜流"兩類。其學習内容亦有差别："仍分士流、雜流，别以其齋以居之。士流兼習一大經或一小經；雜流則誦小經或讀律。考畫之等，以不仿前人，而物之情態形色俱若自然，筆韻高簡爲工。"（《宋史·選舉志三》）學員的試補升降仿照太學三舍法辦理，唯"雜流"學生不能授以三等以上官職。大觀四年（1110）停辦，畫學生并入翰林圖畫局。宣和年間畫學復興，徽宗親自出題考試，并每隔十日"出御府書軸兩匣"以示學人。南宋未置畫學。元湯垕《古今畫鑑·宋畫》："米芾元章，天資高邁，畫法入神。宣和立畫學，擢爲博士。"參閱《宋史·選舉志三》、《文獻通考·學校三》、宋鄧椿《畫繼》、明朱謀垔《畫史會要》。

唐古特學

亦作"唐古忒學"。清代特設教習唐古特文字（藏文）之中央專科學校。順治十四年（1657）始置。隸理藩院。清嵇璜《皇朝通典》卷二六載："順治十四年初設唐古特學，給教習人六品俸，後改爲司業。"官學設六品教習一人爲主官，後改爲司業。又設助教一人，教習、副教習各二人，管理學務和教學。學生（稱爲'唐古特官學生'或'唐古忒官學生'）四十人，分爲正額二十四名，額外十六名。學制五年。學習期滿由達賴考試。雍正六年（1728）規定，凡通過理藩院考試，能够順利翻譯藏文者，即授主事、員外郎、中書等職。成績低劣者，令其繼續學習一至二年，再更換新生。

【唐古忒學】

同 "唐古特學"。此稱清代已行用。見該文。

算學館

清代特設教習算學知識之中央專科學校。康熙五十二年（1713）始設算學館於暢春園之蒙養齋，選八旗子弟入學（稱爲八旗算學生）。乾隆三年（1738）停辦八旗官學算學館，而於欽天監附近專立算學一所。乾隆四年，算學館隸屬國子監，稱 "國子監算學館"（入學者則稱爲 "國子監算學生"）。館内設教習十六人，并從每八旗中挑選資質聰異者約三十人爲算學生。雍正後采用清廷編輯的《數理精蘊》和《律吕正義》爲教材。首先引用西方幾何學爲教學内容，同時兼習天算和曆算知識。乾隆五十年後至嘉慶、道光年間國子監算學館由欽天監兼管。同治五年（1866）恭親王奕訢等奏請獲准增設算學館於京師同文館，次年開始招生。又次年聘請李善蘭任教習。學習内容有天文、算學、化學、物理、幾何、代數、微分積分、機器製造、航海測算等自然科學知識。同時，算學館尚建有觀象臺、格致館等，以供教學、實驗之需。學生在學八年爲限。同治九年，閩浙督臣英桂等奏開算學科。光緒元年（1875）禮部奏請開算學科。這標志着自然科學開始滲入科舉，從而改變了以經學爲唯一考試内容的舊科舉。光緒二十八年算學館隨同文館并入京師大學堂。《欽定八旗通志·學校志五·算學》："雍正十三年奏准，康熙五十二年，設算學館於暢春園之蒙養齋，簡大臣官員精於數學者司其事，特命皇子、親王董之，選八旗世家子弟學習演算法。又簡滿、漢大臣、翰林官纂修《數理精蘊》及律吕諸書，至雍正元年告成，御製序文鎸板告成。自明季司天失職，過差罕稽。至此而推步測驗，罔不協應。際此理數大備之時，正當淵源傳授，傳諸億萬斯年。應於八旗官學增設算學教習十有六人，教授官學生演算法。每旗官學擇資質明敏者三十餘人，建以未時起、申時止，學習演算法。"參見本卷《教學機構説·官學考》"算學" 文。參閲《清文獻通考·學校四》、清文慶等《欽定國子監志·學志八·算學》《清會典事例·國子監·算學》、顧樹森《中國歷代教育制度·清代的學校制度》。

二、地方官學

米廩

傳爲有虞氏時之學校。中國原始社會末期教育下一代的任務是由老人承擔的，老人因米廩之所藏纔得以完成施教之職，後藉米廩以稱學校。周代魯國承其舊制，設米廩爲學校，亦即庠。"庠" 的意思是 "養"，即把老人養起來，從事教育孩子的工作。"庠" 需要貯藏一定的糧食以備養老，故亦稱爲 "米廩"。《禮記·明堂位》："米廩，有虞氏之庠也。序，夏后氏之序也。瞽宗，殷學也。頖宫，周學也。"鄭玄注："庠、序亦學也。庠之言詳也，於以考禮詳事也，魯謂之米廩，虞帝上孝，令藏粢盛之委焉。"孔穎達疏:"此一經明魯得立四代之學也,'米廩,有虞氏之庠也'者,言魯之米廩是有虞氏之庠,魯以虞氏之庠爲廩以藏粢盛。"陳澔集説:"此言魯立四代之學,魯所藏粢盛米之廩,即有虞氏之庠,謂藏此米於學宫也,亦教孝之義。"陳奐《詩毛氏傳疏》:"米廩即上庠。"釋米廩爲西周國學中之大學。清毛奇齡《學校問》:"其曰米廩者,即上庠也,以虞重養老也。"參見本卷《教學機構説·官學考》"上庠"文。參閱《文獻通考·學校一》。

校

亦作"教"。初爲中國古代地方學校,後引申作爲學校之泛稱。校相傳起源於夏代,周代爲鄉學,漢代爲侯國之學。《詩·鄭風·子衿》小序:"子衿,刺學校廢也,亂世則學校不脩焉。"鄭玄箋:"鄭國謂學爲校,言可以校正道藝。"《孟子·滕文公上》:"設爲庠、序、學、校以教之。庠者,養也;校者,教也;序者,射也。夏曰校,殷曰序,周曰庠,學則三代共之,皆所以明人倫也。"校字,《説文·木部》有云:"校,從木,交聲。"古代"交"聲之字多含有"教"義,可資佐證。《正韻》:"校,鄉學爲校。"而關於夏校之性質,《史記·儒林列傳》另有補充:"鄉里有教,夏曰校。"這説明校爲鄉學。朱熹在《四書集注》中亦指出庠、序、校皆爲鄉校。至於校的教學内容,朱熹在《孟子·滕文公上》"設爲庠、序、學、校以教之"注云:"校,以教民爲文。"又云:"倫,序也。父子有親,君臣有義,夫婦有别,長幼有序,朋友有信,此人之大倫也。庠、序、學、校皆以明此而已。"總的看來,校之由於與以倫常教化民衆有關,設於鄉里,後世多以校爲地方學校之

名。西漢時期的"校"即爲地方官學——郡國學之一。《後漢書·章帝紀》:"三代導人,教學爲本。"李賢注:"《前書》曰:三代之道,鄉里有教,夏曰教,殷曰庠,周曰序。劉攽曰:夏曰教,教當作校。"後泛稱地方學校。《漢書·平帝紀》:"〔元始三年〕立學官。郡國曰學,縣、道、邑、侯國曰校,以論執政。"《左傳·襄公三十一年》:"鄭人游於鄉校。"杜預注:"鄉之學校。"《公羊傳·宣公十五年》:"什一行而頌聲作矣。"漢何休注:"在田曰廬,在邑曰里。一里八十户,八家共一巷,中里爲校室。選其耆老有高德者名曰父老……十月事訖,父老教於校室,八歲者學小學,十五者學大學。"參見本説《機構總考》"學"文。

【教】

同"校"。此體先秦時期已行用。見該文。

庠

中國古代地方官學,特指先秦時期之鄉學。文獻記載在遠古虞舜時期就有"庠"的教育機構。《禮記·明堂位》:"米廩,有虞氏之庠也。"鄭玄注:"庠之言詳也,於以考禮詳事也。"《孟子·滕文公上》:"設爲庠、序、學、校以教之。庠者,養也……周曰庠。"《禮記·王制》:"有虞氏養國老於上庠,養庶老於下庠。"鄭玄注:"上庠、右學,大學也,在西郊;下庠、左學,小學也,在國中王宫之東。"又:"耆老皆朝於庠。"鄭玄注:"此庠,謂鄉學也。"又"庠"中文有"黨學"。《禮記·學記》:"古之教者,家有塾,黨有庠。"孔穎達疏:"'黨有庠者',黨謂周禮五百家也。庠,學名也。於黨中立學,教閭中所升者也。"陳澔集説:"序則教黨學所升之人。"後世之庠主要指地方官學。漢代之庠,

實即郡國學之一種。是故，後世多稱地方官學爲"庠序""庠室""庠學""庠黌""庠塾"等。相應稱地方官學的學官爲"庠老"，稱地方官學的學生爲"庠生"。明清時亦稱府學爲"郡庠"，縣學爲"庠"，稱在學生員爲"庠生"。"庠"有時或作爲學校之泛稱，故後世又有"上庠""下庠"之分。《漢書·平帝紀》："立學稷及學官……鄉曰庠。"《梁書·武帝紀中》："建國君民立教爲首……宜大啓庠敎，博延胄子。"明李昌祺《剪燈餘話·月夜彈琴記》："洪武初，〔烏斯道〕除吉安永新知縣，到任三日，只謁先聖於邑庠。"《儒林外史》第二回："這是我們集上在庠的梅相公。""庠"訓作學校與"養"有關。"庠"的本義爲"養"。《說文·广部》："庠，禮官養老，夏曰校，殷曰庠。"即把有道德、有經驗的老人養起來，專門從事教育下一代的工作。因爲遠古時代老人也就是教師，作爲養老之所的"庠"也就逐漸成爲施行教育的場所，即學校。這是一般文獻訓詁學者的共同觀點。《文獻通考·學校六》："按古者天子之視學多爲養老設也，雖東漢之時猶然，自漢以後，養老之禮浸廢，而人主之幸學者，或以養經，或以釋奠，蓋自爲一事矣。"有關庠之起源及其性質，文獻所載說法不一。虞舜時代就有關於"庠"的傳說，主要有下列幾種：《禮記·王制》："有虞氏養國老於上庠，養庶老於下庠。"《禮記·明堂位》："米廩，有虞氏之庠也。"《玉海·學校》："周之小學爲有虞氏之庠制。"《三禮義宗》："虞氏之學名庠。"這些傳說都認爲"庠"是產生於虞代的。但《孟子·滕文公上》與《史記·儒林傳》却說："夏曰校，殷曰序，周曰庠。"《說文·广部》與《漢書·儒林傳序》又說："夏曰校，殷曰庠，

周曰序。"這兩種傳說都認爲"庠"與有虞氏無關，而認爲"庠"作爲學校是從殷或周纔開始的。這樣，傳世文獻所載非一，因爲它們一則說"殷曰庠"，一則說"周曰序"，究竟哪一說對呢？有人認爲後說基本上是符合一般學校產生的規律的，那就是說學校在奴隸制社會的歷史階段纔能產生。說夏朝已有學校，雖然沒有提出什麼證據，但在理論上是可以成立的。但還沒有解決"庠'究竟產生在哪個朝代的問題。據陳夢家考釋，甲骨文中即有"庠"字，并據此認爲這是商代確有"庠"學的重要證明，故而主張理應將庠學之設提前於殷商時期。據毛禮銳考釋，"庠"作爲一種廣義的學校是形成於殷代，而周代仍保有這種學校，故"殷曰庠"和"周曰序"的兩說都對。但是這種"庠"的萌芽，是在原始社會的末期——虞舜時代就已經產生了，不過它祇是學校的前身，不能稱爲學校。所以關於有虞氏之"庠"的傳說也不是完全捏造的，祇是把它誇張成爲學校罷了。(見毛禮銳《虞夏商周學校傳說初釋》，載《北京師範大學學報》1961年第四期)參見本卷《教學機構說·機構總考》"學"文。

【黨學】

即庠。此稱先秦時期已行用。見該文。

庠序

亦稱"庠門""庠塾""庠敎""庠學""庠黌""庠均""庠校"。初爲中國古代地方學校，後爲各類學校之泛稱。《孟子·梁惠王上》："謹庠序之教，申之以孝悌之義，頒白者不負戴於道路矣。"趙岐注："庠序者，教化之宮也。殷曰序，周曰庠。"《漢書·董仲舒傳》："古之王者……莫不以教化爲大務，立太學以教於國，

設庠序以化於邑。"《漢書・食貨志上》："於里有序而鄉有庠。序以明教，庠則行禮而視化焉。"《漢書・平帝紀》："立官稷及學官。郡國曰學，縣、道、邑、侯國曰校，校、學置經師一人。鄉曰庠，聚曰序。序、庠置《孝經》師一人。"漢班固《東都賦》："是以四海之內，學校如林，庠序盈門。"《禮記・鄉飲酒義》："主人拜迎賓於庠門之外。"《梁書・武帝紀中》："宜大啓庠敩，博延胄子，務彼十倫，弘此三德。"《南齊書・武帝紀》："命彼有司，崇建庠塾。"《陳書・周弘正傳》："辭林義府，國老民宗，道映庠門，望高禮閣。"《太平御覽》卷二三六引南朝齊王融《爲王儉讓國子祭酒表》："竊以庠均義重振古所崇，資師道尊，有來攸尚。"宋周輝《清波雜志》卷一二："迨今五十餘年，庠均之士，未聞祖是編紀事實，以廣賢關嘉話者，似爲闕典。"宋蘇軾《謝秋賦試官啓》："游庠校者忘朝廷，讀法律者捐詩賦。"明李東陽《送字士常》詩："詩書起庠校，戎馬壯邊疆。"《周禮・地官・鄉大夫》："三年則大比，考其德行道藝，而興賢者、能者。"唐賈公彥疏："謂鄉中有賢者皆集在庠學。"唐韓愈孟郊《城南聯句》："歸私暫休暇，驅明出庠黌。"

【庠門】

即庠序。此稱漢代已行用。見該文。

【庠塾】

即庠序。黨庠與家塾之合稱，後因以庠塾泛指地方學校。此稱南北朝時期已行用。見該文。

【庠敩】

即庠序。此稱南北朝時期已行用。見該文。

【庠均】

即庠序。此稱南北朝時期已行用。見該文。

【庠學】

即庠序。此稱唐代已行用。見該文。

【庠黌】

即庠序。此稱唐代已行用。見該文。

【庠校】

即庠序。此稱宋代已行用。見該文。

州序

周代之地方官學，類似"州學""州校"。周制五黨爲州，州二千五百家。州黨所設之學，謂之州序。《周禮・地官・州長》："若以歲時祭祀州社，則屬其民，而讀灋亦如之。春秋以禮會民，而射于州序。"鄭玄注："序，州黨之學也。"賈公彥疏："州長因春秋二時皆以禮會聚其民，而行射禮于州之序學中。"

序

傳爲夏代進行倫理和武術教育的場所。《孟子・滕文公上》："序者，射也……殷曰序。"《周禮・地官・州長》："春秋以禮會民而射於州序。"鄭玄注："序，州黨之學也；會民而射，所以正其志也。"《禮記・明堂位》："序，夏后氏之序也。"鄭玄注："序，次序王事也。"孔穎達疏："序，夏后氏之序也者，是夏家之學也。"陳澔集說："序者，射也。射以觀德，有先後之次焉。"《禮記・學記》："古之教者……術（遂）有序。"鄭玄注："術當爲遂，聲之誤。"孔穎達疏："'術有序'者，術，遂也。周禮，萬二千五百家爲遂。遂有序亦學名，於遂中立學，教黨學所升者也。"陳澔集說："術當爲州。萬二千五百家爲州。州之學曰序。周禮，鄉大夫春秋以禮會民，而射於鄉序是也。序則教黨學所升之人。"然此術，"州"之乎？"遂"之乎？周朝在周天子和諸侯的直屬領地内實行鄉遂制度，城内和郊區稱爲"鄉"，郊外稱"遂"。鄉内有州、黨、族、閭、比等組織，居住着奴隸主貴族。《周禮·地官·大司徒》："令五家爲比，使之相保；五比爲閭，使之相受；四閭爲族，使之相葬；五族爲黨，使之相救；五黨爲州，使之相賙；五州爲鄉，使之相賓。"是知，州、序非一，而"序"當何者之學，陳、孔之説誰確，無從考證。但"序"爲地方學校蓋無異辭焉。

西漢以後歷代沿用"序"爲地方官學。漢代即爲郡國學之一種。漢班固《白虎通·辟雍》："鄉曰庠，里曰序。庠者，庠禮義也；序者，序長幼也。"《漢書·平帝紀》："立官稷及學官……鄉曰庠，聚曰序。"同書《董仲舒傳》："古之王者……立太學以教於國，設庠序以化於邑。"《南齊書·崔祖思傳》："自古開物成務，必以教學爲先……宜太廟之南，弘修文序，司農以北，廣開武校。"唐卜邢儔《〈周易略例〉序》："臣舞象之年，鼓篋蛆序。"注："學校也，上州堂之類。"唐鄭愔《侍宴長寧公主東莊應制》詩："池架祥鼈序，山吹鳴鳳曲。"

關於夏序爲習武之所諸家蓋無异辭。尤其是近代各家又從諸多方面詳加論述與發揮，其義益彰矣。或有謂"序"乃古時堂上間隔東西堂之墙。《爾雅·釋宫》云："東西墻謂之序。"刑昺疏："此謂室前堂上東廂、西廂之墻也。"《説文·广部》："序，東西墻也。"段玉裁注："堂上以東西墻爲介……謂正堂近序之處曰東序、西序。"《儀禮·士冠禮》："立於阼階下直東序，西面。"鄭玄注："堂東西墻謂之序。"由此可見，序之本義爲堂上間隔東西堂之墻。古代士族之居住地，總是在圍墻内的中心建有全族聚會用的大屋，周圍分布有若干小屋。這些小屋就是所謂的"室"，是供對偶婚夫婦居住生活的，而中心的大屋則是全族所公用的。同時也是喪偶的老人和未婚青少年居住的場所。所以，大堂也是老人教育、訓練青少年的場所。而大堂又用短墻分割成幾個部分，"序"原本就是分割室内空間的短墻。被"序"分割開的"東厢""西厢"，亦稱"東序""西序"。後來，詞義引申爲學校之稱。如《禮記·王制》云："夏后氏養國老於東序，養庶老於西序。"鄭玄注："東序、東膠，亦大學，在國中王宫之東；西序、虞序，亦小學也，西序在西郊。"其説詳見王鳳陽《古辭辨》。

夏朝尚武，統治者非常重視習武軍事教育，所謂"夏道遵命""爲政尚武"，故而有"夏后氏以射選士"之説。（見《文獻通考·學校一》）也就是説重戎尚武是夏代教育的一個特點。從這個意義上講，夏序爲以習射之類軍事教育爲主的學校，是可信的，其出現也是有其特定時代背景的。參見本卷《教學機構説·官學考》"東序""西序"文。

鄉學

中國古代地方官學。傳爲西周鄉遂所設之學校。《禮記·鄉飲酒義》："主人拜迎賓於庠門之外。"鄭玄注："庠，鄉學也。"《禮記·學記》："古之教者，家有塾，黨有庠，術有序，國有學。"鄭玄注："術當爲遂，聲之誤也。古者仕焉而已者，歸教於閭里，朝夕坐於門，門側之堂謂之塾。《周禮》五百家爲黨，萬二千五百家爲遂。黨屬於鄉，遂在遠郊之外。"孔穎達疏："鄉學曰庠。"《文獻通考・學校一》："夏曰校，殷曰序，周曰庠，皆鄉學也。"後世因稱地方所辦之學校爲鄉學。《漢書・食貨志上》："其有秀異者，移鄉學於庠序。"唐沿置鄉學。開元二十六年（738），"天下州縣，每鄉一學，仍擇師資，令其教授"（《舊唐書・玄宗紀》）。參見本卷《教學機構說・官學考》"鄉校"文。

鄉校

西周時地方官學學校。周制，五百家爲鄉。鄉里設校，謂之鄉校，歷代沿設。春秋時或兼作鄉人議事之所。《左傳・襄公三十一年》："鄭人游於鄉校，以論執政。然明謂子產曰：'毀鄉校何如？'子產曰：'何爲？夫人朝夕退而游焉，以議執政之善否。其所善者，吾則行之；其所惡者，吾則改之，是吾師也，若之何毀之！'"後世亦泛指地方學校。《後漢書・寇恂傳》："恂素好學，乃修鄉校，教生徒，聘能爲《左氏春秋》者，親受學焉。"清毛奇齡《學校問》雜考《周禮》《禮記》後，認爲周之鄉學有四：鄉校、州序、黨庠和家塾。所以，鄉校爲鄉學之一。

黨庠

相傳爲西周之地方學校。《禮記・學記》："黨有庠。"孔穎達疏："黨有庠者，黨謂周禮五百家也；庠，學名也。於黨中立學，教閭中所升者也。"

稷下學宮

戰國時齊國所設之高等學府。稷下，指當時齊國都城臨淄（今山東淄博）的稷門（城西南首門）附近地區，於此設學，故曰"稷下學宮"。始設於齊桓公田午當政時（前375—前357），創立時間當在公元前370—前360年。

學宮歷經齊國的桓公、威王、宣王、湣王、襄王和建王，凡六代，歷時共約一百八十年。學宮自創立之初，由於朝廷的重視，不斷擴大發展。入宮學者給予優遇，任其聚徒講學，著書立說，也吸收了一大批學生。著名學者宋鈃、尹文、慎到、彭蒙、田駢、環淵、鄒衍、騶奭、淳於髡、荀子等都曾講學其間。至宣王、湣王時稷下學宮發展到鼎盛，師生曾一度多達數萬人。但到湣王後期，由於齊國政治形勢的頹敗，加之學宮管理不善，一大批學者相繼離去，從而使學宮出現衰敗景象。公元前284年，齊國遭到燕、趙、韓、魏、秦五國聯軍的襲擊，臨淄城失陷，稷下學宮也遭到破壞，并停辦達五六年之久。至襄王復國纔又恢復了稷下學宮，重新招徠一批稷下先生，使稷下學宮重新成爲學術爭鳴的中心。齊王田建時因國力不濟，稷下學宮的盛況難再。公元前221年，齊國亡而稷下遂終。

稷下學宮之教學方法有利於百家爭鳴，推動學術思想之發展，托名管仲之《管子》中留有稷下學派之著作。其中的《弟子職》篇，或以爲即該學宮之學則。《史記・孟子荀卿列傳》："自騶衍與齊之稷下先生，如淳於髡、慎到、環淵、接子、田駢、騶奭之徒，各著書言治亂之事。"司馬貞索隱："稷下，齊之城門也。或云稷下，山名。謂齊之學士集於稷門下。"又："齊襄王時而荀卿最爲老師。齊尚脩列大夫之缺，而荀卿三祭酒焉。"《太平御覽》卷一八"益都"下引漢劉向《別錄》："齊有稷門，齊之城西門也。外有學堂，即齊宣公所立學宮也，故稱爲稷下之學。"漢徐幹《中論・亡國》："齊桓公立稷下之宮，設大夫之號，招至賢人而尊寵之，孟軻之徒皆游於齊。"

稷下學宫是由中國古代養士之風發展、轉化而來的一種教育機構，而且繼承了養士、用士的基本目的。所以，稷下學宫不同於西周以前的官學，也不同於春秋戰國時期的一般的私學。因爲稷下學宫形式上是由齊國官方出資舉辦，但學宫的教學與學術活動官方并不干涉，而由各家各派自主進行。這一"官私合作"的辦學性質，使得稷下學宫成爲戰國時期百家爭鳴的中心。稷下學宫的創立是中國古代教育史上的一件大事，它對古代文化、教育的發展產生過十分重要的影響。對後世官學、私學和學院的發展都有十分重要的啓示作用。尤其是它所獨創的官方辦學、私家主持的教育方式，集講學、著述、育材與諮政於一體的多職能模式，學術自主、尊重知識、尊重人才的學術氛圍，以及完備的學生守則等等，都顯示其辦學的成功之處。

學室[1]

秦代地方官學學校。普設於郡縣"學室"的教學内容主要有兩個方面：一是明習法令；二是學寫字。"學室弟子"經考試合格之後，便可以畢業做官。不過，弟子在任官之前還要經過一段時間的考核與實習，開始祇能做"吏"，以後可視工作績效而遷升。據《睡虎地秦墓竹簡》中《秦律十八種·内史雜》載："非史子也，毋敢學學室，犯令者有罪。"又載："下吏能書者，毋敢從史之事。"秦以文書爲職務的史世代相傳，要從小進行讀寫文字的訓練，經考核合格纔可從事文書官一類工作；不是史的兒子，不准入室學習。没經過培養的下吏，即使能夠書寫，也不准作史的事務。

縣學

中國古代設於縣治以教授儒學爲主的地方官學。自漢代始，郡縣均設學校，時郡國稱"學"，縣稱"校"。魏、晉、南北朝沿置。隋文帝時曾廢縣學，煬帝復置。唐代根據户口數及政治、經濟條件，將縣劃分爲京、畿、上、中、中下、下六等。凡縣皆設經學博士、助教各一人。京縣學生五十人，畿縣和上縣學生四十人，中及中下縣各二十五人，下縣二十人。均由該縣長官選拔。畢業生員經州試後送尚書省參加考試。唐開元七年（719），玄宗下令從州縣學中選拔若干生員入四門學爲俊士。宋代州縣皆立學。崇寧時規定各縣均設小學，徽宗崇寧三年（1104）始定增養弟子員，大縣五十人，中縣四十人，小縣三十人，并行三舍法，縣學上舍生經考試合格可升州學外舍。宣和三年（1121）罷天下州縣學三舍法。遼代縣學設博士、助教，掌教學事。元代的縣學設教諭一員，掌教儒家經典。生徒肄業期滿，經地方官推薦，并經考核，或用爲教官，或取爲吏屬。明洪武二年（1369）亦置，設教諭一員，訓導二員，定生員爲二十人。凡經童生試合格者方可入學。

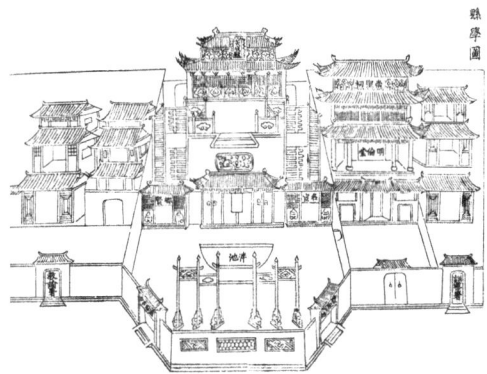

縣學
（清道光《貴溪縣志》）

宣德中定制，縣學增加二十人，稱增廣生員。生員經歲考、科考合格，方許赴鄉試。清沿置，設教諭、訓導各一員，入學名額初定爲二十人，後屢有增廣。其餘一依明制。元以後，與府學、州學并稱爲"儒學"。明清科舉時代常以"庠"爲縣學之稱。《禮記注疏》卷三六《學記十八》："凡六鄉之内，州學以下皆爲庠。六遂之内，縣學以下皆爲序也。"三國蜀諸葛亮撰，清朱璘輯《諸葛丞相集》卷三："議事堂在新野縣學内，世傳昭烈與徐庶議訪諸葛孔明在此堂也。"唐白居易原本《白孔六帖》卷一〇："有井朱夏時轆轤階户巳。杜甫題衡山縣學。"宋陳均撰《皇朝編年備要》卷二八《徽宗皇帝》："宣和元年詔州縣學兼養通流，增置士名。"參見本卷《教學機構説·官學考》"庠""邑庠"文。參閲《宋會要·崇儒二》《續文獻通考·學校一》。

邑庠

古代縣學之別稱。宋樓鑰《直秘閣廣東提刑徐公行狀》："屬縣寧川邑庠久廢，公爲買田五百畝以振之。"明李昌祺《剪燈餘話·月夜彈琴記》："洪武初，〔烏斯道〕除吉安永新知縣，到任三日，只謁先聖於邑庠。"

上縣學

中國古代設於上縣的地方官學。唐代規定六千户以上爲上縣，上縣學設博士一人，助教一人，學生四十人。金以户口二萬户以下、萬户以上爲上縣，秩從七品，置令、丞、主簿、尉。元代江北六千户以上、江淮以南三萬户以上爲上縣，秩從六品，置達魯花赤、尹、丞、主簿、尉、典史。明以稅糧六萬石以上、十萬石以下爲上縣，初定知縣從六品，後改正七品。《舊唐書》卷一八九："義寧三年五月初令

國子學置生七十二員……上縣學並四十員，中縣三十員，下縣二十員。"參見本卷《教學機構説·官學考》"縣學"文。

中縣學

中國古代設於中縣的地方官學。唐代規定二千户以上六千户以下爲中縣，中縣學設博士一人，學生二十五人。金代以户口萬户之下、三千户以上爲中縣，秩從七品，置令、主簿、尉。元代江北以六千户之下、二千户之上，江淮以南三萬户以下、萬户以上爲中縣，秩正七品，置達魯花赤、尹、主簿、尉、典史。明代以稅糧三至六萬石爲中縣。設知縣、縣丞、主簿、典史等。若無縣丞、主簿，則典史領其事。《舊唐書》卷一八九："義寧三年五月初令國子監置生七十二員……上縣學並四十員，中縣三十員，下縣二十員。"參見本卷《教學機構説·官學考》"縣學"文。

中下縣學

中國古代設於中下縣的地方官學。唐代規定一千户以上二千户以下爲中下縣，中下縣學設博士一人，助教一人，學生二十五人。參見本卷《教學機構説·官學考》"縣學"文。

下縣學

中國古代設於下縣的地方官學。唐代規定一千户以下爲下縣，下縣學設博士一人，助教一人，學生二十人。《舊唐書》卷一八九："義寧三年五月初令國子學置生七十二員……上縣學並四十員，中縣三十員，下縣二十員。"參見本卷《教學機構説·官學考》"縣學"文。

京縣學

唐代設於首都或陪都所在縣教授儒學之地方官學。唐代京縣有長安、萬年、河南、洛

陽、太原和晉陽等。每縣設經學博士一人，助教一人，學生五十人。宋歐陽修撰《新唐書》卷四九："貞觀初諸縣置錄……凡縣皆有經學博士、助教各一人，京縣學生五十人。"

文翁學堂

西漢時期蜀郡太守文翁在成都市中所興辦之地方官學。文翁，姓文，名黨，字翁仲（一說字仲翁），廬江舒（今安徽廬江）人。少好學，至長安受業，通《春秋》，先任郡縣小吏，景帝時，由察舉爲蜀郡太守。蜀郡地處僻境，文化落後。文翁治蜀，欲淳厚民風，宣導教化，教民讀書，學習法令，乃選拔郡縣小吏張叔等十餘人，遣至京都受業於博士，研習儒經。又在成都市中設立學校，招收郊縣子弟入學受教。凡入學者皆得以免除徭役。數年後，張叔等學成歸蜀，文翁委以官職并充任郡學師資，同時修築學舍，擴大學生名額，招收郡屬各縣子弟入學。文翁重視學生從政的實踐能力的培養，常令郡學學生至官署實習政事。爲渲染好學的風氣，又常在出巡時，隨帶品學俱優的學生，出入官署，傳達教令。學生學成後，或派任郡縣屬吏，或外薦任用。這些措施，引起了蜀郡官吏和百姓的傾慕，以爭入郡學爲榮，甚至有富家子弟願出資財謀求入學者。文翁興學的成就，不僅培養了一批吏材（如張叔，武帝時徵爲博士，官至侍中、揚州刺史）而且推動了鄰近屬縣的興學。蜀地此後出現司馬相如、揚雄等知名才學之士，與文翁興學造成的社會風氣亦不無關係。景帝嘉獎文翁興學，"令天下郡國皆立文學"。至武帝，又下令"天下郡國皆立學校官（漢代地方學校教官）"。文翁當爲漢代郡縣學的發軔者。文翁興學，實爲中國歷史上地方官府設立學校之始。《漢書·循吏傳·文翁》："文翁終於蜀，吏民爲立祠堂，歲時祭祀不絕。至今巴蜀好文雅，文翁之化也。"顏師古注："文翁學堂於今猶在益州城內。"晉常璩《華陽國志·蜀志》："始，文翁立文學精舍、講堂，作石室，一曰玉室，在城南。永初後，堂遇火，太守陳留高梑更修立，又增造二石室。"《北史·辛昂傳》："昂爲成都令，與諸生祭文翁學堂。"參閱《漢書·循吏傳·文翁》、《漢書·地理志下》、北魏酈道元《水經注·江水一》、《清續文獻通考·學校九》。

郡國學

亦稱"郡學"。漢代至南北朝時期之地方官學。其時地方行政區域以郡國爲單位，郡直隸朝廷，國分封諸王侯。漢代行政區劃體系實行郡、國并行制，即所謂的"郡國制"。到漢高帝末年演變爲九個同姓王國與一個異姓王國，時高帝自領祇有十五郡，其餘約四十郡分屬十王國。大國六七郡，小國二三郡。文、景、武三朝相繼用衆建諸侯、削藩和推恩法諸手段將王國封域日漸削小，并將諸侯王特權削去。武帝以後王國地僅一郡，地位與郡相當。東漢迄南北朝仍沿郡國并置之制。郡之長官爲太守，國之長官爲國相或內史，實質并無區別。西漢始於各郡國設學，史稱"郡國學"。景帝末，文翁爲蜀郡守，修學宮於成都市中，招屬縣子弟入學，免除徭役，學畢得補小吏。武帝時，"乃令天下郡國皆立學校官"。元帝時，"郡國置五經百石卒史（漢代郡國學教官。俸禄相當於卒史，約爲百石，故名）"（《漢書·儒林傳序》），職掌地方教育。漢荀悅《漢紀》卷一〇："諸生明經修行，傳教出入縣邑，見而榮之，由是，蜀邑大化學者，比齊魯焉，郡國學校官自文翁始也。"平帝元始三年（3），王莽秉政，命郡國曰"學"，縣、道、邑、侯國曰"校"，學、校置經師一人；鄉曰"庠"，聚曰"序"，庠、序置孝經師一人。東漢郡國學發達，除中原地區外，邊陲之地亦設。魏晉時興時廢。北朝漸趨發達。北魏獻文帝（466）時制定郡國學制。隋文帝開皇三年（583）罷郡，開皇九年隋平陳，遂又將此制推廣於南方。期間於各州設學，稱"州學"，實即漢以來之"郡國學"。煬帝大業三年（607）復改州爲郡。相應地改州學爲"郡學"。《隋書·禮儀志》："隋制國子寺每歲以四仲月上……鄉飲酒禮，州郡學則以春秋仲月釋奠。"參見本卷《教學機構説·官學考》"州學"文。參閲《漢書·儒林傳序》《漢書·平帝紀》《魏志·高允傳》《魏書·顯祖紀》《三國志·魏書·魏武帝紀》。

【郡學】

即郡國學。此稱隋代已行用。見該文。

里學

古代地方官學。自古即有里正之鄉官，負責一里政事、教化。漢何休《春秋公羊經傳解詁》卷七："在田曰廬，在邑曰里。一里八十户……其有辯護伉健者爲里正。吏民春夏出田，秋冬入保城郭。田作之時，春，父老及里正，旦開門坐塾上；晏出後時者不得出，暮不持樵者不得入。"唐制，五百家爲里。開元二十六年（738），玄宗詔令："天下州縣，每鄉之內，各里置一學，仍擇師資，令其教授。"（《唐會要》卷三五）清侯方域《太常公家傳》："〔公〕少從里學。"

府學

古代設於府治之地方官學。府爲唐至清代的行政區劃名稱。唐自開元元年（713）起先後升京師、陪都和皇帝駐蹕所在地的州爲府。於京兆、河南、太原三府各設經學博士一人，助教二人，學生八十人；醫學博士一人，助教一人，醫學生二十人。元佚名《元河南志》卷一："唐有府學，杜學佺宅，王志愔宅，李伯潛宅。"德宗即位，改經學博士爲文學。唐代以後，府與州平行，地位略高於州。北宋崇寧五年（1106），開封始建府學。宋代府學與州學皆置教授，授儒學及醫學。《宋史·職官志》："大觀元年，李孝壽乞增置府學博士一員。"遼代置黃龍府學、興中府學，均設博士、助教掌教學事。金大定十六年（1176）置府學，凡十七處，共有學生千人。其初，祇曾參與廷試及皇家宗室未出五服者之親屬可得舉薦。後增州學，遂加以五品以上官、曾任隨朝六品官之兄弟子孫經府薦者，同境內舉人試補三分之一，闕里廟宅子孫年十三以上不限數額，經府薦及終場

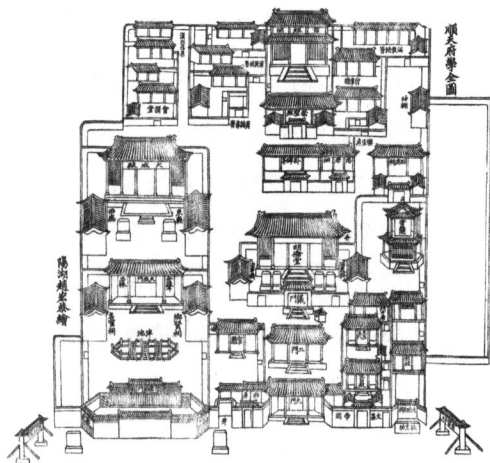

府學（順天府學）
（清光緒《順天府志》）

免試者不得過二十人。《金史·選舉志一》："府學，亦大定十六年置，凡十七處，共千人。初以嘗與廷試及宗室皇家袒免以上親，并得解舉人爲之。後增州學，遂加以五品以上官，曾任隨朝六品官之兄弟子孫。"金復於大定十三年（1173）設立女真府學，以加强對女真族子弟的教育。女真府學"每穆昆二人，若宗室，每二十户，内無願學者，則取有物力家子弟年十三以上、二十以下者充。"（《金史·選舉志一》）金代共設有女真府學二十二所，分布於女真故地和契丹、女真族聚居的二十二個府州。與京府學、節鎮學、防禦州學主要分布在漢族聚居區的情况正好相對。女真府學的教學内容與女真國子學大體相同，但水平可能要低一點。女真府學一般設教授一員，教授由女真科新近進士擔任。女真府學的教學考試略同漢制："凡會課，三日作策論一道；季、月私試，如漢生制。"（《金史·選舉志一》）元代府學設教授一員，掌教儒家經典。生徒肄業期滿，經地方官推薦，并經考核，或用爲教官，或取爲吏屬。明洪武二年（1369）命諸府設府學。設教授一人，訓導四人。定生員爲四十人，凡經童生試合格者方可入學。國家給費者稱廩膳生，額外入學者稱增廣生。明陳鳴鶴《東越文苑》卷六："洪武初由明經授興化府學，教授其弟子。"宣德中定制，在京府學增六十人，在外府學增四十人，稱爲增廣生員。生員經歲考、科考合格，方許赴鄉試。清承明制，於地方沿設府學。設教授、訓導各一人，入學名額初定爲四十人，後屢有增廣。其餘一依明制。清光緒《吉林通志·學校志四》："雍正十二年議准永吉州長寧縣皆隸奉天府學。"至光緒末年改學制始廢。元以後府學與州學、縣學并稱爲"儒學"。參見本卷《教學機構說·官學考》"州學"文。參閱《金史·選舉志一》《續文獻通考·學校一》《續文獻通考·學校四》《清文獻通考·學校八》《清史稿·選舉志一·學校上》《清會典事例·禮部·學校》《清會典·學校》。

都督府學

唐代地方官學。設於各都督府。唐代於"緣邊及襟帶之地"置都督府。分管十州以上者爲大都督府（或上都督府），二萬户以上爲中都督府，不滿二萬户爲下都督府。大、中都督府置經學博士一人，助教二人，學生六十人；醫學博士一人，助教一人，學生十五人。下都督府置經學博士一人，助教一人，學生五十人；醫學博士一人，助教一人，學生十二人。宋歐陽修《新唐書·百官志》："德宗即位，改博士曰文學，元和六年廢中州……大都督府上州各助教一人，中都督府學生五十人，下都督府學生四十人。"

成都府學

古代地方官學。漢蜀郡守文翁創設於成都（今四川成都）。光武帝建武十年（34），益州太守文翁重修。明陳循《寰宇通志》卷六一："成都府學在府治南，漢文翁爲樂間，蜀獻王重修。"此後府學被焚。唐永徽元年（650），重修學館廟堂。神龍二年（706），修廟堂。至德二年（757），蜀郡改置成都府，遂稱成都府學。宋仁宗時，知府蔣堂建西學，增廣諸生齋舍。治平中，知府韓絳修講堂。紹興六年（1136），兼知府事席益作石經堂以貯圖籍。紹興二十八年，制置使王剛中修殿廡齋舍四百楹。淳熙二年（1175），蜀帥范大成修禮殿、講堂、齋舍等。明曹學佺《蜀中廣記》卷一："紹興六年賜成都府學，從教授范仲殳所請也。"元元貞初，教授鮮瑨復修。明萬曆六年（1578），知府耿定力重修殿廡門堂等。明末盡毀。清順治十八年（1661），巡撫佟鳳彩捐建大成殿、東西廡、明倫堂、敬一亭、左右學官等。康熙四十三年（1704）改爲錦江書院。光緒二十八年（1902）在書院舊址設成都府師範學堂。光緒三十年改成都府中學堂。民國元年（1912）改成都府屬中學校。參見本卷《教學機構説·官學考》"文翁學堂"文。

南昌府學

古代地方官學。西晋太康間豫章太守胡淵建於豫章郡西（今江西南昌）。東晋太元間豫章太守范寧崇尚儒學，大設庠序，改革舊制，課讀《五經》。其用自己俸禄資助學生，遠近來學者達千餘人。"由是江州人士並好經學"。明陳循《寰宇通志》卷三四："洪武十九年建，在城中洗馬池傍，晋豫章太守建，元設江西等處儒學提舉司，國朝復爲南昌府學。"唐代遷學於城北。北宋景祐二年（1035），知州趙概"廣廊廡，築齋舍，繪禮器，給閑田，制度甲於諸郡"

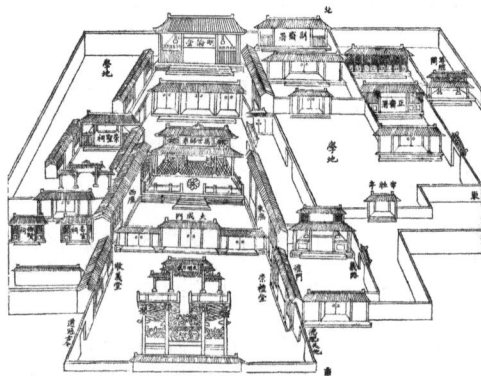

南昌府學
（清乾隆《南昌府志》）

（《南昌府志》卷一六）。治平二年（1065）施元長知洪州，遷學於城東南，爲慶州州學。南宋爲隆興府學，明清爲南昌府學。

興中府學

遼代在興中府（今遼寧朝陽）所設之地方官學。教學内容爲《五經》傳疏。設博士、助教各一人。《續文獻通考》卷九九："遼南面黄龍府學官曰博士，曰助教，興中府學設官同縣。"

女真府學

金代地方官學。世宗大定十三年（1173）設於諸路府，計二十二所，學生約九百零五人。内設教授，以新科進士擔任。學生來源和考核方式同女真國子學。清阿桂《滿洲源流考·國俗二》："吉達教文十三年，以策論取士，始設女真國子學，諸路設女真府學以新進士爲教授。參見本卷《教學機構説·官學考》"府學"文。

州學

中國古代設於州治之地方官學。據文獻記載，南北朝後期已有州學。州爲中國傳統地方行政區劃之一。周代爲王畿六鄉所屬。春秋時齊國沿置，爲鄉屬行政單位。秦漢爲監察郡國行政而置，武帝時於司隸校尉之外分全國爲十三州。東漢則將司隸校尉列入十三州之數。西晋武帝省司隸，置司州，天下共置十九州，統一百七十三郡。東晋、南朝沿置。北魏諸州初置刺史三人。太和二十三年（499）定州爲上、中、下三等，分置刺史。北齊司州置牧外，州分九等，分置刺史。隋沿北齊制，隋文帝開皇三年（583）罷郡，改漢末以來州、郡、縣三級制爲州、縣二級制。期間於各州設學，稱"州學"。煬帝大業三年（607）復改州爲郡，相應地改州學爲"郡學"。隋唐開始，州爲直接管轄縣的地方行政單位，根據所處的地區和户口的多寡，分爲不同的等級。唐初復隋郡爲州。貞觀十二年（638）定簿分上、中、下州三等，各州設學。上州設經學博士一人，助教二人，學生六十人；醫學博士一人，助教一人，學生十五人。中州設經學博士一人，助教一人，學生五十人；醫學博士一人，助教一人，學生十二人。下州設經學博士一人，助教一人，學生四十人；醫學博士一人，學生十一人。宋代自慶曆興學始，州縣皆立學。州置教授，授儒學及醫學。胡瑗執教蘇、湖州學，朝廷取其教授弟子之法以爲大學法，著爲令。崇寧三年（1104），罷州郡解試和省試，取士皆由學校按三舍法升貢，縣學上舍升州學外舍，州學上舍貢入辟雍。徽宗宣和三年（1121）罷州縣學三舍法。遼五京道、各府皆置州，各州設學，州學設教授、助教掌教學事。金代州學創置的年代稍晚於京府學，《金史·選舉志一》："五品以上官、曾任隨朝六品官之兄弟子孫，餘官之兄弟子孫經府薦者同。境内舉人試補三之一，關

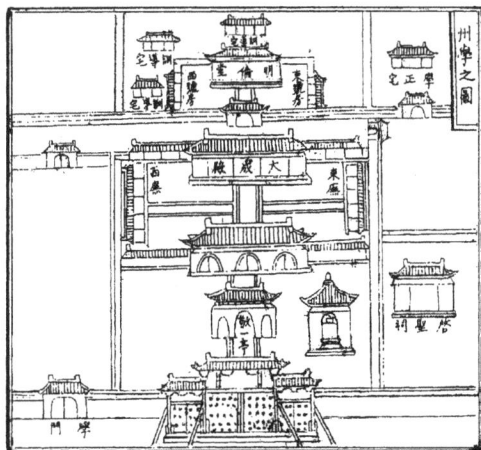
北直隸隆慶州學圖
（明嘉靖二十八年刊《隆慶志》）

里廟宅子孫年十三以上不限數，經府薦及終場免試者，不得過二十人。"金代的州學分爲兩種：一種是節鎮州所設學校，稱節鎮學；另一種爲防禦州學。防禦州以下的刺史州、縣，朝廷不統一設學，也不配給養士名額。金章宗即位後，頒詔興學："詔京府、節鎮、防禦州，設學養士。"元世祖分州爲三等，元在江北以一萬五千户以上爲上州，六千户以上爲中州，餘爲下州。後又以江南五萬户以上爲上州，三萬户以上爲中州，餘爲下州。各州設學。上、中州設教授一員，下州設學正一員，掌教授儒家經典。生徒肄業期滿，經地方官推薦，并經考核，或用爲教官，或取爲吏屬。明洪武二年（1369）始置各州學。每學設學正一員，訓導三員，定生員爲三十人。凡經童生試合格者方可入學。宣德中定制，州學增加三十人，稱增廣生員。生員經歲考、科考合格，方許赴鄉試。清代於府下置州（另有直隸州，隸於布政使司），於各州沿置州學，設學正、訓導各一員。入學名額初定爲三十人，後屢有增廣，其餘一依明制。元以後，與府學、縣學并稱爲儒學。唐韓愈《潮州請置鄉校牒》："請攝海陽縣尉爲衙推官，專勾當州學，以督生徒，興愷悌之風。"宋曾鞏《上歐陽舍人書》："今者欲奉親數千里而歸先生，會須就州學，欲入太學，則日已迫，遂棄而不顧。"金董解元《西廂記諸宮調》卷一："張生未及游州學，策馬携僕，尋得簡店兒住下。"參見本卷《教學機構説·官學考》"郡國學"文。參閲《文獻通考·學校七》《續文獻通考·學校一》《續文獻通考·學校四》《宋會要·崇儒二》《宋會要·職官二十八》《金史·選舉志一》。

防禦州學

　　金代地方官學名。設於防禦州（其等級低於節鎮，高於刺史州）。置教授一人，擇五舉終場或進士年五十以上者充任。入學資格及教學管理同節鎮學，世宗大定年間共建二十二所，學生二百三十五人。又，防禦州亦設醫學，學生十人。每月試疑難，以所對優劣加以懲勸，三年一次試於太醫，以聽補官。《金史》卷五一："遂計州府户口增養士之數於大定，舊制京府十七處，千人之外置節鎮防禦刺史，州學六十處增養千人，各設教授一員……府學二十有四學生九百五人，節鎮學三十九共六百一十五人，防禦州學二十一共二百三十五人。"參閱《續文獻通考·學校四》。

節鎮學

　　金代設於節鎮之地方官學。節鎮指置節度使之州、道。唐初，僅置於邊地，玄宗開元中有八節度使，其後增加兼改名號，大者連州數十，小者猶兼三四，父死子繼，世稱藩鎮。五代猶甚。北宋太平興國二年（977）罷領支郡，僅爲州府等級。南宋諸州升改節鎮凡十有二，諸將勳名有兼兩鎮、三鎮者。遼如唐制，置節度使。金代大州置。節鎮學入學資格爲五品以上官、曾任隨朝六品官的兄弟子孫，餘官兄弟子孫經府推薦者及舉人。置教授一人。凡學生會課，三日作策論一道，又三日作賦及詩各一篇。三月一私試。金世宗大定年間立節鎮學計三十九處，學生六百一十五人。又，節鎮尚設醫學，置生徒十六人。每歲考試，以行懲勸；三年試於太醫，以聽補官。參閱《續文獻通考·學校四》。

湖學

　　北宋地方官學湖州州學之省稱。北宋仁宗寶元三年（1040）知州滕宗諒始建。康定二年（1041）胡宿增建。胡瑗在湖州教授，在州學創行新教學體制和教法，成效顯著，爲朝廷矚目，時稱"湖學"。後朝廷推廣湖學法於太學，召胡瑗爲國子監直講。《文獻通考·學校七》："安定先生胡瑗，自慶曆中教學於蘇湖間二十餘年，束脩弟子前後以數千計。是時方尚辭賦，獨湖學以經義及時務，學中故有經義齋、治事齋。經義齋者，擇疏通有器局者居之；治事齋者，人各治一事又兼一事，如邊防、水利之類。故天下謂湖學多秀彥。其出而筮仕，往往取高第，及爲政多適於世用，若老於吏事者，由講習有素也。"宋歐陽修《胡先生墓表》："〔慶曆四年〕詔州縣皆立學。於是建太學於京師，而有司請下湖州取先生之法爲太學法，至今著爲令。"

路學

　　元代設於路一級之地方官學。計有儒學、醫學、蒙古字學等。路爲宋、金、元行政區劃名。宋初爲加強中央集權，改唐代道制，分境內爲二十一路。其後分合不一，太宗至道三年（997）始定爲十五路，真宗時定爲十八路，神宗時又增爲二十三路。北宋分路，以轉運司爲主。南宋分路，則以安撫司爲主。金仿宋制，分境內爲十九路。金路亦有總管府路、按察司路、轉運司路、統軍司路、招討司路之別，而以總管路爲上。元時降爲第二級地方行政區劃，置總管府，隸屬於省。明廢。於諸路設學始於元代。《元史·選舉志》："世祖中統二年（1261），始命置諸路學校官，凡諸生進修者，嚴加訓誨，務使成材，以備選用。世祖至元十九年（1282）

夏四月，命雲南諸路皆建學以祀先聖……
二十八年，令江南諸路學及各縣學内，設立小
學。"是爲儒學。設教授、學正、學録各一員，
直學二人。中統三年，遣使往諸路設立醫學。
至元六年（1269）置諸路蒙古字學，命諸路府
官及民間子弟入學。願充生徒者，准免一身雜
役，肄業譯寫《通鑑節要》。至元二十八年置諸
路陰陽學，依儒學、醫學之例，設教授。

雲南諸路學

元代地方官學。雲南地處邊陲，本無官
學。元世祖至元三年（1266），雲南行省平章賽
音諤德齊沙木斯鼎創建孔子廟、明倫堂，購經
史，授學田，始開學風。至元十五年，張立道
爲中慶路總管，亦建孔子廟，置學舍，勸士人
子弟以學，擇聘蜀士之賢者以爲子弟師。至元
十九年決定於雲南諸路設學，其教官以蜀士充
任。明薛應旂《宋元資治通鑑·世祖五》："夏四
月辛卯設雲南諸路學校，其教官以蜀士充。"參
閲《續文獻通考·學校四》。

道學

唐宋兩朝專門培養道教教徒之地方專科學
校。唐玄宗崇奉道教，特設道學，隸宗賢館。
宋徽宗政和年間在州、縣學内別置齋舍教授道
徒，稱爲"道學"，隸屬宗賢館。宋道學始置
於徽宗重和元年（1118），以《黄帝内經》《道
德經》爲大經，《莊子》《列子》爲小經。教職
無常員。道徒升貢與文士同。宣和二年（1120）
罷黜。《説郛》卷一〇引前蜀馮鑑《事始》："唐
明皇別置道學，隸宗賢館，課試如明經，謂之
道舉。"《宣和遺事·前集》："閏月，置道學。詔
州縣學兼養道流，增置士名，自元士至志士，
凡十三品。"參見本卷《教學機構説·官學考》

"崇玄學"文。

三氏學

元代專爲孔（丘）、顔（淵）、孟（軻）三
氏後裔所立之地方官學。創設於元世祖中統二
年（1261）。《續文獻通考·學校四》："世祖中統
二年九月詔立諸路提舉學校官，凡諸生進修者
嚴加訓誨，務使成材以備選用。時翰林學士承
王鶚請於各路選委博學老儒一人提舉本路學校。
因立十道提舉學校官。立孔、顔、孟三氏學。
置教授正録各一員。大司農姚樞請以儒人楊庸
爲教授從之，乃詔曰：'孔、顔、孟之家皆聖人
之後也，自兵亂以來，往往失學，甘爲庸鄙。
朕甚閔焉。今以進士楊庸教授孔、顔、孟三氏
子弟，其務嚴加訓誨，使之精通經術，以繼聖
賢之業。'"又曰："七年正月，設孔、顔、孟三
氏教授司，置教授、學録、學司各一員……神
宗萬曆十五年（1587）又益以曾氏，改鑄四氏
學印給之。萬曆四十一年四月加四氏學廩，增、
附如府學制。"參閲《續文獻通考·學校四》。

四氏學

宋、元、明三代專爲孔（丘）、顔（淵）、
孟（軻）、曾（參）四家後裔設立之地方官學
學校。宋真宗大中祥符二年（1009）於山東曲
阜孔廟側建學，以教孔氏子孫。元世祖中統二
年（1261）於曲阜縣立孔、顔、孟三氏學。至
明神宗時益以曾氏，爲四氏學，設學額如府學
制。《續文獻通考·學校四》："明太祖洪武七年
（1374）正月設孔、顔、孟三氏教授司，神宗萬
曆十五年（1587）又益以曾氏，改鑄四氏學印
給之。"清代因之，設四氏學教授一人，學録一
人，專管教授四姓子弟。參見本卷《教學機構
説·官學考》"三氏學"文。參閲《清通典·職

官十》《續文獻通考·學校一》《續文獻通考·學校四》。

新民學

宋代設於四鄰專門教育歸附少數民族之地方官學。新民，使民更新，教民向善之謂。北魏征服後燕等國，將所俘人口遷入京師等地，謂之"新民"。可不改其俗，實行計口授田。發給農具耕牛，收取賦稅。北宋後期稱新歸附的周鄰少數民族爲"新民"或"歸明人"，在其聚居的州縣城寨招收新民子弟就學，則稱"新民學"。《宋會要輯稿·崇儒》載，黔南路新民學曾於大觀三年（1109）立"勸讀之法"。按照其誦讀《孝經》《論語》《孟子》等熟練程度和通曉義理情況，分三等推賞。上等爲能誦《孝經》《論語》《孟子》及一經通義者，特與推恩；中等爲能誦《孝經》《論語》《孟子》者，賜帛，給冠帶；下等爲能誦《孝經》《論語》或《孟子》者，給紙筆硯墨之費。新民學設教授，由本路提舉學事司奏舉命官或貢士、攝官中有學行者充任。南宋沿置。徽宗時，新民學一度實行三舍法。南宋在有些少數民族聚居州縣重建新民學，置教授，定學生名額。《宋史·高宗紀七》："〔紹興十四年〕二月丁亥，復置靖州新民學。癸巳，蠲江、浙諸路逋欠錢帛。戊戌，初命四川都轉運司歲撥總制司錢百七十三萬緡，市紬絹綿輸于鄂州總領所。"

三皇廟學

元代地方醫學專科學校。中統四年（1263）置於各路。至元二十二年（1285）增置於州、縣。元貞初年，詔地方醫學皆建三皇廟，祀伏羲、神農、黃帝，以岐伯等十大名醫配享，由醫人主祀，提高了醫學的社會地位。元蒲道源

《閑居叢藁》卷一四："三皇廟學記：開壽域於天下設置醫孝，俾人無夭扎之患，以三皇爲醫所祖，制下所在立廟，春秋以三九陽月享。"

蒙古字學

元代專門教習蒙古文字之地方官學。元世祖忽必烈時，由帝八思巴創制蒙古新字，於至元六年（1269）二月正式頒行，七月將"蒙古新字"改稱"蒙古國字"，并在各路、府、州設蒙古字學教授生徒。選取地方官員子弟及民間子弟入學。學額皆有定數：諸路、府官員子弟上、下路各二人，府、州各一人；民間子弟上路三十人，下路二十人。後又定爲府、州二十人，上、中州十五人，下州十人。但回回、畏兀、河西（黨項）人願就學者不在額定之列。學校供給餼廩，民間子弟得免本身雜役。設教授、直講各一員擔任教學任務，學官由譯史充任。以蒙古字書及譯寫的《通鑑節要》爲教材，并令好習者兼習算學。學成充任譯史、教官。至元十八年（1281）於江浙、湖廣、江西三行省首府置蒙古字學提舉司，管領本行省所屬諸路、府、州蒙古字學，秩從五品，設提舉、同提舉各一人。《元史·選舉志一》："至元六年秋七月，置諸路蒙古字學。十二月，中書省定學制頒行之，命諸路、府官子弟入學，上路二人，下路二人，府一人，州一人。餘民間子弟，上路三十人，下路二十五人。願充生徒者，與免一身雜役。以譯寫《通鑑節要》頒行各路，俾肄習之。至成宗大德五年冬十月，又定生員，散府二十人，上、中州十五人，下州十人。元貞元年，命有司割地，給諸路蒙古學生員餼廩。其學官，至元十九年，定擬路府（州）路設教授，以國字在諸字之右，府州教授一任，准從

八品，再歷路教授一任，准正八品，任回本等遷轉。大德四年，添設學正一員，上自國學，下及州縣，舉生員高等，從翰林考試，凡學官譯史，取以充焉。”參閱《元史·選舉志一》、《元史·百官志二》、元袁桷《延祐四明志·學校考上》、《續文獻通考·學校四》。

陰陽學

元明兩朝培養占卜、曆算、地理、天文、星象等專門人才之地方專科學校。我國古代的陰陽學作爲學科教育早在南朝劉宋時期國家綜合性中央大學總明觀中即有設置。《南史·明帝紀》：“〔明帝泰始六年〕立總明觀，徵學士以充之……分爲儒、道、文、史、陰陽五部學。言陰陽者遂無其人。”但因陰陽學無人而僅立四科。唐時司天臺下設天文學，分科教授天文、曆算、漏刻知識。醫學中設有咒禁科，亦設有相當的教學内容，而正式獨立的陰陽學學校則發軔於元朝。元世祖至元二十八年（1291），特於地方諸路置陰陽學。至仁宗延祐年間又推廣到各府、州。元代陰陽學直隸司天臺，設教授以爲學官。學科分爲天文和術數。學員則謂“陰陽生”。教材有《占算》、《三命》、《五星》、《周易》、《六壬》、《數學》、《三元經書》（“三元”即“婚元”“宅元”“塋元”）、《占才大義》、《周書秘奧》、《八宅通真論》、《地理新書》、《地理明真論》、《塋元總論》等書。元貞元年（1295）正式規定教學、考試科目爲“婚元”“宅元”“塋元”，考試於《三元經書》内出題。考試藝術精通者，每歲録呈省府，并赴大都參加會試。成績優异者，准入司天臺録用。《元史·選舉志一》：“世祖至元二十八年（1291）夏六月，始置諸路陰陽學。其在腹裏、江南，若有通曉陰陽之人，各路官司詳加取勘，依儒學、醫學之例，每路設教授以訓誨之。其有術數精通者，每歲録呈省府，赴都試驗，果有异能，則於司天臺内許令近侍。”明因元制，於洪武十七年（1384）在諸府、州、縣各置陰陽學。各級學官有不同之稱謂，且設官不給禄，名實已不相符。《明史·職官志四》：“陰陽學，府，正術一人；州，典術一人；縣，訓術一人。亦明洪武十七年置，設官不給禄。”參閱《元史·選舉志一》《明史·職官志四》。

儒學

元、明、清三代設於府、州、縣治以供生員肄業之地方官學。《元史·選舉志一》：“依儒學醫學之例，每路設教授以訓誨之。”明湯顯祖《牡丹亭·腐歎》：“自家安南府儒學生員陳最良。”

土司儒學

亦稱“宣慰司儒學”“宣撫司儒學”“安撫司儒學”。明代少數民族地區行政機構設立的地方官學。元、明、清三代均在湖廣、川、滇、黔及甘肅等少數民族地區，設置由其本民族首領充任的官職，以治理本地區。文職稱土知府、土知州、土知縣；武職稱宣慰司、宣撫司、安撫司，統稱“土司”，亦稱“土官”。明代宣慰、宣撫、安撫諸司俱設儒學，以培養本民族子弟爲任務，分別稱“宣撫司儒學”“安撫司儒學”“宣慰司儒學”，統稱“諸土司儒學”或“土司儒學”。《明實録·明太祖實録》卷二二二：“〔洪武二十五年十一月癸卯〕置貴州宣慰司儒學，設教授一員，訓導四員。”卷二五〇：“〔洪武三十年二月〕丙午，立四川永寧宣撫司九姓長官司儒學。”卷一九〇：“〔永樂十五年六月甲辰〕改貴州前普安安撫司儒學爲安撫州儒學。"

【宣慰司儒學】

　　即土司儒學。此稱明代已行用。見該文。

【宣撫司儒學】

　　即土司儒學。此稱明代已行用。見該文。

【安撫司儒學】

　　即土司儒學。此稱明代已行用。見該文。

社學

　　元、明、清三代封建王朝設於鄉村,以民間子弟爲教育對象之地方官學。社學始置於元,後歷代沿設。元世祖至元二十三年(1286)頒令各路,勸農立社。規定各縣所屬村疃,五十家爲一社,并設社長一人。"每社立學校一,擇通曉經書者爲學師,農隙使子弟入學。如學文有成者,審復官司照驗。"(《新元史·食貨志二》)社學學生多爲八至十五歲的少年兒童。社學規定先讀《孝經》《小學》,次及《大學》《論語》《孟子》等,以達到"各知孝悌、忠信,敦本抑末"(《元典章·戶部九》)之目的。世祖至元二十五年,全國社學達二千四百餘所。世祖以後,社制逐漸破壞,許多地方社學隨之廢棄。明初復興。"〔洪武八年正月〕丁亥,命天下立社學"(《明實錄》卷九六),於是全國遍設社學。規定社學學生進入社學先學習《三字經》《百家姓》《千字文》等蒙學教材,然後再學習經、史、曆、算等知識,同時學習《御製大誥》、明朝律令,以及講習冠、婚、喪、祭諸禮。社學的教師稱爲"社師",特簡世上有學行之長者爲之。正統時,許社學學生補州縣學生員。弘治十七年(1504),令各府、州、縣建立社學,選民間幼童十五歲以下者送入社學讀書,

講習冠、婚、喪、祭之禮。後久廢不行。清全祖望《鮚埼亭集外編·明初學校貢舉事宜記》:"鄉里則凡三十五家皆置一學,願讀書者盡得預焉,又謂之社學,蓋即黨庠、術序之遺也。"清制各州縣於大鄉巨社各置社學,凡近鄉子弟,年十二以上、二十以下,皆可入學肄業,入學者得免差役。清代中葉以後,逐漸成爲舉辦地方團練之所。鴉片戰爭時期,廣東人民曾利用社學編練義勇,以抗擊英軍。《南京條約》簽訂後,廣州周圍各鄉社學互相聯絡,共同御侮,尤以昇平、東平、南平、隆平等社學名聲最著。社學的設立對發展廣大農村地區文化教育事業具有一定意義。這是有元一朝教育組織形式的創新,對後世產生較大影響。《清史稿·選舉志一·學校上》:"又有義學、社學。社學,鄉置一區,擇文行優者充社師,免其差徭,量給餼廩。凡近鄉子弟十二歲以上令入學。"參閱《續文獻通考·學校四》、明呂坤《社學要略》、《清文獻通考·學校七》、《清文獻通考·學校八》、《清文獻通考·學校九》、《清文獻通考·學校十》。

衛學

　　明代諸衛所設之地方官學。衛指留守保衛機構。明洪武十七年(1384)創設於甘肅。衛學與同時之府、州、縣學均爲儒學。衛學設教授一人,訓導二人,專職教授生徒。衛學學生則稱爲"軍生"。軍生中有廩膳生。英宗即位,詔令天下諸衛皆置衛學。憲宗成化三年(1467),復重申此令,遂成定制。清光緒二十三年(1897)復設於北平行都司及大寧等衛。明郭盤、王材等《皇明太學之·論議上》:"弘治七年祭酒林瀚奏開科貢以進人材事,其一,言歲貢生員,府、州、縣儒學並

衛學亦有定例，行之已久。"參閲《續文獻通考·學校一》《續文獻通考·學校四》。

衞儒學

明代地方官學。明初在各要衝之地設衛，由各省都司管轄。洪武十七年（1384），民州衛首建儒學，設教授一人，訓導二人，招收武臣子弟入學，生徒稱"軍生"，以學習儒家經書爲内容。後各衛廣爲設置。成化中定衛學條例，規定四衛以上軍生八十人，三衛以上軍生六十人，二衛、一衛軍生四十人。《續文獻通考·職官考》："正統元年始設提督學校官，行都司儒學，衞儒學。"

都司儒學

明代地方軍事教育學校。都司爲一省掌兵最高機構都指揮使司的省稱。洪武十七年（1384）遼東都司首建儒學以教武臣子弟，學内設教授一人，訓導二人。後此制逐步推廣，成爲明代地方教育體制的組成部分。參閲《續文獻通考·學校一》《續文獻通考·學校四》。

行都司儒學

明代地方軍事教育學校。洪武二十三年（1390）北平行都司首創儒學。每學設教授一人，訓導二人，以教授武臣子弟爲職。後此制逐漸推廣，成爲明地方學校之一種。

土番社學

明末清初臺灣高山族村社學校。番指當地的少數民族和土著居民。荷蘭侵臺時期（1624—1662），在部分番社設立學校。鄭成功及鄭經時，令新港、肖壠、麻豆、目加瑠灣四社番族子弟之入鄉塾讀書者，免其徭役。清康熙三十四年（1695），臺灣知府靳志揚創立社學，并於臺灣鳳山設番社。雍正十二年（1734），南北路諸

番各社設社學五十餘所，擇漢人通文理者爲師，教番童讀書。光緒十六年（1890），臺灣巡撫劉銘傳又設番學堂，選番童入學。清道光《重纂福建通志存》卷六："土番社學，一在新港社口，一在新港社内……雍正十二年巡道張嗣昌建，各置社師一人，使教番童。"參閲《續文獻通考·學校一》《續文獻通考·學校四》。

墨爾根城學

清代地方貴胄學校，旗學之一種。《大清會典事例·禮部》："墨爾根城學，康熙三十四年題准，鎮守黑龍江等處將軍所轄官兵内，有新滿洲錫伯索侖達呼爾等，應於墨爾根地區方，兩翼各立學一處，每翼設教官一員……稱助教。學舍由當地將軍撥給。"參閲《清會典事例·禮部·學校·墨爾根城學》。

綏遠官學

清代地方貴胄學校，旗學之一種。雍正元年（1723）奏准，在歸化城土默特兩旗，每旗設學堂一處，教導兵丁子弟，内容爲學滿洲、蒙古翻譯。乾隆八年（1743）進一步規定，綏遠城每翼設學一所，於土默特兩旗内擇通曉蒙古語者二人爲教習。每學定額學生十名。乾隆中，曾一度裁撤翻譯學，但至乾隆五十年（1785），感到自裁翻譯學以後，會寫漢字公文者漸至難得，於是令該將軍衙門内房修理十五間，挑八旗子弟俊秀者三百人，選教習教授清語、騎射。參閲《清會典事例·禮部·學校·綏遠官學》。

四川土番義學

清代在四川建昌漢人和少數民族雜居區爲少數民族子弟設立之地方官辦小學。雍正八年（1730）部議，准於漢族境内擇大村堡設立義

學。選本省文行兼優之士，聘爲教師，讓少數民族子弟入學學習。學成後，再去教化其他的少數民族子弟。《皇朝文獻通考·學校考八》："八年設四川土番義學，禮部議準。參閱《清會典事例·禮部·學校·四川土番義學》。

熱河官學

清代特設以專授蒙古文、蒙古語爲目的之地方專科學校，清代八旗官學之一。創設於道光八年（1828），設教習一員，幫同教讀一人。選熱河駐防閑散旗丁二十人入學。習蒙古翻譯文字。學成後一是考翻譯清漢文，二是等一年後挑選能翻譯者爲馬甲。如一年後，遇蒙古來文，以及有控告之詞，學生能翻譯清文者，作爲額外貼寫筆帖式（滿語，意爲辦理文書、檔

之官員），以示鼓勵。《大清會典事例·禮部》："熱河官學，道光八年諭，松筠奏請添設蒙古官學一摺。"參閱《清會典事例·禮部·學校·熱河官學》。

呼蘭官學

清代地方貴冑學校，旗學之一種。《大清會典事例·禮部》："呼蘭官學，道光十四年議准，設於黑龍江呼蘭河地方。向未設有官學教授子弟，以致揀選貼寫筆帖式時。或難其人，嗣後准其在現任筆帖式內，擇文理優長，品行端方者，揀選一人，作爲教習。照齊齊哈爾等處之例，給予原食錢糧，後三年期滿，由該城守尉查核所教學生，實有成效，奏報吏部叙用。"參閱《清會典事例·禮部·學校·呼蘭官學》。

第三節　私學考

私學爲中國古代私立學校。春秋時，由於"天子失官，學在四夷"（《左傳·昭公十七年》），以至於官學衰落，私人講學之風興起。私學遍布各地，儒、墨、名、法、縱橫、陰陽諸子，皆聚徒講學。戰國時，私學大盛，學派林立，促進了百家爭鳴學術局面的形成。時至嬴秦，已出現"私學"一詞。始皇帝明令天下，"以吏爲師"，"以法爲教"，故法家以外的各種學説及其流派皆稱之爲"私學"。《韓非子·心度》中"國不事力而恃私學者，其爵賤"之"私學"，即此義也。

秦後，私學與官學并行，歷代不絶。漢代私學大致可分爲三種類型：一是初級啓蒙教育性質的私學，此類私學通稱"書館"或"家館"，主要以識字和習字爲旨歸。二是基礎經學教育性質的私學，此類機構通稱"鄉塾"，是爲鞏固蒙學識字教育成果和進入更高學習階段預先準備而設置的，學習內容爲《孝經》《論語》等，對《易》《韓詩》《書》不作硬性規定。三是專經研習性質的私學，這種機構多稱爲"精舍"或"精廬"，執教者爲名師大儒，多以研討學問和治術爲辦學目的。由此可見，漢代私學已有較明顯的程度劃分，

即面嚮兒童的蒙養階段的教育和面嚮青年與成人的專經階段的教育。尤其是蒙養階段私學的出現，使之成爲中國古代教育的一個特定教育形式，彌補了官學教育没有蒙養教育的缺陷，使得整個教育在私學、官學的互爲補充下完善起來，從而爲後世私學的發展奠定了基本格局。直至《後漢書·輿服志下》，始見本考指稱的"私學"一詞。其時朝廷已在輿服品級上確認了私學之地位。如："中二千石以下至博士兩梁，自博士以下至小史私學弟子，皆一梁。""一梁"，即指最低品級之"一梁冠"。

魏晉南北朝時期私學再次出現繁榮的局面，名儒鴻學聚徒講學之風非常盛行，生徒多爲儒學、道學、玄學和佛學的結合，是這個時期私學的特點。

唐開元二十一年（733），玄宗詔許百姓任立私學。後私學歷代不廢。由於唐代鼓勵私學，私學遍布城鄉，制度不一，程度懸殊，既有名儒大士的傳道授業之所，亦有村野啓蒙識字的私立小學。許多名流學士，一方面當官理事，另一方面還致力於招徠生徒，從事私學教育活動。有唐一代是一個名賢輩出、群星燦爛的時代，涌現出許許多多的文學家、思想家和政治家，這與當時發達的私學早期啓蒙教育不無相關。

宋代私家教學出現高潮，并已經開始分化成村學、義學和冬學等各種形式。甚至出現了專授訴訟之機構"訟學"、專授口才之機構"業觜社"。宋周密《癸辛雜識續集·訟學業觜社》載："江西人好訟，是以有簪筆之譏。往往有開訟學以教人者。如金科之法，出甲乙對答及譁訐之語，蓋專門如此，從者常數百人……又聞括之松陽有所謂業觜社者，專以辨捷給利口爲能。如昔日張槐應，亦社中之姣姣者焉。"但在經歷北宋慶曆、熙寧和崇寧三次興學期間，由於中央官學的擴大和地方官學的普設，抑制了高、中級私學的發展，從而使私學出現了蒙學化趨勢。這對明清私學教育的規範化和社會化特點產生了深遠的影響。

明代私學教育即具有明顯的蒙學特色，并出現了專給成人講授經書或指導練習科舉文學的高級私學。

清代私學發達，大致可分爲三種類型：其一是無業無官的知識份子自爲塾師，以自家爲校舍，或租借館舍進行教學，此類私學稱爲"門館"或"家塾"；其二是由一村一族集資擇址延師教授本村（族）子弟，此類私學稱爲"村塾"或"族塾"；其三是由鄉紳或富豪獨資延聘教師，在自家設學教授自家或親屬子弟，此類私學稱爲"坐館"或"教館"。

晚清由於外患内憂，傳統官學空疏腐敗，致使私學出現相對繁榮的局面，并出現了一些新型的私學。如萬木草堂、時務學堂、愛國學社、貴陽達德學堂、健行公學等具有政治社團性質的私學，如北京通藝學堂、通州師範學校等實業師範類私學，還出現了如上海經正女學、愛國女學等專門招收女子入學的私學。所謂政治社團，大抵有三種類型：一曰維新改良派，如康有爲、譚嗣同等創辦的萬木草堂、時務學堂等；二曰自由民主派，如中國教育會、達德書社所創立的愛國學社、貴陽達德學堂等；三曰反清革命派，如同盟會創辦的健行公學等。此外尚有愛國實業家所創辦的私學，貴陽達德學堂即其代表。在清廷四面楚歌，行將覆亡之際，私學的創辦者或希冀效法西方，富國强兵，維繫皇權社稷；或對封建禮教深惡痛絶，待喚起民衆，速舉義旗。晚清私學的功利性非常鮮明，成爲其一大特點。晚清制定的有關學制中僅訂有官立的學堂章程，而無私立學堂的章程，衹是在《學務綱要》中涉及私立學堂。這就是説，在清末的學校教育制度中，是允許私設學堂的，衹是不納入學制之中，而聽其自由存在。

晚清還出現了私立大學。私立大學是相對於官辦（公立）大學而言的，凡是私人或團體投資興辦的大學均稱爲私立大學。外國人或外國法人團體（如教會等）在華所設大學亦屬於私立大學。中國晚清的私立大學，就其經費來源和創辦人的設學目的而言，大體上有三種形式：其一，業主式的私立大學。即創辦者以私法人資格而設立的大學。其設學目的在於營利，以收取學費爲手段。其二是教會大學。創辦者爲各教會私人團體，其設學目的最初是爲了傳教，培養信徒和教會領袖人物。學校經費由各教會團體提供。其三是委托式的私立大學。創辦者大多是熱衷教育的富商大賈，設學目的是爲了振興教育事業，爲國家培育人才。他們捐獻巨款，委托專家，組織基金會或董事會代爲設辦。中國晚清國人私設的大學有復旦公學和中國公學兩所。

晚清興起的私學，無一不是西學東漸的結果，無一不是西化的產物。就其性質而言，顯然應屬新式學堂，但因其未納入清廷統一的國家學制中，如同中國古代其他私學一樣，有明顯的體制、思想上的多元性、自由性，故列於本考中，而不列於本章末節"新式學堂考"之内。

中國古代教育史上素來就有官學與私學并存的傳統。由於中國古代官學之設衹在於爲封建朝廷培養和選拔忠君的官吏，加上社會動蕩，朝代更迭，以至於官學時興時廢。而中國古代私學，不論在數量上還是在傳授的具體知識上，都比官學龐大、全面，私學承擔着發展文化、傳播學術、傳播先進思想的主要任務，私學是中國古代教育的主要承擔者，是中國古代教育最活躍的力量，從而形成了以私學爲主、官學爲輔，私學是官學的基礎和補充的格局。這是中國封建社會教育的基本特點。

泛　稱

塾

亦稱“兩塾”“閭塾”“門塾”。古代設於民間的教學場所。塾之爲學在中國歷史悠久，上自先秦，下迄明清，歷代均有設置。先秦時，二十五家爲一閭，閭共一巷，巷首有門，門旁有塾，塾分左右，里中老而有德者分坐左右兩塾。庶民及其子弟朝夕出入時，授以道德勞作知識。《爾雅·釋宮》：“門側之堂謂之塾。”清邵晋涵正義引李如主云：“門之内外，其東西堂皆有塾。門一而塾四。”《儀禮·士冠禮》：“筮與席，所卦者，具饌于西塾。”鄭玄注：“西塾，門外西堂也。”《禮記·學記》：“古之教者，家有塾，黨有庠，術（遂）有序，國有學。”鄭玄注：“古者仕焉而已者，歸教於閭里，朝夕坐於門，門側之堂謂之塾。”孔穎達疏：“家有塾者，此明學之所在。《周禮》百里之内二十五家爲閭，同共一巷，巷首有門，門邊有塾。謂民在家之時，朝夕出入，恒受教於塾，故云家有塾。”《漢書·食貨志上》：“春，將出民，里胥平旦坐於右塾，鄰長坐於左塾，畢出然後歸，夕亦如之。入者必持薪樵，輕重相分，班白不提挈。”唐孔穎達《毛詩正義》引漢李巡：“門屏之間謂正，門内兩塾間名寧。”《通典》卷一八：“蓋用人之大略，降及三代擇於鄉，庠然後授任其制，漸備秦漢之道，雖不師古閭塾所推，猶本乎行而郡國并自獎擢備嘗試効。”宋陳祥道《禮書·塾》：“蓋古者合二十五家而爲之門塾，

坐父師、少師於此，所以教之學也。”此“門塾”即爲古之“塾”。後來由於我國宗法社會的發展，家族勢力的擴大，便産生了附屬於家族的教育體制。一個家庭或家族專聘教師教授自家子弟，即爲家塾。宋朱熹《朱子語類》卷一〇一：“福州張柔直，爲蔡京家塾客，使教子弟。”宋陸游《奉直大夫陸公墓志銘》：“兒時分梨共棗，稍長同入家塾，實知公比他人爲詳。”唐宋以後，塾多與官辦的“學”并存。“塾”一般指私辦的主要對少年兒童進行啓蒙教育的學校。明清時期，塾學遍及城鄉，體制趨於定型，有家塾、私塾、義塾、村塾等。宋陳祥道《禮書》卷四八：“古之致仕者教子弟於閭塾……合二十五家而教於閭塾，謂之家有塾。”明湯顯祖《牡丹亭》傳奇中杜寶請陳最良來家教女兒杜麗娘，也是家塾。清杭世駿《續禮記集説·大學》：“古者無一民不學也，二十五家爲閭，閭同一巷，巷有門，門有兩塾。”參閱《文獻通考·學校三》、宋王應麟《小學紺珠·制度·兩塾》。

【兩塾】

即塾。此稱漢代已行用。見該文。

【閭塾】

即塾。此稱唐代已行用。見該文。

【門塾】

即塾。此稱宋代已行用。見該文。

書社

古代設於鄉里之私學。《管子》卷一一：

"齊國塗十日不通矣，公子開方以書社七百下衛矣。"明胡廣《四書十全·論語》："周禮二十五家爲社，書社謂以社之戶口書於版圖者，凡三百社。"宋梁克家《三山志·土俗類》載：以一二有力者自號爲"鳩首"，替弟子求"學高行全"者爲師。就學子弟多至數百人，少亦數十人，其中有四五十歲的老子弟，然"不以爲恥"。月率米錢若干送司計，爲掌膳飲食。學中立有規矩，罰凡五等。習詩賦、經義、論策。先生講題命意，唱解敷説；旬九日復問。"有未達，點削塗改，俾自入繩墨。"時人云："學校未嘗虛……（所養學生）不爲世用，亦有成德。"

精舍 [2]

亦稱"精廬"。古代私學之學舍、書齋，亦即經師講學的主要場所。東漢時期私家傳授經學廣泛流行，其治經講學之所，即爲精舍。東漢經師講學之風空前盛行，精舍林立。精舍常籌集大量資財，供學者食宿。精舍之講學者雖有居官教授，但絕大多數爲隱居教授，且大多數爲一代之鴻儒，從而促進了歷代精舍的發展。精舍中無官學之清規戒律，師生關係密切，講學内容多不限一經，而常兼及數經，且不墨守儒經，時兼習天文、曆法、算學、律學知識。《後漢書·黨錮傳·劉淑》："淑少好學，明《五經》，遂隱居，立精舍講授，諸生常數百人。"漢光武帝中期之後，天下稍定，"精廬暫建，贏糧動有千百，其者名高義開門受徒者，編牒不下萬人"（《後漢書·儒林傳·蔡玄》）。魏晉以後，隨着佛教、道教的傳布，僧侶、道士亦稱他們傳經布道之處爲精舍。唐代稱精舍者更爲廣泛，儒、道、釋三家，皆多稱其讀經講授之所爲精舍或精廬，寓意爲精神所居之處。精舍

講學已初具學術討論與研究性質。精舍的建立與發展對後世書院的出現和教學產生了深遠的影響，甚至可以把"精舍"看作最早的書院。如南宋四大書院之一的"象山書院"，亦稱"象山精舍"；南宋朱熹晚年居住和講學之所名曰"滄洲精舍"（原名"竹林精舍"）。清阮元曾在杭州創建詁經精舍。《西湖詁經精舍記》："以昔日修書之屋五十間，選兩浙諸生學古者讀書其中，題曰'詁經精舍'。精舍者，漢學生徒所居之名；詁經者，不忘舊業且勖新知也。"

【精廬】

即精舍 [2]。此稱漢代已行用。見該文。

書館 [3]

亦稱"書舍"。漢代教習童蒙識字習字的私立小學。書館教師曰"書師"，以家室或公共場所坐館施教，招收八九歲學童入館就學，但須繳納學費，學習年限不定。以習《倉頡篇》《凡將篇》《急就篇》《元尚篇》《訓纂篇》《滂熹篇》等字書爲主。至明清時，書館則成爲書塾之通稱。漢王充《論衡·自紀》："八歲出於書館；書館小僮百人以上，皆以過失袒謫，或以書醜得鞭，充書日進，又無過失。手書既成，辭師受《論語》《尚書》，日諷千字。"南朝宋裴松之注引《邴原別傳》："原十一而喪父，家貧早孤。鄰有書舍，原過其旁而泣。"清桂馥《劄樸·書館》："今以教授館爲書館，讀如書籍之書，案當如'學書三冬'之書，謂小童習字之館。"另，古代之書學或稱"書館"。參見本卷《教學機構説·官學考》"館"文、《教學機構説·官學考》"書學"文。

【書舍】 [1]

即書館 [3]。此稱漢代已行用。見該文。

家館

亦稱“家塾”“家學”。古代家庭教育機構。北齊開始較爲流行。當時官學衰頽，學者難於在大學講論，轉而趨向豪族的家學。北齊諸帝多請名儒教授皇子及諸王儒學。如齊高祖免去名學者盧景裕罪，置之賓館，以經教授太原公以下。景裕死，又請國子博士李同軌教授，“待以殊禮”。大數學家信都芳亦被齊高祖請爲館客。豪門也設家館教育子弟，楊愔一門昆季就學者二十餘人。《禮記·學記》：“古之教者，家有塾，黨有庠，術（遂）有序，國有學。”周制二十五家爲閭，閭有巷，巷首門邊設家塾，用以教授居民子弟。後指聘請教師來家教授自家子弟之私塾爲家塾。家塾除自家子弟外，有的家塾還收納親友之子弟入學。宋陸游《小雨》詩之二：“諸孫入家塾，親爲授《三蒼》。”宋葉適《辯兵部郎官未元晦狀》：“臣聞朝廷開學校，建儒官，公教育於上，士子闢家塾，隆師友，私淑艾於下，自古而然矣。”明程敏政《新安文獻志》卷九：“幸得古田林，擇之。邀至家館，教塾、埜二人，其見明切。”《紅樓夢》第八一回：“如今且在家學裏温習温習也是好的。”參見本卷《教學機構説·官學考》“館”“塾”文。

【家塾】

即家館。此稱宋代已行用。見該文。

【家學】

即家館。此稱清代已行用。見該文。

鄉塾

猶私塾。古代設於鄉間之私學。南朝梁任昉《齊明帝謚議》：“嚴廊有縉紳之談，鄉塾無横議之士。”《藝文類聚》卷五三引梁劉孝儀《爲江僕射禮薦士表》：“兼太學博士會稽賀瑒……結卷就賢，擔簦來學，鄉塾染其丹采，朋友扣其洪鐘。”參見本卷《教學機構説·官學考》“塾”文。

里塾

古代設於鄉里之私學。南朝梁任昉《梁國府僚勸進箋》：“使夫匹婦童叟，羞言伊吕；鄉校里塾，耻談五霸。”宋王禹偁《謝除右拾遺直史館啓》：“鄉庠里塾，從師而綫識姓名。”清侯方域《太常公家傳》：“〔公〕嘗出，過里塾，諸生皆誦習公所爲文。”參見本卷《教學機構説·官學考》“塾”文。

村學

亦稱“村校”“村塾”“村學堂”。古代設於村野間對學童進行初等文化教育之私立學校。村學多集資請教書先生設館教授，受教育者爲村中平民子弟，性質介乎義塾與家塾之間。通常每個村學衹有一位教師、一個教室，教材和年限没有統一規定，采用個别教學方式。唐代所用課本有《急就章》《千字文》《大公家教》《蒙求》《兔園册》等，或選學名家詩。宋代民

村學
（明仇英《村童鬧學圖》）

間私學繼續發展，教學内容有變化，《三字經》《百家姓》《千字文》成爲基本教材。元明清之後，村學尤活躍，不僅數量增多教材也日逐豐富。如《小兒語》《續小兒語》《女兒經》《女小兒經》《治家格言》等等。唐趙璘《因話録》卷六："寶相易直，幼時名秘，家貧，就業村學教授。"唐盧仝《寄男抱孫》詩："莫學村學生，粗氣强叫吼。"唐元稹《白氏長慶集序》："予嘗於平水市中，見村校諸童競習歌咏，召而問之，皆對曰'先生教我樂天、微之詩'。固亦不知予之爲微之也。"宋胡仔《苕溪漁隱叢話前集·石曼卿》："若石曼卿《紅梅》詩，'認桃無緑葉，辨杏有青枝'。此至陋語，蓋村學中體也。"元唐元《唐處士墓志銘》："公年益茂，忍貧苦學授徒村塾，生計蕭然。"《水滸傳》第一五回："小生這幾年也在晁保正莊上左近教些村學。"清紀昀《閲微草堂筆記·如是我聞二》："嘗至登州觀海市，過一村塾小憩。"《儒林外史》第一回："〔王冕〕七歲上死了父親，他母親做些針黹，供給他到村學堂裏去讀書。"清郭臣堯有《村學》詩云："千字文完翻鑑略，百家姓畢理神童。就中有個超群者，一日三行讀大（《大學》）中（《中庸》）。"

【村校】

即村學。此稱唐代已行用。見該文。

【村塾】

即村學。此稱元代已行用。見該文。

【村學堂】

即村學。此稱清代已行用。見該文。

學塾

亦稱"書塾""學房"。古代私立小學。古代私塾有塾師自設的學館，有地主、商人設立的家塾，也有以祠堂、廟宇的地租或私人捐款設立的義塾（免繳學費）。每個私塾一般祇有一個教師，采用個别教學方法，主要是識字教育。學生年齡不一，教材及學習年限都沒有統一的規定。宋葉紹翁《四朝聞見録·布衣入館》："王既入館，猶子誼年方十四歲，於書塾拈紙作御批曰：'可斬秦檜以謝天下。'"《鏡花緣》第一六回："只見一家門首貼着一張紅紙，寫着'女學塾'三個大字。"《紅樓夢》第八四回："賈政道'你帶了來了，還是在學房呢？'寶玉道'在學房裏呢'。"魯迅《朝花夕拾·二十四孝圖》："在書塾之外，禁令可比較的寬了。"參見本卷《教學機構説·官學考》"塾"文。

【書塾】

即學塾。此稱宋代已行用。見該文。

【學房】 [1]

即學塾。此稱清代已行用。見該文。

冬學

古代私人或宗族所設以招收農家子弟在冬季農閑時讀書肄業之私塾。宋陸游《秋日郊居》詩："兒童冬學鬧比鄰，據案愚儒却自珍。授罷村書閉門睡，終年不着面看人。"自注："農家十月乃遣子入學，謂之冬學。"冬學所授《雜字》《百家姓》之類，謂之"村書"。參閲清錢大昕《十駕齋養心録》卷一六。

市學

古代設於市井中之私學。多平民集資興辦。宋孟元老《東京夢華録·秋社》："市學先生預斂諸生錢作社會，以致雇倩祇應、白席、歌唱之人，歸時各携花籃、果實、食物、社糕而散。"宋彭大雅《黑韃事略》："燕京市學多教回回字，及韃人譯語。"元鍾嗣成《醉太平》曲："拾灰泥補砌了舊磚窯，開一個教乞兒（指窮孩子）市學，裏一頂半新不舊烏紗帽。"《警世通言·蘇知縣羅衫再合》："若只要個安身之處，敝村有個市學，倘肯相就，權住幾時。"

館

古代私塾之通稱。多行用於明清時期。明清時，私塾開學稱爲"啓館"，亦稱"開館""上館"或"上課"；私塾放假稱爲"解館"或"放館"；失去教書的職業稱"失館"；尋找教書的地方，習稱"尋館"；教師設塾授徒，習稱"坐館"；受聘到別人家教書，稱"處館"。《孟子·告子下》："可以假館，願留而業於門。"明湯顯祖《牡丹亭·腐嘆》："〔陳最良自道〕不幸前任宗師，考居劣等停廩；兼且兩年失館，衣食單薄。"清陸隴其《三魚堂日記》："朝内遇譚祖豫，言近日京師尋館者甚多。"《儒林外史》第四一回："沈瓊枝道'家父歷年在坐館'。"《紅樓夢》第二回："〔賈雨村向冷子興道〕'去歲我在金陵，也曾有人薦我到甄府處館'。"

門館

古代私學。明湯顯祖《牡丹亭·延師》："門館無師白日閑，百年粗糲腐儒餐。"清黄景仁《午窗偶成》詩之二："門館晝閑攤飯起，架頭睡意撿書看。"參見本卷《教學機構説·官學考》"館"文。

坐館

設塾授徒之謂。古代私學教師設塾授徒稱"坐館"。《警世通言·鈍秀才一朝交泰》："劉千户頗盡主道，送一套新衣服，迎接德稱到彼坐館。"參見本卷《教學機構説·官學考》"館"文。

義塾

亦稱"義學"。古代尤其是明清時期免費收納孤寒子弟入學的一種私立蒙學教育機構。古代由家族、行業或個人資助的私塾，貧家童蒙子弟入學可以不繳學費，甚或可得到一些經濟補助。義學之設，有着悠久的歷史，可上溯到漢代。《後漢書·儒林傳下·楊仁》："帝知其忠，愈善之，拜什邡令。寬惠爲政，勸課掾史，弟子悉令就學。其有通明經術者，顯之右署，或貢之朝。由是義學大興。"宋元時期亦有義學。但它衹是以宗族爲單位設立、限於教授本族子弟的學校。宋代規模較大的義學有四齋，分爲小學和大學。六歲以上入小學，十二歲以上入大學。考試名列前茅者得以受獎、發解、登科、補入太學者贈以錢物。不少義學還置有田産。有的還建有孔廟，以供春、秋祭祀。元陶宗儀《輟耕録·雙硯堂》："周待制月嚴先生買地於鄭捏兒坊，創義塾以淑後進。"義塾以識字、寫字、對課、作文以及倫理道德教育爲主要功課，主要教材有《千字文》《三字經》《百家姓》《孝經》《四書》等蒙學教材。有清一朝鼓勵開辦義學以廣文教，以致義學盛行。清代義學之設最早起始於康熙四十一年（1702），是年禮部議准在京師崇文門外設立義學，選五城各小學的"成材者"入學就讀，并頒賜御書"廣育群才"匾額。由是開有清一朝廣設義學之風。康熙五十二年准各省府州縣多立義學，延請名師，聚集孤寒生童，勵志讀書。清代的義學首先在旗人子弟和邊省地區廣泛傳播開來。後來，貴州、廣西、雲南、四川、湖南等邊省之府、州、縣各級相繼應詔建起多所義學，凡孤寒子弟以及苗、彝、黎、瑶等少數民族子弟之願就學者皆可入學。義學始終是有清一朝蒙學教育的重要組成部分。義塾設立的目的在於教育學童成爲"安身良民"，不使"好勇鬥狠，輕身犯上"。清代的義學教育對象主要是旗人和少數民族子弟中的"孤寒"者爲主。非但打破常規免收"束脩"，免費入學，而且各級官府尚定期發給學習用品。其教育經費的來源有官私兩途：官辦者國庫列支，民辦者有接受捐田、捐銀、捐房等多種形式。民國後廢。清魏元曠《都城瑣紀》咏義塾詩："訓課童蒙早，春風義塾開。夕陽催散學，總角抱書回。"《清史稿·選舉志一·學校上》："義學，初由京師五城各立一所，後各省府、州、縣多設立，教孤寒生童，或苗、蠻、黎、瑶子弟秀異者。規制簡略，可無述也。"參閱《事物原會·義學》、《清文獻通考·學校七》、《清文獻通考·學校》八至十、《清續文獻通考·學校四》、《清會典事例·禮部·學校·各省義學》。

【義學】

即義塾。此稱漢代已行用。見該文。

秋學

古代秋季開館授學之鄉塾。清王鳴盛《練川雜咏》之十九："兒童幾隊開秋學，正好涼生積雨時。"自注："鄉塾每以七月，至冬則散，謂之秋學。"

名　校

萬木草堂

晚清戊戌變法運動領導人康有爲爲變法維新製造輿論和培養人才而設立的私人講學之所。光緒十七年（1891）康有爲創設於廣州長興里。次年遷址於廣州衞邊街鄺氏祠。又次年復遷於廣府學宫仰高祠。初入學者僅二十人，後經兩次遷址，影響日益擴大，學生亦發展至一百餘人。以《長興學記》爲學規。草堂由康有爲自任總教授和總監督。另從學生中簡選三或六名高材生以爲"學長"，分助各科，并指導新生讀書。草堂還設有書藏（圖書閲覽室）和禮樂器庫（儲存習禮時所用之儀器），由"書器庫監督"一人，主管圖書儀器。學堂以"志於道、據於道、依於仁、游於藝"爲辦學學綱。組織嚴密，井然有序。在此學綱指導下學堂開設四門課程：一曰義理之學，包括孔學、佛學、周秦諸子學、宋明理學、泰西哲學等；二曰考據之學，包括中國經學、史學、地理學、數學、格致學等；三曰經世之學，包括政治原理學、中國政治沿革得失、萬國政治沿革得失、政治實用學、群學等；四曰文字之學，包括中國辭章學、外國語言文字學等。另外，學堂尚設有"科外學科"，要求學生練習演説、體操、音樂、圖畫、射擊、游歷等。這種新式的教育形式和內容，使學生在德育、智育、體育諸多方面均得到有目的的培養。"其爲教也，德育居十之七，智育居十之三，而體育也特重焉。"草堂學生的學習方法除聽講外，主要是靠自己讀書、寫筆記、記功課簿。學生的功課簿寫滿後，"先生令存入書庫，供新來的同學閱覽"。除學習外，學生還需參加編書，其維新變法的重要理論著作《孔子改制考》和《新學僞經考》皆是在康有爲的主持下，由學生積極參與編檢、校勘而完成的。《清史稿·康有爲傳》："有爲天資瑰異，古今學術無所不通，堅於自信，每有創論常開風氣之先。初言改制，次論大同，謂太平世必可坐致終悟天人一體理，述作甚多，其著作有《孔子改制考》《新學僞經考》《春秋董氏學》《春秋筆削大義微言考》《大同書》《物質救國論》……其門人張伯楨爲彙刊《萬木草堂》叢書。"光緒二十年草堂成立三載，終被迫解散。萬木草堂承先啓後，爲中國舊式書院向新式學堂過渡之形式，其雖然存在時間很短，但却産生了深遠的社會影響。最初的辦學宗旨得到實現，并爲改良派革新朝政培育了人才。梁啓超即此一時期之學生。當時的學生，如梁啓超、陳千秋、麥孟華、徐勤、康廣仁等都成爲維新變法運動的骨幹。參閲《清史稿·康有爲傳》。

經正書塾

爲清末第一所女學堂。晚清私立學校。光緒十九年（1893）經元善在上海高昌廟創設。分設禮、義、仁、智、信五齋，每齋學生六人，年在十二歲以上。課程有經史、詩文、西文（英法日俄）及積微、格致等學。清經元善《居易初集》卷二："以上十條，粗具大略緣昔創經正書塾於桂墅裏，今已改爲三等學堂。"

滬南三等公學

清代小學學校。光緒二十二年二月一日（1896年3月14日）鍾天緯等人創辦於上海經正書院舊址。公學分蒙館、經館兩種，實皆仿外國之小學堂。依南北洋頭等、二等學堂例，經館相當於三等學堂；蒙館可名爲四等學堂。蒙館以識字明義爲主，八歲入學，十歲畢業，修業三年期滿。經館以讀經書爲主，習西文爲輔，選拔蒙館畢業學生入館肄業，十一歲入館專讀四書、五經，兼習英文，學習三年畢業，成績優秀者諮送南北洋二等學堂。約在光緒二十六年（1900）以前停辦。

育才書塾

亦稱"王氏書塾""王氏育才書塾""上海育才書塾""南洋中學"。晚清私立學堂。光緒二十二年（1896）上海紳士王維泰創設於上海，次年春開學。校址在省園（今復興東路中華路口一帶）王氏祠堂内，故初名叫"王氏書塾"。不久，王維泰將學校改爲董事會制度，改稱"育才書塾"。王維泰早年留洋，所以該學校採用西式教育方式。光緒二十六年王培孫接任校長，開始設立中學課程。書塾分正館、備館兩級。正館課經史、辭章、掌故、算學、化學、英文諸科，備館專重中文兼課英文、算學。光緒二十八年王植善任校長，仿日本學制，參考中國各教會學校，訂立中學課程，學制四年。光緒二十九年該校舉行第一屆畢業典禮，當時即有五名學生被派赴美留學。次年正式定校名爲"南洋中學"。宣統元年（1909）正式遷入外日暉港橋新校址。後學校依靠校董、校友及社會資助，分期分批建造圖書館、校友廳、科學館、工廠等，成爲上海私立學校中設備齊全的學校之一。爲現今"南洋中學"和"上海市第六十七中學"之前身。

【王氏書塾】

即育才書塾。此稱清代已行用。見該文。

【王氏育才書塾】

即育才書塾。見該文。

【上海育才書塾】

即育才書塾。見該文。

【南洋中學】

即育才書塾。此稱清代已行用。見該文。

南洋公學

亦稱"高等實業學堂""上海商務學堂""商務部高等實業學堂""郵傳部上海高等實業學堂""交通部上海工業科學校""南洋大學堂""交通大學"。晚清私立高等實業學校。光緒二十二年（1896）十二月，清大理寺少卿盛宣懷奏准創設於上海。經費由招商、電報兩局紳商捐助。翌年四月八日開學。清末至民國時稱今江蘇省以北的山東、河北、遼寧等沿海各省爲北洋，而稱其以南沿海各省爲南洋。因學堂設於上海，復因此前一年盛宣懷已在天津創設"北洋公學"，故稱"南洋公學"。學堂由盛宣懷督辦，何嗣焜任總理（校長），張煥任中文總教習，美國人福開森任西文總教習，以培養通達中國經史大義之政治人才和商業通才爲宗旨。公學先設師範院（即師範學堂），爲公學培養師資。招生四十名，兼習中西各學，以"明體達用，勤學善誨"爲培養目標，是爲國人創辦高等師範教育之濫觴。學堂繼設外院（小學堂）、中院（即二等學堂，中學堂）、上院（頭等學堂），三院各招生一百二十名，年齡爲十至十八歲。外院即師範附屬小學，爲師範生練習之所；中、上院即二等、頭等學堂，寓中學堂、高等學堂之意。另設有譯書院。四院設有國文、算學、輿地、史學、體育等五科。學制，師範院一年以上，合格者選爲各院教習；外院、中院、上院各爲三年。每院學生按程度分爲四班，每班各三十人，學生每年依次升一班。外院結業遞升中院，中院結業遞升上院，上院四年結業頒發畢業文憑，畢業生中擇其優异者資送出洋，就學於各國大學。課程大體分中文、英文兩部，而注重法政、經濟。教育內容以通達中國經史大義，厚植根柢爲基礎，以西國政治家與日本法部、文部爲指歸，略仿法國國政學堂之意。光緒二十七年又設政治科，二十九年更名爲"上海商務學堂"。光緒三十一年改歸郵傳部管轄，定名爲"商務部高等實業學堂"。其課程之設置，非復設立之初旨。次年復更名"郵傳部上海高等實業學堂"，并改政治科爲商務科。光緒三十三年又增鐵路科。三十四年夏停辦商務科，至此始爲專辦工科之大學。宣統元年（1909）增電機科，次年增船政科。辛亥革命後改稱"交通部上海工業專科學校"，旋又改爲"南洋大學堂"。1921 年改稱"交通大學"，分上海、北平和唐山三個分校。在上海的稱爲"交通大學上海分校"，於 1922 年改爲"交通部南洋大學"，1928 年又更名爲"交通大學"，并與北平、唐山分校重新合校。是爲現今上海交通大學和西安交通大學之前身。《清史稿・選舉志二・學校下》："〔光緒〕二十三年，宣懷又於上海創設南洋公學，如津學制而損益之，經費取給招商、電報兩局捐助。奏明辦理，因名公學。分四院：曰師範院，曰外院，曰中院，曰上院。外院即附屬小學，爲師範生練習之所。中、上院即二等、頭等學堂，寓中學堂、高等學堂之意。課程大體分中文、英文兩部，而注重法政、經濟。上院畢業生，擇尤異者諮送出洋，就學於各國大學。意謂國內大學猝難設置，以公學爲豫備學校，而以外國大學爲最高學府。論者謂中國教育有系統之組織，此其見端焉。後改歸郵傳部管轄，定名高等實業學堂。其課程性質，非復設立之初旨。此第一期無系統教育之大略也。"參閲《清續文獻通考·學校二十》。

【高等實業學堂】[2]

　　即南洋公學。此稱清代已行用。見該文。

【上海商務學堂】

　　即南洋公學。此稱清代已行用。見該文。

【商務部高等實業學堂】

　　即南洋公學。此稱清代已行用。見該文。

【郵傳部上海高等實業學堂】

　　即南洋公學。此稱清代已行用。見該文。

【交通部上海工業科學校】

　　即南洋公學。此稱多行用於近代。見該文。

【南洋大學堂】

　　即南洋公學。此稱多行用於近代。見該文。

【交通大學】

　　即南洋公學。此稱多行用於近代。見該文。

【南洋公學外院】

　　即南洋公學。清光緒二十三年（1897）在上海設立的中國第一所私立小學。光緒三十一年、三十二年南洋公學改名商務部、郵傳部高等實業學堂，小學隨之改爲上海高等實業學堂附屬高等小學堂。内分四班，每班四十人，學生約一百六十名，教習由南洋公學師範院學生充任。每周授課四十二小時，課程爲國文、算術、英文、輿地、修身、讀經、格致、圖書、唱歌、手工、歷史、體操等科。教材由師範院仿英美讀本體例自編，供學生學習之用。

【南洋公學師範院】

　　即南洋公學。中國近代最早的新型私立師範學校。光緒二十三年（1897），大理寺少卿盛宣懷奏准在上海創辦南洋公學，内分四院。他認爲"惟師道立則善人多"，師範"尤爲學堂一事先務中之先務"，於是先設立師範院，爲其他三院培養師資。師範院以"明體達用、勤學善誨"爲宗旨。延聘中外教習，考選高才生四十名，課以中西各學和翻譯課程。學習年限最少一年，合格者方可充任上、中兩院教習。光緒二十九年春裁撤。

安徽二等學堂

　　晚清私立中等學校。光緒二十三年（1897）由安徽巡撫鄧華熙創設於安徽省城安慶（今安徽安慶）。學堂考收十二歲至十五歲讀過經書、略通文理之紳民子弟入學肄業。學制四年。學堂設華文、西學各正副教習。課程有史鑒、輿地、朱子小學、英文、格致、測量等。正課生定額六十名，另選附課生十六名。四年畢業，會考一次，酌取若干名爲監生，并擇優者送京師同文館，或入天津、上海頭等學堂。

天津育才館

　　晚清私立貴族學校。光緒二十三年（1897）由王文韶創辦。招收士紳子弟入學。學額六十名，纍計五年，共三百人。課程有中西經史策論、天文、地理、格致、圖算等。民國孫寶瑄《忘山廬日記》："二十二日，雨，詣友人偕往，購置器物，備天津育才館，用者余兄書來。"

通藝學堂

　　亦稱"西學堂"。晚清戊戌變法前改良派創辦的學習西學的私立學堂。光緒二十三年（1897）正月由刑部主事張元濟與陳昭棠、張蔭棠等呈請總理各國事務衙門，并向各省督撫募捐。張之洞等均有資助。初名"西學堂"，八月改稱"通藝學堂"，同時開館。校址在北京宣武門，學生約五十名，多爲京官子弟。教習二人，課程初習英文、算學、輿地等，後專習兵、農、商、礦、格致、製造。是年冬奏准，俟三年期滿，教習可獎叙，學生可由同文館調考録取，正式定名"通藝學堂"。嚴復曾在此主講"宣讀西學源流旨趣"。光緒帝曾爲此嘉勉張元濟。管學大臣奏准將"通藝"列爲中學堂。光緒二十四年變法失敗後，張元濟被革職，該學堂被封，圖書儀器等移交京師大學堂，通藝學堂被迫停辦。清林旭《晚翠軒集·傳》："京師强學會，興旭則入貲，爲内閣中書與京僚張亨嘉等興閩學會，王儀通、張元濟等興通藝學堂。戊戌康有爲、梁啓超，方上萬言書。"清陳忠倚《清經世文三編·學術一》："欲令天下士人皆通西學，莫若譯成中文之書，俾中國百萬學人，人人能解成才自衆，然後可給國家之用，今西學堂知課語言文字而寡及譯書。"

【西學堂】

即通藝學堂。此稱清代已行用。見該文。

時務學堂

亦稱"求實書院""湖南時務學堂"。清末維新派在長沙爲宣傳變法所創辦之私立中等學校。光緒二十三年（1897）八月，譚嗣同在湖南巡撫陳寶箴、按察使黄遵憲、學政江標贊助下創設，并於同年十月開學，十一月聘上海時務報主筆梁啓超爲中文總教習，譚嗣同等任中文分教習，許奎垣任數學教習，李維格任西文總教習，熊希齡爲提調總管校務。學堂共招學生二百餘名，分爲内課生、外課生和附課生。學制五年，以"立志""養心""治身""讀書""窮理""學文""樂群""攝生""經世""傳教"爲學約。課程有經學、諸子學、公理學、中外史志和格算等博通學，以及公法學、掌故學等專門學科。學堂規定入學者得先學博通學半年，後則學專門學。學生按日作札記，交教習批改，藉以宣傳變法思想。學堂成立數月爲地方保守勢力攻擊，次年三月梁啓超離湘，七月王先謙、葉德輝等向陳寶箴遞交"湘紳公呈"，誣爲"奉行邪説"。光緒二十四年（1898）被迫裁撤，翌年更名爲"求實書院"。民國胡思敬《戊戌履霜録·政變日記》："湖南巡撫陳寶箴，撥庫款充時務學堂、武備學堂經費從之。"民國黄鴻壽《清史紀事本末·諸儒出處學問之概》："湖南巡撫陳寶箴，督學江棟，聘主湖南時務學堂講席，其講學注重精神教育。"參閱清梁啓超《戊戌變法紀》。

【求實書院】

即時務學堂。此稱清代已行用。見該文。

【湖南時務學堂】

即時務學堂。此稱清代已行用。見該文。

經正女學

亦稱"經氏女學""中國女學堂""上海桂墅里女學"。清光緒二十四年（1898）八月，由上海電報局局長、改良主義者經元善會同康廣仁、梁啓超創立的私立學校，爲晚清最早的女校。校址在上海城南桂墅里。女學設董事會，會員從捐資辦學者的親屬中產生。經元善本人出任總理，由沈敦和夫人、經元善夫人總管校務。梁啓超特地爲女學撰寫了《創設女學堂啓》和《上海新設中國女學堂章程》。女學招收八至十五歲女生二十人入堂肄業。女學設中文教習二人。西文總教習，由美國監禮會教士林樂知之女林梅蕊出任。同年十月又於城内設分校，次年學生增至七十餘人。女學分爲算學、醫學、法學三科。另設師範科，專門教授童蒙之法，兼習紡織和繪畫。課程中西兼學，其中中文有《女孝經》《女四書》、唐詩、古文等，又兼習女紅、醫學、琴學、體操、算術、地理、圖畫等課程。年終就學者增加至四十餘名。同年九月又增設分塾學生二十多名。戊戌變法失敗後，經正女學被迫停辦。次年分塾亦廢。上海經正女學爲中國近代國人自辦的第一所女學，雖然存在時間不長，但却開創了中國女子教育的新風尚。

【經氏女學】

即經正女學。見該文。

【中國女學堂】

即經正女學。此稱清代已行用。見該文。

【上海桂墅里女學】

即經正女學。見該文。

養正書塾

晚清私立學校。光緒二十五年（1899）杭州知府林啓在大方伯之圓通寺創辦。自兼塾正，聘陳黻宸爲總教習。創設國文小學、經學、修身、算學、歷史、地理，續添格致、體操、英文、音樂等科。《清史稿·循吏傳》："各行省學堂猶未普立，杭郡甫建求是書院啓復養正書塾並課新學舊有，東城講舍益振興之。"

養正學堂

亦稱"中西啓蒙學堂""興文學校"。晚清私立學校。光緒二十六年（1900），由上海工琪、錢元中、張元基、蘇庭猷、曹浩等人發起成立擔任義務夜課，中西并授。次年，由張軾等捐資添增日課，名"中西啓蒙學堂"。《皇朝續文獻通考》卷一○五："〔光緒〕三十四年（1908）署伊犁將軍廣福奏改養正學堂爲興文學

校。"參閱《清續文獻通考·學校十二》。

【中西啓蒙學堂】

即養正學堂。此稱清代已行用。見該文。

【興文學校】

即養正學堂。此稱清代已行用。見該文。

澄衷中學

亦稱"澄衷學堂"。晚清私立中等學校。《清史稿·考義傳》："葉成忠，字澄衷，浙江鎮海人，世爲農……乃置祠田，興義塾，設醫局，會朝議重學校，成忠出貲四十萬建澄衷學堂。"光緒二十七年（1901）浙江鎮海（今浙江寧波）籍巨賈葉澄衷之長子葉貽鑒捐資創設於上海虹口。同年四月十六日正式開學。學校董事會聘請劉上屏擔任第一任校長，主持教務。後因故另聘蔡元培出任代理校長。學校創設小學五級。光緒二十八年葉澄衷之子葉貽銘等，同意每年捐銀四千兩，作爲學校常年經費。於是，改設初等小學、高等小學、中學三部。光緒三十四年停辦中學部。後學校不斷擴大。1927年2月，經上海市教育局立案，稱"私立澄衷中學"。爲現今上海"澄衷中學"之前身。

【澄衷學堂】

即澄衷中學。此稱清代已行用。見該文。

愛國女學校

省稱"愛國女校"。辛亥革命前，民主革命派爲培養人材而首創的女子學校。光緒二十七年（1901）冬，由中國教育會成員蔡元培、陳範、林白水、蔣智由、黃宗仰等人發起，中國教育會創設於上海白克路登賢里（現今上海鳳陽路三百四十四弄）。次年女校正式開學。先由蔣觀雲任總理（校長），後由蔡元培接任。女學學生則以教育會的家眷爲主，初期僅十餘人。

文史教員有葉瀚、蔣維喬等，數理化教員有王小徐、嚴練如等。課程有國文、歷史和化學等，并着重講法國革命史，學炸彈製造。光緒三十三年（1907）後，因接收江南財政局與上海道署二處津貼，學校逐漸脫離民主革命組織，成爲普通女校。宣統二年（1910）女學遷至海寧路天保里（現今上海西藏北路東）。1927年更名爲"私立愛國女子中學"。爲現今上海"愛國中學"之前身。

【愛國女校】

"愛國女學校"之省稱。見該文。

愛國學社

晚清中國教育會爲接納南洋公學退學學生而設之私立教育機構。校址在上海泥城橋福源里。初創於光緒二十八年（1902），次年四月又接納南京陸師學堂、浙江大學堂、杭州陸師風潮中退學之學生四十餘人，遂組成軍國民教育會，實行軍訓。學社由蔡元培出任總理（校長），吳稚暉任學監，章炳麟、黃炎培、蔣維喬等爲義務教員。學校分爲四個年級，一、二年級爲尋常（普通）年級，三、四年級爲高等年級。尋常、高等年級各爲二年。後又增蒙學班。課程有數、理、化、史、地、政、經、文、法、體操、軍訓等。學社實行學生自治，并編印《童子世界》，宣傳民主革命。五月脫離中國教育會而獨立。同年六月因"蘇報案"，被迫解散，蔡元培走避外地，章炳麟、鄒容被捕。清尚秉和《辛和春秋·上革命源流》："未幾炳麟歸上海，與浙江翰林院編修蔡元培，川人鄒容，蘇人吳敬恒、黃中央等創愛國學社，編學生爲軍隊，播宣革命學說。"參閱章炳麟《駁康有爲論革命書》。

務本女塾

亦稱"上海縣立第一女子高等小學校""務本女子中學"。晚清之女子私塾。光緒二十八年（1902），南洋公學師範科畢業生吳馨將原先自家之家塾擴展爲私人學校，招收適齡女童入學肄業。女塾分爲尋常和高等兩科。草創之時學校僅有七名學生。但由於吳馨爲人正直，教育有方，僅兩個月後，學生激增至四十餘人，且大部分是已超過求學年齡的青年婦女。後學塾不斷擴大。光緒二十九年，女塾又增設師範、正科、預科、商科等科目。宣統元年（1909），女塾全部遷入西門外黃家闕新校。該校初創時，資金全部由吳馨籌集。光緒三十一年始得上海道署補貼。後由於上海戰事頻繁，上海道署暫停補貼，致使學校停辦一個學期。民國政府建立後，吳馨出任上海縣知事，於是將學校委托曾公冶主持。1913年，學校改爲"上海縣立第一女子高等小學校"，經費由縣政府劃撥。學校以小學爲主，同時設立中學講習課。1928年改稱"上海市立務本女子中學"。爲現今"上海市第二中學"之前身。

【上海縣立第一女子高等小學校】

即務本女塾。此稱多行用於近代。見該文。

【上海市務本女子中學】

即務本女塾。此稱多行用於近代。見該文。

民立通州師範學校

省稱"通州師範學校"。亦稱"江蘇省代用師範學校""私立張謇中學""江蘇省南通師範學校"。晚清最早之私立中等師範學校。光緒二十八年（1902）由著名實業家、教育家張謇創辦於江蘇省通州（今江蘇南通）城外千佛寺。中日甲午戰爭之後，張謇認爲欲雪恥救亡，必須普及國民教育，普及教育的根本在於師範的興辦，遂數次向南通當局建議興辦師範學校。但由於官方阻撓，未能實現。於是自籌資金，勘察校址，"乃提歷年所應得之公費及其所生之息，盡數充師範學堂經費"，自己辦學。光緒二十九年學校正式開學。張謇親任校長。學校立"艱苦自立，忠實不欺"爲校訓，以造就小學教師爲宗旨，招收十八至三十歲"性淑行端，文理素優"之舉、貢、監生爲師範生。學生除來自本省之外，山西、甘肅、山東、四川、安徽、江西、湖北等省學生，"不遠千里而來求學"。學校分本科、講習科、簡易科三科。後又增設測繪特班、土木工科、農科、桑科。學制本科四年，講習科一年，簡易科二年。課程有國文、修身、教育、倫理、算術、物理、化學、歷史、地理、博物、圖畫、手工、體操等。張謇以教育強國爲己任，自任學校總理。學校聘海内名流學者王國維等和日本籍學者木造高俊、遠藤民次郎、木村忠治郎、照井喜二等多人爲教員。學生畢業時可自願加習政治經濟學、農藝化學、英文三科隨意科一年。清末改名爲"江蘇省代用師範學校"。1927年改名"私立張謇中學"。次年恢復原名。抗日戰爭期間，校舍被毀，一度遷至啓東縣墾牧鄉第二附屬小學。1953年改爲"江蘇省南通師範學校"。參閱清張謇《張謇日記》。

【通州師範學校】

"民立通州師範學校"之省稱。見該文。

【江蘇省代用師範學校】

即民立通州師範學校。此稱清代已行用。見該文。

【私立張謇中學】

即民立通州師範學校。此稱多行用於現代。見該文。

【江蘇省南通師範學校】

即民立通州師範學校。此稱多行用於當代。見該文。

貴陽達德學堂

省稱"達德學堂"。亦稱"民立小學堂"。晚清私立師範學校。光緒三十年（1904）由達德書社創辦，時名"民立小學堂"。書社成員擔任義務教員，學生多爲書社成員子弟，辦學經費由書社成員分擔。次年，更名"達德學堂"，分高等、初等兩班，是爲貴州民辦學堂之始。後添設初等預備科，選學生中幼稚及未嘗入塾者入學肄習，并招收女生，實行男女分班教學。學堂從日本東京購置科學儀器，建立教學儀器室。因辦學漸有成效，中外人士常來參觀，屢予捐助。宣統三年（1911）初，始籌商開辦女子師範，在校學生已近五百人。學堂在辛亥革命中成爲貴州的革命中心活動地之一。

【民立小學堂】

即貴陽達德學堂。此稱清代已行用。見該文。

【達德學堂】

"貴陽達德學堂"之省稱。此稱清代已行用。見該文。

復旦公學

晚清私立大學。前身爲"上海震旦學院"。光緒三十一年（1905）八月，由同法國教會發生衝突的原震旦學院部分師生所創建。校址設在上海吳淞鎮原提督行轅舊址。學校含有光復震旦（中國）之意。公學按照《高等學堂章程》辦理，由馬相伯出任首任監督（校長），聘李登輝主持教務。次年改由嚴復出任監督。後由夏敬觀、高鳳謙接任。1909 年仍由馬相伯出任監督。初創時期，"以研究泰西高尚學術"，"栽成有用之人才"爲宗旨。第一屆招生一百七十餘人，分成甲、乙、丙、丁、戊五班肄業。公學聘請中國籍人士擔任教師，學校行政由中國籍人士管理，以示對天主教耶穌會傳教士侵略中國教育主權的抗議。公學内設政法、文、商、工、理、農等六科。每科除國文、歷史、地理、數學諸課程外，餘皆用西文教授。學生畢業後可直接升入大學。至辛亥革命前，復旦公學祇辦了高等正科班，并分成第一類（文科）和第二類（理科），共畢業學生四屆，凡五十七人。辛亥革命時期，因多數學生參加革命軍，校舍爲光復軍司令部占用，一度停課。民國元年（1912）五月復課，復由李登輝主持教務。後一度遷徐家匯李公祠，明確以"研求學術，造成專科人材爲宗旨"。次年設校董會，聘李登輝爲校長。民國六年（1917），升格爲大學本科，改名爲"私立復旦大學"，是爲現今復旦大學之前身。清劉錦藻《皇朝續文獻通考・學校考二十》："又奏籌撥復旦公學經費，略稱上海復旦公學，自光緒三十一年開校，係考取中學學堂較深之學生，以英文教授。"參見本卷《教學機構説・清代新式學堂考》"震旦學院"文。參閲《清續文獻通考・學校二十》。

中國公學

晚清私立大學。光緒三十二年（1906）中國十三省的留日學生代表在上海集會，爲抗議日本當局限制中國留學生的《清韓學生取締規則》，決定自辦學校，吸引留日學生就讀。開始時租了北四川路（今上海四川北路）橫濱橋北首的民房作爲校舍。因是十三省的歸國團留日學生合力創辦，故定名爲"中國公學"。隨即分頭聘請教習、購置教具，又派人分赴南京、湖北、湖南、四川等地籌募。因爲留日學生來自各省，希望各省撥款以助興學。中國公學籌辦之時，蔡元培擔任同盟會上海分會會長，他積極支持中國公學的創辦。秋瑾也積極參加建校工作，并推薦革命黨人馬君武、陳伯平、馬相伯等擔任中國公學教習，并居校中秘密聯絡。共招有學生三百一十八人，分設八個班：大學班（普通科、預科）二個，理化專修班一個，中學普通班四個，師範速成班一個。光緒三十三年學校得到社會大量捐助，辦學規模和社會影響日趨擴大。1917 年奉命停辦。同年於吳淞復校。1922 年後公學增設大學部。1932 年由於一・二八事變，學校被迫停辦。至次年，中國公學走完了她二十七年的歷程。中國公學實行民主自治管理，學生自辦《競業旬刊》，宣傳革命。中國公學産生於留日學生的愛國運動中，同時又成爲後來辛亥革命時期的一所革命學校。所以，中國公學在中國高等教育史上具有十分重要的地位。清劉錦藻《皇朝續文獻通考・學校考二十》："三十三年江督端方奏籌撥中國公學經費，略稱上海中國公學，自光緒三十二年在滬開辦。"參閲《清續文獻通考・學校二十》。

健行公學

晚清由同盟會江蘇分會專爲接納被逐的留日學生而創辦的私立學校。光緒三十一年（1905）正式開學。學校取《易經》中"天行健，君子以自强不息"句而取名"健行公學"。學校聘上海名紳姚文枬任校長。校址位於上海西門外寧康里（今寧安路）。當年柳亞子年僅二十歲，因與高旭、朱少屏交往頗深，也被聘爲該校教員，并加入同盟會。光緒三十三年（1907）學校因受到清廷查封而被迫解散，并入南洋公學。柳亞子在回憶錄中稱："上海以宣傳革命之大本營者三，愛國學社爲前茅，上海大學爲後勁，而健行公學實中權也。"

民立女子中學

亦稱"上海民立女子中學堂"。清光緒三十二年（1906）由蘇本炎、蘇本壘兄妹創設於上海西門外源壽里（今方斜路），初名"上海民立女子中學堂"。蘇本壘自任校長。招收適齡女童入學肄業。後因學生增加，原校舍不敷使用，1913 年由上海縣撥原清兵軍營空地自建校舍，并改稱"民立女子中學"。

【上海民立女子中學堂】

即民立女子中學。此稱清代已行用。見該文。

浦東中學堂

晚清私立中學堂。光緒三十二年（1906）由地方紳士楊斯盛出資創設於上海浦東六里橋。學堂以開通民智、完備人格爲辦學宗旨。另附設高等、初等小學。民國閔爾昌《碑傳集·義行》："楊斯盛，江蘇川沙廳人，寄居上海，早失怙恃家貧……朝廷頒新令廢科舉興學堂，遂捐資，就上海租界建廣明小學，旋添師範傳習

所。三十三年建上海浦東中學堂。"又："師範生畢業時，訓諸生，以計較束脩爲恥，而希望教育普及，浦東中學堂開學特揭勤樸二字爲宗旨。"光緒三十三年（1907）正式開辦中學，額定學生二百名，定名爲私立浦東中學。學制一年，所習科目爲修身、經學、國文、歷史、地理、算學、博物、理化、圖畫、體操、法制、經濟、外國文等。該校重視外國文教學，學生要能讀文、譯解會話、講文典、作文、習字，爲當時上海著名中學堂。後學堂屢經興衰，爲今上海"浦東中學"之前身。

萬竹小學

晚清小學學堂。宣統三年（1911）上海城自治公所撥款五千兩銀創設於城內小北門。因該校址原爲明道州（今湖南道縣）太守、上海人顧名儒的"萬竹山房"舊址，故稱"萬竹小學"。招收貧寒子弟入學肄業。創辦之初學校實行男女分校制。男校由李廷翰出任校長。分初等小學和商業小學二科。商業小學設有國文、英文、歷史、修身、公民教育、地理、算術、珠算、體操、商業、商業地理、手工等課程。女校由李廷慧出任校長。分初等小學和幼稚舍二科。學生畢業後一般可以直接參加社會商業行業工作。1923 年男、女二校合并。爲現今"上海市實驗小學"之前身。

第四節　書院考

所謂書院，係我國古代特有的教育組織形式，是以私人創辦爲主，收藏較多數量之圖書，集教學活動和學術研究爲一體的高等教育機構。書院既繼承和發展了古代私學教學傳

統，又吸取了官學和宗教組織的教學經驗，實行擇師選生，自由講學，提倡讀書與修養并重，教學與研究結合，重視師承學派，實施自學爲主，輔以講授、指導和質疑問難、討論答辯、會講、講會等多樣的教學方式。書院的組織甚簡，其主持人（常稱山長、堂長、院長、教授、洞主等）既要教學，又負責管理，一般不設其他行政機構和行政人員。

書院課程以儒家經典爲主要教材，常賦予當世先進的思想理念。書院之名始於唐代。如麗正殿書院、集賢殿書院，但衹是朝廷所設文化機構并備顧問，并非真正的書院（下將論及）。另有精舍、學舍、堂、書堂諸稱，如"詁經精舍""文會學舍""學海堂""東佳書堂"等。亦有稱"義塾""書齋"者，如"儒林義塾""近聖書齋"等，不一而足。其出現是隋唐推行新的印刷技術，使書籍大量流傳於社會之後，中國士人圍繞著書，包括藏書、校書、修書、刻書、讀書、教書等進行文化研究、積纍、創造、傳播等活動的必然結果。從地方志中看，最早當出現於開國的唐太宗時代，如大將軍李靖在山東讀書和研習兵法的書院。從史籍記載看，則始於中期玄宗時代開設的東西二都麗正、集賢書院。唐代有四十餘所書院，分布在全國各風景名勝之地。其時主要有三種類型，一是中央的麗正、集賢書院。據《舊唐書·職官志二》記載："集賢殿書院（原注：開元十三年置。漢魏以來職在秘書……玄宗即位，大校群書。開元五年於乾元殿東廊下寫四部書，以充内庫，置校定官四人。七年駕在東都，於麗正殿置修書史。十二年駕在東都。十三年與學士張説等宴於集仙殿，因改名集賢。改修書史爲集賢書院學士）集賢學士之職，掌刊緝古今之經籍，以辯明邦國之大典。凡天下圖書之遺逸、賢才之隱滯，則承旨而徵求焉。有籌策之可施於時、著述可行於代者，較其才藝而考其學術而申表之。凡承旨撰集文章，校理經籍，月終則進課於内，歲終則考最於外。"又《玄宗紀》載："〔開元十三年夏〕改集仙殿爲集賢殿，麗正殿書院改集賢殿書院。"可見它是朝廷所設文化機構，且有智囊團的作用。再者即是讀書人自己藏書讀書之所，類似往昔的書齋，但同時又向社會開放，成爲公衆活動的場所。儒生、道士、和尚等皆可出入其間，或把酒吟詩，以文會友，或講學論文，切磋學術，更有僧俗知識分子期會書院，討論國家的前途、民族的命運，以致有"寒宵未卧共思量"者，且有授徒講學之舉。最主要的代表就是遂寧張九宗書院和高安幸南容創辦的桂巖書院，已具有書院性質。另即教學授受的教育機構，如福建尤溪的松洲書院，爲當時的縣級"鄉校"，教授儒家經典與禮儀。二是於兵荒馬亂之中的書院表現出強大的生命力。一大批知識分子在戰火難及的深山絕水處講學，以維斯文於不墜。故錢穆先生在其《五代時之書院》中，盛贊書院承前啓後的文化功效，曰：“五代雖黑暗，社會文化傳統未絶，潛德幽光，尚屬少見，宜乎不久而遂有來世之復興也。”所以，北宋四大書院中的嵩陽書院和應天府書院的講學活動皆可以上溯至五代時期。其間以南唐最爲顯著，史家屢有盛譽。宋代馬令於所著《南唐書·朱弼傳》之末贊之曰：“南唐跨有江淮，鳩集典墳，特置學官，濱秦淮開國子監，復有廬山國學，其徒各不下數百。所統州縣往往有學。方是時，廢君如吳越，弑主如南漢，叛親如閩楚，亂臣賊子，無國無主。唯南唐，兄弟揖睦，君臣奠位，監於他國，最爲無事，此好儒之效也。”又於《儒者傳》中贊之曰：“儒衣書服，盛於南唐，豈斯文之未喪，而天將有所寓歟？……故曰：〔南唐據〕江左三十年間，文物有元和之風。”故五代書院多建於南唐，而名著天下者，如東佳、華林無一不在其境域之内。歷明清而不衰之白鹿亦發端於此。三是書院宗族化。尤其是隋唐科舉大興之後，涌現了大批書香門第，更有纍世一脉相承者，至唐末五代，盛況空前。宋釋文瑩《湘山野録》卷上載：“僞吳故國五世同居者七家，先主昇爲之旌門閭，免征役。尤著者江州陳氏，乃唐元和中給事陳京之後，長幼七百口……别墅建家塾聚書，延四方學者，伏臘皆資焉。江南名士皆肄業於其家。”南唐徐鍇《陳氏書堂記》則稱“〔陳氏〕合族同處，迄今千人”。又據《江州陳氏門宗譜》載：“大唐大順元年庚戌，七世長、銀青光禄大夫、檢校右散騎常侍、守江州長史兼御史大夫、賜紫金袋陳崇立《陳氏家法三十三條》。”此一家法規定了陳氏家庭的各種生活規制，其中即包括了書堂、書樓的建設與管理。所建陳氏書堂，即“東佳書堂”，亦稱“義門書院”，故址在今江西安德。北方狀況遜於南土，其著名者有范陽之“竇氏書院”，其故址在今北京昌平。竇氏爲竇禹鈞，“諸子進士登第，義風家法，爲一時標表。於南宅構一書院，屋四十間，聚書數千卷”（宋范仲淹《竇諫議録》）。餘不贅舉。總之，家族書院之興盛，成爲唐末五代書院之一大特色，且影響深遠，惠澤所及，由宋元直抵清朝。

宋代是書院聲名顯赫并得到較大發展的時期，全國創建書院六百〇五所。立國之初，由於朝廷對文士的急需，科舉取額劇增，而地方官學因遭五代混戰的破壞，并未建起，這就促使私家所創書院得以長足發展。宋吕祖謙曰：“國初斯民，新脱五季鋒鏑之阨，學者尚寡，海内向平，文風日起，儒生往往依山林，即閑曠以講授，大率多至數十百人。”這就是北宋初始書院發展的概況。其時朝廷利用唐代以來出現的書院，通過賜書、賜額、賜田、召見山長等方式進行扶持，使其替代官學之職旨而運行。列入宋代“天下四大書院”的嶽麓、白鹿洞、嵩陽、應天府及茅山、雷塘等書院，都是因爲其教學有功獲得“御賜”

而揚名天下。且經此一舉，書院教育教學功能得到了强化，其聲譽與日俱增，名師欣往，學子雲從。此時之書院如同官學一樣建有孔廟，後世多稱之爲"禮聖殿"或"禮聖堂"，本考僅擇"白鹿洞書院禮聖殿"以爲見證，其餘多不重叙。與此不同，"宋初四先生"中的孫復、石介（另有戚同文、胡瑗二先生）所辦的泰山書院、徂徠書院，是以研究講求學術并培養學派傳人爲主的書院。而慶曆年間，湖南巴陵士人在青草湖中建石鼓書院，則以游宴、吟詩、講學、會文爲事，這些又代表着書院的另一種追求。此時，名儒紛紛開辦書院，例如王安石的荆公學堂、周敦頤的濂溪書院、二程的伊川書院、楊時的東林書院，還有韓山書院、潁谷書院，則是藉古人之名而開設，在當時影響亦爲廣遠。

　　南宋書院的發達與興盛，爲當世與後世所公認。其興盛發軔於淳熙六年（1179）朱熹復興白鹿洞書院，紹熙五年（1194）復興嶽麓書院。兩大著名書院相繼復興，對當時書院的發展起了直接的推動作用。其興盛之標志有二：一是經學與理學的一體化；二是書院制度的完全確立。這個時期，理學藉書院而興，書院以理學而顯，書院與理學互爲表裏，隱顯同時，盛衰共命，書院成爲各學派的興起與活動基地。嶽麓、白鹿洞、麗澤、象山，因爲張栻、朱熹、吕祖謙、陸九淵的主持，號爲"南宋四大書院"，實際上是全國最有影響的學術中心。另外考亭學派創建的寒泉精舍、武夷精舍、滄州精舍、同文書院、鄱江書院、南溪書院、鶴山書院、白鷺洲書院，湖湘學派的碧泉書院、城南書院、文定書堂、宣成書院，象山學派主持的鵝湖書院、慈湖書院、槐堂書院、東湖書院，都爲當時培養了大量的理學人才。在制度上，它不僅吸取了官學與私學的經驗教訓，而且采納了佛教，尤其禪宗叢林、精舍，以及道家宫觀傳法講學的經驗。正因爲這樣，它在目的、功用、手法上形成了博取衆長而又與之相區別的特色，從而確立了其獨有的學制。從此，我國教育即呈官學、書院、私學三軌并行的體制。需要指出的是，書院制度是一種文化制度，它是儒釋道三家文化融合的結果，又爲這種新文化的發展服務，其教書育人功能爲這種"服務"所派生，屬於傳播文化的功能之一。

　　元代的書院政策是據其漢化文教方針而定，如同對待廟學一樣，是漢化文教方針的具體體現，經歷了一個由被動到自覺，由不穩到成熟的過程。總括而言，元代對書院采取了由注意安撫到鼓勵發展，又由積極創辦到加强控制的一系列措施。早在太宗七年（1235），皇子庫春率軍攻宋時，即得江漢大儒趙復、王粹等數十人，次年便藉江漢大儒之力建太極書院，但其後五十年間罕見發展。至元世祖忽必烈時，曾多次頒布法令保護書院與廟學，後來又將書院視爲官學，書院山長也定爲學官，故而元代書院發展的一個顯著特點是逐步官學化。至元二十八年（1291）之後，書院陸續興建，元末順帝後至元、至正年間，書院發展最快最多，短短三十年間，新建書院數量占元代書院總數之大半。書院之地域分布較宋代有重大變化，雖仍以江南爲最，多集中於長江流域，但黃河流域明顯增加，已超過珠江流域，躍居全國第二位，特別是黃河以北的書院，大部分爲元代興建。這對始於元代之"南學北漸"，無疑是巨大的推動力。元代王旭《中和書院記》稱："今聖人在上，天下一家，書籍盛於中國，學校遍於四方，斯文其將復興乎？"不久即改變了書院"盛於南方，而北國未之有"之狀況（元王旭《蘭軒集》）。據今人丁益吾《歷代書院名録》統計，元代建有書院二百九十六所（據李國鈞主編《中國書院史》第九章載，丁著尚不完備），加之宋代原有書院六百餘所，元代不到百年的時間裏就建復各類書院近一千所。因此，民族文化之不絶於金戈鐵馬的元代，理學之傳於北方，主要的功勞應當歸於書院。比較有代表性的是元大都的太極書院、山東曲阜的洙泗書院。

　　明初以官學結合科舉制度，推行程朱理學，而不重視書院。故明開國後近百年間，雖有若干書院創建修復事例可舉，但從整體上説，書院處在發展的低谷，而這時也正是中國學術思想文化的衰落期。程朱理學長期處於官學的地位，使其失去了往日的進取精神而流於僵化，而八股文的盛行更加重了其衰敗之勢。於是，到了正德、嘉靖年間，以王守仁、湛若水爲代表的思想家，就以書院爲陣地，發動了一場思想解放運動，推崇宋儒陸九淵，其學以良知良能爲主，注重個人的悟性和靈性，撼起學界，頗得人心。一時間，遠近景從，講會相連，書院再度輝煌，達於鼎盛之境。據統計，明代共建有書院一千五百九十九所，超過唐宋元三朝的總和。其時影響深遠的有姚江書院、梅花書院、紫雲書院、五華書院、弦歌書院、還古書院、關中書院、龍潭書院。但王湛之學雖一度風行却失之空疏，至萬曆末年，即步入末流，故有識之士如顧憲成、高攀龍、馮從吾、鄒元標等以東林、首善、證人書院爲根據地，重倡理學，圖以救弊。天啓之間，宦官魏忠賢專權，使本已腐敗的朝綱更加馳懈。以東林書院爲首的講學者及學子本着强烈的社會責任感，從關心學術轉而關注政治，裁量人物，評議朝政。從而招致大禍，生者被捕殺，死者遭追本，講堂齋舍，悉予掃蕩，片瓦不留，樹木無存，至此天下書院皆遭禁毀。遭此一劫，明代書院再未振起。

　　有清一代，爲穩固政權的需要，對於書院采取兩種迥然不同的政策。清初至雍正中期爲抑制與籠絡並行，此後則推廣與監控相輔，幾乎完全官學化，變更書院性質，淪爲科舉之附庸。"其日所咿唔者，無過時文帖括"，山長洞主多係清廷命官，敷衍塞責，互相推諉，無意教學，"遂致徇情延請，有名無實"。諸多生徒，不思進取，渾渾噩噩，"貪微末之膏火，甚至有頭垂垂白，而不肯去者"。故自乾隆年間始，各朝屢發詔諭，飭令整頓，然收效甚微，故道光帝稱"近來各省書院，日就廢馳，均係有名無實，朕所深知"（《清續文獻通考》卷一〇一）。可見清之書院對學術發展無多裨益，但全國書院已達三千六百〇四所，呈空前盛況，藉其遍布城鄉之勢而產生的普及文化的巨大作用，則不可忽視，其影響難以估量。清代最具盛名的書院當首推詁經精舍和學海堂，因其獨立特行，別樹一幟，不事功名舉業，輕利祿，亦不重程朱，尊經崇漢，大倡樸學，在當時可謂吉光片羽，影響至巨。另外值得注意的是書院的海外流傳和新式書院的建立。雍正七年（1729），印尼華僑創建的明誠書院爲海外第一所華人書院，其後又有明德等書院創立。新加坡華僑也在咸豐四年（1854）建有萃英書院，而美國三藩市亦在光緒十年（1884）建有大清書院。雖然這些海外華人書院與朝鮮等仿照中國制度建立的書院有別，但其傳播中華文化於域外，促進世界文化的交流之功則一，且不可磨滅。

具有同樣意義的是近代中國教會書院的出現。教會書院的始祖是1818年建於南洋馬六甲的英華書院，至1843年遷往香港。該書院由英國倫敦傳道會牧師馬禮遜倡議開辦，第一任院長是米憐牧師，除了招生、講學、刊印報紙之外，書院的主要工作是將《聖經》譯成中文，將中國的"四書""五經"等儒家典籍譯成英文，然後刊印出售。鴉片戰爭以後，英、美、法、德、瑞士等國的傳教士在中國相繼建立了數十所書院。它們分布於各通商口岸，其中以上海、蘇州的中西書院，南京、北京的匯文書院，福州的鶴齡書院，廣州的格致書院等最爲有名。教會書院是殖民侵略的產物，以服務傳教爲主要目的，但對中西文化交流，尤其是將西方近代科學技術知識傳入中國却有積極貢獻。同治以後，又出現了中國知識分子與傳教士合辦的不以傳教爲目的的書院，如徐壽與傅蘭雅共建的上海格致書院，就以融通中西，介紹西方科學技術爲宗旨，開創了古老的書院融匯"新學"的風氣。光緒年間，是書院發展的重要時期，一方面，由於與"新學""西學"的結合，獲得了新的生命力，顯示了從古代向近代過渡的信心與能力；另一方面，這種過渡尚未完成，就被宣布改制。先是，戊戌變法中詔令改書院爲新式學堂，變法失敗後，慈禧太后復令改學堂爲書院。光緒二十七年（1901），在"新政"的浪潮中，清廷再次宣布將全國所有的書院改爲大、中、小三級學堂。至此，書院的歷史被人爲地作出終結。然而，從事物發展的角度而論，這次改制，使中國古代教育和近代教育得以血脉貫通。因此，我們可以説書院在"改制"中獲得了新生，可惜至此也失去了區别於官學的獨立特質。

書院，在我國封建社會中後期出現，并以其自身的文化媒介特點，推動了當時諸項文化事業的發展，其作用顯而易見。它反映出封建社會在後期的轉型中，伴隨社會經濟、政治的巨大變化，新的文化繁榮期的到來，對文化傳播的更大需求。這也是爲適應封建社會整體性變化，在思想文化領域中需要開闢更廣闊的發展局面的表現之一。書院，雖然時或受到封建統治者的制約、禁錮，且分散、弱小，各自爲學，顯然存在着時代局限性，但它的一些教育教學原則、方法，如尊師愛生、自學爲主、優游讀書、盛行講會、提倡争鳴、關注社會、與民休戚等學風，在今天仍具有現實意義，應作爲優秀傳統加以繼承。書院在中國傳統文化的發展演進中，更占有特殊的地位。若將始於春秋戰國之際的自由講學、百家争鳴視爲中國教育與學術史上的第一座里程碑，那麽，書院的興起無疑是另一座巍峨的高峰，而且短距離地更直接地切入了近現代社會，影響了近現代整個知識界，加速了其前進步伐。如北宋周敦頤"濂溪書院"與"濂溪學派"的形成，南宋朱熹"考亭書院"與"考亭學派"的形成，張栻"嶽麓書院"與"湖湘學派"的形成，陸九淵"象山精舍"與"象山學派"的形成，等等，最終成就了中國學術史上第一代理學體系。至元代吴澄諸人又會和朱陸諸學派而綜成宋元理學。至明代又有馮從吾"關中書院"與"關中學派"的形成，湛若水"大科書院"與"甘泉學派"的形成，王守仁"龍岡書院"與"陽明學派"的形成，顧憲成"東林書院"與"東林學派"的形成，終於建立了有明一代新的理學體系，而東林學派所主張的"學術"爲"天下之大本"及"家事、國事、天下事，事事關心"的遺訓，尤爲後世稱頌效法，成爲學界的千古金箴。歷史若江河之奔騰，日新月異，却又時或出奇地相似。春秋戰國之際，首創了自由講學、百家争鳴的局面，越數百年之後，至有秦始皇之"令行天下"，禁毁私學，焚書坑儒；書院自唐末五代興起，又見學齋林立，學派雲涌，復越數百年，至有魏忠賢"令行天下"，盡毁書院，族誅東林，進而戮及全國。清代雖有"證人書院"與"浙東學派"、"漳南書院"與"顏李學派"之再興，但已是强弩之末，元氣大傷。一部書院興衰史，爲後世提供的啓示（或曰警示）似乎遠遠超越了書院本身。

張九宗書院

亦稱"書臺書院"。唐代書院。中國最早具有學校性質的書院之一。唐德宗貞元初，刺史喬琳創學宮於四川遂寧（今四川遂寧）書臺山下，稱"書臺書院"。二十年（804），張九宗就原址建書院。張九宗，遂寧人，貞元間進士。以治稱，歷同、華、普、遂、鄧五州刺史，兼御史大夫。張親自授徒講學，手植柏樟，故史稱"遂寧文學，自九宗倡"。後書院毀於五代末孟知祥之亂。宋慶曆四年（1044），太守廖詢復建於郡城東，後被江水沖毀。嘉泰二年（1202），轉運使王勳、知州趙善宣遷建於書臺山麓，始易名"書臺"。嘉定間，書臺山附近有二雁塔，錄有唐宋以來科甲名士，殿廊有《孝經》石刻本，傳爲宋徽宗親書。唐宋迄元，擢第者爲蜀書院之冠，僅有宋一代，即培養生徒八百餘名。明洪武四年（1371），松江儒士錢恕任遂寧知州，與同州陳善授捐奉重修。"新繪七十二賢及歷代道學宗儒"奉祀其中，延名師訓導諸生員。錢氏每逢朔望親赴書院講學并行獎飭。嘉靖九年（1530），知縣鄭重威再建，嘉靖二十一年又行擴大，體制完備。崇禎末年毀於兵燹。清乾隆四十三年（1778），舉人席有源、李晋陽集資呈報，知府王世椿批准，仍於書臺山舊址重建。講堂名"擷秀"，廳匾曰"學山"，書齋共七間，東四曰"明志"，西三曰"致遠"。後漸傾圮。嘉慶十八年（1813），邑人捐資重修。嘉慶二十一年，知縣趙由忠補建，增講堂三間，書齋二間。嘉慶二十三年，知縣余承又捐俸補建崇聖祠、亭閣及書齋，規模已抵前代。道光二十八年（1848），知縣鳴謙再度補葺，全院"嵐光翠柏，蔚然深秀"，"歷代鴻儒名臣，蟬聯輩出"。清末改爲"天臺寺初級小學"。嘉慶《大清一統志·瀘川府一》："書臺書院在遂寧縣城南，舊在治東明建，本朝乾隆四十三年遷建。"嘉慶《四川通志·學校志四》："張九宗書院在遂寧縣西南書臺山下，唐貞觀九年建，宋嘉泰初改建儒學，張九宗植柏七章，崇禎時尚存其二。"參閱光緒《遂寧縣志》，民國《遂寧新志》卷三、卷七。

【書臺書院】

即張九宗書院。此稱宋代已行用。見該文。

鄴侯書院

亦稱"南嶽書院""端居室""明道山房""鄴侯讀書堂"。唐代書院。爲紀念唐代李泌所建。位於今湖南衡山烟霞峰。唐肅宗時，李泌曾築室南嶽衡山烟霞峰隱居讀書。光緒《湖南通志·地理志三十》："李泌故宅在縣西北烟霞峰下，後建鄴侯書院。"原書室在福嚴寺"極高明"石刻下，名"端居室"，又稱"明道山房"。德宗貞元間，李泌之子李繁建書院於南嶽廟左，名南嶽書院。宋乾道三年（1167）冬，朱熹、張栻曾訪烟霞舊迹，并賦詩以吊。開禧中重建，時"仿四書院之制"，"掌教有官，育士有田"，規模空前。寶慶間，運使張嗣可"以其近市喧雜，地勢湫隘"，遷建於集賢峰下。因李泌曾封鄴侯，故改稱"鄴侯書院"。李泌藏書甚富，且爲一代名相。同代之韓愈有詩贊之曰："鄴侯家多書，插架三萬軸。"（《送諸葛覺往遂州讀書》）至宋亦备受推崇。其時湘潭鍾如愚任山長并監南嶽廟。元至大元年（1308），山長楊宗飭更新院舍。至順元年（1330），知縣右扶允、山長何鼎又有擴建，惜"繼之者屢非其人，上風旁雨，棟橈屋壞，田奪於豪右，而師生無以自給，弦誦之聲幾至廢絕"。至正三年（1343），天臨路知事顏普等集資重建，使"賢人有宫，從祀有廡，先賢有祠，師生有室"。義化作《鄞侯書院記》，以記其事。元末毀於兵燹。明萬曆中，巡按李天麟尋烟霞故址，與郡守陳道淳、知縣劉明簡等共建爲"明道山房"。有門二楹，堂六楹，翼以小室，俾"仰鄞侯之風，而躅諸賢之遺矩者，得有止歸"。李氏自作記，明其"窮宇極廟，惟性獨尊"之主旨。清乾隆九年（1744），知縣貴德始置義學於山房之下，仍名"鄞侯書院"，祀李泌。撥觀湘書院（康熙十一年知縣王家賢建，爲義學）田租五十石，延師授課其中。稍後田租增至二百石。乾隆二十一年，停止授課，田租撥歸集賢書院（明嘉靖元年，知縣彭簪就鄞侯原址創建，内"祀唐宋以來賢有聲者"，故名），唯每年春秋，學官"躬祀"鄞侯於此，仍稱"鄞侯書院"。道光間，爲福嚴寺所并，改作蓮花堂。光緒十八年（1892），李宗蓮等仿庠序之制，重建於烟霞峰前，再復故額，亦稱"鄞侯讀書堂"。現存建築，石墙筒瓦，僅一明間二次間，爲1932年所重建。門前石柱上刻有時人賓鳳陽之聯："三萬軸書卷無存，入室追思名宰相；九千丈雲山不改，憑欄細認古烟霞。"1938年郭沫若游此題詩曰："中原龍戰血玄黄，必勝必成待自强。暫把豪情寄山水，權將餘力寫肝腸。雲横萬里長纓展，日照千峰鐵騎驤。猶有鄞侯遺迹在，寇平重上讀書堂。"1980年重修，闢有鄞侯事迹、衡陽書院陳列室。今見石刻"極高明"三字，相傳爲李泌手書。光緒《湖南通志·學校志八》："南嶽書院在衡山縣南嶽西麓，一名鄞侯書院，唐李泌隱居於此，名'端居室'。宋建

書院。"又："明道書院在衡山縣西。本鄞侯書院，唐李泌子繁建，有泌手書'極高明'三字。又泌故居有明道山房，明萬曆中李天麟建。"

【南嶽書院】

即鄞侯書院。此稱唐代已行用。見該文。

【端居室】

即鄞侯書院。"鄞侯書院"之前身。此稱唐代已行用。見該文。

【明道山房】

即鄞侯書院。"鄞侯書院"之前身。此稱唐代已行用。見該文。

【鄞侯讀書堂】

即鄞侯書院。此稱清代已行用。見該文。

桂巖書院

唐代書院。中國最早具有學校性質的書院之一。唐幸南容創辦於江西高安桂巖，故名"桂巖書院"。南容爲唐貞元九年（793）進士，官至國子祭酒、太子賓客。柳宗元稱其"肆力文學，頗獲士望"。但據柳氏爲幸氏所作墓志銘及《洪城居址全圖》分析，可知該書院的創辦受了佛教影響。元和九年（814）建此書院。中和二年（882），其孫軾攜家至郡城，書院遂廢。南宋、明代，幸氏家族又兩度重建，大功昭世。其家族南宋幸元龍有《桂巖書院記》傳世。清同治《高安縣志》："〔桂巖書院〕在高安郡北六十里……環西山之間，厥地邃而深，水泉清冽而草木敷者，即桂巖也。"又："〔南容〕貞元中進士，與柳宗元同年。柳氏評其屬詞爲文勝於枚乘、司馬相如。唐中和二年（882），其孫幸軾攜家至郡城，書院遂廢。南宋嘉定四年（1211）其後裔幸元龍重建，明成化間幸順迪重修。"據今《高安縣志》載，1988年春，因修

建洪城上游水庫，書院原所在村莊已被淹没。參閱宋幸元龍《桂巖書院記》。

東佳書院

　　亦稱“義門書院”“陳氏書堂”。唐代書院。中國最早具有學校性質并定有校規的書院之一。大順元年（890），陳氏義門建於江州潯陽東佳山（今江西德安）。陳氏於唐僖宗時曾因數世義居而受到朝廷旌表。南唐昇元間又立爲義門。宋王象之《輿地紀勝存·江南西路》：“義門陳氏在德安縣西……（唐）太宗具其家德曰‘天下有此人家真良家也’。又曰‘陳早一家孝友恭儉，長幼千餘口，世守家法，嘗置書堂於別墅，號“陳氏書堂”。’”光緒《江西通志·建置略》：“東佳書院在東佳山下，唐義門陳袞建，聚書千卷以資學者，子弟弱冠悉令就學，一名‘義門書院’。”宋初復受朝廷表彰、敕賜。直至宋仁宗嘉祐間纔奉命分二百九十五家散處各地。《江州陳氏義門宗譜》：“大唐大順元年庚戌，七世長、銀青光禄大夫檢校右散騎常侍、守江州長史兼御史大夫、賜紫金袋崇立《家法三十三條》。”《家法三十三條》：“立書堂一所於東佳莊。弟侄子孫有賦性聰明者令修學，稽有學成者應舉。除現置書籍外，須令添置，於書生中立一人掌書籍，出入須令照管，不得遺失。”又：“立書屋一所於住宅之西訓教童蒙。每年正月擇吉日起館，至冬日解散。童子年七歲令入學，至十五歲出學。有能者令入東佳。逐年於書堂内次第抽二人歸訓，一人爲先生，一人爲先副。其紙筆墨硯并出宅庫。管事收買應付。”宋釋文瑩《湘山野録》卷上：“僞吴故國五世同居者七家……尤著者江州陳氏……建家塾，聚書，延四方學者，伏臘皆資焉。江南名士皆肄

業於其家。”

【義門書院】

　　即東佳書院。此稱唐代已行用。見該文。

【陳氏書堂】

　　即東佳書院。此稱唐代已行用。見該文。

梧桐書院

　　五代書院。光緒《江西通志·建置略》：“梧桐書院在奉新縣羅坊鎮南，唐羅靖、羅簡講學之所，山多梧桐，故名。學者稱靖爲‘中庸先生’，簡爲‘誠明先生’。”南唐初年羅靖、羅簡兄弟建於洪州奉新梧桐山之陽（今江西奉新），因山多梧桐，故名。兄羅靖，字仁節，人稱中庸先生，著有《宗孟集》（已佚）。弟羅簡，字仁儉，人稱誠明先生。兄弟皆爲碩儒，尤宗孟子，博學而多才。南宋嘉熙間徐應雲作《梧桐書院記》稱：“李氏有江南，國相郡守知其名，辟召莫能致，獨以徐鉉爲知己。”兄弟皆布衣終生，後書院毀於兵燹。嘉熙間其裔孫“尊祖以善其德，因舊基築書院，扁以梧峰”。徐氏《梧桐書院記》稱羅氏兄弟以義理之學授生徒，則其書院當屬理學派。今學者以爲此説恐係徐氏之附會，因南宋正當理學盛行之時，徐氏藉羅氏兄弟以推崇而已，且五代期間理學尚未形成。參閱同治《奉新縣志》、李國鈞主編《中國書院史》第一章之“五代的書院教育”。

華林書院

　　亦稱“華林書堂”“華林書齋”。五代書院。南唐初胡瑗始建於洪州新吴（今江西奉新），係胡氏家族書院，且是家庭聚居之地，這與其他家族書院有别，其他家庭書院多是居處與學舍分之爲二。原址在。宋初瑗曾孫仲堯復大構學舍。因建於華林山别墅，故稱。宋吕祖謙《宋

文鑑》中載有宋張齊賢《豫章胡氏華林書堂》詩一首。宋王禹偁《小畜集》卷一九載有《諸朝賢寄題洪州義門胡氏華林書齋序》一文。明陳仁錫《潛確居類書·區宇部三十七》："華林書院在奉新縣華林山，宋雍熙中光祿寺丞胡仲堯建，四方士游者常數百人。"據縣志、院記諸文獻記載，華林書院設有男女膳堂，別開母儀、閫訓課業，且有當朝向敏中詩句曰："花凝玉勒含烟露，酒泛金樽醉綺羅。"此乃描寫青年女子醉酒狀。故今學者認爲該書院已接納女生。又據與胡氏有通家之好的徐鉉稱，該書院在讀書、授徒的同時，更營造了修真、學道的清麗環境，人處其中有飄然欲仙之感。徐氏評之曰："學者當存神閑曠之地，游目清虛之境，然後粹和内充，道德來應。"又："昔陶立公、李八百皆修道於此。是知人境相得，其道乃光，勤而行之，古猶今也。"（徐鉉《洪州華林胡氏書院記》）胡仲堯本人謝世後，即"葬於八百洞右。蓋生既吟咏憩息其間，死亦想羽化藏於其所"（《甘竹胡氏十修族譜》），充分表達了胡氏家庭世代信奉道教的心理狀態。華林山至今仍有諸多道教遺址，如，召神臺、浮雲宮石洞、萬年宮牌坊，其中浮雲宮石洞上"八百洞天"石刻依然可見。足證華林書院與道教關係緊密，具有濃郁的道教色彩。但該書院仍是以傳授儒學爲宗旨，并以此著名天下。故同代人朱臺符作詩贊之曰："萬卷詩書堆四檻，四方賓客到儒家。"宋張齊賢贊之曰："兒孫歌舞詩書内，鄉黨優游禮讓中。"除上述二人之外，同代王禹稱、李昉、張泊、錢若水、吳淑、李虛己、晏殊、樂史、蘇軾、錢易等五十餘名一流學士、詩家皆爲之題咏，這在中國書院史中確屬罕見。《宋太宗實錄·雍熙二年》載："〔十二月〕洪州上言，奉新縣民胡仲堯三世義居，置書堂，聚游學之士……詔旌其門閭。"宋真宗趙恒有所謂《金口讚》詩一首曰："一門三刺史，四代五尚書。他族未聞有，朕今止見胡。"《宋史·孝義傳·胡仲堯》："構學舍於華林山別墅，聚書萬卷，大設厨廩，以延四方游學之士。南唐李煜時嘗授寺丞。雍熙二年，詔旌其門閭。"可證其盛況。故楊億在《雷塘書院記》中，將華林書院與江州陳氏義門東佳書堂、南康洪氏雷塘書院（建於宋初，故址在今江西贛南境内）視爲鼎峙於江南的三大著名書院之一。惜至南宋而漸衰，代而起的是"四大書院"。但胡氏家庭及其家學却綿延不絶，自宋至明清其家譜長續未斷，祭祖之文，時見華章。如，明正統十三年（1448）胡璙裔孫胡伯沂等作《祭二世祖璙公文》："我祖獨留華林，嗣祖創業，築室山峰。家傳孝義，累世簪纓。建學招徒，玉林森森，四齋肄業，諷誦謳吟。名聞海宇，聲播古今，才昭奎璧，孝感天心。"家庭書院之歷史功效，藉此可見一斑。

【華林書堂】

即華林書院。此稱宋代已行用。見該文。

【華林書齋】

即華林書院。此稱宋代已行用。見該文。

藍田書院

五代書院。南唐員外郎余仁椿始建於今福建古田境。余爲該縣杉洋村人，杉洋在縣東一百五十餘里處，書院即坐落於此。弘治《八閩通志·學校》："藍田書院在縣東三十六都杉洋，南唐員外郎余仁椿創建。"《續文獻通考·學校考》："藍田書院在古田縣東……朱熹書扁。"

南宋慶元三年（1197）朱熹爲避僞學之謗，居此與弟子講論不息，并手書"藍田書院"四大字，勒石以志。後人爲之建墨迹亭以紀念，《古田縣志》贊之爲"文化摇籃"。元代毀於兵燹，明代修而復毀。清乾隆四十年（1775）重修。光緒、民國又多次重修。20世紀70年代初，猶可見青瓦紅墙，庭内置丹桂，景物古樸清幽。正院立朱熹像，左廡供康太保牌位，右廡列門人座次。院後有一巨石突兀而出，稱"鰲魚石"，其上建有魁星閣，憑臨遠眺，山城景色，一覽無餘。1976年5月毀於山火，惟刻石猶存。清福建學政朱珪諸人有《重修藍田書院記》，所記頗詳。另有二"藍田書院"：一在臺灣南投。爲道光十一年（1831）春南投縣丞朱懋延倡建，卜地南投康壽里蘭田街，故得此名。道光十三年十月竣工。另一在廣東豐順。爲道光二十七年春邑紳丁日昌倡建於湯坑墟南門内，同年建成。參閱民國《古田縣志・書院》。

北宋四大書院

亦稱"四書院"。五代至宋，各地所設書院甚多，尤以江西星子白鹿洞書院、湖南善化嶽麓書院、河南商丘應天書院（又稱睢陽書院）、河南登封嵩陽書院爲著名，合稱"四大書院"。

宋吕祖謙《鹿洞書院記》："竊嘗聞之諸公長者，國初斯民，新脱五季鋒鏑之阨，學者尚寡，海内向平，文風日起，儒生往往依山林，即閑曠以講授，大率多至數十百人。嵩陽、嶽麓、睢陽及是洞爲尤著，天下所謂四書院者也。"宋王應麟《玉海・宮室・宋朝四書院》、元吴澄《重建嶽麓書院記》、《續文獻通考》均從吕説。一説四大書院爲白鹿洞、嶽麓、應天、石鼓（在湖南衡陽），并指出石鼓影響廣遠，嵩陽後來無聞。參閲《文獻通考・學校七》。又説四大書院爲徂徠、金山（在河南信陽）、嶽麓、石鼓。參閲宋范成大《石鼓山記》。

【四書院】

即四大書院。此稱宋代已行用。見該文。

白鹿洞書院

亦稱"廬山國學""白鹿國庠"。北宋四大書院之一。十國時書院位於今江西星子北廬山五老峰下，唐貞元元年（785）李渤及其兄涉隱此讀書，渤養一白鹿自隨，人稱"白鹿先生"。寶曆元年（825），李渤任江州刺史時，於此建築臺榭，名曰"白鹿洞"。南唐昇元中就此建學館，置田産，李善道爲洞主，掌教育，學生百餘，時稱"廬山國學"，又稱"白鹿國庠"。後

白鹿洞書院
（清廖文英《白鹿書院志》）

南唐亡，廬山國學成爲廢墟。宋初，江州鄉賢明起等在白鹿洞辦起書院，即爲白鹿洞書院。明何鎧輯《古今游名山記·匡廬山》："自唐李渤與兄涉俱隱兹山，養一白鹿，因名。南唐昇元中建學館，以李善道爲洞主，號廬山國學。"《玉海·宮室》："唐李渤與兄涉俱隱白鹿洞……以李善道爲洞主，掌教授，當時謂之白鹿國庠。"宋太平興國二年（977），周述知江州，以求學者日多，請賜國子監印本九經，詔從之，且驛送白鹿洞。因建書院，明起爲洞主，學生數十百。真宗咸平五年（1002），重加修繕，并塑孔子及十大弟子像。此時專祀孔子之禮聖殿已經完備。仁宗皇祐五年（1053），比部郎中孫琛就白鹿洞故址建學館十餘間，接納就學士子，供以餼食。稱爲白鹿洞之書堂。知軍郭祥正爲之作記。書院之盛，甲於天下。皇祐末，毀於兵燹。南宋淳熙六年（1179），朱熹任南康軍太守，重修白鹿洞書院，并廣聚典籍，自兼洞主，又聘楊日新爲堂長。朱熹親訂洞規（見《白鹿洞書院揭示》），親立課程（《四書》《五經》），親自執教，且開書院講會制度之先河，使書院成爲"考亭學派"的重要發祥地之一。時有生徒二十餘人。吕祖謙《白鹿洞書院記》叙其始末。陸九淵亦曾赴此講授"君子喻以義，小人喻以利"章，有《白鹿洞書堂講義》傳世。理宗以後設官治理。宋李幼武《宋名臣言行録外集》卷一五："淳熙辛丑二月寓白鹿洞書院，講君子喻於義，小人喻於利。"宋魏了翁《鶴山集存》卷八七："朱文公守南康，兄弟親炙之，爲白鹿洞書院諸生，後十四年見文公於長沙。"元至正十一年（1351），書院毀於戰火。明正統元年（1436），南康太守翟溥福宣導衆人修復，奠

定明清兩代之基礎。國子祭酒胡儼爲之作記。此後程敏政、李齡、蘇葵、邵寶、李夢陽等屢有興修。成化年間，胡居仁曾主講於此。萬曆初，張居正一度廢院，僅留祠祭。萬曆十七年（1589）與四十五年，章潢與舒曰敬先後受聘主持洞事。崇禎十四年（1641），李明睿主洞事。清康熙二十六年（1687），御賜"學達性天"匾額，并賜書，書院特建御書樓藏之。乾隆九年（1744），復賜"洙泗心傳"匾額。黄宗羲、王士禎、查慎行、惲敬、洪亮吉、李鴻章等紛來朝聖。咸豐間毀於兵燹。同治間重修，清末改爲江西林業學堂。民國初年，康有爲曾題匾額，二十世紀五十年代曾建東西碑廊，并逐步修復。1988 年確定爲國家重點文物保護單位，闢有陳

白鹿洞書院櫺星門

白鹿洞書院禮聖殿

列室，内有明清版《白鹿書院志》數種。參閱宋朱熹《申修白鹿洞書院狀》、宋陳舜俞《廬山記·叙山南》《嘉慶一統志·南康府·學校》。

【廬山國學】

即白鹿洞書院。此稱五代時期已行用。見該文。

【白鹿國庠】

即白鹿洞書院。此稱五代時期已行用。見該文。

嶽麓書院

北宋四大書院之一。唐末五代僧人智璿等在嶽麓山下建屋，收藏經籍，“以居士類”，首開學業。宋開寶九年（976），經彭城人劉鰲倡議由潭州太守朱洞創建於湖南善化（今湖南長沙）。因襲前僧舊業，闢爲書院。因其地處嶽麓山中，因以爲名。有講堂五間，齋序五十二間。其地前臨湘水，後倚青山，林木葱蘢，鳥語花香，確爲讀書勝境。咸平二年（999），潭州太守李允加以擴充，建有藏書樓，學生達六十餘人。四年國子監頒予諸經義疏、釋文及《史記》《玉篇》《唐韻》等書，形成書院講學、藏書并行祭祀的規制。後真宗命周式主持書院。大中祥符五年（1012），山長周式呈請州太守劉師道擴建，生徒達數百人。大中祥符八年，真宗召見周式，拜國子監主簿，使歸教授，賜“嶽麓書院”匾額，并增撥内府藏書。書院之盛名滿天下。推爲宋初“天下四大書院”之首。北宋後期，官學大興，白鹿、嵩陽、石鼓、睢陽、茅山等名院，或停廢，或被改，唯嶽麓以“潭州三學”之體獨存，位居湘西書院、潭州州學之上，成爲地方最高學府。南宋紹興元年（1131），毀於兵燹。乾道元年（1165），湖南安撫劉琪重建，聘張栻主教事，并作記，此後其同窗彪居正亦應邀主教其間，弘揚門師胡宏之學，史稱“湖南一派，當時爲盛”，遂成爲“湖湘學派”之基地。乾道三年（1167），張栻嘗與朱熹論學於此。會講《中庸》之義，聽者近千人。時有“道林三百衆，嶽麓一千徒”之譽。朱熹任湖南安撫使時，聘醴陵貢生黎貴臣任講書執事，置田五十頃，生徒達千餘人，時有“瀟湘洙泗”之稱。淳熙十五年（1188）、紹熙五年（1194）、嘉定十五年（1222），陳傅良、朱熹、真德秀分別講學於此。淳祐六年（1246），理宗再賜匾額，故復有“南宋四大書院”之譽。朱張之學遂成爲“嶽麓”學統，其遺響直抵明清，歷代不衰。德祐元年（1275），元兵攻潭州，嶽麓師生誓與城共存亡，死者十之八九，城破，書院亦被毀。元至元二十三年（1286），學政劉必大重建。延祐元年（1314），郡別駕劉安仁再修，吳澄作記，再倡朱張學統。元末復毀於戰火，沉寂近百載。明弘治七年（1494）州通判陳綱等重建。正德二年（1507），王守仁謫龍場，過長沙，講學院中。正德三年，山長陳論創射圃，令諸生習射其中。次年，守道吳世忠拆除道林寺，以其材擴建書院，并增建文廟。正德九年，陳論首修《嶽麓書院志》。嘉靖六年（1527），知府王秉良、孫存等又擴建，計有四齋，六舍，東西兩講堂，延賓、集賢二館等，并置有學田二千餘畝。嘉靖九年，世宗頒賜御製匾額“敬一箴”“程子四箴”兩方。嘉靖、萬曆、天啓時陽明弟子王喬齡、季本、張元忭、鄒元標等相繼講學，傳播陽明心學。崇禎間，吳道行“朱張爲宗”，與東林書院遙相呼應，再倡理學。崇禎十一年（1638），王夫之肄業於此，并創“行社”。明亡，吴道行不食而卒，院亦毁於戰火。清順治九年（1652），巡撫劉禹峰聘劉自烋爲山長，復學并刊“卧碑”於明倫堂，以訓導生徒。康熙二十年（1681），賜御書“學達性天”匾額及經史典籍，因建御書樓以藏之。五十六年（1717），山長李文炤訂學規，以立身、敦品、養性訓教生徒。雍正十一年（1733），列爲省府書院。乾隆九年（1744），賜御書“道南正脈”匾額（今仍懸講堂中）。乾隆十三年，山長王文清訂學規及讀書法，宣導經史正宗，并“通曉時務物理”。乾隆二十二年，山長歐陽正焕手書“整齊嚴肅”訓條（道光間刻石嵌於講堂），以導生徒。乾隆二十八年，巡撫陳宏謀始定每年招正課生五十名，附課生二十名；每月初二、十六臨堂授課；初三、十八則官、館課各一次，皆《四書》文，習經解（或策論）一篇，詩一首。嘉慶七年（1802），正附課生額增至一百三十八名。嘉慶二十五年，巡撫李堯棟置圖書一千〇五十四卷，并訂《捐書詳議條款》以管理。道光十三年（1833），巡撫吴榮光設湘水校經堂於書院内，專習經史，以經史、治事、辭章分科試士。咸豐二年（1852），院舍及藏書皆毁於兵火，山長丁善慶率諸生徒復修。同治七年（1868），巡

撫劉崐募資六萬貫重修，規模甚大。清代山長李文炤、王文清、曠敏本、袁文曜、羅典、丁慶善、王先謙等皆湖南名宿。杰出生徒有陶澍、魏源、賀長齡、賀熙齡、曾國藩、胡林翼、左宗棠、郭嵩燾、曾國荃、劉長佑、唐才常、楊昌濟、程潛和舒新城等，故有“惟楚有材，於斯爲盛”之譽。光緒二十二年（1896），院長王先謙革新課程，“以經義、治事分門，提倡新學”，增算學、譯學，并率學生參與湖南新政運動。次年，齋長賓鳳陽等不滿梁啓超諸人所倡之民權、平等之説，上書王先謙，力予駁斥，嶽麓遂成爲維新之政敵，守舊之堡壘。光緒二十九年，巡撫趙爾巽奏廢書院，改成湖南高等學堂。辛亥革命後，相繼改成湖南高等師範學校、湖南公立工業專門學校。1926年，定名爲湖南大學。1956年確定爲湖南省重點文物保護單位。1981年，全面修整，陳列史料，對外開放。1989年升爲國家重點文物保護單位，保存唐麓山寺碑及明清石碑、匾額等六十餘方。現有大門、講堂、文昌閣、御書樓、教學齋、半學齋、百泉軒、文廟、崇道祠、濂溪祠、六君子堂、十彝器堂、船山祠、湘水校書堂、赫曦臺和自卑亭等，多清代所建，面積達7000餘

嶽麓書院大門

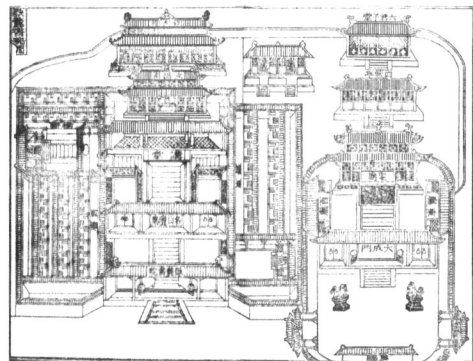

嶽麓書院
（清嘉慶《善化縣志》）

平方米。書院前廳左右兩壁石刻"忠孝廉節"四字，爲朱熹手迹；"道南正脉"木匾，爲清乾隆所賜；廳下左廊石刻"整齊嚴肅"四字，爲清御史衡山歐陽正焕所書。《文獻通考・學校七》："八年賜潭州嶽麓書院額始，開寶中郡守朱洞首度基創宇以待四方學者。"清黃宗羲《宋元學案・南軒學案》："次年以朋比罷，先生歸，講學於嶽麓書院，益求爲己之功之益屬士之出湖湘者，皆從之游，紹定三年復官。"清卞寶第《湖南通志・學校志》："元吳澄重建嶽麓書院，記天下四大書院。"又："乾隆十年巡撫楊錫綬以嶽麓書院隔江，每校課爲風濤所阻，因遷建南門内。"參閱《文獻通考・學校七》、清黃宗羲等《宋元學案》、《湖南通志・學校七》。

應天書院

亦稱"南都學舍""睢陽學舍""應天府書院""睢陽書院"。北宋四大書院之一。因位於河南應天府（今河南商丘）西北隅，故全稱"應天府書院"；商丘舊名睢陽，因又名"睢陽書院"。書院多設於山林静謐佳境，唯應天府書院設於繁華都市。五代後晋時，虞城（今河南虞城西南）人楊慤"樂爲教育"，於此建私學，授生徒，時稱"南都學舍"。楚丘（今山東曹縣）士子戚同文拜其爲師，就讀其中。楊慤卒，同文繼其業，後得將軍趙直扶植，擴大宫室，再增生徒，改稱"睢陽學舍"。求學者千里而至，學而有成者昭著於世。宋時開科取士，登第者達五六十人之衆。太平興國元年（976），同文卒，學舍一度中斷。景德三年（1006），商丘由隋置宋州升爲應天府。宋真宗即位，應天府民曹誠就名儒戚同文舊居，造舍一百五十間，聚書一千五百餘卷，博延生徒，講習甚盛。大中祥符二年（1009），曹氏願將所建學舍捐於官府，并請令戚同文之孫戚舜賓主持院事。書院廣收生徒，講習甚盛，真宗面可其奏，正式賜額"應天書院"，命曹誠爲助教，太常博士王瀆掌教事，至此取得官學地位，成爲宋代早期的地方官學。時稱"州郡置學始於此"，天下學校"視此而興"（《宋會要輯稿》卷二三二）。大中祥符二年至八年，范仲淹習業於此。真宗初期，晏殊謫守應天府時，力延名師執教。如范仲淹"日於府學之中觀書肄業，敦勸徒衆，講習藝文，不出户庭"。又如王洙，亦以博學著稱，自六經、《史記》、百氏書，乃至圖緯、陰陽、五行、律吕、星官、演算法、文字訓詁，無所不通。因而"一時名臣賢，皆稱慕之"，"人樂名教，復鄒魯之盛"。天聖三年（1025），准其增科舉名額三人。明道二年（1033），准"置講授官一員"。景祐二年（1035），給地四十頃。慶曆間，升爲南京國子監，與西京（河南洛陽）國子監遥相輝映。神宗熙寧、元豐間，書院忠實推行王安石"三舍法"，外舍、内舍、上舍三級管理及三級取士之法，曾一度提高了教學品質。哲宗時，知府曾肇親臨訓導頗有滇樹。欽宗靖康元年（1126），金兵南侵，書院被毀，久廢難起。明嘉靖十年（1531），御史蔡靉始於商丘城西北隅以社學改建，而沿襲舊稱。萬曆七年（1579），張居正奉詔毀天下書院，遂廢。宋杜大珪《名臣碑傳琬琰集》卷七："大中祥符二年，應天府言民有曹誠者……真宗嘉之賜名曰：應天府書院。"清耿介《嵩陽書院志》卷二："睢陽於宋爲應天府，東萊所云：'睢陽書院'即'應天書院'。"參閱宋范仲淹《南京書院題名記》、《文獻通考・學校七》。

【南都學舍】

即應天書院。此稱五代時期已行用。見該文。

【睢陽學舍】

即應天書院。此稱五代時期已行用。見該文。

【應天府書院】

即應天書院。此稱宋代已行用。見該文。

【睢陽書院】

即應天書院。此稱宋代已行用。見該文。

嵩陽書院

亦稱"太乙書院""太室書院"。北宋四大書院之一。後周時建於今河南登封太室山南麓。太室山爲中嶽嵩山的一部分，因居其南，故稱"嵩陽"。北魏時原有嵩陽寺，隋代名嵩陽觀，唐初改稱太乙觀，五代後周名"太乙書院"，宋初名"太室書院"。太乙，謂宇宙萬物之本原、本體。此謂求索真知之意。宋太宗至道二年（996）賜"太室書院"匾額及印本《九經》，後河南府言甘露降於書院講堂上，真宗大中祥符三年（1010）復賜九經。仁宗景祐二

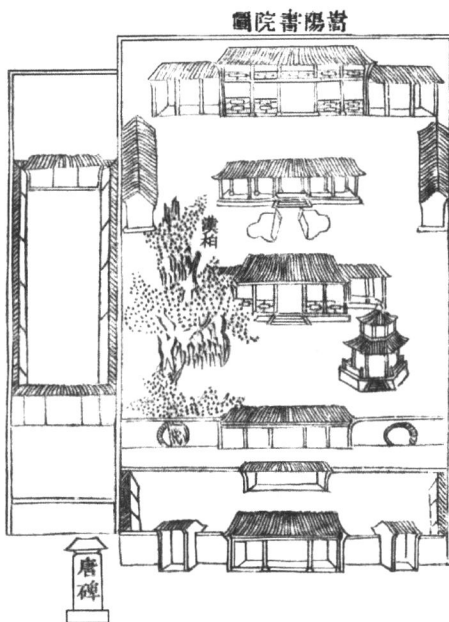

嵩陽書院
（清乾隆《登封縣志》）

年（1035）王曾奏置學官，旨准，設院長掌管院務，并賜田一頃，供書院膳食費用。著名理學家程顥、程頤曾講學於此。"倡明正學，於是濂洛關閩，遞接薪傳"，范仲淹、司馬光等亦赴此講學，生徒曾多達數百。周敦頤、程顥、程頤、張載、朱熹之學説皆藉此得以傳承。同年，仁宗敕西京重修，并賜匾額，更名爲"嵩陽書院"。《玉海·宮室》："祥符三年四月癸亥賜太室書院《九經》，景祐二年九月十五日己丑西京重修太室嵩陽書院，詔以嵩陽書院爲額。"金、元時書院漸荒廢。明嘉靖八年（1529），知縣侯泰修復，且建二程子祠。其時就學名流有焦子春、崔應科、劉景耀、常克念等，後曾分任少卿、部政、督堂、推官諸職。明末毀於兵燹，學舍傾圮。清康熙十三年（1674），知縣葉封重建於原址東南。康熙十六年，登封邑紳耿介因與權臣不合，以病辭歸，致力興學，擴建學舍，乃

嵩陽書院聖德感頌碑

"有祠、有堂、有居、有齋、有房舍、有義田、有庖湢之所（厨房浴室）、有麗牲之碑（祭祀時拴犧牲所用石碑），繚以周垣，翼以廊廡，而規制始大備"。耿氏與知縣張壎親主教席，繼聘中州名儒張沐、湯斌、竇克勤、李來章等赴院授課，皆以繼承孔孟道統、闡明程朱理學爲宗旨，以立志、存養、窮理、力行、虛心、有恒爲教育方嚮，一時聲名遠播，八方雲從。清廷拔取舉人，依名額限定，每縣不足一人，而登封一縣則中五人。此後，巡撫王日藻、學道林堯英、巡撫閻興邦等相繼重建擴充，書院別墅、藏書樓、講堂、道統祠等日臻完善。清耿介《嵩陽書院志》卷二："嵩陽書院在太室之麓，距登封縣城五里，即五代周所稱太乙書院者也。歷金元迄明置廢不一，至國朝康熙十八年乃擴而增修之，迄今十餘年。"光緒十一年（1885），光緒帝應學政邵松年之請，書寫"嵩陽書院"匾額。後廢科舉，遂改爲高等小學堂。1949年後，已全面整修，現爲全國重點文物保護單位。現存清代復建書院遺址。院中原有漢武帝所封之將軍柏三棵，故有"後人就柏而建書院"之説，今有二棵猶存。院前尚留有唐天寶三年（744）"聖德感頌碑"，高約9米，寬2米，書法雕工均佳。參閲《文獻通考·學校考七》《續文獻通考·學校考四》《嘉慶一統志·河南府一》。

【太乙書院】

即嵩陽書院。此稱五代時期已行用。見該文。

【太室書院】

即嵩陽書院。此稱宋代已行用。見該文。

石鼓書院

宋代書院。因位於湖南衡陽北石鼓山下，故名。舊爲尋真觀。其地據丞江、湘江交匯之際，"江流環帶，最爲一部佳處"。唐元和中，李寬曾結廬讀書於此。宋太宗至道三年（997），李士真向郡守申請，遂於李寬讀書處創建書院。《大明一統志·湖廣布政司》："元和中始於尋真觀，初石鼓書院，以爲讀書之所。"真宗時賜有"石鼓書院"匾額。景祐二年（1035），仁宗再賜"石鼓書院"額及學田，此時成爲四大書院之一。其後稍遷而東，改爲州學。孝宗淳熙十二年（1185），部使者潘時（一作潘疇）就原址建屋數間，榜以仁宗"石鼓"故額，"將以俟四方之士有志於學，而不屑於課試之業者居之"，惜未竟而去。提刑宋若水繼成其事，奉先聖先師之像，集國子監及本道諸州印書藏其中，請朱熹作記，誡諸生勿爲科舉功名所惑，應辨明義利，有志"爲己之學"。朱熹視其與嶽麓、白鹿同爲宋初著名書院。時戴溪爲山長，與諸生講《論語》，有《石鼓論語問答》三卷。淳祐七年（1247），林畊以州學教授兼山長，三年間"補葺經創"，鼎新書院，并刊大字本《尚書全解》四十卷。開慶元年（1259），毀於兵燹。景定元年（1260），提刑俞琰（一作俞掞）命山長李訪"掃地更新"，"盡復舊觀"，并增闢射圃、仰高樓，"取明德新民文章，爲諸生丕揚其義，絶響再聞，士風作振"。提刑黃榦又置田三百五十畝，"以贍生徒"。宋末馬端臨《文獻通考》將其列爲宋初四大書院之一。元至元十九年（1282），學田爲靈巖寺僧侵奪，後經鄧大任、王復廬、程敬直等山長長達六十二年爭訟，始得歸還。元末毀於兵燹。明時史中、沈慶等不斷拓基整修。明末復毀。清順治十四年（1657），巡撫袁廓宇疏請重建，知縣余其溥主其工，"復集諸生，歲時課藝"。康熙七年

（1668），知府張奇勳擴建號舍二十餘間，"拔衡士之雋者肄業其中，每月兩試之，士風稱最盛"。康熙二十八年，知府崔鳴鷟捐奉"增其所未備"，"督率師徒援古證今，析疑問難其中"。時七賢祠爲僧侶所占。康熙二十九年，巡撫趙申喬"逐僧，出佛像"，委衡陽訓導吳炯遷居院中，督師生課業。清代厘田租、監院之制，始於此時。雍、乾、嘉、同間，屢有修建，規模日廣，有諸葛武侯、李忠節、先賢、七賢諸祠，仰高、大觀二樓，敬業堂、留待軒、浩然臺、合江亭及東西齋房等，呈現"曰塗曰髹，丹碧上聳，煥然巨觀"。山長多一時名流，如陳士雅、余廷燦、林學易、羅廷彥、羅瑛、潘世曉、張學尹、徐錫溥等，然所受多爲舉業。同治十一年（1872），曾更定學徒條規，知府李鎬臨院授課。光緒二十八年（1902），改爲中學堂，光緒三十一年改稱南路師範學堂。民國時改爲女子職業學校。原有樓、閣、亭、祠等抗日戰爭時均爲日軍焚毀。故址内今尚存明清碑刻多處，并有明清版《石鼓書院志》三種。書院經維修已闢爲公園。按：陝西寶雞另有"石鼓書院"，係清乾隆二十八年（1763）知縣郭元灝始建。原址在縣治之右。乾隆五十九年知縣徐文博因原址髒且亂，移於東街，更名爲"金臺書院"。參閱宋朱熹《衡州石鼓書院記》《大明一統志》卷六四。

茅山書院

宋代書院。仁宗時處士侯遺建於江蘇金壇三茅山後，故名。侯遺親授生徒，且供飲食十餘年。天聖三年（1025），王隨知江寧府，奏請由三茅齋糧莊田内撥地三頃以供書院贍用。王隨卒後，書院漸廢。理宗端平年間，漫塘劉宰別建茅山書院於三角山，不久又廢。淳祐中，知縣孫子秀尋訪舊址而重建。明李賢《大明一統志·中都》："茅山書院在金壇縣西藁山，宋初建，後廢。紹定中知縣孫子秀因其故址新之。以待遠方游學之士。"後爲崇熹觀所占據。度宗咸淳七年（1271），徙建於金壇南五里顧龍山麓，内建先聖廟、大成殿、先賢祠、明誠堂等。先賢祠祀周敦頤、程顥、程頤、張載、邵雍、朱熹、張栻、呂祖謙及別建茅山書院之名儒劉宰。經金元戰亂，改爲圓通庵。參閱《大明一統志》卷一一。

泰山書院

亦稱"信道堂"。宋代書院。北宋初年孫復、石介等人創建於山東泰山南麓，故名。宋仁宗景祐二年（1035），孫復應石介之邀來泰山講學，并於景祐四年在東嶽廟東南之柏林興建學館，稱"信道堂"。不久，該學舍遷往栖真觀舊址。康定元年（1040），石介爲書院作記，始稱"泰山書院"。書院聚徒授業，以講習儒家經典爲主，兼及子、史群書，尤以《周易》《春秋》爲重，并開展學術研究與交流，孫、石二人諸多著作成於此。鄆州儒學名家士建中、孔子四十六代孫孔道輔等人曾應邀來此講學。書院所辦八年間，成效顯著。明李賢《大明一統志》卷二二："泰山書院在泰安州北五里宋縣孫明復講道之所，石守道有記。"參閱《宋元學案·泰山學案》。

【信道堂】

即泰山書院。此稱宋代已行用。見該文。

雷塘書院

亦稱"雷湖書院""招賢書院"。宋代書院。原址在南康建昌（今江西安義）。太平興國間洪文撫建書院，作洪氏家族書院，并招徠各處學者。因其南有雷塘，或稱雷池，故名。清《江西通志·建置略》：“雷塘書院亦名雷湖書院，在安義縣南一里，宋至道閑敕旌義門洪文撫令有司築書堂以淑其子孫。”與潯陽陳氏東佳書堂、豫章胡氏華林書院，爲鼎峙江東的三大名書院。至道間太宗遣内侍裴愈賜御書百軸。文撫遣弟文舉詣闕貢土物爲謝。太宗飛白一軸曰“義居人”以賜。元祐間，文撫裔孫師民重建，更名“招賢”。其妻兄黃庭堅來此講學。後廢爲民居。宋朱熹《朱文公文集》卷七九：“按圖經，建昌縣義門洪氏，本以累世義居，孌婦守節，嘗蒙太宗皇帝賜以宸翰，寵以官資，旌表門閭，蠲除徭役，未委其家自今有無子孫，依舊義居，所藏御書見作如何崇奉，所表門閭不曾修茸？”宋楊億《雷塘書院記》：“其地先是潯陽陳氏有東佳書堂，豫章胡氏有華林書院，皆聚墳索以延俊豪，咸有名流之記述。”參閱乾隆重修《江西通志》卷二二。

【雷湖書院】

即雷塘書院。此稱宋代已行用。見該文。

【招賢書院】

即雷塘書院。此稱宋代已行用。見該文。

稽山書院 [1]

亦稱“朱文公祠”。宋代書院。仁宗景祐間知州范仲淹建於浙江山陰（今浙江紹興）。一度堙廢。閤門宣贊舍人吳革請復修。朱熹爲浙東提舉時曾於此講學。紹定後考工郎馬天驥曾建祠以祀朱熹。元至正十一年（1351），廉訪副使王侯分司越地，又增茸書院堂舍。前起大成殿以奉先聖，後祀朱熹於明德堂，繕書閣，崇講席，構齋廬，逾月告成，經費出自就學士子。

稽山書院
（清雍正《山陰縣志》）

後復堙廢。明正德間，知縣張焕發重建於故址之西麓。嘉靖三年（1524），知府南大吉以座主身份成爲王陽明的門生，往復問學。復闢建稽山書院，重建明德堂，增建尊經閣，堂閣之後爲瑞泉精舍。聚八邑彥士，延請陽明主講，躬自督習，湖廣、南贛之學子亦千里而至。明《浙江通志·地理志一之九》：“西岡有稽山書院，宋淳祐中馬天驥建祠以祀朱文公，後吳革請爲書院。本朝正德間知府南大吉重建，内有尊經閣。”萬曆七年（1579），例遭魏忠賢廢毀。萬曆十年，知府蕭良修復，改名“朱文公祠”，又就瑞泉精舍舊址建堂，匾曰“仕學所”。清康熙十年（1671），里人虞敬道、柴世盛又重建，復“稽山書院”原名。清道光間毀於兵燹。參閱嘉慶《山陰縣志》卷一九。

【朱文公祠】 [1]

即稽山書院。此稱明代已行用。見該文。

徂徠書院

宋代書院。仁宗寶元年間石介丁憂時創建於泰安徂徠山長青嶺。石介聚生徒，授《周易》，世稱“徂徠先生”。明宣德《山東通志存·疆域志三》：“徂徠書院在徂徠山北麓，宋

石介建，中有讀易堂爲姜潛讀書處。"慶曆二年
（1042）停，名聲一度盛於應天書院，而被譽爲
"北宋四大書院"之一。宋袁燮《四明教授續壁
記》："由建隆以來，迄於康定，獨有所謂書院
者，若白鹿洞、嶽麓、嵩陽、茅山之類也；其
卓然爲師表者若南都之戚氏、泰山之孫氏、海
陵之胡氏、徂徠之石氏。集一時俊秀相與講學，
涵養作成之功亦既深矣。而問其鄉校，惟兖、
潁二州有之，餘無聞矣。"參閱《宋史·儒林傳
二·石介》、宋范成大《驂鸞錄·衡山記》。

王荆公學堂

宋代書院。仁宗康定間青年王安石曾講學
於此。安石晚年封號荆國公，人稱"王荆公"，
故名。其地位於安徽銅陵。舊爲大明寺，建於
北宋之前或北宋前期。後屢經修葺，有兩棟正
殿、一棟偏房。現存偏房四間及清代重修大明
寺之碑記。

尼山書院

亦稱"尼山誕育書院"。宋代書院。因孔丘
誕育於此，故稱。仁宗慶曆三年（1043），孔
子四十六世孫孔宗願即廟爲學，建於山東鄒城
尼山上。歷代官辦官修，延師授徒，後毀於火。
元後至元二年（1336），中書左丞王懋德奏准另
創尼山書院，保舉彭璠爲山長。《尼山創書院記》
載："凡齊魯之境，賢卿大夫、民之好事者，出
錢而勸成之。擇木於山，陶甓於野，傭僦致遠，
牽牛車，服力役，連畛載途，飲餉相望。"元末
漸廢。明永樂十五年（1417），由朝廷重建。弘
治七年（1494），六十一代衍聖公孔弘泰、四氏
學學錄孔公璸再修，主要爲祭祀場所，間有適
量講學活動。山長、學錄爲朝廷命官，任書院
主祭。明正德二年（1507），尼山書院山長改爲

尼山書院
（清乾隆《曲阜縣志》）

學錄。現尼山東麓門前仍有"尼山書院"石碑
一座，門內正殿三間，兩廂各三間。《山堂肆考》
卷一七三："山東鄒城縣有尼山書院。宋慶曆
中建，在尼山上。"明陳鎬《闕里志》卷一一：
"至順三年，衍聖公思晦請命重建，賜額尼山書
院，立學舍祭田，設山長一人奉祀。"清崑岡
修《大清會典事例·禮部》："鄒縣尼山發祥綵麟
書院尼山誕育書院……各四名。"參閱康熙重修
《山東通志》卷一四、《孔府檔案》。

【尼山誕育書院】

即尼山書院。此稱宋代已行用。見該文。

濂溪書院

亦稱"濂溪書堂"。宋代書院。周敦頤晚年
於今江西廬山蓮花峰下建講學之處。仁宗嘉祐
六年（1061），時周遷國子博士，通判虔州。道
經江州（其治地德化縣，即今江西九江），愛
廬山之美，因築書堂於山麓。堂前源於蓮花峰
下之溪水，遂以故鄉濂溪之名冠之。又以溪名
冠其書室。清李紱《穆堂別稿》卷九："周子自
題'濂溪書堂'。詩云，'元子溪曰讓詩傳到于
今……'"周爲北宋理學的奠基人，在哲學上主
張萬物始於無極，無極爲無形實有，"自無極而
太極"，萬物化生。理論上主張"誠者，聖人之

本"，"聖人之道，仁義中正而已"。南宋之後，尊之爲孔孟千載唯一傳人。書院於北宋末毀於兵燹。淳熙三年（1176），知州潘慈明、通判吕勝己重建，改稱書院，祀周敦頤，朱熹爲之作記。淳熙八年，朱熹講授於此。周氏終生默默，聲名不彰，經朱熹竭力推崇，濂溪學派至此始名滿天下。劉清之、黄榦、王阮等皆參其事。嘉定中知州趙崇憲築室二十六楹爲學舍，選優秀生徒講習其間。至元代，傳設山長主其事。時曾任翰林學士之名家自金陵歸，在此居留講學，海内學生百數人隨行。元末毀於兵燹。明弘治年間，江西提學副使邵寶重建。至正德元年（1506），復奏請祀典。清順治二年（1645），又毀於兵燹。康熙三十一年（1692），巡撫宋犖重建。乾隆五十年（1785），遷於城内。咸豐間又毀於兵燹。同治間重建。光緒二十八年（1902），改爲九江府中學堂。宋王象之《輿地紀勝存·江南西路》："周濂溪隱居得名，詳見古迹門濂溪書院下，黄魯直濂溪詩序云。"明危素《吳文正公年譜·臨川吳文正年譜》："〔元仁宗延祐〕六年，留建康，十月留江州，寓濂溪書院南北學者百餘人，十一月庚寅祭周元公墓。"《民國奉天通志·教育志》："〔明〕正德元年江西按察司副使邵寶奏修德化縣濂溪書院，其時各省皆有書院。"按江蘇鎮江，四川合州（今重慶合川），湖南桂陽（今湖南汝城）、永明（今湖南江永）、道州（今湖南道縣）、邵陽，廣東仁化、陽江，尚有八處同名書院，皆因周氏踪迹影響而得名。參閲雍正重修《江西通志》卷二二。

【濂溪書堂】

即濂溪書院。此稱宋代已行用。見該文。

安定書院

北宋書院。紀念北宋胡瑗上疏請建書院，故稱。胡瑗，北宋思想家、教育家、理學先驅，祖居陝西安定堡，世稱安定先生。明陳循《寰宇通志·南京》："安定書院在泰州城西，宋淳祐元年建，安定胡瑗如皋人，爲師有道，一時學者皆推尊之，後人因立書院以寓景仰之意。"其辦學宗旨爲耻功利而急仁義，盡去賈藝干利之風。淳祐六年（1246）知州蔡節改建於報恩坊官地，創屋楹四百七十間，置學田一百畝，延清饒魯、蔡沈講學其中。元至元二十三年（1286），爲廣化僧占據。至元三十年，知州許師可又於城北觀德坊創祠五十楹，復圮。明宣德初，都御史熊曜巡撫浙江，就故址重建。天順元年（1457），參政黄豐改建，次年僉事陳蘭重修。弘治四年（1491）知府王珣、嘉靖三年（1524）巡撫陳鳳梧、嘉靖四十四年巡按龐尚鵬、隆慶五年（1571）知府栗祁先後重修。清康熙五十九年（1720）署知府吳昌祚又修築室五楹，爲山長栖所。乾隆二年（1737），知府胡承謀捐俸再修，中爲明善堂，兩廡各五間，東爲經義齋，西爲治事齋，延師講學，命七邑生童肄業其中，月給膏火。咸豐年間，知府王有齡、胡澤沛，邑人高濂道、陸心源相繼又修。同治間鹽運使丁日昌復建於東關大街。以科考爲主，每月館課由鹽運官員主持，自巡鹽使者改并兩江制府，遂由都轉主其事。掌院由鹽運官員延聘。康熙末年之後，名士有王步青、陳祖範、杭世駿、蔣士銓、趙翼等。開館課小學，間涉詩賦、經解、策論。初專試生監，同治後童生亦得與課。先徒員額初以六十人爲率，後增至數百人，分正課、附課、隨課等，憑考試優劣定升降。膏火多來自鹽利，餼廩之給視他郡爲優，并資助生徒參加歲試及秋闈路費。四方來學者甚多。光緒二十八年改爲"安定校士館"。清朱彝尊《静志居詩話》卷三："〔張羽〕從文宦游，江浙兵阻不得歸，遂居吳興，元末授安定書院山長。"清李斗《揚州畫舫録·新城北録上》："揚州郡城自明以來，府東有……國朝三元坊有安定書院。"另有兩"安定書院"：一在江蘇揚州，爲清康熙元年（1662）鹽史胡文學建；另一在江蘇如皋，爲清乾隆十二年（1747）知縣趙廷健建。參閱《大明一統志》卷一二。

伊川書院

亦稱"伊皋書院"。宋代書院。因位於河南伊川鳴皋鎮，故名"伊川書院"。神宗元豐五年（1082），文彦博贈程頤鳴皋莊園一處，以爲著書講學之所，并贈田十頃，作生徒薪火。有講堂五間，生徒居室六間，大門一棟，匾題"伊皋書院"。紹聖四年（1097）二月，程頤以反王安石變法之奸黨罪，放歸田里，十一月又詔編管於涪州（今四川涪陵）。崇寧五年（1106）正月，仍回伊川書院執教，老病交加，遂將成書於涪州之《周易程氏傳》授尹焞、張繹二弟子。自此至大觀元年（1107），程頤先後以朝官和罪臣身份在此講學。九月，在親友門生多畏避不見中鬱鬱而死。其名著《周易程氏傳》《春秋傳序》，即成於這一期間。前者主張"至微者理也，至著者象也。體用一源，顯微無間"。後者旨在復"先王之道"。伊川書院，係二程學術思想大成之地，最終建立了"伊洛學派"（因二程之講學活動多在伊川、洛陽一帶，故有此稱）。靖康元年（1126），毀於兵燹。元仁宗延祐三年（1316），炮手總管克烈士希鎮守鳴皋，讀程氏遺書，深受其思想影響，遂重建書院。有大門、二門、講堂廊廡、倉庫、厨房等，并爲之作記。其子慕顏鐵木，復建稽古閣，藏書萬餘卷，深得仁宗嘉許。同年春三月，賜額"伊川書院"。有《敕賜伊川書院碑》，由翰林直學士薛友諒作碑文載其事，直賢殿學士趙孟頫書丹，參知政事郭貫篆額。碑高八尺，今存鳴皋中學。書院元末毀於戰火。明永樂十四年（1416），僉事劉咸重修。清康熙二十七年（1688），嵩縣知事徐士訥重建，時稱"育才之宮，講學之地，以傳洛學"。新修大殿三間，專祀二程。乾隆四年（1739），增建廳舍，設立義學，撥給學田一千〇十八畝。乾隆二十二年，嵩縣知縣張顧鑑因書院地處鄉野，不便考課，將其遷入城内西北隅之樂道書院内，并改"樂道"爲伊川。今有康、雍、乾、嘉四朝碑刻六通，大城殿一座，東西厢房各一間。清王梓材《宋元學案補遺·魯齊學案》："至元中授武義將軍配金符，尋遷武德將軍進本軍總管，即所屯，建伊川書院，立里社以教導民。"參閱康熙重修《河南通志》卷四三。

【伊皋書院】

即伊川書院。因伊川書院東臨伊水，南面九皋山（《詩·小雅·鶴鳴》有"鶴鳴於九皋"語），故有此稱。此稱宋代已行用。見該文。

潁谷書院

宋代書院。位於今河南登封西南。據傳孔子適鄭曾被困而不忘演禮，故建院立廟以祀。該地原有潁考叔廟，後因以藉稱。神宗元豐間曾建有學舍，徽宗崇寧間爲祀孫子重建。《山堂肆考》卷一七三："潁谷書院在河南登封縣西南。徽宗崇寧中（1102—1106）建，並立廟，以祀宣聖。"大觀元年（1107），朝廷頒布學制，曾刻碑立於學舍。後毀於兵燹。元皇慶二年（1313），於宣聖廟故址發現宋學制碑，里人遂建先師殿與講堂。元至元五年（1339）秋，工部郎中溫侯格非見其狹小陳濁，率里人捐資擴建，"棲有廬，齋有室"，堂殿宏敞，禮聘"學完行修之士爲師"，一時"巖才里秀屢接戶外，弦誦之聲相繼"（《穎谷書院記》）。至正五年，知縣請得御賜"穎谷書院"匾額。禮部尚書王沂撰有碑記。清康熙十三年（1674），知縣葉封重修。乾隆八年（1743），穎陽紳士宋祺、王琢等改建於穎陽南街。清末廢止。今爲穎陽小學。參閱《大明一統志》卷二九。

東林書院

亦稱"龜山書院"。宋代書院。故址在今江蘇無錫。徽宗政和間，程頤大弟子廬山東林隱士楊時"從京洛南旋，僑居於此"，并聚賢講學。稱"東林書院"。楊時歸休於福建將樂之龜

山，因以自號，後世藉"龜山"以名書院。明弘治《八閩通志・學校》："宋咸淳二年禮部尚書馮初心以時載道，而南爲師儒所宗，奏請立書院，度宗書'龜山書院'額賜之。"元至正年間廢爲僧舍東林庵。明成化間曾有司徒邵寶別建於城南，祀楊時及諸賢於內，同門人華雲等講學其中。後漸廢。明顧憲成《顧端文集》卷五："有宋龜山楊先生受業兩程夫子載道而南，一時學者翕然從之，尊爲正宗，考錫乘先生嘗講學是邑有十八年，建有東林書院。歲久旁落爲東林菴，而書院廢矣。迨嘉靖初，先達文莊邵公率其門人比部補菴，畢公就菴之右方葺祠堂，三楹以祀先生。"明萬曆二十二年（1594），顧憲成、顧允成兄弟及高攀龍被革職後，曾歸里講學於此。明吳應箕《東林本末》卷中："顧憲成罷歸久於錫山，創東林書院。招集士紳講學其中，其經生之所知絕無足聽者……。"萬曆三十二年，顧氏兄弟倡議并重建於城東舊址。院正中有中和堂，祀孔子。兩側有麗澤、依庸二堂。院左修道南祠，祀楊時及宋明諸儒。顧憲成甚重學以致用，將儒家之"修身、齊家、治國、平天下"思想化爲教學之本，立有"風聲、雨聲、讀書聲，聲聲入耳；家事、國事、天下事，事事關心"之院訓，訂有《東林會

東林書院
（清康熙《無錫縣志》）

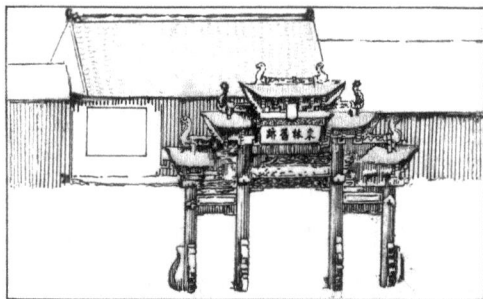

東林書院石牌坊

約》，首頒孔子、顔淵、曾參、子思、孟子語錄，明確立學宗旨；次頒宋儒朱熹手定《白鹿洞學規》，將内中五教之目、爲學之序、修身之要、接物三要，作爲教學基本内容。其間爲學之序計五項，即博學之、審問之、慎思之、明辯之、篤行之。其時顧氏兄弟“偕同志高攀龍、錢一本、薛敷教、史孟麟、于孔兼輩講學其中”。又邀江浙一帶同仁學友，赴院會講。一時“士大夫抱道忤時者，率退居林野，聞風響附，學舍至不能容”，成“吳中自古未有之盛”。書院繼承了王陽明學派講會的方式，又益以自家之創舉，形成以下五特色：一、定期開展學術討論。旨在“探性理之要，詢治道之原”。《會約》規定，年一大會，月一小會，會各三日，會議期間設有“門籍”，即對赴會學者之現實表現及以後的社會行動進行稽核考察，以期將學與用、言與行結合起來。二、生動活潑地推行儒家詩教。在教學過程中，時常和之以詩歌。“久坐之後，宜歌詩一二章，以爲滌蕩凝滯，開發性靈之助，須互相倡和，反復涵咏。每章至數遍，庶幾心口融洽，神明自通，有深長之味也。”寓教於樂，益智啓學，實爲難得。三、宣導自由講學自由論辯的風尚。通過講演、討論、質疑、辨難，以使“累歲月而不得”者可以“相悦以解”，從而將學識“質諸大衆之中”。發揮衆力，相互提高，日精日進。四、實行不分尊卑、聽教不拒之教學方針。凡聽教者，不論資輩，不論身份，皆可與席，不僅有吳、浙、皖、贛之士紳，且“即草野之齊民，總角之童子，皆得環而聽教”。五、教學内容以儒家爲主兼及百家。《會約》“增九益”條款云：“諸儒語錄、天文地理、陰陽術數家，靡不窮極。”著名

西學大家李之藻、徐光啓、楊廷筠等亦常抵書院講演西方實用科學，開闊了師生視野。萬曆四十年（1612），顧憲成病逝，由高攀龍繼主教席，更重實學實行之特點，在“明儒中別爲一系”，時人稱爲“東林堂”，史稱“東林學派”。其講習志在人心世事，將教學活動與政治鬥争相融合。常以講學之名，相與會集，諷論朝政，指斥朝臣。奉行顧氏“讀書聲入耳、天下事關心”之遺訓，抨擊閹黨，要求革新，呼籲任賢，廣開言路，改革取仕之路，減輕民衆負擔，表達了“立志救世”“兼善天下”的博大襟懷。至此，該書院不僅是當時教育及學術活動中心，而且形成了頗具影響的政治輿論中心。故而閹黨視爲不共戴天之仇寇，天啓五年（1625），遂下令“刊黨籍，盡毀天下書院”，魏忠賢矯旨以“東林黨人榜”頒行天下，生者削籍，死者追本，已剥奪者禁錮。一時株連者達三百餘人，閹黨毒爪之下，書院片瓦寸椽不存，甚而連院内樹木亦被砍伐一空，是爲我國書院史上一大浩劫。崇禎二年（1629），無錫吳桂森曾捐資復建麗澤堂於舊址，額“東林精舍”。崇禎六年繼予修復。清初學者陸世儀曾講學於此，尤重經書教授，兼及水利、農田與子、史、百技。清康熙年間巡撫湯斌等又重修。今已全面修復，并對外開放。是國家重點文物保護單位。清人許獻等有《東林書院志》二十二卷，叙述東林史事頗爲詳備。

【龜山書院】

即東林書院。此稱宋代已行用。見該文。

南宋四大書院

五代至南宋，原“北宋四大書院”的後兩大書院之地位，被“麗澤書院”與“象山書院”

取代。清全祖望《答張石癡徵士問四大書院帖子》："嶽麓、白鹿以張宣公、朱子而盛，而東萊之麗澤、陸氏之象山，並起齊名，四家之徒遍天下。"

麗澤書院 [1]

南宋四大書院之一。係金華呂氏家族於婺州（今浙江金華）所辦書院。爲呂祖謙讀書、講學、授徒、會友之地。取《易・兌》："麗澤兌，君子以朋友講習"之義命名。《大明一統志・浙江布政司》："府城東北五里，宋呂祖謙會友講道於此。取《易・兌》，像以扁其居，嘉熙間賜麗澤書院，元御史玉龍澤記。"呂特撰《麗澤講義》，又常邀永嘉學派之薛季宣、陳傅良、葉適及永康學派之陳亮等赴書院探討學問。編著《東萊左氏博議》《近思錄》（與朱熹合著），以供生徒習學。乾道五年（1169）訂學規，規定"凡與此學者，以講求經旨、明理躬行爲本。肄業必有常，日記所習於簿，多寡隨意"，"凡有所疑，專置冊記錄，同志異時相會，出所習及所疑，互相商榷"（《乾道五年規約》）。一時士人傾心嚮往，道統學派燦然昌明，名儒蔚興，踵武相接，天下稱婺州爲小鄒魯。呂祖謙後多次回籍講學并修改學規，均收入《東萊文集》。主張以孝悌忠信爲本，宣導講實理、育實材而求實用。其門高足有喬行簡、葛洪、王介及其弟祖儉、祖泰等人。祖謙去世後，弟祖儉承兄志傳道授業。嘉定元年（1208），應呂氏門人請求，官府重修書院，建室祀祖謙及其遺書閣，并開始刊刻圖書，其中紹定三年（1230）刻印之司馬光《切韻指掌圖》，至今猶存，爲宋版書院本之珍品。端平間，其門人更將祖謙祀室建成呂成公祠，以祖儉配祀。淳祐六年（1246），

知州許應龍遷書院於雙溪之畔，奏請理宗御賜匾額，祀朱熹、張栻、呂祖謙。明萬曆《金華府志・官師一》："咸淳間遷建麗澤書院於城北。又至元乙酉年任嘗建麗澤書院。"宋末元初，著名學者何基、王柏、金履詳先後任山長、主講，四方學生雲從。明嘉靖十四年（1535），巡按御史張景命金華府通判汪昉重修書院，仍祀朱熹、張栻、呂祖謙。明末毀於兵燹。參閱乾隆重修《浙江通志》卷二八。

象山書院

亦稱"應天山精舍""象山精舍""象山祠""景峰書院"。南宋四大書院之一。宋乾道、淳熙間，陸九淵於應天山結金講學，是爲"應天山精舍"。講學於金溪青田槐堂，其時"學者輻集"，"至不能容"。門人彭世昌"訪舊於貴溪應天山麓張氏，因登山游覽，見陵高而谷邃，林藏而泉深"，遂與張氏兄弟共議，"結廬以迎"講學。九淵"登而樂之，乃建精舍"，淳熙十四年（1187），登山講學。次年，以應天山形甚似象，陸九淵乃改名象山，精舍亦因之改名。其時建有居仁齋、由義齋、養正堂、明德、志道、規齋等齋舍，以及儲雲、佩玉、愈高、蕙林、達成、瓊芳、濯纓池、浸月池、封庵、披荆等景觀，尤重刻版印刷及藏書。其時，"學徒各來結廬"，"裹糧相迎"，"相與講習"，前後五年，達數千人。紹熙二年（1191），九淵赴荆門軍任職，囑其高足傅季魯"居山講學"。慶元二年（1196），貴溪知縣劉啓晦"立祠象山方丈之址"，門人"春秋致祭惟謹"。彭世昌又爲其購求圖書。紹定三年（1230），九淵弟子楊簡之門人趙彥械任江東提刑，重修精舍，并作記。翌年，袁甫爲江東提刑兼提舉，以山間交

通不便請於朝，改建於城外之三峰山徐巖。宋陸九淵《象山集》卷三六："紹定四年辛卯夏六月己亥江東提刑袁甫廣徵建'象山書院'於貴溪之徐巖先生祠，侑以楊敬仲袁和叔"。紹定五年，理宗賜"象山書院"匾額。其時名揚天下，成爲象山學派之活動中心。陸學弟子雖高居卿相者頗衆，皆以掌教象山爲榮。清人全祖望於《答張石癡徵士問四大書院帖子》中稱之爲"南宋四大書院"之一。元末毀於兵燹。明景泰三年（1452），巡撫韓雍、知府姚堂重建，并祀陸九淵、陸九齡、陸九皋，李奎爲之記。成化二十年（1484），詔命貴溪重建。正德中，提學副使李夢陽、知縣謝寶復大修，并集士子酬唱其中。萬曆七年（1579），詔廢天下書院，變賣其財産以充軍需。不久，知縣伍袁萃贖回，改名"象山祠"。萬曆三十一年，知縣吳繼京恢復書院。清乾隆十年（1745），知縣彭之錦在縣城西重建，置田，藏書，聘師聚徒，重開學業。嘉慶十五年（1810），移至城内梅花墩，改稱"景峰書院"。道光三年（1823），復原名。咸豐間，復毀於兵燹。同治二年（1863），再於城東重建。後又毀圮。徐巖舊址即現貴溪一中，書院遺迹已加保護。宋袁甫《蒙齋集》有《象山書院記》。元黄溍《金華黄先生文集》卷二一："臨川彭世昌始開山結廬，延致陸先生講道其間，然世昌貧，里人張南仲侍郎實助其役，先生以山形如象故名之，曰象山。學者亦因用爲先生之號。先生殁，即其地爲祠堂。云今象山書院僑置於貴溪之徐巖蓋蒙齋，袁公持節江東時所作也。"明郭棐《廣東通志·郡縣志》："書院一曰象山，在城西，元隱士張攄所居，後爲寺，嘉靖二十二年知縣何廷仁建爲象山書院，

萬曆中張居正毀書院賣地，今擇復本山。"清李紱《陸子學譜》卷一四："淳熙十四年先生既得貴溪之應天山精舍，改山名象山，授徒其間……"又卷一〇："彭興宗金溪人，字世昌。首創應天山書院，以居北屋，而所謂象山精舍也。"參閱《陸九淵集·年譜》《嘉慶一統志·廣信府一》。

【應天山精舍】

即象山書院。此稱宋代已行用。見該文。

【象山精舍】

即象山書院。此稱宋代已行用。見該文。

【景峰書院】

即象山書院。此稱清代已行用。見該文。

【象山祠】

即象山書院。此稱明代已行用。見該文。

碧泉書院

宋代書院。高宗建炎四年（1130），胡安國舉家南游至湖南湘潭西南"碧泉"附近，開舍結廬，創建書院。初稱學堂、講舍、精舍。因其地"蒼然群木之下，翠綠澄净，藻荇交映"，久有碧泉之稱。《潜確居類書·區宇部》："碧泉在湘潭西，南唐天寶間石穴中泉忽涌出，色如施藍，投物其中，其色皆碧。宋胡安國建碧泉書院於此。"紹興間，其子宏遂正式名其書院，并建有正亭，以紀念其父。宏力避"干禄仕以盈庭，鬻詞章而塞路"之世風，宣導"窮理既資於講習，輔仁式藉於友朋"，"遠邦朋至，近地風從"，期望"尋繹五典之精微，決絶三乘之流遁"，從而振伊洛之業於無窮，揚洙泗之風於萬古。胡氏父子在此撰《春秋傳》《知言》等；張栻、彪居正等皆其高足，史稱"衡嶽湖湘之學，皆起於此"，目爲湖湘學派之發祥地。胡宏

卒後，張、彪傳其學於嶽麓書院，碧泉一度沉寂。元明兩代曾修葺，并設專祠，祀胡氏父子。參閱宋胡宏《碧泉書院上梁文》、清乾隆《湘潭縣志》卷一四。

城南書院 [1]

宋代書院。高宗紹興三十一年（1161），張栻隨父遷居潭州時築於城南門外妙高峰下。坐落於湖南長沙舊城南。有麗澤堂、觀書樓、蒙軒、捲雲樓、月榭、聽雨舫、納湖、琮琤谷、采菱舟、南阜，闢爲“城南十景”。乾道三年（1167），朱熹自閩來訪，先後抵嶽麓、城南二院，相與講論《中庸》之義，互咏“十景”之勝。後廢，其地建高峰寺。明正德二年（1507），參議吳世忠、提學陳鳳梧等擬復，未成。嘉靖四十二年（1563），推官翟臺於寺下修廳堂五間。萬曆六年（1578）復廢。清康熙五十三年（1714），生員易象乾等倡議復修。雍正十一年（1733），與嶽麓共用帑金一千兩，并列省城書院，然限在長沙府招生。乾隆十年（1745），巡撫楊錫紱以嶽麓書院隔江，“每校課爲風濤所阻，就南門內天心閣下舊署改建，仍

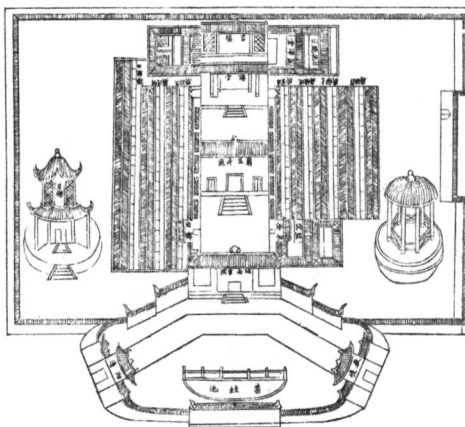

城南書院（長沙）
（清光緒《善化縣志》）

稱‘城南’，辟御書樓、禮殿、講堂及正誼、主敬、進德、存誠、居業、明道六齋，計八十四間，藏書數千卷，移嶽麓生童習業其內，并增訂條規”。道光二年（1822），巡撫左輔等爲使諸生“遠塵俗之囂，聆清幽之勝，踵先賢之迹，興尚友之思”，遷回妙高峰原址。重建後，宋時“十景”，舉其優，汰其四，建山長居、監院署、文星樓等，修南軒祠以祀張栻，再闢六齋，計百二十舍，“堂構整齊，齋房櫛比，規模視昔十倍”。更增圖書至一萬〇五百五十五卷，升爲“通省肄業之地”，內外學正、附課生擴爲一百三十八名，同嶽麓比肩，氣勢甚爲宏大，極一時之盛。道光皇帝又賜“麗澤風長”匾額，左輔復撰記，以明其“仰希古哲”之意，誡諸生“履先賢之居，求先賢之學”，成爲“經明行修，立體備用”之材。咸豐二年（1852），毀於兵燹，稍後山長陳本欽修復。因“文人日盛”，同治、光緒間屢有修葺。乾嘉以後，諸多山長如賀熙齡、余正煥、何紹基、郭嵩燾、王先謙等，皆一代名師，其授業重漢學與宋學，尤重經濟之學，造就多方人才，著名者有曾國藩、曾國荃、李元度、黃興等。光緒二十九年（1903），改爲湖南師範館。民國元年（1912），改爲湖南第一師範學校，楊昌濟、徐特立、毛澤東、蔡和森、何叔衡、郭亮、李維漢、蕭三等先後在此執教、學習或從事革命活動。1949年後，毛澤東題“第一師範”校名。1968年依民國元年原貌重建。明《八閩通志·學校》：“城南書院在十三都溪東，宋乾道間學基也。元時建爲書院，中有夫子廟，後圮。國朝洪武五年改爲射圃，八年署縣事永福丞毛秀建亭其中，扁曰‘觀德’。十五年主簿蘇進仍扁其門曰：

'城南書院'。"參閱《宋史·張栻傳》、清黃宗羲《宋元學案·元學案》、《湖南通志·學校七》。

同文書院

宋代書院。孝宗乾道間朱熹建於福建建陽。《山堂肆考》卷一七三："同文書院在建寧府建陽縣崇化里書坊。朱熹建。"宋大儒熊禾撰有《書坊同文書院上梁文》，今傳世。

獨峰書院

亦稱"仙都草堂"。宋代書院。淳熙九年（1182），朱熹至縣東仙都，慕其山水似武夷，曾留居講學於此。寧宗嘉定年間邑人葉嗣昌建此書院。因位於浙江縉雲縣城東仙都山脚下，練溪之畔，獨峰之前，故稱。咸淳七年（1271），邑人潛說友更新擴建。明洪武間廢。清同治十二年（1873），南鄉士紳捐資重建。明陳循《寰宇通志·布政司》："獨峰書院在縉雲縣東二十三里，朱文公至此，愛其山水清絕似武夷有碧澗脩筠，似故山之一句。嘉定中郡人葉嗣昌建。"清雍正《浙江通志·古迹十三》："鄭汝璧《游仙都記》仙都草堂即朱文公獨峰書院址也。"參閱《大明一統志》卷四四、乾隆重修《浙江通志》卷五一。

獨峰書院
（清光緒《縉雲縣志》）

【仙都草堂】

即獨峰書院。此稱明代已行用。見該文。

武夷書院

亦稱"武夷精舍""紫陽書院""朱文公祠"。宋代書院。宋熊禾《熊勿軒集》卷六："自文公抉奇剔秘築室山中聚書取友爲往聖繼絕學，號'武夷精舍'。"孝宗淳熙十年（1183），理學家朱熹奉祠歸武夷，建武夷精舍於福建崇安武夷山曲隱屏峰下，地廣數十畝。有仁智堂、隱求室、石門塢、止宿寮、觀善齋、寒栖館、晚對亭、鐵笛亭等，時稱"武夷之巨觀"。朱熹自稱"仁智堂主"，曾校注孔孟經書，發微補闕，先後撰成《論語集注》《孟子集注》《大學章名》《中庸章句》四部經典。光宗紹熙元年（1190），合刊爲《四書章名集注》（後簡稱《四書集注》。"四書"之名從此確立）。同時又聚徒講學，蔡元定、游九言等曾受業於此。朱熹在此從事著述和講學達十年之久。齋舍後又經其子朱在、孫朱鑑修葺、擴建。理宗景定二年（1261），知縣林天瑞又建"古心亭"，由朝廷設山長主其事，撥給學田，以供束脩、膏火。稱"武夷書院"，亦稱"紫陽書院"。《大明一統志·福建布政司》："武夷書院在武夷山，朱熹初建精舍於此，景定中朝命建書院，設山長。"元方回《桐江集》卷一："淳祐六襈之丙午歲余時年二十，上饒韓公補爲新安郡於城南門之外，肇建'紫陽書院'。"度宗咸淳四年（1268），大加營建。著名學者曾任山長。元代又行修葺。順帝至正間毀於兵燹。明正統十三年（1448），朱熹八世孫朱洵澍重建，遂改稱"朱文公祠"。武宗正德十三年（1518），知縣王和闢地重茸，匾曰"武夷書院"。通判林秉全建坊溪畔，表曰"紫陽門路"。嘉靖三十七年（1558），知府劉佃題"大宋道德之宗"。清康熙二十五年（1686），巡撫張仲犖重建，知府劉芳標又改爲"紫陽書院"。康熙五十六年，總督覺羅滿保又予倡修。今僅存康熙間復修之止宿寮與隱求室的部分建築。《山堂肆考》卷一七三："武夷書院，在崇安縣武夷山。朱熹初建精舍於此。景定中朝命建書院。又設山長焉。"參閱宋朱熹《武夷書院序》、《大明一統志》卷七六。

【武夷精舍】

即武夷書院。此稱宋代已行用。見該文。

【紫陽書院】[1]

即武夷書院。此稱宋代已行用。見該文。

【朱文公祠】[2]

即武夷書院。此稱明代已行用。見該文。

五峰書院

宋代書院。《大明一統志·布政司》："五峰書院在州城北五峰山下，宋慶曆間尚書楊汝明創立，以爲士交講會之所。"位於今浙江永康城東壽山中。有鷄鳴、覆釜、瀑布、固厚、桃花五峰屏於前，故稱。孝宗淳熙間，朱熹、呂祖謙、陳亮、呂子陽等曾於固峰麓石洞中讀書講學。慶元四年（1198），朱熹在此研究并講授《尚書》。洞內築有講臺，臺後洞壁書有"兜率臺"三字，係朱熹手迹。明正德間，應典、程文德、李東溪、程梓、盧可久等曾在此共同闡揚王守仁"良知之學"，應典建"麗澤祠"祀朱熹、呂祖謙、陳亮等。稍後，知府陳受泉又命仕紳呂瑷創建正樓三楹，定名"五峰書院"，奉祀王守仁，以應典、程梓、盧可久配祀。明末，邑人周佑德築易學齋於主樓之西側，祀郡賢何基、王柏、許謙、章懋、金履祥，并以後學李

祺、杜子光、周榮配祀。每逢秋季，學者雲集，講學其中。書院膏火，由應典、程梓、盧可久等置田開支。至清朝，陳亮、呂祖謙、王柏、程梓後裔亦置田捐助。現存羅漢堂、易學齋、三賢堂等古迹。

長春書院

宋代書院。孝宗淳熙間，朱熹自浙東來訪講學，宣教郎朱弁爲於浙江歸安（今浙江湖州）竹溪建書院。朱熹從祖於紹興間曾流寓居此，以其世居婺源黃墩之長春鄉，故名。寶祐間，朱熹堂孫朱潛任縣令，增建齋亭。其元代裔孫朱萬翁舉家定居於此。後廢。明嘉靖三十一年（1552）重修。明唐樞《重建長春書院記》："〔長春〕書院之設，宋以明道講學，而近世則逐聲譽，立異同，弄筆墨，而激利達而已，獨朱氏長春書院猶能奉前人之家法規矩而俎豆之。"按：另有"長春書院"，係宋儒高閌建於其故鄉浙江鄞縣（今浙江寧波），因距城南長春門約半里之遙，故有此名。參閱乾隆重修《浙江通志》卷二八、《大明一統志》卷七二。

鄱江書院

宋代書院。孝宗淳熙間金去僞講學之處。位於今江西波陽。《山堂肆考》卷一七三："鄱江書院在饒州府城北。宋朱熹門人金去僞講學之所。"另有宋理宗紹定末提舉袁甫所建同名書院，亦在波陽。參閱《大清一統志》卷二四〇。

考亭書院

亦稱"竹林精舍""滄州精舍"。宋代書院。宋熊禾《熊勿軒集》卷三："由文公以來又百有餘歲矣，建考亭視魯闕里，初名'竹林精舍'，後更'滄州〔精舍〕'。宋理宗表章公學，以公從祀廟庭，始賜書院額。"朱熹晚年居住講學之

所。原址在建寧府建陽縣（今福建建陽）西南。原爲唐御史黃端構亭祀父處，因名考亭。朱熹父朱松曾贊考亭山水，流露有定居之意。光宗紹熙二年（1191），熹自崇安徙建陽，次年築室考亭，以成父願。紹熙五年，四方來訪學者衆，於居所之東建“竹林精舍”，亦稱“滄州精舍”。竹林，竹子叢生處；滄州，濱水之地，古籍稱隱者所居，因稱。精舍有明倫堂、燕居廟，廟懸“中和”匾，奉祀孔子，配祀顏、曾、思、孟四聖及周敦頤、程顥、程頤、張載、邵雍、司馬光、李侗七人。慶元二年（1196），黨禁大興，當權者韓侂冑指斥朱熹代表之理學爲僞學。又二年，立《僞學逆黨籍》。直至慶元六年，朱熹屢離精舍，避而無所，在朝野黨禁聲中死去。熹在考亭雖遭劫難，而講學不輟，著述頗豐，後人亦稱朱學爲“考亭學派”。此學派在學術思想上繼承發展了北宋周敦頤、張載之“萬物化生”説，并綜合了程顥、程頤的“天理”論，建立了“致廣大而盡精微”的完整理學體系。考亭派將儒家倫理升化爲宇宙本體的天理論，以“天理”爲宇宙之根本。主張“有是理便有是氣，但理是本”，“没有天地之先，畢竟是先有理”（《朱子語類》卷一），氣爲物質，理爲精神。“先有理”即先有精神，後有物質。同時認爲事物“只是一分爲二，節節如此，以至於無窮，皆是一生兩爾”（《朱子語類》卷七五），即肯定陰陽對立的普遍規律。在道德修養方面，強調天理與人欲的對立，主張通過“居敬窮理”之法，盡革人欲，復明天理，達到自我完善的境地。寶慶元年（1225）縣令劉克莊始闢祠祀熹，淳祐四年（1244）理宗御書“考亭書院”匾額。元大德間，郡判方逢辰、縣尹郭瑛捐義學田。至正元年（1341），通守劉柏顔作文公祠堂。明天順六年（1462），推官古緝重修。清康熙四十四年（1705），御賜“大儒世澤”匾額，并頒“誠意在心，闡鄒魯之實學；主敬窮理，紹濂洛之心傳”楹聯，懸於集成殿左右。數百年間，歷經重建修葺，面積已達10000平方米，主要建築有石坊、儀門、集成殿、啓賢祠等。今猶存明嘉靖間所立石坊。石坊造型古樸，氣勢軒昂，坊面雕有麒麟、雄獅、鳳凰、仙鶴等圖畫。原矗立於集成殿内之朱熹石雕像，亦保存完好。《山堂肆考》卷一七三：“考亭書院在建陽縣西三桂里。唐御史黃端構亭以祀其先，因名。朱熹晚年築室居此。理宗詔立書院，親書匾額賜之。”參閱《讀史方輿紀要·建寧府建陽縣》、清袁枚《隨園隨筆·考亭》。

【竹林精舍】

即考亭書院。此稱宋代已行用。見該文。

【滄州精舍】

即考亭書院。此稱宋代已行用。見該文。

鶴山書院

宋代書院。宋寧宗開禧間魏了翁建於四川邛州（今四川邛崍）。元劉應李《翰墨全書·后丙集》：“魏了翁，字華父，號鶴山，在靖州創鶴山書院，聚友讀書，行法候命，端平中除樞相。”據載魏退居邛州城西白鶴山下，聚書求友，朝益暮習，得書十萬卷，建閣以藏，闢爲書院。“以所聞於輔廣、李燔者（輔、李皆朱熹弟子）開門授徒。士爭負笈從之，由是蜀人皆知義理之學。”宋理宗賜匾“鶴山書院”。元泰定間廢。明正德十三年（1518），巡撫盧雍、知州吳祥建魏了翁祠於城西善政街，題“鶴山書院”匾額。設兩講堂，東名“崇政”，西名"企賢"，生徒甚衆。嘉靖九年（1530），知州朱倫擴建。稍後，改爲巡司行館，書院移至城西土司寓。萬曆三十二年（1604），知州劉大緯遷回原址，將行館合於書院中，可容五百餘人。提學官署與試院均設院內。清康熙三十年（1691），知州戚延裔又重建。乾隆二十二年（1757），知府段以信復將書院與試院分設爲二。乾隆四十二年，知州葉體仁重修并撥學田以助膏火。光緒二十九年（1903），改爲縣立高等小學堂。參閱《宋史·魏了翁傳》。另四川瀘州、蒲江、眉山三處皆有"鶴山書院"。前二者皆了翁親建，後者爲明嘉靖九年（1530）御史邱道隆爲繼了翁之志而建。清穆彰阿《大清一統志·靖州》："鶴山書院在州治北，宋魏了翁建，自爲之記，後圮。明嘉靖三年重建，後又圮。本朝乾隆十五年重建。"參閱《宋史·魏了翁傳》、《大明一統志》卷八。

石井書院

亦稱"鰲頭精舍"。宋代書院。宋寧宗嘉定三年（1210），泉州知州鄒應龍等在鰲頭精舍（今福建南安南石井鎮）基礎上擴建。建炎四年（1130），朱熹之父朱松居泉州府晋江縣石井鎮，鄉紳黃護於鎮西鰲頭境，爲其建授徒講學之所，名"鰲頭精舍"。後朱熹官泉州同安，至鎮訪其父遺迹，與鄉紳論説經義，鎮人延其授徒講學。乾道間，朱熹門人傅伯成感念朱氏父子倡教興學功績，於鰲頭精舍建二朱先生祠，繪像奉祀。嘉定三年（1210），泉州知州鄒應龍等擴建爲書院，更名爲"石井"。"置殿於中，堂於後，爲齋者四"，"西有杏壇，東有小山叢竹亭。三門列峙，繞垣環周，檐楹層復，凡三百楹"。"贍養有田，肄業有舍，釋菜之儀，考士之式"一

應俱全。其後，代有興廢。現存建築始於康熙年間，擴修於光緒年間之門臺、大殿及兩廊廡舍猶完好，後殿遺基尚存，碑文石刻依稀可辨。《山堂肆考》卷一七三："石井書院，在晋江縣西南石井鎮。舊名'鰲頭精舍'。宋紹興初，朱松嘗爲鎮於此，有教養及民。後子熹來官同安，至鎮訪父，時事講訓益勤。嘉定中，鎮官游絳立爲書院，繪二先生像而祀焉。"參閱《大明一統志》卷七五、《大清一統志》卷三。

【鰲頭精舍】

即石井書院。此稱宋代已行用。見該文。

東湖書院

宋代書院。寧宗嘉定四年（1211）隆興府通判豐有俊首倡議，由漕臣趙宗憲創建於南唐清官李寅涵虛閣故址，在今江西南昌。其地風景甚佳，傍近府邸。繼任知府袁燮又"縻錢二百萬，米百餘石，以竟其役。規制益廣，合三十有四間"。并奏聞朝廷，賜匾"東湖書院"，又徵集江南西路十一郡圖書充實其中，日用經費賴其所得捐贈及學田租金。嘉定四年之後，陸持之曾任山長。嘉定十六年（1223），計使滕强恕兼府事，以書院"逼近市廛"，"遷之東

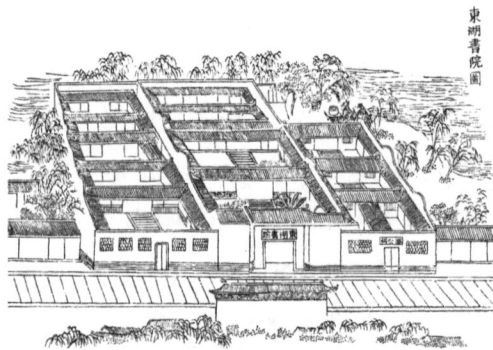

東湖書院
（清道光《南昌縣志》）

湖晏家山上"。名儒黃榦、李燔、饒魯曾講學其中，游學者有江萬里、程文海諸人。元一仍宋末舊址舊制，趙文、羅履恭、黄澤、王方貴、何中諸學者曾任山長。明洪武五年（1372）停辦，以其舊址建南昌縣學。清初，江西各府、州、縣均有書院，獨南昌縣空缺，至乾隆間屢議興復而未果。嘉慶七年（1802），南昌知縣黎承惠捐俸白銀二千兩，購屋六十間，次年又率先捐資倡建，紳民踴躍相繼，籌銀一萬三千兩，歷時兩月餘，耗銀五千兩，於嘉慶八年竣工，計有齋舍百十餘間。訂有《東湖書院條規》凡二十七條，規定書院宗旨、山長聘任、束脩數額、經費使用、生徒管理、祭祀人員、迎送禮儀、考課方法、獎懲條例等。道光五年（1825）知縣徐清選、道光十七年知縣蔣啓敷皆曾先後率邑紳予以修繕。咸豐四年（1854），湘軍駐入，折毀樹木，拆掉門窗，以作軍需薪火，邑紳劉於潯協同考棚局司事等重予補茸。同治元年（1862），因硝局失火轟坍，重予修繕。在此前後，有官紳捐房產於城內，稱"東湖別業""東湖別墅"。光緒二十八年（1902），因清廷頒布《欽定學堂章程》而改建爲南昌高等小學堂。宋陳義和《黄文肅公年譜》："漕使楊公楫延先生於東湖講中庸之第四章。"元劉仁本《羽庭集》卷三："〔元〕至正壬寅八月因祀東湖書院，過青山惠安。"清嵇曾筠《浙江通志·學校》："（台州府志）明陳檢討璲建東湖書院。"參閱《山堂肆考》卷一七三、清黎承惠《重建南昌東湖書院碑記》。

清湘書院

亦稱"柳山書院"。宋代書院。太宗雍熙三年（986），全州刺史柳仲塗於廣西全州建讀書堂，率學者講誦其間。寧宗嘉定八年（1215），知州林岊就讀書堂故基，建齋舍，多集未仕及隱居者於此。寶慶三年（1227），知州程榆奏聞，理宗賜御書"清湘書院"匾額。縣守趙必願擴建，增率性堂與燕居樓。元初毀於兵燹。成宗元貞元年（1295），總管耿大節重建，後又毀。文宗至順二年（1331），縣守柳宗監復建，歷時近年，築房二百一十間。後再毀。順帝元統間，另建講堂、祠宇、齋舍等一百八十五楹。明永樂九年（1411），指揮彭舉、知州韓忠修孔子燕居堂、柳侯祠，建杏壇及育德、咏歸二亭。宣德八年（1433）重建講堂。天順八年（1464）僉事袁凱建亭十座。成化中太守汪鏞又重修。正德九年（1514）知州顧璘重建，有堂、祠、亭、臺凡十五處。中有燕居堂，堂後爲柳侯祠，祠後爲率性堂，堂左爲甲峰亭，右爲寸月亭，稍北爲熙熙亭，亭下有一泓"應泉"，再北有俟賢亭、登春臺，燕居堂下有杏壇、咏歸、靜觀、育德諸亭。時人贊之曰："誰謂越南無好景，清湘彷彿小蓬萊。"後盡毀。自宋迄明，均爲"教基之所在"，諸生"抱經而究心理學"。清康熙二十六年（1687）知州崔廷瑜重建，更名"柳山"。乾隆五十年（1785），知州陳肇軺於城北隅另建講堂、學舍、門廡、厨房等，凡七百五十楹，置學田二百餘畝，仍名"清湘"。書院生童中試者，曾占該縣之半。光緒二十五年（1899），邑人趙炳麟將其遷入寶興局。明陳循《寰宇通志·廣西等處承宣布政司》："清湘書院在全州北二里，宋林岊守全，因柳開讀書遺址築室館，士後守程榆請賜額。"參閱《大明一統志》卷八三。

【柳山書院】

即清湘書院。此稱清代已行用。見該文。

北巖書院

亦稱"鈎深書院"。宋代書院。清《四川通志・學校》："鈎梁書院在涪州治對江北巖,即普净寺。陳伊川先生謫涪時開堂注易。黄庭堅匾曰'鈎深'。"嘉定十年范仲武請爲北巖書院。久圮。原址在四川涪州(今重慶涪陵)北巖山。哲宗紹聖四年(1097),程頤以黨論謫涪州,陷居普净寺辟堂,著述其中,成《易傳》。元符中,黄庭堅題其堂曰"鈎深"。寧宗嘉定十年(1217)范仲武請建爲"北巖書院",以奉祀程頤。後久廢。清乾隆九年(1744)知州羅克昌募資重建,置學田,歲收租穀百餘石。嘉慶八年(1803),知州李炘修頭門及仰止亭,建正堂一間,中祀程頤,左爲四賢祠,右爲講堂,東西書舍二處,看司宅一所。歷任知縣購置及里人捐贈學田共二十四塊,收租以供膏火。光緒

二十七年(1901),改爲涪州師範中學堂,分設經史、輿地、掌故、文學、算學、時務六科。光緒三十一年,又改爲中學堂。參閱《宋史・道學傳一・程頤》、明曹學佺《蜀中廣記》卷九。

【鈎深書院】

即北巖書院。此稱宋代已行用。見該文。

豫章書院

宋代書院。南宋建於豫章縣(今江西南昌)。據《西江志》載,嘉定前後,饒魯曾在此從學於李燔、黄榦。後荒廢甚久。明萬曆年間,巡撫凌雲翼、潘季馴先後修茸,改祀宋元明諸儒,稱"豫章二十四賢祠"。清康熙二十八年(1689),巡撫宋犖改立"理學名賢祠"。康熙三十一年,巡撫馬如龍復改建爲書院,延南昌進士熊飛渭爲山長,選江西各府、州、縣、廳學之生員俊秀者入學。康熙五十六年巡撫白潢與學使王思訓因舊址再建書院。次年,康熙

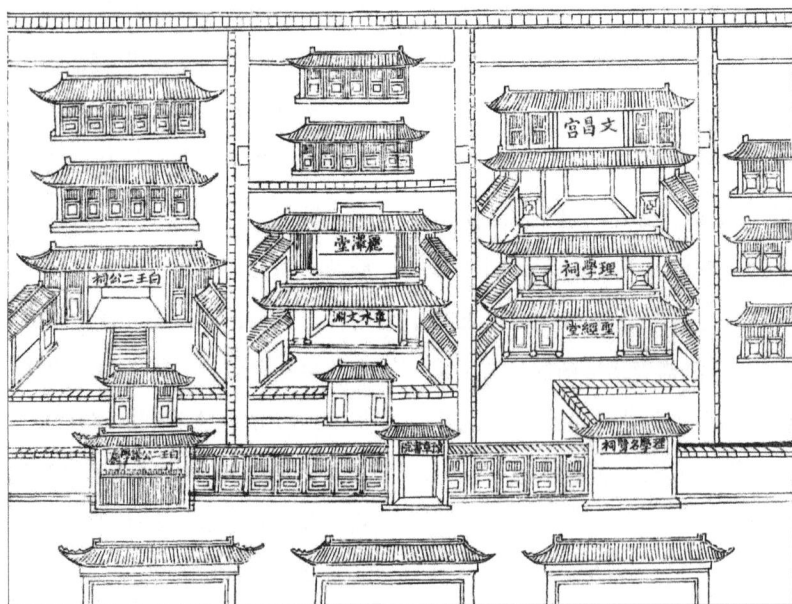

豫章書院
(清乾隆《南昌縣志》)

帝親書"章水文淵"頒於書院。雍正十一年（1733），命爲省城書院，賜銀一千兩。乾隆年間繼有續修。道光十一年（1831），巡撫吳光悦倡建考棚。光緒八年（1882），附設孝廉書院，亦稱"孝廉堂"，選優秀舉人入學肄業。光緒二十八年，改爲江西高等學堂。現址爲南昌十八中學。明《八閩通志·學校》："豫章書院在縣西洞天巖之西麓。元至正元年，宋儒羅從彦五世族孫天澤創建以奉祀事，因學者稱之曰豫張先生故名。國朝洪武三十年縣丞劉文仲重建。正統十三年毁於寇。"參閲雍正重修《江西通志》卷二一。

釣臺書院

宋代書院。漢嚴子陵曾耕釣於此。景祐年間，知州范仲淹立祠於浙江嚴州富春山下，以祀嚴。紹定元年（1228），知州陸子燏闢書院於釣臺下。修高風閣，置經、史、子、集，僅訓導嚴、方二家子弟。淳祐元年（1241），郡守王佖始建齋舍，另增羊裘軒、客星閣，聘山長、堂長，招徠生徒，講習其中。淳祐十一年，知州趙汝歷擴建，官廳左爲先聖祠，右爲講堂，北爲復室，南臨江爲閣。有明善、希賢、尚志、修己四齋。院右半山有亭，年久廢圮。始額"釣臺書院"。明陳循《寰宇通志·布政司》："釣臺書院在府城東五十里，乃漢嚴光隱釣處。宋范仲淹始創祠宇。紹定中郡守陸子通始即其地建書院，内有客星閣……。"元至正元年（1341），總管羅廷玉、山長沈元鼎協力更修，建舍四十九間，未幾毁圮。明正統元年（1436）知府萬觀重建，傍闢二軒，半山仍建亭。弘治四年（1491），知府李德恢又重建。清續存，今復修。參閲《大明一統志》卷四一。

槐堂書院

宋代書院。理宗紹定六年（1233），縣令陳咏之建於江南西路撫州府金溪縣（今江西臨川）。"槐堂"原爲陸九淵治學講學之所，後人遂藉名書院。有屋五間，祀陸九淵、陸九齡兄弟。延傅子雲主教事。理宗淳祐十年（1250），知縣王中立請於知州葉夢得，增置田産，鼎創新祠於其前，將兩廡分爲四齋。擴展門徑，加高墻垣，"桂樓""滋蘭"兩樓依其原貌，悉心修茸。延李子願爲堂長，以主教事，師長、生員各立定數。葉夢得爲之作記。元順帝至正末廢。明英宗天順六年（1462），江西巡按御史吕洪復修二陸祠，并增祀陸九韶，至此建成三陸祠。武宗正德十二年（1517），參政程果重修，定每年二月十五日致祭。正德十六年，分巡僉事胡璉又建造牌坊祠，定每歲仲春仲秋二祭。清咸豐六年（1856），諸祠多毁於兵燹。咸豐十年，知縣羅榮緒捐資修復。同治三年（1864）盡毁。《山堂肆考》卷一七三："槐堂書院在撫州府金溪縣學東。宋令陳咏之建，以陸子静家塾之名，因匾曰槐堂。"參閲《大明一統志》卷五四、雍正重修《江西通志》卷二一。

西澗書院

宋代書院。紹興九年（1139），瑞州知州鮑貽遜爲祀劉涣所立書院。劉涣號西澗，故名。坐落於故縣城之南，即今江西高安西鳳凰山右。端平元年（1234），毁於兵燹。端平三年，知州張報重建於縣城之東。景定四年（1263），文天祥以知州於此講學，有《西澗書院釋菜講義》傳世。元至元二十二年（1285），路總管高節同山長丁起晦等重修，有前門、壯節堂、燕居堂、講堂、祠堂、十二齋等，計一百三十八楹。廣置學田，年收約一千八百斛。歲久傾圮。《山堂肆考》卷一七三：“在瑞州府治西鳳皇山右。宋劉渙號西澗，家高安。渙子恕，恕子義仲，三世一節，人稱三劉。端平初，知州張輅創書院，立祠祀渙，因名西澗。”按：書院非張輅創，輅僅於端平三年重建而已。參閱元五主山《瑞州重建西澗書院碑》、《大明一統志》卷五七。

南溪書院

宋代書院。朱熹之父朱松曾任南溪縣縣尉，官滿假館於南溪義齋，朱熹生於此。原址在南劍尤溪（今福建尤溪）。理宗嘉熙元年（1237）知縣李脩訪朱松寓館故址，見遺墨尚存，乃建祠三楹，合祀松、熹。置“景行”“傳心”二齋，延士讀朱熹之書。淳祐五年（1245），施瀆建講堂於祠右，曰“會極”。寶淳元年（1253），理宗親題“南溪書院”。明陳道《八閩通志·學校》：“南溪書院在縣治南，宋朱松爲縣尉時寓鄭氏，此即鄭氏故居也。嘉熙元年縣令李修建，以祀松子其子熹，中爲祠堂……。”參閱《大明一統志》卷七七。

白鷺洲書院

省稱“鷺洲書院”。亦稱“白鷺書院”。宋代書院。明柯維騏《宋史新編·列傳》：“〔宋〕淳祐元年第進士授雩都主簿調贛州司户守江萬里作白鷺洲書院。首致守道爲諸生講說。”理宗淳祐元年（1241），江西提舉兼吉州知州江萬里效白鹿洞書院建於白鷺洲上。時有文宣王廟、雲章閣、道心堂、風月樓、齋舍等；并建六君子祠，以祀周敦頤、張載、程顥、程頤、邵雍、朱熹。理宗賜匾額“白鷺洲書院”。時人省稱“鷺洲書院”。初建時，江自任教席，“載色載笑，從容水竹間，忘其爲今太守、古諸侯”。此後劉南甫、郭公度，胡敬文、歐陽守道相繼爲山長。陳偉器、劉辰翁、鄧光薦、趙介如等高足肄業其中。最著名者有文天祥，受授於歐陽守道。文自稱名列江萬里“門墻諸子孫輩中”，深受江思想之影響。景定四年（1263），“詔吏部諸授書院山長者並視州學教授”，并授黃嘉爲該院山長。黃別建山長廳於洲城東南，歐陽守道爲之作記。元至元十六年（1279），山長曹奇建古心祠，祀江萬里，劉辰翁爲記。至元十九年圮於水，吉安路總管李珏重修。大德間曾裁撤山長，旋又復。延祐間山長余天民收洲上僧舍建復古亭，自此環洲均歸書院。至正十二年（1352）毀於兵燹。至正十四年又圮於大水。次年修復。元末復毀，自此荒廢百數十

白鷺洲書院雲章閣

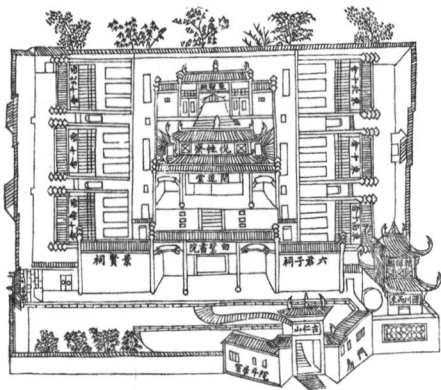

白鷺書院
（清光緒《吉安縣志》）

年，至明初僅存遺址。嘉靖五年（1526），知府黃宗明重建。嘉靖二十一年，知府何其高因洲上易圮於水，遷建於府治南關外仁壽山慈恩寺，改稱"白鷺書院"。隆慶六年（1572）巡撫任春改爲廬陵縣學。次年，復建於城北縣學舊址。後張居正廢書院，改公署，旋復。萬曆二十年（1592），知府汪可受復遷回白鷺洲，復舊名。汪定規制，立禁約，設課程，聘師長，請定書院科舉額。天啓間魏忠賢大廢書院之際，改爲其生祠。崇禎時又復書院。《大清一統志·吉安府二》："東山祥符寺，在府治南，三國吳建，本名東山禪寺，宋改今名。明改爲白鹿書院，再改縣學，後復爲寺。"清康熙初，湖西道施閏章、張貞生、毛奇齡、楊洪才等會講於此，一時稱盛，爲江西四大書院之一。康熙十一年，提學黃道虞再復書院科舉。康熙十四年，再度毀於兵燹。康熙二十七年，知府羅京修復，并重訂院視，增廣科舉額。康熙五十二年，復圮於大水，僅雲章閣因建於高臺而得獨存。雍正二年（1724），知府吳銓等重修。咸豐六年（1856），又遭兵燹。同治七年（1868），知府定祥、山長劉繹廷遷建於城西仁山隆慶寺。光緒十一年（1885），知府何良楨、山長王廷植與邑紳胡日陞等復遷回洲上。胡獨捐白銀三萬兩。光緒二十九年，奉諭改爲吉安府中學堂。今爲白鷺洲中學。雲章閣、風月樓已修葺一新，列爲省級文物保護單位。宋劉辰翁《白鷺書院江文忠公祠堂記》："先生生慶元戊午，遭僞禁之世，父帥竊傳朱氏。處白鹿，游東湖，所交考亭門人，出入端平諸老。其爲吾州年四十有三，聲名德業高邁前聞，故能創鷺州如白鹿。"宋歐陽守道《白鷺州書院廳記》："某嘗侍古心

先生於書院。初建之歲，其時山長未有人，先生親爲諸生講授，載色載笑，從容水竹間，忘其爲今太守，古諸侯。蓋有有意於成就後進者，使之親己如此，此所謂猶父兄之於子弟也。"清錢大昕《潛研堂集》卷一九："景定元年三月，在鷺洲書院山長任内被薦，未幾北還浙漕。"參閲《宋史·江萬里傳》、清劉繹等《白鷺洲書院志》。

【鷺洲書院】

"白鷺洲書院"之省稱。此稱宋代已行用。見該文。

【白鷺書院】

即白鷺洲書院。此稱明代已行用。見該文。

韓山書院

亦稱"城南書莊""南隅社學""城南書院""昌黎書院"。宋代書院。哲宗元祐五年（1090）知州王滌爲紀念韓愈而建"昌黎伯廟"於城西南。原址在今廣東潮州。孝宗淳熙十六年（1189）知州丁允雲遷建於雙勝山（亦名韓山），後廢。理宗淳祐三年（1243）郡守鄭良臣復建於舊址，名"城南書莊"。外敞二門，講堂中峙。堂後有祠，匾題"泰山北斗"，祀韓愈，配祀趙德；兩廡設由道、行義、進學、勤業四齋，倉、廩、庖、湢、井、厠俱全。撥田畝山地爲廩士之費。郡守任洞主，郡博士任山長。職事有堂長、司計各一，齋長四名，生額二十名。春秋二試，用《四書》講義。春秋各祭一次，"郡率僚屬，以牲幣酒醴獻，歌東坡祀公之詩以侑之"。淳祐五年（1245），陸九齡弟子陳圭來守，尤重視書院，捐金購書置田。親爲命題，春秋課試，講明《四書》及濂洛諸公議論，以示正學之標的。又刊陸九齡所書"仁説"

於壁，以廣諸生見聞。增塑周敦頤、廖槎溪像於祠。宋元之際毀於兵燹。元世祖至元二十一年（1284）重建，以山長一人主其事，祀孔子、韓愈。泰定二年（1325）又擴建，至順二年（1331），潮州路總管王元慕復擴建，除韓愈外，又祠祀孔子、顏子、曾子、子思、孟子，配祀趙德、陳堯佐，兩廡從祀賢守王滌、李邁、丁允元、廖德明、鄭良臣、林壽公、陳圭。書院弦誦之廣，成爲潮郡之一偉觀。至正十二年（1352）毀於火。二十六年潮州路總管王翰再建於城南大隱庵舊址，增建鳶飛魚躍亭，以壯其觀。明永樂二年（1404）、天順七年（1463）、嘉靖七年（1528）及二十五年纍有修葺擴建。萬曆五年（1577），巡道副使夏道南再修後堂，匾題"名經館"，置田租六百石以供師生。嘉靖

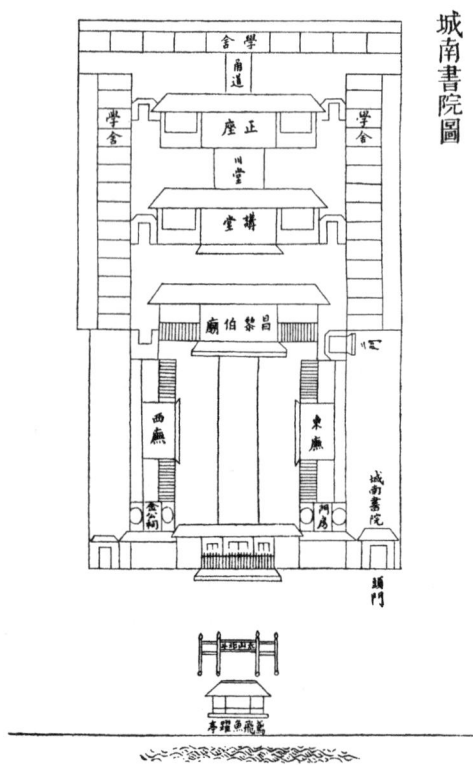

城南書院（韓山書院）
（清光緒《海陽縣志》）

十一年知府郭子章又修，撰聯懸於浩然堂。聯曰："躍虎鳳，翔蛟龍，斯文百代雄山鬥；尊孔孟，拂佛老，正氣千年配鄒魯。"清時隸屬惠潮道，爲惠、潮、嘉三州育才之所。順治四年（1647）、康熙二十二年（1683），分別修葺、改建。康熙二十七年知府石文晟改爲"南隅社學"，又稱"城南書院"，隸屬海陽縣。康熙三十年惠潮道巡道史起賢於筆架山夢悦祠址重建書院，改名"昌黎"，立韓文公祠於院右，講學與祠祀結合，爲惠、潮、嘉道屬書院。雍正十年（1732），知府龍爲霖擴建，爲書舍廳屋凡一百一十間，復稱"韓山書院"。其原道堂有聯曰："多士講習斯堂，當思文起衰，道濟弱，體具用周，方信韓山有地；大儒溫飽非志，與其月賞錢，歲靡祿，名存實亡，何如橡木無花。"雍正十一年隸屬惠潮嘉道，由巡道主持課試甄別，廣錄三州生童，所試仍四書經文、律賦、策論之類。乾隆之後，著名經學家丁傑曾任山長。嘉慶二年（1797）知府韓義重修。咸豐四年（1854），邱建猷任山長，躬行教士以實學課文。同治十年（1871）巡道張銑又重修。光緒二年（1876）知縣溫樹棻撥銀一千五百四十兩發商生息，加增膏火。光緒十八年，知縣李微庸改建齋舍，延師掌教，設監院一人，以縣學官兼任，每年甄別一次，招正課生童二十五名，加額各五名，副課無定額，由知縣錄取。副課連續三次列優等者准補正課。每年二月開課，十月止課。正課生每月膏火銀一兩四錢。光緒十八年之後，始授西學。山長何如章曾出使日本，晚年於此掌教三載，提倡西學，傳播近代之科學文化。光緒二十年臺灣邱逢甲任山長，授維新之學，宣傳愛國民主思想。光緒二十四

年、二十七年先後奉命改爲學堂。光緒二十九年惠潮嘉兵備道褚成博與潮紳改爲惠潮嘉師範學堂。辛亥革命後，相繼改爲廣東省立惠潮梅師範學校、省立二師、省立韓師、韓山師範等。參閱《永樂大典》卷五三四五、季嘯風主編《中國書院辭典》"韓山書院"文。

【城南書莊】

即韓山書院。此稱宋代已行用。見該文。

【南隅社學】

即韓山書院。此稱清代已行用。見該文。

【城南書院】[2]

即韓山書院。此稱清代已行用。見該文。

【昌黎書院】

即韓山書院。此稱清代已行用。見該文。

鵝湖書院

亦稱"文宗書院"。宋代書院。孝宗淳熙二年（1175），朱熹、呂祖謙、陸九齡、陸九淵諸人會講鵝湖寺，朱陸"相與講其所聞之學"，各持己見，不合而罷，史稱"鵝湖之會"或"鵝湖之集"。淳熙十五年，陳亮約朱熹、辛棄疾仿"鵝湖故事"，談國事，論學問。朱未至，陳、辛則長歌酬答，慷慨論世，逗留彌旬，史

鵝湖書院
（清同治《鉛山縣志》）

稱"鵝湖另會"或"鵝湖之晤"。稍後爲紀念參加鵝湖之會的朱熹、呂祖謙、陸九淵、陸九齡而建四賢祠，後改爲鵝湖書院。址在江西鉛山縣北十五里鵝湖寺旁，故名。理宗淳祐十年（1250），應江東提刑蔡抗之請，朝廷賜名四賢祠，又賜額"文宗"，遂稱爲"文宗書院"。宋末朝廷設師官主其事。元太宗時遷至鉛山城內。仁宗皇慶二年（1313），鉛山知州竇汝舟建會元堂。黃謙、鄒毅、吳師道、吳旭、徐復、吳以牧、程端禮等先後任山長。元末毀於兵事。明景泰四年（1453），江西巡撫韓雍、廣信知府姚堂於鵝湖寺旁重修。修復後仍稱鵝湖書院。弘治間遷往鵝湖山頂。正德六年（1511），江西提學副使李夢陽令知縣秦禮就舊址重建。魏忠賢廢毀書院時，因士子力爭，祠廟得存。編修楊廷麟、進士胡夢泰、處士查應瑋等相繼修建。清順治十年（1653），江西巡撫蔡士英捐資再建，并列名於江西四大書院之一。不久廢。康熙二十二年（1683），知縣潘士瑞修復。康熙帝爲題"窮理居敬"匾額及"章巖月朗中天鏡，石井波分太極泉"對聯。乾隆五年（1740），知縣鄭之僑復予修葺，并撥給學田，編有《鵝湖講學彙編》。嘉慶十七年（1812），詩人吳嵩梁任山長，編有《鵝湖書院志》。書院經費除田租外，曾有所存典息銀。道光二十七年（1847），續有增建。咸豐間毀於兵燹。同治間重修。清末改爲鵝湖師範學堂。1949年10月一度改爲鵝湖中學或小學。今修葺一新，爲全國文物保護單位。參閱《大明一統志》卷五一、《山堂肆考》卷一七三。

【文宗書院】

即鵝湖書院。此稱宋代已行用。見該文。

紫陽書院 [2]

亦稱"古紫陽書院"。宋代書院。原址在今安徽歙縣縣城。原爲朱松讀書之處,其子朱熹後居福建崇安,榜廳名曰"紫陽書室"。理宗淳祐五年(1245),徽州知州韓補奏建書院於城南門外。理宗題名"紫陽書院"。徽州教授諸葛泰爲之作記。有明德堂、藏書樓、披雲閣、宸奎閣、風泉雲壑軒、左右廡齋等。首任山長爲滕和叔。其教學宗旨爲"以經術明聖人之道",使"游乎書院者,沉潛乎四書之妙,玩味乎《易》《詩》之秘,涵泳乎《太極》《通書》《西銘》之解,而終之以《通鑑綱目》"。理宗寶祐二年(1254),魏了翁之子克愚任徽州郡守,重加修葺。恭帝德祐二年(1276),毀於戰亂。元世祖至元十五年(1278),江東道按察副使奧屯希魯謀之帥府,改建於城南門内江東道院,進士汪一龍、曹涇爲山長,方回撰記記其事。仁宗延祐二年(1315),毀於大水,山長張炳遷回南門外舊址左側,旋毀於黨亂。順帝至正二十年(1360),歙人唐桂芳被朱元璋召對,特請於部使者僉憲黃庭桂、知州魏珍,移建書院於東門,面對紫陽山。其時有殿三楹、兩廡三門,繪朱熹像於正殿,延張珽爲山長。明太祖洪武十五年(1382),知州胡明善重修,聘唐桂芳主講席。英宗正統九年(1444),巡按御史徐鬱遷建於縣學後之射圃,仍與紫陽山相對。憲宗成化十六年(1480)、孝宗弘治十五年(1502)屢有修葺。武宗正德七年(1512),知縣熊世芳又重修,刊朱熹《白鹿洞書院揭示》於正堂,撥七校士子四十餘人就讀其中,躬自主教席。熊氏係王守仁同里,所授多本王氏"心學",并致書守仁,請爲書院撰序,王揭一"心"字,以訓諸生。世宗嘉靖四十五年(1566),知縣林元立復修葺。熹宗天啓二年(1622)再修。此後面臨戰亂,學脉難繼,齋舍纍年失修。至清世祖順治十三年(1656),徽州六邑(歙縣、休寧、黟縣、績溪、祁門、婺源)宗朱之賢達施璜、汪學聖、吳慎、胡淵、楊瑞呈、朱宏、汪正叔等期會休寧還古書院,謀復紫陽講會。順治十六年閏二月大會於紫陽,講會終得重振,其時以闡發理學崇朱尊孔爲宗旨,於每年朱熹誕辰或忌日講會三日,會規嚴格,組織謹密,直至康熙末年始罷。其中以施璜所講"九容養外,九思養内,以造於誠"最爲精道,學者翕

紫陽書院
(清乾隆《歙縣志》)

古紫陽書院
(清道光《歙縣志》)

然宗之。按：九容，語出《禮記·玉藻》。謂君子處世之九種姿容。九思，語出《論語·季氏》。謂君子修身之九種思想方法。康熙三十二年（1693），邑人國子祭酒吳苑奏得御書"學達性天"。乾隆九年（1744），工科給事中吳煒復奏得御書"道脉傳薪"。乾隆五十五年，邑人户部尚書曹文埴、内閣中書鮑志道、邑紳程光國重建。爲别於紫陽山中之紫陽書院，名之曰"古紫陽書院"。其院號舍堂廡、倉厨沐浴之所畢俱，經費由淮南總商洪箴遠等二十餘人請於運司轉詳監院支營運銀供給。乾隆五十九年，鮑志道捐銀八千兩交商生息，以充歲需。是時桐城文學大師姚鼐、乾嘉學派領袖惠棟皆曾主講其間。學額定例内外課生童六十名，此後正額生監八十名，童生附課六十名。生童皆由學政於六縣中遴選。設山長一人、司匣一人、司事二人，由邑人公議延請或推舉，官吏俱不與其職。後因經費短缺，以縣教諭統轄申報。清末改爲紫陽師範，1912年改爲省立第二師範。今有零散房舍十數間，已作歙縣教師進修學校宿舍。另有一紫陽書院在歙縣紫陽山上。明正德十四年（1519），徽州知府張文林謂前歙縣紫陽書院"以紫陽名，而不在其山，義不相稱"，别建書院於紫陽山麓，稱"紫陽書院"，以正其名。參閲《大明一統志》卷一六、《大清一統志》卷七八。

【古紫陽書院】

即紫陽書院。此稱清代已行用。以區别於明代另建於紫陽山麓之"紫陽書院"。見該文。

石洞書院

亦稱"雙峰書院"。宋代書院。理宗寶祐前後大儒饒魯講道之處。坐落於江西餘干東五十里處。其時饒魯就學黄榦、李燔，"盡棄舉業，一意聖道"，歸築"朋來館"，以居赴學者。館借石洞以建。學者漸衆，後築書院於雙峰山前（時屬饒州餘干縣轄内），聚徒講學。仿白鹿洞書院規制，中堂祀孔，配以顏、曾、思、孟及周敦頤、程顥、程頤、張栻、朱熹五賢，再配以黄榦。魯自作詩曰："孔孟緒中尋墜緒，朱程光裏繼餘光。劍峰壓破雙峰壁，心斧磨成百煉鋼。"景定二年（1261），詔魯爲饒州府學教授。景定五年正月，以病乞歸，復講學其中。元設館舍，供膏火，更增奉祀。元劉辰翁《須溪集》卷二："至慶元間運使公義剛爲朱文公高弟，又百有餘年，而其孫邦傑持鄉節過之，乃以運使公配中丞公祀爲雙峰書院養生徒，於是兩公皆得謚爲文靖矣。"後毁於兵燹。明正德八年（1513），參政吳廷舉等遷建於縣治東塢永安街，行春秋例祭。後傾圮。清康熙四十年（1701）、雍正八年（1730），又有重建再修。邑增廣生員王載庸有記傳世。另有"石洞書院"，在今浙江東陽。宋紹興八年（1138），邑人郭欽止建。參閲《大明一統志》卷五〇。

【雙峰書院】

即石洞書院。此稱元代已行用。見該文。

宣成書院

亦稱"華掌書院"。宋代書院。原址在廣西桂林城區西南。理宗景定三年（1262）廣西經略朱禩孫爲紀念張栻、吕祖謙而建。奏請以兩人謚號"宣"與"成"名之，并張其學說。理宗親書匾額。元成宗元貞二年（1296），廉訪副使臧夢解重建。順帝至正三年（1343），廉訪使也先普化修葺。明初，改爲臨桂縣學。英宗正統五年（1440），御史劉儁於縣學西重建。孝宗弘治十七年（1504），提學姚鏌移建於府學和縣學之間。武宗正德中，布政使翁茂南等修茸。原有祭田三十畝，稍後巡按謝天錫增置學田一百一十畝。世宗嘉靖八年（1529），監察御史林富集衆儒於書院，講論五經异同，聘經師五員，招諸郡成材生員三百人。後毀於兵燹。清康熙二十一年（1682），教授高熊征請於巡撫郝浴，改建於城西南錢伯（錢伯，指譙樓右將軍錢國安）花園故址，督學王如辰更名"華掌"，以示對張、吕二公之尊崇。增置魚塘兩個，又以官吏捐資購置經史及百家書籍。雍正二年（1724），巡撫李紱復其原名。雍正十一年，奉敕擴建，專招全省童生，定額正課生二十五名，額外正課八名，附課二十名。課以"時藝"。雍正十三年，宣成與秀峰（清雍正十一年創建於桂林城東叠彩山與獨秀峰之間）二書院每年共用銀一千六百九十二兩，米七十石。乾隆四十七年（1782），二院增置學田共九十八畝，年收米五十石。同治十年（1871），巡撫康國器重修，奏頒"道德陶鈞"匾。規定除附課生外，餘則月供膏火，優秀者按等再給賞銀。院長聘金銀四兩，束脩銀一百二十兩，月薪銀二兩半、米一石，逢節節儀銀二兩，每課酒席銀三錢。後每年束脩薪水銀增至三百兩。光緒二十八年（1902）裁撤。光緒三十一年改建爲臨桂兩等小學堂。民國間沿辦小學。舊址今爲市公安局。參閱《宋史全文》卷三六、《廣西通志》卷三七。

【華掌書院】

即宣成書院。此稱清代已行用。見該文。

慈湖書院 [1]

宋代書院。宋理宗寶慶間（1225—1227），始建於慈湖之濱，以祀楊簡，嘉熙間制置使趙與籌遷於湖心島中。度宗咸淳七年（1271），制置使劉黻奏建於慈湖普濟寺，以祀楊簡。位於今浙江慈溪東北。楊簡，字敬仲。乾道進士，授富陽主簿。調和樂平縣，興學訓士，夜無盗警，路不拾遺，民呼爲楊父。嘉定初授秘書郎，出知温州，在郡廉儉，民愛之如父母，咸畫像事之。官終寶謨閣學士。慈湖原名闞湖，亦曰德潤湖，又名普濟湖。楊居湖畔，謂溪與縣皆以慈名，是湖亦宜以慈名，因名之曰"慈湖"。世亦以藉稱楊爲"慈湖先生"。書院依山面湖，風景佳絕。自是設山長，選擇郡中優秀學子就讀其中，春秋祀事不絕。宋元之際毀於兵燹。元世祖至元二十四年（1287），按察副使侍其君佐依宋制重建。明洪武元年（1368），詔改天下山長爲訓導，院田皆令入官。五年（1372），革罷訓導，弟子員歸邑學，書院遂廢，而祀未停。英宗正統七年（1442），毀於大火。景泰、天順間，巡撫李玘、李日良重建。弘治間巡撫車梁、知府伍符興至任即往祭焉。嘉靖十五年（1536），知縣薛應旂詳請撫按督學改普濟寺爲

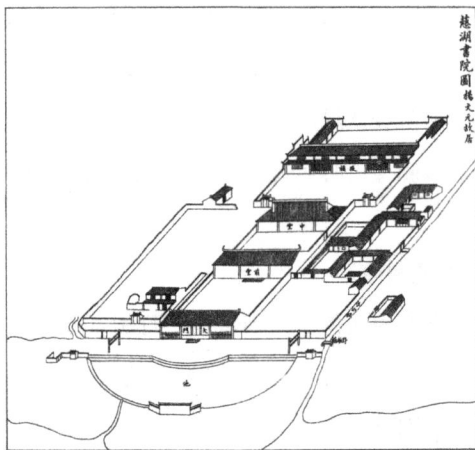

慈湖書院
（清光緒《慈溪縣志》）

正學書院。撤去佛像，迎孔子牌位於其中，朔望於文廟行香畢，即率生員謁書院講學，每每晨起而作，日中而散，盛極一時。清道光六年（1826），邑人馮汝霖、馮雲豪等捐資另建，復"慈湖"之名。光緒二十八年（1902），改爲慈湖中學堂。今爲寧波市慈湖中學。參閲元袁桷《延祐四明志》卷一四、《大明一統志》卷四六、雍正重修《江西通志》卷二二。

弦歌書院

　　亦作"絃歌書院"。亦稱"學道書院"。金代書院。爲祀子游所立書院。位於今山東武城。據載子游爲武城宰，曾弦歌而治，故名。弦歌，謂以琴瑟咏詩，頒行教化。金世宗大定間建。院有正祠兩棟，分祀孔子及子游。明隆慶元年（1567），知縣金守諒移建於縣治南，易名"學道書院"。明《八閩通志·宫室》："冉香亭在縣圃，又有萬雪亭，絃歌書院俱宋時建。"清道光十二年（1832）重修。光緒二十九年（1903）改爲小學堂。按：子游爲宰之武城原在今兗州府費縣西北，非今之山東武城，係借名紀念。參閲《大明一統志》卷二四、《山堂肆考》卷一七三。

【絃歌書院】

　　同"弦歌書院"，此體宋代已行用。見該文。

【學道書院】

　　即絃歌書院。此稱明代已行用。見該文。

太極書院[1]

　　蒙古國時期最早官辦書院。爲元代書院之始。楊惟中、姚樞創建。太宗七年（1235），楊、姚隨皇子庫春（又稱"闊出"）率軍攻宋，獲江漢大儒趙復、王粹等數十人，并搜集伊洛諸書八千餘卷，彙聚燕京，遂於次年建書院，并立周敦頤祠，以張載、程顥、程頤、楊時、游酢、朱熹等配祀。刻周敦頤著《太極圖》《通書》，張載著《西銘》於壁間。書院之學，旨在以伊洛道學爲宗，"繼天立極"，"推本謹始"，故稱"太極"。聘趙復爲主講，以王粹佐之，擇俊秀有識度者爲道學生。趙以"周程而後，其書廣博，學者未能貫通，乃原羲、農、堯、舜所以繼天立極，孔子、顔、孟所以乘世之教，周、程、張、朱氏所以發明紹續者，作《傳道圖》，而以書目條列於後；别著《伊洛發揮》，以標其宗旨。朱子門人散在四方，則以見諸登載與得傳聞者，共五十有三人，作《師友圖》，以寓私淑之志。又取伊尹、顔淵言行，作《希賢圖》，使學者知所響慕，然後求端用力方備矣"（《元史·趙復傳》）。趙學崇程朱，闡發理學傳承與學旨，學生達百餘人，有高足許衡、郝經、劉因、竇默等。時北方鮮知程朱之學，經趙傳播，始遍及北方；又授朱熹《四書》，并促成其定爲科場試士程式與官學讀本，時稱"繼絶學，開來世"。參閲元郝經《太極書院記》、《元史·儒學傳一·趙復》。

天門書院

　　元代書院。位於今湖北天門。因元代知縣貫阿思南海牙建於天門山麓，故稱。據其縣志載，元初其址原爲州民田某著述處，偶或授徒，"傍鄰獠峒，職教罕至，榱棟摧腐"，"租入單寡，士無以養，名存實廢，靡所爲教"。適值知縣貫氏欲興學校，田某之後裔田懷德"願輸材才，遷而大之"，"乃度地於澧水之陽，天門之麓"，歷二年乃成。私建官助，相得益彰，"宫廟宏敞，階序整峻，講肄厝竈，具治勿遺"。清初毁於戰亂。乾隆十九年（1754），知縣李飛

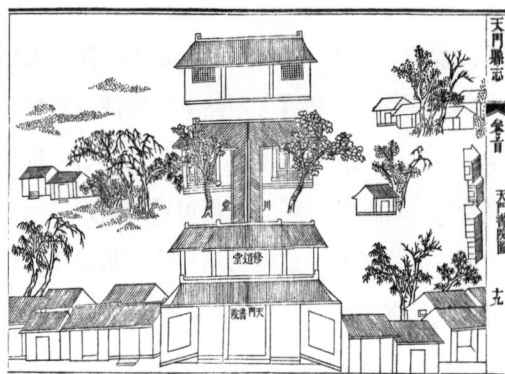

天門書院
（清道光《天門縣志》）

雲重購屋舍，改建於西城門左。"門對青陽，背城面街，營堂室三十有奇，器具稱是，洪敞深邃"。工竣，李氏建碑記此盛事，其陳興學旨意及誡語曰："所以學爲人也，立人之道曰仁與義。十際五常，隨處體驗……豈章句之謂乎？"按："十際"指封建倫理關係中之君臣、父子、兄弟、朋友、夫婦相對爲十，必予遵守，語出《呂氏春秋·壹行》，并云"十際皆敗，亂莫大矣"。"五常"指封建社會立教之本仁、義、禮、智、信。其語首見於漢董仲舒《賢良策一》。又曰："學者若不自拾攝，日習剽竊，智巧相高，器薄相尚，責人明而責己昧，覷然人世猶空碑耳……孔孟心源，儒先家法，表裏內外，本末後先，是所望於正者。"嘉慶十七年（1812），知縣方遵轍再修；嘉慶二十五年，知縣王希琮又修。今該書院已不存。另有"天門書院"，址在今安徽當塗。爲宋淳祐六年（1246）太平府知州陳塏創建。參閱元余闕《天門書院碑記》、乾隆重修《湖廣通志》卷一一二。

太極書院[2]

元代書院。位於今河南輝縣蘇門山麓、百泉湖東側。早在魏晉時，即爲名流過化之地、明經修行之所。魏人嵇康、晉人孫登，至趙宋之周敦頤、程顥、程頤、李之才、邵雍均曾至此，大開蘇門講學之風，八百載前後相繼，一以貫之，成千古佳話。邵雍"內聖外王"之學，即源於此，并得以長足發展。元世祖至元初，姚樞雅好邵學，棄官從教，廣置圖書，蹤前賢之迹，卜居蘇門，闢爲書院，亦名"太極"，聘大儒趙復相與授濂洛之學（濂，指濂溪周敦頤；洛，指洛陽程顥、程頤兄弟。時稱兩大學派）。許衡、竇默諸才俊皆慕名而至，宣導授徒，凡經、傳、子、史、禮樂、格物、星曆、兵刑、食貨、水利之學無所不涉。書院規制日備，聲名日彰，"幾與鵝湖、白鹿洞並傳"，學子心嚮往之，千里求學者甚衆。後毀於兵燹，明成化十七年（1481），督學使就其址建百泉書院。參閱清道光《輝縣志·藝文考》。

洙泗書院

元代書院。位於山東曲阜孔林東北約一公里處。因面洙水，背泗水，故名。舊爲先師講堂。相傳孔子自衛返魯，曾在此刪詩書，定禮樂，校理群書。後廢。元世祖至元十五年（1278），孔子後裔孔克欽因舊址建洙泗書院。廣置圖書，廣延名儒，設山長，定規制，學子

洙泗書院
（清乾隆《曲阜縣志》）

雲從。明正德二年（1507），改山長爲學録，主持春秋仲丁祭祀。嘉靖三年（1524）重修，大門前立有"洙泗書院"之石坊，内有孔子六十二代孫衍聖公孔聞韶所題"洙泗書院"之石匾。清康熙十三年（1674）及二十八年兩次修葺。康熙五十三年毀於冰雹，官府撥款修復。雍正十二年（1734），書院奉祀官孔憲備改立"洙泗書院"石碑一座。書院紅墙圍匝，正殿三間，名大成殿，舊時供孔子、四配、十二哲。東西廡各三間祀孔門弟子。殿後爲學舍，書院門外有明嘉靖時所建洙泗書院石坊。今皆廢，僅存坊額。參閱《山堂肆考》卷一七三、《孔府檔案》。

慈湖書院 [2]

元代書院。爲祀楊簡所建。位於今江西樂平東南。楊簡號慈湖，人稱慈湖先生，故名。楊氏爲樂平知縣時，力倡士民興修學舍，推行其師象山之學及象山書院範式，以廣施教化，恩澤長流，世人感會。元世祖至元十九年（1282），知縣翟衡謀於舊宋丞相馬廷鸞，興建此院，祀楊簡，并賜匾額。二十九年（1292），廷鸞子端臨出任山長，長達二十六年。至正初年，危素撰《樂平州慈湖書院贍學田記》。元末毀於兵燹。《山堂肆考》卷一七三："慈湖書院在饒州府樂平縣東南。宋楊簡爲令，以禮讓變俗，時號慈湖先生。簡没，民思之不忘，因立書院。"參閱《宋元學案·慈湖學案》。

儒林義塾

亦稱"劉氏義塾"。元代書院。位於今江西萬安。至元末邑人劉桂平建於儒林（一名"鄧林"）。自謀學田，延請名師，凡黨里子弟，童蒙以上，皆許入學。因無償捨施，并非官辦，故稱"義塾"。其時官府資助之書院，甚爲繁夥，但教師多爲官方派遣，疏於精選，任滿則去，多敷衍塞責。生徒盡爲官養，用匱則止。故而學於其間者往往有名無實，鮮有嬴得功名者。而儒林義塾，可稱特立獨行，頗有建樹。故當朝國子監司業、翰林院學士吳澄著有札記曰："余考前代（指五代）義塾之設，睢陽爲首稱，學舍四五百間，好義之家所自爲，而不屬於官府，其後遂最四大書院之號。五季衰亂之餘，上無教，下無學，而士之讀誦傳習，猶幸不廢者，其功爲多。今日所在書院，鱗比櫛密，然教之之師，官實置之，而未嘗甚精於選擇，任滿則去矣。養之之費，官雖總之，而不能盡塞其罅漏，用匱則止矣。是以學於其間者，往往有名無實，其成功之藐也。固宜劉氏義塾既不受官府之拘牽，則其睢陽之初一也。"吳澄作爲元朝文教主管官員對前朝之儒林義塾如此推崇，而對本朝之書院則直刺其弊，可謂膽識過人。睢陽，指五代後晉戚同文擴建之"睢陽學舍"，至宋真宗時又于擴建，改稱"應天書院"，此爲宋四大書院中歷史最悠久者，故吳氏有以上贊譽。參見本卷《教學機構說·書院考》"應天書院"文。

【劉氏義塾】

既儒林義塾。此稱元代已行用。見該文。

大梁書院

亦稱"麗澤書院"。明代書院。位於今河南開封。開封，戰國時爲魏都大梁，故稱。明天順五年（1461），提學副使劉昌創建於開封城南薰門内。成化二十年（1484），改爲河南巡撫治所，書院遷於麗景門外二程夫子祠處，并於講堂祀二程。都御史、監察御史及提學副使諸官爲之倡置學田。天啓二年（1622），巡撫馮嘉會、巡按邱兆麟捐銀一千二百餘兩重建。至此規模大備，有講堂、會文堂、二程木主堂、繚垣、坊表、門屏、石橋、高明樓、八角亭、碧玉泉及諸生讀書憩息之號舍等，并置學田一百二十畝。明末圮於大水。清康熙十二年（1673），巡撫佟鳳彩改建於城西北天波樓舊址，有大門、儀門、正堂、左右齋舍百餘間，正堂之後有藏書樓。廣延名師以課士。康熙二十八年，巡撫閻興邦重修，擴大殿堂、門廡，廣祀名臣先賢，一時竟達一百一十五人之衆，皆爲"或生於斯，或仕於斯，或寄迹於斯，立德立功"，"皆於大梁有光者"，期使"縉紳知所則效，子弟知所尊崇"。教學"以'六經'爲根柢，以'程朱'爲繩尺"，聘張沐、耿介等名儒執教，影響廣遠，故"兩河之士翕然歸之"。康熙三十五年，巡撫李國亮復移建於西南隅州橋西、古汴水行經處。康熙五十八年，御賜"兩河文教"匾額，懸於講堂。同年巡撫楊宗義建湯斌祠於書院。湯氏順治進士，入翰林，究心聖賢之學，潛心《易》理，精於"洛學"，爲一代碩儒，官至工部尚書，吏治清正，享譽大江南北。因湯氏爲睢州人，屬"生於斯"者，故立祠使縉紳則效，子弟尊崇。雍正八年（1730），又因積水傾塌。翌年，總督王士俊、布政使刁承祖重修，并定爲省城書院，再益院規學約，自是生徒成績優異者，可舉薦任官職。乾隆二年（1737），巡撫尹會一祀河南先賢四十五人於講堂，刊刻朱熹《白鹿洞書院揭示》及程端禮《讀書分年日程》懸於課齋。乾隆十六年，著名學者錢儀吉應聘主講，授義理考據之學。道光初，又得御書"正學淵源"匾額，

并懸於講堂。光緒十八年（1892），學政邵松年再度整頓書院，增設"辨志齋"，以礪學行，特選優秀生員肄業其中。爲"振興文教，造就士林"，次年又增建"明道書院"，移辨志齋諸生就讀於此。明道書院作爲分院，經費"由大梁書院節省飯食銀項下，每年撥給銀六百兩"，考課時，由總院一一按季進行，明道無考課權。課業多爲"性理經史時務之學"。總院又增"立雪軒""講易堂""春風堂""論學齋""性道齋""經濟齋""道統祠"等，規模空前，號稱"兩河大觀"。"一代耆儒"李時燦（字敏修）曾任書院主講，定有院規、學約，藏書宏富。書院又自刊圖書，存印書版十二種。光緒二十九年，改爲"大梁校士館"，專事考評士子，其藏書盡歸新建之河南圖書館。光緒三十一年，改爲"尊經學堂"。參閱乾隆重修《河南通志》卷四三、《大清一統志》卷一四九。

【麗澤書院】[2]

即大梁書院。此稱明代已行用。見該文。按：另有"麗澤書院"三處，一在今浙江金華，建於南宋；一在今海南儋州，建於明代；一在今福建漳州，建於康熙四十八年（1709）。

紫雲書院

明代書院。位於今河南襄城西南紫雲山中。明成化三年（1467），浙江按察使李敏丁憂回鄉，慕此山之秀麗幽靜，建屋三楹，積書千卷，讀書講學，并置學田，以供膏火。次年，士子雲集，屋舍不能容，因拓展爲書院。教諸生"知修身以讀書爲要，明道以力學爲先，同興禮讓之風，共享文明之治"。成化十三年，李敏擢右副都御史巡撫大同，列狀以聞，詔賜"紫雲書院"額。遂擴建殿宇堂齋，如文廟之制，

生徒達數百人。成化十九年，李敏病歸，本程朱諸子之書訓迪生徒，期在躬行實踐，一時間"許、襄之間彬彬有理學之風"。李敏之曾孫李繼業，亦曾肄業其中，嘉靖中復歸隱紫雲，課授弟子，四方負笈來學之士雲集，書院再興。明末毀於兵燹。此後，文人學士來去不絕。清初，繼業之孫光里倡族人重修，書院周圍有蓮沼、灌瀾橋、此君亭、吉祥洞、南屏、墨香泉等勝景。李光里之子來章就讀其中。來章於康熙十四年（1675）中舉，康熙三十年曾主講南陽書院（同年建立，址在河南南陽），尋以母老謝歸，又重葺紫雲，廣收生徒，倡明道學於中州。規定月逢二、六講書，初九會文。撰有《敕賜紫雲書院志》。光緒末張崇任山長。清末廢。其遺迹今仍存，且存大殿及東西廂房各三間、門樓一間。參閱《明史·李敏傳》。

龍岡書院

　　明代書院。位於貴州龍場，今貴州修文縣北三里處。因其地有龍岡山，故名。正德三年（1508），王守仁在此任龍場驛丞時建。守仁由科舉而仕，時值宦官與奸佞當道，屢遭挫折，曾萌發出世之念。弘治十三年（1500），告病歸里，結廬紹興東南稽山陽明洞（道家之第十一洞天）之側，并以"陽明"爲號，習導引術。

龍岡書院大門陽明洞

經過痛苦的身心磨煉，得以挣脱長期困擾他的程朱理學精神樊籠，"大悟格物致知之旨"，"始知聖人之道，吾性自足"，發現"心即理"，徹底否定"性即理"之理學核心，建立了"顯與朱子背馳"的"心學"。龍場之龍岡山有舊稱東洞者，陽明闢之，改稱"陽明洞天"。另建講堂、寅賓堂、何陋軒、君子亭、玩易窩等。招收地方及"諸夷子弟"訓誨其中。陽明親自主講。在書院教學中授以《五經憶説》，開始他的"心與理合而爲一""求理於心"和"知行合一"説，一掃程朱理學"求理於事事物物"的舊論。講學伊始即激起諸生極高興趣，雖地處荒山僻野，但負笈求學者却紛至杳來。位卑地苦，"居夷處困"，陽明終得"龍場頓悟"。在龍岡書院講學活動中，每每激動不已，有時夜不能寐，秉燭講習，通宵達旦。爲使教學有序有恒，陽明手訂院規學約，以示生徒。由於教學思想理論之新奇，其影響與日俱增，貴州提學副使席書亦親赴龍岡書院就教，返回貴陽之後，遂修葺文明書院，率州縣諸生以師禮事陽明。龍岡書院實踐教學的發展，使陽明學派得以建立并迅速傳播，陽明本人亦開始踏上成爲自孔子以來最偉大的儒學導師歷程。自陽明之龍岡教授，黔人始知有"心性"之學。貴州宣慰使、水西安國亨於東洞崖壁頂題有"陽明先生遺愛處"，布政使參政羅汝芳亦於洞壁題"陽明別洞"，以示景仰。陽明調離後，書院漸圮。清乾隆五十年（1785），知縣陳睿復建於察院山巔。乾隆五十三年，知縣宋鐸與邑人喻彥聖於原址捐修陽明洞十六間，并附有圍牆甬壁。道光八年（1828），知縣覺羅崇興補修書院，知府色卜星年撥寺田穀十石、銀八十餘兩，以增束脩。咸、同間頻遭兵燹，書院半圮。同治十年（1871），知縣劉侶鶴傾其家產修葺，權作公署。光緒元年（1875），書院恢復。光緒十一年學政楊文瑩題匾"讀書立志"。光緒二十年知縣劉崇峻題匾"陽明學舍"。光緒二十八年奉諭改爲小學堂。光緒三十年日本東宮侍講文學博士三島毅題詩："憶昔陽明講學堂，震天動地活機藏，龍岡山上一輪月，仰見良知千古光。"并勒石成碑，"足以表海外景仰之意"。抗戰期間蔣介石曾以委員長身份赴龍岡陽明祠，并題"知行合一"，鐫於巖壁。張學良將軍曾被囚於此。"文革"中有關遺迹盡遭毀壞。1983年由縣人民政府修復，列爲省級文物保護單位。今有陽明洞、王文成公祠、正殿、元氣亭等建築。另有"龍岡書院"在今貴州榕江，爲清光緒三年（1877）兵備道易佩紳等建，以地處卧龍岡之陽，故名。此外有清康熙二十二年（1683）知縣王瑝，創建於河北欒城，清光緒五年（1879）知縣魏橚創建於遼寧開原的兩處書院，皆稱"龍岡書院。"參閱乾隆重修《貴州通志》卷九。

大科書院

明代書院。位於今廣東廣州南海。正德十年（1515），吏部尚書湛若水因丁母憂返里，此後至正德十六年（1521），七年間若水一直滯留家鄉，廣建書院。其中大科書院爲此時講學之中心地。若水"築室於西樵山大科峰下，日與泉石猿鶴優游，非學問之士不接，閑適恬淡若將終身"（《湛甘泉先生文集》卷三二）。正德十四年建書院於大科峰下。有凝道堂、寅賓堂、進修齋、敬義齋、禮門、時時亭等。若水自任山長，闡發其恩師陳獻章"白沙之學"。訂有《訓規圖》《堂訓》，以教諸生，使正履行，

敬學業。從學者甚衆。正德十六年，有司於大科書院爲其建太史坊，呂柟爲之作記。若水還京就職後，又常往返於金陵、揚州、歙縣、休寧等地書院講學，有許多知名弟子於此時從游於若水。嘉靖十九年（1540），若水任期考滿，辭官歸里，結束了邊仕邊教的不定職事，此後二十年間多以游歷講學爲主。若水先後於家鄉建書院不下十所，其他尚有江蘇、安徽、湖南等地講學之所，亦不下十處，爲有明一代建書院最多的學者。其最爲重視的有故里之大科書院，另即以九十三高齡再至并重修的衡陽甘泉書院。嘉靖間，若水游講之時，大科書院由其弟子正德貢生張希載掌教其中，遵從并發揮師說，於肄業諸生影響甚深。萬曆七年（1579），張居正禁講學，大科書院亦被毀。若水，字元明。因家居廣東增城之甘泉都，世稱甘泉先生。先生與王守仁知交，同講學，甚相得，共倡宋元理學，各有所專。若水治學以"隨處體認天理"爲要旨，"相從士三千九百餘"，世稱"甘泉學派"。參見本卷《教學機構説·書院考》"梅花書院""龍岡書院"文。

五華書院

亦稱"西林學舍"。明代書院。嘉靖三年（1524），雲南巡撫王啓建於昆明五華山之北，故名。王氏自撰記，述其始末。後書院廢圮。嘉靖三十一年，提學黃琮等增修，建房舍一百七十二間，規制完備，成爲雲南最大書院。黃氏亦自撰記。萬曆二年（1574），巡撫鄒應龍重修。清康熙五十七年（1718），巡撫甘國璧購書六十八部。雍正九年（1731），雲南、貴州、廣西三省總督鄂爾泰奏請，將書院遷建於五華山麓。以其姓西林覺羅氏，因題

額"西林學舍"。圍墙之内古柏森森,一片蒼綠。中闢甬道,直抵講堂,兩旁齋舍,後矗藏書樓。撥銀千兩購田,以供束修、膏火。陸續置有二十一史及周秦以來典籍近萬卷。鄂爾泰親作《征滇士人入書院教》(載雍正《雲南通志》卷二九),稱"國家最重者在人才……書院者儲才之區也",宣導士子首讀"五經",再讀"三史",繼讀諸子百家。勉勵士子刻苦求學,早日成才,爲國效力。雍正十一年,奉諭建爲省城書院。雍正十三年,尹繼善督滇,擴建齋舍百餘間,增加膏火,完善條款,撰寫碑記,刻印《斯文精萃》,以充教材。書院課士分官課、堂課兩種:官課以每月初三、十八兩日由總督下至州縣官輪流命題,堂課則由山長考核。山長均由總督及巡撫選聘,多爲地方名儒。嘉慶十七年(1812),鹽法道何金復增設文字課。翌年官府議定,每逢鄉試,二至八月月課,增加生徒膏火銀三十份,由督府、學政、司道、府署捐發。嘉慶二十年,學政顧蓴復同司道捐銀千兩。道光元年(1821),學政楊殿幫出俸增置書舍。次年膏火銀每月人增五錢,又重修書舍。道光六年,總督阮元置書八部,數百册。道光十九年,巡撫顏伯濤移育才書院(康熙二十四年總督蔡毓榮、巡撫王繼文建於雲南昆明)三十份膏火銀入本院,并捐金增設課堂獎賞和膏火銀十份,其時全院共一百二十份。道光二十一年,山長廖敦行請准定正課八十份,副課八十份,取正課三十份歸還育才學院。咸豐六年(1856),藏書樓焚毁。稍後,官府重建樓置書,復其舊貌,珍藏御賜《古今圖書集成》一部,計五百二十函,五千又十八本。同治二年(1863),又遭兵燹。同治五年,提督馬如龍重建。同治十年,巡撫岑毓英、鹽法道沈壽榕重建,增書舍三十九間。另請准經費,明定章程,又設舉人膏火正課十份,每份月銀三兩;副課二十份,每份月銀二兩;生員膏火八十份,月銀亦二兩;副課八十份,月銀一兩。光緒元年(1875),巡撫岑毓英又捐經費。八年(1882),復增生員副課二十份,并再捐經費。又設文字課,月課書寫大卷一次。山長仍皆由督撫選聘,所聘多係著名學者或本籍之登科第者。據邑人師範著《五華書院山長志》載,著名山長有施培應、張甄陶、浦起龍、尹楚珍、劉寄庵、許節山等,其中尤推崇寄庵先生,稱名傳一時之"五華五子",皆出其門,得人最盛。院内奉祀鄂爾泰、尹繼善等建院前輩木主。咸豐間刊刻《五華課藝初編》,收課藝優秀者三十篇,皆爲"炳炳烺烺"之作。《初編》今藏雲南省圖書館,唯缺詩賦部分。書院所藏典籍甚富,多爲同治、光緒時地方官員所捐置。今分藏雲南省、雲南師範大學等圖書館。參閲萬曆《雲南通志》卷七、明黄琮《修瀍五華書院記》。

【西林學舍】

即五華書院。此稱清代已行用。見該文。

肄武書院

明代習武之書院。原址在江西九江。明嘉靖五年(1526),九江兵備副使何棐建。設大廳與東西兩齋等三十餘楹。招收武弁弟子,教習武經、韜略、兵法等。命教官主其事。至清初廢。參閲嘉慶《九江府志》。

梅花書院

亦稱"甘泉書院""甘泉行窩"。明代書院。湛若水建於揚州廣儲門外。嘉靖七年(1528),

甘泉學派領袖湛若水過揚州時，數十學生慕名而至，門人葛澗請其在此講學，巡鹽御史朱廷立爲建書院，置學田，以資四方來學者。初名"甘泉書院"，又名"甘泉行窩"，呂柟撰有《甘泉行窩記》。行窩，宋人邵雍自名其居"安樂窩"，好事者仿作其屋迎若水駐止。以後御史聞人銓，知府侯秩、劉宗仁，知縣王惟賢相繼修拓。嘉靖十五年，御史陳蕙爲置田八十畝。嘉靖十七年，御史洪垣增置三十三畝。萬曆二十三年（1595），巡按御史朱應元改名爲"崇雅"，祀湛氏木主於正堂，故亦稱"湛公祠"。崇禎間毀於戰亂。清雍正十二年（1734），郡人馬曰琯獨力再建，規模甚宏大。有雙忠祠、蕭孝子祠、講堂數幢、號舍六十四間。知府劉重選即其地課士，馬氏自任主講。以其址在梅花嶺上，遂改名"梅花書院"。乾隆初復名"甘泉"，乾隆四年鹽運使官於運庫公支費用下撥給膏火。乾隆八年，并附於安定書院（康熙元年建於揚州三元坊，祀宋儒胡瑗）。運使、府、縣諸官員於此設課考士。乾隆四十二年，馬曰琯子振伯呈請歸公，運使朱孝純諭商捐修，確保每年經費，交由鹽務管理，更新體制，始設掌

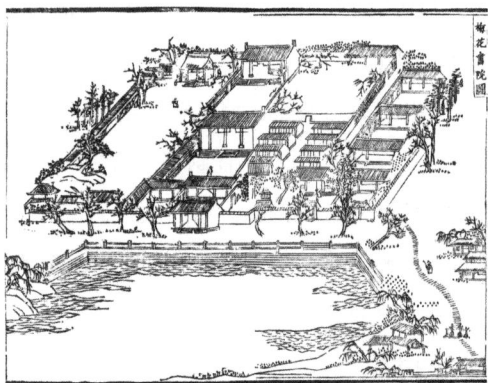

梅花書院
（清光緒《增修甘泉縣志》）

院。次年復名"梅花"。在院諸生，分正、附、隨三課，唯隨課生無膏火。凡一年中取三次優者升，取三次劣者降。倉運司以一年過寬，改爲一月，後又改爲一月連取五優者升，劣者仍三次降。乾隆六十年，運使曹燠重定條規，正附課各五十名，隨課生無定額，經費參照安定書院數額增減。又選取正課生十餘名爲上舍生，數加膏火銀十八兩，初祇開官課，設掌院後始有館課，每年各十次，另有小課，爲雜藝類。因藉鹽政財賦資助及鹽商捐贈，膏火獎勵厚於他郡書院。乾嘉間，修有樓臺池榭，甚爲壯麗。掌院者有姚鼐、茅元銘、蔣宗海、張銘、洪亮吉等名學者。樸學大家段玉裁、王念孫等曾肄業於此。另，嘉靖二十三年（1544），湛氏於湘南衡陽又建有"甘泉書院"（亦稱"甘泉精舍"、清代改名"紫雲書院"）。十年後，湛以九十三歲高齡再至并重修，講學其中，又親爲作記。因慕甘泉之學，安徽、廣東、甘肅、四川等地盡建甘泉書院。參閱明呂柟《甘泉行窩記》，《大明一統志》卷一二、卷一六，康熙重修《江南通志》卷九〇。

【甘泉書院】

即梅花書院。此稱明代已行用。見該文。

【甘泉行窩】

即梅花書院。此稱明代已行用。見該文。

還古書院

明代書院。學派分野最爲偏執，道業信守前後變化最大的書院。位於今安徽休寧萬安山。明萬曆二十年（1592），知縣祝世祿始倡建，邑人給事中鄒庶於二十二年完成。爲明代中後期陽明學派舉行會講之中心。明人鄒庶《還古書院碑記》叙其緣起云："嘉靖中，南海、東越、

西江言學六七君子結轍而入新都，過海陽，遞式闕里，六邑之士多就之者。祝公，雅興性命之學，四方士人，跋涉山川，而鄣境內，講學盟會，於是書院之議起。"自萬曆二十五年，至崇禎十二年（1639），共集新安六邑（歙縣、休寧、黟縣、績溪、祁門、婺源）之士講會七次，每會十天。萬曆三十一年，舉行大會，其時"環聽千人，辯難不生，滿堂若琴瑟之專一"。與其對立之程朱學派名流亦千里赴會，但無辯難，影響廣遠。萬曆四十三年，又舉大會，主壇金鳳儀力詆程朱之學，而歙縣吳崇文起而辯駁，剖析異同，各持門戶之見，大會不歡而散。天啓元年（1621），復舉大會，特邀東林書院高攀龍教席，高氏深知徽人久依姚江之學，口舌難爭，婉言謝絕，但撰《教言》十五則寄會。五年（1625），魏忠賢大毀天下書院。"還古"停辦後，作價六百三十兩銀售他人。崇禎元年（1628），邑人進士汪先岸、汪康瑤、吳侃、江姬生募捐贖回修復。清初，名儒汪祐應友人楊景陶之請講學於此，謹守宋代書院講學之風，闡釋發揚程朱理學，陽明之學漸衰。相繼主講者有吳儒遜、汪學聖、汪浚、施璜諸人。施氏編輯并刊刻《還古書院志》，廣予流布。清

還古書院
（清道光《休寧縣志》）

順治十年（1653），邑人趙起士捐資重建，且聚徒講學。順治十三年徽州六邑之士期會於此，共謀重振歙縣紫陽書院講會，順治十六年得成。康熙三十一年（1692）知縣廖騰煒、邑人汪晉徽與以修葺，曾倡祀朱熹於歸仁堂。康熙三十九年邑人趙景從再度捐修。乾隆三年（1738）、二十八年、五十七年屢修。嘉慶十八年（1813），邑人同捐款重修，并增生童會課經費。乾嘉間，漢學盛行，書院之道業信守轉向經史考據之學。咸豐五年（1855）毀於兵燹。遺址僅存號舍瓦屋兩間。參閱乾隆重修《江南通志》卷一五、卷九〇。

關中書院

明代書院。坐落於陝西西安。因址在關中，故名。原在宋儒張載講學之地寶慶寺，後關中名儒著書授徒於此，從學者千餘。萬曆三十七年（1609），布政使匯可受、按察使李天麟等因工部尚書馮從吾講學，而寺狹不能容，遂改建於府治東南安仁坊。有講堂六楹，左右屋各四楹，東西號房各六楹，大門二楹，二門四楹，別闢池、橋、亭、閣，匾題曰"允執"。馮氏就此主講近十年，闡揚程朱理學，從學者達於關外，至五千餘眾。定有《學會約》《關中士大夫會約》，并撰《關中書院記》。明天啓間，魏忠賢大毀天下書院，一度被廢。崇禎元年（1628），由馮門弟子繼掌其學。自從吾始，已形成著名的關中學派。清康熙二年（1663），巡撫賈漢復邀西安府葉永桃、咸寧知縣黃家鼎擴建牌坊一座、土門一楹，東設東廡爲主講寓所，西設西圃，北竪小坊及二門、三門各三楹，中建"精一堂"五楹，置道統祠，祀黃帝、炎帝，左右堂祀正學、理學名家，匾題"繼往開來"。

康熙十二年，總督鄂善重修，延李顒主教席，大倡自由講學之風，制定會約十條，學程八條，對講學時間、内容、方式、目的及弟子日常禮儀，皆作具體規定。康熙六十一年，督學史署遷出書院，正學書院（址在西安，本爲宋儒張載宣導之地，元天曆、至順間建爲書院）并入。雍正十一年（1733），賜帑銀一千兩，建爲省城書院。乾隆二十一年（1756），御賜“秦川浴德”匾額。乾隆三十六年，巡撫畢沅重修，延進士汪祖啓主講，“不數載，關中鄉會試中膺館選者，大半皆書院之士”。同治十二年（1873），布政使譚仲麟訂《書院課程》五則：“重躬行，講經義，稽史實，通時務，嚴課程。”光緒七年（1881），巡撫馮譽驥附設“志學齋”於院東，購置圖書并增加膏火。住院諸生講習，日有劄記。越數載，按察使黄彭年、布政使曾龢又建齋舍，再置圖書。時課考爲詩、詞、八股試貼、策論、雜著五科。每月官課一次，獲超等、特等諸生獎膏火，一等以下無獎。每月堂課二至三次，院長主其事。光緒二十九年，巡撫升允改爲優級選科及初級完全科兩級師範學堂。

首善書院

　　明代書院。位於今北京。天啓二年（1622）左都御史鄒元標與副都御史馮從吾共建於宣武門内，御史周宗建董理其事，大學士葉向高爲之作記。元標、從吾朝事之餘不會賓客，不赴宴會，徑至書院講學。鄒學以解悟爲主，馮學剛注重“事事點檢，以求合其本體”。有志之學者環坐如堵，間有問難質疑，學術氣氛甚爲活躍。名臣學者高攀龍、余懋衡、方大鎮等皆與講會。時同東林書院齊名，并稱南北兩大書院。後因招致魏忠賢宦官集團嫉恨，於天啓四年罷

講，元標以功高老臣還鄉而卒。次年以東林黨罪，追剥原職，從吾亦被削職回籍，書院遂遭毀。崇禎改元，盡除魏黨，書院復建。後朝廷推行西曆，禮部尚書徐光啓奏准，改爲大西洋曆局。其地今爲天主教堂。參閲《明史·鄒元標傳》、清黄宗羲《明儒學案》卷四一。

證人書院

　　亦稱“稽山書院”。明代書院。位於今浙江紹興。原爲善法寺。明嘉靖間（1522—1566），寺廢棄，知府洪珠改建，稱爲“古小學”，以祭祀程頤高足尹和靖先生。王守仁之學，在浙最盛，一傳爲王畿，再傳爲周汝登，三傳爲陶奭齡，漸變爲禪。天啓間，適值右通政劉宗周因劾魏忠賢、客氏，遭削籍歸里，爲挽頹風，匡正王學，遂就古小學址而建講堂五楹，額曰“證人書院”，收徒講學。證人，語本《太玄·從》：“人不攻之，自然證也。”謂君子率性自從於善，仍善法寺之“善法”意。劉氏以“誠敬”“慎獨”“清修篤行”爲宗旨，從游者日衆。弟子著名者有黄宗羲、王業洵等四十餘人。魏忠賢下令盡毀天下書院時，該書院修建未半即停。崇禎四年（1631），太守黄公修成，前後歷十七年。清康熙六年（1667），黄宗羲復舉書院講經會，謂“明人講學，襲《語録》之糟粕，不以‘六經’爲根柢，束書不讀，但從事於游談。學者必先窮經，經術所以經世，乃不爲迂儒”，又謂“讀書不多，無以證斯理之變；讀書多而不求於心，則又爲僞儒矣”。從學之生恒達數百人。清康熙五十九年（1720），知府俞卿、會稽知縣張我觀改爲會稽縣義學。後廢。乾隆五十一年（1786），知縣朱仲麟重修。乾隆五十三年，知縣余名曁又重修，題曰“稽山書

院"。參閱明劉宗周《證人書院記》。

【稽山書院】[2]

即證人書院。此稱清代已行用。見該文。

姚江書院

明代書院。位於今浙江餘姚。崇禎十年（1637），王學嫡傳、邑人沈國模、史孝咸、管宗聖爲紀念王守仁而建，位於浙江餘姚城南五里之半霖鄉，祀王守仁。守仁，別號姚江。邑中有志節之士子，皆寢食其中，修德行、言語、政事、文學諸課業，極"溯洙泗，逮濂洛朱陸異同"，并"期於躬行有所得力"。盛行講會制度，以"申明良知之學"。初爲沈國模掌教席，月旦臨講，使生員"作人明道之意益督"。沈氏嘗以八十高齡，每歲由四明山至書院，親授諸生。其後，史孝咸主講十年，"和平光霽，以文教爲宗主"，士風大振。孝咸殁後，書院輟講近十年，國模弟子韓孔當又修復。黃宗羲晚年亦曾主講於此。其時姚江與東林、紫陽、還古講會之風甚盛。清康熙四十二年（1703），知縣韋鍾藻遷往城南巽水門内角聲苑舊址，并請邵廷采主講席達十七年，以講程朱理學爲主，力調朱陸二説。耻爲應舉之文，重實學，通西曆，善刺擊之法，從學者咸服其人品道業。撰有《姚江書院志略》。雍正九年（1731），浙江總督李衛令縣府重修。乾隆間增建廡樓，添加膏火，一度再振雄風。參閱乾隆重修《浙江通志》卷二七、《姚江書院志略》。

鄴山講堂

明代書院。明末黃道周講學之處。位於今福建漳州鄴侯山麓。崇禎十五年（1642），少詹事黃道周以劾楊嗣昌等獲罪，充軍廣西，赦免復職後，以病歸里，營建鄴山講堂，親授生徒。道周以學識風節名聞天下，嚴冷剛正，不諧俗流，四方求學者絡繹不絶。撰有《鄴山講儀記》（載《黃漳浦集》卷四二），爲道周講學時之講儀規約。以"禮樂不可斯須去身而戒學者"，要求在學諸生"滌爾心，正爾志，有失相規，有過相儆"。有多方面原則而又具體的條文。如不許"爲謀不忠，與交不信，習異端而言正道"，不許"入不孝，出不悌，傲侮無長，漫游是好"，不許"便辟善柔，驕諂佚樂，托文章而敗善類"，不許"逾閑越簡，不衣冠而遨市井"等。今可見原講堂周圍峭壁上黃道周手書石刻五處："蓬萊峽"（楷書，署名"石齋"）、"芙蓉峽"（行書）、"鳥道不絶風雲通"和"墨池"（隸書）及"游磬"（楷書，鐫於江中石上）。另有黃寬與黃可潤手書石刻數處。參閱乾隆重修《福建通志》卷六三。

東皋書舍

亦稱"明誠堂"。明代書院。明末黃道周講學處。位於今福建漳浦。崇禎十七年（1644），改建爲四合院式堂屋，名"明誠堂"。黃道周曾向弟子講授《明誠》二十六章，并結合其著述《易本象》《易象正》《三易洞璣》講習天文曆象。堂内有黃道周手書："東皋書舍""明誠堂"之橫匾及"人從剥復後始見天地之心，我在畎畝中猶樂堯舜之道"之對聯。天井中有用石板砌成之天方圓，俗稱"天地盤"。道周殁，即以明誠堂祀之，以賴敬、趙時培、毛元水、蔡青溶配祀。經復原整修，現爲黃道周紀念館。參閱清李清馥《閩中儒學淵源考》卷八三、清蔡世遠《黃道周傳》。

【明誠堂】

即東皋書舍。"東皋書舍"之正殿，爲該書

舍之代稱。此稱明代已行用。見該文。

甬上證人書院

　　清代書院。位於今浙江寧波。康熙七年
（1668）黃宗羲建。甬上，指甬江上游；證人，
語本《太玄·從》："人不攻之，自然證也。"謂
君子率性自從於善。明天啓間，宗羲恩師劉宗
周曾於紹興建證人書院。崇禎末年一度廢止，
康熙六年（1667），宗羲親予恢復，并"主教
事"。翌年應弟子之邀赴甬上，遂亦以"證人"
命名，堪稱尊師重道之舉。同年，甬上學子陳
赤衷、陳錫嘏、范光陽等二十七人曾赴餘姚請
學拜師，歸而創建"甬上講經會"，亦稱"甬上
五經會"。諸人推行黃說，一反自明中葉以來，
"高談性命，直入禪障，束書不觀"之講學風
氣，原原本本，切實研讀《易》《詩》《禮》《春
秋》等儒家經典。在清初之寧波，因長期因循
桎梏，時人"舌舉口張"，"闔郡驚疑"，乃至
有"以罵坐自喜"者，作爲發起之陳赤衷，氣
惱之下，怒斥之間，"揎拳欲毆"。適知宗羲已
恢復紹興證人書院，講經會即邀其師赴甬上主
教席。次年三月，宗羲應邀而至，自此前後執
教八年之久。宗羲主持講經會首集於延慶寺。
其後地點不定，主要有四處：一爲城內陳赤衷
寓第；二爲城內高斗魁廣濟橋"高氏祠"；三爲
城西張士培別業"墨莊"，後因宗羲臨講，譽稱
"黃過草堂"；四爲城西萬泰萬氏"白雲莊"。四
處之主人皆宗羲弟子。習業之法，"先從黃先生
所授說經諸書各研其義，然後集講"，"一月再
集。先期於某家，是日晨而往，攬衣登堂，各
執經依次造席。先取所講復誦畢，司講者抗首
而論，坐上各取諸家異同相辨析，務擇所安。
日午進食，羹二器，不設酒。飯畢續講乙處，

盡日乃罷"。興味未盡，則挑燈夜會。志趣既
同，親如手足，眠則"連床大被"。而"黃先生
時至甬上，則以執經而問焉"。可見其教學方法
係以自學爲主，廣稽典籍，裁以己意，自由討
論，相互辯難，先生授課解惑，且允許弟子持
不同見解，揚其鋒芒。如弟子董允璘懷疑先生
推行其師道劉宗周之"意爲心之所存"，作《劉
子質疑》，黃宗羲撰《答董吳仲論學書》解釋，
而董允璘（字吳仲）仍持己見，認定"存固存，
而發亦存也"（清全祖望《讀甬上耆舊詩》卷
一九）。宗羲之授業內容，較之原講經會益加深
入，益加開闊。原原本本讀經之時，必參以漢
儒孔安國、馬融、盧植、鄭玄之傳等，宋學邢
昺、黃東發、吳草廬、郝京山之新釋，以及宗
羲恩師劉宗周之《子劉子學言》《聖學宗要》諸
書。宗羲亦甚重史學，三史之外，又及《唐書》
《宋史》。宗羲之晚輩弟子萬經在《寒村七十壽
序》中稱："維時經學、史學，以及天文、地
理、六書、九章，至遠西測量、推步之學。爭
各磨厲，奮氣怒生，皆卓然有以自見。"其目的
在於"經世濟用"，一掃明中葉以來空談心性之
陋習，"講堂錮疾，爲之一變"，形成了著名的
浙東學派。康熙十四年（1675）秋後，宗羲結
束了甬上證人書院的講學，書院一度停辦，學
子遂分散各地。翌年二月，應浙西海寧知縣許
三禮之邀，主正學書院（許三禮於康熙十三年
所建，址在海寧）。康熙十八年，前述原書院
學生陳錫嘏自京師告假歸里，見"甬上經會中
綴"，便重新恢復書院講學。其弟子憶其事曰：
"先生（指陳錫嘏）憂弟子無所矜式，修舉故
事，來會之人視昔加盛。先生臨講席，反復開
導，聞者莫不興起。"（清鄭梁《寒村安庸集》

卷一）。後宗羲爲錫垠所撰墓志銘中亦有記叙："陳自京返甬上，顧重理舊會，説經鏗鏗。"黄氏創建并長期主講之甬上證人書院，培育了清代浙東學派的主要代表人物，最終形成了恪守漢學、勇於進取、經世致用的一代學風，對東南沿海，乃至全國學術的發展產生了重要影響。毋庸置疑，甬上證人書院亦是清代最早接受西學的書院，爲清末仁人志士提供了有力的藉鑒，實乃西學東漸之先聲。參閲清全祖望《甬上證人書院記》。

漳南書院

清代書院。我國最早實行分科教學之處。原址在河北肥鄉屯子堡。康熙十九年（1680），直隸巡撫于化龍立義學於此。康熙三十五年，鄉紳郝文燦就此擴建，縣丞許三禮題名爲"漳南書院"。其時求學者日衆，郝氏跋涉數百里造訪名師顏元。凡三往，顏氏乃就其職。顏元主院時，以"寧粗而實，勿妄而虛"爲其辦學宗旨。强調"實學、實事、實行、實習"。建正庭四楹，額曰"習講堂"。實行分齋教學，設有文事、武備、經史、藝能四齋；并暫設理學、帖括兩齋。東第一齋西向，爲文事齋，課以禮樂、書數、天文、曆象、地理等科。西第一齋東向，爲武事齋，課以黄帝、太公以及孫、吳兵法，攻守營陣，陸水諸戰法，射御、技擊等科。東第二齋西向，爲經史齋，課以《十三經》、歷代史、法制、章奏、詩文等科。西第二齋東向，爲藝能齋，課以水學、火學、工學、象數等科。後兩齋或課以静坐，編著程、朱、陸、王之學；或課以八股舉業。後毁於水。清顏元《漳南書院記》："見爲吾道之敵對，非周孔本學，暫收之，以示吾道之廣，且以應時制，俟積習正，

取士之法復古，然後空二齋。"又："以上六齋，齋有長，科有領，而統貫之以智、仁、聖、義、忠、和之德，孝、友、睦、婣、任、恤之行。"顏元以所謂"三事""六府""三物"體現其教育宗旨。三事，指正德、利用、厚生；六府，指水、火、金、木、土、穀；三物，指六德、六行、六藝。顏氏視其關係，是以三物爲宗，而三物中六藝是基本，是"六行之材具，六德之妙用"。因爲"藝精則行實，行實則德成矣"（顏元《四書正誤》卷三）。從書院之規劃中，可以看出顏氏之六藝教育已賦予了嶄新的內容，包括了近現代教育的文科、理科、工科、軍事等多種領域。在顏氏之教學活動中，其高足李塨始終予以佐助。顏氏謝世，李承師道，竭畢生之力，著述立説，闡發師道。後世稱之爲"顏李學派"。漳南書院雖問世不久，即遭漳河水絶，但却集中體現了"顏李學派"的學術與教學思想，爲近現代學堂的構建提供了可資藉鑒的難得的本國藍圖。康梁師生創建的新學萬木草堂與時務學堂，即取法顏李學術與教學思想中三事、三物之旨。參閲清阮元《漳南書院記》、李國鈞《中國書院史》第二十章。

近聖書齋

清代書院。位於今廣東英德。原爲三賢祠，祀宋代唐介、鄭俠、洪皓。三賢皆進士出身，爲忠君愛民之耿直清官。康熙二十七年（1688），知縣田從典改建爲書院。中築講堂，祠旁築齋舍二十間，外設臺門，左置射圃，鎸宋畫家米芾、明學者湛若水諸名流墨迹於門旁。撥學田七十餘畝，歲收租銀可達四十餘兩，以供春秋祭祀、修葺齋舍及諸生膏火、紙墨之需。招有立志苦學之年少學子肄業齋中，延名師勤

其督課，學業以讀經爲主，兼及禮儀藝術。乾隆二十八年（1763），遷至大慶山。嘉慶十九年（1814），遷回城內學宮之側。光緒三十一年（1905），因學部改革而停辦。民國初期，與會英書院合改爲縣立高級小學。參閱乾隆重修《廣東通志》卷四二。

錦江書院

亦稱"文翁書舍"。清代書院。位於今四川成都。本爲漢代文翁石室遺址，原稱"文翁書舍"，明末廢毀。康熙四十三年（1704），按察使劉德芳始建錦江書院，成都令田軒來、溫江令邱璋董理其事，經五個月建成。講堂、學舍等大抵具備。挑選秀才以上生員肄業其中。教學要求"先經義而後時文，先行義而後進取"。仿宋儒王安石"三舍之法"，實行正課、附課和外課之制。始定正課、附課各五十人，外課視成績和正、附課生名額盈缺而定，先約二十人左右，權作候補。正課生月給米一斗，銀一兩五錢，附課生減半，外課生銀米皆無。康熙六十年，提學方覲增建講堂、學舍，增加生員，擴大建制。翌年，蜀總督文綬等復增修講堂、學舍，添置田產，再度擴大規模。嘉慶十九年（1814），成都知府李堯棟仿古制建石室於講堂之後。嘉慶二十四年，蜀總督蔣攸銛以規則不備、生員懈怠，特定《錦江書院條規》十條，屬行整飭。道光二十八年（1848），定正附課生各六十人，外課生三十人。咸豐七年（1857），增附課生二十八名，外課名額不限。至此，生員總額已逾二百名。歷任山長有顧汝修、敬南華、張晋生、侯度、易簡、彭端淑等名師。時稱"錦江六傑"之一的李調元、"文名籍甚"的舉人張邦伸等皆出其院。光緒二十七年（1901），與尊經書院合并，旋改爲四川通省高等學堂。參閱清劉德芳《錦江書院志》、蔣攸銛《錦江書院條規》。

【文翁書舍】

即錦江書院。此稱明代已行用。見該文。

鰲峰書院

清代書院。位於今福建福州。爲福州四大書院之首。康熙四十六年（1707），巡撫張伯行就九仙山（今稱"於山"）一尼庵改建而成，因庵在鰲峰坊，故名。初有書舍一百二十間，稍後規模漸增。院後有荷池一方，約數畝之廣，清明如鏡，故其上建亭命之曰"鑑亭"，橫榜康熙御書"瀾清學海"四字。池旁鑿有假山石洞，松、杉、梅、柳，直抵學舍。有藏書樓一棟，多藏御賜各種法帖，如《淳化閣法帖》《淵鑑齋法帖》及御撰《古文淵鑑》、御批《資治通鑑》、欽定《佩文韻府》、《十三經注疏》等，同時藏有數量可觀的四部文獻，甚重版本之優勢。書院年收官幣，并擁有洲田數千畝，年收租穀或現銀，分供另外三座書院：一曰"斗南書院"，康熙三十年（1691）里人林琦建；二曰"越山書院"，康熙五十七年巡撫陳璸建；三曰"西湖書院"，康熙間知府遲維城建。四書院中以鰲峰所得獨多。該書院擇優招收本省九府一州生員、監生、童生入學，全供食宿。每逢月初或月中，由山長"命題演講，或討論經文，或演繹濟世之學。諸生環列侍聽，肩背相望"。不久漸由講學而兼課士，以八股文與試帖詩爲主，學風日下。該書院先後有林枝春、朱仕琇、孟超然、陳壽祺諸名師任山長。士子中有梁章鉅、廖鴻基、蔡世遠、藍鼎元、林則徐等英才。光緒末年改爲校士館，旋又改爲福建法政學堂。今爲

福建師範學校第二附屬小學校舍。參閲張伯行
《鰲峰書院記》、《大清一統志》卷三二五。

紫陽書院 [3]

清代書院。位於今江蘇蘇州。康熙五十三
年（1714），巡撫都御史張伯行建於蘇州府學
内尊經閣後，爲士子肄業之所。後改稱紫陽書
院。康熙御書“學道還醇”額。尊崇程朱理學，
祀朱子於其中。雍正三年（1725），江蘇布政
使鄂爾泰重修，建春風亭，增廓其制，“徵七郡
之士，弦誦其中，間以政暇聚於春風亭，親與
倡和”，一時名聲大振。學風亦由講求心性之
學而注重稽古考文，曾彙刻其地方紳耆及名士
詩文爲《南邦黎獻集》，影響廣遠。書院訂有
規約，詳定學額、課程及課時。除講授外，令
“諸生各列功課簿一本，各將每月所讀何書或臨
某帖，逐一注明”，以便因人施教，獎勤罰懶。
其所訂“爲學之要”有四：一曰“爲學必先立
志”，二曰“爲學必先植品”，三曰“爲學宜先
宗經”，四曰“讀書宜親師友”。乾隆十六年
（1751），賜御書“白鹿遺規”匾額，并賜武英
殿新刊《十三經》《二十二史》各一部，著名儒
學學者沈德潛、彭啓豐任院長。尤以德潛時門
下俊彥滿席。侍御王峻及吳大受曾任院長。漢
學家錢大昕主講書院達十六年之久。咸豐十年
（1860），毀於兵燹。同治十三年（1874），巡撫
張樹聲重建，奏頒御書“通經致用”匾。光緒
二十三年（1897），改課經典策論。朱玕、沈德
潛、錢大昕、俞樾曾主講於此。其中錢大昕原
爲書院肄業生，晚而掌教十六年，且終老於書
院。晚清名臣馮桂芬殫力於經世之學，亦以肄
業生任院長。先後任院長者尚有馮喁、朱啓昆、
韓孝基、陳祖範、廖鴻章、韓彦曾、蔣元益、

馮培、吳省瀾、吳鼐、吳俊、石韞玉、翁心存、
董國華、趙振祚、程庭桂、夏同善、潘遵祁。
光緒二十七年（1901），改爲仁和縣小學堂。參
閲《大清一統志》卷五四、光緒九年《蘇州府
志》卷二五。

鍾山書院

清代書院。雍正二年（1724），總督查弼
納創建於江寧府舊錢廠地，在今江蘇南京東郊。
世宗爲書“敦崇實學”匾額。雍正十一年，賜
帑金千兩，定爲省城書院，復加修茸。乾隆元
年（1736），朝廷推行朱熹白鹿洞規條及分年
讀書法，總督尹繼善勒石於講堂。院長楊繩武
作記，并定規約十條，强調立志立品，勤學讀
書，窮經通史，戒抄襲請代和矜誇异毁，宣導
辨論古文源流和詩賦派别，判明制義得失。乾
隆四十六年（1781），兩江總督薩載重定書院
條規，院長詹事府少詹事錢大昕定學約。師長
由督撫學政延請，生徒由道員稽查，州縣擇選，
布政使等復予考驗，方准入學。乾隆時院内生
徒已達數百人，分内課、外課、附課三類，外
籍生徒有本學學官印文可附試，并撥給駐防八
旗子弟名額，附課無額。後無論本省、外省生
徒均可肄業，規模宏大。每月官、院課各一
次，逢科舉年，一月三次，官一院二。每試鎖
門，有午飯，肉一方，蔬一盂。課程初以科舉
詩文爲主，乾嘉道間主講多欲改之，而少見成
效。錢氏與著名經學家盧文弨先後主講。錢氏
掌教四年，教士以通經讀史爲先，名著《廿二
史考异》即成書於此。盧氏自乾隆三十八年至
五十三年間，先後兩蒞教席，長達十餘載。盧
氏有感於諸生深染俗學，牟取功名之弊，曾
慎擇學子四五人，不習時文，專事經學，“每

月定期考校者六次，爲之析疑陳義，且察其成誦與否"，力圖革新書院教學内容，因事涉朝廷定制，夙願未果。傳世之《鍾山劄記》即其在書院教研所積。自乾隆五十五年始，桐城派古文大師姚鼐先後主教席二十載，嘉慶二十年（1815）終老於鍾山。姚氏力主"明道義，維風俗"，宣導唐宋古文傳統，首將"程朱理學"納入文學領域，姚門弟子多知名海内。其後朱珔每月立小課以經解詩賦試士子，胡培翬注重實學，唐鑑則推崇伊洛道統，風格雖異，然皆卓然有成。道光九年（1829），布政使賀長齡籌款增建齋舍，爲課藝文集作序，勉勵諸生"毋以文視文，而反之於心，必求其有得"，并出其所輯《皇朝經世文編》以課士。咸豐間元氣大傷，曾國藩藉地重開，"堂廡齋舍之制十不逮一"。光緒七年（1881），總督劉坤一"乃規舊址廓而新之"。同光間主教席之名家尚有李聯琇、梁鼎芳、繆荃蓀諸人。光緒末年，張之洞督兩江時奏改爲江南高等學堂。參閲《大清一統志》卷五〇。

龍泉書院

清代書院。位於今湖北荆門蒙山之麓。舊有講經臺，爲宋陸九淵講學之處。乾隆十一年（1746），荆門知府舒成龍在山麓掘通泉眼，并於泉側亂石中得宋紹興年間刻石，上有詩句："泓泉敷潤有深功，石竇涓涓海眼通。歲稔時和霖雨足，風雲長静白龍宫"，遂以"龍泉"名之。乾隆十九年，知州舒成龍始建書院。有大門三楹，中爲講堂三楹，額"育德"，附耳房六間。講堂後通"啓秀門"，門内座樓三楹，名"尺木"，上祀文昌。東齋四楹，名"敬業"。西齋亦如是，名"樂群"。樓之左右耳房各二楹。

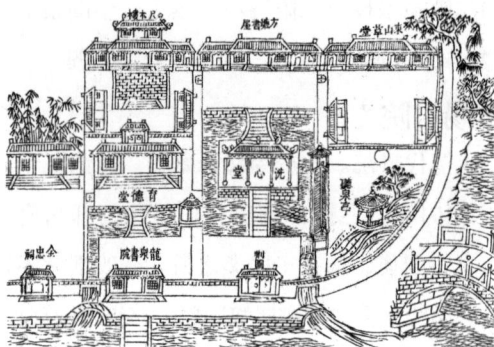

龍泉書院
（清乾隆《荆門州志》）

其時初具規模，稍後東偏拓地爲荆園，引西泉汨汨東流，其水由大門右穿入書院，繞荆院，乃至方塘，清瑩宜人。有方塘書屋五間，前有石橋，兩翼各三楹，東爲寄暢軒，西爲會心軒，池中築石成臺，爲捲棚三間，名"洗心堂"。巧築奇山，山立聽泉亭。對山有東山草堂，環草堂有東山別業；前有"春華""秋實"二館。廣植花木，另建射圃、繹志園等，爲諸生學射及游藝場所。道光六年（1826）知州郎錦駿曾有修葺。同治六年（1867）知州恩榮、九年知州王庭楨兩度復修。邑人捐脩脯銀二百四十兩，延李竹泫主講席。官師按期課試，加以獎勵，從學者日衆。又開荆園隙地，增建齋舍五楹，稱"書聲泉韻之軒"；建躍淵閣，作諸生"藏修息游"所在。這期間已建育德堂、啓秀門、東齋、西齋、陸公祠、文昌閣、魁星樓、文明樓、文朋湖等。光緒三十年（1904）改爲簡易師範學堂，三十四年（1908）改爲中學堂。參閲嘉慶重修《大清一統志》卷二三七〇。

詁經精舍

清代書院。阮元建於今浙江杭州西湖孤山之麓。嘉慶二年（1797），阮元督學浙江時，聚諸生於此，合著《經籍纂詁》百餘卷。嘉慶六年（1801），阮巡撫浙江時，遂以昔日修書之屋五十間，選諸學古者讀書其中，題曰："詁經精舍"。何謂"詁經"？"詁經者，不忘舊業，且勖新知也。"（阮元《西湖詁經精舍記》）即以經學爲主，兼習先進之實用之治世新知。力攻經史疑義，遍及小學、天文、地理、演算法、詞章等課業。阮氏雖以科舉顯貴，但却甚惡士子沉緬於制藝，營營於利禄，對科舉以八股取士至爲嫉恨，認定以此進身入仕，絶無真才實學，不能經世濟民，必貽誤國家，且扼殺民人才智。阮氏稱"生平最怕八股，聞人苦讀聲，謂之'唱文'，必甚薄之，故不能以此教弟子"（阮元《致梁章鉅》，載梁章鉅《師友集》卷首），故創建詁經精舍時，決然將時文帖括之類舉業拒之門外。阮氏課士時稱："且課舉業者，各書院已大備，士子皆知講誦，此堂專勉實學。"（阮亨《瀛舟筆談》卷四）"非以弋功名"（林伯桐《學海堂志‧設學長》）。這一宗旨既是對科舉取士之果斷否定，亦是對書院教育的重大革新。"針對當時書院尊崇理學的風氣，在創辦詁經精舍時，阮元標新立異，公然不祀程朱，反而把漢儒許慎、鄭玄的栗主（用以受祭之神主，以栗木製成）迎進書院奉祀，終於在書院中樹起尊經崇漢之幟。"（李國鈞主編《中國書院史》第二十一章）從而大力張揚了乾嘉樸學之風，自宋以來專習理學之正統爲之驟變。每月課式廢用扃試糊名之法，任使生徒搜研經典傳注，以觀其學識才力。"不十年，上舍士致身通顯及撰述成一家言者，不可殫述。東南人才，稱極盛矣。"（李元度《阮文達公事略》）後輟講近二十載。道光初，巡撫帥承瀛、富呢揚阿重新開講。咸豐間，精舍毀於兵燹。同治五

年（1866），布政司蔣益澧捐俸重建，并購四部經史子集一千三百册藏之，選印生徒研習成果，名曰《詁經精舍集》計八集、二千餘篇。光緒十二年（1886），其中之一主樓毀於大火。次年，改建許、鄭祠，於舊址增建式古堂，爲諸生講習之所。歷任掌教者皆當世名流，阮元之後，復有王昶、孫星衍、俞樾諸大家，以俞歷時最久，蟬聯三十一載。光緒三十年，精舍停辦。刊有《經籍纂詁》《十三經注疏校勘記》諸書。其後學海堂、青菁書院等皆仿此建置。參閱清阮元《西湖詁經精舍記》、清張鉴《詁經精舍志初稿》。

學海堂

清代書院。位於今廣東廣州越秀山（或稱粤秀山）。道光四年（1824）阮元總督兩廣時設立。最初衹是"爲課通省舉、貢、生、監經解詩古之所"（清崔弼《新建粤秀山學海堂記》，載《學海堂集》卷一六），阮元在此與諸生講經析疑，訓士則專導以古籍，是一無固定生員的課考式書院，成爲鼓勵廣東學者士子，尤其是粤秀、端溪、越華、羊城四書院諸生研討進修實學之地。考試則由阮元、封疆大吏、其他學者或書院掌教出題并閲卷，每年季課四次，應課者除廣東的舉、貢、生、監之外，尚有各地之教諭、訓導與書院掌教，其中亦接納了反漢學名著《漢學商兑》之作者安徽桐城生員方東樹，方氏之課卷《漢晉名譽考》同樣被收入《學海堂集》。道光六年，阮元赴任雲貴總督前，親訂《學海堂章程》。設八學長同理課事，各盡所長，齊心協力，令永不薦山長。除撥供田畝外，還捐銀髮商生息，以爲常年經費。此時學長仍以出題評卷爲要，每季由兩位學長專

司考試事宜，也仍是"有隨課之獎，無常課之額"，連鈐記（今之公章）也無一枚。治事申文時，"俱於學長中現任教職或兼書院監院有鈐記者借用"，可見其經費之拮据與開支之節儉。但教學所需却并不吝惜，每届季課試題確定後，必"刊刷粘貼於學海堂及各學長寓所，隨便分給，俾遠近周知"，每有優秀文章必與刊刻，務使世人共睹。學海堂門無禁限，凡有志古學者皆可入堂應考，"堂中應課諸生並不謁見學長"（《學海堂志·文檄》，載民國《番禺縣續志》卷一〇），可見生員與學長并非直接師承關係。直至道光十四年，阮元始托弟子錢吉儀赴粤與八學長共商專經課士法，并致函時任兩廣總督盧坤，"言選高材生肄業學海堂"。盧氏即札示學海堂增設專課肄業生十名，由學長從應課諸生中擇優公舉，令課業諸生於《十三經注疏》、前四史、《文選》、《杜詩》、《韓昌黎集》、《朱子大全》中，"各因資性所近，自擇一書"，於八學長中"擇師而從，謁見請業"，以充其善，養其所長。學海堂重在生員自學，頒有課程簿，簿首注明專習某書。内分句讀、評校、抄録、著述四項，諸生按日填入簿中，可各取一項或全項，但句讀不得迴避，皆須一一標斷，不得漏略凌亂，務求學風篤實。當季課集會之日，隨課呈學長考核。學海堂如同詁經精舍一樣，不教制藝，不事舉業，"專勉實學"，以考據之法治經史，提倡"事必求其根柢，言必求其依據"，"無證不信"之學風，成爲當世考據學之最高學府，廣東之樸學自學海堂而大興。其時，規定生員每月受膏火銀二兩，後因經費不足，僅支發一月即停。稍後專課肄業生亦停設。（見容肇祖《學海堂考》，載《嶺南學報》第三卷第三期）同治四年（1865），廣東巡撫郭嵩燾復函學海堂學長，開設專課肄業生，認爲《學海堂章程》遺法雖善，但少"優游饜飫之功，涵儒講習之益"，甚惜學海堂之不足。（見清郭嵩燾《送朱肯甫學史還朝序》，載《養知書屋詩文集》）要求肄業諸生刻苦讀書，"期使學問風氣，益臻篤實"。除原定季課外，又明確規定："肄業諸生，定以三年爲期，期滿復行舉報更換，以期後來之秀，接踵相望。"此時專課肄業生於經史專集之外，又增數學一門，但仍以十人爲額。同治七年（1868），學海堂學長周寅清等籌得經費，增改專業課肄業生名額爲二十名，每人每季膏火銀五兩，又舉附課生二十人，以備補缺。光緒十三年（1887），總督張之洞、巡撫吳大澂札諭，復增專課童生十名，但論學業，不計科名，與諸生一律評定甲乙。至光緒二十三年止，學海堂共招收專課肄業生十六届，計二百六十人。（見前引容肇祖《學海堂考》）學海堂如同詁經精舍一樣，成爲當時廣東文化學術研究之中心。其刻書藏書亦甚豐富，阮元曾組織編輯大型叢書《皇清經解》，成書後書版藏於堂側之文瀾閣，設專人管理，堂外書坊付費後，可准予借版印刷。此外更選印有《學海堂集》、《學海堂叢刊》、唐杜佑所編《通典》、乾隆敕編《續通典》、《皇朝通典》、明人董斯張所著《廣博物志》及阮氏自著《揅經室集》等，共一千二百五十四册，三千三百三十四卷，刻書之多僅次於廣雅書局。學海堂歷時八十載，於光緒二十九年廢，改爲阮太傅祠，以祀阮元。所藏圖書版片皆移交兩廣學務處，旋又移至廣東省圖書館。參閲清阮福《學海堂》、清陳澧等《學海堂圖説》。

崧高書院

清代書院。位於今貴州松桃。道光九年（1829），同知高中謀創建。初有講堂、齋房三十間，略感單薄。次年，同知胡先達續建照壁、字塔、牌樓、梓潼宮、山長位房、花木魚池等二十餘間。其中之字塔，亦稱"惜字塔"或"惜字爐"，旨在教育生徒尊奉儒教，凡字紙不可褻瀆，不用時即置於塔或爐中焚去，使歸天庭。梓潼宮，梓潼帝君所居處。梓潼帝君即文昌帝君，掌人間功名利禄事。書院之梓潼宮，正式定名爲文昌祠，爲書院師生四時祭祀文昌帝君之所。道光十四年，同知徐鋐分別定《考課條規十二條》《訓飭條規八條》。官府撥有田畝、房店以爲長久學資，年有現銀近千兩。光緒三十二年（1906），廢學院，改辦簡易師範傳習所。參閱清道光《松桃廳志》卷一〇。

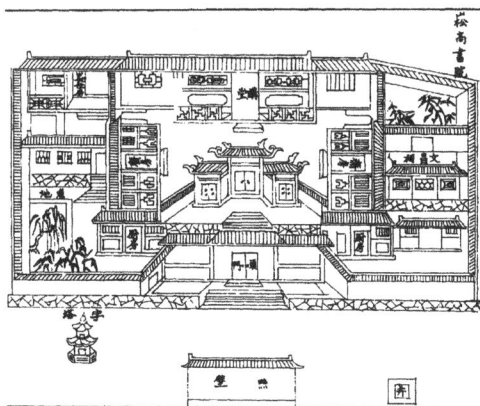

崧高書院
（清道光《松桃廳志》）

格致書院 [1]

清代書院。位於今上海。命名取格物致知之意。同治十三年（1874），無錫徐壽及英國傳教士約翰·傅蘭雅（John Fryer）發起，稟准南北洋大臣，邀集中西紳商、官員捐資興建，以中國官、商所捐最多。次年落成於英租界之北

海路，以"令中國人明曉西洋各種學問與工藝與造成之物"爲宗旨。院内設講堂、藏書樓及博物館。館内陳列有四方諸國所造機器、日用品、地圖等。設中西董事各四人，共理院務，實由徐壽主其事。光緒二年（1876）六月正式開學。先後延請中西名人如華蘅芳、狄考文等公開講演電學、化學、物理學、解剖學等，并做實驗，任人參觀、聽講與討論，分文不收。由徐壽、傅蘭雅譯輯《格致彙編》，頗便初學。光緒五年，廣發招生啓事，規定學西方語言文學者須交納學費與伙食費，學格致實學者一律交銀三百兩，待三年畢業後，可憑收據領回。光緒十一年，徐壽卒後，由王韜掌院。至此，季課請沿海各關道官員命題。光緒十五年始，復增南北大臣命題，而春秋兩季特課，以時事洋務居多，西學次之，史論又次之，優者獎勵。爲宣傳改良維新思想，介紹西學，連續九年編有《格致課藝》，乃至"四方風動，群彦雲起"，故書院與廣方言館、江南製造局翻譯館并稱爲上海三大"輸入西洋學術機關"。光緒二十一年，傅蘭雅領院事，定會講西學之制。每逢週六晚講課，凡有志考求者，皆許肄業，設礦務、電務、測繪、工程、汽機、製造六課程。每學有全課、專課，以自學爲主。凡熟習一學全課或專課，每月考試中式者發給課憑。其後僅開算學、化學兩門。光緒二十二年，傅赴美任教，其教學、實驗之職由欒學謙、陸仁堂接任。光緒二十三年，王韜病逝，由趙元益掌院，重開季課。光緒二十八年，因清廷頒行《欽定學堂章程》（即"壬寅學制"），院務廢弛。光緒三十年，復因頒行《奏定學堂章程》（即"癸卯學制"），正式停辦。其書院基金歸華董，房舍器

物歸公共租界工部局。稍後改辦格致公學。現爲上海格致中學。參閱《上海縣續志》卷九、清林樂知《上海格致書院記》。

船山書院

　　清代書院。光緒初年，衡陽士紳張憲和爲紀念樸學大師王夫之而建。位於今湖南衡陽蒸水左岸。船山先生王夫之曾隱居於此，故名。該院仿學海堂之制，廢科舉之學，專習經史詩賦。光緒十年（1884），兩江督臣曾國荃曾將其家藏所刻《船山遺書》三百二十二卷版片捐贈書院，并捐助膏獎銀兩。光緒十一年，邑人兵部尚書彭玉麟以“院地逼近城市，湫隘囂塵，殊不足以安弦誦”，自捐白銀一千二百兩，遷址於湘江之東洲，設巨門、講學堂、紀念堂、會客堂、藏書館、精舍、湘綺樓等建築，年收租穀三千石，以爲學貲。改衡陽縣主辦爲衡州郴桂道主辦，集四府各縣舉貢生監肄業其中。其時之教學以“講明夫子之學”“扶植人才”爲宗旨，實行“分經授徒”“分經命題”“合卷放榜”，月課榜首之卷，編入《課藝》刊行。光緒十七年春，王闓運任山長，歷二十五年之久。王氏力倡船山之學，其時“經學大明，弟子稱盛”，“湖南耆老皆出其門”，如楊度、夏壽田、蔣嘯青、陳兆奎等皆是。清末改學堂之風大盛，王仍堅持不改，僅於二十四年、二十七年調整課程，三十一年分爲四科教學。1915年改爲船山存古學堂，1922年改爲船山國學院，1925年改爲船山文科大學，1926年改爲船山中學，今爲衡陽市一中。參閱王闓運《船山院記》。

廣雅書院

　　清代書院。位於今廣東廣州。清光緒十五年（1889），湖廣總督張之洞爲合課兩廣諸生而

創建於城西北五里源頭鄉。院舍有四進：前座爲大門。二座爲講堂三間，左右爲教室，中爲院長授課之無邪堂。三座爲二層樓房，上層爲藏書閣冠冕樓，下層爲會客廳。後座東側爲教師宿舍清介堂，西側爲嶺學祠，祀嶺南前輩學者；清介堂西翼置濂溪祠，祀宋理學家周敦頤，南翼置蓮韜館，爲院長起居處；東西有生徒齋舍各百間，東省居東齋，西省居西齋；另有監院室、小書樓（閱覽室）及亭臺池閣等休憩處所。肄業生徒選自兩廣才志出衆者。名額分配規定爲：廣州三十名，肇慶、惠州、高州各十名，桂林三十名，梧州、潯州、鬱林各十名。延請“品學謹嚴”“學術雅正”之名儒爲主講。重在實學，不課制藝。設有經學、史學、理學、經濟四門，諸生可隨各自所好擇修，但各門皆須兼習詞章，以資著述。五門課業學習要領十分明確：“經學以能通大義爲主，不取瑣細；史學以貫通古今爲主，不取空談；性理之學以踐履篤實爲主，不取矯僞；經濟之學以知今切用爲主，不取泛濫；詞章之學以翔實爾雅爲主，不取浮靡。”要求“入院諸生先行後文，務須檢點身心，激發志氣，砥礪品節，率循禮法，理求心得，學求致用”，以期“上者效用國家，次者儀型鄉里”。設院長一人，日巡齋舍一次，察諸生勤惰；日閱日記記載，知諸生進退；朔望兩日臨堂授課，觀諸生學識，諸生問業，皆須回答。設分校四人，分門講授經學、史學、理學、經濟。設東西監院二人，分別管理兩省諸生，重大院事共同商辦，以求協調統一。諸生以自學爲主，各供典籍數部，以資習讀。每舍設有課程日記簿，諸生逐日注明所學內容，朔望兩日齊集講堂，行禮畢，各將所作日記呈院

長，以待詢問。每月官齋課各一，每年二十二課，遇閏月加課。一年中節假日休沐一月。每課就經、史、理學、經濟命題，諸生僅考個人所習專業。限三日交卷，不考制藝。官齋課考卷皆由四分校代閱，詳加評點，分門擬定名次。官課須送各衙門覆核，齋課須送院長覆核。名次既定，當即放榜。兩省各爲一榜，每榜前七十名皆獎，按名次定等級。超等十二名，每名獎銀三兩；特等二十四名，每名獎二兩；其餘各獎一兩。官師考課如逢事故，准予請假，不減膏火；若無故曠考，一次減膏火半月；纍計三月者除名。諸生須遵守法紀，不得賭博、酗酒、吸食鴉片；不得干預詞訟、造謡詆訕、恃衆生事、爲人作槍。春秋兩季，院長率諸生致祭濂溪祠與嶺學祠。肄業年限爲九年。辦學經費，初爲年銀一萬七千一百五十兩，後增至三萬七千七百兩。藏書宏富，達四萬三千五百餘册。設掌書生二人，訂有借閱條例，不得遺失污損，不得携出院外。設有廣雅書局，刊印《廣雅叢書》，蜚聲海内。刊印重要典籍計三千又九十六册，五千七百四十六卷。著名經學家朱一新曾任山長，以經訓、性理及史事、詞章之學教導弟子，兩廣俊彦多雲集門下。光緒二十八年（1902）改爲廣東高等學堂。現爲廣雅中學。1988年，廣雅中學舉行百年校慶，并於舊址建張之洞亭。參閱清張之洞《創造廣雅書院摺》《清續文獻通考·學校八》。

兩湖書院

清代書院。位於湖北武昌。光緒十六年（1890）張之洞任湖廣總督時建於營坊口左老天符廟都士湖濱。招收湖南、湖北兩省生員肄業。學生名額分配：湖北、湖南各一百人，均歸兩省學政調取，招"或才識出群，或多聞博覽，或志行不苟，或好學深思者"入學。另因籌措資金，得商界力助，故録取商籍四十名，由書院選拔。書院有兩書庫，分貯書籍。中有楚學祠，以祀湘鄂兩省先賢。環築齋舍二百間，以供生員住宿攻讀，又置齋舍四十間，專供商籍生員之用。前者稱"南齋"，後者稱"北齋"，以干支編號。每齋十棟，每棟前爲書房，後爲寢室，頗爲方便。書院處前後兩湖之間，"荷紅藻綠，雅擅一城之勝"。住院諸生月給膏火銀四兩，每逢初一、十五考課，合格者皆有獎賞，"惟草率謬妄者不給"。籍外之投學者，則作附課生。教學初分經學、史學、理學、算學、經濟學五門，其後在"中學爲體，西學爲用"之思想影響下又改爲經學、史學、地理、數學、博物、化學、兵操等科。任教者多爲碩儒名流，如音韻學家沈曾植、地理學家楊守敬、數學兼翻譯家華蘅芳等。此時教學人員始有"主講""助教"之分。教學十分嚴格，既重通才，又重專學，通專相融。因之涌現了一批"中學素有根柢，人品向來純正，深知宗法聖賢，兼以博覽典籍"之俊杰，如唐才常、黃興等皆造就於此處。光緒三十二年張之洞將其改爲兩湖總師範學堂，分設仁、義、禮、智、信五齋。次年黃紹箕在智、信兩齋添設理化專科，再次年提學使高凌霨在禮齋内添設博物專科。現在原址内分别擴建成湖北藝術學院、武昌四十五中學、武昌實驗小學、湖北醫學院附屬醫院住院部等院校單位。參閱清張之洞《創造兩湖書院摺》《清續文獻通考·學校八》。

第五節　新式學堂考

　　清光緒二十八年（1902）由管學大臣張百熙擬定的《欽定學堂章程》中將各類具有革新意義的學校統稱爲"學堂"。次年由張百熙、榮慶、張之洞再次擬訂的《奏定學堂章程》中復將各類學校統稱爲"學堂"。該章程包括《初等小學堂章程》、《高等小學堂章程》、《中學堂章程》、《高等學堂章程》、《大學堂章程》（附《通儒院章程》）、《初等師範學堂章程》、《優級師範學堂章程》、《初等農工商實業學堂章程》（附《實業補習普通學堂章程》及《藝徒學堂章程》）、《中等農工商實業學堂章程》、《高等農工商實業學堂章程》、《高等實業教員講習所章程》、《譯學館章程》、《進士館章程》，以及《學務綱要》《各學堂管理通則》《各學堂獎勵章程》和《各學堂考試章程》等。由此可見晚清的新式學堂的概念幾乎涵蓋所有的學校。具體包括大學堂（附通儒院）、高等學堂、中學堂、高等小學堂、初等小學堂、蒙養院、優級師範學堂、初級師範學堂、實業教員講習所、高等農工商實業學堂、中等農工商實業學堂、初等農工商實業學堂（包括實業補習普通學堂及藝徒學堂）、譯學館、進士館等。清亡後停止施行。晚清各種新式學堂在教學内容、培養目標和教育效果上均有別於以前之各類各種學校，以嶄新的西化形式展現出來。魏晉南北朝之際，學校亦曾稱之爲"學堂"，故晚清改制後的學堂稱之爲"新式學堂"。故而另闢本考，設"外國語學堂""實業與科學技術學堂""大學堂與高等學堂""師範學堂""軍事學堂""教會學校"六部。此外，自道光二十年（1840）後，西方列强以教會名義，在中國設立各類學校，推行神學與西方科技，因其亦屬"新式"，且得到清廷之允准，故而亦列入本考之中。

　　鴉片戰争後，清廷在日益頻繁的對外交涉中，由於語言文字的隔閡，外交損失極大。爲了滿足這種外交上的迫切需要，清廷批准在總理各國事務衙門下設立京師同文館。不久，以此爲樣本，洋務派又相繼在通商口岸及邊關等地，建立起中國近代第一批外國語學堂，目的是培養本國的翻譯人才和外交人才。

　　隨着形勢的發展，洋務派逐漸認識到，"西人製器尚象之法，皆從算學出，若不通算學，即精熟西文亦難施之實用"。因此，他們進一步擴大了外國語學堂的培養目標，不僅要培養翻譯人才、外交人才，也要培養掌握推算格致之理，製器尚象之法。這樣，外國語學堂已非本來意義上的純粹的外國語學堂，在以學習"西文"爲主的同時，也兼習"西藝"，擴大了學"西學"的範圍。如京師同文館，在同治六年（1867）後，逐漸成爲一所培養外語人才和自然科學人才的綜合性學校。洋務運動期間開辦的外國語學堂有京師同文館（創設於同治元年，即 1862）、上海同文館（創設於同治二年，即 1863）、廣州同文館（創設於同治三年，即 1864）、新疆俄文館（創設於光緒十三年，即 1887）、湖北自强學堂（創設於光緒十九年，即 1893）等。

　　洋務派創辦的外國語學堂、軍事學堂中，雖然也學習科學技術知識，但主要是以外語或軍事爲中心而進行的。從 19 世紀後期開始，洋務派認識到，西方之所以强於中國，不僅在於他們的船堅炮利，更在於他們的國富民强。中國要抵禦外侮，不但要"自强"，還要"求富"。因此，洋務派創辦了電報、醫學、鐵路、礦務等方面的科學技術學堂，以培養通訊、救護、運輸等技術人才，既滿足當時的國防需要，又滿足資本主義工商業發展的需要。如李鴻章創辦天津電報學堂，認爲"電報實爲防務必需之物"。張之洞説："中國方經營鐵路，而人材缺乏，勢必多用洋人，費且不貸，是非亟備人材不可。"因此，他奏請設立南京鐵路學堂。洋務派認爲，"開采礦産爲拯救時艱之急務"。但中國先後開礦却未能獲利，原因在於没有精於礦學的人才，於是南京礦務學堂應運而生，以培養開礦技師。洋務運動時期另一重要類型的新式學堂是科學技術學堂，共開辦了十四所。其中主要有：福州電報學堂（創設於光緒二年，即 1876）、天津電報學堂（創設於光緒六年，即 1880）、上海電報學堂（創設於光緒八年，即 1882）、金陵同文電學館（創設於光緒九年，即 1883）、兩廣電報學堂（創設於光緒十三年，即 1887）、臺灣電報學堂（創設於光緒十六年，即 1890）、湖北算術學堂（創設於光緒十七年，即 1891）、湖北礦務局工程學堂（創設於光緒十八年，即 1892）、天津醫學堂（創設於光緒十九年，即 1893）、山海關鐵路學堂（創設於光緒二十一年，即 1895）、南京鐵路學堂（創設於光緒二十二年，即 1896）、江南儲材學堂（創設於光緒二十二年，即 1896）、南京礦務學堂（創設於光緒二十四年，即 1898）、上海江南製造局附設工藝學堂（創設於光緒二十四年，即 1898）等。

　　中國近代實業教育起始於光緒二十二年（1896）蔡金臺在江西高安創辦的蠶桑學堂。光緒二十七年七月，劉坤一、張之洞在會奏變法第一摺中便提出在各省設農工商礦等專門學堂，以培養實業人才，受到清廷重視。次年袁世凱在直隸設工藝局，建工藝學堂，聘中外教習教授化學、染織等工藝。光緒二十九年張百熙又奏請興辦實業學堂，以利國計民生。翌年癸卯學制施行，更促進了實業教育的發展。這一年，商、學兩部首先在京師設立高等實業學堂。

　　大學堂和高等學堂均爲晚清設於各省省治之高等學校。光緒二十九年（1903）頒布的
《奏定學堂章程》，高等教育段分爲高等學堂、大學堂、大學院三級，并規定，"省會所設
學堂曰高等學堂"；雖非省會，若能創設與高等學堂程式相當的學堂，亦可稱爲高等學堂。
《奏定大學堂章程》規定高等學堂接納普通中學畢業生入學深造，以教大學預科爲宗旨。
三年畢業。高等學堂與大學預備科性質相同。學科分三類：第一類爲預備入經學、政法、
文學、商科等大學者治之；第二類爲預備入格致、農、工等科大學者治之；第三類爲預備
入醫科大學者治之。學科除人倫道德、經學大義、中國文學、外國語、體操各類共同外，
第一類課歷史、地理、辨學、法學、理財；第二類課算學、物理、化學、地質、礦物、圖
畫；第三類課蠟（拉）丁語、算學、物理、化學、動物、植物。其有志入某科某門者，得
補所缺科目或加課其他科目，分通習、主課兩種方式。三年畢業。高等學堂設監督統轄全
體教職員，主持全校教育事務。又按《奏定大學堂章程》的規定，各省設立的大學堂，"至
少須置三科以符學制"，不到三科者均稱爲高等學堂。自《壬寅學制》和《癸卯學制》頒
布後，全國各省紛紛設立高等學堂，或者是將設置不到三科的大學堂改爲高等學堂。晚清
的高等學校，除了官辦的京師大學堂、北洋大學堂、山西大學堂三所大學堂，以及中國公
學、復旦公學兩所私立大學堂外，還有各省設立的高等學堂二十七所。

　　大學堂亦稱"分科大學"。晚清稱按歐美學制新創辦的大學爲大學堂。光緒二十七年，
清廷下興學詔書，通諭各省，改省城書院爲大學堂。光緒二十八年頒布的《欽定京師大
學堂章程》規定，大學堂分大學院、大學專門科、大學預備科。光緒二十九年頒布的《奏
定大學堂章程》，共分立學總義、各分科大學科目、考錄入學、屋場圖書器具、教員管理
員五章。規定設大學堂，令高等學堂及大學預科畢業者入學深造，以造就通才爲宗旨。大
學堂設大學總監督，總管全堂各分科大學事務，統率全學堂人員；分科大學每科設監督一
人，受總監督節制。大學堂以"端正趨向，造就通才"爲宗旨，分八科，下設若干門。經
學科大學設《周易》《尚書》《毛詩》《春秋左傳》《春秋公羊傳》《春秋穀梁傳》《周禮》《儀
禮》《禮記》《論語》《孟子》《理學》十二門。政法科大學設政治、法律兩門。文學科大
學設中國史學、萬國史學、中外地理學、中國文學、英國文學、法國文學、德國文學、俄
國文學、日本國文學九門。醫科大學設醫學、藥學兩門。格致科大學設算學、星學、物理
學、化學、動植物學、地質學六門。農科大學設農學、農藝化學、林學、獸醫學四門。工
科大學設土木工學、機器工學、造船學、造兵器學、電氣工學、建築學、應用化學、火藥

學、采礦及冶金學九門。商科大學設銀行保險學、貿易及販運學、關税學三門。學制除政法科及醫科之醫學門修業四年外，餘均爲三年。京師大學堂務須八科大學齊全，省立大學有三科即可，不必求全。大學堂内另設通儒院，"爲研究各科學精深義藴，以備著書製器之所"，令大學堂畢業者入院專事研究，不須上課，五年畢業。

中國近代師範教育肇始於光緒二十三年盛宣懷創辦的上海南洋公學師範院。次年京師大學堂附設師範齋，開中國新式高等師範教育的先河。光緒二十八年張之洞創設湖北武昌師範學堂，是中國第一所官辦的中等師範學校。同年張謇在南通創辦的通州師範學堂是中國第一所私立中等師範學校。《癸卯學制》頒行後，師範教育得到迅猛發展。

晚清洋務運動時期開辦的軍事學堂包括水師學堂、武備學堂和軍事技術學堂。洋務派創辦軍事學堂的目的，是培養軍事人才，包括能征善戰的將才和軍事技術人員。面對"數千年來未有之强敵"，洋務派認識到，要抵禦列强的武裝侵略，必須培養掌握先進軍事技術的人才，建立新式軍隊，發展自己的軍事工業。他們將練兵選將、創辦學堂看作培植人才的根本。洋務派認爲，歐洲"由格物而製器，由製器而練兵，無事不學，無人不學，角勝爭長，率臻絶詣"，西方各國於練兵製器之法，無不精益求精，"其兵船將弁，必由水師學堂；陸營將弁，必由武備書院造就而出"。總之，中國必須仿照西方設立學堂，培養軍事人才。洋務派重視開辦軍事學堂也有出於"靖内患"的考慮，即鎮壓國内人民革命的需要。軍事學堂共有十五所左右。計有福州船政學堂（創設於同治五年，即1866）、上海江南製造局操炮學堂（創設於同治十三年，即1874）、廣東實學館（創設於光緒六年，即1880）、天津水師學堂（創設於光緒六年，即1880）、天津武備學堂（創設於光緒十一年，即1885）、廣東黄埔魚雷學堂（創設於光緒十二年，即1886）、廣東水陸師學堂（創設於光緒十三年，即1887）、北京昆明湖水師學堂（創設於光緒十四年，即1888）、山東威海衛水師學堂（創設於光緒十五年，即1889）、北洋旅順口魚雷學堂（創設於光緒十六年，即1890）、江南水師學堂（創設於光緒十六年，即1890）、山東烟臺海軍學堂（創設於光緒二十年，即1894）、江南陸師學堂（創設於光緒二十一年，即1895）、直隸武備學堂（創設於光緒二十二年，即1896）、湖北武備學堂（創設於光緒二十二年，即1896）等。

自清道光二十年（1840）鴉片戰争後，英、美、法等國各派教會以培養爲教會服務的牧師、教師和爲外國在中國經營企事業服務的人員爲目的，在中國創設的各級學校，通稱爲教會學校。19 世紀 90 年代後，歐美列强進入了帝國主義階段，對外擴張與侵略也進而加强，在華的外國教會勢力隨之得到很大的發展。爲了適應"征服中國"的需要，"造就服從他們的知識幹部"，在華的外國教會開始創辦教會學校。教會學校具有多種辦學類型，從教派的角度可分爲基督教教會學校、天主教教會學校和東正教教會學校三種類型；從創辦者的角度來看，有傳教士獨立創辦的學堂及傳教士與中國信徒合辦的學堂兩種；從教學内容分析，又可分爲三種類型：一是以傳授宗教爲主課的學校，此即爲"天道院"（神學院）性質；二是以傳授宗教知識和科學知識并舉的學校；三是傳授中學、西學知識的學校，宗教氣息淡薄。教會學校作爲外國對中國文化教育滲透的組成部分，它是中國半殖民地半封建社會的産物。尤其是不平等條約的締結，給各國教會在華傳教辦學以合法的權利。光緒三十二年（1906）清廷學部頒布了《諮各行督撫爲外人設學無庸立案文》，爲外國人在中國國内設學大開綠燈，以至於教會學校的發展速度超過了中國自辦學校的發展速度。

天主教會在中國辦學，首推清道光三十年（1850）建立的上海徐匯公學（亦稱聖依納爵公學）。後有所發展，尤其在北京、南京、漢口、香港和天津地區。基督教學校的産生，首先是（1818）英倫敦會傳教士馬禮遜在馬六甲設立的英華書院。早期教會學校規模小，學生少，設備簡單，形式單一。這些學校多附設於教堂，教士兼任學堂的師資，亦没有正式的行政管理人員。鴉片戰争以後，正教會、倫敦會在厦門，北長老會在廣東，公理會和英聖公會在福州、寧波、上海，巴色會和禮賢會在廣東，英長老會在厦門、汕頭、臺灣，美以美會在福州、江蘇、浙江以及華中、華北、華西，循道會在兩廣、兩湖，浸禮會在山東、寧波，内地會在西北、西南省份，南長老會在江蘇、浙江，公誼會在四川，基督教會在南京、上海，浸信會在兩廣，貴格會在江蘇、安徽，英美會在四川，來復會在安徽、江蘇，遵道會在湖南，信義會在兩湖各地，都先後設立各級各類教會學校。其中包括師範學校、職業學校、高級小學、初級小學和中等學校等。自光緒二十五年（1899）各國教會把着重點轉移到高等教育上。辛亥革命之前外國各教會在中國設立的大學，有聖約翰大學、東吳大學、文華大學、夏葛醫科大學、協和醫學校、滬江大學、華西協合大學、金陵大學、之江大學等。這些學校多由幾個教會聯合組成，有的由不同國家的教會合辦（如華西協合大學由英、美、加三國教會合作）。這些學校都經過其本國教會和本國州立大學（美屬教會設立的）認可立案，頒發學生畢業文憑。

教會普通學校早期的主要教學内容是《聖經》和英語，次爲"四書""五經"和自然常識。後來隨着外國在中國政治經濟勢力的伸展，除重視英語外，也講授社會科學和自然科學，設置音樂、體育課程。高等學校設文、理、農、醫等學院，包括哲學、中外文學、歷史、政治、經濟、法律、教育、新聞、會計、銀行、工商管理、國際貿易、圖書館、檔案、數學、物理、化學、生物、工程、農業、森林、蠶桑以及音樂等專業。各校都聘請一些著名的學者任教，理科設備比較充實。

教會學校大都是按照西方學制建立起來的，創辦之初雖爲散兵游勇，但合起來則形成了從幼稚園到大學教育的一套完整的學校體系。各種類型的教會學校在傳授宗教知識的同時，尤其重視外語和自然科學的教學，還自行建立了獨立的教育行政機構，擬訂教育法規，設置視導人員，有自成體系的運作方式、管理體制、課程設置、教科書的編制與選用及學業評價標準等。教會學校的設立本意是爲教會人員的子女提供受教育的機會和爲教會培養信徒，但客觀上爲我國培養了大批科技人才，對中國教育的早期現代化作出了不可磨滅的貢獻。受過教會學校教育的學生除了少數從事宗教事業外，相當一部分後來成爲中國社會的科技教育骨幹。教會學校就其辦學經費來源而言，當屬於私學性質，但由於其特殊的設學目的、教授物件和教育效果，使其又不同於中國傳統意義上的私學。它是中國自清代以來由外國傳教士或教會設立的一種特殊的學校教育。它存在於中國長達一個世紀，其教育成效雖有違它設立之旨，却也反映了時代之意藴。由於教會學校爲中國近代學校教育不可或缺的組成部分，因此，研究教會教育制度，對研究我國教育制度的形成與發展有一定的作用，對探討我國教育如何走向現代化也有某種程度的啓迪意義。

一、外國語學堂

京師同文館

省稱"同文館"。清末洋務派創辦教習外國語用以培養"譯員""通事"的官辦專科學校。咸豐十年（1860）恭親王奕訢奏請獲准而創設於北京，旨在培養翻譯人才。同治元年（1862）六月十一日在北京正式成立，附設於總理各國事務衙門。創設英文館，學生十人，皆八旗幼童，聘英教士包爾騰爲英文教習（教師），候補八旗官學教習徐樹琳任漢文教習。次年，增置法文館、俄文館，將乾隆時所設俄羅斯文館并入，學生各十名，仍從八旗子弟中挑選。同治五年十二月恭親王奕訢等奏請增設算學館，以研習天文、算學和西方製造技術，并訂相應章程六條。招收三十歲以下的滿漢舉人，恩、拔、歲、副、優貢生，及五品以下京外官員，聘西人爲教習。同治六年算學館開始招生，自此京師同文館不再是初級的外語專科學校，而逐漸演變成兼習科學技術的綜合性學校。課程設置亦有較大擴充，尤其注重自然科學和實用技術學科的教習。同治七年，聘李善蘭爲算學總教習。次年，又聘美籍傳教士丁韙良爲總教習總管校務。各館教習僅算學和中國語文爲中國人，其餘均爲外籍人。同治十一年和光緒二十二年（1896）又分別增設德文館和東文（日文）館，分館教授，均以教習本館外語爲首務。同治十一年，總教習會同各館教習，擬定了學校《八年課程計畫》。次年添設生理、醫學學科，從此同文館有了統一的課程設置和章程，學生有一百二十人左右。學制八年，教學内容有英、法、俄、德、日等國語言。自算學館成立之後，西方某些自然科學如算學、代數、物理、化學、幾何學、微積分、醫學生理、萬國公法、機器製造、外國史地、天文測算、航海測算等亦被列爲教學内容。年齡稍長者獲准可以不習外文，專事各門自然科學。在學五年肄業，而中文與經學則爲必修課程，貫穿始終。光緒二十二年，因受甲午戰爭失敗的刺激，御史陳其璋奏請整頓同文館，重新修訂了八年課程計畫：前五年相當於中學課程，後三年爲大專課程；前三年側重外語學習，後五年則偏重學習科學技術知識。光緒二十六年八國聯軍侵入北京，同文館解散。光緒二十八年同文館并入京師大學堂。

同文館前後存在四十餘年，被視爲洋務教育的主要標本，亦是洋務運動的重要組成部分，反映了正在萌芽中的資本主義生產的要求，其目的是維護封建地主階級的統治，途徑

是依靠洋人辦學。但就本質而言，同文館依舊屬於封建學校。由於同文館在中國最早採用班級授課制，所以又被視爲中國近代教育的發端。京師同文館的創辦，是中國第一次改革舊式傳統教育的嘗試，客觀上培養了一大批外語人才，對晚清的外交教育，乃至政治都産生了一定的影響。近人嚴復《原强》：“海禁大開以還，所興發者亦不少矣：譯署，一也；同文館，二也；船政，三也。”《清史稿·選舉志二·學校下》：“又震於列强之船堅炮利，急須養成翻譯與製造船械及海陸軍之人才。故其時首先設置之學校，曰京師同文館，曰上海廣方言館，曰福建船政學堂及南北洋水師、武備等學堂。”參閱《清續文獻通考·學校十四》《籌辦夷務始末·同治朝》。

據文獻記載，同文館之稱最早起源於宋代，爲其四方館之一。宋之同文館原爲接待青唐、高麗使節而設。宋王應麟《小學紺珠·制度·四方館》：“四方館。宋，都亭驛以待遼；都亭西驛以待西蕃、阿黎、于闐、新羅、渤海；懷遠驛以待交趾；同文館以待青唐、高麗。”清代援延其稱，設爲培養外交翻譯人才的學校。同文，通譯文字之謂也。

【同文館】[2]

“京師同文館”之省稱。此稱清朝末年已行用。見該文。另，晚清之各種方言學堂亦省稱“同文館”。參見本卷《教學機構説·機構總考》“方言學堂”文。

上海廣方言館

亦稱“上海同文館”“上海外國語言文字學館”“工業學堂”“陸軍兵工學堂”。晚清高等外國語學校。清同治二年（1863）三月十一

日，江蘇巡撫李鴻章仿照京師同文館章程創設於上海。校址在敬業書院舊址（今上海聚奎街西）。由馮桂芬等擬定章程二十一條。四年後改爲"上海廣方言館"。學校設總辦一人、總教習一人，初聘外國教習二人、漢教習四人。招收本地十四歲以下、資禀穎悟之文童入館肄業。入學者皆由地方官紳報舉，并附三代履歷，經海關巡道面試合格後方可入校就讀。學生限額四十名。學制三年，課程有西語西文（先開英語，繼開法、俄、德、日語）、算學、經學、史學、辭章等。最盛時生徒多達二百人。學生每月初八和二十四日都得接受面試，每三月赴道署參加考試，不合格者一律令其退學。而前十名之合格者則有重獎。畢業後，擇優備送通商衙門任翻譯兼理洋務，或保送京師同文館深造，或授以官階。同治九年正月，學校遷至高昌廟江南製造局新址。生徒分外語和工科二班。課程有算學、代數、幾何、對數、重學、天文、地理、繪圖、地礦與冶煉、機器製造、航海理法、水陸攻戰、外國語言文字與風俗國政等。光緒二十一年（1895），改廣方言館爲"工業學堂"。光緒二十四年增設工藝學堂，内分機器、化學兩館，學生各二十人。光緒三十一年（1905）十月更名爲"陸軍兵工學堂"。《清史稿·選舉志二·學校下》："上海廣方言館，創設於同治二年。江蘇巡撫李鴻章言：'京師同文館之設，實爲良法。惟洋人總匯地，以上海、廣東兩口爲最。擬仿照同文館例，於上海添設外國語言文字學館，選近郡年十四歲以下資禀穎悟、根器端靜之文童，聘西人教習，並聘内地品學兼優之舉、貢生員，課以經、史、文藝。學成送本省督、撫考驗，作爲該縣附學生。其

候補、佐雜等官，年少聰慧者，許入館一體學習，學成酌給升途。三五年後，有此一種讀書明理之人，精通番語，凡通商、督、撫衙署及海關監督，應設繙譯官承辦洋務者，即於館中遴選派充。庶關税、軍需可期核實；無賴通事，亦稍斂迹。且能盡閲西人未譯專書，探賾索隱，一切輪船、火器等巧技，由漸通曉，於自强之道，不無裨助。'上諭廣州將軍查照辦理。"參閲《清續文獻通考·學校十四》、《籌辦夷務始末·同治朝》（卷五九、卷六〇）、李鴻章《李文忠公全書·奏稿》（卷三、卷二六）、《廣方言館全案》、《上海縣續志》（卷一一）、《萬國公報》（卷三六一）、吳宗濂《上海廣方言館始末記》、上海市文史館和上海市人民政府參事室合編《上海廣方言館史略》。

【上海同文館】

即上海廣方言館。此稱清朝末年已行用。見該文。

【上海外國語言文字學館】

即上海廣方言館。此稱清朝末年已行用。見該文。

【工業學堂】

即上海廣方言館。此稱清朝末年已行用。見該文。

【陸軍兵工學堂】

即上海廣方言館。此稱清朝末年已行用。見該文。

廣州同文館

亦稱"廣州廣方言館""廣州譯學館""兩廣方言學堂"。晚清高等外國語學校。同治三年（1864）五月底廣州將軍瑞麟、兩廣總督毛鴻賓在廣州設立。仿照上海廣方言館章程辦學，

造就外語人才。設提調一人、館長二人，聘外國教習、漢教習各一人。學生限額二十人，其中從廣東駐防滿洲、漢軍八旗子弟内挑選十六人，本地漢人世家子弟四人。課程有英國語言文字、漢文、經史及自然科學，學制三年，畢業後准作監生參加鄉試，并派充各衙門翻譯官，成績優異者保送京師同文館深造。光緒五年（1879），增設法文班、德文班等。招生限額不變。光緒二十八年，并入廣州駐防中學堂内。光緒三十一年，更名爲"廣州譯學館"。《清續文獻通考・學校十四》："〔光緒〕三十二年，學部咨粤督張之洞、給事中陳慶桂奏廣州譯學館亟宜整頓。原奏稱廣州府城自同治初年設立同文館，直接於總理衙門，爲西學之權輿，數十年來培養八旗子弟得人稱盛，惟當開辦之始專習外國語言文字以備譯才。此外，僅有粗淺算學科，學既不完全，國文亦未講究，上年因其舊制改名譯學館。按之奏定章程仍未悉合，尤須及時整飭，謹酌擬數條：一管理宜得人，一教習宜精選，一學生宜甄別，一學科宜補習，一學費宜預算。應請飭令廣州將軍、兩廣總督督飭提學，便認真經理以期漸收成效。旋據廣州將軍壽蔭等會奏議，將廣州譯學館與兩廣游學預備科歸併爲一，改爲兩廣方言學堂……教授課程務遵奏定章程，力求完備。至該館學生應由提學使甄別一次，其年齒太幼中文未通者，撥回中小學堂肄業，并按照原奏准挑漢人入館酌定額數，一律録取入學。惟奏定章程，京師設譯學館，各省設方言學堂。該譯學館應即改稱方言學堂以符定制。"參閱《清續文獻通考・學校十四》、《籌辦夷務始末・同治朝》（卷一六、卷二七、卷五六、卷六二、卷八四、卷八五）、《毛尚書奏稿》（卷一三）、蘇精《清季同文館及其師生》。

【廣州廣方言館】

即廣州同文館。此稱清朝末年已行用。見該文。

【廣州譯學館】

即廣州同文館。此稱清朝末年已行用。見該文。

【兩廣方言學堂】

即廣州同文館。此稱清朝末年已行用。見該文。

新疆俄文館

亦稱"中俄專門學堂"。晚清外國語學校。光緒十三年（1887）由新疆巡撫劉襄勤奏請創設於新疆省城迪化（今烏魯木齊）。學堂仿照同文館章程挑選生徒入館肄業，由翻譯桂榮兼充教習，另設漢教習一人，分課肄業，光緒三十一年裁撤。光緒三十四年（復設。參閱《清史稿・選舉志二》。

【中俄專門學堂】

即新疆俄文館。此稱清朝末年已行用。見該文。

臺灣西學館

亦稱"臺灣西學堂"。晚清外國語學校。光緒十三年（1887）三月，臺灣巡撫劉銘傳奏准創設於省會所在地臺北大稻埕六館街，直屬於巡撫。光緒十六年，移至臺北城内登瀛書院之西鄰新址。學館仿照京師同文館、上海廣方言館章程辦理。學堂分爲普通學科及國文等，招收年輕質美之士二十餘人入館肄業。曾以有留學外國經歷之張爾城（或作午城）爲總監。課程有英國語言文字、漢文、經史、圖算、測量、製造之學，旨在培養翻譯及洋務人才。學堂聘丹麥人轄治臣（Hating）及英國人布茂林（Pumolling）爲外國語文教習，另派漢教習二人，均系留學生。教國文者，則爲國人有名學者三四人。除普通學科外，國文以一般文學程度爲准，課以經學藝文，故在名稱上雖爲西學堂，實則爲普通高等教育機關。學生全部官費優待。光緒十六年邵友濂接任巡撫，因緊縮財政，而被裁撤。學堂雖僅存四年，但其成績頗爲可觀。參閲臺灣省文獻委員會編《臺灣省通志·教育志·制度沿革》、《劉壯肅公奏議》（卷六）。

【臺灣西學堂】

即臺灣西學館。此稱清朝末年已行用。見該文。

湖北自强學堂

省稱"自强學堂"。晚清高等外國語學校。光緒十九年（1893）十月湖廣總督張之洞創辦於湖北武昌。自强學堂是湖北省最早的一所外國語學堂。學堂由蔡錫勇出任總辦（校長）。招收十五至二十四歲的士人入學肄習。分方言、格致、算學、商務四課，分齋講授。光緒二十二年，算學改歸兩湖書院講習，格致、商務停辦，衹設方言齋。内分英、法、德、俄語言文字四門，每門學生三十人，學制五年。學有成效者，即予獎叙并送同文館備用。光緒二十三年專以方言及算術爲功課，漸習地志、格致、理化諸書，增設日文。光緒二十九年，

鄂督張之洞將自强學堂改爲普通中學堂，由紀鉅維出任總督，是爲湖北省有普通中學之始。《清史稿·選舉志二·學校下》："至湖北自强學堂，亦之洞創設。初分方言、格致、算學、商務四門。惟方言一齋，住堂肄業，餘三齋按月考課。其後算學改歸兩湖書院教授，格致、商務停課，本堂專課方言，以爲西學梯階。方言分英、法、德、俄四門，亦類似同文館之學堂也。""自强學堂，光緒十九年，於省會鐵路局旁設立。分方言、算學、格致、商務四齋。除方言一齋學生在堂肄業外，其餘三齋，均按月考課，憑文甲乙……改定章程。設英、法、德、俄語言文字四科，每科額三十名，以華文清通、文理明白者爲合格。英文、法文，派華員爲教習，俄文、德文，分派俄員、德員爲教習。學生伙食書籍，均由堂備，月給膏火五元。旋停。畢業期間五年。又公（編者按：指張之洞）前於鐵廠附設化學學堂，聘西人駱丙生爲教習，時鐵廠改歸商辦，故將化院一堂併入，仍以駱丙生繼續教授。"（張繼煦《張文襄公治鄂記》）參閲張之洞《張文襄公奏稿》（卷二一、卷二九）、《張文襄公公牘稿》（卷一二、卷二六、卷二八）、程頌萬《十髮盦叢書類稿·强學編》、蘇雲峰《張之洞與湖北教育改革》。

【自强學堂】

"湖北自强學堂"之省稱。此稱清朝末年已行用。見該文。

二、實業與科學技術學堂

福州電氣學塾

亦稱"福州電報學堂"。晚清高等實業學校。清末最早的電報技術學校。光緒二年（1876），福建巡撫丁日昌在福州創立。學堂由丹麥大北公司的工程師兼教習，教授電報原理與機器操作方法，及製造電綫、電報各種機器。大部分學生從香港、廣州學過英語的生童中招選，一部分選自福建船政學堂。以培養電報員爲主，少數優異者派送英國大電報局、機關，或丹麥電氣廠留學深造，接受電器的安裝與維護教育。首批學生爲三十二人。參閱《萬國公報》（卷三九三）。

【福州電報學堂】

即福州電氣學塾。此稱清朝末年已行用。見該文。

天津電報學堂

晚清高等實業學校。光緒六年（1880）九月三日由直隸總督兼北洋大臣李鴻章創設於天津。學堂爲電報局的一部分，由道員朱格仁主其事，聘丹麥籍教習教授電磁原理與電報技術，訓練中國的管報生。招收十六至二十歲的聰穎子弟入堂肄業。課程有電報實習、基礎電信問題、儀器規章、國際電報規約、電磁學、電測試、各種電報制度與儀器、電器電報設備、陸上電綫與水下電綫的建築、電報綫路測量、材料學、電報地理學、數學製圖、英文和漢文等。至光緒二十一年畢業三百多人，均分往各地電報分局。約於光緒二十八年（1902）停辦。參閱李鴻章《李文忠公全書·奏稿》（卷三八、卷三四、卷四五、卷七二）。

另外，光緒三十年羅朝漢、孫洪伊等人也在天津創設電報學堂，屬私立學堂性質。教員八名，全爲中國人，多由天津電報局職員兼充。課程有中學程度的各普通學科，及與電報有關的學科，并有實習內容，學生約爲九十人，分爲三個班肄習，每月學費三圓，修業期限大致爲四年。若電報局需要工作人員，可隨時畢業，以補其缺。電報局每月支付一百圓補充辦學經費。

上海電報學堂

亦稱"上海電報學校""上海電報傳習所"。晚清實業學校。光緒八年（1882）設立。學堂招二十名學生入學，學習收發電碼技術。姚彥鴻任總辦（校長），唐璧田任教習，教授發報等法。畢業後派至上海電報總局任職。後因急需電報人才，擴大學堂規模，分設發報塾、測量塾，聘請丹麥人博怡生、葛雷生等任教習。民國元年（1912）改爲上海電報學校，未及半年又改爲上海電報傳習所。參閱《萬國公報》卷三三。

【上海電報學校】

即上海電報學堂。此稱民國初年已行用。見該文。

【上海電報傳習所】

即上海電報學堂。此稱民國初年已行用。見該文。

天津醫學堂 [1]

亦稱"醫藥館"。英文名爲總督醫院附屬醫學校。晚清高等實業學校。光緒七年（1881）十一月，直隸總督兼北洋大臣李鴻章接受倫敦傳教會醫生馬根濟的建議，創設於天津總督醫院。學校聘駐扎天津的英美海軍外科醫生任教習。從被撤回國的"留美幼童"中挑八名進行現代醫學訓練。學校爲醫學生開設系統的醫學課程，并在醫院進行臨床實習。學生學成畢業後派往北洋海陸軍中充任醫官。光緒十一年第一届畢業生共六人。光緒十四年，馬根濟去世後，醫院被倫敦傳教會收買。李鴻章另建西醫學堂，即北洋醫學堂，亦稱"天津醫學堂"。參見本卷《教學機構説・新式學堂考》"北洋醫學堂"文。參閲李鴻章《李文忠公全書・奏稿》《萬國公報》卷二二、陳景韶《舊中國海軍的教育與訓練》（《福建文史資料》第八輯）、林獻炘《清末海軍史料・海軍各學校沿革之概況》。

【醫藥館】

即天津醫學堂。此稱清朝末年已行用。見該文。

北洋醫學堂

亦稱"天津醫學堂"。晚清高等醫學學校。舊稱今渤海、黃海一帶爲北洋。宋姚寬《西溪叢語》："今自二浙至登州與密州，皆由北洋，水極險惡。"清末至民國時稱今江蘇以北之山東、河北、遼寧等沿海各省爲北洋，而稱其以南沿海各省爲南洋。因此醫學堂設於天津，故稱"北洋醫學堂"。光緒十九年（1893）十一月由北洋大臣李鴻章督飭海關道以本地官商捐款在天津城外創設，是官辦天津醫院的附屬西醫學堂。醫學堂選募聰穎生徒入堂，分班肄業。聘天津税務署英國醫官歐士敦監督一般醫學事宜，延請中外醫生任教習，按照西方醫學校的標準設定課程。所選頭班、二班學生分習洋文醫理。一切經費由海防經費中開支。北洋醫學堂是中國近代政府自辦的最早的西醫學堂。參

閲《清史稿・選舉志二》。

【天津醫學堂】[2]

即北洋醫學堂。此稱清朝末年已行用。見該文。

湖北方言商務學堂

晚清省立實業學校。光緒十六年（1890）湖廣總督張之洞在武昌設立。招收學生五十名，除專習各國語言文字外，并講求商務，研究浚利源、塞漏卮，暢銷土貨，阜民利用之道。參閲《清史稿・選舉志二》。

湖北礦務局工程學堂

晚清省立實業學校。光緒十八年（1892）於武昌開辦。湖北礦務局先在光緒十六年於武昌設立一所分析湖北、湖南兩省煤炭和礦石的實驗室，并於次年六月組辦一個班級研究分析煤炭和鐵礦石的方法。後在此基礎上增設化學和物理兩門課程，擴充爲采礦工程學堂。聘請牛津大學碩士畢業生羅賓遜和中國教師婁國基等人爲教習，招收二十名學生入學肄業。參閲《清史稿・選舉志二》。

江南儲才學堂

亦作"江南儲材學堂"。亦稱"江南學堂"《格致學堂》"格致書院""江南高等學堂"。晚清省立實業學校。光緒二十一年（1895），湖廣總督張之洞奏請創設於金陵（今江蘇南京），次年學校正式開學。學堂設交涉、農政、工藝、商務四科。學生額定一百二十名。先學英、德、法、日四國語言文字，後依次分別講求律例、賦税、輿圖、種植、水利、畜牧、農器、化學、汽機、礦務、工程、各國商務、中國土貨、錢幣、貨物。訂有章程、合同、學約、規務。光緒二十四年改爲"江南學堂"。由蒯光典

出任總辦（校長）。學生仍以一百二十名爲額。光緒二十五年更名爲"格致書院"。光緒二十九年復更名爲"江南高等學堂"。劉坤一《劉坤一遺稿·創立江省郡縣學堂摺》："江南舊有儲材學堂，原議分設交涉、農政、工藝、商務四大綱，學額以一百二十名爲止。又以學生未解西書，不得不以語言文字爲塗徑。現在所學僅英、德、法、日四國語言文字，即使三年有成，不過備譯人之選，而於律例、賦稅、輿圖、繙書、種植、水利、畜牧、農務、化學、汽機、礦務、工程、各國商務、中國土貨、錢幣、貨物諸學，均未講求，仍須俟諸數年之後。定額既少，收效又遲，且與大學堂章程亦多不能相應。方今朝廷勵精圖治，百度維新，各省徧設學堂，一洗空疏積習，宏規茂矩，體用兼資，不患無繙譯之才，而患無會通之士。臣之至愚，應迅設省府縣各學堂以植其本，另設農、工、商等學堂以造其精。既爲溥通學先立始基，即爲專門學豫籌進境，庶幾人才輩出，不致遲緩費時。擬將儲材學堂改爲江南學堂，推廣學額，多延教習。其舊有學生，嚴加考核，分別去留，並將舊有之鍾山、尊經、惜陰、文正、鳳池、奎光六書院，併改爲府縣各學堂。"參閱張之洞《張文襄公奏稿》（卷二六）、《新知報》（卷九七）、《利濟學堂報·學部新錄》《皇朝經世文新編·學校上》（卷六）、《皇朝經世文新編續集·學校上》（卷五）。

【江南儲材學堂】

同"江南儲才學堂"。此體清朝末年已行用。見該文。

【江南學堂】

即江南儲才學堂。此稱清朝末年已行用。見該文。

【格致學堂】

即江南儲才學堂。此稱清朝末年已行用。見該文。

【格致書院】[2]

即江南儲才學堂。此稱清朝末年已行用。見該文。

【江南高等學堂】[1]

即江南儲才學堂。此稱清朝末年已行用。見該文。

山海關鐵路學堂

亦稱"北洋山海關鐵路學堂""鐵路專科學校"。晚清高等實業學校，是爲我國鐵路學堂之最古者。光緒二十一年（1895）由津榆鐵路公司創辦，學生六十人。光緒二十四年，因辦理不善遷附於天津頭等學堂（北洋大學前身），改稱"鐵路專科學校"。光緒二十六年夏，因義和團運動興起及八國聯軍攻陷天津，天津頭等、二等學堂停辦，鐵路專科十八名學生就讀於上海南洋公學，編爲鐵路班，年餘散學。參閱曾鯤化《中國鐵路史》、《集成報》卷二三。

【北洋山海關鐵路學堂】

即山海關鐵路學堂。此稱清朝末年已行用。見該文。

【鐵路專科學校】

即山海關鐵路學堂。此稱清朝末年已行用。見該文。

杭州蠶學館

晚清省立實業學校。光緒二十三年（1897）籌設，次年林啓開設於杭州，聘日人爲總教習。旨在改良中國蠶業，挽回利權。課程有物理學、化學、植物學、動物學、氣象學、土壤學、桑樹栽培、蠶體生理、蠶體解剖、蠶兒飼養法等，注重實驗。學生額定三十名，學制三年，畢業生發給執照，准其充各處教習。光緒三十四年改爲中等蠶桑學堂。清劉錦藻《皇朝續文獻通考·實業考》："三十年武寧縣王令澹道將城鄉公局作爲考驗蠶桑公所，函詢杭州蠶學館，館稱：桑秧石門俞家瀾之種。"參閱《清續文獻通考·學校十九》。

測繪學堂

晚清旨在培養軍事測繪人才之實業學校。光緒二十三年（1897）在天津創建北洋測繪學堂，僅辦一期。光緒三十年，清廷練兵處在北京又建測繪學堂，後稱"京師陸軍測繪學堂"。廣西、河南、安徽、江西、廣東、山東、江蘇、吉林、奉天（今遼寧）、雲南、陝西、浙江、湖北等省也相繼成立陸軍測繪學堂。專業分三角、地形、製圖三股。學生專習一股者爲尋常科，并習三股者爲高等科。光緒三十四年，陸軍部將各省測繪學堂半年至二年不等的學制統一爲三年。學生爲本省市民和駐防旗營子弟。宣統二年（1910）由各省選本省測繪學堂畢業生及在職技術人員，入京師陸軍測繪學堂，成立模範班，學業介於尋常科與高等科之間。學制一年七個月。辛亥革命後，改爲中央陸軍測量學校。參閱《清史稿·選舉志二》。

湖北中西通藝學堂

晚清省立實業學校。光緒二十四年（1898）頌萬等人在武昌創辦。招收年在十二歲至二十二歲子弟入學肄業，内課生與外課生各二十四人。課程有英法語言文字及經義、輿地、掌故、藝文、算數、圖繪。内課生學習年限爲一至三年不等，外課生學習時間爲五個月至一年不等。參閱《清史稿·選舉志二》。

湖北農務學堂

晚清省立實業學校。光緒二十四年（1898）湖廣總督張之洞在武昌創設。聘美國農學教習布里爾任正教習，招考十四歲以上二十歲以下官紳士庶子弟三十名入學肄習農科，次年添招蠶科三十名。課程有英語、算學、電化、種植、畜牧、茶務、蠶務各門。學額一百二十名。以普通中學及高等小學堂畢業生升入。前二年補習預科，後二年習正科，四年畢業。光緒二十八年遷入城北新址，該學堂備有美國新式農具、果穀優良品種、試驗田園，以備試種。羅振玉任總經理。參閱《清史稿·選舉志二》。

南京礦務鐵路學堂

省稱"南京礦路學堂"。光緒二十四年（1898）開辦。光緒二十一年張之洞在南京設立鐵路學堂，附屬於南京陸軍學堂。劉坤一繼任兩江總督兼南洋大臣後，爲培養開礦技師，於光緒二十四年又附設礦務學堂，課程以礦務爲主，鐵路爲輔，故稱"礦路學堂"。招選十五歲至三十歲之生童入學肄業，聘請西洋著名礦師爲教習。課程主要有德文、漢文、格致地學（地質學）、金石學（礦物學）、算學、歷史、體操、繪圖等。章程、學制等仿照儲才、水師、陸師、電報、鐵路各學堂之例。參見本卷《教學機構說·新式學堂考》"南京陸軍學堂"文。參閱《清史稿·選舉志二》。

【南京礦路學堂】

"南京礦務鐵路學堂"之省稱。此稱清朝末年已行用。見該文。

湖北工藝學堂

晚清省立實業學校。光緒二十四年（1898）湖廣總督張之洞在鐵政洋務局内設立。招收紳商士庶子弟入學肄業，聘請華洋教習，專授筆算理化之學、汽機重動之功，以明其體；并選中國、東洋各項工藝匠首，分課專門之學，以達其用。後改設於舊江漢書院，課程有理化、機器製造、紡織、建築各門。四年畢業，前二年習預科，後二年習正科。以候選道梁敦彥爲提調。參閱《清史稿·選舉志二》。

廣西經濟學堂

晚清省立實業學校。光緒二十四年（1898）廣西巡撫黃槐森創辦於桂林，選本省貢監生十五至二十五歲者六十人爲正課生，另選百人爲附課生，延教習二人，分校二人。課程有經濟科内政、外交、理財、經武、考工、格致六門，分門立教。廣購經濟、時務書籍。參閱《清史稿·選舉志二》。

福建蠶桑公學

晚清省立實業學校。光緒二十六年（1900）在福建南臺創辦。以教授蠶桑學理及實務爲主，招考十六歲以上三十歲以下稍通文墨者入學。分設本科與別科兩門。本科專講蠶業學理兼事實驗，別科則專事實驗兼授學理。修業期限，本科一年，別科爲六個月。參閱《清續文獻通考·學校十九》。

廣東商務學堂

晚清省立實業學校。光緒二十七年（1901）由廣州紳商在西關洋行會館創辦。招收商家子弟入學肄業，課以萬國通商條約、出入口稅則、中外郵政電報、各埠商情、中外權衡度量、萬國金市品式、南北正音、辨認物産以及日語、英語等科目。學習期限三年。另附夜校，入學者不拘年齡。參閱《清史稿·選舉志二》。

江南蠶桑學堂

晚清省立實業學校。光緒二十七年（1901）創設於江寧（今江蘇南京）。學堂參用東西洋新理，改良土法，求栽桑養蠶繰絲等法。置學習部、試驗部、事務部，分任教授學課、考試生徒、試驗成績、調查事業與桑樹、蠶、繭絲、器具之試驗及銀錢、地基、房屋、什物、文牘簿籍等。學生分正科別科。正科生每年招收三十名，學制二年。別科生每年招收十名，學制四個月。正科生修動物、植物、蠶體生理、理化學、養蠶學、氣象學等四十餘門課程，別科生課程分講授、實習兩類。講授類，課以栽培論等四門；實習類，授以飼育檢察等五門。參閱《清續文獻通考·學校十九》。

山西農林學堂

晚清省立實業學校，也爲中國最早創辦的農林學校。光緒二十八年（1902）山西巡撫岑春煊在太原設立。聘日本農學士岡田真一郎和林學士三戶章造爲農林教習，分設農林、種植等課程，學生由晋省各州縣保送。任姚文棟爲總辦。參閱《清史稿·選舉志二》。

漢陽鋼鐵學堂

晚清省立實業學校。光緒二十八年（1902）漢陽鋼鐵廠爲專門造就工程師，在廠内設此學堂，招考粗通法語及筆算者入學肄習格算金石之學。初定學額十六名，二年畢業。學生每日以數時在堂學習，以數時在廠歷練，皆由廠中比利時工程師及洋匠分教之。參閱《清史稿·選舉志二》。

直隸高等農業學堂

晚清省立實業學校。光緒二十八年（1902）由直隸省城保定農務學堂改建而成，以農桑爲主業，製造爲副業，力求改良興民利。分速成、預備兩科。速成科，學習以一年爲限，由外國教習教授農、桑各專門學；預備科，學習五年卒業，由中國教習授以漢文、修身等課程，由外國教士教授普通各學，滿三年後，再各授以農、桑各專門學，二年畢業。參閲《清史稿·選舉志二》。

醫學館

亦稱"京師專門醫學堂"。晚清高等醫學學校。光緒二十九年（1903）創設於北京。原定學制三年。光緒三十二年，學部要求照新章中學五年畢業辦理，延長學制二年。旋用御史徐定超議，改爲"京師專門醫學堂"。學堂實行中西醫學分科肄業，旨在培養新式醫學人才。參閲《清續文獻通考·學校二十》。

【京師專門醫學堂】

即醫學館。此稱清朝末年已行用。見該文。

保定醫學堂

晚清省立實業學校。光緒三十年（1904）直隸布政使柳生春等奏請設立。聘請教習，招收學生以二十人爲額。學習年限九年，教授醫學普通課程、專門學課程各三年。後三年再授以西學醫學。參閲《清史稿·選舉志二》。

直隸高等工業學堂

晚清省立實業學校。光緒三十年（1904）由天津直隸工藝總局附屬之工藝學堂改建而成。周學熙任總辦，趙元禮爲庶務長，聘日本教習多名。分正科和速成科。正科有應用化學科、機器科，三年畢業；速成科有製造化學科、意匠圖繪學科，二年畢業。畢業生或充任教習，或充當工程師，以發展工業爲目的。參閲《清史稿·選舉志二》。

貴州蠶桑學堂

晚清省立實業學校。光緒三十一年（1905）貴州巡撫在貴陽開辦，學生分堂内、堂外兩級。堂内課程以養蠶、製種、繅絲、栽桑各專門之學爲主，以算學、種植、理化各普通之學爲輔，兩年畢業。堂外學生專在試驗場學習養蠶、繅絲各法，半年畢業。參閲《清續文獻通考·學校十九》。

江南測繪學堂

晚清省立實業學校。清光緒三十一年（1905）兩江總督周馥等創設於江蘇南京。學堂聘請日本專門技師三人爲教習，招選普通學堂畢業生入學肄業。課程有三角、地形、製圖等三股。學堂按所習課程情況分爲兩科，專習一股者爲尋常科，學制一年半。并習三股者爲高等科，學制四年。學堂開辦之初，學生皆習一股，各股學生人數二十至三十餘人。參閲《清史稿·選舉志二》。

京師法律學堂

晚清高等法律學校。光緒三十一年（1905）修律大臣伍廷芳奏請設立，考取各部屬員，入堂肄業。畢業後派往各省，爲佐理新政、分治地方之用。課程參照大學堂政治專科法律學門所列科目增減，并照仕學館辦法，多加授課時數，縮減畢業年限。本科三年畢業，速成科一年半畢業。民國元年（1912）與法政學堂、財政學堂合并，改爲"北京法政專門學校"，後改爲"法政大學"。參閲《清續文獻通考·學校十五》。

路礦學堂

晚清省立實業學校。光緒三十一年（1905）督辦關内外鐵路大臣袁世凱、胡燏芬籌設鐵路學堂，聘英國人葛爾飛爲總教習，并訂立學堂條規爲試辦章程。嗣鐵路局以學堂功課，必須研究機器，遂於唐山擇定校址。次年開平礦務局請求另募學生專研礦學，附入肄習，定名爲路礦學堂。并在天津、上海、香港等處招收學生一百三十餘名，以方伯梁爲監督，於光緒三十三年一月開學。由關內外鐵路總辦兼任學堂總辦。旋添設坐辦，自監督以下均歸其管理。後裁撤監督。宣統三年（1911）第一屆鐵路科畢業，多在華北各鐵路任事。民國元年（1912）歸交通部直轄，停辦礦科，更名"唐山鐵路學校"。1921年并歸上海交通大學。參閱《清史稿·選舉志二》。

湖北鐵路學堂

晚清省立實業學校。光緒三十二年（1906）由張之洞籌撥經費收購日本東京路礦學堂後，遷徙校舍至小石川區水道町，始改名"湖北鐵路學堂"。爲中國在日本自辦的唯一的學校。聘請日本巖倉鐵道學校理事榊原浩逸爲校長，另委派廖正華爲駐校提調，管理校務。以培養湖北鐵道官生爲目的，定學額爲湖北官生六十名（在校住宿）、外省附學學生二十名（不寄宿），學制三年。畢業後，湖北官生要到湖北盡義務六年。此間不得赴他省就職任事，違者追回全部學費。外省附學學生亦須到湖北盡義務三年。參閱《清史稿·選舉志二》。

四川中等農業學堂

晚清省立實業學校。光緒三十二年（1906）創設於四川成都。學堂以中國之成法，參東西洋之新理，教授農業上必需的知識和應有的藝能。學堂分預科和本科。預科兩年畢業，本科三年畢業。預科課程有修身、算術、國文、外國文、理化、博物等十門，本科課程有農業、蠶業、林業等三門，內分講授、實習兩項內容，另補習普通學科物理、化學、動物、植物等九門。學生以四十名爲限，附設蠶桑速成科傳習所，學生四十四名。在城外購地一百三十餘畝，闢爲試驗場，以備實習。參閱《清史稿·選舉志二》。

山東高等農業學堂

晚清高等實業學校。光緒三十二年（1906）創設於山東濟南。辦學宗旨是"探各國富強之源，辟農民愚暗之蒙"。學堂先設中學科，分農業、林業、蠶業三科，均三年畢業，兼補習普通科學，畢業後升入高等本科。本科內設農學、林學、土木工學、獸醫等科，均三年畢業。開辦時招生以一百二十名爲限，後擴充校舍，逐年添招，以四百名爲額，其中官費生一百名、自費生三百名。延聘日本農學教習，選派學堂監督。省城東關外的農業試驗場及新開闢的千佛山、燕子山、馬鞍山林業試驗場均附於學堂。參閱《清史稿·選舉志二》。

浙江法政學堂

晚清高等法律學校。光緒三十二年（1906）由浙江清泰門內小米巷原有軍裝局改建而成。次年二月開學，經費每年四萬餘元，其中有法律本科二年級一班，政治本科一年級一班，法律專修科一、二、三年級各一班，政治經濟專修科二年級一班，學生約二百二十名。後遷新民路。停辦前名爲"浙江省立法政專門學校"。此外，還設有實業補習普通學堂和藝徒學堂。實業補習普通學堂，分農業、工業、商業、水產四科。招收年在十六歲以上的已從事工、農、商各業和準備就業，具有初等小學畢業程度和同等學力者。除授以農、工、商各業知識外，還補習小學普通教育，三年畢業。藝徒學堂招收年在十二歲以上粗知書算的兒童。學習年限半年至四年。除修身、中國文理爲必修課，餘可聽便。參閱《清續文獻通考·學校十五》。

河南測繪學堂

晚清省立實業學校。光緒三十二年（1906）河南巡撫張人駿在開封創辦，附設於陸軍學堂内。考選學生六十人，分班肄習，二年畢業。堂内提調、教習，即以測繪科各委員兼充。參閱《清史稿·選舉志二》。

河南體育專科學堂

晚清高等體育專科學校。光緒三十三年（1907）河南提學使孔祥霖在開封創辦，旨在造就體育教員。課程分修身、教育、生理衛生、心理、音樂、國文、兵學、算學、體育學、圖畫、社會學、瑞典式體操、普通體操、兵式體操、兵式教練、游戲、射擊等門。參閱《清史稿·選舉志二》。

京師法政學堂

晚清高等法律學校。光緒三十三年（1907）學部將進士館房舍改設而成，以培養新式政治、法律人才爲宗旨。分預科、本科和别科。預科兩年畢業後升入本科。本科分習法律、政治二門，三年畢業，預科、本科定額各二百名，均經學堂考取者始准入學肄業。别科三年畢業，定額百名。另設講習科，學員無定額，滿二百人以上開辦，一年半畢業。所有咨送各員均在講習科肄業，并奏定《法政學堂章程》共五章四十九條。民國元年（1912）教育部令與法律學堂、財政學堂合并，改爲"北京法政專門學校"，後改"法政大學"。參閱《清續文獻通考·學校十五》。

南洋方言學堂

晚清高等實業學校。光緒三十四年（1908）兩江總督端方開辦於南京。招考十六歲至二十歲學生入堂肄業。學堂先招德文、法文兩個班，學生各六十名。程度稍優者爲甲班，五年畢業。其餘學生爲乙班。普通學科有：人倫道德、中國文學、歷史、地理、算學、博物、物理、化學、圖畫、體操。專門學科有：交涉學、理財學、教育學。參閱《清史稿·選舉志二》。

南洋高等商業學堂

亦稱"江南高中兩等商業學堂"。晚清高等實業學校。光緒三十四年（1908）兩江總督端方創設於金陵（今江蘇南京）。清末至民國時期我國沿海地區劃分爲南北洋區。稱山東省以南的江蘇、浙江、福建及廣東各省爲南洋。以此學堂設於南京，故稱。學堂先辦銀行科，續辦稅則保險、商業應用各科。招考南洋各省有中學畢業程度者入學肄業。次年四月將中等商業學堂并入辦理，重新定名爲"江南高中兩等商業學堂"。參閱《清史稿·選舉志二》。

【江南高中兩等商業學堂】

即南洋高等商業學堂。此稱清朝末年已行用。見該文。

廣東光華醫學堂

亦稱"醫學專門學校"。晚清高等實業學校。光緒三十四年（1908）陳子光、梁培基等人在廣州設立廣東光華醫社，次年春開辦醫學堂。舉鄭豪出任校長。學堂以維國本、挽醫權、育醫材、濟貧病爲宗旨，除實施醫學教育外，還按周向社會演講衛生常識，出版廣東光華醫事衛生雜志。後改名"醫學專門學校"，修業四

年。宣統二年（1910）還兼辦女子醫校。越年
歸入男校辦理。參閱《清史稿・選舉志二》。

【醫學專門學校】

即廣東光華醫學堂。此稱清朝末年已行用。
見該文。

中國體操學校

晚清實業學校，亦爲上海最早的體育學校。
光緒三十四年（1908）初，留學日本的徐一冰、
徐傅霖等創設於上海北浙江路（今上海浙江北
路）華興坊（一說在老西門黃家闕白雲觀內）。
早在光緒二十九年公布實施《奏定學堂章程》，
對各級各類學校體育課程的設置作了規定。同
時各地新學校紛紛建立，急需大批受過專門訓
練的體操教員。這爲中國體育學校的誕生提出
了客觀的要求。中國體操學校以“提倡正當體
育，發揮全國尚武精神，養成完全體操教師，
以備教育界專門人才”爲辦學宗旨，并制定了
較爲完備的辦學章程。學校招收身體健康、具
有一定文化程度、年齡在十六歲至二十四歲的
青年入學。學制一年半。另設選科生，可隨時
入學，無學習年限。學校以日本大森體育學校
爲模式，開設倫理學、教育學、體育學、兵學、
國文、生理學、急救法、音樂等基本課程，并
有瑞典式體操、普通徒手體操、兵式教練、器
械教練、啞鈴、拳術、球竿、棍棒、木環、射
擊、武器、教授法、應用操及游技（游戲）等
技術課程。教材也多從日本翻譯過來。1920年
學校遷往浙江湖州南潯西莊村，并闢田徑場、
足球場、籃球場和風雨操場，又增設田徑、球
類等課。至1927年，因戰火而停辦。共畢業了
三十六屆學生一千五百三十一人，培養了大批
體育師資，使當時體育師資奇缺的情況有所改

善。參閱《清史稿・選舉志二》。

中國女子體操學校

晚清實業學校，亦爲中國第一所女子體育
學校。原爲中國體操學校女子部，設於上海老
西門黃家闕白雲觀內。由中國體操學校創辦人
之一的王季魯兼任校長。光緒三十四年（1908）
夏招收第一期學生，後定爲每年春、秋各招生
一次。學制、課程和中國體操學校相同。學校
開辦之初，王季魯爲開風氣，上門動員女生入
學，家庭貧寒者還免收學費。但當時新學制頒
布不久，社會上男尊女卑風氣未改，女子學體
育被視爲奇事，因而來學者甚少，一度兩屆學
生合計不超過二三十人。宣統三年（1911）辛
亥革命爆發後，學校被迫停辦，全體學生都參
加學生革命軍，成爲中國第一批女學生革命軍。
參閱《清史稿・選舉志二》。

兩江法政學堂

晚清高等法律學校。光緒三十四年（1908）
由兩江總督端方將省城仕學館改設而成。學堂
每年招收百名學生入學肄業。蘇、皖、贛省學
生一律兼收。學堂分正科和別科。正科以造就
完全法政人才爲宗旨，先習預備學科二年，再
習專門學科三年，五年畢業。別科專爲寧屬造
就佐理新政人才，收寧屬舉貢生監和候補人
員，考試入學，二年畢業。參閱《清續文獻通
考・學校十五》。

貴冑法政學堂

晚清高等法律學校。宣統元年（1909）在
北京設立。以造就貴冑法政通才爲宗旨。招收
宗室、蒙古王公、滿漢世爵及其子弟入堂肄業。
派貝勒毓朗充任總理。分設正、簡兩科。正科
四年畢業，簡易科二年畢業。另設聽講科一班，

一年半畢業。是年冬，奏准《續擬貴胄法政學堂章程》。酌定延長正科和聽講班年限，添設預備科等。參閱《清續文獻通考·學校十五》。

湖南鐵路學堂

晚清高等實業學校。宣統元年（1909）龍毓峻等在長沙創辦。分設本科和預科。本科設建築、機械、營造三科，三年畢業。預科兩年畢業。該學堂骨幹教員多爲同盟會員。參閱《清史稿·選舉志二》。

財政學堂

晚清高等實業學校。宣統元年（1909）度支部創設於北京。學堂按《財政學堂章程》辦學，設有中等科和高等科。入學者先習中等科，課程有外國語言文字及有關財政之普通學。學制三年。畢業後再升入高等科。學堂另設別科，造就京外候補候選人員和舉貢人等。學制也爲三年。又設稅務專科及銀行講習所，以培養稅務、銀行實用人才。參閱《清續文獻通考·學校十九》。

監獄學堂

晚清高等實業學校。宣統元年（1909）廣西巡撫張鳴岐奏准創設於廣西桂林。旨在爲模範監獄培養看管官吏。是年八月開學，分高等學科和看守學科兩科。高等科課程十六門，一年畢業；看守科課程八門，六個月畢業。另須習練兵式、體操、步法、槍法等。參閱《清續文獻通考·學校十五》。

速記學堂

晚清實業學校。宣統二年（1910）資政院在北京籌設，并擬定《速記學堂章程》四節十九條。學生定額一百人。課程有速記術、國文、官話、法政大意。三個月爲一學期，滿二學期畢業。首屆招收定額僅十二名，附取生、備取生各十二名。准令附取生一律入學，備取生聽候傳補。内地各省咨送入學者四十餘名，與錄取正額、附取各生爲第一班。參閱《清續文獻通考·學校二十一》。

浙江中等工業學堂

晚清中等實業學校。宣統三年（1911）浙江巡撫曾韞在杭州設立。分設機械、機織、染色三科，并附藝徒班。另設浙江省立中等工業教員養成所，以培養工業學堂教師爲目的，分金工、木工、機織、染色四班。民國元年（1912）後改名"浙江公立甲種工業學校"。參閱《清史稿·選舉志二》。

天津西醫學堂

亦稱"北洋醫學院""天津海軍醫學校"。晚清西醫醫學學校，也爲中國第一所培養軍隊西醫醫官的學校。光緒十九年（1893），由北洋大臣李鴻章奏准創設於天津總醫院。學堂聘請英國醫官任教。學員畢業後派往水、陸師各營、艦、炮臺任醫官。後易名"北洋醫學院"。1915年，又改名"天津海軍醫學校"。學員畢業後分到艦艇部隊、醫院任醫官。1930年廢黜。參閱《清史稿·選舉志二》。

【北洋醫學院】

即天津西醫學堂。此稱清朝末年已行用。見該文。

【天津海軍醫學校】

即天津西醫學堂。此稱民國時期已行用。見該文。

三、大學堂與高等學堂

中西學堂

亦稱"西學學堂""天津北洋西學堂""天津中西學堂""天津頭等二等學堂""北洋頭等二等學堂""天津大學堂""北洋大學堂""西沽大學堂"。晚清兼具大學堂和中學堂性質的兩級學校。光緒二十一年（1895）八月十四日，由津海關道盛宣懷呈北洋大臣王文韶轉奏請創設於天津。學堂學制八年，頭等學堂、二等學堂各修習四年。頭等爲大學本科，由伍廷芳任總辦（校長）；二等爲大學預科，被認爲是中國近代中等教育之雛形，由蔡紹基任總辦。美國駐津領事丁家立任總教習。天津中西學堂初辦時，頭等學堂以美國哈佛、耶魯大學的學制爲藍本，設法律、采礦冶金、土木工程、機械四科，學制四年。頭等學堂開班時，入學新生合格者太少，於是第二年就自辦預備科，即中西學堂的二等學堂。修業年限定爲四年。由於頭等學堂兼習普通學科與專門學科，被認爲是中國新式大學設置的雛形。二等學堂招收讀過"四書"、略通經者爲生。兩堂學生各爲一百二十名，各分四班，每班三十人。天津中西學堂的課程分普通學、專門學兩個部分。普通學設有幾何、三角勾股學、格物學、化學、萬國公法、筆繪圖、各國史鑒、作英文論、翻譯英文等二十個科目，分四年學完。專門學分爲五門：工程學、電學、礦務學、機器學和律例學，每一專門學設若干專門學科目。按頭等學堂章程規定，頭等學堂第一年功課習竣，或將普通學四年所定功課全部學完，或專習一門專門學，均由總辦總教習察看學生資質再行酌定。如從第二年開始學習專門學，則第二年後所學的功課與原定功課就有不同，各就性質所近，課以專門之學應俟屆時再行酌定。光緒二十四年應京奉鐵路局之請，特增鐵路專修科，將原"山海關鐵路學堂"遷附於該學堂内。光緒二十六年因義和團運動而停辦。後毀於八國聯軍。光緒二十八年在天津風景宜人的西沽武庫籌建新校舍。次年正式復校，同時更名爲"北洋大學堂"，人稱"西沽大學堂"。這時學校改制爲正科修業三年（法科正科爲四），預備班修業三年。同時，以保定直隸高等學堂爲預備學校。光緒三十二年，因清廷急需外交、譯學人才，北洋大學堂添辦了法文、俄文各一班，每班學生十多人。光緒三十三年開辦了師範班第一班，光緒三十四年又開辦了師範班第二班，學生共七十多人，以培養中學師資。至此，北洋大學堂分設法律、礦學、土木工、師範四科，所以北洋大學堂被認爲是中國最早之工科大學。《清史稿·選舉志二·學校下》："先是光緒二十一年，津海關道盛宣懷於天津創設頭、二等學堂。頭等學堂課程四年，等一年習竣，欲專習一門者，得察學生資質酌定。專門凡五：一工程學，二電學，三鑛（礦）務學，四機器學，五律例學。二等學堂課程四年，按班次遞升，習滿升入頭等。意謂二等擬外國小學，頭等擬外國大學。因初設，采通融求速辦法。教員既苦乏才，學生亦難精擇，無甚成效。"參閱《清史稿·選舉志二》。

【西學學堂】

即中西學堂。此稱清朝末年已行用。見該文。

【天津北洋西學堂】

即中西學堂。此稱清朝末年已行用。見該文。

【天津中西學堂】

即中西學堂。此稱清朝末年已行用。見該文。

【天津頭等二等學堂】

即中西學堂。此稱清朝末年已行用。見該文。

【北洋頭等二等學堂】

即中西學堂。此稱清朝末年已行用。見該文。

【天津大學堂】

即中西學堂。此稱清朝末年已行用。見該文。

【北洋大學堂】

即中西學堂。此稱清朝末年已行用。見該文。

【西沽大學堂】

即北洋大學堂。此稱清朝末年已行用。見該文。

京師大學堂

清代最早按歐美學制設立的國立大學，爲全國最高學府和全國教育總管行政機構。京師大學堂的創辦是清廷爲戊戌變法維新圖强而采取的"新政"措施之一，亦是"百日維新"中的教育改革措施所倡"廣設學堂，提倡西學"的主要成果。甲午中日戰後，光緒帝求賢若渴，下詔求通達中外能周時用之士。光緒二十二年（1896）刑部左侍郎李端棻上疏，力言時今人才之匱乏，是由於過去教育之道未盡。故而在《請推廣學校摺》中首倡在京師設大學堂。光緒二十四年康有爲在《請開學校摺》中重申此議。同年六月十一日光緒帝下《明定國是詔》，宣布興辦京師大學堂，"以期人才輩出，共濟時艱"。軍機處、總理各國事務衙門遂委托梁啓超草擬學堂章程，尋又命孫家鼐爲管學大臣，管理大學堂事務，籌建校舍。同年十二月學堂即正式開學。學堂附設師範館。聘任美國基督教傳教士丁韙良爲總教習。初，京師大學堂不僅爲學校，而且兼爲全國最高教育行政機構。章程明定"中學爲體，西學爲用，中西並用，觀其會通"之教育原則。學堂定大學、中學、小學三級制；章程還規定普通學與專門學課程之内容。具體規定爲：普通學課程包括經學、理學、諸子學、中外掌故、文學、體操學、初級算學、初級格致學、初級政治學、初級地理學，其教材一律用由上海編譯局纂成的功課書。此外學堂學生還得自英、法、德、俄、日五種外國語中任選一門爲必修課。普通學課程學成卒業後，學生還得自以下十種專門學課程中任選一門或兩門：高等算學、高等格致學、高等政治學（含法律學）、高等地理學（含測繪學）、農學、工程學、商學、兵學、礦學、衛生學（含醫學）。

光緒二十六年八國聯軍入侵，京師大學堂遭到破壞，校務因此而停頓。光緒二十八年京師大學堂恢復，不久京師同文館亦并入該校，學堂委派張百熙爲管學大臣，擬定教學章程，令切實按"新政"辦理京師大學堂。光緒二十九年張之洞充經濟特科閱卷大臣，厘定大學堂章程。次年改管學大臣爲學務大臣，委派孫家鼐充任，管理全國教育行政，另設總監督，專管京師大學堂事宜，委派張亨嘉爲第一任總監督，至此始爲純高等學校。恢復後的京師大學堂設速成、預備兩科。速成科又分仕學、師範兩館；預備科又分政、藝兩科。再次年增設進士館、譯學館及醫學實業館。宣統元年（1909）設格致、經、法、文、農、工、商七科。民國元年（1912）更名爲“北京大學”，是爲現今“北京大學”之前身。《清史稿·選舉志二·學校下》：“京師大學堂分大學院、大學專門分科、大學預備科。附設者，仕學、師範兩館。大學院主研究，不講授，不立課程。專門分科凡七：曰政治科，曰文學科，曰格致科，曰農業科，曰工藝科，曰商務科，曰醫術科。政治科分目二：政治、法律。文學科分目七：經學、史學、理學、諸子、掌故、詞章、外國語言文字。格致科分目六：天文、地質、高等算學、化學、物理、動植物。農業科分目四：農藝、農業化學、林學、獸醫。工藝科分目八：土木、機器、造船、造兵器、電氣、建築、應用化學、采礦冶金。商務科分目六：簿記、産業製造、商業語言、商法、商業史、商業地理。醫術科分目二：醫學、藥學。預備科分政、藝兩科。政科課目：倫理、經學、諸子、詞章、算學、中外史、中外輿地、外國文、物理、名學、法學、理財、體操。藝科課目：倫理、中外史、外國文、算學、物理、化學、動植物、地質及礦産、圖畫、體操。爲入專理某科便利計，得增減若干科目。各三年卒業。仕學館課目：算學、博物、物理、外國文、輿地、史學、掌故、理財、交涉、法律、政治。師範館課目：倫理、經學、教育、習字、作文、算學、中外史、中外輿地、博物、物理、化學、外國文、圖畫、體操。”又：“於預備科外設速成科，分二門：曰仕學館，曰師範館。凡京員五品以下、八品以上，外官道員以下、教職以上，皆許考入仕學館。舉、貢、生、監，皆許考入師範館。仕學三年卒業，擇優保獎。師範三年卒業，擇優異者帶領引見。生准作貢生，貢生准作舉人，舉人准作進士，分別給予准作小學、中學教員文憑。”又：“其不在學堂系統内者，曰譯學館，曰進士館。先是同文館并入大學堂，設英、法、俄、德、日五國語文專科，後由大學分出，名譯學館。仍設英、法、俄、德、日文各一科，無論習何國文，皆須習普通及專門學。普通科目：人倫道德、中國文學、歷史、地理、算學、博物、物理及化學、圖畫、體操。專門科目：交涉、理財、教育。五年畢業。進士館令新進士用翰林部屬、中書者，入館肄業，講求實用之學。課目：史學、地理、教育、法學、理財、交涉、兵政、農政、工政、商政、格致。得選習農、工、商、兵之一科或兩科。西文、東文、算學、體操爲隨意科。三年畢業。”參閱清康有爲《請開學校摺》、《清續文獻通考·學校九》、《清續文獻通考·學校十三》、《清續文獻通考·學校十四》、清光緒帝《明定國是詔》、《清史稿·張之洞傳》。

畿輔學堂

晚清高等學校。畿輔：畿，京畿；輔即如漢代的三輔。合指京師周圍地區。清代畿輔又爲“直隸省”之別稱。光緒二十三年（1897）王文韶籌於保定創設畿輔學堂。次年正式開辦招生。延沈會桐爲學長，陸桂星、陳壽平充東、西齋長，學生正額四十名，備取二三十名，課以十三經、二十四史、近代名臣奏議、中外通商條約及西國史志、輿圖、公法、刑律、官制、學校諸書。肄業生徒由外府、州、縣保送，四十名爲限。學業優良經總署復試合格者，照優拔貢例，分予官職。光緒二十八年學生擴至一百二十餘人，以培植畿輔人才。參閱《清史稿·選舉志二》。

山西省會學堂

亦稱“晋省省會學堂”。晚清高等學校。光緒二十四年（1898）由令德書院改設。早在光緒八年山西巡撫張之洞在省城太原創設令德書院，專課經史、性理諸學。光緒二十二年兼課天算、格致等學。光緒二十四年增設政治時務、農工物産、地理兵事、天算博藝四門（科），每門分有子目，令諸生各就所好，任選一門，逐日記其心得。并將該書院略加擴充，改爲“晋省省會學堂”，書院長改爲學堂總教習。學生限額爲一百二十人，由學臣按試各屬，拔其高等者調取入堂肄業。學堂按照《京師大學堂章程》中西并課，以期明體達用。參閲《清史稿·選舉志二》。

【晋省省會學堂】

即山西省會學堂。此稱清朝末年已行用。見該文。

直隸高等學堂

晚清高等學校。光緒二十四年（1898）北洋大臣兼直隸總督榮禄將原保定蓮池書院改建而成。光緒二十八年四月正式開學，設總辦（後改稱監督）一人，主持校務；總教習一人，掌學制及聘請外籍教習。招收直隸各州縣西學堂畢業生入學，分班肄習，課以經史及普通科學。學生約二百五十人，按北洋大學二等學堂之制，肄業四年。學習英文、算學、化學、重力學、格物等科目，畢業後直接升入北洋大學堂本科各專門科，作爲北洋大學堂高品質生源的預備學校。光緒三十一年秋，開辦高等正科。光緒三十二年學校由監督、教務長等經管，延聘中外教習十五人，分任倫理、經學、國文、英文、中國歷史、中國地理、西方地理、法律、

化學、物理、幾何、代數、翻譯、體操等課程。學生分本科、師範科、補習科三科，本科又分甲、乙、丙、丁四組，每組學生三四十名。1913年并入北洋大學堂。參閲《清史稿·選舉志二》。

蘇州中西學堂 [1]

亦稱“蘇州省城大學堂”。晚清高等學校。光緒二十四年（1898）由奎俊創設於江蘇省城蘇州。學堂延中西教習，分等教授。光緒二十八年十二月江蘇巡撫聶緝槼擴充改建原“蘇州中西學堂”而成。廣拓齋舍，多招生徒，以一百人爲額。課程、等級、班次，均仿照山東大學堂模式，分設正齋、備齋、專齋。除英文、日文外，兼課德文、俄文，編刊中西學分年課程表。參閲《清史稿·選舉志二》。

【蘇州省城大學堂】

即蘇州中西學堂。此稱清朝末年已行用。見該文。

山東大學堂

亦稱“山東高等學堂”。晚清高等學校。光緒二十七年（1901）奏請創設於山東濟南杆石橋。山東巡撫袁世凱委任周學熙爲總辦（校長）。美國人赫士任總教習。學堂内分備齋、正齋和專齋。先辦備齋、正齋，續辦專齋。備齋習淺近各學，温習中國經史掌故，授以外國語言文字、史志、地輿、算術等，二年畢業；正齋習普通學，分政學、藝學兩門，政學爲中國經學、中外史學、中外治法學，藝學爲算學、天文學、地質學、測量學、格物學、化學、生物學、譯學等，四年畢業；專齋習專門學，有中國經學、中外史學、中外政治學、方言學、商學、工學、礦學、農學、測繪學、醫學等，

二年至四年畢業。學堂還采集各家所譯西文格言及科學理化之論，成《西學要領》一書，教授學生。後遷新校址，改名爲“山東高等學堂”。1914 年 7 月停辦。參閱《清史稿·選舉志二》。

【山東高等學堂】

即山東大學堂。此稱清朝末年已行用。見該文。

安徽省城大學堂

晚清高等學校。光緒二十七年（1901）安徽巡撫王之春由“求是學堂”擴建而成。學堂分列八齋。學生額定一百人。課程有經史、算術、測繪、天文、輿地、格致、化學、外語。參閱《清史稿·選舉志二》。

京師仕學館

京師大學堂附設之速成學校之一。清光緒二十八年（1902）六月京師大學堂奏准。招考已入仕途之人入館肄業。學館主要課程有博物、物理、外文、輿地、史學、掌故、理財學、交涉學、法律學、政治學等門，均用譯出課本爲教材。入該館者，英、德、法、俄、日文字任擇一門習之，不能習者聽便。三年畢業，考試合格者，擇優保獎。予以應升之階，或給虛銜加級，或諮送京外各局所當差，統俟臨時量才酌議。光緒二十九年《欽定高等學堂章程》規定，各省高等學堂亦可附設仕學館。光緒三十年二月歸并進士館。參見本卷《教學機構說·新式學堂考》“京師大學堂”文。參閱《清續文獻通考·學校十四》。

京師師範館

亦稱“京師優級師範科”“京師優級師範學堂”。京師大學堂附設之速成學校之一，是中國官辦第一所高等師範學校。清光緒二十八年（1902）試辦於北京景山東馬神廟。早在光緒二十四年，梁啓超受托起草《籌議京師大學堂章程》，主張於大學堂中别立一師範齋，但在《欽定學堂章程》頒布以前，師範齋始終没有開辦。招收科舉時的舉人、貢生、廩生、監生和中學堂畢業生入學肄業。考生自願投考。按《京師大學堂章程》規定，設倫理、經學、教育、習字、作文、算學、中外史、中外輿地、博物、物理、化學、外國文、圖畫、體操十四門功課。四年畢業，考試合格者，如原係生員者准作貢生，原係貢生者准作舉人，原係舉人者准作進士，破格從優，以資鼓勵。清廷規定各省高等學堂應設師範學堂一所，以造就各處中學教員。光緒二十九年十一月頒布的《奏定學堂章程》規定，師範學堂分爲初級師範學堂、優級師範學堂，另設簡易師範科及師範傳習所，并各有明定章程。成績考核分月考、期考和年考。評定分數以百分爲“滿格”，六十分爲“及格”。畢業後擇其優異者給予中小學堂教習文憑。光緒三十年京師大學堂師範館更名爲“京師優級師範科”，所開課程及授課時間與前同。入學學生已發展到三百餘人，并選派了第一批學生赴日本留學。光緒三十四年（1908）京師大學堂師範館又改稱“京師優級師範學堂”。是爲中國近代高等師範學校獨立設置嚆矢。其本身亦爲現今北京師範大學之前身。參見本卷《教學機構說·新式學堂考》“京師大學堂”文。參閱《清續文獻通考·學校十四》。

【京師優級師範科】

即京師師範館。此稱清朝末年已行用。見該文。

【京師優級師範學堂】 [1]

即京師師範館。此稱清朝末年已行用。見該文。

進士館

清末新科進士集中學習新知的學館。自光緒二十九年（1903）始，凡新考取進士者皆令入京師大學堂分門肄業。嗣於太僕寺街別立進士館，不隸於京師大學堂，并於三十年開學。規定凡新考取進士年在三十五歲以下者，一律入學肄業，學習三年。必修課程有史學、地理、教育、法學、理財、交涉、兵政、農政、工政、商政、格致十一門。另有東文、西文、算學、體操等隨意選修科目。每年分兩個學期，每學期考試一次，第六學期舉行畢業考試，由皇帝按考試等級分別錄用。參見本卷《教學機構説·新式學堂考》"京師大學堂"文。參閲《清續文獻通考·學校十四》。

山西大學堂

晚清高等學校。光緒二十八年（1902）山西巡撫岑春煊將原太原令德書院改建而成。學堂聘在籍户部主事谷如墉爲總理（校長）。同年五月，應耶穌教教士李提摩太所請，將其籌辦的山西中西學堂并入，作爲西學專齋。山西大學堂爲中學專齋。光緒三十年學堂遷入侯家巷臨時校舍。設預科三年，本科四年。聘姚文棟爲學堂總辦，谷如墉爲中學專齋總理（尋改爲監督），高燮曾爲總教習（尋改爲教務長）。中學專齋選調令德書院和晉陽書院學生入學肄業。分經、史、政、藝四科。李提摩太爲西學專齋總理，敦崇禮任總教習，從各省選調學生入學肄業。課程有英文、算學、物理、化學、博物、中外歷史、中外地理、圖畫和體操等。該校設

有預科和本科。本科又分爲法科、工科、理科。中學專齋有經史、經濟、算學各門。至宣統三年（1911）與李提摩太簽訂的合同期滿，遂收回自辦。民國後山西大學堂改名爲"山西大學校"，撤銷了中、西學專齋，改設文、法、工三個科。是爲現今山西大學之前身。參閲《清史稿·選舉志二》。

廣西高等學堂

亦稱"廣西大學堂""體用學堂"。晚清高等學校。光緒二十八年（1902）廣西巡撫丁振鐸在廣西桂林體用學堂原址擴建而成。暫分備齋、正齋督課，俟卓有成效再設專齋。辦學條規仿照《山東大學堂章程》辦理。光緒三十年廣西巡撫奏請廣西大學堂改爲"廣西高等學堂"。同年七月學堂正式開學。學堂先招收預備科一百名，補習中學堂課程，學制四年。并附設師範速成科，學生額定四十人，學制一年，但僅招一班。又附設高等小學科。學生額定五十人，學制四年。廣西高等學堂未設高等正科。1914年學堂停辦。參閲《清史稿·選舉志二》。

【廣西大學堂】

即廣西高等學堂。此稱清朝末年已行用。見該文。

【體用學堂】

即廣西高等學堂。光緒二十五年（1899）廣西巡撫黄槐森在桂林象鼻山前設立。分中、西兩科，聘唐景崧爲中學總教習。另設小學，有國文、英文、算學三科。後改爲廣西大學堂，僅辦預科，兩年後即停辦。見該文。

四川省城大學堂

晚清高等學校。光緒二十八年（1902）四

川總督奎俊等人將中西學堂并入尊經書院擴建而成。學堂仿照《山東大學堂章程》，暫定額數三百名，作爲備齋生，二三年後設正齋、專齋，漸次建立藏書樓、譯書局、博物院，以觀大成而資講習。參閱《清史稿·選舉志二》。

河南大學堂

亦稱"河南高等學堂"。晚清高等學校。光緒二十八年（1902）河南巡撫錫良奏准創設於開封西大街。校舍由游擊衙署改建。大學堂按袁世凱所奏《山東大學堂事宜及試辦章程》辦理。學生額定二百名，内附客籍五分之一。聘總教習一人，由刑部主事孫葆田出任。另有中西教習十二人。教學内容以"四書""五經"爲主，以歷代史著及中外政治、藝學爲輔。課程有中學、算學、西學三門。以人倫道德、經學大義、中國文學、體操爲通學科目，以英語、法語和地理爲主課，以日語、算學、理化、博物、圖畫爲補習科目。學堂仿照《山東大學堂章程》，由備齋、正齋轉入專齋，次第畢業。開創二年後改爲"河南高等學堂"。遂裁總辦、總教習等職，專責監督一人辦理。光緒三十三年改遵新章，聘中外大學畢業者充教習，聘英美學者授物理、化學等，始具現代學校規模。1914 年 10 月裁撤。參閱《清史稿·選舉志二》。

【河南高等學堂】

即河南大學堂。此稱清朝末年已行用。見該文。

江北大學堂

晚清高等學校。光緒二十八年（1902）二月漕運總督陳夔龍創設於江蘇清江（今江蘇淮陰）。學堂仿照《山東大學堂章程》分設備齋、正齋、專齋授課。但開辦之初先設備齋，備齋中又分爲内、外兩班。内班專收當地幼童，外班則招收流寓隨宦子弟及外府州縣之學生，每班暫定學額四十名。光緒三十年，學生增加至二百人。堂内設中學教習、西學教習各二員。分班授課。課程有經史、本朝掌故、天算、地輿、測繪、格致、外語、體操等。三年畢業，按成績優劣以定升黜。學堂未辦過高等正科班。宣統三年（1911）學堂停辦。參閱《清史稿·選舉志二》。

兩湖大學堂

亦稱"兩湖總師範學堂"。晚清高等學校。光緒二十八年（1902）四月，由湖廣總督張之洞將兩湖書院改設爲兩湖大學堂。學堂學生定額一百二十名，收兩湖、經心、江漢三書院優等生入學，補習普通學一年，習專門學三年，出洋游歷一年，共五年畢業。學堂學科共分八門：經學（附道德學、文學）、中外史學（附掌故學）、中外地理學（附測繪學）、算術（附天文學）、理化學、法律學、財政學、兵事學。前四科爲中西公共之學，聘本國教師授課；後四科爲西學，聘東西各國專門教習講授。開辦一年後，更名爲"兩湖總師範學堂"。參閱《清史稿·選舉志二》。

【兩湖總師範學堂】

即兩湖大學堂。此稱清朝末年已行用。見該文。

湖南省城大學堂

晚清高等學校。光緒二十八年（1902）湖南巡撫俞廉三將求實書院（前身爲時務學堂）改建而成。考選二十歲上下精通中學者入學肄業。課以經史及各國圖書。定額一百二十名。繼昌任總辦。參閱《清史稿·選舉志二》。

廣東大學堂

亦稱"廣東高等學堂"。晚清高等學校。光緒二十八年（1902）兩廣總督陶模將原廣雅書院改建而成。學堂仿《山東大學堂章程》，先設備齋，二年升正齋，三年升專齋，專齋三年卒業。考選十五歲以上二十歲以下者入學。備齋課程以"四書""五經"、綱常大義爲主，歷代史鑒、中外政治藝學爲輔，分設倫理、政法、國文、外文、歷史、地理、數學、格化、體操、圖畫、樂歌諸門。正齋、專齋課程另設。從入學至專齋畢業，共計八年。光緒三十一年，廣東大學堂更名爲廣東高等學堂。并將大學堂原設的甲、乙、丙三個班依新章程改爲預科班，另再添招預科生八十名，編爲丁、戊兩個班。次年二月，又添招附中學生八十名，分爲兩個班。學制五年。光緒二十四年1908年1月，開始辦理高等本科。按照高等學堂章程將學科分成三類。學制三年。預科畢業考試成績列爲最優等者，奏獎拔貢；列爲優等者，奏獎優貢；列爲中等者，奏獎歲貢。1914年7月學堂停辦。參閱《清史稿·選舉志二》。

【廣東高等學堂】

即廣東大學堂。此稱清朝末年已行用。見該文。

浙江大學堂

亦稱"浙江高等學堂""浙江高等學校""國立浙江大學"。晚清高等學校。光緒二十八年（1902）由求是大學堂（前身爲杭州求是書院）改建而成。次年十一月又改稱"浙江高等學堂"。光緒三十一年擴充學額爲二百名，分高等預備科和師範完全科，學制均爲三年。另設師範傳習所，學額一百四十名。同年四月，又附設師範簡易科，學制爲一年。學生定額四百人：高等預備科一百四十人，師範完全科六十人，師範簡易科五十五人，師範傳習所一百四十五人。高等預備科的課程有修身、國文、經學、歷史、地理、外國語、算學、理化、博物、圖畫、體操、音樂等。光緒三十四秋，學堂開辦高等正科，設有第一類學科（文科）、第二類學科（理科），學習年限分別爲三年和四年。前二學年注重各種普通學，後二學年則注重專門學。辛亥革命後學堂改稱"浙江高等學校"。1928年後更名爲"國立浙江大學"。是爲現今浙江大學之前身。參閱《清史稿·選舉志二》。

【浙江高等學堂】

即浙江大學堂。此稱清朝末年已行用。見該文。

【浙江高等學校】

即浙江大學堂。此稱民國時期已行用。見該文。

【國立浙江大學】

即浙江大學堂。此稱民國時期已行用。見該文。

福建大學堂

亦稱"全閩大學堂""全閩高等學堂"。晚清高等學校。光緒二十八年（1902）閩浙總督許應騤將原福州正誼書院改建而成。初稱"全閩大學堂"。《壬寅學制》頒布後，同年十一月大學堂遵照章程改爲"全閩高等學堂"。學堂仿照《山東大學堂章程》分設正、備六齋，聘總教習一名、中文西文總教習十八名，分齋督課，兼理譯書事宜。住齋學生以一百二十名爲額。另設附齋，以四十名爲額；速成班四十名。先從在省舉貢生童選拔六十名正額生，四十名附齋生；餘額則由各府州縣招考匯選來省復試，擇優録取。辦學章程規條，參照《山東大學堂章程》，中西并課。光緒三十四年正式開辦高等正科。民國三年（1914）年裁撤。參閱《清史稿・選舉志二》。

【全閩大學堂】

即福建大學堂。此稱清朝末年已行用。見該文。

【全閩高等學堂】

即福建大學堂。此稱清朝末年已行用。見該文。

安徽高等學堂

亦稱"安徽大學堂"。晚清高等學校。光緒二十八年（1902）秋創設於安慶敬敷書院舊址。學生額定三百人，分十班肄業。教學内容有經學倫理、中外國文、中外歷史、英文、中外輿地、數學、心理、生理、物理、化學、動植物、倫理、天文地質、地文地質、法律、兵制、動静力和理財等。光緒三十二年初，嚴復出任安徽高等學堂監督後，專力注重英文、算學。同年附設師範科，招取安徽大學堂未畢業的舊生入學，也招考年長學優者入學，先後畢業兩期，凡五十一人。這時雖名高等學堂，實是高等預科。宣統二年（1910）年始辦高等正科。民國三年（1914年）裁撤。參閱《清史稿・選舉志二》。

【安徽大學堂】

即安徽高等學堂。此稱清朝末年已行用。見該文。

兩湖高等學堂

晚清高等學校。光緒二十八年（1902）張之洞將原兩湖書院改建成兩湖高等學堂。請美

國傳教士丁韙良籌畫。學堂分爲八科：經學門，附有文學、道德學；中外史學門，附有國朝掌故學；中外地理學門，附有測繪學等；算學門，附有天文學；理化門；法律學門；財政學門；兵事學門。張之洞認爲前四門爲全體學生的共同課程，應延聘中國專門教習講授；後四門爲西學課程，應延東西各國專門教習講授。創辦之初，招收學生一百二十名，以兩湖、經心、江漢三書院舊班生中優秀者升入。凡入兩湖高等學堂者，必先補習普通科一年，修習專門科三年，出洋游歷一年，共五年畢業。後改爲三年在堂修習，一年出洋游歷，共四年卒業。光緒二十九年停辦一年。參閱《清史稿・選舉志二》。

湖南高等學堂

亦稱"湖南大學堂"。晚清高等學校。光緒二十八年（1902）創設於湖南時務學堂舊址。俞鴻慶出任總理。後由陳慶年接任，并改稱監督。學生分二組，按預科授課。光緒三十年學堂遷嶽麓山原嶽麓書院舊址，周振麟出任教務長。光緒三十四年正式開辦高等正科，分設文理科。文科兩個班，理科一個班。蔡鍔、陳天華等均曾在高等學堂任事。宣統三年（1911）辛亥革命爆發，學堂停辦。參閱《清史稿・選舉志二》。

【湖南大學堂】

即湖南高等學堂。此稱清朝末年已行用。見該文。

貴州大學堂[1]

晚清高等學校。光緒二十八年（1902）貴州巡撫鄧華熙以貴山書院爲基礎擴建而成。學堂設備齋、正齋兩項，日訂課程，分班督課，

學生正額一百二十名。正齋教習五人，課經史、政治、圖算、西藝等學；備齋教習四人，課經史、文藝、各國語言文字、測算等學。辦學章程仿照《山東大學堂章程》。參閱《清史稿·選舉志二》。

陝西宏道高等學堂

亦稱"陝西宏道大學堂"。晚清高等學校。光緒二十八年（1902），改原"陝西宏道大學堂"爲"陝西宏道高等學堂"。初辦時，招生一百二十名，作爲補習班，補習中學堂課程，聘日本教習小山田淑助、早崎梗吉二員，分教各國語言文字、圖畫、格致、礦化、體操諸科，其經史、倫理、諸子、名法、輿地、物理、算學、地質諸科則延聘中國教習分任。宣統元年（1909）改辦中等工業學堂。參閱《清史稿·選舉志二》。

【陝西宏道大學堂】

即陝西宏道高等學堂。此稱清朝末年已行用。見該文。

京師譯學館

晚清高等學校。清光緒二十九年（1903）京師大學堂設立，以培養高級翻譯人才爲宗旨，從中學畢業生中考收學生入館肄業。以一百二十名爲定額。分設英文科、法文科、俄文科、德文科、日文科。學生認習一種，務期專精，無庸兼習數科。普通課程計有人倫道德、中國文學、歷史、地理、算學、博物、物理、化學、圖畫、體操。專門化課程有交涉學、理財學、教育學。五年畢業。畢業考試合格者，獎給出身，分別録用，取列分爲五等：最優等、優等、中等、下等、最下等，均照獎勵章程分別辦理。該館另設"附學"一科，招收年在十二至二十歲口音清利、中文通順者入堂肄業，各人自行認選一種外語，并須兼學普通及專門各課程。五年畢業，考試合格者，發給畢業憑照及分等獎勵録用。另設文典處，從事譯編英、俄、德、法、日五種字典。宣統三年（1911）歸并北京大學，改爲法律院。參見本卷《教學機構說·新式學堂考》"京師大學堂"文。參閱《清續文獻通考·學校十四》。

江南高等學堂 [2]

晚清高等學校。光緒二十九年（1903）創設於江寧府（今江蘇南京）城内門簾橋。學堂咸仿照《山東大學堂章程》辦理。先招收預科班，補習修身、國文、經學、英文、東（日）文、歷史、地理、算術、理化、博物、圖畫、體操等中學堂課程。光緒三十年下學期遂遵照新章程辦理。光緒三十二年，第一届預科班畢業。同年，開辦高等正科，設有人倫道德、經學大義、中日文學、英文、法文、歷史、地理、法學、算學、生物學、心理及辯學、拉丁文、理財學、圖畫、地質礦物等課程。宣統三年（1911）學堂停辦。參閱《清史稿·選舉志二》。

甘肅大學堂

亦稱"甘肅文高等學堂"。晚清高等學校。光緒二十九年（1903）陝甘總督崧蕃創設於甘肅蘭州。同年秋，學堂遷入蘭州通遠門暢家巷新校舍，尋改名爲"甘肅文高等學堂"。聘陝西咸陽劉古愚先生爲總教習。學堂聘日本教習三人。創辦之初，學生僅二十人，後由當年鄉試中選送了一部分學生，共計有學生一百餘人。學堂僅設預科和師範館。課程計有經學、史學、地理、外文（英、日、俄、法）、理化、博物、教育心理、數學（算術、代數、幾何、三角）、體操、法制、兵學、圖畫、萬國公法、修身等。光緒三十四年，學堂開辦高等正科，同時又招收了附中生一個班。宣統三年（1911）夏學堂即告結束。參閱《清史稿・選舉志二》。

【甘肅文高等學堂】

即甘肅大學堂。此稱清朝末年已行用。見該文。

四川高等學堂

亦稱"四川通省大學堂"。晚清高等學校。光緒二十九年（1903）創設於四川成都。胡峻出任總理（校長）。創辦之初，設有師範科，分速成師範科和優級師範科。後者爲年齡較大、又熟悉中國經史的學生而設，入學後先學一年的公共科外文、外國歷史、外國地理、格致等，然後再升入正科，三年畢業。但速成師範科和優級科都祇辦了一屆。學堂另設普通科，即有高等學堂預科之性質。入學後先補習中學堂課程一年，再升入正科。學制三年。普通科共辦了五年，有十個班的學生畢業。光緒三十二年又辦了體育科，爲培養中小學體育教師而設。光緒三十四年正式開辦高等正科，分一類班（文科）、二類班（理科）。1916年學堂停辦。參閱《清史稿・選舉志二》。

【四川通省大學堂】

即四川高等學堂。此稱清朝末年已行用。見該文。

雲南高等學堂

晚清高等學校。光緒二十九年（1903）由雲南按察使陳燦創設於雲南省五華書院舊址。學堂由陳燦本人出任總辦（校長）。聘陳榮昌任總教習。教習則從留心時務之科舉人中選聘。學堂分理財、兵學、交涉三科。光緒三十年選派教習往京師大學堂及日本、歐美學習，以提高教育品質。光緒三十二年因學生普通科學程度不足，乃改爲預科三班，稱普通部，爲養成高等專門人才之準備；又添招師範部三班。共計六班，凡四百餘人。課程由日本人教授數理化等科，留學日本的華人教授史地、國文、圖畫、音樂、體操等科。次年改爲兩級師範學堂。宣統元年1909年，護理雲貴總督沈秉坤奏請將雲南方言學堂改爲高等學堂。先設預科班，補習中學堂課程，修業期限定爲三年。僅辦預備科，未開辦高等正科。辛亥革命後學堂遂即停辦。參閱《清史稿・選舉志二》。

江蘇南菁文科高等學堂

亦稱"江蘇南菁高等學校"。晚清高等學校。光緒三十年（1904）兩江總督端方奏請將江蘇江陰南菁書院改建爲"江蘇南菁高等學堂"。學堂先設預科班，添設教員，并增減原設科目，以專門之學爲主。光緒三十三年（1907），江蘇省教育總會以南菁高等學堂程度不符，請改辦文科高等學堂。課程按照高等學堂章程第一類（文科）開設，并將原有的高等學堂預科班停辦。宣統二年（1910）改辦中學班，課程悉照中學堂課程開設。宣統三年九月，學堂停辦。參閱《清史稿・選舉志二》。

【江蘇南菁高等學堂】

即江蘇南菁文科高等學堂。此稱清朝末年已行用。見該文。

江西高等學堂

亦稱"江西大學堂"。晚清高等學校。光緒三十年（1904）江西大學堂更名爲"江西高等學堂"。先設補習科。補習中學堂課程經學、歷史、地理、數學、英語、物理、化學、圖畫及體操等。學生額定二百名。光緒三十一年九月，在校學生有甲班十五人、乙班五十四人、丙班四十三人。光緒三十二年又招丁班五十五人。是時全校有中國教習八人、日本教習一人。光緒三十四年（1908）8月，開辦高等正科，分設文、理兩科。民國元年（1912）學堂停辦。參閱《清史稿·選舉志二》。

【江西大學堂】

即江西高等學堂。此稱清朝末年已行用。見該文。

江蘇高等學堂

亦稱"蘇州中西學堂"。晚清高等學校。光緒三十年（1904）兩江總督端方奏請將原"蘇州中西學堂"改建爲"江蘇高等學堂"。學堂創設預備科，補習中學堂課程一年。光緒三十二年正式開辦高等正科。宣統三年（1911）學堂停辦。參閱《清史稿·選舉志二》。

【蘇州中西學堂】[2]

即江蘇高等學堂。此稱清朝末年已行用。見該文。

陝西高等學堂

亦稱"陝西大學堂"。晚清高等學校。光緒三十一年（1905），陝西巡撫夏時遵照新章程，將"陝西大學堂"改爲"陝西高等學堂"。學堂先設預科班，補習中學堂課程。學堂始終未設正科。民國元年（1912）學堂停辦。參閱《清史稿·選舉志二》。

【陝西大學堂】

即陝西高等學堂。此稱清朝末年已行用。見該文。

貴州高等學堂

亦稱"貴州大學堂""貴州簡易師範學堂"。晚清高等學校。光緒三十一年（1905）"貴州大學堂"改爲"貴州高等學堂"。開辦之初，設預備科，第一年補習普通學科，爲預備科之預備，爾後按照中學堂章程，定爲修業五年，合計六年畢業。由於該學堂程度較低，與章程不符，光緒三十三年改爲"貴州簡易師範學堂"。參閱《清史稿·選舉志二》。

【貴州大學堂】[2]

即貴州高等學堂。此稱清朝末年已行用。見該文。

【貴州簡易師範學堂】

即貴州高等學堂。此稱清朝末年已行用。見該文。

新疆高等學堂

晚清高等學校。光緒三十二年（1906）新疆提學使杜彤創設於省城迪化（今新疆烏魯木齊）。主持校務者爲劉熺、王昶浚。開辦之初，僅設預備科，後因生徒程度不齊，遂於光緒三十四年改爲中學堂。辦學較注重實際，宣統元年（1909）自北京調入理科教習張啓聰等四人，學科益備。又因急於造就外屬教習之人選，遂於中學班内分設簡易師範班，所招學生爲居住新疆者，特別是少數民族。旋開設少數民族師範班。參閱《清史稿·選舉志二》。

暨南學堂

亦稱"國立暨南學校""暨南大學"。晚清國立僑民學校。光緒三十二年（1906）由兩江總督端方奏設於南京，專爲南洋僑胞子弟以及有志於南洋工商業者就讀而設。主要是補習國文、國語及各普通科學，後分送各學堂肄習。以温秉忠爲總理（校長），鄭洪年爲堂長。以傳播中國文化、培養華僑子女爲宗旨。初創時期，設中學堂和小學堂，額定招生中學二百名、小學三百名。課程有南洋概況、國文、英語等。宣統三年（1911）辛亥革命時停辦。1917 年，由黃炎培復辦。次年更名"國立暨南學校"。1927 年，復改稱"暨南大學"。爲現今廣州"暨南大學"之前身。參閱《清續文獻通考·學校二十》。

【國立暨南學校】

即暨南學堂。此稱民國時期已行用。見該文。

【暨南大學】

即暨南學堂。此稱民國時期已行用。見該文。

順天高等學堂

晚清高等學校。光緒三十三年（1907）清廷學部奏請在順天府開辦高等學堂，分設預科和正科。民國元年（1912）學堂停辦。參閱《清史稿·選舉志二》。

八旗高等學堂

晚清高等學校。光緒三十三年（1907）清廷學部奏請開辦。先設預科班。光緒三十四年開辦高等正科。民國元年（1912）八月，學堂停辦。參閱《清史稿·選舉志二》。

藏文學堂

晚清專門教授藏語言文字學校。光緒三十二年（1906）四川總督錫良在成都創辦，招收文理通順、身體健壯之學生一百二十名入堂肄業。聘請兼通漢藏文字教習二員教授藏文藏語；另聘漢教習教授國文、修身、倫理，并兼授英文、歷史、地理、算學、體操諸科。《清續文獻通考·學校十四》："〔光緒〕三十三年，川督錫良奏開設藏文學堂。稱川藏疆域毗連川滇，内附各番族亦多慣用藏中語文，際兹經營藏術整理邊務之時，必須招集内地人士自行肄習藏文，方足以備任使……覓雇兼通漢番文字之人充當教習，旋據遴選二人來省當經設立藏文學堂，招考文理通順、身體壯健之學生入堂肄業。即飭所招番教習盡心教授，仍由各漢教員教以國文、修身、倫理諸科，俾端其本。"參閱《清續文獻通考·學校十四》。

滿蒙文科高等學堂

晚清高等學校。光緒三十三年（1907）清廷學部奏請開設。先設預科班。宣統二年（1910）正式開辦高等正科。民國元年（1912）學堂停辦。參閱《清史稿·選舉志二》。

奉天高等學堂

亦稱"奉天方言高等學堂"。晚清高等學校。光緒三十四年（1908）奉天（今遼寧瀋陽）方言高等學堂正式成立。從中學堂選優録取了一百三十人，專攻習英、日、俄文。宣統元年（1909）五月，方言高等學堂改爲"奉天高等學堂"。原有學生按照程度，分班編入預科。宣統三年（1911）暑假，奉天高等學堂并入奉天法政學堂。參閱《清史稿·選舉志二》。

【奉天方言高等學堂】

即奉天高等學堂。此稱清朝末年已行用。見該文。

四、師範學堂

湖北武昌師範學堂

亦稱"湖北師範學堂"。晚清師範學校。光緒二十八年（1902）四月湖廣總督張之洞在武昌創辦。專門培養中小學教師。派武昌知府梁鼎芬爲監督，廩生陳毅、舉人胡鈞爲堂長，延請日本師範教員一人爲總教習。課程除普通學外，另加教育學、衛生學、教授法、學校管理法等。日課以八小時爲率，學額一百二十名，暫取品學兼優之文生入學，嗣後以中學堂學生升入。速成班定爲一年畢業，第二班二年畢業，第三班三年畢業。參閱《清史稿·選舉志二》。

【湖北師範學堂】

即湖北武昌師範學堂。此稱清朝末年已行用。見該文。

貴陽公立師範學堂

晚清師範學校。光緒二十八年（1902）在貴陽南門外昭忠祠設立。專門培養中學堂教習。聘日本清宮宗親、本藤武彥等人爲教習，課程有算學、幾何、代數、物理、化學、生理、博物、天文、地理、歷史、經濟、法制、教育、圖畫、體操、日文共十六科。四年畢業。參閱《清史稿·選舉志二》。

保定師範學堂

晚清師範學校。光緒二十八年（1902）直隸總督袁世凱在保定創設。考選各州縣舉貢生員入學肄業。分設四齋：一齋半年畢業，二齋一年，三齋二年，四齋三年。其半年畢業考取文憑者，即可先行派往各處小學堂充當教習一年，再由各齋畢業生依次輪往，各接充教習一年。俟各地教習敷用後，一律改爲三年畢業。

參閱《清史稿·選舉志二》。

湖南三路師範學堂

晚清師範學校。光緒二十八年（1902）湖南省師範傳習所創辦。其後設中路師範學堂於長沙，招收長沙、寶慶、岳州三府所屬地區學生；設西路師範學堂於常德，招收常德、澧州、辰州、沅州、永州、靖州六府州所屬地區學生；設南路師範學堂於衡陽，招收衡陽、永順、郴州、桂陽四府所屬地區學生。民國元年（1912）後分別改爲湖南省立第一、二、三師範學校，并增設第一、二、三女子師範學校於長沙、桃源和衡陽，所轄學區同上。參閱《清史稿·選舉志二》。

三江師範學堂

亦稱"兩江師範學堂""兩江優級師範學堂"。晚清師範學校。光緒二十九年（1903）兩江總督張之洞會同蘇撫恩壽、江蘇學政季殿林奏設三江師範學堂，以培養蘇、贛、皖三省中小學師資。校址設於南京城内北極閣前。學生定額九百名，江蘇之寧、蘇兩屬各二百五十名，安徽、江西各二百名。任楊錫侯爲監督，聘日本人菊池鐮二郎爲總教習，松原俊選等人爲各科教習。選派國人舉、貢、廩、增出身之教習五十人，分科教授。教員除聘科舉出身者外，亦聘外籍菊池鐮二郎等十餘人任課。學制分三類：本科，三年畢業；速成科，二年畢業；最速成科，一年畢業。學生由三省按分配名額選送。課程設修身、歷史、地理、文學、算學、教育、理化、圖畫、體操，另有隨意科：法制、理財、農業、英文。光緒三十一年由兩江總督周馥改名"兩江師範學堂"。另增分類科數學、理化、農學、博物、圖畫、手工、歷史、輿地，供選修補習，并改爲以培養中學教師爲目的的優級師範，歷屆監督由楊覲觀、徐乃昌、李瑞清擔任。武昌起義後停辦。1914年在原兩江師範學堂原址設立"南京高等師範學校"。1923年并入東南大學。1927年國民政府將東南大學等學校合并，成立國立第四中山大學。1928年更名爲國立中央大學。爲現今南京大學之前身。按：順治二年（1645），改明南直隸置江南省，治在江寧府（今江蘇南京）。康熙六年（1667），江南省分置江蘇、安徽兩省，但此後習慣上仍常合稱兩省爲江南省。統轄江蘇、江西、安徽三省的總督仍稱"兩江總督"。另外，清初又稱江南、江西兩省爲"兩江"。是故接納江南、江西兩省學生的學堂稱爲"兩江師範學堂"。參閱《清續文獻通考·學校十四》。

【兩江師範學堂】

　　即三江師範學堂。此稱清朝末年已行用。見該文。

【兩江優級師範學堂】

　　即三江師範學堂。此稱清朝末年已行用。見該文。

全閩師範學堂

　　亦稱"優級師範學堂""高等師範學堂""福建師範學校""福建省立第一師範學校""福建省立第一高級中學""省立福州師範學校""永安師範學校"晚清師範學校。光緒二十九年（1903）由陳寶琛創設於福州，并由其本人出任首任監督。次年設完全科，學制五年。光緒三十二年辦簡易科，學制一年。還加設一年制的體操專修科、音樂專修科、單級教師傳習所、

女子師範傳習所。光緒三十三年添設優級師範理化、博物、史地、數學選科各班，并開辦優級班，改名"優級師範學堂"，後改"高等師範學堂"。民國元年（1912）改福建師範學校。1914年改福建省立第一師範學校。1927年與省立一中等七校合并爲福建省立第一高級中學。1931年改省立福州師範學校。1936年與省立蒲田、龍溪等四校合并爲省立師範學校。1938年遷至永安。1942年改永安師範學校。1970年撤銷。參閱《清續文獻通考·學校十四》。

【優級師範學堂】[2]

　　即全閩師範學堂。此稱清朝末年已行用。見該文。

【高等師範學堂】

　　即全閩師範學堂。此稱清朝末年已行用。見該文。

【福建師範學校】[1]

　　即全閩師範學堂。此稱民國初年已行用。見該文。

【福建省立第一師範學校】[1]

　　即全閩師範學堂。此稱民國初年已行用。見該文。

【福建省立第一高級中學】

　　即全閩師範學堂。此稱民國時期已行用。見該文。

【省立福州師範學校】

　　即全閩師範學堂。此稱民國時期已行用。

【省立師範學校】

　　即全閩師範學堂。此稱民國時期已行用。見該文。

【永安師範學校】

　　即全閩師範學堂。此稱民國時期已行用。

見該文。

直隸優級師範學堂

亦稱“直隸省立高等師範學校”。晚清師範學校。旨在培養中等學堂及優級師範學堂教員。光緒二十九年（1903）創設於河北保定。學堂創建之初，有教職員二十三人。學生額定五百人。學制四年。學堂依據《優級師範學堂章程》規定，開設公共科、分類科和加習科。辛亥革命後，改名“直隸省立高等師範學校”。1923年并入河北大學。參閱《清續文獻通考·學校十四》。

【直隸省立高等師範學校】

即直隸優級師範學堂。此稱民國時期已行用。見該文。

山東優級師範學堂

晚清師範學校。旨在培養中等學堂及初級師範學堂教員。光緒二十九年（1903）創設於山東濟南。前身爲山東全省師範學校。方燕年出任監督。學堂設長期班，修業三年。光緒三十一年改長期班爲完全科。分文理兩科，學制三年。另設完全科，學制亦三年。次年又設優級預備科，學制一年。宣統二年1910年定名爲山東優級師範學堂三類。編制依舊。優級文科課程以地理、歷史爲主，還有法制、理財、生物、算學等；優級理科課程以算學、物理、化學爲主，還有手工、博物、圖畫、心理、氣象等；公共課有倫理、經義、國文、外國語、教育、體操。優級預備科、完全科、初級簡易科設有倫理、經學、國文、外國語、地理、歷史、數學、物理、化學、博物、圖畫、體操等課。初級班亦大體相同。民國元年（1912）改爲高等師範學校。1914年廢黜。參閱《清續文獻通考·學校十四》。

京師優級師範學堂 [2]

晚清師範學校。光緒三十年（1904）“京師大學堂師範館”改爲“優級師範科”，培養初級師範和中學堂的教職員。光緒三十四年改爲“京師優級師範學堂”，以廠甸五城中學堂地方爲校址。是年十月二十一日正式開學。民國元年（1912）改名爲北京高等師範學校。是爲現今北京師範大學之前身。參閱《清續文獻通考·學校十四》。

大通師範學堂

晚清師範學校。原名“大通學堂”。後改名“大通師範學堂”。光緒三十一年（1905）由光復會會員徐錫麟、陶成章創設於浙江省紹興。學堂設體育專修科，修業六個月。招收各處會黨頭目練習兵操。光緒三十三年，同盟會會員秋瑾出任督辦主持校務。名爲培養小學體育教員，實是浙江革命黨人培訓軍事幹部的據點。課程有語文、算術、史地、理化、外國語、教育、倫理等，尤其重視軍事訓練。設有體育會，擬令女學生均習兵式體操，編成女國民軍。光緒三十三年夏，秋瑾準備回應徐錫麟起義，被清廷偵知。雙方血戰，許多革命青年學生壯烈犧牲。學堂從此停辦。參閱《清續文獻通考·學校十四》。

兩廣速成師範館

亦稱“兩廣師範學堂”“兩廣優級師範學堂”“廣東高等師範學校”。晚清師範學校。光緒三十一年（1905）六月創設於廣州。繼設初級師範簡易科，尋更名爲“兩廣師範學堂”。旨在培養師範人才。光緒三十二年復更名爲“兩廣優級師範學堂”，并擴建新校舍。學堂分設文學、史輿、數理化、博物四科。學制四年。第一年爲公共通習科目，其餘三年爲分類專習科目。課程有國文、日語、英語、算學、倫理、經濟、體操等。學堂附設有體育專修科及小學。宣統二年（1910）增設附屬中學。次年增設附屬初級師範。民國元年（1912）改稱"廣東高等師範學校"。1924年6月與廣東公立農業專門學校、廣東公立法科大學、廣東公立醫科大學合爲"國立廣東大學"。後於1926年正式成爲"國立中山大學"，即今"中山大學"之前身。參閱《清續文獻通考·學校十四》。

【兩廣師範學堂】

即兩廣速成師範館。此稱清朝末年已行用。見該文。

【兩廣優級師範學堂】

即兩廣速成師範館。此稱清朝末年已行用。見該文。

【廣東高等師範學校】

即兩廣速成師範館。此稱民國時期已行用。見該文。

河南優級師範學堂

亦稱"河南師範學堂"。晚清師範學校。前身是"河南師範學堂"，光緒三十一年（1905）創設於河南開封。光緒三十三年改名"河南優級師範學堂"，附設初級師範。民國元年（1912）合并於省立第二師範，改河南高等師範學校。1917年改省立第一師範。參閱《清續文獻通考·學校十四》。

【河南師範學堂】

即河南優級師範學堂。此稱清朝末年已行用。見該文。

國立成都高等師範學校

亦稱"四川通省師範學堂""四川優級師範學堂""四川高等師範學校"。晚清北洋政府時期師範學校。原名"四川通省師範學堂"。光緒三十二年（1906）創設於四川成都。宣統三年（1911）更名爲"四川優級師範學堂"。民國元年（1912）改"四川高等師範學校"。1916年改稱"國立成都高等師範學校"。1927年改爲成都師範大學。1931年與成都大學、公立四川大學合并爲國立四川大學。爲現今四川大學之前身。參閱《清史稿·選舉志二》。

【四川通省師範學堂】

即國立成都高等師範學校。此稱清朝末年已行用。見該文。

【四川優級師範學堂】

即國立成都高等師範學校。此稱清朝末年已行用。見該文。

【四川高等師範學校】

即國立成都高等師範學校。此稱民國時期已行用。見該文。

北洋師範學堂

亦稱"天津北洋師範學堂""北洋女子師範學院"。晚清師範學校。光緒三十二年（1906）由直隸總督袁世凱創設於天津。學堂招收本省學生二百三十名，西北各省、旗以及山東、河南、山西、東三省學生一百二十名，各省自費生五十名，共計四百名。分設七班肄業。其中專修預科五班，簡易二班。同年十一月正式開學。選派李士偉爲監督。次年三月袁世凱制訂《北洋師範學堂試辦章程》，分總綱、優級完全科、專修科、初級簡易科等，共九十五條。學制規定，中學畢業入學者三年，文化程度相當小學畢業者六年。另從各省酌定人數擇優録取，分門肄習，期以二年半畢業。分科爲歷史地理、博物、手工圖畫、數學理化、文學教育五類，而以心理學、教育學、教授法、管理法、國文、體操爲必修課。畢業後回省爲初級師範學堂教員。辛亥革命後，改名"北洋女子師範學校"。參閲《清續文獻通考·學校十四》。

【天津北洋師範學堂】

即北洋師範學堂。此稱清朝末年已行用。見該文。

【北洋女子師範學校】

即北洋師範學堂。此稱民國時期已行用。見該文。

浙江兩級師範學堂

晚清師範學校。光緒三十二年（1906）浙江巡撫張曾敭奏請以省城貢院舊址改建師範學堂。宣統元年（1909）春校舍落成，正式開學。經費每年計五萬三千一百八十餘元，學生除書籍費自備外，其餘概免。喻長霖出任首任監督，後由沈鈞儒接任。魯迅曾任化學和生理學教員。學堂招收優、初兩級及體操專修科學生共六百名。優級分六級，分設史地、理化、博物、數學四科，學制三年，其中預科一年，正科二年，限中學畢業者投考，間有秀才出身者。另附設體育、圖畫手工專修科，學習一至二年不等。學生約爲二百名。初級分五級，學制二年，限高等小學畢業或有同等學力者投考，學生約爲四百名。民國元年（1912）後，於優級設公共科，修史地、理化等課程。1913年停辦，優級學生分送北京、武昌等高等師範學校。同年，省議會議决，於舊址設省立第一師範學校。參閲《清史稿·選舉志二》。

福建優級師範學堂

亦稱"福建兩級師範學堂""福建師範學校""福建高等師範學校""福建省立第一師範學校"。晚清師範學校。光緒三十三年（1907）創設於福州。陳寶琛出任首任監督。轄優級和初級師範兩部分，通稱"福建兩級師範學堂"。設六個專業。其中博物專業爲本科，理化、史地、數學爲選科，還設圖畫手工專修科。選科和專修科學制三年，本科學制四年。民國元年（1912）更名爲"福建師範學校"。1913年改名"福建高等師範學校"。翌年復改稱"福建省立第一師範學校"。參閲《清史稿·選舉志二》。

【福建兩級師範學堂】

即福建優級師範學堂。此稱清朝末年已行用。見該文。

【福建師範學校】[2]

即福建優級師範學堂。此稱民國時期已行用。見該文。

【福建高等師範學校】

即福建優級師範學堂。此稱民國時期已行用。見該文。

【福建省立第一師範學校】[2]

即福建優級師範學堂。此稱行用於民國時期。見該文。

京師女子師範學堂

亦稱"北京女子師範學校""北京女子高等師範學校"。晚清師範學校。光緒三十四年（1908）創設於北京京師大學堂醫學館舊址。傅增湘出任總理（校長）。先招簡易科四班。宣統二年（1910）派江瀚任代總理。同年創辦附屬女子兩等小學校（後改北京師大第二附小，今第二實驗小學）。民國元年（1912）更名爲"北京女子師範學校"。吳鼎昌出任校長。1916年添設附屬中學（後改爲北京師大女附中，今北京師大附屬實驗中學）。1919年改稱"北京女子高等師範學校"。參閱《清史稿·選舉志二》。

【北京女子師範學校】

即京師女子師範學堂。此稱民國時期已行用。見該文。

【北京女子高等師範學校】

即京師女子師範學堂。此稱民國時期已行用。見該文。

京師優級師範學堂 [3]

亦稱"國立北京高等師範學校""國立北京師範大學"。晚清師範學校。光緒三十四年（1908）由"京師大學堂優級師範科"改名。校址位於北京和平門外廠甸。陳問咸出任監督。招收初級師範學堂和中學堂畢業生及同等學力者。同年考錄學生八十餘人。課業學習分三節：（1）公共科一年，課程有人倫道理、群經源流、中國文學、東語、英語、辯學、算術和體操；（2）分類科三年，課程有中國文學、外國語類，地理、歷史類，算學、物理、化學類，植物、動物、礦物、生理學類；（3）加習科一年，供分類科畢業後自願留校者學習和研究。加習科

實際并未開設。民國元年（1912）更名爲"國立北京高等師範學校"。1923年更名爲"國立北京師範大學"。爲現今北京師範大學之前身。參閱《清史稿·選舉志二》。

【國立北京高等師範學校】

即京師優級師範學堂。此稱民國時期已行用。見該文。

【國立北京師範大學】

即京師優級師範學堂。此稱民國時期已行用。見該文。

湖南優級師範學堂

亦稱"湖南高等師範學校"。晚清師範學校。光緒三十四年（1908）創設於長沙。劉鉅、周大椿出任監督。學堂有教員二十二人，其中四人爲日籍。學堂分設理化科、博物科、數學科、歷史地理科等學科。民國元年（1912）遷於嶽麓書院舊址，并更名爲"湖南高等師範學校"。分設理化、博物、體操、圖畫手工、歷史地理、音樂、英語等科。1917年停辦。1926年在此建湖南大學。參閱《清史稿·選舉志二》。

【湖南高等師範學校】

即湖南優級師範學堂。此稱民國時期已行用。見該文。

五、軍事學堂

船政學堂

亦稱"求是堂藝局""福州船政學堂"。晚清朝廷所設之中國最早之海軍軍事學堂，同時亦爲中國近代最早創辦的海軍製造學校。同治五年（1866）五月十三日，閩浙總督左宗棠奏准創設於福州的馬尾造船廠。學校教育體制則

均參照英法海軍學校成規。另外左宗棠還親自擬定了《藝局章程》。但學堂創辦後幾個月，左宗棠調任陝甘總督，而船政大臣由江西巡撫沈葆楨接替。學堂分前學堂和後學堂兩部分。前學堂亦稱"法國學堂"或"製造學堂"，習法文，學造船，以期培養出能造船的"良工"；後

堂亦稱 "英國學堂" 或 "駕駛學堂"，習英文，學駕駛、管輪，以期造就出善於取船之 "良將"。學制五年，課程計有英文、法文、代數、幾何、算術、化學、天文、畫學、地質、動静重學、水重學、電磁學、光學、聲學、熱學、航海學等。另外沈葆楨還令學生課外讀《聖諭廣訓》《孝經》，并兼習策論，以 "明義理而正趨向"，充分體現了 "中學爲體，西學爲用" 的洋務教育思想。兩學堂均重生産實踐，前堂設計監造船艦，後堂習練遠洋出航，并選派前後堂生分赴英法學習製造駕駛之法。學堂創辦之初正副監督均爲法國軍官。學生稱 "藝童"，初定六十名，後增至一百四十餘名，連同執事、藝徒，增至三百餘名。學堂章程規定凡録取者，伙食、醫藥費全免，另外，還每月發給贍銀四兩，貼補家庭費用。所以學生中大多來自家道比較困難的人家。學堂還規定每三個月考試一次，成績列一等的可領賞銀十圓。五年畢業後授予水師官職或充監工、船主。部分留校任教或出國留學。船政學堂爲中國培養了很多海軍科技人員，對近代中國工業的發展起到一定的作用。光緒十年（1884）中法戰争中學堂損失慘重，并日趨衰落。民國元年（1912）十月，前學堂改稱 "海軍製造學校"，由陳林璋爲校長；後學堂改稱 "海軍學校"，由王桐出任校長。另外，恢復光緒六年裁撤的藝圃爲 "藝術學校"，黄聚華爲校長。至此，船政學堂一分爲三，并走完了它全部的歷程。《清史稿·選舉志二·學校下》："福建船廠，同治五年，左宗棠督閩時奏設，并設隨廠學堂。分前、後二堂。前堂習法文，練習造船之術；後堂習英文，練習駕駛之術。課程除造船、駕駛應習常課外，兼

習策論，令讀《聖諭廣訓》《孝經》以明義理。首總船政者爲沈葆楨，規畫閎遠，尤重視學堂。十二年，奏陳船工善後事宜：'請選派前、後堂生分赴英、法，學習製造駕駛之方，及推陳出新、練兵制勝之理。學生有天資傑出，能習礦學、化學及交涉、公法等事，均可隨宜肄業。' 沈葆楨任南洋大臣。光緒二年，奏派華、洋監督，訂定章程。船政學堂成就之人材，實爲中國海軍人材之嚆矢。學堂設於馬尾，故清季海軍將領，亦以閩人爲最多。" 參閱《清史稿·選舉志二·學校下》、《中國近代史資料叢刊·洋務運動》、左宗棠《左文襄公全集·奏稿》（卷一八、卷一九、卷二〇、卷四一、卷六一）、《船政奏疏彙編》（卷二、卷六、卷九、卷一四、卷一五、卷一七、卷一九、卷二二、卷二四、卷二六、卷二七、卷二八、卷三一、卷三五、卷三七、卷三八、卷四二、卷四三、卷四四、卷四六、卷四八）、《船政奏議續編》（卷一）、沈葆楨《沈文肅公政書》（卷四）、《澗於集·奏議》（卷四）、《卞制軍奏議》（卷一二）、《光緒朝東華録》（二十二年六月）、福建師範大學歷史系《福建船政局資料彙編》、林慶元《福建船政局史稿》、張俠等《清末海軍史料·海軍各學校沿革之概況》、王信忠《福州船廠之沿革》、陳景韶《舊中國海軍的教育與訓練》（《福建文史資料》第八輯）。

【求是堂藝局】

即船政學堂。此稱清代已行用。見該文。

【福州船政學堂】

即船政學堂。此稱清代已行用。見該文。

藝圃

亦稱 "藝圃學堂" "藝徒學堂"。福建船政

學堂的重要組成部分。清同治七年（1868）創設。始由船政各廠分招年在十五至十八歲的聰穎工人數十人，隨同洋匠邊工作邊學習，名爲藝徒。旨在培養技術工人，成績優異者可充工頭或工程師。初皆分散於各廠，嗣因人數過多，遂設一藝圃集中居住，以便管束。每天授課學習，故有藝圃學堂之稱，分藝徒、匠首兩學堂。各以三年爲期。初入堂者學習法語、數學、幾何入門、常用藝學淺義、畫法、製圖等。各徒均於每日下午赴學肄業，上午入院學習船身、輪機各種繪事，工作三年後大考一次，製作精熟者即予升爲匠人，赴廠辦工。或擇其優者派入匠首學堂肄業二年，教以稍精藝學：製造輪機、汽機等學，以補匠首、管輪之用。一說藝圃僅係寄宿性質，并非正式學校。參見本卷《教學機構說·機構總考》"實業學堂"文。

【藝圃學堂】

即藝圃。此稱清代已行用。見該文。

【藝徒學堂】[2]

即藝圃。此稱清代已行用。見該文。

廣東實學館

亦稱"博學館"。晚清海軍軍事技術學校。光緒六年（1880）十二月兩廣總督張樹聲創設於廣東黃埔對河長洲。次年十二月建成開學，取名"實學館"。延請廖廷相爲總辦，聘西人教習二人，設英文教習三人、漢文教習一人。招收十二至十五歲聰穎健康子弟入館肄業，其中舉貢年少有才者，亦准入選。分設駕駛、製造兩科，均學英文、算學、代數、幾何、平弧三角、測量、漢文等課程。駕駛科另習航海、天文、船藝集成等課程；製造科則習重學、微積分、化學、格致、汽機、造船、造炮等。學管

輪者主修重學、汽機各書，五年學習期滿，再分赴工廠、輪船，或派送出國留學深造。光緒九年改爲"博學館"。光緒十三年，并於廣東水陸師學堂。參閱《劉坤一遺稿》、《劉忠誠公遺稿·奏疏》（卷一二）、《清實錄·德宗》、《張靖達公奏議》（卷五）、《廣方言館全案》。

【博學館】

即廣東實學館。此稱清代已行用。見該文。

天津水師學堂

亦稱"北洋水師學堂"。晚清洋務派設立的中國最早現代海軍軍事學校。光緒六年（1880），北洋大臣李鴻章奏請創設於天津機器局附近。清末至民國時期劃分我國沿海地區爲南北洋區，稱山東省以南的江蘇、浙江、福建及廣東各省爲南洋，江蘇省以北的山東、河北、遼寧各省爲北洋。故稱"北洋水師學堂"。次年八月校舍落成，并正式開始招生開學。創辦之初，由吳贊成出任總辦（校長），不久由吳仲翔接替。嚴復任總教習（教務長），光緒十五年任會辦（副校長），次年升任總辦。學校采用西方教育方式，并聘外籍人爲教習，全用英文教授。學生爲本地十三至十七歲良家子弟，并要求"已經讀書數年，讀過兩三經，能作小講半篇或全篇者"。入學者按讀書多少和已有程度分成三班肄業，由學校提供膳食、衣履費，公費醫療，并享受"贍銀"每月四兩，學額最高達一百二十人。分駕駛和管輪兩科。在學五年，前四年在堂學習專業理論知識，課程有英文、地輿圖說、算學、代數、力學、化學、格致、天文、地輿、測量、讀經及國文等課程；最後一年在船上實習海軍技藝，有"大炮、洋槍、刀劍、操法、藥彈利弊、上桅接綆、用帆諸法"

等。要求於駕駛、帆纜、槍炮、列陣迎敵諸學能明體達用。學校注重考試，每年春秋各一次，内容包括理論知識和實踐操作。畢業後授以水師官職。後清廷又於光緒十三年在廣州設廣東水陸師學堂，同年在頤和園，光緒十五年在山東威海衛，次年在南京，光緒二十年在山東烟臺等地設立水師學堂，均仿照天津水師學堂辦理。設航海一科或航海、管輪兩科。其中廣東水陸師學堂、南京水師學堂規模較大。此外，還在廣州黃埔和奉天旅順口設有魚雷學校，培養駕駛魚雷船人才。學生除在國内接受教育外，水師學堂還選拔其中優秀學員到日、英、法、德等國留學。光緒十九年後，船課改爲三年，教師中除總教習、正副管輪教習及駕駛副教習聘任洋員外，其餘均爲華人。光緒二十六年，八國聯軍入侵，學堂停辦。歷時二十年，共畢業學生二百〇五名。參閲《清續文獻通考·學校十六》、《清史稿·選舉志二·學校下》、李鴻章《李文忠公全書·奏稿》（卷四〇、卷五三）、《萬國公報》（卷六三一）、《嚴幾道年譜》《津門雜記》（卷中）、陳景銶《舊中國海軍的教育與訓練》（《福建文史資料》第八輯）、林獻炘《清末海軍史料·海軍各學校沿革之概況》。

【北洋水師學堂】

即天津水師學堂。此稱清代已行用。見該文。

旅順海軍槍炮學堂

晚清省立軍事學校。光緒十年（1884）前後設立，專門招收十六至十八歲的學生入學堂肄習，初授以普通課目，然後授以槍炮等各項軍事專門技術，并且聘請德國海軍軍官數人擔任學堂正副教習。能掌握一定的理論知識和軍事技能的畢業生，被派充各艦船槍炮官和正副炮首（正副軍士長）等職。學生先後畢業三届，約六十人。光緒二十年（因中日甲午戰争爆發而停辦。參閲《清史稿·選舉志二》

天津武備學堂

亦稱"北洋武備學堂""陸軍武備學堂""陸軍學堂"。清末清廷所設立之中國第一所陸軍軍事學校。光緒十一年（1885）正月直隸總督兼北洋大臣李鴻章奏請設於天津。學堂仿照德國陸軍學校辦理。學堂由蔭昌任督辦，楊宗濂爲總辦，聘用德國軍官出任教習，并選派翻譯。精簡北洋各營中精健聰穎、略通文義之"弁目"一百餘人入堂肄業。教授天文、地輿、格致、測繪、算化諸學，以及西洋炮臺營壘、行軍新法等課程，并督率學生赴營實習槍炮陣式、土木臺壘、行軍、布陣、分合、攻守諸法。另外，由中國教習教授經史文義，進行忠義教育，"以端其本末"。一年畢業，回營任用。成績優秀者留堂作助理教習，或回營作軍事教師。北洋軍閥馮國璋、段祺瑞、吴佩孚、曹錕等均爲武備學堂學員。光緒二十三年增設鐵路工程科，招收學生四十人，學制一年，結業後發回各營，飭由各統領量才授事。光緒二十六年六月，毁於八國聯軍入侵。《清史稿·選舉志二·學校下》："鴻章又於光緒十一年奏設天津武備學堂，規制略仿西國陸軍學堂。挑選營中精健聰穎、略通文義之弁目，入堂肄業。文員願習武事者，一併録取。其課程一面研究西洋行軍新法，如後膛各種槍炮，土木營壘及布陣分合攻守各術。一面赴營實習，演試槍炮陣勢及造築臺壘。惟學生係挑選弁目，雖聘用德國教員，不能直接聽講，仍用翻譯，輾轉教授，與水師學堂注重外國文者不同。初制，學習一年後，考試及格學生，發回各營，由統領量材授事。其後逐漸延長年限，選募良家年幼子弟肄業。迨庚子之變，學堂適當戰區，全校淪爲灰燼矣。"天津武備學堂爲晚清創設軍事學校之嚆矢，後來清廷還要求各地仿效天津武備學堂辦法設立地方武備學堂，如南京的江南武備學堂、杭州的浙江武備學堂、太原的山西武備學堂、貴陽的貴州武備學堂、西安的陝西武備學堂、安慶的安徽武備學堂、保定的直隸武備學堂，以及後來的保定軍官學校（即北洋軍官學校，原名保定東關大學堂）等。光緒三十年天津武備學堂被改稱爲陸軍學堂。參閱《清史稿·選舉志二·學校下》、《清續文獻通考·學校十七》、《皇朝經世文新編》（卷一四）、《清續文獻通考·學校十六》、李鴻章《李文忠公全書·奏稿》（卷五三、卷六〇、卷六三、卷六七、卷七四）、《清末新軍編練沿革·北洋武備學堂》。

【北洋武備學堂】

即天津武備學堂。此稱清代已行用。見該文。

【陸軍武備學堂】[1]

即天津武備學堂。此稱清代已行用。見該文。

【陸軍學堂】

即天津武備學堂。此稱清代已行用。見該文。

昆明湖水師學堂

亦稱"京師昆明湖水師學堂""昆明湖水操學堂"。晚清海軍初級軍官學校。光緒十二年（1886）九月，督辦海軍事務的醇親王奕譞奏准創設於北京頤和園西垣外之昆明湖，故名。學堂各種章制均援照天津水師學堂，設總辦一員、提調一員、洋文數學教習三員、中文教習二員。招滿籍學生六十名，經甄別錄取四十名。學堂專門招收滿族子弟入學肄業，旨在培養海軍初

級軍官，人稱"貴胄學堂"。次年一月八日學堂正式開學。學生均從健銳營、外火器營選拔。學制五年。課程有西法測算、天文、駕駛、行船、布陣及施放槍炮等。學生修業派往天津水師學堂附習海軍專門課目。至光緒十九年，畢業學生一屆凡三十六人。隨即派往天津水師學堂深造，僅九人被分配到海軍部隊任職。光緒二十年中日甲午戰爭後學堂停辦。參閱陳景蔯《舊中國海軍的教育與訓練》（《福建文史資料》第八輯）、林獻炘《清末海軍史料·海軍各學校沿革之概況》。

【京師昆明湖水師學堂】

即昆明湖水師學堂。此稱清代已行用。見該文。

【昆明湖水操學堂】

即昆明湖水師學堂。此稱清代已行用。見該文。

廣東黃埔魚雷學堂

省稱"黃埔魚雷學堂"。晚清軍事學校。光緒十二年（1886）兩廣總督張之洞設立於黃埔水魚雷局。學堂授以駕駛及魚雷各課目。學制五年。學堂由水師學堂總辦兼管其事，并以船政後學堂第二屆管輪畢業生劉義寬爲魚雷局提調，另聘德國人馬駟爲魚雷專門教習。光緒三十二年魏瀚任水師學校兼水魚雷局總辦時，將魚雷學堂歸并於廣東水陸師學堂，未畢業學生四十名按程度分別插入水師學堂第九屆、第十屆、第十一屆駕駛班學習。該學堂設立二十年，先後畢業學生五屆，計十九名。參閱陳景蔯《舊中國海軍的教育與訓練》（《福建文史資料》第八輯）、林獻炘《清末海軍史料·海軍各學校沿革之概況》。

【黄埔魚雷學堂】

　　"廣東黄埔魚雷學堂"之省稱。此稱清代已行用。見該文。

廣東水陸師學堂

　　亦稱"廣東水師學堂""黄埔水師學堂""廣東水師魚雷學堂"。晚清海軍軍事學校。光緒十三年（1887）六月，兩廣總督張之洞創設於廣東黄埔博學館舊址。水、陸師各招收七十名學生入學肄業：由舊博學館學生中挑選三十名稱内學生，從軍營中挑選二十名爲營學生，考收二十名十六歲至三十歲的文生稱外學生。光緒十五年水師遷居新堂，陸師仍居舊址。水師學堂分管輪、駕駛兩科，聘英國軍官爲教習。三年學成後，撥入練船，在沿海實習一年，再挑選才藝優秀者分赴外國學堂、兵船學習。陸師分馬步、槍炮、營造三科，聘德國軍官爲教習，三年畢業。同年，增設礦學、化學、電學、植物學、公法學等五所西藝學堂。《清史稿·選舉志二·學校下》："此外廣東水陸師學堂，則粤督張之洞於光緒十三年奏設。之洞調任鄂督，二十一年又奏設湖北武備學堂，其辦法課程，水師分管輪、駕駛兩項，陸師分馬、步、槍、炮、營造等項，大略參照北洋成法。洎海軍成立，新軍改建，此類學堂，南洋及各省增設日盛，不具述。"光緒十九年，兩廣總督譚鐘麟將陸師學堂解散，水師學堂改名"廣東水師學堂"，亦稱"黄埔水師學堂"。學制五年。課程仿天津水師學堂和福州船政學堂辦理。重視理論與實踐相結合。學生每年九個月在堂，三個月在船。光緒三十年，學堂接納黄埔水魚雷局附屬魚雷班學生，遂更名爲"廣東水師魚雷學堂"。學生均兼學管輪、駕駛和魚雷。民國元年（1912）由北洋政府海軍部管轄，改名廣東海軍學校。1913年停辦。參閲《張文襄公全集·奏議》（卷一八、卷一三二）、《合肥李勤恪公政書》（卷一〇）、陳景鎏《舊中國海軍的教育與訓練》（《福建文史資料》第八輯）、龔志鎏《舊時代的廣東歷屆軍事學校概況》（《廣州文史資料》第三輯）、林獻炘《清末海軍史料·海軍各學校沿革之概況》。

【廣東水師學堂】

　　即廣東水陸師學堂。此稱清代已行用。見該文。

【黄埔水師學堂】

　　即廣東水陸師學堂。此稱清代已行用。見該文。

【廣東水師魚雷學堂】

　　即廣東水陸師學堂。此稱清代已行用。見該文。

威海衛水師學堂

　　晚清海軍軍事學校。光緒十六年（1890），北洋海軍提督丁汝昌奏准創設於威海衛劉公島。學堂僅設駕駛班，以備補充北洋艦隊駕駛副之缺。丁汝昌自兼學堂總辦，并設一委員負責教務。另設提調一員、總教習一員、洋文數學教習一員、漢文教習二員。學堂所有章制，除内外堂課略有變更外，其餘援照天津水師學堂駕駛班。同年冬，北洋艦隊南巡，在滬、粤、閩各地招收學生三十六名，另收自費學生十名，共計四十六名，於次年四月開學。北洋海軍爲其提供練船、武器、操場，供學生操練。部分教習亦由北洋海軍派員兼任，在進行堂課學習的同時兼習槍炮。光緒二十一年二月，北洋海軍在甲午戰爭中覆滅，威海衛陷落，學堂停辦。

威海衞水師學堂歷時四年，畢業學生一屆凡三十名。參閱李鴻章《李文忠公全書·奏稿》、林獻炘《清末海軍史料·海軍各學校沿革之概況》、陳景騕《舊中國海軍的教育與訓練》（《福建文史資料》第八輯）。

北洋旅順口魚雷學堂

省稱"旅順口魚雷學堂"。晚清海軍軍事學校。光緒十六年（1890年，即中日甲午戰争前四年），北洋艦隊正值興盛之時，人才頗感缺乏，於是設立魚雷學堂於旅順口，名爲"北洋旅順口魚雷學堂"。派魚雷營總辦劉含芳兼管堂務，聘德籍魚雷專家福來舍爲教習。課程以魚雷爲主，兼習德文及普通數學、航海常識等。共畢業魚雷班學生三屆計二十三名，均派充北洋艦隊服務。中日戰事起，旅順口失守，魚雷學堂亦停辦。參閱林獻炘《清末海軍史料·海軍各學校沿革之概況》、陳景騕《舊中國海軍的教育與訓練》（《福建文史資料》第八輯）。

【旅順口魚雷學堂】

"北洋旅順口魚雷學堂"之省稱。此稱清代已行用。見該文。

江南水師學堂

亦稱"南京水師學堂""南洋海軍學堂""海軍軍官學校"。晚清南洋水師培育初級軍官之海軍軍事學校。光緒十六年（1890）南洋大臣兼兩江總督曾國荃創設於江蘇南京。校址在南京下關儀鳳門内。同年十二月開學。同時，將原設於南京的魚雷學堂裁撤，其大部分學生并入江南水師學堂，另一部分學生轉入旅順魚雷營。學堂由桂嵩慶任總辦，蔣超英爲總教習兼提調。學堂援照《天津水師學堂章程》，設總辦（道員）一員、總教習兼提調（知府）一員、監督二員、醫官一員、文案一員、支應一員、司事二員、書吏二員、書識二員。設洋教習二員，專教第一班學生，第二班、第三班各設西文數學教習二員。另有魚雷教習一員、漢文教習四員、操演教習一員。還有機器、魚雷、翻砂、木鐵等廠工匠及升火等十六名，號手、鼓手及什役等四十六名。光緒三十年，改屬海軍部。光緒三十四年，改名爲"南洋海軍學堂"。學堂分駕駛、管輪兩科，并附設魚雷班。聘請英國海軍軍官二人爲教習，另設英文和漢文教習四名。學堂招考本地或外省、年在十三至二十歲、讀過經書、文理通順、曾習英文三四年者入堂肄業。投考者必先考試英文、翻譯、地理、算學四門。考取後分派駕駛、管輪兩科，各以六十人爲額，凡一百二十人。以二十人爲一班。學制七年。駕駛科堂課五年，船課二年；管輪科堂課六年，船課和廠課各半年。駕駛科課程有英文、漢文、幾何、代數、三角、中西海道、星辰部位、升桅帆纜、划船泅水、槍炮步伐、水電魚雷、重學、積分、駕駛、測量、繪圖、輪機理要、格致等。管輪科主要課程有英文、漢文、算學、氣學、力學、水學、火學、輪機理法、繪圖，并須赴校機器廠實習，學習修理輪機各項技藝。學生畢業後擇優撥入練船訓練，考驗中式者，分别等次，量才録用。學堂附有魚雷一營、魚雷艇四艘，供學生演練魚雷課目。學生畢業後，分配到艦艇部隊，按章補用。自光緒十六年至宣統三年（1911），共畢業學生二百一十一名，其中駕駛班學生七屆一百〇七名，管輪班學生六屆九十一名，魚雷班學生三屆十三名。魯迅曾在江南水師學堂肄業。民國元年（1912）改名爲"海軍軍官學校"。《清續文獻通考·學校十六》:"查南洋水師學堂經前督臣曾國荃創設,光緒十六年間,前督臣沈秉成奏明,援照北洋成案二年保獎一次在案。查該堂開辦以來已届四年,教習人等督率學生所習各種技藝,據總辦江南水師學堂候補道桂嵩慶詳請保獎前來,除該堂學生應照定章俟送練船考試中式後再請給獎外,所有出力教習各員已歷四年,應行兩案並保。臣此次僅照尋常勞績擬保,未敢過優,繕單懇恩俯准給予獎叙。"參閲《清續文獻通考·學校十六》、曾國荃《曾忠襄公全集·書劄》(卷二一)《清實録·德宗》《萬國公報》、《魯迅年譜》、陳景鄴《舊中國海軍的教育與訓練》(《福建文史資料》第八輯)、林獻炘《清末海軍史料·海軍各學校沿革之概況》。

【南京水師學堂】

即江南水師學堂。此稱清代已行用。見該文。

【南洋海軍學堂】

即江南水師學堂。此稱清代已行用。見該文。

【海軍軍官學校】

即江南水師學堂。此稱民國時期已行用。見該文。

南京陸軍學堂

晚清陸軍軍事學校。光緒二十一年(1895)兩江總督張之洞創建於南京。聘德國軍官爲教習,挑選年十三歲以上二十歲以下聰穎子弟一百五十人爲學生,分馬隊、步隊、炮隊、工程隊、臺炮各科,研習兵法、行陣、地利、測量、繪圖、算術、營壘、橋路各種學問,操練馬、步、炮各種陣法。各科以二年爲期,二年後再專習炮法一年,三年内均學德國語言文字。畢業後分派各營任用。常年經費約四萬兩。另附設鐵路學堂,聘洋教習三人,招收學生九十

人,是爲鐵路專科,常年經費二萬餘兩。陸軍、鐵路兩學堂常年經費共六萬餘兩。參閲《清續文獻通考·學校十六》。

江南陸師學堂

晚清陸軍軍事學校。光緒二十一年(1895)冬兩江總督張之洞創設於江蘇南京。學堂由錢德培出任總辦(校長),聘德國軍官爲總教習和教習。招收年在十三至二十歲、文理通順、能知大義之聰穎子弟入學。第一批招收一百五十名。學制三年。課程有兵法、繪圖、輿地、地形、軍器歷史、營壘、算學、測量工程、人倫道德、漢文、德文、英文、日文,以及步操、打靶、炮操、體操、馬操等。宣統二年(1910)停辦。參閲《清續文獻通考·學校十六》、張之洞《張文襄公奏稿》(卷二六)、《皇朝經世文編》(卷四二)。

湖北武備學堂

晚清陸軍軍事學校。光緒二十二年(1896)九月,湖廣總督張之洞創設於湖北武昌。以仿照西法造就新式軍事將領爲宗旨。凡文武舉貢生員及文監生、文武候補選員,以及官紳世家子弟,無論本省、外省皆准報考,經嚴格考試,從中選拔文理明通、身體强健者入學肄業。學制三年。道員蔡錫勇任總辦,知府錢恂等任提調。聘德國軍官爲教官,另選用津、粤學堂出身久充教習者爲領班教師。學堂功課,分課堂教學與操場教練兩類。課堂講授軍械學、算學、測繪、地圖學、各國戰史、營壘橋道製造法、營陣攻守轉運法等理論性課程;操場教練(包括實習)科目有槍隊、炮隊、馬隊、營壘工程隊、行軍炮臺、行軍鐵路、行軍電綫、行軍軍需、演試、測量、演習、體操等實踐性技

能訓練。課程餘暇，尚須誦讀經史。每年招收一百二十名。畢業生成績優秀者，擇委差缺。參閱張之洞《張文襄公牘稿》卷二八、《清續文獻通考·學校十六》。

直隸武備學堂

亦稱"武衛右軍隨營學堂""新建陸軍行營武備學堂"。晚清陸軍軍事學校。光緒二十二年（1896）督練新建陸軍直隸臬司袁世凱在天津小站創立。因編練新軍需要，遂規仿西洋軍事學堂制度造就軍官，聘德國軍官和北洋武備學堂優等畢業生爲教官，於所部新軍各營内挑選年輕健壯、粗通文墨之官兵爲學生，入堂肄業。分德文班、炮科班、步科班、馬科班。學制二年。主要課程有德國語言文字、兵法、攻守戰法、算學、測繪、圖輿、溝壘、槍學、炮學、操法及漢文各學。第一批學員二百三十餘人，畢業生除德文科準備派赴德國留學外，其餘均回營擔任下級軍官。參閱《清代檔案史料叢編》（第十輯）、《清末新軍編練沿革·新建陸軍兵略録存》、《光緒朝東華録》（光緒二十四年）。

【武衛右軍隨營學堂】

即直隸武備學堂。此稱清代已行用。見該文。

【新建陸軍行營武備學堂】

即直隸武備學堂。此稱清代已行用。見該文。

浙江武備學堂

晚清省立陸軍軍事學校。光緒二十二年（1896）浙江巡撫廖壽豐在杭州設立。任伍蘭葆、聯豫爲總辦，聘日本軍官爲總教習，挑選省内防營中年在二十五歲以下、略識文字、身體健壯的哨長、營書、勇丁入學學習，分正科與速成科兩科。正科修業期限三年，課程有戰術、兵器、地形、築城、代數、三角、測繪、日本語言文字、兵式操練、馬術、器械、體操等技藝，及物理、化學、行伍須知、史地等；速成科修業一年，課程有戰術、簡易測圖、築城、數學、漢文、兵式操練及器械、體操等技藝。招生限額四十名。光緒三十二年（1906）停辦，改設浙江陸軍小學堂。參閱《清史稿·選舉志二》。

陝西武備學堂

亦稱"陝西陸軍小學堂"。晚清省立陸軍軍事學校。光緒二十四年（1898）陝西巡撫魏光燾創辦於西安。丁士彬任總辦，廖化龍爲教習。招本省武舉、武生、武童及各府廳州縣願入學者。學生分三等：凡識字多、文理通順、能學習測量演算法者爲上等，入正課；未曾讀書而心思靈敏、臂力過人、槍炮有準者爲次等，入附課；身體强壯、有上進心者爲又次等，入又附課。另有外課生，專收官場子弟、游幕通材而有志請纓、撫膺思奮者。按月供給生活費。課以馬、步、槍、炮、刀、矛、鐵牌、輿圖天算測量、西洋戰法、體操等均爲必修。同年九月，陝西仿《直隸武毅軍章程》設撫標隨營武備學堂，培養教練人才，武備學堂學生即改習開花炮，旋并入隨營武備學堂。光緒二十八年更名"武備學堂"。光緒三十二年改爲陝西陸軍小學堂。參閱《清續文獻通考·學校十六》。

【陝西陸軍小學堂】

即陝西武備學堂。此稱清代已行用。見該文。

四川武備學堂

晚清省立陸軍軍事學校。光緒二十四年（1898）署理四川總督恭壽在成都昭忠祠試辦，規模簡陋不堪實用。光緒二十八年，四川總督岑春煊另行選址籌建，次年開辦。羅宗嶺等任總辦，朱光忠等爲提調，聘日本軍官任總教習。學堂分速成、本課、次課三科。速成科修業一年；本課科二年；次課科二年後再升入本課科，共五年。速成科由四川各營保送已經歸標都守以下營弁入學學習；本課、次課均收考取四川文武舉監生童及官商客籍子弟入學肄業。課程分外國功課與國學兩大類。外國功課又分學科與術科兩種，學科計有戰術、兵法、地形、物理、化學、測繪、算學、兵器、軍糧、軍醫及外文；術科計有體操、步法、陣法、炮隊、馬隊、步隊、工程隊、槍炮演放測準、騎取、游泳等。國學類計有修身、經、史、輿地、諸子、辭章六門。學生限額二百名。光緒三十三年停辦。參閲《清續文獻通考·學校十六》。

貴州武備學堂

亦稱"貴州陸軍小學堂"。晚清省立陸軍軍事學校。貴州巡撫王毓藻於光緒二十四年（1898）在貴陽開辦。招考精通漢文、身體健壯之舉貢生監，及略通漢文、年在三十歲以下之武弁武生入學肄業。定額五十名。課程有外場操練、演習、兵略、測量。光緒三十二年停辦，改設"貴州陸軍小學堂"。參閲《清史稿·選舉志二》。

【貴州陸軍小學堂】

即貴州武備學堂。此稱清代已行用。見該文。

山西武備學堂

晚清省立陸軍軍事學校。光緒二十四年（1898）九月山西巡撫胡聘之創設於太原。咨調北洋學堂及新建陸軍文武教習二人爲教師，招收十六歲至二十五歲之文武世家、官幕紳商子弟及各營兵勇入學學習，學制三年。每年招收一百二十名。課程分内堂講授與場地訓練兩類。内堂課程有史學、掌故、兵法、輿地、軍器、算學、圖繪、忠孝節義及清代中外戰爭史；場地訓練有步隊、馬隊、炮隊、工程隊之分陣法。光緒二十六年，新任山西巡撫毓賢飭令停辦。光緒二十八年三月重新開辦，祖繩武爲總辦。參閲《清史稿·選舉志二》。

安徽武備學堂

亦稱"安徽陸軍小學堂"。晚清省立陸軍軍事學校。光緒二十四年（1898）八月，由安徽巡撫鄧華熙創設於安徽省城安慶。次年四月正式開學。學堂總辦由安慶知府兼任，由譚學衡出任提調。招考聰敏健壯之舉貢生監及文武候補、候選員并士紳子弟入學肄業。學制三年。内堂課程有養兵秘訣、步兵操典、槍之保存法、體操教範、數學、世界地理、衛生、測繪、戰術、營壘、兵旗等課程，外場有步操、槍操、柔軟體操、器械體操、行軍、打靶、劍衛等。光緒三十二年，改爲"安徽陸軍小學堂"。參閲《清續文獻通考·學校十六》。

【安徽陸軍小學堂】

即安徽武備學堂。此稱清代已行用。見該文。

練將學堂

晚清陸軍軍事學校。光緒二十五年（1899），兩江總督劉坤一創設於江寧（今江蘇南京）。選收各營官弁及候補都司、守備、千總、把總世職中年富力强、志趣端正者四十名入堂學習。飭委陶森甲總司其事。聘請外國教官，教以馬、步、槍炮、工程、輜重、測量等課程。參閲《清史稿·選舉志二》。

江蘇武備學堂

亦稱"江蘇陸軍速成學堂"。晚清省立陸軍軍事學校。光緒二十六年（1900）江蘇巡撫聶

緝槼委托丁魁山創設於江蘇省城蘇州。學堂由
松峻任督辦，戴子邁任監督。招收學生分正課
生與附課生。正課生來自江蘇防營中挑選識字
勇丁。另選募官紳子弟及文武舉貢生監爲附課
生。正、附課生各四十名。學制三年。課程分
內堂課與外場課兩種。前者有戰法、地勢、軍
械、測繪、算學、營壘、漢文，後者有槍操、
炮操、柔軟體操、器械體操、打靶、行軍等。
光緒三十四年八月改爲“江蘇陸軍速成學堂”。
參閱《清史稿·選舉志二》。

【江蘇陸軍速成學堂】

　　即江蘇武備學堂。此稱清代已行用。見該文。

綏遠武備學堂

　　晚清省立陸軍軍事學校。清綏遠將軍信恪
於光緒二十七年（1901）十二月在綏遠城（在
今內蒙古呼和浩特）設立。陳光運任監督，文
瑞任提調，凡年在二十歲以下、聰穎健壯之旗
丁皆可參加考選入學。招生限額六十名。所修
課程及修業年限不詳。參閱《清史稿·選舉志
二》。

南洋海軍雷電學堂

　　晚清海軍軍事學校。光緒二十八年（1902）
在江陰設有水雷、旱雷兩隊。翌年由海軍提督
薩鎮冰電請擴建爲南洋海軍雷電學堂，附設在
水雷營內。清末至民國時期劃分我國沿海地區
爲南北洋區。稱山東省以南的江蘇、浙江、福
建及廣東各省爲南洋。以此設於南京，故稱。
設總辦、提調兼總教官、雷電正教官、副教官
等。額定學生六十名，後增附學生二十名。肄
習科目爲英文、數學、物理、化學、雷電等。
部分外場教學器材是從馬尾、大沽等處運來的，
係中日、日俄戰爭中備用的浮雷、碰雷、信

管、電鐘等。初訂學制五年，後減爲三年。光
緒三十二年春學生學習期滿，分科考試，合格
者分定甲、乙給予畢業文憑。畢業者一律留營
隊見習，列甲等者備以各雷隊正副雷電長任用，
列乙等者備充雷電目。同年學堂停辦。參閱
《清史稿·選舉志二》。

江西武備學堂

　　亦稱“江西陸軍小學堂”。晚清省立陸軍
軍事學校。光緒二十八年（1902）十一月，江
西巡撫柯逢時創設於江西南昌。陳伯文爲監
督。學堂招收本省平民子弟爲正課生，額定
一百二十名。另招收官紳子弟爲附課生，額定
四十名。學堂所設課程計有兵法、體操、德文、
算學等。光緒三十二年二月停辦，改設“江西
陸軍小學堂”。參閱《清史稿·選舉志二》。

【江西陸軍小學堂】

　　即江西武備學堂。此稱清代已行用。見該文。

廣東武備學堂

　　亦稱“兩廣陸軍中學堂”。晚清省立陸軍
軍事學校。光緒二十八年（1902）兩廣總督陶
模、廣東巡撫德壽在黃埔廣東陸師學堂舊址開
辦。羅崇嶺任總辦。招生限額一百八十人。光
緒三十一年改爲“兩廣陸軍中學堂”。參閱《清
史稿·選舉志二》。

【兩廣陸軍中學堂】

　　即廣東武備學堂。此稱清代已行用。見該文。

北洋巡警學堂

　　晚清員警學校。光緒二十八年（1902）底，
直隸總督兼北洋大臣袁世凱在天津開辦警務學
堂，以培養巡警人員。次年將保定警務學堂併
入，更名爲“北洋巡警學堂”。學額：學員官費
一百人，自費一百人；學生官費一百六十人。

入學者須經考試合格，及二周試習後方可正式
上課。紀律嚴格。學制：學員初爲半年，後改
爲二年；學生爲一年。畢業後，學員充巡警官
員，學生爲巡警頭目。有補習科、必修科、隨
意科之分，課程主要爲員警法、中國律例、外
交史、國際法、法政、員警律例等。以編譯的
外國警務書籍爲課本，聘請外國警官任教習，
後漸有中國人擔任教師之職。以“務令巡警官
兵皆由訓練而成”爲宗旨。參閱《清續文獻通
考·學校十八》。

福建武備學堂

亦稱“福建陸軍小學堂”。晚清省立陸軍軍
事學校。光緒二十八年（1902）閩浙總督許應
騤在福州開辦。孫道仁任總辦，收考本省及外
省官紳子弟入學學習。分正科班與速成班，每
班限額六十名。正科班修業三年，教授普通軍
事學；速成班修業一年，教授簡略軍事學。光
緒三十二年十一月，改爲“福建陸軍小學堂”。
參閱《清史稿·選舉志二》。

【福建陸軍小學堂】

即福建武備學堂。此稱清代已行用。見該文。

北洋行營將弁學堂

亦稱“各省將弁學堂”。晚清陸軍軍事學
校。光緒二十八年（1902）五月直隸總督兼北
洋大臣袁世凱創設於河北保定。學堂由馮國璋
爲督辦，雷震春任總辦，日本步兵少佐多賀宗
之任總教習，工兵大尉井上一雄爲副總教習。
遴選軍中將弁和侍衛等入堂肄業。教授科目以
軍制、戰法、擊法爲主，并隨時就地實演戰擊
諸法。八個月爲一期，每期學員額定一百二十
名，内有將領二十名，哨官長四十名，弁目
六十名。入堂學習者除直隸省外，還有山東、

山西、河南等省將弁。學堂前後共辦四期，畢
業學員總計五百四十五人。參閱《清史稿·選
舉志二》。

【各省將弁學堂】

即北洋行營將弁學堂。此稱行清代已行用。
見該文。

甘肅武備學堂

亦稱“甘肅陸軍小學堂”。晚清省立陸軍軍
事學校。光緒二十八年（1902）甘肅巡撫饒應
祺在蘭州開辦。由省標營内挑選文理通順、體
力合格者入學學習，爲正額生，限八十名。另
招收官員子弟爲附課生，所學課程及修業年限
不詳。光緒三十二年停辦，改設“甘肅陸軍小
學堂”。參閱《清續文獻通考·學校十六》。

【甘肅陸軍小學堂】

即甘肅武備學堂。此稱清代已行用。見該文。

烟臺海軍學堂

亦稱“烟臺海軍學校”。晚清海軍軍事學
校。光緒二十九年（1903）由北洋海軍幫統兼
“海圻”艦長薩鎮冰創設於烟臺海軍練營内。謝
葆璋出任首任監督。學堂從毓才等學堂中考取
聰穎學生二十餘名入堂肄業，專修駕駛學。學
制三年。由軍官擔任教官。後學生人數逐年增
加至六十餘人。光緒三十一年，薩鎮冰總理南
北洋海軍，呈准在烟臺金溝塞村南嵩武軍右營
舊址新建校舍，於光緒三十三年三月落成。并
從上海招考新生百餘名，與在校生共約二百名，
分作八個班，以孝、悌、忠、信、仁、義、禮、
智爲班名。學堂强調“智育體育之外，德育尤
所注意”。學堂編制正式厘定，有監督、教務
長、庶務長、齋務長和各科教習等，分理學堂
行政、教學事務。采取新教授法。各教員專教

一科，俾教員純熟教材，講授時令學生易於領會。至宣統二年（1910）畢業學生已達三百餘人。民國元年（1912），更名爲“烟臺海軍學校”；改監督爲校長（少將或上校）；設總教官、佐理官各一員，學監二員，正教官三員，副教官五員，國文教官三員，教練官一員；學生入學年齡爲十三至十五歲；專門培養駕駛（後改稱航海）軍官；學制改爲五年。參閱《清史稿・選舉志二》。

【烟臺海軍學校】

即烟臺海軍學堂。此稱民國時期已行用。見該文。

北洋速成武備學堂

亦稱“陸軍武備學堂”“陸軍速成學堂”“陸軍協和速成學堂”“陸軍通國速成學堂”。晚清陸軍軍事學校。光緒二十九年（1903）二月直隸總督兼北洋大臣袁世凱創設於河北保定，隸北洋軍政司教練處。學堂以教練處總辦馮國璋爲總辦。先招收學生二百名，後每年招一百名，學制二年。設置步、馬、炮、工、輜重各科，另設師範班、經理班、軍械班、日文班、英文班、法文班。第一期學員主要從北洋軍各鎮軍官中遴拔；第二、三期除從軍隊中選招外，還從秀才、舉人及文職官員中招生。光緒三十二年八月改兵部爲陸軍部，遂由陸軍部管轄，更名爲“陸軍速成學堂”，亦稱“陸軍協和速成學堂”“陸軍通國速成學堂”。段祺瑞任督辦，鄭汝成任總辦，後由趙理泰出任。學生來源亦由北洋各省擴大到全國，主要招收武備學生及按選驗格式考取文理清通的良家子弟。分爲兩班：凡經考試，具有普通學科程度者入第一班，專修軍事專科，一年半畢業；凡未修完普通學科

者，入第二班，先修一年普通學科，再學軍事專科一年半，共修業二年半。學生畢業後，均入隊實習三個月。前後共培養各種軍事人才一千四百多人。參閱《清史稿・選舉志二》。

【陸軍武備學堂】[2]

即北洋速成武備學堂。此稱清代已行用。見該文。

【陸軍速成學堂】

即北洋速成武備學堂。此稱清代已行用。見該文。

【陸軍協和速成學堂】

即北洋速成武備學堂。此稱清代已行用。見該文。

【陸軍通國速成學堂】

即北洋速成武備學堂。此稱清代已行用。見該文。

江南武備學堂

晚清陸軍軍事學校。光緒二十九年（1903）十二月兩江總督魏光燾創設於江蘇南京。學堂由陶森甲出任總辦（校長）。招收江蘇省各營旗挑選的合格者入學肄業，正額生二百四十名，附課生十名。學制一年。課程計有軍制、地形、測繪、戰術、兵器、築城、算學、日文、馬學、衛生、兵旗、野外要務及馬、步、炮、工各種操典。參閱《清史稿・選舉志二》。

河南武備學堂

亦稱“河南陸軍小學堂”。晚清省立陸軍軍事學校。光緒三十年（1904）河南巡撫陳夔龍在開封設立。吳鬪任總辦。凡本籍或駐防旗丁年在十五歲至二十五歲聰敏健壯、略通文理者，不論武舉、武生，或官紳世家子弟均可報考。另招本籍或客籍自費生。分武備生，定額四十

名；隨營生，四十名；自費生，二十名。修業三年。課程有輿地、測繪、算學、炮學、槍學、軍器學、防守學、工程學、水雷、地雷、漢文。光緒三十二年改設"河南陸軍小學堂"。參閱《清續文獻通考·學校十六》。

【河南陸軍小學堂】

即河南武備學堂。此稱清代已行用。見該文。

憲兵學堂

亦稱"陸軍員警學堂"。晚清省立陸軍軍事學校。光緒三十一年（1905）五月由直隸總督兼北洋大臣袁世凱開辦，就大沽水師營房加以修葺而成。分學員班和學兵班。設監督、教習、司事等，其中聘有日本軍官四名，專授憲兵等課程。學制一年，畢業者被分派各憲兵營隊任職。三十四年改校名爲"陸軍員警學堂"。宣統元年（1909）又從陸軍速成學堂畢業生中挑選學員，從近畿六鎮的士兵中挑選學兵。同年，遷校至北京兵學館舊址并解聘日本教習。次年畢業的學員分任各省陸軍員警營副官及隊官，學兵除成績稍差者撥京畿憲兵營委用外，一概留校補習，以資深造。三年先爲執行陸軍員警之職，駐扎開平鎮。後武昌起義爆發，奉調至漢陽等地，組織軍司令部及軍執法處，設野戰憲兵隊。中華民國成立後，視選送地不同將學員分正科、附科兩種，同班教授，學制一年半。參閱《清續文獻通考·學校十八》。

【陸軍員警學堂】

即憲兵學堂。此稱清代已行用。見該文。

北洋陸軍軍醫馬醫經理軍械學堂

晚清陸軍軍事學校。光緒三十一年（1905）二月由直隸總督兼北洋大臣袁世凱奏請創設，分置天津、保定兩地。學堂所聘用的總教習、教習多爲日本人。軍醫學堂挑選滿漢學生計一百四十名，以培養可充任正副軍醫官、軍醫長的人才；馬醫學堂挑取速成正課學生及自費生一百名，造就可以擔當正副馬醫官、馬醫長之職的人才；經理學堂選取速成學生四十名，培育可爲正副軍需官、軍需長的人才；軍械學堂亦選擇速成學生四十名，造就可以擔當正副軍械官、軍械長的人才。各學堂均因材施教，爲學擇人，以培養各類專門軍事人才。參閱《清史稿·選舉志二》。

保定軍官學堂

晚清省立陸軍軍事學校。是爲清末規模最大、設備最完善的高等軍事學堂。光緒三十二年（1906）直隸總督兼北洋大臣袁世凱創設於保定原北洋行營將弁學堂原址。段祺瑞爲督辦，趙理泰爲監督。聘日本等國軍官爲教官，分速成、深造兩科。前者修業一年半，後者修業三年。教育制度、教材均仿效日本陸軍大學。招生亦按大學堂的標準，考生須在本國武備學堂及相當之各學堂畢業，或在東西各國士官學堂畢業領有文憑、品行務必純正者，方可與選。每期招收一百二十名，除從北洋各鎮選拔外，還從京外各軍隊及陸軍各局、處、所之軍官內挑選。後期逐步改從陸軍中學堂畢業生中招生。光緒三十四年由軍咨處接辦，後遷往北京，因軍咨處改爲軍咨府，遂有"軍咨府軍官學堂"之稱。宣統三年（1911），清陸軍部在保定原址另設軍官學堂。民國元年（1912），民國政府以此爲基礎，開辦保定軍官學校，後遷北京，改名陸軍大學。參閱《清史稿·選舉志二》。

北洋講武堂

省稱"講武堂"。亦稱"北洋陸軍講武堂"。

晚清陸軍軍事學校。光緒三十二年（1906）直隸總督兼北洋大臣袁世凱奏請清廷批准，仿照陸軍學堂規章制度在天津韓家墅創立北洋陸軍講武堂。學堂由蔣雁行爲總辦（校長），調派各營軍官入堂肄習，定額一百〇八名。學堂分爲上下級兩班，上級班訓練管帶、統帶和統制，下級班訓練哨官和督隊官。每班以三個月爲限，學成後分派各營任用。學堂課程分學科、術科、内堂和外場，其中學科包括戰術、地形、兵器、築城和軍制學等；術科包括制式教練、戰鬥教練、射擊、劈刺、拳術等。北洋講武堂爲清末講武堂建立之始，學堂先後共辦六期，畢業學員七百四十名。隨後，各地督府又陸續建立南洋（設於南京）、江西、雲南、東三省（設於遼寧）、湖南、廣東等陸軍講武堂。教官多爲留學日本軍校的同盟會員或受其影響者，革命派曾利用其作爲培養人才之場所。其中影響較大者有南洋陸軍講武堂、江西陸軍講武堂、東三省講武堂、廣東虎門講武堂、雲南講武堂等。中國人民解放軍領導人朱德、葉劍英曾在雲南講武堂學習，彭德懷曾在湖南講武堂學習。參閱《清史稿·選舉志二》。

【講武堂】[1]

"北洋陸軍講武堂"之省稱。此稱清代已行用。見該文。

【北洋陸軍講武堂】

即北洋講武堂。此稱清代已行用。見該文。

陸軍貴胄學堂

省稱"貴胄學堂"。晚清專收滿漢貴族官員子弟入學學習之初級陸軍軍事學校。光緒三十二年（1906）創設於北京神機營舊址，隸屬練兵處。戴潤出任管理大臣，馮國璋任總辦，

張紹曾爲監督。學堂專收王公世爵暨四品以上宗室，現任二品以上京外滿漢文武大員之聰穎子弟入學，每年招收一百二十名，分爲三班肄業。教以普通課程以及陸軍初級軍事學，并入軍隊觀覽學習。學制五年。畢業大考合格者，入新軍實習四個月，然後酌情或録用，或入陸軍別項專門學堂，或出國學習陸軍。宣統時廢。《清續文獻通考·學校十二》："光緒三十一年，練兵處兵部等奏，出使大臣梁誠奏請設立貴胄學堂一所，專爲王公大臣子弟肄武之區，以示優隆而存體制。特規模創始條目……又練兵大臣奏擬訂貴胄學堂章程，約分六大綱，曰總則、曰職掌、曰規條、曰課程、曰考試、曰經費。各依門類繫以子目，附列課程表，作爲試辦章程。"又曰："陸軍貴胄學堂設於京師，隸於練兵處，專考收王公世爵暨四品以上宗室，現任二品以上京外滿漢文武大員之聰穎子弟，教以普通學術及陸軍初級軍事學，並入軍隊觀覽，學習統計學，期以五年爲畢業。"參閱《清續文獻通考·學校十二》《清續文獻通考·學校十七》。

【貴胄學堂】

"陸軍貴胄學堂"之省稱。此稱清代已行用。見該文。

高等巡警學堂

晚清員警學校。光緒三十二年（1906）在北京開辦，九月開學。考選正取生二百四十名，副備取生三百名，報考者爲舉貢生監及巡警。正取生分三科：一爲正科，挑取舉貢以下及巡警入堂肄業，授以高等員警學科及各項法律，分六期畢業；二爲簡易科，挑取各官員入堂肄業，授以簡易員警學科，分二期畢業；三爲專

科，凡各廳隊警官以下入堂肄業，授以必修員警學科，分二期畢業。唐家楨任學堂總理，聘請中外各科教習，分科授課。參閱《清續文獻通考·學校十八》。

南洋陸軍講武堂

晚清陸軍軍事學校。光緒三十三年（1907）兩江總督端方設立於南京。清末至民國時期劃分我國沿海地區爲南北洋區。稱山東省以南的江蘇、浙江、福建及廣東各省爲南洋。以此校設於南京，故稱。講武堂參仿北洋辦法，分立研究所、補習所、教導隊三部。舒清阿爲總辦。參閱《清史稿·選舉志二》。

湖北海軍學堂

亦稱"湖北海軍學校"。晚清初級海軍軍事學校。宣統元年（1909），湖北總督張之洞奏准創設於湖北武昌。學堂設駕駛、管輪兩科。民國元年（1912），改名爲"湖北海軍學校"。次年停辦。歷時四年，畢業學生三十三名（駕駛十名、管輪二十三名）。畢業後的駕駛班學生多在兩湖服務，管輪班學生派往長江各炮艦、魚雷艇任職。參閱《清史稿·選舉志二》。

【湖北海軍學校】

即湖北海軍學堂。此稱民國時期已行用。見該文。

雲南講武堂

亦稱"雲南陸軍講武堂"。晚清省立陸軍軍事學校。宣統元年（1909）創設於昆明。雲南陸軍講武堂以培訓新軍和巡防營等帶兵官爲己任。由李根源任監督，次年擢總辦。顧品珍、劉祖武和羅佩金、唐繼堯等爲專任或兼任教官。有甲、乙、丙三班，分步、騎、炮、工四科。學習基礎知識和軍事技術。前後畢業十九期。教官多屬同盟會員或受同盟會宣傳影響者，爲辛亥革命和護國戰争培養了骨幹力量。參閱《清史稿·選舉志二》。

【雲南陸軍講武堂】

即雲南講武堂。此稱清代已行用。見該文。

六、教會學校

馬禮遜學校

亦稱"馬公學校"。清代初等教會學校。道光十九年（1839）馬禮遜教育會創設於澳門。學校聘請美國基督教教徒布郎任校長。接收中國適齡兒童入學肄業。教師除了布郎夫婦外，又聘用一名中國人出任中文教習。學校開設中文、英文、算術、代數、幾何、地理、化學、歷史和生理學等課程。道光二十二年十月校址遷至香港。道光二十九年因教育資費不足而被迫關閉。參閱《清史稿·選舉志二》。

【馬公學校】

即馬禮遜學校。此稱清代已行用。見該文。

寧波女塾

清代女子教會學校。道光二十四年（1844）英國東方女子教育協會會員、傳教士愛爾德賽（Aldersay）創辦於浙江寧波。是爲外國傳教士在華所設最早之教化女學。所設課程有聖經、國文、算術等，并習縫紉、刺綉等。參閱《清史稿·選舉志二》。

徐匯公學

亦稱"聖依納爵公學"。晚清初等教會學校。道光二十九年（1849）江南發生水災，由上海近郊流亡到徐家匯天主教堂一帶的難民兒童很多。徐家匯聖依納爵天主教堂傳教士晁德蒞（Ange Zottoli）即借教堂的"光啓社"地方設立收容所，并擇難民兒童中聰穎者，設立讀經班。次年又選優秀兒童正式成立學校。因該教堂尊聖依納爵爲主保，遂取名"聖依納爵公學"。初有學生僅十二人，主要想在兒童中培養傳教士；一年後由於附近地區要求入學的人數增加，晁德蒞改變初創時的宗旨，將學校改爲教會的公共學校，并改名"徐匯公學"。同治元年（1862）公學設立耶穌堂初學院，吸收有志宗教事業的中國兒童。中國近代華人傳教士馬相伯、沈容齋、沈禮門、李問漁等，即爲徐匯公學初學院的第一期學生。公學初以國文和法文上課，同時還須修拉丁語，主要培養神職人員及法租界公職人員。1931 年，更名爲"上海私立徐匯中學"。爲現今上海徐匯中學之前身。參閱《清史稿·選舉志二》。

【聖依納爵公學】

即徐匯公學。此稱清代已行用。見該文。

裨文女塾

亦稱"裨文女子中學"。晚清由外國人創辦的第一所女子學校，也是上海創辦的第一所教會女塾。道光三十年（1850），由美國基督教傳教士裨治文（Eliza Gillette）夫人創設於上海西門外白雲觀隔壁。初成立時，僅設小學，後來增開中學部。經費大部來自教會撥款和社會捐款，其中又以美國基督教女公會所贈款數最多。光緒七年（1881），由於美國基督教女公會和美國基督教聖公會在辦校問題上產生分歧，遂由美國聖公會坐堂牧師施約瑟主教決定，將裨文女校移交美國基督教女公會接辦，原屬聖公會系統的教職員工及中學部學生并入另一所聖公會女校——文紀女塾，稱聖瑪利亞女中，并改爲寄宿學校，遷址聖約翰書院之北。原西門的裨文女校仍用舊名。1949 年後，改名"滬南女子中學"。後又更名爲"上海市第九女子中學"。爲現今上海市第九中學之前身。參見本卷《教學機構說·新式學堂考》"聖瑪利亞女子中學"文。參閱《清史稿·選舉志二》。

【裨文女子中學】

即裨文女塾。此稱清代已行用。見該文。

文紀女塾

亦稱"聖瑪利亞女校"。晚清教會學校。咸豐元年（1851）由美國基督教聖公會女傳教士瓊司（Emma Jones）女士創設於上海虹口路（後改"百老匯路"，即今大名路）的文惠廉住宅附近（約今大名路塘潔路西）。主要吸收信徒家的女孩入學。女塾最初學生僅八人，以後稍有增加。女塾除學習淺易《聖經》《四書》外，主要學紡織、縫紉、園藝、烹調等。光緒七年（1881）遷入梵皇渡新校舍，并同時更名爲"聖瑪利亞女校"，聘黃素娥爲校長，招收學生四十餘名。參閱《清史稿·選舉志二》。

【聖瑪利亞女校】[1]

即文紀女塾。此稱清代已行用。見該文。

文會館

亦稱"廣文學堂"。晚清教會蒙養學堂。同治三年（1864）長老會傳教士狄考文與夫人邦就烈爲培養中國籍傳教士在山東登州創設。蒙養學堂每屆六年畢業。同治十二年（1873）添辦蒙養學堂正齋（相當於中學程度），遂使之成爲包括中學和小學兩級制學堂。至光緒二年（1876）正式定名爲文會館。會，一作"匯"。光緒三十年（1904），該館與英國浸禮會設在青州的廣德書院合并，易名"廣文學堂"，并遷至濰縣。是爲齊魯大學之前身。參閲《清史稿·選舉志二》。

【廣文學堂】

即文會館。此稱清代已行用。見該文。

經言學校

亦稱"崇德女校"。晚清教會學校。同治六年（1867）法國耶穌會教士在上海徐家匯創辦。聘法國拯亡會修女聖心和保禄來華任教。該校專收教内女生，課程以四書、書法爲主科，另附醫科，并有刺綉等手工課。光緒二十四年（1898）改名爲"崇德女校"。是爲徐家匯女子中學之前身。參閲《清史稿·選舉志二》。

【崇德女校】

即經言學校。此稱清朝末年已行用。見該文。

漢壁禮蒙養學堂

亦稱"尤來旬學校""漢壁禮由來旬學校""漢壁禮西童學校""西童公學"。晚清初等教會學校。同治八年（1869），具有中英混合血統的尤來旬（一作由來旬）女士在上海虹口美租界的密勒路（今峨眉路）創辦"尤（由）來旬學校"，吸收在上海的年幼失怙的外僑子女入學。後此校得到英籍商人漢壁禮（一作漠壁理）爵士大筆捐贈，使得尤來旬學校不斷擴大。光緒八年（1882）改名爲"漢壁禮由來旬學校"。光緒十五年，與新設立的一所育嬰堂合并後正式更名爲"漢壁禮蒙養學堂"。光緒十七年該校在文監師路（今塘沽路）的新校舍落成，并遷入新校舍。漢壁禮蒙養學堂實行男女同校，成立後擴大招生範圍，除吸收外僑孤兒外，還吸收無力支付學費的外僑子女入學。時就學者多爲貧寒子弟，國籍有數十種之多。因受資金限制，學校已難以維持開支，開學後不久即向工部局申請，由工部局接管基金委員會和學校。於是，該校改稱"漢壁禮西童學校"，或稱"西童公學"。光緒十八年，該校又在虹口赫司克爾路老靶子路（今武進路）另建男校，於是開始男女分校上課。20世紀20年代後，上海的外僑大多移居西區，并另在西區愚園路創辦西童女校（旋改名"漢壁禮女中"）和男校（旋改名"漢壁禮男中"），文監師路的女校即作爲女子小學部。後輾轉變遷爲現今上海市"市西中學"之前身。參閲《清史稿·選舉志二》。

【尤來旬學校】

即漢壁禮蒙養學堂。此稱清代已行用。見該文。

【漢壁禮由來旬學校】

即漢壁禮蒙養學堂。此稱清代已行用。見該文。

【漢壁禮西童學校】

即漢壁禮蒙養學堂。此稱清代已行用。見該文。

【西童公學】

即漢壁禮蒙養學堂。此稱清代已行用。見該文。

文氏學堂

亦稱"文華書院""文華大學"。晚清教會學校。同治十年（1871）由美國聖公會主教文惠廉創設於湖北武昌。學堂設立之初僅有六名學生，教授用華語，課程亦簡單。光緒七年

（1881）漸增設備，課程加英語及英國文學。光緒十六年改名爲"文華書院"。光緒二十九年增設高等科。宣統元年（1909）改名"文華大學"。設中學科，爲大學之預備科，修業六年；大學科，分文理科、漢文科、神學科等高等學科，修業二至三年。擁有美籍教員二十二人、華人教員十四人；中學科學生三百一十人，大學科學生五十六人。學校設有圖書館和博物館。1916年更名爲華中大學。參閱《清史稿·選舉志二》。

【文華書院】

即文氏學堂。此稱清代已行用。見該文。

【文華大學】

即文氏學堂。此稱清代已行用。見該文。

天津聖道堂學館

晚清教會學校。同治十一年（1872）由外國傳教士籌設，專門招收生徒學道，以備他日傳教之選。生徒以年少殷實信主又讀書識字者爲合格，所學課程以新舊約聖經爲主，中國經書詩文次之。每日進館先行聚禱誦經，由牧師或傳道先生主講。教讀先生爲信教多年者，講解信心德行重於文藝，且督促生徒記誦所讀之書，越日考查功課。對進館超過一年的生徒，細予審查，再與其家人訂立約據，畢業後聽憑分派，不謀教外生業。參閱《清史稿·選舉志二》。

聖芳濟學院

晚清教會學校。同治十三年（1874）九月由法國天主教聖母會創設於上海法租界公館馬路孟鬥班路口（現今上海金陵東路四川南路）。學院由德爾狄（F.Turdy）神父出任校長。招收外僑子弟入學。創設之時由於校舍簡陋，僅招收二三十名外僑兒童入學。光緒五年（1879），外僑學生已增加至九十人以上。光緒六年由於原校舍不敷使用，由教會讓出洋涇浜天主堂相鄰的一幢樓房作爲校舍，并遷入新址。同年，開始吸收部分中國學生肄習英文、法文、拉丁文、中文、數學、音樂等課程。光緒十年，遷校至虹口新校舍。後因中國學生與日俱增，遂另加一部。光緒二十一年教會將全部校務劃歸天主教聖母會管理。自光緒六年至十九年共有二百八十六名中國學生就學。由於該校收費昂貴，早期入校的中國學生，大多是達官士紳及洋務派子弟。生活貧困的學生除免收學費外，還供給衣履。光緒二十七年該校正式成立中國部。後屢次變遷。該校爲存在時間較長、較著名的教會學校之一。爲現今上海"時代中學"和"北虹中學"之前身。參閱《清史稿·選舉志二》。

聖約翰大學

晚清高等教會學校，亦爲晚清最早的基督教教會大學。光緒五年（1879）美國聖公會將上海萬航渡路蘇州河岸培雅學堂（創設於同治四年，即1865）、度恩學堂（創設於同治五年，即1866）兩學堂合并而成，時稱"聖約翰書院"。同年九月一日正式開學。由施約瑟（S.I.J.Scherschewsky）任校長兼國文部主任。聘中國牧師顏永京爲學監，聘朱閏漁等四人爲國文教習，美國傳教士惠廉出任英文文學兼倫理哲學教習，另有兩名傳教士教授宗教課程。以"培植播道者"爲宗旨。辦學經費少量來自學費，大部分由教會提供。創設國文部和神學部。次年添設醫學部。光緒七年，施約瑟因病辭職，惠廉繼任院長。同年始增設英文部。光緒十四年卜舫濟（F.L.Hawks Pott）出任院長。光緒十六年開始設置大學課程，招得大學生二名。光緒二十六年美國聖公會在武昌的文華大學，受長江流域革命運動的影響被迫停學，學生也全部轉入聖約翰書院内。此後學院的在校學生數激增。光緒三十二年正式改名爲"聖約翰大學"。内設文學院、理學院、醫學院、工學院和農學院五科。其中文學院設中國文學、外國文學、歷史、政治、經濟、教育、新聞七個系；理學院設物理、化學、生物、數學四個系；醫學院設預科而不分系；工學院設土木、建築兩個系；農學院設植物生産、動物生産和農業經濟兩個系。并附設研究院和附屬高級中學。各科課程皆用西文教授。其中大學課程學制爲四年。畢業生均授予學位，享有美國同等大學相同的資格。每年畢業生中約有四十人赴美繼續深造，大部分能在國内謀得較好的職業。1951年由人民政府接管。次年全國高校院系調整時，分別并入復旦大學、華東師範大學等校。原校址新建華東政法學院。參閲《清史稿·選舉志二》。

【聖約翰書院】

即聖約翰大學。此稱清代已行用。見該文。

漢口倫敦會醫學館

晚清教會實業學校。光緒六年（1880）由外國傳教士籌設於湖北漢口。學館以西醫内外科等課程教授所招收的中國學生。學生年齡限制在十六至三十歲之間，須識字且有保人方可入館，三個月試驗期滿決定去留。因采用英語教學，學生須要先習英語。爾後學生必專習醫道，不得兼理他業。但禮拜日必早晚作禮拜。學業以四年爲滿，若聰慧勤學之人，於三

年内學成，亦可提前畢業。學生畢業後，由該館給予執照，以爲自行醫道憑證。參閲《清史稿·選舉志二》。

聖瑪利亞女子中學

亦稱"聖瑪利亞女校"。晚清女子教會學校，亦爲外國人在上海創辦的第二所女子學校。光緒七年（1881）由美國基督教的聖公會將上海裨文、文紀兩女塾合并而成。校址在聖約翰書院西側（今萬航渡路）。女塾聘黄素娥爲校長。時有學生四十餘人，一律寄宿。分中學、高小、初小三部分。光緒十年，附育嬰堂。光緒十五年，設立清心會宣揚福音。該校以培養有用的女基督徒爲職事，設置的主要課程有宗教、音樂、家事、算術、中國經書等。光緒二十六年，爲唯一的畢業生舉行第一次正式畢業禮。當時規定以八年爲畢業期限，後擴充範圍，徵收學費，招收教外學生，學習課程日漸完備。光緒二十九年（1903）設琴科。光緒三十四年添立師範科，學制二年。1952年與"中西女子中學"合并。爲現今"上海市第三女子中學"之前身。參閲《清史稿·選舉志二》。

【聖瑪利亞女校】[2]

即聖瑪利亞女子中學。此稱清代已行用。見該文。

中西書院

晚清基督教會貴胄學校。清光緒七年（1881）由美國基督教監理會傳教士林樂知（Young John Allen）創辦於上海。林樂知自任監院（院長）。該院專門招收中國的達官貴人子弟，并得到中國上層人物的歡迎和資助。學制八年，主張中西并用，上午學"中學"，下午學"西學"。中學課程有尺牘、對聯、賦詩、講

文、五經及書法等。西學課程有英文、天文測量、航海測量、富國策、地學、金石、萬國公法等。光緒二十五年蘇州博習書院并入。宣統三年（1911）并入蘇州東吳大學。參閱《清史稿·選舉志二》。

法文書館

亦稱"中法學校"。晚清上海法租界公董局所設旨在教授華人法語的教會學校。光緒十二年（1886），由公董局任命薩坡賽（Chapsal）、杜納德（Touruade）、莫利斯（Morris）組織委員會籌建學校。次年二月二十六日在公館馬路（今金陵東路）正式開學。免費招收華童學生百餘人入館肄業。課程主要爲法國語言文字。學生畢業後可在法租界或法商洋行中任職，部分還派遣赴法國深造。約在光緒二十九年時，以校舍不敷使用，而在寶昌路小學校路（今淮海中路陝西南路西）另建校舍。1913年5月又遷往敏體尼蔭路（今西藏南路）寧波路（今淮海東路）的自建校舍内，并將課程分設爲高中、初中、高小和初小，改稱"中法學校"。各級學生享有法國同等學校學生待遇，高中畢業生可直接升入法國的大學。1946年後，改組爲上海市私立中法中學。爲現今上海市"光明中學"之前身。參閱《清史稿·選舉志二》。

【中法學校】

即法文書館。此稱民國時期已行用。見該文。

中西女塾

亦稱"墨梯女子小學""中西女中""慕爾堂第一小學""慕爾堂第二小學"。晚清基督教會女子中學。光緒十三年（1887），美國基督教監理會購進相當於今九江路、雲南中路、漢口路、西藏中路一圈之地，建立監理會教堂（光緒十六年，即1890年取名"慕爾堂"，即今沐恩堂）。同年，由林樂知授意，步惠廉牧師在教堂東側建造校舍，創辦女子小學，吸收中國信徒子女入學。學校以美國監理會首創者之名取名爲"墨梯女子小學"，亦稱"中西女塾"。海淑德（L.A.Heygood）出任首任校長。學校最初祇設初小班，四年初小學業結束後，仍須轉入其他學校就讀。後遂於憶定盤路（今江蘇路）設立女校高小分部。女塾以歐美傳統教會女校課程施教，課程以英文爲主，并設國語、算術、音樂以及家政教育。1930年改爲中學，稱"中西女中"，原小學則改稱"慕爾堂第一小學"（址在慕爾堂内）和"慕爾堂第二小學"（址在今合肥路）。著名教育家薛珍長期擔任中學校長（即今名譽校長）。1952年原美國基督教會的聖瑪利亞女中并入該校，遂改稱"上海市第三女子中學"。參閱《清史稿·選舉志二》。

【墨梯女子小學】

即中西女塾。此稱清代已行用。見該文。

【中西女中】

即中西女塾。此稱民國時期已行用。見該文。

【慕爾堂第一小學】

即中西女塾。此稱民國時期已行用。見該文。

【慕爾堂第二小學】

即中西女塾。此稱民國時期已行用。見該文。

上海中西學塾

晚清教會電報學校。清光緒十六年（1890）美國監理會傳教士林樂知、海淑德創辦於上海。招二十名學生入學，學習收發電碼技術。姚彥鴻任總辦，唐璧田任教習，教授發報等法。畢業後派至上海電報總局任職。後因急需電報人才，擴大學堂規模，分設發報塾、測量塾，聘請丹麥人博怡生、葛雷生等任教習。參閲《清史稿·選舉志二》。

徐匯聖母院聾啞學校

晚清初等教會學校。光緒十九年（1893）由天主教會創辦於上海，專對聖母院所收養的啞巴孤兒施以教育。後又招收土山灣孤兒院的啞巴兒童及外教人士的聾兒啞女作爲學生。擔任教習的瑪律塞姆來校前，曾在巴黎學習訓導啞人的專門知識一年。後又把所學的技藝、方法配合到中國語文上，以對殘疾兒童灌輸必須的教育知識及宗教知識，取得一定效果。參閲《清史稿·選舉志二》。

晏摩氏女子中學

晚清教會學校。光緒二十三年（1897）由美國基督教南浸禮會傳教士柏樂緹（C.W.Price）女士創辦於上海老北門浸會堂（今上海人民路七百○六號）內。初創時僅有小屋一間，學生五人。後經校長柏樂緹努力，學生人數及教學事業略有發展。不久美國的西門夫人晏摩太（Matthew Tyson Yates）女士捐資，在北四川路（今四川北路）自建校舍，學校得到進一步發展。爲了感謝晏摩太夫人，將校名改爲"晏摩氏女子中學"。光緒二十七年，美國傳教士萬應遠博士捐資，在老北門興建校舍，於是一度又遷回老北門。光緒三十一年（1905），柏樂緹因病辭去校長之職，由美國人施美恩（H.F.Sallee）女士接任校長，遂又將北四川路校址翻建爲三層校舍。光緒三十四年，女中及浸會的另一所男中——明强中學同時遷入北四川路校舍。20世紀20年代始，永安公司在北四川路購進大批房地產，興建職工住宅和民宅，1926年學校的房地產由永安公司收購

後，翻建爲永安里住宅，晏摩氏女中和明强中學同時遷往北寶興路一百五十號美國浸會所屬的浸會莊內，學校旋改爲走讀。從此，晏摩氏女中和中西女中、聖瑪利亞女校"三足鼎立"，被稱爲貴族化的女子中學，學校收費昂貴，學生主要爲上層人士子女。1937年八一三事變中，校舍被日軍炸毀，遂遷公共租界静安寺路（今南京西路）一千一百九十三號平安大樓上課，并與明强中學及蘇州的晏成中學、慧靈女中，共同組成浸會聯合中學。1941年晏摩氏女中脱離聯合中學獨立辦學。1946年遷回北寶興路原校址，而明强中學的舊校址則撥給滬江大學附中使用。1952年12月，晏摩氏女中和滬江大學附中同時由人民政府接管，合并改名"北郊中學"。參閲《清史稿·選舉志二》。

工部局華童公學

省稱"華童公學"。晚清教會學校。光緒二十五年（1899）英美傳教士李提摩太、福開森、卜舫濟在上海公共租界開始籌設。中國紳商捐贈校基，而建築校舍經費則由英工部局提供。光緒三十年學校落成并正式開學招生。校址在克能海路（今康樂路一百九十九號）。初僅設初小四級、高小二級，吸收中國適齡兒童入學。課程有英文科和中文科。學制八年。學生成績優秀可應英國康勃利奇大學（即劍橋大學）入學考試。由英國人康普擔任學校校長。民國後，增設中學部。1929年，因學生人數增加，將中學部遷赫司克爾路（今中州路），并將克能海路舊址的小學部改稱"工部局立北區小學"。1937年八一三事變時，校址被戰火毀壞，於是又遷公共租界馬白路（今新會路）二十五號。1945年抗戰勝利後，由於租界已不再存在，學

校即由國民黨上海市政府接管，爲紀念謝晋元將軍而改稱"晋元中學"。爲現今上海"晋元高級中學"之前身。參閱《清史稿・選舉志二》。

【華童公學】

即工部局華童公學。此稱清代已行用。見該文。

東吳大學

晚清教會大學。光緒二十六年（1900）三月由美國基督教監理會合并上海中西書院（創設於光緒七年，即1881）、蘇州中西書院（創設於光緒二十一年，即1895）和蘇州博習書院（創設於光緒五年，即1879）三院而成。東吳，一般通稱太湖流域，亦有專指蘇州地區者。明周祁《名義考》："蘇州，東吳也。"因校址位在蘇州天賜莊博習書院舊址，故稱。東吳大學於光緒二十六年正式開學。林樂知出任校董事長，孫樂文爲校長。學校以培養法科人才爲宗旨。先後在蘇州設文理學院，在上海設法學院。法學院設宗教、法律等十二項課程，所用課本大部分爲美國大學法律系的教材。學生讀二年大學，再入法科修業三年，畢業後授予法學士學位。宣統三年（1911）由董事會聘上海中西書院葛賚恩任校長。1927年後始聘中國人楊永清爲校長。抗日戰争時期，文理學院遷曲江，法學院遷重慶。抗戰勝利後遷回上海。1951年由人民政府接管。次年全國高校院系調整後，分別并入他校。1952年在東吳大學蘇州原址建江蘇師範學院。1982年改爲蘇州大學。1949年國民黨遷臺，東吳大學在臺校友倡議復校。1954年臺灣當局"教育部"核準臺灣東吳大學恢復法學院，爲臺灣地區第一所私立大學。石超庸爲院長。2000年東吳大學與同源的蘇州大學同

慶建校一百年。參閱《清史稿・選舉志二》。

同濟德文醫學堂

亦稱"同濟醫工學堂""通惠工商學院""中法通惠工商學院""私立同濟醫工專科學校""私立同濟大學""同濟醫工大學"。晚清高等實業學校。光緒二十八年（1902），德國旅滬醫學博士埃里希・寶隆（E. H.Paulun）利用剛解散的八國聯軍留下的藥品和醫療器材，在上海公共租界白克路（今上海鳳陽路）創辦同濟醫院（1909年寶隆逝世後改名"寶隆醫院"，院址今爲長征醫院）。光緒三十三年旅滬德僑成立德文醫學堂，公推寶隆爲學堂總理，并在同濟醫院對面（今長征醫院門診部）創辦醫學堂。次年正式定名爲"同濟德文醫學堂"。寶隆親任校董會總監督（董事長）兼學堂首任總理（校長）。學堂以"培養施診醫生"，"讓德國、德國人和德意志氣質適當參與對中國的改革的影響"爲宗旨。學生由南京陸師、陸軍學堂及廣東嘉應州五華教會選送，初辦時學生僅三十餘人。創設德文和醫學兩科。德文科是醫科的預備學校。醫科又分爲預科和正科。每科設德文、漢文、拉丁文、生物學、物理學、療治法等十三門課程。學制德文科三年（1913年起改爲四），醫預科二年，醫正科三年，八年畢業後方可成爲施診醫生。民國元年（1912），學堂搬至辣斐德路（今復興中路）新校舍。後德人貝倫子籌建的同濟工學堂與德文醫學堂合并，旋改名爲"同濟醫工學堂"（院址即今復興中路一千一百九十五號上海機械專科學校）。不久又改稱"通惠工商學院"。1917年改稱"中法通惠工商學院"。後學堂遷入原吳淞中國公學原址，改稱"私立同濟醫工專科學校"。1919年

教育部撥款一萬元擴建校舍，又改名"私立同濟大學"。1922 年改爲"同濟醫工大學"。抗戰期間校址被日軍炮火夷爲平地。以後，該校先後遷金華、贛縣、昆明及四川南溪、李莊等地。抗戰勝利後，陸續遷回上海，因吳淞的校址全部被毀壞，而計劃另建新校，先借復興中學空餘房屋設立籌備處，并擇其美路（今四平路）原日本人小學校重建新校，次年陸續遷入新校。1952 年全國高校院系調整時，醫學院并入上海醫學院。同濟大學致力於發展土木工程、建築專業，今爲全國重點大學。參閱《清史稿·選舉志二》。

【同濟醫工學堂】

即同濟德文醫學堂。此稱民國時期已行用。見該文。

【通惠工商學院】

即同濟德文醫學堂。此稱民國時期已行用。見該文。

【中法通惠工商學院】

即同濟德文醫學堂。此稱民國時期已行用。見該文。

【私立同濟醫工專科學校】

即同濟德文醫學堂。此稱民國時期已行用。見該文。

【私立同濟大學】

即同濟德文醫學堂。此稱民國時期已行用。見該文。

【同濟醫工大學】

即同濟德文醫學堂。此稱民國時期已行用。見該文。

北京匯文大學堂

亦稱"匯文大學校"。晚清教會學校。光緒二十八年（1902）由美國美以美教會、美國長老教會、美國傳道局、英國倫敦教會聯合出資，由匯文書院擴充而成。無論是否基督教徒，均可入學。學科計分六科：蒙養館（初等小學），修業四年，課程有國文、聖經等；成美館（高等小學），修業三年，課程有國文、地理、數學、聖經、音樂、生理、英語；備學館（大學預科），中學程度，修業三年，課程有漢文、英語、歷史、聖經、數學、理科；博學館（大學文科），修業三年，課程有作文、中國文學、英語、植物、理科、數學、歷史、哲學、財政學、國際法；偉烈聖道學館（大學神學科），修業三年，課程有基督教注疏、歷史、理論研究、實踐及英文；協和醫學堂（大學醫科），修業五年，課程有普通醫學、内外科、産科、眼科、小兒科、皮膚科、精神科等。無論何科學生均分正班、特班、專門部三種。有外國教授十人、華人教師三十人；中學生七百人，大學生人數不詳。辛亥革命後改稱"匯文大學校"。參閱《清史稿·選舉志二》。

【匯文大學校】

即北京匯文大學堂。此稱民國時期已行用。見該文。

震旦學院

晚清教會大學。光緒二十九年（1903）二月由愛國天主教徒馬相伯捐資創設於上海。是爲法國天主教教會在華創辦的教會大學。震旦即古印度語"中國"之義，并含有東方光明和前途無量之意。校址在上海徐家匯天文臺。馬相伯自任監院（院長），并主持教務。聘請一部分法籍神父爲義務教習，以法語爲唯一外語。按院章程規定，以"便益本國學生，不必遠涉重洋留學歐美，而得歐美普通及高等程度之教育"爲辦學宗旨。内設語文學、致知學（哲學）、象數學（數學）、形性學（格物學，合理化、博物和地質等）等學科。學制已通西文者，二年卒業；未通西文者，三年卒業。光緒三十年耶穌會另派法國神父南從周爲總教習，盡改辦學方針，由是馬相伯辭職，而率衆多相繼離校學生另行組建震旦公學。震旦學院由此停辦。光緒三十一年八月復校後南從周取得學院管理權，自任院長。自此而後，震旦學院全部由法國天主教耶穌會辦理。學生多來自徐匯公學和天主教教友家庭。并改學制爲四年。前二年爲附科，第一年以中文教授，第二年以法文教授。至第三年始稱本科，教授法文、英文、文學、中外歷史、中外地理、哲學、經濟學、法學、算學、物理學和博物學。第四年又分爲文、理兩科。光緒三十四年震旦學院遷至法租界盧家灣昌班路（今上海重慶南路）新校址。學科增設法政、理、醫學等三科。學制定爲六年，預科和正科（本科）各爲三年。1917 年正式更名爲"震旦大學"。"震旦"所頒發的預科畢業證書，經法國政府認可，可進入法國各大學正科肆業。正科畢業生也可升入法國各大學相當學位階段肆業。參見本卷《教學機構説·私學考》"復旦公學"文。

潤州學堂

晚清教會學校。光緒二十九年（1903）由外國傳教士創設於江蘇鎮江。學堂以開人知識、進人文明、育人行德成大器爲宗旨。招收八至十六歲的學生入堂肆習中西各普通學術，單習英文者年歲不限。每日分班教授。普通學術班開設的課程有聖經、國文、歷史、天文、地志、格致、演算法、衛生等。英文特班，聘請外國人擔任教習，每日午後授課。學堂備有各種藏書，供學生借閲。每年考試兩次，并獎勵學習成績列高等者，將該生考得分數，函示其家。畢業學生由學堂考驗後予以文憑。參閱《清史稿·選舉志二》。

育才書社

晚清教會學校。光緒二十九年（1903）由英籍猶太人嘉道理創辦於上海。以培養中英文翻譯人才爲宗旨。設中文、英文兩部。1912 年改校名爲工部局立育才公學，英人陶偉、霍倫先後擔任校長。除歷史、地理用中文教授外，音樂、美術、體育等均用英文講授。抗日戰爭勝利後，改名爲"上海市市立育才中學"。建國後，改稱"上海市育才中學"。

啓明女校

晚清女子教會學校。光緒三十年（1904）由法國耶穌會教士創設於上海徐家匯聖母院。女學專收教外適齡女生入學肆業。課程有國文、法文、英文、理化、算術、音樂、圖畫、手工和體操等。參閱《清史稿·選舉志二》。

德華學堂

晚清教會學校。光緒三十一年（1905）由天主教傳教士在山東青島開辦。學生以曾經讀書識字者爲合格，并分内班、外班兩種，分別教授。其中内班住堂，在校食宿，學制三年；外班每日走讀，學習至少一年。主要課程爲德文、中文，兼課算術、輿地、體操、經學、史學、時務、策論等科目。每月小考一次，每年大考兩次，按成績酌定獎賞。略仿中國官立中學堂的制度，造就有成，給予憑證，并送入大學堂會考。參閱《清史稿·選舉志二》。

上海工業學堂

晚清教會學校。光緒三十一年（1905）三月，兩江總督周菠奏准將上海廣方言館與江南製造局附設工藝學堂合并，改爲"工業學堂"。内分專門與普通兩科。專門科分機器、化學兩班，係高等學校程度；機器班長於繪圖，化學班長於造藥煉鋼，均須到工廠實習。普通科爲中學程度。同年十月，陸軍部將專門科改名爲"兵工專門學堂"，將普通科改名爲"兵工中學堂"。參閲《清史稿·選舉志二》。

華西協和大學

亦稱"華西協和中學"。晚清教會大學。光緒三十一年（1905）由基督教浸禮會、聖公會、公誼會、美以美會等聯合創設於四川成都。由加拿大傳教士畢啓負責籌備，初在成都設一高級中學，名"華西協和中學"。宣統二年（1910）成立大學部，仍由畢啓出任校長。學校仿照英國牛津大學、劍橋大學和加拿大多倫多大學體制，設文科、理科、教育三科。開設英文、中文、哲學、歷史、經濟學、化學、物理學、生物學、解剖學和教育學等課程。民國二年（1913），陸續增設醫科，次年又增設牙科。民國十三年（1924），開始招收女生。民國十五年（1926），改宗教爲選修科。民國二十二年（1933）調整爲文、理、醫牙三個學院。1938年後陸續設立中國文化研究所、農業講習班、華西邊疆研究所、石羊場社會學研究所等。1950年春由人民政府接辦，并更名爲"人民華西大學"。1953年全國高等學校院系調整時，遂將文、理兩院調至四川大學和西南師範學院。醫牙調入重慶大學的醫學院，1953年更名爲"四川醫學院"。爲現今之四川醫科大學之前身。參閲《清史稿·選舉志二》。

【華西協和中學】

即華西協和大學。此稱清代已行用。見該文。

北京協和醫學校

晚清教會學校。光緒三十二年（1906）由英國倫敦會創辦，旋由長老會、内地會、美以美會、倫敦教會醫學會和英格蘭教會等五個教會加入辦理。其中英、美兩國各占一半。1951年，中央人民政府教育部和衛生部接管該校。參閲《清史稿·選舉志二》。

浸會大學

亦稱"滬江大學"。晚清教會大學。光緒三十二年（1906）美國基督教南北浸禮會創設於上海楊樹浦。浸會大學設有大學部和附中部。美國傳教士柏高德（John Thomas procior）出任校長。教職員共有九人，其中美國人四人。開設之初，大學部招收學生僅四人。開設課程有宗教、國文、英語、格致等。附中部招收學生四十五人。民國元年（1912）柏高德辭去校長職務，由美國傳教士魏馥蘭（F·J·White）繼任。1915年更名爲滬江大學，設文、理、商三學院。1942年商學院遷往重慶。1951年由人民政府接管，次年分別并入他校。參閲《清史稿·選舉志二》《教育大辭典（卷一〇）。

【滬江大學】

即浸會大學。此稱民國時期已行用。見該文。

金陵大學

晚清教會大學。光緒三十三年（1907）由美國基督教各教會將設立於南京的匯文、宏育兩書院合并而成。學校由包文出任首任校長，文懷恩爲副校長。另聘美國社會經濟學教授夏偉斯爲教務主任。設文科、師範科、國語科及附屬中學。宣統三年（1911）向美國紐約州教育局及紐約州立大學立案。1914年東方醫科大學并入，設醫科（1917年停辦）。後又設農科、林科、商業專科。20年代初改文科爲文理科，改師範科爲教育學系（屬於文理科）。1930年改文理科爲文、理兩學院，將農林科改爲農學院。抗日戰爭時期被迫内遷至成都，勝利後遷回。1951年該校由當地政府接管，并於次年并入他校。參閱《清史稿·選舉志二》。

上海全國青年協會體育專門學校

晚清教會學校。光緒三十四年（1908）由基督教青年會創設於上海。學校以研究實用的各種功課，培養體育幹事爲己任。學制四年。課程設置前兩年爲基本科目，有聖經與宗教之學、青年會史、生物學、解剖學、運動生理學、細菌學、生理學、生物化、體操教授法、個人衛生學、運動教授法、普通教授法、急救傷科等。後兩年的課程主要有聖經與宗教之學、青年會辦理法、學校辦理法、社會心理學、普通心理學、兒童心理學、教育史、經濟學、普通社會學、生殖學、腦學、診斷病症學、按摩學、漢文、英文、演説術、實習教授課等。凡修完前兩年課程畢業者，學校予以修業文憑，稱爲“體育員”。完成全部四年課程者，則予以畢業文憑，稱爲“體育師”。參閱《清史稿·選舉志二》。

青島特別高等專門學堂

晚清高等學校。宣統元年（1909）清廷學部奏請創設於山東青島。特別高等學堂由中德兩國合辦。學堂分設預備科和高等專門科。先開設預備班。同年九月十二日正式開學。招收預科生六十名。學制六年。課程計有德文、各國歷史、各國地理、算學、植物、動物、化學、中國經學、人倫道德、歷史輿地等。高等專門科擬設法政、醫、工、農林四科。其中政、工、農林三科學制三年，醫科學制四年。民國元年（1912）學堂停辦。《清續文獻通考·學校二十》：“宣統元年又奏山東青島設立特別高等專門學堂，並商訂章程，認籌經費……稱近年中國士子講求西學不遺餘力，德國政府擬在青島建立學堂一所，培養中國子弟並使有志留學而財力不逮者，可在本國内肄習泰西各種新學。擬先建大學一所，内分四科：一工程製造科、二醫科、三政治法律科、四農林科，並設豫備一科。先籌常年經費七萬五千馬克，開辦經費三十萬馬克。深望中國政府竭力贊助，遣派合格學生並承認在堂畢業之憑照，兼爲該生等籌將來之出路。”參閱《清續文獻通考·學校二十》。

成都初等師範學校

晚清初級教會學校。宣統二年（1910）由華西基督教教育聯合會創設於四川成都。學校所招收的學生除少數外，大多爲教會高等小學畢業生。但僅有一特別班招收曾任教員却缺乏西學知識者，學生學費及其他各項費用，大多由教會代付，而學生須爲教會服務數年作爲補償。參閱《清史稿·選舉志二》。

金陵女子大學

亦稱“金陵女子文理學院”。民國時期的教會大學。1913年由美國基督教浸禮會、監理會、美以美會、長老會、基督會、聖公會、倫敦會、復初會聯合創辦於南京。德本康夫人（Laruence Thurston）爲首任校長。分文、理兩科。1930年改名金陵女子文理學院。必修課爲教育學、心理學；增設教育學系爲輔修系，設有供學生畢業前實習用的實驗中學。設體育專修科、體育系，培養高、中、初級體育教師。增設托兒工作專修科、兒童福利系，培養幼兒教師。參閲《中國教育事典·高等教育編》。

【金陵女子文理學院】

即金陵女子大學。此稱民國時期已行用。見該文。

之江大學

亦稱“崇信義塾”“育英義塾”“育英書院”“之江學堂”。民國時期的教會大學。1914年正式定名。李培恩爲校長。該校前身是道光二十五年（1845）由美國基督教南、北長老會在寧波創辦的崇信義塾。同治六年（1867）遷往杭州，改名育英義塾。後又改名育英書院、之江學堂。1920年設文、理兩科。後設文、理、商、建築四科。抗日戰爭時期遷安徽屯溪、上海、福建邵武、貴陽、重慶等地。抗戰勝利後遷回杭州。1951年由人民政府接管，次年分別并入他校。參閲《教育大辭典》（卷一〇）。

【崇信義塾】

即之江大學前身。此稱清朝末期已行用。見該文。

【育英義塾】

即之江大學前身。此稱清朝末期已行用。見該文。

【育英書院】

即之江大學前身。此稱清朝末期已行用。見該文。

【之江學堂】

即之江大學前身。此稱清朝末期已行用。見該文。

華南女子文理學院

亦稱“福州女子學院”“華南女子學院”。民國時期的教會大學。其前身是光緒三十四年（1908）美國基督教美以美會在福州創辦的福州女子學院。1914年改名華南女子學院。1934年改名華南女子文理學院，王世静任院長。設中文、外語、教育、家政、數理、化學、生物、音樂等系科。1938年遷往福建南平，1946年遷回福州。1951年由人民政府接管，與福建協和大學合并爲福州大學。參閲《教育大辭典》（卷一〇）。

【福州女子學院】

即華南女子文理學院。此稱清代已行用。見該文。

【華南女子學院】

即華南女子文理學院。此稱民國時期已行用。見該文。

福建協和大學

亦稱“福建協和學院”。民國時期的教會大學。1915年由美國基督教美以美會、福建省基督教會、中華聖公會、閩南歸正會聯合創辦。在福州魁歧擇定校址。學校由莊才偉（Edwin C.Jones）出任首任校長，初設文、理兩科，後增農科。1929年向教育部立案定名爲福建協和學院。抗日戰爭期間曾遷往邵武。1942年恢復福建協和大學校名。設文、理、農三個學院。文學院設中文、歷史、外語教育三個系；理學院設物理、化學、生物三個系；農學院設農藝、園藝、農經三個系。1946年遷返福州。1951年與華南女子文理學院、福建省立師範專科學校合并爲福州大學。參閲《中國教育事典·高等教育編》。

【福建協和學院】

即福建協和大學。此稱民國時期已行用。見該文。

齊魯大學

民國時期的教會大學。1917 年由青州神道學堂、共和醫道學堂、廣文學堂合并而成，設於山東濟南。初設文、理、醫、神四科，後改爲文、理、醫三個學院，1931 年向教育部立案。抗日戰爭時期，一度停辦，抗戰勝利後，遷回濟南。1948 年文理學院遷往杭州，醫學院遷往福州，1949 年各院相繼遷回濟南。設文、理、醫三院共八個系、五個專修班，1949 年後，并入其他高校，齊魯大學被撤銷。參閱《中國教育事典·高等教育編》。

嶺南大學

亦稱"格致書院"。民國時期的教會大學。其前身是光緒十四年（1888）由美國基督教會創設於廣州的格致學院。1918 年改爲嶺南大學，由美國人任校長，在美國設董事會。設文、理科。1927 年鐘榮光任校長。設文、理、工、商、農、醫六學院，理科可以招收研究生，分授碩士學位，同時還與美、日、菲律賓等國建立交換生制度，并和美國的紐約大學相互承認畢業生學位。抗日戰爭期間曾遷香港、曲江等地，抗日戰爭勝利後遷回廣州。1949 年後，由人民政府接管，并入他校。參閱《中國教育事典·高等教育編》。

【格致書院】[3]

即嶺南大學的前身。此稱清代末已行用。見該文。

燕京大學

民國時期的教會大學。1919 年由通州華北協和大學、北京匯文大學和北京協和神學院合并而成，設於北京西郊。1920 年華北女子協和大學并入。美國外交官司徒雷登（John Leighton Stuart）爲首任校長。設文理科、神學科和預科，後逐步擴充爲文、理、法三學院，并增設研究院。1942 年遷往成都，1946 年遷回北京。1949 年後，高等院校調整時合并於北京大學。參閱《中國教育事典·高等教育編》。

華中大學

民國時期的教會大學。1924 年由文華大學與武昌博文書院大學部和漢口博文書院大學部合并成立於湖北武昌。吉爾曼（Bishop Alfred A.Gilman）爲首任校長。設文、理、商、圖書館四科。1927 年停辦，1929 年恢復，湖南雅禮大學與湖濱大學相繼并入，擴充爲文、理、教育三學院，文學院設中國文學、外國文學、歷史社會、經濟商業四個系；理學院設物理、化學、生物三系；教育學院設教育原理、教育行政、教育心理三系。1938 年遷往廣西桂林。半年後又遷雲南大理。1946 年遷回武昌。1951 年由人民政府接管，次年并入北京師範大學。參閱《中國教育事典·高等教育編》。

輔仁大學

亦稱"輔仁社"。民國時期的教會大學。其前身是 1925 年由羅馬教廷天主教會在北京創辦的"輔仁社"。1927 年改名爲"輔仁大學"，陳垣爲校長，奧圖爾（O'toole）爲校務長。學制設本科、預科二部，預科收初級中學畢業生或同等學歷，學制二年或三年；本科收高級中學畢業生及其他大學預科畢業生，學制四年。設國文、史學附考古學、英文、哲學四系。1929 年擴充爲文、理、教育三個學院十二個系。1938 年學校開始招收女生。1949 年北平解放後，輔仁大學成爲全國接管教會所辦學校、醫院等單位中的第一所學校。1952 年輔仁大學合并於北京師範大學。參閱《中國教育事典·高等教育編》。

【輔仁社】

即輔仁大學。此稱民國時期已行用。見該文。

津沽大學

民國時期的大學。其前身是 1927 年天主教耶穌會創辦的"私立工商大學"。校址設在天津，校長爲于薄澤神甫。1948 年學校改名爲"津沽大學"，劉迺仁爲校長。設文、工、商三院十系。1949 年後，學校并入其他高校。參閱《中國教育事典·高等教育編》。

【私立工商大學】

即津沽大學。此稱民國時期已行用。見該文。

萬年前，我國山西西侯度文化遺址中也留有中華先祖猿人生活的實物，衹是尚未發現其遺骸而已。一百七十萬年前的元謀文化遺址中，發現了兩顆猿人門齒化石，同樣留有大量猿人生活實物。據考古證實與推斷，從原始群居的巫山人開始，已能製造簡單的生存（含生產、漁獵、自衛等）工具，知曉了用火與熟食，并有了最原始的朦朧的語言，此當即古籍所指稱的燧人氏時期。其中火的使用，是人類繁衍史中最具開創性、最偉大的發現與發明，其意義不亞於後世任一科技成就。既有了原始語言、生存工具及火的運用，就需要傳授給下一代。這種技能傳授，已區別於動物性的本能，區別於高級動物的模仿行爲，具有了最初的教育性質。其時猿人擁有的生存工具及火，即在半意識狀態下成爲示教於後代的有形教材，這種有形教材，近現代稱之爲教具，而古無教材、教具之別，最初皆以實物的形式出現。今世之考古又進而探明，約在舊石器時代中期的丁村人至晚期的河套人，即約十五萬年至四萬年前，有個從猿人到早期智人的過渡時期。四萬年之後，到河套人，終於成爲晚期智人。晚期智人之頭形，已與現代人無甚差异，顯示了腦量的增加與智力的提升。此時其發音清晰，語言準確，人類語言終於成爲最有力的教學方式，或可稱之爲無形教材。自河套人開始，中國已進入了氏族公社時期。其前期爲母系氏族制，最初是族外群婚，正如前引《白虎通》所言，子女“但知其母，不知其父”。這就形成了半血統型家庭；其後則出現了“因夫婦……定人道”的對偶制，終於形成了全血統型家族。以母親爲中心的半血統或全血統組成的社會，顯然是一種生產關係的巨大變革，必然促進生產力的發展。這時期的教育，已經進入了以母親爲中心的類似後世的子女教育。再後，約一萬年前，又邁向了新石器時代，先祖們廣泛使用磨製石器，逐漸定居。這期間家庭雛形已趨穩定，父母親必須教育子女（父親處於協助地位），學會經營畜牧業和農業，學會製陶和紡織，實物教材與日俱增，家庭教育色彩愈加濃重。三皇中的神農氏“制耒耜，教民農作”（漢班固《白虎通》卷一），當在這一時期。其後又經歷了仰韶文化、青蓮崗文化、屈家嶺文化、馬家窰文化等，至約五千年前的龍山文化時期，農耕、狩獵成爲主要生產方式，而土地、牲畜的掠奪屢見發生，戰爭纍年不絶，這些重大活動多由男性承擔，於是演進至氏族公社的後期，形成了父系氏族制，此當即古籍所指稱的伏羲氏時期。這時的子女教育益加明細，男耕女織漸成習俗，弓箭等武器多授予男性。這正相當於中國文獻指稱的黄帝時期。有關黄帝與炎帝之戰、黄帝與蚩尤之戰、女媧補天、羿射九日、牛郎織女之類傳説，反映了父系氏族先祖們已萌生了懲罰征討觀念，已注意了天體星象的觀察，而隨同對偶制的穩定，已產生了有關愛情婚戀的嚮往。這些傳説最初皆憑藉無形教材——口耳相傳而流布至今。以上所述教育方式，即泛教育之濫觴。所謂"泛教育"，即後世學校教育之外而漫生的社會教育。口耳相傳，即泛教育的無形教材。這種教材，先祖們或視之爲真實的歷史，或喜聞樂道，以爲消遣。這種泛教育既是有意無意的子女教育，又超越了子女教育的範疇，是史前教育的巨大進步。這一時期的創造發明空前豐富，因而實物教材益加繁盛。如"黄帝作宫室"（《初學記》卷二四引《白虎通》佚文）；"黄帝作井"（宋高承《事物紀原・宫室居處》引《周書》佚文）；"黄帝作車，引重致遠"；"黄帝作弩"（清黄奭輯三國蜀譙周《古文考》）；"帝制五彩旗，指顧向背"（宋高承《事物紀原・戎容兵械》引《黄帝内傳》佚文）；"神農以石爲兵，黄帝以玉爲兵（玉，當指精細之石器），蚩尤乃鑠金（金，指青銅）爲兵，割草爲甲，始制五兵"（宋高承《事物紀原・戎容兵械》引唐李筌《神機制敵太白陰經》）；"黄帝使羲和占日，常儀占月，臾區占星氣，伶倫造律吕，大橈作甲子，隸首作算術，容成綜此六術而著《調曆》也"（《史記・曆書》司馬貞索隱引《世本》）。以上傳説多集於黄帝一身，可見先祖們對於黄帝的推崇，既已流布至今，又可見其影響之深遠。尤引人注意者，乃是其武器裝備與作戰指揮的形成。學習軍事，必須演練，授受者必須掌握革甲與五兵（指矛、戟、弓、劍、戈），革甲、五兵就成了新的實物教材。

　　縱觀漫長的原始社會，實以氏族公社時期之教育始較爲成形，其時已普遍奉行圖騰崇拜，而且是中國藝術及藝術教育之起始期。其作品多反映在原始巖畫上，這些巖畫以敲鑿磨刻而成。如内蒙古陰山山脉巖畫，長約三百公里，畫面多達萬餘幅。内容有動物、狩獵、放牧、車輛、騎列、舞蹈、戰争、神靈、天體及各種印痕符號，幾乎涉及了當時所有的生活領域。其中舞蹈又常伴隨着歌曲，這在新石器時代之陶飾中亦有所見。其製作年代難以確考，但已漸盛於新石器時代與青銅時代，即以母系、父系氏族制社會爲主，偶或亦見近代人之作品。這一時期的巖畫尚有江蘇連雲港錦屏山之將軍崖巖畫、青海剛察之剛察巖畫、甘肅嘉峪關西北之黑山巖畫等等，這是史前期泛教育的最生動的有形教材。至父系氏族制末期，生產力長足發展，出現剩餘財富，少數統治者得以在他人勞動供養下生活，爲鞏固自己的統治地位，并世代沿襲，則必須培養自己的繼承人，故此時或已出現了近似學校的教育場所。據《禮記・明堂位》有"米廪，有虞氏之庠也"之記載，"庠"，爲周代學校名。後世儒家以周代學校名解釋"米廪"。據考，商代學校多設米倉以養老者，而老者即任教之師，故有此釋。"有虞氏"即舜帝，禪讓於禹，始建夏朝。

　　自夏朝始，中國已進入奴隸制社會。據後世多種典籍記載，其時已建立學校。如《孟子・滕文公上》："〔夏、商、周〕設爲庠、序、學、校以教之。庠，養也；校，教也；序，射也。夏曰校，殷曰序，周曰庠；學則三代共之，皆所以明人倫也。"今人楊伯峻解釋曰："庠，是教養的意思；校，是教導的意思；序，是陳列的意思。〔地方學校〕夏代叫校，商代叫序，周代叫庠；至於大學，三代都叫學。那目的都是闡明并教導人民以人與人之間的關係，以及相關的各種行爲準則。"（楊伯峻《孟子譯注》）按夏商時之學校以習武爲主，周代則由文武兼備而轉文，并似已分出中央大學與地方學校兩類。"射"有演繹、鋪陳義。此謂陳列實物，以爲教材。庠、序、學、校之類名稱，《周禮》《儀禮》《禮記》《左傳》諸書各有記載，所釋大抵相同。至商代始，又有了關於"瞽宗"的記載。如《禮記・明堂位》："瞽宗，殷學也。"漢人注稱，瞽宗本爲樂人宗廟，因成教樂之場所。19世紀末出土的大批甲骨文，更爲商代之教育、教材研究提供了第一手資料。如："丁酉卜，其呼以多方小子、小臣，其教戒。"（《殷契粹編考釋》第一千一百二十六片）"戒"字原形作"𢦑，象人手持戈。"教戒"，謂教以持戈習武，或教以持戈習舞。這與商代學校序與瞽宗之教學目的正相吻合。習武與習舞，盡皆以戈爲實物教材。《書・多士》載："惟殷先人，有典有册。"這是說殷代之先祖已有了長篇文字載體。後世經師認爲這些"典册"係史籍之類，製備這些典册之目的，即在用以訓誡後代。今所知出土之甲骨文已達四千五百字左右，而未得傳世者當更多。欲使後學者辨識、牢記如此繁夥的文字，則必須掌握其形聲、會意、假藉等構字規律。這就必須進行讀寫訓練，而這種讀寫訓練，又必定具備了豐富成套的有形教材。商代的成套教材雖無實物可證，而作爲占卜之甲骨中，却顯露了些許端倪。如郭沫若著《殷契粹編考釋》第一千四百六十八片中，刻有甲子到癸酉的干支表，重複爲五行。首行工整有力，其餘四行歪斜稚氣。學界認爲前者爲範本，後者爲習作。範本即典型的教材。甲子到癸酉僅是十年（或十天）時間，自甲戌到癸亥還有五十年（或五十天），繼續製作範本，尚需甲骨五片。六十干支共需六片。今姑且以四千五百字論，若製作範本，連續辨識，其教材數量當十分可觀。其時殷人在天文、曆法、算術方面已有空前進展，干支表之教學即是一證。據文獻記載，商代甚重教育，教師多由國家武職官員充任，内容包括軍事、法令、征討史、宗教、倫理及文化知識等，祝、史、醫、卜等文職官員亦參與教學。此即我國最早的官學。詳可參閱《書・商書》、《禮記・明堂位》、胡厚宣《甲骨學與殷商史》、温少峰等《殷墟卜辭研究——科技篇》。

西周大抵沿襲了商代教育制度，建立了奴隸制全盛時期的官學體系。《周禮》《禮記》諸典籍已明確記載，西周已有國學與鄉學兩類學校。國學設在王城與諸侯國都，分小學與大學兩級。小學設在城內宮廷中，大學則在南郊。王城之大學稱"辟雍"，諸侯之大學稱"泮宮"。鄉學則依地方行政系統編定，州設序，黨設庠，閭里則設塾或校。鄉學之優秀生可升入國學，但多限於大學。西周前期，習武教育仍處於主導地位，教師亦多由武官擔任。據《麥尊》《静簋》《師湯父鼎》及《周禮》《尚書大傳》諸禮器或典籍記載，此時之大學多有水有林，水居中，林周環，作兵營武教學，常游弋守獵，以習武事，兵戈仍爲實物教材。

西周中期，社會穩定，經濟繁榮，統治集團期望提高自身的文化素養，逐漸形成了文武兼而有之的"六藝"教育。六藝，指禮、樂、射、御、書、數六門課業。隨同六藝教育的盛行與文化課業的提高，教師漸改由文官承擔。大學已由兵營式結構演變爲整齊對稱的教室。詳可參閱《周禮》《禮記》諸書。西周在天文、曆法、醫藥、建築、冶煉、機械製造等領域，皆有巨大的突破性發展，但當時的統治者實行"德成而上，藝成而下"的教育原則，認爲科技之類不登大雅之堂，同貴族身份不相稱，所以科技在學校教育中不受重視。科技的傳授被視爲左道旁門，另由專職官員祝、史、醫、卜及百工之類，以父子關係相授受，世代相承，史稱之爲"世業"。自西周始，學校教育與世業教育并行，各有自己的教法與教材。這種并行之制，沿襲久遠，直至隋唐推行科舉制之後，始有較大變革。

西周晚期，奴隸制統治開始動搖，至春秋時代，地方建制不斷擴展，諸侯力量漸强，周天子已失去尊崇地位，部分貴族向封建地主轉化，士人階層興起，官學日漸衰敗，代之而起的是士人的自由講學，於是中國的私學登上歷史舞臺，學術上形成了"百家爭鳴"之勢。此時的教材與專著甚難區別，但却無一不各展其能，异彩紛呈。至西漢之後，由於武帝"罷黜百家，獨尊儒術"，經學始處於統治地位。

技能傳授

遠在二百萬年前，中國已出現了原始人群，發現於四川巫山縣（現重慶巫山縣）大廟鎮的巫山人遺存即是明證；而發現於雲南元謀一百七十萬年前的元謀文化則是原始文明出現的另一明證。巫山人、元謀猿人已會打製石器作爲生產工具或武器，會用火并知熟食，亦當有了可以區別於動物的最初的原始的語言。尤其是四五十萬年前北京猿人的考古發現，更是最爲生動有力的證據。其時北京猿人幾十人爲一群，居住於北京附近周口店的天然山洞中，製造了多種粗石器，包括刮削器、砍砸器、拋擲器、尖狀器等等，并早已知曉火的使用。據其頭骨完善的程度判斷，他們必已具備了語言表達能力。憑藉語言以傳達資訊，結爲群體，憑藉掌握的各種打製石器，靠采集與狩獵生活。爲了種族的延續和發展，將勞作技能傳授給下一代，打製石器、用火、采集、狩獵等，即成爲有形或無形教材。至母系氏族公社後期，以上教育方式益加明細。如距今六千年左右的西安半坡文化，已是以農業爲主，兼爲漁獵，并有較大規模的製陶工藝。石器已由打製進展到磨製，涌現了各種或光滑、或鋒利，具有一定規格的細石器，如斧、錛、鑿、刀、鏟、網墜、箭鏃、紡輪等，又有魚鈎、針、錐、骨笄等。陶器的種類有碗、盆、鉢、壺、甕、罐、甑等。依用途可分爲食器、水器、炊器及儲藏器諸類型，且頗多彩陶，繪有動植物形象、幾何綫描或今人難以識讀的標志符號，可視爲早期文字的雛形。如驚奔的鹿、飛翔的鳥、張口的魚、同心擴散的水波，以及似有“魚生人”含義的人面魚紋圖案等等，粗獷而精美，具有頗高的藝術價值。製陶工藝通常由有經驗的婦女掌握，并傳授給年輕一代。至父系氏族公社時期，有關生產生活的發明創造益加豐富。如“帝斬蚩尤，因建宮室”（宋高承《事物紀原》卷八引《黃帝內傳》），“帝太昊制嫁娶之禮，取犧牲以共庖厨，此厨之始也”（前書卷八引《帝王世紀》），“黃帝作車，引重致遠”，“黃帝作弩”（清黃奭輯三國蜀·譙周《古史考》），“黃帝采

首山銅，鑄鼎于荆山下”（《史記·封禪書》）等等。其中的采礦、建築、狩獵，則多由男性承擔，分工日益明細。以上發明創造多托之於黃帝一身，實則是先民各有其能，互教互學，傳之於子孫而已。應當特別指出，在大約七八千年前的新石器時代，先民在廣泛使用磨製石器、學會經營畜牧業和農業同時，已能製陶和紡織。其中陶器的發明與使用，是繼火的發現與使用之後，人類之又一劃時代的進步。陶器改善了人類熟食的方式方法，提高了熟食的營養價值，先民開始真正有了飲食與飲食文化，有了相關的禮儀。而紡織的發明與使用，則是先民挣脱野蠻、邁向文明的濫觴，故古人又托稱黃帝臣胡曹作衣（見《世本》），或曰黃帝妃“嫘祖始育蠶、緝麻，以興機軸而成布帛”，此後“唐堯加以絺苧、木綿、草布、毛罽”，再後“虞舜加以錦綉”（明羅頎《物原》），故《易·繫辭下》有“黃帝、堯、舜垂衣裳而天下治”之語，意謂定衣裳之制，示天下以禮，而天下得以太平祥和，故先秦時即以“衣裳之會”藉指邦國之間的友好交往（見《穀梁傳·莊公二十七年》及注文）。這種紡織、垂衣裳技術的傳授，不可小覷，其實質是人類文明的傳承，禮儀的傳承。

圖騰崇拜

“圖騰”，英語totem的音譯。源於印第安語，意爲“他的親族”。原始社會最早的一種宗教信仰。約與氏族公社同時產生，夏、商、周仍甚盛行，近代某些民族與部落中亦見流傳。原始人相信每個氏族皆與某種動植物或非生物同有親緣等特殊關係，於是此物即成爲該氏族的象徵或保護者。其物多爲動物或動物化的神物，如熊、狼、鹿、鷹、龍、鳳等。圖騰往往

是全族之忌物，動植物圖騰則禁殺禁食，遇其物必予禮讓。氏族公社至夏商兩代，常隨時隨地舉行崇拜儀式，以求圖騰的繁衍、庇祐，并藉以教育子孫後代，世世相繼，希冀永得吉祥。《書·舜典》："夔曰：'予擊石拊石，百獸率舞。'"舊注稱"百獸率舞"乃神人感和而致。今釋爲人扮獸而舞，即圖騰舞。郭沫若《關於晚周帛畫的考察》："鳳是玄鳥，是殷民族的圖騰。夔，我也把它誤認爲龍，龍是夏民族的圖騰。"

祭祀活動

上古之祭祀活動主要是敬神供祖，爲中國禮儀教化之濫觴。宋高承《事物紀原·禮祭郊祀》引晋王嘉《拾遺記》："庖犧使鬼神以致群祠，以犧牲登薦百神"，此"則祭禮之始也"。高承所引庖犧事雖爲傳說，但其結論已被今世之考古所證實。1984 年夏秋之交，遼寧喀喇沁左翼蒙古旗自治縣東山嘴，發現紅山文化後期遺址。遺址中心爲一大型方狀基址，前端爲石圈形臺面和多圓石砌臺基。石圈形臺面周圍以石片鑲邊，非常整齊。石圈臺面內有兩件陶塑婦女形象，皆裸體、大腹，方狀基址記憶體有玉璜及綠松石鳥形飾物。這些飾物在原始社會爲莊重珍貴之物，佩戴這些飾物的主人則非尋常之輩，無疑就是這些裸體、大腹的婦女。紅山文化時期的先民將這些婦女視爲生命之源，不祇是他們的先祖，亦是令他們崇拜的神靈。在與東山嘴相距不遠的牛河梁女神廟及積石塚遺址中，亦發現了女神頭像與同屬五六個個體的女神群像殘件，尤爲突出地表現了女性、生育之神的崇高地位。有些學者認爲這些女性形象，就是被祭的地母、地神。在新石器時代以女性爲題材，將其雕刻於器物之上者更是屢見不鮮。而據其他文化遺址中發現的祭地、有關器物圖飾及所藏粟米等證實，在新石器時代所祭之神甚廣，不祇有女性，亦有男性，更有對於日、月、星辰、風、雨、雷、電、山、川、土地、農作物及與對人類有益的動物的崇拜，這同《周禮》《禮記》等典籍記載正相吻合。這些原始的祭儀及敬神供祖所應有的繪畫、雕塑工藝，必須世代相傳，直觀而授。這些祭儀及前代之繪畫雕塑作品，就是原始的有形教材，這些作品，今稱之爲教具。這些原始的祭祀，至新石器時代後期，漸發展爲較明確的禮俗教化。至西周之時，已演化爲完備的禮儀，并設有專職官員，如"大宗伯之職，掌建邦之天、神、人、鬼，地示之禮，以佐王建保邦國"，"小宗伯之職，掌建國之神位，右社稷，左宗廟"。至細者尚有掌祼祭（以香酒灌地而求神）祭器之"鬱人"，掌尊中美酒及巾飾之"鬯人"等等。這些禮儀於西周中期成爲"六藝教育"中的重要內容。

禮俗教化

教育的職能不僅是培養勞動力，創造物質財富，而且要培養"社會人"，建設精神文明。上古時，每人皆以社會一員之資格，協同其他社會成員，結成一定的生產關係，從事生產勞動。可知以協調社會生產關係爲基本目的的禮俗教育當是客觀事實。原始社會時期，不會產生明確的道德標準，其道德標準多體現於禮俗習慣中。這種禮俗習慣又是在生產勞動過程中逐漸形成的，而在日常生活中又每每予以深化，尤其是在長幼之間、家族之間綿延不絕，更加着意進行。如在河姆渡遺址中發掘一座巨大的幹欄式建築，高出地面 80 ～ 100 厘米，面寬 23 米以上，進深約 7 米，尚有約 1.3 米寬的前廊過道。在這 160 餘平方米的大房四周，散有諸多相形矮小的同類建築。據考古分析，這巨屋當是六七千年前部族首領住處，亦爲部族成員集聚之所，猶後世之禮堂或會議室。而在六七千年前的半坡遺址中，同樣發掘出一座土石基型巨大建築，其面積亦約 160 平方米。這巨房四周環繞着四十餘座小屋，或方形，或圓形，或半穴式，或立地面，而所有小屋之門一律朝向巨房，布局十分嚴謹。這一方面反映了頗具向心力的氏族精神風貌，另一方也可證實前述用作禮堂或會議室之判斷。故考古界、史學界公認爲是 "氏族的公共活動的場所"，氏族會議、節日和宗教性的活動，都在這裏舉行。這些公衆性的活動，無一不承擔了原始禮儀、氏族風俗的教化作用。故中國古籍稱神農氏 "祀於明堂"，明堂乃 "大教之宫"，"刑政不用而治"，"無制令而民從"。至西周時仍效其制，如《禮記·樂記》："祀乎明堂，是民知孝。"孔穎達注云："罷武而教民之行孝於明堂。"

卜巫演示

約在新石器時代晚期，出現了專司原始宗教活動的卜者與巫師。卜者，先秦時泛指以甲骨或蓍草等物進行占卜的人；巫師，泛指古代從事祈禱、星占等術，并擅用藥物爲人乞福、却災、治病的人。巫師，先秦典籍單稱之爲 "巫"，因常以歌舞施其術，故有此稱。卜者與巫師在先民心目中具有崇高無上的權位，視爲神的代表，半人半神。卜者與巫師通常擁有高於常人的宗教知識，掌握實施占卜或巫術之技能，是中國知識份子之濫觴，是上古精神文

明的主要推動者，對中國古代文化的建設和傳承具有開啓山林之功。舉凡天文、地理、曆法、數術、漁獵、戰爭、樂舞、醫藥、技藝，無不與卜者與巫師的活動和創造有關。在上古時期，占卜或巫術活動實際是一種泛教育，或稱之爲無意識的社會教育。其活動的方式主要是演示，無疑這也是一種教學行爲，其使用的器物就是有形的教材，今稱之爲教具。上古之時，先民篤信天意，誠惶誠恐，凡事必卜。大至邦部戰爭，小至嬰兒起名成丁，皆有賴卜者予占。自 1899 年發現殷墟甲骨文以來，1924 年在甘肅和政齊家坪齊家文化遺址、1928 年在山東章丘城子崖龍山文化遺址中，又陸續發現卜骨，這同殷墟的以龜甲爲主的情況頗不相同，這些卜骨皆由個體較大的動物，如牛、鹿、豬、羊等的肩甲骨製成，通常不加修治。但占卜方式却出奇地相似，即背面用火燒灼，燒成約半厘米的灼號，正面隨而出現淺色灼號或裂紋，巫師據以判斷吉凶。殷商之時有了文字之後，始將所問之事契刻（或書寫）於卜骨上，此即卜辭；將根據卜兆所出的判斷契刻（或書寫）於卜骨上，此即占辭。在灼骨時，一邊念念有詞地祝禱，一邊述說所卜之事，此即所謂人與神的對話。除却甲骨之外，至遲自夏商周以來，尚有以蓍草占卜休咎或卜問疑難之法，稱之爲 "筮"。先秦典籍屢見記載，如《易·蒙》："初筮告，再三瀆，瀆則不告。"王弼注："筮者，決疑之物也。"《詩·衛風·氓》："爾卜爾筮，體無咎言。"毛傳："龜曰卜，蓍曰筮。體，兆卦之體。"《管子·心術下》又有 "能毋卜筮而知凶乎" 之語。卜筮始於何時？西漢之時，太史公司馬遷衹能作出以下推斷："自古聖王將建國受

命，興動事業，何嘗不寶卜筮以助善！唐虞以上，不可記已。自三代之興，各據禎祥。”又曰：“王者決定諸疑，參以卜筮，斷以蓍龜，不易之道也。”《史記・龜策列傳》據此可知，筮與龜常相配使用，以筮輔龜。龍山文化時期既已有卜骨，筮當不晚於此。卜筮之術，殷商之時最爲盛行，史稱“每事必卜”，巨細無遺。周代亦承此風，設有三級專司占卜之官，高者稱“大卜”（亦稱“卜正”），低者稱“卜人”，低於大卜，高於卜人者稱“卜師”。占卜之舉更無所不至，如王族生子需卜官命名，稱“卜名”；年邁需擇地養老，稱“卜老”；卜問葬地與葬日，稱“卜葬”；卜問一年之吉凶，稱“卜歲”；卜問傳國重器鼎之置放所在，稱“卜鼎”，等等。與卜者并行的巫師，相傳帝堯時即已有之，稱之爲“巫咸”。今據新石器時代晚期的大量器物圖像及綿延數百里的巖畫中，已可以見到巫師形象。又據甲骨文中有關巫師的記載可知，商代巫師與卜者一樣，地位甚高。巫，在西周又可分爲女巫、男巫兩種。女巫，可直稱爲巫；男巫，則稱“覡”（《周禮・夏官・巫馬》“凡以神仕者”賈公彥疏文）。又據《周禮・春官》記載，西周之時設有衆巫之長“司巫”，以“掌群巫之政令”。遙祭山川地祇之類，令男巫執茅草以祝神靈；若逢大災之類，則命女巫歌哭以求天帝。因巫師皆通醫，故常連稱之爲“巫醫”。如《逸周書・大聚》：“鄉立巫醫，具百藥，以備疾災。”春秋之後，醫巫逐漸分開，各行其道。如《論語・子路》：“子曰：‘南人有言曰：“人而無恒，不可以作巫醫”。善夫！’”邢昺疏：“巫主接神除邪，醫主療病。”綜上所述可知，在上古之時，不論卜者，不論巫師，他們除却各擅左道旁門之外，亦頗具才識，皆擁當時最先進的科學技術，最早最善於掌握并使用語言文字。殷墟甲骨文的發現，證實了殷商之時漢字已大抵定型，有了定型之文字，也就有了足資授受并可跨躍時空之教材，已大抵接近了嚴格意義的有形教材。

藝術傳承

大約十五萬年前，自猿人進入前智人時期始，各類社會生活日逐繁複多樣，其思想感情、意識信仰，皆有突變式發展。先民對於往昔的經歷，對於未來的企盼，他們的歡樂，他們的痛苦，常常以音樂、舞蹈、繪畫、雕塑等形式表現出來，而且歷代相承，生生不息。今世之主要藝術門類，無不源於這一時期。有關音樂的傳承，先秦典籍《呂氏春秋・古樂》已見記載：“樂所由來者尚（尚通“上”，義謂往昔、久遠）也，必不可廢……昔古朱襄氏之治天下也，多風而陽氣蓄積，萬物散解，果實不成，故士達作五弦瑟，以來陰氣，以定群生。”“朱襄氏”，古天子炎帝之別號；士達，炎帝之臣。此謂炎帝命其臣士達作五弦瑟，奏此瑟以解陽氣過盛、禾木不得收穫，而安定衆生。又載，“昔黃帝令伶倫作爲律”，“以爲黃鐘之宮”云云。義謂黃帝命其樂官倫進而又定音律。伶倫之“伶”，爲官名。按：《説文・琴部》曰：“瑟，庖犧所作弦樂也。”庖犧，即伏犧，更早於朱襄氏。又據《周禮・春官》《禮記・樂記》諸書載有六代之樂，即黃帝之《雲門大卷》、唐堯之《大咸》、虞舜之《大磬》、夏禹之《大夏》、商湯之《大濩（濩一作“護”）》、武王之《大武》，此六代之樂，或源於漁獵耕織，或源於戰爭征討，又常以祭天祭祖之形式出現。樂譜樂章之真偽已難辨識，當作爲樂器，却有實物可尋。今世考古所見最早的樂器當爲河南舞陽賈湖遺址出土之骨笛，距今約七八千年，屬裴李崗文化時期。次當爲浙江河姆渡文化遺址發現的距今約七千年之陶塤。《呂氏春秋·古樂》所載之"瑟"，爲絲竹類樂器，這如同中國有無"木器時代"一樣，因無實物可考，難定其真偽。上述遠古之樂章與樂器，無一不昭示着無形或有形教材之存在。樂章之演唱，樂器之吹奏及製作，無不直聽直視直面受業。有關舞蹈的傳承，《呂氏春秋·古樂》亦有記載："昔陰康氏之始，陰多滯伏而湛積，水道壅塞，不行其原，民氣鬱閼而滯着，筋骨瑟縮不達，故作爲舞以宣導之。"陰康氏爲三皇時帝號，其時因自然環境陰濕，洪水難泄，民氣鬱滯，筋骨攣縮，故作舞蹈以通導壯體。同書同篇又載："昔葛天氏之樂，三人操牛尾，投足以歌八闋。"葛天氏，三皇時帝號；闋，意謂曲終；八闋，指八首歌曲。此處可以看出葛天氏之時是邊奏樂邊跳舞，或曰載歌載舞。故《周禮·春官·大司樂》載有："以樂舞教國子，舞《雲門》……《大武》。"1973 年青海大通上孫家馬家窯文化遺址出土的彩陶盆，正繪有先民成隊攜手歌舞的圖案，可證距今四五千年前已有邊歌邊舞、又歌又舞的形式。《山海經·海內經》云："帝俊有子八人，是始爲歌舞。"帝俊，古今注家多以爲即帝舜。《山海經》雖爲神話傳說，但亦可推知歌舞起源之久遠，既言"八子"，亦可見歌舞之群體性，與前述彩陶盆所繪歌舞形象暗合。《海內經》中之"歌舞"《列子·周穆王》中作"歌儛"，可見秦漢之前早已凝定成詞。據前引《周禮·春官·大司樂》所載可知，至遲在西周時統

治者已將"樂舞"或"歌舞"納入官學之教學中，作爲六藝教育內容之一。在先秦典籍中，詩、歌、舞三者常統稱之爲"樂"，難以分割。《禮記·樂記》稱："禮、樂、刑、政，其極一也，所以同民心而出治道也。"這是說"樂"是社會教育不可或缺的極終目的或手段之一，與"禮""刑""政"并列，其實際地位又常高於"刑""政"，總是與"禮"連稱爲"禮樂"。《樂記》稱："禮樂之說，管乎人情矣。"又："樂者，天地之和也；禮者，天地之序也。和，故百物皆化；序，故群物皆別。"可見古人視禮爲天地間之不可動搖的大道，視禮樂爲維護君臣尊卑、社會關係的大典，朝代衰亡則稱之爲"禮壞樂崩"或"禮崩樂壞"。有關繪畫的傳承，古籍罕見記載，上古之部落酋長本不甚重視，更因缺少通用的較固定的繪畫載體，故繪畫之發展十分緩慢。大地灣地畫的發現，即可證上古繪畫之艱難。1982 年 10 月，在甘肅秦安大地灣仰韶文化遺址中發現南北長 110 厘米、東西寬 120 厘米之居址白灰地面，以黑炭繪有兩個披長髮、面右側、臀後有尾飾、雙脚呈交叉狀的人物。圖下方偏右處，畫有一長方形框，內有兩動物，形體相似，頭部不清，腹部呈長條形，以橫紋分爲數節，多足，或爲昆蟲，或爲動物。該畫內容與形式皆屬罕見，當是反映祖先圖騰崇拜或宗教活動之作，是迄今所知我國最早的唯一具有獨立意義的繪畫，距今五千年左右。其他大量繪畫則是附屬畫，或曰裝飾畫。一爲器皿裝飾畫，首見於新石器時代所製作的陶器繪畫。如 1978 年河南臨汝閻村仰韶文化遺址中曾出土一彩陶缸，高 47 厘米，口徑 32.2 厘米，呈上部略大的直筒形。在陶缸腹部，描

繪了一幅由鸛、魚、石斧構成的原始圖畫。畫面高 37 厘米，寬 44 厘米，是迄今爲止所發現的最大的原始裝飾畫。畫面可分兩組，一組爲鸛叼魚。鸛通體潔白，眼大而明亮，喙尖而鋒利，短尾高足，昂首挺立，叼起一條大魚，神態悠然自得。被叼之魚則形體殭直，眼小而無光，一副孤苦無告、俯首就擒的神態。畫面着意於兩種神態對比，一個神采勃發，一個奄奄待斃。構圖自然合理，綫條圓滑流暢。另一組爲帶柄石斧。石斧爲弧形刃，斧身中部有一穿孔，用以安裝木柄。柄粗且長，斧、柄結合處及柄下端捆有繩索。斧柄結合之繩索爲固定之用，下端則爲便於把握。此斧爲當時最先進之利器，象徵着權威之物。值得注意的是仰韶文化中，已出現了天文圖彩陶鉢。其他如陶寺文化、馬家窰文化、大汶口文化、大溪文化等等，皆有原始陶器裝飾畫出土，其繪畫或爲動物，或爲植物，或爲圖案，或如前述之人物圖——舞蹈紋彩陶盆，且已出現蟠龍之形象。除容器之外，尚有其他器物裝飾畫。如龍山文化之人面紋玉圭、鷹攫雙人首玉珮，薛家崗文化之天體圖玉牌，河姆渡文化之陽烏負日牙雕等等，不一而足。二爲殿堂壁畫，皆繪於宮殿、廳堂、樓閣、廊臺之上，以爲裝飾，并寓教化之意。内容多爲山川景物、神靈怪异、聖杰功臣等。據典籍記載，壁畫自商周以來，歷代不衰。然因年代久遠，多有毁圮。今偶有倖存，亦屬殘缺。迄今所見，最早者爲殷墟宮殿遺址之壁畫殘塊。中國之繪畫大約至東周漸趨成熟，傳說黃帝時"門户畫神荼、鬱壘與虎"（漢王充《論衡·訂鬼》），不足爲據。最古老最具傳承特點的當是巖畫。巖畫是介於繪畫與雕刻之間的

一種造形藝術，在巖壁上以石器敲鑿刻磨而成，遠望貌若圖畫。始見於舊石器時代晚期，距今約四萬年，其後歷經新石器時代、周秦，直至兩漢，甚而延續至近代。内容多反映原始人類以來的社會生活、宗教活動及圖騰崇拜。畫面有人物、動物、植物、符號、紋樣等，時或構成宏闊的場景。以綫條鑿刻者簡括粗獷，比設色繪製者尤爲鮮明。通常造型誇張、構圖有致。因其畫面常成組成群，故多具雄渾之氣勢。其中以内蒙古中部陰山山脉之巖畫最具代表性。陰山巖畫東起烏拉特中旗，中經烏拉特後旗、磴口縣，西至阿拉善左旗，漫延 300 公里，圖畫達萬幅之多。畫面有天體、神靈、草木、狩獵、放牧、車輛、騎列、舞蹈、戰争及各種印痕符號等。其製作年代始於舊石器時代晚期，盛於新石器時代與青銅時代，亦有延續至近代者。此外尚有江蘇連雲港錦屏山脚之"將軍崖巖畫"、青海剛察黑山舍布旗崖壁頂端之"剛察巖畫"、甘肅嘉峪關西北之"黑山巖畫"、雲南滄源的"滄源巖畫"、甘肅祁連山北麓肅北境内的"祁連山巖畫"、廣西寧明江岸之"花山巖畫"等。以上巖畫内容與陰山巖畫近似，多始於新石器時代，其中祁連山巖畫爲春秋至秦漢之作，花山巖畫爲戰國至東漢之作。我國巖畫分布之廣袤，傳承之久遠，可稱世界之最。夏商之後的史實，先賢著有自《史記》至《清史稿》等史籍，代代相繼，連續五千載，雖多爲奉命修史，亦彌足稱道，而巖畫之創作，上下近萬載，連綿不絶，尤令人贊嘆。巖畫的作者，無一知名，無一奉命，但却默默相傳相承，一切都在冥冥中進行。有關雕塑之傳承，亦是脉絡清晰，特點顯著。由於中華民族自先民始，

即有尊祖敬神之禮俗，故初興之雕塑亦多源於此。1978 年河南密縣莪溝北崗出土一尊人頭雕塑，殘高 4 厘米，扁頭平頂，寬鼻窄目，前額陡直，突頦癟嘴，面部略方。技藝拙稚，但所塑老嫗特徵却頗傳神，爲寫實手法。當爲其時祖先崇拜之母系代表，屬裴李崗文化時期，距今約八千至七千六百年。又如 1964 年甘肅禮縣出土一陶製人頭雕塑，高 12.5 厘米，寬 8.5 厘米。額前至腦後，塑有半圈突起的繩帶，爲額上飾品，甚逼真形象。眉毛微微隆起，眼不大，凹入爲棗核形，嘴輕鏤一綫呈閉合狀，下頜短小，向前略凸，兩耳耳垂各有一小孔，可佩挂耳環之類飾品，亦爲寫實之作。頸部粗而長，給人以健壯之感。總體形態憨厚質樸，親切可愛。此一人頭雕塑當爲其時祖先崇拜之父系代表。這一雕塑作品，屬仰韶文化時期，距今約七千至五千年。1978 年河南新鄭裴李崗遺址曾出土一殘缺陶豬頭，作竪耳張嘴狀，眼眶與鼻孔是錐劃而成，製作簡質，但頗傳神，可以看出初經馴養之豬嗷嗷待飼之情狀。1973 年浙江餘姚河姆渡文化遺址曾出土一完整之陶豬，高 4.5 厘米，長 6.3 厘米。陶豬頭部肥大，隆肩俯首，嘴巴拱起，腹部下垂，幾接地面，四肢粗短，作緩行覓食狀，愚笨可掬。與裴李崗出土者相比，家豬形態更爲分明。雕塑技法遠勝前者。其他如馬家浜文化、屈家嶺文化等遺址中皆有陶豬出土。陶豬何以頻頻出土？主要原因仍是與先民尊祖敬神之禮俗有關。在古代祭祀中豬（即豕）爲牛、羊、豕三牲之一，此三牲俗稱"大三牲"，其中豬最爲常見，如是而已。基於同樣原因，上古之雕塑，以祭器、禮器雕塑最爲豐富，且多爲玉質，故而顯别於异域他族。自新石器時代至西周，時見面世絶品，西周之後出土頗多，其中專供把玩之物益加繁夥。另以陵墓雕塑、墓俑之類最爲集中，但多肇始於殷商時期。這兩類雕塑最爲精美，雕塑技法尤高，更需世業傳承。因本書《雕繪卷》已設專題專章，此不贅述。

據以上論列可知，藝術施用爲教材，以有形可示者居多，且勢若瓜瓞綿綿，蔓延不絶，雖歷萬載而不衰。

神話傳説

特指上古時代先民們憑藉故事口耳相傳的教育方式。其内容多反映了先民對自然現象、世界起源及社會生活的朦朧理解與想像，雖非現實生活的真實再現，却表現了先民對自然力的抗争和對理想的追求。神話傳説與圖騰崇拜不同，它生動活潑，常富有積極向上的浪漫主義色彩。如女媧補天、羿射九日、愚公移山、牛郎織女等神話傳説，不衹在上古成爲無形的泛教材，今世亦常被稱引，仍具有一定教育意義。參閲魯迅《中國小説史略》第二篇、徐傳武《古代文學與古代文化》第一輯《試論牛女神話起源於母系氏族時期》。

六藝教育

即實施禮、樂、射、御、書、數六種教學科目，以培養所謂文武兼備的全才。始於西周中期，至春秋之後漸衰。《周禮·地官·保氏》："保氏掌諫王惡，而養國子以道。乃教之六藝：一曰五禮，二曰六樂，三曰五射，四曰五馭，五曰六書，六曰九數。"隨同六藝教育的形成，文化課得以加强與提高，教師多改由文官擔任。見於《周禮》《禮記》的西周教官有大樂正、小樂正、大師、小師、大胥、小胥、執禮者、典書者等等，大抵爲典司禮樂的職官。與這種變化相適應，大學也由原兵營式建築演變爲四合院式結構，出現了整齊對稱的校舍。《禮記・內則》載有西周實施六藝教育的具體規定，頗爲嚴格。如嬰兒可以自食時，必教其用右手。會説話時，教以應諾，男必答"唯"，女必答"俞"。盛佩巾的袋囊，男必用革，女必用絲。至六歲，開始教以一至十的數目和東西南北等方位名稱。七歲，教以男女有別，不同席，不同食。八歲，教以禮讓，出入門户及入座、宴飲必後於長者。九歲，教以朔望與甲子紀日。十歲開始，男孩需寄宿於外，就學於業師，學習書寫計算，學習童子禮與應酬語言。此時不得着絲質或皮質短衣和套褲。十三歲，學樂，誦詩，舞勺（文舞）。十五歲爲成童，舞象（武舞），學射御。二十歲，行加冠禮，開始學習成人之禮儀。惇行孝悌，博學而不爲人師。此時可着絲質或皮質衣服。三十歲，可娶妻生子，始理男事。女子十歲之後，即不得出閨門，婉守家訓，聽從傅姆教誨，學習烹飪、縫紉、紡織、編結等女事，進而學習奉獻祭品及助奠儀節。以上教育過程包括了從學前期到小學、大學，乃至獨立生活的全部內容與步驟，反映出奴隸制社會制度中的長幼尊卑關係，尤其是婦女地位之低下。《周禮・地官・保氏》中所謂"五禮"，指五種禮儀。一曰"吉禮"，用於祭祀；二曰"凶禮"，用於喪葬；三曰"軍禮"，用於軍事與田獵；四曰"賓禮"，用於朝覲或諸侯間的來往；五曰"嘉禮"，用於宴會和慶典。所謂"六樂"，指六種樂舞。一曰"雲門"（黃帝樂），二曰"咸池"（堯樂），三曰"大韶"（舜樂），四曰"大夏"（禹樂），五曰"大

濩"（湯樂），六曰"大武"（武王樂）。以上爲大學學習之內容，稱之爲大舞。此外還學習小舞，有"帔舞"（手持五彩繒而舞，用以祭祀社稷）、"羽舞"（手持鳥羽而舞，用於祭祀四方）、"皇舞"（持五彩羽而舞，用於祈雨）、"旄舞"（持旄牛尾而舞，用於祭祀辟雍）、"干舞"（持盾牌而舞，用於祭祀山川）、"人舞"（徒手揮袖而舞，用以祭星辰）。按形式又可分文舞、武舞兩類。手持籥（樂器）翟（鳥羽）之類而舞稱文舞；手持干（盾牌）戚（斧鉞）之類而舞爲武舞。所謂"五射"，指五種射箭方法。一曰"白矢"，即箭穿過鵠的，用力適度，恰露白色箭頭；二曰"參連"，即連發三箭，箭箭中的；三曰"剡注"，即箭尾高箭頭低，徐徐而進之式；四曰"襄尺"，即君臣共射，臣應退讓一尺；五曰"井儀"，即連中四箭，箭位上下左右排列如"井"字。所謂"五御"，指五種駕車技術。一曰"鳴和鸞"，即車行時兩種飾鈴共鳴而有節奏，在軾之鈴曰"和"，在衡之鈴曰"鸞"；二曰"逐水曲"，即車可順遂彎曲水道自由而行；三曰"過君表"，即車可穿行於標竿中不致碰撞；四曰"舞交衢"，即車在交叉要道旋轉時要合乎節拍，有如舞蹈；五曰"逐禽左"，即田獵時要將追逐的禽獸驅向左側，以便坐於車左的君主射擊。所謂"六書"，指漢字的六種造字法。一曰"指事"，即用符號指示含義。如木下加"一"爲"本"，木上加"一"爲"末"。二曰"象形"，即描繪客觀事物的形象。如畫一圓圈象一輪紅日，畫一半圓象一彎新月。三曰"形聲"，即意符、聲符并用以表義。如"鯉""鱔"表示魚的不同種類。四曰"會意"，即將兩個或兩個以上意思

合爲一新意。如上小下大爲"尖"，對日月立誓，歃血於皿中爲"盟"。五曰"轉注"，即同部首之同義字互釋。如"老，考也"，"考，老也"。六曰"假借"，即當時尚無其字，以另一同音字替代。如"來"原指小麥，代爲走近之意；"而"原指讟鬣，代爲連詞。可見西周之文字教學，是依從漢字結構，以"六書"分類施教，使學生掌握音、形、義之規律（見漢許慎《〈説文〉序》、《周禮·地官·保氏》鄭注，《漢書·藝文志》略同）。所謂"九數"，分爲兩類。一類爲九九乘法表，爲西周小學數學教材。二類爲九種計算方法。一曰"方田"，即田畝面積計算開平方等方法。二曰"粟米"，即按比例交換等方法。三曰"差分"或"衰分"，即按比例分配等方法。四曰"少廣"，即體積計算開立方等方法。五曰"商功"，即工程的計算等方法。六曰"均輸"，即按人口、路程等客觀情況，合理分配徭役、安排運輸等方法。七曰"方程"，即聯立一次方程及正負數等方法。八曰"贏不足"或"盈不足"，即運用條件假設解決疑難等方法。九曰"畢氏定理"，即直角三角形斜邊上的正方形面積等於兩條直角邊上的方積的總和。學習以上九項計算方法，是對大學的要求。六藝教育中，"禮""樂"爲核心內容，其目的在於塑造所謂完美人格。"禮"側重在約束國子的外部行爲，具有一定的制約性；"樂"則側重陶冶國子的內心情操，可以得到精神愉悦。"禮"藉"樂"而顯，"樂"藉"禮"而彰。《禮記·樂記》云："樂者爲同，禮者爲異；同則相

親，異則相敬。""樂"令人們溝通，溝通則使人相親近；"禮"令人有距離感，有距離感則使人相敬重。這在西周時對於改變社會習俗、穩定社會秩序，增進貴族間團結，具有積極作用。"射""御"爲技能培養，西周至春秋時，弓箭與戰車是最具威力的進攻性武器裝備，統治者十分重視，故在國學、鄉學中皆屬重要學科，全備有教練場所，爲國防和征戰造就人材。在射御的尚武授藝中亦注入禮樂精神，或曰尚武技術已與禮樂精神融爲一體。"書""術"爲文化知識傳授，旨在適應西周時已相當發達的社會生活、社會活動的需要。總之，六藝教育是中國歷史上第一個全才型教育，其有形教材量空前劇增。至孔子之時，私學興起，六藝教育更增新的內容，六藝之術已用於百姓子弟。新的六藝指《詩》《書》《禮》《樂》《易》《春秋》，後世稱爲"六經"，即儒家的六部經典。西周六藝中的"射""御"，已包容在新的《禮》《樂》中，突出其禮樂精神。孔子的六藝教育，旨在調節個人與社會與國家的關係。但孔子的目的在於維護、恢復王道典制，故《史記·滑稽列傳》云："孔子曰六藝於治一也，《禮》以節人，《樂》以發和，《書》以道事，《詩》以達意，《易》以神化，《春秋》以文。"但西周之六藝教育仍賦有軍事技藝性，而儒家的六經則是以理論、知識爲主體。前者是貴族學校的有形或無形教材，後者是平民學校的以文字爲主的課程，更接近於今之正式教材了。

第二節　蒙學教材考

蒙學是指從事兒童初等教育的學校。《易》有蒙卦，象徵兒童蒙昧無知，故該卦辭將童蒙連稱："非我求童蒙，童蒙求我。"《序卦》釋蒙爲"萌"。鄭玄注："蒙，幼小之貌，齊人謂萌爲蒙也。"古時將對兒童開始實施教育稱爲"啓蒙"。元代劉壎《隱居通議·論語二》有語："及既得師啓蒙，便能讀書認字。"啓蒙當源於此。此一階段的教育亦稱"蒙養"。《易·蒙》有"蒙以養正，聖功也"之説，"蒙"是蒙昧、幼稚之意。當嬰兒呱呱墜地之後，接着而來的是幼稚蒙昧的時期，爲使其成材，步入正道，教育就成爲當務之急。"蒙學"作爲語詞，出現甚晚。首見於清代作家吳沃堯《歷史小説總序》："吾曾受而讀之，蒙學、中學之書都嫌過簡，至於高等大學或且仍用舊册矣。"

中華民族自古以來就有重視蒙學教育的傳統。西周之前主要是口耳相傳，或以身示教，尚無所謂教材。西周之後，隨同文字的普及，書寫載體的多樣，教學日漸進步，其後一般將八歲至十五歲兒童的"小學"教育稱爲"蒙學"教育，所用教材稱爲"蒙養書"或"小兒書"。古代農村兒童啓蒙讀物則稱村書。宋陸游《秋日郊居》詩："授罷村書閉門睡，終年不着面看人。"自注："農家十月乃遣子入學，謂之冬學，所讀雜字、《百家姓》之類，謂之村書。"蒙學階段的學習，以教材最爲重要。蒙學教材必具有以下特點：其一，文字規範，不用俗字；其二，語言簡明，便於誦習；其三，内容生動，寓義正統；第四，編排別致，饒有趣味。不僅可用於蒙學教學，而且可提供給社會及其他非童蒙者進行蒙養教育。

西周開始正式出現專爲蒙學教育所使用的教材。《漢書·藝文志》載："《史籀篇》者，周時史官教學童書也，與孔子壁中古文異體。"《史籀篇》十五篇，爲周宣王太史籀所撰（一説"籀"爲誦讀，非人名）。作爲周代的兒童教材，其字體爲大篆，正是當時的規範用字。至東漢王莽時期亡六篇，從此殘損不全。東漢晚期戰亂頻仍，《史籀篇》殘卷終亡於兵燹。

先秦兩漢時代，蒙學教育重視識字辨字和句讀訓練。《禮記·學記》："古之教者，家有塾，黨有庠，術有序，國有學。比年入學，中年考校。一年視離經辨志，三年視敬業樂群，五年視博習親師，七年視論學取友，謂之小成，九年知類通達，强立而不反，謂之大成。"鄭玄注："離經，斷句絶也；辨志，謂别其心意所趣鄉也；知類，知事義之比也；强立，臨時不感也；不反，不違失師道。"《漢書·藝文志》："古者八歲入小學，故周官保氏掌養國子，教之六書，謂象形、象事、象意、象聲、轉注、假借，造字之本也。漢興，蕭何草《律》，亦著其法曰，太史試學童，能諷書九千字以上，乃得爲史，又以六體試之，課最者以爲尚書、御史、史、書、令史。吏民上書，字或不正，輒舉劾。"此外尚有秦丞相李斯所作《倉頡篇》、漢黃門令史游所作《急就篇》、車府令趙高所作《爰歷篇》、治事黃門郎揚雄所作《訓纂編》等十家四十五篇。據今人王國維考證，漢時教初學之所名曰書館，其師名曰書師，其書用《倉頡》《凡將》《急就》《兀尚》諸篇，其旨在使學童識字習字。其進則授《爾雅》《孝經》《論語》。這段時期的蒙書，完整地保存下來的有兩種：一是管子的《弟子職》，一是史游的《急就篇》。這兩種書流傳使用了很長時間，對於後來的蒙學，有很大的影響。東漢和帝時，賈魴又作《滂熹篇》，晋人將漢《倉頡》《訓纂》《滂熹》合稱《三倉》，爲蒙學教材之奠基之作，亦是研究古文字的重要文獻。這些字書的編纂宗旨，一是盡可能多收錄已正式形成的文字，以體現全面性；二是盡可能避免出現重複字，以體現精煉性。

　　經過魏晋南北朝到隋唐，蒙學有了進一步的發展，大致表現在三個方面。第一是識字教育。適應新的需要有了新的發展，在《急就篇》的基礎上產生了很多種新的教材，其中最重要的是南朝梁員外散騎侍郎周興嗣編的《千字文》，其書以識字教育爲主，兼及傳授百科知識，體例一新，惠及後世，流澤千載。據傳爲唐人馬氏撰的《開蒙要訓》之編注即效法其書。後者作爲秘本封存於敦煌石室，終被竊至國外，前者直至清末猶自行用，遠播日本。此外還出現了"雜字"和其他一些蒙學用的字書。第二是出現了新的進行封建思想教育的蒙書。如作者不詳、初現於唐代村落間的《太公家教》和相傳爲唐代女子宋若昭姐妹所著的《女論語》等。第三是據以上兩類蒙書并以整齊的韻語編法產生的新的一類講授掌故的蒙書，如唐李惲編寫的《兔園册》和五代後晋李瀚著的《蒙求》等書。可以説，到了唐代，蒙學初步形成了比較完整的體系，包括互相配合的三個方面：識字教育、封建思想教育、知識教育。這三類蒙書對於後世的影響非常廣遠，在它們的基礎上發展出來很大一批新的教材。

　　宋代繼唐代的道路，又有了新的發展，及至元代，基本上完成了一套蒙學體系，產生了大批新的蒙書。其内容與體系成爲此後蒙學又一新的基礎。宋元以後，可以説祇有較小的發展和補充，再無很大的變動。這套體系的大致情況是：第一，識字教育方面。繼承了《千字文》，補充了《百家姓》和《三字經》，成爲幾乎不可分的一套識字教材，後世稱之爲“三、百、千”。另一方面，“雜字”得到很大的發展，成爲識字教育的另一途徑，與“三、百、千”相輔而行。第二，思想教育方面。一則用《千字文》《三字經》深入到識字教育中去；再則以程朱理學爲依據，產生了新的教材《小學》和大批性質相似的書；此外又運用了《弟子職》和《蒙求》的形式，產生了大批韻語的訓誡讀物。第三，在《蒙求》的基礎上發展出來更完整的一些知識教育教材，如《史學提要》《名物蒙求》等。前者系統介紹歷史要籍，後者重點講授博物常識。第四，產生了重要的文學閱讀教材，如詩歌讀本《千家詩》、散文故事書《書信故事》以及《日記故事》等等。在初步識字和初步閱讀的基礎之上，產生了一套讀寫訓練教材。如語句屬對，程式化的作文之類，同時出現了專作自學教材用的文章選注和評點本。

宋元以下就思想教育和知識教育，仍沿襲宋元之途，中間也產生了一些新課本，有的流行較廣，影響很大，例如明代呂得勝的《小兒語》、蕭良有的《龍文鞭影》，清初李毓秀的《弟子規》、王仕雲的《鑑略》，清末無名氏的《昔時賢文》等等。到了清末還產生了一些用蒙求形式介紹新知識的蒙書，如佚名的《時務蒙求》、張士瀛的《地球韻言》、徐繼高的《算學歌略》等等。清代蒙學教材的編寫，最大特點是與課程設置相適應，適合兒童認知規律，充分發揮了漢字自身獨具的有利條件。如兒童喜歡形象思維，愛朗讀，具有好奇心，而教材又多選用單音節文字，采用淺顯、直白、對偶押韻的句式，擇取簡單而有趣的故事等各種形式。故出現了一批廣爲流傳的教材。如何桂珍的《訓蒙千字文》、鄒聖脉增補的《幼學瓊林》、趙南星的《史韻》、王仕雲的《鑑略四字》、曹維藩的《歷朝鑑略》、王筠的《文字蒙求》《正字略》等。清代教材的編寫方式上還有一個顯著特點，即善於增訂改編前人的蒙學讀物，使之更適合兒童的閱讀習慣。改編的效果非常顯著，因爲原書在社會上已有一定的基礎和影響，經過適當的改編，頗便於推廣。如羅澤南的《小學韻語》、謝階泰的《小學詩》、萬斛泉的《童蒙須知韻語》，就是分別改編朱熹的《小學》和《童蒙須知》而來的。清代蒙學在教材選定方面，不僅有本朝的，還廣泛擇取歷代既有成果，主要是宋元明的教材，這樣就形成清代蒙學教材數量龐大、種類繁多、内容豐富的特點。就類型而言，今人林治金先生主編的《中國小學語文教學史》將其概括爲四類：一爲韻文知識讀物類，二爲散文故事論説類，三爲詩集類，四爲工具書類。就内容而言，今人徐梓先生在其《蒙子讀物的歷史透視》中將宋元明清時期的蒙學讀物概括爲六類：一爲綜合性的蒙學讀物，二爲傳授倫理道德的蒙學讀物，三爲傳播性理和經學知識的蒙學讀物，四爲介紹歷史知識的蒙學讀物，五爲有關韻對、詩歌、故事和圖畫的蒙學讀物，六爲有關識字的蒙學讀物和其他。清代各類型蒙學都有一批相對穩定的主要教材，如"三、百、千"，各種韻語讀物及《感應篇》《陰騭篇》《文昌孝經》等因果倫理讀物，皆屬這一類。此外種類繁多的故事、詩集等，則被作爲輔助讀物、泛讀材料使用。《千家詩》一直風行，後來又產生了編法近似的《五言千家詩》和《唐詩三百首》，也出了一些以進行思想教育爲主要目的的詩歌教材，如《小學千家詩》等。屬對的訓練一直沿用下來，程式化的作文訓練發展成爲八股文，在極盛的科舉制影響之下，蒙學教材及其教學，同科舉考試完全結合起來。

最後應當強調指出，中國古代啓蒙教育中的禮儀教習，自西周時即興起，其形式甚爲生動活潑。如《禮記·内則》："十有三年，學樂，誦詩，舞勺；成童，舞象，學射御。"即十三歲至十四歲需學習舞勺，即持籥而舞之小型文舞；十五歲至二十歲之成童需學習舞象，學習射御。舞象，指持干戈而舞之小型武舞；射御，指射箭馭馬。這些學習是與學樂、誦詩相輔相成，是一種禮儀課程，是寓禮儀於藝體教育中，或曰是一種賦有禮儀内容的藝體教育，以全面提高幼童乃至成童之素質。

識字教材

史籀篇

蒙學教材。周宣王太史籀撰。戰國前未見稱引，西漢末劉向校書，始予著録。一説籀爲誦讀，非人名。因其句首云"太史公書"，後人遂以"史籀"名篇。今存《説文》中所引"史籀"及所録"籀文"二百三十字，字體猶石鼓文及春秋金文。清馬國翰有輯佚本，即以《説文》中之籀文當之。《漢書·藝文志》："《史籀》十五篇：周宣王太史作大篆十五篇，建武時亡六篇矣。"東漢末戰亂頻仍，其殘卷終亡於兵燹。今有輯本傳世。參閲王國維《史籀篇叙録》及《史籀篇疏證》。

博學篇

蒙學教材。秦太史令胡毋敬撰。據《漢書·藝文志》載，共七章，多取《史籀篇》文字。已佚。參見本卷《各類教材説·蒙學教材考》"倉頡篇"文。

爰歷篇

蒙學教材。秦車府令趙高撰。據《漢書·藝文志》載，共六章。涉及獄律法令等内容。漢初編入《倉頡篇》。已佚。參見本卷《各類教材説·蒙學教材考》"倉頡篇"文。

倉頡篇[1]

亦作"蒼頡篇"。蒙學教材。秦爲統一文

字，改用小篆編寫三種字書：丞相李斯作《倉頡篇》七章，太史令胡毋敬作《博學篇》七章，車府令趙高作《爰歷篇》六章，文字多取《史籀篇》，爲兒童識字習字教材。漢興，閭里塾師合《倉頡》《博學》《爰歷》三篇，斷六十字爲一章，凡五十五章，改用隸書，統稱《倉頡篇》或《三倉》。書中爲四言韻語，常將同義、近義、反義集中編排。此種“以類相從”之編排，開後世蒙學字書之先河。全書已佚。1977年，安徽阜陽出土漢簡《倉頡篇》五百四十一字。《漢書·藝文志》：“《倉頡》一篇：上七章秦丞相李斯作；《爰歷》六章，車府令趙高作；《博學》七章，太史令胡毋敬作。”

【蒼頡篇】[2]

　　同“倉頡篇”。此體秦代已行用。見該文。

三倉

　　亦作“三蒼”。亦稱“倉頡篇”。蒙學教材。漢初閭里塾師合李斯《倉頡篇》、趙高《爰歷篇》、胡毋敬《博學篇》三篇，稱《三倉》或《倉頡篇》。魏晉時又以《倉頡篇》與漢揚雄《訓纂篇》、漢賈魴《滂熹篇》合爲一部，分上中下三卷，亦作《三倉》。大抵四字爲句，兩句一韻，便於學童誦讀。已佚。清孫星衍、任大椿，近人王國維均有輯本。參見本卷《各類教材說·蒙學教材考》“倉頡篇”文。

【三蒼】

　　同“三倉”。此體秦代已行用。見該文。

【倉頡篇】

　　即三倉。此稱漢代已行用。見該文。

急就篇

　　亦稱“急就章”。蒙學教材。西漢史游編。今傳唐顏師古注、宋王應麟補注本凡四卷，三十四章，共二千一百四十四字（據考證最後一百二十八字爲東漢人所加）。篇首云：“急就奇觚與衆異，羅列諸物名姓字，分別部居不雜厠，用日約少誠快意，勉力務之必有喜。”書名即取首句“急就”二字，猶言速成。將當時的常用字，按姓氏、衣着、農藝、飲食、器用等分類，編成三言四言七言韻語，既便記誦，又切實用，爲漢魏至唐蒙學通用字書。清顧炎武《日知錄·急就篇》：“漢魏以後，童子皆讀史游《急就篇》……書家亦多寫《急就篇》。《魏書·崔浩傳》：‘浩既工書，人多託寫《急就章》，從少至老，初不憚勞，所書蓋以百數。’《儒林傳》：‘劉蘭始入小學，書《急就篇》，家人覺其聰敏。’《北齊書》：‘李繪六歲未入學，伺伯姊筆牘之間，輒竊用，未幾，遂通《急就章》。李鉉九歲入學，書《急就篇》，月餘便通。自唐以下，其學漸微。’”原注：“明初武官誥敕用二十八宿編號，永樂中字盡，奉旨用漢《急就章》字。”

【急就章】

　　即急就篇。此稱漢代已行用。見該文。

千字文

　　蒙學教材。南朝梁員外散騎侍郎周興嗣奉梁武帝命編。取晉書法家王羲之遺書不同的字一千個，編爲四言韻語，以“天地玄黃，宇宙洪荒”開頭，依次叙述有關天文、博物、歷史、倫理、地理、教育、生活等方面的知識，成爲一部以識字教育爲主，兼具封建思想教育與常識教授之讀物。自隋開始流行，直至清末，爲中國歷史上流傳最久的蒙學課本；清代并有滿漢、蒙漢對照本；流傳至日本，成爲其初學漢文之教材。清顧炎武在《呂氏千字文序》中説，

《千字文》"不獨以文傳，而又以其巧傳"。它對後來蒙學讀物的編寫有深刻影響。由於《千字文》字無重複，舊時還常作爲順序編號用。清代貢院的號舍即用《千字文》編列（唯天、玄、帝、皇、荒、吊等及數目字不用）。有多種版本傳世。又太平天國時期，天王洪秀全曾親自編寫

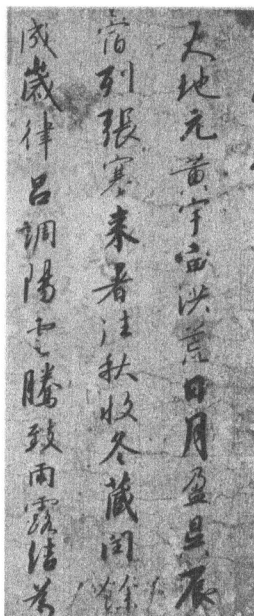

宋高宗行書《千字文》

《千字文》，於咸豐四年（1854），即太平天國四年公布，用爲兒童啓蒙教科書，以取代舊《千字文》，全文由一千一百〇四字組成，四字一句，共二百七十六句。今有抄本傳世。

百家姓

蒙學教材。集姓氏編成，通行本共四百七十二字（包括複姓），全爲四言韻語，便於誦讀記憶，可收識字與熟悉姓氏之功。作者不詳。據編排順序推斷，當出於宋初吳越人士之手。宋王明清《玉照新志》三："如市井間所印《百家姓》，明清嘗詳考之，似是兩浙錢氏有國時小民所著。何則？其首云'趙錢孫李'，蓋錢氏奉正朔，趙乃本朝國姓，所以錢次之；孫乃忠懿（錢俶）之正妃；又其次，則江南李氏。次句云'周吳鄭王'，皆武肅（錢鏐）而下后妃。"宋陸游《秋日郊居》詩"兒童冬學鬧比鄰"自注："農家十月乃遣子入學，謂之冬學，所讀雜字、《百家姓》之類，謂之村書。"明代

有《皇明千家姓》，改爲"朱姓居首"。清代有所增補（有五百六十八字本），并有《蒙漢對照百家姓》《女真字母百家姓》。康熙時又有《御製百家姓》，改以"孔"姓居首。但後幾種都未能廣爲流行。

三字經

蒙學教材。相傳爲宋代王應麟編（一説宋末區適子撰）。經明清陸續增補，至清初爲一千一百四十字。内容從論述教育之重要開始："人之初，性本善。性相近，習相遠。苟不教，性乃遷。"然後依次叙述三綱五常十義，五穀六畜七情，《四書》《六經》子書，歷史朝代史事，最後以歷史上奮發勤學、顯親揚名之事例作結，將識字教育、常識教育與封建倫理思想相結合。皆用三言韻語，且句法靈活，語言通俗，成爲最流行之蒙學讀物。清代并有蒙漢、滿漢對照本，供蒙族、滿族兒童學習漢文之用。近人章炳麟《重訂三字經序》："《三字經》，世傳王伯厚（應麟）作，其叙歷代廢興，本迄於宋，至遼金以下，則明清人所續也。其書先舉方名事類，次及經史諸子，所以啓蒙稚者略備。視其分别部居，不相雜厠，以較梁人所集《千字文》，雖字有重複，辭無藻采，其啓人知識，過之《急就章》《凡將篇》遠矣。"元明以後曾有多種增改新編之《三字經》，均未廣遠流傳。1928年章炳麟有《重訂三字經》。

東萊博議

亦稱"東萊呂太史文集"。蒙學教材。南宋呂祖謙（世稱東萊先生）撰。四十卷。凡文集十五卷、别集十六卷、外集五卷、附録三卷、拾遺一卷。成書於宋孝宗乾道四年（1168）。全書以《左傳》之某些史實爲題，分篇評議。宋

《東萊呂太史文集》
（宋嘉泰四年呂喬年刻元明遞修本）

學塾中已廣泛流行，至清末始廢。其書以多種版本傳世。

【東萊呂太史文集】

即東萊博議。此稱宋代已行用。見該文。

歷代蒙求

蒙學教材。元代陳櫟編。就內容而言，上自天地的形成和人類的起源，下訖元朝的建立，對各個不同時期的歷史人物的抑揚、褒貶大體客觀、公正。就形式而言，四字成言，詳略得當，脉絡清晰，文字精練，極便於兒童記誦。明代朱升曾將其書與宋代三種蒙學名著合編爲《小四書》，其餘三種爲黃繼善《史學提要》、方逢辰《名物蒙求》、程若庸《性理字訓》。本書即《小四書》之一種。

正字千文

亦稱"四體字法"。蒙學教材。明代李登編。此書的主要目的在於正字，特別注意偏旁部首的區別，形似字、音近字的辨認。《正字千文》正文的前邊有《楷書字法》，從執筆講起，然後按"永字八法"講基本筆劃，再按偏旁部首講基本字形，最後講書法原則。正文之後附《篆書字法》《草書字法》《隸書字法》，故全書又總稱《四體字法》。有清初奎壁齋刊本。

【四體字法】

即正字千文。此稱明代已行用。見該文。

字學舉隅

蒙學教材。清代龍啓瑞編。書的分量不大，係據《辨正通俗文字》增補改編而成。分"辨似""正訛"兩部分。"辨似"是辨別形體相似之字，分"二字相似""三字相似""四字相似""五字相似""偏旁相似"幾類。"正訛"是辨別錯別字和俗體字。現有多種刊本傳世。

文字蒙求

蒙學教材。清代王筠撰。該書是根據作者對識字教育的見解編寫而成。首先介紹純體的象形字二百六十四個，每字舉出篆書書體，說明所象何形；其次介紹純體的指事字一百二十九個；然後介紹合體的會意字一千二百六十個；最後介紹基本的形聲字三百九十一個。全書總計介紹了二千零四十四個基本字。王氏認爲，瞭解以上諸字的造字原理，"全部《説文》九千餘字，固已提綱挈領，一以貫之矣"。有多種刊本傳世。

鑑略

亦稱"鑑略四字書"。蒙學教材。清末王仕雲編。是同類的書中流行最廣的一種。廣輯歷史大事約略解説，言簡意賅。許邨翁《韻史》末尾有鍾文的跋，曰："江上王望如著有四字《鑑略》，家絃戶誦，頗有益於童蒙，較《三字經》《千字文》啓蒙諸書，層樓更上。"其特點一是封建統治階級的思想意識更濃厚，一是尤爲通俗易懂。民初有《繪圖四字鑑略》，流播廣遠。

【鑑略四字書】

即鑑略。此稱清代已行用。見該文。

故事教材

書言故事

蒙學教材。宋代胡繼宗編。按天文、時令、地理等分類，先舉出典故或成語，有的直接指出出處，徵引原文；有的叙述幾句，不引原文；也有的先加解釋，後引原文。引原文的，有時稍加修改、删節，并加注釋，使之比較易懂。倪燦《宋史·藝文志補》著録，現存明刊本和清初刊本。

日記故事

蒙學教材。此書是元代虞韶據宋大儒楊億原意所編寫。其内容以宣揚封建禮教者居多，如"二十四孝"故事，此後多種版本皆有；其次是勸勉力學的故事，如《三字經》和《蒙求》都講到過的囊螢、映雪、負薪、挂角等等；此外，也包含一些富有情趣，能啓發兒童智力的故事，如司馬光破甕救兒之類。故事皆短而精，大部分在百字以内，多是編者自己撰寫，非照抄古書。其書流行廣遠，影響頗大。清代學者唐彪評之曰："日記故事，俱載前人嘉言懿行，以其雅俗共賞，易於通曉，講解透徹，不獨漸知人文，且足啓其效法之心。"其書《補遼金元藝術志》《補元史藝文志》皆有著録，今所見有明嘉靖二十一年熊大木校注本，次有萬曆十九年鄭世豪刊本，再次有芝蘭室刊本，至清初又有尺木堂本及王相之增注本。

童蒙觀鑑

蒙學教材。清代丁有美編。全書分"志學""孝友""高潔""智識""才力""穎敏"六類，總共六百四十九個故事，多數取之於史傳，亦有取之於小説等文學作品者，故事字數百字左右，附有注釋。内容比《日記故事》尤爲豐富。有多種坊本傳世。

詩歌教材

神童詩

蒙學教材。原作者汪洙，元符三年（1100）進士，仕至觀文殿大學士。九歲善詩，有神童之譽。人輯其詩若干首爲《汪神童詩》。内容主要爲讀書做官、揚名顯親之説教，如第一首："天子重英豪，文章教爾曹；萬般皆下品，惟有讀書高。"其後學塾通行本，則在汪洙之作外，又雜取他人詩句補綴而成。此書内容甚合古時家長及童蒙之心理，讀之朗朗上口，頗便傳誦，自宋以來，歷代相承不衰。有多種坊本傳世。

千家詩

蒙學教材。南宋詩人劉克莊曾編有《分門纂類唐宋時賢千家詩選》。作爲蒙學讀本的《千家詩》，即據以選録編訂而成，故雖收詩僅數十家，仍以《千家詩》爲名。共收五七言律絶詩二百二十多首，除七言部分最後兩首爲明人所作外，皆唐宋詩人作品，大多語言流暢，内容淺明，易讀易記，并有不少膾炙人口的名篇，故不衹爲蒙童用作學詩之入門讀物，在社會上亦有廣泛影響。有多種版本，清初以來廣爲流行的爲署名宋謝枋得、清王相的選注本。

新鎸五言千家詩箋注

亦稱"繪圖千家詩注釋"。蒙學教材。清人王相選注。分爲上下兩卷，上爲五言絕句，下爲五言律詩，各四十餘首，以孟浩然的"春眠不覺曉"啓領，以張説《幽州夜飲》作結。所選詩篇大多健康積極，淺近易懂，於兒童甚爲有益，其中包括不少膾炙人口的名篇。稍後有陳秉圭題簽之《繪圖千家詩注釋》本問世，影響廣遠。

【繪圖千家詩注釋】

即新鎸五言千家詩箋注。此稱清代已行用。見該文。

唐詩三百首

蒙學教材。清代蘅塘退士孫洙與其妻徐蘭英編選。八卷。乾隆二十九年（1764）成本。據孫氏原序可知，其編選此書之旨趣在於補《千家詩》之不足，所謂"其詩隨手掇拾，工拙莫辨，且止五七律絕二體，而唐宋人又雜出其間，殊乖體制"。此書選量適當，作者面廣，詩體齊備。取唐棄宋，體制劃一。閲讀之深淺，既重兒童的可接受性，又兼重成年人之實用。所謂"爲家塾讀本，俾童而習之，白首亦莫能廢"。問世之後，受到極大重視，影響遠超過以前所有選本。缺點是反映當時社會矛盾之作偏少，一些注釋過於簡略。歷來屢有刻本，而各本篇數又不盡相同，有三百二十一首、三百一十七首、三百一十首等本，最爲盛行的當爲三百零二首。1959 年中華書局據光緒年間四藤吟社本排印，共三百一十首。近世該書注釋、分析、詳解之書頗多，流傳較廣。較有影響者，有道光間上元之人陳婉俊女士補注本、上述光緒間四藤吟社本及今上海古籍出版社之《唐詩三百首新注》本。

小學千家詩

蒙學教材。撰者不詳，署名剡溪西樵氏。書中有少數詩是選自唐宋名家，大多爲編者自己創作。文字淺陋，充滿封建説教，夾雜着許多因果報應之説，無甚可觀；因其宣導慎言謹行，力主安身立命，迎合了諸多豪門富户教子守業，或衆生教子以知足常樂之思想，故此書亦不乏其讀書群體。有坊本傳世。

小學詩

蒙學教材。清人謝階泰編。《小學》本爲宋理學家朱熹弟子闡釋封建倫理道德之著述，編者以五言詩之形式再予闡發。全書依原作分立教、明倫、敬身三部分。"立教"主要是勸學；"明倫"是講封建社會中的倫理道德；"敬身"，則是説修身養性，爲人處世的道理。道理中肯，語言懇切。全文五字一句，每四句一段，用語力求通俗、易懂，被後人贊之爲"語語刻摯"，評價很高。有坊本傳世。

屬對教材

對類

蒙學教材。作者及編纂年代皆不詳。共二十卷。不僅編製了許多屬對的材料，還詳細地講述了屬對的方法，是指導屬對的讀本中最基本的一種。現存明初刊本。

笠翁對韻

蒙學教材。清代李漁著。全書分上下兩卷，以平水韻的三十個韻部爲目，把常見韻字組成韻語，同時，又巧妙地雜糅了歷代故事、成語典故。書中寫景咏物和關於歷史知識的聯句很多。全書音韻和諧，朗朗上口，易記易誦，句型工整，對仗嚴謹，内容豐富，數百年來廣爲流傳，歷久不衰。

啓蒙巧對

亦稱"啓蒙三字巧對"。蒙學教材。清代李莊輯。此書是古時訓練學生"對課"的範本，用的是淺近的文言，便於兒童接受；又夾雜了一些典故，豐富了文學知識。全書均爲三字對，聲調和諧優美，朗朗上口，對仗嚴謹，内容豐富，具有語言、詞彙、語法訓練的作用。有坊本傳世。

【啓蒙三字巧對】

即啓蒙巧對。此稱清代已行用。見該文。

聲律啓蒙

蒙學教材。清代車萬育編。全書以上下平聲三十韻爲目，每韻各有對文三段，每段各有對語十對，從單字對、雙字對到多字對，讀起來朗朗上口，聲調和諧優美，節奏明快響亮，文字内容典雅，按韻綴句，對仗成文，詞藻華麗，文采斐然，風韻獨具，多爲寫景狀物、格言、諺語、歷史典故、故事等。

百科教材

開蒙要訓

蒙學教材。傳爲唐代馬氏所撰。其書以教授基本常識爲目的，采用四言韻語，以"乾坤覆載，日月光明"開頭，依次介紹自然名物、社會名物、寢處衣飾、身體疾病、器物工具、行動操作、飲食烹調、耕作、樹木、鳥獸等等，最後說"童口習學，易解難忘"。全書一千四百多字。對後代有一定的影響，比如收入日常的俗語俗字，注重實用，分類編排等等。原有敦煌石室所藏唐寫本，被盜至國外，今《敦煌掇瑣》收錄，乃劉復自巴黎國家圖書館轉抄重印本。

小學紺珠

蒙學工具書。宋王應麟編。據其讀書筆記整理而成，共十卷。將古書之事物，按天道、律曆、地理、人倫、性理、人事、藝文、歷代、聖賢、名臣、氏族、職官、治道、制度、器用、儆戒、動植物分爲十七個門類，每類以其數目爲綫索排列。凡二千二百五十七條。各條說明内容，或略加解釋，記其出處。《四庫全書總目提要》將其列入子部類書中，稱其體例"蓋仿世傳陶潛四八月之例，以數目分隸故實，遂爲

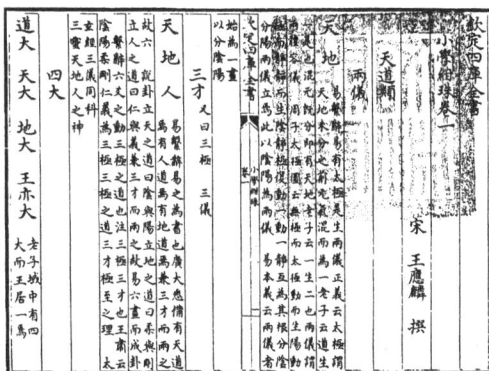

《小學紺珠》
（文淵閣《四庫全書》本）

類書者別創一格也"。此書門類劃分不甚謹嚴，條目編次或有失當，但不失爲言簡意賅之百科全書。此書爲《小四書》之一種，有多種版本傳世。

名物蒙求

蒙學教材。宋代方逢辰著。該書以蒙求的形式介紹自然和社會的各種名物知識。全書包涵天文、地理、鳥獸、花木、日用器物、耕種操作，以及當時社會上的親屬、家庭等關係之種種稱謂。廣而不繁，共二千七百二十字，四言葉韻，通順易懂。内容方面的特點表現在：一是注意常見常用的名物，很少涉及生僻難懂者；二是具有科學觀念，迷信色彩不重；三是有封建倫理綱常教育；四是在自然現象的介紹中滲透了作者的一些開明的政治見解。《名物蒙求》作爲百科教材是古代《詩經》"多識於鳥獸草木之名"傳統的繼承與發展，對清代類似教材及鴉片戰争後韻語科普讀物的編寫均有影響，清代康基淵編寫的《家塾蒙求》，即爲顯證。有多種版本傳世。

啓蒙圖説

蒙學教材。作者不詳，成書於晚清。此書圖文并茂，饒有情趣。一方面訓練兒童讀、説、寫的能力，一方面又教給他們做人處世的道理，更授以諸多日常生活百科知識。總體來説，插圖生動形象，文字淺顯易懂，能使兒童受到從口語到書面語的訓練。此書有坊本傳世，今華夏出版社將其選入新編《中國蒙學圖説》中。

家塾蒙求

亦稱"萬卷讀餘"。蒙學教材。清代康基淵編。書成於乾隆三十四年（1769），初刻於嘉慶七年（1802）。分天、地、人、物四部分，每部舉出有關的名物，加以簡要的解釋，也像一部分類的百科小辭典。這本書通俗簡要，所收的名物大都是比較常見的，所以流行相當廣泛。嘉慶七年後多次復刊，至光緒二年（1876）張叔平復刊時，改稱"萬卷讀餘"。

【萬卷讀餘】

即家塾蒙求。此稱清代已行用。見該文。

訓誡教材

弟子職

蒙學教材。先秦專講弟子事師禮節的書。作者不詳。原爲《管子》中的一篇。《漢書·藝文志》既收《管子》於道家，又在"孝經類"另列《弟子職》，可見漢初已重此書。宋以後成爲蒙學兒童必讀書之一。全書分學則、早作、受業、對客、饌饋、乃食、灑掃、執燭、請衽、退習等節，共六百四十四字，多爲四言韻語，便於誦記。清洪亮吉《弟子職箋釋·序》以爲"乃古塾師相傳以教弟子"。莊述祖《弟子職集解·序》以爲"古者家塾教弟子之法"。今人郭沫若《管子集校》則以爲"《弟子職》篇當是稷下學宫之學則，故被收入《管子》書中。此中弟子頗多，先生亦不止一人，觀其'同嘯以齒'及'相要以齒'可證。且學中有'堂'有'室'，有寢有庖，師生均食息其中，規模宏大，決非尋常私塾可擬。"參見本卷《教學機構説·官學考》"稷下學宫"文。有多種版本傳世。

小學[3]

亦稱“小學書”。蒙學教材。舊題宋人朱子撰，實爲朱熹發凡起例，由其弟子劉子澄等類次編定者。内篇四：立教、明倫、敬身、稽古，外篇二：嘉言、善行。宣揚孔孟之道，進行封建倫理道德教育。明成化初陳選以御史督學河南，乃爲作集注，以教諸生，稱《小學集慱》。清初張伯行、黄澄、蔣永修等又分別作《小學集解》。《四庫全書總目·子部·儒家類二·小學集慱》：“〔陳〕選慱爲鄉塾訓課之計，隨文衍義，務取易解，其説頗爲淺近。然此書意取啓蒙，本無深奥，又雜取文集子史，不盡聖言，慱釋者推衍支離，務爲高論，反以晦其本旨，固不若選之所慱，猶有禆於初學矣。”有多種版本傳世。

【小學書】

即小學[2]。此稱宋代已行用。見該文。

性理字訓

蒙學教材。宋代程蒙端撰，程若庸補輯。程蒙端所作凡三十條，程若庸廣之爲造化、性情、學力、善惡、成德、治道六門，凡百八十三條，門目糾紛，極爲複雜。明初朱升又增“善字”一條，共爲一百八十四條。均以四字爲句，規仿李氏蒙求，而不諧聲韻，自古無此體裁，疑是村塾學究托名所作。此爲《小四書》之一。有《四庫全書》文淵閣本。

史學提要

蒙學教材。宋代黄繼善編，是最早的一本系統地介紹歷史知識的蒙書，對後世的蒙書有很大的影響。介紹歷史知識能够做到簡明扼要，對歷史見解有某些通達的看法，且注意到文化方面的知識。此爲《小四書》之一，有明刊及清代復刊的《小四書》本。

名賢集

蒙學教材。作者不詳。從内容推斷當爲南宋以後儒家學者所輯。該書是根據歷代名人賢士的善行嘉言和流傳於民間的語言提煉而成的，全書由一千八百八十二字編綴成三百四十八句對偶式的格言警句，内容十分廣泛，涉及爲人處世、待人接物、治學修德等方面。許多句子富有哲理，耐人尋味，給人啓迪。在形式上，通篇對仗押韻，或四言五言，或六言七言，讀之朗朗上口，極便誦記。

小兒語

蒙學教材。明代吕得勝撰。書用四言、六言、雜言（四言、五言、六言、七言雜用）韻語，講些訓誡的話。主要是教育兒童謹慎小心、安分守己、誠實無欺、廣行善事等等。語言則極淺易，以白話爲主，句句通暢順口，無刻板生澀之感。如：“一切言動，都要安詳。十差九錯，只爲慌張。”“能有幾句，見人胡講。洪鐘無聲，滿瓶不響。”“自家過失，不消遮掩。遮掩不得，又添一短。”“無心之失，説開罷手。一差半錯，哪個没有。”又如：“兒小任情嬌慣，大來負了親心。費盡千辛萬苦，分明養個仇人。”“世間第一好事，莫如救難憐貧。人若不遭天禍，舍施能費幾文。”“自家認了不是，人可不好説你。自家倒在地上，人再不好踢你。”“人生喪家亡身，言語占了八分。話多不如話少，話少不如話好。”以上訓誡，今日仍可作爲人生處世所鑑，故而明清以來，備受推重，廣爲流傳，家喻户曉，爲舊時培養封建道德觀念和修身處世之必備教材。有多種坊本傳世。今商務印書館據《藝海》本排印入《圖書集成初編》。

續小兒語

蒙學教材。明代呂紳撰。呂紳爲呂得勝之子，著名經史學家。此書係繼其父遺志，效其父之體例，亦采用四言、六言、雜言并用方式，在《小兒語》的基礎上擴展内容而成。關於爲人處世方面，更有精闢闡發。如"男兒事業，經綸天下。識見要高，規模要大"。"遇事逢人，豁綽舒展。要看男兒，須先看膽"。"仇無大小，只恐傷心。恩若救急，一芥千金"。"一飯爲恩，千金爲仇。薄極成喜，愛重成愁"。又如："修寺將佛點燈，燒錢買免神明。災來鬼也難躲，爲惡天自不容。""天公不要住房，神道不少衣穿。强似將佛塑畫，不如濟些貧難。""世人三不過意，王法天理人情。這個全然不顧，此身到處難容。""柳巷風流地獄，花奴胭脂刀山。喪了身家行止，落人眼下相看"等等。呂紳未負父望，《續小兒語》成書後，與《小兒語》相得益彰，并行於世，其時幾家喻户曉，争相誦讀，皆爲教子必備教材。

小兒語補

蒙學教材。明代天穀老人撰，是繼前述《小兒語》《續小兒語》之後，仿其體例，再度增補之作。此書雖屬晚出，但其影響尤爲廣遠，一些名句至今膾炙人口。其内容多勸誡世人應重親情友誼，清心寡欲，勇於自律自救，切忌虛榮，酒色財氣尤當警惕，等等。如："烏鴉反哺，尚答親恩。有親不養，何以爲人。""本事不濟，休説運氣。運氣未來，急練本事。""物能誘我，我不戀他。清心寡欲，物奈我何。""不經一事，不長一智。不上高山，不顯平地。""低頭是水，回頭是岸。及時撥轉，救得一半。"又如："衹爲體面二字，事事務求好看。到那莫錢之時，可不顧得體面。""遠水不救近火，遠親不如近鄰。平日没些情分，左右都是仇人。""酒過度者傷肺，色過度者傷腎，動真氣者傷肝，食横財者傷命。""有的推查五星，有的揣骨聽音。心好自然相好，命真不及心真。""種瓜不得得豆，是皆根骨爲之。世人妄談陰地，豈知地本無私"等等。此書亦如《小兒語》《續小兒語》一樣，成書於當世，其中亦雜有封建衛道之説教及因果報應的觀念。其書有多種坊本傳世。

訓蒙增廣改本

蒙學教材。清代碩果山人編。内容豐富，或爲前人名句，或爲民俗諺語，旨在授以中國傳統的人生態度和處世原則。全書爲四言、五言、六言等形式整齊的歌謡，既便於閱讀又便於記誦。有坊本傳世。

掌故教材

兔園册

亦稱"兔園册府"。蒙學教材。據宋王應麟《困學紀聞·考史》稱，《兔園册府》三十卷，唐蔣王李惲命僚佐杜嗣先仿應試科目的策問，製成問答題，引經史解釋，編撰而成。李惲是唐太宗之子，故藉用漢文帝之子梁孝王的名園兔園作爲書名（宋晁公武《郡齋讀書志》著録《兔園册》十卷，以爲唐初虞世南奉王命所纂，殆誤）。此書唐五代時盛行於民間，村塾用以教授學童。《新五代史·劉岳傳》："宰相馮道世本田家，狀貌質野，朝士多笑其陋。道旦入朝，兵部侍郎任贊與岳在其後，道行數反顧，贊問岳：'道反顧何爲？'岳曰：'遺下《兔園册》爾。'《兔園册》者，鄉校俚儒教田夫牧子之所誦也，故岳舉以誚道。"此書大約佚於宋末，今僅存敦煌石窟發現的唐貞觀寫本《兔園册府》殘卷及杜嗣先序文之半。王國維寫有跋文，見《觀堂集林》卷二一。

【兔園册府】

即兔園册。此稱宋代已行用。見該文。

蒙求

亦稱"李氏蒙求"。蒙學教材。《四庫全書總目》著録爲五代後晋李瀚撰。近人余嘉錫在《四庫提要辨證》中總結前人研究成果，認爲當爲唐人李翰所作。書名取《易·蒙》"匪我求童蒙，童蒙求我"之義。全書以歷史典故爲主要内容，類編爲四字韻語，上下兩句對偶，各講一段歷史或傳説人物故事。如講刻苦讀書的"匡衡鑿壁，孫敬閉户；孫康映雪，車胤聚螢"。李翰自作注，宋代徐之光補注。今存本共二千四百八十四字。此書自中唐至北宋，作爲學童讀本，最爲通行，并曾傳至朝鮮、日本。後世陸續出現各種《蒙求》和同類讀物，如宋王逢原《十七史蒙求》、元吴化龍《左氏蒙求》、胡炳文《純正蒙求》、明柳希春《續蒙求》、清羅澤南《養正蒙求》等，在體例上均師法李翰之《蒙求》。有多種版本傳世。

【李氏蒙求】

即蒙求。此稱唐代已行用。見該文。

龍文鞭影

原名"蒙養故事"。蒙學教材。明代蕭良有撰。後經楊臣諍增訂，改今名。龍文爲古代良馬名，相傳瞥見鞭影即急馳而前。清李暉吉、徐瓚又合編《龍文鞭影二集》。後坊間合訂刊行，廣爲流傳。全書共收輯兩千多個歷史人物典故，編爲四字短句，句下加注，上下兩句對偶，逐聯押韻，如"卞莊刺虎，李虎騎鯨。王戎支骨，李密陳情。相如完璧，廉頗負荆"。順序按韻部編排，既便於誦讀，又可備檢索。有多種版本傳世。

【蒙養故事】

即龍文鞭影。此稱明代已行用。見該文。

幼學瓊林

亦稱"幼學須知""成語考""故事尋源""幼學故事瓊林"。蒙學教材。專收成語典故。明末程登吉編，清鄒聖脉加以增補注釋，改名《幼學故事瓊林》，省稱《幼學瓊林》。共四卷，按内容分爲天文、地輿、人事、器用、鳥獸、花木等三十三類，編爲兩兩相對之韻語，如"戰勝而回謂之凱旋，戰敗而走謂之奔北"；"修母畫荻以教子，誰不稱賢；廉頗負荆以請罪，善能悔過"。便於朗讀記憶。此書清代曾風行全國。今有多種坊本傳世。

【幼學須知】

即幼學瓊林。此稱明代已行用。見該文。

【成語考】

即幼學瓊林。此稱明代已行用。見該文。

【故事尋源】

即幼學瓊林。此稱明代已行用。見該文。

【幼學故事瓊林】

即幼學瓊林。此稱清代已行用。見該文。

藝體教習

舞勺

古代幼童學習的一種小型文舞。勺，指樂器籥。謂持籥而舞。《禮記·內則》："十有三年，學樂，誦詩，舞勺；成童，舞象，學射御。"鄭玄注："先學勺，後學象，文武之次也。"孔穎達疏："舞勺者，熊氏云：'勺，籥也。'言十三之時學此舞籥之文舞也。"後稱十三歲爲舞勺之年，本此。清張伯行纂輯《養正類編·陸桴亭論小學》："俾童子十數歲時，仍讀《四書》，兼習書數，暇日則序一處，教升歌習禮，如古人舞勺舞象之類。"

舞象

古代成童學習的一種小型武舞。象，效法，效仿。武王伐紂，事成功立，仿先王之樂，又自作之，稱之爲"象"。成童又仿之，持干戈而舞，又稱"象"。《禮記·內則》："十有三年，學樂，誦詩，舞勺；成童，舞象，學射御。"鄭玄注："先學勺，後學象，文武之次也。成童，十五以上。"孔穎達疏："舞象，謂武舞也。熊氏云：謂用干戈之小舞也，以其年尚幼，故習文武之小舞也。"後也以"舞象"作成童的代稱。唐邢璹《周易例略序》："臣舞象之年，鼓篋鱣序。"

第三節　經學教材考

經學教材，通常稱之爲"經書"，主要指儒家經典。中國古代之所謂"經書"，單稱"經"。經，原指織物之縱綫，引申爲常道、法則，不可更改之義。作爲"經書"之"經"，首見於先秦文獻《墨子》，其書有《經》上下篇，文字簡要，有時三四字即成一段落。另有《經説》上下篇，緊附《經》上下篇之後，係對《經》之解説。《莊子·天下》稱，墨家弟子及再傳弟子皆讀《墨經》，《經説》即爲導讀教材。《國語·吳語》有"挾經秉枹，萬人以爲方陣"之語，講述吳王夫差率軍同晋國決戰前夕之情景。經，在此處當指圖經（即軍事地圖），枹則爲鼓槌。可見"經"應指帶有方嚮性、具有指導意義的權威典籍，亦可知"經"名之啓用并不限於儒家。稱儒家典籍爲"經"，并進行研究者當始於孔子。《莊子·天運》："孔子謂老聃曰'丘治《詩》《書》《禮》《樂》《易》《春秋》六經，自以爲久矣'。"孔子自稱研治"六經"之説，後世或以爲并不足信，但"六經"之名已行用於戰國却是史實。

如前所述，儒家經書之肇始，唯有"六經"，亦稱"六藝"（見漢賈誼《新書·六術》），通行於西周至春秋末季。《莊子·天運》所載孔子自稱研治"六經"之説的疑竇，在於孔子是否可能如此自稱，而孔子整理并編定"六經"，且在春秋之際身體力行、殫精竭慮，終生不懈地予以宣導，却是史無二説，古今一論。"六經"中的《樂經》之内容與形式已無可考，或祇是聲調曲譜而已。它或依附於《禮》，演《禮》而奏樂，因古時總是"禮樂"連言；或依附於《詩》，因古人唱詩必配以樂。凡重大活動，必執之以《禮》，頌之以《詩》。若逢交際（含外交）場面，一方執《禮》、頌《詩》，另一方則需回報以《詩》《禮》。這往復之間，需配之以《樂》。春秋之後，漸廢繁文縟節，《詩》《禮》日逐簡捷，依附於《詩》《禮》之《樂》終於失去存在價值，故而《漢書·藝文志》已無《樂經》。今人推斷戰國末年失傳，或説毀於秦火。至漢武帝劉徹罷黜百家，獨尊儒術，將《詩》《書》《禮》《易》《春秋》列於官學，始稱"五經"。至東漢時，五經中《禮》已分之爲三：《周禮》《儀禮》《禮記》，於是成爲"七經"（另有他説，此略）。初唐有"九經"之稱（亦有他説，此略），即"七經"中《春秋》又分之爲三：《左傳》《公羊傳》《穀梁傳》。稍後又有"十一經"之稱（亦有他説，此略），即"九經"加《論語》《孝經》。中唐時又有"十二經"之稱，即"十一經"再加《爾雅》。至宋代，理學派極重《孟子》，列入官學，最終形成了"十三經"，通達清末，一直是封建社會之法定教材。

"十三經"古今版本不同，校勘家、注疏家又有增損，字數不一。通行本爲清代阮元主持編寫的《十三經注疏》。據清朝中葉陳宏謀、錢泰吉諸人統計，"十三經"除去篇名，正文共計六十四萬七千五百餘字。十三部書長短各异，有的相差甚大，其中最長的是《左傳》，十九萬六千八百四十字，最短的是《孝經》，祇有一千九百零三字。經書既有長短之别，自唐代始，爲學習與科舉之便，將其分作三類，即大經、中經、小經。與經書密聯一體的尚有傳、記、注、音釋、義疏，十分繁複。自戰國始，儒家詮解"六經"大義的傳、記興起，直至西漢初年，如《易傳》、《春秋》三傳、《尚書大傳》、《禮》所附的記（即《禮記》）等。此後漸轉向名物、文字的解釋，萌生了章句訓詁之學。自東漢至魏晋，終於成爲治經主流，如《毛詩傳箋》《公羊傳解詁》《周易注》《三禮注》等，此時三國魏人徐邈已對群經遍作音釋。南北朝之後，時人對漢魏箋注已感"古奥"，視之爲古注了，遂出現講義式的"義疏"，逐字、逐句、逐章疏通，嚴守"疏不破注"之定式。至唐代，對南北朝"義疏"進行了大規模的整理，形成經文、注文、疏文三個層次，惜原有"義疏"從此盡皆亡佚。

北宋中葉，諸多經學家認爲漢唐注疏衹重名物、文字，囿固陳舊，故另闢蹊徑，講究性理之學，對經書進行創造性闡發。康定、端平間，周敦頤、程顥、程頤、張載、朱熹諸儒皆受褒獎，真德秀亦以講學馳名，得參政要。朝廷所重，天下共趨，纂述日夥。其開山之作有周敦頤之《太極圖説》《通書》，張載之《正蒙》，二程門人所記、朱熹復編之《二程遺書》，其後則有朱熹與吕祖謙同撰之《近思録》，王孝友之《性理彝訓》，熊理之《性理群書句解》，一時間，性理之名大著於世，史稱"理學"或"道學"。理學家們闡釋義理，兼談性命，認定"理"先於天地而存在，人之稟性謂之"性"，先民與萬物之"性"當爲"理"之體現，宣導"存天理，遏人欲"。認爲仁、義、禮、智、信等道德倫理即永恒天理，係人性所本，應絶對服從。理學家直釋或選編經書者，亦燦若群星，其書今猶傳世者有朱熹之《詩經集傳》《四書集注》，真德秀之《大學衍義》，蔡沈之《尚書集傳》，陳澔之《禮記集説》，李衡之《周易義海》等。這套新體系，南宋時已立於官學，後世稱之爲"宋學"，以區別於兩漢以來的箋注之學。而箋注之學則稱之爲"漢學"。至明仍沿襲宋學，王守仁、張九韶、胡廣、邱濬諸理學家又斷言，"心即理，理即心"，"心"爲宇宙萬物之根源，主張"良知良能"，格物致知，當自求諸心。其代表作有王守仁之《理學集》、張九韶之《理學類編》、胡廣等奉敕所撰的《性理大全書》等。以上所謂"理學"，實乃藉儒學之名而別有發揮，衹是儒學之旁枝別流而已，并非直脉正宗，故將其歸入本章《師訓教材考》一節中。

時至明末清初之際，戰事頻仍，民不聊生，社會處於急劇變化中。顧炎武、王夫之諸大儒皆尚漢學，篤志六經，精研考證，并提出"通經致用"的主張，推崇漢儒的樸實學風，反對宋儒空談義理之陋習，開清代考據學之先河，因其文風古樸而簡明，故又稱之爲"樸學"。至乾隆、嘉慶時，爲避文字獄，士人治學不涉時政，以再度振興漢學爲旗幟，潛心於考據之學，形成了所謂"乾嘉學派"。其代表人物有戴震、惠棟、段玉裁、王念孫、王引之、郝懿行等，其成就實爲中國經學史上的峰巔。道光年間，阮元編定《皇清經解》，收經解專書一百八十八種，一千四百零八卷，彙刊了乾嘉學派的治經成果。光緒年間，王先謙又編定《續皇清經解》，收經解二百零九種，一千四百三十卷。含正續二編，集清代經學之大成。嘉慶年間，爲糾正宋學義理空泛之流弊，由阮元主持重行編定了《十三經注疏》，恢復了經、注、疏三層次，并擇善本而從，今《十三經注疏》即此。

一部十三經不過六十五萬字，歷代釋經之作却遠勝經書自身，據今人統計，各種箋注、疏解、音釋的著述約萬種左右，達三億多字，超過經書原文四百六十餘倍，士子欲精通經書，確非易事，故古人常有“稚年入學，皓首窮經”之嘆。以上爲經書的形成、種類及歷代發展之概況。就其載體而論，則經歷了竹帛、鐘鼎、卷軸、册頁等形態演進的過程。此處應予必要闡釋者，乃其特殊形態——石經。所謂石經，指石刻之經書。奉朝廷敕令，將經書鑴刻於石上，以示莊重，不可妄改，并備萬古傳承。刻石載經之舉，自西漢末年始，幾乎歷代皆予效法。這是一種特殊的雕版，一種特殊的流通，也是一種特殊的藏弆，中國其他典籍刊布數千載，無一受此尊崇，無一居此特殊地位。因以下設有“石經”諸專文，不復贅述。

　　唐代沿襲了隋朝之科舉制，將經書分爲大經、中經、小經之後，即分別規定了習肄時間：“凡治《孝經》《論語》，共限一歲；《尚書》《公羊傳》《穀梁傳》，各一歲半；《易》《詩》《周禮》《儀禮》，各二歲；《禮記》《左氏傳》，各三歲。”（《新唐書·選舉志上》）中央與地方一體執行，不得擅改。宋代之後，理學興起，經學中又有新編之四書，大、中、小經之劃定或有變易，但將經書分爲大、中、小經之法，則相沿未改，直至清末廢科舉始罷。按，2005 年 9 月 28 日爲孔子 2556 年誕辰，全球首次聯合祭孔，有中國專家呼籲應全民“讀經”，此或當爲經學復舉之信號。與儒學并行的尚有佛、道兩學，其典籍《佛藏》《道藏》頗爲浩瀚，亦自稱之爲“經書”，且自詡爲“内學”，而儒學等經典則目之爲“外學”。自魏晋之後，雖無敕令，如同儒學一樣，亦刻石爲經。其石經之數量，更在儒家之上。如明代居雲寺一處，已達千餘種，清代又續有增刻，其數無計，今居雲寺及其周邊，已陸續發現萬餘石經版塊，其中不乏完整少殘者。佛道兩學在中國教育史中雖曾有列爲教材之時，却終被排於影響久遠的正統教材之外，故本考不予臚論。

六經

　　亦稱“六藝”“六藝”“六學”。指六部儒家經典。通行於先秦時期，由孔子編定，爲其弟子、再傳弟子的教科書。即《易》《書》《詩》《禮》《樂》《春秋》。《莊子·天運》：“孔子謂老聃曰‘丘治《詩》《書》《禮》《樂》《易》《春秋》六經，自以爲久矣，孰知其故矣。”《漢書·武帝紀贊》：“孝武初立，卓然罷黜百家，表章六經。”顏師古注：“百家謂諸子雜説，違背六經。六經謂《易》《詩》《書》《春秋》《禮》《樂》也。”在六經排列次第上，今古文學派各有不同主張，今文學派以《詩》《書》《禮》《樂》《易》《春秋》爲序，認爲六經體現了孔子教人的微言大義，應按孔子的系列思想排列；古文學派以《易》

《書》《詩》《禮》《樂》《春秋》爲序，認爲六經係周公舊典，應按成書先後排列。《莊子·天運》《天下》《徐無鬼》諸篇，《荀子·效儒》《商君書·農戰》《淮南子·泰族訓》《禮記·經解》《春秋繁露·玉振》《史記·儒林列傳序》皆同今文學派的排列次第；《漢書·藝文志》《六藝略》《說文》《十三經注疏》《四庫全書總目》則同古文學派一致，亦稱"六蓺"或"六藝"。《史記·滑稽列傳》："孔子曰：'六蓺於治一也。《禮》以節人，《樂》以發和，《書》以道事，《詩》以達意，《易》以神化，《春秋》以義。'"明顧絳《述古》詩："六藝既該通，百家亦兼取。"按：漢代鄭玄曾著《六藝論》，評論《易》《書》《詩》《禮》《樂》《春秋》之異同主旨。《隋書·經籍志》作一卷，已佚。今有清陳鱣《涉聞梓舊》、清馬國翰《玉函山房》等輯本。清代皮錫瑞著《六藝論疏證》一卷。亦稱"六學"。漢董仲舒《春秋繁露·玉杯》："六學皆大，而各有所長：《詩》道志，故長於質；《禮》制節，故長於文；《樂》咏德，故長於風；《書》著功，故長於事；《易》本天地，故長於數；《春秋》正是非，故長於治。"宋葉適《送陳彥群》詩："衆儒治六學，厥志存不朽。"

【六蓺】

即六經。此稱漢代已行用。見該文。

【六藝】

即六經。此稱漢代已行用。見該文。

【六學】 [2]

即六經。此稱漢代已行用。見該文。

五經

指五部儒家經典。是始於西漢的士子教科書。即《易》《書》《詩》《禮》《春秋》。此稱始於漢武帝建元五年（前136）。秦後已無《樂經》。今文家以爲《樂》本無經，皆包含於《詩》《禮》之中；古文家以爲《樂》毀於秦始皇焚書。前説欠確，包含於《詩》《禮》中，即其無獨有存在形式；後説非是，秦始皇焚書，《易》以外他經盡焚，皆憑口授復得，何祇《樂》未授？實因春秋末年，繁文縟節漸廢，已有"禮崩樂壞"之勢。至戰國後期，終因《詩》《禮》既已含《樂》，而獨立之《樂》終於失傳。"五經"中之《禮》，漢時指《儀禮》，後世指《禮記》；《春秋》，漢時祇稱經文自身，後世并入《左傳》而連言。漢班固《白虎通·五經》："五經何謂？謂《易》《尚書》《詩》《禮》《春秋》也。"《新唐書·百官志三》："五經博士各二人，正五品上，掌以其經之學，教國子《周易》《尚書》《毛詩》《左氏春秋》《禮記》爲五經，《論語》《孝經》《爾雅》不立學官，附中經而已。"此後，歷經宋、元、明，直至清代後期，五經始終是士子的教科書，科舉應試的主課。參閱《宋史·選舉志一》《元史·選舉志一》《清史稿·選舉志三》。

古文經

西漢朝廷重今文經，設學官傳授。武帝末年，在孔子宅壁發現用古文寫的《尚書》《論語》《孝經》等（後民間亦有發現），因稱"古文經"。該經未立學官，長期由民間傳授。河間獻王劉德自設博士，表彰在野古文經學，與官學抗衡。漢平帝劉衎推崇《毛詩》《逸禮》《左傳》《古文尚書》，古文經遂升爲官學。王莽爲托古改制，特立五員古文五經博士，以示重視。東漢光武帝劉秀即位，旋廢莽制，復增十四員博士，其中唯有《毛詩》一家古文經，今文經的統治地位重行確立。至安帝劉祜時，重今文經的同時，亦重古文經，古文學派力量益强，再立學官，影響遍及全國。至東漢末年，經學家鄭玄（字康成，世稱“後鄭”，以區別於東漢前期的“先鄭”——鄭興、鄭衆父子）以古文經學爲主，兼采今文經之長，遍注群經，成爲集大成的經學家，世稱“鄭學”。古文經學派重文字訓詁，推重周公，尊孔子爲先師，認爲孔子“信而好古，述而不作”，反對讖緯之説。古文經學大抵成爲我國歷代經學的主流，至清代乾隆、嘉慶時期形成了中國古文經學史上的峰巔。清末適值戊戌變法，梁啓超諸人爲推行新政，廣造輿論，掀起一場反對古文經學的浪潮，但隨同變法的失敗而告終。今本《十三經注疏》多采古文經學。參閱《史記·儒林列傳》《後漢書·安帝紀》《尚書序》（舊題孔安國序）。

今文經

自漢武帝罷黜百家、獨尊儒術以來，經學已成爲士人最重要的學問。但除《易經》以外，他經盡毀於秦政之焚書（或説《樂經》戰國末年已亡佚）。因之，應運競起的講經者，祇能靠口耳相傳，以授弟子。魯人申培傳《詩》，齊人伏勝傳《書》（其家壁藏《書》，以避秦焚，後餘殘篇），魯人高堂生傳《禮》（《士禮》十七篇），齊人胡母生傳《春秋》（《春秋公羊傳》），而《易》又另有齊人田何傳本。此外，《詩》尚有齊人轅固、韓人韓嬰兩家，汝南人尹更始則傳《春秋穀梁傳》。這些口傳經書，用漢代通行的隸書寫成，因稱“今文經”。其時“今文經”立於官學，并設五經博士，“掌通古今”，教授門生。每經十人，全國弟子員五十人，享有終生免役權，以提高儒學地位。博士家法，師承

極嚴，以今文經爲主。如《易》有施讎、孟喜、梁丘賀、京房四家，同出田何。《書》有歐陽生、夏侯勝、夏侯建三家，同出伏勝。自此，今文經學派漸成。十三經中，《春秋公羊傳》《春秋穀梁傳》《儀禮》《禮記》等爲今文經學派的主要典籍。自漢武帝末年，古文經興起以來，在政治、思想、學術各界引發了一場激烈的論争，這就是著名的今古文之争。這場論争持續了兩千餘載，直至清代戊戌變法時，猶有餘波涌起。今文經學派自漢光武帝劉秀時，復增讖緯之學，大講符應天命，以迎合朝廷。自漢章帝劉烜親自主持了今古文經學白虎觀會議之後，“便辭巧説，破壞形體。説五字之文，至於二三萬言”（《漢書·藝文志》）。總之，今文派注重“微言大義”，崇敬孔子，認爲孔子定六經，開文宗，尊孔子爲受命的素王。參閱《漢書·武帝紀贊》及《章帝紀》《藝文志序》。

易

亦稱“周易”“易經”。儒家必修教材之一。易有變易、簡易、不易三義。孔子之前有夏之《連山》，商之《歸藏》及《周易》三種。至孔子時，僅存《周易》。傳爲周人所作。周有周密、周遍、周流之義，故名。内容包括《經》《傳》兩部分：六十四卦、三百八十四爻，附卦辭爻辭爲經；上彖、下彖、上象、下象、上繫、下繫、文言、説卦、序卦、雜卦稱“十翼”，爲傳。主要通過象徵天地雷風水火山澤八種自然現象之八卦形式推測人事和自然之變化；并以陰陽二氣之交感作用爲產生萬物之本源。有漢鄭玄注本，已佚。今存魏王弼、晋代韓康伯注、唐代孔穎達疏《周易正義》，宋代朱熹《周易本義》，清代惠棟《周易本義辯證》等通行注釋

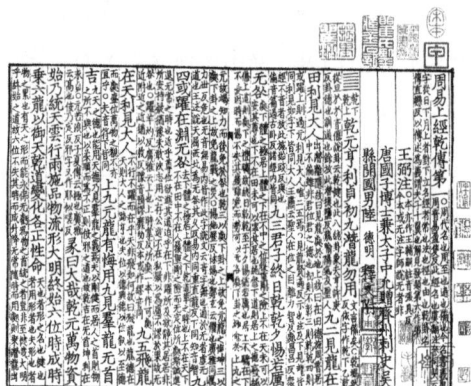

《周易》
（宋刻本）

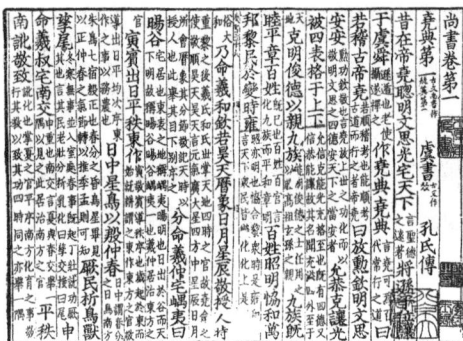

《尚書》
（宋刻本）

本。唐代沿襲隋之科舉制，將此書之習肄時限定爲二載。後世多有效仿。

【周易】

即易。此稱漢代已行用。見該文。

【易經】

即易。此稱漢代已行用。《漢書·藝文志》："《易經》十二篇，施、孟、梁丘三家。"見該文。

書

亦稱"尚書""書經"。儒家必修教材之一。爲歷史教科書。先秦時單稱"書"，兩漢後始稱"尚書"。"尚"即"上"，謂上古之書，故名。本古代右史所掌詔令文告等文獻資料，據傳經孔子删訂爲百篇。上自唐堯，下迄秦穆公。經秦焚書與楚漢戰亂，西漢初僅存秦博士伏勝所傳二十八篇，後又加民間所傳《秦誓》，爲《今文尚書》二十九篇。相傳漢武帝時於孔子宅中發現古文書寫之"尚書"，多《今文尚書》十六篇，故名《古文尚書》。經魏晋戰亂，後亡佚。東晋時豫章内史梅賾獻孔安國作傳作注的《古文尚書》，多《今文尚書》二十五篇，唐代已疑其不真，至清代定爲僞作，至今争訟未已。但因其積聚了前代儒家習於稱引的《尚書》文字

及經師解説，加以每一章句皆有注釋，經唐代孔穎達奉敕爲之作疏，宋代將孔安國之傳注與孔穎達之疏文合刻成《尚書注疏》，明清時彙編爲《十三經注疏》。此本《尚書》中存有商與西周初期的一些重要史料。有影響的注解本有宋代林之奇《尚書全解》、清代孫星衍《尚書今古文疏證》等。

【尚書】

即書。此稱漢代已行用。見該文。

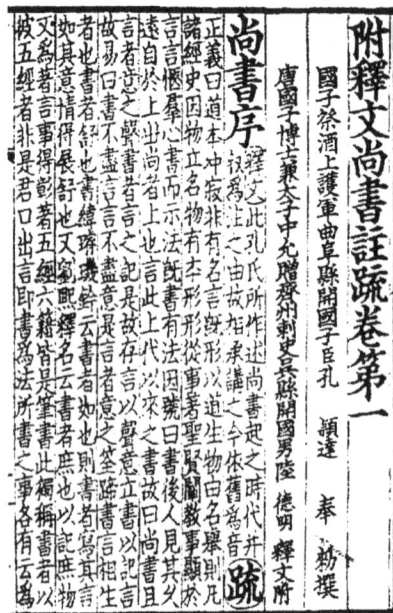

《附釋文尚書注疏》
雙鑑樓藏宋建安尉宅刻本

【書經】

即書。此稱漢代已行用。見該文。

詩

亦稱"詩經""詩三百"。今人稱之爲中國最早之詩歌總集。儒家必修教材。其性質猶今之德育、美育與社交教育教材。約爲周初至春秋中葉所作，經孔子删定，分"風""雅""頌"三類，共三百零五篇，故亦稱"詩三百"。《風》有十五國風，《雅》有《小雅》《大雅》，《頌》有《周頌》《魯頌》《商頌》。詩篇形式以四言爲主，運用賦、比、興之手法，描寫生動，語言樸素優美，音節自然和諧。漢代傳《詩》者有魯、齊、韓、毛四家。周卜商撰，宋朱熹辨説《詩序》跋："漢《藝文志》云:《春秋》分爲五，謂左氏與公羊、穀梁、鄒、夾也。《詩經》分爲四，謂毛氏與齊、魯、韓也。"前三者爲今文詩學，後者爲古文詩學。《齊詩》《魯詩》已亡佚於魏與西晉間，《韓詩》僅存外傳。《毛詩》晚出，盛行於東漢，獨傳至今，今存《詩經》實指《毛詩》。毛指西漢毛亨、毛萇，作《詩故訓傳》(後世稱《毛詩故訓傳》，東漢鄭玄爲之作箋，至唐代，孔穎達又奉敕爲之作疏，成《毛詩正義》四十卷，此乃傳世的權威注本。另有

宋代朱熹《詩集傳》，清代姚際恒《詩經通論》、孟瑞辰《毛詩傳箋通論》、陳奐《詩毛氏傳疏》等注本)。唐代沿襲隋之科舉制，將此書之習肄時限定爲二載。後世多有效仿。

【詩經】

即詩。此稱漢代已行用。見該文。

【詩三百】

即詩。此稱先秦時期已行用。見該文。

周禮

亦稱"周官""周官經"。儒家必修教材之一。成書年代及作者，衆説不一。《周禮》又名《周官》，是三禮之首，漢世初出，因與《尚書·周官篇》相混，改爲《周官經》，西漢末列爲經而屬於禮，故有《周禮》之名。古文經學家認爲出自西周，爲周公所作。或説係西漢末劉歆僞造。今文經學家認爲出自戰國。近人郭沫若、錢穆、顧頡剛據周秦銅器銘文所載官制，定爲戰國。全書四十二卷。分《天官冢宰》《地官司徒》《春官宗伯》《夏官司馬》《秋官司寇》《冬官司空》六部分，詳列職掌細目。唐賈公彦《周禮正義序》載:"《周官》孝武之時始出，秘而不傳。"又:"既出于山巖屋壁，復入于秘府，五家之儒莫得見焉。至孝成皇帝，達才通

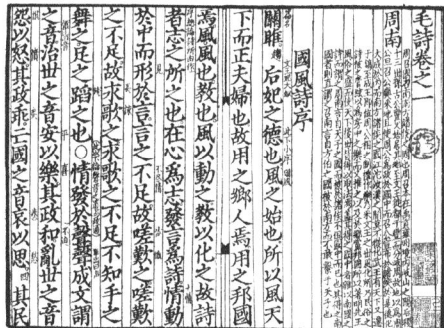

《詩經》(《毛詩旁注》)
(元羅祖禹刻本)

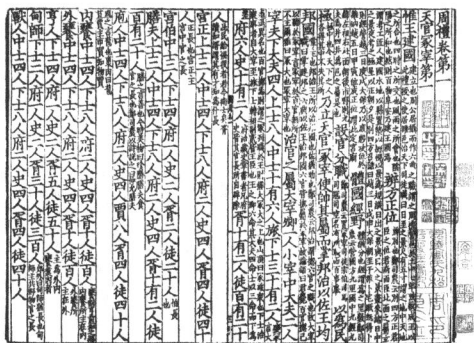

《周禮》
(宋婺州市門巷唐宅刻本)

人劉向、子歆校理祕書，始得列序，著于《録》《略》。然亡其《冬官》一篇，以《考工記》足之。"注釋本有漢代鄭玄《周禮注》、唐代賈公彥《周禮正義》、今人林尹《周禮今注今譯》。唐代沿襲隋之科舉制，將此書之習肄時限定爲二載。後世多有效仿。

【周官】

即周禮。此稱先秦時期已行用。見該文。

【周官經】

即周禮。此稱漢代已行用。見該文。

儀禮

亦稱"禮""士禮""禮經"。儒家必修教材之一。爲西周、春秋時期婚、喪、祭、飲、射、聘等禮儀之彙編。凡十七篇。傳爲孔子修訂，以教弟子。漢置五經博士，以《儀禮》爲禮經。東漢鄭玄爲《周禮》《儀禮》《禮記》作注，始有"三禮"之名。按：漢班固《漢書・藝文志》："凡禮十三家，五百五十五篇……曰《禮經》三百威儀三千。及周之衰，諸侯將踰法度，惡其害己，皆減去其籍，自孔子時而不具，至秦壞。漢興，魯高堂生傳《士禮》十七篇，訖孝宣世，后倉罪明，戴德、戴聖、慶普皆其弟子。三家立於學官，禮古經者出於魯淹中。"至

晋代始稱《儀禮》。唐代俱立爲經，爲國子學、大學、四門學所誦習。1959 年，甘肅武威出土《禮》漢簡多篇。清代凌廷堪《禮經釋例》、胡培翬《儀禮正義》，爲影響廣遠的注釋本。唐代沿襲隋之科舉制，將此書之習肄時限定爲二載。後世多有效仿。

【禮】

即儀禮。此稱先秦時期已行用。見該文。

【士禮】

即儀禮。此稱漢代已行用。見該文。

【禮經】

即儀禮。此稱漢代已行用。見該文。

禮記

亦稱"小戴記""小戴禮記"。儒家必修教材之一。傳孔子刪定西周《士禮》，共十七篇。漢代，諸儒闡釋甚多，《漢書・藝文志》著録一百三十一篇，爲七十子後學者所記，西漢戴德傳八十五篇，今存三十九篇，稱《大戴禮記》，其侄戴聖傳四十九篇，稱《小戴禮記》。唐初，列《小戴禮記》入五經，至此偏重《小戴禮記》，省稱《禮記》。晋陳邵《周禮論序》："後漢馬融、盧植考諸家同異，附戴聖篇章，去其繁重及所叙略，而行於世，即今之《禮記》

《儀禮》(《儀禮注疏》)
（同治十年廣東書局據武英殿本重刊本）

《禮記》
（宋淳熙四年撫州公使庫刻本）

是也。鄭玄亦依盧、馬之本而注焉。"注釋本有《十三經注疏》之《禮記》，采鄭玄注、孔穎達疏。宋衛湜作《禮記集説》，清朱彬作《禮記訓纂》。唐代沿襲隋之科舉制，將此書之習肄時限定爲二載。後世多有效仿。參閲《漢書·藝文志》及《孟卿傳》。

【小戴記】

即禮記。此稱漢代已行用。漢蔡邕撰、清蔡雲輯《蔡氏月令》："戴德删其煩重合而記之爲八十五篇，謂之大戴記。而戴聖又删大戴之書爲四十六篇，謂之小戴記。"見該文。

【小戴禮記】

即禮記。此稱漢代已行用。見該文。

春秋

亦稱"春秋經""麟經"。儒家必修教材之一。今人稱之爲中國第一部編年史。傳爲孔子據《魯春秋》整理而成。所記起自魯隱公元年（前722），迄於魯哀公十四年（前481），計二百四十二年。其記事多而言辭簡，用詞多含褒貶，世稱"春秋筆法"。後儒加以闡釋與補充，遂産生諸家傳文，今存者有《春秋左氏傳》《春秋公羊傳》《春秋穀梁傳》，合稱三傳。《春秋左氏傳》詳事實，爲古文經學。《春秋公羊傳》

《春秋穀梁傳》重簡釋微言大義，爲今文經學。古之《春秋》經文與"三傳"分別，今本分載於各傳之前。又因所載止於"西狩獲麟"而稱爲"麟經"。宋陳元靚《事林廣記》："孔子以麟出非時見傷而絶筆於此，此謂之麟經，共一萬八千字。"

【春秋經】

即春秋。此稱漢代已行用。《吕氏春秋·審應覽》："三塗爲祟。"漢高誘注："按《春秋經》，襄公以魯僖三十三年即位，至魯文公六年卒，無卜三塗爲祟之言也。"見該文。

【麟經】

即春秋。此稱宋代已行用。見該文。

論語

儒家必修教材之一。爲研究孔子主要史料。係孔子弟子及再傳弟子關於孔子言行思想之記録。西漢時有今文《魯論》《齊論》與古文《古論》三種。今本《論語》爲鄭玄就《魯論》篇章考之《齊論》《古論》，并爲之注而成，共二十篇。東漢列爲七經之一。《漢書·藝文志》："孔子應答弟子，時人及弟子相與言而接聞於夫子之語也。當時弟子各有所記，夫子既卒，門

《春秋》(《春秋左傳正義》)
（宋慶元六年紹興府刻宋元遞修本）

《論語》(《監本纂圖重言重意互注論語》)
（宋劉氏天香書院刻本）

人相與輯而論纂，故謂之《論語》。"唐代沿襲隋之科舉制，《論語》《孝經》之習肄共限一載。後世多有效仿。

孝經

儒家必修教材之一。其著者眾説不一。漢班固謂孔子作。司馬遷謂曾子作。考其文字，多有與《左傳》《孟子》《荀子》相近處，故後世學者疑孔子後儒所作。凡十八章，一千七百九十九字。論述孝道，宣傳孝治及宗法思想。漢代列入七經，與《論語》同為士子學習專經前必讀之書。唐代列為旁經，為兼習學科。自西漢始，歷魏、晉、宋、齊、梁，注解者殆及百家。唐代沿襲隋之科舉制，《論語》《孝經》之習肄共限一載。後世多有效仿。

《孝經》
（元相臺岳氏荆溪家塾刻本）

爾雅

儒家必修教材之一。何以稱"爾雅"？《釋名·釋言語》曰："爾，昵也；昵，近也。雅，義也；義，正也。五方之言不同，皆以近正為主也。"近人黃侃《〈爾雅〉略説》以為"雅"係"夏"之藉字，故而斷之曰："一可知《爾雅》為諸夏之公言，二可知《爾雅》皆經典之常語，三可知《爾雅》為訓詁之正義。"觀《爾

雅》全書，可證上二説之不謬。其書非一人一時之作，約於戰國時初具規模，最後由漢代經學家增補潤色而成。在十三經中，《爾雅》是一部特殊的典籍，旨在對《詩》《書》《易》《禮》《春秋》語詞進行詮釋，以標準語釋方言，以當代語釋古語，以常用語釋冷僻詞。實則是一部訓詁彙編，或説是一部古代詞書，并非供閲讀的一般經書。故清人宋翔鳳《〈爾雅郭注義疏〉序》譽之為"訓詁之淵海，五經之梯航"。據《〈孟子〉題辭》稱，漢文帝時即曾將《論語》《孝經》《孟子》《爾雅》列為官學，皆置博士。唐文宗太和年間，立石刻十二經，置於太學門前，於十一經中加上《爾雅》。宋代又加《孟子》，終成十三經。實則《左傳》《公羊傳》《穀梁傳》亦為解經之作，《論語》《孝經》《孟子》也不過是五經之衍生而已，後世統視之為經。《爾雅》全書分為釋詁、釋言、釋訓、釋親、釋宮、釋器、釋樂、釋天、釋地、釋丘、釋山、釋水、釋草、釋木、釋蟲、釋魚、釋鳥、釋獸、釋畜等二十篇，佚《序篇》，共十九篇。依其內容可概括為六大類：一為釋詁、釋言、釋訓，係釋抽象詞義；二為釋親，係釋人倫關係；三為釋宮、釋器、釋樂，係釋生活用物；四為釋

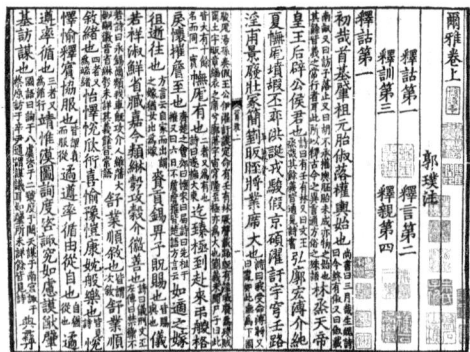

《爾雅》
（宋刻本）

天至釋水等，係釋天文、地理；五爲釋草、釋木，係釋植物；六爲釋蟲至釋畜等，係釋動物。反映了當時所能達到的社會科學、自然科學的研究水平。漢魏以後，《爾雅》頗多注本，今皆蕩然無存。今有清人臧庸輯佚本《爾雅漢注》。傳世較早者有晋人郭璞注本、宋人邢昺《爾雅注疏》，至清代則有邵晋涵《爾雅正義》、郝懿行《爾雅義疏》等。唐代沿襲隋之科舉制，此書亦入官學，但未定習肄時限。

孟子

儒家必修教材之一。成書年代及作者衆説不一。東漢趙岐以爲孟子自著。唐韓愈以爲係孟子死後，其弟子萬章、公孫丑所作。清周廣業疑樂正子、公都子、屋廬子、孟仲子之門人亦參與編著。《漢書·藝文志》著録《孟子》十一篇，今傳七篇，各分上下，漢人稱《内篇》。書中記載孟子之社會活動及其政治、哲學、倫理、教育思想。宋代理學家倡言心性，視《孟子》爲孔子儒學正宗，列《孟子》爲九經之一。明清科舉考試八股文，規定必由《四書》中出題，《孟子》與其他三書遂爲士子必讀課本。注本有漢趙岐注、宋孫奭《孟子注疏》《孟子音義》，宋朱熹《孟子集注》，清焦循《孟子正義》。《史記·孟子荀卿列傳》:"〔孟子〕退而與萬章之徒序《詩》《書》，述仲尼之意，作《孟子》七篇。"此書自宋以後入官學，習肄時限爲一載。後世多有效仿。

大戴禮記

儒家必修教材之一。自西漢即同《小戴禮記》并行，至唐其地位始降，未立於官學。今有多種版本傳世。詳見"小戴禮記"文。

《大戴禮記》
（元刻本）

大學 [4]

儒家必修教材之一。原爲《禮記》中一篇，約成於戰國末年或秦漢之際。傳爲曾子或曾子門人所記。南宋淳熙間朱熹從《禮記》中抽出此篇加以改易增補，再加《中庸》與《論語》《孟子》合稱《四書》，撰《四書章句集注》。自宋儒始，評價至高，稱《大學》爲初學入德之門，其地位在《論語》《孟子》之上。其思想屬思孟學派，間有荀學之影響。以明德、親民、止於至善爲宗旨，以格物、致知、誠意、正心、修身、齊家、治國、平天下八條目爲方嚮，成爲南宋後理學家講倫理、政治、哲學的基本綱領。《大戴禮記·保傅》:"束髮而就大學，學大藝焉，履大節焉。"宋朱熹《大學章句》"大學"題解:"子程子曰:大學，孔氏之遺書而初學入德之門也。於今可見古人爲學次第者，獨賴此篇之存，而《論》《孟》次之，學者必由是而學焉。"宋代立於官學，習肄時限爲《大學》《中庸》兩書共一載。後世多有效仿。

中庸

儒家必修教材之一。原是《禮記》中的一篇。其思想體系屬思孟學派。自漢以降，多斷爲孔子之孫子思作。朱子曰:"中者，不偏不倚、無過不及之名。庸，平常也。"程子曰："不偏之謂中，不易之謂庸。"書中視之爲世界之根本法則。在教育史上第一次系統地論述了學習過程："博學之""審問之""慎思之""明辨之""篤行之"。《史記·孔子世家》："伯魚年五十，先孔子卒，伯魚生伋，字子思……作《中庸》。"宋代程頤、朱熹把它和《大學》《論語》《孟子》并列爲"四書"。宋代立於官學，習肄時限爲《大學》《中庸》兩書共一載。後世多有效仿。

四書集注

本稱"四書章句集注"。經學教材。爲經書之權威注釋。宋代朱熹編注。宋以前，《五經》立於官學，唐人孔穎達《五經正義》爲官定注釋教材。宋時，二程、朱熹尊崇《禮記》中之《大學》《中庸》二篇，奉前篇爲"初學入德之門"，奉後篇爲"孔門傳授心法"，奉《論語》《孟子》爲人生準則、處世指針，因將四者合編，且爲之作注，使其與《五經》并列。至此，漸取得在學校教育中的壟斷地位，終成爲官學必修課業，後遂有《四書》《五經》之合稱。其書包括《大學章句》一卷、《中庸章

《四書集注》（《四書集注論語》）
（宋嘉定十年當塗郡齋刻嘉熙四年淳祐八年十二年遞修本）

句》一卷、《論語集注》十卷、《孟子集注》七卷。全部注釋皆將孔孟之道賦予理學精神，集中體現朱熹之哲學思想。前二者成書於孝宗淳熙十六年（1189），多爲作者自家創見；後二者成於孝宗淳熙四年，多引用二程及程門弟子之學說。光宗紹熙元年（1190），朱氏知漳州，刊刻四書，其名自此確立。元、明、清統治者推崇理學，皆將其定爲科舉取士必讀之書。《集注》宣揚"理"爲宇宙之本源，提出"天下之物，皆實以理所爲"之"天理論"，宣揚"天理與人欲不容並立"，主張"存天理，遏人欲"，闡述"格物致知"，并就政治、教育、倫理及所謂道統等多方面發揮理學思想。其書版本甚多，名稱卷數亦有不同。影響廣遠者有明初司禮監刻本，四十二卷；崇禎十四年（1641）汲古閣版歸静遠樓印本，十九卷；清乾隆三十八年（1773）于敏中等輯《摛藻堂四庫全書薈要》抄本，十九卷；1957 年北京中華書局鉛印本，十九卷。

【四書章句集注】

即四書集注。此稱宋代已行用。見該文。

四書大全

明代官定《四書》注釋本，爲儒家必修教材及科舉取士之依據。清顧炎武《日知錄·四書五經大全》："自朱子作《大學》《中庸》章句，或問，《論語》《孟子》集注之後，黄氏有《論語通釋》……後有蔡氏《四書集疏》、趙氏《四書纂疏》、吳氏《四書集成》。昔之論者病其泛溢，於是陳氏作《四書發明》，胡氏作《四書通》，而定宇之門人倪氏合二書爲一，頗有删正，名曰《四書輯釋》。自永樂中命儒臣纂修《四書大全》，頒之學官，而諸書皆廢。"《四

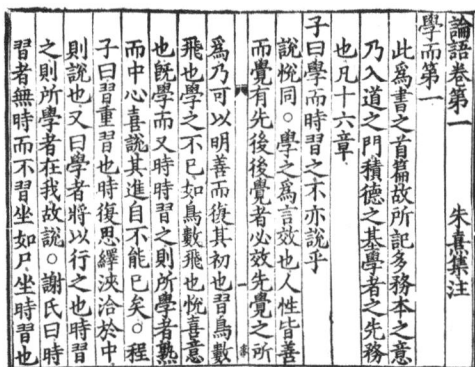

庫全書總目》卷三六：“《四書大全》三十六卷，明永樂十三年（1415）翰林學士胡廣等奉敕撰，成祖御製序文，頒行天下，二百餘年尊爲取士之制者也。其書因元倪士毅《四書輯釋》稍加點竄……初與《五經大全》并頒，然當時程式，以《四書》義爲重，故《五經》率皆庋閣，所研究者惟《四書》，所辨訂者亦惟《四書》，後來《四書》講章浩如烟海，皆是編爲之濫觴。”

五經大全

明代官定《五經》（《易》《書》《詩》《禮》《春秋》）注釋本，爲科舉取士之依據，士子必修教材。《明史·選舉志二》：“永樂間，頒四書、五經《大全》，廢注疏不用。”清顧炎武《日知録·四書五經大全》：“當日儒臣奉旨修四書、五經《大全》，領餐錢，給筆劄，書成之日，賜金遷秩，所費於國家者不知凡幾。將謂此書既成，可以章一代教學之功，啓百世儒林之緒；而僅取已成之書，抄謄一過，上欺朝廷，下誑士子……而制義初行，一時人士盡棄宋元以來所傳之實學，上下相蒙，以饕禄利，而莫之問也。嗚呼，經學之廢，實自此始。”

永樂大全

指《四書大全》和《五經大全》，是明成祖永樂年間頒行的官定《四書》《五經》注釋本，作爲科舉取士之依據，士人必修教材。《儒林外史》第三四回：“蕭柏泉道：‘先生説的可單是擬題？’馬二先生道：‘想是在《永樂大全》上説下來的。’”參見本卷《各類教材説·經學教材考》“四書大全”“五經大全”文。

石經

石刻的儒家經書。在雕板印刷發明之前，一書問世，則争相傳抄，百家輾轉，頗易致訛。經書之出，輾轉尤廣，訛誤駁异，日益有增，後儒傳經，各承師説，章句又有不同，故亟需一權威之定本。至東漢末季，諸經去古愈遠，諸博士甲乙科試，争第高下，互相告言，甚而行賄蘭臺，擅改漆書經字，以求暗合其私文。（見《後漢書·儒林傳序》及《李循傳》）於是，正式由朝廷詔諸大儒校正异同，明定善本，立於太學門外。刻之於石，無可更改；立於太學，以示公正。藉此石經，希冀萬古流傳。石經之刻，始於西漢平帝末年，王莽曾命重臣甄豐摹古文《易》《書》《詩》《左傳》於石。其後，東漢有“熹平石經”，三國魏有“正始石經”。五代蜀主孟昶命毋昭裔楷書《易》《詩》、《書》、三禮、三傳《論語》《孟子》，計十一經刻於石，爲“蜀石經”。雕板印刷出現以後，仍間有石經之刻。南宋高宗御書《五經》，刻石立於臨安太學。清乾隆時石刻蔣衡書《十三經》，立於國子監六堂，并以墨拓頒行各省。《經解入門·歷代石經源流》：“以經書石，名爲石經。而累代石經，其文或科斗，或大篆，或隸，或楷，其經或五，或七，或十三，各有异同，皆足以資校訂，治經者不可不講。”又，佛教徒把佛經刻石藏存，亦稱石經。參閲清顧炎武《石經考》、清萬斯同《石經考》、清馮登府《石經補考》、近人張國淦《歷代石經考》。

熹平石經

亦稱“漢石經”“一體石經”“一字石經”。漢靈帝熹平四年（175）刻石立碑，是我國歷史上最早的官定儒家經書標準本。由蔡邕用隸書一種字體寫成，故又稱“一體石經”“一字石經”。此石經爲今文經，包括五經（《魯詩》《尚書》《易》《儀禮》《春秋》）及《公羊傳》《論語》共七部，四十六碑，約二十萬字。六朝後漸散亡。北宋曾出土《書》《詩》《儀禮》《公羊傳》《論語》五經殘碑，南宋時洪适收輯石經殘字二千一百一十一字，載於《隸釋》《隸續》。此後東漢太學遺址（今河南偃師朱家圪壋村）常有殘石出土。1923年洛陽出土《易》《春秋》殘碑。近人馬衡彙爲《漢石經集存》，存八千餘字。《後漢書·蔡邕傳》："邕以經籍去聖久遠，文字多謬，俗儒穿鑿，疑誤後學，熹平四年……奏求正定《六經》文字，靈帝許之。邕乃自書丹於碑，使工鐫刻，立於太學門外。於是後儒晚學，咸取正焉。及碑始立，其觀視及摹寫者，車乘日千餘兩，填塞街陌。"《晋書·文苑傳·趙至》："年十四，詣洛陽，游太學，遇嵇康於學寫石經，徘徊視之不能去。"《隋書·經籍志一》："後漢鐫刻七經，著於石碑，皆蔡邕所書。"又《經籍一》："一字石經《周易》一卷；一字石經《尚書》六卷。"按《後漢書·儒林傳序》誤以爲古文、篆、隸三體，南北朝之後多承其誤，宋人趙明誠始辨其非。

【漢石經】

即熹平石經。此稱漢代已行用。見該文。

【一字石經】

即熹平石經。此稱漢代已行用。見該文。

【一體石經】

即熹平石經。此稱漢代已行用。見該文。

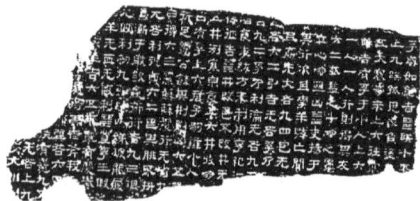

熹平石經《周易》殘石

正始石經

亦稱"三體石經""三字石經"。儒家經書定本之一。因漢熹平石經爲今文經，所用字僅爲隸書一體，至三國魏齊王芳正始年間，古文經已甚風行，大師輩出，而傳今文者，亦多兼習古文，故又刻古文經於石，立於太學。因古文難辨，故又加刻篆、隸兩種字體於其下，共三體，故稱。所刻爲《尚書》《春秋》二經。南北朝時已亡佚。宋代有出土，洪适《隸釋》《隸續》載有殘石拓本。北魏酈道元《水經注·穀水》："魏正始中，又立古、篆、隸三字石經……樹之於〔太學講〕堂西，石長八尺，廣四尺，列石於其下，碑石四十八枚，廣三十丈。"《北史·江式傳》："〔魏〕又建三字石經於漢碑西，其文蔚焕，三體復宣。校之《説文》，篆隸大同，而古字少異。"《隋書·經籍志一》："魏正始中，又立三字石經，於自洛陽從於鄴都，行至河陽，值岸崩，遂没于水……魏

正始石經《尚書》殘石

徵始收聚之，十不存一。”宋洪适《隸續》：“魏三體石經，《左傳》遺字：古文三百七，篆文二百七十一，隸屬二百九十五。”按 20 世紀 20 年代，復有殘碑出土，孫海波有《魏三字石經集録》，陳乃乾有《魏正始石經殘字》，可補洪氏之不備。

【三體石經】

即三體石經。此稱三國時期已行用。見該文。

【三字石經】

即三體石經。此稱南北朝時期已行用。見該文。

開成石經

亦稱“唐石經”。儒家經書定本之一。唐文宗開成二年（837）用楷書刻《易》《書》《詩》《儀禮》《周禮》《禮記》《左傳》《公羊傳》《穀梁傳》《論語》《孝經》《爾雅》十二種。清康熙七年（1668），賈漢又奉敕補刻《孟子》竣事，成石經十三經。賈刻後附張參《五經文字》、玄度《九經字樣》，末記各經字數。《舊唐書·文宗紀》：“宰臣判國子祭酒鄭覃進石壁九經一百六十卷……遂奏置五經博士，依後漢蔡伯喈刊碑列于太學，創立石壁九經，諸儒校正訛謬。上又令翰林勒字官唐玄度復校字體，又乖師法，故石經立後數十年，名儒皆不窺之，以爲蕪累甚矣。”五代後唐時刻九經印版，即據開成石經文字。清杭世駿《石經考異·唐石經》：“〔明〕嘉靖乙卯，地震，石經倒損。西安府學生員王堯惠等按舊文，集其闕字，別刻小石，立於碑傍，以便摹補。”清馮登府《石經補考·序》：“開成去古未遠，猶爲純備。然幾經後人之手，一誤於〔唐僖宗〕乾符之修改，再誤

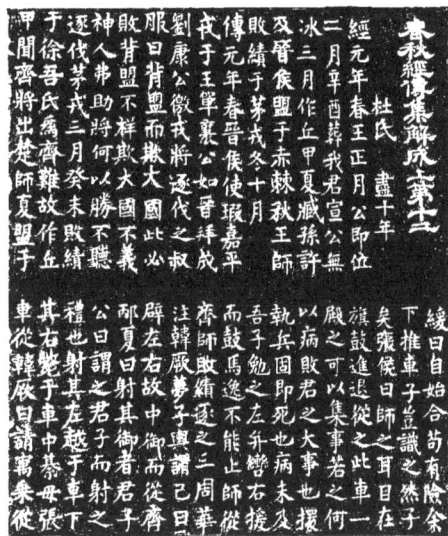

開成石經《春秋左傳》拓片局部

於後梁之補刊，三誤於北宋之添注，四誤於堯惠之繆作，遂失鄭、唐之舊。”近人嚴可均撰有《唐石經校文》十卷。今石經存陝西西安碑林，宋前石經，以此最爲完備。

【唐石經】

即開成石經。此稱唐代已行用。見該文。

後蜀石經

亦稱“蜀石經”“孟蜀石經”“廣政石經”。儒家經書定本之一。五代後蜀廣政元年（938），蜀主孟昶命毋昭裔以楷書刊刻唐雍都舊本經典，立於成都學宫，爲歷代唯一刻有經注者。終後蜀之世，所刻爲《易》《書》《詩》《周禮》《儀禮》《禮記》《論語》《孝經》《爾雅》。工程未畢。北宋時由田況補刻《左傳》未成部分及《公羊傳》《穀梁傳》，至仁宗皇祐初完工。徽宗宣和中期，席貢又補刻《孟子》。至宣和六年（1124）十三經之刊刻始竣。南宋孝宗乾道間，晁公武又刻《古文尚書》，并校諸經異同，著《石經考異》刻於石。其後張頵又校注文異同，著《石經考異》四十卷。今僅存殘石及拓本，殘石存陝西

西安。參閱清杭世駿《石經考異》。

【蜀石經】

即後蜀石經。此稱宋代已行用。見該文。

【孟蜀石經】

即後蜀石經。此稱宋代已行用。宋朱長文《墨池編》卷三："朱子《論語注》引石經者謂孟蜀石經也。"見該文。

【廣政石經】

即後蜀石經。此稱清代已行用。清馮登府《石經補考》卷八："廣政石經者，不無小助云爾。"見該文。

北宋石經

亦稱"二體石經""嘉祐石經"。儒家經書定本之一。從仁宗慶曆元年（1041）至嘉祐六年（1061）歷時二十載始刻成，以隸楷二體各自分行排列，與正始石經之於古文之下加注篆隸二體不同。計有《易》《詩》《書》《周禮》《禮記》《左傳》《孝經》《論語》《孟子》九經，立於汴京（今河南開封）太學。原石多已散佚，今開封尚存數塊，有少量拓本傳世。參閱宋洪适《隸續》、清丁晏《北宋汴京二體石經記》。

【二體石經】

即北宋石經。此稱清代已行用。見該文。

【嘉祐石經】

即北宋石經。此稱清代已行用。《續通志》卷一六八："仁宗命國子監取《易》《詩》《書》《周禮》《禮記》《春秋》《孝經》爲篆隸二體刻石兩楹，今此碑有篆書正書，蓋即宋嘉祐石經也。"見該文。

南宋石經

亦稱"紹興石經"。儒家經書定本之一。紹興五年（1135）刊刻宋高宗御書之《易》《詩》《書》《左傳》《論語》《孟子》六經和《禮記》中的《學記》《經解》《儒行》《中庸》《大學》五篇，成於淳熙四年（1177），立於臨安（今浙江杭州）太學。《論語》《孟子》爲行書，其餘均爲楷書。據《玉海》"藝文篇"稱，高宗謂"學寫字，不如便寫經書，不惟可以學字，又得經書不忘"。可證其宗旨與歷代石經已略有異。此石經原有二百方，今尚存八十六方，多在杭州。參閱清杭世駿《石經考異》、阮元《兩浙金石志》。

【紹興石經】

即南宋石經。此稱宋代已行用。見該文。

清石經

亦稱"乾隆石經"。儒家經書定本之一。清乾隆五十八年（1793）奉諭，以和珅爲總裁、王傑爲副總裁研辦。取蔣衡楷書十三經，乾隆親爲寫序，刊刻於石。乾隆六十年（1795）二月告成。碑首用篆書題"乾隆御定石經之碑"。嘉慶八年（1803）復予磨改，始盡善。立於京師國子監（辟雍）之左右六堂。清馮登府《石緝考・國朝石經考異序》："高宗純皇帝於乾隆五十八年，詔刊十三經於太學，即長洲蔣衡所書，勘定立石，依開成石經，參以各善本，多所訂正。彭尚書元瑞曾撰《考文提要》十三卷，以證校正所自。當時因急於告竣，未及盡改。迨我仁宗睿皇帝嘉慶八年（1803），尚書奏復重修，於是覆命廷臣磨改，以期盡善。故前後拓本不同。"凡一百九十碑，現存北京原清國子監內。

【乾隆石經】

即清石經。此稱清代已行用。見該文。

第四節　專科教材考

專科教材主要是指古代專科學校所用的教材，也包括專科學校教材之外的其他一些具有專科教材性質的教材。

自科舉興起，專科教育中之文學、史學、書學、算學教材被列爲考試科目，此後即取得類同經學之地位。其中之史學，乾嘉之後，因主"六經皆史"之説，史學之地位凌駕經學之上，清代中後期，經學之地位每況愈下，至清末終被廢止。

專科教材的含義最難確定，爲此，必須指出其并具兼有的三要素：

一、專科教材首先是教材。教材是根據一定學科的教學需要，編選和組織的具有一定範圍和深度的知識和技能之載體。嚴格意義上的教材是以文字符號記載或表達的教科書的形式。

二、專科教材是相對於"經學教材""蒙學教材""潛始教材""師訓教材""家庭教材"而言，係指此外的一切教材。（由於體例所限，本文不包括佛學教材和道學教材。）

三、專科教材以古代學校教育爲依托，但也兼及家庭教育和社會教育。

專科教材主要包括三種類型，兹分述如下：

一、專科學校出現之前的專類教材。原始社會尚無獨立的、專門形態的教育，更無專門形態的教材。

據考古學界和文字學界的考證，夏代已經產生了文字。而夏代中後期出現了學校（或者説是類似於學校的機構）教育。這在《孟子·滕文公上》《漢書·儒林傳序》及《禮記·王制》中都有記載。文字作爲社會共有的歷時性辨識符號，使教材的編撰成爲了可能。

商代已有足够的文字可以用作傳授文化的工具，殷墟出土的《干支表》，今人認爲是培養貞人的基礎教材。商代又創立了"作器銘文"。這種銘文，是進行書教不可缺少的教材。商代著名的王者師幾乎都撰過銘文，用以勸教和警戒帝王。如《尚書·伊訓》載，伊尹著有《伊訓》《肆命》《徂后》《咸有一德》和《太甲訓》等。《伊訓》孔穎達疏曰："成湯既没，其歲即太甲元年，伊尹乙太甲承湯之後，恐不能纂修祖業，作書以戒之。史叙其事，作《伊訓》《肆命》《徂後》三篇。"這些皆可看作當時的專類教材。

西周時代集前代教育之大成，建立"國學"和"鄉學"體系，實施"六藝"教育。這在《尚書》《史記》諸典籍中皆有記載。六藝是指禮、樂、射、御、書、數。由於"六藝"

教育都是以行爲技能訓練爲主，而非以書本知識爲主，再加上當時簡牘和書寫工具不易取得，所以當時基本上没有什麽成形的"專類教材"。

春秋戰國時代，文化教育領域出現了官學衰廢、私學興起的局面。春秋初始，孔丘和墨翟創辦的私學影響較廣遠。戰國以來，社會動蕩，諸國紛争，一時諸子私學蜂起，形成了儒、道、墨、名、法、陰陽、縱横、農、雜家等百二十家之衆。諸家游説争辯，著書立説，史稱"百家争鳴"，涉及了天道觀、認識論、名實關係、社會倫理、禮法制度以及各種政治思想領域。《漢書·藝文志》認爲有違儒教，斥爲"真僞紛争""紛然殽亂"。

關於"專科教材"，在這裏值得一提的是墨子。墨家在戰國時與儒家并稱"顯學"。墨子私學的教學内容主要分三部分，第一部分是源自儒家的一些傳統，第二部分是自然科學知識，第三部分是認識論和邏輯學。墨子的第二、三部分教學内容爲古代專科教材的發展作出了獨特的貢獻。秦統一後，作爲一個大學派的墨家已不復存在。墨學被塵封千年的遭際，直接影響了中國科技教育的發展，削弱了古代教材中科技方面的内容與水平。另外，《吕氏春秋·離俗覽》中記載了鄭國鄧析辦私學的事實，鄧析私學不講禮樂這套舊課程，講的是自著的《竹刑》，專門教人以訴訟之法。這是歷史上流傳下來的有關春秋私學中的專科教材最明確的記載，與後世之專科教材已無嚴格區别。

春秋戰國之後，爲了鞏固統一的專制政權，秦始皇實行了旨在安邦定國的統治思想，滅絶違我之异説，嚴重影響了專科教材的發展。秦實行"以法爲教""以吏爲師"的文教政策。治理天下需要知識，教育者首先應接受教育，秦代的學吏（"吏子"）需通過"學室"的學習和培訓，學成後經過考試，合格者纔能任職。湖北睡虎地秦墓第十一號墓第五十一枝竹簡《爲吏之道》就是供爲吏者學習試用的文化課本和政治課本。因簡文開頭有"凡爲吏之道"一句，故取爲篇名。所談多爲爲官的道德箴規和處世哲學。《爲吏之道》可以看作秦代流傳下來的專科類教材。

元朔五年（前124），漢武帝采納董仲舒的建議，爲博士置弟子，標志着太學的正式設立，同時也意味着以經學教育爲基本内容的中國教育制度正式確立。從此以後，在中國長期的封建社會中，主要是以儒家經典爲教材。根據《漢書》和《後漢書》記載，漢代之學校教材雖然以儒家經學爲主，但諸子之學在漢代并未完全撤出意識形態，仍有其獨特的陣地。甚至又有天文、曆算、術數之類的教材。在私學教育中，數學教育尤爲突出。"漢儒用數理講《周易》、經書，兼講天文曆法、數學，因之，數學成爲儒學的一部分。"（程舜英《兩漢教育制度史資料》）私學中傳授數學，一是專門傳授曆算；二是傳授卜筮者，兼而傳授一些數學知識；三是漢代的書館，兼授數學；四是授經者，同時傳授有關的數學知識。例如鄭玄曾游學太學，除學習和研究經學外，還從博士第五元學習《三統曆》及《九章算術》。而漢代初等教育階段的課程，除了識字、習字爲主外，兼習算數，《九章算術》成爲書館的通用教材。

另外，學律之風尤爲昌盛。《後漢書·郭躬傳》載："父弘，習《小杜律》……躬少傳父業，講授徒衆，常數百人。""小杜，爲廷尉杜周之子杜延年，父子皆習法律，故有大小杜之稱。父子自漢武帝至漢昭帝皆以執法嚴者知名，郭躬自其父郭弘之後亦數代習律，子孫至公者一人，廷尉七人。"（《後漢書·郭躬傳》）

二、專科學校所用的專科教材。魏晉南北朝時期，科學技術有了較大的發展，社會上也需要培養具有自然科學知識和專業技術的人才，學校教育在以儒學爲主的同時，也逐漸增加了一些算學、天文學、醫學等方面的知識。這在《晋書·隱逸傳》《北史·樊深傳》等史書中皆有記載。但魏晉南北朝專科教育在中國古代專科教育發展過程中畢竟是初始階段，甚不完善，也不正規。甚至可以説，當時的專科教育機構尚未取得"學校資格"。學校内部亦尚未建立起一套有規劃、有教材、有考核的教學體制。

隋朝在經學教育制度外，始創實科教育制度。到了唐代，則更多地建立起一些專科性學校，同時在一些中央業務部門，如太醫署、太樸寺、司天臺等，也設科招生，培養一些專門人才。這類學校在唐宋時代已發展到一定規模，在世界上亦處於領先地位。但在中央官學中，這種學校政治地位比較低。如唐朝廷明文規定了各級各類學校招生的身份標準，將教育的等級性以法令的形式加以制度化，而這種學校的生員身份標準列於榜末，爲官府冷落，甚至歧視。

隨着官學的衰廢，自然科學知識和技術多轉入民間，由私人進行傳授。

從魏晉南北朝至明清，曾存在過的學科類別及其所用專科教材有：

算學：早在西周教育中即已確立了地位，爲六藝之一。但隨着漢代"獨尊儒術"的推行，算學教育退出了官辦教育行列，掌算數事務納入了史官的許可權，算學的傳授便轉入了私學。隨着天文、曆法、機械等行業的發展，算學的應用顯得越來越重要，魏晋南北朝學術的繁盛也進一步推動了數學的發展，算學教育的地位重新爲人們認識。北魏時已設置了算學博士，正式的數學專科學校始建於隋文帝時期，是中國最早的學習研究自然科學的專門學校。所用教材主要是"算學十書"。官辦的專門科技學校之算學，自宋以後，中斷了三百六十餘年。但在官學之外，算學仍然是重要的教育內容。如元代李治的《益古演段》，是他在書院教育中專門爲學生所作的數學教材。而至明代徐光啓譯《幾何原本》之後，西方算學漸爲人所接受，清代數學中興。官學算學教材主要有《數理精蘊》等。

文學：發端於先秦。文學教育的首創，始於東漢的鴻都門學，但認識到"文章乃經國之大業，不朽之盛事"却發軔於曹丕。魏青龍四年（236），魏明帝設置了以研究文學爲目的的崇文觀，徵召善文之士任職，又下詔將曹丕的《典論》刊刻於太學門外，與《石經》并列。文學教育在六朝已經十分普遍了，以後直至明清，皆爲科舉教育中的重要內容。歷代各朝所用的文學教材主要有：《典論》《文選》《文心雕龍》《守溪文稿》《欽定四書文》等。

史學：發端於先秦。中國古代史學形成一門獨立的學科并取得重大的發展是在魏晋南北朝，在這之前史學祇是經學的附庸。南朝宋設立史學館，唐宋科舉中的明經科中有史科。其他各代的私學中也有史學教育。歷代史學教育所用的教材有：《史記》《漢書》《後漢書》《三國志》等。

律學：發端於先秦。最早開辦律學教育，是在魏明帝時期。律學自梁武帝正式創立，直到宋末，期間雖幾經興廢，仍然延續了七百年之久，是中國歷史上存在時間最長的專科大學。學生在校主要學習律令、格式、法令等。所用過的成形的教材有《宋刑統》《御制大誥》《大明律令》《大清律》等。

醫學：發端於先秦。南朝宋始設醫學，唐宋兩代大加發展，成爲中國醫學發展的鼎盛時期。醫學是中國歷史上唯一能形成學校系統的學科，在普及醫藥衛生知識、促進醫藥事業的發展方面，起了重大作用。醫學所用過的教材有：《本草》《甲乙經》《脉經》《素問》《黄帝針經》《明堂》《脉訣》《神針》《難經》《巢氏病源論》《龍樹論》《千金要方》《千金翼方》《傷寒論》等。

陰陽學：發端於先秦，盛於兩漢，至唐始設爲官學，其後多有沿襲。教材有《占算》《三命》《五星》《六壬》《數學》和《三元經書》等。

武學：發端於先秦。正式成爲學科類別，則於北宋仁宗慶曆三年（1043）。至清代則有武舉無武學。武學教材有"武學七書"、《百將軍傳》、《武臣大誥》、《歷代臣鑑》等。

書學：發端於兩晋時，但正式成爲學科類別則始於隋文帝初年，隸屬國子寺。唐代書學有了較大發展，宋代書學達到鼎盛階段。宋末社會大亂，書學亦廢。唐宋的書學，對中國書法藝術的發展和流傳，起了重要作用。所用教材有《法書要録》《書譜》《書史》《續書譜》等。

玄學：發端於南朝宋時的玄學館。唐開元年間則成爲正式的學科類別。唐代玄學所用教材有《道德經》《莊子》《文子》《列子》。玄學的設立，影響了以後道教的傳播。

畫學：宋代始建的學科類別。宋代繪畫藝術水平很高，至今在中外享有盛名。畫學的興建，對於宋朝繪畫藝術的繁榮，起了直接的促進作用。所用教材有《古畫品録》《續畫品》《續畫品録》《歷代名畫記》《畫論》《宣和畫論》等。

另有音樂、工藝，在唐代皆設爲學科類別。音樂、工藝都是以培養技能爲主，現有史料難以明瞭當時所用教材情況。

三、家庭教育及社會教育所用的教材。家庭教育是以家庭成員爲對象，教誡他們遵守封建的道德準則和倫理關係，以及治家的方法等。中國古代有許多"家訓""家範""家誡""家教"等關於家庭教育方面的著作。其中有"世業"教育，即特殊技藝教育，所用教材，即屬此類。在中國古代，法律、醫卜等專授，一度皆屬"世業"。本章已列有"家庭教材考"之專節，此不贅述。

另有社會教育所用教材。社會教育是指學校以外對人民群衆所進行的教育。古代所説的教化，其中一部分就是指社會教育。它是社會精神文明的一個環節。我國古代社會教育源遠流長，《周禮・地官・鄉大夫》載，每年正月、七月、十一月的初一日，大司徒、州黨正等官要"聚民讀法"。當時的法是指一年的政令等。宋代以後，社會教育多以鄉或地區爲單位，由群衆自發或地方官組織，進行道德教育，而清代則由朝廷組織，廣泛推行社會道德和法律教育。

清統治者早在入關之前就已認識到社會教育的重要性，入關以後，世祖福臨繼續執行這一方針，於順治九年（1652）頒布了《欽定六諭臥碑文》。清初的社會教育以道德教化爲主，聖祖於康熙九年（1670）親自爲社會教育寫了《上諭十六條》，在社會教育中增加了普及法律的內容，形成道德與法制相結合的社會教育。世宗對社會教育也很重視，他把《十六條》逐條加以解釋，寫成洋洋萬言的《聖諭廣訓》，這是封建時代唯一由最高統治者編寫的長篇教化教材。《聖諭廣訓》頒布後，成爲清代社會教育的主要教材。

還有一類特殊教材，即少數民族教育所用教材。中國古代歷史中少數民族多次入主中原，并取代漢族政權，如北魏和元朝、清朝。少數民族在漢化的過程中，曾用少數民族語言編寫過教材。如道武帝拓拔珪集衆生考論衆經文字，義類相從，撰成《衆文經》，成爲太學教材。元代設立專門學習蒙古文字的地方官學蒙古字學，教學内容以譯成蒙古文的《通鑑節要》爲教材。

此外尚有勸導士子發憤讀書之著作《勸學篇》、論述家塾教學程式之著作《程氏讀書日程》、乾隆年間發行的修身科教材《五種遺規》等，一并附錄於此。

封建社會發展到明清，已走到其歷史的最後階段，這一時期的教育制度，一方面集傳統教育制度之大成，達到高度完備的程度，另一方面又帶着封建末期腐朽僵化的特徵，顯示盛極而衰落的趨勢。實現統治階級的教化意圖，培養未來的官僚隊伍成爲各類教育的唯一目標。服務於這樣的要求，在當時的教育部署中，科技教育被完全或基本忽略，而科舉作爲國家選拔人才的首要方式，也由於實際教育目標的過分單一而流於形式。

鴉片戰爭以後，作爲檢討失敗原因的一個方面，清廷的一些官員開始將目光投向一些具有使用價值的教育形式和教育内容。與此同時，外國傳教士大量涌入中國，逐漸興辦起一些新式學校。隨着同治元年（1862）京師同文館的開設，新式教育在清廷上層官員的支持和經辦下走向歷史的前臺。經過四十年的醞釀、實踐，光緒二十八年（1902），清廷出臺了第一個學制改革方案。從這時起，中國的教育正式走向近代學校教育全面、系統的制度化建設。

光緒十五年（1889）江南製造總局出版自編的《算學》三種，是近代中國最早的自編教科書。光緒二十八年（1902）京師大學堂成立編書處。光緒三十二年清廷學部設圖書局，是近代中國有計劃地編輯成套教科書的開端。辛亥革命以後，民國政府教育部施行教科書審定制，商務印書館和中華書局都編輯出版了成套的教科書。

專類教材

伊訓

爲迄今可知最早之專類教材，是商代帝師伊尹用以勸教、警誡成湯之孫太甲之銘文。其時成湯已殁，其子太丁未立而卒，太甲始立，伊尹恐其不能繼承祖業，故作《伊訓》《肆命》《徂后》三篇以示勸誡。三篇中後二篇亡佚，唯此篇獨存。《書・伊訓》："成湯既没，太甲元年，伊尹作《伊訓》《肆命》《徂后》。"孔傳："太甲，太丁子，湯孫也。太丁未立而卒，及湯没，而太甲立，稱元年。"孔穎達疏："成湯既没，其歲即太甲元年。伊尹乙太甲承湯之後，恐其不能纂修祖業，作書以戒之，史叙其事，作《伊訓》《肆命》《徂后》。"原銘文久佚，唯其訓辭見載於《書》之《伊訓》篇中。

爲吏之道

秦朝專類教材。秦實行"以法爲教""以吏爲師"的文教政策。治理天下需要知識，教育者首先應接受教育。秦代的學吏（"吏子"）需通過"學室"的學習和培訓，學成後經過考試，合格者纔能任職。湖北睡虎地秦墓第十一號墓第五十一枝竹簡《爲吏之道》就是供爲吏者學習試用的文化課本和政治課本。簡文開頭有"凡爲吏之道"一句，故取爲篇名。所談多爲爲官的道德箴規和處世哲學。如："爲人君則鬼，爲人臣則忠，爲人父則慈，爲人子則孝。"

文學教材

典論

文學教材。作者曹丕。《典論》是曹丕在建安後期爲魏太子時所撰的一部政治、社會、道德、文化論集。全書爲多篇專文組成。其中的《典論·論文》是中古文學批評史上第一篇文學專論。文章包括四部分内容：第一，批評了"文人相輕"的陋習。第二、評論了"今之文人"亦即"建安七子"在文學上的才力及不足。分析了不同文體的寫作要求。第三、指出"文以氣爲主"的命題。這裏的"氣"，實際上指的是作家的氣質和個性。第四、論述了文學事業的社會功能，將它提到"經國之大業，不朽之盛事"的高度。青龍四年（236），魏明帝設置以研究文學爲目的的崇文觀，徵召善文之士來這裏工作，又下詔將曹丕的《典論》刊刻於太學門外，與石經並列。

文選

我國現存編選最早的一部詩文總集。共收録先秦至南朝宋齊八百年間一百三十位知名作者與少數佚名作者的作品七百餘篇（首）。編選者蕭統，爲南朝梁武帝蕭衍之長子，曾立爲太

《文選》
（鄱陽胡氏覆宋本）

子，死後謚昭明，故後來又稱《文選》爲《昭明文選》。隋唐以後，由於進士考試詩賦，注重文采，《文選》遂成爲士子必讀之書。唐劉肅《大唐新語》卷九："江淮間爲《文選》學者，起自江都曹憲……憲以仕隋爲秘書，學徒數百人，公卿亦多從之學，撰《文選音義》十卷，年百餘歲乃卒。其後句容許淹、江夏李善、公孫羅相繼以《文選》教授。"宋代有"《文選》爛，秀才半"之諺。

文心雕龍

文學教材。南朝梁劉勰撰。爲我國第一部

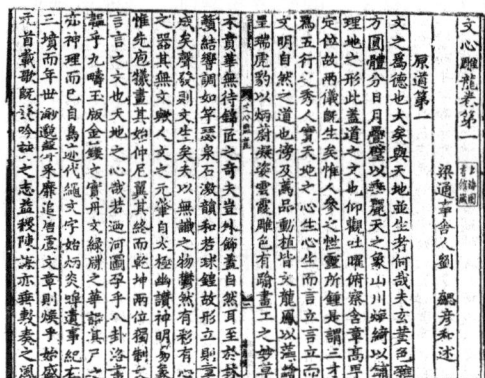

《文心雕龍》
（元至正十五年刻明修本）

文學理論專著，"評文章得失，別其體制"。其書《原道》以下二十五篇，論文章體制；《神思》以下二十四篇，論文章工拙，合序志一篇，爲五十篇。是書刻本繁多，《四部叢刊》本通行。

守溪文稿

明人王鏊的八股文集。王鏊字濟之，號守溪，明憲宗成化間鄉試、會試皆第一，官至文淵閣大學士，曾多次主持鄉試。其《守溪文稿》於成化、弘治間最爲風行，號稱時文正宗。《四庫全書總目提要·震澤集》："鏊以制藝名一代，雖鄉塾童稚，纔能誦讀八比，即無不知有王守溪者。"《儒林外史》第一一回："十一二歲就講書、讀文章，先把一部王守溪的稿子讀的滾瓜爛熟。"

欽定四書文

清代官定的八股文範本。八股文是明清科舉規定的文體，因多取"四書"語句命題，稱爲"四書文"，亦稱"制義""制藝""時文""時藝""八比"。《欽定四書文》係方苞奉清乾隆帝之命所選定，旨在作爲鄉、會試應試者的作文程式。共四十一卷，其中明文四百八十六篇，分爲〔成〕化〔弘〕治、正〔德〕嘉〔靖〕、隆〔慶〕萬〔曆〕、〔天〕啓〔崇〕禎四期四集，清文二百九十七篇，別爲一集。每篇皆加圈點，細批旁注，抉其精要，總評於後。編定後頒行各省。

史學教材

史記

亦稱"太史公書"。史學教材。西漢司馬遷撰。遷字子長，夏陽龍門（今陝西韓城）人。該書原名《太史公書》，一百三十卷。是書爲我國第一部紀傳體通史。始撰於武帝太初元年（前104），至征和二年（前91）基本完成。記事自黃帝迄漢武帝約三千年歷史，詳於戰國秦漢。計十二本紀、十表、八書、三十世家、七十列傳，共百三十篇，五十二萬六千五百字。是書史料搜集詳備，論辯精闢，飽蘸情感，多有進步史觀，文筆生動通俗，且所創體例，爲

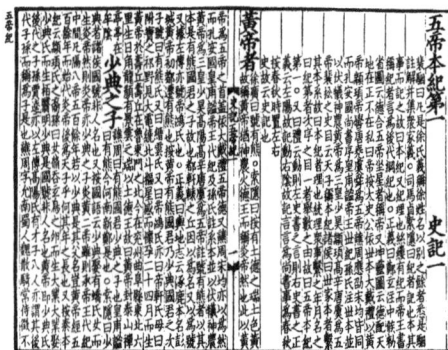

《史記》
（四部叢刊影南宋黃善夫刻本）

紀傳體正史之開山。實爲我國歷史、文學寶庫中最典範的名著。此書流傳中有殘缺，漢元、成間補綴數篇。爲歷代官、私學中史學教育必讀之書。今有多種傳本流世。1959 年中華書局出新點校本。

【太史公書】

即史記。此稱漢代已行用。見該文。

漢書

亦稱"前漢書"。史學教材。東漢班固撰，妹班昭續成之。固字孟堅，扶風安陵（今陝西咸陽東）人。全書一百二十卷，爲我國第一部紀傳體斷代史。記事自漢高祖元年（前 206）至新朝的王莽地皇四年（23），共二百三十年史實。計十二紀、八表、十志、七十列傳，每篇一卷，後人析長篇爲子卷，成一百二十卷。共八十萬字。沿用《史記》體例，改"書"爲"志"，去"世家"。武帝中葉以前事迹，多因《史記》。但於傳目、事實、文章亦有增益。表志有新創，《百官公卿表》記秦漢官制，《古今人表》列漢以前人物表。所創《西域傳》《刑法》《五行》《地理》《藝文》諸志皆爲後來史書所沿用。《藝文志》記先秦至漢以來書籍流傳，爲最早目錄學專著。是書用紀傳體并創斷代史

的法式，影響後世史書編撰。爲東漢以來官、私學史學教育之必讀之書，亦爲唐宋科舉史科考試必讀之書。唐以前已有二十三家注，唐顏師古集大成，爲之作注，爲現存最流行注本。通行爲武英殿本、1962 年中華書局標點本。

【前漢書】

即漢書。此稱南北朝時期已行用。見該文。

後漢書

史學教材。南朝宋范曄撰。曄字蔚宗，順陽（今河南淅川）人。今本一百二十篇。分一百三十卷。記光武帝建武元年（25）至獻帝建安二十五年（220），共一百九十六年史實。計十本紀、八十列傳、三十志，總二百三十萬字。撰此書前，已有十八家後漢史，曄以《東觀漢記》爲主，博采衆長，自訂體例以類叙法編次，并多錄奏疏文章。每篇末"論"後附以"贊"。皇后入本紀，又新增《黨錮》《宦者》《文苑》《獨行》《方術》《逸民》《列女》等七類傳。唐代以本書與《史記》《漢書》合稱"三書"。他書漸佚。爲隋唐和宋時科舉考試必讀之書，是研究東漢歷史的重要資料。今有北宋淳化五年（994）初刻本，善本爲南宋紹興本、1956 年中華書局標點本。

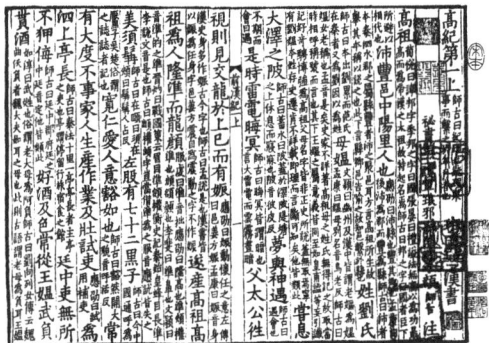

《漢書》
（四部叢刊影鐵琴銅劍樓藏北宋景祐刊本）

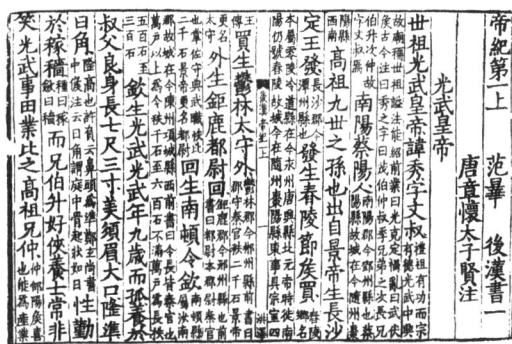

《後漢書》
（四部叢刊影宋紹興本）

三國志

史學教材。晋陳壽撰。壽字承祚，巴西安漢（今四川南充）人。是書六十五卷，記魏文帝黃初元年（220）至晋武帝太康六年（285）魏、蜀、吴三國史事。計《魏志》三十卷、《蜀志》十五卷、《吴志》二十卷。無表志。魏正統列本紀稱帝，蜀吴爲傳稱主。魏、吴二志參考魚豢《魏略》、王沉《魏書》、韋曜《吴書》等書編撰而成。蜀無書，多據實地采訪、見聞所得而成。成書依次爲蜀、魏、吴。三志本獨立，後世合爲一書。南朝宋裴松之爲之作注。引書一百五十九種，史料增補遠多於原書，且開一代注釋體例，極便後學。爲隋唐科舉考試史科必讀之書。

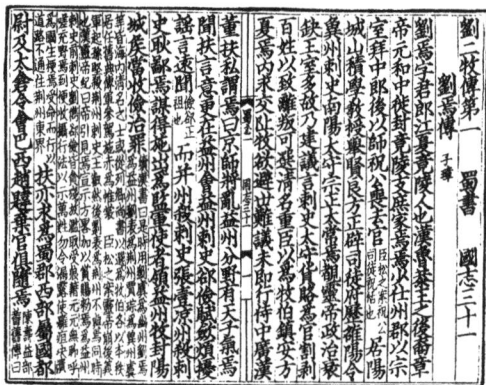

《三國志》
（四部叢刊影宋紹熙刊本）

資治通鑑

省稱“通鑑”。史學教材。本爲朝廷專用，以資治理國家之通代鏡鑑。其書一經刊行，即不脛而走，遍傳天下。尤爲官學所重，以爲法定教材。其書二百九十四卷，目録、考异各三十卷。爲北宋司馬光主編。光字君實，號迂叟，世稱涑水先生，陝州夏縣（山西夏縣）人。作者欲集歷代史籍統爲編年一書，先成《通志》八卷，叙戰國至秦事，爲英宗首肯，乃置書局，以劉放、劉恕、范祖禹爲協修，歷十九年始成事，書成於神宗元豐七年（1084）。記東周威烈王二十三年至五代後周世宗顯德六年（前403—959），共一千三百六十二年歷史。分爲周、秦、漢、魏、晋、宋、齊、梁、陳、隋、唐、後梁、後唐、後晋、後漢、後周十六紀。取材博綜十七史、唐以來實録及雜史、譜録、碑碣、家傳、行狀、小説、文集，凡三百種以上。系先編“叢録”（提綱），再制“長編”（按“叢録”所作史料系），最後又經筆削潤飾始成煌煌巨著，爲中國第一部編年體通史。内容以叙政治、軍事爲主，旨在爲統治者提供國家治亂興衰之史實。全書體例嚴謹，脉絡分明，熔裁貫通，歷有“體大思精”之譽。所作《考异》，逐條説明史事异同及其取捨之由，尤爲學者推重。書中計有史論一百八十六篇，其中一百一十八篇出自光手，有裨於作者思想研究。其後歷代皆視爲不刊之名著，自宋以來，又爲書院所重，皆以爲常備教材，治史者則視爲圭臬，時與研習焉。宋元之際胡三省爲書作注，并將注文與《考异》分繫於各篇之中，是爲通行之本，傳習尤廣。書初刊於北宋元祐七年

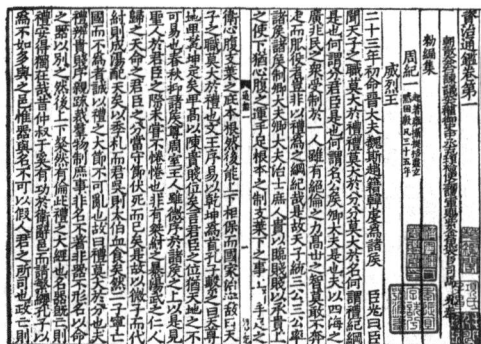

《資治通鑑》
（南宋紹興刻本）

（1092）。國家圖書館藏南宋紹興二年（1132）刻本。胡注本以清嘉慶間鄱陽胡克家翻元本爲佳。1956 年中華書局有點校本。日人佐伯富有《資治通鑑索引》可資檢閱。

【通鑑】

"資治通鑑"之省稱。此稱宋代已行用。見該文。

續資治通鑑

初名"宋元編年"。史學教材。清畢沅撰。沅字秋帆、纕蘅，自號靈巖山人，鎮洋（今江蘇太倉）人。乾隆時狀元，官至兵部尚書、湖廣總督。凡經史小學金石地理之書，無所不通。以前諸人《資治通鑑》續作未盡完善，因延請當時學者嚴長明、程晉芳、邵晉涵、洪亮吉、孫星衍、章學誠等協修，另著此編。書成於乾隆末年，歷時二十餘年。二百三十卷，包括宋紀一百八十三卷，元紀三十八卷，凡二百三十五萬餘字。記事上接《通鑑》，始北宋建隆元年，終元至正三十年（960—1370）。全書略以徐乾學《資治通鑑後編》爲底本，并博采宋、遼、金、元四史和李燾《續資治通鑑長編》、李心傳《建炎以來繫年要錄》、葉隆禮《契丹國志》及文集、説部一百一十餘種，予以剪裁充實。其書皆直錄史文之舊，無所改易，重客觀叙事，而避主觀論斷。凡有歧異，則附以考异，辨其真僞。其材料之豐富，詮釋之剴切，均高出於此前諸家續作之上。宋紀部分，叙事以遼、金、夏與宋并重，對遼、金和宋末史事增補甚多，最稱精祥。畢沅官高位重，一生致力儒業教化，所延請助編學者，皆當世樸學大家，皆重經史疑義之辨難，力主"考鏡源流，辨章學術"。其時《續鑑》始出，其中孫星衍曾主講於浙江之詁經精舍，洪亮吉曾主講於安徽之毓文書院、江蘇之梅花書院，章學誠主講於河南之文正書院、河北之定武書院、清漳書院、敬勝書院。星衍諸師於講授中力予評述，於是大江南北，皆習其書，一時洛陽紙貴。其書之不足在於元代部分稍流於簡略，通編文字缺乏熔鑄，考訂或見失當。於遼、金、元人名概從乾隆時之改譯，雖注其原名，而時有漏失。沿用《通鑑》歲陽、歲名紀年，亦未可取。書成後曾經邵晉涵審定。但畢氏初刊一百〇三卷仍注明"初定之本"，後馮集梧續刊一百一十七卷，是否審訂之本，也已難考。後有同治間江蘇局本。1957 年臺灣出版容肇祖、聶崇歧點校本，勝於前本。

【宋元編年】

即《續資治通鑑》。此稱清代已行用。見該文。

律學教材

竹刑

律學教材。春秋時鄭國大夫鄧析因鄭國舊鑄刑鼎不合時宜，於是獨自進行研究，終成新律，書之於竹簡，故有是稱。因《竹刑》大益於鄭國，故取之爲正法。而鄧析因另有"當死之罪"而被殺。鄧以律成而驟死，其書不脛而走，民間私相授受幾成風氣，朝廷遂定爲教材。《隋書・經籍三》載有《鄧析子》一卷，後佚。《左傳・定公九年》："鄭駟歂殺鄧析，而用其《竹刑》。"杜預注："鄧析，鄭大夫。欲改鄭所鑄舊制，不受君命而私造刑法，書之於竹簡，故云《竹刑》。"孔穎達疏："昭六年，子産鑄刑書於鼎。今鄧析别造《竹刑》，明是改鄭所鑄舊制。若用君命遣造，則是國家法制，鄧析不得獨專其名，知其不受君命而私造刑書，書之於竹，謂之《竹刑》。駟歂用其刑書，則其法可取。殺之，不爲作此書也。下云'棄其邪可也'，則鄧析不當私作刑書而殺，蓋別有當死之罪，駟歂不矜免之耳。"其書久佚，唯其事見載於《左傳・定公九年》。

秦律

律學教材。秦國及秦朝法律之總稱。秦國有法，由來已久，文公二十年（前746），即有誅三族之罪。（見《史記・秦本紀》）孝公時推行商鞅之制，改法爲律，將魏李悝之六法改爲盜律、賊律、囚律、捕律、雜律、具律六律，形成以《法經》爲基礎的秦律。秦朝建立後，"事皆決於法"，"海内爲郡縣，法令由一統"（《史記・秦始皇本紀》）。商鞅稱"法令者，民之命也，爲治之本也"（《商君書・定分》），故主張"聖人必爲法令，置官也，置吏也，爲天下師"（《商君書・定分》）。於是，秦律成爲朝廷規定的官民必習的統一教材。韓非進一步發展了商鞅的法治思想，認定私學乃破壞法令權威之大敵，私學常各執一端，標新立異，遂導致"大者非世，細者惑下"，甚而"誹謗法令"，因此必須"禁其行"，"破其群"，"以散其黨"（《韓非子・詭使》及《五蠹》）。於是徹底取締一切民間學派團體，禁絕一切私學。故而舉國上下，盡皆"以法爲教"，"以吏爲師"（見《韓非子・五蠹》）。終於成爲中國歷史上唯法爲重、全民習法的王朝。1975年12月湖北云夢睡虎地十一號秦墓出土一千一百五十五枚竹簡，皆墨書秦隸字體，有《語書》《秦律十八種》《秦律雜抄》《法律答問》《封珍式》《爲吏之道》等，幾乎全部爲法律文書。内容有《田律》《厩苑律》《倉律》《金布律》《工律》《軍爵律》《置吏律》《除弟子律》《中勞律》《藏律》《公車司馬獵律》《博律》《敦表律》《捕盜律》《戍律》等等，涉及了社會生活的各種領域。其中的《律答問》是以問答的形式，對秦律條文作出解釋，其教材性質最爲顯著。其書今已失傳。參見本書《國法卷・刑名刑典説》"秦律""睡虎地秦簡"文。

漢律

律學教材。兩漢法律之總稱。漢高祖初入關，"約法三章"，盡廢暴秦之煩苛，"兆民大説"。政權既定，相國蕭何乃"攈摭秦法，取其宜於時者，作律九章"，世稱《九章律》。（見《漢書・刑法志》）朝廷定爲教材。稍後，重臣叔孫通復予增益，又作《傍章律》十八篇。文景時期，簡法輕刑，終廢肉刑。至漢武帝時，任用張湯、趙禹等酷吏，制定了《越宫律》二十七篇《朝律》六篇，致使漢律達於六十篇。其後從法律内容到形式又有補益，於死刑、肉刑、徒刑、贖刑之外，尚有一些非正刑，形成了律、令、科、比等一套完整的體系。律，即基本的法律形式，通常稱之爲法典；令，即皇帝旨意，亦稱"詔"或"詔令"，是根據情況變化，隨時頒布的單行法規，其法律效力在律之上，可以代替或更改律條；科，是針對某類事的專項法規；比，亦稱"決事比"，是斷案中用以比照的典型案例，凡律無定，取決事比以決斷。作爲朝廷之教材又隨之修訂增補。漢律已形成了封建法律體系的基礎，至唐代臻於完備。其書今已失傳。1972 年至 1979 年間甘肅額濟納河流域居延地區出土王莽時期簡牘近兩萬枚，其中載有律令、詔書、爰書、劾狀等，略可見漢律之一斑。參見本書《國法卷·刑名刑典説》"漢律""居延木簡"文。

小杜律

律學教材。漢律較之秦律，更有長足進步，已成爲關涉國計民生、頗受世人青睞的大學問。漢武帝時廷尉、御史大夫杜周，斷獄苛輕無定，"不循三尺法"（不守成法），唯以人主之是非爲是非，故《史記》將其載入《酷吏列傳》中。其子杜延年幼習父業，宣帝時又爲御史大夫，雖"居父官府，不敢當舊位，坐卧皆易其處"，執法公正寬厚，"是時四夷和，海内平"（《漢書·杜延年傳》），其所著律學教材，世稱"小杜律"，其父所著律書則稱爲"大杜律"，以示區別。東漢時望族郭弘精通小杜律，後爲決曹掾，斷獄三十年，用法公平，凡"爲弘所決者，退而無怨"。其子郭躬"少傳父業，講授徒衆，常數百人"，"大杜律"因無再傳，本考不予立目。參閲《後漢書·郭躬傳》及李賢注。

齊律

律學教材。南北朝時期北齊之法典。北齊初年，沿用北魏法典《麟趾格》，至成武帝時參照漢魏諸律，"增損十有七八"，始成此律。其例首創"重罪十條"，即反逆、大逆、叛、降、惡逆、不道、不敬、不孝、不義及内亂。犯此十罪，不得論贖。因《齊律》"法令明審，科條簡要"，朝廷定爲教材。隋代修律，多沿其制。

其十重罪改稱"十惡"，後歷代相沿不改。南北朝時，私學甚盛，民間設館，授受此律，以爲職業。其書今已失傳，由《唐律疏議》可窺其一斑。參見本書《國法卷·刑名刑典説》"齊律"文。

唐律疏議

亦作"唐律疏義"。亦稱"律疏"。律學教材。本爲法典。唐代長孫無忌等奉敕編撰。頒行於唐高宗永徽四年（653）。爲《永徽律》之權威注解，全書旨在統一律學、科考、斷案及定罪標準。全書分名例（總則）、衛禁、職制、户婚、厩庫、擅興、盜賊、鬥訟、詐僞、雜律、捕亡、斷獄十二篇，三十卷，五百〇二條。律下附以疏文，逐句詮釋，述其源流、明其旨義，并設答問，以辨其疑。疏文常補本律之不足，同樣具有法律效力。其書廣引當世令、格、式諸文，涉及唐代社會生活之各領域，爲中國現存最早的完備法律典籍，是世界五大法律"中華法系"之代表作。其書不僅集秦漢以來法律理論之大成，且爲後世歷朝法典之藍本，對越南、朝鮮、日本及其他周邊國家之法制建設亦有深遠影響。自唐代始，歷代皆以爲必備教材。其書有多種版本傳世，可分三大體系：一爲滂

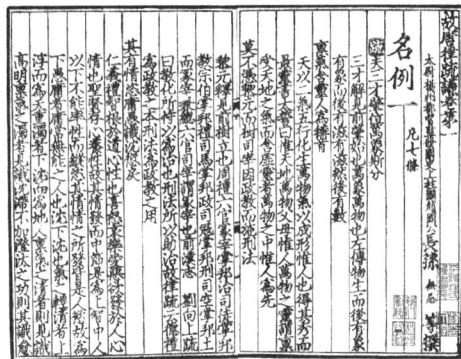

《唐律疏議》
（元余志安勤有堂刻本）

喜齋本系，以《四部叢刊》最通行；二爲元至正本系，以《岱南閣叢書》顧廣圻校本、沈家本重校江蘇書局本較佳；三爲日本文化本系，以《國學基本叢書》本爲上。今上海古籍出版社刊有影印國家圖書館藏宋刻本。1983 年中華書局刊有劉文俊點校本。日本唐律研究會編有《唐律索引稿》，其稿以《萬有文庫》本爲底本。參見本書《國法卷·刑名刑典説》"唐律疏議"文。

【律疏】

即唐律疏議。此稱唐代已行用。見該文。

【唐律疏義】

同 "唐律疏議"。此體元代已行用。元柳貫有《唐律疏義序》一篇。見該文。

宋刑統

亦稱 "重詳定刑統"。省稱 "刑統"。律學教材。本爲法典。宋竇儀撰。三十卷。五代時周世宗命范質撰《大周刑統》二十一卷。宋太祖建隆初，竇儀等奉詔重定，故《宋志》卷三刑法類題作 "重詳定刑統"。建隆四年（963元）頒行，同時作爲法定教材。以律、門、條垂直類屬。是我國古代一部基本的、較爲系統的成文法。終宋之世行而未變。在我國法制史上具有重要價值。今有 1918 年據天一閣抄本刊行本、1922 年嘉業堂本。1984 年中華書局鉛印本，即今人吳翊如點校本《宋刑統》。

【刑統】

"宋刑統" 之省稱。此稱宋代已行用。宋晁公武《郡齋讀書志·地理類》："石未詳撰人據《刑統》綱要也。" 見該文。

【重詳定刑統】

即宋刑統。此稱宋代已行用。見該文。

大明律令

律學教材。本爲法典。明佚名撰。三十卷。該書以《唐律》爲藍本。計十二篇、六百〇六條，修訂後分名例、吏、户、史、兵、刑、工諸律，爲加强封建經濟制度又增補市廛、關津、田宅、錢債、郵驛、營造等三十篇、四百六十餘條。該 "律令" 自修訂後即作爲法定教材。"律令" 增補後教材亦隨之增補。

算學教材

算經十書

亦稱 "孔氏算經十書"。算學教材，亦爲唐代科舉明算科之考試科目。唐高宗御定爲國子監算學館教科書，李淳風等詳加校注。日本和朝鮮亦定爲課本。包括《周髀算經》《九章算術》《海島算經》《五曹算經》《孫子算經》《夏侯陽算經》《張丘建算經》《五經算術》《緝古算經》《綴術》等十部，故稱 "算經十書"。十書中以《綴術》最爲繁難，定習肄時限爲四年；以《孫子算經》與《五曹算經》最爲簡明，兩書共限一年；其餘多爲一至二年修畢，《緝古算經》爲三年。其中《綴術》《夏侯陽算經》亡於宋初，《海島算經》亡於明，《九章算術》亦殘缺。清乾隆時編《四庫全書》，戴震自《永樂大典》輯出《九章算術》《海島算經》等。乾隆三十八年（1773），曲阜孔繼涵刊入《微波榭叢書》，仍題《算經十書》，故又稱 "孔氏算經十書"。另有南宋殘刻本《天禄琳瑯叢書》本、武英殿聚珍本。1963 年中華書局出版錢寶琮點校本。參閲《新唐書・選舉志上》。

【孔氏算經十書】

即算經十書。此稱清代已行用。見該文。

九章算術

數學教材。"算經十書"之一。作者不詳。共九章、二百四十六例題。始於先秦，遞經修補，至東漢完備。隋朝之後定爲官學，至兩宋其術已罕傳，明代僅入《永樂大典》，清乾隆時輯出，爲教學輔助書。後漸爲西學取代。内容包括：一、方田（三十八題），分數四則與田畝面積計算；二、粟米（四十六題），糧食交易比例計算；三、衰分（二十題），依等級分配物資與攤派稅收的比例計算；四、少廣（二十四題），已知面積體積，求一邊之長，釋開平方、開立方；五、商功（二十八題），城、渠、倉等工程體積計算；六、均輸（二十八題），按人口、物價、路途諸條件平均攤派稅收與徭役的計算；七、盈不足（二十題），盈虧類問題解法；八、方程（十八題），一次方程組解法與正負數加減運算法則；九、勾股（二十四題），畢氏定理應用與一般測量問題解法。其中負數分數計算、聯立一次方程組解法等，早於印度八百餘年，早於歐洲千餘年。隋唐時朝鮮、日本、阿拉伯國家等皆派員入華學習。其書代有研究者，以魏晉間劉徽及唐人李淳風注爲最佳。國家圖書館藏南宋刻本，1963 年中華書局據以排印。又有《算經十書》本等。參閲《四庫全書總目・子部・天文演算法類二》。

周髀算經

天文曆算教材。"算經十書"之一。約成書於秦漢之際，作者不詳。兩卷。唐李籍撰《音義》一卷。書内稱髀長八尺，夏至之日，晷一尺六寸，於周地立八尺爲股，故稱"周髀"。髀即股。天文方面主要闡述蓋天説與《四分曆》。數學方面涉及分數乘除法、等差數列與圓周求長法、任意正數開平方方法等。原稱《周髀》，唐初選舉科目有明算，國子監有算學，皆學《周髀》《九章》諸書，是爲算經。定爲官學後，始稱《周髀算經》。其書代有研究者，以唐李淳風注及清馮經《周髀算經述》爲最佳，至清梅人鼎《周髀補注》始用西法注釋。有《算經十書》本，萬曆中趙開美校刻本爲最早，此外尚有

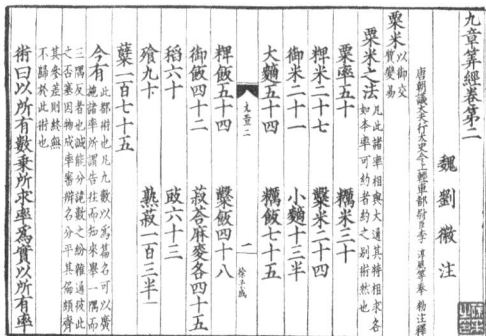

《九章算經》
（宋刻本）

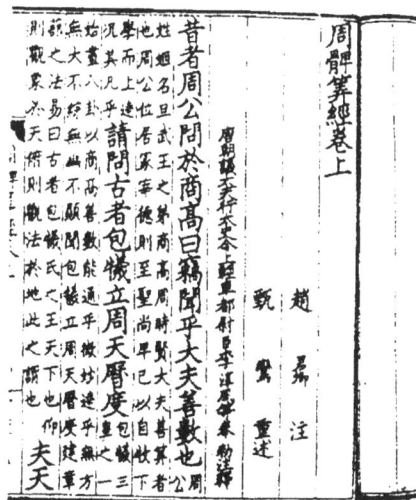

《周髀算經》
（武英殿藏崚曆校刻本）

《唐宋叢書》本、《津逮秘書》本，另有 1963 年中華書局排印的《算經十書》本等。

孫子算經

數學教材。"算經十書"之一。撰者不可考。三卷。成書於漢明帝時（依《四庫全書提要》及清戴震說）。前有序言，講數學在天文、測量、度量衡上的用途。上卷闡釋算籌記數的制度和算籌乘除法則；中卷舉例解說算籌分數法和開平方法；下卷論述"物不知數"，是一次同餘式問題。"物不知數"問題推出的定理，乃該書世界性貢獻。歐洲 19 世紀初法國數學家高斯（Gauss，1777—1855）方在《算術探究》中得出一般性定理。1852 年英國傳教士偉烈亞力將"物不知數"解法介紹至歐洲，西方數學史書將此理稱爲"中國的剩餘定理"。此書與《五曹算經》共限一歲習肆。現知此書曾有甄鸞、李淳風注本，又有北宋元豐七年（1084）京監本、南宋汀州刻本，惜均已失傳。明初收入《永樂大典》。清編《四庫全書》有戴震校改本，有《算經十書》本，還有依戴震校改的《永樂大典》本版刻印的武英殿聚珍本。另有鮑廷博乾隆四十一年（1776）所刻《知不足齋叢書》本、《叢書集成初編》本，1963 年中華書局排印的

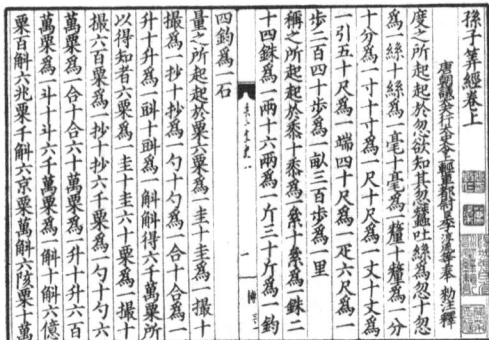

《孫子算經》
（宋嘉定本）

《算經十書》本。

海島算經

算學教材。"算經十書"之一。三國魏劉徽撰，唐李淳風等注。一卷。我國最早的測量學著作，亦爲地圖學提供了數學基礎。原名《重差》，因原書第一題有"望海島"之句，作注時改爲今名。詳本書《科技卷·算學說·典籍考》文。

《海島算經》
（武英殿聚珍版）

張丘建算經

數學教材。"算經十書"之一。北魏張丘建撰，北周甄鸞注。三卷。其書體皆設問答，間或附圖，頗爲古質簡奧，有別於後世之書。《舊唐書·經籍志下》載《張丘建算經》一卷，甄鸞注。可知其成書當在甄鸞之前，即北周之前，書首有張丘建自序引之《夏侯陽》《孫子》之術，則又當在夏侯陽之後，故推斷此書約成書於公元 446—484 年之間。《新唐書·藝文志》又有李淳風注《張丘建算經》三卷，此後歷代多析爲三卷。內容涉及等差級數、二次方程和不定方程等問題。其理論大多與社會實際相關，如測量、紡織、交換、納稅、冶煉、土木工程、利息等。其中"百鷄"之設題，是數學史上一題多解的首次記錄。全書選題嚴肅，頗切實用，

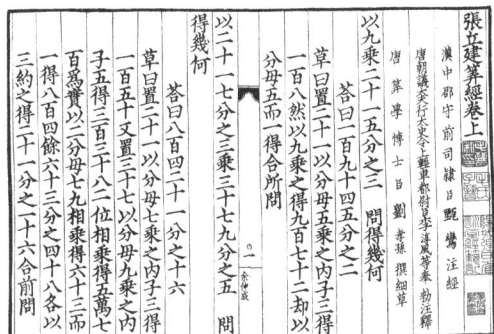

《張丘建算經》
（宋刻本）

是《九章算術》後一部較好的數學教材。有些命題的創設和解法，超越了《九章算術》。現有據南宋汀州原刻輾轉翻印本，中卷缺最後幾頁，部分題失傳；下卷缺最前兩頁，少二至三題。明初收入《永樂大典》，清有《四庫全書》本、《算經十書》本、《知不足齋叢書》本，後有《叢書集成初編》本及1963年中華書局排印的《算經十書》本。

綴術

算學教材。"算經十書"之一。南齊祖冲之撰，二卷。是中國古代最高端的數學著作。其面積、體積計算之精確，堪稱前無古人，且已能解負系數三次方程。故在"十書"中學習時間最長，需四年卒業。詳本書《科技卷·算學說·典籍考》文。

夏侯陽算經

算學教材。"算經十書"之一。當爲北周之前夏侯陽原著，北周甄鸞詳注，其後唐代韓延又予贈補，歷時數百年。共三卷。其書最重實用，雖《九章》古法，非官曹民事所需，必略而不載，於諸算經中最爲簡要。且於古今制度異同，多資考證。其書既有古籌筭，又有新珠算，是古籌筭之終止，新珠算的開端。爲中國算學史上承前啟後之傑作。

五經算術

數學教材。"算經十書"之一。北周甄鸞撰，唐李淳風注。二卷。鸞字叔遵，今河北無極人。曾任司隸大夫、漢中郡守等職，通天文、曆法。其書是對《周易》《書》《詩》《三禮》《春秋》《論語》等有關數學知識和計算方法的原文加以詮釋。如《書·堯典》："以閏月定四時成歲"句，用《四分曆》法加以解析；《詩·伐檀》"胡取禾三百億兮"，《豐年》"萬億及秭"，注釋"億""秭"的本意；《周禮·考工記·輈人》"蓋弓"，以開方之術解之；《禮記·月令》"黃鐘""大呂"等十二律，皆計算管之長度等等。全部釋文采摭經史，多唐以前舊本，不祇爲算家所必備，亦"足以發明經史，覈定疑義"(《四庫全書提要·子部·天文演算法類二》)。明初收入《永樂大典》，乾隆四十三年（1778）收入《四庫全書薈要》。有《算經十書》本、武英殿聚珍本，另有1963年中華書局排印的《算經十書》本。

五曹算經

數學教材。"算經十書"之一。北周甄鸞撰，唐李淳風注。五卷。五曹，指分職治事的五個官署部門；或指五種功演算法，即秤、尺、地、曹、金。該書則包括：一、田曹（田地面積計量法）；二、兵曹（軍隊給養計算法）；三、集曹（有關粟米的比例運用）；四、倉曹（有關糧食的徵收、運輸、儲藏計量法）；五、金曹（有關絲絹、錢幣的比例運用）。是爲地方專科學校所編撰的專用教材，并可爲地方行政人員所用。全書淺顯易學，所有舉證皆能結合當時實際，實用性甚高。所涉長方形、三角形、梯形、圓、

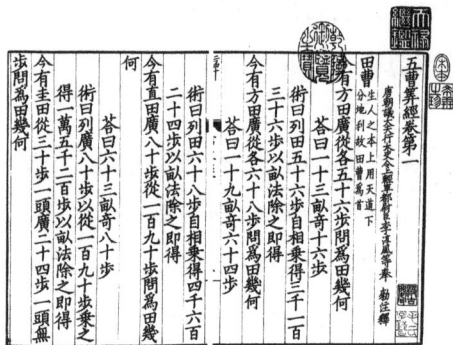

《五曹算經》
（汲古閣景宋鈔本）

圓環的面積公式與《九章算術》"方田"章同。"蛇田""鼓田""腰鼓田"，計算面積公式略有誤差。此書與《孫子算經》共限一歲習肄。有北宋元豐七年（1084）刻本、《永樂大典》本殘卷、《算經十書》本、《知不足齋叢書》本，另有 1963 年中華書局排印《算經十書》本。

緝古算經

數學教材。"算經十書"之一。唐代王孝通撰。一卷。孝通生唐武德年間，生平里籍不詳。曾任通直郎太史丞、曆算博士等職。全書爲二十道應用題。包括天文計算，以算術法解答；立體體積計算，以三次方程解答；勾股計算，也用三次方程解答。所涉工程技術之計算，"每以人户道里大小遠近及財物之輕重、工作之時日，乘除進退，參伍以得其法，頗不以深淺

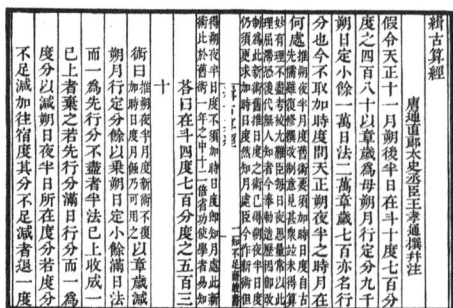

《緝古算經》
（知不足齋叢書本）

爲次第，故讀者或不能驟通。而卒篇以後，由源竟委，端緒足尋"（《四庫提要》），至爲嚴密科學，非他術可比。其主要貢獻是三次方程應用題解法。該書以正文闡述三次方程各項系數的計算方法，以注文説明建立方程的理論根據。《綴術》中可能有三次方程，但早已失傳，其方法不能確知。此書是講解三次方程傳留至今的最早算書。經過數百年，阿拉伯人 10 世紀以後纔有三次方程的發明；12 世紀前後，中亞學者奧馬爾·海牙姆（1048—1122）始較系統地研究了三次方程的數值解法；歐洲三次方程的出現則更晚。《四庫提要·子部·天文演算法》評曰："〔此書〕洵爲思極毫芒，曲盡事理。唐代明算立學，習此書者以三年爲限，亦知其術之精妙，非旦夕所克竟其義矣。"其他數學教材多以半年至二年爲限，除《綴術》而外，唯此爲最也，肄習三年。北宋元豐年間刻入《算經十書》後，曾傳入日本等國。現知傳世較早的有李淳風注本、北宋元豐七年（1084）刻本，其後有《算經十書》本，另有 1963 年中華書局排印的《算經十書》本。

益古演段

數學教材。元李治著。三卷。李治在河北封龍山下開辦的"封龍書院"，除文史知識外，主要講授數學，并兼及其他自然知識。他一邊講學，一邊從事數學研究，爲學生們寫出了《益古演段》作爲教材。這是他的著名數學著作《測海圓鏡》的一個普及讀本。書前自序稱："術數雖居六藝之末，而施之於人，則最切務。"并批判了視數學爲"九九賤技"和"玩物喪志"等謬論。所收六十四題中，大多數是關於各種平面形間的面積關係問題，解決問題

《益古演段》
（知不足齋叢書本）

的方法是通過"天元術"和"等積變換"。是關於天元術較好的入門書。北京大學存有此書抄本，還有清初《四庫全書》本、《知不足齋叢書》本、《百芙堂算學叢書》本。《叢書集成初編》本流行較廣。

御制數理精蘊

數學教材。清梅瑴成主編，陳耀厚、明安圖等助編。法國數學家提供了譯稿。五十三卷。自康熙二十九年（1690）至康熙六十年成書。此書是一部數學百科全書，主要介紹19世紀傳入的西洋數學，也涉及少量中國古代數學，是清朝第二階段西洋數學傳入的成果，促進了乾嘉時期的數學研究。初刻於雍正元年（1723），收入《律曆淵源》。另有摛藻堂《四庫全書萃要》本、商務印書館《國家基本叢書》本。

玄學教材

老子

亦稱"道德經""道德真經""老子五千言"。玄學教材。道家經典。傳爲春秋末李耳撰。分上下篇五千字。李耳字伯陽，又稱老聃或老子，楚國苦縣（今河南鹿邑東）人。後世道教尊老聃爲"老君"，奉爲教主。其著作成爲道教主要經典。舊題西漢河上公注，成《老子》章句八十一章。前三十七章爲《道經》，後四十四章爲《德經》，故名。歷代對《道德經》注釋不下數十種，從道（哲理）、陰陽、內外丹、修身、治國、易象、術數等方面闡釋教義，對於觀察朝代更替、自然變化，以及個人修行，頗有意義。其所謂"道"，係指超時空的靜止不動的絕對精神，此乃道家的最高信仰。收入《道藏》。漢末農民起義，亦利用該經另創《太平經》和"五斗米道"，組織群衆。唐代定爲玄學教材。隋唐時明經科、進士科考試必讀之書。最古本爲1973年長沙馬王堆出土帛書《老子》，學者因其《德經》在前，《道經》在後，而稱《德道經》，尚未被公認，仍以舊題通行。

【道德經】

即老子。此稱先秦時期已行用。見該文。

【道德真經】

即老子。此稱漢代已行用。見該文。

《道德經》
（四部叢刊初編宋本）

【老子五千言】

即老子。見該文。

莊子

亦稱"南華經""南華真經"。玄學教材。道家經典。戰國莊周撰。莊周，宋國蒙（今安徽蒙城，一説今河南商丘東北）人。《漢書·藝文志》著錄《莊子》五十二篇，今存三十三篇。相傳《内篇》七篇爲莊子撰，《外篇》十五篇及《雜篇》十一篇爲其弟子及後來道家所作。莊子獨尊老子，其《齊物論》《逍遥游》等篇影響深遠。對老子的"道"加以引申，强調"道"的自然無爲。在認識論方面，提出事物的相對性，强調人的主觀認識能力。在人生態度方面，主張"達生""忘我"，追求絶對的個人自由。歷代注本甚多，以晉郭象注最著名。唐代開設崇玄學，定爲崇玄學教材。今有多種傳本流世。

【南華經】

即莊子。此稱先秦時期已行用。見該文。

【南華真經】

即莊子。此稱先秦時期已行用。見該文。

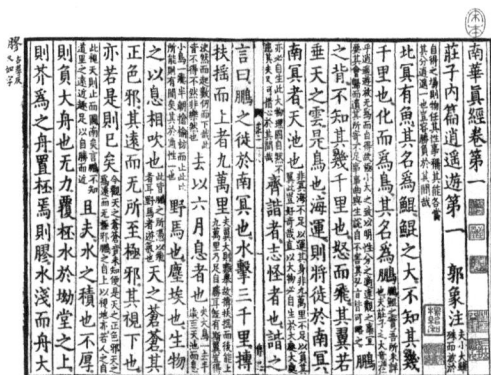

《南華真經》
（宋刻本）

文子

亦稱"通玄真經"。玄學教材。春秋辛

妍（或作鈃）撰。妍字文子，號計然，係老子弟子，范蠡師，葵丘（今山東臨淄）人。《漢書·藝文志》載《文子》九篇"，注曰："老子弟子，與孔子並時，而稱周平王問，似依託者也。"《隋書·經籍志》載《文子》十二篇，注曰："老子弟子，《七略》有九篇，梁十卷亡。"今所行者仍十二篇之本，別本或題曰"通元真經"，蓋唐天寶中嘗加是號。事見唐《藝文志》。《文子》主要闡釋老子思想，然所釋引"老子曰"云云，非全爲老子原句原意，已有引申發揮。觀其崇尚仁義，强調君臣父子，知其爲道、儒家思想合流産物。而"輕天下""齊生死"則又夾雜莊子思想。其於禍福利疾、治身養生言之特詳，已見宗教説教之端倪。保存了大量民間諺語。頗多樸素辯證法思想。唐代開設崇玄學，定爲崇玄學教材。今有唐徐靈府注本（闕佚大半），宋朱弁注七卷（八卷以下盡失），元杜道堅《文子纘義》十二卷。

【通玄真經】

即文子。此稱唐代已行用。見該文。

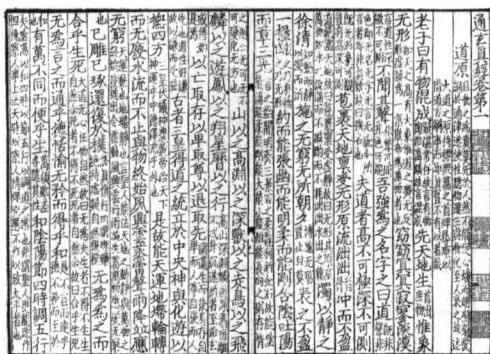

《通玄真經》
（宋刻本）

列子

亦稱"沖虚真經""沖虚至德真經"。玄學

教材。列子，即列禦寇，亦作列圄寇、列圉寇，戰國時鄭人。其學本於黄帝、老子。事迹多見於《莊子》，其書爲傳其學者所追記。非列禦寇自著。原書早佚。今本八篇。晋張湛作注，自稱永嘉亂後，搜集各家藏書，進行參校，始得全備。全書貫穿"貴虚"思想，宣揚生死异同，性交逸，反對身交苦，守名纍名。宣揚死生异命，貧窮自時，全生去物。多附會先秦諸子之名，而并不注重先秦諸子思想之原貌，既有漢代人之言論，又夾雜兩晋佛教思想、民間故事、寓言和神話傳説。可能係晋人託名僞作。有《道藏》本。唐代定爲玄學教材。今有民國十四年（1925）上海掃葉山房排印本《百子全書》本等。

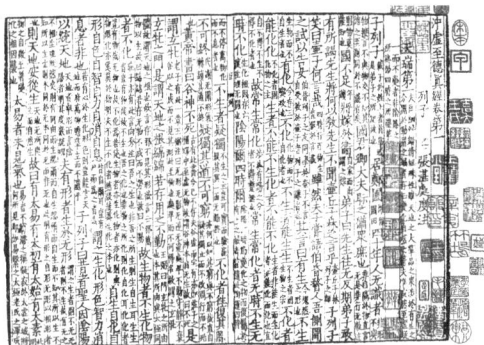

《冲虚真經》
（宋刻本）

【冲虚真經】

即列子。此稱唐代已行用。見該文。

【冲虚至德真經】

即列子。此稱唐代已行用。見該文。

醫學教材

黄帝内經素問

省稱"素問"。醫學教材。相傳黄帝所作。實非出自一人之手，約成書於春秋、戰國時期。漢魏以後，傳本頗多，篇目頗不一致，後有亡佚。至唐王冰於寶應元年（762）整理補訂，重新編次，共二十四卷、八十一篇，今又亡《刺法》《本論》兩篇，與《靈樞》合成《黄帝内經》。《漢書·藝文志》但有《黄帝内外經》，到《隋書·藝文志》乃有《素問》之名。内容豐富，既有自然界事物運動變化規律，又有人體生理知識，也包含人與外界環境的關係。對人體病理、病因、症狀以及診斷治則、藥理性味功效、配伍製方、針灸、養生之道等論證尤詳。爲我國古代生理學、病因病機學、診斷學、治療學、針灸學、方劑學、藥理學及臨床各科辨證施治原則等各方面中醫學理論的創立奠定了基礎。隋朝之後定爲官學教材。今有《四庫全書》文淵閣本、1956年人民衛生出版社影印明顧從德翻宋刻本。

《黄帝内經素問》
（金刻本）

【素問】

"黃帝内經素問"之省稱。此稱隋代已行用。見該文。

神農本草經

醫學教材。我國現存最古之藥物學著作。傳說神農所作，故名。約成書於秦漢時期。《漢書·藝文志》未著錄。《漢書·平帝紀》及《游俠列傳》中有記載。或疑爲張仲景、華佗所撰。書中記載三百六十五種藥物之性能與用途，涉及植物藥、動物藥、礦物藥知識。據藥性分爲三品，無毒者爲上品稱君，毒性小者爲臣，毒性劇烈者爲下品稱佐使。書中還論及藥物之采收、炮製及貯藏方法。已佚。内容多爲歷代本草所引錄。今有輯本。

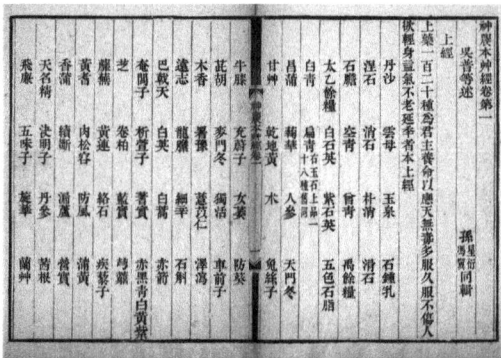

《神農本草經》
（問經堂叢書本）

傷寒論

醫學教材。漢張仲景撰。仲景名機，字仲景。仲景勤奮學習《内經》《難經》，總結當時諸人經驗，結合心得，約於漢建安五年（200）撰成《傷寒雜病論》，後經晋王叔和整理，宋治平二年（1065）經北宋正醫書局校訂而成《傷寒論》，是《傷寒雜病論》中有關傷寒病症的部分。共十卷、二十二篇、三百九十七法、一百一十二方。其書文辭簡奧古雅，内容除載

錄平脉、辨脉、傷寒例、痙濕暍、霍亂、陰陽易、差後勞復等病症外，主要以六經辨證爲綱，對傷寒各階段的辨脉大法與立方用藥規律，以條文形式作比較全面的論述。辨證嚴謹，治法靈活多變，系統總結了漢以前的臨床經驗，是一部聯繫實際，理、法、方、藥有機結合的醫學經典，奠定了祖國醫學辨證論治基礎，對後世產生了深遠的影響。隋唐以來定爲官方教材。今有明萬曆二十七年（1599）海虞趙開美刻本、1955年重慶人民出版社鉛印本。

針灸甲乙經

亦稱"黃帝甲乙經""黃帝三部針經"。醫學教材。西晋皇甫謐撰。《隋書·經籍志》稱《黃帝甲乙經》十三卷。《舊唐書·經籍志》稱《黃帝三部針經》十三卷。其書集《靈樞》《素問》《明堂孔穴針灸治要》三書内容，分類編輯而成，論述了臟腑、經絡、診治理論及腧穴部位、針刺深度、艾灸壯數、針灸手法、禁忌、病因、病理等。其書總結了西晋以前之針灸經驗，是我國現存最早的一部針灸學著作，是研究《黃帝内經》古傳本的重要文獻。其對後世針灸學的發展影響深遠，并在國際醫學交流方面起着重要的作用。唐朝時定爲官方的教材。

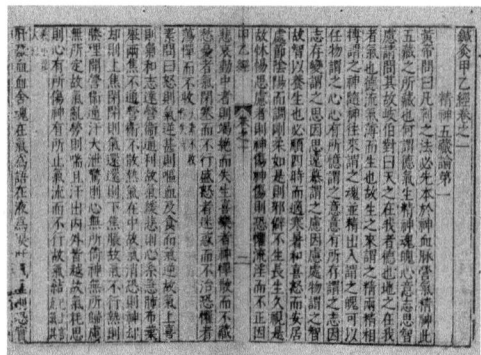

《針灸甲乙經》
（《古今醫統正脉全書》本）

今有《古今醫統正脉全書》本、1955 年人民衛生出版社影印本。

【黄帝甲乙經】

即針灸甲乙經。此稱隋代已行用。見該文。

【黄帝三部針經】

即針灸甲乙經。此稱唐代已行用。見該文。

千金要方

省稱"千金方"。亦稱"備急千金要方"。醫學教材。唐孫思邈撰。共三十卷。晁公武《郡齋讀書志》云："思邈博通經傳，洞明醫術，用藥之方，診脉之訣，針灸之學，禁忌之法，以至導引養生之要，無不周悉。後世或能窺其一二，未有不爲名醫者。"其書廣輯前代各家之書及民間單方，以肺腑、寒熱、虛實分類，列症治二百三十二門，合方論五千三百餘首。思邈認爲："人命重要，貴于千金，一方濟之，德逾於此。"故取爲書名。其書内容博奥精深，實爲集唐以前醫學之大成，頗有參考價值。隋唐時設立醫學專科學校，此書自此以後列爲醫學必讀課本。今有康熙二十八年（1689）刊本、1955 年人民衛生出版社影印本。

【備急千金要方】

即千金要方。此稱唐代已行用。見該文。

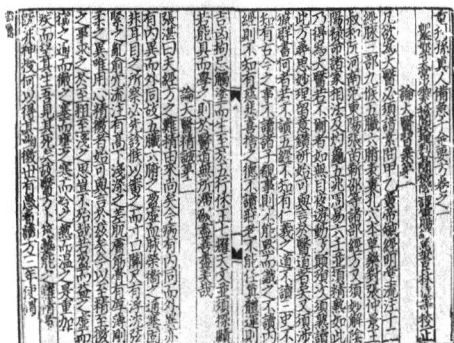

《備急千金要方》（《重刊孫真人備急千金要方》）
（元刻本）

【千金方】

"千金要方"之省稱。此稱唐代已行用。見該文。

千金翼方

醫學教材。唐孫思邈撰。思邈著《千金方》後，復撰集遺軼作補，以羽翼其書成一家之學，故名。其書成於唐永淳元年（682），包括藥錄纂要、本草、婦人、傷寒、小兒、養性、辟穀、退居、補益、中風、雜病、飛煉、瘡癰、色脉、針灸、禁經等，尤以本草、傷寒、中風、雜病和瘡癰等記叙爲突出。書中對張仲景學説作了系統發揮，有所貢獻。特別重視張仲景的桂枝、麻黄、青龍三法的運用。對後世研究頗有影響。唐後定爲醫學必修課本。今有明萬曆三十三年（1605）王肯堂刊本、清乾隆十一年（1746）金匱華希閎刊本、1955 年人民衛生出版社影印本。

本草綱目

醫學教材。藥物學專著。明李時珍撰。成書不久即列爲法定教材。全書共五十二卷，分十六部六十類，收載藥物一千八百九十二種。每種藥物，以"釋名"確定名稱，"集解"叙述產地、形態、栽培及采集方法，"辨疑""正誤"考訂藥物品種真僞及糾正先人文獻之誤，"修

《本草綱目》
（清順治刊本）

治"説明炮製法，"氣味""主治""發明"分析藥物之性味與功用。另有"附方"搜集古之醫家及民間流傳之方劑，共一萬一千餘種，并

附一千一百餘幅藥物形態圖。刊於萬曆十八年（1590），後復刻甚多，且有多種外文譯本流佈。

陰陽學教材

京氏周易四時候

　　陰陽學教材。漢代京房撰。二卷。京氏學《易》於梁人焦延壽，迥別於師承田何之施讎、孟喜、梁丘賀三家，長於"災變"之説，以五星變幻附會人世，宣揚"天人感應"。京氏頗善易占，元帝時數上疏，所言屢中，聲名大震，其學不脛而走，民間尤多私相授受者。至隋猶有《周易章句》《周易占》《周易守林》《周易集林》《周易飛候》（二種）、《周易四時候》《周易錯卦》《周易混沌》《周易委化》《周易逆刺占災異》等三十餘種（依《隋書·經籍志三》順序）。至唐始作爲法定教材。《京氏周易四時候》以上諸書均已亡佚，今僅存《京氏易傳》一種。有《玉函山房輯佚書》一卷。

開元占經

　　陰陽學教材。唐代瞿曇悉達奉敕撰。今本一百二十卷，與《新唐書·藝文志三》所載

《開元占經》
（《四庫全書》文津閣本）

一百一十卷有別。自一卷"天占"至一百十卷"星圖"，均占天象；自一百二十卷"龍魚蟲蛇占"，均占异物，當爲後世分卷之异。一百一十卷以前收載從先秦星曆到唐代《麟德曆》等十六種著名天文曆法資料；一百十一卷以後徵引古籍甚爲浩博，如《隋書·經籍志》所稱緯書八十一篇，此書尚存其七八，尤爲罕覯。開元中作爲法定教材。所言占驗之法，大抵術家之异説，無甚可取。其書一度失傳，明萬曆十四年（1586）安徽歙縣程明善發現於佛像腹中。現有道光恒德堂所藏巾箱本。

宅經

　　陰陽學教材。舊題黃帝撰。二卷。卷首云："夫宅者乃是陰陽之樞紐，人倫之軌模，非博物明賢，無能悟斯道也……客居一室之中，亦有善惡。大者大説，小者小論，犯者有災，鎮而禍止，猶藥病之效也。"其法分二十四路，考尋休咎。以八卦之位向，乾坎艮震及辰爲陽，巽離坤兑及戌爲陰。陽以亥爲首，巳爲尾；陰以巳爲首，亥爲尾。而主以陰陽相得，義理頗强，文辭雅馴，盡脱俚俗。如其卷下第三曰："辛，金匱。天井宜置門及高樓大屋。經曰：'治金匱，大富貴。宜財，百事吉。'"注曰："四月乙庚日修，大吉。"東漢一度作爲法定教材。按：《漢書·藝文志》有《宫宅地形》二十卷，可知

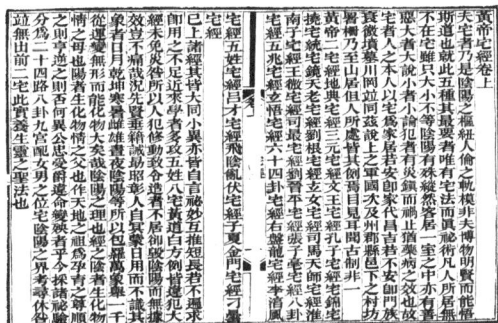

《宅經》(《黃帝宅經》)
（清光緒崇文書局本）

《葬經》
（清光緒崇文書局本）

相宅之書較相墓爲古，《隋書·經籍志三》有《宅吉凶論》三卷、《相宅圖》八卷，《舊唐書·經籍志下》有《五姓宅經》二卷，《新唐書·藝文志三》作《五姓宅經》二十卷，皆不云黃帝作，可知是書蓋爲依托。考該書卷上第一稱，《黃帝二宅經》《文王宅經》《淮南子宅經》《李淳風宅經》《五姓宅經》，可知此書乃方技之流欲神其説，詭題黃帝所作，且知此書并非唐時《五姓宅經》。《宋史·藝文志五》"五行類"有《相宅經》一卷，當即此書，在陰陽學中猶最爲古遠者。北宋時正式作爲法定教材。其書有明代顧起經所輯《小十三經》本及《四庫全書》本。

葬經

陰陽學教材。舊題漢代青烏子撰，金代兀

欽仄注。一卷。青烏子，或稱青烏先生，史失姓名，據傳通陰陽地理之術。兀欽仄，原書標爲金丞相。其注文稱舊注，以區別於佚名者重刊時之新注。其書以地貌、水勢之變幻，以卜入葬之吉凶，又憑入葬之方式方法，以擇吉避凶。書序云："先生漢時人，精地理陰陽之術，而史失其名。晋郭氏《葬書》引《經》曰爲注者即此是也。先生之言，簡而嚴，約而當，誠後世陰陽之祖書也。"按:《舊唐書·經籍志下》有《青烏子》三卷、《葬經》三種，依次爲八卷、十卷、二卷，《葬書地脉經》一卷。祇二卷本《葬經》注爲蕭吉撰，餘皆未標作者。《新唐書·藝文志三》同。今考此書於開元時作爲法定教材。青烏子、郭璞當係唐人僞托。

武學教材

武經七書

武學教材。宋何去非奉敕輯校。七種，二十五卷。元豐中去非因策論用兵之要，擢優等，授武學教授，特命校古七家兵法，後輯而成書，并作爲法定教材。計有《六韜》六卷、《司馬法》三卷、《孫子》三卷、《吳子》二卷、《尉繚子》五卷、《黃石公三略》三卷、《唐太宗李衛公問對》三卷。其書沿用於清末，至今仍爲學習古兵法之重要文獻。今有清光緒三十四年（1908）志古堂刻本，1935 年據宋刻本影印，收入《續古逸叢書》。參閱《宋史·選舉志三》。

《武經七書》
（續古逸叢書影宋本）

六韜

　　武學教材。爲"武經七書"之一。舊題西周吕望撰。六卷。望，姓姜，字尚，亦字子牙，俗稱姜太公。後從其封姓，故曰吕望。望多謀善斷，長於用兵。戰國時人托其名而輯是書。分文、武、龍、虎、豹、犬等六韜。"韜"即用兵之謀略。共六十篇二萬餘言。凡先秦軍隊編制、管理、訓練、行軍、布陣、攻守、戰具、兵器及其軍事理論，幾乎無所不包。以問答形式進行論述，并有夾注，語言生動，説理充分，是一部普及性的古軍事專著。宋設武學以來定爲必修之書。今有《武經七書》本、《百子全書》本、《四部叢刊初編》本等。

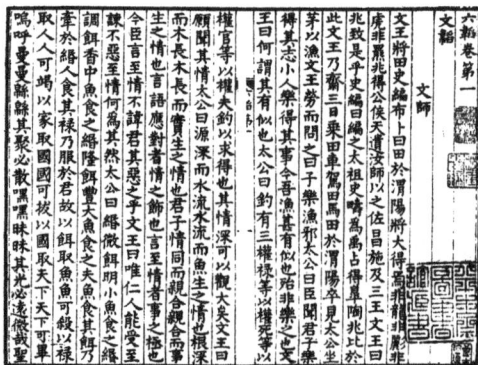

《六韜》
（鐵琴銅劍樓影宋鈔本）

司馬法

　　亦稱"司馬兵法"。武學教材。"武經七書"之一。春秋司馬穰苴撰。穰苴本姓田，因齊景公時尊其爲大司馬而改。其書爲齊威王時諸臣追輯而成，本稱《司馬兵法》。原書有一百五十五篇，今僅存五篇三千餘字、篇名依次爲《仁本》《天子之義》《定爵》《嚴位》《用衆》。其書大抵糅合儒、道兩家思想，以闡述戰爭目的在於安民止亂，即所稱"依德""據道""本仁""祖義"之謂。又以夏、商、周三代戰例，評述天子統帥軍旅、軍旅內部制定爵位階級、嚴肅風紀、善用萬衆諸要則。本書以軍事理論爲主。兩宋定爲武學必修之書。今有《武經七經》本、《指海》本、《百子全書》本等。

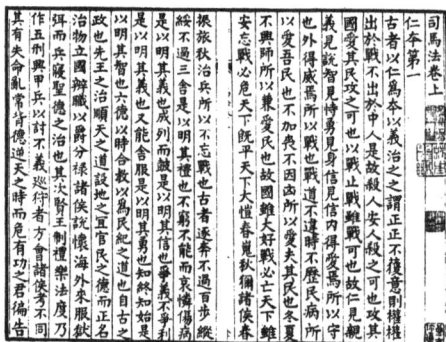

《司馬法》
（鐵琴銅劍樓影宋鈔本）

【司馬兵法】

　　即司馬法。此稱先秦時期已行用。見該文。

孫子

　　亦稱"孫子兵法"。武學教材。爲"武經七書"之一。春秋孫武撰。三卷。是書十三篇傳世，卷上：計篇、作戰篇、謀攻篇、形篇；卷中：勢篇、虛實篇、軍爭篇、九變篇、行軍篇；卷下：地形篇、九地篇、火攻篇、用間篇。共七千二百餘字。總結了先秦軍事著作，號

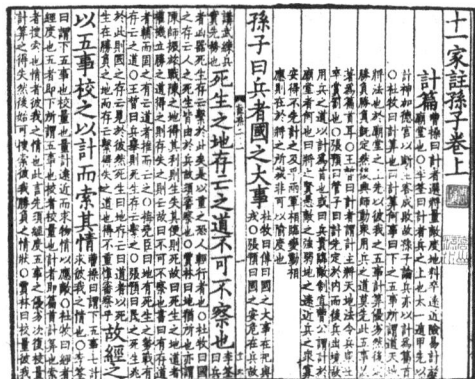

《十一家註孫子》
（宋刻本）

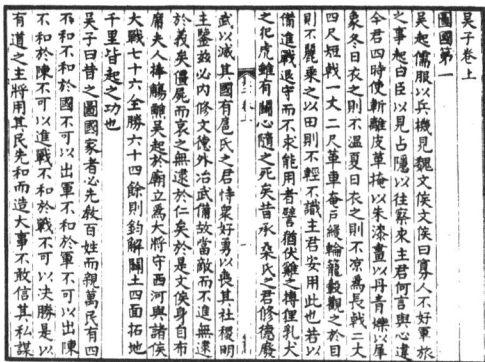

《吳子》
（鐵琴銅劍樓影宋鈔本）

稱"兵學聖典"和"世界古代第一兵書"。7世紀傳到日本，18世紀後有法、英、德、捷、俄等文譯本。兩宋以來定爲武學必修之書。今有《武經七書》本、1972年山東銀雀山漢墓出土竹簡、北京圖書館藏宋刻本殘卷、明萬曆年間黃邦彥校刊本和《諸子集成》本及郭化若注本等可供參考。

【孫子兵法】

即孫子。此稱漢代已行用。見該文。

吳子

亦稱"吳起""吳起兵法"。武學教材。爲"武經七書"之一。戰國吳起撰。二卷。《史記》稱《吳起兵法》世多有"，而不言篇數。《漢書·藝文志》載"《吳起》四十八篇"。然《隋書·經籍志》作一卷，《唐志》并同，鄭樵《通志略》均無所謂四十八篇者。晁公武《郡齋讀書志》則作三卷，今所行本雖仍并爲一卷，然篇目并與《郡齋讀書志》合。今僅存六篇十八條三千餘字。其篇名爲圖國、料敵、治兵、論將、應變、勵士，謂治國治軍當教之以禮、勵之以義；爲將所慎者五：理、備、果、戒、約。是研究吳起和戰國歷史的重要資料。宋以來定

爲武學教材。今有《武經七書》本、《百子全書》本、《諸子集成》本等。

【吳起】

即吳子。此稱漢代已行用。見該文。

【吳起兵法】

即吳子。此稱漢代已行用。見該文。

尉繚子

武學教材。"武經七書"之一。戰國尉繚撰。流布成書於秦。共五卷。卷一爲《天官》《兵談》《制談》《戰威》；卷二爲《攻權》《守權》《十二陵》《武議》《將理》；卷三爲《原官》《治本》《戰權》《重刑令》《伍制令》《分塞令》；卷四爲《束伍令》《經卒令》《勒卒令》《將

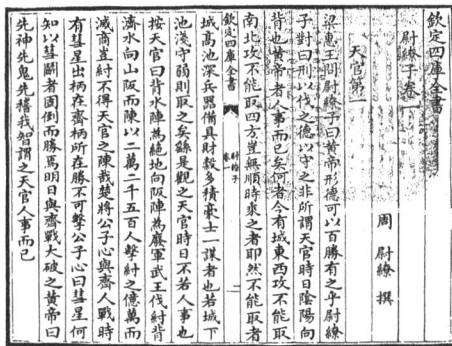

《尉繚子》
（文淵閣《四庫全書》本）

令》《踵軍令》；卷五爲《兵教》《兵令》。計有二十二篇、四千四百餘字。前十二篇表述撰者政治觀與戰爭觀，後十篇論述軍令與軍制。如宣導"誅暴亂，禁不義"，主張"往世不可及，來世不可待，求己者也"。推行"權敵、審將而後用兵"之作戰思想。反映了撰者重民權、求和平，以兵止亂、不輕用兵，不戰則已、戰則必勝的樸素辯證史觀。有《武經七書》本、《叢書集成初編》本及中華書局 1979 年版華陸綜注釋本等。

黄石公三略

武學教材。爲"武學七書"之一。舊題漢黄石公撰。三卷。宋張商英注。黄石公即圯上老人。世傳張子房受書圯上老人，曰："濟北古城山下得黄石，即我也。"故遂以黄石爲圯上老人。然皆附會依托也。宋代以後定爲武學教材。黄石公上、中、下三略，卷一爲上略，論君臣將帥應設禮、賞罰，明奸雄，著成敗之理；卷二爲中略，論以德行天下，審慎權度；卷三爲下略，論輔道德、察安危，明聖哲之咎。結構嚴謹，論證充分，爲後世所重。兩宋以來定爲武學必修之書。今有《武經七書》本、明千頃

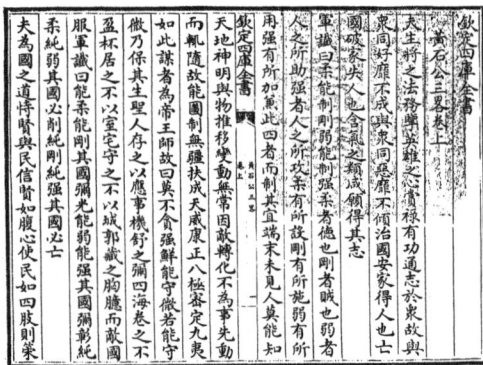

《黄石公三略》
（文淵閣《四庫全書》本）

堂刻本等。

唐太宗李衛公問對

省稱"李衛公問對"。亦稱"唐李問對"。武學教材。爲"武經七書"之一。舊題李靖撰。三卷。實出唐末宋初人之手。記唐太宗與李靖有關軍事問答言論九十八篇、一萬零三百餘字。大抵采貞觀遺事，附益《通典·兵典》而成。包括作戰與訓練内容，對戰爭的攻守原則、陣形變換與兵力指揮等戰術和軍隊校閱等問題，皆有獨到的見解，爲研究唐代軍事思想的參考資料。兩宋以來定爲武學必修之書。今有《武經七書》《諸子萃覽》《武經彙解》等本，1983年中華書局出版《李衛公問對校注》。

【李衛公問對】

"唐太宗李衛公問對"之省稱。此稱宋代已行用。宋邵博《邵氏聞見後録》卷五："世傳王氏《元經薛氏傳》《關子明易》《李衛公問對》，皆阮逸擬作。"見該文。

【唐李問對】

即唐太宗李衛公問對。此稱清代已行用。清魏荔彤《大易通解》卷一〇："《李唐問對》載李靖曰：'太公佐武王至牧野遇雷雨，旗鼓毀折。'"見該文。

百將軍傳

亦稱"集注百將傳"。武學教材。宋張預、公立撰。《宋史·藝文志》卷六作張預《集注百將傳》一百卷。預觀歷代將兵者所以成敗，莫不與孫武書相符契。因采歷代名將百人，始於周太公，終於五代劉鄩，逐人作傳。集其傳成一書。又綜論其行事。而以《孫子兵法》題其後。對瞭解歷代兵家事迹，大有裨益。凡十卷。存目一百卷。明代洪武開設武學，定爲教材。

今有《武學經傳三種》本等。

【集注百將傳】

即百將軍傳。此稱宋代已行用。《宋史·藝文志》："張預《集注百將傳》一百卷。"見該文。

武經總要

武學教材。宋曾公亮等奉敕撰。四十卷。康定中，朝廷恐將帥暗古今之學，命公亮等精采古兵法及本朝方略計謀編成，仁宗親制序文。前集包括制度、邊防；後集包括故事、占候。前集備本朝制度，後集陳歷代得失，頗有藉鑒價值。唯亮等非武將，所言陣法戰具雖詳，仍多牽強，諸番山川形勢，多據傳聞，難爲實用。其書兩宋以來定爲武學必修之書，沿用至清末，現今仍爲學習古兵法之原始文獻。參閱《宋史·選舉志三》。

書學教材

書品

書學教材。南朝梁庾肩吾撰。一卷。庾氏擅詩賦，工書法，草隸兼善。是書載漢至梁之真、草書家一百二十八人，叙其成就，評其得失。今所傳僅一百二十三人，與該書總序所稱有異。其書將所載百餘書家分爲上、中、下三品，每品又分上、中、下，共九品。以總序冠於前，每品皆有短論，多切中要害。百餘人中雜入唐人魏徵書評，此同前述人數不符一樣，殆因古籍輾轉傳錄，或後世經予删改所致。庾氏書迹久佚，其書有《續百川學海》、《説郛》宛委山堂、增訂《漢魏叢書》、《四品彙抄》、《湖北先生遺書》諸本。

《書品》
（文津閣《四庫全書》本）

書後品

書學教材。唐代李嗣真撰。一卷。李氏工書善畫。是書自序稱所載八十一人，自秦至唐，分爲十品，各有叙錄。有評有贊，條理井然。前品已定，則不復銓；稱後品者，曾有王僧虔、庾肩吾書品列前，李氏別予評定。各書學教材多列九品，此書則在上上品之前更列逸品，以明其在九品之上，此乃李氏首倡。文中高登逸品者僅四人：張芝、鍾繇、王羲之、王獻之，即書中所稱之張、鍾、二王。後世於逸品中補入李斯，以張、鍾、二王爲三家，故成八十二人，與原書序不符。唐代以來定爲書學必修之書。有《説郛》宛委山堂本，書名誤作《後書品》。

書斷

書學教材。唐代張懷瓘撰。三卷，一爲四卷。張氏頗多才藝，精通正、行、草書，兼善小篆、八分二體。常自矜飾，稱其正、行可比虞（世南）、褚（遂良），草欲獨步數百年間。是書上卷列古文、大篆、籀文、小篆、八分、隸書、章草、行書、飛白、草書十體，溯其源

《書斷》
（文津閣《四庫全書》本）

流，繫之以贊，末以總論殿其後。中、下兩卷
分列神、妙、能三品，每品再以體分。剔其重
復者，共錄八十六人，人繫小傳，傳中附錄另
有三十八人。其書記叙詳備，徵引洽博，頗存
軼聞，所評公允，斟酌得當。後設總評一篇，
以作結斷。稍後，張彥遠之《法書要錄》全載
其文，以爲當代精鑒。唐代以來定爲書學必修
之書。其書迹久佚，有重輯《百川學海》、《格
致叢書》、《說郛》宛委山堂本，均題爲四卷。

法書要錄

書學教材。唐張彥遠輯。十卷。是書編輯

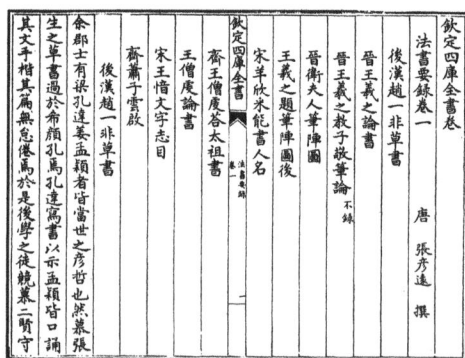

《法書要錄》
（文淵閣《四庫全書》本）

古人論書之語，起於東漢、迄於唐末的名家書
法理論文章及著名法書的著錄等，皆具錄原文。
未見原書者，亦存其目。末附二王帖釋文四首
八十二條。因采集較精，前代遺文逸篇，賴之
以傳。爲研究書法的基礎資料。唐代以來定爲
書學必修之書。今有《津逮秘書》《學津討源》
《叢書集成初編》等本。

續書斷

書學教材。宋代朱長文撰。二卷。朱長文
著有《墨池編》諸書，此爲該書之第九、十兩
卷。仿張懷瓘《書斷》體例，以補張書之不足。

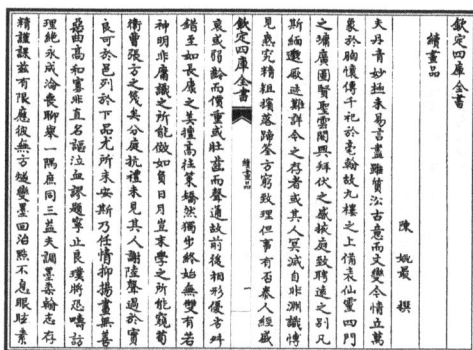

《續畫品》
（文津閣《四庫全書》本）

繼將唐宋間書家，按神、妙、能分爲上、中、
下三品，逐一評論，所論詳明，并將神品三人、
妙品十六人、能品六十六人及附錄者三十三人，
逐一立傳，其傳多可補正史之不備，張書已載
者，記叙尤詳。後附繫說一篇，記同時人韓魏
公（韓琦）以下十餘書家，但未加品次。宋代
以來定爲書學必修之書。其書有近人丁禹生舊
刊本。

畫學教材

畫品

畫學教材。南朝齊謝赫撰。是書選自南朝宋陸探微至齊丁光共二十七人，分爲六品評價。尤貴在序中提出繪畫“六法”，即氣韵生動、骨法用筆、應物象形、隨類賦彩、經營位置、傳移模寫。宋郭若虛《圖畫見聞志》譽之爲“六法精論，萬古不移”。爲歷代畫家、批評家、鑒賞家所遵循，在繪畫史上占有重要地位。宋以來定爲畫學必修之書。後人傳抄爲《古畫品録》。有《百川學海》《王氏畫苑》《津逮秘書》《美術叢書》各本。

後畫品録

亦稱“續畫品”。畫學教材。南朝陳姚最撰。一卷。姚氏由梁入陳，對謝赫《古畫品録》所分品第不滿，尤爲顧愷之列爲下品憤慨。姚氏認定顧氏繪畫古今無雙，當爲上品。因録二十人，始於梁元帝，終於解倩，間有二三人合爲一則者，則各予簡要評價。其中對於謝赫亦有評價。實爲謝氏《品録》之續書。張彦遠《歷代名畫記》譏其淺薄漏略，無甚可取，實則仍有謝氏之不備，并已糾其偏頗。宋以來定爲畫學必修之書。其書有《王氏畫苑》《津逮秘書》《叢書集成初編》《美術叢書》諸本。

【續畫品】

即後畫品録。此稱南北朝時期已行用。見該文。

續畫品録

畫學教材。舊題唐代李嗣真撰。一卷。善畫佛道。此書僅分上、中、下三品，每品再分上、中、下三品，共成九品，計列七十二人，後附品次者五十二人，共一百二十四人。該書《四庫全書》著録，其提要引《唐朝名畫録》序稱，是書空録人名，不記善惡，無品格高下，可證清人所見與唐人所言相合。今以《叢書集成初編》影印《津逮秘書》本驗之，亦無二致。明人毛晋跋其尾，譏李氏剽姚最之成説，於所列諸家不置一辭，責其愧於前人。因徵引《法書要録》所載李氏《後書品》驗之，體例、文風無一相似，同一作者斷無如此迥异之手筆，故斷爲明人僞托之作。至若《歷代名畫記》引有李氏之語，當出之另書，另書今已不傳。宋以來定爲畫學必修之書。今書有《王氏畫苑》本、《唐代叢書》本（僞托）、《美術叢書》本。

歷代名畫記

畫學教材。唐代張彦遠撰。十卷。前三卷論述繪畫與教化之關係，宣導謝赫繪畫“六法”理論，并進而發其不備；縱論歷代畫家流派及其師承關係，對名家繪畫技法亦有品評，强調立意與運筆，論述了繪畫風格之演進，指出書畫相通，其運筆同出一理；采輯了唐代之前重要書畫目録專篇，記録了唐代兩京與外州的寺

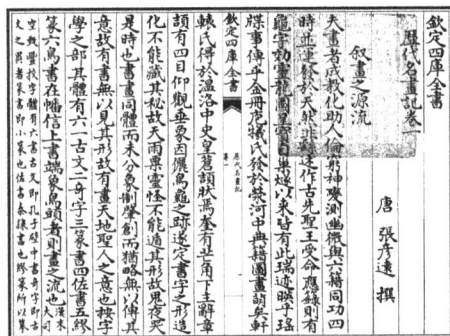

《歷代名畫記》
（文津閣《四庫全書》本）

觀壁畫。後七卷列有上古至會昌元年（841）間三百七十餘畫家傳略，記叙扼要，品評切中。爲中國古代首部通代畫史要籍。爲歷代畫學、畫院研習畫史、畫論，傳授弟子及畫家自修所必備之教材。該書流傳至今，保存了歷代書畫鑒賞評價、唐代風物人事、後代藏家之簽押跋尾、公私印記，乃至書畫之裝裱法式等原始文獻，其理論見解已成爲畫學之經典，迄今不衰。宋代以來定爲畫學必修之書。其書有明王世貞刻《王氏畫苑》本、《津逮秘書》本、《學津討源》本、1963 年人民美術出版社點校本、1964 年上海人民美術出版社俞劍華注釋校補本。

教諭教法

勸學篇

相傳爲宋真宗撰。爲勸導士子發奮讀書之著作。舊時在社會上特別是讀書人中有廣泛影響。其文云：“富家不用買良田，書中自有千鍾粟；安居不用架高堂，書中自有黃金屋；取妻莫恨無良媒，書中有女顏如玉；出門莫恨無人隨，書中車馬多如簇；男兒欲遂平生志，《五經》勤向窗前讀。”清蒲松齡《聊齋志異・書癡》：“父在時，曾書《勸學篇》黏其座右，郎日諷誦；又幛以素紗，惟恐磨滅……〔有父同年，觀察是道〕贈金三百、馬二匹。郎喜，以爲‘金屋’‘車馬’皆有驗，因益刻苦。”明以來定爲教諭學必修之書。

程氏讀書日程

全稱“程氏家塾讀書分年日程”。論述家塾教學程式之著作。史有“進學規程”之稱。元代程端禮編撰。其進學方法，一直沿用至清代始衰。全書三卷。卷一依朱熹讀書法，規定讀經之程式。卷二規定在讀經之基礎上學史學文之程式。卷三錄王柏楫《正始之音》，以明辨音義之方法，最後闡明朱子讀書法六條。元時國子監曾將此書頒行郡邑學校，明代諸儒讀書亦奉爲準繩，清代陸隴其曾刊刻此書以資流傳。元以來定爲教法必修之書。

【程氏家塾讀書分年日程】

即程氏讀書日程。此稱元代已行用。見該文。

聖諭廣訓

清代指導社會教育的訓令。雍正二年（1724）世宗根據康熙時期的《聖諭十六條》推演爲《聖諭廣訓》。清朝社會教育的最大特點，是在歷史上第一次建立全國統一的鄉約教育制度，最高統治者親自撰寫教化的教材《聖諭廣訓》。這十六條的內容是：敦孝悌以重人倫；篤宗族以昭雍睦；和鄉黨以息爭訟；重農桑以足衣食；尚節儉以惜財用；隆學校以端士習；黜異端以崇正學；講法律以儆愚頑；明禮讓以厚風俗；務本業以定民志；訓子弟以禁非爲；息誣告以全良善；誡匿逃以免株連；完錢糧以省催科；聯保甲以弭盜賊；解雠忿以重身命。《聖諭廣訓》頒發於城鄉各地，每月固定時間由專人進行宣講，普及道德和法律知識，同時輔以“旌表”“鄉飲酒禮”等教化規制。力求通過教化，使百姓文明懂法，以維護地方穩定。然而由於教育內容形式單一，久而久之，往往流於形式。清代定爲教諭學必修之書。

教童子法

中國最早之小學教學法著作。清代王筠撰。書中對識字、寫字、讀書、屬對、作詩、作文等基本訓練有系統之論述。清代定爲教法必修之書。其書今有傳本。

五種遺規

《義正遺規》《教女遺規》《訓俗遺規》《從政遺規》與《在官法戒録》之總稱。清陳宏謀采録前人有關養性、修身、治家、爲官處世、教育等著述事迹分類編輯而成，乾隆四年（1739）經南昌府學教授李安民集校，合刻爲《五種遺規》行世。光緒二十九年（1903）該書曾作爲中學堂修身科教材。宣統二年（1910）學部圖書局改《在官法戒録》爲陳宏謀晚年所輯《學仕遺規》，重新刊行。今有多種版本傳世。

附録：學術分類等次門派

大經[1]

唐宋國學學習及科舉考試的經學科目之一。唐代國子監統轄的國子學、太學、四門學等學習的儒家經書。分爲正經與旁經兩類。正經又分爲大、中、小經三類，分別規定相應的學習年限；科舉試經亦以此爲依據考試諸生。《新唐書·選舉志上》："凡《禮記》《春秋左氏傳》爲大經，《詩》《周禮》《儀禮》爲中經，《易》《尚書》《春秋公羊傳》《春秋穀梁傳》爲小經。通二經者，大經、小經各一，若中經二。通三經者，大經、中經、小經各一。通五經者，大經皆通，餘經各一，《孝經》《論語》皆兼通之。凡治《孝經》《論語》共限一歲，《尚書》《公羊傳》《穀梁傳》各一歲半，《易》《詩》《周禮》《儀禮》各二歲，《禮記》《左氏傳》各三歲。"又"凡進士，試時務策五道，帖一大經，經、策全通爲甲第。"宋初承唐制，至哲宗元祐四年（1089），科舉立經義、詩賦兩科，經書祇分大、中二級。《宋史·選舉志一》："凡專經進士，須習兩經，以《詩》《禮記》《周禮》《左氏春秋》爲大經，《書》《易》《公羊》《穀梁》《儀禮》爲中經，《左氏春秋》得兼《公羊》《穀梁》《書》，《周禮》得兼《儀禮》或《易》《禮記》《詩》並兼《書》，願習二大經者聽，不得偏占兩中經。"

中經

國學學習及科舉考試的明經科目之一。唐宋初以《詩》《周禮》《儀禮》爲中經。宋元祐後以《書》《易》《公羊》《穀梁》《儀禮》爲中經。參見本卷《各類教材説·專科教材考》"大經[1]"文。

小經[1]

唐宋國學學習及科舉考試明經科目之一。唐宋初以《易》《尚書》《春秋公羊傳》《春秋穀梁傳》爲小經。《宋史·楊億傳》："能言，母以小經口授，隨即成誦。"參見本卷《各類教材説·專科教材考》"大經[1]"文。

大經[2]

宋徽宗時州、縣學學習及科舉考試道教科目之一。指《黄帝内經》《道德經》（即《老子》）。《宋史·選舉志三》："補道職，舊無試。元豐三年，始差官考試，以《道德經》《靈寶度人經》《南華真經》（即《莊子》）等命題，仍試齋醮科儀祝讀。政和間，即州、縣學別置齋授道徒。蔡攸上《諸州選試道職法》，其業以《黃帝內經》《道德經》爲大經，《莊子》《列子》爲小經。"參閱宋吳曾《能改齋漫錄·記事二》。

小經 [2]

宋徽宗時州、縣學學習及科舉考試道教科目之一。指《莊子》《列子》。參見本卷《各類教材説·專科教材考》"大經 [2]"文。參閱宋吳曾《能改齋漫錄·記事二》。

大經 [3]

佛教經典所分之等類。各派以本派最主要的經典爲大經。如净土宗稱《無量壽經》爲大經，天臺宗稱《涅槃經》爲大經等。

小經 [3]

佛教經典所分之等類。各派以本派最主要的經典爲大經，此外皆爲小經。如净土宗以《阿彌陀經》爲小經，天臺宗以《遺教經》爲小經。參見本卷《各類教材説·專科教材考》"大經 [3]"文。

內學 [2]

古代特指太學。與外學相對而言。太學，中央大學。參見本卷《各類教材説·專科教材考》"外學 [1]"文。

內學 [3]

古代崇信讖緯者稱讖緯之學爲內學，以六經爲外學。始於東漢。《後漢書·方術傳序》："自是習爲內學，尚奇文，貴異數，不乏於時矣。"李賢注："內學謂圖讖之書也。"清何焯《義門讀書記·前漢書》："張衡謂'讖起哀平'，則夏賀良其漢人內學之祖歟？"參見本卷《各類教材説·專科教材考》"外學 [2]"文。

內學 [4]

古代佛教信徒稱佛學爲內學。始於南北朝時期。《宋書·夷蠻傳·天竺迦毗黎國》："大明中，外國沙門摩訶衍苦節有精理，於京都多出新經，《勝鬘經》尤見重內學。"唐耿湋《題清源寺》詩："內學銷多累，西林易故居。"按："內學"亦指道教所習神仙占卜導養之學。參見本卷《各類教材説·專科教材考》"外學 [3]"文。

外學 [2]

古稱太學以外的學校爲外學。太學，中央大學。始於宋代。《宋史·哲宗紀一》："詔大寧郡王以下出就外學。"《續資治通鑑·宋徽宗崇寧元年》："甲戌，詔天下興學貢士，建外學於國南。"

外學 [3]

古代崇信讖緯者稱讖緯之學爲"內學"，稱"儒經"爲外學。始於東漢。《資治通鑑·漢順帝永和二年》："扶風田弱，薦同郡法真，博通內外學，隱居不仕，宜就加袞職。"胡三省注："東都諸儒以'七緯'爲內學，'六經'爲外學。"

外學 [4]

古代佛教信徒稱佛學以外之他學爲外學。始於南北朝時期。唐鮑溶《送僧東游》詩："風流東晋後，外學入僧家。獨唱郢中雪，還游天際霞。"宋王禹偁《左街僧錄通惠大師文集序》："釋子謂佛書爲內典，謂儒書爲外學。"《四庫全書簡明目錄·集部〈柳塘外集〉》："宋釋道燦撰。以別有語錄，故名外集。釋氏以佛典爲內學，以儒書爲外學也。"

第五節　師訓教材考

　　師訓教材係指教師個人用以教學的著述，或由其弟子追記，或由再傳弟子增補而成。這類教材多施用於私學或書院中，高於蒙學，多具足資傳世的學術價值。基於這類教材的傳世性，於是在歷史的長河中常依時代不同而賦予不同的社會地位，故而其屬性歸類亦自不同。今世則常依經、史、子、集之四分法籠統劃定，一些難以劃定者，則一概稱之爲學術專著。

　　師訓教材歷時久遠，隨同春秋戰國之際私學的誕生而誕生。其時諸子百家廣收門徒，各立己説。最初是師生口耳相傳，其後逐漸定型，而最終成爲教材。如《論語》二十篇（今本），即孔子弟子及再傳弟子關於孔子言論行爲，即教學内容及教學實踐的記録。其中有孔子的天道觀。如："君子有三畏：畏天命，畏大人（指有德的當政者），畏聖人之言。"（《論語·季氏》）但"子不語怪力亂神"（《論語·述而》）。在認識論方面，認爲人有"上智"與"下愚"之别。在政治方面，主張"克己復禮"，推行"仁"政，以"德"治國，輔之以刑罰。在教育思想方面，提倡"有教無類"，"因材施教"，强調"學""思"結合。與《論語》相近的有《墨子》五十三篇（今本），係墨子所著所述及其弟子之增補。墨子提倡"兼愛""非攻"，主張"尚賢""尚同"，反對儒家的繁文縟禮，提倡"薄葬""非樂"。重視科學技術，尤重教學實踐，弟子遍天下，影響至巨，成爲與儒家并立的顯學。本考僅列今人熟知的儒墨兩家之著述各一，以爲代表而已。廣而論之，先秦至西漢之諸子有一百七十五家之衆（小説家除外），計有著述三千八百八十八篇（或卷），其中多爲講學授徒之用，即本考所指稱的師訓教材。今以《論語》《墨子》爲例略加考辨，即可見其作爲師訓教材所顯示的教學特色。如《論語·爲政》："《詩》三百，一言以蔽之，曰：'思無邪。'"這是孔子在教學中對《詩》三百（實爲三百零五篇）全部内容最爲精煉的解讀。"思無邪"，謂《詩經》思想高潔，毫無邪意，頗可誦習。再如同書同篇："子貢問君子。子曰：'先行其言，而後從之。'"這是一則師生對話。子貢問如何成爲君子，孔子所作的回答。即君子應先踐其言，然後告人以結果。這反映的是孔子本人的"君子觀"，也是孔子的爲師之道。又如《墨子·所染》載，墨子見染絲者而嘆曰："染於蒼則蒼，染於黄則黄。"轉而又曰：虞舜、夏禹、商湯染於賢者，而終成聖王；夏桀、殷紂、幽王染於佞人，而終成昏君。這是墨子教導門徒之語，體現了其善惡觀，即或善或惡，取決於後天環境，而非與生俱來。

可以看出，墨子在解惑授業中，善用設喻之法，巧用經典，以啓迪生徒，體現了其不凡的教學藝術。孔墨此類教學術，在西漢之前的諸子著述中俯拾皆是。《論語》《墨子》之類著述，原是中國最早的師訓教材，至漢武帝"罷黜百家，獨尊儒術"之後，《論語》漸成爲官學，成爲儒家經傳，至唐代終被列入儒家十一經之中，《墨子》則成爲先秦諸子的代表作之一，兩書不復作爲師訓教材。西漢至隋唐，高級學校皆爲官方壟斷，且以儒學爲統一教材，師訓教材已無地位。

自唐末五代始，書院漸興，學派紛起，至兩宋而大盛，因而師訓教材再度振起。此時的師訓教材多爲講義形式。所謂講義，指教師個人講解經義的著述。不過，同爲講解經義，内容則大有區别。唐末五代至宋初，主要還是遵循漢儒訓詁考據之法，即通過字詞之疏通而理解經義，處處圍繞着本經。至北宋中期，自周敦頤始，憑藉講經而建立了自家一套全新的哲學與道德體系，即所謂宇宙由"無極而太極"，"萬物化生"，"無極"爲本源，因此而變化無窮。强調"聖人之道，仁義中正而已"，而"仁義中正的核心"是"誠"，所謂"誠者，聖人之本"，是"純粹至善者也"。周氏以其理論體系形成了書院興起後的第一個學派——濂溪學派。自周氏始，講義不再側重訓詁考據之學，轉而致力於"道"的研究，即哲學思想、倫理道德的闡發，學界稱之爲"道學"或"理學"。周氏則被尊爲孟子之後，"天之所界"，"藝祖受命"，儒家唯一的再生繼承人。（見宋朱熹《江州濂溪書堂記》）準確地説，周氏應是宋代理學的奠基人。此後，經程顥、程頤、楊時、游酢、羅從彦、李侗至元明以來被尊崇爲"紹道統、立人極、爲萬世宗師"的朱熹，歷北南兩宋，師訓教材終得大成，書院終得大成，理學亦終得大成。若没有師訓教材，就難以完成書院建設，没有書院建設，就難以形成理學學派。這些教材中，周氏的代表作即《太極圖説》與《通書》，兩書各一整卷。朱熹則憑藉考亭、寒泉諸書院廣收門徒，形成了影響更爲廣遠的考亭學派，建立了"格物致知"及"天命之性"與"氣質之性"的人性論，提出了"天理""人欲"説，强調"存天理、滅人欲"，最終完善了北宋以來的理學學派建設。朱熹著有《四書集注》，其書包括《大學章句》一卷、《中庸》一卷、《論語》集注十卷、《孟子集注》七卷。所有解釋均體現了朱熹的理學思想。《詩集傳》二十卷，雖兼及訓詁考據本義，但亦賦予了封建道學色彩，甚而將二十四篇愛情詩，俱斥之爲"男女淫泆"之作。其《太極通圖解》《通書解》《伊洛淵源録》《易學啓蒙》及與吕祖謙同撰之《近思録》十四卷，則爲對周敦頤、程顥、程頤、張載諸前輩理學著述的闡發。朱熹去世後，門生九十餘人分類整理之《朱子語録》一百四十卷，多爲其講學問答，全面反映了他的理學思想與教育思想。此外尚有《通鑑綱目》《楚辭集注》等著述。周氏、朱氏這類師訓教材之命名與今之專著無甚差异。更多的師訓教材則直標之爲"某某書院（或"書堂"）講義"，如 宋陸九淵《白鹿洞書院講義》、宋吕祖謙《麗澤講義》等。有的復加所講内容，以示其爲專題。如 宋陳文蔚《南軒書院〈中庸〉講義》、宋文天祥《西澗書院"釋菜"講義》等。有的則以書院間的書札往還形式命題。如 明吕柟《端溪問答》、明王艮《"天理良知説"答甘泉書院諸友》等，此類教材甚爲精專活脱，數量巨大。不過，雖同屬理學派，却又有不同體系。因體系不同，師訓教材亦各有差别。如朱熹與象山學派宗師陸九淵、陸九齡弟兄，在學術思想之認識論方面久有分歧。南宋淳熙二年（1175），由金華學派創始人吕祖謙邀集朱與二陸，於信州（今江西上饒）鵝湖寺舉行講會，試圖調和兩派争執。朱主張"先道問學"，"即物而窮其理"，意謂從博覽群書與對外物的觀察中啓發心智；陸氏弟兄主張"尊德性"與"發明本心"，認爲"心即理也"，爾後讀書與察外。朱譏二陸爲"禪學"，"教人爲太簡"；二陸則譏朱爲"支離"，"簸弄經語"。吕氏竭力折中調和而未成，講會終於不歡而散。鵝湖之會，朱陸之争，是朱陸之間"性即理"與"心即理"兩説之根本對立。自北宋起，理學中就存在上述兩種傾嚮。程顥傾嚮於"尊德性""心即理"論；程頤傾嚮於"道問學""性即理"説。兄弟情深，同爲"洛學"創始人，尚未覺察彼此間之差异。至鵝湖之會時，二程之門生間已各自形成壁壘，分爲兩大學派。鵝湖之會前，二陸弟兄間亦有分歧，臨行時始論辯求同，兄九齡折服於弟九淵。鵝湖之會後，朱陸後學又各持己見，乃至"互相抵訾"，達百年而未休。實則鵝湖之會前，吕祖謙亦自成一派，祇是未顯對立而已。清人全祖望在《同谷三先生書院記》中所論甚明："宋乾、淳以後，學派分而爲三。朱學也，吕學也，陸學也。三家同時，皆不甚合。朱學以'格物致知'，陸學以'明心'，吕學則兼取其長，而復以中原文獻之統潤色之。"以上争辯，雖有門户之見，但這種自覺的公開的會講與論戰方式，實乃近古學界思維水平的一種飛躍，對於中國哲學史、教育史而言，其意義可比於春秋戰國之際的"百家争鳴"，祇是更加深細，更重布道，復帶中古末的點辯而已。學説既异，師承亦自不同。有宋一代，書院六百餘所，師訓教材如蜂涌蝶飛，各具色彩，可謂洋洋大觀。

　　宋亡之後，歷朝或尊朱非陸，或尊陸非朱，雖有力予和衷之舉，猶争訟不息。元初，自史蒙卿、程端禮師生隱居講學或創辦書院始，由陸入朱，力主朱學。其後因朱陸門户之爭兀自難平，書院多"和會朱陸"，以求圓通。但有元一代，總體仍以朱學爲正宗，奠定了其自宋末以來的統治地位。自明後期始，鴻臚寺卿、南京兵部尚書、一代教育宗師王守仁力駁朱氏之"存天理、滅人欲"及認識論謬誤，繼承并發展了陸氏兄弟的"心即理"學說，建立了"知行合一""致良知"之新說，張揚了人的個性、主動性，形成了具有獨立的哲學範疇與獨立的教育範疇的新的理學體系，形成了中國哲學史、教育史上的第三座高峰。

有明一代，各類師訓教材如繁星麗空，流傳所及，直達海外。王守仁之《傳習錄》《文錄》，尤其是前者，影響至巨，今學界評之曰："它在中國古代學術思想發展史上，其地位與作用不亞於《論語》。"（李國鈞主編：《中國書院史》第十五章）豈止於此？應當說《傳習錄》在中國古代教育思想發展史上，其地位與作用亦不亞於《論語》。王守仁之好友甘泉學派首領湛若水，則認爲朱陸各有長短，力予糅合，當屬元代之"和會派"。四方來學者甚眾，"相從士三千九百餘"。其"隨處體認天理"說與王氏之"致良知"說齊名天下。"王、湛兩家，各立宗旨。湛氏門人，雖不及王氏之盛，然當時學於湛者，或卒業於王；學於王者，或卒業於湛，亦猶朱陸之門下，逆相出入也。"（清黃宗羲《明儒學案》卷一八）其後學多偏離師門學說，漸與王學合流。

明亡，清人入主中原，爲穩定政權，對漢人采取了安撫政策。太宗皇太極時即推行漢化，設吏、户、禮、兵、刑、工六部，以求與漢族政俗融合。對於"四民之首"的"士"尤爲重視，多次舉行科舉考試，一些漢族知識份子被網羅於各級行政機構中。世祖福臨則將四書、五經奉爲最高教義，奉行"三綱五常""忠孝節義"。至聖祖玄燁時又特設"博學鴻詞科"，千方百計吸引明代遺賢及各類優秀士子參政。同時由朝廷諭令，憑藉行政力量，將程朱理學尊之爲正統。不少漢族知識份子漸被軟化，對清廷漸取信任親和態度，最爲著名者當爲康熙進士陸隴其。陸被譖去職後，或執教於官學，或主講於書院，力駁王守仁之說，斥之爲"禪學"，論者以爲自薛瑄、胡居仁之後，唯陸得繼程朱正宗。其學以"居敬窮理"爲主。聖祖推重有加，成爲清廷首薦之從祀孔廟的理學家。陸氏以上著述，成爲有清一代難得的師訓教材。不過，清廷對漢族知識份子一直重重設防，一旦疑有不軌，即采用鐵血手段，毫不寬容。世祖時已有望文生義、一書定罪、特投大獄、株連無辜之舉。康熙、雍正時最爲殘酷，輕則籍没家産，罰邊充軍，重則弃市，滿門抄斬，甚而連亡故者亦焚骨揚灰。此類橫禍，史稱"文字獄"，時至乾隆中期兀自不休。在血腥的文字獄重壓之下，明末清初士人間興盛的"修身、齊家、治國、平天下"之"經世致用"意識大爲淡化，轉而致力於以訓詁考據爲主的漢學研究，此即清末龔自珍《咏史》詩所謂"避席畏聞文字獄，著書都爲稻粱謀"。這樣一方面勿需冒殺身之風險，另一方面又擯棄了清廷强力推行的程朱理學。不過，在全國範圍官學仍處於統治地位，書院亦以程朱與八股爲主導，成爲官學之附庸。時至嘉慶初期，具有遠見卓識之儒官阮元憑藉行政力量，憑藉其"名位著述，足以弁冕群材，領袖一世"的特殊地位，創辦了復興漢學的書院"詁經精舍""學海堂"，不課舉業，停程朱、八股，專攻漢學，轉而又治天文、地理之類實學。此舉開始改變了書院的附庸性質，扭轉了一代學風，成爲清代書院發展史上的里程碑，最終得以形成乾嘉學派，并成爲該學派唯一的權威學府。因徵實致用之學風，對於清帝國有利而無弊，清廷順應了書院這一新的發展方嚮，給予了物質和精神的必要支援。詁經精舍、學海堂終得極大地推動并發展了乾嘉學派的治學精神，在學術上取得了空前的成就。如集古今經傳校勘之大成的《十三經注疏》及其《校勘記》，即在阮元主持下，編成於詁經精舍，成爲清代書院的權威教材。又如《皇清經解》也是在阮元主持下，由學海堂諸學長及生徒編纂，由詁經精舍肄業生總其成。《皇清經解》不僅爲士子提供了詁經精舍、學海堂當代經學研究的最新力作，而且乾嘉學派之影響亦隨之與日俱增。該《經解》收載了明末清初至嘉慶間著名漢學家顧炎武、胡渭、毛奇齡、惠棟、孔廣森、戴震、阮元等的著作，計一千四百卷。全部宋學著作，皆予排斥。由清廷首薦入祀孔廟的理學家陸隴其的説經著作，亦被拒之編外。上述兩巨編及阮元親自編定的《學海堂集》《學海堂叢刻》及其自著《揅經室集》，皆由自設的學海堂刻書局刊刻問世。詁經精舍、學海堂造就了一批精通經學、博通實學的傑出人才，其師生的各種著述、課集連同前輩的研究成果，一脉相承，成爲經學研究的一座耀眼豐碑。上述著作歸屬於經學範疇，已列入《經學教材考》中，故非本《師訓教材》考所論著作。

太極圖説

師訓教材。《周易》之屬。理學之開山之作。今可視爲哲學類著作。宋代周敦頤撰。一卷。周氏依據《易·繫辭》"易有太極，是生兩儀，兩儀生四象，四象生八卦，八卦定吉凶，吉凶生大業"諸語及前人陳摶之《無極圖》而繪《太極圖》，并作《太極圖説》。代表了宋代理學對於宇宙形成、萬物終始的觀念認識。突破性地演進發展了《周易》之萬物起源理論，建立了客觀唯心主義的本體論。以精神領域之太極爲世界本源，由無極而形成太極，太極動而生陽，動極而靜，靜而生陰，靜極復動，由陰陽而生五行，成乾坤，有男女。陰陽二氣交感，化生萬物，萬物休衍，變化無窮，而人爲萬物之靈秀，聖人則定其中正，與天地相應合。所謂“五行，陰陽也；陰陽，太極也，太極本無極也”，五行統一於陰陽，陰陽統一於太極，萬物以無形之太極爲本。其學説之核心思想爲順天理，法聖人。其後歷代承襲其説，至清末始衰。朱熹有《太極圖解》爲其書詳作注釋。另有明曹端《太極圖説述解》本、清康熙間《朱子三書》本、《四庫全書》本、清乾隆元年（1736）李清植刻本、嘉慶六年（1801）補刻《李文貞公全集》本。參閲《宋史·道學傳一·周敦頤》。

通書

亦稱“易通”“周子通書”“濂溪通書”。師訓教材。係經學中《周易》之推衍。今可視爲哲學與教育學教科書。宋周敦頤（號濂溪）撰。一卷。與《太極圖説》同時成書。或説爲解釋《圖説》而作。序者謂其言約而道大，文質而義精，得孔孟之本源，大有功於學者。該書稱“乾元”爲萬物之宗，由是而生“誠”，爲五常之本，百行之源。主張“天以陽生萬物，以陰成萬物。生，仁也；成，義也。”賦予天體以道德屬性，將人分爲善惡中三種類型，以“天下化中”爲政治的極致。宣導“誠”“仁”“無欲”“靜處”。該書有朱熹注本。其書流布至清末始衰。參考本卷《各類教材説·師訓教材考》“太極圖説”文。參閲《宋史·道學傳一·周敦頤》。

【易通】

即通書。此稱宋代已行用。宋樂雷發《登潭州懷雪蓬姚使君》詩：“我尋桂樹吟招隱，君對蓮花誦《易通》。”見該文。

【周子通書】

即通書。此稱宋代已行用。宋陳淳《北溪集》卷一一：“讀《周子通書》而不肯讀《太極圖》。”見該文。

【濂溪通書】

即通書。此稱宋代已行用。宋楊簡《慈湖遺書》卷一五：“《濂溪通書》亦尚有疵，自明乎道者觀之，可以一見決不勞多議。”見該文。

白鹿洞書院講義

師訓教材。宋代陸九淵撰。淳熙八年（1181）二月，九淵自金溪至南康軍拜訪朱熹，其弟子朱克家、陸麟之等從行。十日，朱熹率僚友諸生俱至白鹿洞，請九淵講説《論語》“君子喻於義，小人喻於利”章。九淵以爲此章“以義利判君子小人”，讀者“苟不切己觀省，亦恐未能有益也”。“學者於此當辨其志。人之所喻由其所習，所習由其所志。志乎義，則所習者必在於義，斯喻於義矣。志乎利，則所習者必在於利，所習在利，斯喻於利矣。故學者之志，不可不辨也。”九淵深刻論析了當世義利形勢曰：“科舉取士久矣，名儒巨公皆由此出，今爲士者皆不能免此。然場屋之得失，顧其技與有司好惡如何耳，非所以爲君子、小人之辨也。而今世以此相尚，使汩没於此而不能自拔。”這就是説科舉應試之成敗，決定於考官之好惡，士子祇能沉溺於是，而無可奈何。又指出“終日從事者，雖曰聖賢之書，而要其志之所向，則有與聖賢背而馳者矣"。望諸士子"專志乎義而日勉焉"，而官場有司、考場上下當"共其職，勤其事，心乎國，心乎民，而不爲心計"。據院志載，當時講堂之内"涕者無數，深受激動。天氣微冷，而汗出揮扇"。朱熹稱這次講説"發明微暢，又意到明白"，并以自己往昔未講得如此暢達而慚愧，表示要同衆人一道銘記九淵之講説，請將講稿書寫成文，作爲講義鎸刻於石碑并爲之作跋。參閲嘉靖遞補本《白鹿洞書院新志》卷五。

性理大全書

師訓教材。明代士子的理學教科書。明胡廣等奉敕編撰。共七十卷。與《五經大全》《四書大全》同於永樂十三年（1415）九月告成奏進。翌年頒於兩京、六部、國子監及府州縣學。其書采宋儒之説凡一百二十家。前二十六卷各家獨立成帙，如周子《太極圖説》一卷、《通書》一卷、張子《西銘》一卷、《正蒙》一卷等，其餘諸卷皆捃拾群言，共分十三目：理氣、鬼神、性理、道統、聖賢、諸儒、學、諸子、歷代、君道、治道、詩、文。至清康熙帝以其龐雜蕪蔓，命李光第節編爲《性理精義》十二卷頒下。參閲《宋史·道學傳一序》。

龍場生問答

師訓教材。明正德三年（1508）王守仁"處夷處困"、主講貴州龍岡書院時作。該教材采用師生問答形式，記其半生遭際，闡述賢者君子如何認識并處理仕禄、世道與環境，如何事君與事父母，如何事國家、天下及益人、用世、義利諸問題，以成爲一名真正的賢者、君子，乃至聖人。如："君子之仕也，以行道。""君猶父母，事之如一，固也"，如若"惟

命之從，而不以道，是妾婦之順，非所以爲恭也"。"賢者之有用於世也，行其義而已。義無不宜，無不利也。不得其宜，雖有廣業，君子不謂之利也"。參閲《王陽明全集》卷二四《外集六》。

傳習録

師訓教材。明王守仁撰。共五卷。由其門人記録整理而成。始編於正德十二年（1517）。首卷及序二篇，出於守仁妹婿徐愛之手筆。十三年，由高足薛侃續刻，守仁親自訂正修改，收録了其與時人論學書及重要的教育著述，集中反映了王守仁學説思想及陽明學派早期思想探索與創建的艱辛體驗。嘉靖三年（1524），入室弟子郡守南大吉又增刻至五卷。嘉靖五年（1526），高足錢德洪復與續刻，又增《稽山書院尊經閣記》《答歐陽崇一書》等名文。《傳習録》之内容主要爲三部分：一爲問答，二爲書札，三爲有關書院之建設記述。強調心是第一性的本體，"無所不該"，一切皆由"心"派生而來，没有人的意念，便没有客觀事物。提出"致良知"説，宣揚"知善知惡是良知"。強調"致知格物"。認爲道德規範取決於先驗的"良知"，教育、修養就是内心固有的善惡的判别，揚其善，弃其惡，并提出以"知"代"行"的"知行合一"説。"知"，即良知；"行"是"致良知"之功夫，而非實踐。認爲"知""行"皆由心所生，有"知"則有"行"。否認"知"來源於"行"，主張"行"來源於"知"。其"知行合一"與"致知格物"之命題皆服務於"致良知"。其時《傳習録》之不斷增刻，標志着陽明學在書院教學實踐中的不斷發展，亦是書院教學對陽明學的有力促成。今學者評之曰：

《傳習録》隨着王陽明學説思想的不斷發展，其内容亦不斷增加，而且刊刻的數量和次數也相當可觀，以致天下讀書人没有不知此書者，没有不讀此書者。陽明學派的建立和傳播，與《傳習録》的編纂和刊刻所造成的事實影響，有着直接聯繫，它在中國古代學術思想發展史上，其地位與作用不亞於《論語》。"（李國鈞主編《中國書院史》第十五章）該書已收入《王文成公全書》。另有稽山書院刻本、山陰坊刻本及諸種坊刻本等，多不傳世。今通行本有清康熙五十一年（1712）日本岡田群玉堂刻本、光緒三十二年（1906）國學會《國粹叢書》本、《王陽明全集》本。

第六節　家庭教材考

所謂"家庭教材"，係指父母教育子女，或長輩教育後代所用教材的統稱。人類教育史源遠流長，自有了人，即有了教育，其可謂與人類相始終。但目的最爲明確、最具針對性的教育，肇始於原始社會的家庭教育。施教者多爲子女的父母。母系公社以母親爲主，父系公社以父親爲主，偶或徑以長輩爲主。傳説中的堯舜之前，帝位的傳承，即爲父傳子、子傳孫，代代相傳。這種父子相傳的體制，就決定了家庭教育的存在和發展，中經堯、舜、禹的禪讓制之後，旋又恢復了家庭教育的傳統方式，上自帝王，下至黎民百姓，莫不如是。這時的教材，尚屬孕育期，未見定型。夏代之後，漸有了學校教育，有了師、傅一類官職教育，家庭教育始退於從屬地位。不過，隨同社會的進步，家庭教育却漸見定型，且得以更全面更深入的發展。夏商時帝王對部族的訓示，即屬此類。《書·多士》載："惟殷先人，有典有册。"這是説殷代之先祖已有了長篇文字載體。後世經師認爲這些"典册"係史籍之類，製備這些典册，其目的即在訓誡後代。至西周之時，家庭教育之風尤盛，如《儀禮》所載之"士冠禮""士昏禮""聘禮""士喪禮"等皆爲嚴格的家庭教育，其要求的細密、儀節的繁復，必有文字記載，方可掌握，否則實難教示後代，此時無疑亦有成形之教材。《書·顧命》中所載，周成王將崩之日，命召公、畢公率諸侯輔佐康王即位，史官所作《顧命》，其實質即成王教子之家訓。"家訓"一詞，始見於《後漢書·文苑傳下·邊讓》："髫齔夙孤，不盡家訓。"家訓亦稱"家戒"，或短或長，或口授或成書，歷代皆有所見。"漢高祖之《敕太子》，東方朔之《戒子》，亦《顧命》之作也。及馬援以下，各貽家戒"（南朝梁劉勰《文心雕龍·詔策》）；三國魏杜恕曾撰《有戒》，稱引永寧太僕張閣之簡質以教子（《三國志·魏書·邴原傳》裴松之注）；後蜀韋莊應舉時曾著《秦婦吟》一篇，"爾後公卿亦多垂訝，莊乃諱之"，故"他日撰家戒，内不許垂《秦婦吟》障子，以此止謗"（宋孫光憲《北夢瑣言》卷六）。以上皆爲家訓或家戒之名篇。母親教子之名例，戰國時有"孟母三遷"，宋代有"岳母刺字"，更爲後世所傳頌，藉此可略見古人教子之良苦用心。作爲學校式的家教，西周時已見設立。《禮記·學記》載："古之教者，家有塾，黨有庠，術（當爲"遂"）有序，國有學。"孔穎達疏曰："家有塾者，此明學之所在。《周禮》百里之内二十五家爲閭，同共一巷。巷首有門，門邊有塾。謂民在家之時，朝夕出入，恒受教於塾，故云家有塾。《白虎通》云：古之教民，百里皆有師。里中之老有道德者，爲里右師，其次爲左師，教里中之子弟以道藝、孝悌、仁義也。"此一家塾當爲古代家庭教育的官化形式，《白虎通》所云"里中之老有道德者"，即指家族式的教師。周代的這一家教，後發展爲私塾，即延請教師執教於家中，或家長執教於家中，并收他人子弟以謀生計。這類私塾有別於正式的家庭教育。作爲正式的家庭教育，當始於西周。春秋之後，隨同私學而興起，至戰國而大盛，其後歷代相沿，至清末始漸衰落。這種家庭教育，大抵可分三種類型。其一爲科技學術教育。西周統治者奉行"德成而上，藝成而下"的教育原則，六藝之外的醫藥、建築、冶煉、機械，乃至刑法之類的傳授，是通過另外的渠道，由"百工"們父以傳子，世代相繼，稱爲"世業"。世業傳承與學校教育并舉同行。春秋戰國時儒學漸興，儒家經典漸受重視，五經皆有家傳私習者。如《史記·申公列傳》載："戊（劉戊）立爲楚王，胥靡（謂腐刑）申公。申公耻之，歸魯，退居家教，終身不出門，復謝絶賓客。""家教"一詞，首見於此。申公所傳，後世稱之爲《魯詩》。《儒林列傳》又載，與申公傳《魯詩》的同時，齊人袁固傳《齊詩》，燕人韓嬰傳《韓詩》，魯人毛亨傳《毛詩》。起初皆爲家學，後廣收异姓弟子。前傳三詩稱"今文詩學派"，毛詩稱"古文詩學派"。至西漢末先後皆立爲官學。其他如《尚書》《三禮》《周易》《春秋》四經亦皆由家教興起，後亦成爲官學。以上所論家教之教材，已分歸於專科教材、經學教材中。其二爲家乘類。指家譜、家史，旨在備後代子孫瞭解祖先之血緣傳承或家族之發展變化。家乘在中國向被歸入史學之中，故而本考不予收列。其三爲家訓類。指家長在爲人處世健身治學等方面的訓導。其起源甚爲久遠，前文已述及。此爲本考之重點所在。簡而言之，本考所指稱的"家庭教材"，亦主要指此家訓類著述。家訓教材唐宋已見興盛。《新唐書·房玄齡傳》記載，房"治家有法度……乃集古今家誡，書爲屏風，令諸子各取一具"，可見唐代這類著作已有很多。至宋代以後，又有真德秀《真西山先生教子齋規》、趙鼎《家訓筆錄》、陸游《放翁家訓》、朱熹《朱子訓子帖》、劉清之《戒子通錄》、袁采《世範》、葉夢得《石林家訓》等。其中最具影響者莫過於司馬光之《家範》。其書以儒家經典論證治國之本在於齊家的道理，并廣集歷代人物的事實作爲"軌範""代型"，具體闡述各項道德準則和治家的方法。其後這類著作多采這種體例，直至清末。

"家訓""家教"這類著作，明清最多。明代有方孝孺《家人箴》、曹端《曹月川先生家規輯略》、姚儒《教家要略》、陸樹生《陸氏家訓》、楊繼盛《楊忠愍傳家寶訓》、龐尚《龐氏家訓》、袁黃《訓兒俗説》、吳麟徵《家訓要言》。清代則有孫奇逢《孝友堂家規》、竇克勤《尋樂園家規》、陳確《叢桂堂家訓》、傅山《霜紅龕家訓》、魏象樞《聖人家門論》、鄭起弘《忍園先生家訓》、李元春《教家約言》、曾國藩《曾文正公家訓》等。其中最爲著名者當首推清初朱用純《朱柏廬先生治家格言》，通稱《朱子治家格言》，別稱《朱子家訓》，它以程朱理學爲本，闡述封建道德觀念，主張知業并進，勸人治家勤儉、安分守己，在清代影響最大，幾乎成爲戶戶必備的家庭教育教科書。其書直至當代猶爲世人所鍾愛。不過，由於施教之家長（或曰作者）的身份、地位、教養、價值觀、人生觀之不同，"家訓""家教"教材之內容品位時見差異。明清之後，偶或有格調頗爲低俗者，如宣導"事不關己，高高掛起"，"祇掃自家門前雪，莫管他人瓦上霜"之類極端自私自利思想，與"修身、齊家、治國、平天下""先天下之憂而憂，後天下之樂而樂"的正統教育相對壘，唱反調。是類"教材"，私藏一隅，爲有志者所不齒，可視爲一縷濁流。

今傳世的家訓教材，大抵可分兩類。一類爲訓子教材。其書雖常命之爲《家訓》，實則多以男性爲施教主體，而且包括了成年男子。最爲著名的有北齊顏之推的《顏氏家訓》，隋唐之際托名的《太公家教》，唐佚名的《百行章》，宋代真德秀的《真西山先生教子齋規》、司馬光的《家範》、陸游的《放翁家訓》、朱熹的《朱子訓子帖》、葉夢得的《石林家訓》，元代許衡的《許魯齋先生訓子詩》、鄭太和的《鄭氏家範》、鄭濤的《義門鄭氏家儀》、陸梳山的《居家致用》，明代方孝孺的《家人箴》、姚儒的《教家要略》、陸樹生的《陸氏家訓》、袁黃的《訓兒俗説》，清代朱用純的《朱子家訓》、孫奇逢的《孝友堂家規》、陳確的《叢桂堂家訓》、竇克勤的《尋樂園家規》、李元春的《教家約言》、李毓秀的《弟子規》，民國期間有甘樹椿的《甘氏家訓》、屈鳳竹的《治家要義》及附錄一、趙炳麟的《庭訓錄》、鄔慶時的《齊家淺説》等。今人所著之家訓尚未見記載。這些訓子教材多宣講儒家倫理道德與處世哲學，而其中關於誠摯、毅力、求知、進取、衛生、健康的一些訓示，迄今仍有教育意義，對於當代蔓延之欺詐、浮躁之風更有警示價值。其中《顏氏家訓》中提出的諸多見解，如家庭教育應盡早實施，愈早愈佳；父母要全面關心後代，注意其身神兩方面的成長；對晚輩應從嚴要求，勤加督導，愛教結合；重具體示範，重群體影響，忌空談說教等，是我國家庭教育最早最系統的理論，可稱之爲中國古代最具權威的訓子教材。但這些訓子教材常過份強調卑尊的關係，強調絕對服從；過分強調息事寧人的處世思想，強調無原則地一味退讓。古代倫理思想的消極因素也是顯而易見的。另一類則爲誡女教材。所誡之女，包括了未婚與已婚女性。女子教育所用教材，至爲重要。家庭教育針對家庭中的女性，成爲中國教育的一大特點。女性本爲家庭成員，家風熏陶當然不應排除在外。而她們一旦出嫁，其舉手投足便代表着一家門風，影響很大。況且一旦身爲人母，便自然承擔着兒童早期教育的責任，這些因素決定着古代社會必須重視女子教育。女子教育的內容，除了所有家族成員都必須接受的教育外，還有專門的關於婦道的要求。這類教材，最早的當爲西漢劉向所撰《列女傳》(今傳宋代王回重訂之七卷本)，稍後有東漢班昭之《女戒》，魏晉時則有《女典篇》《女史箴》(餘皆亡佚)，其後有唐代陳邈妻鄭氏所撰《女孝經》，宋若莘所撰《女論語》，明成祖徐皇后所撰《內訓》、劉氏所撰《女範捷錄》、呂得勝所撰《女小兒語》。明神宗時《女誡》《女論語》《內訓》《女範捷錄》復經王相箋注，天啓間合刻成《閨閣四書集注》(簡稱《女四書》)。清代則有徐士俊的《婦德四箴》、陸圻的《新婦譜》、陳確的《補新婦譜》、查琪的《新婦譜補》、鄭珍的《母教錄》等。這類誡女教材，雖非盡出父母之手，却無一不爲家庭誡女所用。其中《女四書》皆爲教養高逸、學識深厚的女性所作。以上誡女教材，或以史傳體例，或以記事方式，或以韻語辭章，或以問答筆法，闡發女德、女節、女容、女紅、母儀、胎教、靜言、舉惡等女性應遵奉的思想與行爲標準，雖強調了男尊女卑，宣導了服從忍受等封建觀念，但有關勤儉持家，善導子女，注重內在修養、內在美，忠於丈夫，忠於家庭，勿奢侈艷飾，勿搬弄口舌等訓誡，仍不失爲今世女性之鏡鑒。

此外，尚有一些家書之類，其中那些教誨親眷後輩、發之肺腑的傳世箴言，家人或他人編輯珍藏，世人亦視之爲家庭教材。如清代之《曾國藩家書》、現代之《傅雷家書》等，惜傳世之作甚少。曾、傅《家書》，時人稔熟，本考不予收列。總之，我國古代的家庭教材內容十分豐富，包括了德育、智育、體育、美育四大方面，與現當代所指稱的"家庭教育”無甚差異，但是古代家庭教材的使用，并不限於學齡前與學齡中，更包括了婚後教育、成人教育。因家庭教材多出自其家長之手，是家長人生經驗教訓的真切總結，具有頗强的實用性，故而子女的信賴遠在官書之上，視爲處世金箴，終生珍愛。天下有識之士亦甚青睞，或輾轉相抄，或求刊於世。毛澤東生前收藏有一方墨水匣，盒蓋上刻有“黎明即起，灑掃庭除，要内外整潔”的銘文。此墨水匣爲前清狀元、20世紀20年代山東大學校長王壽彭之遺物。王氏手鐫之銘，即出自清代朱用純所撰《朱子治家格言》，可證古代家庭教材影響之廣遠。近現代教育已罕見單獨使用的家庭教材。所見者多爲配合學校教育所編輔助教材。古代家庭教材已成爲一種久違的教育文獻，成爲一種難得的教育史料。

訓子教材

顏氏家訓

　　子女教育教材。舊本題北齊黃門侍郎顏之推撰。宋本七卷，末附考證二十三條，別爲一卷。明代合爲二卷。書成於隋開皇九年（589）以後，分爲序致、教學、兄弟、後娶、治家、風操、慕賢、勉學、文章、名實、涉物、省事、止足、誡兵、養生、歸心、書證、音辭、雜藝、終制二十篇。爲述立身治家之法、辨證時俗之謬、訓誡子孫的雜論集編。陳振孫《直齋書錄解題》云：“古今家訓，以此爲祖。”晁公武《郡齋讀書志》云：“此書述立身治家之法，辨

《顏氏家訓》
（元刻本）

證時俗之謬，以訓世人。今觀其書，大抵世故人情，深明利害，而能文之以經訓，故《唐志》《宋志》俱列入儒家。然其中歸心之篇，深明因果，不出當時好佛之習。又兼論字畫音訓，并考證典故，品第文藝，蔓衍旁涉。不專爲一家之言。今特退之雜家，從其類也。”魏晋南北朝時家庭教育興盛，這是六朝私學教育的一個重要特點。門第是門閥士族之命根，因此，如何鞏固門第便成爲家庭教育的直接動力和根本目的。《顏氏家訓》是現存最早的家庭教育所用教材。今存明人刊本，原有考證卷已佚。清盧文弨《抱經堂叢書》校訂本爲通行較佳之本。《四部叢刊》《四部備要》《諸子集成初編》等皆收此書。嚴士海有《顏氏家訓注》。1980年上海古籍出版社刊王利器《顏氏家訓集解》較佳。

太公家教

　　子女教育教材。作者不詳。當成書於隋唐間。内容係用四字韻語叙述古人日常生活的道德要求。書名取義，歷來説法不一。多以爲書中有“太公未遇，釣魚渭水”之語，故稱。此

書自中唐至宋初最爲盛行。宋金元時期，曾譯成多種少數民族文字，自女真而高麗，復至滿洲，五百年間成爲東北説各種語言的童蒙讀本，而中原則自采用《百家姓》《三字經》後，此書竟至亡佚。清光緒時，敦煌石室發現唐寫本《太公家教》，基本保存完好，收入《鳴沙石室佚書》中。唐李翺《答朱載言書》："其理往往有是者，而辭章不能工者有之矣，王氏《中説》、俗傳《太公家教》是也。"宋王明清《玉照新志》三："世傳《太公家教》，其書極淺陋鄙俚，然見之唐李習之（翺）文集，至從《文中子》爲一律，觀其中猶引周漢以來事。當是有唐村落間老校書爲之。"明居頂《續傳燈錄·法戒禪師》："恰似三家村里教書郎，未念得一本《太公家教》，便道文章賽過李白、杜甫。"

家範

子女教育教材。宋代司馬光撰。全書共十卷。以《周易》家人卦辭以及節錄的《大學》《孝經》等作爲全書的序言。其後從治家到乳母共十九篇，都雜采可爲法則的史實，并兼有作者的論説。與朱子的《小學》義、例有差异，但用意略同。其節目俱備，簡而有要，切於日用，并且大旨歸於義理。有《四庫全書》本。

袁氏世範

子女教育教材。宋代袁采撰。全書共三卷，分睦親、處己、治家三部分。府判劉鎮爲之作序。此書反復詳盡地論述了立身處世之道。全書通俗易懂，主旨明白切要，使讀者易於掌握。有《四庫全書》文淵閣本。

朱子家訓

亦稱"朱子治家格言"。子女教育教材。清代朱用純撰，同代陸廷燦注。凡一卷。朱氏終生尊崇程朱之學。此書述儒家修身、齊家、治用之事，勸人勤儉安分，禮讓寬厚。諸多名句傳誦久遠，如"黎明即起，灑掃庭除。要内外整潔，既昏便息"；"一粥一飯，當思來處不易；半絲半縷，恒念物力維艱"；"施惠無念（注："無念"有惠及人，切勿思報），受恩莫忘；凡事當留餘地，得意不宜再往"；"善欲人見（注："人見"，欲人知之），不是真善（注：沽名釣譽，非出真心）；惡恐人知，便是大惡"，等等。一些名句，迄今仍有警世價值。有多種版本傳世，以繪圖增注《朱子治家格言》本最善。本文所引陸廷燦注者即此本。

【朱子治家格言】

即朱子家訓。此稱清代已行用。見該文。

弟子規

子女教育教材。清代李毓秀編。爲清代中葉以後流行最廣、影響最大的一種。三言韻語句式。全書根據《論語》"弟子入則孝，出則弟，謹而信，泛愛衆，而親仁，行有餘力，則以學文"之語爲綱，分作五部分。第一，"總叙"，二十四字；第二，"入則孝，出則弟"，三百字；第三，"謹而信"，三百八十四字；第四，"泛愛衆而親仁"，二百二十八字；第五，"行有餘力，則以學文"，一百四十四字：總計一千零八十字。儘量據《論語》之思想進行詮釋，依上述次第講解如何對待父母、兄弟、長輩，如何爲人處世，如何讀書求學之道理。重點突出，提綱挈領，語句流暢，字數較少，容易記誦。亦有不可取之封建倫理内容，如"喪三年，常悲咽""不關己，莫閑管"之類。有多種坊本傳世。

誡女教材

列女傳

亦稱"古列女傳"。家庭女教讀物。西漢劉向撰。原七篇，另頌義與圖各一篇。東漢班昭鳌爲十四篇，并增陳嬰以下十六傳。至宋代王回重訂爲七卷，分《母儀》《賢名》《仁智》《貞順》《節義》《辯通》《孽嬖》七題，題各十五人。列記古代婦女事迹一百零五則，每則有四言贊語，圖表其狀。原頌義分附各題之末，無頌義之文及後於劉向者二十傳，另作一卷，稱《續列女傳》。《宋史·藝文志二》載劉向《古列女傳》九卷，又有增補。歷代慣用，至明代解縉奉敕撰《古今列女傳》三卷，又補前之不足，時限直抵元明。著名的孟母教子故事即出其書。《母儀》篇載，孟子爲幼兒時，孟母爲擇取鄰里，曾三遷其居；孟子爲學童時，怠於進取，孟母曾"刀斷其織"，以示學業不可輟；孟子壯年時，欲遠行他國而憂母老，孟母教之曰，男兒當以天下爲己任，母雖老而當輔成子之大業，所謂"子行乎子義，吾行乎吾禮"。後補之《古列女傳》，亦不乏此類各篇。今有多種版本

傳世。以《國學叢書》本最爲通行。近人陳漢章作《列女傳校補》。

【古列女傳】

即列女傳。此稱宋代已行用。見該文。

女孝經

家庭女教讀物。唐代陳邈妻鄭氏撰。一卷。首載《進書表》，稱其侄女被册爲永王妃，因作此書規戒。分《開宗明義》《后妃》《夫人》《邦君》《庶人》《事舅姑》《三才孝治》《賢明》《紀德行》《五刑》《廣要道》《廣守信》《廣揚名》《諫靜》《胎教》《母儀》《舉惡》等十七章。仿《孝經》，章首假藉班昭立說，强調男尊女卑，凡事必尊禮教。五代時盛行於世。清有内府藏本。

女兒經

家庭女教讀物。大約成書於明朝，作者不詳。有多種版本。此書是封建社會對女孩進行思想道德教育的教材。包括爲人、處世、治家等方面，提倡敬老愛幼、勤儉節約、相夫教子、講究衛生、嚴於律己、寬以待人、舉止得體、注意禮貌等。很多道理對今世仍有積極意義。

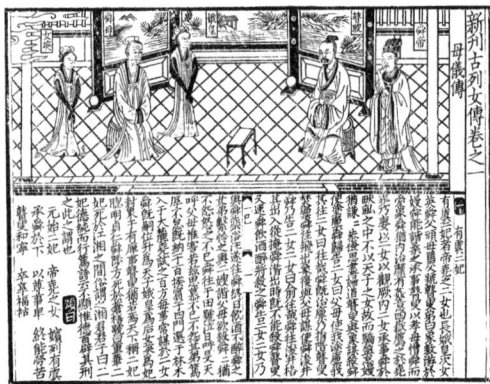

清康濤《孟母斷機教子圖》

《古列女傳》
（文選樓叢書本）

如："早早起，出閨門。燒茶湯，敬雙親"；"出嫁後，公婆敬。丈夫窮，莫生嗔"；"公婆言，莫記恨。丈夫説，莫使性"；"勤治家，過光陰。不伶俐，被人論"；"著醬醋，要調匀。用器物，洗潔净"；"裏有言，莫外傳。外有言，莫内傳"；"伯叔話，休要管。勿唧唧，道長短"；"孩童鬧，規己子。是與非，甚勿理（謂理論）"，等等，今之婦女，亦可藉鑒。因時代局限，亦有宣揚三從四德之類封建觀念的内容。此書有多種版本傳世。

女小兒語

家庭女教讀物。明代吕得勝撰。在宣揚封建倫理，如婦女忍受、服從、自責的同時，仍有另外的教育意義，如提倡"勤謹"，宣導務實的生活態度，强調人的内在美，切忌搬舌弄嘴，盡力教育子女，體貼奴婢的辛苦，等等。語句俚俗，絶大多數采用四言的歌謡體，便於孩童理解和記誦。雜言部分，近似諺語，言簡意深。四言者如"争着做活，讓着吃飯。身懶口饞，惹人下賤"；"婦女妝束，清修雅淡。只在賢德，不在打扮"；"夫不成人，勸救須早。萬語千言，要他争好"；"看養嬰兒，切戒飽暖。些許過失，就要束管"等。雜言者如"家教寬中有嚴，家

人一世安然"等。有多種坊本傳世。

女四書

亦稱"閨閣四書集注"。中國封建社會對婦女進行教育的四部書的彙編。其一、《女誡》：東漢女史學家班昭著，分《卑弱》《夫婦》《敬慎》《婦行》《專心》《曲從》《和叔妹》七篇，用男尊女卑、三從四德的封建倫理教育諸女。其二、《女論語》：唐代女學士宋若莘撰，仿《論語》體例，以問答形式，闡述封建婦道，其妹若昭加以申釋。今存《女論語》，托名曹大家撰，均爲四言韵文，似非宋若莘原著。其三、《内訓》：明成祖徐皇后采輯"古聖先賢"關於女子品德之教誨編成，原用以教育宫中婦女。其四、《女範捷録》：明代王相之母劉氏作，講述古代節婦烈女、賢妻良母等事迹。以上四書，明神宗時命王相加以箋注，於明天啓間合刻爲《閨閣四書集注》，成爲專對婦女進行封建教育的成套教材。嗣後翻印此書，簡稱爲《女四書》，廣爲流傳，直至清末始衰。今有多種版本傳世。

【閨閣四書集注】

即女四書。此稱明代已行用。見該文。

第四章 圖書樓館說

第一節 藏書樓考

所謂藏書樓，係指收藏圖籍文獻之處所，即藏書之建築。藏書樓之"樓"，與現代建築意義上的"樓"不盡相同。我國古代藏書樓含義更爲廣泛，從早期藏書的山洞、石室、倉房、地窖、經堂，至後期的廳館、軒閣、殿宇、書院、齋堂、樓房等，祇要是藏書之所，皆可歸之爲藏書樓。儒家藏書似乎甚重山洞、石室，故有"藏之名山，傳之後世"之說。據《太平御覽》卷四九引《荆州記》載，今湖南遠陵西北有大酉、小酉二山，二山皆有洞穴，相傳小酉洞中有書千卷，秦人曾隱學於此，但查無實據。後世所見之山洞、石室之藏書，多爲釋道之舉。釋道常依山築寺觀，傍山鑿石窟，以成藏書之大業，著名的敦煌石室、白雲觀藏經洞即其實證。

在古代中國，典籍傳承之主要載體，即歷代藏書樓。藏書樓重在典藏、研究，乃至刻寫，通常不對世人開放，不向外借閱，這又有別於現代圖書館。中國之傳統教育，尤其是春秋戰國之後，由原始的身演手教、口耳相傳，轉而授之以典籍，對典籍之重視，堪稱世界之最，故中國之傳統教育，可稱之爲典籍教育。而典籍必憑藉藏書，始得以保存和流布。歷代藏書之所，蓋出自官府、私家、佛寺道觀和書院講堂。中國藏書樓的發展衍變與歷代典藏、目録、校讎、版本、圖書編纂諸學，甚至圖書刊刻技術緊密相連。通過對歷代藏書樓的考索和認識，可知古代藏書發展之歷史，以及藏書與當時社會、經濟、文化之關係，其中與教育之關係最爲密切。

　　官府藏書濫觴於商周，據考河南安陽等出土的甲骨文可視爲後世藏書之雛形。《書·多士》言："惟殷先人，有典有册"，亦爲商朝典藏之明證。"周監於二代，郁郁乎文哉！"（《論語·八佾》）可知西周至戰國成爲官府藏書的奠基時期。周代上至中央政權，下至地方諸侯國，建立了類型不同的藏書機構，散見文獻記載的就有龜室、圖室、太史府、盟府、策府等。春秋時期有周府、公府，戰國時有府庫、周室、秘室；地方有閭府、州府等。掌管藏書之史官亦有大史、小史、内史、外史、左史、右史等，可見周代藏書之規模及管理之細化。老子就曾任周守藏室之史。據《史記》載秦朝藏書共有四處，即明堂、石室、金匱和周室，"石室金匱"遂成官府藏書的代名詞。漢代蕭何主持修建三座藏書樓：石渠閣、天禄閣和麒麟閣，其他尚有石室、金匱等。成帝時光禄大夫劉向及子劉歆負責整理典籍，校讎訛文，完成了中國第一部圖書分類目録《别録》和《七略》（前者爲藏書之提要，後者爲前者之節本）。三國曹魏建秘書、中、外三閣，采掇東漢遺亡圖書以藏之。鄭默掌三閣藏書時，編著目録《中經簿》（又稱《魏中經簿》）。文帝時以三閣藏書爲依據，編成我國第一部類書《皇覽》，藏於秘閣。西晉沿漢魏舊制，藏書處有秘閣、蘭臺、崇文院、石渠閣等。晉武帝咸寧五年（279），汲塚竹書出土，計有戰國竹簡十萬餘字，成爲西晉官藏一大特色。東晉由於朝政不穩，社會動亂，藏書驟减，藏書處僅餘秘閣。南北朝頻繁戰亂使官府藏書聚散無常，但典籍整理也得到一定重視，劉宋時謝靈運曾領銜"整理秘閣書，補足闕文"（《宋書·謝靈運傳》），彙編《四部書目》，收藏書一萬四千五百八十二卷。隋朝繼承北周官藏，收集南北遺書，遂使"隋家藏書富於古今"（《通志·圖譜略》），藏書處有秘閣、觀文殿、修文殿、嘉則殿等，據《資治通鑑》記載，僅嘉則殿就有圖籍三十七萬卷。唐代藏書，盛於開元，玄宗在東西兩都設置麗正書院，後改爲集賢殿書院，不僅設立較爲完善的職官機構，藏書數量也大爲可觀，史稱"集賢之書盛積，盡秘書所有，不能處其半"（《玉海》卷五二）。唐代其他官方藏書處還有秘書省、弘文館、史館、崇文館、翰林院等。"安史之亂"使唐代藏書由盛轉衰，雖經極力彌補，終不能恢復盛唐藏書之盛況。"宋朝以文爲治，而於書籍一事，尤切用心。"（明邱濬《論圖籍之儲》）宋代官藏以崇文院規模最大，此外還有太清樓、龍圖閣、天章閣、寶文閣、顯謨閣、徽猷閣、敷文閣等。館職選任非常嚴格，恰如洪邁所言："國朝館閣之選，皆天下英俊，然必試而後命。一經此職，遂成名流。"（《容齋隨筆》卷一六）宋代官府藏書，也重視雕版刻印，亦允許朝廷高級官僚、殿試科舉考生借閱流通。元代官府藏書以秘書監爲主，其他省部藏書機構亦蓬勃發展，如行省架閣庫、宣慰司、儒學提舉司等。據清人錢大昕《補元史藝文志》統計，元之藏書，經部八百零四種，史部四百七十七種，子部七百六十三種，集部一千零九十八種，凡三千一百四十二種，數量僅次清代的四庫之數。經廣泛搜求和大量編纂刊刻，明代官府藏書增長迅猛，大型藏書機構包括秘閣、大本堂、東閣、華蓋殿、弘文館、南京文淵閣、北京文淵閣等，南京國子監、北京國子臨和經廠既是藏書之處，又是出版和教育機構。明宣宗時，"秘閣貯書約二萬餘部，近百萬卷，刻本十三，抄本十七"（《明史・藝文志一》），數量已至歷代官藏之巔峰。此後因火災兵燹和疏於管理，精善本散失嚴重，《永樂大典》亦未能幸免。清建國即開始大規模徵書，使清廷藏書盛極一時，除了設置專門藏書機構外，皇室生活起居地也是規模不等的藏書之處。乾隆時編《四庫全書》，建七閣，南北分設，使官府藏書在建築、組織、管理等方面愈加規範和完善，藏書之盛也至空前，僅《天祿琳琅書目》著錄的宋元明刻印善本書就有一千零八十八部。《四庫全書總目》著錄的是編入《四庫全書》的三千四百餘種和存目的六千餘種書籍。清末京師圖書館和江南圖書館的建立，使古代官藏圖書出現了轉型和更生。縱覽歷代官藏圖書，歷史發展之悠久、歷代皇帝之重視、國庫資財之支持、博士大儒之整理、建築刻印之氣派，是民間其他藏書樓不可比擬之優勢，但深藏秘閣的封閉保守、戰亂兵厄造成的散失毀滅亦成爲官府藏書的痛楚和弊端。

私家藏書發軔於春秋戰國時期，當時民間學術的發展和百家爭鳴的自由氛圍，爲早期私人藏書提供了充足的條件。孔子、墨子、惠施等都是早期的藏書家。《莊子・天道》曾有"孔子西藏書於周室"的記載。同書《天下》亦載："惠施多方，其書五車。"戰國後期，民間藏書漸多，但規模較小，更遑論藏書之建築。漢王朝出現了好古博學之豪門望族及大儒之類早期藏書家，雖人數不多，藏書不豐，卻發展了藏書事業。如河間獻王劉德"修學好古，實事求是，從民得善書……或有先祖舊書，多奉以獻王者。故得書多，與漢朝等"（《漢書・河間獻王傳》）。東漢曹曾，從博士歐陽歙受《尚書》，其門徒達三千之衆，積石爲倉以藏書，時稱"曹氏書倉"，此乃私家專門藏書之所首見文獻記載者。清人孫慶增言:"古有石倉藏書最好,可顯無火患,而且堅久。"(《藏書紀要·收藏》)紙寫書的普及,圖書編纂和著述的逐漸豐富,促成了魏晉南北朝藏書的興盛。與聚散無常的官府藏書相異的是,私家藏書蓬勃發展,上至公卿,下至寒士,藏書讀書,蔚然成風,不僅出現了王粲、皇甫謐、杜預、沈約等藏書家,而且他們多精於校勘。三國時蜀人向朗去職後潛心典籍,不僅藏書於時最多,"猶手自校書,刊定謬誤"(《三國志·蜀書·向朗傳》)。關於藏書樓,確見記載的有北魏平恒"別構精廬,並置經籍於其中"(《魏書·平恒傳》)。如果說東漢曹曾藏書尚僅處於"積石爲倉"的話,那麼平恒"別構精廬"則已是爲了藏書而築室修廬了。隋唐五代藏書承前代之餘緒,已有飛躍發展,藏書之數量、品質及管理皆有增加和提高,這得益於當時優越的社會環境、科舉制的實行以及雕版印刷術的發明與使用。唐代藏書家多爲當世之學者和達官顯貴,遂使私家藏書與官府藏書并行。其時版本校讎之學漸興,藏書家又多加校勘,如韋述之書"皆手校定,黃墨精謹,内秘書不逮也"(《新唐書·韋述傳》);蘇弁藏書"手自刊校……書次於集賢、秘閣焉"(《舊唐書·儒學傳下·蘇弁》)。因藏書甚巨,已有了藏書編目,其中較爲有名者當推吳兢《西齋書目》、杜信《東齋集》。築樓貯書者較之前朝更爲普遍,如李兟"李氏書樓"、孫長孺"孫氏書庫"、韋述"韋氏書齋"、吳兢"西齋"、白居易"池北書庫"等,皆爲早期之私家藏書樓。此期影響最大者,北有契丹王子耶律倍的"望海堂",南有吳越概齊物的"垂象樓"。"宋有天下,先後三百餘年……然其時君汲汲於道義,輔治之臣莫不以經術爲先務,學士縉紳先生,談道德性命之學,不絶於口,豈不彬彬乎進於周之文哉!"(《宋史·藝文志一》)加之"人以藏書爲貴"(宋葉夢得《石林燕語》卷八)的思想和版刻圖書的盛行,使私家藏書得以大規模發展,并且通過廣建樓閣、編製書目、啓用藏印、備製副本、加强庋藏保護,使藏書走向規範化。有宋一代,見諸文獻記載的私人藏書家不下千人。藏書量的增多,使建樓貯書之風大興,如朱昂"萬卷閣"、朱欽"萬卷樓"、尤袤"遂初堂"、葉夢得"石林别館"、晁公武"郡齋"。私家藏書目録也空前發展,尤袤《遂初堂書目》、晁公武《郡齋讀書志》、陳振孫《直齋書録解題》尤爲知名。元代私家藏書雖難以與宋比肩,但涌現出一批少數民族藏書家,如蒙古族榮禄大夫千奴曾"築宣聖宴祠於歷山下,聚書萬卷",蒙宗室契丹文學家耶律楚材,皆爲著名藏家。明代經濟實力的增强和社會對藏書的重視,使其藏書規模大大超過前代,僅葉昌熾《藏書紀事詩》和吳晗《江浙藏書家考略》記載的明代藏書家就有四百二十七人,且許多藏書樓以其藏書形成各自特色,如范欽"天一閣"藏書最多時達七萬多卷，其中明代地方志、科舉録、内部官書文件占重要位置；祁承㸁"澹生堂"藏書達九千多種，收録了常人并不重視的地方文獻、戲曲小説等。此期摹印刻書迅速發展，毛晋"力搜秘册，經史而外，百家九流，下至傳奇小説，廣爲鏤版，由是毛氏鋟本走天下"（朱彝尊《嚴孺人墓志銘》），其藏書樓"汲古閣"因富藏宋元珍善本及精抄精刻本而聞名於時。清朝藏書在繼承前朝的基礎上有所發展，除范欽"天一閣"、錢謙益"絳雲樓"、毛晋"汲古閣"外，又勃起了一大批具有一定規模、數位難以統計的藏書家和藏書樓，如錢曾的"述古堂"，收書四千多種、數萬餘卷，"自人世諸秘記，暨霞宫丹甲，汲塚覆釜諸等，靡不備，雅無愧宣獻、文簡諸巨公"（趙孟升《讀書敏求記序》）；朱彝尊的"曝書亭"藏書曾達八萬餘卷，朱氏還編著了卷帙浩大的專科版本目録學著作《經義考》。其他還有季振宜的"静思堂"、徐乾學的"傳是樓"、鮑廷博的"知不足齋"等。乾嘉著名學者洪亮吉把當時藏書家劃爲五類：考訂家、校讎家、收藏家、賞鑒家、掠販家。（見《北江詩話》）清朝末年至辛亥革命及五四運動前後，中國的藏書樓經數千年的文明洗禮和歷史積澱，在戰亂和書厄中得以重生，涌現出一些新興藏書家和藏書中心。清末的藏書事業沿着兩條不同的軌迹發展：一是依然沿襲傳統藏書道路，創造了古代藏書樓最後的輝煌；二是借鑒西方圖書館的發展模式，創建了新型的藏書機構。此期能够體現清末藏書樓最高成就的，當屬浙江陸心源的"皕宋樓"、浙江丁丙與其兄丁申的"八千卷樓"、山東楊益增及楊紹和父子的"海源閣"、江蘇瞿紹基的"鐵琴銅劍樓"，時稱"清末四大藏書樓"，亦稱"清末四大藏書家"。私家藏書受時代學風之影響，藏書内容逐步走向多元化，諸多專業藏書家亦應運而生，如專事收集邊疆歷史、地理文獻的張穆、何秋濤、祁韻士等人。有感於歷代"書厄"之禍患，清末藏書家尤爲專注輯刻叢書，恰如繆荃孫所言："單縑另帙，最易消磨，有大力者，彙聚而刻之。昔人曾以拾塚中之白骨，收路棄之嬰兒爲比，則叢書之爲功大矣。"（《藝風堂文漫存》）由是刊刻之風，大爲盛行，時之藏書亦多藏一些輯刻叢書。隨着藏書開放思想的興起，清末貴族國英創建了"共讀樓"，"與人共讀"（《共讀樓書目·跋》）藏書樓。在藏書樓從封閉走向開放的過程中，又有基督教傳教士創辦圖書館之先河。19世紀末20世紀初，傳統的藏書樓逐漸被新型藏書樓（公共圖書館）所代替。傳統私人藏書之來源，蓋出於購買、傳抄、交換、刻印、賜贈、竊掠等，而歷代藏書樓構建之目的，無論是爲治學修身、嘉惠學林，還是嗜珍炫世、邀媚權貴，在其幾千年的存在和發展歷史中，客觀上都有助於保存文化遺産、開發文獻，但由於傳統的傳抄、交換、贈賜、刻印、購買及個人閱讀興趣的拘囿，又加總體上的管理缺位、利用不足，乃至難免水火之災、被竊被掠，致使古老的藏書樓最終走向末路，不得不改型以求重生。

　　佛教何時傳入中國，至今說法不一，通常認爲始於東漢明帝時。但可以肯定的是，中國古代佛教寺院藏書，是伴隨着漢傳佛教寺院的興建和譯經活動的開展而初萌，并在僧侶及其他信仰者功德心理的刺激下逐步發展起來，最終形成了獨特的寺院藏書體系。東漢洛陽白馬寺，作爲漢傳佛教第一所寺院，就已經成爲西域來華僧人誦經譯經的專門機構，因而亦成爲佛教最早的藏書場所。隨着佛教在中國社會政治、經濟、文化等領域的影響越來越大，魏晋南北朝時期已有大量佛教原始經典傳入中原，寺院的建立、譯經的發展，爲寺院藏書奠定堅實基礎。藏經閣（亦稱藏經殿等）作爲佛寺的主體建築之一，是庋藏佛教經籍的地方，藏經方式可分壁藏、天宫藏、轉輪藏等。兩晋的襄陽檀溪寺、長安五重寺、廬山東林寺，南北朝時的建康定林寺等，皆爲當時著名的藏經寺院。隋唐時期，譯經、寫經發展迅速，據《辯證論》等書記載，整個隋文帝時代，共寫經四十六藏、十三萬二千〇八十六卷，修故經三千八百五十三部。另據《貞元新定釋教目録》載，自唐初至德宗貞元十六年（800），共譯經四百三十五部、志二千四百七十六卷。著名藏書寺院隋朝有京師大興善寺，唐代有京師西明寺、大慈恩寺、廬山東林寺等。另有敦煌地區如龍興寺、三界寺等，也是重要的藏經寺院，這些經書成爲後世敦煌遺書的重要組成部分。宋、遼、金、元時期是佛教發展的又一高峰，宋朝重視譯經和造藏工作，我國第一部木刻官版大藏經《開寶藏》，從北宋太祖開寶四年（971）開雕，太宗太平興國八年（983）完成，全藏共有十三萬塊版片，貯於印經院。又如開元寺私刻大藏經《毗盧藏》，計收經一千四百五十一部、六千一百三十二卷，分作五百九十五函。遼也曾歷經約三十年刻成《契丹經》，收經約六千餘卷，分作五百七十九帙。金朝自皇統九年（1149）至大定十三年（1173），歷時二十四載，刻成《金藏》。元代也極崇佛教，曾刻《普寧藏》《元官藏》等。寺院藏經較爲有名者有：宋朝京師太平興國寺、杭州天竺寺等，元代大都興教寺等。據有關史料載，明代刻漢文大藏經多部，其中官刻《洪武南藏》收經一千六百餘部、七千餘卷，分作六百七十八函。私版藏經《嘉興藏》正、續兩藏總計爲二千一百三十七部、一萬零八百一十四卷，分作三百四十五函。明代官刻藏經，常頒賜天下各大寺院，寺院收藏藏經大增。清承元明之崇佛，更重刻經譯經，乾隆版《大藏經》是清朝唯一所刻官藏，收經一千六百六十九部、七千一百六十八卷，分作七百二十四函。智旭編佛教目録《閱藏知津》，收佛典約一千七百部，并分類編排。清前期佛教寺院中出現了兩個著名的文人專門藏書地，即靈隱書藏和焦山書藏，其中焦山書藏藏書最多時達三千五百七十種、四千零二部、二萬一千四百七十册、五萬九千七百四十七卷。其他藏書寺院如杭州靈隱寺、北京賢良寺、鄞縣天童寺、天目山禪源寺等，皆爲文獻記載之知名者。近代以來，佛教發展命運多舛，藏經有減無增，唯民國年間曾刻《頻伽精舍校刊大藏經》《普慧經》，吸收國外佛藏之長處。觀中國古代寺院藏書，六朝之前多以譯經爲主，隋唐以寫經爲主，宋元明清則多重刻本佛經。另外，寺院藏書并非僅限佛教圖書，除此還有非佛教圖書。

　　道教產生一般追溯到漢順帝時張道陵創五斗米教。在《漢書·藝文志》中可發現屬道教範圍的書計有一百七十一種、三千八百六十七卷。道觀藏書逐漸形成規模體系，約始於兩晋時期。據葛洪《抱朴子·塞難》言："道書之出於黃老者，蓋少許耳，率多後世之好事者，各以所知見滋長，遂令篇卷，至若山積。"該書《遐覽》所說"鄭隱藏書"，即指葛洪師傅鄭隱，乃古籍記載道教藏書第一人。《遐覽》著錄道經六百七十卷，另有符類道書五百餘卷，合計一千二百多卷。南朝劉宋時期道觀藏書卷帙滋繁，如天印山崇虛館所藏道書，除去副本，竟達一千二百多卷。南朝宋陸修靜《三洞經書目錄》和梁道士孟智周《玉緯七部經書目》逐漸形成并完備了道經三洞、四輔的分類方式。隋唐兩代，道教空前發展，《隋書·經籍志》載有隋代所存道教經書計一千二百多卷，且隋代内道場曾設專門機構收藏道經。唐多尊道，建祠祭祀皆以"道先、儒次、佛後"排序。玄宗時編《開元道藏》，據考收有道書九千餘卷，乃當時道觀藏經之規範。著名道經藏書家有成都杜光庭，其他如江南王錢俶，其所建天台山桐柏宫亦爲著名藏書之所。五代概齊物、梁文矩等道士，藏經都在千卷以上。宋奉黃帝爲聖祖，崇奉道教，徽宗朝崇寧間校定《道藏》五千三百八十七卷，政和間校定刊印《政和萬壽道藏》五千四百八十一卷。宋代道觀藏經，轉輪藏形式頗多，玉隆萬壽宫、登封西經崇福宫就建有飛天法輪藏經之殿。南宋鄭樵《通志》中《藝文略·諸子類·道家》著錄中，凡道類二十五種、一千三百二十三部、三千七百零六卷。兩宋之際，道書零落。南宋建立，開始重建或修建道藏，如杭州洞霄宫、漳州龍溪天慶觀等。此後，金代曾編《大金玄都寶藏》六千四百五十五卷，蒙古時期編成《玄都寶藏》七千八百餘卷。但元代不重視道教，多次焚毀《道藏》，加之兵燹劫掠，道教藏書慘遭損失。終南山重陽萬壽宫、天台山桐柏宫、杭州祐聖宫等藏書道觀多遭災難。由於皇帝崇信，道教在明代復苏，正統十年（1445）刊畢的《正統道藏》，計有五千三百零五卷、四百八十函，并刊刻頒賜各道觀收藏。清朝建立，由尊奉藏傳佛教轉而關注理學治世，道教亦日趨衰落。此間僅王廷弼曾出資修補白雲觀《道藏》和瀋陽太清宮《道藏》，修補完畢共有經版十二萬一千五百八十九塊，藏於大光明殿，後焚於八國聯軍炮火之中。民國初曾影印《道藏》，裝訂成一千一百二十册。1949 年後，以藏書之豐聞名者當數北京白雲觀。

　　書院作爲我國古代一種特有的教育組織，起源於唐，盛於兩宋。藏書是古代書院的重要内容和特徵，書院藏書作爲我國古代藏書的重要組成部分，同樣也具有源遠流長的發展歷史。據考，書院與漢代 "精舍" "精盧" 有着淵源聯繫。《後漢書·包咸傳》載，包咸 "少爲諸生，受業長安，師事博士右師細君，習《魯詩》《論語》。因住東海，立精舍講授"。但此精舍尚不是後世之書院。唐代紙張的普及和雕版印刷的發展，使圖書激增，建院貯書成爲必需。據元歐陽玄《貞文書院記》載："唐宋之世，或因朝廷賜名士之書，或以故家積書之多，學者就其書之所在而讀之，因號爲書院。及有司設官以治之，其制遂視學校。" 可見，至唐已有專門藏書治學的書院，且有官辦和私辦之分。唐官辦書院影響大者如麗正書院（後改爲集賢殿書院），但其功用主要是修書、侍講，服務於帝王。民間私辦書院僅見於《全唐詩》詩題者就有十一處，另見於地方志者有十七所。如四川遂寧縣張九宗書院建於唐貞觀九年（635），是現在所知的最早的私辦書院。陳衮義門書院，"因勝據奇，是卜是築，爲書樓堂廡數十間"，且《陳氏家法》中專門制定了書院的管理制度。但唐代私人書院并沒有形成制度，尚未普及。書院在兩宋時期空前發展，據考宋代共建書院三百九十七所，其中年代可考者，北宋三十八所，南宋一百四十七所。從宋初形成的四大書院（嶽麓、應天府、白鹿洞、石鼓）始，兩宋書院無論在藏書規模和管理上，還是教育和研修機制上，逐漸成爲後世書院之典範。如南宋四川蒲江鶴山書院藏書十萬卷，比當時國家藏書目録《中興館閣書目》及其續目所録五萬卷多出近一倍。書院藏書規模也可從書院師生數量窺見一斑。據載，嶽麓書院於北宋大中祥符年間有教師數百人，白鹿洞書院於北宋太平興國年間有學生數千人。其時書院多重視刻印圖書，遂使 "書院本" 盛行。書院藏書常有專門藏書樓，如嶽麓書院在建築之始，就 "揭以書樓"，後更名御書閣。元代除繼承兩宋書院外，又建書院二百九十六所，而且藏書規模繼續擴大，如太極書院藏書八千餘卷，渤海東庵書院藏書一萬九千卷，尤其是成都草堂書院藏書竟達二十七萬卷，而且幾乎所有書院都有刻書活動。明代書院在經歷了前期一百餘年蕭條後，在嘉靖以後迅速發展，最盛時書院總數達到一千二百三十九所，而且書院藏書管理日臻制度化，書院藏書目録日益完善。清朝在統治穩固後，開始注重書院建設，據統計，清朝設立或修復書院一千九百餘所，而且私辦書院逐漸向官方書院發展，書院呈現多元化發展趨勢：有繼承理學遺風的，如關中書院、鰲峰書院等；有專注研習經史訓詁的，如鍾山書院、詁經精舍等；還有以科舉爲重的，如應元書院、尊經書院等。由於"西學東漸"的影響，清末書院在專藏經史典籍的基礎上，開始兼收新學、時務書籍和异國圖書，包括雜志、報紙之屬。并且在圖書管理上逐漸突破本院師生之局限，走向開放。1898 年京師大學堂的建立，標志着綜合性新式學堂的出現。1904 年清廷頒發《奏定學堂章程》，使延續了一千餘年的古代書院制度基本結束。經天灾人禍而幸免的書院藏書，多集中於各地圖書館。古代書院藏書，尤其是私辦書院藏書，多重儒家經典，而不刻意追求版本之珍貴，不僅保存了大量文化遺產，而且重視藏書之利用、人才之培養、學術研究之發展，使之成爲古代藏書文化的重要組成部分。

官府藏書、私家藏書、寺觀藏書和書院藏書，作爲我國古代藏書事業的四大支柱，其形成和發展的歷史進程都與當時經濟、政治、文化等背景密切相關，而且都形成了當時獨特的文化景觀，形成了中國教育的顯著特色。作爲優秀文化遺產的一部分，傳統藏書樓在其發展歷史過程中，直接或間接推進了我國藏書理論、目錄學、校讎學、版本學、圖書編纂學、建築學、美學等學科，以及有關典籍保護、刊刻、藏書印等諸多技術的發展和完善，也促進了當時社會的發展、民族的融合和文化的交流。

一、官府藏書

龜室

商代王室藏書處。坐落於河南安陽小屯殷墟，爲三千多年前殷商王室典藏文獻之處，今學者認爲此即中國最早的藏書之所。因藏有大量刻有甲骨文的獸骨龜甲，故史稱"龜室"。19 世紀末葉在河南安陽小屯村發現大量刻有文字的龜甲獸骨，至今發現有約十萬片之多，文字約四千五百個，現已識出三分之一左右。甲骨文是迄今爲止發現的最古老的成熟的中國文字，已有三千多年的歷史。甲骨文内容多爲田獵、祭祀、戰爭等事的占卜記録，亦有少量甲骨記録了殷商社會經濟、政治、軍事諸方面的歷史。甲骨文獻是我們現在能够看到的中國最早的典籍文獻。這數以萬計的獸骨龜甲，便貯存在"龜室"中。《周禮·春官·龜人》："凡取龜用秋時，攻龜用春時，各以其物入於龜室。"孫詒讓正義："據惠〔惠士奇〕説，則龜室即總藏龜甲之庫，亦通。"《史記·龜策列傳》："王者發軍行將，必鑽龜廟堂之上，以决吉凶。今高廟中有龜室，藏内以爲神寶。"《論語·公冶長》

"藏文仲居蔡" 劉寶楠正義："凡卜皆在廟，故藏龜亦於廟。" 殷人迷信，凡事必卜，卜則在廟堂。占卜結果燒録於獸骨龜甲上，亦藏貯於廟堂的 "龜室" 中，則廟堂不啻是殷商王朝行政場所和祭祀祖先的殿宇，亦以爲貯藏典籍的府庫。以上所引典籍内容在考古發掘中得到印證。河南安陽小屯發掘的宗廟式宮殿遺址，建築規模恢弘，有地上和地下兩種形式，地上爲宗廟宮殿，現在衹剩版築基址和柱礎可見。地下有複穴、竇窖。複穴是地下室，可以居住和工作。竇窖爲室内的井窖，用以存儲物品。1936 年發掘的殷墟一百二十七號坑，呈圓形，口徑 1.8 米，底徑 1.4 米，坑口距地面 1.7 米，坑底距地面約 6 米。坑口以下 0.5 米到 2.1 米，約 1.6 米的深度存儲甲骨一萬七千多片。版築建築内或附近必有穴窖，甲骨文獻典籍大多出土於其中。數量大，而且集中，可以看出是有意識貯存，此即所謂 "龜室"。"龜室" 藏書開啓了中國藏書史輝煌的序幕。周朝官府藏書比商代有進一步發展。從周王室到諸侯國都建立了類型不同的藏書機構。（參見本卷《圖書樓館説·官府藏書考》"圖室" "太史府" "盟府" 文）但最高層次的宗廟藏書之所仍承襲了 "龜室"，專門收藏周代甲骨文獻。1977 年 8 月陝西周原考古隊在岐山鳳雛村發掘周代甲組建築基址時，於遺址内西厢房第二號房間内的第十一號窖穴中出土卜甲一萬六千七百餘片，皆爲腹甲；卜骨三百餘片，都是牛的肩胛骨。其中有字甲骨二百餘片，六百餘字，字數最多的一片有三十多字。其内容或反映殷周關係、周人和諸侯國關係，或卜殷王田獵，或記周初重臣和地名。這些甲骨被稱爲 "周原甲骨"，仍存儲於專門收

藏甲骨文獻的 "龜室"。按：就嚴格意義而言，甲骨文并非圖書，因爲它尚不具備圖書的功能，衹可稱爲文獻（參見本書《函籍卷》概論），但典藏甲骨文之龜室却無疑具有了藏書室之性質。

圖室

爲周王室於龜室之外增設的藏書處。坐落於周王室宗廟之中。貯藏甲骨文獻以外的圖書如竹木簡册、玉版和早期帛書。周王室圖室圖書的來源可分爲三部分：一是繼承前世遺留的典籍，"孔子觀書周室，得虞、夏、商、周四代之典"（《隋書·經籍志一》）。二是殷末王室和各諸侯國的叛臣投奔周王室時進獻的。如《呂氏春秋》載，商紂時内史向摯奔周，晋國太史屠黍奔周，"載其圖法"。三是周王室史官的著述，此部分爲書的主要來源。

太史府

周代最爲豐富的國家藏書處。坐落於周王室宗廟之外。周王朝凡邦國都鄙及萬民的盟誓和券書皆藏於此。《周禮·春官·大史》："凡邦國都鄙及萬民之有約劑者藏焉，以貳六官，六官之所登。" 約劑，即盟誓和券書。又："大史掌建邦之六典，以逆邦國之治；掌法，以逆官府之治；掌則，以逆都鄙之治。" 大史，官名，即太史。大，"太" 之古字。殷代天官六大之一。周代大體同殷代。"典" "法" "則" 爲周王朝治國大法。上兩段引文言太史掌管國家法律典籍，官府有契約盟誓券書，正本藏六官正長之府，副本由太史府收藏。

盟府

周代官府專門收藏盟約副本的府庫。藏書之處謂之 "府"。《漢書·郊祀志上》："史書而藏之府。" 顏師古注："府，藏書之處。"《説文·广

部》:"府,文書藏也。"段玉裁注:"文書所藏之處曰府。"唐封演《封氏聞見記·典籍》:"周武平齊,先封書府。"盟書是春秋戰國時代各諸侯國或卿大夫之間,在訂立盟誓中所紀録的言辭,故也稱"載書"。《周禮·秋官·司盟》:"掌盟載之法。"鄭玄注:"載盟辭也,盟者書其辭於策,殺牲取血,坎其牲,加書於上而埋之,謂之載書。"《左傳·僖公五年》:"虢仲、虢叔,王季之穆也;爲文王卿士,勳在王室,藏於盟府。"杜預注:"盟府,司盟之官。"按:此處是以盟府藉指司盟之官。下注可證。又《僖公二十六年》:"昔周公、大公股肱周室,夾輔成王,成王勞之,而賜之盟曰:'世世子孫無相害也。'載在盟府。"又《襄公十一年》:"夫賞,國之典也,藏在盟府。"杜預注:"司盟之府,有賞功之制。"盟府爲司盟之府,司盟爲一職官名。掌管會盟及收藏盟約副本。周代結盟頻繁,天子與諸侯,諸侯與諸侯,諸侯與大夫之間出於政治需要,經常舉行會盟,簽定盟約。盟約或稱盟書,正本埋在舉行會盟儀式的地點,副本收藏在司盟之官處即盟府。20世紀40年代來,在河南沁陽和山西侯馬兩地先後發現數批戰國時代的盟書。河南沁陽第一批戰國盟書出土是在1942年前後,因修築公路偶然發現了幾十片玉石,其上皆爲墨書文字;第二批是在1980年由河南省文物工作隊發掘的,文字亦多爲墨書。侯馬盟書,1965年12月在陝西侯馬晉國遺址出土,所獲多達五千餘件,有六百餘件字迹清晰可辨。這些珍貴資料的出土,無疑對研究當時盟誓制度和歷史情況,有重要的意義。

石室

坐落於皇家宗廟内。皇家用以貯藏國家重要文獻。秦代已有。《史記·太史公自序》:"遷爲太史令,紬石室、金匱之書。"司馬貞索隱:"石室、金匱,皆國家藏書之處。"兩漢因襲。《漢書·高帝紀下》:"〔高祖〕與功臣剖符作誓,丹書鐵契,金匱石室,藏之宗廟。"顔師古注:"以金(銅鐵)爲匱,以石爲室,重緘封之,保慎之義。"至東漢時,石室中所藏天象、地情、災异記録漸趨龐雜,亦有讖緯類圖籍。明嘉靖年間朝廷建造的"皇史宬",是保留至今最完好的一座皇家"石室"式建築。按:金匱爲石室中儲書之銅鐵容器,司馬貞索隱恐非是。顔注甚明,當可從信。參見本卷《圖書樓館説·官府藏書考》"皇史宬"文。

蘭臺

漢代皇室藏書處。位於漢代宮廷内。西漢由御史中丞掌管。《漢書·百官公卿表上》:"〔御史中丞〕在殿中蘭臺,掌圖籍秘書。"東漢增設蘭臺令史。《通典·職官典》:"後於蘭臺置令史十八人。"所藏多典册法書讖緯圖籍。漢焦贛《易林·巽之明夷》:"典册法書藏蘭臺,雖遭潰亂,獨不逢災。"《漢書·王莽傳》:"甘忠可、夏賀良讖書藏蘭臺。"《後漢書·王允傳》載王允隨董卓遷都,"悉收蘭臺、石室圖書秘緯要者以從。"蘭臺除藏書外,亦爲著述校讎之所。漢王充《論衡·別通篇》:"蘭臺令史,職校書定字。"《通典·職官典》:"漢之蘭臺及後漢東觀,皆藏書之室,亦著述之所,多當時文學之士使讎校於其中,故有校書之職。"魏晋沿襲兩漢舊制,以蘭臺爲外臺,并仍由御史中丞掌管。晋武帝甫一即位,便將秘閣、蘭臺、崇文院作爲朝廷藏書處。

天禄閣

省稱"天禄"。漢宫中藏書處。漢高祖時令蕭何建造於長安未央宫内。《三輔黄圖·未央宫》："天禄閣,藏典籍之所。《漢宫殿疏》云:'天禄、麒麟閣,蕭何造,以藏秘書、處賢才也。'"成帝、哀帝及王莽時,劉向、劉歆、揚雄等曾先後校書於此。後亦通稱皇家藏書之所。唐楊烱《渾天賦》:"馮唐入於郎署也,兩君而未識;揚雄在於天禄也,三代而不遷。"明徐渭《芸閣校書篇》詩:"他年在天禄,羞與俗人同。"清嚴有禧《漱華隨筆·采訪遺書》:"不拘抄本刻本,隨時進呈,以廣石渠天禄之儲。"

【天禄】

"天禄閣"之省稱。此稱漢代已行用。見該文。

石渠閣

省稱"石渠""石閣"。西漢皇室藏書處。漢高祖時令蕭何建造於長安未央宫殿北,貯藏入關所得秦之圖籍。閣下鑿石渠導水,故稱。《三輔黄圖·閣》:"石渠閣,蕭何造。其下礱石爲渠以導水,若今御溝,因爲閣名。所藏入關所得秦之圖籍。至於成帝,又於此藏秘書焉。"《漢書·儒林傳·施讎》:"甘露中,與五經諸儒,雜論同異於石渠閣。"《漢書·劉向傳》:"讓論五經於石渠。"唐李賀《酒罷張大徹索贈詩時張初效潞幕》詩:"金門石閣知卿有,豸角雞香早晚含。"宋楊億《受詔修書述懷感事》詩:"群彦揮鉛筆,微生濫石渠。"明顧大典《青衫記·蠻素至江》:"明光奏賦,石渠侍講。"近代陳去病《辛刻六月金陵雜詩》之九:"石渠天禄儘儲材,漫把閑情理劫灰。"

【石渠】

"石渠閣"之省稱。此稱漢代已行用。見該文。

【石閣】[1]

"石渠閣"之省稱。此稱唐代已行用。見該文。

麒麟閣

漢代藏書處。後多用於繪藏功臣圖像。建於長安未央宫内。漢高祖令蕭何建造。《三輔黄圖·閣》:"麒麟閣,蕭何造,以藏秘書、處賢才也。"漢宣帝時曾畫霍光等十一功臣像於閣上,以表彰其功績。封建時代多以畫像於麒麟閣來表示其卓越功勳及至高榮譽。《漢書·蘇武傳》:"甘露三年,單于始入朝。上思股肱之美,乃圖畫其人於麒麟閣。"顏師古注引張晏曰:"武帝獲麒麟時作此閣,圖畫其像於閣,遂以爲名。"唐高適《塞下曲》:"畫圖麒麟閣,入朝明光宫。"清李漁《玉搔頭·止兵》:"麒麟閣主竟不容我這督師元老附個名兒不成。"

【麒閣】

"麒麟閣"之省稱。亦稱"麒麟"。封建時代,以像能畫到麒麟閣爲最高榮譽。唐劉考之《酬鄭沁州》詩:"麒閣一代良,熊軒千里躅。"唐杜甫《前出塞》詩之三:"功名圖麒麟,戰骨當速朽。"元鄭光祖《三戰吕布》第三折:"博得青史標名姓,圖像麒麟第一人。"

【麒麟】

即麒閣。此稱唐代已行用。見該文。

【麟閣】

"麒麟閣"之省稱。亦作"麐閣"。《文選·虞羲〈咏霍將軍北伐〉詩》:"當今麟閣上,千載有雄名。"李善注引《漢書》曰:"甘露三年,單于始入朝。上思股肱之美,乃圖畫其人於麒麟閣。法其形貌，叙其姓名。"清葆光子《物妖志・獸類・猿》："絃子歐陽詢，面似猴。長孫無忌嘲之曰：'誰於麟閣上畫此一獼猴。'"清劉獻廷《廣陽雜記》卷四："麋閣糟邱樣子殊，罡風正厲片時無。"

【麋閣】

同 "麟閣"。此體清代已行用。見該文。

【麟臺】

即麒麟閣。唐顏真卿《裴將軍詩》："功成報天子，可以畫麟臺。"《敦煌曲子詞・菩薩蠻》："效節望龍庭，麟臺早有名。"宋李九齡《代邊將》詩："據鞍遥指長安路，須刻麟臺第一功。"

東觀[2]

東漢宮中最主要的藏書處。坐落於東漢洛陽南宮，原爲南宮內道觀名，建於明帝時。明帝命班固等修撰《漢書》於此，成書名曰《東觀漢記》。章、和二帝後，爲皇室藏書之府。起先，東漢官府書籍多藏之石室、蘭臺，及後積聚漸豐，遂闢建東觀。規模恢弘，庋藏豐博，成爲東漢最著名的藏書處，又是學者士人研究著述之所。學者劉珍等曾在此潛心著述，成果豐碩。班固、蔡邕等人的歷次校書活動亦多在此進行，終成爲東漢時期國家校書中心。公元221 年，漢遠支皇族劉備在成都稱帝，依漢制建蜀東觀，收藏所得圖書，并設秘書令、秘書郎、秘書史等職官掌管典籍。公元 229 年孫權在建鄴（今江蘇南京）稱帝，仿漢制建吳東觀庋藏經籍。吳東觀亦校定整理圖書，并用所藏講習學問。

秘書省

爲唐皇室掌管圖書事業的部門，亦是官府藏書之所。唐初係朝廷六省之一。長安和洛陽皆有秘書省。長安秘書省位於第五橫街之北。門內前爲大廳，後爲校書院。院東部書閣林立，爲貯藏典籍之處。後院有堂。洛陽秘書省位於第四橫街之北，院內遺有東漢蔡邕書石經十段。唐秘書省藏書在唐代官府藏書中占有重要地位。主要包括三部分：一是唐以前歷朝官藏典籍。唐直接繼承隋代的藏書，而隋又接納了北周和陳的藏書。二是唐搜集、抄錄的歷朝圖書。此二部分基本奠定了唐官藏圖書體系。三是唐人的著述。據《新唐書・藝文志》載，唐代學者自著之書占官藏總數的二分之一強。唐秘書省所藏書籍形制均爲寫本，形態爲卷軸裝。其在紙張質地、書寫字體、裝幀等方面多有考究。藏書均用上品四川麻紙。《唐六典》："〔四庫之書〕皆以益州麻紙寫。"爲藏書抄寫規範劃一，秘書省編制規定了專用字體書籍，如《顏氏字樣》《敕定字樣》等。《顏氏字樣》爲秘書監顏師古編纂。藏書裝幀華麗。 宋周密《齊東野語》卷六："唐四庫裝軸之法，極其瑰緻。"書軸一般用檀木。唐張彥遠《歷代名畫記》："書軸以白檀身爲上，香潔去蟲；小軸，白玉爲上，水晶爲次，琥珀爲下；大軸杉木漆頭，輕圓最妙。"藏書上的軸、簽、帶，以不同顏色區別經史子集四庫，便於按類貯藏。唐秘書省制定了圖書庫房管理制度。所藏典籍有正、副之別。正本專作庫存，副本以供使用。庫房設置管理人員，嚴格圖書進出庫手續。唐秘書省爲標示藏書爲己所有，在典籍上鈐有專用圖書印。自此以後，公藏或私藏圖書皆鈐圖書印，其不僅示以所有權，且具史料與文化價值。北宋秘書省在元豐五年（1082）官制改革時與崇文院合并，且統領三館（昭文館、史館、集賢院）。原在禁中，宣和二年（1120），建成新省，幾年之後，遭"靖康之恥"，三館圖書皆被金人擄去。南宋紹興十三年（1143），高宗詔令在臨安（今浙江杭州）清河坊糯米倉巷西、懷慶坊北、通浙坊東重建秘書省。次年建成并遷入。大門内中部主建築依次爲右文殿、秘閣、道山堂各五間，兩旁廊屋爲秘閣書庫和經史子集四庫各五間及碑石庫、圖畫庫等庫房。歷七十二年後，宋嘉定八年（1215）重修，費資九萬多貫。理宗紹定四年（1231）秋，臨安火灾，秘書省夷爲瓦礫。南宋朝廷出三十五萬貫錢重建。次年秘書省按原型建成。

弘文館 2

亦稱"昭文館""修文館"。唐代皇室藏書、修書，并鳩集學士、教授生徒之所。坐落於唐西京長安、東都洛陽。高祖武德四年（621）始置。西京弘文館分設於兩處，皇宮内者初建於弘文殿側，復移至納義門西，後定於門下省之南；皇宮外者位於大明宮日華門外門下省之東。東都洛陽的弘文館則位於皇宮内的章善門裏。有唐一代，弘文館之名屢有變易。始名修文館，後因位於弘文殿側，改稱弘文館。此後因避諱諸故，亦先後啓用昭文館、修文館等名稱，最終定弘文館。自漢代東觀以來，歷代王朝多有纂著文史、糾集生徒之場所。唐因前制，并大加發展，設有諸多文館，初步形成了中國官藏史中的館閣制度。弘文館爲諸學館中最早建立的一個。弘文館作爲天子的文館，旨在攏絡文士，以備顧問。新、舊《唐書》中的《百官志》（或《職官志》）均有以下記載："弘文館學士……凡朝廷有制度沿革，禮儀輕重，皆參議焉。"據《唐會要》卷三五載："太宗初即位，

大闡文教，於弘文殿集四部群書二十餘萬卷。"又載："長慶三年三月，弘文館奏，請添修屋宇及造書樓。"可證弘文館學士之主要職責，即利用其豐富藏書，以及議政之參考。可以推知，弘文館入藏之圖籍，必以足資藉鑒、賴以爲據的經典爲主。又據上引諸書記載，弘文館亦是"鳩集學士""教授生徒"的中央教育機構。生徒皆爲皇族及貴冑。故而亦需多備經典，以資研習。又因唐代皇帝歷朝皆重書法，生徒除却常規教育外，多習此道。故前書又曰："有性愛學書及有書性者，聽於館内學書，其書法内出。"弘文館生徒"内出書命之令學"。又"人（即民，因避太宗諱改）間有善書，追徵入官"。可知弘文館藏書必有歷代書法精品。依古代通例，弘文館不僅藏書，而且校書，故弘文館學士之職責中即有"掌詳正圖籍"，又有正九品上階的"校書郎"、正九品下階的"正字"及裝潢諸職。可見弘文館又具備類似今世出版機構之性質，因而又極大地完善增補了所藏圖籍。應當指出，弘文館雖亦屬中央内部藏書機構，但却與秘書省不同。弘文館之藏書專爲本館學士、直學士、各類職司及生徒所設，館外他職不得觀覽，其性質與今之高校或科研機構之圖書館相近，故閱讀時間亦别於秘書省等其他朝廷中央機構。"弘文館學士、直學士、學生願意夜讀者，可留宿館内。博士及直館，每夜各一人遞直。"（《唐會要》卷三五）特設值班，准予夜讀，此制勝今。

【昭文館】 2

即弘文館 2。此稱唐代已行用。見該文。

【修文館】 2

即弘文館 2。此稱唐代已行用。見該文。

史館

為唐王朝由皇帝直接控制的重要藏書機構，亦為撰修史書的學術研究機構。坐落於唐代長安、洛陽多處。長安史館在宮城內門下省北，後遷門下省南；翰林院東興慶宮內亦設史館。洛陽史館在明初門以東。唐貞觀三年（629）李世民組建。史館的設立，開創了中國封建社會官修紀傳體正史和宰相監修的定制。直至宋代猶有沿襲。唐史館的職官主要有監修國史、修撰、直館，工作人員楷書手、典書、亭長、掌固、裝潢匠、熟紙匠等。唐史館因撰史而組建，故藏書重點為史籍。史籍分兩部分：一部分是歷代史籍。據《唐會要》載，興慶宮史館藏書，僅《國史》《實錄》《起居注》就達三千六百八十二卷。另一部分是搜集有唐一代當代史籍。據《唐會要》記載，該部分有十八種。北宋史館為集賢院（參見本卷《圖書樓館說·官府藏書考》"集賢院"文）的同級機構。北宋時期，修史職責名義上歸史館，但實際上另設機構，易地進行。史館成了單純的收藏史籍圖書的地方。史館的藏書包括三個來源。一為被翦滅諸國藏書，二為民間獻書，三為朝廷徵集圖書。史館在崇文院（參見本卷《圖書樓館說·官府藏書考》"崇文院"文）三館中藏書量最大，三館藏書共六庫，其中史館就占四庫。足見北宋初史館為主要的藏書處。

崇文館 [2]

亦稱"崇賢館"，後因避太子李賢諱改。改為東宮屬下學館，性質與弘文館相近。坐落於唐西京長安東宮宜春門外左春坊之南。貞觀十三年（639）設立。有學士、直學士，以備顧問。學生二十人，皆太子、皇子之類皇族或貴胄。據唐韋述《兩京新記》載，唐玄宗為太子時，即曾於館中起書閣，著典籍。故崇文館同弘文館一樣，亦主持藏書、校書、抄書，并製作書籍。其職官系統設"校書二人，令史二人，典書二人，楷書手二人，書手十人，熟紙匠三人，裝潢匠五人，筆匠三人。學士掌東宮經籍圖書，以教授諸生……校書掌校理四庫書籍"（《舊唐書·職官志三》）。可見崇文館既教學、藏書，又校書，同時又製作書籍。實為設有藏書樓、製書坊的皇室學校。

【崇賢館】 [3]

即崇文館 [2]。此稱唐代已行用。見該文。

集賢院

集賢院是唐玄宗為搜集、校勘典籍而建立的龐大的文化機構，亦是唐中期最大的官府藏書機構。直至宋代猶有沿襲。唐代院址有四處。主院在洛陽宮城內明福門外大街西的太平公主宅。長安有兩處，一處在大明宮光順門外的命歸院，一處在興慶宮和風門南。陝西臨潼華清宮北橫街之西羽林院附近亦有一處。唐集賢院藏書主要來源於"雜有梁陳齊周及隋代古書"及"貞觀、永徽、麟德、乾封、咸亨年奉詔繕寫"的內府書，向其他官藏機構借抄之書以及乾元院、麗正院、集賢院收集整理的新書。經數十年收集、整理，集賢院藏書達八萬卷之富，超過其他官藏機構，成為一套系統完整的唐代國家藏書。集賢院藏書的具體數量，據唐國家藏書登錄《見在庫書目》，計經庫七千七百七十六卷，史庫一萬四千八百五十九卷，子庫一萬六千二百七十七卷，集庫一萬五千七百二十卷。天寶十四載（755）續寫一萬六千八百四十三卷，總計七萬一千四百七十五卷。集賢院自張説掌管後，校勘典籍的同時，亦編撰新著。新著中對後世影響頗大的是《唐六典》和《初學記》，此二書流傳至今。《唐六典》爲唐玄宗於開元十年（722）詔令麗正院開始編撰，由張九齡等人主持。玄宗手書六條曰理典、教典、禮典、政典、刑典、事典，故曰《唐六典》。開元二十六年（738）成書，共三十卷。《初學記》是唐玄宗命徐堅等人爲皇子學習編撰的一部類書。全書三十卷，分二十三部、三百一十三個子目。宋代集賢院亦掌管典籍的收藏校勘。職官設大學士一人，以宰相充任；學士無定員，以給諫、卿、監以上官員充任；判院士一人，以中書、門下兩省五品以上官員充任。在北宋崇文院三館秘閣中，祇有集賢院藏書可借出。元豐五年（1082）改制，集賢院并入秘書省，集賢院之名消失。

崇文院

宋代在昭文館、集賢院、史館三館基礎上建立起來的中央藏書機構。坐落於宋皇宮左升龍門東北。建成於宋太平興國三年（978），宋太宗賜名“崇文院”，是三館秘閣的總稱。落成後，遷三館藏書庋藏其中。院東廊藏昭文館圖書，南廊藏集賢院圖書，西廊有四庫，分四部，爲史館書庫。總計六個書庫，分經史子集四部，藏正副本八萬卷之多。又分三館書萬餘卷，別爲書庫，曰“秘閣”。真宗時，“王宮火，延及崇文、秘閣，書多煨燼”。但由於真宗曾“命三館寫四部書二本，置禁中之龍圖閣及後苑太清樓”，故大火之後得以“重寫書籍”。仁宗重建崇文院，命張觀等撰《崇文總目》，著録藏書三萬零六百六十九卷。元豐五年（1082）改制，崇文院并入秘書省，崇文院之名消失。

昭文館[3]

宋崇文院三館（昭文館、史館、集賢院）之一。唐稱弘文館，隸屬門下省。本是皇帝文化顧問機構及培養貴族子弟的教育機關。其藏書活動多帶有學術研究的性質。職官設大學士一人，以宰相充任，直館以京朝官充任，掌四庫圖籍撰修校讎；判館一人，中書、門下兩省五品以上官員充任。藏書地位不及史館。宋神宗元豐改制，昭文館廢。

奎文閣

宋代官府藏書樓。坐落於山東曲阜孔廟同文門與十三御碑亭之間，初建於宋天禧二年（1018）。金明昌二年（1191）重修，改今名。奎星爲二十八宿之一，主文章，故名。明弘治十三年（1500）擴建爲三層，高23.35米，面闊七間，進深五間，飛檐三層，斗栱四重，綠瓦朱甍。清雍正年間改覆黃琉璃瓦。閣底磚砌平臺，重立支柱，工藝奇巧，觀瞻堂皇，爲我國古代著名木結構樓閣之一。閣内原藏歷代帝王賜書、墨迹，明清時曾專設奎文閣七品典籍官一員管理。閣廊下東西兩側立明代記事石碑二，東爲李東陽撰書《奎文閣賦》碑，西爲《奎文閣重置書籍記》碑。碑文記載了當時賜書和藏書的情況。經歷代戰亂，藏書已大部散佚。

秘書監

是元代供朝廷御覽的最重要的藏書機構。設於元世祖至元九年（1272），據元王士點、商企翁《秘書監志》載，元世祖至元十二年至十三年曾將江南經籍圖書書畫文版運到大都，由秘書監受掌。秘書監有秘書庫，至正二年（1342）統計，秘書庫藏書，合計三千三百九十部二萬四千〇八册，書畫二千〇八軸。據前書載，秘書監藏書主要來源：元代從金、南宋朝廷承接的元代以前各種歷史文獻，古代各種曆書、地理書、地方志，從全國各地徵收、購買的圖書，西征阿拉伯時帶回的阿拉伯文曆書、地志，元朝各地的著述，科學技術著作，碑帖、字畫以及國人進呈的圖書等等。除收藏圖書外，秘書監還收藏文物及皇帝用過的書籍和文具。秘書監藏書主要供皇帝閱讀，太子也可借閱，省部衙門如需要，經皇帝批准可向秘書監借閱。爲加強圖書管理職官的職責，保護圖書，避免損失，延祐五年（1318）秘書監制定出保管出納條例。它標志着元代秘書監圖書管理水平達到新高度，在中國藏書史上具有重要意義。

南京國子監 [3]

明代教育管理機關和最高學府，同時又是藏書與刻印書處。坐落於南京龍舟山（今九華山）與欽天山（即鷄鳴山）之間。明洪武十五年（1382）朱元璋詔建。永樂十九年（1421）明朝遷都北京，以北平府學爲北京國子監。南京成了陪都，其國子監稱爲"南京國子監"。後人簡稱此兩國子監爲南監、北監或南雍、北雍。南京國子監主體建築爲太廟和太學。太廟又稱"文廟"。太學主要建築有正堂一、支堂六，既是授課、考試之地，又是庋藏圖書之所。據《南雍志·經籍考》載，在南京國子監藏書中，朝廷頒賜之書占有一定比重。如《大誥》《歷代臣鑑》《四書大全》《性理大全》等。此外，則爲歷年收集之書。除了藏書，南京國子監還收藏書版。據前書載，至嘉靖年間，藏書版二百七十六種。除承襲舊藏外，南京國子監書版又有四方收集者。其中有《宋書》《梁書》《南齊書》《陳書》《魏書》《北齊書》《周書》。因

爲在眉山刊行，故稱"眉山七史"。南京國子監不僅藏書，而且刻書，據明周弘祖《古今書刊》載，南雍先後刊刻圖書二百七十種，最負盛名者爲《二十一史》。除《二十一史》外，南雍還刊印了《大觀本草》《營造法式》等醫學、建築學重要文獻。入清後，南雍改爲府學。清乾隆年間，《二十一史》版片貯於江寧藩庫。嘉慶火災，書版化爲灰燼，其中宋版存世長達七百年。

北京國子監 [2]

性質與"南京國子監"同。坐落於北京城東北，始建於元代。明洪武十五年（1382），將建於南京鷄鳴山下之國子學改爲國子監，而將北京國子監改名爲北平郡學。永樂元年（1403），明成祖朱棣在北京安定門内設國子監，永樂十九年（1421），遷都北京後，復將北京國子監改爲京師國子監。同時完整地保留了包括南京國子監在内的一切南京中央機構，於是形成了明史中"南監""北監"并存的局面，或分稱"南雍""北雍"。自明代中葉始，北監刊刻事業漸興，至萬曆以後漸取代南監之地位。北監原無舊書版，故未得如南監一樣補版刊行舊籍，僅依據南監版重刻了些許書籍，如萬曆十四年（1586）據嘉靖閩中御史李元陽本重雕之《十三經注疏》、萬曆二十四至三十四年刻有《二十一史》等。其刻書風格較南監精美，但訛失較多。至明代晚期，終於取代了南監的刻書地位，祇是數量不多，因大量御製重要書籍皆由内府刊刻。北監藏書主要有以下兩方面：一爲監内自刻書。據明周弘祖《古今書刻》中所列書目共四十一種，較駁雜。主要有《書傳》《周易》《四書集義》《論語白文》《孟子節文》《通鑑正誤》《字苑撮要》《韻略》《楚辭》《唐詩》《西

林詩集》等，内容涵蓋經書、史書、字書、韻書、文集，外有《國子監志》《官箴》《本草方》《治脚氣方》等雜著，共計約占南監刻書總量的五分之一。二爲司禮監等朝廷機構刊行之典籍。據《明會要》卷二六載，永樂十五年（1417），成祖以《五經四書大全》與《性理大全》爲"學者之根本，聖賢精蘊悉具於是"，故頒行於兩京六部、國子監及天下府、州、縣學。又於十八年，頒賜御製《爲善陰騭》《孝順事實》於國子監。此後屢有頒賜之舉。關於南北兩監藏書，明郭磐撰有《皇明太學志》，其中之《明太學經籍志》所記甚詳，可資參閱。北監藏書共八十八種，藏版共七十六種。所設典籍廳對於印版、書架及紙張的使用，皆有明確規定。如建立《經籍書版簿》，用以登録書版貯藏情況。書籍、紙張亦建簿册，借閲取用皆立字據，以備查核。

皇史宬

　　明清兩代皇家藏書樓。坐落於北京天安門東、南池子大街南口。明嘉靖十三年（1534）始建，十五年七月二十五日竣工，八月十九日正式啓用。皇史宬占地 8460 平方米，建築面積 3400 平方米。坐北朝南，分前後兩院，周邊有高墻。後院正中爲正殿。殿前爲寬闊丹陛，用以晾曬書籍。皇史宬大殿建築極適宜存貯檔案史籍，是中國古代皇家藏書府庫建築的杰出代表。明代歷朝皇帝的《寶訓》《實録》入藏其中。《寶訓》是皇帝的語録，以爲皇帝歌功頌德爲目的，價值不大。《實録》據明檔案編輯而成，内容包羅萬端，凡經濟措施、政治政策、中外關係、自然災害、歷史事件，乃至王公大臣言行皆詳載焉。整個明代，皇史宬總共收藏太祖

至熹宗十五朝十三部《實録》，是後人研究明史的重要文獻。清皇史宬仍沿明制，而將原存《明實録》轉藏内閣書庫，以《清實録》《聖訓》《玉牒》取而代之。清《玉牒》是系統保存至今的唯一皇族家譜。爲顯示皇族地位至高無上，《玉牒》形制碩大無朋：紙頁規格 90×45 厘米，每册厚 50 至 80 厘米，最厚 140 厘米，重 200 餘千克，堪稱紙書中的世界之最。《清實録》以滿、蒙古、漢三種文字書寫，自天命至光緒共十一朝修《實録》。清皇史宬除貯《實録》《聖訓》外，據《皇史宬全圖》載，亦曾存放《大清會典》等典籍。光緒二十六年（1900），八國聯軍侵入北京，日本侵略軍盤踞皇史宬，八國聯軍撤出北京後，有關官員對皇史宬貯藏圖書等進行清查，發現損失滿文、蒙古文、漢文《實録》《聖訓》共五十一函，計二百三十五卷，污損一千三百餘卷。另失將軍印一箱，内藏印三十四顆。清亡後，皇史宬歸溥儀管理。1924 年溥儀被逐出紫禁城，皇史宬被故宫博物院接管。1933 年初，日寇侵華。故宫博物院奉國民政府行政院令，爲避戰火，將皇史宬存《清實録》《聖訓》南運至南京、四川等地。抗戰後，遷徙南京。1958 年返歸北京。今皇史宬整體建築保存完好，主要建築保留明代舊制。皇史宬及清《實録》《聖訓》《玉牒》隸屬中國第一歷史檔案館管理。

武英殿

　　清代修書并藏書處。坐落於北京紫禁城外朝西路熙和門與西華門間，爲明代所建。清康熙十九年（1680），於武英殿設皇室修書機構，由監造處和校刊翰林處組成。武英殿修書機構極盛於乾隆，迄於宣統，凡二百餘年。武英殿

藏書，貯存於武英殿正殿、東廡凝道殿及後殿敬思殿。品種、數量豐碩，曾居紫禁城之首。《四庫全書》纂修完畢，三千餘種繕錄底本收藏於翰林院，其餘存目及未入存目各書，全部移交武英殿收貯。清抄本《武英殿東廡凝道殿存貯書目》共著錄了九千零一部。武英殿刻書繁多，纍積書版汗牛充棟，約貯存一萬六千餘塊。武英殿曾兩度罹難。一是同治八年（1869）火災，自康熙以來的藏書及書版化爲灰燼，同年復建。二是光緒二十七年（1901）火災，將武英殿部分殿堂焚毀，數年收藏的珍本秘笈、殿本的副本及雕版，大多付之一炬。

文源閣

清廷七大藏書閣之一。坐落於北京圓明園北部"水木明瑟"以北。清乾隆四十年（1775）建成。爲"北四閣"中建成的第二座，入藏第三部《四庫全書》。文源閣南向而立，雙檐，上下各六楹。內部三層，上下層之間利用下檐增爲中層。閣下層中央三間貯藏《四庫全書總目》《四庫全書考證》及《古今圖書集成》，左右梢間置經部，中層排史部，上層列子、集部。乾隆四十八年冬，文源閣《四庫全書》抄竣，四十九年春裝訂成冊，入閣收藏，凡三萬六千冊，納爲六千七百五十二函。《古今圖書集成》亦同時入藏。《四庫全書》入藏文源閣後，大規模的復校有兩次。一次在乾隆五十二年，乾隆在文津閣本《四庫全書》中偶然發現了錯謬，即令年老的大學士及在京的二百名官員，對文源、文淵二閣重加校勘更正。一次在乾隆五十六年，因紀昀奏稱，文源閣詳校官，多半爲新手，未免粗疏。故認真搜剔，將一字半字空白，調去底本補填，卷葉脫落、行款參差及

流水錯誤者，全部抽換修整。第二次鴉片戰爭期間，英法聯軍侵占了北京，擄掠焚燒，圓明園變成了火海廢墟，文源閣與《四庫全書》化爲灰燼。文源閣《四庫全書》從入閣到被毀，存世不足七十六年。今日本東京《東洋文庫》，收藏有若干冊文源閣本《欽定四庫全書》，首尾鈐有"圓明園寶"印章。

文津閣

清廷七大藏書閣之一。坐落於河北承德避暑山莊西山麓下熱河引渠中的島上。乾隆四十年（1775）仿明朝浙江鄞縣（今浙江寧波）范欽藏書樓天一閣，并汲取宋朝米芾"寶晉齋"之長而建成。爲七閣中首先仿照天一閣形制建造的。文津閣坐北面南，平面爲矩形，閣長26米，寬15.8米，高16.28米。外觀兩層。頂層外檐下懸"文津閣"匾，爲承德地方人士髯子香1954年重修時書。第一層檐下是乾隆題"資深學海"匾額。閣原爲歇山頂，覆黑琉璃瓦，嵌綠琉璃瓦邊，脊有吻獸裝飾。清同治年閣重修爲現青布瓦硬山頂。文津閣在"北四閣"中建成最早，而《四庫全書》入閣歸架却在乾隆五十年夏，是入藏最晚的一部。當時閣內藏《四庫全書》一〇三架、六千一百四十四函；《古今圖書集成》十二架、五百七十六函。兩書共計一百一十五架、六千七百二十函。文津閣《四庫全書》與"北四閣"其他三部書相同，用開化榜紙，朱絲欄，每半頁八行，行二十一字。卷首鈐"文津閣寶"，尾葉鈐"避暑山莊""太上皇帝之寶"朱文小篆印。裝潢同文淵閣《四庫全書》：經部綠色、史部紅色、子部藍色、集部灰色。光緒二十年（1894）熱河總管大臣世綱、英麟等奉命檢查了文津閣《四庫全書》及

避暑山莊各殿宇陳列書籍，將文津閣《四庫全書》按經史子集四部順序排列，開列了書目清單，標明書名、卷數、作者，呈報朝廷。此爲今人瞭解文津閣《四庫全書》貯藏情況提供了較可靠的依據。民國政府成立後，教育部接管學部，函請政府内務部調取文津閣《四庫全書》，發京師圖書館收藏。1914 年,《四庫全書》、山莊各殿宇陳列書籍，由内務部一同運至北京，交由古物陳列所收管。1915 年，文津閣《四庫全書》移交京師圖書館（今國家圖書館）收藏。後來原貯全部書架和《四庫全書簡明目録》四函也一并移交到館。經整理修繕，按架陳列，并向社會開放。該書在避暑山莊文津閣收藏時間爲一百三十年。

文溯閣

清廷七大藏書閣之一。坐落於遼寧瀋陽盛京皇宫西。乾隆四十六年（1781）始建，次年竣工。藏文淵閣本後的第二部《四庫全書》一千函，以及《古今圖書集成》五百七十六函。文溯閣亦仿天一閣而建。閣建於近半米高的臺基上，坐北朝南，重檐硬山，面闊五間，加西端樓梯間共六間，進深三間九檁。閣外觀兩層，内實三層，中間夾層即二樓，俗稱“仙樓”。明間前廳正面懸乾隆御製匾額及對聯。《四庫全書》自乾隆四十八年入藏文溯閣，其後曾兩次復校，第一次是在乾隆五十二年五月，第二次是在乾隆五十六年七月。此後一百多年保存完好。1900 年後，沙俄侵略軍占據盛京皇宫達兩年半之久，文溯閣遭俄軍劫掠，《四庫全書》丢失三十九卷。1914 年，袁世凱的親信段芝貴將文溯閣《四庫全書》《古今圖書集成》及一些重要典籍運至北京，置於保和殿等處。直到 1927

年初纔將全書運回瀋陽入藏閣中。1935 年僞滿國立奉天圖書館在文溯閣前西南處修建了一座鋼筋水泥結構的二層書庫，1937 年將文溯閣藏書全部移入新庫。1948 年後，東北圖書館（今遼寧省圖書館）從哈爾濱遷到瀋陽，接受了瀋陽圖書館的館藏，文溯閣藏書成爲東北圖書館的館藏。

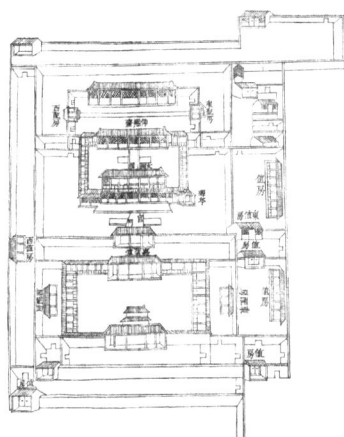

文溯閣
（《欽定盛京通志》）

文宗閣

清廷七大藏書閣之一。坐落於江蘇鎮江金山寺，建成於清乾隆四十四年（1779），乾隆賜名“文宗閣”。乾隆五十五年六月，《四庫全書》正式頒發至南三閣，共計三萬五千九百九十册。絹面，四色，經部葵緑，史部赤，子部月白，集部灰黑。書紙用太白連史紙，開本較“北四閣”小。每册首葉鈐“古希天子之寶”陰文方朱印，末葉鈐“乾隆御覽之寶”陽文方朱印。文宗閣所藏《四庫全書》，計經部九百四十七函、五千四百零二本；史部一千六百二十五函、九千四百六十三本；子部一千五百八十三函、九千零八十四本；集部二千零四十二函、一萬二千三百八十九本。又《總目録》二十二函、一百二十七本；《簡明目録》二函、八本。另《古今圖書集成》五百二十函、五千零二十本。此外尚有《全唐文》《明鑑》等書。南三閣遵照乾隆諭旨，允許當地士子抄閲，推動了典籍和文化的傳播。咸豐三年（1853），太平天國軍攻入鎮江，文宗閣《四庫全書》毀於戰火，存世僅六十餘年，與文匯閣同爲七閣中最短壽者。

文匯閣

清廷七大藏書閣之一。坐落於江蘇揚州大觀堂。建成於清乾隆四十五年（1780），乾隆賜名"文匯閣"。乾隆五十五年（1790）六月，《四庫全書》正式頒發至南三閣。共計三萬五千九百九十册。絹面，四色，經部葵緑，史部赤，子部月白，集部灰黑。書紙用太白連史紙，開本較"北四閣"小。每册首葉鈐"古希天子之寶"陰文方朱印，末葉鈐"乾隆御覽之寶"陽文方朱印。三閣藏書種數、册數、函數不盡相同。文匯閣共有三層。下層中閣貯藏《古今圖書集成》，兩旁置放經部，中層貯史部，上層左側置子部，右側放集部。南三閣遵照乾隆諭旨，允許當地士子抄閲，推動了典籍和文化的傳播。咸豐三年（1853），太平軍攻入揚州，文匯閣《四庫全書》毀於戰火，存世僅六十餘年，與文宗閣同爲七閣中壽命最短者。

文淵閣

清廷七大藏書閣之一。坐落於北京故宮外朝西路的文華殿之後。清乾隆四十一年（1776）建成，貯藏最早抄定的第一部《四庫全書》。文淵閣參考天一閣結構形式營造，面寬 33 米，進深 14 米。外觀二層，各六間，下層前後均有廊，上層前後均有平座，基座以大城磚疊砌，鋪以條石。在宮式做法的基礎上，作了創造性的改變，整體造型雍容典雅。文淵閣對傳統宮式做法的改進，主要體現在内部結構的創製。爲其藏書的使用效能着想，文淵閣造爲明二層暗三層，即外觀重檐二層，内部却利用上層樓板之下的閣樓腰部空間多造出一夾層。三層全部用書架庋置圖書。因文淵閣地處宮禁，且庋藏最先告成的首部《四庫全書》，所以其校勘最精細。《四庫全書》纂修、繕寫完畢之後，對内廷四閣（習稱"北四閣"）和江南三閣（習稱"北三閣"的藏書）先後進行兩次復校。其中五閣藏書校閲出不少錯訛脱漏，唯文淵閣及文源閣所藏錯誤較少。種類册數也最全面。七閣《四庫全書》經多次復校、修改，乃至撤换、銷毀，各閣究竟藏有多少册書，尚無確切文獻可稽。1930 年圖書館人員根據《四庫全書總目》，對文淵閣《四庫全書》進行清點，統計出藏書共三千四百五十九種、三萬六千零七十七册、六千一百四十四函，經與各閣比較，文淵閣本最全。嘉慶初年，《四庫全書》最後一次續補完畢，此後文淵閣深宮扃藏，沉睡了一百多年。1931 年九一八事變爆發，日本侵略軍侵占東北，華北局勢動蕩不安，故宮博物院圖書館爲防不測，於 1933 年將文淵閣《四庫全書》全部運往上海。其後十餘年中，輾轉遷徙於重慶、南京等地。1949 年被運至臺灣。現藏臺北故宮博物院。按：明朝宮内藏書及皇帝講讀之所亦稱"文淵閣"，太祖朱元璋始建於南京奉天門東。成祖遷都北京，又於宮内東廡之南建文淵閣。後專設文淵閣大學士。參閲《明史・藝文志一》）。

文瀾閣

　　清廷七大藏書閣之一。坐落於浙江杭州西湖孤山南麓聖因寺，今浙江省博物館内。始建於清乾隆四十七年（1782），四十九年竣工。係將貯藏《古今圖書集成》的藏經樓改建而成。南三閣大體效法明代寧波天一閣，并仿内廷北四閣結構，而略有差异。文瀾閣結構爲明二層暗三層。閣前池内奇石聳如老人狀，名“仙人峰”。閣東御碑亭翼然，閣西游廊圍拱，周環院墻，中闢垂花門。閣旁建趣亭、月臺。文瀾閣圖書庋藏形式由分架圖指示。第一層儲銅版《古今圖書集成》十二架，其後及左右儲經部二十架，第二層儲史部三十三架，第三層儲子部二十二架，左右儲集部二十八架。文瀾閣由兩浙江南都轉鹽運司掌管，設監理、編校、典守、司事等管理職官。監理總理閣中事務，編校掌編目、校勘，典守掌保管、檢録圖書，司事負責文牘、會計、接待客人等具體事務。乾隆五十九年（1794），文瀾閣開始圖書外借。時阮元任浙江學政，利用文瀾閣書校勘出宋薛尚功《歷代鐘鼎彝器款識》，編纂成《經籍纂詁》。文瀾閣開創了古代官方藏書向社會流通的先河。咸豐十一年（1861），太平天國軍入杭州。文瀾閣毀於兵燹，《四庫全書》大多散逸。同治元年（1862），錢塘藏書家丁丙、丁申兄弟在杭州發現包食品的《四庫全書》散葉，遂連夜收求，

文瀾閣
（清光緒《杭州府志》）

輾轉至如皋，又有所獲。在上海，丁丙托書商於杭州收得佚書八百餘束，束高二尺。至同治十三年（1874）丁氏兄弟共得書九千零六十二册，其中六百七十三册爲《古今圖書集成》。光緒七年（1881）九月，浙江巡撫譚鍾麟與丁丙在原址按原貌重新建成文瀾閣。丁氏所集殘書僅爲原書四分之一，缺者雇書手按范欽天一閣、陸心源皕宋樓等藏書樓目補抄。重建的文瀾閣除貯《四庫全書》外，還藏《古今圖書集成》《全唐文》《剿平粵匪方略》《勸善要言》等。1913 年浙江圖書館新址落成，閣書均移新館。文瀾閣從此與《四庫全書》分離。文瀾閣《四庫全書》現保存於杭州西湖孤山浙江圖書館古籍部。文瀾閣經 1952 年、1977 年、1984 年較大規模修繕，保留了清代原建築格局風貌。

二、私人藏書

郡齋

　　南宋晁公武所建藏書處，坐落於四川嘉定府（今四川樂山）。晁公武，字子止，人稱昭德先生。宋澶州清豐（今山東巨野）人，生於北宋崇寧四年（1105），卒於南宋淳熙七年（1180）。南宋藏書家、目録學家。晁氏是

北宋時期的世族，幾代人皆收藏圖書，家藏甚富。到北宋末年，晁氏藏書全部毀於兵燹，竟至“尺素不存”。靖康之變，金人南侵，晁公武舉家隨父入蜀，定居嘉定。紹興二年（1132）中進士。晁氏博學精研，著述頗豐。著作見於紀錄者有《詔德堂稿》六十卷、《稽古後錄》三十五卷、《通鑑評》十卷等十多種。晁公武遷四川後，即多方購求、抄錄珍本秘笈，日積月纍，存書漸豐。後接受其上司、藏書家井度藏書五十篋，連同舊藏，歸并整理，得書計二萬四千五百卷。晁氏遂將郡齋藏書校勘、整理，於紹興二十一年撰成提要書目《郡齋讀書志》四卷、《後志》二卷，此志是中國最早的私撰圖書提要目錄。該目錄書名、類序和提要俱備，體例完善，著錄翔實，考訂精湛。該書最大貢獻在於獨具特色的提要。提要內容大致分四類：其一，介紹作者，包括所處年代、生平事迹、學術成就等。其二，介紹書之內容，包含書名考釋、寫作緣起、臚列篇目、追溯學術源流、評論其價值等。其三，比較校本異同，稽考篇什。其四，考定書之真偽。晁氏《郡齋讀書志》成爲後世編纂提要的典範，對目錄學的發展起了重要的引導作用，以至於提要書目之集大成者——清《四庫全書總目提要》也深受其影響。

直齋

　　南宋陳振孫所建藏書處。主要坐落於今福建莆田。陳振孫，字伯玉，號直齋，浙江安吉人。南宋著名藏書家和目錄學家。約生於宋孝宗淳熙十年（1183），卒於景定二年（1261）。陳氏爲官三十餘年，亦即竭力搜求圖書的三十餘年。嘉定末年（1224），任江西南城縣令時，陳氏三十餘歲，開始奮力收書。此時他從

南城縣城藏書家吳炎處抄錄了許多圖書。另於書肆發現唐元度撰五代開運丙午年（946）古京本《九經字樣》一書，此爲直齋所藏最早版本。寶慶三年（1227），陳振孫開始任福建莆田興化軍通判，此後的十年間，是陳氏藏書最富的時期，從莆田諸藏書家購求、抄錄了大量圖書。嘉熙二年（1238）陳氏任國子監司業，有機會抄錄了國子監和秘書省許多官藏秘笈。另外，遍訪京邑坊肆及藏家，四處收求，八方抄錄。經三十多年的努力，陳氏積書至五萬餘卷，使得許多當時已絕少流傳、瀕於亡佚的古籍得以保存傳世。約在任國子監司業時，陳氏開始整理直齋藏書，經十多年辛勞，編撰成《直齋書錄解題》。該書是宋代晁公武《郡齋讀書志》之後中國第二部私人撰圖書提要目錄，是對中國藏書史和目錄學史的一個重大貢獻。《直齋書錄解題》原書五十六卷，收錄直齋藏書三千〇九十六種，計五萬一千一百八十卷。時皇朝書目《中興館閣書目》著錄圖書四萬四千四百八十六卷，續編收錄一萬四千九百四十三卷，總共比《直齋書錄解題》僅多八千餘卷。直齋藏書數量直追南宋皇家藏書。況且直齋所有的許多珍本、善本書，往往爲《中興館閣書目》所無。尤爲可貴的是，《直齋書錄解題》的參考使用價值遠勝於《中興館閣書目》。陳氏直接以“解題”二字做解題目錄名稱，開此例之先，《四庫全書總目提要》的“提要”二字即本於此，使此類書目的“提要”性質更加明確，使漢劉向、劉歆所創書目解題傳統斷絕一千多年後重新恢復。《直齋書目解題》原五十六卷本於明代佚失，現行二十二卷本是清朝《四庫全書》館臣從《永樂大典》中

輯録的。原五十六卷本分經、史、子、集四録，每一類下有大序一篇，下分五十三類。今傳二十二卷本雖然没有標明四部，但實際上也是按照經史子集分類，也分爲五十三類。有九個小類之前有小序，書名之下有解題，都是在類目設置上需作特别説明。

遂初堂

南宋文學家、藏書家和目録學家尤袤所建藏書樓。坐落於江蘇無錫九龍山下。以晋名士孫綽《遂初賦》題名自號其藏書樓。尤袤，字延之，號遂初居士，諡號文簡，今江蘇無錫人。生於南宋建炎元年（1127），卒於光宗紹熙五年（1194）。紹興十八年進士。著有《遂初小稿》六十卷、《梁溪集》五十卷，均亡佚。清尤侗輯其詩《梁溪遺稿》二卷。遂初堂藏書主要來源於尤袤和家人的抄録以及朋友間互通有無。經數十年多方努力，遂初堂積書至三千二百多種、數萬卷。遂初堂藏書具有四大特色：多抄本，多善本，多史書，多法書。全家人抄書總計三千多部，纍計萬餘卷。尤袤做了標注的善本書達二十一種、四十七部之多。其中高麗本《尚書》、秘閣本《山海經》、朱墨本《神宗實録》和蜀石經，均爲當時珍本。史部在《遂初堂書目》著録有九百多部，是四部收書量中最多的，勝過當時國家《崇文總目》，且版本齊備。如《前漢書》有四種版本，《舊唐書》有三種版本。尤重當時史籍，有二百八十多部，占史籍總量的三分之一。尤氏喜書法，《遂初堂書目》著録之書録、畫録達三十多部。尤氏晚年編纂《遂初堂書目》一卷，著録藏書計三千二百三十二種。他把圖書分爲四十四類，其中有些類目，如雜藝、譜録等是尤袤首創的。

在著録方面，《遂初堂書目》首創著録版本，是我國最早的版本目録。宋代的官私藏書目録完整地保存至今的很少，《遂初堂書目》是唯一一部宋代流傳下來的較古老的書目之一，對研究我國學術和古籍有較高的參考價值。其他藏書在尤袤去世三十年後，即宋理宗寶慶元年（1225），全部毁於火灾。惜一生心血，化爲灰燼！

天一閣

明藏書家范欽所建藏書樓。迄今已有四百多年歷史，是我國現存最古老的藏書樓。坐落於浙江寧波。范欽（1506—1585），字堯卿，號東明，浙江鄞縣（今浙江寧波）人。明嘉靖十一年（1532）中進士，嘉靖三十九年升任兵部右侍郎，同年十月歸里。范欽性喜藏書，游宦期間，每至一處，刻意搜集或抄録當地的公私刻本，經史百家之書，兼收并蓄。范欽藏書以明刻本爲主，明代地方志、政書、實録、詩文集尤多。范欽與邑里豐坊交往甚善。豐坊是江南望族，家有祖傳"萬卷樓"，藏有海内珍本甚多，范欽常向他借抄典籍。後萬卷樓遭火灾，殘餘藏書多讓歸范欽。范欽還與江蘇太倉藏書家王世貞交换傳抄罕見之本，使其藏書在

天一閣
（清光緒《鄞縣志》）

當時號稱東南第一。隨着藏書的激增，范欽原來的藏書處"東明草堂"已不堪容納。明嘉靖四十年前後，范欽"於其宅東月湖深處，構樓六間以爲藏書所"。"天一閣"之名，一説出自漢鄭玄《易經注》"天一生水，地六成之"，"以水制火"之意。又説范欽收集碑刻，得一吳道士龍虎山石刻，爲元揭傒斯之書，并有"天一池"三字，以爲與自己建閣鑿池之意相合，遂以"天一閣"名其樓。范欽建天一閣時，閣內藏書七萬多卷，多係宋明的木刻本和手抄本，有的是稀有珍本和孤本。爲保護藏書，范欽采取嚴格措施，爲後輩制訂了嚴格的閣禁。范欽故後，長子范大沖繼承天一閣。天一閣的建築相當科學，故清乾隆時收藏《四庫全書》的文淵、文源、文瀾、文津、文溯、文匯、文宗七閣，均仿天一閣式樣營造。清代藏書家盧址的抱經樓，無論從内部結構，還是外觀設計，完全模仿天一閣，由是天一閣更負盛名。後因范欽的八世孫范懋柱呈獻天一閣六百三十八種珍貴書籍，乾隆帝特賞給天一閣《古今圖書集成》一部，共一萬卷。天一閣從明末戰亂起屢遭劫奪，大批圖書散失，到中華人民共和國成立前夕，天一閣藏書衹剩下一萬三千多卷，衹有原藏書的五分之一。遺存書籍，宋元版本已爲數甚少，絕大多數爲明代刻本和抄本。其中以地方志和明朝科舉題名録爲最珍貴。中華人民共和國成立後，經天一閣管理部門多方訪求，加之寧波許多著名藏書家及其後裔的捐贈，天一閣藏書逾三十萬卷，其中善本書爲八萬卷。藏書獨具特色的有兩大類：一是明嘉靖年間刻印的全國各地方志二百七十四種，二是明朝鄉試、會試登科録四百一十一册。此外，還有不少名

貴手抄本，如明代正德年間吳氏撰輯的大型類書《三才廣志》手抄本，據説從未刻印過，至今也没有發現第二部手抄本，被譽爲"稀世之珍"。天一閣藏書曾多次編目，最早的藏書目録爲范欽手定的《范氏東明書目》，現存最早的書目是清抄本《天一閣書目》，1980年天一閣編有《天一閣善本書目》，共著録善本四千餘部、七萬餘卷。

萬卷樓

明代藏書家豐坊所建藏書樓，是明代浙江著名藏書樓之一。坐落於浙江寧波。豐坊，字存禮，後更名道生，號人翁，別號南禺外史，浙江鄞縣（今浙江寧波）人，明嘉靖二年（1523）進士，官至禮部主事。出身藏書世家，其家藏書起自北宋。宋南渡後，歷元迄明，代有聞人，收藏愈富。至豐坊時，藏書達數萬卷。豐坊繼承祖業，曾出賣田地千餘畝，全用於購買法書名帖。其家"萬卷樓"處於馬園巷，纍藏圖籍數萬卷，有唐賀秘監《千字文》《孝經》《龍瑞宮記》和許多宋元刻本、抄本、碑帖，乃海內珍品。後因豐坊癖於買書讀書，不理家業，萬卷樓的管理十分混亂，其中收藏的宋版書與珍貴抄本大半失竊，其後又遭火災，所藏圖書已經十分有限，因與范欽交往密切，故而將殘存圖書及所藏帖石全部售於天一閣。萬卷樓現今存世的石刻中，除豐坊臨智永草書《千字文》外，有兩種《蘭亭》，即嘉靖五年豐坊臨本和摹刻神龍本，現均藏於天一閣內。

小酉館

明代復古文學派後七子領袖王世貞所建藏書樓。坐落於江蘇太倉鼓樓鋪。"小酉"原爲山名，另有大酉山，均在湖南沅陵。秦末一讀書

人爲避秦亂，將自己的書藏於兩山洞中。王氏將自己的藏書樓命名爲“小酉館”，意欲使自己的書籍永遠流傳。王世貞，文學家、戲曲理論家、藏書家。字元美，號鳳洲，又號弇州山人，今江蘇太倉鼓樓鋪人。生於嘉靖五年（1526），卒於萬曆十八年（1590）。王世貞出身書香門第，嘉靖二十六年進士及第，授刑部主事，遷浙江右參政、山西按察使，改廣西右布政使，入爲太僕卿，萬曆二年，以右副都御史巡撫鄖陽，繼遷南京大理卿。曾爲給事中楊節所劾，被罷官。後官至南京刑部尚書。小酉館藏書多達三萬餘卷，是王氏主要的藏書樓。他還有爾雅樓、九友齋等藏書之所。九友齋收藏精善秘本，兩《漢書》爲九友齋藏書之冠，亦可稱王世貞最寶貴的藏書，爲王氏用一園易得。王氏與浙江寧波藏書家范欽、嘉興藏書家項元汴曾約定互抄藏書，與江蘇太倉、常熟的藏書家更是過從甚密。小酉館、爾雅樓等藏書樓豐富的圖書，爲王世貞成爲一代文壇霸主打下了雄厚的知識基礎。前後七子中，王世貞學識最淵博，著述最豐富。其著作有《弇州山人四部稿》一百七十四卷、續稿二百〇七卷。他對戲曲也有精深的研究，《藝苑卮言》爲其戲曲專著。王世貞逝世後，其子王士騏竭力尋訪父親遺作及小酉館散失之書。王士騏之後，子孫沒有把小酉館等藏書樓的圖書固守住，小酉館的藏書不到五十年即改換門庭，歸屬他人。

爾雅樓

明代復古文學派後七子領袖王世貞所建藏書樓。坐落於江蘇太倉鼓樓鋪。王世貞崇尚温文爾雅，故名藏書樓爲“爾雅樓”。爾雅樓前掘池，池畔立石，勒銘宋大書法家米芾“墨池”二字，爲其滌硯處。爾雅樓專藏宋版書。王氏所購《周易》《禮經》《毛詩》《左傳》《史記》《三國志》《唐書》等經史之類盡藏於此，精絶者達三千餘卷。除此之外，爾雅樓尚藏有古碑帖不勝枚舉。

二酉山房

明代藏書家和文學家胡應麟所建藏書樓。坐落於浙江蘭溪城北後官塘思親橋畔。二酉指今湖南沅陵大酉、小酉二山。二山皆有洞穴，相傳小酉山洞中有書千卷，秦人曾隱學於此，後以“二酉”藉稱豐富藏書。胡應麟，字元瑞，號石羊生，又號少室山人，今浙江蘭溪人。生於嘉靖三十年（1551），卒於萬曆三十年（1602）。萬曆年間中舉，後久不第，遂築室山中，潛心於藏書讀書。胡應麟藏書主要來自傾盡家資的長期購求。少時隨父居京，十多歲時，遍訪巷閭書肆，以購圖書。及長，游歷河北、山東等地搜羅古籍。遇佳本不惜重金，月俸不够，則質押夫人簪環；或解衣以典當。據王世貞《二酉山房記》載：胡應麟毀家購書後，用餘資建造了二酉山房。其文曰：“屋凡三楹，上固而下隆其址，使避濕而四敞之，可就日。爲庋二十又四，高皆麗棟，尺度若一。”山房所藏經、史、子、集之書達四萬二千三百八十四卷。胡應麟在版本目錄學上成就卓著。其成就首先反映在所撰《二酉山房書目》中，然該書已佚。但從其所著《少室山房筆叢·經籍會通》中可窺其一斑。《二酉山房書目》不以經、史、子、集四部分類，而是分爲五個部類，即將類書、佛道二藏及贋古書并爲一部，附於經、史、子、集之末。其次，《二酉山房書目》依儒、雜、兵、農、術、藝、説、道、釋九流分部類居，并把名、法諸家并入雜家。二酉山房藏書在胡應麟去世以後，由於“身後極蕭條，三子幼孤，並無術業，俱散逸無存”(《婺書·胡應麟傳》)。他所建二酉山房也歸同邑武進士唐驤家。

澹生堂

明末藏書家、目録學家祁承㸁所建著名藏書樓。坐落於浙江紹興。祁承㸁，字爾光，號夷度，又號曠翁、密園老人。浙江山陰（今浙江紹興）人。生於嘉靖四十二年（1563），卒於崇禎元年（1628）。出身官宦書香門第，自幼喜愛讀書。四十二歲始進士及第。後官至江西布政使司右參政。祁氏盡心竭力收藏圖書。他借多次到杭州應試的機會，捱街逐巷遍訪書肆。遇有珍善本書，不惜重金購買。經十多年的收聚，積書至一萬餘卷。然萬曆二十五年（1597），藏書横遭火灾，十多年的心血化爲烏有。他雖痛心疾首，而矢志不渝，繼續購求圖書。萬曆三十一年，他把圖書整理統計，編成綜緯二目。其時藏書在兩三萬卷之間。萬曆三十二年中進士後，藏書又增加了五六萬卷。爲了收藏好圖書，祁氏耗鉅資在家鄉建“曠園”，其中讀書處稱“東書堂”，藏書處稱“澹生堂”，息憩處稱“曠亭”。澹生堂今已不存。據祁氏所編《澹生堂藏書目》載，他二十多年所藏圖書達九千多種、十萬多卷，四部四十六類二百四十三目，比天一閣藏書還多三萬餘卷。在鑒别和采訪圖書方面，祁承㸁提出了“審輕重”“辨真僞”“核名實”“權緩急”和“别品類”的標準。在圖書分類中，祁氏提出了“因”“益”“通”“互”四個要點。他從其私人藏書實踐中總結歸納出一整套目録學的理論來，足資研究和繼承。祁承㸁逝世後，其子祁彪佳遵照他的遺囑，對圖書進行保管。明末戰亂時，澹生堂藏書全部轉移到雲門山化鹿寺祁氏墓地，起初散失不多。爾後家道没落，藏書始散佚。康熙五年（1666），明末清初著名學者和藏書家黄宗羲到化鹿寺挑選了三晝夜，好書購買殆盡。後來，藏書逐漸散落民間。祁承㸁含辛茹苦畢其一生收藏的圖書終未避免佚亡的命運。

汲古閣

明末毛晋所建藏書樓，坐落於江蘇常熟。藏書八萬四千餘册，因富藏宋元珍善本而聞名於時。毛晋（1599—1659），字子晋，號潜能，今江蘇常熟人，藏書家、文學家、出版家。他無意仕途，立志藏書，凡善本秘笈遺書，不惜高價購買。當時有“三百六十行生意，不如鬻書於毛氏”的諺語。前後積至八萬四千餘册，建目耕樓、汲古閣以藏之。目耕樓用於收藏普通版本，汲古閣則收善本，“非宋元綉梓不在列焉”。汲古閣内藏書以四庫分類，書架上下三楹，自子至亥共十二架。除重金購書之外，抄書是毛晋收集秘册的又一種方式。據《東湖從記》記載:“毛晋藏宋本最多，其有世所罕見而藏諸他氏不能得者，則選善手以佳紙墨影鈔之，與刊本無異，名曰影宋鈔。”毛晋不僅喜歡藏書，還愛刻書。從明代萬曆末年到清代順治的四十餘年中刻書六百餘種。刻書内容有唐宋别集、經史詞曲、百家九流。毛氏刻書對保存與傳播古代文化起了極大的推動作用，毛晋的汲古閣也因此名聲大振，成爲明末清初最具特色的藏書樓之一。毛晋死後，毛家很快衰敗，所藏宋元善本歸於泰州季振宜，後轉歸徐乾學的傳是樓，書版也被其後人陸續轉賣。

曝書亭

　　亦稱"竹動坨"。清代著名學者朱彝尊所建藏書樓。坐落於浙江嘉興。始建於清康熙三十五年（1696），共占地十畝，舊稱"竹動坨"。曝書亭收有圖書八萬餘卷。因朱氏著有《曝書亭集》著稱於世，故樓以此命名。朱彝尊（1629—1709）號竹坨，文學家、目錄學家、藏書家。精通經史，詩與王士禛齊名，世稱"南朱北王"，詞風格清麗，爲浙西詞派創始人，與陳維崧并稱"朱陳"。朱氏潛心治學、收藏圖書六十餘年，著述等身，撰有《經義考》三百卷、《日下舊聞考》四十二卷、《曝書亭集》八百卷、《曝書亭詞》七卷，編有《詞綜》三十二卷、《明詩綜》一百卷。朱氏爲了尋訪古籍，他的足迹幾乎遍布大半個中國。爲官期間，朱氏竭力讀書、抄書、買書。經過幾十年的訪購、抄錄，他的藏書積至三萬餘卷，歸老之後的十多年裏，收書不輟，使得其藏書很快增至七萬卷，又獲贈摯友李延昰的藏書二千五百餘卷，曝書亭的藏書達八萬餘卷。朱彝尊對藏書事業的另一貢獻在於，他編撰了大型的專科版本目錄學著作《經義考》，共三百卷。它是第一部統考歷代經學的專科目錄。以書名爲綱，參考歷代目錄所著説經之書，先著卷數、著者、注疏者，其下各著存、佚、闕、未見等附注，此實乃自古以來諸家書目所未及，是朱氏藏書和讀書的結晶。曝書亭藏書在朱彝尊死後，尚比較完整地保存了幾十年，但終因朱氏後人保管不善，約從乾隆中開始散失，直至全部亡佚。

【竹動坨】

　　即曝書亭。此稱清代已行用。見該文。

抱經樓

　　清代盧址所建藏書樓。坐落於浙江寧波。抱經樓的建築，無論内部結構還是外觀，均與天一閣一模一樣，因此也是藏書樓現存形制中，唯一能與天一閣相印證者。因取韓愈《贈玉川子》句"獨抱遺經救始終"之意，名其室曰"抱經樓"。盧址（1725—1794），字丹陛，浙江鄞縣（今浙江寧波）人。餘姚盧文弨"抱經堂"亦富藏書，前東後西，因而有"東西抱經"之説。盧址博古好學、性好聚書，遇到善本，不惜重金購買，樓中收有許多豐氏萬卷堂、毛氏汲古閣、祁氏澹生堂、汪氏古香樓等名家的舊物；朋舊中有异書，亦必百計借抄，廢寢忘食。收羅三十年，聚書數萬卷共四十七櫥。盧址藏書，處處以天一閣爲楷模，不僅在藏書樓建築上仿天一閣，甚至連諸如平日封鎖、禁私開、禁出借、每歲伏日曝書等藏書管理制度，也以天一閣爲準。天一閣進呈《四庫》之書六百餘種，因此得到朝廷賞賜《古今圖書集成》一部，盧址羨慕不已，竟至不惜派人購得《古今圖書集成》底稿以歸，以爲抗衡天一閣范氏之資。抱經樓藏書多爲寧波鄉邦文獻，當時鄞縣令錢維喬修縣志，多藉助於抱經樓之藏。盧址曾據所藏編寫《四明文獻集》一百四十卷，并自編《抱經樓書目》一卷。咸豐十一年（1861），抱經樓曾爲土匪劫掠一空，所幸被劫之書在出售時，爲同邑商人楊氏所見，遂以二千六百金買下。事後，楊氏慨然將所得之書全部歸還，且分文不受，故抱經樓後人每年曝書時，都要祭祀楊氏，以志璧還之恩。1916年，抱經樓舊藏五萬餘卷，以五萬元之價售與上海書肆"古書流通處"，旋散入江浙各藏書家之手。據王欣夫

《藏書紀事詩補正》稱，多歸吳興劉氏嘉業堂。

拜經樓

　　清藏書家吳騫所建藏書樓。坐落於浙江海寧，樓名源於臧庸。臧庸，字在東，號拜經，清乾嘉學者，家有拜經家塾。"拜經"即是尊崇經籍之意。吳騫深感己之志趣與臧氏同，故名其藏書樓爲"拜經樓"。書樓建於乾隆四十五年（1780）。吳騫（1733—1813），字槎客，又字葵裏，號兔床，浙江海寧人，藏書家、文學家。《海昌備志》曾言："吳騫，字槎客，號兔床，家新昌里。篤嗜典籍，遇善本傾囊購之弗惜，所得不下五萬卷，築拜經樓貯之。晨久坐樓中展誦摩挲，非同志不得登也。"吳騫平生未取功名，他把一生的精力都傾注到收書、校書上。曾花重金購買同鄉馬思贊"道古樓"和查慎行"得樹樓"的散出藏書，大大充實了拜經樓所藏。又多次往返於蘇杭等地廣采博收。經過數十年的積纍，終於使藏書達到五萬多卷。拜經樓藏書的價值在於：它收藏了《咸淳臨安志》《乾道志》和《淳祐志》這三部南宋時期編修的極其珍貴的杭州方志。對這三部志書歷代學者均有很高的評價，對三志中的《咸淳臨安志》尤爲推崇，認爲它布局合理，結構嚴謹，乃南宋方志中之佳品。拜經樓還藏有豐富的元版書，吳氏所收購的"道古樓"和"得樹樓"藏書皆以元版書著稱，在此後的購書過程中，吳氏也頗爲留意元版書。經過積纍，"拜經樓"收藏的元版書竟達千部之多，吳騫特地將收藏元版書的房舍題名爲"千元十駕"。并爲所收宋元善本寫了校刊題跋，由其子彙錄成《拜經樓藏書題跋記》五卷，其收吳氏爲三百餘種善本撰寫的題跋三百二十一篇，是一部極具學術價

值的題跋之作。吳騫死後，拜經樓藏書經由其子孫保存，是樓共延續了一百多年，歷時之長久，深得藏書家們的稱贊。

百宋一廛

　　清藏書家、目錄版本學家黃丕烈所建藏書樓。坐落於江蘇長洲（今江蘇蘇州）城東縣橋巷。廛，古代一户平民所居之房屋。因該樓藏百餘種宋版書，故稱。其與"士禮居"同爲黃氏主要藏書樓。士禮居，嘉慶七年（1802）後建，亦在縣橋巷。因藏有宋代兩種刻本《儀禮》，又稱《士禮》，故稱。黃丕烈，字紹武，又作紹圃，又字蕘圃，號有蕘夫等三十餘個。蘇州長洲（今江蘇蘇州）人。生於清乾隆二十八年（1763），卒於道光五年（1825）。乾隆五十三年中舉人。嘉慶六年（1801）擢升直隸知縣，後又捐得六部主事一缺，然皆未就任。不久棄官歸里，閉門著述、校書，終老。黃氏嗜書如命，稱自己是"書魔""癡絕"，尤其喜愛宋版書，他家所藏宋本多達百餘部，可見其收藏之富。黃氏收藏圖書有兩個突出特點：一是兼收并著，廣求异本。他無論什麼書都買，收集圖書的範圍很廣，天文、術數、醫學、小說等不被一般藏書家所重視的書，他都悉數收藏。他對同一種著作兼收不同版本，有時一書收藏多達三四種，甚至五六種。二是他很重視搜羅殘本書，這也是他與其他藏書家不同的地方。他認爲古書最容易失去的是殘本書，殘本書不被重視，往往湮没。黃氏不僅是藏書家，而且是刻苦讀書的學問家，精於校勘的目錄版本學家及熱心刊刻的刊刻家。集四任而一身，古來是極少見的。黃氏善於讀書，精於校勘。對於善本書，莫不細心研讀，詳審精校，殫心

竭力。他之讀書，注重於辨識版本，校勘文字，留意内容的得失。黄氏對版本目録學的成就和貢獻，在於對版本鑒定和圖書校勘後寫的大量題跋。題跋包括辨別版刻、校訂文字、收藏源流、校讎結果等内容。他一生爲八百多種典籍寫了上千篇題跋。黄氏題跋，是一部版本目録巨著，有極高的學術價值。士禮居藏書於嘉慶末年開始散出，道光初黄丕烈去世前已全部散盡。其書多售予汪士鍾藝芸書舍收藏。汪氏藝芸書舍藏書散出後，爲常熟瞿鏞鐵琴銅劍樓和山東聊城楊以增海源閣分而收藏。

愛日精廬

清藏書家、目録版本學家張金吾所建藏書樓。坐落於江蘇常熟。"愛日精廬"，取曾子"愛日以學"之義，是張氏讀書樓"詒經堂"的一部分。詒經堂是其藏書樓的總名稱，時人視愛日精廬即詒經堂。愛日精廬是張氏讀書、著述和藏其先輩著作等重要圖書之所。張金吾，字慎旃，別字月霄。生於乾隆五十二年（1787），卒於道光九年（1829）。嘉慶十三年（1808）二十歲赴院試，補博士弟子員。後屢試不第，遂絶意於科場。有志於收藏、編纂圖書，在藏書和目録學方面成績卓著，成爲嘉、道年間著名的藏書家、刊刻家。終老時，藏書有一萬四千卷之多，其富藏善本海内聞名。張金吾的藏書多藏經部書，多金人著作，多宋元舊槧。他的收藏思想也很值得稱道。其一，强調藏書是爲了讀書。他説："人有愚智賢不肖之異者，無他，學不學之所致也。然欲致力於學者，必先讀書；欲讀書者，必先藏書。藏書者，誦讀之資，而學問之本也。"又説："藏書而不知讀書，猶弗藏也。讀書而不精覃思，隨性分

所近，成專門絶業，猶弗讀也。"（《愛日精廬藏書志序》）其二，不秘藏自己的書，而是"樂與人共，有叩必應"。張金吾還是著名目録學家。他編纂的《愛日精廬藏書志》三十六卷及《續志》四卷，著録了大批宋元舊槧及舊寫本、校本書等善本珍籍，且解題、序跋兼而有之，對版本研究頗具價值，堪與錢曾《讀書敏求記》、吳騫《拜經樓藏書題跋記》、黄丕烈《蕘圃藏書題記》等清代著名書目媲美，是我國目録學史上重要的書目著作。張金吾另於文獻纂輯也成就斐然。他積十二年功夫，羅致金代佚文，三易其稿，編成《金文最》。又付三年光陰，收編宋元人之解經、説經著作，成《詒經堂續經解》一千四百三十六卷，惜1932年秋毁於"一·二八"戰火。

鐵琴銅劍樓

亦稱"恬裕齋""敦裕齋"。清末四大藏書樓之一。爲瞿紹基及其子瞿鏞所建。坐落於江蘇常熟賓湯門外十里罟里村。初名"恬裕齋"，爲避光緒名載湉諱，改名"敦裕齋"。後因瞿鏞收藏一名貴的鐵琴及一古銅劍，再更名"鐵琴銅劍樓"。瞿紹基，字厚培，號陰棠。生於清乾隆三十七年（1772），卒於道光十六年（1836）。紹基幼喜讀書，得補廩貢生。然仕途坎坷，連舉人也未考中，衹因中明經科而選授陽湖縣學訓導。後無意仕宦，有志於藏書，遂棄官隱居故里，以收藏圖書爲樂。其時同縣陳揆稽瑞樓、張金吾愛日精廬豐富的藏書先後流散，瞿紹基常以高價四處争購，兩家宋元善本多爲其購得。經十餘年孜孜求索，瞿紹基的藏書達十萬餘卷之巨，爲江南之首。在私家藏書樓史上，有所謂"南瞿北楊"之説。"北楊"係山東聊城楊以

增，"南瞿"則是江蘇常熟瞿紹基。瞿紹基歿後，恬裕齋藏書由其子瞿鏞繼承。瞿鏞，字子雍，生卒年不詳。曾出任寶山縣學訓導。瞿鏞亦棄職歸隱，畢其一生於藏書事業。他之愛書，比其父有過之而無不及。他承父遺志，畢力搜求，從諸藏書家求購珍品，恬裕齋常有書商出入，車馬盈門。瞿鏞還收藏金石書畫等古董，他收藏有一名貴的鐵琴和一古銅劍，作《望江南》詞一首，以叙其與書籍琴劍共存的生活："愛吾廬，藏棄一樓書。玉軸牙籤頻自檢，鐵琴銅劍亦兼儲。大好似仙居！"鐵琴銅劍樓藏書，除購進了前述張氏愛日精廬、陳氏稽瑞樓大部分善本外，還有許多收自汪士鍾藝芸書舍、黃丕烈百宋一廛、周錫瓚水月亭、袁又愷五研樓及顧抱冲小讀書堆。瞿鏞《鐵琴銅劍樓藏書目錄》共著錄善本秘笈一千二百四十二種，其中宋版書一百六十一種、金版三種、元版一百零五種，堪與黃氏百宋一廛比肩，可望皕宋樓之項背。瞿鏞二子瞿秉淵、瞿秉濬兄弟苦守先人之書，并多有增加。孫瞿啓甲，又撰有《鐵琴銅劍樓藏書目錄》，著錄古籍一千三百餘種，抗日戰爭爆發，怕藏書毀於戰火，秘密將藏書運往上海。中華人民共和國成立後，後人將部分藏書捐給國家，另一部分由政府出資收購，現全歸入國家圖書館。故里藏書舊樓也得到維修、保護。瞿氏鐵琴銅劍樓藏書經歷一百五十年，幾經戰亂而全部保留下來，這在私家藏書史上可稱奇迹。

【恬裕齋】

即鐵琴銅劍樓。此稱清代已行用。見該文。

【敦裕齋】

即鐵琴銅劍樓。此稱清代已行用。見該文。

海源閣

清末四大藏書樓之一，北方私家藏書中心。藏書家楊以增所建。坐落於山東聊城萬壽觀街北楊宅東跨院內，閣坐北朝南，四間二層，檐中懸楊以增手書"海源閣"匾。楊以增，字益之，號至堂，又號東樵。生於清乾隆五十二年（1787），卒於咸豐六年（1856）。道光二年（1822）進士。平生喜愛書籍，爲官各地時即致力於收書。其子楊紹和，字彦合，又字勰卿，生於道光十二年，卒于光緒元年（1875）。咸豐二年舉人。年輕時隨父任職，身受父親影響，秉承父嗜，一生集書。楊以增之聚書，起自道光十四年。初期所收典籍以普通本、精刻本爲主，廣博而少精。道光二十八年以後，江南藏書，多有散佚，流入市場，楊以增廣爲收集珍善之本。此時期之收聚數量遠勝初期，且版本精善。楊紹和在京爲官時，購得京城怡府藏書處明善堂善本百餘種，數量之大及版本之珍貴可與其父購入藝芸書舍書籍比肩。經楊以增父子孜孜不倦地收集，海源閣藏書在數量和品質上達到頂峰，成爲清末北方私家藏書中心。楊氏家族不但收集書籍，而且對藏書進行校勘、整理、刊刻。楊以增每得一書，都記錄購置該書經過，與其他不同版本校訂，評定版本優劣。楊紹和與其子楊保彝將書分批清點整理，編成書目數種：將海源閣善本書編成《海源閣藏書目》，將宋元本整理出五卷《楹書隅錄》，抄錄原書跋若干條，編成九十種四卷《續編》。此爲海源閣主要善本。楊保彝晚年編成《海源閣書目》六卷，爲海源閣總書目。楊氏家族爲利用藏書，刊刻《海源閣叢書》凡十八種。海源閣先後三次遭劫。第一次遭劫在咸豐十一年

（1861），皖匪占據楊氏藏書處之一華跗莊陶南山館，珍藏書籍盡付劫灰，宋元舊槧，所焚獨多，且經部尤甚。此次遭劫非海源閣全部。楊紹和購入明善堂之書，彌補了此次損失。1928年，楊保彝之子楊敬夫爲保存典籍及謀生，擇善本書裝十餘箱運達天津。第二次遭劫在1929年5月。土匪王金發攻陷聊城，設司令部於海源閣。將宋元秘笈及金石書畫，擇優掠去。第三次遭劫在1930年。匪首王金髮又占據海源閣。所毀之書爲二次劫餘的一百三十種善本及普通本。王金髮盡擇善本字畫，掠至河北保定。普通書經部損失十分之七，史部損失十分之四，子部損失十分之四，集部損失十分之三。1930年12月，楊敬夫將劫後餘書裝五十箱，運至濟南，存於東興里楊氏私宅。海源閣劫餘之圖書流向有三：其一，楊敬夫運抵天津的部分善本典籍後歸國家圖書館。其二，王金髮掠至保定典籍多已變賣，流入民間。其三，第三次劫後運至濟南的普通典籍大部歸山東省圖書館。

八千卷樓

　　亦稱“嘉惠堂”。清末四大藏書樓之一。藏書家丁丙所建。坐落於浙江杭州。丁氏感於北宋先人丁顗有書八千卷，遂於杭州梅東里建藏書樓，故稱。樓分五楹，總名“嘉惠堂”，取光緒諭旨中“嘉惠藝林”之義。其中各樓分別命名爲“八千卷樓”“小八千卷樓”“後八千卷樓”，統稱“八千卷樓”。丁丙，字嘉魚，別字松生，晚號松存。生於道光十二年（1832），卒於光緒二十五年（1899）。浙江錢塘（今浙江杭州）人。其兄丁申，生年不詳，字竹舟，卒於光緒六年（1880）。兄弟二人皆善讀書，嗜收藏。丁氏兄弟協力收書十多年，丁申去世後，丁丙繼

續搜求近二十年。經三十餘年的積纍，藏書至八千多種，共二十萬卷。丁丙將二十萬卷書分門別類藏於嘉惠堂各樓。凡《四庫全書》總目著録者，有三千五百種，均置於八千卷樓，按《四庫全書總目》分類排架。并收藏《古今圖書集成》《全唐文》等大部頭圖書。凡《四庫全書總目》附存之書，計有一千五百餘種，分藏該樓東西兩厢。小八千卷樓即善本書室，凡三楹，專收藏善本之書。其中間收藏宋元刊本二百多種，左右分藏明精刻本、舊鈔本、稿本及名人校本二千多種。後八千卷樓收藏《四庫全書》未收之書八千多種。八千卷樓的藏書有三大特色：其一，收藏明人著作及浙江先人著作甚豐。一般藏書家多注重收藏宋元以前著作的刊本或抄本，而明以後的著述卻不夠重視。丁氏收藏明人及浙江先人著作明顯多於同時代其他藏書家所藏。其二，收藏圖書版本種類較多。小八千卷樓收有宋元刻本二百多種和大批舊抄本、稿本。小八千卷樓、八千卷樓收藏了大量的初刻本及明萬曆以後至清代的精刻本。丁氏收藏舊抄本達一萬卷之多，其精良抄本甚至勝過刻本。其三，丁氏藏書來源，有許多經前代著名藏書家所收藏。從明中後期到清末三百多年間，幾乎所有的著名藏書樓，都可從八千卷樓中找到其藏書。丁氏藏書目録有兩種。其一爲《八千卷樓書目》二十卷，丁丙撰於光緒二十五年。按《四庫全書總目》體系分類，共收書一萬六千五百多部，多清刊本及叢書本，多明人文集和浙江先人著作。其次爲《善本書室藏書志》四十卷，丁丙撰。專著録小八千卷樓宋元槧本、精刻本、名校名抄本及稿本，是所藏善本書目録，共收書兩千三百餘種。後八千卷樓

全部藏書爲江南圖書館買斷。參見本卷《圖書樓館説·私人藏書》"皕宋樓"文。

【嘉惠堂】

即八千卷樓。此稱清代已行用。見該文。

皕宋樓

清末四大藏書樓之一。陸心源所建。坐落於浙江歸安（今浙江湖州）。"皕，二百也。"（《説文·白部》）。因所藏宋版書多達二百部，故而得名。除皕宋樓外，另有藏書處儀顧堂、十萬卷樓、守先閣，統稱之爲皕宋樓藏書。皕宋樓專門收藏宋元刊本及名人抄校的秘笈，其中許多是《四庫全書》未收之書。十萬卷樓收藏有明後秘本、名人抄校本及近人著述。守先閣收藏一般圖書。閣内圖書按四庫法分類置架。儀顧堂爲主人藏書兼讀書之所，"儀顧"取心儀顧炎武，仰慕其學識義。陸心源，字剛父（亦作剛夫、剛甫），號存齋，晚號潛園老人。浙江歸安（今浙江湖州）人。生於清道光十四年（1834），卒於光緒二十年（1894）。咸豐九年（1859）舉人，官至福建鹽運使。晚年歸故里，於歸安蓮花莊建潛園，藏書、校書以終老。陸氏博學强識，嗜書成癖，每見典籍，必傾囊購歸。時人稱其爲"薄富貴而厚於書者"。時逢太平天國農民起義及二次鴉片戰爭，社會動蕩，藏書家雖重金保其書，然珍籍秘典紛紛散失。於是書商頻頻出入陸家，一時門庭若市。二十年間，便購進十萬卷圖書。離任後，一次便運回故里圖書一百多箱。歷時二十餘年之經營運籌，逮至光緒八年（1882），陸氏積書已達十五萬卷之巨。皕宋樓收藏活動的特點有三：其一，廣取博采，收藏浩繁。藏書之宏富，爲歷代藏書家所不及，名列清末四大藏書樓之一，奪清中葉以前藏書樓之魁。其二，收藏珍善秘本豐富。《皕宋樓藏書志》著録善本二千三百種，其中宋版書二百種、元版書四百餘種，及大量明初刻本、舊抄本及名人抄校之書。其三，陸心源萌發了近代圖書館意識。陸氏將守先閣十一萬五千餘卷轉爲公藏，供人借閱，這在他之前的藏書家中尚屬罕見。陸心源去世後，其子陸樹蕃未能謹守父訓。1907 年 4 月以賤價將大部重要藏書賣給了日本財閥岩崎氏，同年皕宋樓、十萬卷樓、守先閣的藏書便舶載東渡，外歸於岩崎氏的静嘉堂了。此舉令學界痛惜，國人震驚，清廷之開明大臣端方、張之洞諸人爲防中國藏書再度外流，由政府出資收購了丁氏之"八千卷樓"。

玉海樓

清代孫衣言、孫詒讓父子所建藏書樓。與寧波范氏"天一閣"、南潯劉氏"嘉業堂"并稱的江南三大藏書樓。坐落於浙江瑞安玉海街道，建於清光緒十四年（1888），書樓占地 2023 平方米，建築面積 740 平方米。因孫氏父子敬慕南宋學者王應麟著作宏富，故以其巨著《玉海》作爲樓名，以爲自家藏書亦如玉之珍貴，若海之浩瀚。玉海樓初建時，藏書八九萬卷，大部分是同治七年（1868）後十餘年間所購，多爲蘇、浙、皖故家世族散出的元、明、清珍善本。孫詒讓（1848—1908），清末經學家、藏書家、古文字學家，字仲容，浙江瑞安人。精通文字訓詁、校勘考據之學，用以整理、研究古代文獻，又能運用新的資料，上推語文、制度、曆象之源。家富藏書，其父孫衣言修建藏書樓玉海樓，孫詒讓繼承父志，收購圖書，遍走天下，尤其致力於温州地方文獻的徵集與典藏，十餘年得書九萬餘卷、四百六十多種。後大部分歸於杭州大學圖書館。玉海樓藏書均依清《四庫全書》之例，各按經、史、子、集分門別類，纂成書目。現有《玉海樓書目》，共收書三百九十二種、二千七百四十八册。其中，經部五十八種、二〇八册；史部九十六種、八百九十三册；子部七十二種、三百九十四册；集部一百四十七種、七百三十二册；叢部十九種、四百一十二册。玉海樓藏書特色表現爲：一、收藏大量浙江地方的文獻。僅溫州地區的鄉賢先哲遺著就收藏四百六十多種、内有明刊本三十二種、明寫本二種、抄本二百一十種、稿本十種、傳抄本一種、日本刊本一種。二、玉海樓還收藏了大量名家手校本、手抄本、批校本和稿本。加之孫衣言、孫詒讓都是一代著名學者，他們的批校本和手稿本更被視爲珍本。三、玉海樓建成之日，孫衣言曾訂《藏書規約》十六條，規定藏書流通辦法，禁止任何人携書出樓，以保護藏書。1908 年孫詒讓逝後，子女均年幼，藏書漸漸散失，幸其子延劍及時搶救，將珍善本轉藏於杭州、溫州。1957 年瑞安人民政府按原貌修復玉海樓，作爲文物陳列館，把大批徵集來的古籍、文物字畫移入收藏，并將流散的原玉海樓藏書徵購回來，現藏書已達三萬餘册。1996 年玉海樓被列爲全國重點文物保護單位，先後四次修繕，樓房焕然一新。

嘉業堂

現代藏書家劉承幹所建藏書樓，因清溥儀題贈"欽若嘉業"金匾而得名，是我國現存規模最大、藏書量最多的私人藏書樓。坐落於浙江湖州南潯。劉承幹（1881—1963），字貞一，號翰怡。清光緒三十一年秀才，候補内務

府卿銜。1899 年，其祖父劉鏞逝世後，劉承幹繼承劉氏資財，頓成豪富。劉承幹自幼嗜好讀書、買書、校書、寫書、藏書。早在 1910 年劉承幹就獨步狀元坊各書肆，遍覽群書，自是即有志聚書"。辛亥革命時期，劉承幹乘大批古籍拋售之機，不惜鉅資，大量購書。先後買下了盧氏抱經樓、莫氏影山草堂、朱氏結一盧、丁氏持静齋、繆氏東倉書庫等十餘家的藏書。嘉業堂藏書樓於 1920 年破土，1924 年竣工，"糜金十二萬，拓地二十畝"。書樓建成以後，他又不惜重金，陸續增添藏書，自稱歷時二十年，費銀三十萬，得書六十萬卷，共十六萬册。據有關資料記載，在藏書樓全盛時期，即 1925 年至 1932 年之間，珍本善本有宋元刊本二百種、清刻本五千種、地方志一千二百餘種、叢書二百二十餘種、抄本二千種、其他一千二百餘種，大量的是清人文集和各種史書。此外還有碑帖數千種。嘉業堂藏書以宋刊《史記》《漢書》《後漢書》《三國志》最爲珍貴，號稱鎮庫之寶。而宋開慶一百一十卷本《鶴山先生大全集》、宋淳熙戊戌（1178）本《寶氏聯珠集》也均是海内孤本、珍本。嘉業堂藏書有以下特點：一是不僅珍重宋元刊本，更着眼於明清兩代刻本。二是收藏大量的珍貴稿本、抄本。三是廣收地方志一千二百餘種、三萬三千三百八十卷，其中可稱"海内秘藏"的珍本，就有六十二種。劉承幹還以雕版印書蜚聲海内，前後刻印的書有《嘉業堂叢書》《吳興叢書》《求恕齋叢書》《留餘草堂叢書》《希古樓金石叢書》《影宋四史》《舊五代史注》《八瓊室金石補正》等。刻印的古籍中，有不少被清廷列爲禁書，如明末文人屈大均遺著《安龍逸史》等、蔡顯的《翁山文

外》等。刊刻的印書，皆有劉承幹題跋，絕大部分送學人。專門設置圖書管理人員和穩定的管理費用，也是嘉業堂藏書樓一大特色。

三、寺觀藏書

白馬寺

佛教藏書處。坐落於河南洛陽東郊。東漢明帝永平十一年（68）始建。此前，明帝派使臣蔡愔、秦景前往天竺取經，至大月氏逢天竺高僧迦葉摩騰與竺法蘭，兩高僧在漢使陪同下，以白馬載佛經、佛像達於洛陽，明帝禮遇甚厚，翌年敕令建此寺院。爲紀念白馬萬里跋涉、馱經東來之功，遂命名爲白馬寺。兩高僧長居此寺譯經傳教，該寺遂成爲中國佛教最早的流布與活動中心。所譯第一部漢文佛經爲《四十二章經》，隨後陸續譯出《十地斷結經》《佛本生經》等一批佛學法典，史稱"永平求法"。東漢後期，安息王子安世高捨棄王位，投身佛門，在該寺譯出了《安般守意經》《大十二門經》《小十二門經》等九十五部、一百一十五卷佛經，主要弘揚小乘佛教教義，并將佛教由中原向江南傳播。這一時期，另一高僧月氏人支婁迦讖在該寺譯出了《般若道行經》（亦稱《般若道行品》）、《首楞嚴》、《般若三昧》、《阿闍世王》《寶積》等二十二部、六十七卷佛經，主要宣傳般若學，爲大乘佛教教義。大乘與小乘係佛教兩大宗派，小乘着重自身解脱，成"阿羅漢"，大乘不但主張自身解脱，而且要"自利利他""普渡衆生"，最後成佛。魏齊王嘉平二年（250），印度僧人曇柯迦羅游化洛陽，在白馬寺譯出了我國第一本佛教戒律——《禪祇戒本》。至西晉時，月氏著名僧人竺法護，晚年亦游化洛陽，其《文殊師利净律經》《光贊船若經》《賢劫經》《正法華經》《大哀經》《普曜經》等大小乘經典一百五十四部、三百〇九卷，多在白馬寺譯出。白馬寺之佛藏再度劇增，穩居全國之最。北魏大崇佛教，洛陽城内寺院櫛比，達一千三百六十七所之多，這千餘寺院皆重佛藏，或自譯，或轉抄，而白馬寺則始終居於中心地位。至唐代，北印度僧人佛陀多羅又在白馬寺内譯出《大方廣圖覺了義經》，相傳鑒真東渡前亦曾到此瞻仰取法。今白馬寺内刻石甚多，有宋代蘇易簡斷文碑、宋代景遵書碑、元代趙孟頫書碑、明代王静賦詩并草書之刻石、清代如琇斷文碑，這些刻石不衹是學習研究佛學史之重要文獻，亦爲古代書法藝術之傑作，今人合稱之爲白馬寺"書法五絕"。此外還有元代《龍川大和尚遺囑記》、清雍正間《潁石琇公和尚壽塔銘》、道光間悟成和尚書寫的《佛説四十二章經》等刻石數十方。按：白馬寺前的兩匹青石圓雕馬，負重佇立，乃宋初永慶公主駙馬、陝州大都督府長史魏咸信墓前物，1938 年被白馬寺主持浩德法師移置寺前，以應白馬馱經之典。參見本書《宗教卷・寺廟説・佛寺考》"白馬寺"文。

檀溪寺

佛教藏書處。坐落於湖北襄陽，東晉道安創建。道安，常山扶柳（今河北衡水）人，東晉傑出的佛教學者，約生於晋懷帝永嘉六年（312），卒於孝武太元十年（385）。道安十八歲出家（此據《名僧傳抄》之說，《高僧傳》等作"年十二出家"），後師事佛圖澄。曾贏得"漆道人，驚四鄰"的美譽。石虎即皇帝位時，内部變亂，道安離開河南到山西臨汾，同竺法濟、竺僧輔和竺道護等共同研究後漢安世高所譯的有關禪觀方面的《陰持入經》《道地經》和《大十二門經》，并作了注解。公元365年爲避戰亂，又受習鑿齒書信邀請，率領弟子慧遠等四百餘人至襄陽，先住在洛陽白馬寺，後因寺狹僧衆，遂另建檀溪寺。"建塔五層，起房四百"。道安在此住了十五年，講經傳教，結交名流，整理佛經，考校譯本，注釋經文，編制目録，"四方之士，競往師之"（《高僧傳》）。據《出三藏記集》卷一五載："安窮覽經典，鉤深致遠；其所注《般若》《道行》《密迹》《安般》諸經，並尋文比句，爲起盡之義，及析疑、甄解，凡二十二卷。序致淵富，妙盡玄旨；條貫既叙，文理會通。經義克明，自安始也。"同書卷二亦載："逮及桓靈，經來稍廣，安清朗佛之儔，支讖嚴調之風，翻譯轉梵，萬里一契，離文合義，炳煥相接矣。法輪屆心，莫或條叙；爰自安公，始述名録，銓品譯才，標列歲月。妙典可徵，實賴伊人。"創制了《衆經目録》。道安的著作，現存的除了收於各大藏内的《人本欲生經注》一卷外，有《出三藏記集》所收録的經論序十四篇，又有同《集》標名未詳作者而可肯定爲道安所作的經論序七篇，和此《集》的《綜理衆經目録》原文兩段；此外還有《鼻那耶經》卷首的《序》一篇。道安佚失的著作很多。結合檀溪寺之僧衆，以及道安的講經、譯經、著書、編目的活動，可知檀溪寺是當時重要的寺院藏書地點之一。

敦煌石室

亦稱"敦煌石窟""千佛洞"。佛教藏書處。包括莫高窟、西千佛洞、榆林窟及水峽口小千佛洞四處，因古代皆隸屬敦煌，故稱。通常指莫高窟，俗稱"千佛洞"。坐落於甘肅敦煌鳴沙山東麓，上下共五層。前秦建元二年（366），僧人樂僔首開第一洞窟，後經十六國、北魏、西魏、隋、唐、五代、宋、西夏、元等歷朝相繼開鑿，今仍保存洞窟四百九十二個，石窟群長一千餘米，壁畫4500平方米，以佛像爲主的彩塑二千四百一十五身。清光緒二十六年（1900）五月，在現編號爲第十七的石窟中發現一個藏經洞，内藏自4世紀至14世紀的歷代文物五六萬件，其中寫本佛經、道經、儒家經典極爲豐富，除漢文外，藏文、梵文、佉盧文、粟特文、古和闐文、回鶻文等寫本約占三分之一，并有絹本繪畫、刺繡等美術作品數百件，此外尚有史籍、帳册、曆本、契據、函札、狀牒等。寫本最早爲晉安帝義熙二年（406），最晚爲宋太宗至道三年（997），而以唐、五代的居多。因政府疏於管理，從1907年至1925年間，先後遭到英國的斯坦因、法國的伯希和、沙俄的鄂登堡、日本的桔瑞超、美國的華爾納等人的竊掠，僅寫本經卷即有千餘種流失國外，約占總數的三分之一。

【敦煌石窟】

即敦煌石室。此稱南北朝時期已行用。見該文。

【千佛洞】

即敦煌石室。此稱至遲唐代已行用。見該文。

靈隱寺

佛教藏書處。坐落於浙江杭州。創建於東晉,歷代富有藏經。清嘉慶十三至十四年(1808—1809),參與靈隱藏書的杭州紫陽

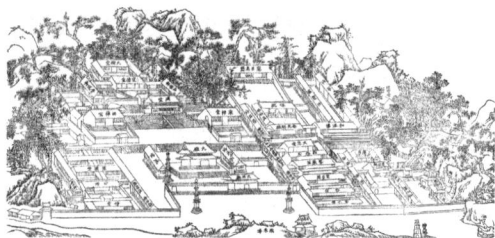

靈隱寺
(清康熙《武林靈隱寺志》)

書院山長石琢堂曾會同靈隱寺住持若水、品蓮,整理靈隱寺藏經,發現因歷代管理不善,寺內藏經多有散失,於是立志恢復藏經舊觀。復與高僧會一法師商定,設齋化緣,廣聚善款,又派僧眾雲游四海,內外圖書,盡予搜求。終得集大藏經論一千六百五十五種,裝成一千四百三十八冊,加之外經論疏語錄之類一百五十種,裝成四百五十六冊,合計一千八百九十四冊,分貯兩櫃,藏於靈隱寺中。靈隱寺藏經遂恢復舊觀。

定林寺

佛教藏書處。此處指上定林寺。坐落於江蘇南京鍾山北高峰與第三峰之間。南朝宋元嘉十六年(439)禪師笠秀創建。據考,建康(今江蘇南京)曾有兩座定林寺,唐代許嵩《建康實錄》云:劉宋元嘉元年(424)"置下定林寺,東去縣城十五里,僧鑑造,在蔣山(鍾山)陵裏"。又:"置上定林寺,西南去縣十里。案《寺記》,元嘉十六年,禪師笠秀造,在下定林寺之後。"此處所指爲上定林寺,亦稱定林上

寺。據《高僧傳》本傳載,僧祐主持定林寺時,曾"造立經藏,搜校卷軸"。最多時藏經四千餘卷,在南北朝寺院中藏書最盛。《梁書·劉勰傳》載:"今定林寺經藏,勰所定也。"其實,劉勰除協助僧祐建立經藏外,還曾根據定林寺所藏佛經,編制《定林寺經藏目錄》一卷行世,惜已亡佚。據考證,劉勰著《文心雕龍》之地乃是在上定林寺。晚年出家,法號慧地,栖息定林寺以終。寺前巨石上鐫刻"象山樹"三篆字,落款"隱士慧地題",傳爲劉勰書。今建六角飛檐碑亭保護。1962年爲紀念《文心雕龍》成書1460周年,郭沫若題名"文心亭""校經樓",并署額勒石以志。

玄都觀

亦稱"通道觀"。道教藏書處。坐落於陝西西安崇業坊。北周武帝創建。原名"通道觀",隋開皇二年(582)改稱"玄都觀"。見宋宋敏求《長安志》。南朝劉宋時陸修靜撰《三洞經書目錄》,首創道書的三類分類法。玄都觀在此基礎上,進一步收集整理道經,曾兩次編制經書目錄,稱爲《玄都經目》。據北周甄鸞《笑道論》載:"《玄都經目》云,道經、傳記、符、圖、論六千三百六十三卷,二千四十卷有本,須紙四萬五十四張。其一千一百餘卷:經、傳、符、圖;其八百八十四卷:諸子、論;其四千三百二十三卷,陸修靜錄,有其數目,及本並未得。"可知,北周玄都觀道經二千零四十本,經名四千三百二十三卷,在陸修靜《三洞經書目錄》的基礎上增入八百八十四卷諸子和南北朝新出經論,藏書在當時自是聞名。道藏中加入諸子,實自玄都觀始。

【通道觀】[2]

即玄都觀。此稱南北朝時期已行用。見該文。

雲居寺

佛教藏書處。坐落於北京房山崇山峻嶺間。隋僧靜琬始建。寺內最重要的藏品，即馳名天下的歷代石經。此處尚有唐石浮圖、羅漢塔等，附近有唐四石塔、遼石塔諸群落，分布於南北兩處。石塔上刻有佛、菩薩、力士及吉祥花紋之類飾物。靜琬鑒於佛教文獻屢遭毀亡，決心刻經於石，秘藏山中，以便世代流傳。靜琬躬行其事，汗血并流，嘽嘽終日，感召深遠。此後該寺僧人千載相繼刻經，或藏於寺側石徑山中，或藏於塔下地宮內，或徑嵌於石洞。今寺院東北之石經山上鑿有九個藏經石洞，內藏隋唐至明末之石經版四千一百九十五方。其中雷音洞最爲著名，內有石柱四根，每柱浮雕小佛像數百尊，四柱合計千餘尊，俗稱"千佛柱"。靜琬親鑿的一百四十六方經版，皆鑲嵌於四壁上。除上述九個藏經洞外，1956 年於南塔旁又發現一個藏經洞，發掘出經版一萬〇八十二方，刻經三千四百餘卷。佛經經文有許多早已失傳，藉此豐厚藏經，常可補闕輯佚。由於石經是古遠之原刻，又具有極其重要的版本校勘價值。此萬餘版石經，連同經版上所載六千餘條題記，是研究中國佛教史、美術史、建築以及隋唐以來政治、經濟、文化、民俗的可靠的第一手文獻。石經的書法藝術，亦具極高的藉鑒價值。雲居寺被譽爲中國佛教之石書圖書館，已列爲國家重點文物保護單位。

西明寺

佛教藏書處。唐高宗爲慶祝太子李顯（即後之中宗，從小皈依玄奘大師，法號佛光王）出生在長安興建的寺院。始建於顯慶元年（656），顯慶三年建成，計有十院，四千餘間房屋。在唐代寺院藏經中，首推西明寺。西明寺建成後，玄奘大師受命住持，在此譯經。高宗曾下令在此御造大藏，收錄了大量中國僧人的著作。著名高僧道宣曾爲大藏編制目錄《西明寺錄》，後又據此編成《大唐內典錄》，其中卷八《歷代衆經見入藏錄》中收錄大小乘經律論及賢聖集傳共八百部、三千三百六十一卷、五萬六千一百七十帙，合裝三百二十六帙。加之當時中國僧人的撰著約三千餘卷，可推知西明寺大藏數目在六千卷左右。

白雲觀

亦稱"天長觀""十方大天長觀"。道教藏書處。位於北京西便門外。創建於唐開元二十年（732），初稱"天長觀"。唐中後期再修。金正隆五年（1160）毀圮，大定十四年（1174）再建，歷時四載，改稱"十方大天長觀"。朱甍碧瓦，規模宏大，中國道教的傳戒制度自此開始。《萬壽道藏》《大金玄都寶藏》全部經版亦藏於此。這裏成爲北方道教之最大叢林。元代至元之前又增《道藏》多卷。此後金元所藏經版經書，皆因"至元焚經"之禍而盡毀。明朝白雲觀復經三次修建正式更名"白雲觀"。正統九年（1444），白雲觀又獲得新刊《正統道藏》。此書向被視爲後世道藏之藍本，爲保護這一珍貴文化遺存，今已移交國家圖書館收藏。現白雲觀內仍留有《正統道藏》三千餘卷，此外尚有清刊《道藏輯要》、民國時函芬樓刊《小道藏》及部分明清版經書。1949 年以來，政府屢次撥款修葺。1957 年中國道教協會成立，白雲觀成爲協會所在地。1988 年 8 月，白雲觀成立了"白雲觀道教音樂團，1990 年 5 月，道教史中第一所高等學府——中國道教學院在白雲觀成立。按：唐代的詩人賀知章舊宅亦稱"天長觀"，位於今浙江紹興東北。

【天長觀】

即白雲觀。此稱唐代已行用。見該文。

【十方大天長觀】

即白雲觀。此稱金代已行用。見該文。

石閣 [2]

本爲皇家藏書之所。唐代亦指寺觀藏經之處，多鑿山爲洞閣。唐杜甫《昔游》詩："林昏罷幽磬，竟夜伏石閣。"唐白居易《菩提寺上方晚望香山寺寄舒員外》詩："石閣僧上來，雲汀雁飛下。"杜詩中的石閣在山西陽城西南的王屋山中，爲道藏書處；白詩中的石閣在河南洛陽龍門山之東的香山寺中，爲佛教藏書處。

四、書院藏書

麗正書院

亦稱"麗正殿書院""麗正修書院"。是官方修書、校書和藏書的場所，書院之名始於此，略具書院功能，而尚非書院。唐玄宗時在京都所建，又名"麗正殿書院""麗正修書院"等。關於麗正書院由來，可由史書記載得知。《新唐書·百官志三》載：開元六年（718），"乾元殿更號麗正修書院，置使及檢校官，改修書官爲麗正殿直學士"。十一年，"置麗正殿修書學士"，十二年，"京都（洛陽）明福門外，亦置麗正書院"。又據《舊唐書·玄宗紀》載：開元十三年，"改集仙殿爲集賢殿，麗正書院改集賢殿書院"。該院負責收集、整理全國各種圖書典籍，撰寫國史時政，奏獻籌策建議，舉薦治世良才，融藏書、研究、舉賢爲一體。書院擁有豐富藏書和大量管理人員。且分抄正副兩本藏於長安和洛陽。

【麗正殿書院】

即麗正書院。此稱唐代已行用。見該文。

【麗正修書院】

即麗正書院。此稱唐代已行用。見該文。

白鹿洞書院藏書樓

亦稱"白鹿洞書院雲章閣"。宋代四大書院藏書樓之一。坐落於江西九江廬山白鹿洞書院內。白鹿洞最初是唐代貞元時李渤、李涉兄弟隱居讀書之地。據傳李渤在此隱居時，曾養一白鹿自娛，因此人稱李渤爲"白鹿先生"；又因此地四面山巒会合，由山麓小路進去也有數里之遥，有入洞之感，故稱爲"白鹿洞"。南唐昇元年間，"白鹿洞"正式闢爲書館，稱"白鹿洞學館"。由李善道爲洞主，掌教授，置田聚徒，成爲講學和藏書之所。"四方之士受業而歸，出爲用世，名績彰顯者甚衆"（《白鹿洞志》）。宋太祖開寶九年（976），於國學舊址改建爲書院。太平興國二年（977），宋太宗將國子監所印《詩》《易》《禮記》《儀禮》《周禮》《左傳》《公羊傳》《穀梁傳》等儒家九經賜予白鹿洞書院。不久廢。南宋淳熙六年（1179），朱熹知南康軍，重建白鹿洞書院。書院藏書樓名爲"雲章閣"。"雲章"出自《詩·大雅·棫樸》，取"天子筆迹"之意。此閣是爲紀念宋孝宗賞賜給書院高宗皇帝的御書石經拓本而命名。書閣原“總高深之數，爲丈者率不滿二，其廣特加一焉”。後重建，“所增或以丈計，或以尺數，蔑有不滿之慮，書院偉矣，閣崇且廣矣”。書院藏書以皇帝御賜，書院自購，書院自刻爲主。

【白鹿洞書院雲章閣】

即白鹿洞書院藏書樓。此稱宋代已行用。見該文。

應天府書院藏書樓

宋代四大書院藏書樓之一。坐落於河南商丘。宋真宗大中祥符初，應天府民曹誠繼承戚同文的辦學事業，籌資增建校舍一百五十間，藏書樓已建成，聚書數千卷，“博延生徒，講習甚盛”。宋仁宗初年，著名文學家晏殊出任應天知府，聘請著名學者王洙爲書院“説書”，應天府書院“名聲著天下”。此時自《六經》、《十七史》、百子書，直至圖緯、陰陽、五行、律吕、星官、演算法、訓詁文字之出書所不備。1035年，應天府書院改爲府學，晏殊又聘請范仲淹執教，任教期間，范仲淹撰寫《南京書院題名記》。范氏尤重聚書，藏書樓更增新藏。印刷術的應用，使書籍不再是珍藏品，而是公衆都可以閱覽，纔使書院擁有豐富藏書，并真正成爲面向社會的教育研究場所。應天府書院歷經北宋一百餘年而不衰，在宋代文化史上占有重要的地位。其藏書已號稱萬卷，足可誇示天下。

嶽麓書院藏書樓

亦稱“嶽麓書院御書樓”。宋代四大書院藏書樓之一。坐落於湖南長沙嶽麓書院内。早在唐末五代，僧人智睿等在嶽麓山下建造屋舍，講學授徒。宋太祖開寶九年（976），潭州太守朱洞在原有辦學屋舍基礎上創建了嶽麓書院。既設藏書所。宋真宗咸平二年（999），李

允則任潭州太守，繼續擴建書院規模，增設了藏書樓廣收圖籍。咸平四年，朝廷賜書嶽麓書院，其中有《釋文》《義疏》《史記》《玉篇》《唐韻》等書籍。宋真宗大中祥符五年（1012），經學家周式擔任山長，主持嶽麓書院，書院得到迅速的發展，成績卓著，皇帝賜書及“嶽麓書院”匾額，故書樓更名“御書樓”以記之。南宋乾道年間，嶽麓書院達到鼎盛時期，被推爲宋初四大書院之首。其經學藏書爲書院藏書之最。乾道之前的理家大家的經典之作及講義手稿，堪稱齊備。嶽麓書院自宋代始，即爲名儒講學授業之地。

【嶽麓書院御書樓】

即嶽鹿書院藏書樓。此稱宋代始行用。見該文。

嵩陽書院藏書樓

宋代四大書院藏書樓之一。坐落於河南登封城北約3公里處。因地處嵩山之陽，故稱。北宋初年，朝廷重文治，采取“右文”政策，書院得以長足發展。至道元年（995），太宗趙匡義親自向太乙書院頒賜印本《九經書疏》作爲教材。大中祥符年間（1008—1016），真宗趙恒又賜書院九經、子史諸書，并設學官。景祐二年（1035），仁宗令西京（今河南洛陽）官員重修書院，撥學田百畝，以爲常年學費及購書之用，并賜名“嵩陽書院”。理學奠基人程顥、程頤在此講學期間，融合儒釋道三家思想，開創了新理學，世稱“洛陽學派”。其經典著述多成於此，《易經》的注釋亦完成於此時。司馬光在此講學期間，曾以儒學的歷史觀，融合理學思想，編寫了《資治通鑑》的部分章節。均貯書於此。嘉靖年間，增補圖書，教材則以《孝

經》《四書》《五經》《性理大全》《通鑑綱目》及《説文》《爾雅》爲主。明末兵亂，傾圯殆盡。清康熙十三年（1674），漸又恢復。十六年，登封大儒耿介，因與權臣不和辭歸，全力興學，并擴建學舍。二十三年，更得巡撫王日藻之助，建造了規模宏大的藏書樓，圖書逾萬册。耿介主持書院期間，邀名儒張沐、湯斌、竇克勤、李來章等赴院講學，并撰有《孔門言仁義孝之旨》《子在川上一章》《知言養氣一章》《大學首章》《中庸首章》《易謙卦》《太極圖疏義》等講義，或刊印成册，或手抄傳閲，惜今傳世者甚少。

東林書院藏書樓

明代書院藏書處。坐落於江蘇無錫東林書院内。該書院初稱"龜山書院"，起於宋代，原爲學者楊時（晚年隱居龜山，世稱"龜山先生"）講學之所，後建爲書院。明神宗萬曆三十二年（1604），學者顧憲成及其弟允成重建，其東、西樓分藏典籍、祭器、古樂器，較有特色。東林書院重建之初，曾邀請當時的一些著名學者，如高攀龍、錢一本等，來書院講學。講學内容，以儒家經典著作爲主，還兼顧實用的自然科學知識。并定期舉辦各種學術活動，"歲兩大會，月一小會，各三日，悉仿白鹿洞規，遠近名賢，同聲回應，咸以東林爲歸"。書院提倡自由講學，注重學與講的氣氛，宣導"詩教"，實行"聽教不拒"的方針，爲此書院生徒後來增至數千人。藏書已達數萬卷，除經書外，又增置百藝之教材，以便民用。顧憲成逝世後，書院在高攀龍的主持下繼續發展，逐漸建立了著名的東林學派，他們在學術上重視實學實行，并敢於譏諷朝政，將講學和議政結合起來。活動遭致當權宦官魏忠賢的嫉恨，魏忠賢於明熹宗天啓五年（1625）下令盡毀天下書院，東林書院毀於一旦，明代書院也因此一蹶不振。

大梁書院藏書樓

明代書院藏書處。坐落於河南開封。其藏書樓藏書甚富。據《新修祥符縣志》記載，書院始建於天順五年（1461），由提學副使劉昌所建。但其大發展却是在清代，歷經雍正、乾隆、道光、同治四朝的不斷修葺和完善，到光緒朝達到鼎盛。後增建明道書院作爲大梁書院的分院。院内藏書主要是當時通行的教材，共有二千四百九十一種、三萬四千八百七十六卷。其中，經部七百種，史部一百九十六種，子部一百八十四種，集部二百九十種，叢部一千一百二十一種；還藏存印書版十二種。藏書在清末建學堂廢書院後，全部歸入河南省圖書館，現作爲鎮館之寶，被妥善保管。

鰲峰書院藏書樓

清代書院藏書處。坐落於福建福州。清代著名書院。康熙四十六年（1707）改建尼庵而成。書院規模較大，有書舍一百二十間。院中的鑑亭上有康熙皇帝御筆題字"瀾清學海"。院内有藏書樓，藏有御賜的各種法帖，如《淳化閣帖》《淵鑑齋法帖》及御撰《古文淵鑑》、御批《資治通鑑》、欽定《佩文韻府》、《十三經注疏》等，還有大量的經史子集書籍。據記載，書院在康熙年間接受巡撫張伯行置古今經籍四百六十餘種，共數萬卷。嘉慶年間，院藏圖書八百三十六部，共兩萬兩千八百七十九卷。其中，經部二百七十四部、四千一百七十五卷，史部六十二部、六千九百四十二卷，子部一百八十二部、四千一百五十三卷，集部二百一十九部、五千六百六十六卷。其他九十九部、一千九百四十三卷。道光年間，新增藏書一百○六種、六千八百五十卷。

星山書院藏書樓

清代書院藏書處。坐落於貴州黃平。清乾隆四十八年（1783），《四庫全書》編成之翌年，知州袁治、司馬張鳳枝、邑紳陳子玢捐建於舊城南學宮右側。前有照壁，頭門一棟，大門五間，講堂五間，東西二間爲穀倉，左右肄業所各三間，後有藏書樓一座，教學用書一應俱全。對於藏書，袁、張十分重視。書院初成，費銀一千四百餘兩。後袁、張捐俸置學田數十畝，以備學院久用。袁曾爲之作記。咸豐八年（1858），毀於兵燹。光緒六年（1880），知州劉啓瑞委任邑紳張照奎等清理公產，以所得資金，就原址修復左右肄業所二套，各三間。十一年，復籌款增修兩廊，左右肄業所各三間及朝門、甬壁等，又增藏書。十六年，知州瞿鴻錫會同邑紳張守銘等捐建陽明樓，又增藏書，時稱擁書三千卷。一所州立書院如此重視藏書，可見當年書院藏書之盛況。三十一年，廢書院，改爲高初兩級小學堂。

詁經精舍藏書樓

清代書院藏書處。坐落於浙江杭州孤山南麓。清嘉慶六年（1801）由阮元創建。是清代著名的書院。所建藏書樓藏書甚豐。阮元字伯元，江蘇儀徵人，是乾嘉時期的著名學者，生平著述宏富。嘉慶二年（1797），阮元督學浙江，遴選浙江從事經學研究之人，構屋五十間，聚居於孤山之陽，編撰《經籍纂詁》一百○八卷。嘉慶六年，阮元升任浙江巡撫，在原修書舊地，建爲書院，選拔浙江優秀生員來精舍讀書。阮元認爲"聖賢之道存於經，經非詁不明"，所以將書院命名爲"詁經精舍"。書院以"窮經致用，實事求是"爲宗旨，課業以研習經史訓詁爲主，有經史疑義及小學、天文、地理、演算法和詞章等。阮元在書院時，曾親自主持了刊刻經籍和文集的工作，著名的有《詁經精舍文集》《十三經注疏校勘記》《經籍纂詁》等重要著作。藏書樓中，有同治五年（1866）購置的一千三百餘冊書籍。詁經精舍的獨特之處在於，它與其他以科舉考試爲目標的辦學原則不同，而是提倡培養經世致用的人材，研習經史詞章，旁及詞賦，多攻古體，對後來的書院如廣州學海堂、江陰南菁書院影響很大。

第二節　圖書館考

藏書作爲一種社會文化現象，伴隨了中華古代文明幾千年歷史。隨同社會進程的不斷推進，新興文化思潮涌動，從封閉到開放，藏書思想也逐漸發展和進步。一些頗有遠見卓識、卓爾不群的藏書家，逐步實踐和提出了藏書開放的重要思想。

最早明確提出藏書開放主張的是明末清初的曹溶，他撰有一部《流通古書約》，第一次闡述了開放藏書的思想，從而使他成爲我國文獻收藏史上彪炳史册的人物之一。近代著名圖書館學家繆荃孫就曾高度評價《流通古書約》"爲流通古書創一良法，藏書家能守此法，則單刻爲千百化身，可以不致湮滅，尤爲善計"。繼曹溶之後，清朝丁雄飛、黄虞稷同有嗜書之好，爲互通有無，二人訂下互借圖書的協議《古歡社約》，此"約"與曹溶的《流通古書約》，一脉相承。

清乾隆年間進士周永年撰寫了《儒藏説》，建立了"藉書園"，提出了"天下萬世共讀之"的鮮明主張，在我國文獻收藏史上占有十分重要的地位。周永年認爲，古今圖書散失，在於"藏之一地不能藏於天下，藏之一時不能藏於後世"。他立志"願與海内同人共肩斯任，務俾古人著述之可傳者，自今日永無散失，以與天下萬世共讀之"。周永年的"儒藏説"的實質不在於藏，而是要藏書公開，"蓋天下之物，未有私之而可以常據，公之而不能久存者"，以達到"人有存没而學不息，世有變故而書不亡"的目標。周永年傾盡家業，付諸實施，"竭數十年博采旁搜之力，棄産營書，久而始萃"，積書達數萬卷，全部公開，并命名爲"藉書園"，"使學者於以習其業，傳鈔者於以流通其書，故以藉書名園"。

19 世紀中葉後，由於列强的侵略，封建制度的逐步崩潰，中國社會一步步淪爲半殖民地半封建社會。由於封建政治制度和封建經濟的瓦解，戰争的威脅，諸多藏書家紛紛變賣藏書，而另一些藏書家則頗有膽識地擴大了收藏規模，於是，社會上逐步出現了藏書相對集中的幾個大藏書家和藏書樓。如浙江陸心源與"皕宋樓"，丁丙與"八千卷樓"，山東楊以增、楊紹和父子與"海源閣"，江蘇瞿紹基、瞿鏞父子與"鐵琴銅劍樓"，陸、丁、楊、瞿諸人被稱爲"清末四大藏書家"。部分藏書家公開自己的藏書，歡迎閱讀，但聚散迭興，這些藏書樓中的書籍後來部分流失他邦，部分轉入此後的公立圖書館。封建藏書樓的逐步衰敗，爲近現代圖書館的出現創造了先決條件。

圖書館是個外來詞。西方語言中基本上有兩種命名法，一個是 Library，另一個是 Bibliotheca，中國人最初譯爲"藏書樓"或"公共藏書樓"。中文"圖書館"一詞的直接語源源於梁啓超創造性的引進。1896 年 9 月在梁啓超主編的《時務報》上，首次使用了"圖書館"這一嶄新術語。

1897 年初，張元濟在北京和陳昭常、張蔭棠、何藻翔等集資創辦了西學堂（後改名"通藝學堂"）。學堂内設有圖書館，張元濟親爲制訂圖書館章程及閱報處章程。章程規定："本館專藏中外各種有用圖書，凡在堂同學及在外同志均可隨時入館觀覽……在外同志願意來館讀書者，應請同學作保，再由本館贈一憑單。凡得有憑單者，本堂一律優待。"圖書館明確建立了制度，并公開對外開放，爲社會各界人士服務。通藝學堂圖書館對外免費開放閱覽、憑證借閱圖書和舉辦讀者講座，是我國迄今爲止唯一能找到的最早實例記録。晚此一年的有金陵勸學會的章程，但規定圖書僅限出資人閱讀；而蘇學會的圖書則"僅限會員和捐款十元以上者"借閱。通藝學堂圖書館與之相比，無疑要開明進步得多。據《圖書館學通訊》1983 年第二期刊載的《通藝學堂圖書館章程》，證實我國最早使用"圖書館"這個名稱而確有文字可查的，便是"通藝學堂圖書館"。通藝學堂圖書館不僅是維新運動的産物，也是維新志士尋找維新思想的寶庫。

1904 年 1 月，清廷頒發了管學大臣張百熙主持制訂的高等教育綱領《奏定大學堂章程》，其中提到："大學堂當附屬圖書館一聽，廣羅中外古今圖書，以資考證。"并規定其主管人爲"圖書館經理官"。這是"圖書館"一詞第一次被官方檔所正式采用。《奏定大學堂章程》頒布後，原京師大學堂藏書樓便更改爲京師大學堂圖書館，這是我國第一個采用圖書館名稱的正式官方藏書機構。

1904 年 3 月之後，湖南圖書館、湖北圖書館和福建圖書館相繼成立，圖書館的名稱遂開始在社會上通行，其後各地出現的各種新型藏書處所多數都標之以圖書館的名稱。1909 年 9 月，京師圖書館（今國家圖書館）奉旨籌建，清廷又隨之頒發了《京師圖書館及各省圖書館通行章程》，於是圖書館的名稱在我國最終得以確立。

圖書館的開放性，隨着歷史的發展，社會的進步，漸漸被國人接受，而這種思想從萌芽至成長壯大，又是與紛繁複雜的社會現實息息相關。當時的藏書家已漸省悟：在嚴酷動蕩的社會中，古老的傳統爲"藏"書之"藏"，即使再嚴屬的藏書家法、規約或竟藏之於名山、深山，也終究不能拯救圖籍！他們深知保護圖書是與保護中華文化和千年文脉不可或分的，因此使圖書化身億萬，播傳於世，成了他們的唯一選擇。而這種經過許多人的實踐和完善的選擇，逐步成熟和系統起來，最終與西方思想結合成爲一種主流。

隨同西方自然科學、社會科學傳入中國，新式圖書館作爲文化教育的設施較早地爲改良主義者所注意。如康有爲、梁啓超即甚重視圖書館的教育作用，提出了所謂振興中華，首在"啓迪民智"的主張。當時出現的學會、學堂、報社、譯書局等，幾乎都附設有藏書樓，這也爲促進近代圖書館的興起，提供了先決條件。1895 年 8 月，康有爲、梁啓超等創立了維新運動的總機關——强學會。强學會最初着手辦的兩件事就是辦報紙和書樓，其書樓陳列圖書，供群衆閲覽。書樓之主旨即爲"啓迪民智"，開放物件不再局限於帝王、官吏，而是更注重於面向億萬民衆。據統計，全國在 1896—1898 年兩年之内，成立學會八十七所、學堂一百三十一所、報館九十一所，南方各省的南學會、蘇學會、湘學會、粤學會等，都有藏書較多、管理制度較爲完善的學會樓。所有藏書皆允許公衆閲覽，并就圖書采訪、分類、編目、流通借閲及賠償制度作了詳細的規定。近代學會創辦的書樓，其性質已具備供讀者共同使用的近代圖書館的特點，作爲維新派的新舉措，興辦圖書館已成爲一時的風尚。浙江徐樹蘭創辦有古越藏書樓。徐先生評介曰："泰西各國講求教育，輒以藏書樓與學堂相輔而行。都會之地，學校既多，大必建樓藏書，資人觀覽……一時文學蒸蒸日上，良有以也。"古越藏書樓創辦於 1900 年，建成於 1903 年。古越藏書樓的借閲方法係"仿照東西各國圖書館章程辦理"，中廳設有六十個閲覽座位，讀者領取對牌、登記，即可進樓看書。藏書樓所藏圖書内容十分廣泛，除經、史、子、集之類舊有典籍外，還收藏了許多時務、實業等新書。古越藏書樓創造了一種全新的圖書分類體系，共計四十八類。這種新的分類體系將中西書籍融爲一體，是我國學術史、思想史和圖書分類史上的一個突破，推動了我國近代藏書樓向公共圖書館的過渡，使社會各界人士逐步認識和瞭解圖書館的作用。同年，安徽等省也創辦了公共藏書樓。

在我國圖書館發展史上，真正奠定近代圖書館基礎、起到了劃時代作用的，當屬各地區（尤其省一級）官辦的大型公共圖書館。這些圖書館的建立，無疑是後來的國家圖書館事業崛起和形成的標志。從 20 世紀初年到辛亥革命前，各省的官辦公共圖書館相繼在各地出現，這是西方新思潮引進和幾代有識之士奮鬥的必然結果。這一時期主要官辦圖書館情況如下：

一、1903 年創立了浙江藏書樓，1909 年改爲浙江圖書館。

二、1904 年 3 月成立了湖南圖書館兼教育博物館，1905 年正式定名爲湖南圖書館；同年湖北圖書館和福建圖書館成立。

三、1907 年江南圖書館（南京）成立。

四、1908 年先後創建了直隸省城圖書館（天津）、黑龍江圖書館（齊齊哈爾）和奉天省城圖書館（瀋陽）。

五、1909 年相繼成立了山東圖書館、河南圖書館、吉林圖書館、京師圖書館、陝西圖書館、綏化圖書館、雲南圖書館、廣東圖書館和山西圖書館。

六、1910 年，廣西圖書館、甘肅圖書館和上海圖書館接踵而起。

1909 年 9 月學部奏建京師圖書館（今國家圖書館），稱“圖書館爲學術之淵藪。京師尤繫天下視聽，規模必求宏遠，搜羅必極精詳，庶足以供多士之研究，昭同文之盛治”（《學部奏籌建京師圖書館摺》）。遂定該館址爲什刹海的廣化寺，并決定把熱河文津閣藏《四庫全書》、內閣大庫舊藏及《永樂大典》殘本移交圖書館，又購求湖州姚氏、揚州符氏等藏書家的書籍送交該館，以充實館藏，著名目録學家繆荃孫被任命爲該館正監督。1912 年 7 月館長江翰呈報教育部批准京師圖書館閲覽章程十八條。同年 8 月 27 日正式開放。

鑒於各省公共圖書館的建立，迫使清廷於 1909 年 12 月正式頒布《京師圖書館及各省圖書館通行章程摺》，規定圖書館建立的目的是“保存國粹，造就通才，以備碩學專家研究學藝，學生士人檢閲考證之用。以廣徵博采，供人流覽爲宗旨”。并對圖書館的收藏範圍、職責、管理制度，以及圖書管理與流通的方法等均作了詳細的規定，這是我國有關圖書館的第一次立法。1915 年，民國教育部連續頒發了兩個圖書館規程，涉及通俗圖書館和公共圖書館的建立問題，確立圖書交送制度、國家圖書館保存國家典籍以及各省縣圖書館入藏地方文獻的任務。這在當時的歷史條件下，對於推動我國圖書館事業起了一定作用。

至 1914 年底，全國共建立了省級公共圖書館十八所。其後除公立圖書館外，私立圖書館亦蔚然興起。據 1916 年《教育公報》統計，當時全國二十一個省實有公私立通俗圖書館二百三十七所（包括巡迴文庫當爲二百九十三所），藏書七萬零一百部，每日平均閲覽人數七千九百八十四人，以湖北、山東、河南、奉天等省的藏書和讀者爲最多。

1918 年增至四百五十六所，其中通俗圖書館二百八十六所，其他圖書館一百七十所。1925 年經中華圖書館協會調查，稍具規模的圖書館有五百零二所，其中上海一地有七十所，北京有四十二所。在五百零二所圖書館中，公共圖書館爲二百五十九所，占百分之五十一點六；學校圖書館爲一百七十一所，占百分之三十四，其中大學圖書館僅七所；機關、團體及其他類型圖書館七十二所，占百分之十四點四。五四運動以後，各地創辦了不少新型圖書館。1921 年中國共產黨成立，工農革命運動日益高漲，黨注重創建工農圖書館（室），爲人民大衆服務，如亢慕義的圖書館活動、唐山工人圖書館和上海通信圖書館等。圖書館的作用，從典籍保存趨向圖書使用，圖書館開放性及教育功能進一步加強。圖書向平民開放，讀者物件發生了變化。圖書館的館藏隨着出版物內容與類型，以及讀者的需要變化，從過去以古籍爲主，變爲重視搜求國內外各種圖書報刊。

1930 年全國圖書館共一千四百六十八所，1931 年爲一千六百二十所，1935 年增至一千九百三十五所，1936 年爲五千一百九十六所。至此，中國圖書館走完了從藏書樓到圖書館的曲折歷程，完成了量變到質變的飛躍，中國新型的近現代圖書館事業已經形成。

1949 年中華人民共和國建立，中國圖書館事業進入了一個嶄新的發展時期。由於自 1937 年日本發動了對華侵略戰爭，其慘絕人寰的殺掠暴行給中華民族造成了亘古未有的灾難，也使中國圖書館事業遭受在中外藏書史上史無前例的巨大破壞、慘重損失。中華人民共和國建國初期，全國各類型圖書館祇有三百九十一所，藏書僅二千六百八十九萬冊。當時不僅圖書館數量少，藏書不多，而且分布也不合理，主要集中在交通發達的京、津、滬等沿海一帶的城市，邊遠地區基本上是空白。經過三年的整頓和改造，圖書館事業成爲新中國科學、文化、教育的重要組成部分。

1953 年，國家開始實行第一個五年計劃，進入大規模經濟建設時期。圖書館事業的建設也全面展開，在對原有圖書館整頓、鞏固、提高的同時，有步驟、有重點地興建新圖書館。

1955 年 7 月，文化部發布《關於加强和改進公共圖書館工作的指示》，此時，新中國圖書館事業已顯示出蓬勃發展的勢頭。

1949 年到 1957 年，公共圖書館的數量逐年遞增，其遞增數量統計如下：1949 年五十五所，1950 年六十三所，1951 年六十六所，1952 年八十三所，1953 年九十三所，1955 年九十六所，1956 年三百七十五所，1957 年四百所，1957 年是 1949 年的七倍多。公共圖書館在藏書量、購書經費等方面也逐步遞增。

1966 年 5 月開始的爲期十年的“文化大革命”，使中國圖書館事業的發展遭受很大挫折。

1976 年 10 月，隨着“文化大革命”的結束，特別是 1978 年中共十一屆三中全會以後，中國實行改革開放，社會主義現代化建設邁入了新的歷史時期。圖書館事業也進入了恢復、調整和新的發展時期。

1980 年 5 月 26 日，在中共中央書記處第二十三次會議上，討論了圖書館工作，通過了《圖書館工作彙報提綱》，保障并促進了圖書館事業沿着正確的方嚮改革前進。

中國的圖書館，除大陸之外，還有創建於 1895 年的澳門中央圖書館，由總館及六個分館組成，總藏書量約五十萬冊；創建於 1933 年的臺灣圖書館，藏書量三百多萬冊及四十二萬餘幅照片、圖像、CD-ROM、微型録影帶、音像資料等；1993 年籌建，歷時八年始建成的香港中央圖書館，設有二千個閱讀座位，館藏資料約一百二十萬項。

隨着中國經濟的高速發展，國家重視文化教育工作，并加大了對圖書館各項投入，經過全國圖書館工作辛勤不懈的努力，圖書館事業已得到全面發展和提高。無論是事業規模、辦館條件、業務工作隊伍建設、管理和自動化水平、圖書館的教育和研究，還是國内外交流，都取得了令人矚目的巨大成就，正逐步達到國際先進水平，其速度之快令世人矚目。

今將國内影響廣遠的圖書館分爲公共圖書館與高校圖書館兩類，予以扼要考釋。考釋次第公共圖書館除國家圖書館、上海圖書館，高校圖書館除北京大學圖書館、清華大學圖書館此四館之外，一律依圖書館成立及正式命名之先後排列。

公共圖書館

中國國家圖書館

坐落於北京海淀紫竹院公園旁。總建築面積 250000 平方米（含總館一期、二期，古籍館），居世界國家圖書館第三位。總館一期坐落於紫竹院公園北側，1987 年落成，建築面積 140000 平方米，氣勢恢弘，莊重典雅。該建築榮膺"八十年代北京十大建築"榜首。總館二期集現代化和智慧化於一身，建築面積 80000 平方米。同期建設的國家數字圖書館工程將極大地拓展服務空間，使國家圖書館成爲跨越時空限制的網上知識中心和資訊服務基地。文津街古籍館坐落於北海公園西側，紅墻綠瓦，雕梁畫棟，建築面積 30000 平方米。

國家圖書館歷史悠久，其前身是建於清代的京師圖書館。1909 年 9 月 9 日清宣統皇帝御批興建京師圖書館，繆荃孫爲首任監督，館舍設在北京廣化寺。辛亥革命後，京師圖書館由北京政府教育部接管，并於 1912 年 8 月 27 日開館接待讀者。1916 年京師圖書館按規定正式接受國内出版物呈繳本，標志着該館開始履行國家圖書館的重要職能。1917 年 1 月館移方家胡同原國子監南學舊址。1928 年 7 月更名爲國立北平圖書館，館舍遷至中南海居仁堂。1929 年 8 月與北平北海圖書館合并，仍名國立北平圖書館。1931 年文津街館舍落成（現爲國家圖書館分館），成爲當時國内規模最大、最先進的圖書館。先後參與籌畫開館和主持館務的主要有魯迅、梁啓超、蔡元培、李四光等一批中國近現代史上赫赫有名的人物。

中華人民共和國成立後，1950 年 3 月 6 日國立北平圖書館更名爲國立北京圖書館。1951 年 6 月 12 日更名爲北京圖書館。隨着國家建設事業的發展和社會公衆文化需求的日益增長，文津街館舍雖幾經擴建，仍不敷使用。1975 年

3月周恩來總理提議并批准興建北京圖書館新館，館址在北京西郊白石橋。1987年落成，鄧小平同志爲北京圖書館題寫館名。1998年12月12日經國務院批准，北京圖書館更名爲國家圖書館，1999年4月16日江澤民主席爲國家圖書館題寫館名。2004年12月28日，國家圖書館二期工程暨國家數字圖書館工程奠基，2008年9月9日接待讀者。

中國國家圖書館館藏宏富，品類齊全，古今中外，集精擷萃。截至2007年底，館藏文獻已達二千六百三十一萬冊（件）。國家圖書館尤以珍品特藏聞名：藏有善本古籍二十七萬冊（件），特藏文獻七十餘萬冊（件）及其他古籍共二百六十多萬冊（件）。其中的殷墟甲骨、敦煌遺書、趙城金藏、《永樂大典》、《四庫全書》等極爲珍貴；其外文善本中最早的版本爲1473—1477年間印刷的歐洲"搖籃本"。國家圖書館是國家總書庫、國家書目中心、國家古籍保護中心。擁有世界上最宏富的中文文獻。同時，一百一十五種文字的外國文獻資料占館藏的百分之五十，是國內外國文獻的最大藏家。館內還設有名人手稿、革命歷史文獻、中國博士論文等專藏，是聯合國資料和外國政府出版物的指定收藏館。隨着資訊載體的發展變化和電子網絡服務的興起，國家圖書館不僅收藏豐富的縮微製品、音像製品，還入藏了大量國內外電子出版物。國家圖書館擁有國內領先、國際先進的網絡條件，依托豐富的館藏資源與互聯網上的虛擬數字資源，爲讀者提供遠端服務。無綫網絡覆蓋二期新館館區，讀者可利用手持移動電子閱讀器等現代技術方便地閱讀數字資源。此外，網上諮詢、綫上閱讀、綫上展覽、綫上講座等爲讀者更多更快地獲取知識提供了管道。

作爲全國館際互借中心，與全國五百五十八家文獻信息提供單位建立館際互借關係。與一百一十七個國家和地區的五百五十七家機構開展文獻交換合作。面向社會公衆舉辦文津講壇、文津讀書沙龍等各類系列講座，已成爲服務社會、服務公衆的知名文化品牌；舉辦各種大型的館藏珍品展覽，爲公衆瞭解和學習中華文化精髓提供了良好的條件；通過設立國家圖書館文津圖書獎、文津讀者獎等，在營造全民讀書的良好氛圍、提高全民素質、構建和諧社會方面發揮了積極的作用。

上海圖書館

是上海十大標志性文化建築之一。位於上海市中心，新館占地3.1公頃，建築面積83000平方米。現館藏文獻達到五千零九十五萬冊（件），以收藏家譜、書信、中英文近代報刊、西方珍本、碑帖等著稱，以歷史文獻最具特色。其中古籍一百七十萬冊（件），碑帖拓片十五萬件，名人手札約十萬件。古籍中包括善本二萬五千餘種、十七萬冊，其中宋元刻本三百餘種，唐、五代以前寫經二百二十四種。在專類收藏方面，有1949年以前編纂的歷代地方志約五千四百種，家譜一萬八千餘種（三百四十二個姓氏），朱卷（包括會試卷、鄉試卷及貢卷）八千餘種。最早的藏品《維摩詰經》距今已有1400年的歷史。中國名人手稿館還收藏了清末以來的文化名人信函、日記、題詞、圖片、珍稀文獻等五萬多件。

追溯其歷史，1847年上海開埠之初，就出現了初具近代圖書館規模的第一家圖書館——徐家匯天主堂圖書館，藏有中西文圖書二十萬册。1925 年，上海成立了第一家由中國人管理的圖書館——上海東方館。

1950 年，新成立的上海文物管理委員會向社會收集圖書，社會名人紛紛捐贈，一年多就收集到圖書二十餘萬册。其中不乏珍本善本。在此同時，文管會還向國外訂購書刊。至 1952 年圖書館已有藏書七十餘萬册。1953 年，上海圖書館脱離文管會，歸上海市文化局領導，1958 年，文化局決定上海圖書館與歷史文獻圖書館、上海市科技圖書館、上海市報刊圖書館合并，合并後的上海圖書館以其突出的藏書規模、服務功能和工作人員的業務水平，列爲全國第二的大型綜合性公共圖書館。編有《全國報刊索引》《中國叢書綜録》《中國期刊篇名彙録》等工具書。

1995 年 10 月，上海圖書館與科技情報研究所合并，進入"科技興館"的新階段。上海圖書館是上海市中心圖書館總館所在地，現擁有三十七家區（縣）公共分館、高校分館、專業分館，街道鄉鎮基層服務點正不斷向社區延伸。上海圖書館與全球綫上電腦圖書館中心（OCLC）以及中國國内外六十五家圖書館和信息機構建立了館際互借協作關係，實現了跨行業、跨地區、跨國界的圖書館之間的資源共建共用。

上海圖書館在全球六大洲二十二個國家和地區的三十家圖書館開設了"上海之窗"。作爲國務院新聞辦公室主辦的"中國圖書推廣計畫"子專案之一，目前已向境外圖書館贈書達一萬多册，成爲上海對外交流活動的重要載體，在對外宣傳活動中發揮了獨特的作用。

上海圖書館舉辦内容豐富多彩的系列"上圖講座"和文化藝術類展覽，以豐富市民的文化生活，滿足社會的文化信息需求。數字圖書館建設取得成效，現有上海圖典、上海文典、古籍善本、點曲臺、科技會議録、中國報刊、西文期刊目次、民國圖書、科技百花園、圖書館雜志等資源庫，可供世界各地的讀者在網上訪問閲覽。

浙江省圖書館

創辦於 1900 年，是國内創辦最早的省級公共圖書館之一。前身爲杭州藏書樓，1903 年改稱浙江藏書樓，1909 年，定名爲浙江圖書館。1912 年，孤山路館舍建成。1932 年，大學路館舍正式開放，蔡元培先生題寫館名。1951 年 11 月，接收著名藏書家劉承幹先生捐贈的嘉業藏書樓及藏書。浙江圖書館現有館舍四處，建築面積 47000 平方米。以曙光露新館爲總館，另有湖州南潯嘉業藏書樓、孤山路古籍部和大學路館舍，後三處館舍因其獨特的建築風格與歷史意義先後被列爲省級文物保護單位。現有館藏文獻五百多萬册（件）。館藏珍品首推文瀾閣《四庫全書》，此外有敦煌經卷、宋元明刻本、稿抄本、名家批校題跋本及日本、朝鮮、越南等外國刻本。館藏善本編入《中國古籍善本總目》的計二千八百八十一部，編入館藏善本目録的計六千九百三十五種七千五百零六部。浙江地方文獻是館藏的重點和特色之一，已形成較爲完備的體系。

浙江圖書館積極參與國際交流與合作，現與七個國家兩個地區的十二個圖書館建立有文獻交換關係。1994 年，浙江圖書館以機構會員身份加入國際圖聯，并參加古籍善本手稿專業委員會與亞太地區委員會；1998 年，與日本福井縣立圖書館締結爲姐妹館；2000 年度獲准成爲聯合國文獻資料托存館；2009 年，與日本静岡縣立中央圖書館互爲友好館，并與美國康奈爾大學環球演藝資料庫開展越劇資料庫合作專案。

湖南省圖書館

始建於 1904 年 3 月。由湖南巡撫趙爾巽倡設，梁焕奎、龍紱瑞等注重西學的青年人募捐集資興辦，以 "輸入文明，開通知識" 爲宗旨。初名湖南圖書館兼教育博物館。坐落於長沙定王臺（現長沙市圖書館所在地）。1905 年，時任湖南巡撫的端方、龐鴻書先後增撥庫銀，擴建館舍，派人采辦圖書，10 月定名爲湖南圖書館。1912 年 1 月，民國肇始，更名爲省立圖書館。同年夏至次年春，毛澤東曾在這裏自學，他後來回憶説："但在我學習生活中最有收穫的時期却是在湖南圖書館自學的半年。" 1926 年，湖南教育會圖書館改名爲中山圖書館，何叔衡任圖書館主任。翌年初，省立湖南圖書館并入，名爲湖南省立中山圖書館。1928 年傅熊湘任館長，進行藏書整理，編印《湖南省立中山圖書館書目》。1929 年購入藏書家葉德輝家部分藏書。1930 年初擴建館舍，增設分館。至 1938 年初，藏書增至十五萬多册。1938 年 10 月 19 日，日寇飛機轟炸長沙，館舍成爲一片廢墟，不得不輾轉遷徙辰溪、湘潭、沅陵等地，1946 年 3 月方遷回長沙。由於戰争頻仍，民生凋敝，迭次罹難，難以爲繼，直至 1949 年 8 月湖南和平解放後纔得以絶處逢生。1953 年更名爲湖南省中山圖書館，加强了讀者服務，特別是爲科學研究工作者服務和書目索引的編制工作以及業務輔導。1956 年和 1957 年先後接受湖南省文物管理委員會撥來古籍三十萬册，其中不少是珍貴的歷史文獻。1966 年 9 月復名湖南圖書館。1970 年 10 月更名爲湖南省圖書館。

　　1984 年設於韶山路三十八號的新館開館。這是當時全國省級公共圖書館第一座大型現代化館舍。館舍建築面積 23900 平方米，藏書三百三十九萬册（件），其中中文普通圖書一百七十多萬册，古舊文獻近八十萬册。館藏中不少是稀世的善本、譜、牒、字畫、手札等，尤以豐富的地方文獻著稱。其中有葉德輝侄子葉啓勳、葉啓發兄弟拾經樓及華鄂棠舊藏善本書數百種，有宋元刻本十多部，明刻本近一百部，明清抄稿本數十部。以及道州何紹基、衡陽常大淳、湘潭袁芳瑛、沅陵馮星樓、長沙葉德輝和蕭怡豐等名藏書家的善本書近千種。接受鄭家覺、葉運閭、陳毖濤、尤伯堅、蕭驤、文士員、何漢文等人捐贈的古籍珍本書二百餘部。此外，還相繼設立了獨具特色的湖南人物資料中心、毛澤東著作版本室、徐特立藏書閱覽室、家譜收藏中心、滋賀文庫等。

南京圖書館

1907 年由清兩江總督端方創辦。坐落於南京龍蟠里惜陰書院舊址。總辦繆荃孫。辛亥革命後，曾多次變更館名。1927 年，因實行大學區制，易名爲第四中山大學國學圖書館。1928 年 5 月，復更名爲國立中央大學國學圖書館。館長柳詒徵。1929 年 10 月，大學區制取消，定名爲江蘇省立國學圖書館，直屬江蘇省教育廳。1949 年 10 月後仍沿用此名。由華東軍政委員會文化部領導。1952 年 10 月并入國立南京圖書館。

1933 年 4 月南京國民政府教育部委託蔣復璁建國立中央圖書館，地址成賢街。1937 年西遷重慶，1946 年返都南京。1948 年底，蔣復璁等奉命携館藏珍籍十三萬册去臺灣。1949 年 5 月，由南京市軍事管制委員會接管。1950 年 3 月 19 日，中央圖書館奉中央文化部令，正名爲國立南京圖書館，由文化部文物局和華東軍政委員會文化部雙重領導。館長賀昌群。1954 年，大行政區已撤銷，同時江蘇已經建省，需要一個省級館，爲此，文化部於是在 7 月將國立南京圖書館改名爲南京圖書館，直屬江蘇省文化廳領導至今。

南京圖書館新館坐落於市中心大行宫地區，於 1998 年立項，2002 年動工，2007 年實現全面開放。新館占地面積 25200 平方米，建築面積 78700 平方米。現有館藏八百六十七萬册，藏書總量僅次於國家圖書館和上海圖書館，位居全國第三，在業内享有較高的聲譽。歷史文獻是館藏一大特色，包含有古籍一百六十萬册，民國文獻七十萬册。古籍中善本又達十四萬册，其中不乏唐代寫本、遼代寫經，宋、元、明、清歷代寫印珍本，已有二百八十二種入選國家珍貴古籍名録。

南京圖書館所收藏的七十餘萬册民國文獻，包括民國時期的圖書四十萬餘册、期刊近萬種、報紙千餘種。其中政府出版物數量之多、範圍之廣在全國獨占鰲頭。包括從中央到地方的各級政府公報、會議紀要、法令法規以及議會、國會、舊政協、國民大會、國民黨各軍事機構、國民黨黨務方面的重要文獻；國民黨政界、軍界要人的傳記資料等。尤其是大量的、

尚未公開出版的油印本内部資料，史料價值很高。此外，保存有大量日本同文書院及英國文化委員會留下的 1949 年出版的日文、西文原版圖書，是國内爲數不多、保存民國文獻資料最爲完整的省級公共圖書館之一。

天津圖書館

是中國創建較早、歷史悠久的省級公共圖書館之一。該館於 1952 年 7 月由河北省立天津圖書館（1908 年成立）、天津市立圖書館（1931 年創建）和天津圖書館（1948 年創建）三個公共圖書館合并而成。清光緒三十三年十月（1907 年 11 月）直隸提學使盧靖以"保存國粹，宣傳文化，輔助學校教育，增長社會知識"爲宗旨，開始籌建直隸圖書館。光緒三十四年五月十一日（1908 年 6 月 9 日）正式開館。館址初設在河北大經路（今河北區中山路）直隸學務公所内。開館初期藏書近二十萬卷（册）。民國二年（1913），館址遷至中山公園北部一幢樓房，始有獨立館舍。1914 年 9 月又附設通俗圖書館於東馬路。在當時被譽爲大江南北三大名館之一。1918 年 9 月，館名改稱"直隸省立第一圖書館"。任命嚴侗爲圖書館主任。1928 年又更名"河北省立第一圖書館"。1937 年 7 月天津淪陷後，館舍被日本侵略軍强占，更名爲"天津特別市立第二圖書館"。1945 年抗日戰爭勝利後，又更名爲"河北省立天津圖書館"。經清點，僅餘中文書十萬餘册、外文書四千餘册。此後，直至天津解放，由於經費拮据，館業處於停滯狀態。

1929 年春，天津特別市曾創辦市立圖書館，1931 年 6 月 20 日舉行開館典禮。1937 年天津淪陷後，曾更名爲"天津特別市立第一圖

書館"。1945 年抗日戰争勝利後,恢復原稱"天津市市立圖書館"。抗戰勝利後,天津市熱心文化事業的各界人士倡儀建立一座規模宏大之天津圖書館。1947 年組成建館籌備委員會。1948 年 4 月,市政府將原法租界公議大樓撥交天津圖書館作爲館舍,於 1948 年 4 月局部開館。至 1948 年平津戰役前夕,全市公共圖書館僅存瀕臨關閉的省、市圖書館各一所和 1948 年新建的天津圖書館。1949 年平津戰役結束後,逐步合并爲"天津市人民圖書館"。館址爲承德道十二號。1952 年 1 月,經天津市人民政府決定,李霽野兼任館長。同年 7 月,任命南開大學教授黄鈺生爲館長。合并後的天津圖書館藏書約計四十餘萬册,經逐步增長至今已達三百二十萬册,成爲我國館藏較爲豐富的省級公共圖書館之一。中華人民共和國成立以來,在采購新書的同時,注意徵集地方文獻,陸續接受社會各界人士、藏書家捐贈圖書,如任鳳苞、周叔弢、張叔誠、葉石甫、顧維鈞、石景宜等捐贈的大量中外文圖書。1982 年"天津市人民圖書館"更名爲"天津圖書館"。

1991 年興建,坐落於復康路十五號的天津圖書館新館,現有藏書三百二十一萬册,其中中文普通圖書二百一十萬册,外文圖書四十萬册,古籍綫裝圖書四十萬册,中外文報刊合訂本三十萬册。比較珍貴的藏書包括:善本圖書八千餘種。其中列入全國善本總目的有二千五百六十三種。如岳飛之孫岳柯著、南宋臨安陳家書籍鋪刻本《棠湖詩稿》爲國内僅有。同時還有以著名藏書家周叔弢捐贈爲主的活字版圖書七百餘種。地方志資料三千六百餘種,主要以藏書家任鳳苞捐贈的"天春園"藏志爲

基礎,後經不斷搜集、擴充、逐漸形成特色,其中如明嘉靖年間的《遼東志》,萬曆年間的《徐州志》等爲國内孤本。中國近現代史資料和天津地方史料,如天津的《益世報》(自創刊至停刊)、《京津泰晤士報》(英文版,自 1890 年至 1948),還有袁世凱的《養壽園奏議》、康有爲的《大同書》手稿等,均爲珍貴的歷史資料。革命文獻資料,如毛澤東、朱德著作,博古譯著的早期版本,周恩來早期著作(《警廳拘留記》《西歐的"赤"况》)等。

河北省圖書館

始建於 1908 年,原址在天津,是當時中國長江以北地區最早的省立公共圖書館。清光緒末年,在"西風東漸""洋務運動"影響下,本省一批邑紳和知識分子官僚開始意識到建立有別於私人藏書樓的公共圖書館,以向民衆傳播科學文化的必要。光緒三十三年十月(1907 年 11 月),直隸提學使盧靖委派學務公所張秀儒、儲毓軒二人開始籌備圖書館,1908 年 6 月 9 日正式開館,定名爲"直隸省圖書館"。開館之初,以邑紳嚴范孫捐贈的圖書二千五百四十二部、直隸總督下撥的一萬餘卷圖書、提學使司請款專購的十二萬卷圖書爲基礎,加之巡撫等捐贈的圖書數萬卷,共藏書二十萬卷(册),是當時大江南北三大名館之一,開公共圖書館風氣之先。

1918 年,直隸省館更名爲"直隸省立第一圖書館"。同時在保定設立"直隸省第二圖書館"。1924 年,直隸館舍遭直、奉軍閥强占,損失嚴重。1928 年直隸省改爲河北省,直隸省館相應更名爲"河北省第一圖書館",館舍、目録經三年整修,1931 年恢復開館。1937 年抗日

戰争爆發，1939 年初，河北省館被日軍占領，7 月再遭洪水，元氣大傷。解放戰争時期，因戰争和經費拮据，館業處於停頓狀態。中華人民共和國成立以後，1953 年河北省在新省會保定市新建了館舍不足 10000 平方米的河北省新館；1958 年以後，隨省會保定、天津、石家莊三遷，1958 年到 1987 年的二十九年間，河北無省級圖書館，幾十年積纍的珍貴館藏離析易主。

1978 年，河北省圖書館籌備處成立。1983 年，占地六十畝、建築面積 28000 多平方米的新館工程開工，1987 年 10 月新館開館。現有藏書一百四十六萬册，其中古籍近七萬册，歷代碑帖、書札五百册，收藏有《古今圖書集成》、明代萬曆刊本《坐隱齋棋譜》和清代《崇厚使法日記》稿本等文獻。此外，重點收藏、保存地方文獻資料，現有地方文獻三千餘種，并在以每年約一千種數量入藏，并逐步建成"燕趙研究文獻中心"。

山東省圖書館

創建於 1909 年，地處山東濟南風景秀麗的大明湖畔。以歷史悠久、館藏宏富而著稱。據《山東創建圖書館記》載，山東提學使羅正鈞於省城舊貢院東北隙地創建圖書館，仿浙江寧波范氏"天一閣"舊制，院内古木假山，曲水拱橋，極爲風雅别致，人稱"歷下風物，此爲最勝"。山東省圖書館現有館舍三處，建築面積 80000 多平方米，以二環東路新館爲總館，另有大明湖分館和少兒分館。現館藏文獻五百多萬（册）件，珍貴革命文獻六千餘種。而齊魯方志專藏、海源閣專藏、易經專藏、山東革命文獻等收藏爲海内翹楚。齊魯方

志海内現存約六百種，而該館館藏五百二十八種，善本五十八種，萬曆《兖府志》則爲海内孤本。海源閣專藏計二千二百八十種三萬二千册，約占海源閣全部藏書的三分之一，并有較多名人手迹，如林則徐、翁同書、吳式芬、錢儀吉、許翰等人的書札。該館收藏易經文獻一千三百一十七種，總計二千二百零五個版本，近萬册。另外，該館收藏的《唐人寫經卷》、蝴蝶裝宋刻《文選》、巾箱本宋刻《萬卷菁華》、蒲松齡手稿《聊齋文集》、王士禛批校《昆侖山房集》稿本等均爲傳世珍品。館藏期刊涵蓋各個學科，基本形成了一個具有特色的綜合性館藏報刊體系。其中辛亥革命時期的山東獨立同盟會機關報《齊魯公報》、抗日戰争時中國共産黨渤海區委機關報《渤海日報》、膠東區委機關報《大衆報》等資料文獻彌足珍貴。

河南省圖書館

始建於 1909 年，是河南省最早的一所公共圖書館，也是中國最早建立的公共圖書館之一。河南省圖書館原館址在開封市龍亭湖畔的許公祠。1949 年 3 月，河南省圖書館臨時歸并到中原大學（即河南大學）圖書館，1950 年元月，恢復建制。1957 年由開封市遷至鄭州市，在鄭州市優勝北路興建新館，1958 年落成開放。1985 年在嵩山南路與伊河路交叉口西北選址建設新館，1989 年建成并交付使用，新館總建築面積 28500 平方米。2009 年在優勝北路與健康路交匯處新建河南省圖書館少年兒童分館，面積 20000 平方米。現藏書總量達到三百多萬册（件），古籍七十萬餘册（含善本四萬三千二百八十四册），其中元明清歷代流傳下來的古籍珍本，如明刊《李卓吾先生批評西游

記》、明嘉靖刊《廣輿圖》、清康熙刊《遵化志略》和《嵩陽書院志》等系鎮館之寶。

吉林省圖書館

成立於清宣統元年（1909），設在當時的吉林府所在地——現在的吉林市。新中國成立後，吉林省省會於 1954 年遷到長春市，1957 年在長春市籌建新館。1958 年新館館舍竣工，經省政府批准命名爲吉林省圖書館。1960 年吉林省圖書館正式開館。館舍面積爲 13000 平方米。館藏書刊三百多萬册，其中古籍綫裝書四十一萬册，有近百種海内外孤本堪稱無價之寶，尤以唐人寫經、宋元明刻本、稿抄本及名家批校題跋本堪稱稀世珍品；民國書刊十二萬册，偽滿資料五萬册，頗具史料價值。

廣東省立中山圖書館

創建於 1912 年，前身是明代羊城勝迹"南園"，後爲清代廣雅書局藏書樓，其中的"抗風軒"爲孫中山早年從事民主革命活動的秘密據點。清末兩廣總督張之洞創辦的廣雅書局藏書樓，於 1912 年 7 月改爲廣東省圖書館；廣州市立中山圖書館於 1933 年 10 月建成開放，是由旅居美國、加拿大、墨西哥、古巴等地的粵籍華僑爲紀念孫中山先生而集資興建的。1955 年 5 月兩館合并改名廣東省立中山圖書館。1986 年新館在文明路落成，鄧小平同志爲該館題寫館名。

廣東省立中山圖書館現有藏書五百多萬册（件），其中綫裝古籍四十萬册，列入《中國古籍善本書目》的有一千五百種，三萬册。中山圖書館歷來重視地方文獻的收集整理工作，已收藏有五萬五千多種、十三萬多册。在這些珍貴的文獻中，較突出的有廣東新舊方志一千三百種，舊族譜四百一十餘種，其中明嘉靖黃佐《廣東通志》七十卷是國内稀見的珍本；民國《續廣東通志》則是未經刊行的稿本。另外，還有孫中山文獻、辛亥革命資料、華僑史料、東南亞資料、海南島及南海諸島資料、地方志、廣東革命史料等較具特色。自 1979 年起與美國、澳大利亞、日本以及我國香港、澳門地區的圖書館建立了資料交換關係，并且是聯合國教科文組織出版物的保存圖書館之一。

四川省圖書館

該館籌備於清末宣統元年（1909），開館服務於民國元年（1912）。前身爲民國時期的四川省立圖書館，1950 年 4 月川西行政公署接管，改爲川西人民圖書館。1952 年正式命名爲四川省圖書館。四川著名學者林思進、蒙文通、伍非百、穆濟波等先後出任館長。1956 年被文化部定爲全國新書收藏中心之一。全館有館舍五處：館本部 1982 年遷入新址，坐落在成都蜀都大道總府路東側；此外，特藏部和提存書庫分設在聯陞巷 15 號、城守街 24 號、和平街 16 號和龍泉驛等處。全館共有館舍約 29000 平方米。現有館藏四百八十多萬册（件），其中古籍五十七萬餘册，善本書四千二百八十二種、六萬零七百三十五册；民國書刊十四萬餘册。最具特色的典藏有：隋唐時代手寫經卷，宋、元、明、清著名文人詩詞集，歷代四川方志，古醫書，古農書，近代文化名人手稿，民國暨抗戰文獻等七十餘萬册。藏有《南閬鹽務圖説》《四川方志簡編》和《印經》等珍貴古籍。

針對館藏開展學術研究，編輯《四川進步、革命期刊題録索引》《四川地方志聯合目録》《四川省古籍善本書聯合目録》和《舊報刊復印資料》等多種資料。

安徽省圖書館

成立於 1913 年 2 月，前身是安徽省立圖書館，創建館址在安慶文昌宮及存古學堂，1920 年遷至安慶舊藩署，後因戰亂，幾度遷移。新中國成立後，1953 年 4 月在原皖北區合肥圖書館的基礎上正式建立安徽省圖書館（館址在合肥市逍遥津公園西一側）。1962 年 12 月遷至合肥市包河公園西側，建築面積 6300 平方米，1981 年建成七層書庫樓，館舍建築總面積爲 13900 平方米。新館擴建工程於 1998 年 10 月動工，2001 年 10 月竣工，擴建後的安徽省圖書館總建築面積達到 36900 平方米。

安徽省圖書館現有藏書約三百萬册（件），其中古籍綫裝書四十萬册，善本三千一百二十一種、三萬多册。館藏中較爲珍貴的古籍善本有元刻本《增廣注釋音辨唐柳先生集》、明萬曆七年刻本《四書人物考》、清道光二十四年泥活字印本《泥版試印初編》、清乾嘉年間著名書法家梁同書手稿本《頻螺暫存稿》、清姚瑩撰稿本《康輶紀行》以及“新安畫派”“桐城文學派”“建安文學派”等皖籍先賢著作，安徽地方文獻的收藏也獨具特色。此外，目前存世的公家所藏家譜約有二千種。安徽省圖書館館藏家譜三百零七種，主要爲安徽家譜，其中又以徽州地區爲主，包括程氏、汪氏、胡氏、朱氏、李氏、詹氏、龔氏、閔氏、檀氏等約七十個姓氏。成譜時間以明清時代爲主，版本包括刻本、活字本、抄本、稿本、復制本等。如安徽涇縣《涇川吴氏宗譜》五卷（明吴範道纂修，明萬曆七年刻本）、安徽及江西《清華胡氏統會族譜》（明胡用實等纂修，萬曆十一年刻本）等。根據安徽省内各圖書館皖人著作的收藏情況，製作了《歷代皖人著作書目資料庫》，收録皖人著作一萬五千餘種（古代至今），略可反映數千年來安徽省文化發展面貌之大概。

首都圖書館

前身是京師圖書分館、京師通俗圖書館、中央公園圖書閱覽所，三者分別創建於 1913 年 6 月、1913 年 10 月、1917 年 8 月。三館的創建，都有魯迅的關懷和指導，魯迅還親自參加了京師通俗圖書館的開館典禮，這是辛亥革命後我國第一個面向普通民衆的圖書館。而三館建立的宗旨，也都是“以引起國民讀書之愛感并藉副大部振興社會教育之至意”。當時的京師各圖書館被蔡元培先生稱爲“失學者天堂”。魯迅、夏曾佑、梁漱溟、沈從文等一些文化名人經常光顧，成千上萬的學子在首都圖書館自學成才，步入社會，成爲國家建設的有用之才。北伐革命後，原三個圖書館幾經更名、遷址、合并，成爲北京市市立第一圖書館。1953 年，更名北京市圖書館，1956 年，市圖書館又遷入元、明、清三代最高學府國子監，并正式定名首都圖書館，由郭沫若題寫了館名。首都圖書館新館位於朝陽區東南三環與左安路交叉點的東南角。建築面積 37000 平方米，2001 年 5 月開館。現有藏書約四百萬册（件），其中綫裝古籍四萬三千餘種、四十二萬餘册，古籍善本三千一百二十一種、三萬三千餘册。館藏中的古代典籍豐富，其中有不少是元、明、清以來海内外罕見的精刻本，尤以小説、戲曲、通俗文學作品的收藏更是館藏特色。收藏有《易學圖解》（明沈壽昌撰，明天啓六年刻本）、《古抄》（明劉一相輯，明抄本）、《新刻徐文長先生評隋唐演義》（明徐渭撰，明末刻本）等珍貴文獻。

首都圖書館從 1958 年設立北京地方文獻部，專門從事北京地方文獻的搜集整理、編目典藏、研究開發并向社會各界提供服務的工作，已形成了一個獨立、完整的采訪與專藏體系。

甘肅省圖書館

由 1949 年前的甘肅省立蘭州圖書館和國立蘭州圖書館合并而成。前者初創於 1916 年，後者 1944 年成立，直至 1949 年 10 月兩館合并爲蘭州人民圖書館，後更名西北人民圖書館，1953 年始稱甘肅省圖書館。1986 年甘肅省圖書館新館大樓在風光秀麗的濱河東路拔地而起，占地 14000 多平方米，建築面積 18000 多平方米，書庫樓主體十五層。近幾年又經陸續建設，館舍面積已達 28000 多平方米，是目前西北地方最大的圖書館。

現有藏書三百多萬册（件），其中古舊籍三十八萬册，包括善本一千二百六十種、六萬六千四百多册。其中有享譽海内外的文溯閣《四庫全書》、國内收藏最完整的大型明版本刻叢書《永樂南藏》、敦煌漢文寫經三十卷、吐蕃文寫經三十二卷、篋頁式吐蕃文寫經一千一百二十頁，還有國内罕見的《漢雋》《三國志・蜀書・諸葛亮傳》等宋元刻本三十餘部。此外，該館還收藏有宋元明清至近現代的珍貴字畫，其中不少是載於畫史的名家之作，具有很高的文獻史料價值。早在 1943 年，著名圖書館學家劉國鈞先生在籌建國立西北圖書館（1947 年 2 月更名爲國立蘭州圖書館）時，就提出了收集西北地方文獻的問題。1949 年後歷任館長也都很重視西北地方文獻的收藏和利用。目前館内已收藏西北地方書刊資料一萬四千多種、五萬餘册。其中《甘肅通志稿》和《重修敦煌縣志》均系未刊稿本，還有甘肅省最早的雜誌《新隴日報》（1928）等。豐富的館藏已使甘肅省圖書館成爲研究西北史地、民族宗教以及敦煌學、絲路學的文獻中心，并已與美國國會圖書館、澳大利亞國家圖書館等建立了國際書刊交換關係。

山西省圖書館

前身是 1919 年 10 月 9 日成立的山西教育圖書博物館，其後先後使用過山西公立圖書館（附設博物館）、山西省立民衆教育館、太原博物館等名稱。1950 年改名爲山西省圖書博物館，1953 年 8 月又改爲山西省博物館（設圖書部）。1957 年 3 月成立了山西省圖書館籌備處，與博物館分離。1960 年 8 月 28 日，山西省圖書館新館落成，正式開館。1984 年又建設東閱覽樓一座。山西省圖書館建築面積 30000 餘平方米。館藏文獻二百六十萬册（件），其中三十萬册古籍，有金石拓片、字畫、輿圖和手稿、地契、帳簿、票證等特種文獻。所藏北宋雍熙三年絳州刻本《佛說北斗七星經》、僞齊阜昌八年刻《成唯識論了義燈鈔科文》等都是海内外孤本，有着極高的版本學價值和文獻學價值。

江西省圖書館

位於南昌洪都北大道 160 號，是全省藏書、目録和館際協作、協調及業務研究、交流中心。它創建於 1920 年，初名爲江西省圖書館，設於南昌諶家巷天主教堂内。1926 年夏，南昌各中等以上專科學校合并成立江西中山大學，1927 年初本館併入該校，改稱中山大學圖書館，旋即學校撤銷，遂恢復江西省公立圖書館原名。1928 年 10 月在南昌市中心地區——百花洲建築館舍，1930 年 8 月落成遷入新址。同年 11

月因故又將館内部分圖書搬至環湖路南昌市教育會内，設立臨時閲覽所，暫時開放閲覽。直至 1935 年方得重新搬回原址。抗戰時期，1938 年 7 月南遷吉安，8 月又分遷泰和、永新、遂川、安福四縣，各設閲覽所一處。1945 年抗戰勝利後遷回南昌，改稱江西省立南昌圖書館和中正圖書館。1949 年 5 月南昌解放，由人民政府接收，改稱江西省人民圖書館。1951 年更名爲江西省圖書館。目前的新館全面開放於 1995 年 1 月 10 日。

館舍面積由 1949 年前的 1800 餘平方米，發展成今天的 25000 平方米。目前館藏已由 1949 年時的九萬二千册增至二百六十萬册，其中中文綫裝古籍五十萬册，珍善本有二千零八十九種，地方文獻三千五百餘部，地方志一千二百部。較爲珍貴的版本有：南宋周必太的吉州刻本《歐陽文忠公集》（存三十卷）裝幀考究、刻印精良，明崇禎年間宋應星自刻本《談天·論氣·野議·思憐詩》四種係海内孤本，明嘉靖刻本《江西通志》爲該書最早最完善的版本，明代經折裝瓷青紙金粉寫本《太上洞玄靈寶無量度人上品妙經》係集裝幀、書法、繪畫藝術爲一體的絶妙珍品。地方文獻中，有《江西民國日報》《江西省政府公報》《江西地方教育》以及據館藏複製彙集的《江西近代史資料彙編》。革命文獻中有《中華蘇維埃共和國臨時中央政府頒布：各種法令條例彙集》等。

内蒙古圖書館

1956 年初籌建，1957 年竣工使用。其發展歷史可上溯到清光緒三十四年（1908）歸化城副都統三多在舊城小東街文昌廟内創辦的歸化城圖書館。1925 年夏，綏遠特別行政區都統李鳴鐘將封存已達十七年的歸化城圖書館重新開放，定名爲綏遠省立圖書館。1950 年 10 月，正式命名爲綏遠省人民圖書館。1954 年 5 月 1 日綏遠省建制撤銷，劃歸内蒙古自治區遂改爲現稱。1957 年，内蒙古自治區成立十周年時，在呼和浩特人民公園内建成建築面積 2800 多平方米館舍。5 月 1 日在慶祝内蒙古自治區成立十周年之日，由内蒙古自治區主席烏蘭夫親自剪綵開館。李先念副總理代表黨中央和中央政府參加了開館儀式，并題詞留念。

1965 年 12 月，内蒙古科學技術圖書館并入内蒙古圖書館，成爲内蒙古圖書館科技部。1984 年 5 月又將科技部交給内蒙古科委。圖書館進入了一個全面發展的新時期。藏書由初期的三萬餘册增加到一百四十餘萬册，遠遠超過了館舍藏書容量。1995 年 4 月 8 日，新館建設破土動工，占地 28000 平方米，總建築面積 20000 平方米。原國家副主席烏蘭夫爲内蒙古圖書館題寫館名，1998 年 5 月 28 日新館正式開館。

内蒙古自治區圖書館藏書突出民族特色和地域性特徵。蒙文文獻收藏豐富，自成體系。其中蒙文古籍七千八百卷（册），新中國成立後出版的蒙文書刊七萬一千二百册，并保存有斯拉夫蒙文圖書六千三百册、藏文古籍一萬四千六百卷、滿文古籍三千四百册。這些藏書中，有被譽爲稀世之寶的全本明藏文《甘珠爾》經和蒙文《甘珠爾》經、《丹珠爾》經。以漢文爲主的内蒙古地區文獻的收藏也已達到一定水平。目前，共收藏漢文内蒙古地方文獻四萬四千七百三十册。其中，内蒙古最大的舊志《綏遠通志稿》的三個稿本爲海内孤本。此外，還收藏有漢文綫裝古籍二十一萬餘冊，收入《中國善本總目録》的七十八種，占全區古籍總量的一半。其中影響較大的有北宋刻本《大方廣佛華嚴經合論》和元刻大字本《妙法蓮花經》。

廣西圖書館

位於廣西南寧民族大道中段六十一號，全稱廣西壯族自治區圖書館，是廣西最大的省級綜合性公共圖書館。館舍建築面積 33000 平方米，整個建築由一、二、三段組成，其中一、二段凌駕於波光粼粼的湖面之上，被稱爲"水上圖書館"。

廣西圖書館始建於 1931 年，原名廣西省立第二圖書館，初建時尚無館舍，暫借南寧圖書館兩間閱覽室開放，直至 1934 年纔在南寧市南門外的中山公園右側修建了館舍，1937 年改名爲廣西省立南寧圖書館。新中國成立後，廣西省人民政府於 1953 年在現南寧人民公園内投資興建館舍，定名爲廣西省第二圖書館。1958 年廣西壯族自治區成立後，改名爲廣西壯族自治區第二圖書館，1980 年更名爲廣西壯族自治區圖書館。1981 年在民族大道建新館，1985 年部分建成開放，1988 年全部建成，因其別具一格的園林風格和巍峨雄壯的氣勢成爲當時廣西的標志性文化建築。

廣西圖書館藏書豐富，被譽爲"八桂學府，壯鄉書城"。現有二百多萬冊（件），其中古舊圖書十四萬冊，善本圖書五千四百二十二種。收藏廣西地方文獻十萬餘種，尤以廣西各縣縣志較爲完備。其中，太平天國資料、桂系軍閥史料及廣西地方志爲館藏特色。廣西圖書館建立具有一定規模的書目資料和多個全文資料庫，已建成廣西文獻索引資料庫、廣西名人文庫、太平天國資料、廣西地方志、廣西民族民俗圖文等全文資料庫。

重慶圖書館

1945 年爲紀念美國總統羅斯福始籌設"國立羅斯福圖書館"，次年確立設在抗戰時期的陪都重慶。1947 年國立羅斯福圖書館對外開放閱覽，時有藏書十萬餘冊。1949 年國立羅斯福圖書館更名爲國立西南人民圖書館，1955 年國立西南人民圖書館與重慶市人民圖書館、重慶市北碚區圖書館三館合并，組成重慶市圖書館，1987 年，重慶市圖書館更名爲重慶圖書館，有渝中區兩路口和枇杷山兩個館區。2007 年新館開館，位於沙坪壩區鳳天大道一百零六號，占地面積約五十一畝，建築面積 50000 平方米。

重慶圖書館藏書二百八十七萬冊，館藏特色突出，尤以聯合國資料、抗戰文獻、古籍著稱。其中聯合國文獻二十萬冊，源於 1947 年聯合國托存圖書，爲全托存性質。包括聯合國的中英文出版物和各種社會檔。所有正式出版物、期刊（現刊）、當年主要機構的決議和年度報告等。同時保存世界衛生組織、糧農組織、亞洲發展銀行、世界銀行、國際貨幣基金組織和世界旅游組織的出版物。重慶圖書館現有民國時期出版物七萬六千六百一十一種、十七萬七千六百二十一冊，其中，抗戰時期的各類出版物八萬餘冊。由於重慶是抗戰時期我國的戰時陪都，因此國立羅斯福圖書館在成立之初，就確定了重點收集各類抗戰圖書和報刊，使該館成爲我國抗戰圖書報刊收集最全、保藏最多和最完整的圖書館。重慶圖書館還通過掃描對全部民國書刊進行了數字化處理，計一千四百多萬頁、二億多字。目前重慶圖書館藏有古籍四十五萬册（件），其中很多都是珍貴古籍，如宋版《名公增修標注隋書詳節》、蒙古中統刻本《史記索隱》、廖季平手校《藝文類聚》、《逢廬叢書》全部手稿，以及鄭叔問《補梅書屋詩集》《補梅書屋手稿》原稿及鄭氏詩、詞集初刻初印本多種，還有《康藏資料》手稿、《大藏經》《北藏》等。

深圳圖書館

該館是一座新型的綜合性公共圖書館，於1983年籌建，1986年落成，位於深圳紅荔枝公園旁邊。館舍典雅，環境優美，館中有園，園中有館，頗具東方書院之神韵，爲深圳市八大重點文化設施之一。

2003年，深圳圖書館新館在行政文化中心、風景秀美的蓮花山前落成。總建築面積近50000平方米。深圳圖書館現已擁有二百餘萬册藏書，各類電子、網絡文獻近百萬件。以高新技術、商貿、時裝、法律等專題資源及深圳地方文獻、臺港澳文獻及外文書刊等爲特色資源。同時致力於加强信息參考功能，爲深圳的政府决策經濟發展、科技創新、學術研究等提供高層次的知識支撑和信息服務。

中國科學院國家科學圖書館

該館成立於2006年，總館設於北京。其前身爲1950年成立的中國科學院圖書管理處，1951年正式定名爲“中國科學院圖書館”，1985年更名爲“中國科學院文獻情報中心”，同時保留“中國科學院圖書館”的名稱。2006年，由中國科學院所屬的文獻情報、中國科學院國家科學圖書館中心、資源環境科學信息中

心、成都文獻情報中心和武漢文獻情報中心四個機構整合而成中國科學院國家科學圖書館，實行理事會領導下的館長負責制。總館設在北京，下設蘭州、成都、武漢三個二級法人分館，并依托若干研究所（校）建立特色分館。全館現有員工四百七十餘人，館舍建築面積80000平方米，依托網絡提供高速、便捷的科技信息服務。

中國科學院國家科學圖書館現組織開通資料庫八十七個，通過借助國家平臺開通資料庫五十六個，集成開放獲取資源十五個。總館（不包括蘭州分館、武漢分館、成都分館）的印本文獻館藏總計五百七十三萬一千七百九十五册。外文圖書十七萬種，外文工具書二千種，國外博碩士論文十六萬八千篇，會議記録達到一萬九千卷；中文期刊九千種，中文學位論文四十三萬四千一百篇，社會科學中文圖書三十四萬二千餘萬册，涵蓋1900年以來我國出版的社會科學各學科圖書，尤以歷史學、語言學之工具書及1949年以前之經濟、社會、民俗調查報告，我國近現代著名專家學者早期著作最具特色。藏有古籍五十餘萬册，具有相當規模并自成體系，包括唐人寫經、西夏文寫本、宋槧元刻及大量稿本、抄本、名人字畫、契約、家譜等，尤以地方志和明清詩文集著稱，且書品上佳。特藏文獻包括石刻拓片五萬餘張（件）。

中國科學院國家科學圖書館1994年被原國家科委批准爲一級科技查新咨詢單位。查新中心出具的查新報告在各級别的成果鑒定中均具有權威性。另外，中國科學院國家科學圖書館還是我國圖書館學和情報學的碩士學位和博士

學位授予單位，現有在讀研究生近一百人，還　　常年接收高級訪問學者并組織專業繼續教育。

高校圖書館

北京大學圖書館

前身是始建於 1902 年的京師大學堂藏書樓，是我國最早的近代新型圖書館之一。辛亥革命之後，正式改名爲北京大學圖書館。五四運動前後，北京大學圖書館成爲當時的革命活動中心之一，李大釗、毛澤東等革命領袖曾在這裏工作。許多著名學者，如章士釗、袁同禮、向達等曾主持過圖書館工作。1952 年全國院系調整，北京大學圖書館隨北京大學遷至原燕京大學校址，原燕京大學圖書館館藏并入北京大學圖書館，并吸收了部分其他單位的館藏，形成以原燕京大學圖書館館舍爲中心的格局。1975 年，在校園中心地帶建成一座新館，成爲當時國內建築面積最大、館舍條件最好的圖書館。1998 年 5 月 4 日，北京大學百年校慶之際，由香港著名實業家李嘉誠博士捐資興建的北京大學圖書館新館落成。新館於 1998 年底投入使用，新舊館總面積超過 51000 平方米，閱覽座位四千多個，藏書容量可達六百五十萬冊，規模上成爲亞洲高校第一大館。

北京大學圖書館現擁有藏書八百餘萬冊。其中古籍約一百六十萬冊，有稿本、善本約一萬七千種、十六萬冊，内含敦煌文獻二百一十二種，以及不少孤本。收藏金石拓片約二萬四千種、五萬六千份，絕大部分是石刻文字拓片，其數量居全國前列。藏書樓初建時入藏的方功惠碧琳瑯館藏書、1937 年入藏的馬廉不登大雅之堂藏書、1946 年入藏的李盛鐸木

犀軒藏書等大多具有重要價值。館藏中國地方志七千餘種。外文圖書約一百萬冊，其中有許多珍本，如有 1533 年版的歐幾里得《幾何原本》以及 17、18 世紀的著名文獻。館藏報刊超過二萬四千種，其中有維新派刊物《時務報》全套、《新青年》全套、在法國巴黎出版的旅歐中國少年共產黨油印機關刊物《少年》、1871 年法國巴黎公社出版的政治刊物《杜歇老爹報》全套、第三國際的機關刊物《共產國際》、英國出版的著名自然科學刊物《自然》（1869 年創刊）全套。還有燕京大學學位論文、名人捐贈等特色收藏。近年來大量引進的國內外數字資源，包括各類資料庫、電子期刊、電子圖書和學位論文在內已超過二百萬種。

針對豐富的館藏，北大圖書館人積極進行館藏的揭示和深層開發，除了有關館藏書本式目錄的編寫，還進行館藏珍貴資料的整理出版，如《國立北京大學圖書館方志目錄》《國立北京大學圖書館善本書目》《北京大學圖書館館藏稿本叢書》《北京大學圖書館館藏歷代金石拓片菁華》等。爲方便學者研究，北大圖書館組織人員編寫了《論語索引》《孟子索引》《周易索引》等傳統典籍的索引。爲便於圖書館界把有限的資金投入到優秀期刊的訂購中，對圖書館的期刊采訪進行指導，北大圖書館組織人力編寫《中文核心期刊要目總覽》《外文核心期刊要目總覽》，在國內具有很高的權威性。北京大學圖書館還努力爲全國高校圖書館服務，積

極參與圖書館資源共建共用，并逐步加快國際化的步伐。目前，中國高等教育文獻保障系統（CALIS）的管理中心和全國文理中心、中國高校人文社會科學文獻中心（CASHL）的管理中心等機構設在北京大學圖書館，是中國高等教育文獻資源分享的重要樞紐。

北京大學圖書館是國内外享有盛譽的大型綜合性圖書館，現爲國際圖書館協會聯合會（IFLA）、中國圖書館協會和中國科技情報學會的機構會員，并建立了廣泛的國際聯繫，與國外五百多個圖書館、學校、研究機構保持着固定的資料交換和館際互借關係。

清華大學圖書館

前身是成立於 1912 年的清華學校圖書室。1919 年 3 月獨立館舍（現老館東部）落成，建築面積 2114 平方米，遷入新館舍的同時，改名爲清華學校圖書館。1928 年學校改爲國立清華大學後，於 1930 年 3 月開工擴建館舍（即今老館之中部和西部），1931 年 11 月竣工，使館舍面積增至 7700 平方米，可容書三十萬册，閲覽座位七百餘席。大學成立後，建立了圖書館委員會作爲學校的常設委員會之一。同時，各院、系也大都建立了自己的圖書館。1935 年 10 月至 1936 年 9 月，著名文學家朱自清教授任圖書館委員會主席兼代圖書館主任。至抗戰前夕，館藏書刊已極爲豐富，計三十六萬餘册。“七七事變”後，學校被迫南遷。1938 年 4 月，在昆明建立了國立西南聯合大學。清華圖書館運抵昆明書刊二萬三千餘册。在運抵過程中，暫存重慶北碚的一萬餘册圖書遭日軍轟炸，損失慘重，僅餘三千餘册。1946 年復校時，圖書館已面目全非。抗戰期間，館藏損失達十七萬五千餘册。到中華人民共和國成立前夕，館藏僅有四十一萬餘册。中華人民共和國成立後，清華大學圖書館走上了健康發展的道路。1966 年館藏已發展到一百三十五萬餘册，是 1949 年前的三倍多。至 1990 年已達二百五十萬册（件）。

1991 年 9 月由香港邵逸夫先生捐資和國家教委撥款興建的新館落成。現清華大學圖書館系統由校圖書館及人文、經管、法律、建築、美術和醫學等六個專業圖書館組成，建築總面積約 41600 平方米。實體館藏總量約有三百七十六萬册（件），包括二十八萬餘册古籍和一批甲骨、青銅器和名人字畫等文物珍品，其中被《中國古籍善本書目》收録者一千八百八十五種、孤本四百二十五種。另有“清華文庫”、“保釣統運”資料、科恩圖書室、波爾文獻室等特色資源。

天津大學圖書館

前身爲北洋大學圖書館，於清光緒二十一年（1895）隨學校同時成立，爲全國大學圖書館中之最先。民國以後，受時局動蕩之影響，發展不大。1937 年北洋工學院西遷入陝，與北平大學等校成立西北聯大。旋於 1938 年 7 月與北平大學工學院等校合組西北工學院，成立了西北工學院圖書館。抗戰勝利後，1946 年取回寄存圖書及收回散失書刊，恢復重建北洋大學圖書館。新中國成立前夕，在中國共產黨地下組織領導的護校運動中，書刊得以完整保全。

1951 年 9 月，北洋大學圖書館與河北工學院圖書館合并成立天津大學圖書館，以西沽原館址爲天津大學圖書館總館，以元緯路館址爲南院分館。1952 年全館隨學校遷至七里臺新址。自 1958 年 8 月遷入近 10000 平方米的圖書館閲覽樓（現圖書館北館），天津大學圖書館有了較大的發展，規模擴大，藏書增加，健全規章制度，進行了業務改革，中外文圖書統一采用自編分類法分類編目，服務設施和服務品質都有所提高。1985 年完成 4570 平方米專用書庫的擴建，館藏書刊得以合理布局，服務品質進一步提高。1990 年總面積爲 10968 平方米，具有現代化水平的科學圖書館（逸夫樓）建成，與同期籌建的 300 餘平方米建築分館先後投入使用，館舍大規模增加。現天津大學圖書館由南館、北館和建築分館組成。總建築面積 25691 平方米，其中北館面積爲 14423 平方米，南館（又名科學圖書館或逸夫樓）面積 10968 平方米，分館建築面積 300 多平方米（坐落在建築學院教學樓内）。

天津大學圖書館館藏書刊總量一百六十八萬餘册，已形成以工爲主、學科廣泛、基礎扎實的藏書體系。其中圖書三十七萬餘種、一百四十餘萬册。一些世界著名期刊自創刊起即行入藏，如 *Chemical Abstracts* 自 1907 年創刊起入藏，*Proceeding of ASME* 自 1881 年起入藏。

浙江大學圖書館

是中國歷史最悠久的大學圖書館之一，其前身爲建於 1897 年的求是書院藏書樓。目前，全館擁有館舍五座，總建築面積 84000 平方米，總閲覽座位五千二百八十二個，總藏書（刊）量五百零二萬册。1998 年 9 月 15 日，原浙江大學、杭州大學、浙江農業大學、浙江醫科大學合并成立新的浙江大學，原四校圖書館也相應合并成了統一的浙江大學圖書館，浙江大學圖書館現由一個總館和五個分館組成。圖書館

館藏豐富、門類齊全，藏書幾乎覆蓋所有學科領域，尤以機械工程及儀表、電力、電子科學與工程、化學化工、醫學、農業、生物科學、地方文獻、敦煌學、心理學等學科的收藏較具特色。浙江大學圖書館的古籍特藏也是很有特色的，收藏了綫裝書十二萬餘册，其中善本書一千三百五十餘種、一萬九千餘册。此外還有敦煌學、地方志、袁氏工程圖書等特色收藏。

浙江大學圖書館與中國科學院研究生院共同牽頭承擔"中美百萬册書數字圖書館"（China-America Digital Academic Library，簡稱 CADAL）項目。CADAL 專案是"十五"期間"211 工程"公共服務體系建設的重要組成部分，由國家投資建設，同時得到美國合作方投入的相當於一千萬美元的軟硬體系統支援。CADAL 專案與"中國高等教育文獻保障系統（CALIS）"一起，將共同構成中國高等教育數字圖書館的框架。CADAL 已經完成一百〇二萬册中英文圖書的數字化，網上發布資源七十萬册以上，網站於 2004 年 9 月開通，專案所建的數字資源開始對十六個專案單位校園網提供服務，同時也向教育部局域網提供服務，部分資源向全球開放。CADAL 專案作爲全球數字圖書館計畫（UDL）的一部分，是目前世界上最大的公益性數字圖書館之一。

南京大學圖書館

歷史源遠流長，前身爲 1902 年建立的三江師範學堂德書樓，1915 年改爲高等師範圖書館，1928 年改稱中央大學圖書館，1949 年 5 月改爲南京大學圖書館。國内著名圖書館學家劉國鈞、李小緣、施廷鏞和國學大師胡小石等人先後主持過館務。

南京大學圖書館館藏豐富，經長期積纍，形成了比較系統、完整的綜合性的藏書體系。總藏書量達到五百餘萬册（含院系資料室）。館藏古籍綫裝書近四十萬册，其中善本古籍有三千餘種、三萬餘册，如《名公增修標注《南史》詳節》（宋吕祖謙撰，宋建陽書坊刻本）、《東海公年譜》（清徐衡撰，稿本）等珍貴歷史文獻。

南京大學圖書館收藏有古代地方志四千餘種，近四萬册，在全國各大圖書館中處於領先地位。收藏的現當代地方文獻約三萬餘册（件），涉及全國一千九百多個各級行政區。數字化加工文史資料近一萬册，還收藏了八十多個國家和地區二十多個語種的期刊，尤以物理、生物、地學、數學、東方學爲特色。1949 年以前的中文社會科學書刊收藏頗豐。南大圖書館還是教育部建設的全國高校的地科（地質、地理、氣象、天文、環境科學）教材中心、文科文獻中心，經多年努力，進一步擴大了館藏内容，增强了館藏特色。

北京師範大學圖書館

始於 1902 年成立的京師大學堂之圖書室，1917 年正式建館。現有新舊兩館，建築面積22300 平方米，其中新圖書館於 1989 年由國家教育委員會投資、香港邵逸夫先生捐款、學校自籌資金合作建成，建築面積 13000 平方米。此外英東教學樓有近 700 平方米館舍，繼續教育學院（輔仁校址）有近 300 平方米館舍。館藏書刊資料三百五十七萬餘册。

北師大圖書館以教育類圖書、古籍圖書及珍稀期刊等爲收藏特色。該館經過近百年的長期積纍，教育和文史類的館藏較爲豐富，特別是對全國各地中小學課本有着系統的收藏。另有清末以來政府及各地有關教育事業的法規、檔、圖表、報告等，可爲研究我國教育史及近現代教育事業的發展史提供重要的資料。館藏古籍書綫裝書二萬餘種、三十七萬册，尤以地方志類爲特色，地區涵容面較廣，書品質量較高。

館藏中外報刊以教育、心理和各類學報爲主要特色，并藏有上千種 1949 年前中文報刊，其中 30 年代的進步刊物、舊民主主義革命時期的刊物等珍稀期刊二百四十餘種，可爲研究各類社會科學史及自然科學史提供第一手資料。館藏“羊皮書”近八百册，爲 18 至 19 世紀乃至更早期的西文古籍，文種涉及英文、德文、西班牙文、拉丁文等，内容涉及哲學、宗教、文學、歷史等多方面，對於研究西方人文科學史有重要的史料價值。

南開大學圖書館

始建於 1919 年。1927 年盧木先生捐資興建了著名的“木齋圖書館”，1937 年毁於侵華日軍炮火。抗戰期間，南開大學和北京大學、清華大學在昆明組建西南聯合大學時，成立了聯大圖書館。現在的南開大學圖書館老館建成於 1958 年，新館逸夫樓建於 1990 年。此外還有迎水道校區分館、經濟管理學分館及著名數學家陳省身教授創建的南開數字圖書館，總面積達 35000 平方米。擁有閲覽座位三千餘席。

南開大學圖書館現有藏書三百四十一萬餘册，其中古籍綫裝書三十萬册，善本三萬餘册，含宋元明與清初刻本、明清抄本及名人手札和寫本等。南開大學的經濟文獻極具特色，其中有多種早年南開學者研究中國經濟問題的實地調查報告，爲國內館絕無僅有的珍貴文獻。另藏有較爲完整的南開早年出版物，是研究周恩來早期革命活動和中國教育史的重要資料。進入二十一世紀，圖書館在不斷加强文獻資源建設的同時，還着力進行數字化圖書館建設，已形成紙質文獻與電子文獻齊頭並進的館藏格局。

在使用功能上，新館、老館和校區分館各有側重。新館重點入藏文理科外文書刊、古籍特藏資料，以及中文核心庫本和新中國成立前報刊等，主要爲培養高層次人才和研究工作服務。國家教委南開大學文科文獻信息中心、理科外國教材中心均設在新館。老館重點收藏中文平裝書刊，主要爲本科教學服務。迎水道校區分館重點入藏低年級教學參考書，主要爲文科各系一年級新生服務。在總館和校區分館之外，還附有專業分館和院、系、所圖書資料室。其中，著名數學家陳省身教授創建的南開數字圖書館，藏書品質之高爲全國高校之冠。經濟學院資料信息中心在高校專業分館中也頗負盛名。

厦門大學圖書館

建立於 1921 年，現設有一個總館、兩個分館、三個專業分館（文史、經濟與管理、法學）以及七個學院資料室，館舍面積共 66800 平方米。圖書館館藏資源總量有四百餘萬册，其中古籍善本十三萬册，東南亞研究和我國臺灣地區研究資料具有特色。

復旦大學圖書館

前身爲戊午閲覽室，由戊午（1918）級學生集資購置圖書建立。1922 年正式建館（址今七百號樓）。到 1925 年，圖書館初具規模。當時圖書增藏除利用學生繳費外，主要靠校內外人士捐贈，故發展緩慢。1937 年抗戰爆發後，圖書館藏書一部分寄存於徐家匯復旦中學，一部分隨學校遷至重慶北碚。抗戰勝利後，滬渝兩部師生在江灣開學，兩地圖書合并，總數未逾四萬册。1947 年以後圖書館工作有所恢復，但直至 1949 年 5 月上海解放，藏書僅十萬册左右。新中國成立初期，圖書館發展較快，1952 年高校院系調整，圖書館接收了十四所院校的有關書刊，使館藏量驟增至二十萬册。到 1965 年底，藏書量已達一百二十多萬册。"文化大革命"期間，圖書館工作受到了嚴重干擾。1978 年以來，圖書館隨學校教育事業的繁榮得到健康發展，現館藏文獻超過四百八十萬册（包括圖書和期刊合訂本），其中綫裝古籍近四十萬册（包括善本六萬册），民國時期圖書十萬册。綫裝古籍珍本薈萃，係集王同愈、李國松、龐青城、高燮、丁福保、劉承幹、王欣夫、趙景深等各家藏書精華而成。四部典籍，大致齊備。其中善本書七千餘種、近六萬册，内有宋元明刻本一千餘種，抄本、稿本近二千種，清刻孤本、稀見本、精本、批校本三千餘種。《詩經》類圖書、清人文集、彈詞唱本、古錢幣書和方志收藏較系統。民國時期圖書收藏豐富，有圖書三萬三千種、十萬册，民國時期出版的各學科的重要著作和文藝作品收藏較齊備。20 至 40 年代的文藝作品的收藏量尤爲突出，有七千多種，當時大部分作家的作品基本收藏齊全，内有不少作品屬傳存稀少的初版本。外文圖書收藏頗具規模，共七十七萬册。其中外國文藝作品較豐富，僅西文小説有一萬種以上；各種版本的莎士比亞作品有四百多種，爲研究莎翁的珍貴資料；有關亞洲歷史的圖書有三千餘種，内有不少珍本；50 年代由震旦大學調來的八千餘册舊法文圖書，均爲二戰前出版的有關哲學、社會科學方面著作，其中，由法國學者撰寫的有關中國的著作，是研究中國近現代史的重要參考資料。理科外文藏書，以數學類圖書收藏最爲豐富。館藏報刊種類繁多。現藏報刊有兩萬餘種。一萬多種中文報刊中，1949 年以前出版的期刊計五千多種。外文報刊有九千種，其中數學類期刊收藏較爲完整，如德國著名的克雷萊雜志（即《純粹與應用數學雜志》）從 1826 年創刊至今全套收藏，爲海内外罕見。

復旦大學圖書館的對外書刊交流工作始於 1955 年，迄今已與全球三十六個國家和地區的三百多個學術單位建立書刊交換關係。1983 年加入國際圖聯（IFLA）。自 1990 年以來，先後與美國加州大學洛杉磯分校圖書館、日本國早稻田大學圖書館互派了交流館員；各國圖書館界專家也紛紛來訪，進行學術交流。1995 年，圖書館參加了美國研究圖書館（RLG）的中國善本書目資料庫建設。

復旦大學圖書館是CASHL（中國高校人文社會科學文獻中心）的兩個全國中心館之一。是教育部面向全國和華東地區的外國教材中心、教育部文科外文圖書引進中心書庫、歐盟圖書專架、教育部科技查新工作站（綜合類），并承擔了《中國索引》等雜志的編輯出版工作。

中山大學圖書館

亦稱“廣東大學圖書館”“國立中山大學圖書館”。始建於 1924 年，初名廣東大學圖書館，由廣東高等師範學校、廣東政法專門學校、廣東農業專門學校和廣東公醫學校的藏書合并而成，其歷史可追溯到 1906 年建立的兩廣優級師範學校藏書樓。1926 年改名爲國立中山大學

圖書館。1952 年全國高等學校院系調整，部分藏書調配至其他高校，新成立的中山大學圖書館以原中山大學圖書館的文理學科藏書爲基礎，并入嶺南大學圖書館藏書和中南地區其他高等學校圖書館的部分藏書，初步形成多學科的綜合藏書體系。其間，中山大學圖書館的館址和館舍隨中山大學校址的變遷曾多次變化。1949 年後曾長期沿用原嶺南大學圖書館的館舍。目前，中山大學圖書館系統由南校區圖書總館、北校區醫學圖書館、東校區圖書館、珠海校區圖書館共四個校區圖書館和經濟與管理學科分館、生命科學學科分館、化學學科分館等三個學科分館組成，館舍總建築面積達 110000 餘平方米。

中山大學圖書館的館藏富甲南國，雄居我國各類型圖書館館藏總量的前列。館藏不僅具有學科門類齊全、載體形式多樣化、收藏系統完整的特點，而且還具有鮮明的地方特色。截至 2008 年 12 月，中山大學圖書館紙質館藏總量達五百三十餘萬册（件），其中，古籍圖書近四十萬册，包括善本二千多種約三萬册，以明刻本見長，具有不少海内孤本、珍貴稿本和名家批校本；另有朝鮮刊本古籍一百七十八種九百六十八册，日本刊本古籍八十五種八百三十一册。中國歷代石刻拓片三萬五千多件，全國少見。清末與民國時期華南地區出版的中外文報刊數量多且系統，部分爲國内罕有。廣東地方文獻、醫學文獻、孫中山研究文獻、港澳研究文獻豐富且具有鮮明的特色。

長期以來，愛國華僑、港澳臺同胞、國内知名人士和外國友好團體一直十分重視和關心中山大學圖書館的發展，并給予了大力的支援

和眾多捐贈。香港友人梁潔華博士於 1999 年捐資一千萬元擴建中山大學圖書館總館。香港嶺南大學校友伍舜德先生於 1994 年捐資五百萬元建立了建築面積 5000 平方米的中山大學圖書館嶺南學院分館——伍舜德圖書館。中山大學圖書館先後設立了日本岩波書店專藏（著名的日本岩波書店自 1955 年迄今一直在向中山大學圖書館贈送其出版物，每年約四百種）、國學大師陳寅恪教授專藏、古文字學家容庚教授專藏以及姜立夫教授專藏等專藏。

圖書館現設有圖書館與信息科學研究所、醫學情報研究所和中國古文獻研究所。在圖書館學、文獻學、古籍整理與數字化等領域取得了豐碩的成果。其自建的教育文獻資料庫、港澳文獻資料庫、珠江三角洲文獻資料庫等特色資料庫具有相當的規模和影響。

【廣東大學圖書館】

即中山大學圖書館。此稱多行用於近代。見該文。

【國立中山大學圖書館】

即中山大學圖書館。此稱多行用於近現代。見該文。

第五章　禮規齋器説

第一節　禮儀規約考

　　禮儀規約是學校施行教育的最基本也是最重要的秩序保證。就禮儀規約的嚴密完備而言，中國可稱之爲世界之最。

　　禮儀規約的核心是尊師重道，因爲教師是施行教育的主體。中國的尊師重道之風尚，歷史久遠。據《吕氏春秋·尊師》載："神農師悉諸，黄帝師大撓，帝顓頊師伯夷父，帝嚳師伯招，帝堯師子州支父，帝舜師許由，禹師大成贄，湯師小臣，文王武王師吕望、周公旦，齊桓公師管夷吾，晋文公師咎犯、隨會，秦穆公師百里奚、公孫枝，楚莊王師孫叔敖、沈尹巫，吴王闔閭師伍子胥、文之儀，越王勾踐師范蠡、大夫種。此十聖人六賢者，未有不尊師者也。"其舉證雖雜有傳説的成分，但中國自上古以來即有尊師重道之舉却是史實。早在氏族部落時期，經驗豐富的長者不僅要教育下一代，而且要時時指導部落首領，實質已成爲部落首領的教師。近年考古發現，凡完整的氏族村落，多由一個廣場與廣場四周分布的若干大小房屋組成。大屋四方環聚若干小屋，構成了以大屋爲中心的居住群體。考古界認爲此大屋即氏族長者所居，餘爲普通族人生活處，這種格局頗便召集聚會，議事施令。《呂氏春秋》成書不久，僅幾十年，暴秦覆滅。漢朝建立，尊師重道之傳統得以恢復，在武帝"罷黜百家，表彰六經"之後，又進一步發展起來，教師的地位再度提高。如《後漢書·包咸傳》載："〔包咸〕習《魯詩》《論語》……因往東海立精舍講授。光武即位，乃歸鄉里。太守黃讜署户曹史欲召咸入授其子，咸曰：'禮有來學，而無往教。'讜遂遣子師之。"李賢注引《禮記》曰："禮聞來學，不聞往教也。"這裏包咸依古禮拒絕了當權者的召入，保持了師道尊嚴，太守還是依禮遣子往就拜師。

此時，儒家門派不盡相同，各有師承，形成了不同的流派，稱之爲"師法"，一些深有造詣的經師，在當世乃至後世形成了新的學派，稱之爲"家法"。師法、家法强化了尊師重道之傳統，師長的學術被視爲弟子學術的淵源，弟子的學術被視爲師長學術的延續。故漢代揚雄曰："呱呱之子，各識其親；譊譊之學，各習其師。"(《法言·問明》)此語表明在漢人心目中師徒之人品學術傳承，如同宗族之血緣關係一樣。在儒家禮法中，師長與弟子、君主與臣下之關係，和父子等列，故後世有"一日爲師，終身爲父"之語(元關漢卿《玉鏡臺》第二折)。在中國古代，帝王的地位至高無上，萬民皆須俯首稱臣，既然事師如事父，故而帝王的師長特受崇敬。當帝王向師長請教時，應執弟子之禮，故《禮記·學記》稱："當其爲師，弗臣也。"又："太學之禮雖詔於天子，無北面，所以尊師也。"中國古禮，臣拜君，卑幼拜尊長，皆北向行禮，故居人臣、卑幼之位曰"北面"。在太學中，雖貴爲天子，亦以師爲尊，不使其北面而拜，以示尊師重道。漢武帝之後，昭帝、宣帝等均有尊師重道之佳話，韋賢、蕭望之、張禹、孔光諸大儒，皆以教授過君主而備受推崇，官居要職，地位顯赫。其後的明帝可稱之爲尊師重道的典範，其爲皇太子時，"師事博士桓榮，學通《尚書》"(《後漢書·明帝紀》)，稱帝後仍"尊以師禮，甚見親重"，"乘輿嘗幸太常府，令榮坐東面，設几杖，會百官、驃騎將軍、東平王蒼以下及桓榮弟子數百人。天子親自執業，每言輒曰'大師在是'"，"每大射養老禮畢，帝輒引榮及弟子昇堂執經，自爲下説……榮每疾病，帝遣使者存問，大官太醫相望於道。及篤，上書謝恩，讓還爵土。帝幸其家問起居，入街下車，擁經而前撫，榮垂涕。賜以床茵、帷帳、刀劍、衣被，良久乃去。自是，諸侯、將軍、大夫問疾者，不敢復乘車，到門皆拜床下"(《後漢書·桓榮傳》)。君主這種屈尊真誠的眷顧，令爲師的桓榮泫然垂涕。桓榮病故後，"帝親自變服臨喪，送葬，賜塚塋於首陽之山"(同上)。師逝，弟子"臨喪""送葬"，亦爲儒家之常禮。孔子逝，其弟子無一不臨喪、送葬，且盡皆守墓三載，愛徒子貢六載始離去。漢代儒師去世，弟子門生不論位居何職，身在何方，一律奔喪致哀。如樂恢、包咸、楊仁、鄭玄等去世，會葬者達數百人，而樓望、蔡玄去世，會葬者多達數千人，浩浩蕩蕩，好似帝王之威儀。名儒任末由於急奔師喪途中病重，臨終囑隨行侄子曰："使致我屍於師門，使死而有知，魂靈不慙。"未得爲師長臨喪盡禮，至死而不安，這是何等虔誠！

中華民族這一尊師重道之禮尚，自上古以還，一脉相承，彌久不衰。至盛唐之時，朝廷爲廣泛羅致人才，全力推行隋代之科舉制。莘莘學子千里負笈，慕投名師；恂恂碩儒，廣納英才。於是，學校大興，人才輩出。經學教育、實科教育（主要由律學、書學、算學、醫學等組成）、職業教育（主要由天文曆法學、卜筮學、聲律器樂學等組成）幾呈三足鼎立之勢。一時間，官學、私學并起，大有平分秋色之勢。至此，尊師重道之禮已鑄於法典，且居於顯著地位。高宗永徽間撰成的《唐律疏議》，共三十卷，最重之罪名稱之爲"十惡"，毆殺師長屬於"十惡"中的"不義"。犯"十惡"罪者，不准議請減刑，即使逢有大赦，亦不寬恕。何謂"不義"？疏議曰："謂殺本屬府主、刺史、縣令、見受業師。"而"見受業師"係"謂伏膺儒業，而非私學者"。此處仍是强調了儒學、儒家之禮。可見儒師之地位如同朝廷命官一樣不可侵犯。但在民間，則無儒家、他家之別與官學、私學之分，師長一律廣受尊崇。在中國古代，尊師重教之風概無懈怠。洪武二年（1369），明朝建國伊始，太祖即曾訓示功臣子弟入國學讀書。其敕云："人有精舍，必求良冶而範之；有美玉，必求良工而琢之。至於弟子有美質，不求明師教之，豈愛子弟不如金玉邪？蓋師所以模範學者，使之成器，因其材力，各俾造就……"（《明太祖實錄》卷四一），"〔洪武〕十五年，頒學祝於國子監，又頒禁例十二條於天下，鐫立卧碑，置明倫堂之左，其不尊者，以違制論"（《明史·選舉志一》），一代建國皇帝親論教師之地位，并鐫立卧碑，尤其是卧碑之設，更加强化了教師與學校教育的權威性。清入主中原不久，順治九年（1652），世祖頒布《欽定六諭卧碑文》。康熙九年（1670），聖祖將此六條擴展爲《上諭十六條》，復頒行天下。雍正二年（1724），世宗又發揮《十六條》之義蘊，撰成《聖諭廣訓》萬餘言，頒行天下之後，又責令從初級的童試開始，每逢課試皆須先行默寫《廣訓》一二百字，且每試皆與變換；對士子則采取每月朔望由教官宣講，復將《廣訓》列爲科舉考試必考課程。清廷的這一繁複的强制性規定，旨在全力提高教師與學校教育的地位，但却導致了士子的反感，導致了學童的厭學，乃至與教師的對立情緒。自清代末葉，臨喪守墓之禮也已淡化。

　　在中國古代，學子自入學之日起，即有一系列的拜師之禮。如"束脩"禮，春秋時孔子興私學，弟子僅備十條乾肉，即可拜師入學。一束，爲十條。束脩猶今之學費。此爲一般要求，可稱之爲薄禮。厚禮則有玉帛之類，爲師者絕不強索。《論語·述而》："自行束脩以上，吾未嘗無誨焉。"邢昺疏："古者持束脩以爲禮，然此是禮之薄者，其厚者則有玉帛之屬。"後世亦稱"贄禮"或"贄見禮"。如《古今小說·窮馬周遭際賣䭔媼》："次日，常何取白金二十兩，彩絹十端，親送到館中，權爲贄禮。"《照世杯·掘新坑窮鬼成財主》："回家去騙了父親贄見禮，祇說到城中附館讀書。"據《禮記·文王世子》載，早在西周時每逢國學、郡學在立學始業或天子視學之日，必於聖廟或聖賢堂中舉行"釋奠"之禮。釋奠，謂陳設薦饌，以酌尊先聖或先師，并配之以樂舞。祭品用清酒、牲畜、蔬菜、穀物等，祭器用尊、爵、俎、豆、籩、簠、鉶、筐之類。祭祀程式分別爲迎尸（尸：巫扮之先聖、先師）、迎牲（牛、羊、豬三牢）、獻酌（酌：請酒。凡三獻）、致祝告文、授器（授舞者器）、奠幣（獻貨幣作爲加禮）、合樂進舞。立學始業或天子視學之外，春秋兩季或再逢開學之日，則僅設酒饌，祭尊先師，不備禮樂，無迎尸以下繁禮，可以供牲，但不需全牲。釋奠之禮，旨在示師道尊嚴。《禮記·文王世子》："凡始立學，必先釋奠於先聖先師。"孔穎達疏："諸侯言始立學必釋奠於先聖先師，則天子始立學亦釋奠於先聖先師也。天子云四時釋奠於先師，不及於先聖者，則諸侯四時釋奠亦不及先聖也。"另一尊師之禮，稱之爲"釋菜"。用於初立學或初入學，但僅以菜蔬獻祭先聖先師，不需供牲，亦無舞，較釋奠輕簡，旨在示學子以謙敬之道。《禮記·文王世子》："始立學者，既興（釁）器用幣，然後釋菜，不舞不授器。"鄭玄注："釋菜，禮輕也。釋奠則舞，舞則授器。"唐末至清代的部分書院亦同官學一樣行釋奠之禮。釋奠之禮，歷代帝王盡皆舉行，至清代最爲隆重，且甚頻繁。清代皇帝駕臨國學，初稱"視學"，雍正時改稱"詣學"。乾隆四十八年（1783），高宗詔諭，依古國學之制，天子在辟雍行禮樂、宣教化、昭文明，應遵《禮經》，於彝倫堂南建辟雍。此後"釋奠"遂改稱"臨雍典禮"。據稱"清代臨雍視學典禮綦重"，見諸記載者有十二次之多。順治九年（1652），世祖首行視學禮，此後，順治十七年（1660）、康熙八年（1669）、雍正二年（1724）、乾隆二年（1737）、乾隆三年、乾隆四十八年乾隆五十年、乾隆六十年、嘉慶三年（1798）、道光五年（1825）、咸豐三年（1853）皆行視學禮。道光、咸豐間，由於遭遇了鴉片戰爭、太平軍起義，再後則外患內憂接踵而至，清廷已無暇他顧，至光緒末年新式學堂興起，"臨雍典禮"遂絕。釋奠之禮，自西周至清末，已歷數千載，可謂悠長。

西周官學之學子始入學時，皆服青衿。青衿即藍色交領長衫。南北朝時，與青衿相搭配的尚有容刀。容刀，即佩刀。唐宋時着"藍衫"或"襴衫"，即在長衫下幹加接藍色橫襴，至明又改爲黑色，清復爲藍色。唐代之後興起的部分書院，其生徒入學亦服"藍衫"或"襴衫"。學子服青衿、藍衫或襴衫，如同平民釋褐爲官服一樣，表明身份、地位的顯著變化，而且這種服飾并不僅限於校内穿着，它具有特定的不可擅改的社會屬性。本書《冠服卷·身服説》中設有"青衿"等專文，其形制如何，可資參閲，此不贅述。

早在西周時期，中國已形成了較完備的學制。其中包括了禮儀、聘師、招生、課考、獎懲等，《周禮》《禮記》諸經典中皆有記載。授受内容集中體現於六藝教育中。《管子·弟子職》中已有"學則""受業""畨作""弟子紀"等規定，學界視之爲西周官學之遺制，下將述及。西周時中央官學、地方官學之生員常以千百計，春秋時大儒孔子有弟子三千，必建有相應的學籍，方可便於管理。東漢儒師樓望，"後爲中郎將，教授不倦，世稱儒宗，諸生著録九千餘人"（《後漢書·儒林傳·樓望》）。另一儒師蔡玄，"學通《五經》，門徒常千人，其著録者萬六千人"（同前書《儒林傳·蔡玄》）。此一"著録"，即表明學生已有學籍，祇是尚無學籍之名稱而已。學籍表示學生在校的身份或資格。如唐初曾一度規定，無學籍者不得參加上級學校的入學考試。而宋代曾明確規定："天下士人，不限有無學籍，皆得赴本經一場，中者入上庠。"（宋趙昇《朝野類要·舉業》）又，宋周密《齊東野語·洪君疇》："學舍鳴鼓攻之……遂從第一等規屏斥，盡除學籍。"有無學籍涉及學生是否享有相應的權益，而開除學籍則是學校中最嚴厲的處分。在籍學生必須遵從求學的法規、規則。包括學什麽、怎樣學。如講求德行、虛心求本、衣冠整齊、朝學暮習等，先秦時稱之爲"學則"，即今世之學生守則。《管子·弟子職》："先生施教，弟子是則。溫恭自虛，所受是極。見善從之，聞義則服。溫柔孝悌，毋驕恃力。志毋虛邪，行必正直。游居有常，必就有德。顔色整齊，中心必式。夙興夜寐，衣帶必飾。朝益暮習，小心翼翼。一此不懈，是謂學則。"《弟子職》中又定有"弟子紀"，規定在籍學生在校期間必須遵從的紀律。包括應做什麽、怎樣做。"弟子紀"猶今世之校紀。如："凡言與行，思中以爲紀。古之將興者，必由此始。"漢劉向注曰："思合中和，以爲綱紀。必先中和，然後可興。"這是弟子言行的總的指導思想與總的指導原則，故劉向稱之爲"綱紀"。對此"綱紀"管子十分重視，故特以前史爲證，指出"古之將興者，必由此始"。爾後重點强調弟子與師長的關係，即弟子在校時要時時處處尊重師長，無微不至地照料師長的飲食起居。如："若有所疑，奉手問之。師出皆起。至於食時，先生將食，弟子饌饋……告具而退，奉手而立。"劉向注："饋，謂選具其食。"又："先生將息，弟子皆起。敬奉枕席，問所何趾。"劉向注："變其衽席，則當問其所趾。若有常處，則不請也。"所謂"弟子紀"旨在維繫西周既成的倫理關係，強調師生如父子，故事師如事父，而這種關係必須以儀禮的形式予以展示并加以強化。一些儀禮形式又反復強調，學生若有疑問，"奉手問之"；待師長食畢，則"奉手而立"。"奉手"，即兩手捧於胸前，以表虔誠恭謹。如"師出皆起""先生將息，弟子皆起"，指師長走出教室，或師長欲休息，學生應盡皆起立，以表尊敬愛戴。在孔子之世，時人及孔門弟子多以管仲叛原主而事仇人齊桓公爲不仁，而孔子却認定"桓公九合諸侯，不以兵車，管仲之力也"，"微管仲，吾其被髮左袵矣"，是管仲維護了國家的和平統一，是管仲維護了禮儀之邦，人們纔免得落後倒退。故管仲是成大仁者，孔子的哲學思想與教育思想中，皆融有管子的學説。管子的"思中以爲紀"，即孔子的"中庸之爲德"（《論語·雍也》）的主要内涵。"思中以爲紀"，則天地萬物皆可各得其所，達於和諧而不敗。"中"，即劉向所注之"中和"。《禮記·中庸》："喜怒哀樂之未發謂之中，發而皆中節謂之和；中也者天下之大本也，和也者天下之達道也。致中和，天地位焉，萬物育焉。"孔子教育其弟子曰："中庸之爲德也，其至矣乎！"認爲中庸作爲一種道德，是最爲高尚的了！

　　如同管子一樣，孔子亦頗重儀禮教育，且身體力行，終生不休。在"禮、樂、射、御、書、數"六藝教育中，孔子始終以禮樂爲中心。據《史記·孔子世家》載，孔子周游列國，事事依禮而行，且時時授隨行學生以儀禮，甚至在生命受到威脅時仍兀自不休。"去曹適宋"途中，"與弟子習禮大樹下"，"宋司馬桓魋欲殺孔子"，恨而"拔其樹"。"孔子在陳蔡之間"，陳蔡大夫"相與發徒役圍孔子於野。不得行，絕糧"，孔子仍"講誦弦歌不衰"。"講誦弦歌"即爲習禮樂之舉。孔子死後，"魯世世相傳以歲時奉祀孔子塚，而諸儒亦講禮鄉飲大射於孔子塚"，直至司馬遷著《史記》時猶稱："余讀孔氏書，想見其爲人。適魯，觀仲尼廟堂車服禮器，諸生以時習禮其家，余只迴留之不能去云。"（《史記·孔子世家史臣論》）《孔子世家》又載："古者《詩》三千餘篇，及至孔子，去其重，取可施於禮義，上采契、后稷，中述殷、周之盛，至幽、厲之缺……三百五篇孔子皆弦歌之，以求合《韶》（舜樂）、《武》（武王樂）、《雅》、《頌》之音。禮樂自此可得而述，以備王道，成六藝。"這裏的"六藝"有別於前述官學的"六藝"，係指孔子手自編定的《詩》《書》《禮》《樂》

《易》《春秋》，亦稱之爲《六經》（一説本無《樂經》，《樂經》即《詩經》，古代詩、樂爲一物；或説《樂經》即《周禮》中的《大司樂》，抑或《禮記》中的《樂記》），秦火之後經稱之爲《五經》。《六經》體現了“子以四教：文、行、忠、信”（《論語·述而》）。這是説孔子從四個方面教誨學生：歷史文獻、行爲規範、忠誠守一、信實無欺。這與西周官學之“六藝”相比，顯然更高一籌，孔子的“四教”更注重受教育者的文化素養的提高與人格人品的升華，其主旨在於造就一批德才兼備、可以治亂世的君子。《六經》中常以《詩》《書》連稱，與禮并言。如《述而》：“子所雅言：《詩》《書》、執禮，皆雅言也。”孔子重《詩》在於“不學詩，無以言”，謂不學《詩》，則在社交中言談無據，失於禮度。授《書》與《春秋》的目的皆在於宣揚正道而伐不義，其意在於克己復禮，在於實現有如文武之聖世。克己復禮之“禮”字，已超乎“儀禮”之“禮”，實乃孔子畢生追求的理想社會。授《易》在於增進知能，行爲有則，“可以無大過矣”（《論語·述而》），進而“從心所欲，不逾距”（《論語·爲政》）。

　　《六經》之間的相互關係，仍以禮樂爲中心。儒家認爲，禮樂關乎修身的成敗，治國的興衰，故《漢書·禮樂志》云：“《六經》之道同歸，而禮樂之用爲急。治身者斯須忘禮，則暴嫚入之矣；爲國者一朝失禮，則荒亂及之矣。”又云：“王者必因前王之禮，順時施宜有所損益，即民之心稍稍制作，至太平而大備。周監於二代，禮文尤具。事爲之制，曲爲之防。故稱‘《禮經》三百，威儀三千’，於是教化浹洽，民用和睦，灾害不生，禍亂不作，囹圄空虛，四十餘年。”顏師古注：“監，觀也；二代，夏殷也。言周觀夏殷之禮，而增損之也。”又注“事爲之制，曲爲之防”曰：“每事立制，委曲防閑也。”此即儒家嚮往的文武盛世，此即儒家對於禮的哲學思想與政治思想的解釋。“《禮經》三百，威儀三千”，言具體學習之難也。按此獨言《禮》，《樂》隨《禮》而從略。

　　作爲古代偉大哲人，孔子的核心思想乃一“仁”字。此一“仁”字爲“仁者人也”之“仁”，“仁者愛人”之“仁”，後儒詮釋之爲“民吾同胞，物吾與也”（宋張載《西銘》），即將所有的人皆當作同胞，一切生靈皆視爲同類。孔子的這一核心思想，已展現於他一生的政治生涯與教學活動中。

　　作爲至聖先師，孔子對學生一視同仁，學生不論貴賤賢愚，也不分地區種族，盡心盡力給予教育。徹底改變了西周及西周之前的“學在官府”，祇授貴族子弟，平民受歧視，不得入學的狀況。《論語·衛靈公》載：“子曰：‘有教無類。’”邢昺疏：“類，謂種類。言人所在見教，無有貴賤種類也。"在教學中，孔子善於依從規律、按步驟教導學生進步。《子罕》載："顔淵喟然歎曰：'仰之彌高，鑽之彌堅……夫子循循然善誘人，博我以文，約我以禮，欲罷不能。'"何晏集解："循循，次序貌。誘，進也。言夫子正以此道進勸人有所序。""循循"，一作"恂恂"，意謂真誠謹慎，亦通。無"恂恂"之心，則無"循循"之法。孔子在日常交往中，時時"躬自厚，而薄責於人"（《論語・衞靈公》）即重責於己輕責於人。對於自己的弟子尤爲寬厚，時加愛護，不願説教。孔子一向主張："其身正，不令而行；其身不正，雖令不從。""不能正其身，如正人何？"（《論語・子路》）孔子在教學活動中尤重身教，在《陽貨》篇中有孔子與其弟子的一段對話可作佐證："子曰：'予欲無言。'子貢曰：'子如不言，則小子何述焉？'子曰：'天何言哉？四時行焉，百物生焉。天何言哉？'"孔子一生，處處奉行禮法，品格高尚，行止得體，弟子們對其十分愛戴，視之爲父兄。但據文獻記載，孔子作爲教師却并非道貌岸然，居高臨下。縱觀《論語》全書可知，其教學常常是問答式或討論式的。此類例證俯拾皆是，不再臚列。值得注意的是，弟子對作爲師長的孔子的某些言行常常直言不諱，提出質疑，甚而表示不滿。如，孔子率諸弟子至武城，時弟子言偃（字子游）爲武城宰，孔子"聞弦歌之聲，莞爾而笑曰：'割雞焉用牛刀？'"意謂治一小小武城何須用大禮！言偃隨即反駁説，昔日老師教導我們：勿論君子、小人皆須習禮，今依老師教導行事何錯之有？孔子對身邊弟子説："二三子，偃之言是也，前言戲之耳！"（《論語・陽貨》）。再如，衞靈公的夫人、宋國美女南子行爲淫亂，名聲不佳。其時靈公年老昏庸，南子執掌實權，她派人召見孔子，孔子辭謝不得，認爲依禮當見。歸來之後，弟子子路表示不滿，"夫子矢之曰：'予所否者，天厭之！天厭之！'"在這裏孔子向弟子子路發誓説，如果我不是通過南子向衞靈公推行治道，而做了什麽不正當的事，上天會厭棄我，上天會厭棄我！教師竟然向學生賭咒發誓，師生關係之平等和諧可見一斑。（見《論語・雍也》）又如"伯牛有疾，子問之，自牖執其手"，弟子伯牛（姓冉，名耕，字伯牛）有病，孔子親往探望，從窗户外面就握住了伯牛的手，足見師生關係是何等親密無間！師生間的禮儀行止，翻檢《論語》隨處可見。

　　憑藉禮儀規約，孔子及其儒學始得以傳承、流布。或曰：禮儀規約乃孔子及其儒學之載體與表現形式。自西漢始，儒學即先後傳入鄰近諸國。孔子在韓國至今被尊爲"大成至聖文宣王"，韓國不僅擁有儒教學會、儒教文化研究所等機構，而且在二十餘所大學裏開設了專門研究儒教的學科。魏晋之後，儒學進入日本，至今儒學已融入日本人的思維方式、行爲情感，乃至生活禮俗中，成爲日本民族性的重要組成部分。孔子及其儒學影響之廣遠，已直達於歐美。17世紀中葉，無情批判笛卡兒"天賦觀念"、萊布尼茨"前定和諧論"的法國哲學家伏爾泰轉眸東方，禮贊孔子，他認爲若世人皆習儒學，就不會發生戰亂。他將孔子塑像置於案頭，朝夕膜拜。19世紀中葉，美國開始認識儒學，著名學者愛默生評價曰："孔子是中華文化的教育中心，是哲學上的華盛頓。"9世紀末，德國著名學者衛禮賢，本爲來華傳教，在精通儒學之後，曾對他的學生作過如下論斷："所謂經濟學説、社會學説，皆不如孔學。"2004年11月，全球第一所孔子學院在韓國漢城揭牌。2005年9月中旬，紐約孔子學院正式成立。同年9月28日，乃孔子誕辰二千五百五十六年紀念日，全球首次祭孔活動在世界各地孔廟同時展開，作爲主祭場的中國曲阜之孔廟，其大成殿前竟聚集了二十四個國家和地區的代表兩千五百之衆。筆者以爲，現代高速發展的科學技術，造就了高度的現代文明，但這高度的現代文明，却又充塞了"文明危機"，人類面臨着始料不及的多方位的新的挑戰。高科技是人類的驕傲，可以叩問宇宙，可以克隆萬物，也可以蠶食或傾刻間毀滅人類自身。故而今環宇之內，人們漸將目光轉向古老中國的孔子及其儒學，那就是在尋求人類可以共同遵循的"禮儀規約"，從而挽救"現代文明危機"。

　　縱觀中國之教育史，歷經夏、商、西周，直至春秋時私學之興起，綿綿數千載，國人尊師重道精神一脉相承。師生關係，或若父子，或若兄弟，罕見苛責體罰之舉。至戰國時，始見使用體罰學生之戒具"賈"或"楚"，即楸木板或荆條。弟子不勤，持此二物笞撻之，使其畏而知進。《禮記·學記》："大學始教，皮弁祭菜，示敬道也……賈楚二物，收其威也。"孔穎達疏："'賈楚二物，收其威也'，學者不勤，其業師則以賈楚二物以笞撻之，所以然者，欲令學者畏之，收斂其威儀也。"《禮記》乃"七十子後學所記"（《漢書·藝文志》），本附於《儀禮》而傳習，無獨立地位。因屬附傳之資料，漢代成書時，又隨編訂者個人的見識而再與增删，當然已非孔《禮》之舊。以爲賈楚二物乃孔子所設，實乃大誤！後世常以"賈楚"或"櫃楚"連稱，代指體罰學生之用具，或指體罰教育學生。明清時又有專門責打學童之竹板或小木板，稱之爲"戒方"或"戒尺"，筆記小説多有所見。南北朝時又見花樣翻新的體罰方式，據《通典·選舉二》載，北魏、北齊課試中，考生之字迹若有漏訛，罰其站立於座席之後；若字迹濫劣，罰其飲墨水一升；若文章疏慢荒誕，則罰其離席并解去佩刀。佩刀代表男子儀容之莊嚴，解其佩刀，以示羞辱。詳可參閱本考所列"立席後""飲墨水""奪席脱容刀"諸文。始於隋唐的科舉考試，是中國選舉史上的偉大革命，天下寒士得以平等公開地展示才華，晋升仕林，然而其紕漏也逐漸顯現，應試作弊之舉自唐以來即未能免，開元間首行"考工別試"之法，以求避嫌取士。其後歷代皆嚴肅考紀，密設峻法。至明清之時，懲罰之烈，令人驚怖。明洪武、清順治時曾釀成科場大獄，考官、士子，乃至弟兄叔侄，連坐同科，誅戮、遣戍、囚禁、革除功名者數以千計，本卷《人才擇取説·科舉制度考》中已有詳論，此不贅述。隋唐之學校教育，雖號稱"繁盛"，却大抵順從於科舉考試，今學界稱之爲科舉之附庸，其學規一仍南北朝之舊制，無大變革。至北宋時，尚文抑武，改革科舉制度，學校教育之地位顯著提高，其學規亦相應嚴格起來。據宋周密《癸辛雜識》後集載，其時之學規有五等懲罰制度。犯規最輕的學子，禁閉數月，不許出入。最重的處罰，則需鳴鼓集衆，教諭、齋長諸人身着官服，當衆宣讀重過學子所犯條文及處罰決定，將犯規學生押解出列毁裂襴衫，經櫝楚之後，開除學籍，逐出校門，永不與士齒。此"五等懲罰"，後世雖未見推行，但其負面影響却不容忽視。五等懲罰之第二等"下自訟齋"，北宋時即被比之爲學校中的"黥刑"。徽宗雖曾詔"廢太學自訟齋，太學之不率教者，移之辟廱"（宋王栐《燕翼詒謀録》卷五），但至明代，其國子監内又設類似自訟齋之機構，稱之爲"繩愆廳"，犯規而不足除籍之學子，必投此廳中，以禁閉思過。明代國子監内學規甚嚴，凡釋奠、授業、飲食、起居、沐浴及告假出入等，皆有詳則，小有過失，必予懲罰，并記入"集愆簿"中，以備通查，再作裁處。（見明黄佐《南雍志·規制考上》）清朝學規大抵沿襲明制，但明太祖時一度興起的"文字獄"，在清朝前期却又變本加厲。被梟首戮屍的學者姑且不論，一些無辜學子亦難逃噩運，有的祇因一字之書寫，有的祇因一詩之吟哦，有的則因偶讀某文某書，朝在書齋，暮投鐵檻，犯禁罹罪，盡在無意間。"文字獄"在中國教育史中似屬偶然之舉，孰料在中國的20世紀40年代的民國期間猶見其遺風，實爲可怖可悲！在明清兩代，在所謂正常的教育教學活動中，學規森嚴，視學生如囚犯。如在國子監中皆立"卧碑"，碑上鎸刻學規禁例，學生須一一背誦。月集諸生於明論堂，師長於宣示《訓飭士子文》之外，復宣示卧碑條文，届時"諸生環聽，除丁憂、患病、游學有事外，不應月課三次者戒飭，無故終年不應者，黜革試卷，申送學政查覈"（《清史稿·選舉志一》），有違《訓飭士子文》或卧碑條款者，即當衆責罰，類似"毁裂襴衫"之舉，亦時有所見。雖有小過，亦不寬恕，必一一記入專設之《集愆簿》中，待日集月纍，合計懲罰。蒙學中之學童尤苦，教師廣備戒方，并視爲施教之法寶，動輒擊打，令學童終日惴惴，畏師如虎。教師爲嚴加管教，又常設"出恭牌"，以監視學童，使之不得擅離書房，學童入廁須持此牌，方得自由。

總之，中國古代學校的禮儀規約，起於商周，自孔子而集其大成，其後歷經秦漢、魏、晉、南北朝，至唐宋而達於鼎盛時期，至明清以還，始固步自封，積習漸重，如同科舉制一樣，已步入窮途末路。至晚清之後，隨同西學東漸罡風之飆起，舊有學校盡皆改爲新式學堂，西式禮儀規約已融入傳統教育中，但歷時數千載的尊師重道之風始終綿延如一，如同中國的優秀傳統一樣，不會因"學行於邯鄲"，忘却本步，乃至"匍匐而歸"。

束脩

亦作"束修"。亦稱"脩脯""束金""學錢""脩金"。脩，即脯，指乾肉。以一束乾肉作拜師薄禮。一束，十條。始於春秋時。孔子辦學，弟子僅以束脩爲禮，即可入學受教。後因以藉指拜師禮儀或學費。此稱沿襲至明清之後廢止。《論語·述而》："子曰：'自行束脩以上，吾未嘗無誨焉。'"宋邢昺疏："古者持束修以爲禮，然此是禮之薄者，其厚者則有玉帛之屬。"按："玉帛"則非拜師專用。《北史·儒林傳上·馮偉》："門徒束脩，一毫不受。"宋洪邁《容齋續筆·唐諸生束脩》："《開元禮》載皇子束脩：束帛一篚五匹，酒一壺二斗，脩一案三脡。皇子服學生之服，至學門外，陳三物於西南，少進曰：'甘方受業於先生，敢請見……'其儀如此，州縣學生亦然。"宋袁燮《從仕郎汪君墓志銘》："可教者獎拔之，或資以脩脯勉使從學。"明吳炳《綠牡丹·逐館》："清明、端陽兩季束脩不消説起，連重陽節也預支出去了。"清光緒《昌平州志·燕平書院章程》："院長每年束脩大錢二百斤，火食大錢六十千，按月致送。"清蒲松齡《聊齋志異·褚生》："内有褚生……且寄宿齋（僧齋）中，未嘗一日見其歸。陳與最善，因詰之。答曰：'某家貧，辦束金不易，即不能惜寸陰，而加以夜半，則我之二日，可當人三日。'"《醒世姻緣傳》第二七回："人家有子弟的，丁利國都上門去綽攬來從學；出不起學錢的，丁利國都與他們代出脩金。"清馮桂芬《改建正誼書院記》："以萬金置田，以歲租爲脩脯、膏火資。"

【束修】

同"束脩"。此體宋代已行用。見該文。

【脩脯】

即束脩。此稱宋代已行用。見該文。

【束金】

即束脩。此稱清代已行用。見該文。

【學錢】

即束脩。此稱清代已行用。見該文。

【脩金】

即束脩。此稱清代已行用。見該文。

束脩羊

亦作"束修羊"。用作束脩的羊，藉指束脩。唐馮贄《雲仙雜記·束脩羊》："倪若水藏書甚多……子弟直日看書、借書者，先投束脩羊。""束脩羊"，一作"束修羊"。明李贄《初譚集·兄弟上》："究則開門授徒，計束脩羊，獨善其身。"

【束修羊】

同“束脩羊”。此體唐代已行用。見該文。

贄禮

亦稱“贄見禮”“贄具”。古代拜見師長時所獻的見面禮。宋陳祥道《禮書》卷六〇論及上古之禮時，設有《贄儀》專篇，其中已有“贄禮”一詞。《古今小說·窮馬周遭際賣餛媼》：“次日，常何取白金二十兩，彩絹十端，親送到館中，權爲贄禮。”《二十年目睹之怪現狀》第七五回：“這是一分贄禮，却送得那麼重！”清徐震《照世杯·掘新坑慳鬼成財主》：“回家去騙了父親贄見禮，只説到城中附館讀書，就借這名色拜在吊師門墻下，有何不可？”清汪琬《送陸蔚文序》：“舉諸生脯脩贄具，他師所苛責不已者，悉蠲除之。”

【贄見禮】

即贄禮。此稱清代已行用。見該文。

【贄具】

即贄禮。此稱清代已行用。見該文。

贄儀

亦稱“贄敬”。宋陳祥道《禮書》卷六〇論及上古之禮時，設有《贄儀》專篇。明天然石叟《石點頭·侯官縣烈女殲仇》：“新生贄儀，聽其厚薄。”明佚名《霞箋記·得箋窺認》：“看禮單，薄禮奉充贄敬。”《兒女英雄傳》第三六回：“當下安公子鋪好拜氈，遞過贄儀，早拜下去。”清胡林翼《益陽箴言書院志·志歲用第三》：“〔山長每年〕入學贄儀銀六兩。”《文明小史》第一四回：“倘若一齊進了學，將來回鄉之後，廩保贄敬，先生謝儀，至少也要得幾百塊錢。”

【贄敬】

即贄禮。此稱明代已行用。見該文。

釋奠

古代尊師禮儀之一。謂陳設薦饌，以酌奠先聖或先師，并配之以樂舞。釋，本謂放置，此指陳設。古時，國學、郡學及部分書院在立學始業或天子視學之日，於聖廟或聖賢殿堂中舉行，此禮尤隆重。祭品用清酒、牲畜、蔬菜、穀物之類。祭器用尊、爵、俎、豆、簋、簠、鉶、筐之類。祭祀程式分別爲迎尸（尸：巫扮之先聖、先師）、迎牲（牛、羊、猪三牢）、獻酌（凡三獻）、致祝告文、授器（授舞者器）、奠幣（獻貨幣作爲加禮）、合樂進舞。立學始業或天子視學之外，春秋兩季或再逢開學之日，則僅設酒饌祭奠先師，不備禮樂，無迎尸以下繁禮。可以供牲，但不需全牲。釋奠并非爲尊師專設，亦可施於山川、廟社等處，主持人按不同祭禮級別，可由國君、太常或地方長官擔任。若逢凶事（如喪吊、饑荒等）則去樂舞。《禮記·文王世子》：“凡學，春官釋奠於其先師，秋冬亦如之。”鄭玄注：“不言夏，夏從春可知也。釋奠者，設薦饌酌奠而已，無迎牲以下之事。”又“凡始立學者，必釋奠於先聖先師，及行事必以幣。”孔穎達疏：“始立學必釋奠於先聖先師，四時釋奠於先師、不及於先聖者，則諸侯四時釋奠亦不及先聖也。”《北史·周紀下·太祖文帝》：“二月丁巳，帝幸路門學，行釋奠禮。”《文獻通考·學校四》：“古者釋奠，或施於山川，或施於廟社，或施於學……凡始立學與天子視學，釋奠於先聖先師，四時則釋奠先師而已。”三國魏齊王正始七年（246）令太常釋奠，乙太牢祀孔子於辟雍，是爲後世行釋奠禮之始。隋制，國子寺每歲四仲月上丁，釋奠於先聖先師，州縣學則以春秋仲月釋奠。《晋書·禮志下》："魏正始中，齊王每講經遍，輒使太常釋奠先聖先師於辟雍，弗躬親。及惠帝、明帝之爲太子及愍懷太子講經竟，並親釋奠於太學……成、穆、孝武三帝亦皆親釋奠。"《舊唐書·禮儀志四》："〔貞觀二十一年，許敬宗等奏〕秦漢釋奠，無文可檢。至於魏氏，則使太常行事。自晋宋已降，時有親行，而學官主祭，全無典實……今請國學釋奠，令國子祭酒爲初獻，祝辭稱'皇帝謹遣'，仍令司業爲亞獻，國子博士爲終獻。其州學，刺史爲初獻，上佐爲亞獻，博士爲終獻。縣學，令爲初獻，丞爲亞獻，博士既無品秩，請主簿及尉通爲終獻。"

釋菜

亦稱"舍采"。古代尊師禮儀之一。國學、郡學與書院初立學與初入學者以菜蔬獻祭先聖先師，較"釋奠"輕簡，其制不詳，并有异説。釋，謂安排陳列；菜，舊注謂芹藻之屬。參祭者戴皮弁，獻以菜蔬，無舞，不授器，較釋奠簡略。《周禮·春官·樂師》："春，入學，舍采合舞。"鄭玄注："舍即釋也，采讀爲菜，始入學必釋菜，禮先師也。菜，蘋蘩之屬。"《禮記·文王世子》："始立學者，既興（釁）器用幣，然後釋菜，不舞不授器。"鄭玄注："釋菜，禮輕也。釋奠則舞，舞則授器。"《宋史·禮志八》："大觀初，大司成强淵明言：'考之《禮經》，士始入學，有釋菜之儀。請自今每歲貢士始入辟雍，並以元日釋菜于先聖。'"參見本卷《禮規齋器説·禮儀規約考》"釋奠"文。

【舍采】

即釋菜。此體先秦時期已行用。見該文。

皮弁祭菜

天子使主管官員服皮弁，祭先聖先師以蘋藻之菜，示學子以謙敬之道。爲先秦時大學開學典禮儀式之一。皮弁，朝冠，以白鹿皮製成。《禮記·學記》："大學始教，皮弁祭菜，示敬道也。"鄭玄注："皮弁，天子之朝，朝服也；祭菜，禮先聖先師；菜謂芹藻之屬。"孔穎達疏："大學始教者，大學謂天子、諸侯使學者入大學，習先王之道矣。熊氏云：'始教，謂始立學教；皮弁祭菜者，謂天子使有司服皮弁，祭先聖先師以蘋藻之菜也。'示敬道也者，崔氏云：'着皮弁祭菜蔬，並是質素，示學者以謙敬之道矣。'"

宵雅肄三

古代開學典禮儀式之一。即入學之始，先歌《詩·小雅》中之《鹿鳴》《四牡》《皇皇者華》三篇，取君臣宴樂相勞苦之意，使師生上下和厚有序。宵，通"小"；肄，練習。《禮記·學記》："大學始教……宵雅肄三，官其始也。"鄭玄注："宵之言小也；肄，習也。習《小雅》之三，謂《鹿鳴》《四牡》《皇皇者華》也。此皆君臣宴樂相勞苦之詩，爲始學者習之，所以勸之以官，且取上下相和厚。"

鼓篋

古代開學典禮儀式之一。即擊鼓開篋，以示讀書之始。篋，竹製書箱。《禮記·學記》："大學始教，皮弁祭菜，示敬道也……入學鼓篋，孫其業也。"鄭玄注："鼓篋，擊鼓警衆，乃發篋出所治經業也。孫，猶恭順也。"孔穎達疏："大學始教者，大學謂天子、諸侯使學者入大學，習先王之道矣。熊氏云：'始教，謂始立學教。'"唐柳宗元《四門助教廳壁記》："助教之職，佐博士以掌鼓篋、櫎楚之政令。"後藉指負篋尋師求學。如唐楊炯《遂州長江縣先聖孔子廟堂碑》："華陽曾子，鼓篋來游；蜀國顏生，摳衣請學。"

齒次

亦稱"齒序"。指依長幼次序所定的禮節。齒，謂年齒、年齡。中國古代嚴別年齡高下，以高爲尊，以下爲卑。《孟子・公孫丑下》即有"天下有達尊三：爵一，齒一，德一"諸語。人們在特定生活中重年齒，而不論身份地位，表現於學校生活中尤爲明顯，同窗中除却學齡外，皆以年齒爲尊。《魏書・崔玄伯傳》："初，寬之通款也，見司徒浩，浩與相齒次，厚存撫之。"《舊唐書・珍王誡傳》："姻族闕齒序之義，舅姑有拜下之禮。"《杏壇記》第一回："吾儕只叙同窗齒次，不論官爵家世。"

【齒序】

即齒次。此稱唐代已行用。見該文。

齒胄

謂太子入學與公卿之子依年齡大小爲禮，無太子與胄子之尊卑。後多指太子入學之禮或太子入學。太子入學之禮，西周時當已行用。《文選・王融〈三月三日曲水詩序〉》："出龍樓而問竪，入虎闈而齒胄。"李善注："《漢書・成紀》曰上嘗召太子出龍樓門。《周禮》曰師氏以三德教國子，居虎門之左。蔡邕《明堂月令論》曰：周官有闈門之學。"李周翰注："虎闈，教國子之學所也。公卿之子爲胄子。言太子入學，以年大小爲次，不以天子之子爲上，故云齒胄。齒，年也。"唐韓愈《賀皇帝即位表》："爰自主鬯春宫，齒胄國學，孝友之美，實行四方。"《新唐書・玄宗紀》："〔開元七年〕十一月乙亥，皇太子入學齒胄，賜陪位官及學生帛。"《舊五代史・唐書・明宗紀四》："太堂丞段顒請國學五

經博士各講本經，以申橫經齒胄之義，從之。"宋徐鉉《文獻太子挽歌詞》之五："綵仗清晨出，非同齒胄時。"

師嚴道尊

亦稱"師道尊嚴""尊師重道"。儒家教育思想之一種。謂衹有尊敬教師，方能尊重其所傳道業。師嚴道尊之禮儀，國人自先秦以還，甚爲重視，間或有侮謾偏激之舉，并無礙主流，師嚴道尊之精神，可謂歷代相承，一以貫之。《禮記・學記》："凡學之道，嚴師爲難。師嚴然後道尊，道尊然後民知敬學。"漢鄭玄注："嚴，尊敬也……尊師重道焉，不使處臣位也。"漢班固《白虎通・王者不臣》："不臣授受之師者，尊師重道，欲使極陳天人之意也。"《後漢書・儒林傳・孔僖》："臣聞明王聖主，莫不尊師重道。今陛下親屈萬乘，辱臨蔽里，此乃崇禮先師，增輝聖德。"清陸以湉《冷廬雜識・尊師重道》："所以尊師重道，爲教化之本。"清蔣士銓《一片石・訪墓》："既居師道尊嚴，即是文壇老宿，不望陞遷卓異，但求署教諭之銜。"

【師道尊嚴】

即師嚴道尊。此稱清代已行用。見該文。

【尊師重道】

即師嚴道尊。此稱漢代已行用。見該文。

爲師弗臣

儒家教育思想之一種。謂作爲帝王的教師在爲君授課時不行臣禮。在中國古代，帝王之地位至高無上，萬民皆須俯首稱臣，但作爲帝王的教師，則特受尊崇。當帝王向教師請教時，當執弟子之禮。《禮記・學記》："凡學之道，嚴師爲難。師嚴然後道尊，道尊然後民知敬學。是故君之所不臣於其臣者二，當其爲尸，則弗

臣也；當其爲師，則弗臣也。”鄭玄注：“尸，主也，爲祭主也。尊師重道焉。”孔穎達疏：“‘是故君之所不臣於其臣者二’者，二謂當其爲尸及師則不臣也。此文義在於師，並言尸者，欲見尊師與尸同。‘當其爲師則弗臣也’者，若不當其時，則臣之。”按：尸謂祭祀時充當祭主的人，既爲祭主，則帝王亦需禮拜。若不充當祭主之時，仍應向帝王稱臣。扮尸者之身份與教師相同，故舉以爲例證。其他如三更、五老（古代專設此兩種職位，天子以父兄之禮養之）及臨陣之大將軍，亦暫所不臣。因與師位相差較遠，故略而不舉。

太學虛北

儒家教育思想之一種。謂太學中無北面之禮。中國古禮，臣拜君、卑幼拜尊長，皆北向行禮，故居人臣、卑幼之位曰“北面”。在太學中教師授業之時，雖貴爲天子，亦以師爲尊，不使師北面而拜，以示尊師之道。《禮記·學記》：“太學之禮，雖詔於天子，無北面，所以尊師也。”鄭玄注：“尊師重道焉，不使處臣位也。”孔穎達疏：“此證尊師之義也。此人既重，故更言太學也。詔，告也。雖天子至尊，當告授之時，天子不使師北面，所以尊師故也。”

有教無類

儒家教育思想之一種。謂教師施教應一視同仁，學生不論貴賤賢愚，也不分地區種族，盡心盡力給予教育。在西周及西周之前，學在官府，衹授貴族子弟，平民受歧視，不得入學。《論語·衛靈公》：“子曰：‘有教無類。’”邢昺疏：“此章言教人之法也。類，謂種類。言人所在見教，無有貴賤種類也。”後世視“有教無類”爲聖人之道，仁義之本。《新唐書·突厥傳上》：“聖人之道無不通，故曰‘有教無類’。”《宋史·陳彭年傳》：“本仁本義，可以弭兵。是爲齊禮，亦曰好生。有教無類，自誠而明。”

循循善誘

省稱“循誘”。儒家教學方法之一種。謂善於依從規律、按步驟、真誠謹慎教導學子進步。《論語·子罕》：“顔淵喟然歎曰：‘仰之彌高，鑽之彌堅……夫子循循然善誘人，博我以文，約我以禮，欲罷不能。’”何晏集解：“循循，次序貌。誘，進也。言夫子正以此道進勸人有所序。”劉寶楠正義：“博文約禮，即善誘之法。先博文，後約禮，所謂‘循循’也。”南朝梁劉孝標《辯命論》：“躔則關西孔子，通涉六經，循循善誘，服膺儒行。”宋曾鞏《上歐陽學士第一書》：“若其以庸衆待之，尋常拒之，則鞏之望於世者愈狹，而執事之循誘亦未廣矣。”

【循誘】

“循循善誘”之省稱。此稱宋代已行用。見該文。

【恂恂善誘】

同“循循善誘”。亦稱“恂恂善導”。《論語·子罕》：“夫子循循然善誘人。”劉寶楠正義：“循循，或作‘恂恂’。《後漢書·趙壹傳》：‘失恂恂善誘之德。’注引《論語》：‘夫子恂恂然善誘人。’又《李膺傳》注:《三國志·步騭傳》《孟子·明堂章》章指引文並同……故翟氏灝《考異》、馮氏登府《異文考證》、臧氏庸鄭注輯本，並以‘恭順’之訓，亦本鄭氏，則謂鄭本作‘恂恂’矣。”《後漢書·郭太傳論》：“而林宗（郭太之字）雅俗無所失，將其明性特有主乎！然而遜言危行，終亨時晦，恂恂善導，使士慕成名，雖孟墨之徒不能絶也。”

【恂恂善導】

即恂恂善誘。此稱漢代已行用。見該文。

溫故而知新

省稱"溫故知新""溫故"。儒家教學方法之一種。溫習已學之知識，從而獲得進一步新的理解。《論語・爲政》："溫故而知新，可以爲師矣。"邢昺疏："此章言爲師之法。溫，尋也，言舊所學得者，溫尋使不忘也，是'溫故'也；素所未知，學使知之，是'知新'也。既溫尋故者，又知新者，則可以爲人師矣。"此爲孔子對教師擁有學識的要求，就是說教師對學識必須有高於常人的理解，始可教授他人。後亦指學習方法，并不限於教師。《禮記・中庸》："故君子尊德性而道問學，致廣大而盡精微，極高明而道中庸，溫故而知新，敦厚以崇禮。"漢班固《東都賦》："唯子頗識舊典，又徒馳騁乎末流，溫故知新已難，而知德者鮮矣。"《三國志・魏書・管輅傳》"曹爽等誅，乃覺寤云"三國裴松之注引《管輅別傳》："夙夜研幾，孳孳溫故。"宋歐陽修《讀書》詩："古人重溫故，官事幸有閑。乃知讀書勤，其樂固無限。"元秦簡夫《剪髮待賓》第四折："我做個窮漢婦甘貧受窘，孩兒把聖賢書溫故知新。"

【溫故知新】

"溫故而知新"之省稱。此稱漢代已行用。見該文。

【溫故】

"溫故而知新"之省稱。此稱三國時期已行用。見該文。

比物醜類

亦稱"比物連類""比物屬事""比物假事"。儒家教學方法之一種。謂連綴同類事物，以行比照比方。醜，猶比照，比方。即講解新的内容時，則列舉舊的相關的事物，使其明瞭無誤，易於接受。《禮記・學記》："古之學者，比物醜類。"鄭玄注："以事相況而爲之。醜，猶比也。"孔穎達疏："比物醜類者，既明學者，仍見舊事，又須以時事相比方也。物，事也。言古之學者，比方其事以醜類。謂以同類之事相比方，則事學乃易成。既云古學如斯，則今學豈不然？"《史記・魯仲連鄒陽列傳》："鄒陽辭雖不遜，然其比物連類，有足悲者。"漢枚乘《七發》："於是使博辯之士，原本山川，極命草木；比物屬事，離辭連類。"清龔自珍《古史鈎沉論二》："一呼一吸，因事納諫，比物假事，不辭矯枉之刑。"

【比物連類】

即比物醜類。此稱漢代已行用。見該文。

【比物屬事】

即比物醜類。此稱漢代已行用。見該文。

【比物假事】

即比物醜類。此稱清代已行用。見該文。

學問思辨

儒家宣導的有關學習、思考的修養方法。爲"博學""審問""慎思""明辨"之省稱。《禮記・中庸》："誠者，天之道也；誠之者，人之道也……誠之者，擇善而固執之者也。博學之，審問之，慎思之，明辨之，篤行之。"宋朱熹集注："此誠之之目也。學問思辨，所以擇善而爲知，學而知也。篤行，所以固執而爲仁，利而行也。程子曰：'五者廢其一，非學也。'"

受業

謂從事學習，接受課業。此處特指如何受教。教學之第一周必由年長之弟子始，一周後則不分長幼；始誦讀必起身站立，第二次之後即可坐誦。《管子·弟子職》："受業之紀，必由長始。一周則然，其餘則否。始誦必作，其次則已。"尹知章注："先從長者教也。〔一周〕謂始教一周，則從長者始；一周之外則不然。始誦而作，以敬事端也。至於次誦則不然。"

疾學

努力學習，善於學習。《吕氏春秋·勸學》："聖人生於疾學。不疾學而能爲魁士名人者，未之嘗有也。"漢劉向《説苑·雜言》："夫桀殺關龍逄，而紂殺王子比干，故君子疾學，修身，端行，以須其時也。"

橫經

本謂橫陳儒經。後藉指學習儒經，或泛指受業、讀書。南朝梁何遜《七召·儒學》："橫經者比肩，擁箒者繼足。"《舊五代史·唐書·明宗紀四》："太學丞段顒請國學五經博士各講本經，以申橫經齒胄之義。"明李東陽《遣兒兆先入學以詩示之》："要知西塾橫經地，不盡重闈屬纊情。"

蚤作

提早勞作。蚤，通"早"。本處專指作爲弟子提早勞作之内容，如何執弟子禮。《管子·弟子職》："少者之事，夜寐蚤作。既拚盥漱，執事有恪，先生乃作，沃盥徹盥。氾拚正席，先生乃坐。出入恭敬，如見賓客。危坐鄉師，顔色毋作。"尹知章注："掃席前曰'拚'；盥，潔手；漱，滌口。〔共盥〕謂供先生之盥器也。"按"危坐鄉師，顔色毋作"，謂面嚮教師端正坐姿，容貌不得有變化。鄉，通"嚮"。古時坐姿與今有異。"坐"通常指小腿屈於身後，以臀着足掌之上；"危坐"通常指將臀部擡起，如今之跪姿。

暮習

夜暮復習。謂白日受業所得之知識技能，必於此時鞏固加强。《管子·弟子職》："先生施教，弟子是則。温恭自虚，所受是極……朝益暮習，小心翼翼，一此不懈。是謂學則。"解，通"懈"。

學不躐等

儒家教學方法之一種。謂弟子若有疑滯，必須問師時，年幼者應依禮推讓年長者先問，自己從旁聽師解答，然後再由年長者講解，不得逾越齒序，這樣做可以防止年幼者因先於年長者得其解而驕矜，有利於其進步、成長。《禮記·學記》："幼者聽而弗問，學不躐等也……教之大倫也。"孔穎達疏："教學之法，若有疑滯未曉，必須問師，則幼者但聽長者講説，不得輒問。推長者諮問，幼者但聽之耳。'學不躐等也'者，學，教也；躐，踰越也。言教此學者，令其謙退，不可蘄越等差。若其幼者輒問，不推長者，則與長者抗行，常有驕矜，唯使聽而不問，故云'學不躐等也'。"

學制

亦稱"規程"。學校之規章制度。如禮儀、聘師、招生、課考、獎懲等。西周時已見其制。《周禮》《禮記》中皆有記載。授受内容集中體現於六藝教育中。《管子·弟子職》中已有"學則""受業""蚤作""弟子紀"等規定，後世日逐完善，至南北朝始見"學制"之稱。南朝宋范泰《請建國學表》："學制既下，遠近遵承。"《北史·刁沖傳》："雖家世貴達，及從師於外，自同諸生。于時學制，諸生悉日直監厨，沖雖有僕隸，不令代己，身自炊爨。"唐黃滔《南海韋尚書》："日月遷綿，規程革易。"《朱子語類》卷一〇六："明日煩教授諸職事，共商量一規程，將來參定，發下兩學，共講磨此事。"清道光《南宮縣誌》卷三載有《東陽書院新定規程》，較之前代尤爲詳盡。

【規程】

即學制。此稱唐代已行用。見該文。

學則

求學的法規、規則。包括學什麼，怎樣學。如講求德行、虛心求本、衣冠整齊、朝學暮習等。《管子·弟子職》："先生施教，弟子是則。溫恭自虛，所受是極。見善從之，聞義則服。溫柔孝悌，毋驕恃力。志毋虛邪，行必正直。游居有常，必就有德。顏色整齊，中心必式。夙興夜寐，衣帶必飾。朝益暮習，小心翼翼。一此不懈，是謂學則。"尹知章注："極，謂盡其本原……虛，謂虛偽。"戴望校正："'衣帶必飾'，宋本'飾'作'飭'。"朱熹制定的《白鹿洞書院揭示》被歷代書院奉爲"學則"的經典之作，亦爲官學所效法。祇是無"學則"之名而已。影響廣遠、名實并具的《程董學則》，當是該《揭示》的進一步發揚。此後著名的尚有清代楊仲唐制定的《明道書院學則》，列有志正學、養正性、明正理、修正行、充正道、綿正傳六綱要，甚爲周全。

【學約】

即學則。此稱多用於書院中。如宋呂祖謙所制的《麗澤堂學約》、清馮成修所制《粵秀書院學約》等。光緒年間黃舒昺所制用於明道書院之《尋樂草堂約》，分志道、據德、依仁、游藝四章，每章之下又設功課、示戒兩類，從正反兩方面訓誡學生。

學規

校規，校紀。至遲西周時當已有學規，祇是無其名稱而已。宋徐度《却掃編》卷上："先生乃制爲學規，凡課試講肄，勸督懲賞，莫不有法。"《宋史·道學傳三·朱熹》："間詣郡學，引進士子與之講論。訪白鹿洞書院遺址，奏復其舊，爲學規俾守之。"有時學規甚強調懲罰之力度，如宋周密《癸辛雜識》後集載："學規五等：輕者關暇幾月，不許出入，此前廊所判也；重則前廊關暇，監中所行也；又重則遷齋，或其人果不肖，則所選之齋亦不受，又遷別齋，必須委曲人情方可，直須本齋同舍力告公堂，方許放還本齋。此則比之徒罪；又重則下自訟齋，則比之黥罪。自宿自處，同舍亦不敢過而問焉；又重則夏楚屏斥，則比之死罪。凡行爵之際，學官穿秉，序立堂上，鳴鼓九通，二十齋長渝並襴幞，各隨東西廊序立，再拜謝恩，罪人亦謝恩。用一新參集正宣講彈文，又一集正權司爵，以黑竹篦量決數下，大門甲頭以手對衆，將有罪者執下堂，毀裂襴衫押去，至此不與士齒矣。"至清代，隨同書院之劇增，學規之制尤爲繁夥。如李來章所定《南陽書院學規》、黃舒昺所定《洛學書院學規》等。據清人方季和《瀛山書院志·學規》所載，其內容分爲格致、立志、慎修、戒傲、安貧、會文、尊注、通務、知命、惜陰十條。

監規

國子監的規章制度。隋唐已有國子監的設置，監規當始於其時，此稱則見於明代。《明史·職官志二》："祭酒、司業，掌國學諸生訓導之政令。凡舉人、貢生、官生、恩生、功生、例生、士官、外國生、勳臣及勳戚大臣子弟入監者，奉監規而訓課之，造以明禮達用之學。”《清史稿·選舉志一》：“道光末，詔整飭南學，住學者百餘人，監規頹廢已久，迄難振作。”

弟子之紀

謂作學生應遵從的規矩。主要指學生如何尊敬師長，學生之間如何相互學習等。《管子·弟子職》：“先生將息，弟子皆起，敬奉枕席，問所何趾。倰祍則請，有常有否。先生既息，各就其友，相切相磋，各長其儀。周則復始，是謂弟子之紀。”尹知章注：“倰，始也。變其祍席，則當問其所趾；若有常處，則不請也。”

學籍

指學生的名籍。表示在校的身份或資格。開除學籍，爲學校中最嚴厲的處分。西周時中央官學、地方官學之生員常以千百計，春秋時孔子有弟子三千，必有學籍方可管理。東漢儒師樓望，“後爲中郎將，教授不倦，世稱儒宗，諸生著錄九千餘人”，另一儒師蔡玄，“學通《五經》，門徒常千人，其著錄者萬六千人”。此一“著錄”，即表明學生已有學籍，祇是無學籍之名稱而已。宋趙昇《朝野類要·舉業》：“天下士人，不限有無學籍，皆得赴試本經一場，中者入上庠。”又，周密《齊東野語·洪君疇》：“學舍鳴鼓攻之……遂從第一等規屏斥，盡除學籍。”參閱《後漢書·儒林傳》。

監牒

國子監所發放的文憑。猶今之畢業證。隋唐已有國子監之設置，“監牒”之發放當始於其時，此稱首見於宋代。宋司馬光《貢院乞逐路取人狀》：“其間亦有身負過惡，或隱憂匿服，不敢於鄉里取解者，往往私買監牒，妄冒戶貫，於京城取解。”

卧碑

明清時置於國子監中的石碑，碑上鐫刻學規禁例。太學刻石訓誡生員，始於宋徽宗時。明初置卧碑於南京國子監，清初在北京又置卧碑，稱新卧碑。明清生員在學宮肄業，教官月集諸生於明倫堂，誦訓飭士子文及卧碑諸條，諸生環聽。《宋史·馮去非傳》：“丁大全爲左諫議大夫，三學諸生叩閽言不可，帝爲下詔禁戒，詔立石太學，去非獨不肯書名碑下。”《明史·選舉志一》：“〔洪武〕十五年，頒學規於國子監，又頒禁例十二條於天下，鐫立卧碑，置明倫堂之左，其不遵者，以違制論。”清魏崧《壹事記始》卷六：“宋大觀元年，御製八行八行條，詔以書，刊石立之學宮。”《清史稿·選舉志一》：“月集諸生明倫堂，誦訓飭士子文及卧碑諸條，諸生環聽，除丁憂、患病、游學、有事故外，不應月課三次者戒飭，無故終年不應者，黜革試卷，申送學政查覆。”

集愆簿

亦稱“集愆册”。明清時記錄國子監學生違犯監規之簿册。《明史·選舉志一》：“監丞置集愆簿，有不遵者書之，再三犯者決責，四犯者至發遣安置。”又《明史·職官志二》：“監丞掌繩愆廳之事，以參領監務，堅明其約束，諸師生有過及廩膳不潔，並糾懲之，而書之於集愆册。”《大清會典·禮部》：“監丞職主糾繩，置立集愆册一本，凡監生有不遵學規者即懲治，仍將所犯附寫文册，以憑通考。”《清史稿·選舉志一》：“置集愆册，治諸不帥教者，出入必記於簿，監丞掌之。”按：“出入”指省親、完姻、丁憂、告病等重要事情之離去返回，視其有無違規。

【集愆册】

即集愆簿。此稱明代已行用。見該文。

檟楚

亦作"夏楚""賈楚"。古代指以檟木、荆條製成的體罰學生之用具，亦指體罰教育學生。《禮記·學記》："大學始教……夏楚二物，收其威也。"鄭玄注："夏，榎也；楚，荆也。二者所以鞭撻犯禮者。"《陳書·新安王伯固傳》："爲國子祭酒……爲政嚴苛，國學有墮游不脩習者，重加檟楚，生徒懼焉，由是學業頗進。"唐柳宗元《四門助教廳壁記》："助教之職，佐博士，以常鼓篋、檟楚之政令，分其人而教之。"《明史·職官志二》："〔諸生〕有不率者，撲以賈楚。不悛，徙謫之。"清蒲松齡《聊齋志異·張誠》："樵既歸，詣塾……師曰：'午前不知何往，業夏楚之。'歸謂誠曰：'不聽吾言，遭笞責矣。'"另，古時又以"檟楚"作爲笞刑或笞刑刑具的泛稱。參見本書《國法卷·四處法具説》"笞刑"文。

【夏楚】

同"賈楚"。此體漢代已行用。見該文。

【賈楚】

同"檟楚"。此體明代已行用。見該文。

戒方

亦稱"戒尺""戒飭"。舊時教師責罰學童所用的竹版或小木板。清王譽昌《崇禎宮詞》"手帕龍香贄姓名，一堂歌順聖章程"注："有犯老師，批本監提督責處，輕則學長以戒方打掌，重則罰跪於聖人前。"《西游記》第二回："祖師聞言，咄的一聲，跳下高臺，手持戒尺，指定悟空道：'你這猢猻，這般不學，那般不學，却待怎麽？'"《儒林外史》第七回："文章

是本業，怎麽荒謬到這地步！……本該考居極等，姑且從寬，取過戒飭來，照例責罰。"魯迅《朝花夕拾·從百草園到三味書屋》："他有一條戒尺，但是不常用；也有罰跪的規則，但也不常用。"

【戒尺】

即戒方。此稱明代已行用。見該文。

【戒飭】

即戒方。此稱清代已行用。見該文。

出恭牌

入厠前領取的牌子。《管子·弟子職》中有"出入恭敬，如見賓客"之語。元代科舉考場中爲防舞弊特設此牌，以監視擅離座位，因借稱"出恭"。其時得此牌者多稱急須如厠，後世蒙學中學生不得隨意離開書房，如須如厠者亦必持此牌。明湯顯祖《牡丹亭·閨塾》："〔春香道〕先生，學生領出恭牌。"

立席後

亦稱"席後立"。北魏、北齊課試中的一種法定懲罰。考生若有漏字、訛字，罰其站於座位之後。《通典·選舉二》："北齊選舉，多沿後魏之制……其課試之法……字有脱誤者，呼起立席後。"亦稱"席後立"。《隋書·禮儀志四》："字有脱誤者，呼起席後立。"

【席後立】

即立席後。此稱南北朝時期已行用。見該文。

飲墨水

北魏、北齊課試中的一種法定懲罰。考生之字迹若極差極亂，罰其飲墨水一升。《通典·選舉二》："北齊選舉，多沿後魏之制。凡州縣皆置中正。其課試之法，中書策秀才，集書

策貢士，考功郎中策廉、良。天子常服乘輿出，坐於明堂中楹。秀、孝各以班草對。字有脱誤者，呼起立席後；書有濫劣者，飲墨水一升；文理孟浪者，奪席脱容刀。”後以“飲墨水”喻考試不中程。宋歐陽修《謝進士及第啓》：“陪貢廉於百部，每與計偕；飲試墨之一升，嘗從罷去。”宋蘇軾《監試呈諸試官》詩：“麻衣如再着，墨水真可飲。”

奪席脱容刀

北魏、北齊考試中的一種法定懲罰。考生所作文章若疏慢荒誕，罰其離席并解去佩刀。這是北魏、北齊懲罰舞弊行爲中最重的一種。後漢光武帝時，值正旦朝賀，百官畢集，帝令“群臣能説經者更相難詰，義有不通，輒奪其席，以益通者”。“奪席”，撤掉説經不通者的座席，讓給通經另一人，爲羞責之舉；“脱容刀”，羞責尤重，因容刀代表男子儀容之莊嚴。《通典·選舉二》：“北齊選舉，多沿後魏之制……其課試之法……文理孟浪者，奪席脱容刀。”《隋書·儀禮志四》此節文字作“文理孟浪無可取者，奪容刀及席”。

關暇

北宋學規五等懲罰中最輕的一種。犯此學規者禁閉數月，不得出入前庭。宋周密《癸辛雜識》後集：“學規五等：輕者關暇幾月，不許出入，此前廊所判也。”

關監

北宋學規五等懲罰中重於關暇的一種。犯此學規者禁閉數月，且被監視行止。宋周密《癸辛雜識》後集：“重則前廊關暇，監中所行也。”

遷齋

北宋學規五等懲罰中重於關監的一種。古時比之爲學校中的“徒罪”。犯此學規者由本齋遷往他齋，他齋不受則再遷別齋，必得本齋同舍力告主司，方可放還。宋周密《癸辛雜識》後集：“又重則遷齋。或其人果不肖，則所遷之齋亦不受，又遷別齋，必須委曲人情方可，直須本齋同舍力告公堂，方許放還本齋。此則比之徒罪。”

下自訟齋

北宋學規五等懲罰中重於遷齋的一種。古時比之爲學校中的“黥罪”。犯此學規者下自訟齋，隔離反省。宋周密《癸辛雜識》後集：“又重則下自訟齋，則比之黥罪。自宿自處，同舍亦不敢過而問焉。”

毀裂襴衫

北宋學規五等懲罰中最嚴厲的一種。古時比之爲學校中的“死罪”。犯此校規者，經檟楚之後，被開除學籍，逐出校門行罰之際，鳴鼓九通，師生會集於學齋中，學官、齋長、教諭皆着官服，由新任主管宣讀違紀學子的過失及處罰決定，另一主管以黑竹篦責打數下，後由門衛班頭將違紀者推執下堂，毀裂其學子衣衫，逐出校門。宋周密《癸辛雜識》後集：“又重則夏楚屏斥，則比之死罪。凡行爵之際，學官穿秉，序立堂上，鳴鼓九通，二十齋長渝並襴幞，各隨東西廊序立，再拜謝恩，罪人亦謝恩。用一新參集正宣講彈文，又一集正權司爵，以黑竹篦量決數下，大門甲頭以手對衆，將有罪者執下堂，毀裂襴衫押去，至此不與士齒矣。”按：“襴幞”，指襴袍與襆頭，爲古代宦者常服。“襴衫”，古代士子之服，因於衫下施橫襴爲裳，故稱。"幞頭",古代士子之冠。

自訟齋

猶今之反省室。北宋太學曾有此設置。宋周密《癸辛雜識·學規》:"學規五等:輕者關暇幾月,不許出入,此前廊所判也……又重則下自訟齋,則比之黥罪,自宿自處,同舍亦不敢過而問焉。"宋王栐《燕翼詒謀録》卷五:"崇寧元年,徽宗創立辟雍……廢太學自訟齋,太學之不率教者,移之辟雍。"

繩愆廳

明代國子監內格正諸生過失的廳所。置監一人,正八品,掌糾懲監務。《書·冏命》有"繩愆糾謬,格其非心,俾克紹先烈"之語,"繩愆"之義本此。明代國子監內學規甚嚴,凡釋奠、授業、飲食、起居、沐浴及告假出入等,皆有詳則,小有過失,必予懲罰,并記入集愆簿中,以憑通考。明黄佐《南雍志·規制考上》:"祭酒廂房在東,凡七間。其連廊北向者,爲司業南廂房,凡九間。西廂房爲監丞繩愆廳。"《明史·職官志二》:"監丞掌繩愆廳之事,以參領監務,堅明其約束,諸師生有過及廩膳不潔,並糾懲之,而書之於集愆册。"

第二節　齋席器用考

所謂齋席器用,係指中國古代的教學場所設置設施、財産、經費及其收支等物態狀況。其中包括通過特定用語所反映出的教育與教師在古代社會生活中的特殊地位,這些特定語詞透出了豐富的研究信息,是探討古代教育體制不可或缺的佐證。

《後漢書·儒林傳序》中同時出現了"校舍""學舍"兩詞,同書《邊讓傳》中又出現了"學廬"一詞,其後復有"書舍""書房""學庭""學堂""學苑""學室""學館""學房"諸稱,書院興起之後,又有"講院""講舍"諸稱。不過兩漢之後最通行的稱謂則是"學舍""學廬",自清代末期西學東漸之後,新學始稱"學堂"。此一"學堂"乃舊詞新用,已與"學堂"原義迥別,非指校舍,實指學校。民國之後,"學堂"一詞也漸棄用,徑稱之爲"學校"。兩漢之後通行的"學舍""學廬"亦予棄用,直用兩漢時的"校舍"義。

在中國古代,與校舍密不可分的尚有"窗"與"齋"。窗,原指天窗,多用以照明。因文士、學子慣常於窗下設案讀書、寫作,後常借指書房、學舍。如"芸窗""鷄窗"等等。文士對於"窗"的解讀饒有興味。"芸窗",古士人燃芸香以提神并驅蟲。故常以"芸窗"入詩。如唐蕭項《贈翁承贊漆林書堂》:"却對芸窗勤苦處,舉頭全是錦爲衣。"金馮延登《洮石硯》:"芸窗盡日無人到,坐看玄雲吐翠微。""鷄窗",傳說晉代兗州刺史宋處宗嘗買得一長鳴鷄，甚爲喜愛，恒籠着窗間。鷄遂作人語，與處宗談論，極有智趣，處宗學業因以大進。（見《藝文類聚》卷九引南朝宋劉義慶《幽明録》）後遂以“鷄窗”藉指書齋。如唐羅隱《題袁溪張逸人所居》詩：“鷄窗夜静開書卷，魚檻春深展釣絲。”宋范成大《嘲蚊四十韻》：“鷄窗夜可誦，蛩機曉猶織。”學校中之“講堂”，亦有别稱。《後漢書·楊震傳》：“〔楊震〕不荅州郡禮命數十年……後有冠雀銜三鱣魚，飛集講堂前。都講取魚進曰：‘蛇鱣者，卿大夫服之象也。數三者，法三台也。先生自此升矣。’年五十乃始仕州郡。”李賢注：“冠，音貫，即鸛雀也……鱣魚長者不過三尺，黄地黑文。故都講云‘蛇鱣’，卿大夫之服象也。”後因稱“講堂”爲“鱣堂”。如宋樓鑰《通交代徐教授啓》：“讀雁塔之題，久欽聞望。典鱣堂之教，獲與交承。”此後“鱣堂”又演化爲“鱣庭”“鱣座”等，如唐李德裕《奉送相公十八丈鎮揚州》詩：“共懸龜印銜新綬，同憶鱣庭訪舊居。”明王世貞《寄贈楊二先輩》詩：“勳烈開鱣座，《詩》《書》自鯉庭。”等等。“鷄窗”“鱣堂”諸稱飽含了古代士子的切望進取的心願，魂牽夢繞的祝福。

　　自兩漢以還，直至清末，中國的教育始終以儒學爲中心，這中心的主宰則是儒家的經師，而經師又常是權威、聖人的化身。據《史記·儒林列傳》記載，西漢孝景時的博士、經師董仲舒授經時“下帷講誦，弟子傳以久，次相授業，或莫見其面”（《史記·儒林列傳》），故後世常以“董生帷”或“董帷”，藉指儒家教學場所。以此類推之，又有“孔帷”之稱（見明佚名《四賢記·夢警》），即孔子執教之場所，亦藉指儒家教學場所。實則孔子施教甚爲“開放”，常與弟子對答辯難，并未見“下帷講誦”之記載，祇是後世示甚尊嚴而已。唐宋時經師時或以虎皮爲坐席，以示威嚴莊重。北宋經學大師張載即曾“坐虎皮説《易》，聽者甚衆”（宋李幼武《名臣言行録·外集》）。虎皮，亦稱“皋比”。故“皋比”常用爲經師之講席的敬稱。在中國古代，亦有行爲不甚檢點之經師，如《後漢書·馬融傳》載：“〔馬融〕教養諸生，常有數千，任性不拘儒者之節……居宇器服，多存侈飾。常坐高堂，施絳紗帳，前授生徒，後擁女樂，弟子以次相傳，鮮有入其室者。”馬融雖“不拘儒者之節”，但因其“才高博洽，爲世通儒”，地位仍然甚高，當世依然十分推崇。因其“施絳紗帳”以授生徒，故後世又以“絳帳”爲講席或師長之敬稱。又常以“絳帳”與“皋比”連稱。如明余永麟《北窗瑣語·館師嘆》：“早知教書僅不如，絳帳皋比盡抛却。”

　　以儒學爲中心的中國古代教育，不祇表現爲以儒學經師的傳授爲主導，亦表現在祭孔及校舍建設的硬性規定中，硬性規定即今所謂“硬體”。以這種“硬體”强化儒家的既有地位。孔子殁後一年，魯哀公以其故宅改建成祠廟，并親祭孔子。其地在今山東曲阜內。此後歷代皆有擴建，至明代中葉，已擴至現存規模。自漢代始，歷代朝廷皆有祭孔之大禮。南北朝時期，孔子故居之外已有建廟奉祀之舉，最爲著名者即北齊國都鄴（今河南安陽）之孔父廟。唐貞觀二年（628），下詔國學及各州縣學皆立孔廟，自此孔廟遍及全國各地。於是，先秦以還之釋奠、釋菜之禮，不衹限定於太學或辟雍之中了。孔廟中的大成殿就成了始立學或天子視學、春秋兩季舉行盛大典禮的場所。明清時，孔廟又別增明倫堂，用於集會或宴饗等重大活動。孔廟之設，不僅是儒學的具體象徵與標志，實則也是自中古以來，尤其是唐代之後，中國學校的象徵與標志。

中國的書院則少有孔廟、大成殿之類特定建築，選址亦不重都會通衢等繁華之地。書院建設多擇幽靜去處或名山勝境，教學活動則重學術源流，重名師紀念，以顯示其學術傳承，而且也展現於院舍的建築中。如江西大餘之道源書院即塑有北宋理學家周敦頤與二程像，并立祠年年享祀，宋理宗趙昀賜御書及院額，彰顯懸掛。陝西眉縣建有橫渠書院與張子祠，以祀北宋理學家張載，而南宋理學家朱熹凡講學行經處幾乎盡爲立祠，賜御書及院額尤多。書院憑藉命名題額、樹碑立石、書寫楹聯語錄等方式，張揚其教化內容、修身之法、治學之道，以增強斯文氣息與文化氛圍。書院的構建，重講堂，重藏書樓，重齋舍（或曰“號房”“肄業所”）及祭殿、文昌閣之類。其布局一般以講堂爲中心，中軸對稱，呈庭院天井式組合。小則二三進，由大門、講堂、祭殿或書樓（有的兩者合一），依次排列；大則五六進，增設前後二門，亭、臺、樓、閣錯落其間，處處體現講學、藏書、自修、供祀的主體地位。其中，齋舍常列於講堂、書樓兩側，各成院落，少則數間，多則數十百間，便於隨時讀書聽講。其他厨、湢、倉、廄，則因地因景，巧予設置，靈脱而富有生氣。總之，書院建築少見陳腐之氣。

中國古代的學校或書院何以維持生計，何以運轉？《禮記·王制》載：“有虞氏養國老於上庠，養庶老於下庠。”何謂庠？同書《明堂位》載：“米廩，有虞氏之庠也。”前章《教育機構説》中已論及，“庠”即傳説中虞舜時代的學校。這種學校的教師即由“國老”或“庶老”擔任，國老指退職的卿、大夫，主教國子之類，庶老指退職的士人，主教士子之類，大抵有了等級區別。這裏的“國子”“士子”是後世的比擬之辭。這裏的“序”既爲養老的機構，也是敬老的場所，這與傳統的尊師愛生一脉相承。20世紀末，在鄭州大河村發現了一座較完備的氏族大房遺址，考古界判斷這“大房”或即上古之“庠”，在這“庠”

中發現兩個 8 平方米與 2 平方米的儲藏室。這一發現可證 "米廩,有虞氏之庠也",并非後世假説,前引典籍信而有徵。所謂 "米廩",即上古 "學校" 賴以存在的物質條件,這米廩當然是部落首領爲養老敬老,并藉以培養後代、傳承教育所撥發的最原始的 "經費"。故後世有 "夏后氏養國老於東序,養庶老於西序;殷人養國老於右學,養庶老於左學;周人養國老於東膠,養庶老於虞庠"(《禮記·王制》)的記載。商周至東周列國之後,教育經費中已有貨幣之類的開支。不過,在中國古代傳統教育中,米廩始終占有重要地位。

　　先秦兩漢時,身爲教師的朝廷命官 "博士",即仍以米廩爲年俸,以石計數。袛是可酌情折合爲貨幣發放而已。如《漢書·百官公卿表上》載:"博士,秦官。掌通古今,秩比六百石。員多至數十人。武帝建元五年初置五經博士,宣帝黃龍元年稍增員十二人。" 秦漢官吏等級稱 "秩","秩" 之高下按年俸區别。如三公萬石,郡守丞、都尉丞皆六百石。"秩比六百石",即相當於六百石之官級。據上述《公卿表》"博士秦官" 考證:"沈約《宋志》曰:按六國時往往有博士。臣召南按,《宋志》此文所以糾正班《表》之失也。" 史稱博士秩卑而位尊,冠兩梁,與卿、大夫、尚書同級。可知自戰國以來,即有博士之職,秦因其制,諸子、詩賦、術數、方伎皆設博士。兩漢更提高了博士的地位,文帝時置一經博士,已有數十人,武帝時置五經博士,宣帝時每一經博士增十二人,至此五經已達六十人以上。博士之職責除却教授、課試之外,更有奉使、議政之大權。其政治地位彌補了年俸之不足,并多有高升機緣。

　　朝廷的命官雖亦可以米廩爲年俸,但其收入來源却是國庫。普通教師却袛能依賴米廩,米廩的發放則源自於學校擁有的田土,而田土又常常是由政府撥給。政府授田之舉,至遲東漢時已見實行。如《後漢書·楊仁傳》載:"〔楊仁〕寬惠爲政,勸課掾史弟子悉令就學,其有通明經術者,顯之右署,或貢之朝,由是義學大興,墾田千餘頃。" 義學爲官學之附庸,義學既得墾田,官學必在其先。墾田何爲?爲得米廩也。東漢建安七年(202)正月,漢相曹操曾發布命令:"其舉義兵已來,將士絶無後者,求其親戚以後之,授土田,官給耕牛,置學師以教之。"(《三國志·魏書·武帝紀》)此爲官授學田之又一史證,此後代不乏例。南唐時僅廬山國學一處即有學田數十畝,書院尤爲盛行。昇元元年(937),東佳書院自置莊田二千畝,等等,不勝枚舉。宋天聖元年(1023),仁宗始賜國子監及兗州州學學田。按:"學田" 一詞始見於此時,學田制已漸形成。神宗時又詔賜諸學田,學田遂普及各地。元代屢下詔令保護學田,田租收入除用作春秋釋奠外,亦可資助貧困生徒。

元延祐二年（1315），會昌州判官楊景行勸民出田養學，此爲官倡私人捐田之始。明洪武十四年（1381），"定天下學田之制"，於是府、州、縣諸學皆有學田。清因明制，學田遍及全國。民國二年（1913），內務部令學田收入改作各地小學經費，大中學校之經費皆由政府統一撥給。

綜上所述可知，中國古代的學田制雖起源久遠，但却是自唐宋之後發展起來，書院的興起加速了這一進程。這時始出現了"學租""學糧""學費"之類教育用語。所謂"學租"，指官學或書院以學田出租爲主所收取的錢糧。"學糧"指學生依規定繳納的食糧或錢財。（見《文獻通考·學校七》《六部成語訂正·戶部學租注解》）"學費"（指學校辦公經費，與今有別）則主要來源於學租。（見《宋史·食貨志下》）另有"光學錢"，此爲地方或個人資助辦學的經費。（見《新唐書·劉允章傳》）這些學費或光學錢有以下用途：

一、教師教學所得酬金"學睍"，或非定期補貼"辛資"。

二、學生求學所得伙食補貼"飯資錢"，或讀書津貼"膏火"（原指燈油、燈火）。

三、學生養家之口糧"家糧"。明代國子監定制，太學生有家眷者，必賜其口糧，以解後顧之憂。

四、學生結婚行聘禮所需之錢財"婚聘錢"。明代國子監定制，歷事生未娶者，賜錢婚聘，惠及女方嫁衣兩套，每月賜米二石。

五、學生探親的路費"道里費"。明代國子監定制，久在京師，故里有父母或其他直系尊親，每人賜新衣一套，錢鈔五錠。

此外，尚有學生慶賀節令之錢幣"賞節錢"。明代國子監定制，每逢元旦、元宵諸節令，必以錢幣賜諸生，由朝廷賜給，以示垂愛。

中國古代傳統的教學設置、設施之完備精細，至明代已達於巔峰時期。如中央官學所設六堂，已將學制嚴格地分爲初、中、高三級，如今之一條龍制，而且於國子監內集中完成。（見《明史·選舉志一》《明史·職官志二》）考課場所則設有博士廳，內設博士、助教、學正、學錄各司其職。（見 明黃佐《南雍志·規制考上》《明史·選舉志上》）膳食管理場所則有掌饌廳，置掌饌一人主其事。財務管理場所則有典簿廳，置典簿一人主其事。教學管理場所則有典籍廳，置典籍一人主其事。（見明黃佐《南雍志·規制考上》《明史·選舉志上》《明史·職官志二》）爲確保國子監內有妻室子女的生員的口糧，又特設紅板倉，太祖時已達二十餘舍。倉板塗以紅色，以示專屬之意。（見《明史·后妃 一·太 祖孝慈高皇后》《明史·選舉志一》）中央最高學府如此之設置、設施，地方各級學校多與效法，這無疑極大地提高了教學品質，有力地促進了人才的培養。但因有明一代整體教育觀念、教育體制的因循守舊，加之八股文之橫生，雖有上述舉措，已無回天之力，中國之古代教育開始步入末路。

校舍

亦稱"學舍""學苑"。學校、書院之房舍。《後漢書·儒林傳序》："其後復爲功臣子孫，四姓末屬，別立校舍，搜選高能，以授其業。"又："自安帝覽政，薄於藝文，博士倚席不講，朋徒相視怠散，學舍頹敝，鞠爲園蔬，牧兒蕘豎，至於薪刈其下。"《新唐書·劉禹錫傳》："貞觀時，學舍千二百區，生徒三千餘，外夷遣子弟入附者五國。"宋蘇軾《劉醜廝》詩："筆硯耕學苑，戈矛戰天驕。"清惲敬《重修東湖書院記》："黎君歸帑於官，爲銀若干，諸鄉先生任講堂學舍築削之貲，爲銀若干。"《清史稿·選舉志二》："至增建校舍，附設譯局，廣購書籍儀器，尤以寬籌經費爲根原。"《倪焕之》二："校舍是一所陰森而破舊的廟宇。"

【學舍】

即校舍。此稱漢代已行用。見該文。

【學苑】

即校舍。此稱宋代已行用。見該文。

學廬

亦稱"學室"。學校書院之房舍。《後漢書·邊讓傳》："及就學廬，聚徒至五百人。"《新唐書·李棲筠傳》："又增學廬，表宿儒河南褚衡、吳何員等，超拜學官爲之師。"又《劉禹錫傳》："籍其資，半畀所隸州，使增學校，舉半歸太學，猶不下萬計，可以營學室、具器用。"

【學室】[2]

即學廬。此稱唐代已行用。見該文。

學庭

學校書院之房舍。《晋書·虞溥傳》："文學諸生皆冠帶之流，年盛志美，始涉學庭，講修典訓。"《北齊書·楊愔傳》："學庭前有李樹，實落地，群兒咸争之，愔頹然獨坐。"

學堂[2]

古代學生受教育的場所。北魏酈道元《水經注·江水一》："始文翁爲蜀守，立講堂作石室於南城。永初後，學堂遇火。後守更增二石室。"《北齊書·權會傳》："會方處學堂講説，忽有旋風瞥然，吹雪入户。"《北史·辛昂傳》："昂爲成都令，便與諸生，祭文翁學堂。"

學館[2]

亦作"學舘"。古代學生受教育的場所。唐鄭谷《送顔明經及第東歸》詩："閑來思學館，猶夢雪窗明。"《資治通鑑·後周太祖廣順三年》："自唐末以來，所在學校廢絶，蜀毋昭裔出私財百萬營學館。"元楊載《送丘子正之海鹽》詩："海邦終寂莫，學舘尚穹崇。"清蒲松齡《鬧館》："上世裏我無曾入個學館，看文書銀錢票甚是作難。"

【學舘】

同"學館[2]"。此體元代已行用。見該文。

學房[2]

亦稱"書舍""書房""學屋"。本多指私學之校舍，後亦泛指學校。《三國志・魏書・邴原傳》"原從行"裴松之注引《邴原別傳》："原十一而喪父，家貧，早孤。鄰有書舍，原過其旁而泣。師問曰：'童子何悲？'原曰：'……羡其得學，心中惻然而爲涕零。'師亦哀原之言，而爲之泣曰：'欲書可耳！'答曰：'無錢資。'師曰：'童子苟有志，我徒相教，不求資也。'"《紅樓夢》第八四回："賈政道：'多有稿兒麼？'寶玉道：'多是作了抄出來，師父又改的。'賈政道：'你帶了家來了，還是在學房裏呢？'寶玉道：'在學房裏呢。'"清潘榮陛《帝京歲時紀勝・薰蟲》："二日爲龍擡頭日……小兒輩懶學，是日始進書房，曰'占鰲頭'。"

【書舍】[2]

即學房[2]。此稱三國時期已行用。見該文。

【書房】[1]

即學房[2]。此稱清代已行用。見該文。

【學屋】

即學房[2]。此稱清代已行用。見該文。

號房[1]

明代國子監內的諸生宿舍。多設在教學正堂之旁，以便學習、休憩。《明史・選舉志一》："初，改應天府學爲國子學，後改建於雞鳴山下。既而改學爲監，設祭酒、司業及監丞、博士、助教、學正、學録、典籍、掌饌、典簿等官。分六堂以館諸生……學旁以宿諸生，謂之號房。厚給廩餼，歲時賜布帛文綺、襲衣巾鞾。"

講院[2]

特指書院之院舍。清吳偉業《國學》詩："松柏常垂講院陰，後湖烟雨記登臨。"清焦循《〈鈔雙紅堂文集〉序》："集中有《西湖講院記》，言嘗構講院於西湖陸宣公祠側。"

研席

亦作"硯席"。硯臺與坐席。藉指讀書寫作或執教之場所。《晋書・劉弘傳》："弘有幹略政事之才。少家洛陽，與武帝同居永安里，又同年，共研席。"《北史・魏陳留王虔傳》："〔元暉〕好涉獵書記，少得美名於京下。周文禮之，命與諸子游處，每同硯席，情契甚厚。"宋柳永《郎郎兒近拍》詞："硯席塵生，新詩小闋，等閑都盡廢。"明方孝孺《嚴光論》："子陵與光布衣研席之舊，知其志趣德量之淺深審矣。"清杜濬《別興》詩："晝吟分研席，夜臥共匡床。"清鈕琇《觚賸・憤僧投池》："孫俟字商聲……有'一生不得文章力，百里曾無臭味人'之句。每就硯席，輒怒其館主，不合而去。"

【硯席】

同"研席"。此體南北朝時期已行用。見該文。

孔帷

孔子執教之帷帳。藉指儒家教學場所。明無名氏《四賢記・夢警》："〔末唱〕主人林泉自怡，並不接催租俗吏。年來課子，喜得入孔帷。〔外〕且喜公子進庠了。"

董帷

亦稱"董生帷"。董仲舒執教的帷帳。藉指儒家教學場所。《史記・儒林列傳》："董仲舒，廣川人也。以治《春秋》，孝景時爲博士。下帷講誦，弟子傳以久，次相授業，或莫見其面，蓋三年董仲舒不觀於舍園，其精如此。”宋朱長文《公堂置酒群彦咸集作詩呈學中諸先輩且用叙別》詩：“群英何濟濟，屈就董生帷。講習良可樂，敎學友相資。”明高啓《送殷孝章赴咸陽敎諭》詩：“獨抱遺經出董帷，秋風送騎入關遲。”

【董生帷】

即董帷。此稱宋代已行用。見該文。

絳帳

亦稱“絳帷”。原指深紅色帷帳。《後漢書·馬融傳》：“融才高博洽，爲世通儒，教養諸生，常有千數，任性不拘儒者之節……居宇器服，多存侈飾。常坐高堂，施絳紗帳，前授生徒，後擁女樂，弟子以次相傳，鮮有入其室者。”後因以“絳帳”爲“講席”或師長之敬稱。唐盧綸《上巳日陪齊相公花樓宴》詩：“禮卑瞻絳帳，恩浹厠華纓。”清錢陳群《題帳》詩：“題詩自有紗籠護，留伴他時絳帷人。”清袁枚《隨園詩話補遺》卷一引清吳蕙詩：“有志紅窗學咏詩，絳帷深幸侍良師。”陳家慶《送天梅先生南旋》詩：“安得絳帷稱弟子，追隨遠道執吟鞭。”

【絳帷】

即絳帳。此稱清代已行用。見該文。

【扶風帳】

即絳帳。亦稱“扶風帳紗”。《後漢書·馬融傳》：“馬融字季長，扶風茂陵人也……常坐高堂，施絳紗帳，前授生徒，後列女樂。”因馬融係扶風人，故稱。明湯顯祖《牡丹亭·寇間》：“他後堂，曾設扶風帳。”又《肅苑》：“老書堂，暫借扶風帳。”清范駉《彌帶宜春·壽夏鏡川師五十》套曲：“扶風帳紗，抵河陽滿縣栽花。”

【扶風帳紗】

即扶風帳。此稱清代已行用。見該文。

函丈 [1]

原指講席。語本《禮記·曲禮上》：“若非飲食之客，則布席，席間函丈。”後藉指執教場所。宋蘇軾《與梁先、舒焕泛舟得臨釀字二首》詩之二：“老守厭簿書，先生罷函丈。”（自注：舒焕時爲徐州教授）按：亦藉稱師長或尊崇者。

書館 [4]

亦稱“教授館”。特指教授各類典籍之館所。清方苞《〈余東木時文〉序》：“子之尊人與余共事書館，無間晨夕，後雖各有典司，而旬月中，未有不再三見者。”清桂馥《劄樸·書館》：“今以教授館爲書館，讀如書籍之書。”

【教授館】

即書館 [3]。此稱清代已行用。見該文。

齋

常指屋舍。《晋書·陶侃傳》：“侃在州無事，輒朝運百甓於齋外，暮運於齋內。”後多指書齋、學舍。南朝宋劉義慶《世説新語·言語》：“孫綽賦《遂初》：‘築室畎川，自言見止足之分。齋前種一株松，恒自手壅治之。’”《宋史·選舉志三》：“太學置八十齋，齋各五楹，容三十人。”又：“外學爲四講堂、百齋，齋列五楹，一齋可容三十人。”清蒲松齡《聊齋志異·小謝》：“女不從，逕入生齋，偃卧不起。”又《雷曹》：“二人少同里，長同齋，相交莫逆。”

蕭齋

書齋。唐人李約因愛蕭子雲之草書，因名其亭爲蕭齋。後遂用爲書齋之别稱，兼取蕭瑟清寒之義。唐李肇《唐國史補》卷中：“梁武帝造寺，令蕭子雲飛白大書一‘蕭’字。至今一‘蕭’字存焉。李約竭産自江南買歸東洛，匾於小亭以玩之，號爲‘蕭亭’。”唐人張懷瓘《書斷》亦載此事，略同。明唐寅《送行》詩：“蕭齋煩掃榻，爲我醉眠謀。”清蒲松齡《聊齋志異‧聊齋自志》：“蕭齋瑟瑟，案冷凝冰。”按：“蕭齋”有時亦藉指寺廟。

書齋

亦稱“書堂”。多指講書、寫作處。唐王勃《贈李十四》詩之四：“直當花院裏，書齋望曉開。”唐趙嘏《送權先輩歸覲信安》詩：“小齋松島上，重葉覆書堂。”宋陸游《戲咏閑適》詩：“暮秋風雨暗江津，不下書堂已過旬。”金董解元《西廂記諸宮調》卷四：“思量可煞作怪，夜静也私離了書齋，走到寡婦人家裏。”同書卷五：“白日且就自可，黄昏後是甚活？對冷落書齋，青熒燈火。”

【書堂】³

即書齋。此稱唐代已行用。見該文。

【書帳】

即書齋。亦稱“書幃”。古人讀書寫作處常設帳幃以遮飾，因代指書齋。南朝梁蕭統《錦帶書‧太簇正月》：“神游書帳，性縱琴堂。”唐駱賓王《冬日過故人任處士書齋》詩：“雪明書帳冷，水静墨池寒。”唐杜甫《雨》詩之二：“高軒當灔澦，潤色静書幃。”金董解元《西廂記諸宮調》卷四：“天色兒又待明也，不知做甚麽，書幃里兀自點着燈光。”明高啓《晚陪張水部過西橋隔城望見諸山》詩：“望山還恐山相笑，坐守書幃不出城。”清冒襄《影梅庵憶語》：“‘自昔文人稱孝子，果然名士悦傾城’……‘娥眉間難佐書幃’，皆爲慶餘得姬。”

【書幃】

即書帳。此稱唐代已行用。見該文。

【書幌】

即書齋。古人讀寫處常設帳幌以遮飾，因代指書齋。南朝梁劉孝綽《〈昭明太子集〉序》：“猶臨書幌而不休，對敧案而忘怠。”宋蘇軾《雪後書北臺壁》詩之一：“五更曉色來書幌，半月寒聲落畫檐。”清袁枚《隨園詩話》卷六引清人王岱《清明》詩：“忽忽春光過半時，浴鷺天氣雨如絲。無端柳色侵書幌，憶着河橋折處枝。”

【書房】²

即書齋。亦稱“文房”“書舍”。唐元稹《酬樂天東南行》詩：“文房長遣閉，經肆未曾鋪。”宋洪邁《夷堅己志‧陳如塤》：“一妺嫁遠鄉何屯田之孫，嘗往其家……已灑掃書房延待矣。”《元史‧虞集傳》：“早歲與弟槃同闢書舍爲二室。左室書陶淵明詩於壁，題曰‘陶庵’；右室書邵堯夫詩，題曰‘邵庵’。”明萬壽琪《昆陵劉大過訪草堂信宿遂別》詩：“慚愧舊時書舍裏，秋風廿載閉苔錢。”《紅樓夢》第四〇回：“這那裏像個小姐的綉房？竟比那上等的書房還好呢！”清葆光子《物妖志‧石類‧石砧杵》：“〔紀綱〕少負大志，稍長嗜學，因葺舊廬爲書舍。”

【文房】

即書房²。此稱唐代已行用。見該文。

【書舍】³

即書房²。此稱元代已行用。見該文。

【書室】

即書齋。亦稱“書屋”。唐李商隱《自昐》詩：“陶令棄官後，仰眠書屋中。”宋蘇軾《留題仙游潭中興寺》詩：“獨攀書室窺巖竇，還訪仙姝款石閨。”清顏星《重刊〈顏氏家訓〉小引》：“戊午春，坐徐認齋書屋，抽架上得《家訓》全集，喜心翻淚。”清陳康琪《郎潛紀聞》卷三：〔蔣清容〕晚年命工繪像，歲修春蘭秋菊之薦，命子孫世世祀於書室。”

【書屋】

即書室。此稱唐代已行用。見該文。

【芸館】

即書齋。宋王質《通司馬守啓》：“風聞上徹，亟辭芸館之清班；天度隆寬，尚畀芹宮之舊物。”明陸采《明珠記·珠園》：“椒房寂寞，冷縈臂之紅綃；芸館凄涼，閒畫眉之妙手。”清褚人獲《堅瓠十集·真若虛傳》：“伏生垂白尚窮經，芸館優游莫厭貧。”

窗

亦作“窻”。古時原指天窗，多用以照明。《周禮·考工記·匠人》：“四旁兩夾窗。”鄭玄注：“窗，助户爲明。”漢王充《論衡·別通》：“鑿窗啓牖，以助户明也。”因文士慣常於窗下設案讀書、寫作，後遂藉指讀寫處或書齋。如“窗友”“窗誼”“窗課”“窗稿”“窗藝”等等。《警世通言·桂員外途窮懺悔》：“生平窗友，只有老叔親密。”又：“某忝在窗誼，因久宦遠方，不能分憂共患，乃令先公之罪人也。”《醒世恒言·蘇小妹三難新郎》：“荊公（王安石）命童子取出一卷文字，遞與老泉（蘇洵）道：‘此乃小兒王雱窗課，相煩點定。’”清蒲松齡《聊齋志異·陸判》：“朱獻窗稿，陸輒紅勒之，都言不佳。”又《司文郎》：“〔餘杭生〕一日，以窗藝示宋，宋見諸友圈贊已濃，目一過，推置案頭，不作一語。”

【窻】

同“窗”。此體漢代已行用。見該文。

【雞窗】

即窗。亦作“鷄窗”“雞牕”。《藝文類聚》卷九引南朝宋劉義慶《幽明錄》：“晋兗州刺史沛國宋處宗嘗買得一長鳴雞，愛養甚至，恒籠著窗間。雞遂作人語，與處宗談論，極有玄致，終日不輟。處宗因此功業大進。”後多以“雞窗”藉指讀書處或書齋。唐羅隱《題袁溪張逸人所居》詩：“雞窗夜静開書卷，魚檻春深展釣絲。”宋范成大《嘲蚊四十韻》：“雞窗夜可誦，蚤機曉猶織。”明阮大鋮《燕子箋·駝泄》：“欲圖虎榜登名姓，先向鷄窗問號頭。”清孫道乾《小螺庵病榻憶語》：“還欺他日，雞牕映雪，早作和羹。”

【鷄窗】

同“雞窗”。此體明代已行用。見該文。

【雞牕】

同“雞窗”。此體清代已行用。見該文。

【芸窗】

即窗。亦作“芸窻”“芸牕”。古士人於窗前燃芸香以提神并驅蟲，故稱。唐蕭項《贈翁承贊漆林書堂》詩：“却對芸窗勤苦處，舉頭全是錦爲衣。”宋劉應時《辛亥長至後二首》詩之一：“芹泮三益友，芸窗一炷香。”金馮延登《洮石硯》詩：“芸窗盡日無人到，坐看玄雲吐翠微。”元釋善住《寄人》詩二首之一：“萍水相逢何太晚，芸窗對坐成華顛。”明高濂《玉簪記·命試》：“絳桃春暖魚龍變，向芸牕志絶韋編，功名一字總由天。”清蔣士銓《桂林霜·家祭》：“芸牕相守，奮志詩書。”

【芸窻】

同 "芸窗"。此體元代已行用。見該文。

【芸牕】

同 "芸窗"。此體明代已行用。見該文。

學院 [2]

書齋、客廳。唐裴鉶《昆侖奴》："生歸達一品意，反學院，神迷意奪，語減容沮。" 宋張齊賢《洛陽搢紳舊聞記·安中令大度》："守忠廣延儒士，厚以衣食奉之，由是賓客學院中，常有數十人食客。"

講堂

亦稱 "講室" "講舍"。講習學問的堂舍、教室。《後漢書·翟酺傳》："光武初期，潛其荒廢，起太學博士舍、內外講堂，諸生橫巷，爲海內所集。" 又《明帝紀》："幸孔子宅，祠仲尼及七十二弟子，親御講堂，命皇太子、諸王說經。"《東觀漢記·鮑永傳》："後孔子闕里無故荊棘自闢，從講室掃除，至孔里。"《後漢書·文苑傳·劉梁》："'吾（劉梁）雖小宰，猶有社稷，乃更大作講舍。' 延聚生徒數百人，朝夕自往勸戒，身執經卷，試策殿最，儒化大行。"《南史·隱逸傳下·諸葛璩》："璩性勤於誨誘，後生就學者日至，居宅狹陋，無以容之。太守張友爲起講舍。"《宋書·謝靈運傳》引謝靈運《山居賦》："面南嶺，建經壇；倚北阜，築講堂；倚危峰，立禪室；臨浚流，列僧房。" 北齊顏之推《顏氏家訓·勉學》："夫聖人之書，所以設教……常使言行有得，亦足爲人，何必仲尼居？即須兩紙疏義，燕寢講堂，亦復何在？" 元黃溍《瑞雲觀記》："祠堂寢室，講舍齋宮，門廡庖湢，次第畢備。" 按："講堂" 有時亦指高僧講經說法處。如《南史·宋武帝紀》："嘗游京口竹林寺，獨臥講堂前，上有五色龍章。"

【講室】

即講堂。此稱漢代已行用。見該文。

【講舍】[2]

即講堂。此稱漢代已行用。見該文。

【鱣堂】

即講堂。亦稱 "鱣庭" "鱣序" "鱣座" "鱣舍"。《後漢書·楊震傳》："〔楊震〕不荅州郡禮命數十年……後有冠雀銜三鱣魚，飛集講堂前。都講取魚進曰：'蛇鱣者，卿大夫服之象也。數三者，法三台也。先生自此升矣。' 年五十乃始仕州郡。" 李賢注："冠，音貫，即鸛雀也……鱣魚長者不過三尺，黃地黑文。故都講云 '蛇鱣，卿大夫之服象也。'" 後因稱 "講堂" 爲 "鱣堂"。唐李德裕《奉送相公十八丈鎮揚州》詩："共懸龜印銜新綬，同憶鱣庭訪舊居。" 唐邢璹《〈周易略例〉序》："臣舞象之年，鼓篋鱣序，漁獵墳典，徧習《周易》。" 宋樓鑰《通交代徐教授啓》："讀雁塔之題，久欽聞望。典鱣堂之教，獲與交承。" 明阮大鋮《燕子箋·約試》："管取聲名重長卿，鱣堂今已報遷鶯。" 明王世貞《寄贈楊二先輩》詩："勳烈開鱣座，《詩》《書》自鯉庭。" 清王端履《重論文齋筆錄》卷一："校罷詩書延愛日，鱣堂春酒頌三多。" 清陸以湉《冷廬雜識·薌畇公挽聯》："鱣舍怡情，看三徑香多，省識人如菊淡；鯉庭侍養，恨六年吏隱，遽聞《詩》咏《莪》哀。"

【鱣庭】

即鱣堂。此稱唐代已行用。見該文。

【鱣序】

即鱣堂。此稱唐代已行用。見該文。

【鱣座】

即鱣堂。此稱明代已行用。見該文。

【鱣舍】

即鱣堂。此稱清代已行用。見該文。

講肆

亦稱"講肄""講所"。泛指講學、教學之場所。晋陶潛《示周續之祖企謝景夷三郎》詩:"馬隊非講肆,校書亦已勤。"唐王勃《廣州寶莊嚴寺舍利塔碑》:"六千羅漢,競結香緣;五百仙人,分開講肆。"元柳貫《五月十一日瘥夭後獨坐齋中感嘆成詩》:"八齡入講肆,玩愒不一二。"晋葛洪《抱朴子·安貧》:"夫士以《三墳》爲金玉,《五典》爲琴筝,講肆爲鍾鼓,百家爲笙簧,使味道者以辭飽,酣聽者以義醒,超流俗以高蹈,軼代而揚聲。"元劉因《請趙安之就師席疏》:"敬備束脩,願行見先生之禮;特新講肆,望不虛鄉國之勤。"清黄六鴻《福惠全書·教育部·學規》:"用粉板書明,懸於講所。"

【講肄】

即講肆。此稱晋代已行用。見該文。

【講所】

即講肆。此稱清代已行用。見該文。

講亭

指四周無壁之講堂。多用以演講或會講。曲阜孔廟中之杏壇,即爲講亭式。《明史·儒林傳二·歐陽德》:"〔嘉靖〕六年,詔簡朝士有學行者爲翰林,乃改德編修。遷南京國子司業,作講亭,進諸生,與四方學者論道其中。"

講帷

亦作"講幃"。亦稱"講幄"。帝王特設的御前講經論史處。講官由翰林學士或其他儒師充任或兼任。帷,特指宮室之帷幕,因以代指講經論史處。經帷首設於漢代,武帝與大儒董仲舒關於"罷黜百家,獨尊儒術"之對答,當爲其濫觴。永平十五年(72)三月,明帝詔諸儒講五經於石渠閣,并"親御講堂,命皇太子、諸王説經",講帷之設逐漸推行。至唐代益加完善,已成禮制。貞觀十四年(640)三月,詔"祭酒孔穎達講《孝經》",太宗問難,并論"孝之本旨"。玄宗改麗正書院爲集賢院,選耆儒每日一人侍讀,并置集賢院侍讀學士、侍讀直學士。并定有"皇帝視學,設大次(大篷帳)於學堂後","設御座堂上",并賜講官"座於講榻"之吉禮。及至宋代,始成定制,并有"講帷"之稱。其時,每年二月至端午節,八月至冬至節,逢單日入侍,輪流講論。此後,元、明、清三代沿襲不衰。明代尤爲重視,於講論經史之外,又兼及時務,匡補朝政之不及。除皇帝外,太子出閣,亦隨設講帷。清制,講帷講官皆由大臣兼銜,於仲秋仲春之日侍講。宋王珪《直龍圖閣盧士宗可天章待制兼侍講制》:"朕聽政之餘,躬即講帷,爾嘗據經守正,從容爲予陳聖賢之論者,固有日矣。"宋劉攽《爲司馬中丞謝翰林啓》:"勸華光之講幄,參延閣之貴游,寵實逾涯,望無他覬。"《明史·郭正域傳》:"與修撰唐文獻同爲皇太子講官。皆三遷至庶子,不離講帷。"明范景文《〈蒼雪軒集〉序》:"然先生在史館爲一代詞臣,在講幃爲千秋正學。"明趙南星《明敕贈儒林郎右春坊右贊善李公墓志銘》:"推恩臣下,咸得榮其父母,而於講幃之臣,尤爲篤厚。"清袁昶《少宰仁和夏公挽詩》:"湥雷虛講幄,少海況聞鼙。"參閲《後漢書·明帝紀》《舊唐書·禮儀志四》《新唐書·禮儀志四》《明史·禮志九》。

【講幄】

即講帷。此稱宋代已行用。見該文。

【講幃】

同"講帷"。此體明代已行用。見該文。

【講闈】

即講帷。亦稱"講閣"。闈，宮之側門，因以借指講官進講處。宋劉攽《御史中丞孫覺可圖龍閣直學士提舉醴泉觀依舊兼侍讀制》："兼總殊庭之事，增重講闈之寵。"明李賢《上中興正本策》："《無逸》一篇，列於講閣，前代遺跡，寫爲鑑圖。"

【講閣】

即講闈。此稱明代已行用。見該文。

【經帷】

即講帷。亦稱"經筵"。宋曾鞏《代翰林侍讀學士錢藻遺表》："文辭、講說、制策之科，衆稱華選；儒館、掖垣、經帷之職，世謂清塗。"宋沈作喆《寓簡》卷二："神宗皇帝御經筵，時方講《周官》。"《元史·吳澄傳》："泰定元年，初開經筵，首命澄與平章政事張珪、國子祭酒鄧文原爲講官。"明李東陽《賀體齋兼學士》詩之一："經帷久輟班仍在，吏牘全抛夢亦清。"明焦竑《焦氏筆乘·經筵面奏》："我朝經筵日講，非徒辨析經史爲觀美也，謂當旁及時務以匡不逮。"清陳康祺《燕下鄉脞錄》卷二："康熙十年二月，肇舉經筵大典於保和殿，以孝感熊文瑞公爲講官，知經筵事。"

【經筵】

即經帷。此稱宋代已行用。見該文。

講筵

初指經筵，後亦指講席。筵，即席。統言

席、筵無別；細言筵在席下，特指以竹篾或蒲葦等編織之坐墊。南朝梁陸雲公《御講般若經序》："犍椎既鳴，講筵將合，重肩絓轂，填溢四門。"宋彭龜年《論車駕過宮編類章疏等事奏》："講筵既開，不得入侍，每念及之，神爲之慢。"明李東陽《聞青溪學士擢禮部侍郎喜而有作》詩："從此黃扉須更到，講筵經史待重論。"清趙翼《白鹿洞書院》詩："晦翁守南康，踵舊開講筵。"

談筵

亦稱"談席"。學子文士談史論經之場所。多肅穆静謐，偶或佐以飲食。筵，通指席位。本義爲竹製之墊，置於席下。《梁書·昭明太子統傳》："容衛徒警，菁華委絶，書幌空張，談筵罷設，虛饋餗餗，孤燈翳翳。"《舊唐書·姚班傳》："奏請置人所冀講席談筵，務盡忠規之道。披文摘句，方資審諭之勤。"按："姚班"一作"姚珽"。宋黃庭堅《雨中花慢·送彭文思使君》詞："念畫樓朱閣，風流高會，頓冷談席。"

【談席】

即談筵。此稱宋代已行用。見該文。

講席

亦稱"講坐""講座"。學者講學或僧道講經之坐席、坐位。古代無桌椅時，鋪席坐地上。漢代已有論難奪席故實，事見《後漢書·儒林傳上·戴憑》。《梁書·張緬傳》引昭明太子蕭統《與緬弟纘書》："文筵講席，朝游夕宴，何曾不同兹勝賞，共此言寄。"南朝梁沈約《爲齊竟陵王發講疏》："置講席於上邸，集名僧於帝畿。"《魏書·彭城王勰傳》："故屈朝彥，遂親傳說，將臨講坐，慚戰交情。"《陳書·袁憲傳》：

"居數日，君正（袁憲之父）遣門下客岑文豪與憲侯弘正（國子博士周弘正）。會弘正將登講坐，弟子畢集，乃延憲入室，授以麈尾，令憲樹義。"《陳書·岑之敬傳》："因召入面試，令之敬昇講座，勑中書舍人朱异執《孝經》，唱《士孝》章，武帝親自論難。"唐孟浩然《題融公蘭若》詩："芰荷薰講席，松柏映香臺。"清唐孫華《壽王冰庵太守五十韻》："講席儒氈冷，籬門竇室卑。"唐白居易《三教論衡》："儒臣居易，學淺才微，謬列禁筵，猥登講座。"

【講坐】

即講席。此稱南北朝時期已行用。見該文。

【講座】

即講席。此稱南北朝時期已行用。見該文。

【函丈】 [2]

即講席。古人席地而坐，講學時講者、聽者宜相對，或有問答，則必留足一丈間方之地。古之席制，廣三尺三寸三分，即所謂函丈。函猶言容納。《禮記·曲禮上》："若非飲食之客，則布席，席間函丈。"鄭玄注："謂講問之客也。函，猶容也。講問宜相對，容丈，足以指畫也。"又《文王世子》："大司成論說在東序。凡伺坐於大司成者，遠近間三席，可問。"鄭玄注："間，猶容也。容三席，則得指畫相分別也。席之制，廣三尺三寸三分，則是所謂函丈也。"《隋書·煬帝紀上》："自時厥後，軍國多虞，雖復黌宇時建，示同愛禮，函丈或陳，殆爲虛器。"宋陸游《齋中雜興》詩之一："成童入鄉校，諸老席函丈。"清納蘭性德《上座主徐健庵先生書》："牓發之日，隨諸生後，端拜堂下，仰瞻風采，心神肅然。既而屢賜延接，引之函丈之側。"

【丈席】

即講席。古人席地而坐，講學時講問者之間有丈數之距離，以便指畫，故稱。語本《禮記·曲禮上》。宋岳珂《桯史·呂東萊祭文》："呂東萊居於婺，以講學唱諸儒，四方翕然歸之。陳同甫蓋同郡，負才頡頏，亦游其門，以兄事之。嘗於丈席間，時發警論，東萊不以爲然。"

皋比 [1]

本指虎皮。源出《左傳·莊公十年》："自雩門竊出，蒙皋比而先犯之。"後特指虎皮坐席，以示威嚴莊重。唐戴叔倫《寄禪師寺華上人次韻》之二："禪心如落葉，不逐曉風顛。猊座翻蕭瑟，皋比喜接連。"宋李幼武《名臣言行錄·外集》："尹焞云：横渠（張載）先生昔在京，坐虎皮說《易》，聽從甚衆，一夕二程（程顥、程頤）至，論《易》。次日先生撤去虎皮，曰'二程深明《易》道，吾所弗及，汝輩可師之。'先生卒，朱晦翁（朱熹）贊之曰：'蚤悅孫吳，晚逃佛老。勇撤皋比，一變至道。'"

皋比 [2]

本指虎皮，復指虎皮坐席，後藉爲講席之敬稱。明余永麟《北窗瑣語·館師嘆》："早知教書僅不如，絳帳皋比盡拋却。"魯迅《集外集拾遺·懷舊》："而仰聖先生一家，獨不殉難而亡，亦未從賊而死，綿綿至今，猶巍然擁皋比爲予頑弟子講'七十而從心所欲不逾矩'。"按：亦藉指師長。

孔廟

亦稱"孔父廟""孔子廟""夫子廟"。孔子，名丘，字仲尼，春秋魯國人。爲中國著名思想家、教育家、儒家學派創始人，有"大成至聖先師文宣王"之盛譽。孔子歿後一年，魯哀公以其故宅三間改建成祠廟，并親祭孔子。其地在今山東曲阜。此後歷代皆有擴建。宋天禧二年（1018），增建殿堂廊廡三百六十間，成爲仿王宮形制的龐大建築群。至明代中葉擴至現存規模。孔廟總面積三百二十七畝半，共有九進院落。前有櫺星門、聖時門、弘道門、大中門、同文門、奎文閣、十三御碑亭。從大成門起，分爲三路：中爲大成門、杏壇、大成殿、寢殿、聖迹殿、兩廡等，分別爲祭祀孔子及先儒、先賢之處；東爲崇聖門、詩禮堂、故井魯壁、崇聖祠、家廟等，多是祭祀孔子上五代祖先之處；西爲啓聖堂、金絲堂、啓聖王殿、寢殿等，爲祭祀孔子父母之處。自漢朝始，歷代朝廷皆有祭孔之大禮。南北朝時期，孔子故居之外已有

建廟奉祀之舉，最爲著名者即北齊國都鄴（今河南安陽）之孔父廟。唐貞觀二年（628），下詔國學及各州縣皆立孔廟，以示尊儒敬學，此制一直沿襲至清末。1840年鴉片戰爭後，西學東漸，儒學已失獨尊地位，五四運動起，中國知識界的年輕精英們，在轉眸西方，大倡科學民主的同時，不遺餘力地猛烈攻擊"吃人的舊禮教"，孔子及儒學成了愚昧落後、專制殘忍的代名詞。一時間，全國多有搗毀孔廟者。五四末期，在孔子故里演出的那場《子見南子》"文明戲"，復將孔子打扮成一個僞君子、一個好色之徒。20世紀30年代前後，民國政府曾有紀念孔子的活動，但已別於古舊禮制，且僅限於孔子故居一地。1961年3月，中華人民共和國國務院公布了首批一百八十所全國重點文物保

孔廟（至聖廟）
（清乾隆《曲阜縣志》）

護單位，其中即有曲阜之"孔廟"。至此，除南京之外，今人多習稱"孔廟"。"文化大革命"時，曲阜之孔廟因係國家重點文物保護單位，免遭浩劫。自 1984 年始，曲阜創辦了"孔子故里游"活動，1989 年改爲"中國曲阜國際孔子文化節"，2005 年爲第二十二屆，聯合國教科文組織首次成爲文化節的主辦方，且以古禮舉行全球首次聯合祭孔。

孔廟的興建與搗毀，已成爲其盛衰的見證與標志。《隋書·禮儀志四》："後齊將講於天子，先定經於孔父廟，置執經一人，侍講二人，執讀一人，摘句二人，録義六人，奉經二人。講之旦，皇帝服通天冠、玄紗袍，乘象輅，至學坐廟堂上。講訖，還便殿，改服絳紗袍，乘象輅還宫。"唐韓愈《處州孔子廟碑》："既新作孔子廟，又令工改爲顔子至子夏十人像，其餘六十子……皆圖之壁。"今南京夫子廟初建於宋景祐元年（1034），其地方志有明確記載。又，宋歐陽修有《襄州穀城縣夫子廟記》。魯迅《書信集·致曹聚仁》："然而明末一些士大夫，曾奉魏忠賢入孔廟，被以衮冕，現在却還不至此。"參見本書《居處卷·壇廟説·宗廟考》"孔廟"文。

【孔父廟】

即孔廟。此稱南北朝時期已行用。見該文。

【孔子廟】

即孔廟。此稱唐代已行用。見該文。

【夫子廟】

即孔廟。此稱宋代已行用。見該文。

大成殿

亦稱"文宣王殿"。孔廟正殿名，孔子的享殿。史尊孔子爲"文宣王""至聖先師"。各級學校皆設此殿，殿内設孔子像或木主以奉祀。"大成殿"因《孟子·萬章下》"孔子之謂集大成"而得名。正式定名始於宋徽宗崇寧元年（1102），詔改辟雍宫内文宣王殿爲"大成殿"，政和三年（1113），又頒其名於諸路州學。此後，歷代效法，遍及全國。孔子殁後一年（前 550），魯哀公以其故宅三間改建成祠廟，并親祭孔子。自漢朝始，歷代朝廷皆有祭孔之大禮。官學或規模較大之私學，每逢立學始業、春秋兩季再逢開學，或天子視學之日，師生乃至天子必於此殿祭孔，行釋奠或釋菜之禮。此制近現代漸廢止。至 1989 年始，國内又恢復祭孔。2005 年 9 月 28 日，爲孔子 2556 年誕辰（按：據今人金友博《十月庚子與孔子生日》《詰難杜撰歷史的權威》諸文考定，孔子誕辰當爲公元前 552 年 10 月 9 日），在中國的上海、浙江衢州、甘肅武威、雲南建水、臺灣、香港，以及韓國、新加坡、德國科隆、美國舊金山等地，同時舉行了祭孔儀式。作爲全球聯合祭祀的主祭場、山東曲阜孔廟，其規模最爲宏大。來自世界二十二個國家和地區

曲阜孔廟大成殿

的代表，共二千五百五十六名，以巧應誕辰二千五百五十六年之數，代表們與孔子後裔們齊聚大成殿前，首次采用了明代相沿的祭孔服飾、樂舞和程式，再現了"千年禮樂歸東魯，萬古衣冠拜素王"之盛況。《宋史・禮志八》："〔徽宗〕崇寧初……又詔辟雍文宣王殿以'大成'爲名。"又："〔政和三年〕頒辟雍大成殿名於諸路州學。"明陳鎬《闕里志・林廟志・至聖先師廟》："徽宗崇寧元年，詔殿大成，先聖南面，四配，十哲分侍左右。"清采蘅子《蟲鳴漫錄》卷二："〔金聖嘆〕見三學弟子員，結隊而過，詰以何事，衆曰：'主司鬻孝廉，吾等將异孔子出，易移財神入大成殿。'"

【文宣王殿】

即大成殿。此稱宋代已行用。見該文。

明倫堂

亦稱"論堂"。論，通"倫"。明清時各地孔廟的大殿。多用於集會或宴饗。取義於《孟子・滕文公上》："夏曰校，殷曰序，周曰庠，皆所以明人倫也。"按："人倫"指五常，爲封建社會中規定的人際間的相處準則。"明倫"，即明人倫。唐舒元輿《問國學記》："次至於西，有高門，門中有廈屋。問之，曰：'此論堂也。'予愧非鴻學方論，不敢入。"元袁桷《送董教授之淮南主簿》詩："禮殿競傳周籩籩，論堂新整魯詩書。"明李東陽《深澤縣重建廟學記》："學之制，爲明倫堂，楹數視殿，齋東西各減堂楹之二。"《儒林外史》第四八回："當日入祠安了位，知縣祭，本學祭，余大先生祭，闔縣鄉紳祭……祭了一天，在明倫堂擺席。"巨才校注："明倫堂，舊時各地孔廟大殿。"

【論堂】

即明倫堂。此稱唐代已行用。見該文。

杏壇

傳說孔子聚徒講學處。在今山東曲阜孔廟大成殿前甬道正中。《莊子・漁父》："孔子游乎緇帷之林，休坐乎杏壇之上，弟子讀書，孔子弦歌鼓琴。"陸德明釋文："緇帷，司馬（彪）云'黑林名也'；本或作帷。杏壇，司馬（彪）云'澤中高處也'，李（頤）云'壇名'。"清顧炎武《日知錄・杏壇》："杏壇之名，出自《莊子》……《莊子》書凡述孔子，皆是寓言，漁父不必有其人，杏壇不必有其地，即有之，亦在水上葦間，依陂旁渚之地，不在魯國之中也明矣。今之杏壇，乃宋乾興間〔孔子〕四十五代孫道輔增修祖廟，移大殿於後，因以講堂舊基甃石爲壇，環植以杏，取杏壇之名名之耳。"其後，金代大學士党懷英篆書"杏壇"二字鑴碑立壇上。明隆慶三年（1569）重修，并築方亭。清乾隆書"杏壇贊"御碑立亭中。古時常以"杏壇"泛指授徒講學之處。如唐錢起《幽居春暮書懷》詩："更憐童子宜春服，花敷尋師到杏壇。"宋王禹偁《贈浚儀朱學士》詩："潘岳花陰覆杏壇，門生參謁絳紗寬。"清方文《春日齋居雜咏》之三："室雖花縣裏，人似杏壇邊。樹影催春課，雷聲起晝眠。"

欞星門

亦作"靈星門"。曲阜孔廟前形似牌坊的大門。宋仁宗天聖六年（1028）之後已設此門。今其門六楹四柱，柱頂端立四尊天將石像，柱下設抱鼓石，建於清乾隆十九年（1754）。舊時全國各地學宮孔廟前皆有類似之欞星門。古緯書《龍魚河圖》曰："天鎮星主得士之慶，其精下爲靈星之神。"以之名門，殆取得士之義。另據清朱駿聲《説文通訓定聲》載："欞，假借爲靈，實爲龍。今學宫有欞星門，蓋《詩經·絲衣·序》之'靈星'。謂東方蒼龍七宿也。"又據清袁枚《隨園隨筆·欞星門之訛》載稱：靈星即天田星，漢高祖命祭天先祀靈星以祈穀。宋仁宗天聖六年，築郊臺外垣，置靈星門，象天之體；旋即移用於孔廟，蓋以尊天之禮尊聖。後世以爲漢祀靈星祈穀，與孔廟無關，又以門形如窗欞，遂改稱"欞星門"。明陳鎬《闕里志·林廟志·至聖先師廟》："〔太和元氣〕坊前爲欞星門，東西大道也，左右各竪下馬牌，金章宗明昌二年立。"《歧路燈》第五回："送出欞星門，荆公上轎而去。"參閲清盧文弨《龍城雜記·欞星門》。

【靈星門】

同"欞星門"。此體宋代已行用。見該文。

宣猷堂

魏晉南北朝時洛陽、建康（今江蘇南京）宫中堂舍名。其堂在玄圃園内，園内多奇花异石，美若仙境，故以傳説中昆侖山頂神仙居處"玄圃"爲名。其時帝王常詔學士於堂内講經論道，而堂在園内，因多以"玄圃園"或"玄圃"藉指"宣猷堂"。《文選·陸機〈皇太子宴玄圃宣猷堂有令賦詩〉》詩題李善注："王隱《晋書》曰：'潛懷太子遹，字熙祖，惠帝即位，立爲皇太子。楊佺期《洛陽記》曰：'東宫之北曰玄圃園。'"吕延濟注："玄圃，園名。宣猷，堂名，在園中。"南朝梁簡文帝《玄圃園講頌序》："乃於玄圃園，栖聚德心之英，並命陳、徐之士，摳談永日，講道終期，賓從無聲，芳香動氣。"《梁書·簡文帝紀》："高祖所制《五經講疏》，

〔簡文帝〕嘗於玄圃奉述，聽者傾朝野。"

【玄圃園】

即宣猷堂。此稱南北朝時期已行用。見該文。

【玄圃】

即宣猷堂。此稱晋代已行用。見該文。

彝倫堂

明清國子監的正堂。皇帝至國子監視學、講學，在此堂設御座。彝倫，意爲天地之常道。明黄佐《南雍志·規制考上》："欽定太學之制，爲正堂一，支堂六。正堂一十五間，扁曰'彝倫'。"《明史·禮志九》："洪武十五年，太祖將幸國子監……命禮部尚書劉仲質定其制。前期設御幄於大成門東南向，設御座於彝倫堂。"又："至日，學官率諸生迎駕於成賢街左，皇帝入御幄，具皮弁服，詣先師神位，再拜獻爵，復再拜四配十哲……皇帝入御幄，易常服，昇輿至彝倫堂昇座，學官諸生五拜、叩頭，東西序立於堂下。"

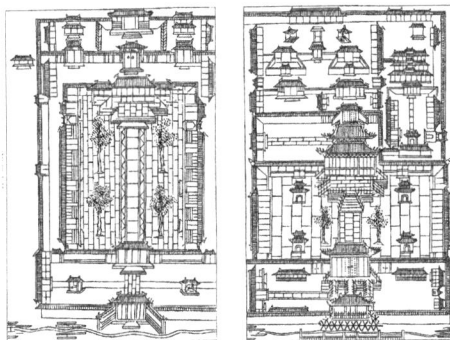

彝倫堂
（《國學禮樂録》）

六堂 [2]

明代國子監所設六個教學場所。洪武十四年（1381），欽定國子學之制，設正堂一，共十五間；支堂六，各十五間。支堂六，即六個

教學場所，分別稱之爲正義堂、崇志堂、廣業堂、修道堂、誠心堂、率性堂。前三堂授初級課業，第四、五兩堂授中級課業，後一堂授高級課業。監生僅通"四書"者入初級，學習一年半以上，經考試合格，且文理通順，可升入中級。中級學習一年半以上，考試合格，經史兼通，且文理俱優，可升入高級。升入高級後，方許用積分制。積分制係承宋元之法，月考一次，優者記一分，及格者記半分，不及格者失分。一年内積至八分者爲畢業，給予出身，可派充官職。如不滿八分，需留堂再學習。《易》《詩》《書》《春秋》與《禮記》，主要由博士講授，兼講"四書"，其餘皆由助教、學正、學録負責，并常居六堂之中。洪武十五年（1382），改國子學爲國子監後仍沿此制。明黄佐《南雍志·規制考上》："洪武十四年，欽定太學之制，爲正堂一，支堂六。正堂一十五間……六堂在正堂之後，乃支堂也。一曰率性、二曰修道、三曰誠心、四曰正義、五曰崇志、六曰廣業，助教、學正、學録分居之。每堂各十五間，中五間設師坐，左右各五間，設大凳桌，爲弟子肄業所。"參閲《明史·選舉志一》《職官志二》。

博士廳

明代國子監所設考課場所。洪武十四年（1381），欽定京都國子學之制。設博士、助教、學正、學録各司其職。正堂十五間，西堂爲考課所，博士恒居其内，其時呼爲博士廳。博士專講《易》《詩》《春秋》與《禮記》中之一經，兼講《大學》《中庸》《論語》與《孟子》。助教、學正、學録則負責正義、崇志、廣業、修道、誠心和率性六堂之教學。洪武十五年，改國子學爲國子監，設博士三人、助教十六人，

俱從八品，學正三人，正九品，學録三人，從九品。洪武二十四年，定博士五人、助教十五人、學正十人、學録七人，官秩同洪武十五年。洪武八年至二十六年，置中都國子學（監），博士、學正、學録各一人，助教二人，品與京都同。二十六年革除，其師生并入京師。永樂元年（1403），始置北京國子監，博士、助教、學正、學録人數與中都國子學（監）同，品秩亦同。洪武十八年遷往北京，乃以京師國子監爲南京國子監，史稱"南雍"。永樂九年，北京國子監增加名額，與洪武二十四年同。參閲明黄佐《南雍志·規制考上》《明史·選舉志一》《明史·百官志二》。

掌饌廳

亦稱"典膳廳"。明代國子監所設膳食管理場所。置掌饌主其事。明初國子學設典膳，洪武十三年（1380），改典膳爲掌饌。十五年，改國子學爲國子監，掌饌定員一人。二十四年，增爲二人。官秩未入流。洪武八年至二十六年之中都國子學（監）及永樂元年（1403）始置之北京國子監，所設皆同京都。參閲明黄佐《南雍志·規制考上》、《明史·選舉志一》、《明史·職官志二》。

【典膳廳】

即掌饌廳。此稱明代已行用。見該文。

典簿廳

明代國子監所設財務管理場所。置典簿一人，正八品。掌文移、金錢出納支受。洪武十五年（1382），降秩爲從八品。洪武八年至洪武二十六年所置中都國子學（監）及永樂元年（1403）始置之北京國子監，所設皆同京都。參閲明黄佐《南雍志·規制考上》、《明史·選舉志

一》、《明史·職官志二》。

典籍廳

亦稱"典書廳"。明代所設教學管理場所。置典籍一人，從九品。明初國子學設典書。掌圖書文籍。洪武十五年（1382），改學爲監，更典書爲典籍。洪武八年至二十六年之中都國子學（監）及永樂元年（1403）之北京國子監，所設皆如京都。參閱明黃佐《南雍志·規制考上》、《明史·選舉志一》、《明史·百官志二》。

【典書廳】

即典籍廳。此稱明代已行用。見該文。

學田

古代官學、書院所屬之田産，以田租作爲學校經費。田産來源主要爲官府調撥或民間捐贈。至遲於東漢之時已有官府授田之舉，據《三國志·魏書·武帝紀》記載，東漢建安七年（202）正月，漢相曹操曾發布命令："其舉義兵已來，將士絕無後者，求其親戚以後之，授土田，官給耕牛，置學師以教之。"可證。南唐時，廬山國學即有學田數十畝，昇元元年（937），東佳書堂（又名"東佳書院"）置莊田二千畝，以供用度。宋天聖元年（1023），仁宗始賜國子監及兗州州學學田；神宗時又詔授諸路學田，學田遂普及各地。元代屢下詔令保護學田，田租收入除用作春秋釋奠外，亦可資助貧困生徒。延祐二年（1315），會昌州判官楊景行勸民出田養學，此爲私人捐助之始。明洪武十五年（1382），"定天下學田之制"，於是府、州、縣諸學皆有學田。清因明制，學田遍及全國。民國二年（1913），内務部令學田收入改作各地小學經費。《宋史·選舉志三》："仁宗時，士之服儒術者不可勝數。即位初，賜兗州學田，已而命藩輔皆得立學。"清顧炎武《日知録·監本二十一史》："陸文裕《金臺紀聞》曰元時州縣皆有學田，所入謂之學租，以供師生廩饌，餘則刻書。"《續文獻通考·田賦考·官田》："洪武十五年四月，定天下學田之制……凡府、州、縣學田入官者，悉歸於學，以供祭祀及師生俸廩。"又："詔定爲三等：府學一千石，州學八百石，縣學六百石；應天府學一千六百石。各設吏一人，以司出納，師生月給廩膳米一石。"《清史稿·選舉志一·學校上》："州、府、縣、衛儒學，明制具備，清因之。"故其《食貨志一》稱："學田，專資建學及贍恤貧士。"按：《漢語大詞典·子部》"學田"條下引《續資治通鑑》稱學田始於宋真宗乾元元年，實誤。且有宋終代無乾元年號。

學租

古代官學、書院以其田地、房屋出租所收取的錢糧。如明嘉靖間嶽麓書院有田近二千二百二十三畝，收租穀八百八十六石餘，至清道光年間在城内置鋪屋兩年，收租錢四十八千文之多；咸豐年間出租惜陰街一帶園土，收納租錢近四十二千文。《六部成語訂正·户部學租注解》："官學校之田，歸學官，收租以供用也。"《清史稿·高宗紀一》："壬申，免江南等省漕糧、蘆課及學租雜租。"

學費

古代學校辦學經費。《宋史·食貨志下》："〔崇寧二年〕十月，諸路官監酒直，上者升增錢二，中下增一，以充學費，餘裨轉運司歲用。"《廣志平略》："宋朝郡縣田租、屋課、息錢之類，以爲學費。"今指在校學生按規定應繳納的費用。

光學錢

資助辦學之錢。光謂光大。《新唐書·劉允章傳》:"咸通中爲禮部侍郎……改國子祭酒。又建言:'群臣輸光學錢治庠序,宰相五萬,節度使四萬,刺史萬。'詔可。"

學脱

教師所得酬金。《醒世姻緣傳》第一六回:"況以舌耕得他些學脱,這倒是士應得之物。"

辛資

書院發給教職員的補貼金。清同治《嶽麓書院續志補編·扣發課米章程》:"米票、扣米兩項,每月按章發給……並給齋長臘正二月辛資,及協理齋長辛資。"清光緒《寧津縣志·臨津書院章程》:"書院存書,設齋長一人經營,年終予辛資一百四十四千,俾得常住書院,以專責成。"

廩膳

亦稱"廩餼"。古代官府發給生員的食糧或相應的銀兩。唐杜牧《禮部尚書崔公行狀》:"復建立儒官,置博士,設生徒,廩餼必具,頑惰必遷。"《元史·選舉志一》:"成宗大德十年春二月,增生員廩膳。"又:"百官子弟之就學者,常不下二三百人,宜增其廩餼。"《明史·太祖紀二》:"命天下學校師生,日給廩膳。"清皮名舉《皮鹿門先生傳略》:"年十四,應童子試,補善化學生員,越年,食廩餼。"

【廩餼】

即廩膳。此稱唐代已行用。見該文。

【廩米】

即廩膳。亦稱"廩糧""廩餼銀""廩銀"。明洪武二年(1369),令府、州、縣皆置學,並規定生員名額,每人月給廩米六斗。後又增廣名額,因稱原額内者爲"廩膳生員",省稱"廩生";增額者爲"增廣生員",省稱"增生"(後又有"附學生員",不給廩米。廩米或折銀髮給,稱"廩餼銀"或"廩銀")。清沿明制,廩生月給廩餼銀四兩,於本府州、縣學署領取。明沈德符《野獲編·禮部·廩生追糧》:"知府林芊言:'比者提學薛瑄,以生員有疾罷斥者,追所給廩米。臣以爲不幸有疾,罷之可也。至於廩給,糜費於累歲,而追索於一朝,固亦難矣。'"又:"〔闇禹錫〕上疏謂:'武學生俱紈綺子弟,驕惰不學,今後武生考劣等,俱宜追所食廩糧。'"《六部成語·戶部》"廩銀"原注:"諸生應領廩米,折銀給發。"

【廩糧】

即廩米。此稱明代已行用。見該文。

【廩餼銀】

即廩米。此稱明代已行用。見該文。

【廩銀】

即廩米。指將廩米折算成的銀兩。此稱明代已行用。見該文。

飯資錢

亦稱"學俸"。官學或書院發給學生的伙食補貼之類的費用。元朱德潤《德政碑》詩:"城中學生無學俸,但得錢多作好頌。"民國《江陰縣續志·禮延書院》:"〔清同治十一年定制〕每年甄錄生童各百名在院肄業,生員別爲超等、特等、一等,童生別爲上取、中取、次取,課以八股試帖,年分官課、師課各十期……後改散卷,每名給飯資錢一百,每年計錢四百千文。"

【學俸】

即飯資錢。此稱元代已行用。見該文。

膏火

本指燈油、燈火，夜讀所需。後藉指供學子求學之津貼。唐杜甫《酬薛十二丈判官見贈》詩：“不是無膏火，勸郎勤六經。”宋蘇軾《送蜀僧去塵》詩：“十年讀《易》費膏火，盡日吟詩愁肺肝。”清吳榮光《吾學録初編·學校門》：“諸生中貧乏無力者，酌給薪水；各省由府、州、縣董理酌給膏火。”清嘉慶《安仁縣志·宜溪書院經費章程》中載有明清時如何發放“膏火”及其標準，甚詳盡。

學糧

學生依規定繳納的食糧或相應的費用。古時士子入太學或游學，須自備食糧或以錢充頂。《後漢書·儒林傳論》：“若乃經生所處，不遠萬里之路，精廬暫建，贏糧動有千百。”五代王定保《唐摭言·氣義》：“郭代公年十六，入太學……時有家信至，寄錢四十萬以爲學糧。”亦有由官府給予補助者。《文獻通考·學校七》：“神宗熙寧四年，詔置京東、西、河東、北、陝西五路學，以陸佃等爲諸州學官……州給四十頃爲學糧。”

學廩

古代官學、書院存放學糧之倉庫。始見於宋代。仁宗命國子監及兗州州學置學田，并賜田茅山書院之後，官學、書院多有田租收入，故以建倉廩貯存，以供日常之需。元至順《鎮江志》卷一三載：鎮江路即曾建學廩以存各官學、書院之學糧。元吳師道《池陽紀事》詩：“惟池學廩素贍豐，十奪七八歸豪雄。”

紅板倉

省稱“紅倉”。以紅色木板製成之糧倉。明代國子監内，專爲供給諸生妻室子女生活所需而設置。《明史·后妃傳一·太祖孝慈高皇后》：“帝幸太學還。后問：‘生徒幾何？’帝曰：‘數千。’后曰：‘人才衆矣！諸生有廩食，妻子將何所仰給？’於是立紅板倉，積糧賜其家。太學生家糧自后始。”又《選舉志一》：“孝慈皇后積糧監中，置紅倉二十餘舍，養諸生之妻子。”

【紅倉】

“紅板倉”之省稱。此稱明代已行用。見該文。

家糧

養家之口糧。明代國子監定制，太學生有家眷者，必賜其口糧，以解後顧之憂。《明史·后妃傳一·太祖孝慈高皇后》：“帝幸太學還。后問：‘生徒幾何？’帝曰：‘數千。’后曰：‘人才衆矣！諸生有廩食，妻子將何所仰給？’於是立紅板倉，積糧賜其家。太學生家糧自后始。”又《選舉志一》：“孝慈皇后積糧監中，置紅倉二十餘舍，養諸生之妻子。”

婚聘錢

結婚舉行聘禮所需之錢財。明代國子監定制，歷事生未娶者，賜錢婚聘，惠及女方嫁衣兩套，每月賜米二石。歷事生，指國子監内修業屆滿前，分撥至朝廷各部實習的太學生。《明史·選舉志一》：“歷事生未娶者，賜錢婚聘，及女衣二襲，月米二石。”

道里費

路費。明代國子監定制，諸生久在京師，故里有父母或其他直系尊親，皆准省視，每人賜新衣一套，錢鈔五錠。《明史·選舉志一》：“諸生在京師歲久，父母存，或父母亡而大父母、伯叔父母存，皆遣歸省，人賜衣一襲，鈔五錠，爲道里費。”

賞節錢

慶賀節令之錢幣。明代國子監定制，每逢正旦、元宵諸節令，朝廷必以錢幣賜諸生，以示垂愛。明黃佐《南雍志·規制考上》："學旁以宿諸生……厚給廩餼，歲時賜布帛文綺、襲衣巾靴。元旦、元宵諸節令，俱賞節錢。"

學市

古代學生交易書物之場地。始於西漢元始三年（3），設於長安城中。其地無房舍，列槐樹數百爲隊，作爲交易會聚之處。《漢書·王莽傳上》："是歲（元始三年），莽奏起明堂、辟雍、靈臺，爲學者築舍萬區，所市，常滿倉，制度甚盛。立《樂經》，益博士員，《經》各五人。"王先謙補注："諸生朔、望會此市，各持其郡所出質物，及經書傳記、笙磬樂器，相與買賣。"北周庾信《預麟趾殿校書和劉儀同》詩："璧池寒水落，學市舊槐疏。"唐盧照鄰《〈樂府雜詩〉序》："散髮書林，狂歌學市。"

講鼓

單稱"鼓"。教學或説法時用以敲擊聚衆之鼓。西周時士子入學或天子視學皆擊鼓以警衆，後世多沿其制，至宋代之學規中，懲罰學子時，猶有"鳴鼓九通"之舉。《禮記·文王世子》："天子視學，大昕鼓徵，所以警衆也。"鄭玄注："大昕，早昧爽，擊鼓以召衆也。警，猶起也。《周禮》'凡用樂'，大胥'以鼓徵學士'。"宋陸游《泛湖》："山寺雲間傳講鼓，漁家浦口起炊烟。"參見本考《禮規齋器説·齋席器用考》"鼓篋"文。參閱宋周密《癸辛雜識》後集。

【鼓】

"講鼓"之單稱。此稱先秦時期已行用。見該文。

講榻

講官或儒師之坐具。多於帝王視學或入宮進講等重要時節設置。依古禮講榻應北向，處於西南隅或東南隅。《新唐書·禮樂志四》："皇帝視學，設大次於學堂後，皇太子次於大次東。設御座堂上，講榻北向。"按："大次"即大篷帳。《明史·禮志九》："漢明帝始幸辟雍，唐以後，天子視學，始設講榻。洪武十五年，太祖將幸國子監……賜講官坐，乃以經置講案，叩頭就西南隅几榻坐講。"

書笈

單稱"笈"。亦稱"書箱""書簏"。《太平御覽》卷七一引漢應劭《風俗通》："笈，學士所以負書箱，如冠籍箱也。"晋葛洪《神仙傳·封衡》："有二侍者，一負書笈，一負藥筍。"唐李賀《送沈亞之歌》："白籬交穿織書笈，短策齊裁如梵夾。"王琦彙解："書笈，書箱也。"明徐渭《北臺疏草序》："曩巡遼，草數簡，入紹時，偶雜隨行書笈中。"《晋書·王祥傳》："勿作前堂，布几筵，置書箱、鏡奩之具，棺前但可施床榻而已。"唐皮日休《醉中即席贈潤卿博士》詩："茅山頂上携書簏，笠澤心中漾酒船。"清沈復《浮生六記·閨房記樂》："一日，於書簏中得《琵琶行》，挭字而認，始識字。"

【笈】

即書笈。此稱漢代已行用。見該文。

【書箱】

即書笈。此稱晋代已行用。見該文。

【書簏】

即書笈。此稱唐代已行用。見該文。

【書篋】

即書笈。亦稱"書笥"。漢應劭《風俗

通·怪神·世間多有亡人魄持其家語聲氣》：“又買李幼一頭牛，本券在書篋中。”《三國志·魏書·胡質傳》：“家無餘財，惟有賜衣、書篋而已。”唐柳宗元《爲韋京兆祭太常崔少卿文》：“我有書笥，盈君尺牘，竊言在耳，今古何速！”宋陸游《晚晴》詩：“潤侵書笥深防蠹，暖徹衣籯剩得香。”

【書笥】

即書篋。此稱唐代已行用。見該文。

書袋

盛書籍之類的囊袋。唐代王起有《獺皮書袋賦》（見《文苑英華》卷一〇六）。五代王定保《唐摭言·海叙不遇》：“平曾謁華山李相（書注：固言）不遇，因吟一絶而去曰：‘老夫三日門前立，珠箔銀屏畫不開。詩卷却抛書袋裏，譬如閑看華山來。’”

觚木

單稱“觚”。亦稱“奇觚”。多角棱形木簡，可作文字載體，古代用以識字習書，或用以記事。因有別於普通竹簡，甚爲奇好，故亦稱“奇觚”。先秦時已作爲教具，至唐猶見行用。漢史游《急就篇》卷一：“急就奇觚與衆異。”顏師古注：“觚者，學書之牘，或以記事，削木爲之，蓋簡屬也……其形或六面，或八面，皆可書。觚者，棱也。以有棱角，故謂之觚。”又注：“言學僮急當就此奇好之觚，其中深博，與衆書有異也。”《文選·陸機〈文賦〉》：“或操觚以率爾，或含毫而邈然。”李善注：“觚，木之方者，古人用之以書，猶今之簡也。”唐蘇鶚《蘇氏演義》卷下：“觚者，棱也。學書之牘，或以記事。削木爲之，其形或六面，或八面，面面皆可書，以有棱角，遂謂之觚。今或呼小

兒學書簡爲觚木。”

【奇觚】

即觚木。此稱秦漢時期已行用。見該文。

【觚】

“觚木”之單稱。此稱漢代已行用。見該文。

簡板

亦稱“水牌”。漆成白色或黑色的木板或鐵板，用以練字或記事。因可以水清字而再用，甚便捷簡省，故稱。明清時學校、官府或商務往來中常備此物，直至20世紀50年代之前猶見使用。明郎瑛《七修類稿·辨證八·簡版水牌》：“俗以長形薄板塗布油粉，謂之簡板，以其易去錯字而省紙。官府用之，名曰水牌。蓋取水能去污而復清，借義事畢，去字而復用耳。然寫字恐其磨滅，必自後而前反讀其文。”趙樹理《小經理》：“〔三喜〕起先只是認字和瞭解帳理，後來又慢學着寫——把帳本上的字寫在水牌上，寫滿了就擦，擦了又寫。”

【水牌】

即簡板。此稱明代已行用。見該文。

【粉板】[1]

即簡板。亦作“粉版”。亦稱“粉牌”。《説文·巾部》：“幩，書兒拭觚布也。”清段玉裁注：“按觚以學書或記事，若今書童及貿易人所用粉版，既書可拭去再書。”清黃六鴻《福惠全書·教養部·學規》：“用粉板書明，懸於講所。”《清史稿·食貨志一》：“至內河船隻，於船尾設立粉牌，責令埠頭查察。”魯迅《吶喊·孔乙己》：“雖然間或没有現錢，暫時記在粉板上，但不出一月，定然還清，從粉板上拭去了孔乙己的名字。”

【粉版】

同"粉板[1]"。此體清代已行用。見該文。

【粉牌】

即粉板[1]。此稱清代已行用。見該文。

粉板[2]

今教學所用黑板。張天翼《春風》:"他拿粉板刷子敲敲桌子。"

幡

亦稱"帉"。用以擦拭之巾,猶今之抹布。古代兒童在觚上練字,寫畢以幡拭去,以備再用。《説文·巾部》:"幡,書兒拭觚布也。"段玉裁注:"按觚以學書或記事,若今書童及貿易人所用粉版,既書可拭去再書……拭觚之布謂之幡,亦謂之帉,反復可用之意。"朱駿聲《説文·通訓定聲》:"幡,即拭布也。"又《説文·巾部》:"帉,幡也。"段玉裁注:"帉,與幡同物,拭觚布也。"

【帉】

即幡。此稱漢代已行用。見該文。

第六章　人才擇取說

第一節　舉賢選士考

　　《禮記·禮運》中說："大道之行也，天下爲公，選賢與能，講信修睦，故人不獨親其親，不獨子其子，使老有所終，壯有所用，幼有所長，鰥、寡、孤、獨、廢疾者有所養。"由此可知，我國古代有明確的人才選拔的標準，即"賢"與"能"。"賢"指人的德行方面，"能"則側重於人的實際才能，"賢"與"能"或"德"與"才"的標準也是後世乃至今天人才選拔的兩個主要方面。早在夏、商兩代就有注重人才的選拔方面的傳說，但并未見系統的人才選拔錄用制度。在我國教育史上最早出現有關這方面記載的，始於西周。西周選官有三種途徑：即升學選士、鄉里選士和諸侯貢士。《禮記·王制》載："命鄉論秀士，升之司徒，曰选士。司徒論選士之秀者而升之學，曰俊士。升於司徒者不征於鄉，升於學者不征於司徒，曰選士……大樂正論造士之秀者以告于王，而升諸司馬，曰進士。司馬辨論官材，論進士之賢者以告於王，而定其論，論定然後官之，任官然後爵之，位定然後禄之。"這是升學造士。《周禮·地官·司徒》載：鄉大夫掌教其鄉民衆，"三年則大比，考其德行道藝，而興賢者能者。"被推舉者受到鄉里官員的禮賓，其名册由衆官員聯名報送周王，登記於天府，副本藏於內史。然後行鄉射禮以徵詢民衆意見。"此謂使民興賢，出使長之；使民興能，入使治之。"這是鄉里選士。《禮記·射義》載："諸侯歲獻貢士於天子。"鄭玄注："歲獻，獻國事之書及計偕物也。三歲而貢士。"這是諸侯貢士。可見，西周已形成從中央到地方的選士體制。首先，選士工作由司徒、宗伯和司馬等幾個官府主管部門共同參與。其次，由於實行世卿制，爵位世襲，所以選拔物件以貴族子弟居多。平民子弟多擔任基層鄉官。清俞正燮《癸巳類稿·鄉興賢能論》："大夫以上皆世族，不在選舉也。"其三，逐級考核、選拔與教育培訓滙爲一途，通過一定考核即給予一定結論與名銜，量材授官。其四，堅持德藝并重標準。這些對後代選士制度有深遠影響。其時從中央到地方，皆設有舉賢送士的具體場所，天子有澤宮、射宮，郡國有射圃、射堂，所擇取的人才有文有武，不拘一格。澤宮、射圃之類，南北朝時猶有沿襲。可謂影響廣遠。

春秋戰國時期是我國歷史上的大變革、大動蕩時期，一個由諸侯割據、戰亂最終走向統一的時期。這一時期由"學術官守"走向了"學術下移"，官學衰落，私學興起，人才的選用就不自覺地抛開了奴隸制時代的貴族世襲制，取消了身份地位的限制，走向"學而優則仕"的人才選拔路綫。即不問出身高下，以賢爲寶，唯才是舉。齊桓公時，齊國有三選制度。即先有地方薦賢，桓公親自接見，視不同情況給予不同官職；之後再由各長官考察這些人的政績，加以選拔，并給予較高職位。政績最好的可以升遷"爲上卿之贊"（《國語·齊語》），即上卿的副職。體現出打破奴隸制世襲制度的重要作用。到了戰國時代，各諸侯國之間爭權奪霸的鬥争更爲劇烈，出於政治鬥争籠絡人才之需，"養士"之風盛行，以齊國的稷下學宮最爲典型。在這種形勢下，各諸侯國盡皆"禮賢下士"，從"養士"、游士中選拔重用奇才异能之士的現象就更爲普遍，如"申鮮虞僕賃於魯而喪莊公，楚聞其賢乃召以爲右尹"（清崔述《豐鎬考信録》卷八），及齊桓公之重用管仲等等不一而足。至此，不僅奴隸制時代的世卿制已蕩然無存，而且周代的"選士"制度亦不復存在了。

秦代嚴禁私學，實行以法爲教、以吏爲師的文教政策，因此，没有形成什麽正規的選舉制度。

漢代是我國選舉考試制度正式建立的時期。漢代承繼西周"鄉舉里選"的人才選拔制度，建立了察舉制，并把它作爲選官制度的主體。察舉制，即考察後予以薦舉之意。此制始於漢文帝。《史記·文帝紀》載，文帝二年（前178）詔二三執政"舉賢良方正能直言極諫者，以匡朕之不逮"。但是，文帝詔舉賢良僅是偶一爲之，未規定薦舉期限和人數，尚未形成制度。察舉發展爲一種比較完備的入仕途徑，并得以真正確立其在兩漢仕進制度中的主體地位，則是在武帝時期。漢武帝接受董仲舒的建議，着力於使選士逐漸完善化和制度化。元光元年（前134）冬十一月，"初令郡國舉孝廉各一人"（《漢書·武帝紀》）。孝廉與賢良方正的不同在於它是每歲固定選士的所謂常科，因此孝廉科的設立標志着察舉制的真正開始。察舉制度在實行過程中不斷調整、充實，逐步建立起比較完備而嚴格的察舉法規。主要内容如下：

第一，實行獎懲賞罰嚴明的察舉責任制。自秦以來，選舉任人在法律上有嚴格的規定，《史記·范雎蔡澤列傳》："秦之法，任人而所任不善者，各以其罪罪之。"漢承秦制，即被舉薦的官員不賢受到處分，原舉薦者也要承擔相應的罪過，但如果選舉得人，不僅被舉者可以升遷，舉者也要受到嘉獎。如法雄舉胡廣爲孝廉，試爲天下第一，"於是公府下詔書勞來雄焉"（《後漢書·胡廣傳》注引《續漢書》）。獎懲分明，責任清楚，有利於察舉制的正常進行，儘管在封建社會難以貫徹始終。

第二，增加察舉的科目，規定察舉的期限和人數。漢代察舉設科是因時之需，逐步固定下來的。總起來說，兩漢比較通行的察舉科目有：賢良方正、孝廉、秀才（又茂才、茂材）、文學、明經、明法、兵法、陰陽灾异、童子科及其他臨時規定的特殊科目，其中最重要且影響最大的就是賢良方正和孝廉二科。賢良方正是漢代地位最高也是實施最早的科目。"賢良"與"方正"詞義相近，都是賢德正直之意，故亦簡稱"賢良"。賢良方正屬特科或制科，其選舉多在灾异危難之際舉行。如《漢書·宣帝紀》："〔地節三年〕冬十月，詔曰：'乃者九月壬申地震，朕甚懼焉。有能箴朕過失，及賢良方正直言極諫之士以匡朕之不逮，毋諱有司。'"而在國家處於灾异動亂時刻，精通儒家經術，善說天人感應和灾异之學的儒生更能大顯身手，所以賢良方正取士基本上爲儒家學者所獨占。《漢書》中所載董仲舒、杜欽、谷永等人的對賢良策均屬這種類型。孝，指孝子；廉，指廉士。初爲兩科，後通常連稱混爲一科。孝廉的選舉最初以德行爲主，後來逐漸側重文化知識方面。東漢順帝時規定舉孝廉要"諸生通章句，文吏能箋奏，乃得應選"（《後漢書·順帝紀》）。被舉者多爲州郡屬吏或通曉經書的儒生。孝廉爲漢代經常性的選士科目，通常每年選舉一次，按各郡人口比例分配名額，大致平均每二十萬人口的郡，每年選舉一名孝廉，因此取士人數遠遠超過其他各科，是故史家認爲漢世諸科"得人之盛，則莫如孝廉"（《東漢會要》卷二八）。又有人説，論輕重以賢良爲重，論得人以孝廉爲多。這是據前後《漢書》統計得出之結論。清朝合賢良方正、孝廉二科爲一科"孝廉方正科"，爲清代特設的選官科目。

秀才，本義爲才能優秀。西漢武帝元封四年（前107），令"諸州歲舉秀才一人"，爲立秀才科之始。東漢時爲避光武帝劉秀之諱改稱"茂才"（亦稱"茂材"）。三國魏以後復稱秀才，并一直爲後世延續。秀才、明經等科，多以選拔經學之士爲主。"童子科"以選拔十三歲至十六歲"博通經典"的少年才子爲目的，但這樣的人才相當少見。從上述察舉各科的人才選拔情況可以看出，察舉入仕是以儒術爲主要內容的，這與漢代"獨尊儒術"的文教政策緊密相關。

第三，實行察舉和考試相結合。漢代察舉制在操作中是與考試相輔而行的。察舉是否得其人，還要經過考試，而後纔能量才録用。無論是詔令特舉的賢良、文學，還是郡國歲舉的孝廉、茂材，均需經過中央復試。此外，公府與州郡辟除之士、三署郎官、博士及博士弟子也要依照規定進行考試。不過，漢代察舉制下的考試在西漢并不占重要地位。西漢是以察舉爲主，考試祇作區分高下、授官大小的參考，有時亦有不經考試而直接授官的，這在西漢後期更爲普遍。東漢時，爲糾正察舉之濫始重考試，左雄建議嚴加考試，形成察舉與考試相結合的體制，并且考試的成分有日益加重的趨勢。漢代的考試方式有對策、射策兩種，射策多用於太學中考試博士弟子，而對策多用於朝廷的薦舉，如董仲舒以賢良文學科被薦舉，漢武帝親臨考問對策，而後纔被授官。隋唐以後，科舉考試試策論，即爲對策的延續。

察舉制的制度化、規範化有利於政局的穩定、社會的發展和學術文化的繁榮，但它也有其不可避免的缺陷：首先，察舉僅爲任官途徑之一，而且所占比重極低。任子、納資等皆可爲官，這就大大削弱了察舉的地位。其次，察舉在選拔標準和方式上尚不完善，主管官員的薦舉又是察舉入仕的關鍵環節，因此往往造成舉士的主觀隨意性，而難以保證其公正性和公平性，於是導致循私舞弊、沽名釣譽和投機取巧等種種弊端滋生，從而不僅不利於實事求是地選拔賢才，還嚴重敗壞了士風和學風。這使得察舉制到東漢末已是窮途末路，注定了另一種新的選士制度的誕生。但由於中央集權與中國之官本位主義的存在，類似的"察舉制"歷代難絕。而由於一些特異人材的涌現，察舉制亦可確備國家之不時之需。

元朔五年（前124），漢武帝采納董仲舒的建議，爲博士置弟子，標志着太學的正式設立。自秦朝開始設立的一種備典籍、顧問的博士之官，就轉化爲一種以教授爲主要職能的學官。隨着太學的發展，博士的選拔任用趨於嚴格和制度化。在西漢，太學博士或由皇帝徵召，或由公卿薦舉社會學術名流充當，人數也有嚴格限制。西漢博士的任用偶有考試之舉，如張禹經太子太傅蕭望之舉薦，試爲博士。到了東漢，則更多地采用類似察舉的方式選拔，并且予以策試。《文獻通考·學校一》載："按西京博士，但以名流爲之，無選試之法，中興以來，始試而後用，蓋欲其爲人之師範，則不容不先試其能否也。"可見對考試的重視。博士作爲崇化勵賢的禮儀之官，享有較高的政治待遇和社會地位，這不僅表現在朝廷的各種優待和禮遇上，還表現在漢代太學博士任職一段時間後，往往都得到升遷，或委以重任，或爲卿相，或爲郡守、刺史，朝廷甚至爲博士的升遷制定了相應的考選制度。這些都有利於提升太學的地位，對太學的教學品質也是一種保證。

　　兩漢太學基本上采用"設科射策"的方法選拔人才。而所謂設科，即結合通經多少和於每經造詣的深淺劃分爲不同的科別等級，分爲甲科、乙科（有時也分爲甲、乙、丙三科）。將問題書之於策，列置於案，讓學生選答，根據答題數目的多少和品質的優劣，評定爲上第、中第和下第等。按考生所得的實際等級授予不同的官職，如甲科爲郎中，乙科爲太子舍人，丙科爲文學掌故。關於射策，《文獻通考·學校一》言："〔射策〕此即後世糊名之意……此則似是隱問難之條，以防假手宿構。"《漢書·蕭望之傳》注又載："射策者，謂爲難問疑義書之於策，量其大小署爲甲乙之科，列而置之，不使彰顯。有欲射者，隨其所取得而釋之，以知優劣。"設科射策的具體操作步驟也不是固定不變的。本初元年（146），歲滿課試，無甲乙科之分，以高等五人補郎中，次五人補太子舍人。其後屢有變更。桓帝永壽二年（156），改革課試之法，采用"兩歲一試"，廢止録取名額限制，以通經多少、等第高下，并據此分別授官。實際上，相當一部分太學生，不是通過射策入仕，而是和一般士人一樣，走察舉入仕的途徑。總之，按照漢代選舉制度，士人入仕或經由察舉或通過太學考試，"學而優則仕"，儒術在其中起着關鍵作用，體現了漢代行儒教於天下的治國方略。

　　中央官學除了太學，還有鴻都門學和宮邸學。鴻都門學創辦於東漢靈帝光和元年（178），雖是各派政治力量之較量在教育上的反映，但它以尺牘、辭賦、字畫等文學藝術方面的内容作爲教學内容，而不習儒家的《五經》，體現了人才選拔的多樣化，是教育上的一大變革。鴻都門學可謂中國歷史上最早的專科學校，它作爲一種辦學的新型形式，爲後代專科學校的發展提供了經驗。宮邸學以皇帝及貴族子弟或宮人爲教育對象，體現了教育的專有性、階級性。

公元 3 到 6 世紀，中國歷史的發展進入了魏晉南北朝時期。這一時期，由於戰亂不斷、王朝更迭、割據林立、地方官吏的頻繁更換以及士人大批流徙他鄉，再實行"鄉舉里選"已不可能。再者三國時盛行封建門閥制度，士族地主在政治上、經濟上占據了統治地位，新政權的建立要得到他們的合作與支持，就必定要對他們作出一些讓步。在這種情況下，曹丕接受了吏部尚書陳群的"九品中正"方案。按《通典・選舉考二》載："魏文帝爲魏王時，三方鼎立，士流播遷，四人（民）錯雜，詳核無所。延康元年，吏部尚書陳群以天朝選用不盡人才，乃立九品官人之法，州郡皆置中正以定其選，擇州郡之賢有才識鑑者爲之區別人物，第其高下。"具體辦法是：各州設大中正，各郡設小中正，依據所管人物的品行，定爲上上、上中、上下、中上、中中、中下、下上、下中、下下九品。中正有權按他們的言行予以進退，"或以五升四，以六升五"，"或自六退七"。人才選拔的程式爲："由小中正品第人才，以上大中正，大中正核實，以上司徒，司徒再核，然後付尚書選用。"（清趙翼《廿二史劄記・九品中正》）中正定品，三年一更。《晉書・石虎載記》："魏始建九品之制，三年一清定之。"該制度規定由中正官專司人才選拔，就比"鄉舉里選"在用人權上更爲集中，有利於中央集權制的加强；再者，取士工作的獨立化，在組織上爲科舉制度的建立唱響了前奏曲。但是在實際操作中，由於大小中正官都由"著姓士族"擔任，而且所謂九品，前三品限於士族稱爲上品；四品以下爲下品，寒門選出，下品不能升上品，形成"上品無寒門，下品無士族"的現象。結果門第界限分明，"唯能知其閥閱，非復辨其賢愚"。可見它是一種按門第高低取士的辦法，是保證士族統治特權的產物。儘管它既不利於加强皇權，也不利於實現真正的人才的選拔，但作爲特定歷史時期的產物，"九品中正"制在魏晉以來的三百多年中始終居於統治地位，直到南北朝之末，隨着士族制度的崩潰，到隋開皇中葉，纔由科舉所代替。

魏晉南北朝時期的選士制度，在以九品中正爲主體的同時，也沿用着漢代的察舉、徵辟制度。魏文帝曹丕在頒定九品中正制後不久，詔令全國各郡察舉孝廉。《三國志・魏書・文帝紀》載："黃初二年春正月，初令郡國口滿十萬者，歲察孝廉一人。其有秀異，無拘戶口。"黃初三年（222），又詔"令郡國貢舉，勿拘老幼；儒通經術，吏達文法，則皆試用"。到了太和二年（228），魏明帝又下令郡國貢士，應"以經學爲先"（《魏書・明帝紀》)。短短的七年時間，魏國最高統治者竟先後發布了三個關於常規的歲舉詔令，而有關特舉的詔令則更爲頻繁。察舉制的頻頻使用，除了説明國家初建急需人才而外，還有一個原因就是九品中正制偏重門閥士族，有重門第輕才學的傾嚮，不利於實現真正的人才選拔。漢代選士以德爲本，考察德最好的辦法，是"鄉舉里選"。魏察舉孝廉不僅重德，而且也重才重知識。而考察一個人知識才能的最好辦法就是考試。因此魏文帝對儒者試以"經術"，對文吏試以"文法"，考試制度由此興起，成爲隋唐科舉考試制的先聲。

兩晉對所察舉的孝廉、秀才也一律考試，但内容各有不同。孝廉試經，即儒家經典，秀才試策，即有關治國的方針政策。如太康中葉，刺史嵇紹舉華譚爲秀才，晋武帝就親自策試，華譚以五策相對而得中。(見《晋書·華譚傳》)從中可以看出後世科舉設科考試的端倪。東晋元帝時對孝廉、秀才的考試要求更多，皆令"試經，有不中科，刺史、太守免官。太興三年，秀孝多不敢行，其有到者，並托疾"(《晋書·孔坦傳》)。由此可見被選中的原因多與門第有關，并無真才實學。尚書孔坦就此提議，讓被察舉來京的孝廉秀才"崇修學校，普延五年，以展講習"。元帝采納了一半，即"聽孝廉申至七年，秀才如故"(《晋書·孔坦傳》)。從制度上規定學校爲造士服務，開了後世學校爲科舉服務的先河。

南朝宋齊仍沿用魏晋的考試科目，有孝廉秀才。"宋制，州舉秀才，郡舉孝廉，皆策試。"(《文獻通考·選舉考七》)梁、陳又增設了高第、明經、甲科等。陳後主尚文辭，對善文辭者特別優獎，這對後世以文辭取士有重大影響。

北朝在孝廉、秀才的考試上一同南朝。北魏自開國以來，就較重視對孝廉、秀才的考試，但最重視的還是孝文帝。他爲了推行漢化政策，多次下詔薦舉，并親臨恩義殿，"策問秀孝"(《魏書·高祖紀下》)。由於選拔人才廣而濫，出現了人多官少，十人共一官，猶有無官可授的現象。孝明帝時，吏部尚書崔亮想出了"停年格"的辦法，即不論賢愚，輪流停官，以停的年月久者先推用做官，周而復始。用人之濫，其甚如是！北齊多承北魏，規定"中書策秀才，集書策貢士，考功郎中策廉良"(《文獻通考·選舉考一》)。不過北齊接受了北魏的教訓，在考試中要求很嚴，突出地表現在皇帝常"坐於朝堂中楹"，親臨監考，發現"字有脱誤者，呼起立席後；書有濫劣者，飲墨水一升；文理孟浪者，奪席脱容刀"(同上)。即發現有錯別字者，叫起站後排；字體不工者，罰飲墨水一升；文理不通者，奪去坐位、脱下佩刀。可見對考試的重視程度。此舉可謂科舉殿試的先聲。

需要指出的是，無論九品中正，還是察舉、徵辟，北朝比南朝的門蔭限制要寬一些，選士制度的改革也正是從這一薄弱環節開始突破的。北朝的改革在西魏、北齊就開始。西魏末年，宇文泰擬定的《六條詔書》，在教育制度上提出"懲魏齊之失，罷門資之制"，選士"當不限資蔭，唯在得人"（《周書·蘇綽傳》）等等。"罷門資之制"政策的實行，實際上否定了實施三百多年的九品中正制，也否定了士族把持察舉的特權。如果說南北朝選士考試因素的加强，爲科舉産生架起了一座橋梁，那麼，罷去門資之制則敲響了九品中正制的喪鐘。

三國兩晋南北朝時期的官學教育，由於一方面戰亂、政局動蕩，另一方面士族豪門基本上主導着社會的一切方面包括教育，士族子弟僅憑顯貴門第即可"平流進取，坐至公卿"（《南齊書·褚淵傳》）。選士祇看門第，士庶子弟皆失去了學習的熱情。另外，這一時期玄學的大發展，其尚清談的陋習也導致了整個學風的低迷，在這諸多方面的影響下，這一時期的官學教育整體上説是衰廢的，祇是個別朝代或個別地區的官學有所發展，其培養、選拔人才的方式、標準等也有了一些新的變化，具體的表現爲：

三國時期，魏、蜀、吴皆曾立學，其制度基本上沿襲漢代。但祇有魏國因立國時間較早，存在時間較長，故而學校教育的發展也最好，突出表現就是魏太學中創立的"五經課試法"。《通志·選舉二》載："魏文帝黄初五年，立學於洛陽。時慕學者始入太學爲門人。滿二歲試通一經者稱弟子，不通者罷遣。弟子滿二歲通二經者補文學掌故；不通者聽隨後輩試，試通二經亦得補掌故。滿三歲試通三經者擢高第，爲太子舍人；不第者隨後輩復試，試通亦爲太子舍人。舍人滿二歲試通四經者擢其高第，爲郎中；不通者隨後輩復試，試通亦爲郎中。郎中滿二歲能通五經者擢高第，隨才叙用；不通者隨後輩復試，試通亦叙用。"此項法令，安排了太學生的學習内容，規定了定期的考試制度，設置了仕進的梯級，這對於太學的穩定和發展無疑有推動作用。以通經多少來決定官員升遷的考課制度，雖在東漢桓帝永壽二年（156）就已存在，但當時它純爲一種選舉制度。魏文帝的"五經課試法"，即在此基礎上形成，但把它的功用擴充到了學校教育中，把學校教育與文官選拔考試統一起來，這是魏與東漢的不同。

在中央官學的興辦上，西晋除繼續了曹魏太學之外，又建立了國子學。《晋書·武帝紀》曰："晋武帝咸寧二年夏五月，立國子學。"這實際是後代國子監的開端。《南齊書·禮志》引國子助教曹思文的上書説，由於人多蝟雜，要"殊其士庶，異且貴賤"，纔於太學之外又立國子學。又惠帝元康元年（291）明確規定，學官五品以上允許入國子學。可見，它是貴族子弟入學的地方，是士族特權在教育上的反映。國子學的設置，使中央官學多樣化、等級性更明顯。國子學成爲以後各代中央官學的一種基本形式。

南北朝時期，雖然政權更迭愈加頻繁，政局日見動蕩，但學術思想却相當活躍，儒、道、佛、玄、文學、史學、藝術及自然科學等在此時期均有卓越成就，這從此時專科教育的發展可以看出。宋文帝元嘉十五年（438），曾下令在京師開設單科性的四館。所謂文帝"雅好藝文，使丹陽尹廬江何尚之立玄學；太學率更令何承天立史學；司徒參軍謝元（玄）立文學；散騎常侍雷次宗立儒學，爲四館"（《文獻通考·學校考二》）。儒、道、文、史四館并存，擴大了中央官學設置的範圍。宋明帝泰始六年（470），又"立總明觀，徵學士以充之。置東觀祭酒、訪舉各一人，舉士二十人，分爲儒、道、文、史、陰陽五部分，言陰陽者遂無其人"（《南史·明帝紀》）。在總明觀内設五部分，即五個專業，中央官學的專業設置更加豐富了。而律學、算學、書學等專科教育也都在此時興辦起來。官學設置的多樣化、豐富化，必然伴隨着人才培養選拔標準的多樣化。專科教育的發展，促進了學術文化的繁榮，也爲唐代官學體系的建立和健全奠定了基礎。

北朝的官學教育放寬了門蔭限制，其學校學生絶大多數是寒門子弟，諸郡察舉孝廉就在郡學的博士、助教和學生中選擇，射策十條通八以上，即可做九品官，優异的還可高擢，這又開闢了選舉與學校相結合的道路。

另外，北齊設置了國子寺，負責訓練胄子，爲統理學官、生員的機構，這是其對學制的一大貢獻。國子寺在隋唐時曾復名國子學，爲官府最高教育管理機構，後又更名爲國子監，此稱一直沿用至清朝。

總之，魏晋南北朝時期在注重考試、專科教育的興盛、門蔭限制的放寬等方面，體現出了由察舉向科舉過渡的性質，爲隋唐時期科舉制的確立奏響了序曲。

隋唐建立了科舉制，其特點爲官府機構用分科考試的辦法來選拔人才，而非由學校考試或地方察舉。此後，科舉制被歷代封建王朝沿用，成爲中國封建社會人才選拔的主流。其間一些科舉科目雖是不試而舉，如北宋哲宗元祐元年（1086）曾設經明行修科，徽宗大觀元年（1107）詔舉八行科，皆主德行而略藝文，實爲仿古之舉察制，但極難推行，旋興旋廢，無一持久。學校教育與科舉的關係亦有過改觀，如北宋徽宗"崇寧興學"時，罷科舉，改由學校取士；元代國子學中采用"積分法"與"升齋等第法"相結合以强調學校教育品質的舉措，但主流趨勢却是：學校教育服務於科舉考試，并時常地陷於科舉的附庸地位，到明清時期，則"科舉必由學校"（《明史・選舉志一》），學校教育與科舉成爲不可分割的一個整體。科舉制作爲對學校教育的一種考核、評價制度，改變了此前學校教育與人才選拔之間的鬆散狀態，使學校教育工作更有指嚮性，更富有成效。科舉制曾對古代社會的發展起過巨大推動作用，但又爲日逐腐朽的封建制度所左右，因而形成了它自身的興衰規律，不可片面地一概否定。

制度方法

選賢與能制

古代理想中最完美的任人制度。傳説堯舜時代，天下爲公，誠信和睦，不獨以己親爲親，不獨以己子爲子，絶不拘囿於一個家庭、一個家族，上至天子，下至庶民，共同治理國家，任人唯賢，不謀私權，不謀私利。任官之前與任官期間必察其能否，能者留用，否者罷黜。自 20 世紀末湖北荆門郭店楚墓竹簡問世以來，尤其是對其中《唐虞之道》的深入研究之後，當代學者對遠古社會選賢與能制的真實性，已不再持完全否定的態度。《禮記・禮運》："大道之行也，天下爲公，選賢與能，講信修睦，故人不獨親其親，不獨子其子，使老有所終，壯有所用，幼有所長，鰥、寡、孤、獨、廢疾者皆有所養。"《史記・五帝本紀》："讙兜進言共工，堯曰不可，而試之工師，共工果淫辟。四嶽舉鯀治鴻水，堯以爲不可，嶽彊請試之，試之而無功，故百姓不便……舜年二十以孝聞，三十而帝堯問可用者，四嶽咸薦虞舜，曰可。於是堯乃以二女妻舜，以觀其内；使九男與處，以觀其外。"按：四嶽相傳爲共工之後裔，爲掌四嶽之官，故以官名。又："於是堯乃試舜五典百官，皆治。昔高陽氏有才子八人，世得其利，

謂之'八愷'。高辛氏有才子八人，世謂之'八元'。此十六族者，世濟其美，不隕其名。至於堯，堯未能舉。舜舉八愷，使主后土，以揆百事，莫不時序。舉八元，使布王教于四方，父義，母慈，兄友，弟恭，子孝，内平外成。"又："三歲一考功，三考絀陟，遠近衆功咸興。"又《夏本紀》："皋陶於是敬禹之德，令民皆則禹。不如言，刑從之。舜德大明……帝舜薦禹於天，爲嗣。十七年而帝舜崩，三年喪畢，禹辭辟舜之子商均於陽城。天下諸侯皆去商均而朝禹。禹於是遂即天子位，南面朝天下，國號曰夏后，姓姒氏。帝禹立而舉皋陶薦之，且授政焉，而皋陶卒。封皋陶之後於英、六，或在許。而後舉益，任之政。"

招賢養士制

古代任官取士制度之一。據信史記載，夏代當已有選賢與能之舉，至商代已漸明確，自西周至戰國已蔚成風氣，任官取士，不分貴賤，甚而有劣迹之徒，確有專長，亦必薦舉。或授予高爵重禄，任以決斷大權；或養於府中，以爲食客，待爲上賓，以備不時之需，一府之中，食客常有數千之衆。此即所謂"禮賢下士"之古風。商湯爲聘伊尹爲相，曾遣使迎聘於草野

中，凡三往而後得。衛人吳起“貪而好色”，但善用兵，魏文侯拜爲大將。據《史記·魏公子列傳》載，魏公子信陵君“仁而下士，士無賢不肖，皆謙而禮交之，不敢以其富貴驕士。士以此方數千里爭往歸之，致食客三千人”，諸侯以公子賢，不敢加兵謀魏十餘年。《墨子·尚賢上》：“古者聖王之爲政，列德而尚賢。雖在農與工肆之人，有能則舉之，高予之爵，重予之祿，任之以事，斷予之令。曰：爵位不高，則民弗敬；蓄祿不厚，則民不信；政令不斷，則民不畏。”《孟子·萬章上》：“萬章問曰：‘人有言，伊尹以割烹要湯，有諸？’孟子曰：‘否，不然！伊尹耕於有莘之野，而樂堯舜之道焉……湯三使往聘之。’”一説“五返然後肯從湯”（説見《史記·殷本紀》）。《史記·孫子吳起列傳》：“吳起於是聞魏文侯賢，欲事之。文侯問李克曰：‘吳起何如人哉？’李克曰：‘起貪而好色，然用兵司馬穰苴不能過也。’於是魏文侯以爲將，擊秦，拔五城。”又《吕不韋列傳》：“當是時，魏有信陵君，楚有春申君，趙有平原君，齊有孟嘗君，皆以下士喜賓客以相傾。吕不韋以秦之强，羞不如，亦招致士，厚遇之，至食客三千人。”

舉賢貢士制

古代選官取士制度之一。始見於西周。據《周禮·地官·鄉大夫之職》載：周代，鄉大夫秉承大司徒的“教法”（政教禁令），令鄉吏施教於民。三年進行“大比”，考其德行道藝，將其中優秀者（“賢者能者”），貢於周王。臨行前，“鄉老及鄉大夫，帥其吏與其衆寡，以禮賓之”。“此謂使民興賢，出使長之；使民興能，入使治之。”“出使長之”，謂用爲伍長；“入使

治之”，謂用爲鄉吏。推而廣之，諸侯歲獻貢士於天子，天子試之於射宮，考其技藝，察其禮儀，爾後授以朝官。此即《禮記·射義》所謂“古者，天子以射選諸侯、卿、大夫、士。射者，男子之事也，因而飾之以禮樂也”。舉賢貢士，并非一體行事，一視同仁，實有高卑之别。上士、中士、下士、府吏、胥徒之類，取諸舉賢。大夫以上皆世族，不在舉賢之列。士由諸侯獻於天子者，稱之爲“貢士”。其時已有了辟雍、泮宮之類中央或地方大學，專事培養貴族後裔，稱之爲“國子”，此乃貢士之主要來源。舉賢，或稱之爲“鄉舉里選”，故孔子仕委吏乘田，其弟子俱作大夫家臣。周單公用羈，肇公用遠人，皆依法被殺。不過，此制於孔子前後之春秋末期，已漸瓦解，故齊能用管仲、戚寧，秦能用由余、百里奚，至戰國用士養士之風大盛，舉賢貢士已無所區别。其後，漢代的舉賢良方正、舉孝廉之制，皆與西周至春秋戰國之舉賢貢士一脉相承。漢代由郡國守相就鄉里考察選舉，亦稱“鄉舉里選”。其官職已似春秋末期之制，不再限於鄉官。魏晉南北朝時期亦繼續了這種鄉舉里選的選官方式，但又有了一些新的變化：一是選官權力轉到了官府派去的中正官手裏，而不再由地方官吏掌管；二是加强了考試。隋唐科舉制的建立，使考試成爲做官的必經之路，鄉舉里選的選官制遂基本消失。參閲《文獻通考·選舉考一》、清俞正燮《癸巳類稿·鄉興賢能論》。

察舉制

古代選官取士制度之一。察舉，考察後予以薦舉之意。察舉制是古代舉賢貢士制度的發展。其過程爲：由地方官根據一定的科目和

標準考察選拔，向朝廷推薦，經皇帝親自策問，按成績高下授以不同的官職。西漢文帝二年（前178）"詔二三執政舉賢良方正能直言極諫者"（《漢書・文帝紀》），開察舉之先聲。武帝時形成較完備的選官制度，迄東漢，大體未改。察舉科目繁多，主要有：賢良方正、孝廉、秀才（東漢稱茂才或茂材）、明經、明法及其他臨時規定的特殊科目。東漢末年，漸被世家大族操縱，權門請托，貴戚書命，舉人名不符實，流弊百出。王符的《潛夫論》和葛洪《抱朴子》二書多有揭露。時諺諷刺云："舉秀才，不知書；察孝廉，父別居。寒素清白濁如泥，高第良將怯如鷄。"魏晉南北朝時期，察舉與考試相結合而存在，孕育了科舉制的萌芽。

舉賢良方正

古代選官取士制度之一。作爲漢代地位最高、實施最早的選官方式，它始於文帝二年（前178）"二三執政舉賢良方正能直言極諫者"（《漢書・文帝紀》）。"賢良"與"方正"詞義相近，都是賢德正直之意，故舉賢良方正又稱"舉賢良"。賢良方正之才的薦舉一般在灾異危難之際舉行。《漢書・宣帝紀》："〔地節三年〕冬十月，詔曰：'乃者九月壬申地震，朕甚懼焉。有能箴朕過失，及賢良方正直言極諫之士以匡朕之不逮，毋諱有司。'"又：《元帝紀》："〔永光二年〕三月壬戌朔，日有蝕之。詔曰：'朕戰戰慄慄，夙夜思過失，不敢荒寧……天見大異，以戒朕躬，朕甚悼焉。'其令内郡國舉茂材異等賢良直言之七各一人。"儒家經術因善説天人感應和灾異之學，因此被舉爲賢良方正者基本上都是儒家學者。被舉者一般須經皇帝親自策問，依高下授以官職。昭帝以後也有不經策問

而直接授官者。舉賢良方正這一選官方式在魏晉南北朝時期往往與考試結合使用。《晉書・摯虞傳》："〔摯虞〕舉賢良，與夏侯湛等十七人策爲下第，拜中郎。"又《郤詵傳》："泰始中，詔天下舉賢良直言之士，太守文立舉〔郤〕詵應選……以對策上等，拜議郎。"唐貞觀至開元間之科舉考試，又設"賢良方正能言極諫科"，啓用漢文帝時之全稱，直至清代始將此科分爲"賢良方正"與"能言直諫"兩種。參見本卷《人才擇取説・科舉制度考》"賢良方正能言極諫科"文。

舉孝廉

古代察舉選官取士制度之一。始於西漢武帝元光元年（前134），"令郡國舉孝廉各一人"（《漢書・武帝紀》）。孝，爲孝子；廉，指廉士。漢代察舉孝廉素以德行爲本，魏晉南北朝時期趨於重視經術，并與考試相結合。唐貞觀年間之科舉考試，又設"孝廉科"，至清代又稱"孝廉方正科"。參見本卷《人才擇取説・科舉制度考》"孝廉科"文。參閲《三國志・魏書・華歆傳》。

舉秀才

亦稱"舉茂才"。古代察舉選官取士制度之一。西漢武帝元封四年（前107），"令諸州歲舉秀才一人"（《漢書・百官志》），爲舉秀才之始。東漢"避光武諱，改茂才"（同上）。三國魏以後復稱秀才。魏晉南北朝時期，舉秀才一般不單獨進行，而要結合考試完成最後的選拔。唐代初年，秀才曾與明經、進士并設爲舉士科目，旋廢止。後唐宋間凡應舉者皆稱秀才，元明清則稱入州府縣學之生員爲秀才，此類秀才與唐前"舉秀才"之秀才有别。《後漢書・左雄

周舉等傳論》："漢論詔舉賢良、方正，州郡察孝廉、秀才，斯亦貢士之方也。"又《楊震傳》："州郡大將軍鄧騭聞其賢而辟之，舉茂才。"晋葛洪《抱朴子·審舉》："時人語曰：'舉秀才，不知書；察孝廉，父別居。'"

【舉茂才】

即舉秀才。此稱漢代已行用。見該文。

舉明經

古代選官取士制度之一。初凡學生年十六以上，通曉儒經者，皆可推舉，後多經考試乃定。此制自漢武帝"罷黜百家、獨尊儒術"時見端倪，宣帝時已漸成定例，至魏晋而廢止。隋大業年間推行科舉制，又設明經科，至南宋又廢。《漢書·劉向傳》："是時，宣帝循武帝故事，招選名儒俊材置左右，更生（按：劉向本名）以通達能屬文辭，與王褒、張子僑等並進對……元帝初即位，大傅蕭望之爲前將軍，少傅周堪爲諸吏光禄大夫，皆領尚書事，甚見尊任。更生年少於望之、堪，然二人重之，薦更生宗室忠直、明經有行，擢爲散騎宗正給事中。"又《翟方進傳》："方進既厭爲小史，聞蔡父言心喜，因病歸家，辭其後母，欲西至京師受經……博士受《春秋》，積十餘年，經學明習，徒衆日廣，諸儒稱之。以射策甲科爲郎，二三歲，舉明經，遷議郎。"《後漢書·章帝紀》："〔元和二年夏四月〕乙卯，車駕還宫，庚申，假于祖禰……令郡國上明經者，口十萬以上五人，不滿十萬三人。"《册府元龜》："桓帝建和元年詔：'諸學生年十六以上，比郡國明經試次第……上第十六人爲郎中，中第十七名爲太子舍人，下第十七人爲王家郎。'"參見本卷《人才擇取説·科舉制度考》"明經科"文。

舉博士

古代選官取士制度之一。博士，本是對博識多能者的通稱。博士之官始於戰國，而秦因之，負責典文書、備咨詢。元朔五年（前124），漢武帝爲博士置弟子，博士之官遂轉化爲一種以教授爲主要職能的學官。博士的選拔多由官員推薦，也有由他官遞升或由皇帝直接徵召的。西漢博士的任用偶有考試之舉，如漢重臣張禹即經太子太傅蕭望之舉薦，試爲博士。（見《漢書·張禹傳》）東漢則要經過策試纔確定。《文獻通考·學校一》："按西京博士，但以名流爲一，無選試之法，中興以來，始試而後用，蓋欲其爲人之師範，則不容不先試其能否也。"漢代對博士資格要求很高，祇有經學名流纔能擔任。成帝詔書提出博士須"明於古今，温故知新，通達國體"（《漢書·成帝紀》）。東漢薦舉博士要由所在地方官府出具"保舉狀"，其格式説明博士具備精通經學、兼覽衆書、品行端正、身體健康諸條件。（見《後漢書·朱浮傳注》）漢代博士還有限五十歲以上之不成文規定。（見《後漢書·儒林傳下》）三國時第一次對博士的才能要求提出了可以參照的標準，《三國志·魏書·明帝紀》："自頃儒官或非其人，將何以宣明聖道？其高選博士，才任侍中、常侍者。"隋唐以後，博士之官同其他學官一樣，主要通過考試來決定任用或升遷。

舉童子郎

古代選官取士制度之一。漢初，凡少年兒童十五歲以下，六歲以上能誦儒經九千字以上，并知六書，或有其他特殊才華，試之屬實，即可授官。東漢之後，舉童子郎多限於公卿子弟，至魏晋漸廢，至唐代科舉考試中又設童子科。

《文獻通考·選舉八》:"漢興,蕭何草律曰:'太史試學童,能諷書九千字以上,乃得爲吏,又以六體試之,課最者以爲尚書御史、史書令史。吏民上書字或不正,輒舉劾。'"《後漢書·臧洪傳》:"洪年十五,以父功拜童子郎,知名太學。"李賢注:"漢法,孝廉試經者爲郎。洪以年幼才俊,故拜童子郎。"又《黃琬傳》:"琬(黃琬),字子琰,少失父,早而聰慧。祖父瓊,初爲魏郡太守,建和元年正月日食,京師不見,而瓊以狀聞。太后詔問所食多少,瓊思其時,而未知所況,琬年七歲,在傍,曰:'何不言食之餘,如月之初?'瓊大驚,即以其言應詔,而深奇愛之。後瓊爲司徒,琬以公孫拜童子郎,辭病不就,知名京師。"按:據考漢初規定童子"諷書"所"諷"之"書",當專指《尚書》;"六體"則指《尚書》之典、謨、訓、誥、誓、命六種文體。參見本卷《人才擇取說·科舉制度考》"童子科"文。

經明行修科

古代選官取士制度之一。指學識廣博,精於儒經,如同博士,孝悌廉公。此制西漢初期已推行,武帝時確立,魏晋南北朝至唐宋間或沿襲。唐宋時雖名爲科舉,但不考試,其實乃古之察舉制。此後廢止。宋王應麟《小學紺珠·制度·四科》:"漢辟士四科:德行志節,經明行修,明曉法律,剛毅明勇。"行修,一作"行脩"。《後漢書·百官志一》:"倉曹主倉穀事,黃閣主簿錄、省衆事。"劉昭注引漢應劭《漢官儀》曰:"世祖詔:'方今選舉,賢佞朱紫錯用。丞相故事,四科取士。一曰德行高妙,志節清白;二曰學通行修,經中博士;三曰明達法令,足以決疑,能案章覆問,文中御史;四

曰剛毅多略,遭事不惑,明足以決,才任三輔。令皆有孝悌廉公之行。自今以後,審四科辟召。'"《宋史·選舉志一》:"〔元祐元年〕光(司馬光)又請:'立經明行修科,歲委升朝文臣各舉所知,以勉勵天下,使敦士行,以示不專取文學之意。若所舉人違犯名教及贓私罪,必坐舉主,毋有所赦,則自不敢妄舉。而士之居鄉、居家者,立身行己,不敢不謹,惟懼玷缺外聞。所謂不言之教,不肅而成,不待學官日訓月察,立賞告訐,而士行自美矣。'遂立科,許各舉一人。"宋蘇軾《放榜後論貢舉合行事件奏議》:"其經行明修一科,亦乞詳議,早行廢罷。"

德行志節科

古代選官取士制度之一。指德行高尚,志節清白,孝悌廉公。此制西漢初期已推行,武帝時確立。參見本卷《人才擇取說·舉賢選士考》"經明行修科"文。

明曉法律科

古代選官取士制度之一。指精通法律,足以解決疑難,熟悉具體條文,文筆如同御史,孝悌廉公。此制西漢初期已推行,武帝時確立。《漢書·成帝紀》:"與內郡國舉方正能直言極諫者各一人,北邊舉勇猛知兵法者各一人。"又《平帝紀》:"〔元始二年〕秋,舉勇武有節、明兵法,郡一人,詣公車。"參見本卷《人才擇取說·舉賢選士考》"經明行修科"文。

剛毅明勇科

古代選官取士制度之一。指剛毅多謀略,遇事不惑,明智足以決斷,才幹堪任三輔之職,孝悌廉公。此制西漢時已推行,武帝時確立。參見本卷《人才擇取說·舉賢選士考》"經明修行科"文。

對策

古代考試方法之一。始於西漢，多用於考試薦舉之士。即以政事、經義等出題，寫於簡策上，讓應試者對答。《史記·平津侯主父列傳》："太常令所徵儒士各對策，百餘人，〔公孫〕弘第居下。策奏，天子擢弘對爲第一……拜爲博士。"《後漢書·順帝紀》："丙辰，以太學新成，試明經下第者補弟子，增甲乙科員各十人。"李賢注引《前書音義》："若録政化得失，顯而問之，謂之對策也。"即主試者以政事、經義爲題，書之於策，令應試者"咸以書對"，以觀孰爲第一。隋唐以後科舉考試試策論，如時務策、經史策、殿試皇帝策問等，即對策的延續。

射策

古代考試方法之一。始於西漢。相當於今之抽籤考試。策，本指竹簡。學官將疑難問題書於簡策，按問題的大小，分爲甲科和乙科。將簡策并列排放，覆蓋試題。考生隨意擇取其中一策，解答策中所書問題。學官據以評定成績。漢平帝時，王莽將甲乙二科改爲甲乙丙三科：甲科四十人，授郎中；乙科二十人，授太子舍人；丙科四十人，補文學掌故。東漢初年，復甲乙二科之制。本初元年（146），歲滿課試，無甲乙科之分，以高等五人補郎中，次五人補太子舍人。其後屢有變更。桓帝永壽二年（156），改革課試之法，采用"兩歲一試"，廢止録取名額限制，以通經多少，定等第高下，并據此分別授官。《漢書·蕭望之傳》："望之以射策甲科爲郎。"顏師古注："射策者，謂爲難問疑義，書之於策，量其大小，署爲甲乙之科，列而置之，不使彰顯。有欲射者，隨其所取得

而釋之，以知優劣。射之言投射也。"南朝梁劉勰《文心雕龍·議對》："又對策者，應詔而陳政也；射策者，探事而獻策也，言中理准，譬射侯中的。二名雖殊，即議之別體也。"參見本卷《人才擇取説·舉賢選士考》"對策"文。

九品中正制

亦稱"九品官人法"。古代選官取士制度之一。始於漢末，盛於魏晋南北朝時期。《漢書·古今人物表》分古今人物爲九等：上上、上中、上下；中上、中中、中下；下上、下中、下下。東漢末曹操當政，提倡"唯才是舉"，於軍務倉卒之際，權立九品制。州、郡、縣置大小中正，各以本處人任公卿及臺省吏郎"德充才盛者"兼任，"蓋以論人才優劣，非爲世族高卑"（《宋書·恩幸傳》）。及至曹丕，采納尚書陳群建議，"立九品官人之法"，始成定制。其時州郡皆置中正官，擇州郡之"賢有識見者"充任，按九品評定人物。其程式大抵是：小中正品評的人物送大中正，大中正核定後送司徒，司徒核定後再由尚書録用。參閱清趙翼《二十二史劄記·九品中正》。仍體現"唯才是舉"。及曹爽時，司馬懿當政，用世族豪門任中正，品評人物，唯重門第，遂造成"上品無寒門，下品無士族"。九品中正制乃演變爲維護世族權利的工具，到隋文帝時始廢除，代以科舉考試制度。

【九品官人法】

即九品中正制。此稱南北朝時期已行用。見該文。

五經課試法

古代考試方法之一。通一經即可授官，通五經則可擢高第。每二年一試，首試一經不通

者即予淘汰，通一經之後，即可隨下輩再試。三國魏文帝時創制。《三國志·魏書·文帝紀》："〔黃初五年〕夏四月，立太學，制五經課試之法。"此法規定如下："時慕學者始詣太學爲門人。滿二歲試通一經者稱弟子，不通者罷遣。弟子滿二歲試通二經者補文學掌故；不通者聽隨後輩試，試通二經亦得補掌故。滿三歲試通三經者擢高第，爲太子舍人；不第者隨後輩復試，試通亦爲太子舍人。舍人滿二歲試通四經者擢高第，爲郎中；不通者隨後輩復試，試通亦爲郎中。郎中滿二歲能通五經者擢高第，隨才叙用；不通者隨後輩復試，試通亦叙用。"（《通志·選舉二》）這種考試制度繼承了東漢桓帝永壽二年（156）課試辦法而有所發展。實際是學校教育與文官考試任用合一的選士制度，對後世有深遠影響。

八行科

省稱"八行"。指以八種品行取士的科目。八行，即孝、悌、睦、姻、任、恤、忠、和。此科如同"經明行修科"一樣，皆可不試而補官，名爲科舉，實乃古之舉察制。此科初設之際，各地紛見貢舉，請托徇私之風大盛，故而自宋徽宗大觀元年（1107）始立，南宋時即廢止。《文獻通考·選舉四》："大觀元年，詔舉八行。自元祐仿古，創立經明行修科，主德行而略藝文，間取禮部試黜之士，附置恩科，其時御史既已咎其無所甄別矣。及八行科立，專以八行，全偏爲三舍高下。不間内外，皆不試而補……至於請托徇私，尤難防禁，大抵兩科相望幾數十年，乃無一人卓然能自着、見與名格相應者。"《宋史·徽宗紀二》："〔大觀元年三月〕甲辰，立八行取士科。"又《隱逸傳中·徐中行》："其友羅適持節本路，舉以自代，又率部使者，以遺逸薦。崇寧中，郡守李諤又以八行薦。"宋吳曾《能改齋漫録·記事二》："方崇八行以迪多士，尊六經以黜百家，史何足言？"

【八行】

即八行科。此稱宋代已行用。見該文。

宮室場所

宣榭

單稱"榭"。高臺上無室的廳堂。常用以臨觀講武，或演奏并藏樂器。臨觀、演奏，賞優罰劣，藉以取文武人材。周代甚重武事，故有"三時務農而一時講武"之舉，即冬季閑暇之時，必講習武事。（見《國語·周語上》）《春秋·宣公十六年》："夏，成周宣榭火。"杜預注："《傳例》曰：'成周，洛陽。宣榭，講武屋別在洛陽者。《爾雅》曰：'無室曰榭，謂屋歇前。'"孔穎達疏："服虔曰：'宣揚威武之處。'義或當然也。李巡曰：'臺，積土爲之，所以觀望。臺上有屋爲之榭。'則榭是臺上屋。居臺而臨觀講武，故無室而歇前。歇前者，無壁也。如今廳是也。"《國語·楚語上》："故先王之爲臺榭也，榭不過講軍實，臺不過望氛祥。"《漢書·五行志上》："榭者，所以藏樂器。"又："榭者，講武之坐屋。"《晋書·樂志上》："永嘉之亂，伶官既滅，曲臺宣榭，咸變汙萊。"按："汙萊"，指荒蕪之田土。此謂昔日絲竹歌舞之宣榭傾刻廢圮。清王夫之《連珠有贈》詩："蓋聞圜丘九變，密移在縱斂之間；宣榭千尋，函受但合離之際。"
王國維《觀堂集林·明堂廟寢通考》："且古之宮殿，未有有堂而無室者；有之，則惟習射之榭爲然。"

【榭】

"宣榭"之單稱。此稱先秦時期已行用。見該文。

【宣謝】

同"宣榭"。單稱"謝"。《公羊傳·宣公十六年》："夏，成周宣謝災。"何休注："室有東西廂曰厢，無東西廂有室曰寢，無室曰謝。"《荀子·王霸》："聲樂甚大，臺謝甚高。"楊倞注："謝與'榭'同。"章炳麟《官制索隱》："周有宣謝，漢有宣室……周之宣謝，漢《五行志》以爲講武之坐屋。"

【謝】

"宣謝"之單稱。此稱先秦時期已行用。見該文。

【講武堂】[2]

即宣榭。亦稱"講武屋"。周代甚重武事教育，宣王時大臣虢文公雖勸其"唯農是務"，猶不忘提指出"三時務農而一時講武"。這就是説春、夏、秋三季務農，用整整一個冬季"講武"，可見"講武"之風何等興盛。(見《國語·周語上》)《左傳·成公十七年》："三郤將謀於榭。"晋杜預注："榭，講武堂。"孔穎達疏："《楚語》曰：'榭不過講軍實焉。'是'榭'爲講武堂。"又《宣公十六年》："夏，成周宣榭火。"杜預注又引《傳例》曰："成周，洛陽。宣榭，講武屋別在洛陽者。"按："別在洛陽者"，可見"講武屋"非祇一處也。後世專用於軍事之"演武廳"，當由此發展而來。

【講武屋】

即講武堂。此稱晋代已行用。見該文。

澤宮[3]

省稱"澤"。天子習射選士之地。其地多爲天子之園囿，内有水澤，便於禽獸栖息。天子圍獵於其中，獲得成禽活禽，取三十隻，以供乾豆賓客之庖，其餘與士衆，再習射於射宮。士隨行祇射箭靶，并觀其禮儀。此制至隋唐後，因科舉大興，澤宮取士之法漸廢，但常用以藉指選士封官。《周禮·夏官·司弓矢》："凡祭祀，共射牲之弓矢。澤共射椹質之弓矢。"鄭玄注引鄭司農云："澤，澤宮也。所以習射選士之處也。"孔穎達疏："試弓習武在澤宮也。"《禮記·射義》："天子將祭，必先習射於澤。澤者，所以擇士也。已射於澤，而後射於射宮。射中者得與祭，不中者不得與祭。"鄭玄注："澤，宮名也。士謂諸侯朝者、諸臣及所貢士也。皆先令習射於澤，已乃射於射宮。"孔穎達疏："'澤'所在無文，蓋於寬閑之處，近水澤而爲之也。非唯祭而擇士，餘射亦在其中……選士於澤，不射侯也，但試武而已。故《司弓矢》云'澤共射椹質之弓矢'，鄭司農引此《射義》之文以釋之，是知於澤中射椹質而已。"按："椹質"，猶今之箭靶。《孔子家語·郊問》："卜之日，王親立于澤宮，以聽誓命，受教諫之義也。"宋王禹偁《五哀》詩："揚袂入澤宮，鵠心一箭中。"清錢謙益《順義縣知縣張國鋼授文林郎》詩："升叙澤宮，綰符赤縣。"參閲《穀梁傳·昭公八年》"天子取三十焉……以習射於射宮"文及注文。

【澤】[2]

"澤宮[3]"之省稱。此稱先秦時期已行用。

見該文。

射宮 ²

天子試射選士之所。多設在辟雍之内，可藉其水，聚游禽，以供射鵠。諸侯每三年一貢士，或徑取澤射之優者入射宮。凡射必奏《騶虞》之樂。《騶虞》，因傳説中之仁獸"騶虞"而得名。騶虞出，則必有具"至信之德"者應之。故以爲樂。選士先考其德行，德行又必以禮樂驗之。故《禮記·射義》曰："故古者天子，以射選諸侯、卿、大夫、士。射者，男子之事也，因而飾之禮樂也……以立德行者，莫若射，故聖王務焉。是故古者天子之制，諸侯歲貢士於天子，天子試之於射宮。其容體比於禮，其節比於樂。"鄭玄注："選士者先考德行，乃後決之於射。"孔穎達疏："諸侯三年一貢士於天子也。"又《射義》："天子將祭，必先習射於澤。澤者，所以擇士也。已射於澤，而後射於射宮。"鄭玄注："澤，宮名也。士謂諸侯朝者、諸臣及所貢士也。皆先令習射於澤，已乃射於射宮。"《文選·張衡〈東京賦〉》："攝提運衡，徐至於射宮。禮事展，樂物具。《王夏》闋，《騶虞》奏。"薛綜注："《王夏》，樂名也，天子初出奏也。闋，終也。"李善注："《周禮》曰：'出入則奏《王夏》。'又曰：'凡射，王奏《騶虞》之樂。'"按《儀禮·鄉射禮》"〔大師〕奏《騶虞》"鄭玄注："得賢者衆多，嘆思至仁之人，以充其官。此天子之射節也。"唐皮日休《賤貢士》詩："吾聞古聖人，射宮親選士。不肖盡屏迹，賢能皆得位。"

射圃

亦稱"射囿"。演習射箭的場地。據傳太古時期，"庖羲氏弦木爲弓，剡木爲矢"（《事物紀原·戎容兵械》引《太白陰經》），或曰"少皞生般，般是始爲弓矢"（《山海經·海内經》），今之考古學可證新石器時代已發明弓箭。至西周時尤重射事，爲"六藝"之一，爲士人所必習，并賦予禮儀規範。《禮記·射義》："是以諸侯君臣盡志於射，以習禮樂……孔子射於矍相之圃，蓋觀者如堵墻。"鄭玄注："矍相，地名也；樹菜蔬曰圃。"後世皇室、官學或書院亦設"射圃"，但其他不必爲"樹菜蔬"處。如《禮記·射義》"習射於澤"孔穎達疏引漢代《書傳》"論主皮射"云："饗之取也。於圃中勇力之取也。今之取也，於澤宮揖讓之取也。"宋吳自牧《夢粱録·園圃》："射圃、走馬廊、流杯池、山洞，堂宇宏麗。"光緒《湖南通志》卷六四引宋王之制《武岡軍修學記》，即有"射圃舊址，更命修善"諸語。《續資治通鑑·元順帝至正七年》："十月辛卯，開東華射圃。"明洪武二十五年（1392）定制，"定禮射書術之法"，地方官學除治一經外，六藝設科分教，各置射圃，朝廷率行其制。"一遇朔望，習射於射圃，樹鵠置射位，初三十步，加至五十步，每耦二人，各挾四矢，以次相繼，長官主射，射畢中的飲三爵，中采二爵。"（《明會典·禮儀》）明王鏊《吳縣學射圃記》記縣學之射圃甚詳。各地書院亦行其制。萬曆《虞山書院志》卷五引耿橘《請修子游書院後申》曰："當時設射圃於書院之後，意者多士講習之暇，即赴此習射，蓋文武并進之術也。"清代亦沿其制，趙寧《嶽麓書院志》卷三設有《射圃書器》專章。

【射囿】

即射圃。此稱宋代已行用。見該文。

射堂

亦稱"射室""射亭"。古代習射之場所。兩漢定制，每逢秋季於此處試騎射，取其藝高者任武職。唐代宗年間因兵力不足，曾使民農閑習射，冬日聚試於此處擇優任官。兩漢之後，射堂多設於郡國中，復重古禮樂之制。帝王偶有"於後園作射堂"者，但屬"雅舉"，有別於"射宫"。《漢書·韓延壽傳》："延壽在東郡時，試騎士，治飾兵車……歌者先居射室，望見延壽，嗷咷《楚歌》。延壽坐射室，騎吏持載夾陛列立，騎士從者帶弓鞬羅後。"顔師古注引李奇曰："〔射室〕都試射堂也。"按："都試"，漢制以秋季於郡國中試騎射。《晋書·成帝紀》："帝常欲於後園作射堂，計用四十金，以勞費乃止。"唐韓翃《寄徐州鄭使君》詩："射堂草遍

收殘雨，官路人稀對夕天。"宋曾鞏《飲歸亭記》："金溪尉注君名遘，爲尉之三月，斥其四垣爲射亭。"《宋史·禮志十七》："凡學之士及武士習射，亦古者習射於序之意也……本州兵馬教喻備弓矢、應用物，設樂。其日（鄉飲酒之日）初筵，提舉學事、知州軍、通判、帥、應赴鄉飲酒官、貢士詣射亭，執弓矢揖，人射乘矢。若中，則守帖者舉獲唱獲，執算者以算投壺。畢，多算乘少算。"按："射乘矢"，謂發四箭。此"乘"爲計數單位。清吳偉業《楚兩生行》："祁連高塚泣西風，射堂賓客嗟蓬鬢。"

【射室】

即射堂。此稱漢代已行用。見該文。

【射亭】

即射堂。此稱宋代已行用。見該文。

第二節　科舉制度考

所謂科舉制度，是指中國封建王朝采取分科考試的辦法選才授官的一種制度。其制創始於隋、確立於唐，中經宋、元、明，延續至清末，在中國歷史上存在了一千三百多年，對中國古代的政治和文化教育産生了重大影響。

科舉取士之決定性手段爲考試，而考試則是中國最爲古老、歷代盛行、迄今不衰的傳統。傳説中第一位遠古聖君堯帝即頗擅考試，據《書》之《堯典》《舜典》載，堯廢鯀，立舜，每每有"考"有"試"，或曰"詢事考言"，或曰"試可乃已"。"考"舜、"試"鯀之傳説雖非信史，而"考"與"試"之觀念却是口耳相傳，歷世久遠，毫無二致。而"口耳相傳"乃文字産生之前歷史傳承的唯一方式，史前"考""試"之舉，當并非虛妄之辭。

"考""試"之目的在於取士任官。西周時已有"選士"之制，規定了主考官員的身份，并設有一定程式，這在《周禮》《儀禮》《禮記》及《尚書大傳》諸典籍中皆有記載。西周之"選士"，可視爲中國考試制度真正的開端，對後世的學校考試、取士考試産生了廣遠

影響。

　　春秋戰國之時，考試制度如同其社會制度一樣，處於急劇變改中，原有的官學及其考試制度漸被打破，代之而起的是私人設教，即所謂"私學"。如孔子、墨子等里野之師皆納徒授業，推行"有教無類"。他們重實際能力考察，主張"學而優則仕"。爲了強國爭霸，各諸侯皆擇善任官，大見成效。稍後游士之風驟起，時見因得士而稱雄之國，於是各諸侯復競相養士，這對於夏、商、周三代之世卿世禄之制，無疑是巨大衝擊。

　　兩漢時代，施行了"察舉制"，此爲朝廷之正式任官制度。所謂"察舉"，即察其賢能，舉以爲官。高祖十一年（前196），第一份求賢詔下達，詔文稱"賢士大夫有肯從我游者，吾能尊顯之。布告天下，使明知朕意"。文帝二年（前178），復下詔舉"賢良方正，直言極諫者"。應詔者需"對策""射策"，以試其才能。"對策"，謂當面對答；"射策"，謂書面策試。此即後世常行的考試方法之一，科舉考試尤爲風行。任官後同樣要進行考試，以察其功能。宣帝時規定"自丞相以下，各奉職奏事，以傅奏其言，考試功能"（《漢書・宣帝紀》）。"考試"一詞，首見於此。西漢時"孝廉"勿需策試，舉即授官。東漢順帝時，尚書令左雄改制，規定各郡國之孝廉必先舉而後試，"練其虛實，以觀異能，以美風俗"（《後漢書・左雄傳》）。兩漢之學校建置及其考試制度，亦已趨於完備。京師設太學，地方設郡學，皆有各自統一的考試科目，優者可任官或深造，劣者留級或補試。光武中興之後，考試制度尤爲嚴格，不僅太學、郡學之生員要考試，即使太學教師博士亦需"始試而後用"（《文獻通考・學校一》）。可見兩漢時之任官考試與學校考試已成規模，且相輔而行，爲後世學校教育與科舉制度之濫觴。

　　魏晋南北朝時期，長期戰亂，社會動蕩，"人士流移，考詳無地"，兩漢以來之察舉制度，弊竇叢生，難以實施。於是上層統治者改行九品中正制，將選士任官之權牢牢掌握在自己手中。自此而後，品評人物的標準不再是德才，而是門第之高下。因而常見任官者門第高貴而德才低下，而寒門俊彦却難啓用。爲消除這一陳規惡習，自隋代始，竭力推行科舉取士之制，文帝開皇年間，正式廢除九品中正制，開皇三年（583）始詔舉賢良。開皇七年定制，諸州"歲貢三人，工商不得入仕"（《文獻通考・選舉考一》）。開皇十八年詔，"京官五品以上，總管、刺史，以志行修謹、清平，幹濟二科舉人"（《隋書・高祖紀下》）。《通典・選舉二》曰："煬帝始建進士科。"《通鑑綱目》卷三六載：大業二年（606）秋七月，"始建進士科"。進士科的開始標志着科舉制的正式産生。

隋朝國祚短暫，在其統治的三十多年中，經過科舉考試而錄取者寥寥無幾。雖開科舉新途，惜無創獲。唐朝有兩度盛世，政局相對穩定，爲科舉優長之制的發揚，創造了有利條件，使其得以長足的進展，形成了一套完備的體系。其時之科舉大體分兩類。一類爲科目。有秀才、明經、進士、明法、明書、明算、鴻詞、一史、三史、史科、三傳、三禮、開元禮、學究科、道舉（試道家之書）、童子科（十歲以下能通一經及《孝經》《論語》每卷誦文十段，通者授官），共十六科。其中秀才、明經、進士、明法、明書、明算、鴻詞爲常設科目，一史、三史、史科、三傳、三禮、開元禮、道舉、童子是非常設科目。常科每年定期舉行。一類爲制舉科，簡稱"制科"或"制舉"。應天子特詔而舉行，以求非常之士。唐制科之名，多至八十有六。其中最著名的有賢良方正，直言極諫；博通墳典，達於教化；軍謀宏遠，堪任將率；詳明政術，可以理人等。科目考生最爲繁夥，其來源主要有二：一是生徒，一是鄉貢。由各類官學從在館學生中選拔，舉送到尚書省參加考試的稱"生徒"；由地方州、縣從私學或自學之士中選拔，選舉至尚書省參加考試的稱"鄉貢"。科目中秀才一科在唐初要求很高，取人甚嚴，能通過考試的祇是極少數。因此，明經、進士兩科就成了唐代常科的重要科目，其中進士更占優勢，成爲入仕的重要途徑，受到特別的重視。進士科之所以受到社會的廣泛重視，是因爲唐代最高統治集團對文學重視的結果，而進士科自神龍至開元間，以詩賦作爲錄取的重要標準，進士科自然益加受到重視，進士及第者多擢升甚快，有許多人位及宰相。進士科在唐代得到推崇意味着科舉制在唐代確立了地位。此後，進士科日益成爲科舉制中的主導科目，以至於明清時代往往將參加科舉稱爲考進士。此外，尚有"武舉科"，兵部主其事。"取其軀幹雄偉，應對詳明，有驍勇材藝及可爲統帥者。若文吏求爲武選，取身長六尺以上，籍年四十以下，強勇可以統人者"（《文獻通考·選舉七》）。又有"孝廉科"，舉孝悌聞於郡邑，力田推於鄉里，常由皇帝親試，五經或九經之內通一經即可授官。

宋代科舉大體沿唐代之舊，分爲科目和制舉。科目設有進士、九經、五經、開元禮、三史、三禮、三傳、學究、明經、明法、童子以及武舉等科，而仍以進士科爲最重，得人亦最多。制舉由天子親策，以示重視，但考課無常，試期無定。宋代科舉不同唐代之處在於取錄廣其名額，錄取後厚其榮利。唐代進士及第後必須再經吏部考試纔能授予官職，宋代進士及第即直接授官。參閱《文獻通考·選舉》三、四及《宋史·選舉志一》。

元代科舉實施的時間較短，但醞釀時間頗長，在體制上較爲成熟。元代科舉有五點應該説明。一是祇有進士一科。取士各有側重，舉薦宜以德行爲主，試義則以經術爲先，詞章次之。二是實行分榜制，將蒙古、色目人分爲一榜，漢人、南人分爲一榜。在考試內容及入官待遇上均采取了歧視漢人、南人的政策。三是設立副榜，這是專爲國子學生員應科試者而設的。四是開設寓試科，專爲逃避兵患而流寓外鄉的士儒而設。五是派至川滇黔等少數民族聚居地區的流官子孫及在官祇有品或未入品流者皆可科舉，中選者優升一等。參閱《元史·選舉志一》《清續文獻通考·選舉一》。

明代立國之初，注意搜羅和培育人才，急於開科取士，一時科舉頗爲興盛。明代科舉制有幾個不同於前代的特點。科舉原由分科取士而得名，唐代常科有基本科目六種，宋代更多，明代則主要爲進士一科，進士科幾乎成爲文職入仕的唯一途徑。從明中葉起，非進士不入翰林，非翰林不入內閣。南北禮部尚書、侍郎及吏部右侍郎，非翰林不任。進士一選庶起士，就被目爲未來的宰相。故皇家宗室特設宗科，許應科舉入仕途。考試時須更易姓名，以防蔭庇，中式者復其國姓及名爵。有明一代，入學中舉，考取進士，謀得高官厚祿，已深入士子之心，比唐宋兩代，有過之而無不及。此種情況，持續至清末。明代以進士取士，雖沿用唐宋舊名，而試士之法却大有變更。最突出的是自明憲宗成化年間開始盛行的"八股文"取士。另，明代甚重武科，洪武二十年（1387）立武學，用武舉，武臣子弟於各省直應試。天順八年（1464），令天下文武官推舉通曉兵法、謀勇出衆者應試。中試者，兵部會同總兵官於帥府試策略、教場試弓馬。這些舉措對明清四百餘年的教育與學風產生了極大影響。參閱《明會典·科舉》、明沈德符《野獲編·科場》《清續文獻通考·選舉一》。

清代科舉上承明制，科目尤明細，分文科、武科、宗科與旗科、翻譯科、制科等。旗科指八旗子弟入科舉。八旗原以射騎爲本，右武左文。世祖即位，詔開科舉，八旗人士不與。順治八年（1651），准吏部奏："八旗子弟多英才，可備循良之選，宜遵成例開科。"自是年始，八旗亦參與鄉、會試。翻譯科指滿族學習運用漢文、蒙文，由漢族、蒙古族會同滿族主考。

清代之科舉程式十分嚴格，鄉試、會試入場官員之子弟及一切親眷不得在同一考場中，入場之日，考官、內外簾官及場內執事各官，將應行迴避各生姓名自行開出，彙單知會，隱者革職。鄉試、會試揭曉後，應按規定時限押解試卷至吏部磨勘，以查考官背後是否暗改試卷。字句可疑，文體不正，舉人除名。若干卷以上雷同，考官及同考官革職逮問。但清代之八股文已徒具形式，空洞僵死，終而連及全部科舉制度。參閲《清史稿·選舉志三》《欽定禮部則例·鄉會試迴避》及《鄉會試磨勘事宜》。

太平天国亦行科舉，因時地所限，無甚建樹，傳言曾設女科，但尚無確證。詳見本考"女科"文。

科舉考試的内容從隋唐至清末，都主要局限於儒家的幾部經典著作。考試的方式方法，唐至宋初，有帖經、墨義、口義、策問、詩賦五種。宋以後主要試經義。

帖經是唐代試士的一種重要項目，各科均須帖（貼）經。方法是由考官任取經書一頁，將左右兩邊遮掩，中間僅露出一行，用紙帖（貼）三至五字不等，要求應試者將所帖（貼）之字填出來。

墨義是考官從經書中提出若干問題，令考生以書中原文筆答，不加解説。這種問題有時也采用口試方式，稱爲"口義"。

策問是考官就當時政治、經濟、軍事、生産等方面提出亟待解決的問題，由應試者發表意見，作出書面回答。藉以誘導士子面嚮社會觀察思考問題，并設想解決問題的辦法，使士子走出死記經文之樊籬，以冀成爲治國平天下之棟梁之材。

神龍至開元間，進士科開始考詩賦，其後漸明確爲進士試雜文一詩一賦。唐代考試的詩體，稱爲"試帖詩"，亦謂之"省題詩"或"省試詩"。試帖詩格律體裁均有嚴格規定，講求文詞華美、端莊典雅，而又聲韻諧調。唐代所試之賦乃爲詩的變體，是駢文的進一步詩化，要求對偶、用典，亦限以聲韻。

北宋神宗以後，廢除了帖經和墨義，代之以經義。所謂經義，就是以五經中的文句爲題，令應試者作文闡明其義理。試經義有較多發揮思想的餘地，較之帖經、墨義是一種進步。到了元代，規定經義考試首先須從四書中出題，答案須根據朱熹的《四書章句集注》，不得任意發揮，無疑是一種倒退。明中葉以後，又要求闡發經義的文章采用八股文的形式。於是，經義考試從内容到形式，皆處於僵化之桎梏中。

八股文亦稱"時文""制義"或"制藝"。每篇由破題、承題、起講、入手、起股、中股、後股、束股八部分組成。"破題"是用兩句話將題目的意義破開，"承題"是承接破題的意義而説明之。"起講"爲議論的開始，"入手"爲起講後入手之處。下自"起股"至"束股"纔是正式議論，以"中股"爲全篇重心，"後股"次之。在這四股中，每股又都有兩股排比對偶的文字，合共八股，故名"八股"文。

八股文注重章法與格調，本來是說理的古體散文，而能與騈體辭賦合流，構成一種新的文體，在散文史上或有其地位。但從教育的角度而言，作爲考試的文體，八股文不僅使士子思想僵化、知識貧乏，而且敗壞學風，致使學校教育呆板而空疏。因爲八股文從內容上要求作者用古人的思想與口吻，代聖賢立言，不得越雷池一步；在形式上必須按照一定的格式和字數填寫，毫無自由發揮的餘地。八股文自其形成之日起，便遭到非議，批評最爲嚴厲深刻的莫過於顧炎武，其《日知錄・擬題》評之曰："八股之害，等於焚書，而敗壞人材，有甚於咸陽之郊，所坑者四百六十餘人也。"

歷代科舉考試的程式有所不同。唐代進士科的考試基本上每年都舉行。鄉貢與生徒每年春天集於京師長安尚書省禮部應試，謂之"省試"或"春試""春闈"。通常士子參加禮部省試畢，其文送中書門下省覆核，通過後由尚書省唱第放榜。放榜時間在二三月。省試取中稱及第，或稱登科、登第，因其身價倍增，得意飛升，故有折桂、登蟾宮之喻。放榜時，有"榜帖"與張榜兩科。主司於黃花箋上寫下及第者的姓名，遣人持箋報之，稱作"榜帖"，因有金花押其下，故又作"金花帖子"。張榜又有"金榜"之美喻，即抄錄及第人姓名公之於世。因放榜書以黃紙，故以爲喻。因進士榜多在春天，故又有"春榜"之稱。以上美喻，後世多沿而不絕。

宋神宗熙寧時，仿周朝三年大比之意，定爲三年一考。明洪武十七年（1384）重又規定每三年舉行一次，從此至清末成爲定制。明清的科舉考試程式基本一致，分爲地方考試、省級考試和中央考試三級。

明代地方考試爲小考，在郡舉行。省級考試爲鄉試，中試者爲舉人。舉人到京城參加中央考試會試，及格者參加殿試，殿試由皇帝親試。清代科舉考試大體因襲明代辦法，考試以生員入學、鄉試、會試三項爲主要考試。地方考試稱爲"院試"。考生先後參加由知縣主持的縣試和由知府主持的府試，錄取後再應由中央派往各省的學道所主持的院試。院試錄取者即成爲所在地縣學（州學或府學）的生員，初入學的稱附學生員，逐步升爲增廣生員和廩膳生員，統稱爲秀才。在大比之年的前一年，由學政主持"科考"。府、州、縣學的生員經過科考成績列爲頭等、二等和三等的前三名的，准予參加次年在省城舉行的鄉試。

鄉試逢子、卯、午、酉年舉行。考試分三場，每場三日，例定八月初九日爲第一場，試以《論語》文一、《中庸》或《大學》文一、《孟子》文一，五言八韻詩一首。十二日爲第二場，試以五經文一。十五日爲第三場，試以策問五道。鄉試録取者稱爲舉人，第一名舉人稱爲解元。舉人可於第二年進京參加中央舉行的考試。

生員長久不能中舉，便逐步由附生升增生，由增生升廩生，由廩生選貢生。貢生係貢舉到國子監成爲太學生，實際貢生并不入監讀書，不過取得太學生的資格，一方面可以直接參加鄉試，一方面可以通過"詮選"出任官職，主要是擔任地方學校的教官。

中央考試的第一步爲在禮部舉行的"會試"，逢丑、辰、未、戌年的三月舉行，共試三場，每場三日，三場所試專案同樣是四書文、五言八韻詩、五經文及策問。會試取中者稱"貢士"或"中式進士"，第一名稱"會元"。清代會試中式，并無定額，每科自百餘名至二三百名不等。

會試後，於四月二十一日舉行"殿試"。明代至清初在天安門，後改在保和殿。殿試是皇帝親自主持的。凡貢士參加殿試，試後根據成績重行排列名次，并無黜落。殿試祇考策問，殿試評卷，主要看對策内容、書法及文筆。殿試祇一天，依成績分爲三甲，一甲三人稱"進士及第"，二甲若干人稱"進士出身"，三甲若干人爲"同進士出身"。一甲第一名稱"狀元"，如果鄉試、會試、殿試均考取第一名，俗稱"連中三元"。一甲第二名稱榜眼，第三名稱探花。合稱三鼎甲。殿試一甲三名立即授職，狀元授翰林院修撰，榜眼、探花授翰林院編修。其餘二三甲進士再經"朝考"，綜合前後考試成績，擇優選爲翰林院庶吉士，俗稱翰林。餘者分發各部任主事（部員），或分外地任縣官。

舉人參加中央會試，考取進士的究屬少數，多數落選，而且多數舉人連考幾次仍不能及第。爲了給這些人以出頭之日，即在連續三次以上落榜的舉人中進行挑選，授予官職。這一舉措稱爲舉人"大挑"。被挑的舉人最高授知縣，大部分擔任地方學校教官。

科舉與學校兩者係何關係？學校是培植人才之所，科舉是選拔人才之法。在兩漢魏晋南北朝時代，選舉與學校相輔而行，各有其獨立的作用。到了隋唐，雖然科舉與學校共存并舉，但兩者并不處於并列、同等地位。因爲由學校出身的生徒仍須經過考試，學校不能直接給生徒以出路；而鄉貢出身的人，不必經由學校培植，一經考試及第，便被承認爲人才。這樣，科舉成爲凌駕於學校之上的一種制度。宋初，朝廷大力利用科舉選拔人才，而忽視培養人才的學校。北宋時學校與科舉的關係曾發生過兩次短暫的變化：范仲淹當政時，要求應科舉者先受一定時間的學校教育；王安石主張以學校代科舉，士人通過學校考試可免予參加科舉考試，徑奏除官。他們的改革均因他們的去職而告失敗。及至明清，學校更形同虛設，雖然凡應科舉者必須先在學校取得生員資格，但生員并不在學校讀書，學校教官也無力發揮其教育作用，致使學校空有師生之名，而無訓誨之實。

自科舉制推行之後，"狀元""進士"之美名，可謂家喻戶曉，莘莘學子心嚮往之，寒窗皓髮，終生苦求。何以名之曰"狀元"？唐制，舉人應禮部試者皆須投狀，居其首者稱狀頭。頭，元也，故曰"狀元"。自宋代始，赴殿試之士子一甲中已分三級，第一名稱狀元及第，第二名稱榜眼，第三名稱探花。宋吳自枚《夢粱錄·士人赴殿試唱名》已詳載其事。不過唐代新進士、宋代殿試列一甲者，有時亦統稱"狀元"。清袁枚《隨園詩話》卷二："古稱狀元，不必殿試第一名。唐鄭谷登第後，《宿平康里》詩曰：'好是五更殘酒醒，耳邊聞喚狀元聲。'按：谷登趙昌翰榜，名次第八，非第一也。周必大有《回狀元潁啓》《回第二人葉狀元適啓》。當時新進士，皆得稱狀元。"按：葉適登淳熙進士，名列第二。詳可參閱宋朱弁《曲洧舊聞》卷三、清趙翼《陔餘叢考·狀元榜眼探花》。宋代之後狀元則專指殿試一甲之第一名，其地位聲譽尤爲顯赫，殿試之後，皇帝立賜歸里省親，身易宮袍，冠簪宮花，腰懸金牌，以黃紵絲"狀元"二字，高揚紅綾大旗，長街漫游，以光宗顯祖。何以名之曰"進士"？先秦時泛指進舉於帝王之才士，唐宋時則專指殿試考取之人才。宋開寶五年（972），始有"進士出身"之授，後世又有"進士及第"之稱，而明清時舉人經會試及格後皆可稱進士。一成進士，即被喻爲"鯉魚躍龍門"，身價驟變。登第之榮，下有專考，此不贅述。2005年9月，科舉制被廢除一百周年之際，最新的研究結果表明，自隋開皇七年（587）始，光緒三十年（1904）甲辰科會試止，一千三百一十七年間，歷朝狀元爲八百八十六人，有姓名可稽考者爲六百七十四人，進士則有十萬之衆。這些狀元、進士中囊括了大批具有超群文化教養的國家棟梁之才，更有忠貞不二彪炳史册的民族英雄。

如前所述，科舉制作爲中國封建社會後期的選士制度，對中國封建社會的發展產生了重大影響。科舉制之所以能在歷史上存在一千三百多年，説明有其存在的合理性。第一，科舉制度將選士大權從地方官吏手中收歸了中央政權，適應了中國封建社會後期不斷強化中央集權制的大趨勢。第二，科舉制的出現，把選士制度和育士制度緊密地結合在一起，成爲實施儒家"學而優則仕"的途徑。第三，科舉制在其發展過程中，形成了一套完備的程式，比以前任何一種選士制度皆較爲公正客觀，這對以後考試制度的發展產生了積極的影響。再試看唐宋以來一些應試士子的詩篇，唐孟郊《登科後》詩："昔日齷齪不足嗟，今朝曠蕩恩無涯。春風得意馬蹄疾，一日看盡長安花。"曹鄴《杏園即席上同年》詩：
"歧路不在天，十年行不至。一旦公道開，青雲在平地……對酒時忽驚，猶疑夢中事。自
憐孤飛鳥，得接鸞鳳翅。"宋蔡持正《崇政殿放榜》詩："黃帕開封出奏篇，銀袍二百玉階
前。威顏咫尺瞻中宸，名姓傳呼下九天……孤臣拜賜交悲喜，相望光芬十五年。"元薩都
剌《敕賜恩榮宴》詩："內侍傳宣下玉京，四方多士被恩榮。宮花壓帽金牌重，舞妓當筵翠
袖輕……小臣涓滴皆君賜，惟有丹心答聖明。"明高啓《送貢士會試京師》詩："國家文治
今百年，多士孰賽皆知天。南宮坐試二三策，能使海內無遺賢。院門晨開官燭爛，白袍鵠
立人五千。上談禮樂祖姬孔，下議制度輕儺玄。"通過這些詩篇，至少可以印證以下史實：
一、科舉制爲唐宋元明以來"四方多士"提供了公開公正的展示才能的機遇與途徑；二、
一旦登第，個人的命運前途，瞬息改觀，毫無背景的"孤飛鳥"，也"得接鸞鳳翅"，直步
"青雲"；三、士子們得到"恩榮"之後，不忘"小臣涓滴皆君賜，惟有丹心答聖明"。在
中國古代士子的心目中，忠君就是愛國，愛國就是忠君，他們會終生爲國家效力。按：在
古代漢語中，"國家"有時也就是皇帝的代稱。如《東觀漢紀·祭遵傳》："國家知將軍不易，
亦不遺力"，又如《晉書·陶侃傳》："國家年小，不出胸懷"，等等。年五十始登貞元進士
第的孟郊，其上述詩篇之所以被千古傳頌的重要緣由之一，就在於真實地狀寫了一個"昔
日齷齪"的士子，一朝登第後，深感"曠蕩恩無涯"的"得意"心境。孟詩僅僅四句，却
集中體現了筆者論證的三點史實。上述諸詩還提供了一點史實，也頗值得注意，那就是若
非昏君、暴君執政，在科舉對策中可以"上談禮樂祖姬孔，下議制度輕儺玄"，即上可祖
述周代文武及孔子所定禮儀典章，下可評議當朝之社會制度，直斥危害民生的權貴禍首。
故而科舉取士也時時牽動着普通百姓的心弦，寄託着億萬黎民的希冀，因爲有衆多的士子
就出身於孤苦無助的寒門，正是他們期盼的可靠代表。這些孤苦的士子榮升之後忘本絕情
的畢竟是少數。

　　然而隨着科舉制度的發展，弊端也逐漸顯現。講關節、重門第，乃至賄賂公行，科舉
爲有錢有勢者所壟斷；至於應試科舉之舞弊，自唐以來即未能免，漸積至於明清，舞弊之
法更層出不窮，以致投機取巧成爲風氣。科舉考試在實行之初，曾激勵了士子讀書的積極
性，但由於考試內容和方法的失當，又漸導入歧途，科舉逐漸成爲升官發財的敲門磚，門
一開啓，磚即拋棄，十年寒窗而無真才實學。社會在不斷進步、發展，科舉考試却一仍其
舊，衹憑詩書取人，走馬爲官之日却委以理財、典獄、治水、防灾等安邦治國平天下之要

職，何可勝任？且自唐開元二十九年（741），禮部侍郎韋陟奏請避親，推行頗具影響的"考功別試"始，徇私舞弊之舉即已見端倪。其後歷代雖不斷完善機構、嚴選考官、遍施警圍、廣設峻法，以加強防範，但屢禁難止，懷挾、泄題、易稿、替考之類，無所不有，而請托、賄賂之風則愈演愈烈，內外上下，沆瀣一氣，難以盡述。至明清之時，終於釀成科場大獄，其情狀令人驚怖。洪武十三年（1380），翰林學士劉三吾等十三人，因偏袒江南子弟而獲罪，磔殺八人，處死二人，遠戍一人，僅赦二人。《清稗類鈔·獄訟類》記順治丁酉（即十四年，1657）順天科場案稱："至本朝乃興科場大案，草菅人命，甚至弟兄叔侄，連坐而同科，罪有甚於大逆……丁酉之獄，主司、房考及中式之士子，誅戮及遣戍者無數。"又："丁酉之獄，蔓延幾及全國，以順天、江南二省爲鉅，次則河南，又次則山東、山西，凡五闈。"鴉片戰爭後，科場大獄雖已消彌，而徇私舞弊之風却成痼疾，正人君子無不切齒。尤其是西學東漸，來勢洶然，傳統教育之空疏無用，益以暴露。此時，清廷采取了一些應變措施，首先對科舉內容進行改革，其次遞減科舉取士之額度，但遍及全國的"廢科舉，興學校"的呼聲終難平息。爲解覆卵之厄運，光緒三十一年（1905），清廷終於下令"停科舉，以廣學校"。至此，歷時一千三百餘載之科舉遂廢。

科目試法

文科

泛指以典籍爲主的科舉科目。隋唐時已有此名。包括"進士科""秀才科""明經科""三禮科""三傳科""三史科""明法科""明書科""明算科""童子科""道舉科"等，與武科相對。唐劉禹錫《蘇州謝上表》："謬以薄技，三登文科。"《宋史·選舉志三》："是歲廷試，始依文科給黃牒，榜首賜武舉及第。"《明史·選舉志二》："成化十四年，從太監汪直請，設武科鄉、會試，悉視文科例。"《清史稿》中已將科舉科目分爲"文科""武科""制科"三大類，如此概括，最爲明確。本考中之科舉科目即依此分類。另有"翻譯科""宗科""旗科"，亦當歸入以上三大類中，但因有其特殊地位，故而將其獨立成類。另有"特科"，爲解科舉考試不時之需；"百篇科"，爲特藝所設；"恩科"，爲恩遇之舉；"另頭試""牒試"，爲避嫌之舉；"鎖廳試"，爲在職官員之試等等，亦獨立成類。

武科

亦稱"武舉科""武舉"。科舉考試科目名。漢成帝元延元年（前12）詔："二十二郡舉勇知兵法者各一人。"此乃漢代舉察制中所設科目，至東漢末，豪門望族當道，抑賢貴親，一些怯於騎馬、無力開弓的紈绔子弟鳩占鵲巢，舉察制已名難副實，魏晉後曾一度罷黜門第，“令郡國貢舉，皆試用”。強調了“試取”，惜未久長。隋大業二年（606）始建進士科，翌年詔云：“才堪將略，則拔之以御侮；膂力驍壯，則任之以爪牙。一藝可取，亦宜采錄。”（《隋書·煬帝紀上》）此當爲武舉之始。直至唐代則天女皇時，武舉之制臻於完備。武后長安二年（702），兵部主其事。課試之法，如進士之制。“取其軀幹雄偉，應對詳明，有驍勇材藝及可爲統帥者。”（《通典·選舉三》）其後歷朝皆承其制，但無定時，至明代中期，始定爲武鄉試、武會試，與文科相對應。清沿明制，科目尤明細，以馬箭、步箭、弓、刀、石，皆稱外場；以默寫武經爲内場。兩場盡中式，方可授官。其鄉試、會試、殿試及童生、生員、舉人、進士、狀元等名目，均與文科同，僅加“武”字以區別。光緒二十七年（1901）廢止。參閱《通典·選舉二》《新唐書·選舉志下》《文獻通考·選舉七》《宋史·選舉志三》《金史·選舉志一》《明史·選舉志二》《清史 稿·選舉志三》。

【武舉科】

即武科。此稱唐代已行用。見該文。

【武舉】

“武科”之省稱。此稱明代已行用。見該文。

進士科

科舉考試科目名。進士原指先秦時之薦舉賢才。作爲科舉科目，始於隋煬帝大業年間，僅試策而已。至唐倍受重視，主試時務策及經史。其時“縉紳雖位極人臣，不由進士者，終不爲美”。此稱直至金代一直沿而不改。至明合於文科試中。五代王定保《唐摭言·散序進士》：“進士科，始於隋大業中，盛於貞觀、永徽之際。縉紳雖位極人臣，不由進士者，終不爲美。以至歲貢常不減八九百人。其推重謂之白衣公卿，又曰一品白衫。其艱難謂之：三十老明經，五十少進士。其負倜儻之才，變通之術，蘇張辯說，荆聶之膽氣，仲由之武勇，子房之籌畫，弘羊之書計，方朔之詼諧，咸以是而晦之。修身慎行，雖處子之不若。其有老死於文場者，亦所無恨。故有詩云：‘太宗皇帝真長策，賺得英雄盡白頭。’”按：明陳繼儒《群碎錄》：“進士科，隋煬帝大業元年始，後世因之。”恐誤。參閱《太平御覽》卷一七八引唐李肇《唐國史補》《唐會要·貢舉中·進士》《文獻通考·選舉二》。

秀才科

科舉考試科目名。原爲漢代舉士之科名。其時與孝廉并列，東漢以避光武帝劉秀名諱，改稱“茂才”。隋煬帝始列爲科舉考試科目，主試方略。唐初因之，武德四年（621）後與進士合爲一科。永徽二年（651）停秀才科。隋唐間稱應舉者爲秀才，明清時則用以稱入府、州、縣學生員。《隋書·杜正藏傳》：“正藏，字爲善，尤好學，善屬文。幼冠舉秀才，授純州行參軍、歷下邑正。大業中，學業該通，應詔舉秀才。兄弟三人，俱以文章一時詣闕，論者榮之。”唐封演《封氏聞見錄·貢舉》：“國初，明經取通兩經，先帖本，乃按章疏試墨義策十道，秀才試方略策三道；進士試時務策五道，考功員外郎職當考試。其後，舉人憚於方略之科，爲秀才者殆絶，而多走明經、進士。”參閱《文獻通考·選舉一》、唐蘇鶚《蘇氏演義》卷上。

明經科

科舉考試科目名。漢代以明經射策取士。

作爲科目始於隋煬帝，主試經義。唐代因之。南宋改以經義論策試進士，明經遂廢。至明清，則以明經尊稱貢士。《隋書·煬帝紀》："若研精經術，未願進仕者，可依其藝業深淺，門蔭高卑，雖未升朝，並量準給祿……其國子等學，亦宜申明舊制，教習生徒，具爲課試之法。"《唐會要·帖經條例》："開元二十五年二月敕：'今之明經、進士，則古之孝廉、秀才。'"《新唐書·選舉志上》："凡明經，先帖文，然後口試，經問大經十條，答時務策三道，亦爲四等。"《宋史·選舉志一》："初，禮部貢舉，設進士、九經、五經、開元禮、三史、三禮、三傳、學究、明經、明法等科，皆秋取解，冬集禮部，春考試。合格及第者，列名放榜於尚書省。"參閱《新唐書·選舉志上》、五代王定保《唐摭言·統序科第》）。

學究科

科舉考試明經科之一。唐稱"學究一經"。五代至宋代稱"學究"。以一經爲主，又別增他經。《新唐書·選舉志下》："唐制取士之科多因隋舊……明經之別有五經、有三經、有二經、有學究一經、有三禮、有三傳、有史科。"五代王定保《唐摭言·好及第惡登科》："許孟容進士及第，學究登科，時號錦襖子上着莎衣。"《宋史·選舉志一》："禮部貢舉設進士、九經、五經、開元禮、三禮、三傳、學究、明經、明法等科，皆秋取解……凡學究，《毛詩》對墨義五十條，《論語》十條，《爾雅》《孝經》共十條，《周易》《尚書》各二十五條。"

【學究一經】

即學究科。此稱唐代已行用。見該文。

三禮科

科舉考試科目名。指儒家的三部經典《周禮》《儀禮》《禮記》。始行於唐代，自南宋始廢止。參閱《新唐書·選舉志上》《宋史·選舉志一》。

開元禮

科舉考試三禮類科目名。唐宋科舉考試必讀之書。唐開元中官撰。一百五十卷。學士張説提出折衷《貞觀禮》《顯慶禮》等書，以定禮制。因有此編。詔徐堅、李鋭、施敬本初修未成，蕭嵩、王仲邱、陸善經、洪孝昌、賈登等再修成此書。書成於玄宗開元二十年（732），包括序例三卷、吉禮七十五卷、賓禮二卷、軍禮二卷、嘉禮四十卷、凶禮二十卷，係二百二十六目，爲科舉開元禮科考試必讀之書。至北宋廢止。今有光緒十二年公善堂本《石經館叢書》最爲精審。參閱《新唐書·選舉志上》、《册府元龜》（卷六四一）。

開寶通禮

省稱"通禮"。科舉考試三禮類科目名。宋開寶間，詔温叟同李昉、盧多遜、扈蒙、楊昭儉、賈黄中、和峴、陳諤，修改《開元禮》而成此書。書後附益以本朝新制。《文獻通考·選舉三》："是歲（開寶六年），新修《開寶通禮》成。詔鄉貢《開元禮》，宜改稱鄉貢《通禮》。本科並以新書試問。"《宋史·選舉志一》："〔淳化三年〕凡三禮、三傳、通禮第十道義，分經注六道、疏義四道，以六通爲合格。"

【通禮】

"開寶通禮"之省稱。此稱宋代已行用。見該文。

三傳科

科舉考試科目名。指儒家經典《左傳》《公羊傳》《穀梁傳》。唐代始設，自南宋始廢止。參閱《新唐書·選舉志上》《宋史·選舉志一》。

三史科

科舉考試科目名。三史指《史記》《漢書》《三國志》。唐代始設，五代猶沿襲，其後以正史歷代逐增，至宋代而廢止，有關史科漸散入進士或制科中。參閱《新唐書·選舉志上》《冊府元龜》（卷六四一）。

百篇科

省稱"百篇"。科舉考試科目名。以一日內成詩百篇爲中式，故名。常爲殿試形式，由皇帝或大臣命題。始見於唐代，宋代仍沿襲，已非常科，有應試者，臨時增設，元代之後廢止。宋龔明之《中吳紀聞·孫百篇》："吳士孫發嘗舉百篇科，皮日休贈以詩云：'百篇宮體喧金屋，一日官銜下玉除。'"《宋史·選舉志一》："〔太平興國〕五年，覆試進士……有趙昌國者求應百篇舉，謂一日作詩百篇。帝出雜題二十，令各賦五篇，篇八句。日旰，僅成數十首，率無可觀。帝以是科久廢，特賜及第，以勸來者。"明田藝衡《留青日劄·倚馬萬言試》："宋太平興國五年，試百篇科，上親出'松風雪月天，花竹鶴云烟，詩酒春池雨，出僧道柳泉'二十字爲題，篇率四韻。"參閱《文獻通考·選舉三》。

【百篇】

"百篇科"之省稱。此稱宋代已行用。見該文。

明法科

亦稱"刑法科""律科"。科舉考試科目名。以唐代律令爲主。至北宋猶沿稱，南宋稱"刑法科"，金代稱"律科"。皆以唐律令爲基礎，參以本朝之增改條文。自明代始廢止。參閱《新唐書·選舉志上》《文獻通考·選舉五》《金史·選舉志一》。

【刑法科】

即明法科。此稱宋代已行用。見該文。

【律科】

即明法科。此稱金代已行用。見該文。

明書科

亦稱"明字"。科舉考試科目名。猶今之文字學。先口試，合格後再墨試《說文》《字林》各二十條。始於唐代，後世無此專科。參閱《新唐書·選舉志上》。

【明字】

即明書科。此稱唐代已行用。見該文。

明算科

科舉考試科目名。唐代始設。試《九章》三條；《海島》《孫子》《五曹》《張建丘》《夏侯陽》《周髀》《五經算》各一條，十通六；《記遺》《三等數》，帖讀十得九，爲第。另有《綴術》七條、《輯古》三條，十通六，爲第。五代仍沿唐制，試條略有增減。至宋廢止。參閱《新唐書·選舉志上》、《冊府元龜》（卷六四二）。

童子科

亦稱"經童科"。科舉考試科目名。專爲兒童少年所設，以經文爲主，兼及詩文。由地方舉薦，直升諸朝，常由皇帝親試，中式者授官，或予"出身"，即定其資歷。始頒行於唐代，其時"凡十歲以下，能通一經，及《孝經》《論語》，每卷誦文十，通者與官。通七者予出身"。宋代"凡童子十五歲以下，能通經作詩賦，州升諸朝，而天子親試之。其命官，免舉無常格”。金代“經童之制，凡庶士子年十三以下，能誦二大經、三小經，又誦《論語》諸子及五千字以上，府試十五題，通十三以上，會試每場十五題，三場共通四十一以上，爲中選”。元代之後廢止。參閱《文獻通考·選舉八》《宋史·選舉志二》《金史·選舉志一》。

【經童科】

即童子科。此稱金代已行用。見該文。

道舉科

省稱“道舉”。科舉考試科目名。始於唐玄宗開元二十九年（741），試《老子》《莊子》《文子》《列子》。試法與明經同。玄宗稱以上道家四書“文約而義精，詞高而旨遠，可以理國，可以保身。朕敦崇其教，以左右人也”。天寶十三載（754），停考《老子》，改加《周易》。五代未見推行，北宋又復此科，稱之爲“道職科”。元豐三年（1080），經由各地選送後，始差官考試。以《道德經》《靈寶度人經》《南華真經》（即《莊子》）等命題，仍試齋醮科儀祝讀。政和間，由州、縣別置齋舍，以授道徒。蔡攸上《諸州選試道職法》，其業以《黄帝内經》《道德經》爲大經，《莊子》《列子》爲小經。道徒升貢，悉如文士。初入官，補志士道職，賜褐服。一時間道職甚盛，常有儒生換籍爲道徒者。宣和二年（1120），罷縣、州學別置齋舍。唐高彦休《唐闕史·太清宫玉石像》：“明皇朝，崇尚元（玄）元聖主之教，故以道舉入仕者，歲歲有之。”唐錢起《送李栖桐道舉擢第還鄉省侍》詩：“幾年深道要，一舉過賢關。”《宋史·選舉志三》：“補道職，舊無試，元豐三年，始差官考試。”參閱《新唐書·百官志三》，《唐會要·貢舉下》，《册府元龜》（卷六四〇、

六四三），《宋史·選舉志三》。

【道舉】

“道舉科”之省稱。此唐代已行用。見該文。

【道職科】

即道舉科。此稱宋代已行用。見該文。

制舉科

省稱“制舉”“制科”。科舉考試科目名。由皇帝親自詔試於殿廷，以區別於地方貢舉，故稱。制，帝王之命令。自漢代始，皇帝常制詔賢者而親策試。作爲科舉取士，則始於唐貞觀十八年（644）。據《唐會要·制舉科》載：“貞觀十八年二月六日，引汴鄜諸州所舉孝廉，賜坐於御前。上問以皇王政術，及皇太子問以曾參《孝經》，並不能答。”至開元年間，制舉之風大行於世。據《册府元龜》卷六四三載：“〔開元九年〕五月壬戌，有司引應制舉人見。敕曰：‘興化立理，急於俊賢……朕恭默思道，宵寢勞求。”又據《新唐書·選舉志上》載：“所謂制舉者，其來遠矣。自漢以來，天子常稱制詔道其所欲問而親策之，唐興……天子又自詔四方德行、才能、文學之士，或高蹈幽隱，與其不能自達者，下至軍謀將略、翹關拔山、絶藝奇技，莫不兼取。”據《唐會要·制舉科》統計，其名目多達五十餘種。五代、兩宋之後，沿而未改。《文獻通考·選舉六》：“神宗熙寧七年，吕惠卿以爲制科止於記誦，非義理之學，且進士已試策，與制科無異，乃詔罷之。”至清代又增減其名目，如分“賢良方正能直言極諫科”爲二，一曰“賢良方正”，二曰“直言極諫”，增“經濟特科”，減“書判拔萃”等。參閱《新唐書·選舉志上》《文獻通考·選舉六》《宋史·選舉志二》《金史·選舉志一》《明史·選

舉志二》《清史稿·選舉志三》《清朝文獻通考·選舉考三》。

【制舉】

即制舉科。此稱唐代已行用。見該文。

【制科】

即制舉科。此稱宋代已行用。見該文。

博學宏辭科

亦作"博學宏詞科"。省稱"博學宏辭""博學宏詞""宏辭科""宏詞科""宏辭""宏詞"。亦稱"博學鴻詞""博學鴻儒"。制舉科之一種。主試學識之淵博、文辭之宏麗。始於唐貞觀至開元年間，宋、金、元、明、清遞相沿襲。《唐會要·制科舉》："〔大中〕十二年三月，中書舍人李藩中舉，放博學宏辭科陳琬等三人。"《舊唐書·陸贄傳》："〔陸贄〕年十八登進士第，以博學宏辭登科，授華州鄭縣尉。"又《裴度傳》："〔裴度〕貞元五年進士擢第，登宏辭科。"唐白居易《唐楊洲倉曹參軍王府君墓誌銘》："博學宏詞科選授集賢殿校書郎，昆弟三人不十年而五登甲科。"唐獨孤及《毗陵集》卷一三："天寶二年舉博學宏詞，皆爲科者。"唐林慎思《伸蒙子·跋》："慎思又中宏詞科，其名里曰大宏。"《宋史·選舉志二》："景德後……惟吏部設宏詞、拔萃平判等科如舊制。"《金史·選舉志一》："宏辭科試詔、誥、章、表、露布、檄書，則皆四六；誡、諭、訟、箴、銘、序、記，則或依古今體，或參用四六。"元劉祁《歸潛志》卷二："欽叔苦學博覽，無不通，尤長於四六。南渡，擢南省魁，復中宏詞。"宏詞，一作"宏辭。"《皇朝掌故彙編·內編·科舉三》："〔乾隆元年二月〕吏部議覆御史吳元安奏言："應如該御史所請。考試博學鴻詞，定爲兩場，首場試以經解一篇、史論一篇，二場照例試以詩、賦、論三題。"清薛福成《應詔陳言疏》："誠法聖祖高宗遺意，特舉制科，則非常之士，聞風興起。其設科之名，或稱博學鴻詞，或稱賢良方正，或稱直言極諫。"清鈕琇《觚賸續編·趙公裕後》："康熙十七年，舉博學鴻儒，塚宰郝恭定，惟納薦之。"

【博學宏詞科】

同"博學宏辭科"。此體唐代已行用。見該文。

【博學宏辭】

"博學宏辭科"之省稱。此稱唐代已行用。見該文。

【博學宏詞】

"博學宏辭科"之省稱。此稱唐代已行用。見該文。

【宏辭科】

"博學宏辭科"之省稱。此稱唐代已行用。見該文。

【宏詞科】

"博學宏辭科"之省稱。此稱唐代已行用。見該文。

【宏辭】

"博學宏辭科"之省稱。此稱元代已行用。見該文。

【宏詞】

"博學宏辭科"之省稱。此稱元代已行用。見該文。

【博學鴻詞】

即博學宏辭科。爲避清高宗弘曆諱改。此稱清代已行用。見該文。

【博學鴻儒】

即博學宏辭科。爲避清高宗弘曆諱改。此

稱清代已行用。見該文。

賢良方正能直言極諫科

省稱"能直言極諫科""直言極諫科""直言極諫"。制舉科之一種。漢文帝時曾詔舉"賢良方正能直言極諫者"，多爲舉薦。自唐貞觀至開元間始設此科。有舉薦、自薦之別，歷代多沿其制。其科取品德高尚正直能對皇帝陳己言、極力諍諫之士。《唐會要 · 制舉科》："〔元和〕十五年二月敕：'先帝所徵賢良方正能言極諫等科目，朕不欲親試。宜令中書、門下、尚書省四品以上官，就尚書省同試。"《舊唐書 · 裴度傳》："應制舉賢良方正能直言極諫科，對策高等，授河陰縣尉。"《册府元龜》卷六四四："唐德宗正元元年九月乙巳，御宣政殿，策賢良方正、能直言極諫等三科舉人。"《宋史 · 選舉志二》："〔景德後〕復置此科（制舉科），增其名曰賢良方正能直言極諫科……才識兼茂明於體用科。"唐白行簡《李娃傳》："遇大比，徵召四方之雋，生應直言極諫策，策名第一，授成都府參軍。"唐白居易《唐揚州倉曹參軍王府君墓志銘並序》："播應制舉，對直言極諫策，授集賢殿校書郎。"宋蘇軾《答李端叔書》："既及進士第，貪得不已。又舉制策，其實何所有，而其科號爲直言極諫，故每紛然誦説古今，考論是非，以應其名耳。"至清康熙末年，"賢良方正能直言極諫科"或分爲兩科，一曰"賢良方正"，一曰"直言極諫"。清薛福成《應詔陳言疏》："誠法聖祖高宗遺意，特舉制科，則非常之士，聞風興起。其設科之名，或稱博學鴻詞，或稱賢良方正，或稱直言極諫，應由部臣臨時請旨定奪。"

【能直言極諫科】

即賢良方正能直言極諫科。此稱唐代已行用。見該文。

【直言極諫科】

即賢良方正能直言極諫科。此稱唐代已行用。見該文。

【直言極諫】[1]

即賢良方正能直言極諫科。此稱唐代已行用。見該文。

賢良方正

"賢良方正能直言極諫科"之一種。此稱清代已行用。見"賢良方正能直言極諫科"文。

直言極諫[2]

"賢良方正能直言極諫科"之一種。此稱清代已行用。見"賢良方正能直言極諫科"文。

孝廉科

亦稱"孝廉方正"。制舉科之一種。兩漢已有舉孝廉之制。孝，指孝悌者；廉，指清廉之士。分別爲朝廷選拔的兩類人才。《漢書 · 武帝紀》即有"元光元年冬十一月初，舉孝廉各一人"之語，後孝、廉漸合而爲一。至唐貞觀十八年（644），始設爲此科。後歷代多有沿襲。《唐會要 · 貢舉中》："貞觀十八年二月六日，引汴鄌諸州所舉孝廉，賜坐于御前。上問以皇王政術，及皇太子問以曾參《孝經》，並不能答。"《舊唐書 · 楊綰傳》："望請依古制，縣令察孝廉，審知其鄉閭有孝友信義廉恥之行，加以經業，才堪策試者，以孝廉爲名，薦之於州。"宋周煇《清波雜誌》卷三："俾鄉人舉其孝廉。孝者，當兵火擾攘之際，供母養無缺；廉者，雖在窮約，人或賙之，有所不受。"《醒世恒言 · 三孝廉讓產立高名》："原來漢朝取士之法，不比今時。他不以科目取士，惟憑州郡選舉。雖有博學宏詞、賢良方正等科，惟以孝廉爲重。”至清代康熙末年始，又有“孝廉方正”之稱。此後，新帝嗣立，即詔省府、州、縣、衛各舉“孝廉方正”，賜六品章服，以備詔用。乾隆之後，又定應舉者須送吏部考察，合格者授以知縣或教職。《清史稿·選舉志四》：“制科者，天子親詔以待異等之才。唐宋設科最多，視爲優選。清代科目取士，垂爲定制。其特詔舉行者，曰博學鴻詞科、經濟特科、孝廉方正科⋯⋯康熙六十一年，世宗登極，詔直省府、州、縣、衛，各舉孝廉方正，賜六品章服，備召用。”又：“乾隆元年，刑部侍郎勵宗萬言，孝廉方正之舉，稍有冒濫，即有屈抑⋯⋯請慎選舉，以重名器。吏部議准，府、州、縣、衛保舉孝廉方正，應由地方紳士、里黨合辭公舉，州縣官採訪公評，詳稽事實。所舉或係生員，會學官考覈，申送大吏覈實。”

【孝廉方正】

即孝廉科。此稱清代已行用。見該文。

才識兼茂明於體用科

制科之一種。此稱旨在遴選才能、識見皆精道而又善於體現應用之士。即所謂重真才實學，不尚空論。唐貞觀至開元年間始設，歷代多有沿襲。《唐大詔令集》卷一〇六有《元和元年才識兼茂明於體用科策問》篇。篇末有“元帝優游於儒學，盛業竟衰；光武責課於公卿，峻政非美。二途取捨，未獲所從。余心浩然，益所疑惑。子大夫熟究其旨，屬之於篇，興自朕躬，無悼後害”諸語，可見唐憲宗求此科人才之懇切。《宋史·選舉志二》：“〔景德後〕復置此科（制科），於是增其名曰賢良方正、能直言極諫科⋯⋯才識兼茂明於體用科。”

試判拔萃

省稱“拔萃”。亦稱“書判拔萃”。制舉科之一種。指書法與文理超衆。判，謂文理優長。始於唐貞觀至開元年間，歷代時見沿襲。唐韓愈《李公墓志銘》：“其後比以書判拔萃，選爲萬年尉。”《新唐書·選舉志下》：“凡試判登科，謂之入等。甚拙者，謂之藍縷；選未滿而試之三篇，謂之宏辭；試判三條，謂之拔萃。中者，即授官。”《宋史·選舉志二》：“景德後⋯⋯惟吏部設宏詞、拔萃平判科。”又：“仁宗初詔曰：‘朕開數路以詳延天下之士，而制舉獨久不設。意者吾豪傑或以故見遺也，其復置此科。’⋯⋯又制書判拔萃，以待選人。”

【書判拔萃】

即試判拔萃。此稱唐代已行用。見該文。

【拔萃】

“試判拔萃”之省稱。此稱唐代已行用。見該文。

恩科

科舉考試科目名。據新舊《五代史》載，自五代後晉始，士子於鄉試合格後，會試多次未錄者，若逢皇帝親試，可別立名冊呈奏，特許附試，通常皆能得中，故稱“恩科”，所放榜稱“恩榜”。後歷代多有沿襲，宋代又更加推廣，凡考進士多次不中者，可允“特奏名”，與正奏名相區別。（見《宋史·選舉志二》）清代於科舉考試之常科外，每逢朝廷慶典，另加開科試，也稱“恩科”。若與正科同時進行，則稱恩正并科。宋梅堯臣《送陳賢良忠正軍簽判》詩：“書對三千字，恩科第一人。”清姚鼐《嚴冬友墓志銘》：“辛卯恩科會試，劉文正爲考官。”參閲宋趙昇《朝野類要·恩科》、《金史·選舉志》、清顧炎武《日知録·恩科》。

宗科

科舉考試科目名。謂皇帝之宗室可以科舉入仕途。明萬曆二十二年（1594），由明宗室鄭世子朱載堉奏請，翌年詔准，天啓四年（1624），會試始開宗科。規定“奉國中尉以下入試，輔國中尉以上爵尊不得與”。皆以“儒服就試，視才器使”，即依照士子出身資格授官，不囿於原爵位，但不得任京朝官。清代亦沿其制，但無不得與京官之規定。始於康熙三十六年（1697），廢於光緒三十一年（1905）。明沈德符《野獲編·科場》：“鄭世子載堉於萬曆二十二年條奏七事，俱爲宗藩應試臚列：一令奉國中尉以下，盡同民生赴考入學；一宗生舊有考校换授之議，第四品以上，難改他官，但許宗學作養，不得混子衿就試。”《清朝續文獻通考·舉士》：“萬曆二十三年，鄭世子載堉始請宗室皆得儒服就試，視才器使。詔許奉國中尉以下入試，輔國中尉以上尊爵不得與。繼而禮臣言：‘封爵、科目，原自兩途。彼既願自科目入仕，應照士子資格銓除，何拘原爵。’從之，惟不得除京朝官。然屢經定制，尚未果行。”又：“熹宗天啓四年二月，會試始開宗科。朱慎鍌成進士，從主考何宗彦、朱國祚請，即授中書舍人。滑帝崇禎四年，朱統鉓成進士，初選庶吉士，吏部以宗室不宜官禁近，請改中書舍人，統鉓疏争，仍授庶吉士。”《欽定清會典事例·禮部·宗室鄉會試》：“康熙三十六年諭，‘……嗣後，八旗、宗室子弟，有能力學屬文、奮志科目，應令與滿洲諸生一體應試，編號取中。’”《清史稿·選舉志三》：“宗室不應鄉、會試，聖祖、世宗降有明諭。乾隆八年，宗人府試宗學，拔其尤者玉鼎柱等爲進士，一體殿試，是爲宗室會試之始。未久即停。嘉慶六年，宗室應鄉、會試著爲令。……殿試、朝考，滿漢一體，除庶吉士等官有差。”按：“宗室不應鄉、會試，聖祖、世宗降有明諭”，不確。前引康熙三十六年已有“八旗、宗室子弟……應令與滿洲諸生一體應試”之明諭，後雖又有廢止之明諭，但已開宗室應試之先河，却是史實。

旗科

科舉考試科目名。謂清代八旗可以科舉入仕途。始於順治八年（1651），廢於光緒三十一年（1905）。清代始建八旗，以騎射爲本，重武輕文。順治初年，詔開科舉，八旗子弟不與其事，後准吏部奏，始設此科。規定應試者須先試馬、步騎，合格者方可應制舉，所謂“文事不妨武備”。《清史稿·選舉志三》：“八旗以騎射爲本，右武左文。世祖御極，詔開科舉，八旗人士不與。順治八年，吏部疏言：‘八旗子弟多英才，可備循良之選，宜遵成例開科，於鄉試、會試拔其優者除官。’報可。八旗鄉、會試自是年始。其時八旗子弟每牛録（八旗組織最早基層單位）下讀滿漢書者有定額，應試及各衙門任用，悉於此取給，額外者不得習，往往不敷取中，故自十四年至康熙十五年，八旗考試時舉時停。先是鄉、會試、殿試，均滿洲、蒙古爲一榜，漢軍、漢人爲一榜。康熙二十六年，詔同漢人一體應試。尋定制，鄉、會場，先試馬、步箭，騎射合格，乃應制舉。庶文事不妨武備，遂爲永制。”按：“康熙二十六年，詔同漢人一體應試”，據《欽定大清會典事例·禮部·宗室鄉會試》載，應爲“康熙三十六年”。

特科

科舉考試科目名。爲考銓朝廷急需之人才而特定，以區別於常科。清光緒年間，國運難興，内外交困，朝臣倡建此科，以解燃眉之急，光緒帝一度允准，旋而廢止。清薛福成《選舉論中》："然則今之取士如何？曰：'常科之外，宜開特科。'"參閲《清史稿·選舉志三》。

翻譯科

科舉考試科目名。謂將不同國度或不同民族之文字轉换爲本國或本民族文字的科目。魏晋時已形成中國翻譯史上的第一個高潮。作爲科舉考試之翻譯科，始於金代，金初已有譯漢字、契丹字爲其本民族女真字，或女真字、契丹字譯漢字之科目，但尚無"翻譯科"之名。至清太宗時，"翻譯科"之名實俱備，主要是滿、漢、蒙古文之對譯。參閲《金史·選舉志三》《清史稿·選舉志三》。

女科

科舉考試科目名。據載太平天国初期特爲女子所設，僅癸丑年（1853）一科，甲寅（1854）再試，無一應者，終於罷試。及第、任職，略仿明制。試題内容則從"上帝真道"，廢止儒經。中國史學會《太平天国·樗園退叟〈盾鼻隨聞録〉》："賊令女百長逐館搜查，凡識字女子概令考試。以江寧人傳善祥爲女狀元，又女榜眼鍾姓，女探花林姓，均取入僞府，授女掌簿僞職。"中華文史論叢增刊《太平天国史料專輯·謝綏之〈憐血叢鈔〉》："癸丑開女科。狀元爲傳善祥，上元書吏女；榜眼爲鍾秀英，僞官鍾方禮所掠女；探花爲林麗花，僞官林鳳祥所掠女。放榜後，俱入僞宫，賜宴侍寢，插花歸第，因勒令其父謝恩，咸深悔之。甲寅再

試，無一應者，遂罷試。"中國史學會《太平天国·沈懋良〈江南春夢庵筆記〉》所記亦同。按：太平天国有否開女科，尚無定論。學者羅爾綱認爲上述記載當屬傳聞，尚缺天国檔案之類一手實證。參閲《太平天国文書彙編·東王楊秀清答覆英人三十一條並質問英人五十條誥諭》。

試書判

省稱"試判""書判"。科舉考試之一種。即憑藉書法與文理之高下以定優劣。《新唐書·選舉志上》載："凡擇人之法有四：一曰身，體貌豐偉；二曰言，言辭辯正；三曰書，楷法遒美；四曰判，文理優長。"故有以書判取士之舉。唐韓愈《李君墓志銘》："進士及第，試書判入等。補秘書正字。"《新唐書·選舉志下》："凡試判登科，謂之入等。甚拙者謂之藍縷……試判三條，謂之拔萃。中者即授官。"五代王定保《唐摭言·無名子謗議》："李翰雖以辭藻擢第，不以書判擅名。"宋蘇軾《和子由聞將如終南太平宫讀書》："始者學書判，近亦知問因。"《初刻拍案驚奇》卷五："有個姓劉的，是個應襲公子，到京師襲蔭求官……吏部試判已畢。"按：據清代顧炎武《日知録·判》考定，試判起於唐高宗時。判，判斷也。始取州縣案牘疑議，試其判斷，觀其能否。後日月漸久，選人增多，案牘淺近，不足爲難，乃采經籍古義，假設甲乙，令其判斷，既而來者益衆，經籍又不足爲問，乃徵僻書曲學，隱伏之義試之，惟懼人之能知也。此即判斷題、偏題之始。

【試判】

"試書判"之省稱。此稱唐代已行用。見該文。

【書判】

"試書判"之省稱。此稱五代時期已行用。見該文。

別頭試

省稱"別頭""別試"。亦稱"考功別頭試""考功別試"。科舉考試之一種，即避嫌考試。初稱"考功別頭試"，省稱"考功別試"。本指應試者與考官有親故關係，爲避嫌疑，由主事之禮部移試於考功員外郎，故有"考功"之稱。此制始於唐開元二十九年（741）京都中的會試，至宋景祐初年，鄉試中爲避嫌疑，又另移於考官或相關官員許可權以外的遠地應試，徑稱爲"別頭試"或"別試"。熙寧十年（1077），詔立《宗子試法》，又許皇室近親於國子監內別試別取。又稱爲"別考"。此制至元代廢止。《新唐書·選舉志上》："初，禮部侍郎親故移試考功，謂之別頭。〔貞元〕十六年中書舍人高郢奏罷，議者是之。"又："〔元和〕十三年，權知禮部侍郎庾承宣奏復考功別頭試……太和三年，高凱爲考功員外郎，取士不當，監察御史姚中立又奏停考功別頭試。"宋高承《事物紀原·學校貢舉·別試》："又唐《選舉志》曰：'開元二十四年，以禮部侍郎主選，其親故移考功，謂之別頭。'……宋朝謂之別試。所試有別頭，自唐開元始也。"《册府元龜》卷六四〇："〔元和〕十三年十月，權知禮部侍郎庾承宣奏：'臣有親屬，應明經進士舉者，請准舊例，送考功試之。'先是貞元十六年，高郢掌貢，請停考功別試，識者是之。至是始復。"《宋史·選舉志一》："〔景祐初〕士有親戚仕本州，或爲發解官及侍親遠宦，距以本州二千里，令轉運司類試，以十率之，取三人，於是諸路

始有別頭試。"《文獻通考·選舉四》："〔熙寧〕五年，詔'宗皇非祖免親許應舉補官'。十年，始立《宗子試法》。凡祖宗祖免親已命者。非祖免以外，例許應舉國子監，禮部皆別試，別取。十人取五，試者雖多，解毋過五十人。廷試、策問與進士同。而別考累舉不中，年及四十，以聞而録用之。"上引《事物紀原》稱"考功別頭試"始於開元二十四年（736）實誤。所據《新唐書·選舉志上》僅載："開元二十四年，考功員外郎李昂爲舉人詆訶，帝以員外郎望輕，遂移貢舉於禮部，以侍郎主之，禮部選士自此始"，未載"別頭"事。而《唐會要·考功員外郎》載："開元二十九年十一月十九日，禮部侍郎韋陟奏：'准舊例，掌舉官親族，皆於本司差一人考試，有及第者，尚書覆定，然後附奏。臣本司今闕尚書，縱差郎官，是臣麾下，事在嫌疑。所望釐草，伏望天恩，許臣移送吏部，差考功員外郎試揀，侍郎覆定，任所在聞奏。即望浮議止息。'敕旨，依。"所載甚明，今據改。

【別頭】

"別頭試"之省稱。此稱唐代已行用。見該文。

【考功別頭試】

"考功別頭試"之省稱。此稱唐代已行用。見該文。

【考功別試】

"考功別頭試"之省稱。此稱唐代已行用。見該文。

【別試】

"別頭試"之省稱。此稱宋代已行用。見該文。

國子牒試

省稱"牒試"。科舉考試之一種。"別頭試"的沿襲與發展。宋紹興五年（1135）定制，隨侍現任主考官之副職的子弟在本籍兩千里外，主考官之内外親或有婚姻關係以及主考官之門生，皆可特發牒文，另行考試。乾道四年（1168），規定文武試官及協辦理官員監察御史以上之親子孫方許牒試。其後時興時廢，規定愈加嚴密，乃至立狀聯保，許人指控，設立賞格，直至明清，亦時興時廢，其方法、名目亦不盡同。《宋史·選舉志二》："〔紹興五年〕舊法，隨時見任守倅等官，在本貫二千里外，曰'滿里子弟'；試官内外有服親及婚姻家，曰'避親'；館於見任門下，曰'門客'。是三等許牒試，否則不預。"又："〔乾道〕四年，裁定牒試法：文武臣添差官除親子孫外，並罷；其行在職事官除監察御史以上，餘並不許牒試。"又《選舉志二》："〔嘉熙二年〕臣僚言：'國子牒試之弊，冒濫滋甚。在朝之士，有強認疏遠之親爲近親者，有各私親故換易而互牒者……宜令寬額而試者衆，途一而取之精。'遂依前例放行寓試，以四十名爲定額，仍前待補；其類申門客，滿里子孫及附試並罷。"

【牒試】

"國子牒試"之省稱。此稱宋代已行用。見該文。

鎖廳試

亦作"鏁廳試"。省稱"鎖廳"。科舉考試之一種。指在任官員應進士試。謂鎖其官廳，而往應試，故有此稱。宋初規定，在任官員准應進士試，先由州長官考試，合格者解送禮部應試，中則遷官，不授科第名次，不中則罷現任官爵，舉送者亦皆重與置罪。仁宗天聖四年（1026），詔免不中則罷官之罪。此制至元代即廢止。《宋史·選舉志一》："凡命士應舉，謂之鏁廳試……〔太平興國〕五年，復試進士。有顏明遠、劉昌言、張觀、樂史四人以見任官舉進士，特授近藩掌書記。"又："景德四年，命有司詳定考校進士程式，送禮部貢院頒之諸州。……後又詔試鏁廳者，州長吏先校試合格，始聽取解至禮部。不及格停其官，而考試及舉送者，皆重真罪。"又："天聖初，宋興六十有二載，天下又按時取才……舊制，鏁廳試落輒停官，至是始詔免罪。"又《選舉志三》："熙寧十年，始立《宗子試法》。凡祖宗祖免親己受命者，附鎖廳試，自袒免以外，得試於國子監。"宋葉適《太府少卿福建運判直寶謨閣李公墓志銘》："復鎖廳試禮部，詞致瓌特，有司異之。"宋歐陽修《歸田錄》卷一："希深初以奉禮郎鎖廳應進士舉，以啓事謁見大年。"清袁枚《隨園隨筆·鎖廳》："宋現任官應進士試曰鎖廳，言鎖其官廳而往應試也。雖中，止遷官而不與科第，不中則停現任。"

【鏁廳試】

同"鎖廳試"。此體宋代已行用。見該文。

【鎖廳】

"鎖廳試"之省稱。此稱宋代已行用。見該文。

墨試

亦稱"墨義""墨策"。科舉考試方式之一。與口試相對而言。唐代前期明經科先墨試，後口試；明書科則先口試，後墨試。《新唐書·選舉志上》："凡明經，先帖文，然後口試。"帖文，猶今之默寫或填空白。據《唐會要·明經》

載，入試之始，或直書經文大義，以注疏爲據。《舊唐書·憲宗紀上》："壬申，禮部舉人，罷試口義，試墨義十條，五經通五，明經通六，即放進士。"《新唐書·選舉志上》："元和二年……明經停口義，復試墨義十條。"其後明經考試又停墨試，止於口試。宋王讜《唐語林·補遺四》："後明經停墨策，試口義並時務策三道。"《文獻通考·選舉三》："舊制《三史》《通禮》各試三十場，每場墨義十道。制自今衹試墨義十五場，餘十五場抽卷令面讀。"

【墨義】

即墨試。此稱唐代已行用。見該文。

【墨策】

即墨試。此稱唐代已行用。見該文。

口試

亦稱"口義"。科舉考試方式之一。要求應試人當面口頭回答問題。與墨試相對而言。唐明書科先口試，後墨試。明經科則先筆試，後口試。《新唐書·選舉志上》："凡明經，先帖文，然後口試，經問大義十條。"又："〔元和二年〕明經停口義，復試墨義十條。"參閱《通典·選舉三》。

【口義】

即口試。此稱唐代已行用。見該文。

面讀

科舉考試方式之一。令考生當面朗讀，測其能否知義理、章句、難字。此一方式非墨試、口試所能取代。《文獻通考·選舉三》："舊制《三史》《通禮》各試三十場，每場墨義十道。制自今只試墨義十五場，餘十五場抽卷令面讀。能知義理，分辨其句，識難字者，爲合格。不合格者落。"

舉業

亦稱"舉子業"。科舉時代按規定程式用以應試的課業。宋孫光憲《北夢瑣言》卷八："唐相國裴公坦，大和八年李漢侍郎下及第。自以舉業未精，遽此叨忝，未嘗曲謝座主，辭歸鄠縣別墅，三年肆業不入城。"《金史·元好問傳》："年十有四，從陵川郝晉卿學，不事舉業，淹貫經傳百家。"《明史·選舉志一》："諸生應試之文，通謂之舉業。《四書》義一道，二百字以上。經義一道，三百字以上……因取中式文字一百一十餘篇，奏請刊布，以爲準則。"清顧炎武《日知錄·舉業》："夫尚默當時所習特舉子業耳。"

【舉子業】

即舉業。此稱清代已行用。見該文。

帖經

亦稱"帖試""試帖""帖文"。科舉考試方法之一。類似今之默寫或填空。多用於明經科。《舊唐書·良吏下·楊瑒傳》："竊見今之舉明經者，主司不詳其述作之意，曲求其文句之難，每至帖試，必取年頭月日，孤經絶句……臣望請自今已後，考試者盡帖平文，以存大典。"《新唐書·選舉志上》："凡進士，試時務策五道，帖一大經，經、策全通爲甲第，策通四、帖過四以上爲乙第。"又："〔永隆二年〕詔自今明經試帖粗十得六以上，進士試雜文二篇，通文律者然後試策。"《新唐書·選舉志上》："凡經，先帖文。"《文獻通考·選舉考二》："帖經者，以所習經，掩其兩端，中間開唯一行，裁紙爲帖，凡帖三字，隨時增損，可否不一，或得四、或得五、或得六爲通。"

【帖試】

即帖經。此稱唐代已行用。見該文。

【試帖】

即帖經。此稱唐代已行用。見該文。

【帖文】

即帖經。此稱唐代已行用。見該文。

【帖墨】

即帖經。《宋史·蘇軾傳》："今所欲改變不過數端：或曰鄉舉德行而略文詞，或曰專取策略而罷詩賦，或欲兼采譽望而罷封彌，或欲經生不帖墨而考大義，此皆知其一不知其二也。"

帖括

科舉考試所用應試之經文歌訣。以帖經取士，應試者因帖經難記，就總括經文編成歌訣，便於熟讀，稱"帖括"。意猶帖經括要，帶有押題性質。《新唐書·選舉志上》："〔楊綰上疏言〕高宗朝，劉思立加進士雜文，明經填帖，故爲進士者皆誦當代之文，而不通經史，明經者記帖括。"清趙翼《陔餘叢考·帖括、策括》："按《文獻通考》，唐制帖經試士，後以應試者多，至帖孤章絶言以惑之，應試者乃索幽隱，編爲詩賦，不過數十篇，難者悉備。此即所謂帖括也。"另，明清之八股文，有謂仿於唐之帖括者，故亦有"帖括"之稱。清顧炎武《三朝紀事闕文序》："而臣祖故所與往來老人謂臣祖曰：'此兒頗慧，何不令習帖括，乃爲是闊遠乎？'於是令習科學文字。"

試帖詩

科舉考試的試律之通稱。唐代進士考試有帖經，帖經被落，許以詩贖，謂之贖帖，試帖詩得名本此。唐詩律多用五言六韻，用四韻八韻者甚少，所限官韻不可失押，單句不用韻，雙句必用韻。起聯結聯可不對仗，中間數聯皆須對仗工穩。自宋神宗熙寧後以至於明，科舉不試詩賦，清初尚然。至乾隆二十二年（1757）於鄉、會試增五言八韻詩一首，自後童試用五言六韻，生員歲考、科考及考試貢生與覆試朝考等，均用五言八韻，官韻祇限一次，爲得某字，取用平聲，詩内不許重字，遂爲定制。出題必有出處，或用經、史、子、集語，或用前人詩句，冠以"賦得"二字。格律更有一定之法，限於應試與應制，故言必莊雅，體兼賦頌而少比興。内容須切題，多直接或間接爲皇帝歌功頌德。參閱《新唐書·選舉志上》。

律賦

科舉考試的賦體名。明胡震亨《唐音癸籤·談叢二》："唐試士重策，兼重經。後乃畸重詩賦。中葉以後，人主至親爲披閲，翹足吟咏所撰，嘆息移時。"明朱健《古今治平略》卷一八："自隋煬帝以來風俗浮靡，始有進士之科而試以律賦。唐室因之……"清陳大受《陳文肅集》卷二："謹按唐制以律賦取士。"清徐松《登科記考》："開元間，始以賦居其一，或以詩居其一，亦有全用詩賦者，非定制也。"唐代應試律賦與常賦不同。古賦要求排偶鋪叙，但不嚴格。六朝以後强調音韻和諧，對偶工整，使賦體更趨整齊，稱爲律賦。唐詩賦的格律，初時韻數多寡不一，平仄次序，均無定格。其後則以八韻爲常，以四平四仄爲定試。限格、限題、限韻、駢儷六，與試帖詩相類似，成爲一種特殊的賦體。内容不如常賦放逸飄灑，而以典雅富艷爲合體。唐天寶十三載（754）纔以策問外更試之詩賦。宋元也間或用以試士。清代翰林庶常館、散館與詞科及大考，都重視律賦。

七篇

亦稱"七藝""七作""七題"。明清科舉鄉、會試應試的八股文篇數。明洪武十七年（1384）頒科舉定式，初場試《四書》義三道，每道二百字以上，經義四道，每道三百字以上，故名。清初因之。明阮大鋮《燕子箋·拒挑》："這燈窗下滿斛明珠，號房中七篇雲錦。"清李調元《制義科瑣記·止逗四行》："〔榜後艾南英〕適亦落項（熤）房，首篇止逗四行。艾遂序刻其七藝……刊本四出，京師又爲之哄然，項聲譽頓減。"又《雖私亦公》："既放榜，見（李）駒卷委於櫃下塵土中，七作皆佳。"清蒲松齡《聊齋志異·賈奉雉》："闈場將近……因出所擬七題，使賈作之。"

【七藝】

即七篇。此稱清代已行用。見該文。

【七作】

即七篇。此稱清代已行用。見該文。

【七題】

即七篇。此稱清代已行用。見該文。

八股文

亦稱"制義""制藝""時藝""時文""八比文""四書文"。明清科舉考試規定的文章體式。遠承宋王安石改革科舉後之試經義，定制於明初洪武年間，完備於明憲宗成化時期，泛濫於清代。題目一般取之於《四書》（因稱"四書文"）。文之發端爲破題、承題，破承後爲起講，即入口氣（模擬題中有關古人的口吻，謂之"代聖賢立言"），起講後排比對偶，爲起二比（亦稱提比）、中二比、後二大比、末二小比（亦稱束比），接連而入，故曰"八比"或"八股"，因其寫朝廷規定之程式，故稱"制義"或

"制藝"；與古文相對而言，則稱"時藝""時文"。清顧炎武《日知錄·試文格式》："經義之文，流俗謂之八股，蓋始於成化以後，股者對偶之名也。"清梁章鉅撰《制義叢話》記述制義之宗旨、源流、體裁、典制及舊聞瑣事。江國霖《〈制義叢話〉序》："制義指事類策，談理似論，取材如賦之博，持律如詩之嚴。"蔡爾康《紀聞類編·引用人材論》："自明之興，專以制藝取士。制藝雖代聖人立言，其能獨抒己見，發爲高論者，雖有其人，然其餘不過彼剽此襲，油腔滑調而已。上以此求，下以此應，聰明才智之士，一生有用之精神，盡消磨於無用八股之中，豈不可惜？"八股文有謂仿於唐之帖括者，故亦有帖括之稱。

【制義】

即八股文。此稱明代已行用。見該文。

【制藝】

即八股文。此稱明代已行用。見該文。

【時藝】

即八股文。此稱明代已行用。見該文。

【時文】

即八股文。此稱明代已行用。見該文。

【八比文】

即八股文。此稱明代已行用。見該文。

【四書文】

即八股文。此稱明代已行用。見該文。

敲門磚

亦稱"敲門石"。古有"敲門磚，不值錢"之諺。明清時用以喻八股文。意謂敲開功名之門後，即可扔掉。明田藝蘅《留青日劄·非文事》："又如《錦囊集》一書……抄錄七篇（按：指八股文），偶湊便可命中，子孫秘藏，以爲世

寶。其未得第也，則名之曰撞太歲；其既得第也，則號之曰敲門磚。”明王鏊《送溫生廉還江西》詩：“鏤水刻棘巧何爲，名成至比敲門石。”清焦循《雕菰樓集》卷二三：“乍聞科名有敲門

磚之目，謂不必原本經術，但求塗飾有司耳目，便可騙得，余甚駭之，不願子孫效之也。”

【敲門石】

即敲門磚。此稱明代已行用。見該文。

考試必備

家狀

亦稱“家保狀”“鄉貫狀”。唐宋時科舉應試者寫報的家庭狀況表。内容包括籍貫及三代名諱等。大逆之近親、不孝不悌、工商俳優、僧道歸俗諸人不許應試，合格者必須什伍聯保，始可填報家狀上報。《文獻通考·選舉考三》：“〔後唐〕明宗長興三年敕：今後落第舉人所司已納家狀者，次年便赴貢院就試，並免再取文解。”《宋史·選舉志一》：“所屬先以名聞，得旨而後解。既集什伍相保，不許有大逆緦麻以上親、及諸不孝不悌、隱匿工商異類、僧道歸俗之徒。家狀並試卷之首，署年及舉數、場第、鄉貫，不得增損移易，以仲冬收納，同終而畢。將臨試期，知舉官先引問聯保，與狀僉同而定焉。”又《職官志三》：“禮部止設判部一人，掌科舉……出入内外牌印之事，兼領貢院，掌受諸州發解進士、諸科名籍及其家保狀、文卷。”又《選舉志一》：“〔考畢〕試卷内臣收之，付編排官，去其卷首鄉貫狀，别以字號第之，付封彌官謄寫校勘，用御書院印付考官定等畢，復封彌送覆考官再定等……〔反復審查字迹異同後〕始取鄉貫狀字型大小合之，即第其姓名差次，並試卷以聞。”明清鄉試、會試則於試卷内頁親書姓名、年歲、形貌、籍貫、三代名諱等，謂之履歷。清平步青《霞外攟屑時事·唐選人

家狀即今履歷》：“所云家狀，即今之履歷，親供也。”

【家保狀】

即家狀。此稱宋代已行用。見該文。

【鄉貫狀】

即家狀。此稱宋代已行用。見該文。

文解

省稱“解”。唐宋科舉時各州府發給舉子的薦送證件，由舉子投送主管考試部門。《文獻通考·選舉考三》：“〔後唐莊宗同光三年〕工部侍郎任贊奏請：諸色舉人不是家在遠方、水陸隔越者，逐處選賓從官僚中藝學精博一人，各於本貫一例分明比試，如非通贍，不許妄給文解。”又後周太祖廣順三年（953）“又令今後舉人須取本鄉貫文解，若鄉貫阻隔，只許兩京給解。”

【解】

“文解”之省稱。此稱五代時期已行用。見該文。

書策

唐宋進士試時允許進考場的韻書之類。唐李肇《國史補》卷下：“挾藏入試，謂之書策。”唐白居易《長慶元年重考試進士事宜狀》：“伏准禮部試進士，例許用書策，兼得通宵。得通宵則思慮必周，用書策則文字不錯。”《太平廣

記》卷二六一"梅權衡"條引《乾鐉子》："唐梅權衡，吳人也。入試不持書策，人皆謂奇才。及府題出《青玉案賦》以'油然易直子諒之心'爲韻，場中競講論如何押'諒'字，權衡於庭樹下以短筆書地起草。日晡，權衡詩賦成。"《宋史·選舉志一》："〔鎖廳試〕凡就試，唯詞賦者許携《切韻》《玉篇》，其挟書爲奸及口相受授者，發覺即黜之。"至明清時益嚴挾書之禁，則片紙隻字不許携帶入場。

考籃

明清時代童生、生員參加考試時用以盛筆墨、食物的提籃。入場時須經搜檢，不許携帶片紙隻字。爲防作弊，清代曾規定須用格眼竹柳考籃。《儒林外史》第四十二回寫湯由、湯實到南京參加鄉試，"便催尤鬍子去買兩頂新方巾，考籃、銅銚、號頂、門簾……每樣兩件"。

五色筆

明清鄉試、會試時，爲防止作弊，考生考官等要用不同顏色的筆，以明責任。考生用墨筆寫卷，稱墨卷。墨卷繼用朱筆謄寫成"硃卷"送考官評閱，故正副主考批卷亦用墨筆。同考官、內收掌及書吏用藍筆。乾隆三十六年（1771），因皇太后萬壽恩科改爲紫筆，乾隆四十三年（1778）復用藍筆。對讀生用黃筆。應試者墨卷由謄錄生謄寫成硃卷後，再交對讀生核對。發現有誤，以赭黃筆改正。對讀官於硃卷內有改動處亦用此筆。知貢舉、監臨、內外監試、提調、受卷、封彌及外收掌等官員皆用紫筆。總謂之"五色筆"。參閱《明史·選舉志二》《清史稿·選舉志三》。

試卷

亦稱"試紙""考卷"。科舉考試應試者用作答案或已作答之紙張。其紙有規定式樣，由長官加印，當面發給。考畢，試卷由內臣收之，交編排官去其卷首鄉貫狀，別編字型大小，付封彌官謄寫校勘，用御書院印付考官定等畢，復封彌送覆考官再定等。其制其名，至今沿襲。《舊唐書·苗晉卿傳》："玄宗大集登科人，御花萼樓親試，登第者十無一二；而奭（張奭）手持試紙，竟日不下一字，時謂之'曳白'。"五代王定保《唐摭言·防慎不至》："〔房珝〕先是名第定矣，無何寫錄之際，仰泥落，擊翻硯瓦，污試紙……珝既臨曙，更請叩副試，主司不諾，遂罷。"宋王明清《揮麈後錄》卷一一："李孝廣，崇寧間爲成都漕，以點檢邛州士人費乂、韋直方私試，試卷詞理謗訕……孝廣遷官。"《宋史·選舉志一》："試紙，長官印署，面給之。試中格者，第其甲乙，具所試經義，朱書通否，監官試官署名其下……試卷內臣收之，付編排官去其卷首鄉官狀，別以字型大小第之，付封彌官謄寫校勘，用御書院印付考官定等畢，復封彌付送覆考官再定等。"明郎英《七修類稿·奇謔·五更啼》："當時雖廷辯，然皆爲翰林諱，而卒不得白；但考卷命別取之，故此科至三月方得揭曉。"清陳康祺《郎潛紀聞》卷一二："十一年甲午，禮部參奏順天主考編修吳縣范周、編修江夏吳正治，評閱試卷，止有姓名，全無次第。"

【試紙】

即試卷。此稱唐代已行用。見該文。

【考卷】

即試卷。此稱明代已行用。見該文。

墨卷

科舉鄉、會試士子入場考試作文之卷。規

定一律用墨筆繕寫，故稱爲墨卷，交卷之後試卷需糊名易書。此制始於宋真宗景德四年（1007）陳彭年所訂考試條式。明清規定：應試者用墨筆寫卷，并在内頁填寫姓名、形貌、籍貫及曾祖、祖、父三代名諱等。爲防考官辨識士子筆迹之弊，墨卷送謄録所，由書手用硃照謄一過，編號後再分送考官閲評，稱爲硃卷。放榜之日，按中式硃卷紅號，吊取墨卷，拆封填寫榜名。另明清時謄録中式士子所作之文，亦稱爲"墨卷"。《明史·選舉志》："考試者用墨，謂之墨卷。謄録者用硃，謂之硃卷。"參見本卷《人才擇取説·科舉制度考》"硃卷""謄録院"文。參閲清顧炎武《日知録·程文》。

硃卷

科舉鄉、會試中，應試者用墨筆書寫試卷，爲防考官辨識筆迹，墨卷需經書手用砂筆謄録一過，衹編號，不標姓名，再送考官評閲，謂之"硃卷"。此制始於宋真宗景德四年（1007），沿用至清末始廢。《元史·選舉志一》："謄録所承受試卷，並用朱書謄録正文。"明顧起元《客座贅語·鼠拖卷》："嘉靖庚子科，第八十三名舉人顏芳，其硃卷已爲房考抹擲案下矣。倏而又在案上，再擲去。已又復褁於所取卷中。"《明史·選舉志二》："考試者用墨，謂之墨卷。謄録者用硃，謂之硃卷。"《清會典事例·禮部·解卷》："順治二年定，鄉試填榜拆號之日，將硃墨卷並黏。硃卷大書姓名，墨卷大書名數。"又，新科舉人、進士自刊其中式詩文，以分送親友，也稱鄉、會試硃卷。意即經主考所閲取中者，實則爲墨印，而非硃印。此舉明代已有，清代則廣行之。此類硃卷除刊刻中式詩文外，并登録本族譜系、受業、受知師姓名，以及同

考、主考或總裁的官階姓名、薦批、取批的批語等。《儒林外史》第二回："老先生的硃卷，是晚生熟讀過的，後面兩段文章，尤其精妙。"《兒女英雄傳》第一回："從次日起，便去拜房師，拜座師，認前輩，會同年，會同門，公請老師，赴老師請，刻齒録，刻硃卷。"參見本卷《人才擇取説·科舉制度考》"謄録院"文。

省卷

亦稱"公卷"。唐五代應進士試的舉子在考試前按規定向禮部交納的詩文卷，具有預試性質。禮部屬尚書省，禮部試謂之省試，故稱。五代竇儀《條陳貢舉事例奏》："其進士請今後省卷限納五卷已上，於中須有詩、賦、論各一卷，餘外雜文歌篇並許同納，衹不得有神道碑、誌文之類。"《宋史·選舉志一》："初貢士踵唐制，猶用公卷，然多假他人文字，或傭人書之。景德中嘗限舉人於試紙前親書家狀如公卷，及後所試書體不同，并駁放，其假手文字，辨之得實，即斥去，永不得赴舉。賈昌朝言：'自唐以來，禮部采名譽，觀素學，故預投公卷；今有封彌、謄録法，一切考諸試篇，則公卷可罷。'自是不復有公卷。"宋計有功《唐詩紀事·沈彬》："洪州解至長安，初舉，納省卷《夢仙謡》云：'玉殿大開從客入，金桃爛熟没人偷。'"宋錢易《南部新書》甲卷："〔唐〕李景讓典貢年，有李復言者，納省卷，有《纂異》一部十卷。榜出曰：'事非經濟，動涉虚妄，其所納仰貢院驅使官却還。'復言因此罷舉。"

【公卷】

即省卷。此稱唐代已行用。見該文。

秋卷

唐代士人爲請求薦送獲得舉子資格，在秋

季禮部試前向名公貴士呈納的詩文卷冊。唐李綽《秦中歲時記》:"進士下第,當年七月復獻新文求拔解,故曰'槐花黃,舉子忙'。"唐張籍《贈賈島》詩:"寒驢放飽騎將出,秋卷裝成寄與誰!"唐韋絢《劉賓客嘉話錄》:"牛丞相奇章公初爲詩,務奇特之語,至有'地瘦草叢短'之句。明年秋卷成,呈之,乃有'求人氣色淚,憑酒意乃神',益加能矣。明年乃上第。"

行卷 [1]

唐代應進士試的舉子事先把自己的詩文寫成卷軸,向名公巨卿呈獻,請其向有司(即主持考試的官員)推薦,稱爲行卷。此舉唐代視爲正常措施,認定士子優秀詩文之推薦,可向有司提供試卷之外的資訊或依據,頗便發現人材。柳宗元之《送韋士秀才下第求益友序》,可藉以略見當時情狀:"所謂先聲後實者,豈惟兵用之,雖士亦然。若今由州郡抵有司求進士者,歲數百人,咸多爲文辭,道今語古,角誇麗,務富厚。有司一朝而受數千萬言,讀不能十一,即僵仰疲耗,目眩而不欲視,心廢而不欲營,如此而曰'吾不能遺士'者,僞也。惟聲先焉者,讀至其文辭,心目必專,以故少不勝。"唐李商隱《與陶進士書》:"除凶書及人憑情作牋啓銘表之外,不復作文。文尚不復作,況復能學人行卷耶?"《全唐詩話》卷三:"〔李〕播以郎中典蘄州,有李生攜詩謁之。播曰:'此吾未第時行卷也。'李曰:'頃於京師書肆百錢得此,游江淮間二十餘年。欲幸見惠。'播遂與之,因問何往,曰:'江陵謁表丈盧尚書。'"宋程大昌《演繁露·唐人行卷》:"唐人舉進士必行卷者,爲緘軸,錄其所著文以獻主司也。其式見李義山集《新唐序》,曰:治紙工率一幅以墨爲邊準,用十六行式,率一行不過十一字(原注:此式至本朝不用)。"另,明清時書坊選刻舉人中式之作,以供人揣摩仿效,也稱行卷或行書。參見本卷《人才擇取說·科舉制度考》"行卷 [2]"文。

北卷

明代會試北方地區的試卷。明初會試取士,不分南北。後因南方士人中進士者偏多,爲照顧北方士人,改爲分地而取。《明史·選舉志二》:"洪熙元年(1425),仁宗命楊士奇等定取士之額,南人十六,北人十四。宣德、正統間,分爲南、北、中卷,以百人爲率,則南取五十五名,北取三十五名,中取十名。"南卷:應天及蘇、松諸府,浙江、江西、福建、湖廣、廣東;北卷:順天、山東、山西、河南、陝西;中卷:四川、廣西、雲南、貴州及鳳陽、盧州二府,滁、徐、和三州。清顧炎武《日知錄·北卷》:"今制科場分南卷、中卷、北卷,此調停之術,而非造就之方。"

南卷

明代會試南方地區的試卷。詳見"北卷"文。

中卷

明代會試四川、廣西、雲南、貴州等地區的試卷。詳見"北卷"文。

房書

明清時期八股文選本。爲十八房進士之作。清阮葵生《茶餘客話》卷六:"坊刻時文始於隆(慶)、萬(曆)間,房書始于李衷一,十八房之刻,自萬曆壬辰《鈎玄錄》始。"《儒林外史》第二〇回:"考卷、墨卷、房書、行書、名家的稿子……共是九十五本。"清孔尚任《桃花扇·逮社》:"那廊柱上貼着新選封面……這左邊一行小字，是‘壬午、癸未房墨合刊’。”

社稿

明代八股文選本。爲書院、文社諸生會課之作。如張溥、周鍾選刻之《復社國表》，夏允彝、陳子龍選刻之《幾社會七集》。清顧炎武《日知録·十八房》：“曰社稿，則諸生會課之作。”清代不許結社，故無社稿。

程墨

亦稱“墨程”。明代八股文選本。爲鄉試、會試主考、房考官擬作，及檢擇中式士子之作。清查慎行《人海記·選歷科程墨》：“選歷科程墨，自萬曆庚辰錢塘人錢穀□豐寰始。”《儒林外史》第一一回：“歷科程墨，各省宗師考卷，肚裏記得三千餘篇。”又第一三回：“本坊敦請處州爲純上先生精選三科鄉會墨程，凡有同門録及硃卷賜顧者，幸認嘉興府大街文海樓書坊不誤。”

【墨程】

即程墨。此稱清代已行用。見該文。

行卷[2]

亦稱“行書”。寫作文書，明清時期八股文選本。爲舉人之作。明隆慶五年（1571）辛未，張居正主會試，欲去繁蕪以歸雅正，首拔鄧以讚、黃洪憲，刊其行卷程式於天下。清李調元《制義科瑣記·酒芝》：“〔李太虛〕以典試覆命過吳門……是時梅村（吳梅村）亦登賢書，因購吳行卷，携以北上，爲延譽京師。”《儒林外史》第二〇回：“考卷、墨卷、房書、行書、名家的稿子……共是九十五本。”清紀昀選《房行書精華》，即房稿與行卷之精選本。

【行書】

即行卷[2]。此稱清代已行用。見該文。

程文[1]

科舉時代按規定程式所作的文章。通常指應試者所作之文，也指頒發的範文或士子之習作。宋以後一般以所取中之士應試之佳作爲程文。經常加以編輯、刊刻，用以作爲後來的應試者答卷的程式。始於五代，達於清。宋蘇轍《歐陽文忠公神道碑》：“及公考試禮部，亡兄子瞻以進士試稠人中，公與梅聖俞得其程文，以爲異文。”《宋史·選舉志二》：“舉人程文，許通用古今諸儒之説，及出己意，文理優長爲合格。”有時由學士院或考官擬作程文頒發，用以示範。《金史·選舉志一》：“〔章宗承安五年〕詔考詞賦官各作程文一道，亦爲舉人之式，試後赴省藏之。”又，明自洪武二十一年（1388）起刊刻試録進呈，亦稱程文。正統、景泰以前皆中式士子場内原作之文，後則多爲考官代作。《神宗實録》：“〔萬曆十四年〕正月，禮部議試録程文宜照鄉試例刪原卷，不宜盡掩初意。從之。”清顧炎武《日知録·程文》：“至本朝（明）先亦用士子程文燒録，後多主司所作，遂又分士子所作之文別謂之墨卷。”參見本卷《人才擇取説·科舉制度考》“試録”“墨卷”文。

試録

亦稱“程文”。明清科舉鄉試、會試後，將中式者姓名、籍貫、名次及優秀詩文，刊刻進呈并頒行，名曰試録。唐宋也有類似試録的刊刻，但不收程文。明李詡《戒庵老人漫筆·試録原始》：“國家科場揭曉後，有試録頒行天下，其制始於唐宋，唐稱進士登科記，宋稱進士小録，其實一也。”清翟灝《通俗編·仕進·試録》引明黃佐《翰林記》：“洪武甲子鄉試、乙丑會試，初爲小録，惟刻董事之官、試士之題及中選者之名第、籍貫、經書而已，未録士子之文爲程式也。次科戊辰，始録程文，自是以爲定式。"《清會典事例·禮部·貢舉·榜録》："又定揭榜以後，刊刻試録。登科録，皇太后、皇帝、皇后前各進呈一本。"參見本卷《人才擇取説·科舉制度考》"闈墨"文。

【程文】[2]

即試録。此稱明代已行用。見該文。

闈墨

明清科舉鄉試、會試後考官挑選中式試卷之佳作刻印成的範文集。因考場稱闈，考生簽卷用墨，取貢院棘闈墨寫原卷之意。源於宋代會試的題名録。明代由翰林官會同禮部選録，進呈朝廷裁定頒行，亦常由坊間刊行，多由有學問、善鑒賞的學者合各省記録之文加以精選，并加圈點與眉批評析，稱爲某科考試闈墨。專供應試者練習揣摩之用。至清大盛，乾隆以後，多由鄉、會試主考官選擇中式内各題之佳文佳詩，前列者多選，其餘不拘名次擇刊，故每種之鄉、會試闈墨層出不窮。清廷對私家書坊刊刻闈墨時禁時准，但由於考試需要，民間一直甚爲流行。清蒲松齡《聊齋志異·陸判》："未幾，科試冠軍，秋闈果中魁元。同社生素揶揄之；及見闈墨，相視而驚。"

考場考期

舉場

省稱"場"。亦稱"詞場""文場""名場"。泛指科舉考試場所。初多指進士試考場。唐李肇《國史補》卷下："進士爲時所尚久矣……其都會謂之舉場。"又："熊執易通於《易》理……執易端坐剖析，傾動場中，乃一舉而捷。"唐歐陽詹《送洪儒卿赴鄉舉序》："三折肱爲良醫。予五升詞場，四遭掎摭，是以竊知乎文。"唐白居易《醉後走筆酬劉五主簿》詩："齊人文場同苦戰，五人十載九登科。"唐劉駕《送友人擢第東歸》詩："携手踐名場，正遇公道開。君榮我雖黜，感恩同所懷。"

【場】

"舉場"之省稱。此稱唐代已行用。見該文。

【詞場】

即舉場。此稱唐代已行用。見該文。

【文場】

即舉場。此稱唐代已行用。見該文。

【名場】

即舉場。此稱唐代已行用。見該文。

【科場】

即舉場。此稱宋代已行用。宋范仲淹《與韓魏公書》："承寵示科場文字中瑕痛，不勝降服，大是大是，非公精識，取笑天下。"宋歐陽修《歸田録》卷一："孫何與李庶幾同在科場，皆有時名。"又《與曾舍人書》："今歲科場，偶滯遲舉，畜德養志，愈期遠到，此鄙劣之望也。"《宋史·選舉志一》："〔太宗〕謂侍臣曰：'朕欲博求俊彦於科場中，非敢望拔十得五，止得一二，亦可爲致治之具矣。'"明陳汝元《金蓮記·郊遇》："舉子進科場，全無字半行，燭已將相盡，問君忙不忙？"

【試場】

即舉場。亦稱"試院""考場"。《宋史·選舉志三》："初，凡試法科者，皆取撰成見義挾入試場。理宗淳祐三年，令刑部措置關防。"又《選舉志三》："州郡試院繼燭達旦，或至次日辰巳，猶未出院。"《元史·選舉志一》："舉人於試場内，毋得喧譁。"《清平山堂話本·李元吳江救朱蛇》："來朝吾入試院，你有何見識教我？"《花月痕》第八回："閣分三層，上層左臨試院，萬片魚鱗，右接東城，一行雉堞。"《鏡花緣》第六五回："禮部又奏一本道：'前日臣部考場有淑女花再芳、畢全貞、閔蘭蓀三名，俱因污卷貼出。'"

【試院】[1]

即試場。此稱宋代已行用。見該文。

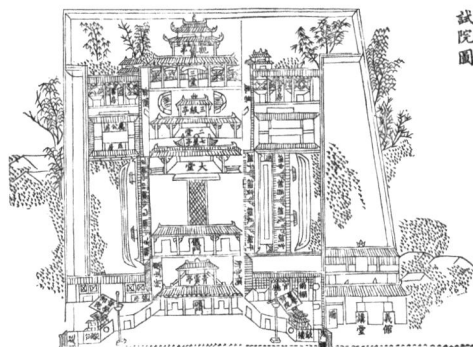

試院
（清光緒《吉安府志》）

【考場】

即試場。此稱清代已行用。見該文。

【選場】

即舉場。元關漢卿《竇娥冤·楔子》："況如今春榜動，選場開，正待上朝取應，又苦盤纏缺少。"明謝晋《送舉人陳永言會試》詩："歲晚促行裝，來春赴選場。"

場屋

原指貢院。後泛指科舉考試的場所、屋舍。此稱唐代已行用。《資治通鑑·唐武宗會昌六年》："〔李〕景莊老於場屋，每被黜，母輒撻景讓。"胡三省注："唐人謂貢院爲場屋，至今猶然。"宋夏竦《李德裕非進士論》："朝廷闢場屋，詔宗伯，以方圓曲直而取，名材大儒，比比而有。"宋歐陽修《送徐生之澠池》詩："名高場屋已得雋，世有龍門今復登。"《宋史·陳彭年傳》："太平興國中舉進士，在場屋間頗有雋名。"清蒲松齡《聊齋志異·顏氏》："閨中人，身不到場屋，便以功名富貴似汝厨下汲水炊白粥。"

龍門

科舉考試場所。原指黄河龍門，在今山西河津與陝西韓城之間。舊時傳説鯉魚躍過龍門，即變龍升天而去。後因以"龍門"喻指科舉考場，稱科舉登第爲"登龍門"或"登龍"。《後漢書·李膺傳》："膺獨持風裁，以聲名自高。士有被其容接者，名爲登龍門。"李賢注引《三秦記》曰："河津一名龍門，水險不通，魚鱉之屬莫能上，江海大魚薄集龍門下數千，不得上，上則爲龍。"唐封演《封氏聞見録·貢舉》："故當代以進士登科爲登龍門，解褐多拜清緊，十數年間，擬迹廟堂。"唐袁皓《及第後作》詩："昇平時節逢公道，不覺龍門是嶮津。"又，明清貢院的第三道門稱爲龍門，過龍門即進入考棚。《歧路燈》第一〇二回："進了龍門，認了號，徑分東西，照號而入。"

御闈

亦作"御圍"。泛指殿試之場所。歷代殿試皆在宮廷之内進行。如唐代常在洛陽殿、宣政殿、勤政樓前，宋代、明代、清代分別在集英殿、奉天殿、太和殿等處。元耶律楚材《贈高善長一百韻序》："高善長本書生也，屢入御闈而不捷，乃翻然醫隱。"闈，一本作"圍"。參閱《唐會要·貢舉中》《宋史·選舉二》《明會典·科舉·殿試》《大清會典事例·禮部·殿試》。

【御圍】

同"御闈"。此體元代已行用。見該文。

禮闈

亦稱"鎖闈""粉闈""貢闈""棘籬""棘圍""棘闈""省闈"。泛指設於禮部的科舉考試場所，亦指科舉考試。闈，考場。因其屬禮部職掌，故稱。即禮部試所。此制始於唐開元二十四年（736），罷考功員外郎主其事。唐黎逢《貢舉人見於含元殿賦》："國家開文學之科，旁求英彥，爰將貢於禮闈，命先參於秘殿。"宋王禹偁《謫居感事》詩："禮闈冠多士，御試拜丹墀。"自注："八年，予忝春官首薦。"清袁枚《隨園隨筆·禮闈》："開元七年，考功員外郎李昂爲舉人詆呵，帝以員外郎望輕，乃移貢舉於禮部，以侍郎主之，禮部選士自此始。"按："開元七年"說不確，唐李肇《國史補》卷下、《文獻通考·選舉二》皆作"開元二十四年"。因向皇帝舉薦，故亦稱"貢闈"。《舊唐書·王凝傳》："〔王〕凝性堅正，貢闈取士，拔其寒俊，而權貴請托不行，爲其所怒，出爲商州刺史。"五代王定保《唐摭言·主司撓悶》引唐呂渭詩："獨坐貢闈裏，愁多芳草生。"宋黃裳《送袁連判赴荊湖》詩："仕路莫警離合易，貢闈猶想笑言同。"因唐代進士試時坐於貢院兩側粉廊之下，故又稱"粉闈"。唐趙儋《李奕登科記序》："彈冠憲府，起草粉闈。"爲防舞弊，考場鎖門，故亦稱"鎖闈"。唐李洞《送郤先輩歸觀華陰》詩："休停硯筆吟荒廟，永別燈籠赴鎖闈。"明沈德符《野獲編·科場·闈試》："士人自鎖闈敫廷之外，其試事最重者，無如吏部之考選科道。"按：敫廷謂殿試。清趙翼《秋闈分校雜咏·填榜》："堂吏聲高唱拆封，關防加密鎖闈重。"爲防舞弊，考場圍以叢棘，故又稱"棘籬""棘圍""棘闈"。唐韋承貽《策試夜潛記長句於都堂》詩："蓬巷幾時聞吉語，棘籬何日免重來。"《通典·選舉三》："禮部閱試之日，皆嚴設兵衛，薦棘圍之，搜索衣服，譏訶出入，以防假濫焉。"《新唐書·舒元輿傳》："元和中，舉進士，見有司鉤校苟切……吏一倡名乃得入，列棘圍，席坐廡下，因上書言：'古貢士未有輕於此者……羅棘遮截疑其姦，又非所以求忠直也。'"宋黃庭堅《博士王揚休碾密雲龍同事十三人飲之戲作》詩："棘圍深鎖武成宮，談天進士雕虛空。"宋黃公度《庚午秋廣化寺觀進士入試》詩："棘闈曉闢萬袍趨，鄒魯雖微人所都。"宋洪邁《夷堅甲志·胡克己夢》："吾夢棘闈晨啓，它人未暇進，獨先入坐堂上，今茲必首選。"元王實甫《西廂記》第一本第一折："將棘圍守暖，把鐵硯磨穿。"明汪廷訥《種玉記·登雋》："昨日里對策棘闈，今日里策名天府。"因禮部屬尚書省，故又稱"省闈"。宋曾鞏《隆平集》卷一三："〔孫何與丁謂〕淳化三年舉進士，殿試及省闈俱爲第一。"金董解元《西廂記諸宮調》卷六："今蒙文調，將赴省闈。"省闈，一作"選闈"。參閱《新唐書·選舉志上》《文獻通考·選舉二》。

【鎖闈】

即禮闈。此稱唐代始行用。見該文。

【粉闈】

即禮闈。此稱唐代已行用。見該文。

【貢闈】

即禮闈。此稱唐代已行用。見該文。

【棘籬】[1]

即禮闈。此稱唐代已行用。見該文。

【棘圍】

即禮闈。此稱唐代已行用。見該文。

【棘闈】

即禮闈。禮闈的外牆圍以荆棘，故稱。此稱宋代已行用。見該文。

【省闈】

即禮闈。此稱宋代已行用。見該文。

貢院

亦稱"試院"。設於禮部的考試場所。始於唐，後歷代因之。唐李肇《國史補》卷下："開元二十四年，〔吏部〕考功郎中李昂，爲士子所輕詆。天子以郎署權輕，移職禮部，始置貢院。"宋程大昌《雍録·職官·禮部南院》："禮

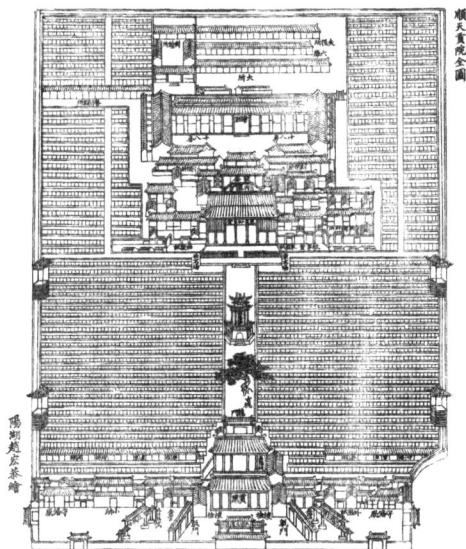

貢院（順天貢院）
（清光緒《順天府志》）

部既附尚書省矣，省前一坊別有禮部南院者，即貢院也。《長安志》曰'四方貢舉所會'，其説是也。"《明史·選舉志二》："試士之所，謂之貢院。"清孫承澤《春明夢餘録》："唐人知貢舉詩有云：'梧桐葉落井亭陰，鎖閉朱門試院深。'"明清兩代貢院爲鄉試、會試之所。通常建立於城内東南方。大門正中懸"貢院"匾，大門内有龍門，再進爲至公堂。龍門、至公堂之間有明遠樓。至公堂之東南側爲外簾，至公堂後進有門，入門爲内簾。貢院兩旁建號舍，以供應試者居住。北京及大省凡萬餘間，小省則數千間。以數十間至百間爲一列，形如長巷，每巷用《千字文》編列號數。應試者入内即封號柵，俟交卷日方開。

【試院】[2]

即貢院。此稱清代已行用。見該文。

【東堂】

即貢院。原爲晋之東殿，君主常於此殿策士。郤詵於此殿應賢良對策得第，後因稱貢院爲東堂。《晋書·郤詵傳》："累遷雍州刺史。武帝於東堂會送，問詵曰：'卿自以爲何如？'詵對曰：'臣舉賢良對策，爲天下第一，猶桂林之一枝，崑山之片玉。'"一説指唐禮部南院的東牆。唐徐夤《放榜日》詩："喧喧車馬欲朝天，人探東堂榜已懸。"唐張氏《寄夫》詩："聞君折得東堂桂，折罷那能不暫歸？"五代王定保《唐摭言·雜記》："進士舊例於都省考試，南院放榜，張榜牆乃南院東牆也。"

【棘院】

即貢院。唐、五代試士以棘圍貢院，以防弊端，故稱。《舊五代史·周書·和凝傳》："貢院舊例，放牓之日，設棘於門及閉院門，以防

下第不遷者。”元劉詵《中秋留故居兄弟對月分韻得多字》：“棘院功名風雨過，柴門兄弟月偏多。”清趙翼《分校雜咏·封門》：“關鎖中分棘院深，外簾信息總沉沉。”

【鎖院】

即貢院。亦稱“鎖闈”。爲防舞弊，考生入場後即封鎖院門。唐代已有此舉，至宋代規定尤爲具體嚴密。宋吳自牧《夢粱録·士人赴殿試唱名》：“諸路過都舉人排日赴都堂，簾引訖，伺侯擇日殿試。前三日，宣押知制誥、詳定、考試等官赴學士院鎖院，命御策題，然後宣押赴殿。”《續資治通鑑·宋太宗端拱元年》：“舊制，鎖院，給左藏庫十萬，以資費用。”清錢謙益《秀才孫銓妻王氏墓誌銘》：“銓欲以文墨自奮，不就尚寶蔭，又不幸屢困鎖院。”清趙翼《范洽園七十壽》詩：“鎖闈攤毫慳接武，銀瓶索酒未道名。”按：鎖院亦指宋翰林院逢處理機要時，鎖閉院門，以防泄密。事見《宋史·職官志二》。

【鎖闈】

即鎖院。此稱清代已行用。見該文。

別頭場

科舉考試中爲避嫌所特設之考場。鄉試、會試兩級皆然。初始於唐開元二十四年（736），僅爲考官之親朋門生特設，至宋代復增“鎖廳試”之後，“別頭場”則爲避親與命官所共用，後發現命官有托請避親試者代己作僞之弊，紹熙三年（1192），始令分場，於是另有“鎖廳場”。《新唐書·選舉志上》：“〔開元〕二十四年，考功員外郎李昂爲舉人詆訶，帝以員外郎望輕，遂移貢舉於禮部，以侍郎主之，禮部選士自此始……禮部侍郎親故移試考功，謂之‘別頭’。”

《宋史·選舉志二》：“〔光宗〕紹熙元年，仍按射不合格者罷賜帛。舊命官鎖廳及避親舉人同試。三年，始令分場，以革假人試藝者，於是四蜀皆然。”又：“舊制，秋貢春試，皆置別頭場，以待舉人之避親者。自總麻以上親及大功以上婚姻之家，皆牒送。惟臨軒親試，謂之天子門生，雖父母爲考官，亦不避。嘉定元年，始因議臣有請，命朝官有親屬赴廷對者，免差充考校。”熙寧五年（1072），詔立《宗子試法》，又許皇室宗子別試於國子監内，至是國子監内亦有“別頭場”。參閱《文獻通考·選舉四》。

鎖廳場

亦作“鏁廳場”。宋代爲准予“鎖廳試”的命官所特設之考場。一度與國子試場并行，元後廢止。詳見“鎖廳試”文。參閲《宋史·選舉志一》。

【鏁廳場】

同“鎖廳場”。此體宋代已行用。見該文。

至公堂

亦稱“至公樓”。科舉時代試院監察考試之大堂。宋洪皓《松漠紀聞》下：“試闈用四柱，揭綵其上，目曰‘至公樓’，主文登之以觀試。”元宋褧《得周子善書問京師事及賤迹以絶句十首奉答》：“至公堂下魚鱗屋，麗正門前蝸殼居。”自注：“至公堂，今試之所。又稱至公樓。”按：宋氏指稱之“今試”之試當爲監試之“試”。明清貢院至公堂爲監臨、外簾官辦事之地。明阮大鋮《燕子箋·入闈》：“分房監試在至公堂。候老爺吃入簾宴，等久了。”

【至公樓】

即至公堂。此稱宋代已行用。見該文。

明遠樓

明清時貢院内最高之監察樓。在龍門與至公堂之間。居高臨下，全闈内外形勢悉在目中。監臨、臨試、巡察官應時登樓眺望，稽察士子有無私相往來，及執役人等有無代爲傳遞關通之弊。鄉試期間，仲秋外簾場務將畢，監臨各官多於此賞月賦詩。商衍鎏《清代科舉考試述録》第二章："〔江南貢院〕明遠樓下南面懸聯云：'矩令若霜嚴，看多士俯伏低徊，群囂盡息；襟期同月朗，喜此地江山人物，一覽無遺。'相傳爲清康熙時李笠翁寓金陵日所作。"

號房 [2]

亦稱"號舍"。俗稱"號子"。明清鄉試、會試考生應試時住的房間。時貢院内建號舍，用《千字文》順序編列（唯天、玄、帝、皇、數目字及荒、吊等字不用）。每號外墻高八尺，號門高六尺，寬三尺；一字型大小長者近百間，短者五六十間，皆南向成排。順天及大省萬餘間，中小省數千間，形如良巷。巷口門楣墻上大書某字型大小，并置號燈及水缸。每間隔以磚墻，無門。入場後，士子用油布爲簾以防風雨。號舍高六尺，深四尺，寬三尺。舍内磚墻東西，離地尺餘二尺餘之處，砌有兩層承板，稱"號板"。板可抽動，日間坐下層之板，用上層寫字；夜間除上層之板，安入下層，可伸足而卧，是合則爲榻，分則爲桌爲凳，坐卧飲食寫作皆在此。《明史·選舉志二》："試士之所，謂之貢院。諸生席舍，謂之號房。"清陳祖範《別號舍文》："試士之區，圍之以棘，矮屋鱗次，萬間一室，其名曰號舍。"《儒林外史》第二回："進去兩邊號房門，行主人指道：'這是天字型大小了，你自進去看看。'周進一進了號，見兩塊號板擺的齊齊整整，不禁眼睛裏一陣酸酸的，長嘆一聲，一頭撞在號板上，直僵僵不省人事。"按："天字型大小"作爲通俗小説用詞，有悖史實，不足爲據。《糊塗世界》卷一一："我時常聽説號子裏鬧鬼，我第一場就遇到這事，我不可不去看看。"按：明代州郡學舍亦稱"號舍"。

【號舍】

即號房 [2]。此稱清代已行用。見該文。

【號子】

"號房"之俗稱。此稱清代已行用。見該文。

考棚

科舉考場臨時性的棚舍。明清學政定期考試生員，除駐地有固定考場外，其餘各府皆設有考棚，學政分期案臨考試，謂之出棚。鄉試

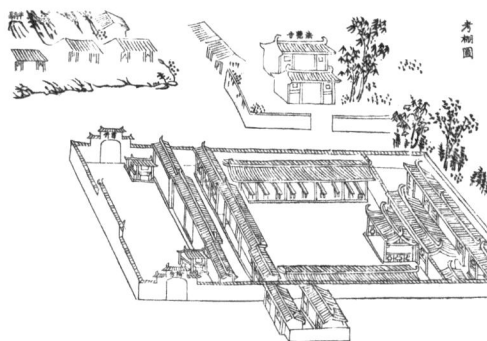

考棚
（清道光《餘干縣志》）

因考生過多，貢院號舍不能容納時，臨時增蓋席棚。《儒林外史》第三二回："鳳陽府的考棚是我家先太爺出錢蓋的，少爺要送一個人去考，誰敢不依？"

號板

指科舉考試時號房中所備案板。考生用以答卷兼睡眠。《儒林外史》第二回："第一篇文

章還不曾做完，自己心裏疑惑，說：'我平日筆下最快，今日如何遲了？' 正想不出來，不覺瞌睡上來，伏着號板打一個盹。"《糊塗世界》卷一一："原來這個人是個花白鬍鬚的老者，卷子已經謄好，放在號板上，點了三枝香，對着他灑淚呢！"

號簾

指號舍中所挂暖簾。近人蘧園《負曝閑談》第一一回："東家那裏借來的小廝，替他鋪好號板，打起號簾，這才回去。"

鄉試

科舉制之地方級考試。唐代已設，在州府進行，考試時間尚無定制，大抵以每歲仲冬舉行。考取者再殿試或御試。參閱《唐六典·尚書禮部》《新唐書·選舉志下》《文獻通考·選舉二》。宋代多於秋季舉行，或偶有於初冬舉行者，至春則舉行殿試或御試。參閱《宋史·選舉志一》《文獻通考·選舉三》。金代科舉分鄉試、府試、省試、御試四級。士子先於諸州分縣赴試，稱"鄉試"，榜首曰"鄉元"，或曰"解元"。考試時間爲三月。章宗明昌元年（1190）廢鄉試。參閱宋洪皓《松漠紀聞續》《金史·選舉志一》。元代於每三年之八月進行，屆時十一個行省，河東、山東二宣慰司與直隸四路并行，中式者可繼行會試，不得入仕。參閱《元史·選舉志一》。明清兩代每三年秋在各省省會舉行。中式者稱"舉人"，即再應會試不第，亦可依科選官。參閱明沈德符《野獲編·科場》、《明會典·禮部·科舉》、《明史·選舉志二》、《欽定禮部則例·生監科舉鄉試》、《清史稿·選舉志三》。

秋試

亦稱"秋闈"。科舉時代爲選拔舉人所進行的地方考試。唐宋時的地方指州府，元明清時主要指省。因於秋季舉行，故稱。唐宋多在秋季，元明清定制，皆在八月。宋文同《中秋夜試院寄子平》詩："人間重此夕，一歲號佳賞。而我督秋試，鑲宿密如藏。"宋方夔《洪平齋有官舍見月三首……奔逸絕塵之作未能》詩："憶昔戰秋闈，不復返隻輪。"清蒲松齡《聊齋志異·陸判》："未幾，科試冠軍，秋闈果中魁元。"在特殊情況下，廷試亦偶於秋季舉行。《宋史·選舉志一》："太平興國三年九月，廷試舉人。故事，惟春放榜，至是秋試，非常例也。"參閱《新唐書·選舉志下》《文獻通考·選舉二》。

【秋闈】

即秋試。此稱宋代已行用。見該文。

院試

亦稱"院考""道考"。清代的鄉試，由各省學政主持，經由府試録取的士子，亦可參加院考。其時學政稱提督學院，故由學政主持的考試，亦稱"院考"；又因舊稱學政爲提學道，故亦沿稱"道考"。凡録取者，即爲生員，薦入府縣學宮，謂入學，受教官的月課，以備會試。參閱《清史稿·選舉志一》《清文獻通考·選舉三》。

【院考】

即院試。此稱清代已行用。見該文。

【道考】

即院試。此稱清代已行用。見該文。

會試

科舉取士之制，會集各省鄉試中舉者於京

城考試。唐宋時已有其事，而無其名。參閲《新唐書·選舉志上》《唐會要·貢舉中·進士》《文獻通考·選舉三》《宋史·選舉志一》。金代科舉取士分鄉試、府試、會試、御試四級。參閲《金史·選舉志一》。至元明清已成定制，分鄉試、會試、殿試三級，會試每三年一次，多在二月舉行。參閲《元史·選舉志一》、《明會典·科舉·會試》、清《欽定禮部則例·舉人起送會試》。

【南宫】

即會試。本爲唐代禮部的別稱。進士科考試由禮部主持，并在禮部南院放榜。唐柳宗元《送苑論登第後歸覲詩序》："二月丙子，有司題甲乙之科，揭於南宫，余與兄又聯登焉。"後因以南宫代指會試。宋王闢之《澠水燕談録·歌咏》：范文正公"既冠，文章過人，一試爲南宫第一人。"明阮大鋮《燕子箋·入闈》："山嶽君恩隆重，主南宫大典，濫及愚蒙。"清蒲松齡《聊齋志異·紉針》："進士報已到閩，又報至東，傳又捷南宫，復入都觀政而返。"

春試

亦稱"春闈""會闈"。唐代之會試多在春夏之間舉行，宋代多在二月，金代則在正月，元明清三代又多在二月舉行，故稱"春試"。參閲《唐會要·貢舉中·進士》、《宋史·選舉志二》、《金史·選舉志一》、《元史·選舉志一》、《明會典·科舉·會試》、清趙翼《陔餘叢考·試期》。唐李頻《送太學吳康仁及第南歸》詩："因爲太學選，志業徹春闈。"唐姚合《別胡逸》詩："記得春闈同席試，逡巡何啻十年餘。"金董解元《西廂記諸宫調》卷一："平日春闈較才藝，策名屢獲科甲。"明李昌祺《剪燈餘話·賈

雲華還魂記》："詎意青錢萬選萬中，會闈揭曉，名次群英，廷試又在甲榜，擢應奉翰林。"《紅樓夢》第一回："且喜明歲正當大比，兄宜作速入都，春闈一捷，方不負兄之所學。"

【春闈】

即春試。此稱唐代已行用。見該文。

【會闈】

即春試。此稱明代已行用。見該文。

【春榜】[1]

即春試。本指春秋張貼於京城的進士榜，後亦藉指春試。此稱宋代已行用。《京本通俗小説·錯斬崔寧》："只因春榜動，選場開，魏生別了妻子，收拾行囊，上京應取。"元鄭光祖《倩女離魂》楔子："如今春榜動，選場開。"

南省

亦稱"省試"。本爲尚書省之別稱。唐中書、門下、尚書三省皆在大内之南，其中尚書省在最南，故稱"南省"。因會試由尚書省主持，故稱"省試"，或徑稱"南省"。唐姚合《寄楊茂卿校書》詩："到京就省試，落籍先有名。"宋陸游《老學庵筆記》卷六："唐人本以尚書省在大明宫之南，故謂之南省。自建炎軍興，蜀土以險遠，許就制置同，類試與省試同，間有願赴行在者亦聽之，蜀士因謂之赴南省，以大駕在東南也，尤非是。"按：元代以後省試則指分省舉行的考試，性質與鄉試同，低於會試。

【省試】

即南省。指元代之前的會試。此稱唐代已行用。見該文。

朝考

高於會試之考試。清代凡禮部主考之新科

進士,引見前例由朝內大臣復考,故稱。考題雍正初爲論、詔、奏議、詩四項,嘉慶二十三年(1818)改以論、疏、詩三項。初,朝考合格再由九卿保舉,優者爲庶吉士,次者分別爲主事、中書、知縣等,後廢保舉,改爲依省分甲第引見。此制始於雍正元年(1723)癸卯科試,嘉慶二十二年之後漸寬,少有不入選者。《清史稿 · 選舉志三》:"〔雍正〕五年,詔內閣會議簡選庶常之法,尋議照雍正癸卯科例,殿試後,集諸進士保和殿考試,仍令九卿確行保養。考試用論、詔、奏議、詩四題,是爲朝考之始。"《清文獻通考 · 選舉三》:"〔雍正五年諭〕其考試擬用論、詔、奏、議、詩五題(按:"奏議"分之爲二,當誤。《清史稿》與《清續文獻通考》可證)……屆期欽定大臣閱卷進呈。其進士內有彼此熟悉,素爲眾所推服者,亦令共同舉出,伏候親加選定。從之。"《清續文獻通考 · 選舉二》:"〔嘉慶二十二年諭〕向來新進士朝考,以論、詔、疏(按:即奏議)、詩四項命題,其詔題多係擬古……嗣後新進士朝考,着裁去詔一道,以論、疏、詩三項命題,着爲令。"清平步青《霞外攟屑 · 掌故 · 沈筠錢金甫》:"以雍正癸卯科,新進士引見前,先行考試,是爲朝考之始。"注:"在保和殿考《四書》文一,《詩》一。大將軍年羹堯閱卷,又命九卿保舉。"按:"雍正癸卯",清阮葵生《茶餘客話》卷二作"雍正甲辰"。《欽定禮部則例 · 宗室人員科舉鄉會試》:"宗室殿試、朝考,與八旗各省新貢士同日應試。坐次及引見排班,均列在新貢士之前。"

殿試

最高級別的科舉考試。因會試後,或制科選士,皇帝親臨殿廷策試中式者,故稱。西漢時各地舉薦賢良文學之士,皇帝親加策詔,後世之殿試源於此。唐天授二年(691),武則天於洛陽殿親策中式者,此爲科舉殿試之始,但未成定制。宋開寶五年(972),禮部試進士諸科三十八人,太祖召對講武殿,得進士二十二人,皆賜及第,同時又有"進士出身"之授。自此會試之後行殿試,遂成定制。太平興國八年(983),復將殿試後之進士分爲五甲:一甲賜進士及第并文林郎,二甲賜進士及第并從事郎,三、四甲賜進士出身,五甲賜同進士出身。元無殿試,省試之後,再試於翰林院國史館即止。明清兩代,將殿試後之進士分爲三甲:一甲三名,賜進士及第,依次稱狀元、榜眼、探花;二甲若干名,賜進士出身,第一名通稱傳臚;三甲賜同進士出身。前已述及,殿試祇考策問,殿試評卷,主要看對策內容、書法與文筆。參閱《通典 · 選舉三》、《文獻通考 · 選舉三》、清趙翼《陔餘叢考 · 殿試》。

【廷試】

即殿試。宋陸游《老學庵筆記》卷九:"天聖初,宋元憲公在場屋日夢魁天下故事……紹興初,張子韶亦夢魁天下,比省試,類榜坐位圖出其第一人,則張九成也,公殊快快。及廷試,唱名亦冠多士,與元憲事正同。"《宋史 · 選舉志一》:"凡廷試,帝親閱卷累日,宰相屢請宜歸有司,始詔歲命官知舉。"《明史 · 選舉志二》:"以舉人試之京師,曰會試。中式者,天子親策於廷,曰廷試,亦曰殿試。"

【御試】

即殿試。指皇帝於殿廷內親試會試貢舉之士。宋龔鼎臣《東原錄》:"時〔黃〕庠以疾不能就御試，既愈，陳述於貢院。"《宋史·選舉志一》："〔元祐〕八年，中書請御試復用祖宗法，試詩、賦、論策三題……於是詔來年御試習詩賦，人復試三題。"清王士禛《池北偶談·談藝四·旂音》："康熙己未，御試博學鴻儒，施愚山侍講卷閣擬一等，上親閱定名。"

御簾

本指禁苑中所用窗簾或門簾。唐顧況《樂府》詩："雲隨天仗轉，風入御簾輕。"後藉指殿試。《金史·選舉志二》："章宗大定二十九年，敕今後凡五次御簾進士，可一試而不黜落，止以文字高下定其次，謂之恩榜。"

考校防範

房

科舉考試時分房閱卷的辦公處或同考官之泛稱。始於宋，達於清。《宋史·選舉志二》："〔理宗紹定〕二年，臣僚言考官之弊：詞賦命題不明，致士子上請煩亂；經義不分房別考，致士子多悖經旨。遂飭考官明示詞賦題意，各房分經考校。"明清鄉、會試於主考官外，均設若干同考官，先分房閱卷，選優薦送主考官裁定。同考官亦稱房官。中式舉人、進士尊稱本房閱卷的同考官爲房師。

十八房

科舉考試時分房閱卷的辦公處或同考官之總稱。各房分經考校，始於宋理宗紹定二年（1229），房數不詳。明代分房，或十五，或十七，或二十不等，萬曆十四年（1586）爲分十八房之始，明末即概稱"十八房"。清顧炎武《日知錄·十八房》："今制會試用考試官二員總裁，同考試官十八員分閱五經，謂之十八房。"清康熙後會試與順天鄉試均設十八房，其後并由按經分房改爲按試卷數量分房。清趙翼《陔餘叢考·十八房》："本朝酌定中制，《易》《詩》各五房，《書》四房，《春秋》《禮記》各二房，共十八房，相沿已久。近日以同考官以經分房，有關節者易於按經尋索，特旨不復分經，但以一二爲次，仍用十八人。此不唯可以防弊，且……各房所閱卷多寡適均，可從容校閱，不至苟簡矣。"

簾

科舉制度，考試時爲防中通作弊，設簾以隔內外。唐代已有設簾之舉，嚴密於宋代，至明代又專設內簾官、外簾官各司其職。《宋史·選舉志一》："知貢舉宋白等定貢院故事：先期三日，進七具都榜引試，借御史臺驅使官一人監門，都堂簾外置案，設銀香爐，唱名給印試紙。"又《選舉志二》："又命省試簾外官同姓異姓親若門客，亦依簾內官避親法，牒送別院。"清翟灝《通俗編·仕進·簾》："唐王建《宮詞》：'天子下簾親考試，宮人手裏過茶湯。'《摭言》云'劉虛白於簾前獻裴坦詩'。考試用簾，不特見於宋矣。"明清均有簾內官、簾外官之分。商衍鎏《清代科舉考試述錄》第二章："主考於貢院至公堂下轎，入室更衣，至公堂後進有門，是爲內簾，監臨率司道送主考入，所有內簾各官及內簾執事雜役一同隨入。監臨封門隔以簾，貢院體制稱內簾外簾者以此。主考、房官、內提調、內監試、內收掌爲內簾官；監臨、外提調、外監試、外收掌、受卷、彌封、謄錄、對讀等官爲外簾官。内外簾官不相往來，有公事則在内簾門問答授受。每日由供給官送進膳食柴炭……雜役人等皆發腰牌，以資檢查，放榜始行開放。"《儒林外史》第六回："今歲湯父母不曾入簾？"意即未充任鄉試同考官。

受卷所

科舉考試時爲防舞弊所設保密院所之一。其職在受納試卷，立簿登記，以備查稽，并將試卷封固密送封彌所。設受卷官掌其事。此制始於明洪武十七年（1384），沿襲至清末廢止。《明會典·科舉·鄉試》："洪武十七年定……受卷所：置立文簿，凡遇舉人投卷，就於卷上附名交納，以憑稽數，毋得遺失……舉人試卷用墨筆，謄錄、對讀、受卷用紅筆，考試官用青筆。其用墨筆處，不許用紅，用紅處不用墨，毋致混同。"又《會試》："景泰元年，令會試受卷、封彌、謄錄、對讀等官，於吏部聽選官取用。"《大清欽定禮部則例·鄉會試場規》："受卷所受卷，每十卷用紙固封，送封彌所。受卷官不得將試卷與提調等官先行翻閱……如受卷官有指示更正等弊，監臨、知貢舉、監試即行指參。"

封印院

亦稱"封彌所"。科舉考試時爲防舞弊所設的保密院所之一。其職在糊封鈐印試卷，設有封彌官掌其事。答卷畢，若逢暮夜，封彌官親將試卷封鎖於卷匵内，待士子盡退場啓封。平時則由内臣收管，付編排官，去其卷首鄉貫狀，別以字型大小差第。爾後皆交由封印院糊姓名，交謄錄院謄寫校勘，再加蓋御書院印，付考官定等畢，復封彌送覆考所再定等。唐武后時始

有糊名暗考之法，至宋真宗咸平三年（1000）已有封印院，後歷代沿襲，至清末終廢。《宋史·選舉志一》："凡試卷，封印院糊名送知舉官考定高下，復令封之送覆考所，考畢然後參校得失，不合格者，須至覆場方落。"又："試卷，内臣收之，付編排官，去其卷首鄉貫狀，別以字型大小第之，付封彌官謄寫校勘，用御書院印，付考官定等畢，復封彌送覆考官再定等。"《元史·選舉志一》："凡就試之日，日未出入場，黃昏納卷。受卷官送封彌所，撰字型大小，封彌訖，送謄錄所。"《大清欽定禮部則例·鄉會試場規》："封彌所封彌糊名。會試分別旗分、省分，鄉試分別官名等卷……墨卷必與朱卷相對，頭場必與二三場相對，卷號必與簿號相對，不得用模糊舊印及不全字型大小，該所官親自鈐印。"參閱宋高承《事物紀原·學校貢舉·封彌》。

【封彌所】

即封印院。此稱元代已行用。見該文。

謄錄院

亦稱"謄錄所"。科舉考試時爲防舞弊所設的保密院所之一。其職在謄錄考生手書之試卷，由集書吏及内侍二人掌其事。古代科舉取士，爲防考官辨認考生手迹而作弊，特設此院重新謄錄，錄畢再交考官評定。此前試卷必須由封印官加印封進，後由集書吏等人謄錄，内侍二人監督，詔進士及第一人指導，令金吾司給七人以警衛。宋真宗景德四年（1007），陳彭年訂立《考校進士程式》，同年又頒《親試進士條制》時已有謄錄之舉，至大中祥符八年（1015）始置謄錄院，沿襲至清末終廢。《宋史·選舉志一》："〔大中祥符〕八年，始置謄錄院。令封印

官封試卷付之。集書吏録本，監以內侍二人，詔進士第一人，令金吾衛給七人導從，得引兩節著爲令。”按：集書吏爲朝廷命官，至封印院、覆考所則又分之爲封彌官、編排官諸職。《宋史·選舉志二》：“士人暮夜納卷，易於散失，宜令封彌官躬親封鏽卷匱，士人親書幕曆投匱中。俟舉人盡出院，然後啓封，分類抄上，即付謄録所。”《元史·選舉志一》：“謄録所承受試卷，並用朱書謄録正文，實計塗注乙字數（指考生試卷中塗改、填注及倒乙之次數），標寫對讀無差，將朱卷逐旋送考試所。如朱卷有塗注乙字，亦皆標寫字數，謄録官書押。”《大清欽定禮部則例·鄉會試場規》：“謄録所飭謄録各生，將墨卷謄入朱卷，朱必一色，紙必一律。由該所官將舉子試卷親行酌派各書手名下分謄，不得假手吏胥，互相關照。如作字潦草及字句些小錯誤，俱責令重書，重加枷革。其有擅加添改，或截去文字，挪東移西，作奸舞文者，分別究治。”

【謄録所】

即謄録院。此稱元代已行用。見該文。

覆考所

亦稱“考試所”。科舉考試時爲防舞弊所設的審查院所之一。其職在據考官所定等級，再定等級，爾後復查試卷之真偽。待考校合格，中選人數已定，抄録字型大小，索回原卷，請監試官、知貢舉官、同試官對號開拆。合格者舉薦，不合格者黜落。設有覆考官、編排官掌其事。宋真宗咸平三年（1000）已設覆考所，沿用至明代廢止，但別增“對讀所”。《宋史·選舉志一》：“又定令，凡試卷，封印院糊名送知舉官考定高下，復令封之送覆考所，考

畢然後參校得失，不合格者，須至覆場方落。”又：“試卷，內臣收之，付編排官，去其卷首鄉貫狀，別以字型大小第之，付封彌官謄寫校勘，用御書院印，付考官定等畢，復封彌送覆考官再定等。”《元史·選舉志一》：“謄録所承受試卷，並用朱書謄録正文，實計塗注乙字數，標寫對讀無差，將朱卷逐旋送考試所……候考校合格，中選人數已定，抄録字號，索上元卷，請監試官、知貢舉官、同試官，對號開拆。”

【考試所】

即覆考所。此稱元代已行用。見該文。

對讀所

科舉考試時爲防舞弊所設的審查院所之一。職在核實謄録所交轉之紅卷與舉子之墨卷是否相同，是否有訛漏添換。由對讀官掌其事。此制始於明洪武十七年（1384），沿襲至清末廢止。《明會典·科舉·鄉試》：“洪武十七年定……對讀所；一人對紅卷，一人對墨卷，須一字一句用心同對。於後附書：‘某人對讀無差，毋致脫漏。’舉人試卷用墨筆，謄録、對讀、受卷皆用紅筆，考試官用青筆。其用墨筆處，不許用紅，用紅處不用墨，毋致混同。”按：清代對讀官改用赭黃筆改正。又：“謄録、對讀等官，取吏部聽選官，年四十上下、五品至七品、有行止者充之。”又《會試》：“景泰元年，令會試受卷、封彌、謄録、對讀等官，於吏部聽選官取用。”《大清欽定禮部則例·鄉會試場規》：“謄録所飭謄録各生，將墨卷謄入朱卷……謄訖，交對讀所。對讀所飭對讀各生，將朱卷與墨卷校對。有遺錯者，用赭黃筆改正。違式者，仍行查貼。”又：“鄉會試卷，提調嚴飭各所官，於朱卷面頁備載姓名戳記，以備磨勘時查對。如

封彌所錯印卷號、重用號印，或失印條記，謄錄所私自差役送令補印，或謄錄錯誤，對讀所未經對，致令內簾駁出者，各該所官俱分別議處。"

棘籬[2]

唐五代放進士榜時，爲防士子哄鬧，插棘爲籬。五代王定保《唐摭言》卷一五："進士舊例於都省考試，南院放榜，張榜墻乃南院東墻也。別築起一堵，高丈餘，外有壖垣，未辨色，即自北院將榜就南院張挂之。元和六年，爲監生郭東里決破棘籬（原注：籬在垣墻之下，南院正門外亦有之），坼裂文榜，因之後來多以虛榜自省門而出，正榜張亦稍晚。"《新五代史·和凝傳》："是時，進士多浮薄，喜爲喧譁以動主司。主司每放榜，則圍之以棘，閉省門，絶人出入以爲常。"

舞弊懲罰

殿舉

後周至宋代科舉考試中的一種懲罰。即試場中發現文理紕繆或書寫不恭等違規而非作弊行爲時，責令停考若干科，或全部停考。殿，義爲停止。停舉之數，朱書於試卷，送中書門下省。《宋史·選舉志一》："〔乾德元年〕乃約周顯德之制，定諸州貢舉條法及殿罰之式：進士文理紕繆者殿五舉，諸科初場十'不'殿五舉，第二第三場十'不'殿三舉，第一至第七場九'不'並殿一舉。"按："不"通"否"，謂不恭。此處指書寫不恭。乾德年間科舉考試分爲七場，每場科目各有差异，故"殿舉"之多少據科目難易而有區別。第一至第七之"七"，諸本多作"二"，今改正之。又《選舉志二》："今後令牒官各從本職長官具朝典狀保明……冒牒之官，按劾鐫秩；受牒之人，駁放殿舉；保官亦與連坐。"

落下

亦稱"黜落"。隋唐以來科舉考試中的一種懲罰。若放榜後發現泄漏試題，或發現徇私行爲，則將涉嫌登科者除名。另，泄題官員亦受罰俸或降用的懲罰。《唐會要·制科舉》："大中元年二月，吏部宏辭舉人漏泄題目，爲御史臺所劾。侍郎裴稔改國子祭酒。郎中周敬復罰兩月俸料……監察御史馮顓罰一月俸料。其登科十人並落下。"《册府元龜》卷六五一引《梁太祖開平三年五月敕》："禮部所放進士薛鈞，是左司侍郎薛延珪男，方持省轄，固合避嫌。其薛鈞宜令所司落下。"《宋史·選舉志二》："紹定二年，有言舉人程文雷同，或一字不差。其弊有二：一則考官受賂，或受暗記，或與全篇，一家分傳謄寫；一則老儒賣文場屋，一人傳十，十人傳百，考官不暇參稽。於是命禮部戒飭，前申號三日，監試會聚考官，將合取卷參驗互考，稍涉雷同，即與黜落。"

【黜落】

即落下。此稱宋代已行用。見該文。

駁放

亦作"駮放"。科舉考試中的一種懲罰。若省卷（猶預試卷）或考場間發現作弊行爲，則停止考試；若已中榜，則予除名。同時必公開糾駁，以儆效尤。駁，謂糾駁；放，謂黜罷。此制唐代已見，後歷代行用，至清末終廢。唐封演《封氏聞見録·制科》："今員外吹毛求瑕，務在駁放，則小人也却尋歸路。"《資治通鑑·唐僖宗廣明元年》："〔僖宗〕嘗謂優人石野豬曰：'朕若應擊球進士舉，須爲狀元。'對曰：'若遇堯舜作禮部侍郎，陛下不免駁放。'"胡三省注："駁，糾駁也；放，黜也。駁放者，糾駁其非是而放黜之。"宋洪邁《容齋隨筆·進士試題》："唐穆宗長慶元年，禮部侍郎錢徽知舉，放進士鄭朗等三十三人。後以段文昌言其不公，詔中書舍人王起、知制誥白居易重試，駁放盧公亮等十人，貶徽江州刺史。"《宋史·選舉志二》："〔寧宗開禧〕二年，以舉人奸弊滋多，命諸道漕司、州府、軍監，凡發解舉人，合格試卷姓名，類申禮部。候省試中，牒發御史臺，同禮部長貳參對字畫，關御藥院，内侍照應，廷試字畫不同者，別榜駁放。"又："今後令牒官各從本職長官，具朝典狀保明。先期取本官之委狀，仍立賞格，許人指實陳首。冒牒之官按劾鐫秩，受舉之人駁放殿舉，保官亦與連坐。"

【駁放】

同"駁放"。此體唐代已行用。見該文。

枷號重處

明清以來科舉考試中一種最重的懲罰。考試時挾帶作弊材料，或暗傳資訊者，必上枷示衆，逐出場屋，永不仕用，甚而判刑處死。明清時屢興科場大獄，其情狀令人驚怖。洪武三十年（1397），翰林學士劉三吾等十三人，因偏袒江南子弟而獲罪，磔殺八人，處死二人，遠戍一人，僅赦二人。徐珂《清稗類鈔·獄訟類》記順治丁酉年（即十四年，1657）順天科場案稱："至本朝乃興科場大案，草菅人命，甚至弟兄叔侄，連坐而同科，罪有甚於大逆……丁酉之獄，主司、房考及中式之子，誅戮及遺戍者無數。"明王世貞《弇山堂別集·科試考三》："〔嘉靖四十四年〕禮科給事中何起鳴奏申飭科場事宜：一曰重懷挾之罪，一曰革傳遞之奸，一曰慎同考之選，一曰正諂諛之風，一曰預監臨之差，一曰嚴詭騙之罰。疏下禮部覆奏，得旨：'懷挾、傳遞諸弊，依議枷號重處。今後科場搜檢不嚴，關防不密，責在外簾；舉動不慎，校閲不公，責在内簾。禮部並都察院分別參奏，餘悉如議行。'"

登科折桂

登科

亦稱"登第""登科甲""登科第"。指古代科舉中選。因中選必有甲乙次第，故稱。唐裴説《見王貞白》詩："共賀登科後，明宣入紫宸。"宋司馬光《送崔尉之官巢縣》詩："登科如拾遺，舉步歘千里。"唐鄭谷《贈劉神童》詩："還家雖解喜，登第未知榮。"《二刻拍案驚奇》卷三："少年登第，官拜翰林編修之職。"

《通典·選舉五》："上元元年，劉曉上疏曰：'國家以禮部爲考秀之門，考文章於甲乙，故天下回應，驅馳於才藝，不務於德行……致有朝登科甲而夕陷刑辟，制法守度使之然也。'"《舊唐書·白居易傳》："〔居易〕中朝無緦麻之親，達官無半面之舊……十年之間三登科第，名落衆耳，迹昇清貫。"元關漢卿《裴度還帶》第二折："你看我登科甲便及第，若是我金榜無名誓不回。"清紀昀《閱微草堂筆記·灤陽消夏録六》:"今子孫登科第,歷仕宦者,皆陳太太所出也。"

【登第】

即登科。此稱唐代已行用。見該文。

【登科甲】

即登科。此稱唐代已行用。見該文。

【登科第】

即登科。此稱唐代已行用。見該文。

中舉

即登科。明王世貞《弇山堂別集》卷八三:"翰林院學士許國主會試,取中舉人李廷機等。廷機,福建解元也。"明都穆《都公譚纂》卷下:"明年秋,汝弟中舉,名在百十二。"

及第

亦稱"擢第"。古代科舉中取得高名次。因中選必有甲乙次第,故稱。唐韓愈《與祠部陸員外書》:"其後一二年,所與及第者,皆赫然有聲。"唐封演《封氏聞見録·貢舉》:"余初擢第,太學諸人共書余姓名於舊紀末。"按:舊紀指進士登科記。五代王定保《唐摭言·好及第惡登科》:"許孟容進士及第,學究登科,時號錦襖子上着莎衣。蔡京與孟容同。"宋高承《事物紀原·學校舉貢》:"漢之取士,其射策中者,謂之高第,隋唐以來,進士諸科,遂有及第之目。"明清時殿試之一甲三名賜進士及第,省稱"及第"。明王世貞《弇山堂別集》卷八三:"廷試……賜朱國祚、李廷機、劉應秋及第。"清沈濤《瑟榭叢談》卷下:"編修以乾隆壬辰第二人及第。"

【擢第】

即及第。此稱唐代已行用。見該文。

折桂

亦稱"擢桂""月中桂""月桂""蟾宮桂""登蟾宮"。多用以喻指會試或殿試登第。語本《晉書·郤詵傳》中郤詵答武帝問:"臣舉賢良對策,爲天下第一,猶桂林之一枝,崑山之片玉。"唐杜甫《同豆盧峰知字韻》:"夢蘭他日應,折桂早年知。"宋張掄《滿庭芳·壽楊殿帥》詞:"流慶遠;芝蘭秀髮,折桂爭先。"亦稱"擢桂"。唐杜誦《哭長孫侍御》詩:"禮闈曾擢桂,憲府舊乘驄。"元辛文房《唐才子傳·高蟾》:"明年李昭知貢,遂擢桂,官至御史中丞。"後文人以月中有桂,遂將"桂林一枝"之"桂",誤稱之爲"月中桂"。唐許渾《下第貽友人》詩:"人心高下月中桂,客思往來波上萍。"或徑稱"月桂"。唐周墀《賀王僕射放榜》詩:"雖欣月桂居先折,更羨春蘭最後榮。"或又稱"蟾宮桂"。宋趙抃《喜十二弟登第》詩:"景祐初余唱第歸,入門逢爾正兒嬉。如何二十二年後,繼得蟾宮桂一枝。"後又徑稱爲"登蟾宮"。宋葉夢得《避暑録話》卷下:"世以登科爲折桂,此謂郤詵對策東堂,自云'桂林一枝也'。自唐以來用之……其後以月中有桂,故又謂之月桂。而月中又言有蟾,故又改桂爲蟾,以登科爲登蟾宮。"明解縉《朝天歌送周長史考滿》詩:"携書三載齒胄監,折桂一日登蟾宮。"按:葉稱"世以登科爲折桂",是而不確,因在中國科舉史中,罕見鄉試登科言折桂者。

【擢桂】

即折桂。此稱唐代已行用。見該文。

【月中桂】

即折桂。此稱唐代已行用。見該文。

【月桂】

即折桂。此稱唐代已行用。見該文。

【蟾宮桂】

即折桂。此稱宋代已行用。見該文。

【登蟾宮】

即折桂。此稱宋代已行用。見該文。

【折桂枝】

即折桂。宋江少虞《事實類苑·麻先生》："七歲能吟天骨異，前生已折桂枝來。"元王實甫《西廂記》第三本第一折："你將那偷香手，準備着折桂枝。"清謝珠《萬壽詩》："仙杏却疑蟾窟種，瓊林還折桂枝香。"

登龍門

省稱"登龍"。多喻指進士及第。因一旦及第，則身價驟然顯貴，故稱。唐封演《封氏聞見録·貢舉》："故當代以進士登科爲登龍門，解褐多拜清緊，十數年間，擬迹廟堂。輕薄者語曰：'及第進士，俯視中黄郎。'"唐李端《元丞宅送胡濆及第東歸覲省》詩："登龍兼折桂，歸去當高車。"宋王禹偁《杏花》詩之五："登龍曾入少年場，賜宴瓊林醉御觴。"宋周必大《朝議大夫權成都府路提點刑獄劉崇之祭文》："士登龍門，無藝不揚。克勤小物，兼收寸長。"元郝經《原古上元學士》詩："今乃得溟渤，問津有龜鏡。挈我登龍門，綆我出虎穽。"清徐元夢

《萬壽無疆詩》之八："祥光東壁動昭回，恩詔登龍爲急才。"

【登龍】

"登龍門"之省稱。此稱唐代已行用。見該文。

【登千佛】

即登龍門。猶言進士及第。宋真德秀《回黄狀元啓》："峻擢鼎科，式符輿望，翹鶱同登於千佛，而鰲頭並出於九仙。"清錢大昕《題唐立方進士遺像》詩："名已登千佛，心還薄一官。"按：在古代詩文中，爲求韻律節奏，有時於"登千佛"之後綴以"題"字或"選"字。如，宋曾協《賀湯知院啓》："緬懷二父，同登千佛之題；藐是孤生，謂托兩家之子。"清高車《萬壽詩》："士登千佛選，才副四門求。"

占鰲頭

亦稱"獨占鰲頭"。據考皇宮石階前刻有升龍、巨鰲，狀元及第時站鰲頭前迎接殿試榜，故稱。元王實甫《西廂記》第五本第一折："誰承望跳東墻脚步兒占了鰲頭，怎想到惜花心養成折桂手。"元佚名《陳州糶米》楔子："殿前曾獻昇平策，獨占鰲頭第一名。"參閲清洪亮吉《北江詩話》卷三。

【獨占鰲頭】

即占鰲頭。此稱元代已行用。見該文。

殿試傳呼

臚傳

亦稱"臚句""臚唱"。古代科舉，皇帝召見殿試後之進士，按甲第唱名傳呼，稱爲"臚傳"。其制始於唐代，但可溯源至漢代。漢初始

建朝儀時，已設九賓臚傳。《史記·劉敬叔孫通列傳》："大行設九賓臚傳。"司馬貞索隱引蘇林曰："上傳語告下爲臚，下傳語告上爲句，臚猶行者矣。"可知臚句原爲皇帝與下屬間口耳傳達

的方式，定爲禮儀。宋魏了翁《贈章相士》詩："聞余趨集英，一聲聳臚句。自謂吾術神，誦言詫儔侶。"皇帝外出巡行時亦行此禮儀。如《新唐書・齊映傳》："映爲人白皙長大，言音鳴爽，故帝令侍左右，或前馬臚傳詔旨。"宋王稱《東都事略・林攄傳》："集英殿賜進士第，攄當臚傳，有姓'甄'而呼爲'堅'，名'盎'而呼爲'快'者，徽宗指曰：'卿誤也！'"《宋史・林攄傳》："集英臚唱進士，攄當傳姓名，不識'甄盎'字，帝笑曰：'卿誤邪！'"元方回《涌金城望》詩之三："臚唱曾叨殿上傳，末班遥望御爐烟。"《明史・陳性善傳》："陳性善名復，初以字行，山陰人。洪武十三年進士，臚唱過御前，帝見其容止凝重，注目久之，曰：'君子也！'"

【臚句】

即臚傳。此稱作爲朝廷禮儀始於漢代，作爲科舉之制始於北宋。見該文。

【臚唱】

即臚傳。此稱宋代已行用。見該文。

【臚名】

即臚傳。亦稱"臚雲"。宋真德秀《回黃狀元啓》："右科擢秀才，已敵於萬人；北闕傳臚名，更聯於三傑。"清馮桂芬《五十初度自題小影》詩："朵殿臚名叨上第，綉衣持節歷南天。"因唱名傳呼乃天子旨意，復經衛士齊聲高喊，

喊聲達於殿下，故又以"臚雲"爲喻。清汪由敦《題曝書圖送任大宗伯予告二十韻》："臚雲螭陛接，瓠影鳳毛鮮。"清查慎行《送掌詹陳乾齋前輩予假省親》詩之二："星漢文章唐許國，臚雲名第宋安陽。"

【臚雲】

即臚名。此稱清代已行用。見該文。

【唱第】

即臚傳。亦稱"遠殿雷""繞殿雷"。唐元稹《酬翰林白學士一百韻》："唱第聽雞集，趨朝忘馬疲。"宋何薳《春渚紀聞・畢漸趙諗》："畢漸爲狀元，趙諗第二，初唱第，而都人急於傳報。"因唱名傳呼，復經衛士齊聲高喊，其聲如雷，殿宇震響，故又稱爲"遠殿雷"或"繞殿雷"。元劉一清《錢塘遺事・擇日唱第》："宰執先於御案前拆視姓名，則曰'某人'；閤門則承之，以傳於階下；衛士凡六七人皆齊其聲，傳其名呼之，謂臚傳，亦謂遠殿雷也。"明彭大翼《山堂肆考・登第・衛士傳名》載此事作"繞殿雷"。

【遠殿雷】

即唱第。此稱元代已行用。見該文。

【繞殿雷】

即唱第。此體明代已行用。見該文。

布榜報單

試榜

單稱"榜"。古代科舉制度下公布考試成績及録取名次的張貼物。放榜時間，歷代不盡相同，高層考試大抵分秋春兩季，分別稱爲鄉試、會試。明清代的鄉試放榜多在八月底至九月初，而會試放榜則多在四月十五日以前。放榜的日子一般選在寅日、辰日。因寅虎、辰龍，取其龍虎榜之意。唐杜牧《及第後寄長安故人》

詩：“東都放榜未花開，三十三人走馬迴。”《宋史·選舉志一》：“時進士益相習爲奇僻，鈎章棘句，寖失渾淳。歐陽修知貢舉，尤以爲患，痛裁抑之，仍嚴禁挾書者。既而試榜出，時所推舉者，皆不在選。”宋葉適《校書郎王公夷仲墓志銘》：“至今稱策士之盛，必曰：‘丁丑榜爲然’。”

【榜】[1]

“試榜”之單稱。此稱宋代已行用。見該文。

副榜

古代科舉考試正式録取之外的一種附加録取。相對正式録取的正榜，故名。始於元代至正八年（1348）。《元史·百官志八》：“〔至正八年〕四月，中書省奏准……三年應貢會試者，凡一百二十人，除例取十八人外，今後再取副榜二十人。”明代會試、鄉試皆有副榜，即於正榜之外，另增取若干名。永樂年間，會試名列副榜者，不准應本科殿試，可由吏部酌情授予學校教職等低級官職，亦可參加下科會試。《明史·選舉志一》：“是時，會試有副榜，大抵署教官，故令監者亦食其禄也。”嘉靖時，又在鄉試設副榜，名列副榜的舉人，准作貢士，稱作副貢士。清代沿襲明制，但衹在鄉試中設副榜，每取正榜五名，取副榜一名，取中副榜者准作副貢士，不算中舉，不得應會試，却可以免除歲試、科試，直接應下科鄉試，亦可入國子監肄業。康熙年間，始於會試後另出榜曰挑選謄録，作爲下第舉人入仕的一種途徑。《二十年目睹之怪現狀》第四三回：“寫完了正榜，各官歇息了一回，此時已經四更天光景了，衆官再出來升座，再寫副榜，然後填寫前五名。”

【備榜】

即副榜。《元史·選舉志》：“增取鄉試備榜，亦授以郡學録及縣教諭。”元代舉人會試落第者，皆授以路府學正及書院山長。同時取鄉試備榜，亦授以郡學録、縣教諭等低級官職。此法意在增加科舉考試失利者的得官機會。明清沿用，即稱副榜。明鄉、會試皆設副榜。清僅鄉試設副榜。

恩榜

亦作“恩牓”。科舉考試後於正榜之外另行頒布的恩遇之榜，即恩科考試中式之榜。五代後晉之時已設恩科，應有恩榜之實，但尚無恩榜之名。宋蘇軾《論特奏名》：“臣等伏見恩榜得官之人，布在州縣。”宋陸游《老學庵筆記》卷二：“方刻石時，有夔州司理參軍，以恩牓入官，權教授。”《金史·選舉志二》：“章宗大定二十九年，敕今後凡五次御簾進士，可一試而不黜落，止以文字高下定其次，謂之恩榜。”元王惲《玉堂嘉話》卷五：“明昌初，五舉終場人直赴御試不中者，别作恩牓，賜園進士出身。”牓，一作“榜”。《負曝閑談》第一一回：“那年碰着朝廷恩典，特開恩榜。”

【恩牓】

同“恩榜”。此體宋代已行用。見該文。

案

清代放榜的一種形式。清代童生縣、府、院試，生員歲考、科考，考試結果公布名單稱發案或出案。有長案、團案之别。凡縣試、府試、院試的第一名，稱爲“案首”。同時考中者互稱爲同案。童生經院試録取入學的新生名單，俗稱“紅案”。《儒林外史》第三回：“發出案來，范進是第一。”

長案

清代童試放榜的一種形式。童生縣試一般共試五場，第五場考完，將由第一場起所有應試者按成績排列發案，謂之"長案"，取列第一者稱縣案首。府試、院試考試結果，也用長案發布，第一名分別稱府案首、院案首。《儒林外史》第一六回："復試過兩次，出了長案，竟取了第一名案首，報到鄉裏去。"

一榜

古代科舉考試後被錄取人的總名單。宋邵伯溫《聞見錄》卷七："太宗即位，（張）齊賢方赴廷試，帝欲其居上甲，有司置於丙科，帝不悦。有旨：一榜盡除京官通判。"

兩榜

科舉考試舉人與進士榜之合稱。唐代進士科考試分爲甲乙之科，是爲錄取等第，時人稱之爲"兩榜"。舉人爲乙榜，進士爲甲榜。明清科考，稱經鄉試與會試，由舉人而取中進士爲兩榜。兩榜，一説爲鄉試榜、會試榜；另説爲舉人、進士各一榜，合爲兩榜。"兩榜出身"即爲進士出身，"武兩榜"即爲武進士。唐黄滔《酬徐正字夤》詩："名從兩榜考升第，官自三台追起家。"《明史·選舉志一》："其後宗學衆多，頗有致身兩榜，起家翰林者。"

賢書

本指周代地方向朝廷舉薦賢能之書册。科舉的鄉試有古鄉舉遺意，故以名登賢書指鄉試中舉之名籍或名榜。《周禮·地官·鄉大夫》："鄉老及鄉大夫、群吏獻賢能之書於王，王再拜受之，登於天府。"宋洪适《回傳解元狀》："造榜外臺，占賢書而獨步。"明沈德符《敝帚軒剩語·汪徐相仇》："汪歸應試，即以是年登賢書。"

清李調元《制義科瑣記·酒芝》："是時，梅村京登賢書，因購吳行卷，携以北上，爲延譽京師。"艾南英《應試文自叙》："〔鄉試〕第一試已，則登賢書者，雖空疏庸腐，稚拙鄙陋，猶得與郡縣有司分庭抗禮。"《歧路燈》第九六回："院試以游泮爲喜，鄉試以登賢書爲重……那副車也就淡些。"

龍虎榜

省稱"虎榜"。原指唐德宗貞元八年（792）的進士及第榜，因所取多知名文士，故稱。後亦泛指會試、殿試榜。《新唐書·文藝傳下·歐陽詹》："舉進士，與韓愈、李觀、李絳、崔群、王涯、馮宿、庚承宣聯第，皆天下選，時稱'龍虎榜'。"宋沈括《夢溪筆談·譏謔》："張唐卿景祐元年進士第一人及第，期集於興國寺，題壁云：'一舉首登龍虎榜，十年身到鳳凰池。'"宋文天祥《次鹿鳴宴詩》："貞元虎榜雖聯捷，司隸龍門幸綴名。"元薩都剌《丁卯及第謝恩崇天門》詩："虎榜姓名書敕紙，羽林冠帶竪旂旄。"清代鄉試放榜多用寅、辰日支，辰屬龍，寅屬虎，亦取龍虎榜之義。

【虎榜】

"龍虎榜"之省稱。此稱宋代已行用。又，清代俗稱武科榜爲虎榜。見該文。

金榜

亦稱"御榜""黄甲""黄甲闕榜""黄榜"。科舉考試揭布的進士名單。唐代進士及第後，用黄紙書寫姓名，在禮部南院東墻張榜公布，即黄榜，習稱金榜。後代沿稱。唐李旭《及第後呈朝中知己》詩："金榜高懸當玉闕，錦衣即着到家林。"進士榜由皇帝欽定，故又稱"御榜"。唐褚載《賀趙觀文重試及第》詩："今日街頭看御榜，大能榮耀苦心人。”宋蘇軾《與潘彦明》：“不見黄榜，未敢馳賀，相必高捷也。”今知五代至兩宋，將所有會試中式者分爲五個等級，稱“五甲”，因以黄紙書寫，故稱“黄甲”。抄大幅黄甲張貼於外，即黄榜；小幅則内展於中式者，歸藏於尚書省。展示時需“設香案”，“望闕引拜”，故又稱之爲“黄甲闕榜”。《舊五代史·選舉志》：“其判成諸色選人，黄甲下後，將歷任文書告赤連粘。”宋趙昇《朝野類要·舉業》：“正奏名五甲也，吏部謂之黄甲闕榜。”《宋史·選舉志二》：“新進士舊有期集，渡江後置局於禮部貢院，特旨賜餐錢，唱第之三日赴焉。上三人得自擇同升之彦，分職有差。朝謝後拜黄甲，其儀設褥於堂上，東西相向，皆再拜。”明彭大翼《山堂肆考·科第·拜黄甲》：“黄甲由省中降下，唱名畢，以此升甲之人，附於卷末。用黄紙書之，故曰黄甲。是日貢院設香案於庭下，狀元引五甲内士人拜香案，禮部亦遣官來贊導，置黄甲於案中，而望闕引拜。”據商衍鎏《清代科舉考試述録》載：殿試後，排定進士名次，用黄紙表裏二層，填寫小金榜和大金榜。小金榜進存大内（光緒甲辰科小金榜現陳列於北京故宮博物院内），大金榜於傳臚日置彩亭内，而後送至東長安門外，張貼於長安街。

【御榜】

即金榜。此稱唐代已行用。見該文。

【黄甲】

即金榜。會試後對内展示的小黄榜。此稱五代時期已行用。見該文。

【黄甲闕榜】

即黄甲。此稱宋代已行用。見該文。

【黄榜】

即金榜。此稱宋代已行用。見該文。

春榜 [2]

亦作“春榜”。亦稱“進士榜”“淡墨榜”“淡墨”。指張貼於京城的進士榜。因進士榜放於春季，故稱。唐曹松《覽春榜喜孫鄂成名》詩：“門外報春榜，喜君天子知。”宋歐陽修《同年秘書丞陳動之挽辭》之二：“青衫日照誇春榜，白首餘年哭故人。”榜，一作“牓”。宋葉夢得《避暑録話》卷下：“唐御膳以紅綾餅餤爲重。昭宗光化中，放進士榜，得裴格等二十八人……會曲江宴，乃令太官特作二十八餅餤賜之。”明吴承恩《賀閻雙溪令嗣登科障詞》：“秋榜高魁，行魁春榜。”因榜首用淡墨書“禮部貢院”字樣，故亦稱“淡墨榜”，省稱“淡墨”。此制始於唐，宋代沿之。五代王定保《唐摭言·雜記》：“進士榜頭，竪黏黄紙四張，以氈筆淡墨袞轉書曰‘禮部南院’四字。”宋程大昌《雍録·職官·禮部南院》：“今世淡墨書進士榜首，列爲四字曰‘禮部貢院’者，唐世遺則也。”宋梅堯臣《校藝和王禹玉内翰》詩：“淡墨榜名何日出，清明池苑可能尋？”宋歐陽修《歸田録》卷二：“天聖中，余舉進士，國學、南省皆忝第一人薦名；其後〔范〕景仁相繼亦然，故景仁贈余曰：‘淡墨題名第一人，孤生何幸繼前塵’也。”清李調元有《淡墨録》，即主要記科舉故事。

【春牓】

同“春榜”。此體宋代已行用。見該文。

【進士榜】

即春榜。此稱宋代已行用。見該文。

【淡墨榜】

即春榜。此稱宋代已行用。見該文。

【淡墨】

即春榜。此稱五代時期已行用。見該文。

【蕊榜】

即春榜。《古今圖書集成・經濟彙編・選舉典・科學部》引《大唐說纂》:"唐人進士榜必以夜書……世傳大羅天放榜於蕊珠宮,故又稱蕊榜。"明阮大鋮《燕子箋・辨奸》:"蕊榜已偷金殿選,花嬌又賺玉樓春。"

秋榜

鄉試張貼於州府或省城的舉人級別之榜。因多於秋季舉行,故稱。明吳承恩《賀閭雙溪令嗣登科障詞》:"秋榜高魁,行魁春榜,喜事自然連接。"《兒女英雄傳》第三〇回:"明年秋榜,插了金花,還你個舉人。"

榜帖

省稱"榜"。亦稱"金花帖子"。唐宋時進士及第的報單。五代王定保《唐摭言》卷三:"曹汾尚書鎮許下,其子希幹及第,用錢二十萬。榜至鎮,開賀宴日,張之於側。"宋趙彥衛《雲麓漫鈔》卷二:"國初循唐制,進士登第者,主文以黃花箋長五寸許,闊半之,花押其下,護以大帖,又書姓名於帖面,而謂之榜帖,當時稱爲金花帖子。後臨軒唱名,茲制遂廢。"宋孫光憲《北夢瑣言》卷三:"〔王凝〕因召一牓門生開筵,宣言於衆曰:'某叨忝文柄,今年榜帖,全爲司空(圖)先輩一人而已。'"明陳繼儒《太平清話》四:"宋末吳郡士登科者始於龔識,其家……猶藏金花榜帖。"參見本卷《人才擇取說・科舉制度考》"報帖"文。

【榜】 [2]

"榜帖"之省稱。此稱唐代已行用。見該文。

【金花帖子】

即榜帖。唐宋時用以傳報各處,類似後世的"捷報""報條"。此稱宋代已行用。見該文。

團案

明清兩代科舉考試中縣試、初試合格者的名單。明制,縣試爲童子試初試。應試童生多在二月參加考試。經過四至五場考試後,將合格者不分名次團團書寫在長案上,故名。名列團案者,方有資格依次參加童子試的第二階段,即府試及童子試的最高階段院試,最終成爲生員,即所謂秀才。《儒林外史》第一六回:"縣里果然出告示考童生。匡超人買卷子去應考。考過了,發出團案來,取了。"

捷報

亦稱"報帖"。科舉時代向考試得中者傳送的報單。明王世貞《觚不觚錄》:"諸生中鄉薦與舉子中會試者,郡縣則必送捷報,以紅綾爲旗,金書,立竿以揚之。若狀元及第,則以黃紵絲金書'狀元',立竿以揚之。"《儒林外史》第三回:"范進三兩步走進屋裏來,見中間報帖已經升挂起來,上寫道:'捷報貴府老爺范諱進高中廣東鄉試第七名亞元。京報連登黃甲。'"參見本卷《人才擇取說・科舉制度考》"金花帖子"文。

【報帖】

即捷報。此稱清代已行用。見該文。

親供

亦稱"親狀"。科舉考試中式後親自填寫的履歷。多行用於明代之後。《儒林外史》第三六回:"〔虞博士〕到京去填寫親供回來,親友東家都送些賀禮。"清嚴有禧《漱華隨筆·榜後復試》："請各省放榜後,中式之人赴省填寫親狀。"《官場現形記》第二回:"趙家中舉開賀,一連忙了幾天,便有本學老師叫門斗傳下話來,叫赴省,填寫親供。"

【親狀】

即親供。此稱清代已行用。見該文。

同年録

科舉時代同榜人的姓名録。唐代同榜録登第進士謂之"同年"。宋代有《紹興十八年同年小録》,載同年的族籍、姓名、甲第等。明清鄉試、會試同科取中者均稱同年,放榜後大多刻印"同年録"。清代同年録分爲兩種,一種以名次爲序,另一種以年齡爲序。前者詳細記載姓名、年歲、籍貫、試卷所在房號及各考官的姓名、官銜等。後者不以名次爲序,而以年齡長幼爲序,記載姓名、別號、生辰、籍貫、中式名次,以及父母三代、兄弟及妻子等。兩種同年録均以分省成録。明周履靖《錦筆記·題録》:"刻字的候列位老爺刊同年録。"清葉名澧《橋西雜記·履歷減年歲》:"寶佑四年同年録,第一甲第九人王應鳳。"

【齒録】

即同年録。按年齡大小排列的同年録。《歧路燈》第一回:"孝移道:'去年齒録,有個譚溯泗是誰?'"

進士題名碑

亦稱"進士題名記"。唐代進士登第後,有雁塔題名之舉。至宋而有刻石者,即爲進士題名碑。宋蔡襄《仙游縣學進士題名記》:"開封掾廖君悉記縣之登第者姓名。等級若年月日,距今而上斷某年以來,俾刻諸石,而植夫孔子

堂之西偏,來者得以嗣而書焉。"自元仁宗皇慶元年(1312)起,歷經明清兩代,歷次開科取士,會試、殿試後,朝廷都把考中進士的姓名刻在石上,立於國子監,以示榮崇。明《大政記》:"永樂二年三月壬寅,命工部建進士題名碑於國子監,命侍讀學士王達撰記。"明陳龍正《甲戌進士題名記》:"進士釋褐,例得勒石成均,榮其身,復永其名,朝廷之所以崇多士如此其至也。"今首都博物館(原北京孔廟)内保存的元明清三代進士題名刻石共一百九十八座,題名進士五萬一千六百二十四人。刻石形體高大,碑座和碑額大多刻有雲龍紋圖案。碑額上刻"××科進士題名碑"(少數刻"賜進士題名記")。碑體正面按名次鐫刻進士姓名及其籍貫。上海古籍出版社 1980 年出版朱保炯、謝沛霖編纂之《明清進士題名碑録索引》。

【進士題名記】

即進士題名碑。此稱明代已行用。見該文。

雁塔題名

亦稱"慈恩題名""題名會""慈恩寺題名""慈恩題記""雁塔新題""題名雁塔""雁塔名""曲江題名"。雁塔在今陝西西安,今稱"大雁塔",建於唐高宗永徽三年(652)。因在慈恩寺内,故稱"慈恩寺塔";另因自唐以還,新進士同榜,題名塔上,有如雁行之列,故亦稱"雁塔"。後因以雁塔題名喻指進士及第。唐無名氏《玉泉子》:"慈恩寺連接曲江及京輦諸境,每歲新得第者畢列姓名於此。"唐韋絢《劉賓客嘉話録》:"慈恩題名,起自張莒,本於寺中閑游而題同年,人因爲故事。"唐李肇《國史補》卷下:"〔進士〕既捷,列書其姓名於慈恩寺塔,謂之題名會。"五代王定保《唐摭言·慈

恩寺題名游賞賦咏雜記》："神龍已來，杏園宴後，皆於慈恩寺塔下題名。同年中推一善書者紀之。他時有將相，則朱書之。"宋馬永卿《嬾真子》："長安慈恩寺塔有唐新進士題名，雖妍媸不同，然皆高古有法度，後人不能及也。宣和初，本路漕司柳瑊集而刻之石，亦爲奇玩。"宋林逋《喜任宥及第》詩："聞喜宴游秋色雅，慈恩題記墨行清。"宋林光朝《次韻奉酬趙校書子直》："雁塔新題墨未乾，去年燈火向秋闈。"元鄭光祖《㑳梅香》第三折："你若是鳳墀得志，雁塔題名，想一天好事，載滿袖春風，你蚤來做俺這有情的相國狀元郎。"明楊珽《龍膏記・脱難》："登紫閣題名雁塔，從今後新風月緊趁逐，舊相思都畢罷。"清趙翼《贈三元錢湘舲》詩："設令國家更有別科目，不知又領幾次雁塔名。"因雁塔、慈恩寺皆在曲江園内，故亦稱"曲江題名"。《新唐書・選舉志上》："武宗即位，宰相李德裕尤惡進士……德裕奏，國家設科取士，而附黨背公，自爲門生。自今一見有司而止，其期集參謁、曲江題名皆罷。"參見本書《宗教卷・建築説・寶塔考》"慈恩寺塔"文。參閲唐玄奘《大唐西域記・摩揭陀國下》、明朱國楨《涌幢小品・雁塔》。

【題名會】

即雁塔題名。此稱唐代已行用。見該文。

【曲江題名】

即雁塔題名。此稱唐代已行用。見該文。

【慈恩題名】

即雁塔題名。此稱唐代已行用。見該文。

【慈恩寺題名】

即雁塔題名。此稱五代時期已行用。見該文。

【慈恩題記】

即雁塔題名。此稱宋代已行用。見該文。

【雁塔新題】

即雁塔題名。此稱宋代已行用。見該文。

【題名雁塔】

即雁塔題名。此稱明代已行用。見該文。

【雁塔名】

即雁塔題名。此稱清代已行用。見該文。

題名鄉會

宋代進士及第，各集同鄉於佛寺，列書姓名，以志殊榮，州縣官府常爲之立題碑文，故謂之"題名鄉會"。此制乃源於唐代之題名會，因在慈恩寺内進行，宋人亦效仿於佛寺中。宋趙昇《朝野類要・題名》："進士及第，各集鄉人於佛寺，作題名鄉會，此起於唐之慈恩寺塔也。若官司州縣廳事，各立題碑者，蓋備遺亡爾。"

登科記

亦稱"進士登科記""進士小録""進士登科録"。科舉時代及第士人的名録。唐代設科取士，記録各科登第者的册簿，稱登科記。繼因進士科最爲特出，自中宗神龍時起，即有人逐年記載登第進士的姓名，稱"進士登科記"；後又由翰林院逐年編次頒行。唐張籍《贈賈島》詩："姓名未上登科記，身屈惟應内史知。"五代王定保《唐摭言・述進士上篇》："永徽已前，俊、秀二科猶與進士並列；咸亨之後，凡由文學一舉於有司者，競集於進士矣。繇是趙儋等嘗删去俊、秀，故目之曰進士登科記。"《文獻通考・選舉考》載有《唐登科記總目》。清徐松輯《登科記考》，對唐代登科人物考證頗詳。唐以後，登科記常用作試録的通稱。明李詡《戒庵老人漫筆·試錄原始》：“國家科場揭曉後，有試錄頒行天下，其制始於唐宋，唐稱進士登科記，宋稱“進士小錄”，其實一也。今鄉、會、殿三試皆有錄……今錄刻新試文爲程式，具名次，是唐遺制；殿試者名曰“進士登科錄”，具生月日，不具時，是合唐宋之制而酌用之者也。”

【進士登科記】

即登科記。此稱唐代已行用。見該文。

【進士小錄】

即登科記。此稱宋代已行用。見該文。

【進士登科錄】

即登科記。此稱明代已行用。見該文。

【千佛名經】

即登科記。唐封演《封氏聞見錄·貢舉》：“進士張繟，漢陽王柬之曾孫也。時初落第，兩手捧登科記，頂戴之曰：‘此千佛名經也！’其企羨如此。”五代王定保《唐摭言·海叙不遇》及宋代類書載此事，張繟名作“張倬”，當是。宋曹勛《送四子耜倅四明》詩：“我家潁水著元勳，千佛名經世有聞。”元王惲《玉堂佳話》卷一：“唐人題名記爲三千佛名經，其充詞臣者即爲一佛出世。”按：王氏復將千佛名經分爲三類，當爲臆說。清王士禛《分甘餘話》卷三：“比來釋褐，立致青雲者何限？而〔殷〕彥來之才，望一鄉舉，不啻千佛名經，天之厄才如此！”

題名錄

亦稱“登科錄”。宋以後科舉考試後，記錄得中進士者人數、姓名、年齡、籍貫、名次以及考官姓名、官職、三場考試題目之彙刻本。即唐之登科記。宋代有《寶祐四年登科錄》。參閱宋龐文英《文昌雜錄》卷六、清趙翼《陔餘叢考·題名錄》。

【登科錄】

即題名錄。此稱宋代已行用。見該文。

神州等第錄

唐代京兆府等第的名錄。唐李肇《國史補》卷下：“京兆府考而升者，謂之等第。外府不試而貢者，謂之拔解。”等第即京兆府經考試後將前十名薦送禮部應進士試，有擇優保送之意。五代王定保《唐摭言·元和元年登科記京兆等第榜叙》：“天府之盛，神州之雄，選才以百數爲名，等列以十人爲首，起自開元、天寶之世，大曆、建中之年……今所傳者始於元和景戌歲次，叙名氏，目曰‘神州等第錄’。”

小錄

宋代於題名錄外的另一種紀念性名錄。《宋史·選舉志一》載，太宗端拱元年（988）定制，及第進士於聞喜宴後，“綴行期集，列叙名氏、鄉貫、三代之類書之，謂之‘小錄’。”後試院官亦刊印小錄。宋葉夢得《石林燕語》卷五：“試院官舊不爲小錄。崇寧初，霍端友榜，安樞密惇知舉，始創爲之。余時爲檢點試卷官。自後遂爲故事。進士小錄，具生月日時者，叙齒也。安喜命命，時考官有善談命者數人，安日使論之，故亦具生月日時，則過矣。”

聚會宴飲

曲江會

亦稱"曲江宴"。唐時新及第進士在京都長安游賞勝地曲江舉行的盛大宴會。始於中宗以後，至玄宗開元末大盛。唐李肇《國史補》卷下："〔進士既捷〕大宴於曲江亭子，謂之曲江會。"五代王定保《唐摭言·慈恩寺題名游賞賦咏雜紀》："曲江亭子，安史未亂前，諸司皆列於岸滸；幸蜀之後，皆燼於兵火矣……進士關宴，常寄其間。既徹饌，則移樂泛舟，率爲常例。宴前數日，行市駢闐於江頭。其日，公卿家傾城縱觀於此，有若中東床之選者，十八九鈿車珠鞍，櫛比而至。"又《散序》："曲江之宴，行市羅列，長安幾於半空。"宋李清照《詞論》："開元天寶間有李八郎者，能歌擅天下。時及第進士開宴曲江，榜中一名士先召李，使易服隱姓名，衣冠故敝，精神慘沮，與同之宴所……及轉喉發聲，歌一曲，衆皆泣下。"按：清袁枚《隨園隨筆·科第》稱："聞喜宴，敕士宴也，最大者曰團宴，即曲江宴也。"此説或是。

【曲江宴】

即曲江會。此稱宋代已行用。見該文。

【關宴】

即曲江會。亦作"關讌""關醼"。亦稱"離會""離筵"。唐代新及第進士在曲江舉行的盛大宴會。五代王定保《唐摭言·述進士下篇》："大宴於曲江亭子，謂之曲江會。"注："曲江大會在關試（按：登科者應吏部之試）後，亦謂之'關宴'。宴後同年各有所之，亦謂之'離會'。"又《慈恩寺題名游賞賦咏雜紀》："羅

玠貞元五年及第，關宴曲江泛舟，舟沉，玠以溺死。後有關宴前卒者，謂之'報羅'。"又《好知己惡及第》："〔鄭隱〕既及第而益孤。上過關讌，策蹇出京，榦桓淮浙間。"又《讌名》："關醼：此最大宴，亦謂之離筵。"宋王禹偁《初拜拾遺游瓊林宴》詩："關宴曾游此綴行，五年爲吏別仙鄉。"

【關讌】

同"關宴"。此體五代時期已行用。見該文。

【關醼】

同"關宴"。此體五代時期已行用。見該文。

【離會】

即關宴。此稱唐代已行用。見該文。

【離筵】

即關宴。此稱五代時期已行用。見該文。

杏園初宴

亦稱"探花宴"。唐代新進士於杏園曲江亭中初設之宴飲。其時新進士及第後，常期集一月，共湊錢置酒局，所備什物請同年分掌。又選少俊二人爲探花使，遍游名園，若他人先折花，二使皆被罰，故有"探花宴"之稱。杏園初宴之重點在探花，新進士人人參加，從而決定二使被罰與否，先折花者則受獎，故貞元間登進士第之孟郊，雖然年已半百，猶有"春風得意馬蹄疾，一日看盡長安花"之舉（《登科後》詩）。唐亡，自此長安失去國都地位，但此宴直至北宋熙寧中始被廢止。唐李淖《秦中歲時記》："進士杏園初宴，謂之探花宴。差少俊二人爲探花使，遍游名園，若它人先折花，二人皆被罰。"唐劉滄《及第後宴曲江》詩："及

第新春選勝游，杏園初宴曲江頭。"宋魏泰《東軒筆録》卷六："進士及第後，例期集一月，共釀罰錢奏宴局，什物皆請同年分掌。又選最年少者二人爲探花使，賦詩，世謂之探花郎，自唐以來膀膀有之。熙寧中，吳人余中爲狀元，首乞罷期集，廢宴席探花，以厚風俗，執政從之。"

【探花宴】

即杏園初宴。此稱唐代已行用。見該文。

杏園宴

唐代朝廷爲新進士於杏園曲江亭中專設之宴飲。宴前數日，臨時商鋪首尾相繼，遍列曲江岸頭，公卿家傾城縱觀，新進士行游其間，有可中佳婿之選者，十八九鈿車珠鞍，櫛比而至。宴後，則移樂泛舟，乃同至慈恩寺内，題名雁塔。武宗即位，准宰相李德裕之奏，一度停罷，不久又復。唐亡，自此長安失去國都地位，但此宴直至北宋熙寧中與杏園初宴一道廢止。唐李遠《陪新及第進士赴同年會》詩："曾攀芳桂英，處處共君行。今日杏園宴，當時天樂聲。"五代王定保《唐摭言·慈恩寺題名游賞賦咏雜紀》："神龍以來，杏園宴後，皆於慈恩寺塔下題名，同年中推一善書者紀之。"

櫻桃宴

唐代爲新科進士及第者舉行的慶賀宴會之一種。因舉行於櫻桃初熟之時，且慶賀宴會上，以櫻桃、糖酪遍食賓客，故名。初時爲新科進士集資操辦，復改爲由皇帝賜錢設宴，始於僖宗時。五代王定保《唐摭言·慈恩寺題名游賞賦詠雜紀》："新進士尤重櫻桃宴，乾符四年，永寧劉公第二子覃及第……於是獨置是宴，大會公卿。"又："時京國櫻桃初出，雖貴達未適

口，而覃（劉覃，父爲相國）山積鋪席，復和以糖酪者，人享蠻榼一小盎，亦不啻數升，以至參御輩靡不霑足。"

月燈宴

唐代新曲江宴中以打球爲主要活動的宴會。因於慈恩寺内之月燈閣舉行，故稱。五代王定保《唐摭言·慈恩寺題名游賞賦咏雜紀》："咸通十三年三月，新進士集於月燈閣爲蹙鞠之會，擊拂既罷，痛飲於佛閣之上，四面看棚櫛比，悉皆褰去帷箔而縱觀焉。"宋錢易《南部新書》乙卷："〔唐〕每歲寒食……都人並在延興門看人出城灑掃，車馬喧闐。新進士則於月燈閣置打毬之宴。"

聞喜宴

原爲唐代新及第進士曲江宴會的一種，由進士集錢自辦。後唐明宗天成二年（927）改由朝廷資助，詔命年賜錢四百貫。周顯德中由朝官主其事，宋太宗端拱元年（988）遂成定制，聞喜宴由朝廷賜辦，進士簪花，皇帝及大臣賜詩，以示寵異。後改爲宣讀詔書，以示訓誡。《宋史·司馬光傳》："光寶元初中進士甲科，年甫冠，性不喜華靡，聞喜宴獨不戴花。同列語之曰：'君賜不可達。'乃簪一枝。"清徐松《登科記考》卷二六引宋李燾《續通鑑長編》："唐時，禮部放榜之後，釀飲於曲江，號曰聞喜宴。五代多於佛舍名園，周顯德中官爲主之。"參閱五代王定保《唐摭言·宴名》、宋王栐《燕翼詒謀録》卷一。

【瓊林宴】

即聞喜宴。因在瓊林苑中舉辦，故稱。始於宋太宗太平興國九年（984）。宋葉夢得《石林燕語》卷一："瓊林苑，乾德中置。太平興國

中，復鑿金明池於苑北，導金水河水注之……歲賜二府從官宴及進士聞喜宴，皆在其間。"《宋史·選舉志一》："〔太平興國〕八年，進士、諸科始試律義十道，進士免帖經。明年，惟諸科試律，進士復帖經。進士始分三甲。自是賜宴就瓊林苑。"宋吳文英《絳都春》詞："花底天寬春無限，仙郎騎馬瓊林宴。"宋胡繼宗《書言故事·科第類》："朝廷賜宴及第人，謂瓊林宴。"明清賜新進士宴曰"恩榮宴"，亦沿稱"瓊林宴"。參見本卷《人才擇取説·科舉制度考》"恩榮宴"文。

恩榮宴

元明清賜新科進士宴名。有時亦沿宋舊稱曰"瓊林宴"。《元史·選舉志一》：中選進士放榜後，"擇日賜恩榮宴於翰林國史院，押宴以中書省官，凡預試官並與宴。預宴官及進士並簪華至所居。"明宣宗宣德八年（1433）賜諸進士恩榮宴於禮部，始着爲令。明阮大鋮《燕子箋·雙逅》："聖旨傳出，今年恩榮宴與麒麟兩案一齊頒賜。"清代因之，於傳臚翌日在禮部賜新進士宴，曰"恩榮宴"。《六部成語·禮部·恩榮宴》注："新中進士宴於禮部曰恩榮宴，新中舉人宴於府署曰鹿鳴宴。"

鹿鳴宴

亦作"鹿鳴筵"。省稱"鹿鳴"。古代於鄉試後爲新舉人所設之慶宴。唐代於鄉貢試後，長吏以鄉飲酒禮會僚屬，設賓主，歌《詩·小雅·鹿鳴》之章以宴之。明清兩代定制鄉試後設鹿鳴宴，即本於此。明代宴於學宮明倫堂；清代例應在布政司衙門，後改在巡撫衙門，以巡撫主其事，宴中歌《鹿鳴》，作魁星舞。《新唐書·選舉志上》："每歲仲冬……試已，長吏以鄉飲酒禮會僚屬，設賓主，陳俎豆，備管絃，牲用少牢，歌《鹿鳴》之詩，因與者艾敘長少焉。"唐元稹《桐花》詩："君若傲賢雋，鹿鳴有食芩。"宋張世南《游宦紀聞》卷六："忽一日，告從姪慶辰云：'昨宵夢趙宰拉赴鹿鳴，與公鄰坐，已而杳然。'"宋歐陽修《送楚建中潁州法曹》詩："曾陪鹿鳴宴，遍識洛陽生。"《明史·于慎行傳》："年十七，舉於鄉，御史欲即鹿鳴宴冠之，以未奉父命辭。"《六部成語·禮部·恩榮宴》注："新中進士宴於禮部曰恩榮宴，新中舉人宴於府署曰鹿鳴宴。又舉人屆周甲六十年，逢其鄉試原中之科，朝廷准予與新科舉人一道，同赴鹿鳴宴，以慶賀昔日中舉而今高壽，謂之重赴鹿鳴。重赴者與新科舉人亦以同年相稱。"清趙翼《簷曝雜記·欽賞三品職衛准重赴鹿鳴宴謝摺》："余中式乾隆庚午科順天鄉試……今嘉慶庚午，余又與姚鼐及漢軍施奕學、浙闈周春、閩闈林田培共六人，皆重赴鹿鳴。"清龔自珍《己亥雜詩》之二百八十五："嘉慶文風在目前，記同京兆鹿鳴筵。"清平步青《霞外攟屑·蓬窗隨録蓬窗續録》："方伯庚午以重赴鹿鳴，加頭品頂戴。丙子重赴恩榮。"

【鹿鳴筵】

同"鹿鳴宴"。此體清代已行用。見該文。

【鹿鳴】

"鹿鳴宴"之省稱。此稱唐代已行用。見該文。

鷹揚宴

清代爲及第武舉人舉行的賀宴。取《詩·大雅·大明》"維師尚父，時維鷹揚"意。於武鄉試揭曉次日舉行，監射、主考、執事各官亦預宴。《幼學瓊林·科學類》："鷹揚宴，待武科之士。”參閲《清會典事例·禮部·貢舉·賜燕》。

燒尾

唐時士人新登第及升遷時的賀宴。俗説虎變爲人，唯尾不化，須焚而成；或云新羊入群，諸羊皆觸，須燒尾而親附。因以喻科舉及第。唐封演《封氏聞見録·燒尾》：“士子初登榮進及遷除，朋僚慰賀，必盛置酒饌音樂以展歡宴，謂之燒尾。説者謂虎變爲人，惟尾不化，須爲焚除，乃得成人……一云新羊入群，乃爲諸羊所觸，不相親附，火燒其尾則定。”唐許渾《晚登龍門驛樓》詩：“風雲有路皆燒尾，波浪無程盡曝腮。”

紅綾餅餤

省稱“紅綾餤”。古時一種名貴的食餅。外裹紅綾，故稱。唐昭宗時曲江宴御賜珍品。宋葉夢得《避暑録話》卷下：“唐御膳以紅綾餅餤爲重。昭宗光化中，放進士榜，得裴格等二十八人，以爲得人。會燕曲江，乃令太官特作二十八餅餤賜之。盧延讓在其間。後入蜀爲學士。既老，頗爲蜀人所易。延讓詩素平易近俳，乃作詩云：‘莫欺零落殘牙齒，曾喫紅綾餅餤來。’（按：宋人周必大《二老堂詩話》稱此詩爲唐代薛能所作）王衍聞知，遂命供膳，亦以餅餤爲上品，以紅羅裹之。”後因用爲進士及第賜宴的典故。宋樓鑰《齒落戲作》詩：“休憶紅綾餤，難吞栗棘蓬。”元馬祖常《貢院次曹子真尚書韻》：“紅綾餅餤出宮闈，賜宴恩榮玉殿西。”

【紅綾餤】

“紅綾餅餤”之省稱。此稱宋代已行用。見該文。

曲江

亦稱“曲江池”。故址在今陝西西安。本秦之“宜春苑”，因在宜春宮之東側，故稱。漢初稱“宜春下苑”，宣帝時改建爲“樂游苑”（亦作“樂游原”“樂游園”），因内有水曲折彎延，形似廣陵之曲江（今錢塘江），故名“曲江”或“曲江池”。周邊六里餘。隋文帝以“曲”名不正，易名“芙蓉池”，旁建離宮芙蓉園，唐初，復其舊名，玄宗時大加疏鑿，南有紫雲樓、芙蓉園，西有杏園、慈恩寺，慈恩寺内大雁塔，花卉環繞，烟水明媚，爲都人中和、上巳等節游賞之佳境，周邊較之宣帝時又拓展一里之多。自中宗始，成爲新及第進士在京都長安游賞之勝地，至開元末而大盛。曲江泛舟、杏園宴飲、雁塔題名皆在此地，其情景更勝中和、上巳等節。今曲江已湮爲平陸，大雁塔等部分地上建築尚存。參閲唐康駢《劇談録·曲江》、宋樂史《太平寰宇記·關西道一·雍州》。

【曲江池】

即曲江。此稱漢代已行用。見該文。

杏園

唐時京都長安名園，爲新進士游宴之地。故址在今陝西西安大雁塔南。唐劉滄《及第後宴曲江》詩：“及第新春選勝游，杏園初宴曲江頭。”唐温庭筠《春日將欲東歸寄先及第苗紳先輩》詩：“三春月照千山道，十日花開一夜風。知有杏園無計入，馬前惆悵滿枝紅。”前蜀韋莊《送范平事入關》詩：“爲報明年杏園客，與留絶艷待終軍。”宋張禮《游城南記》自注：“杏園與慈恩寺南北相值，唐新進士多游宴於此。芙蓉園在曲江之西南，隋離宮也，與杏園皆秦宜春下苑之地。”後泛指新科進士游宴之地。宋王禹偁《初拜拾遺游瓊林苑》詩："杏園鶯蝶如相識，應怪重來舊綬香。"明陳汝元《金蓮記·捷報》："杏園一宴，桃李春官。"

期集院

亦稱"集所""期集所"。唐代新及第進士在例行各種禮儀宴集期間經常聚會和宴飲的場所。事先由爲新進士服務的進士團在主考官宅附近租一家大宅院，故稱。五代王定保《唐摭言·散序》："〔新進士〕大凡謝恩（指到主司家謝恩）後便往期集院（原注：團司先於主司宅側稅一大第，與新人期集）。院內供帳宴饌，甲於輦轂。其日，狀元與同年相見後，便請一人爲錄事（原注：舊例率以狀元爲錄事），其餘主宴、主酒、主樂、探花、主茶之類，咸以其日辟之。"其後參謁宰相和舉辦各種游宴活動，均以此爲據點，每日期集。又《期集》："謝恩後方詣期集院。大凡敕下已前，每日期集，兩度詣主司之門。然三日後主司堅請已即止。同年初到集所，團司所由輩參狀元後，便參衆郎君。"宋文天祥《紀年錄》："寶祐四年……時革齋先生臥病客邸，予自期集所請朝假，侍湯藥。"按：熙寧六年（1073），詔賜進士及第錢三千緡，諸科七百緡，作爲期集費。其後或減或增，但期集院由朝廷操辦，已成定制。參閱宋王栐《燕翼詒謀錄》卷五。

【集所】

即期集院。此稱唐代已行用。見該文。

【期集所】

即期集院。此稱宋代已行用。見該文。

進士團

亦稱"團司"。唐代京都長安爲新及第進士包辦各種活動的民間組織。其業務包括通報登第消息，代新進士租賃期集院，舉辦曲江關宴，爲新進士開路喝道等。五代王定保《唐摭言·散序》："所以長安游手之民，自相鳩集，目之爲'進士團'。初則至寡，洎大和、咸通已來，人數頗衆，其有何士參者爲之酋帥，尤善主張筵席。凡今年纔過關宴，士參已備來年游宴之費，鰼是四海之內，水陸之珍，靡不畢備……團司所由（按："所由"即有關管事者）百餘輩，各有所主。大凡謝後便往期集院（原注：團司先於主司宅側稅一大第，與新人期集），院內供帳宴饌，甲於輦轂。"又引高退之詩"何事感恩偏覺重，忽聞金榜扣柴扉"，注："退之自顧微劣，始不敢有叨竊之望，策試之後，遂歸蓋屋山居。不期一旦進士團遣人齎榜，扣關相報，方知忝幸矣。"同卷又載："薛監（薛逢）晚年厄於宦途，嘗策羸赴朝，值新進士榜下，綴行而出。時進士團所由輩數十人，見逢行李蕭條，前導曰：'迴避新郎君！'"宋錢易《南部新書》卷二："〔唐〕進士春闈宴曲江亭，在五六月間；一春宴會，有何士參者都主其事，多有欠其宴罰錢者，須待納足，始肯置宴，蓋未過此宴，不得出京，人戲謂何士參索債宴。士參卒，其子漢儒繼其父業。"北宋時汴京也有"團司"組織。《宋史·選舉志一》太宗端拱元年定貢院故事："聞喜宴分爲兩日……綴行期集，列叙名氏、鄉貫、三代之類書之，謂之小錄。醵錢爲游宴之資，謂之醵。皆團司主之。"

【團司】

即進士團。此稱唐代已行用。見該文。

其　他

槐花黃

省稱"槐黃"。唐代舉子進士試落第後，在七月槐花黃時，忙於向達官名士呈獻新作詩文，以爭取州府再薦，參加下屆考試。因此"槐花黃"指忙於再試之季節。《説郛》卷七四載唐李淖《秦中歲時記》："進士下第，當年七月復獻新文求拔解，故曰：'槐花黃，舉子忙。'"宋曾鞏《送李撰赴舉》詩："湖水碧，槐花黃，山川搖落窗户凉……華堂昨夜讀書客，匹馬今朝游大梁。"宋范成大《送劉唐卿户曹擢第西歸詩》之三："槐黃燈火困豪英，此去書窗得此生。"元宋梅洞《嬌紅傳》："申生既以《念奴嬌》詞示其兄，因感兄相勉功名之意，又加舉問，雖不能忘情於嬌，而槐黃在目……及至八月，與兄俱就秋試畢，即欲言歸。"元馬致遠《黃粱夢》第一折："策蹇上長安，日夕無休歇；但見槐花黃，如何心不急！"明余永麟《北窗瑣語·館師嘆》："青雲萬里在何處？十年空對槐花黃。"

【槐黃】

"槐花黃"之省稱。此稱宋代已行用。見該文。

【夏課】

即槐花黃。唐代進士試放榜後，有些落第舉子繼續留在京城長安"過夏"，定作新詩文向名人達官投呈，請求薦引，再次應試，稱"夏課"。唐李肇《國史補》卷下："退而肄業，謂之過夏；執業而出，謂之夏課。"唐韓偓《夏課成感懷》詩："凄凉身事夏課畢，濩落生涯秋風高。居世無媒多困躓，昔賢因此亦號咷。"宋錢易《南部新書》乙卷："長安舉子，自六月已後，落第者不出京，謂之'過夏'；多借静坊廟院及閑宅居住，作新文章，謂之'夏課'。"宋孫光憲《北夢瑣言》卷七："唐進士來鵬……夏課卷中有詩云：'一夜緑荷風翦破，賺他秋雨不成珠。'識者以爲不祥，是歲不隨秋賦，而卒於通議郎。"

踏槐花

省稱"踏槐"。亦稱"踏槐黃"。宋蘇軾《和董傳留别》："厭伴老儒烹瓠葉，强隨舉子踏槐花。"宋李石《再用九日韻答何邵卿》二首之一："笑我何時書竹帛，似君依舊踏槐黃。"又《送蘇漢傑》詩："從此定應懸箔去，卑之且説踏槐忙。"

【踏槐黃】

即踏槐花。此稱宋代已行用。見該文。

【踏槐】

"踏槐花"之省稱。此稱宋代已行用。見該文。

棚

亦作"朋"。亦稱"朋甲"。唐代應進士試的舉子爲競爭而結成的幫夥。以棚頭爲首，追奉宴集、馳逐聲名，陰結權貴，排斥异己，以圖中舉。唐封演《封氏聞見録·貢舉》："玄宗時，士子殷盛。每歲進士到省者常不减千餘人；在館諸生更相造詣，互結朋黨，以相漁奪，號之爲棚，推聲望者爲棚頭，權門貴盛，無不走也，以此熒惑主司視聽。"唐段成式《酉陽雜俎續集·貶誤》："天寶中，進士有東西棚，各有聲勢。"唐李肇《國史補》卷下："天寶中，則有劉長卿、袁成用分爲朋頭。"《舊唐書·高郢傳》：
"〔貞元時〕拜禮部侍郎。時應進士舉者，多務
朋游，馳逐聲名；每歲冬，州府薦送後，唯追
奉宴集，罕肆其業。"宋董逌《廣川畫跋·書舉
子圖後》："此殆昔朋甲圖也。唐之士子，中世
最盛，各立朋甲，相爲敵國。"明胡震亨《唐音
癸籤·談叢二》："按朋甲，唐人有畫圖，畫舉
子七八十人，列二隊，指呼紛紜，如相嘲競者。
意諸甲必各有脉路與朝貴通，成就人故，氣力
足以奔走，同輩令入隊耳。"

【朋】

同"棚"。此體唐代已行用。見該文。

【朋甲】

即朋。此稱宋代已行用。見該文。

曳白

亦稱"交白卷子"。卷紙空白，指考試交白
卷。《舊唐書·苗晉卿傳》："天寶一載春，御史
中丞張倚男奭參選，晉卿與〔宋〕遙以倚初承
恩，欲悦附之。考選人判等凡六十四人，分甲、
乙、丙科，奭在其首。衆知奭不讀書，論議紛
然……玄宗大集登科人，御花萼樓親試，登第
者十無一二；而奭手持試紙，竟日不下一字，
時謂之'曳白'。"宋馬令《南唐書·丘旭傳》：
"〔丘旭〕農家子也，少以畜産爲事，弱冠始讀

書，學爲辭章，因隨計金陵，凡九舉而曳白者
六七，然自勵彌篤，不以爲恥。"《六部成語·禮
部·曳白》注解："不能做文，亦不成一字，只
以白紙卷子呈交，謂之曳白，俗名交白卷子。"

【交白卷子】

即曳白。此稱多行用於近現代。見該文。

紅勒帛

省稱"紅勒"。原爲宋代士人家子弟繫的紅
帛腰帶，歐陽修評閲文章時曾用紅筆大段勾抹，
形若"紅勒帛"，故戲稱之。後因稱朱筆勾抹文
字爲"紅勒帛"。凡紅勒之卷皆非佳品。宋沈括
《夢溪筆談·人事一》："嘉祐中，士人劉幾，累
爲國學第一人，驟爲怪嶮之語，學者翕然效之，
遂成風俗，歐陽公深惡之；會公主文，決意痛
懲……有一舉人論曰：'天地軋，萬物茁，聖人
發。'公曰：'此必劉幾也。'戲續之曰：'秀才
剌，試官刷。'乃以大朱筆橫抹之，自首至尾，
謂之'紅勒帛'，判'大紕繆'字榜之。既而果
幾也。"清蒲松齡《聊齋志異·陸判》："朱獻窗
稿，陸輒紅勒之，都言不佳。"

【紅勒】

"紅勒帛"之省稱。此稱清代已行用。見
該文。

索　引

索引凡例

一、本索引爲詞條索引，凡正文詞條欄目出現的主詞條均用"*"標示，副詞條則無特殊標識。

二、本索引諸詞條收錄順序以漢語拼音音序爲基礎，兼顧古音、方言等差异，然爲方便檢索，又與音序排列法則有异，原則如下：

首先，以詞條首字所對應的拼音字母爲序排列，詞條首字相同（讀音亦同）者爲同一單元；詞條首字不同但讀音相同的各個單元，一般按照各單元詞條首字的筆畫，由簡至繁依次排列。例如以huáng爲首字的詞條，則按首字筆畫依次分作"皇""黃"等不同單元；又如以diāo爲首字的詞條，則按首字筆畫依次分作"虭""蛁""貂"等不同單元。此外，爲方便查閱和比較，在對幾個同音且各衹有一個詞條的單元排序時，一般將兩個或幾個含義相同或相近的單元鄰近排列。如"埋頭蛇""貍蟲""薶頭蛇"都屬於mái爲首字的單元，且"埋頭蛇"與"薶頭蛇"含義相同，因此這三個單元的排列順序是"貍蟲""埋頭蛇""薶頭蛇"。

其次，同一單元内按各詞條第二字讀音之音序排列，第二字讀音相同者則按第三字讀音之音序排列，以此類推。例如以"皇"爲首字的單元各詞條的排列依次爲"皇成、皇帝鹵簿金節……皇貴妃儀仗金節……皇史宬……皇太后儀駕臥瓜……皇庭"。

三、本索引中詞條右側的數字爲該詞條在正文位置的起始頁碼。

四、本索引所收詞條僅限於正文、附錄中明確按主、副詞條格式撰寫的詞條，而在其他行文中涉及的詞條不收錄。

五、多音字、古音字或方言字詞條按其讀音分屬相應的序列或單元，如"大常"古音爲tàicháng，因此歸入音序T序列；又如"葛上亭長"，"葛"是多音字，此處讀gé，因此歸入音序G序列之ge的二聲單元；互爲通假的詞條，字雖异然而讀音同者，如"解食""解倉"皆爲芍藥別稱，因"食"與"倉"通，故"解食"讀音與"解倉"同；等等。

六、某些詞條多次出現，在正文中以詞條右上標記數字爲標志，如"朝[1]""朝[2]""百足[1]""百足[2]"等，索引中亦按照其右上標記數字的順序排列。詞條相同但讀音不同的則按照其讀音分屬相應的音序序列和單元。如"蟒[1]"（měng）、"蟒[2]"（mǎng），"蟒[1]"歸入音序M序列之meng的三聲單元，"蟒[2]"則歸入音序M序列之mang的三聲單元。

七、某些特殊詞條，如數字詞條、外文字母詞條等，則收入《索引附錄》。

A

B

C

D

E

F

G

H

M

T

W

X

Y